DA PROTEÇÃO AO PATRIMÔNIO CULTURAL

O tombamento como principal instituto

2ª edição, revista, ampliada e atualizada

MARIA COELI SIMÕES PIRES
Bacharel em Direito pela Pontifícia
Universidade Católica de Minas Gerais
Mestre e Doutora em Direito Administrativo pela
Universidade Federal de Minas Gerais
Professora Adjunta de Direito Administrativo
na Faculdade de Direito da UFMG
Advogada

DA PROTEÇÃO AO PATRIMÔNIO CULTURAL

O tombamento como principal instituto

2ª edição, revista, ampliada e atualizada

editora Del Rey

Belo Horizonte
2022

Impresso no Brasil | *Printed in Brazil*

EDITORA DEL REY LTDA.

www.editoradelrey.com.br

Editor: Arnaldo Oliveira

Editor Adjunto: Ricardo A. Malheiros Fiuza (*in memoriam*)

Coordenação Editorial: Letícia Neves

Diagramação e revisão: Know-how Desenvolvimento Editorial

Editora:
Rua dos Goitacazes, 71 – Lojas 20 a 24
Centro – Belo Horizonte – MG
CEP 30190-050

Comercial:
Tel.: (31) 3284-3284
vendas@editoradelrey.com.br

Editorial:
editorial@editoradelrey.com.br
Tel.: (31) 2516-3340

P667p Pires, Maria Coeli Simões.
Da proteção ao patrimônio cultural: O tombamento como principal instituto / Maria Coeli Simões Pires. -2. ed. revista, ampliada e atualizada.- Belo Horizonte, MG : Editora Del Rey, 2022.
736 p.; 15,5x22,5 cm.

Inclui bibliografia.
978-65-5791-043-6

1. Patrimonio Cultural. 2. Política Patrimonial. 3. Regime Jurídico do Tombamento. 4. Tombamento. I. Título.
II. Assunto. III. Pires, Maria Coeli Simões.

CDD 340:720.1 CDU 34:719.061.2

Ficha catalográfica elaborada pelo bibliotecário Pedro Anizio Gomes CRB-8 8846

Lo que cada generación crea en el campo de la ciencia y de la producción espiritual es una herencia acumulada por los esfuerzos de todo el mundo anterior, un santuario en el que todas las generaciones humanas han ido colgando, con alegría y gratitud, cuanto les ha sido útil en la vida, lo que han ido arrancando a las profundidades de la naturaleza y del espíritu. Este heredar consiste a la vez en recibir la herencia y en trabajarla. Esta herencia constituye el alma de cada nueva generación, su sustancia espiritual como algo adquirido, sus principios, sus perjuicios, su riqueza. Pero, al mismo tiempo, este patrimonio recibido de las generaciones anteriores queda reducido al nivel de una materia prima que el espíritu se encarga de metamorfosear. Lo recibido se transforma de este modo y la materia, al elaborarse, se enriquece a la par que se transforma.

Georg Wilhelm Friedrich Hegel.

Lecciones sobre la história de la filosofia. México: Fondo de Cultura Económica, 1955, Tomo I, p. 10.

À memória do Professor Paulo Neves de Carvalho, vanguardeiro do Direito Administrativo em Minas, mestre e amigo por excelência.

Sua profunda sabedoria, seu vigor e seu idealismo intensificaram meu entusiasmo, iluminaram minha jornada e redirecionaram-me em meus descaminhos.

À memória de meu pai, pelo exemplo de vida,
pela lição de entusiasmo e pelo meu próprio ser.

Continuo, a cada manhã, buscando a missão do dia e,
a cada anoitecer, reavaliando o percurso. Não me esqueço:
"Tudo deve valer a pena!".

Agradecimentos

Aos meus familiares, pela compreensão silenciosa, pela presença inspiradora e amiga; à gente conterrânea, pela inconfundível referência; aos colegas da Academia, pelo compartilhamento; a todas as pessoas que, de maneira direta ou indireta, contribuíram para que fosse possível a conclusão deste trabalho, fruto de demorado caminhar, a grata homenagem.

Aos juízes, aos membros do Ministério Público, aos advogados, aos procuradores, aos defensores e a todos que militam na seara da proteção ao patrimônio cultural, pela permanente contribuição no processo de aperfeiçoamento das ideias, o respeito e a admiração.

E aos administrativistas, em especial, pela cumplicidade de ideal e pelo estímulo à luta permanente, o reconhecimento e o compromisso.

Apresentação à segunda edição

Esta obra de sistematização de suplementos teóricos, normativos e de aplicação relativos à proteção ao patrimônio cultural no Brasil, com ênfase no instituto do tombamento, teve sua primeira edição lançada em 1994, como uma das pioneiras na literatura jurídica pátria.

Resultado de pesquisa acadêmica iniciada sob a égide da ordem constitucional anterior e ultimada ainda na fase inaugural da Constituição de 1988 e do Estado Democrático de Direito, o texto, na versão original, refletiu o esforço de transição da concepção de patrimônio cultural, da hermenêutica e do papel do Estado, sobretudo, assentando as bases para novas reflexões e contribuições mais arrojadas e específicas.

Como construção de transição, seguiu sendo suplementada, validada ou (re)significada pela autora, por meio de palestras, de artigos em revistas especializadas, ou de capítulos em publicações coletivas e, ainda, de orientações acadêmicas, em novas vertentes da temática central, sempre em sintonia com os avanços do Direito, da Sociedade e do Sistema de Proteção.

Paralelamente, verificou-se intensa evolução no tratamento da matéria, na base normativa constitucional, na doutrina e na jurisprudência, e, também, em âmbito institucional, de modo que o tema passou a contar com diversos títulos na literatura jurídica, a encontrar guarida em importantes agendas nacionais e a ganhar reforço nos programas oficiais, tudo a demonstrar o crescente prestígio da matéria na pauta da produção científica e, sobretudo, a atenção de juristas, de organizações da sociedade civil e do Poder Público para o enfrentamento dos desafios decorrentes das pressões da Pós-Modernidade, que apontam a necessidade de proteção dos referentes culturais como contraponto à ameaça à identidade coletiva.

Por outro lado, não se olvidou a transição para um novo paradigma do Direito, influenciado pela nova concepção da vida e da Ciência, em linha de ruptura com a visão materialista de mundo; buscou-se sintonizar com reflexões instigantes, notadamente a partir de uma lógica sistêmica, baseada nos ensinos de Bert Hellinger, que têm como pilares a hierarquia, a inclusão e o equilíbrio entre o dar e o receber.

As reflexões têm apontado para a necessidade de que também no campo do patrimônio cultural se dê curso à aplicação dos pressupostos teóricos desse caminho do conhecimento, tendo em vista a plena adequação dos padrões sistêmicos a essa seara, com as consequentes (re)significações, em especial, de princípios, institutos, procedimentos e referentes. Dessa forma, além de mera atualização de dados da obra, buscou-se, em lances fragmentários, é certo, chamar a atenção para uma certa atemporalidade do tema, pela ênfase dispensada à ideia permanente de interligação das dimensões de passado, presente e futuro.

Partiu-se, assim, do pressuposto de que o patrimônio cultural, por meio de variados referentes, faz conexão entre as diversas temporalidades, e percebeu-se a importância de (re)significação da estrutura principiológica para proteção do patrimônio cultural, na perspectiva sistêmica. Não se procedeu, contudo, ao estudo das possibilidades de projeção pragmática da ideia nuclear de interligação no campo normativo da temática patrimonial, tarefa que se lança ao coletivo para fins de contribuições. A teoria, de fato, pode ter na seara do patrimônio cultural espaço de plena aderência, em razão da própria natureza do objeto temático, contribuindo para a densificação de sentido dos institutos de proteção; para incorporação aos discursos de justificação, com vistas às construções legislativas e de políticas públicas; aos discursos de aplicação, nos desafios hermenêuticos do "Direito do Patrimônio"; e, por fim, coloca-se a emergência de apropriação da nova base teórica acerca do conhecimento, na certeza de ser ela capaz de irradiar a importância da visão sistêmica para outras áreas, notadamente do direito, eis que o fio de interligação de que fala Bert Hellinger tem alcance muito mais geral.

De qualquer forma, sustentou-se que o patrimônio, como legado, deve ser reverenciado, não pode ser simplesmente excluído para a ocupação pelo novo; não deve, porém, atravancar o futuro. Ao contrário, a experiência do passado há de ser considerada e potencializada dentro da ideia de solidariedade, de interligação e, na essência, de sustentabilidade.

A nova edição, com atraso – é verdade –, mas fiel aos propósitos iniciais da autora e à opção metodológica da pesquisa, revisita o instituto do tombamento, pelos mesmos vetores da experiência jurídica – ontológico, deontológico, fenomenológico, que se revelam na norma, no valor e no fato –, sob perspectiva de uma concepção mais sistêmica e aberta de patrimônio, enfatizando a processualidade democrática, a validade, a justiça e a eficácia da proteção para a efetividade dos direitos culturais.

A partir da reestruturação lógica dos conteúdos, da atualização das informações, de reposicionamentos epistemológicos, e aprofundando-se em temas anteriormente versados, a nova edição densifica o tratamento da temática, para melhor diálogo com o tempo presente, sem, contudo, desenvolver uma vertente da teoria sistêmica para o campo do patrimônio cultural, nem incorporar toda a produção esparsa da autora, que, em sua maior extensão, remanescerá para composição de possível obra autônoma.

A autora

Maria Coeli Simões Pires

Fevereiro de 2019.

Abreviaturas e siglas

art.:	artigo
cap.:	capítulo
cf.:	confrontar, ver também, referir-se a
ed.:	edição
p. ex:	por exemplo
f.:	folha
fl.:	folha
ibid ou também ibidem:	no mesmo lugar (isto é, mesma obra e página)
op. cit.:	a mesma obra, mas não a mesma página
NB:	note bem
n.	nota
n.	número
p.:	página
pág.:	página
pp:	páginas
págs:	páginas
par:	parágrafo
s.d.:	sem data (de edição)
s.l.:	sem local (de edição)
seg.:	seguinte
sec.:	secção
sic.:	assim (escrito assim mesmo pelo autor citado)
N. do T.:	Nota do tradutor
v.:	ver
v.:	verso, plural vv
vs.:	versus
vol.:	volume
i.e.:	isto é

Sumário

Introdução

A natureza, trabalhando a matéria informe, não raro, deixa traços de perfeição e harmonia a revelarem uma sabedoria ímpar no Universo, sem paralelo no mundo da cultura. Dão testemunho dessa engenhosidade as belezas naturais espalhadas aos quatro cantos da Terra, bastando lembrar os Alpes suíços; as Portas de Ferro (rio Danúbio), na Romênia; os fiordes escandinavos; o Fuji Yama, no Japão; o mar Morto, em Israel; o Niágara e o Grand Canyon, nos Estados Unidos da América; os lagos e florestas canadenses; a cordilheira dos Andes, na América do Sul; o país insular das ilhas Bahamas, situado no mesmo arquipélago em que se encontram Cuba, Espanhola e as ilhas Turcas e Caicos; a foz do Iguaçu, a Floresta Amazônica e a praia de Copacabana, no Brasil.

Ocorre que o homem, ávido por extrapolar a pura contemplação da natureza, nesta interfere, fazendo com ela conexões tendencialmente complexas, na busca da satisfação de suas necessidades. Põe sobre ela suas mãos – que exploram e transformam na saga homocêntrica, mas, também, protegem e criam, muitas vezes, com arte; sobre ela edifica, deixa seus sinais pelo tempo. Exemplos da capacidade transformadora do labor humano são as Pirâmides do Egito; os Jardins de Versalhes, a Cidade-Luz e o Vale do Loire, na França; Roma e a Basílica de São Pedro, na Itália; o Panteon, na Grécia; a Grande Muralha da China; o Museu Hermitage, na Rússia; o Palácio Ichmer (séc. XIII), no Camboja; Ouro Preto e tantos outros monumentos.

Assim, a natureza e o homem legam à humanidade, às nações, aos grupos sociais verdadeiros tesouros, o dado, resultado dos fenômenos do mundo físico e de suas mudanças espontâneas, e a experiência, que cria representações para lembrança e projeção de vivências. Estes bens devem perdurar no tempo – eis que a própria natureza e o homem lhes destinam importante papel. A natureza projeta-os como referências do tempo, da geologia, da transformação da matéria e de suas formas inatas por força da energia e de outros fatores de mudança; o homem chega a dar-lhes alma, voz, memória, certo tom de vida para que, impregnados do tempo, possam contar por si sós os mistérios, a trama da história; traduzir os sentimentos que os envolveram; retratar o homem, suas crenças e percepções, sua época e suas circunstâncias. Um legado que deve ser apropriado em processo permanente de (re)significação nos ciclos geracionais, na perspectiva da subjetividade dos atores que o animam.

Nesse sentido, afirma Jean Baudrillard,[1] objetos parecem existir para personificar as relações humanas, encarnando no espaço os laços afetivos da permanência do grupo.

No âmbito da História Universal, a partir de objetos, monumentos e outras representações do mundo e das múltiplas experiências culturais, é que se consegue, muitas vezes, reconstituir o passado. Com efeito, imagens de um mundo já desaparecido podem ser mentalmente recompostas por meio de sinais guardados e resguardados em centros de cultura milenária, como Atenas, Cairo, Istambul (antiga Constantinopla) e outros. São assim os objetos e os monumentos elementos de conexão das cambiáveis experiências da humanidade, das raças e das nações, sem descurar a importância de outras representações menos convencionais capazes de referenciar a diversidade cultural e de versões da História.

Para que os tesouros legados pela natureza e pelo homem possam perdurar no tempo, ser apropriados intersubjetivamente e cumprir seu papel, devem ser protegidos, sem o que nenhum bem da natureza ou objeto da cultura sobrevive ante a violência dos incontáveis fatores de destruição. É que as intempéries da ordem natural e a impiedade do homem não se compadecem da beleza ou da arte, e, então, lenta, mas seguramente, quando não de forma brutal, trabalham para assolar os contornos, a matéria, os pormenores.

Dessa impiedade, notadamente em relação aos bens culturais de natureza material, já falava Diogo de Vasconcelos,[2] em solenes exéquias, como orador oficial do Instituto Histórico e Geográfico de Minas Gerais, na Igreja Matriz de Nossa Senhora da Boa Viagem, no Curral Del-Rei, em 25/11/1908: "Podem-se levantar monumentos suntuosos, colunas que afrontem as nuvens e os séculos; a voracidade do tempo não respeitará a matéria, nem os mármores, nem os bronzes; não poupará as artes, nem as estátuas, nem as esfinges".

Contra a degradação opõe-se o ideal de proteção ao patrimônio,[3] notadamente na sua dimensão cultural, ligado à compreensão do processo evo-

---

1 BAUDRILLARD, Jean. *O sistema dos objetos*. Tradução de: Zulmira Ribeiro Tavares. São Paulo: Editora Perspectiva, 1973.pp. 22 e 82.

2 Apud SENA, Caio Nélson de. *Revista do Instituto Histórico e Geográfico de Minas Gerais*. Belo Horizonte, 1(1943-1944), 1945.

3 Registra-se que, no curso deste trabalho, serão usados os termos e expressões proteção, preservação, conservação, tutela e salvaguarda do patrimônio cultural, entre

lutivo da experiência humana, registrado pela história; às raízes e à tradição, como bases de um patamar capaz de lançar o homem ao novo e de antecipar a sua ação futura. Ideal que não impede o progresso científico, artístico, moral e intelectual, nem despreza a multiplicidade de culturas que fazem a mediação do ser do homem nos grupos sociais, mas evoca o convívio harmônico de cultura e natureza, consoante lembra Michel Batisse:[4]

> "Há uns seis mil anos a oposição cultura-natureza já estava gravada no chão com as queimadas, com a preferência dada a certas espécies animais e vegetais e com o abandono de outras [...]. Ao longo dos séculos se difunde um trágico mal-entendido: confunde-se o domínio do homem sobre sua natureza animal com sua dominação desordenada sobre o mundo que o cerca. Ignora-se a advertência de Francis Bacon, feita logo no alvorecer da Revolução Científica, de que 'só se pode triunfar sobre a natureza obedecendo a ela".

Os conflitos – diga-se – não se travam apenas entre cultura e natureza, mas, também, entre cultura e cultura. Contra todos esses conflitos é que se levanta o espírito de proteção ou de conservação. Espírito esse que já despontava na Antiguidade: os gregos e os romanos consideravam sagrados e dignos de veneração os lugares históricos da pátria, sendo que aqueles atribuíram valor universal a algumas obras de seu tempo, chegando a organizar a lista das Sete Maravilhas do Mundo, das quais muitas eram helênicas.

Registram-se, igualmente, sucessivas lições de Roma em favor da proteção de monumentos e documentos sob a guarda da Igreja, o que mostra a importância do papel eclesiástico na conservação dos bens de valor artístico e histórico: o Papa Paulo II, em 1460, proibiu a alienação de bens preciosos

---

outros, sem vinculação precisa com os sentidos que lhes são institucionalmente atribuídos no âmbito do sistema de proteção. Isto, pela dificuldade de depuração das terminologias no bojo das práticas discursivas, às vezes concorrentes, já que não são absolutamente temporalizadas; pela diversidade de tratamento do tema no direito comparado. Buscar-se-á, contudo, adoção de um critério coerente, dando-se prevalência à expressão proteção do patrimônio cultural, como abrangente das formas mais específicas, embora, por várias vezes, se empregue preservação em sentido lato como substitutivo da proteção. Cogitar-se – á de salvaguarda prioritariamente referida ao patrimônio cultural imaterial; do mesmo modo, adotar-se-á o termo conservação na dicotomia com preservação em sentido estrito para especificar um paradigma mais dinâmico da proteção em contraposição ao de uma proteção que pretenda manter o bem a salvo de qualquer alteração ou imune às mudanças.

4 BATISSE, Michel. Uma nova aliança, natureza e cultura, patrimônios da humanidade. *O Correio da UNESCO*. Rio de Janeiro, 8(10), outubro de1980.

da Igreja, sem licença da Santa Sé; os Papas Eugênio IV, Pio II e Sisto IV proibiram a exportação de estátuas antigas; Paulo III nomeou um superintendente das antiguidades romanas; Leão XIII providenciou a guarda de arquivos paroquiais e bibliotecas; Pio X chamou atenção para a importância e o significado dos documentos e monumentos históricos e artísticos; e Pio XI criou, em 1923, uma comissão permanente para preservação do acervo de bens eclesiásticos. Também os arcebispos brasileiros, em 1915, no Concílio Plenário da América Latina, fizeram advertências severas, com o objetivo de impedir prejuízos e descaracterização do patrimônio da Igreja. O Código de Direito Canônico contém, por sua vez, prescrições no mesmo sentido.

Há de se destacar, contudo, a preponderância, na civilização europeia, do interdito à diversidade, do domínio por parte de categorias sociais hegemônicas, do simbolismo excludente, do monopólio do Estado, da Igreja, sob os auspícios dos historiadores. Por isso mesmo, esteve presente, em longo curso da história, a dicotomia: Ocidente civilizado e não Ocidente primitivo. Na mesma toada, a hierarquização das culturas.[5]

Certo é que, nas nações ditas mais evoluídas, fragmentos do passado afloram ainda com frequência; as belezas notáveis legadas pela natureza são colocadas sob a proteção do Poder Público, e, cada vez mais, se desenvolve uma mentalidade de proteção dos valores culturais, especialmente aqueles vinculados à herança cultural tangível, embora já se assinale uma nova tendência de valorização do patrimônio cultural imaterial em perspectiva inclusiva e de diversidade. Tudo para resguardar a identidade das civilizações, o que se reconhece não apenas como dever dos homens, mas também como direito.

O tema da proteção ao patrimônio cultural, pela conexão com a formação e a defesa da identidade dos povos, ocupa lugar de destaque na pauta internacional.

Assim é que, desde 1948, já se reconheciam a todos os homens os direitos culturais, na Declaração Universal dos Direitos do Homem:

> "Art. 27 I) Toda pessoa tem o direito de participar livremente da vida cultural da comunidade, de desfrutar das artes e de participar do progresso científico e de seus benefícios.
> II) Toda pessoa tem o direito à proteção dos interesses morais e materiais decorrentes de qualquer produção científica, literária ou artística da qual seja autora".

---

5 COSTA, Mila Batista Leite Corrêa da. A Atuação do Poder Legislativo no Desenho Institucional da Política de Preservação do Patrimônio Cultural no Brasil. Belo Horizonte: Faculdade de Direito da Universidade Federal de Minas Gerais. Programa de Pós-Graduação, 2018.

Em 1970, a UNESCO confirmou aquelas prescrições, consagrando a todos direito a tomar parte livremente na vida cultural da comunidade.[6]

Registra-se, nos anos subsequentes, acentuada evolução na filosofia de preservação cooperativa dos bens culturais e naturais, a partir da introdução do conceito de patrimônio da humanidade, na Convenção de 1972, sobre a Proteção do Patrimônio Cultural, ainda na vertente da herança tangível.

Uma nova tendência do processo identitário dos povos tem lugar, mais recentemente, especialmente no bojo da descolonização do continente africano, na qual os estados, escapando à subordinação em relação aos colonizadores, passam a integrar as narrativas culturais em âmbito internacional, introduzindo a diversidade cultural no concerto das nações e projetando a importância da dimensão imaterial do patrimônio cultural.[7]

Por influência dessas concertações nessa seara, o tema vem ganhando prestígio nas agendas internas, especialmente no Brasil, seguindo as construções normativas e as soluções aplicáveis, isoladas ou cooperativas, alimentando, assim, novas concepções paradigmáticas de Estado, Direito e Sociedade.

Nesse processo identitário, importa, não apenas a preservação do passado, mas, também, a valorização do presente; e existe, é claro, uma preocupação com as gerações futuras, o que é considerado por Georges Fradier[8] um sinal dos tempos. Tal preocupação não se restringe à preservação de monumentos e documentos históricos; vai além, voltando-se para a conscientização da necessidade de se protegerem as raízes culturais e a dimensão imaterial dos valores civilizatórios, para manter viva a memória de um povo e garantir as condições para a sua sobrevivência material e cultural, na perspectiva intergeracional. Em outra dicção: não se trata exclusivamente de culto ao passado como algo dado na materialidade de sua representação, mas de garantir à posteridade a compreensão e releitura da história de seus ancestrais, não para mera continuidade, mas, também, para renovação e rupturas quando necessárias; o presente há de ser valorizado na linha do processo de vivência dos grupos, no espaço e nas circunstâncias que o particularizam; e

---

6 UNESCO. *Os direitos culturais, como direitos do homem*. UNESCO. Porto: Livraria Telos Editora, 1970. p. 10.

7 COSTA, Mila Batista Leite Corrêa da. A Atuação do Poder Legislativo no Desenho Institucional da Política de Preservação do Patrimônio Cultural no Brasil. Belo Horizonte: Faculdade de Direito da Universidade Federal de Minas Gerais. Programa de Pós-Graduação, 2018.

8 FRADIER, Georges. As mil e uma maravilhas do mundo. *O Correio da UNESCO*. Rio de Janeiro, 8 (10), outubro de 1980.

o futuro é o horizonte de possibilidades do processo evolutivo, que não pode ser negado. Este é o espírito que se tenta desenvolver com mais amplitude na atualidade. Não obstante isso, esta obra enfatiza os cuidados com o patrimônio material, pela vertente da sua conformação e significação, bem assim da fruição de seus valores como direito do homem.

A propósito da proteção ao patrimônio cultural tangível, lembra Georges Fradier,[9] no artigo referido, que:

> "Certos edifícios nos foram conscientemente legados: palácios reais transformados em bens nacionais ou do 'povo', igrejas, mesquitas, templos que conservaram suas funções. Outros estão por aí, por acaso ou graças à obstinação de arqueólogos que escavam ruínas e continuam tomando-os à selva, ao solo e ao esquecimento".

Justificativa

Este trabalho, resultado de esforço empreendido no final da década de 80, quando inexistiam obras sistemáticas sobre o tema da Proteção ao Patrimônio Cultural, e revisitado na quadra presente, teve a justificá-lo razões pessoais, mas, sobretudo, a constatação, à época da definição da linha de pesquisa do Mestrado, da escassez de subsídios teóricos sobre a matéria no campo do Direito, especialmente no tocante à atuação administrativa do Estado. A problemática então suscitada apontava instigante desafio a um esforço epistemológico em plano de sistematização, mas, também, de construção.

O valor de representação do patrimônio cultural sempre fascinou a autora, notadamente do acervo de bens materiais históricos e artísticos, seja pelos laços de origem – nascida em Serro, primeira cidade a ter seu conjunto arquitetônico colonial totalmente tombado como patrimônio nacional sob a égide do Decreto-lei n. 25, de 30 de novembro de 1937 –, seja pela percepção da complexidade dos problemas jurídicos que se registravam, e ainda persistem, na experiência que envolve esses bens.

A motivação se assentava, ainda, na compreensão de que o homem não se pode privar, a cada momento, do direito de fruir da Arte, da História, da Cultura, do seu patrimônio cultural, e que era preciso estar atento para que a Natureza e a Cultura sobrevivessem em coexistência com o progresso tecnológico, as inovações, as novas culturas e práticas sociais, recebendo dos

---

9 FRADIER, Georges. As mil e uma maravilhas do mundo. *O Correio da UNESCO*. Rio de Janeiro, 8 (10), outubro de 1980.

referentes patrimoniais o alento necessário, e a eles emprestando significado próprio, sob o norte da "temperança", a conciliar passado e presente na perspectiva do futuro como possibilidade, conforme lição de François Öst.[10]

Dessa forma, alerta aos desafios que se colocavam nesse campo, principalmente os atinentes ao direito; e, na expectativa de colaborar com aqueles que igualmente se inquietavam diante das questões da conservação, propôs-se a elaborar este trabalho, com foco nos bens materiais do patrimônio cultural e ênfase no instituto do tombamento.

Na atualidade, tratar do tema proteção do patrimônio, no plano jurídico, no Brasil, continua sendo imposição da realidade àqueles que estão sensíveis aos problemas ainda enfrentados por entidades conservacionistas e cidadãos em geral, quando procuram efetivar a proteção estatal constitucionalmente assegurada a certos bens da cultura e da natureza, haja vista a persistência de algumas controvérsias, agora, especialmente pautadas pelo paradigma democrático e potencializadas em face de novas normas que convergem para a seara da proteção patrimonial, como as do Estatuto da Cidade. Ainda se verificam tensões interpretativas e, por vezes, radicalizações envolvendo a intervenção estatal, o direito de (à) propriedade, as obrigações do Poder Público, do titular do bem e da sociedade e, sobretudo, a integração de ações protetivas com a aplicação de institutos urbanísticos, segundo matrizes competenciais diferentes na ordem federativa. Por outro lado, pouco se tem avançado, nesse campo, na lógica de consensualização e de mediação, em substituição às matrizes da ação autoritária do Estado, eis que se mantém o foco no controle negativo por parte das instituições de tutela e salvaguarda. Tais bens, constituindo pretensamente acervo capaz de retratar a evolução histórica da vida nacional – tendencialmente liberta da visão linear, homogênea e excludente dos fatos – nos seus mais variados segmentos, da Religião à Administração Pública, do folclore ao Direito, das Artes ao cotidiano popular, vêm sofrendo ação deletéria provocada pelo tempo e pelo homem e, também, pela incapacidade de apropriação, por parte dos gestores e de outros agentes públicos, de mecanismos jurídicos voltados para soluções construtivas e não apenas limitadoras e sancionadoras. Na mesma linha, o concurso da sociedade, guardiã máxima de seus valores e corresponsável pela proteção, não tem superado o patamar pirotécnico da participação, ou não se tem efetivado de modo robusto, por falta de uma consequente arregimentação nas arenas dos processos decisórios e seus desdobramentos.

[10] ÖST, François. *O Tempo do Direito*. Tradução de: Élcio Fernandes. Bauru: Edusc, 2005.

Há, porém, de se fazer ressalvas para iniciativas bem sucedidas no âmbito de pautas de grande apelo midiático, que não podem, contudo, subverter valores e propósitos.

Por razões sociológicas, mas outrossim jurídicas, tem-se perdido, ao longo dos séculos, e de forma vertiginosa nas últimas décadas no bojo do processo de mercantilização da cidade, a memória nacional, que precisa ser resgatada para melhor compreensão do processo de formação da sociedade, substrato para o traçado de novos caminhos capazes de possibilitar o encontro da identidade, não deixando fenecerem valores civilizatórios fundamentais.

Ao consumismo importa a fungibilidade, e tem-se assistido, em todos os setores, incluído o cultural, à massificação e à troca permanente de valores estéticos, artísticos e comportamentais. Se, por um lado, é positivo que se viva a modernidade (conceito bem trabalhado por Marshall Berman),[11] na qual a criatividade é lançada em níveis extravagantes, não se pode descurar a necessidade de preservar o que já existe, para que se possa aquilatar a capacidade de trabalho, contemplando o "*déjà fait*", o objeto – este figurante humilde, tal como foi vivido na cotidianidade tradicional e ilustrado em toda a arte ocidental até os dias atuais,[12] mas também aquele colhido no campo de outras vivências ditas primitivas –, os frutos materiais e ainda os bens imateriais legados pelos ancestrais. Virar a página significa retomar a leitura de seu ponto de partida, condição para que se entendam a atualidade e as origens das aflições que povoam a vida de cada um, a fim de que se vislumbrem com clareza as possibilidades do futuro.

Não é possível criar a partir do nada, do vácuo. Do nada, nada sai, ensina o aforismo grego. A evolução humana, em qualquer porção do planeta, faz-se segundo base cognitiva assentada pelas gerações anteriores. Assim, tratar da fachada, do acabamento do edifício civilização brasileira, sem antes verificar a solidez de seus pilares, revisitando suas bases e reconhecendo nelas os materiais primários, que dão concretude à obra, significa cultivar a aparência, criando o efêmero, sem compromisso algum com o estrutural. É a isso que se vem assistindo hodiernamente, especialmente quando se pode aquilatar o rescaldo de estratégias de "desconstrução da sociedade por

---

11 BERMAN, Marshall. *Tudo o que é sólido se desmancha no ar:* a aventura da modernidade. Tradução de: Carlos Felipe Moisés e Ana Maria L. Zoriatte. Consultor desta Edição: Francisco Foot Hardman. São Paulo: Companhia das Letras, 1987.

12 BAUDRILLARD, Jean. *O sistema dos objetos*. Tradução de: Zulmira Ribeiro Tavares. São Paulo: Editora Perspectiva, 1973. p. 33.

dentro" sob as luzes da teoria da ocupação cultural,[13] traduzido pela quebra de valores institucionais, entre outros resultados que se colhem a olhos nus. O desprezo e o desconhecimento do passado impedem a nação de injetar concreto nos frágeis alicerces e permitem a formulação de políticas de desenvolvimento irreal, megalomaníaco, incongruente com a dimensão e a capacidade de sustentação das bases disponíveis.

Em suma, o surgimento de um *brazilian way of life*, de um estilo de vida autenticamente brasileiro e a realização do progresso como fator espontâneo de adequação das estruturas a novos anseios e necessidades, ao invés de resultarem de processo dirigido por estratégias ideológicas ou maquinado em laboratórios políticos ou empresariais, baseado em discursos de cooptação, de imposição autoritária – dentro ou fora do País –, com propósitos outros que não o bem-estar de toda a cidadania, dependem inegavelmente de visão retrospectiva, para o que se faz necessária a conservação de seu objeto. Daí a necessidade de preservar para as gerações futuras o que de mais significativo a atual geração recebeu, pensou e erigiu, a matéria-prima para a reflexão vindoura.

Não se intenta a conservação mediante iniciativa isolada de colecionadores, que, extraindo o objeto de seu contexto histórico-cultural, fazem-no perder seu sentido psicológico, como denuncia Jean Baudrillard,[14] ao afirmar que os mercados "já não bastam para alimentar a voracidade primitiva e nostálgica dos interiores burgueses do mundo ocidental. Cada vez mais, estátuas da Virgem ou dos Santos, quadros desaparecem dos museus, das igrejas. São comprados no câmbio negro por ricos proprietários [...]".

Imersa na seara da Ciência Jurídica, a autora sempre alimentou preocupação com o tema, há muito, voltada para o prisma da normatização da conduta em face do valor da proteção cultural. Tal enfoque remeteu a reflexão imediatamente para duas questões: saber se o ordenamento jurídico reúne instrumentos capazes de viabilizar a proteção do valor cultural, categorizado como princípio constitucional; verificar se as normas jurídicas, nesse âmbito, são internalizadas pelos seus destinatários, condição *sine qua non* para o seu pleno acatamento.

---

13 MONASTA, Attilio. *"Antonio Gramsci"*. Tradução de: Paolo Nosella. Recife: Fundação Joaquim Nabuco, Editora Massangana, 2010.

14 BAUDRILLARD, Jean. *O sistema dos objetos*. Tradução de: Zulmira Ribeiro Tavares. São Paulo: Editora Perspectiva, 1973. p. 92.

Os *approachs* iniciais empreendidos pela autora, desde o planejamento deste trabalho em 1984, revelaram graves problemas nesse domínio do Direito. Em boa parte, as dificuldades decorriam do caráter ainda inexperto do tratamento jurídico do tema, que se podia diagnosticar no Brasil.. Apenas meio século separava a temporalidade da pesquisa e a Constituição de 1934, que consagrara o princípio da proteção aos bens da cultura e da natureza, de forma inédita no Estado brasileiro. Embora se tivesse erigido, a partir de então, um complexo de normas e procedimentos – diga-se: de admirável qualidade – que vingaram como marco legal e ritualística de sofisticação e detalhamento extremados, tanto no âmbito da doutrina jurídica quanto no plano jurisprudencial, as formulações sobre proteção patrimonial, embora de ampla repercussão, eram fragmentárias e polarizadas entre defensores e críticos do tombamento, instituto, à sua vez, carente de inserção em uma política pública mais abrangente. Presente estava o desafio de sistematização, de sopesamento de argumentos, de esforço de (re)semantização de enunciados, conceitos e práticas em novo contexto.

Na verdade, como sói ocorrer no Brasil, as dificuldades arrostadas por entidades preservacionistas ou por titulares de bens sob regime especial de proteção não decorriam da inexistência de normas, nem da qualidade de sua construção, mas prioritariamente do déficit de política pública para aplicá-las, aliado ao burocratismo gerado por excessivas exigências legais, de cumprimento pouco viável e em alguns casos até indesejável, na medida em que isso desnaturaria fins da própria norma. Por absurdo que pareça, ainda persistem nesse campo certas normas que, a pretexto de cercarem todas as possibilidades de degradação do bem pelo proprietário, impedem-no de proceder a atos indispensáveis à sua manutenção, perdendo elas o necessário vínculo com a finalidade.

Os desafios no campo da proteção remanescem e são deveras potencializados, considerando-se, mormente, as profundas alterações dos paradigmas de Estado e de Direito, sendo certo que as normas de regência, apropriadas sem a perspectiva de sua plasticidade renovadora em face da realidade, ainda são interpretadas segundo uma mentalidade anacrônica que reserva ao Estado a plena tutela dos interesses sociais, excluindo a participação do cidadão e dificultando-lhe o exercício compartilhado da responsabilidade nos processos atinentes à seara patrimonial.

De fato, no que concerne à proteção, a realidade ainda oferece incontáveis exemplos do equívoco dessa postura tutelar do Estado. A começar do fato de que a população, tomada tão-somente como polo passivo da proteção estatal, quase sempre desprovida de capacidade de iniciativa, não se assenhoreou das novas dimensões de sentido que o sistema normativo em exame projeta, nem apreendeu os próprios valores que ele intenta realizar na moldura do Estado Democrático de Direito.

Cumpre hoje ao jurista colocar-se defronte da *sperienza giuridica* referida por Norberto Bobbio[15] para, apoiado na trilogia validade, eficácia e justiça, meditar sobre o tema e formular alguma proposição.

(Re)semantizar patrimônio cultural; pensar sobre a adequação dos institutos de proteção da cultura aos valores que esta encerra; examinar o dito caráter programático de normas constitucionais pertinentes, pretexto de muitos para a negativa de sua efetividade; densificar as dotações de direitos culturais; buscar as razões práticas da ineficácia da proteção normatizada; formular proposições para conciliação de instrumentos protetivos, específicos ou correlatos, compatíveis quanto à extensão e à complexidade do patrimônio cultural: arrojar na busca de substituição da matriz de verticalidade da relação Estado-proprietário por uma de consensualização, segundo o imperativo democrático, eis o desafio deste trabalho, que se amplifica em etapa revisional.

Por último, resgata-se ensino atemporal colhido da palestra proferida em 16 de junho de 1988, na Faculdade de Direito da Universidade Federal de Minas Gerais, pelo Prof. Celso Antônio Bandeira de Mello, da Pontifícia Universidade Católica de São Paulo. Nessa ocasião, o eminente administrativista explanou sobre a Teoria Pura do Direito de Hans Kelsen, tendo então afirmado que ao verdadeiro cientista cumpre a humildade de saber-se transitório, capaz de colaborar minimamente para o avanço da Ciência, fruto do esforço de toda a humanidade.

Com fidelidade à lição aprendida, buscar-se-á, com denodo, o desenvolvimento do tema, o que se fará em curso caudaloso, embora sem qualquer pretensão de esgotá-lo, e, igualmente, sem propósito de formulação pacificadora das tantas polêmicas que a matéria envolve.

Objetivos

Com este trabalho, intentar-se-á alcançar, como objetivo geral, a sistematização dos pressupostos jurídicos da proteção a patrimônio cultural no Brasil, com ênfase no tombamento. Os objetivos específicos serão voltados para a compreensão do valor cultural, das normas de regência da proteção,

---

15 BOBBIO, Norberto. *Teoria della norma giuridica*. Turim: Editore G. Ciappichelli, s.d. p. 47.

e da eficácia da aplicação dos marcos normativos, objetivos que se orientam por tríplice enfoque filosófico, respectivamente: deontológico, ontológico e fenomenológico.

Examinar-se-á o conteúdo axiológico de cultura numa postura tendente a alargar o contorno do objeto de proteção, propugnando por uma abrangência que concilie as diversas manifestações culturais. Superada a oposição dos valores natureza e cultura e a existente relação cultura *versus* cultura, com vistas a definir o equilíbrio neutralizador daquelas antagonias e dessa tensão interna, buscar-se-á, da mesma forma, mostrar tendência à assimilação do valor natureza a partir de sua concepção como pressuposto vital, ao passo que se situará num contexto mais árido o processo de internalização do valor cultura, sem, contudo, negar a conexão entre elas.

Por fim, ainda no plano axiológico, tentar-se-á situar o bem passível de proteção em sua categoria específica, na escala dos valores de caráter social, ao mesmo tempo que não se lhe desprezará o valor econômico. Em face do reconhecimento de dúplice valor – aliás, as normas constitucionais erigem tais valores em pilares paritários – pautar-se-á a necessidade de sua conciliação, tendo como árbitro o Estado, naturalmente em processo legitimado pela própria sociedade. Demonstrar-se-á que cabe a este, na medida em que os mecanismos de proteção acarretarem o esvaziamento do conteúdo econômico do direito relacionado com o bem _ o que apenas excepcionalmente se admite _, proceder à recomposição do dano com base no princípio da solidariedade coletiva, o que não significa ser a indenização elemento componencial do instituto, nem tampouco pressuposto de sua validade.

Sob o ângulo ontológico, pretende-se, inicialmente, definir a natureza da norma constitucional de proteção, com vistas à interpretação que lhe dê maior efetividade. Serão feitas breves incursões no direito constitucional positivo de outros países, para avaliação do tratamento constitucional da matéria no Brasil. Mediante criteriosa análise da legislação infraconstitucional sobre proteção de bens culturais e naturais em vigor, será demonstrada a necessidade de remodelação ou (re)interpretação do instituto de tombamento na lógica de sua democratização e de confrontação de sua disciplina com a de outros institutos do Direito Administrativo e do Direito Urbanístico, em horizonte de transdisciplinaridade ou arejamento, além do exame teórico e prático de outras figuras do Direito Público, notadamente o Ambiental, que guardem comunicação com o objeto central do estudo. Tudo isso com o propósito de buscar a aplicação de instrumentos alternativos em face da insuficiência do principal instituto de proteção do patrimônio no Brasil, para toda a amplitude do objeto da tutela. Pretende-se, desse modo, apontar opções do Direito Urbanístico para o enfrentamento da eventual ineficácia ou inadequação do instituto de preservação mais convencional, o tombamento, para certas situações patrimoniais, sem contudo, negar a sua superlativa importância no bojo da sistemática de proteção.

É objetivo do trabalho analisar a excessiva burocracia da legislação atual, sofisticada para a cultura interna, a qual dificulta o fenômeno de interação dos três níveis: Estado, sociedade e indivíduo.

Faz-se necessário, cotejar, ainda no direito positivo, os instrumentos de controle do tombamento e as novas espécies delineadas na Constituição de 1988. Demonstrar-se-á a impropriedade da legislação de cancelamento de tombamento. Será examinada a evolução na interpretação dos marcos normativos nos julgamentos de pendências sobre tombamento, tanto no plano administrativo quanto no judicial.

Por fim, buscar-se-á apontar, tendo em vista as peculiaridades da matriz constitucional de competências, notadamente o traço da destinação expressa de competência legislativa sobre a matéria à esfera estadual, algumas soluções factíveis que deverão levar em conta a cultura de cada Estado ou região.

Assim, partindo da análise da norma constitucional, far-se-á inflexão até a base da pirâmide, incursionando na jurisprudência, a fim de questionar a eficácia do sistema de proteção estatal da cultura.

No plano fenomenológico, interessa verificar a capacidade da norma de disciplinar adequadamente a proteção em sua fase executória; a aptidão do ato de tombamento para gerar efeitos práticos, condicionando a atuação conservacionista ou restauradora do Estado e do cidadão; e, por último, a receptividade social e o grau de acatamento dos valores e normas que justificam e viabilizam a proteção cultural. Relativamente a esse aspecto derradeiro e crucial, o do acatamento das normas, o da assimilação dos valores mencionados, por parte da sociedade, serão sugeridas iniciativas voltadas para a internalização desses "comandos", solução material para a questão examinada.

Propõe-se, outrossim, o estudo dos antecedentes históricos do tombamento no Brasil, numa tentativa de reunir de forma orgânica dados importantes para a compreensão desse processo de construção e absorção dos principais marcos legais disciplinadores da matéria.

Ainda no plano da eficácia, serão analisados o reflexo das práticas do controle, a repercussão da natureza do ato em face da discricionariedade e da vinculação, e também o paradoxo que se revela na medida em que processos inerentes à restauração e à manutenção do bem tombado constituem, não raro, fator de destruição do patrimônio.

Será examinada a tendência à estagnação das comunidades em cujo seio se abrigam bens tombados, fator de corrosão e deturpação das estratégias conservacionistas, a demonstrar a necessidade de se repensar o papel do Estado na busca de alternativas de sustentabilidade no âmbito da política de proteção, as quais devem permitir que o proprietário e a população envolvida não só suportem o ônus da preservação, mas, também, obtenham compensações que garantam o progresso natural e neutralizem as resistências às normas protetivas.

Enfocando assim a questão da proteção do patrimônio nos três aspectos mencionados, buscar-se-á contribuir para a consolidação de seu principal instituto, para o aprofundamento crítico da análise dos lineamentos fundamentais de sua disciplina, principalmente tendo em conta os reflexos dos novos paradigmas e de normas recentes, como as do Estatuto da Cidade. Essas novas conexões carecem de exploração em caráter sistêmico. Nesse sentido, o trabalho apresenta contribuição para a reformulação da política pública específica.

Dada a universalidade do interesse pela preservação do patrimônio, tentar-se-á, em um esforço preliminar, breve incursão no plano internacional para identificar iniciativas e institucionalidades relacionadas com a temática, bem assim os principais documentos que encerram, naquele âmbito, a política da proteção patrimonial, para a abertura da matriz de análise do objeto no plano interno.

Metodologia

Por outro lado, verifica-se que, na persecução do objeto da pesquisa, as questões que estão a exigir tratamento mais minudente em relação ao instituto do tombamento e às demais formas de proteção ao patrimônio cultural no âmbito interno perpassam três planos distintos de indagação doutrinária: deontológico, ontológico e fenomenológico.

De início, emerge a necessidade de determinação e delimitação do que vem a ser o valor objeto da proteção constitucional, ou seja, o que, no Brasil, deve ser entendido por valor cultural que a norma constitucional visa a preservar em determinados bens. Lembra Danilo Santos de Miranda[16] que

> "[...] objetos e práticas expressam valores caros à comunidade que os cultiva, e esses valores são essenciais para manter a coesão da

---

16 MIRANDA. Danilo Santos de. In: *Bens culturais e direitos humanos*. SOARES, Inês Virgínia Prado; CUREAU, Sandra (org.). São Paulo: Edições São Paulo, 2015. p. 7.

comunidade e perpetuar sua identidade no tempo. Por isso os valores são defendidos, e o objeto e as práticas que os consubstanciam constituem bens, porque são preciosos, e bens culturais, porque conservam consigo a expressão de identidade e valor".

Necessário se faz, outrossim, o cotejamento delimitador do conceito desse valor com outros, constitucionalmente adotados, como o de propriedade privada e o de desenvolvimento, e sua consequente harmonização. Essa tarefa inicial de delineamento preciso do objeto de estudo necessariamente se reveste da natureza de uma pesquisa no âmbito deontológico, ainda que, como diz Norberto Bobbio,[17] não se trate da premissa da existência ou não de valores absolutos, mas do estudo conceitual de um valor determinado, cujo reconhecimento constitucional se deu em quadra relativamente recente

Um segundo nível de análise impõe-se por si só, embora a ele não se possa ficar adstrito: o da análise propriamente jurídica, o do estudo analítico dos meios disponíveis no direito positivo para a consecução dos fins implícitos na consagração constitucional da proteção dos bens de valor cultural. A indagação que inicialmente se impõe nesse âmbito da análise é a da natureza das normas constitucionais a esse aspecto pertinentes, com vistas a assegurar uma interpretação que propugne pela efetividade do seu poder vinculante. Para tanto, a análise das obras de José Joaquim Canotilho[18] e de Rolando E. Pina,[19] Constituição Dirigente e Vinculação do Legislador e Cláusulas Constitucionais Operativas e Programáticas, respectivamente, serão de grande valia. A análise a ser desenvolvida nesse nível ontológico do direito deverá conduzir à determinação de uma leitura sistemática e rigorosa das normas atinentes. De importância para o desenvolvimento do tema, nesse aspecto, será a apreciação do estudo intitulado *Do Tombamento no Direito Brasileiro,* de autoria de Edimur Ferreira Faria,[20] fruto de pesquisa concomitante

---

17 Ma anche nel caso di chi non crede in valori assoluti, il problema della giustizia o meno di una norma ha un senso: equivale a domandarsi si quella norma sia atta almeno a realizzare i valori storici, che inspirano quel concreto e storicamente determinato ordinamento giuridico. In: *Teoria della norma giuridica.* Turim: G. Ciappichelli Editore, s.d. p. 36.

18 CANOTILHO, José Joaquim Gomes. *Constituição dirigente e vinculação do legislador.* Coimbra: Editora Ltda., 1982.

19 E. PINA, Rolando. *Cláusulas constitucionais operativas y programáticas.* Buenos Aires: E.A.R.D.H., 1973.

20 FARIA, Edimur Ferreira de. *Do tombamento no direito administrativo.* Belo Horizonte: Faculdade de Direito da UFMG, 1986.

de caráter jurídico-dogmático.[21] A abordagem do tema notadamente sob prisma da experiência jurídica, contudo, vem trazer ao primeiro plano outras questões cruciais que estão a exigir tratamento adequado, não só na doutrina, mas também na legislação, e que serão pautadas neste trabalho. Por outro lado, a Constituição de 1988 explicitou a possibilidade de tratamento legislativo mais específico das peculiaridades regionais, no que se refere à preservação do patrimônio cultural pelos Estados-membros. Isso leva a autora, necessariamente, até mesmo por razões profissionais, ao tratamento do tema também no terreno da política do direito, no campo da Legística, sugerindo virtuais situações de aperfeiçoamento dos institutos, de forma a torná-los aptos à consecução dos fins constitucionalmente colimados. Nessa perspectiva, apresentam-se contribuições para uma política pública patrimonial mais abrangente e elementos de legística material nesse campo.

Para apreensão global do tema, faz-se ainda necessário um último nível de indagação: o que concerne ao plano da eficácia jurídica dos institutos, levando-se em conta o comportamento efetivo dos homens que vivem na sociedade destinatária, bem como dos órgãos estatais, em face do próprio valor consagrado e sua inserção no cotidiano desta mesma sociedade. É esse o nível fenomenológico do direito, cuja análise se faz por meio da Sociologia Jurídica. Daí por que se buscará auxílio dessa disciplina para detectar as razões que facilitam e os motivos que dificultam a internalização da norma pela sociedade e pelo Estado. O desenvolvimento desta análise, aliado à tentativa de responder às indagações anteriormente formuladas no plano deontológico e ontológico do tema, possibilita melhor e mais objetiva solução das questões atinentes a uma política legislativa capaz de, na prática, atualizar (termo este usado aqui também no sentido aristotélico de realização, existência) os valores, constitucionalmente consagrados, de proteção do patrimônio, em contexto paradigmático de Estado Democrático de Direito.

Esses três ângulos de tratamento do tema não haverão de se dar, como afirma Bobbio,[22] como realidades completamente isoladas; pelo contrário, re-

---

21 Quando da elaboração original deste estudo, a obra da Professora Sônia Rabelo ainda não havia sido publicada, só vindo a lume, na fase final da preparação da primeira edição deste trabalho, razão pela qual não foi tomada até como marco teórico desta pesquisa.

22 "... questa distinzione di problemi non deve assere concepita come una separazione in compartimenti stagni". Chi vuol comprendere l'esperienza giuridica nei suoi vari aspetti, dovrá tener conto que essa é quella parte dell' esperienza umana i cui elementi constitutivi sono ideali di giustizia da realizzare, instituzione normative

velam apenas três aspectos de uma mesma e única realidade. O sentido do instituto jurídico do tombamento e sua finalidade, constitucionalmente prevista, de proteção do patrimônio histórico, artístico e cultural em sua inteireza, só podem ser captados mediante foco nos distintos aspectos da matéria. Exige esta, por sua natureza mesma, métodos adequados a cada uma das três facetas que juridicamente a informam: sua justiça, sua validade e sua eficácia.

Sob esse prisma, a pesquisa interna se iniciará por uma análise do contexto mais amplo e da historicidade que circunstanciam o instituto do tombamento, principal instrumento de tutela, com o auxílio especial da culturologia jurídica, passando pelo estudo da *ocasio legis*, situação histórica de onde veio o impulso exterior para sua criação por lei, de caráter secundário. Tudo com o propósito de compreender o sentido e o significado dos substratos que se apresentam nas sucessivas práticas discursivas da cultura.

Não se pode negar que o elemento histórico, como recurso para a construção do conhecimento, pode assumir importância fundamental para a compreensão do sentido e da natureza de muitos institutos jurídicos. Por meio dele, buscam-se as origens remotas e próximas de um instituto ou de uma lei, permitindo que sejam apreendidas as condições sociais do momento de sua constituição, as ponderações dos interlocutores do discurso de justificação e, portanto, das narrativas subjacentes à normatização, e, também, os elementos que influenciam o processo de sua evolução. Todavia, tal elemento tem valor apenas científico; não tem força vinculante. É nesse plano que será resgatado o processo histórico do instituto.

O estudo será norteado, também, pela *ratio legis*, buscando-se nela o elemento de atualização permanente da norma.

Proceder-se-á ao levantamento do direito positivo, tarefa na qual se fará detença com vistas à apreensão de seu conteúdo como esquema de interpretação, buscando na lei seu sentido, seu objetivo, para, principalmente, definir contornos do chamado controle do tombamento.

Nesse passo, a lei será tomada como esquema de interpretação, que atribui sentido especificamente jurídico (no código binário do Direito: lícito ou ilícito) a atos que se processam no tempo e no espaço social, emprestando-lhes significação jurídica própria.

---

per realizzarli, azioni e reazioni degli uomini di fronte a quegli ideali e a queste istituzioni. I tre problemi sono tre diversi aspetti di un solo problema centrale, che è il problema della migliore organizzazione della vita degli uomini associati". Bobbio op. cit. p. 47.

Será utilizado o elemento sistemático para a interpretação, reconhecendo o ordenamento jurídico como um complexo hierarquizado, no qual o lugar que ocupa cada disposição é fundamental para determinar seu sentido, valor e papel no sistema globalmente considerado. É que o texto legal só adquire seu significado nítido e preciso quando confrontado e relacionado com os demais dispositivos, determinando-se seu lugar próprio no ordenamento, a partir do que se percebe toda sua significação e correlação com as demais normas, permitindo sua perfeita delimitação e seu pleno desenvolvimento segundo o princípio da unidade e aplicação ao caso concreto em seu pleno contexto.

Far-se-á esforço exploratório da doutrina brasileira a respeito do instituto, fragmentada em artigos e capítulos isolados.

Realizar-se-á pesquisa da jurisprudência pertinente, administrativa e dos tribunais, envolvendo, por um lado, casos emblemáticos, com ênfase nas questões mais controvertidas, notadamente situadas na fase de instituição do sistema do tombamento no Brasil, ou situações relevantes colhidas mediante incursão em outros estágios, e, por outro, julgados simples relativos a conteúdos afetos aos núcleos teóricos específicos do trabalho.

Em segundo plano, adotar-se-á, dentro das limitações que se impõem nesse sentido, a pesquisa de campo, na qual os depoimentos de autoridades e de comunidades envolvidas, embora não tomados de modo formal, representam subsídios para o estudo do tema e para reflexões da autora.

Serão feitas breves incursões na doutrina e na legislação estrangeiras, com vistas a obter informações que, cotejadas com as diretrizes do sistema interno, poderão contribuir no equacionamento de questões fundamentais atinentes ao tema.

Por fim, com base nos sítios institucionais das instituições de proteção, em catálogos e guias especializados, apresentam-se anexos contendo listagens de bens tombados:

ANEXO 1 – Principais Bens Tombados Pelo Instituto do Patrimônio Histórico e Artístico Nacional – IPHAN – em Minas Gerais;

ANEXO 2 – Bens Tombados Pelo Instituto Estadual do Patrimônio Histórico e Artístico de Minas Gerais – IEPHA/MG;

ANEXO 3 – Bens Tombados Pelo Município de Belo Horizonte.

Capítulo 1

A proteção do patrimônio cultural no plano internacional

1. ÓRGÃOS INTERNACIONAIS DE PROTEÇÃO DOS VALORES NATURAIS E CULTURAIS

Sabe-se que são remotas as iniciativas voltadas para a proteção do patrimônio cultural no plano interno de algumas nações ditas civilizadas, haja vista a presença de tantos referentes preservados em diversos países, mas estratégias estruturadas desenharam-se por esforço coletivo no âmbito de determinadas regiões, em estágio mais recente, especialmente como contraponto aos riscos e mazelas das guerras.[1,2] A temática ganhou, aos poucos, caráter universal, de modo que a comunidade internacional desenvolveu a consciência da necessidade de estratégias e mecanismos de tutela ou salvaguarda desse patrimônio, seja concebido segundo vertentes etnográficas de estudo e descrição dos referentes identitários dos povos (língua, religião, entre outros) e suas manifestações culturais materiais, seja superando tal concepção para acolher a dimensão do patrimônio perenizado em contínuo processo de (re)apropriação e (re)significação, em sua composição material e imaterial.

Ao longo da história, demonstrando essa consciência, a par de organismos internos pioneiros, outras organizações inspiradas em convenções internacionais têm-se estruturado, ocupando-se do tema e protagonizando acordos e outras pactuações transnacionais, objetivando efetivar ou ampliar a tutela do patrimônio cultural por meio de: mecanismos de cooperação;

---

1 FERRAZ, Thalyta Gomes. O Papel da Cooperação Sul-Sul na Rearticulação da Autoridade do Patrimônio Cultural no Brasil: um estudo sobre ações internacionais do IPHAN. Dissertação de Mestrado sob orientação do Professor Paulo Luiz Moreaux Lavigne Esteves. Pontifícia Universidade Católica do Rio de Janeiro, Instituto de Relações Internacionais RJ, 2015 (Certificação Digital: 1211351/CA) PUC-Rio-MAXWELL Cf. Capítulo: A Dinâmica internacional da Proteção do Patrimônio Histórico e Artístico Nacional, do qual se colhem outros subsídios pertinentes.

2 MOURA, Ângela Acosta Giovanni de. A Proteção Internacional do Patrimônio Cultural. Cadernos de Direito. Piracicaba, v. 12(23): 91-110, jul. – dez. 2002. ISSN: 1676-529-X.

diretrizes de políticas protecionistas a partir de premissas aceitas pelas nações envolvidas; criação de fundos de assistência, entre outras cautelas.

Resgatando-se, nas lições de Thalyta Gomes Ferraz, alguns organismos internos que construíram esse caminho da tutela patrimonial, registram-se o Serviço de Proteção de Antiguidades Nacionais da Suécia, criado ainda no século XVII; os outros órgãos ou instâncias que se seguiram: em 1807, a Chancellery Recommendations, na Dinamarca; e, em 1830, o Comité Historique na França. Deve-se, principalmente, à França revolucionária a noção de patrimônio como referente de memória e identidade do povo francês, para cuja tutela a Assembleia Nacional projetou ações vigorosas, a partir da constituição de comissão encarregada de resgatar, identificar e registrar obras de arte e monumentos, bem assim da adoção de instruções aos administradores da República Francesa. Tudo, em resposta aos movimentos de intelectuais e eruditos em prol da proteção dos bens e da memória, e em contraposição ao estado de destruição, degradação, devastação por incêndios criminosos, e de espoliação por saqueamentos e outros vandalismos. Não se pode olvidar, porém, que as lições de Roma antecederam esse marco, notadamente a partir de 1420, como estratégia de poder da Igreja. Enumeram-se, ainda, já por influência de tratativas internacionais: em 1882, o Ancient Monuments Protection na Inglaterra; e, em 1906, o Antiquities Act, nos Estados Unidos da América; e outros. Esses organismos, especialmente os da Europa, trasladaram suas práticas para suas colônias ou territórios sob sua influência.[3]

Seria, todavia, necessário contar com organizações intergovernamentais que pudessem assumir a defesa do patrimônio da cultura em sua dimensão ao mesmo tempo plural e universal, papel que foi assumido pela Organização das Nações Unidas para a Educação, a Ciência e a Cultura – UNESCO –, agência da Organização das Nações Unidas – ONU – que tem, entre seus objetivos, o de assegurar a preservação da herança da humanidade, constituída por livros, obras de arte e monumentos históricos e científicos e o de colocar essa herança cultural à disposição de todos, incentivando o respeito mútuo entre os povos, mediante a defesa dos diferentes valores culturais.

3 FERRAZ, Thalyta Gomes. O Papel da Cooperação Sul-Sul na Rearticulação da Autoridade do Patrimônio Cultural no Brasil: um estudo sobre ações internacionais do IPHAN. Dissertação de Mestrado sob orientação do Professor Paulo Luiz Moreaux Lavigne Esteves. Pontifícia Universidade Católica do Rio de Janeiro, Instituto de Relações Internacionais RJ, 2015 (Certificação Digital: 1211351/CA) PUC-Rio. Cf. Capítulo: A Dinâmica internacional da Proteção do Patrimônio Histórico e Artístico Nacional, PUC-Rio Disponível em: <https://www.maxwell.vrac.puc-rio.br/26947/26947_5.PDF>. Acesso em: 14 fev. 2019.

A criação da UNESCO partiu da premissa de que o respeito às diferenças culturais seria o caminho para construção da paz entre os povos, o que se viabilizaria a partir da formação de uma ordem normativa para cuja construção os Estados participantes pudessem aportar suas contribuições referenciadas por sua identidade política e cultural[4]; da legitimação e compartilhamento de práticas protetivas ou de defesa em curso; da contingência de fortalecimento de autoridades patrimoniais em estados em processo de consolidação de sua soberania, tudo sob a chancela de uma órgão com forte representatividade no concerto das nações. Definiu-se, assim, como missão da Agência, a difusão da cultura, do conhecimento produzido e acumulado dos estados participantes; a promoção da educação e de outras iniciativas que pudessem refletir na autoestima e na diversidade cultural dos povos. Apesar de constituírem avanço no campo da preservação do patrimônio cultural, as ações da UNESCO não se desenvolviam propriamente pela vertente de reconhecimento de direitos culturais.

Ademais, no contexto de empoderamento dos povos descolonizados, de rescaldos do movimento pós-moderno globalizatório, de dinâmicas dos movimentos inclusivos de minorias nas políticas identitárias, a arregimentação em torno dos direitos culturais, muitas vezes, ocorreu à margem de uma concepção universal dessas dotações jurídicas fundamentais, para operar em prol de grupos dissonantes, em recortes que, paradoxalmente, tendem a reforçar a estratificação e exclusão deles.[5] Tudo sustentado por bandeiras políticas ideológicas, mais que por códigos do direito e por políticas públicas capazes de garantir a efetividade dos diretos culturais.

Transcreve-se, a propósito, a advertência feita por Christian Courtis: "Embora façam parte do conjunto de direitos humanos reconhecidos internacionalmente desde a adoção da Declaração Universal dos Direitos

4 FERRAZ, Thalyta Gomes. O Papel da Cooperação Sul-Sul na Rearticulação da Autoridade do Patrimônio Cultural no Brasil: um estudo sobre ações internacionais do IPHAN. Dissertação de Mestrado sob orientação do Professor Paulo Luiz Moreaux Lavigne Esteves. Pontifícia Universidade Católica do Rio de Janeiro, Instituto de Relações Internacionais RJ, 2015 (Certificação Digital: 1211351/CA) PUC-Rio. Cf. Capítulo: A Dinâmica internacional da Proteção do Patrimônio Histórico e Artístico Nacional, PUC--Rio Disponível em: <https://www.maxwell.vrac.puc-rio.br/26947/26947_5.PDF>. Acesso em: 14 fev. 2019.

5 COSTA, Mila Batista Leite Corrêa da. A Atuação do Poder Legislativo no Desenho Institucional da Política de Preservação do Patrimônio Cultural no Brasil. Belo Horizonte: Faculdade de Direito da Universidade Federal de Minas Gerais. Programa de Pós-Graduação, 2018, pp. 120 e 110.

Humanos em 1948, os direitos culturais têm sido negligenciados nesse campo".[6]

Mais recentemente, no tratamento da temática patrimonial no bojo da comunidade internacional, verifica-se, porém, uma acentuada tendência de associar a política de proteção, preservação e fruição do patrimônio cultural à pretensão ou necessidade de resposta aos direitos culturais no quadro dos direitos humanos. Nesse sentido, os organismos responsáveis pela defesa dos direitos humanos têm contribuído para a conceituação ou densificação dessas dotações jurídicas de cariz cultural e, assim, criado condições para o controle transnacional das práticas que as impactam, positiva ou negativamente, na esfera internacional.

Nesse diapasão, chama-se atenção para o Conselho de Diretos Humanos das Nações Unidas, que, em 2009, deu um passo importante na proteção dos direitos culturais, ao criar o procedimento especial "perito independente na área dos direitos culturais" (Resolução n. 10/23, de 26 de março de 2009). Igualmente, joga-se luz sobre um importante marco da trajetória recente de valorização dos direitos culturais como direitos humanos, "a adoção, em 2010, de um Comentário Geral sobre o direito de participar da vida cultural, pelo Comitê de Direitos Econômicos, Sociais e Culturais das Nações Unidas. (Toda pessoa tem o direito de participar livremente da vida cultural da comunidade, de desfrutar das artes e de participar do progresso científico de seus benefícios)".[7]

2. A PROTEÇÃO AO PATRIMÔNIO NAS CONVENÇÕES INTERNACIONAIS E EM DOCUMENTOS SIMILARES

Ressalta-se, preliminarmente, a importância dos tratados e convenções internacionais, como fontes transnacionais de direito, de caráter formal e material, para os estados signatários; sem caráter normativo, apresentam-se, também, as chamadas cartas técnicas internacionais.

Sobre a caracterização desses documentos internacionais – os emitidos por organizações intergovernamentais e os editados por organizações não-governamentais – é elucidativa a seguinte passagem:

---

6 COURTIS, Christian. Prefácio – Direitos culturais como direitos humanos: Conceitos. In: SOARES, Inês Virgínia Prado; CUREAU, Sandra (org.). *Bens Culturais e Direitos Humanos*. São Paulo: Sesc São Paulo, 2015. p. 09.

7 COURTIS, Christian. Prefácio – Direitos Culturais como Direitos Humanos: Conceitos. In: SOARES, Inês Virgínia Prado; CUREAU, Sandra (org.). *Bens Culturais e Direitos Humanos*. São Paulo: Sesc São Paulo, 2015. p. 9.

> "Podem-se considerar, dentre os primeiros, as convenções e recomendações de organismos internacionais como a UNESCO e a OEA, ou seja, aqueles que dependem da aprovação e compromisso dos Estados-membros, os quais fazem parte dessas instituições. O segundo tipo refere-se a documentos produzidos normalmente por associações de profissionais de uma determinada área e que, apesar de não gerarem um compromisso estatal, assumem importância internacional".[8]

Participando da comunidade dos estados soberanos, a República Federativa do Brasil mantém relações com estados estrangeiros, integra organizações internacionais, firmando, sobretudo no campo da proteção ao patrimônio cultural, vários tratados e convenções.

Para se transmutarem em fontes formais, esses tratados e convenções devem ser acolhidos como normatividade na ordem jurídica interna, na qual ingressam com cariz de lei ordinária, com ressalva das situações em que ganham equivalência de Emenda à Constituição, consoante disposto no art. 5º, § 3º, da Constituição Federal. Assim, firmadas pelo Presidente da República, referendadas ou aprovadas pelo Congresso Nacional, ratificadas e promulgadas as convenções internacionais, conforme o procedimento constitucional indicado, passam elas a figurar como fonte formal de Direito, e, ainda quando não ratificadas, podem socorrer o ordenamento como fonte material, subsidiando a construção da matriz normativa do Direito.

A matéria atinente às relações internacionais é tratada em diversos dispositivos constitucionais, com ênfase para os procedimentos dessa integração. O art. 21, I, da Constituição Federal atribui competência à União para "manter relações com Estados Estrangeiros e participar de organizações internacionais". A referida competência encontra ressonância nas atribuições do Presidente da República, consoante disposto no art. 84, VII e VIII: "Compete privativamente ao Presidente da República: [...] VII – manter relações com Estados Estrangeiros e acreditar seus representantes diplomáticos; VIII – celebrar tratados, convenções e atos internacionais, sujeitos a referendo do Congresso Nacional".

Dispõe o art. 49 da Constituição Federal: "É de competência exclusiva do Congresso Nacional: I – Resolver definitivamente sobre tratados, acordos ou atos internacionais que acarretem encargos ou compromissos gravosos ao patrimônio nacional". Essa manifestação deve ser formalizada por Decreto Legislativo.

---

8 IPHAN. Programa de Especialização em Patrimônio do IPHAN. *Entorno dos bens tombados/Programa de Especialização em Patrimônio do IPHAN*. Pesquisa e texto: Analucia Thompson e Lia Mota. Rio de Janeiro: Iphan, 2007. p. 13.

Resulta do conjunto desses dispositivos uma ritualística ou um fluxo de formalização de um tratado ou convenção internacional, a envolver as discussões ou negociações propriamente ditas, a celebração ou assinatura do documento, a sua remessa ao Congresso Nacional para aprovação ou referendo, e, por fim, se aprovado, a ratificação e promulgação por meio de Decreto do Presidente.

A atuação no curso desse fluxo por parte do Presidente da República, como Chefe de Estado, alberga-se em ampla discricionariedade, seja quanto às pautas de negociações e à oportunidade de pactuação, seja, notadamente, quanto ao momento de envio de tratados e convenções por ele firmados ao Congresso Nacional, para aprovação legislativa, seja ainda quanto à decisão de ratificação, quando aprovados.

Anota-se que o tratado ou convenção, como fonte formal, passa a integrar a ordem jurídica interna, sob a égide da Constituição da República, não podendo com ela colidir, sujeitando-se, por isso mesmo, ao controle de constitucionalidade, conforme previsto no art. 102, III, b, da Constituição Federal.

A Emenda Constitucional n. 45, de 8 de dezembro de 2004, acrescentou ao art. 5º o seguinte parágrafo 3º: "Os tratados e convenções internacionais sobre direitos humanos que forem aprovados, em cada Casa do Congresso Nacional, em dois turnos, por três quintos dos votos dos respectivos membros, serão equivalentes às emendas constitucionais". A regra leva em conta o rito e o quórum previstos, no § 2º do art. 60 da Constituição Federal, para aprovação de emenda à Constituição.

Após as considerações introdutórias acerca dos aspectos constitucionais da categoria jurídica em estudo no presente capítulo, é necessário traçar, em síntese apertada, a gênese das tratativas internacionais com foco na preservação, consubstanciadas nas chamadas Cartas ou Tratados Universais, ou em instrumentos regionais, estes, com pretensão de estabelecer diretrizes e normas comuns no âmbito de uma região.

O século XIX inaugurou a prática de estratégias transnacionais tendo em vista o resgate, a defesa e a preservação de bens culturais em áreas de conflitos ou de guerras, consignadas em declarações com que se comprometiam os estados signatários. São exemplos dessas iniciativas: as Declarações de Bruxelas, de 1874, e as Convenções de Haia, de 1889 e 1907. Tais declarações estabeleciam cautelas que deveriam ser adotadas no bojo do direito internacional humanitário, em situações de conflitos, para a preservação das "artes e das ciências".

Prossegue-se, agora, com o inventário e o registro de documentos importantes na enunciação de direitos, embora nem todos sejam referenciados direta ou exclusivamente à proteção patrimonial. A Declaração Universal de Direitos Humanos, de 1948, considerada como certidão de nascimento do Direito Internacional dos Direitos Humanos, deve comparecer em destaque neste rol. Ela faz menção, no artigo 27, aos Direitos Culturais, proclamando:

> "1. Toda pessoa tem o direito de participar livremente da vida cultural da comunidade, de desfrutar das artes e de participar do progresso científico e de seus benefícios.
> 2. Toda pessoa tem o direito à proteção dos interesses morais e materiais decorrentes de qualquer produção científica, literária ou artística da qual seja autora".[9]

O Pacto Internacional sobre Direitos Civis e Políticos, adotado pela XXI Sessão da Assembleia-Geral das Nações Unidas, em 16 de dezembro de 1966, ratificada pelo Brasil, em 24 de janeiro de 1992, promulgado pelo Decreto n. 592, de 6 de julho de 1992; e o Pacto Internacional sobre Direitos Econômicos, Sociais e Culturais, adotado pela Resolução n. 2.200-A (XXI) da Assembleia Geral das Nações Unidas, em 16 de dezembro de 1966, ratificado pelo Brasil, em 24 de janeiro de 1992, e promulgado pelo Decreto n. 591, de 6 de julho de 1992, acolhendo as prescrições da DUDH, contêm cláusulas sobre os direitos culturais.

A despeito do Pacto Internacional dos Direitos Econômicos, Sociais e Culturais, o Comitê dos Direitos Econômicos, Sociais e Culturais, até o Comentário n. 21, segundo Christian Courtis,

> "[...] havia adotado apenas um comentário sobre o direito do autor de desfrutar da proteção dos interesses morais e materiais decorrentes de suas produções científicas, literárias ou artísticas. A adoção do Comentário Geral m. 21 pretende corrigir esse desequilíbrio, oferecendo orientações sólidas sobre o conteúdo de um dos direitos culturais fundamentais consagrados no Pacto; o direito de todos de participar da vida cultural".[10]

---

9 COURTIS, Christian. Prefácio – Direitos culturais como direitos humanos: Conceitos. In: SOARES, Inês Virgínia Prado; CUREAU, Sandra (org.). *Bens Culturais e Direitos Humanos.* São Paulo: Sesc São Paulo, 2015. p. 10.

10 COURTIS, Christian. Prefácio – Direitos culturais como direitos humanos: Conceitos. *In:* SOARES, Inês Virgínia Prado; CUREAU, Sandra (org.). *Bens Culturais e Direitos Humanos.* São Paulo: Sesc São Paulo, 2015. pp. 16-17.

Algumas Convenções Internacionais relacionadas com os direitos de grupos ou categorias específicas de pessoas ou de minorias fazem referência aos direitos culturais, conforme lembra Christian Courtis: a Convenção Internacional sobre a Eliminação de Todas as Formas de Discriminação Racial, de 1965; a Convenção sobre a Eliminação de Todas as Formas de Discriminação contra a Mulher, de 1979; a Convenção sobre os Direitos da Criança, de 1989; a Convenção Internacional sobre a Proteção dos Direitos de Todos os Trabalhadores Migrantes e Membros de suas Famílias, de 1990; a Convenção sobre os Direitos das Pessoas com Deficiência, de 2006.[11]

Ainda, na concepção de Christian Courtis, instrumentos regionais de direitos humanos acolhem ou estatuem direitos culturais:

> "Por exemplo, o Sistema Interamericano de Direitos Humanos tem uma longa tradição de reconhecimento dos direitos culturais. A Declaração Americana dos Direitos e Deveres do Homem, de 1948, que antecede a Declaração Universal de Direitos Humanos por alguns meses, praticamente antecipou a formulação de instrumentos relativos aos direitos culturais".[12]

Dispõe a pioneira Declaração Americana dos Direitos e Deveres do Homem, de 1948:

> "Toda pessoa tem o direito de participar dos benefícios resultantes do progresso intelectual, especialmente das descobertas científicas. Ela também tem o direito à proteção de seus interesses morais e materiais no que diz respeito às invenções ou qualquer obra literária, científica ou artística de que seja autora".

Destaca-se, também, no âmbito dos instrumentos regionais, a Convenção americana sobre Direitos Humanos, de 1969, assinada na Conferência Especializada Interamericana sobre Direitos Humanos, em San José, Costa Rica, aos 22 de novembro de 1969, que inclui disposição sobre direitos econômicos, sociais e culturais.

Igualmente, tem relevância nesse campo o Protocolo de San Salvador (Adicional à Convenção Americana sobre Direitos Humanos em Matéria de

---

11 COURTIS, Christian. Prefácio – Direitos Culturais como Direitos Humanos: Conceitos. In: SOARES, Inês Virgínia Prado; CUREAU, Sandra. *Bens Culturais e Direitos H*umanos (org.). São Paulo: Sesc São Paulo, 2015. p. 11.

12 COURTIS, Christian. Prefácio – Direitos culturais como direitos humanos: Conceitos. *In:* SOARES, Inês Virgínia Prado; CUREAU, Sandra (org.). *Bens Culturais e Direitos Humanos.* São Paulo: Sesc São Paulo, 2015. p. 11.

Direitos Econômicos, Sociais e Culturais), de 1988, que estabelece disposição relativa a benefícios da cultura.

Dar-se-á, por fim, notícia de algumas convenções e recomendações internacionais que consubstanciam marcos normativos para sustentação de medidas protecionistas do patrimônio, no âmbito da política transnacional neste particular. Deter-se-á, contudo, apenas na análise daquelas que, por sua relevância, demandaram maior aprofundamento, ressalvando-se a inevitável superficialidade em relação a alguns delas, pela dificuldade de acesso às fontes a elas referentes.

De importância para compreensão desse percurso das normas internacionais no campo da proteção à cultura e aos seus referentes é a análise desenvolvida por Fabiana Santos Dantas, cuja leitura permitirá a seleção de elucidativos suplementos.[13]

São as seguintes as convenções ou recomendações internacionais especialmente vertidas à proteção patrimonial:[14]

1) Convenção da Organização dos Estados Americanos – OEA – para a proteção ao Patrimônio Arqueológico, Histórico e Artístico das Nações Americanas, firmada em Santiago-Chile, 1923, *Reformada pelo Protocolo de Buenos Aires, em 1967; pelo Protocolo de Cartagena das Índias, em 1985; pelo Protocolo de Washington, em 1992; e pelo Protocolo de Manágua, em 1993;*
2) Convenção das Organizações das Nações Unidas para a Educação, a Ciência e a Cultura – UNESCO – para Proteção dos Bens Culturais em Caso de Conflito Armado, aprovada pela sua Conferência Geral, em Haia, no dia 14 de maio de 1954;
3) "Recomendación que define los princípios internacionales e que deberá aplicar-se a las excavaciones arqueológicas", da UNESCO, aprovada pela sua Conferência Geral, em sua 9ª reunião, em Nova Delhi, no dia 05 de dezembro de 1956;

13 DANTAS, Fabiana Santos. Guerra e Paz: Uma Análise da Evolução das Normas Internacionais de Proteção ao Patrimônio Cultural. *Revista de Direito Constitucional e Internacional.* São Paulo, abr./jun. 2010. pp. 85-102, v. 18, n. 71.

14 Os documentos das convenções podem ser consultados em transcrições postadas no portal oficial do IPHAN sob o título Acervos e Publicações – Cartas Patrimoniais. Disponível em: <http://portal.iphan. gov.br/pagina/detalhes/1211>.=

4) "Recomendación relativa a la protección de la belleza y del carácter de los lugares y paisages", da UNESCO, aprovada por sua Conferência Geral, na 12ª reunião, em Paris, no dia 11 de dezembro de 1962;
5) Recomendação de Paris, da UNESCO, aprovada na 13ª Sessão de sua Conferência Geral, em 19 de novembro de 1964;
6) "Recomendación sobre la conservación de los bienes culturales que la ejecución de obras públicas o privadas pueda poner em peligro", da UNESCO, aprovada pela sua Conferência Geral, em sua 15a. reunião, em Paris, no dia 19 de novembro de 1968;
7) Convenção sobre as medidas para proibir e impedir a importação e a transferência de propriedades ilícitas dos bens culturais, da UNESCO, aprovada pela sua Conferência Geral, reunida em Paris, em novembro de 1970;
8) Declaração de Estocolmo, da Organização das Nações Unidas para o Meio Ambiente, aprovada em sua Assembleia Geral de 5 a 16 de junho de 1972;
9) Convenção para a Proteção do Património Mundial, Cultural e Natural, da UNESCO, aprovada em 16 de novembro de 1972, pela sua Conferência Geral, reunida em sua décima sétima sessão, em Paris, no período de 17 de outubro a 21 de novembro de 1972;
10) Recomendações de Nairóbi, da UNESCO, aprovada na 19ª sessão de sua Assembleia Geral ocorrida em novembro de 1976;
11) Declaração de Nairóbi. Assembleia Mundial dos Estados de 10 a 18 de maio de 1982, no Quênia;
12) Declaração do México. Conferência Mundial sobre as Políticas Culturais, de 1982;
13) Convenção sobre o Direito do Mar, da Organização das Nações Unidas, aprovada em sua Terceira Conferência Geral sobre Direito do Mar, em Montego Bay, na Jamaica, em 1982, aprovada pelo Decreto Legislativo n. 5, de 9 de novembro de 1987, ratificada pelo Brasil no dia 22 de dezembro de 1988 e promulgada pelo Decreto n. 99.165, de 12 de março de 1990, e novamente pelo Decreto n. 1.530, de 22 de junho de 1995;
14) Recomendação de Paris sobre a Salvaguarda da Cultura Tradicional e Popular, da UNESCO, aprovada na. 25ª Sessão da sua Conferência Geral, realizada em de 15 de novembro de 1989;
15) Carta do Rio. Conferência Geral das Nações Unidas sobre Meio Ambiente e o Desenvolvimento, de 15 a 14 de junho de 1992;

16) Convenção Europeia para a Proteção do Patrimônio Arqueológico, aprovada pelos Estados-Membros do Conselho da Europa, bem como pelos restantes Estados – Partes, na Convenção Cultural Europeia, em La Valetta Malta, no dia 16 de janeiro de 1992;

17) Conferência de Nara, da UNESCO, ICCROM e ICOMOS, sobre a autenticidade em relação à Convenção do Patrimônio Mundial, de 6 de novembro de 1994;

18) Carta de Brasília, documento regional do Cone Sul, sobre a autenticidade das várias heranças culturais que compõem os povos latino-americanos, firmada em 1995;

19) Carta de Brasília, documento regional do Cone Sul, sobre a autenticidade das várias heranças culturais que compõem os povos latino-americanos, firmada em 1995;

20) Recomendação da Europa sobre a conservação integrada das áreas de paisagens culturais no âmbito das políticas paisagísticas, adotada pelo Comitê de Ministros por ocasião do 543º Encontro de Vice-Ministros, em 11 de setembro de 1995;

21) Convenção do Instituto Internacional para a Unificação do Direito Privado (Unidroit) sobre Bens Culturais Furtados ou Ilicitamente Exportados, aprovada em Roma, no ano de 1995, ratificada pelo Brasil e promulgada pelo Decreto n. 3.166/1999;

22) Carta de Mar del Plata. Documento do Mercosul sobre Patrimônio Intangível, de julho de 1997;

23) Decisão 450 de Cartagenas de Índias-Colômbia, sobre proteção, recuperação de bens culturais do patrimônio arqueológico, histórico, etnográfico, paleantológico e artístico da Comunidade andina, de 25 de maio de 199;

24) Convenção sobre a Proteção do Património Cultural Subaquático, da UNESCO, aprovada pela sua 31.ª Conferência Geral, em Paris, no dia 2 de novembro de 2001;[15]

25) Convenção para a Salvaguarda do Patrimônio Cultural Imaterial, da UNESCO, aprovada pela sua Conferência Geral, em sua 32ª

---

15 CONVENÇÃO UNESCO, 2001. *Convenção Sobre A Proteção Do Património Cultural Subaquático*. Texto adotado pela 31ª Conferência Geral da Organização das Nações Unidas para a Educação, a Ciência e a Cultura (UNESCO) em Paris, 2001. Disponível em: <http://www.patrimoniocultural.gov.pt/media/uploads/cc/ConvProtPatCultSub_PT.pdf>. Acesso em: 14 fev. 2019.

sessão, realizada em Paris, no período de 29 de setembro a 17 de outubro de 2003;[16]

26) Convenção sore a Proteção e Promoção da Diversidade das Expressões Culturais, da UNESCO, aprovada pela sua Conferência Geral, em Paris, em 2005, e pelo Decreto Legislativo n. 485, de 20 de dezembro de 2006, ratificada pelo Brasil junto à UNESCO e promulgada pelo Decreto n. 6.177, de 1º de agosto de 2007.[17]

Na sequência, são apresentadas resenhas de informações sobre diversas convenções ou documentos similares que integram o rol consignado no presente tópico.

2.1. Convenção da Organização dos Estados Americanos – OEA – para a proteção ao Patrimônio Arqueológico, Histórico e Artístico das Nações Americanas, Santiago – Chile, 1923

Maria Tárcila Ferreira Guedes resgata a motivação original das Conferências Pan-Americanas e sua evolução:

> "A proposta das Conferências Pan-Americanas fez parte de um projeto inaugural que na historiografia é identificado às ideias de Simon Bolívar, que pretendia formar, em 1826, uma confederação dos países latino-americanos – projeto que não foi avante. Mais tarde, em 1889, os Estados Unidos, envolvidos pelos princípios da Doutrina Monroe, propuseram a criação das Conferências Internacionais Americanas com a finalidade de obter supremacia no plano econômico e politico".[18]

Desde o esforço inaugural pan-americano de concertação em relação a temas relevantes, a cultura teve lugar nas discussões, sendo que "questões

16 CONVENÇÃO UNESCO, 2003. *Convenção para a Salvaguarda do Patrimônio Cultural Imaterial* – UNESCO, 2003. Tradução feita pelo Ministério de Relações Exteriores, Brasília, 2006. Disponível em: <http://portal.iphan. gov.br/uploads/ckfinder/arquivos/ConvencaoSalvaguarda.pdf>. Acesso em: 14 fev. 2019.

17 CONVENÇÃO UNESCO, 2005. *A Convenção sobre a Proteção e Promoção da Diversidade das Expressões Culturais*. Comentários de DUPIN, Giselle. Disponível em: <http://observatoriodadiversidade.org.br/site/convencao-da-unesco-na-atualidade>. Acesso em: 14 fev. 2019.

18 GUEDES, Maria Tarcila Ferreira. Conferências Pan-Americanas. In: REZENDE, Maria Beatriz; GRIECO, Bettina; TEIXEIRA, Luciano; THOMPSON, Analucia (org.). *Dicionário IPHAN de Patrimônio Cultural*. 1 ed. Rio de Janeiro, Brasília: Iphan: DAF: Copedoc, 2015. Disponível em: <http://portal.iphan. gov.br/dicionarioPatrimonioCultural/detalhes/24/conferencias-pan-americanas>.

em torno da arqueologia estiveram presentes desde a II Conferência Pan-Americana, em 1901, e deram origem à recomendação para a formação de uma 'Comissão Arqueológica Internacional Americana'".[19]

A Convenção da Organização dos Estados Americanos – OEA – para a proteção ao Patrimônio Arqueológico, Histórico e Artístico das Nações Americanas, firmada, originalmente em 1923, em Santiago do Chile, constitui significativo marco normativo internacional no campo da preservação do patrimônio cultural na vertente da arqueologia, notadamente pela sua precedência e pela importância das áreas sob jurisdição da OEA para aquele domínio cultural específico.

O referido documento, segundo Tereza Maria Spyer Dulci, previa:

> "[...] a formação de 2 institutos arqueológicos nos centros considerados de mais alta cultura pré-colombiana, um na região do México e da América Central e outro na região do Equador e do Peru. Além disso, recomendou-se a formação de um mapa arqueológico em cada país, aconselhando os governos que designassem peritos para examinar o valor e a procedência dos documentos arqueológicos, além de zelar pela sua conservação".[20]

A aludida Convenção foi, sucessivamente, reformada pelos protocolos de Buenos Aires, em 1967; de Cartagena das Índias, em 1985; de Washington, em 1992; e de Manágua, em 1993.

2.2. Convenção da Organização das Nações Unidas para a Educação, a Ciência e a Cultura – UNESCO – para Proteção dos Bens Culturais em Caso de Conflito Armado, Haia, de 1954

As operações militares ou os conflitos armados, de um modo geral, são fatores de ameaça ao patrimônio cultural e de destruição dos bens que o integram, com repercussão nos países desfalcados dos referentes de sua

19 GUEDES, Maria Tarcila Ferreira. Conferências Pan-Americanas. In: REZENDE, Maria Beatriz; GRIECO, Bettina; TEIXEIRA, Luciano; THOMPSON, Analucia (org.). *Dicionário IPHAN de Patrimônio Cultural*. 1 ed. Rio de Janeiro, Brasília: Iphan: DAF: Copedoc, 2015. Disponível em: <http://portal.iphan. gov.br/dicionarioPatrimonioCultural/detalhes/24/conferencias-pan-americanas>.

20 DULCI, Tereza Maria Spyer. *Conferências Pan-Americanas (1889-1928): a questão das identidades*. Anais Eletrônicos do VIII Encontro Internacional da ANPHLAC. Vitória, 2008. p. 6. ISBN: 978-85-61621-01-8.

história ou afetados na integridade patrimonial e, também, na comunidade internacional. As Guerras Mundiais, sobretudo, desenharam um quadro de perdas irreparáveis, que desafiaram as nações a buscarem salvaguardas e a projetarem os direitos culturais na temática dos direitos humanos, com vistas ao monitoramento e à proteção na esfera internacional.

Catalisando as experiências no trato dos bens culturais e nas situações de perdas decorrentes daqueles conflitos, e buscando construir estratégias comuns para atuação em favor da defesa dos patrimônios culturais naquelas circunstâncias, a Conferência Geral da Organização das Nações Unidas para a Educação, a Ciência e Cultura – UNESCO – aprovou, em 14 de maio de 1954, em Haia, o primeiro ato normativo de caráter internacional voltado à política específica: a Convenção para a Proteção dos Bens Culturais em Caso de Conflito Armado – (CBC). Dela foram signatários 45 países, incluído o Brasil. A referida Convenção, após aprovação pelo Congresso Nacional por meio do Decreto Legislativo n. 32, de 14 de agosto de 1956, foi ratificada pelo Brasil, por Carta de 20 de junho de 1958, com instrumento de ratificação depositado na UNESCO, em Paris, tendo sido, ao final, promulgada pelo Decreto n. 44.851, de 11 de novembro de 1958. A Convenção se fez acompanhar do Protocolo relativo aos bens culturais em caso de conflito armado(P1), cujo objetivo era coibir a exportação ilegal de bens culturais.[21]

João Batista Lanari Bo, resgatando o histórico da formulação dessa Convenção e a evolução dos seus documentos complementares, anota:

> "Criada na esteira da 2ª Guerra Mundial, a Convenção consolidou uma série de práticas e regras voltadas à proteção de monumentos e bens culturais em áreas em conflito, iniciadas no século XIX. Por outro lado, acrescentou a esfera cultural aos esforços normativos, em escala internacional, do Direito Humanitário. [...] À Convenção seguiu-se, na mesma data, um Protocolo dedicado a disciplinar a exportação ilegal de bens culturais, ratificado por 82 países. Nos anos 90, modificada a cena internacional com o fim da Guerra Fria, uma nova dinâmica instaurou-se na eclosão dos conflitos, levando os países a negociarem um segundo Protocolo, concluído em março de 1999".[22]

Este protocolo, relativo à mesma Convenção de Haia, foi promulgado pelo Brasil em 24 de abril de 2006.

---

21 CONVENÇÃO UNESCO, 1954. *Convenção para a Proteção dos Bens Culturais em caso de conflito armado e seus Protocolos de 1954*. Disponível em: <https://www.icrc.org/por/resources/documents/misc/5yblal.htm>. Acesso em: 14 fev. 2019.

22 BO, João Batista Lanari. *Proteção do Patrimônio na UNESCO:* ações e significados. Brasília: UNESCO, 2003. p. 35. Disponível em: <http://www4.unirio.br/museologia/textos/protecao_patrimonio_na_unesco.pdf>. Acesso em: 14 jan. 2019.

2.3. Recomendación que define los princípios internacionales e que deberá aplicar-se a las excavaciones arqueológicas, da UNESCO, Nova Delhi, 1956

A Recomendação de Nova Delhi sobre escavações arqueológicas foi aprovada pela Conferência Geral da Organização das Nações Unidas para a Educação, a Ciência e a Cultura – UNESCO –, em 5 de dezembro de 1956, tendo por objeto a proteção do patrimônio arqueológico.

Trata-se de um dos documentos patrimoniais mais importantes para o enfrentamento do quadro de dificuldades e vulnerabilidades em que, muitas vezes, se colocam os bens arqueológicos ou portadores de vestígios do ciclo civilizatório, precipuamente para minimizar os riscos de pesquisas e escavações predatórias ou destrutivas.

Registram-se fragmentos da consideranda do referido ato normativo internacional, a título de síntese de sua fundamentação, os quais constituem a ideia núcleo do documento: "a história do homem implica o conhecimento das diferentes civilizações" e vislumbra-se a necessidade de que "as autoridades nacionais encarregadas da proteção do patrimônio arqueológico se inspirem em determinados princípios comuns aferidos na experiência e na prática dos serviços arqueológicos nacionais".[23]

A recomendação envolve cautelas que se aplicam a qualquer vestígio arqueológico que se afigure de interesse público para os domínios da história e da arte, a critério do Estado parte em cujo território se encontre, devendo-se priorizar, contudo, os bens móveis e imóveis que se enquadrem nos parâmetros do amplo interesse da arqueologia. Tem aplicação a todas as pesquisas ligadas à descoberta de objetos de caráter arqueológico, em terra, ou no leito ou subsolo de águas interiores ou territoriais de um Estado-membro.

O texto normativo enfatiza a necessidade de adoção de medidas voltadas para a eficácia de suas formulações nos territórios dos Estados signatários, incluída a de divulgação de seu conteúdo e importância junto às autoridades e órgãos cujas competências estejam afetas às pesquisas arqueológicas e aos museus.

---

23 CONVENÇÃO UNESCO, 1956. "Recomendación que define los princípios internacionales e que deberá aplicar-se a las excavaciones arqueológicas" – Nova Delhi. UNESCO, 1956. *Conferência Geral da Organização das Nações Unidas para a Educação, a Ciência e a Cultura.* 5 de dezembro de 1956. Disponível em: <http://portal.iphan.gov.br/uploads/ckfinder/arquivos/Recomendacao%20de%20Nova%20Dheli%201956.pdf>. Acesso em: 14 fev. 2019.

Em síntese, a Recomendação define as bases da Proteção do Patrimônio Arqueológico, a partir de diretrizes segundo as quais cada Estado-Membro deverá garanti-la mediante:

a) Exigência de prévia autorização para explorações es pesquisas arqueológicas, bem assim controle de sua implementação;
b) Obrigatoriedade de imediata declaração à autoridade competente da descoberta de vestígios arqueológicos;
c) Aplicação de sanções aos infratores das regras de proteção ao patrimônio arqueológico;
d) Determinação de confisco dos objetos não declarados;
e) Definição do regime jurídico do subsolo arqueológico e, em caso de se tratar de subsolo de propriedade do Estado, a necessidade de sua indicação expressa na legislação;
f) Estabelecimento de critérios de proteção legal dos elementos essenciais do patrimônio arqueológico entre os monumentos históricos.[24]

Especificamente no bojo da disciplina das pesquisas arqueológicas, segundo o comentário de Lyndel V. Prott e Patrick J. O'Keefe, a indicação

> "[...] inclui alguns dispositivos detalhados sobre controle de escavações, participação de estrangeiros nos trabalhos arqueológicos, estabelecimento de um registro geral dos principais sítios, organização de coleções, destinação dos bens descobertos, direitos e deveres do escavador, documentação sobre as escavações e repressão a escavações clandestinas".[25]

A recomendação, de acordo com as normas constitutivas e regulamentares da UNESCO e as prescrições pactuadas, obriga os Estados-membros a colocá-la em prática e a relatar à Organização os meios empregados para realizá-la.[26]

---

24 CONVENÇÃO UNESCO, 1956. "Recomendación que define los princípios internacionales e que deberá aplicar-se a las excavaciones arqueológicas" – Nova Delhi. UNESCO, 1956. *Conferência Geral da Organização das Nações Unidas para a Educação, a Ciência e a Cultura.* 5 de dezembro de 1956. Disponível em: <http://portal.iphan.gov.br/uploads/ckfinder/arquivos/Recomendacao%20de%2Nova%20Dheli%20 1956.pdf>. Acesso em: 14 fev. 2019.

25 PROTT, Lyndel V.; O'Keefe, Patrick J. O direito e patrimônio subaquático. Tradução de: Andreá Rodrigues. *O Correio da UNESCO.* Rio de Janeiro, 24 jan. 88.

26 PROTT, Lyndel V.; O'Keefe, Patrick J. O direito e patrimônio subaquático. Tradução de: Andreá Rodrigues. *O Correio da UNESCO.* Rio de Janeiro, 24 jan. 88.

2.4. Recomendación relativa a la protección de la belleza y del carácter de los lugares y paisages, da UNESCO, Paris, 1962

A Recomendação relativa à proteção da beleza e das características conformadoras das paisagens e sítios foi aprovada pela Organização das Nações Unidas para a Educação, Ciência e Cultura – UNESCO, em Paris, na sua Conferência Geral, em sua 12ª reunião, realizada no período de 9 de novembro a 12 de dezembro de 1962.

Visando a coibir a ação malfazeja do homem sobre as paisagens e os sítios dignos de proteção, notadamente a inibir as práticas expansivas de cultivo de novas terras e os processos urbanizatórios desordenados e impactantes, os estados participantes entenderam desejável e urgente a adoção de medidas de salvaguardas de tais bens ou conjuntos, por meio de normas comuns com as quais se comprometeriam as nações envolvidas.

No conjunto de salvaguardas, ficaram pactuadas medidas de imposição de controles por parte das autoridades competentes; a proteção legal por meio de mecanismos próprios, como o de criação de zonas para paisagens que envolvessem áreas extensas, além da utilização de métodos e institutos específicos, como os atinentes à formação de reservas e parques.[27]

2.5. Recomendación sobre la conservación de los bienes culturales que la ejecución de obras públicas o privadas pueda poner em peligro, da UNESCO, Paris, 1968

A Recomendação sobre Obras Públicas ou Privadas foi estabelecida pela Organização das Nações Unidas para a Educação, a Ciência e a Cultura – UNESCO, em sua 15ª Conferência Geral, realizada em Paris, no período de 15 de outubro a 20 de novembro de 1968, tendo por objeto a definição de cautelas para defesa do patrimônio cultural envolvido em obras ou por elas ameaçado.

O referido ato normativo toma como pressupostos e fundamentos das cautelas, entre outros, os laços da civilização contemporânea com as tradições culturais dos povos; a importância dos bens culturais como produto e testemunho das diferentes experiências e realizações intelectuais do passado; bem assim a contingência da evolução cultural e, ao mesmo tempo, da preservação e valorização dos referentes patrimoniais, de acordo com sua

---

27 CONVENÇÃO UNESCO, 1962. *Recomendação Paris Paisagens e Sítios*. Disponível em: <http://portal.iphan. gov.br/uploads/ckfinder/arquivos/Recomendacao%20 de%20Paris%201962.pdf>. Acesso em: 19 mar. 2019.

importância histórica e artística, e o consequente dever dos governos de assegurar a proteção e a preservação da herança cultural da humanidade.[28]

2.6. Convenção sobre as medidas para proibir e impedir a importação e a transferência de propriedades ilícitas dos bens culturais, da UNESCO, Paris, 1970

A Convenção da UNESCO sobre Importação e Transferência de Propriedades Ilícitas dos Bens Culturais, aprovada por sua Conferência Geral, em 14 de novembro de 1970, em Paris, teve por objetivo inibir as práticas de contrabando de bens culturais, roubos, escavações clandestinas e outras assemelhadas.

Os Estados participantes reconheceram no intercâmbio de bens culturais para fins científicos, culturais e educativos medida civilizatória de inquestionável alcance para o desenvolvimento dos povos, capaz de alimentar o respeito e a estima recíproca na concertação internacional. Todavia tomaram consciência da grande ameaça sobre os bens culturais dos diversos países, representada pela sua exploração indevida e predatória, na forma de roubos, escavações clandestinas e exportações ilícitas até mesmo para alimentar museus e bibliotecas oficiais. Reconheceram, igualmente, a importância da proteção dos respectivos patrimônios contra tais mazelas, entre as quais a importação e a exportação e a transferência de propriedades ilícitas apresentavam maior gravidade, configurando tormentoso problema que assola, de modo recorrente, os acervos de diferentes países; e a cooperação internacional como um dos meios mais eficientes para proteger os bens culturais de cada país contra os perigos resultantes daqueles atos.[29]

Acordaram, como ponto essencial da estratégia de proteção, a premissa do dever, de cada Estado, de respeito ao seu patrimônio e, ao mesmo tempo, ao patrimônio dos demais. Desse modo, enfatizaram o compromisso solidário e recíproco de evitar o empobrecimento do patrimônio cultural

---

28 CONVENÇÃO UNESCO, 1962. *Recomendação Paris Paisagens e Sítios.* Disponível em: <http://portal.iphan. gov.br/uploads/ckfinder/arquivos/Recomendacao%20de%20Paris%201962.pdf>. Acesso em: 1 9 mar. 2019.

29 RANGEL, Tauã Lima Verdan. *A Proeminência da Convenção de Paris de 1970:* Medidas a serem adotadas para proibir e impedir a importação, exportação e transferência de propriedade ilícita dos bens culturais. 2015. Disponível em: <http://www.conteudojuridico.com.br/artigo,a-proeminencia-da-convencao-de-paris-de-1970-medidas-a-serem-adotadas-para-proibir-e-impedir-a-importacao-expo,53482.html>. Acesso em: agosto de 2017.

dos países, mediante cautelas relacionadas especialmente com museus e bibliotecas, que deverão velar para que suas coleções sejam compostas em sintonia com as salvaguardas.

Nesse documento, os Estados-partes comprometeram-se a, por meio de cooperação internacional, proteger os bens culturais, combatendo, mediante medidas próprias, as práticas espoliadoras dos bens culturais que integram seu patrimônio: aqueles criados pelo gênio dos nacionais ou por estrangeiros, os achados no território nacional; os adquiridos por missões específicas com o consentimento das autoridades competentes do país de origem dos referidos bens; aqueles que tenham sido objeto de intercâmbio livremente acordado; ou, ainda, aqueles recebidos a título gratuito, ou comprados legalmente do país de origem.

Segundo a Convenção de 1970, fazem parte do patrimônio cultural de cada Estado, entre outros, os bens pertencentes a cada uma das seguintes categorias, que devem ser acautelados:

> "[...] os bens culturais criados pelo gênio individual ou coletivo de nacionais do Estado em questão, e bens culturais de importância para o referido Estado criados, em seu território, por nacionais de outros Estados ou por apátridas residentes em seu território; bens culturais adquiridos por missões arqueológicas, etnológicas ou ciências naturais com o consentimento das autoridades competentes do país de origem dos referidos bens; bens culturais que hajam sido objeto de um intercâmbio livremente acordado".[30]

A Convenção previu, igualmente, medidas para recuperação e restituição de bens culturais roubados ou ilegalmente importados. Os Estados comprometeram-se, entre outras obrigações, a admitir ações reivindicatórias de bens culturais roubados ou perdidos, movidas por seus proprietários de direito ou em seu nome.

Comprometeram-se os Estados-partes a impor sanções penais ou administrativas ao responsável pela infração de regras relativas às exigências para exportação e importação de bens culturais roubados de museu ou

---

30 RANGEL, Tauã Lima Verdan. *A Proeminência da Convenção de Paris de 1970:* Medidas a serem adotadas para proibir e impedir a importação, exportação e transferência de propriedade ilícita dos bens culturais. 2015. Disponível em: <http://www.conteudojuridico.com.br/artigo,a-proeminencia-da-convencao-de-paris-de-1970-medidas-a-serem-adotadas-para-proibir-e-impedir-a-importacao-expo,53482.html>. Acesso em: agosto de 2017.

monumento público, civil ou religioso, ou de instituição similar, situados no território de outro Estado-parte na Convenção.

Segundo dispõe o art. 17 da Convenção, os Estados-partes poderão valer-se, também, da assistência técnica da UNESCO, especialmente com relação à informação e educação, sendo-lhes facultado formular consultas e obter pareceres de peritos no tocante ao objeto da disciplina dela constante.

No Brasil, tal Convenção foi aprovada por meio do Decreto Legislativo n. 71, de 1972, tendo sido ratificada, e, finalmente, promulgada pelo Decreto n. 72.312, de 31 de maio de 1973.

Em 2007, na linha de efetividade das cautelas enfatizadas na referida Convenção, ainda que a destempo, e suprimindo antigas exigências do marco normativo interno, o Iphan implantou o Cadastro Especial dos Negociantes de Antiguidades, de Obras de Arte de Qualquer Natureza, de Manuscritos e Livros Antigos ou Raros, previstos nos artigos 26 e 27 do Decreto-Lei 25/1937, para controle do comércio e preservação desses bens.

O comércio de bens culturais no Brasil ficou, desse modo, sujeito a condições específicas, seja por força das normativas internacionais, seja de regramento interno, sob pena de incorrerem os antiquários nas sanções penais ou administrativas.

2.7. Convenção para a Proteção do Patrimônio Mundial, Cultural e Natural, da UNESCO, Paris, 1972

A convenção para a Proteção do Patrimônio Mundial foi aprovada pela UNESCO em sua Conferência Geral, na 17ª reunião, em Paris, em 16/11/1972. Dela foi signatário o Brasil, que aprovou o seu texto pelo Decreto Legislativo n. 74, de 30/6/1977, o qual entrou em vigor em 2/12/77, promulgando-se a Convenção por meio do Decreto n. 80.978, de 12 de dezembro de 1977. A adesão ao pacto e a aprovação da Convenção pelo Brasil denotavam o propósito do Estado brasileiro de colaborar para a preservação do patrimônio da humanidade. É que, além de colocar-se na salvaguarda de seu patrimônio, o Brasil comprometeu-se formalmente a cooperar na recuperação de bens do patrimônio de outros países que se encontrassem em situação de risco de destruição ou deterioração. A Convenção previa, ainda, no art. 15, a criação do Fundo do Patrimônio Mundial e do Comitê do Patrimônio Mundial, aquele, com a finalidade de angariar fundos mediante contribuições dos Estados participantes e de voluntários e de repassar recursos aos Estados-partes da Convenção; e o último, com o objetivo de centralizar o estudo dos pedidos de colaboração internacional no tocante ao patrimônio dos países envolvidos.

Até 1984, a Convenção havia recebido adesão de 85 países, contando, atualmente, com 109 signatários que, assim, se comprometeram com a missão precípua de definir o patrimônio, listando os monumentos e locais considerados excepcionais e de valor universal, levando-se em conta o proveito de sua preservação para toda a humanidade. A Convenção organizou, no plano internacional, a solidariedade das nações e dos homens na busca de proteção eficaz, trabalhando o conceito de **patrimônio mundial,** cujo significado transcende fronteiras políticas e geográficas.[31]

O suíço Gérard Bolla,[32] ex-Subdiretor-Geral Adjunto para a Cultura e Comunicação da UNESCO, em artigo intitulado **A Convenção Internacional,** apontava os três acontecimentos que convergiam para que se estabelecesse aquela Convenção: a conclusão, no Alto Egito e no Sudão, da primeira etapa da Campanha Internacional para a Salvaguarda dos Monumentos da Núbia; a Conferência das Nações Unidas para o Ambiente (Estolcomo, 1972), em que se afirmou a ideia de que a humanidade deveria tomar providências urgentes para preservação do ambiente natural e também daquilo que foi criado pelo gênio do homem, estabelecendo, assim, a filosofia de uma responsabilidade coletiva das nações para com os ambientes ameaçados; e a manifestação dos povos dos diversos países no sentido de preservar sua identidade cultural.

Explicava que, dentro da evolução dessa filosofia de responsabilidade coletiva e de cooperação mútua, nasceu a Convenção, reconhecendo reflexos positivos da pactuação.

Afirma Gérard Bolla: "A Convenção de 1972 sobre a Proteção do Patrimônio Mundial já foi comparada a uma 'Cruz Vermelha do tempo de paz' para monumentos e sítios naturais. Outra Convenção assinada em Haia, em 1954, desempenha a função de 'Cruz Vermelha do tempo de guerra' para os monumentos".[33]

Michel Batisse, físico francês, ex-coordenador dos programas da UNESCO relacionados com o ambiente e os recursos naturais, em artigo intitulado **Uma Nova Aliança,** apresentava as características do patrimônio cultural e

31 UNESCO. Natureza e cultura patrimônio da humanidade. *O Correio da UNESCO,* 8(10): 4. Rio de Janeiro: Fundação Getúlio Vargas, outubro de 1980.

32 CONVENÇÃO UNESCO, 1972. A convenção internacional sobre a proteção do patrimônio mundial, cultural e natural de 1972. *O Correio da UNESCO.* Rio de Janeiro, 8(10): 5, outubro de 1980.

33 CONVENÇÃO UNESCO, 1972. A convenção internacional sobre a proteção do patrimônio mundial, cultural e natural de 1972. *O Correio da UNESCO.* Rio de Janeiro, 8(10): 5, outubro de 1980.

natural da humanidade, objeto de proteção coletiva nos termos da Convenção de 1972. Explicava que, conquanto o conceito de patrimônio cultural fosse abrangente, englobando livros, partituras técnicas, processos, pinturas e esculturas conservadas em museus, imóveis, monumentos e conjuntos arquitetônicos, a Convenção só alcançava os imóveis, monumentos e conjuntos arquitetônicos, obras-primas da cultura universal. Por outro lado, o patrimônio natural de que tratava a mesma Convenção compreendia sítios, paisagens de beleza excepcional ou de grande interesse para a ciência e que não podiam ser transferidos nem reproduzidos, sendo que espécies animais e vegetais ameaçadas eram automaticamente protegidas com a inscrição de seu **habitat** na lista do patrimônio. Afirmava que o documento surgia exatamente em época de degradação do ambiente, de esgotamento dos recursos naturais e, ainda, quando as construções passavam a trazer um traço de mera praticidade.[34]

Georges Fradier, à sua vez, assinala a noção transcendente que o patrimônio cultural e natural da humanidade encerra:

> "A noção de patrimônio cultural e natural engloba e transcende os critérios estéticos e científicos. O patrimônio mundial é como o mundo. Natural, seu valor vem daquilo que os homens não tocaram a não ser para preservar; cultural, vale pela qualidade dos testemunhos que as civilizações dão de si mesmas sob o impulso de artistas e construtores. Mas têm também um valor moral [...]".[35]

A Convenção pretendia ser instrumento de resgate do patrimônio cultural e elo de ligação entre os valores culturais e naturais, como fator de sobrevivência digna da humanidade.

2.8. Convenção sobre o Direito do Mar, da Organização das Nações Unidas, em Montego Bay, na Jamaica, 1982

A Convenção sobre o Direito do Mar, elaborada sob os auspícios da Organização das Nações Unidas, como resultado de sua Terceira Conferência Geral sobre Direito do Mar, realizada em Montego Bay, na Jamaica, em 1982, foi aprovada no Brasil pelo Decreto Legislativo n. 5, de 9 de novembro de 1987, ratificada junto à ONU, em 22 de dezembro de 1988, e promulgada pelo Decreto n. 99.165, de 12 de março de 1990, e, novamente, pelo Decreto n. 1.530, de

---

34 BATISSE, Michel. Uma nova aliança, natureza e cultura, patrimônios da humanidade. *O Correio da UNESCO*. Rio de Janeiro, 8(10): 5, outubro de 1980.

35 FRADIER, Georges. As mil e uma maravilhas do mundo: Natureza e Cultura, patrimônio da humanidade. *O Correio da UNESCO*. Rio de Janeiro, 8(10): pp.33-4, outubro de 1980.

22 de junho de 1995. O referido tratado multilateral reúne, desde suas primeiras versões pactuadas nas conferências anteriores, vários conceitos e regras assentadas no Direito Internacional Costumeiro, estabelecendo um verdadeiro Código do Direito do Mar. Além de prever normas relativas à soberania, conceito de mar territorial e critérios referentes a limites, bem assim definições de outros verbetes de grande relevância nesse arcabouço, disciplina a gestão dos recursos marinhos e alinha diversos mecanismos operacionais, como os de controle de poluição. Cria o Tribunal Internacional do Direito do Mar para dirimir controvérsias na aplicação do referido tradado. A referida convenção tem reflexos em diversos campos temáticos, incluído o do patrimônio.

2.9. Convenção Europeia para a Proteção do Patrimônio Arqueológico, aprovada pelos Estados-Membros do Conselho da Europa, bem como pelos restantes Estados-Partes na Convenção Cultural Europeia, realizada em La Valetta Malta, 1992

A Convenção Europeia para Proteção do Patrimônio Arqueológico de 1992, aprovada pela Assembleia da República, **em La Valetta Malta, em 16 de janeiro daquele ano,** substitui a Convenção Europeia para a Salvaguarda do Património Arqueológico, assinada em Londres, em 6 de maio de 1969.

Como principal medida de salvaguarda, prevê o novo documento a criação de reservas arqueológicas, com o objetivo de preservar testemunhos materiais (mesmo que não visíveis), situação em que as áreas devem ser adquiridas por entidades públicas.

A Convenção estabelece uma série de salvaguardas paralelas, especialmente no tocante às pesquisas e escavações, recomendando, entre outras prescrições, que os métodos de investigação sejam, de regra, não destrutivos, conservando-se o patrimônio arqueológico, de preferência, em seu local de origem.

Outra cautela importante para a conservação do patrimônio arqueológico está prevista no art. 5° da Convenção, qual seja, a de atribuição de tempo e de meios suficientes aos responsáveis pela realização de estudo científico do sítio arqueológico objeto de intervenção, para sua satisfatória conclusão e publicação de resultado, bem assim para a análise de impacto ambiental das decisões a ele afetas, levando-se em conta ainda o seu contexto, dentre outros aspectos.[36]

---

[36] MONTICELLI, Gislene. *Deixe estar:* patrimônio, arqueologia e licenciamentos ambientais. Porto Alegre: EDIPUCRS, 2010. p. 89.

2.10. Carta de Brasília[37]

Em 1995, foi firmada a Carta de Brasília, documento regional dos países do Cone Sul, sobre a autenticidade das várias heranças culturais que compõem os povos latino-americanos, desde as culturas pré-colombianas até as dos diversos grupos migratórios, bem como de seus legados patrimoniais.

Os países envolvidos justificam a importância do tratamento da autenticidade do patrimônio, em face da peculiar realidade regional em que se inserem, em posição muito diferente daquela assumida pelos países europeus e asiáticos, de longa tradição.

Vêm à baila nas considerações os processos complementares que se estabeleceram nas culturas do Cone Sul, em razão da sua trajetória histórica diferenciada e mais recente: "a configuração de uma cultura sincretista e a de uma cultura de resistência" Por isso mesmo, esses países apoiam-se na ideia de que deve ser considerada a "composição diversificada da identidade". Proclama-se, então, a importância de se levar em conta não apenas os valores dominantes, mas também os de minorias, bem assim as "formas de resistir a estas forças". A Carta traz ricos enunciados sobre autenticidade, em múltiplas correlações: autenticidade e materialidade, autenticidade e contexto, autenticidade e imagem, autenticidade e identidade. Por fim, dá-se ênfase à autenticidade intrínseca do bem, afirmando que a correspondência entre o objeto material e o seu significado resulta na autenticidade do bem ou do patrimônio.

2.11. Convenção Internacional do Instituto Internacional para a Unificação do Direito Privado Internacional – UNIDROIT – sobre Bens Culturais Furtados ou Ilicitamente Exportados, concluída em Roma, 1995

A Convenção da UNIDROIT sobre Bens Culturais Furtados ou Ilicitamente Exportados, resultante de estudos do Instituto que lhe empresta o nome, foi concluída em 24 de junho de 1995, em Roma. Aprovada no Brasil pelo Decreto Legislativo n. 4, de 21 de janeiro de 1999, foi então ratificada e, posteriormente, promulgada pelo Decreto n. 3166, de 14 de setembro de 1999.

---

37 Carta de Brasília (Brasil) – IPHAN. Disponível em: <http://portal.iphan. gov.br/uploads/ckfinder/arquivos/Carta%20Brasilia%201995.pdf>. Acesso em: 12 out. 2017.

UNIDROIT, sob cujos auspícios se elaborou a referida Convenção, é uma organização intergovernamental independente, com sede em Roma, que tem por objetivo colaborar para a harmonização e a coordenação de um direito privado uniforme. O Instituto, reunindo Estados pertencentes aos cinco continentes e representativos dos vários sistemas jurídicos, políticos e econômicos, trata de diversos temas de interesse comum no campo do direito privado, muitos deles sendo acolhidos em convenções internacionais, como é o caso da Convenção em comento.

Na consideranda do documento em análise, os signatários, enfatizando a necessidade do estabelecimento de regras visando à restituição e retorno, aos países de origem, dos bens furtados ou clandestinamente adquiridos, mostram-se

> "[...] preocupados com o tráfico ilícito de bens culturais e com os danos insuperáveis que principalmente dele decorrem, para esses próprios bens e para o patrimônio cultural das comunidades nacionais, tribais, autóctones ou outras, bem como para o patrimônio comum dos povos, e deploram em especial a pilhagem dos sítios arqueológicos e a perda de informações arqueológicas, históricas e científicas insubstituíveis que disso resulta".

Os estados participantes propugnam, também, por adoção de medidas de salvaguarda, como a organização e utilização de registros, notadamente de sítios arqueológicos.[38]

Trata-se, portanto, de um documento de grande relevância, sobretudo em face do avanço das práticas espoliadoras.

2.12. Convenção sobre a Proteção do Património Cultural Subaquático, aprovada pela UNESCO, na 31ª Conferência Geral, em Paris, 2001

Conquanto a disciplina da proteção do Patrimônio Subaquático em nível internacional só ganhe tratamento mais sistêmico na Convenção da UNESCO de 2001 sobre o tema, as cautelas nesse campo não são inéditas.

---

38 *Resolução da Assembleia da República n. 34/2000* – Convenção do Unidroit sobre Bens Culturais Roubados ou Ilicitamente Exportados, assinada em Roma em 24 de junho de 1995. Disponível em: <http://www.patrimoniocultural.gov.pt/static/data/recursos/formularios/deolinda4.11.2017/diplomaresolucaodaassembleiada-republican342000.pdf>. Acesso em: março de 2019.

Registra-se que alguns países autossuficientes em relação à proteção das antiguidades e outros referentes terrestres, como a Grécia e a Turquia, que já dispunham de legislação e mecanismos eficazes de proteção desse patrimônio, buscaram ampliar a normatização para disciplinar, de maneira específica, o patrimônio cultural subaquático.

Tem-se conhecimento de que também a Tailândia, a Noruega e as Filipinas dispunham de legislação nesse sentido, em que se previa, para as hipóteses de descobertas eventuais de ruínas de naufrágios, por exemplo, a obrigação de comunicação do fato às autoridades. Nas Filipinas, verificando-se descobertas no decorrer de trabalhos industriais ou agrícolas, de prospecção mineral ou de exploração marinha, era obrigação da parte descobridora fazer imediata comunicação às autoridades, suspendendo-se, de imediato, as atividades.

Fato é, porém, que a prospecção do fundo do mar e a escavação de vales para instalação de oleodutos e cabos têm conduzido a frequentes descobertas de antiguidades subaquáticas, de ruínas de naufrágios, entre outras materialidades ou referências civilizatórias importantes que, muitas vezes, nem são reveladas, identificadas e protegidas, uma vez ausente, de um modo geral, legislação sobre a matéria no âmbito dos estados.

É certo, também, que a legislação não é, por si mesma, solução para o problema da espoliação do patrimônio subaquático, demandando o intercâmbio de conhecimento e de experiência e a adoção e manejo de mecanismos próprios, o que justifica a transcendência das pautas internas, ganhando o tema dimensão internacional.

Com o apoio da UNESCO, o Comitê Científico da Confederação Mundial de Atividades Subaquáticas, organismo não-governamental integrado por entidades interessadas na formação e segurança de mergulhadores com fins não-militares e não-comerciais, vinha desenvolvendo estudo sobre o patrimônio subaquático internacional, com o objetivo de proceder ao recenseamento dos vestígios arqueológicos subaquáticos.

Tem-se também notícia de trabalho de pesquisa reunindo, analisando e comentando as legislações nacionais e internacionais sobre proteção do patrimônio cultural em todo o mundo, incluído o subaquático. De autoria de Lyndel V. Prott e Patrick J. O'Keefe, em cinco volumes, foi o trabalho iniciado em 1978, sendo que o primeiro, *Haw an the Cultural Heritage,* foi lançado em 1983 (*Professional Books, Abingdon, UK*).[39]

---

39 PROTT, Lyndel V; O'KEEFE, Patrick J. O direito e o patrimônio subaquático. *O Correio da UNESCO*. Rio de Janeiro, 24 jan. 1988.

A temática, nas últimas décadas, ganhou destaque na pauta internacional, tendo sido disciplinada na Convenção sobre a Proteção do Património Cultural Subaquático, – da UNESCO, aprovada pela sua Conferência Geral, em sua 31ª sessão, em Paris, no dia 2 de novembro de 2001. O documento, enfatizando o dever de cada Estado-parte preservar o seu patrimônio cultural subaquático e a importância da ação coordenada dos países envolvidos com os sítios subaquáticos de seu interesse, estabelece um conjunto de normas específicas para a categoria patrimonial de que cuida, notadamente acautelatórias da dispersão de seus elementos. A Convenção incentiva a pesquisa científica do patrimônio cultural subaquático e seu compartilhamento com o público; determina a identificação, o reconhecimento e a organização dos sítios subaquáticos, bem assim a preservação desse patrimônio. Respeitando a capacidade de cada Estado-parte, recomenda que cada um se empenhe em localizar e identificar os seus sítios subaquáticos, sem, contudo, obrigá-los a fazer escavações ou outras intervenções dispendiosas; quando atuarem no sentido de dar cumprimento às diretrizes de configuração de seu patrimônio na referida modalidade, deverão fazê-lo por medidas coerentes ou consentâneas com os princípios gerais acordados.

Já quanto à preservação desse patrimônio, a Convenção determina que ela seja feita preferencialmente no local original dos bens – *in situ* –, evitando-se a dispersão dos bens ou elementos, devendo tal forma ser considerada como a primeira opção e adotando-se todas as cautelas para permitir ou empreender qualquer atividade em um sítio subaquático.

O documento, todavia, faz ressalvas a essa forma de preservação *in situ*, prevendo a possibilidade de autorização da recuperação dos objetos, tendo a justificá-la a finalidade de permitir uma contribuição significativa à proteção ou ao conhecimento científico sobre o Patrimônio Cultural Subaquático.[40]

Outra particularidade interessante no tratamento desse patrimônio é a sua desvinculação de propósitos comerciais ou especulativos.

Esse arcabouço normativo guarda coerência com normativos aplicáveis a outros componentes do extenso patrimônio cultural, o chamado Patrimônio Cultural em terra, não devendo ser interpretado como fator de inviabilização da pesquisa e do turismo em suas variáveis vertentes, incluída a do aquático.[41]

---

40 CONVENÇÃO UNESCO, 2001. *Convenção Sobre A Proteção Do Património Cultural Subaquático*. Disponível em: <http://www.unesco.org/new/pt/culture/themes/underwater-cultural-heritage/2001-convention>. Acesso em: 19 de mar. de 2019.

41 CONVENÇÃO UNESCO, 2001. *Convenção Sobre A Proteção Do Património Cultural*

Ao contrário, a Convenção estimula a capacitação em arqueologia subaquática, a transferência de tecnologias e o compartilhamento de informação, sendo ainda insuficiente em alguns Estados o número de profissionais nessas especialidades.[42]

Deve-se observar, porém, que, no Brasil, a matéria já era objeto de preocupação. Conforme registros da linha do tempo elaborada pelo IPHAN, em 1989,

> "[...] o Ministério da Marinha e o Ministério da Cultura aprovaram a Portaria 69, que estabelece normas comuns sobre pesquisa, exploração, remoção e demolição de coisas ou bens de valor artístico, de interesse histórico ou arqueológico, afundados, submersos, encalhados e perdidos em águas sob a jurisdição nacional, em terrenos de marinha e seus acrescidos e em terrenos marginais, em decorrência de sinistro, alijamento ou fortuna do mar".[43]

Por outro lado, vem-se adotando cautelas, como, por exemplo, a de inserir, nos contratos de concessão que envolvam atividades e empreendimentos no fundo do mar, cláusulas que salvaguardem esse incalculável patrimônio cultural da humanidade; igualmente, o empenho de esforços no sentido da conscientização de mergulhadores submarinos, pescadores, companhias petrolíferas, escavadores, para que suas atividades tenham também caráter protetor, entre outras.

2.13. Convenção para a Salvaguarda do Patrimônio Cultural Imaterial da UNESCO, Paris, 2003

A Convenção para a Salvaguarda do Patrimônio Cultural Imaterial, da UNESCO, aprovada pela sua Conferência Geral, na sua 32ª sessão, realizada em Paris, no período de 29 de setembro a 17 de outubro de 2003, é o primeiro documento internacional a definir de forma clara e precisa o patrimônio cultural de natureza imaterial. Seus pressupostos, no entanto, foram

---

Subaquático. Disponível em: <http://www.unesco.org/new/pt/culture/themes/underwater-cultural-heritage/2001-convention>. Acesso em: 19 de mar. de 2019.

42 CONVENÇÃO UNESCO, 2001. *Convenção Sobre A Proteção Do Património Cultural Subaquático*. Disponível em: <http://www.unesco.org/new/pt/culture/themes/underwater-cultural-heritage/2001-convention>. Acesso em: 19 de mar. de 2019.

43 IPHAN – Instituto do Patrimônio Histórico e Artístico Nacional. *Linha do Tempo – IPHAN 80 anos*. Disponível em: <http://portal.iphan. gov.br/pagina/detalhes/1211>. Acesso em: 21 set. 2017.

sedimentados ao longo de quase um século, como se depreende dos estudos de Sandra Cureau,[44] nos quais resgata os precedentes da referida Convenção. A autora apresenta como embrião do documento a Comissão Internacional de Cooperação Internacional, da Sociedade das Nações, criada em 1922, ao que se seguiu a constituição da Comissão Internacional das Artes Populares, em 1928. A esses precedentes a pesquisadora agrega outros marcos, fazendo detença na Conferência Mundial sobre Políticas Culturais, da UNESCO, realizada no México, em 1982, a partir de quando se acolheu um conceito holístico de cultura, conforme proclamação inequívoca de seu preâmbulo, em cuja latitude estão compreendidos os laços distintivos espirituais e materiais, com ênfase em modos de vida, crenças e valores.

Contextualizando a sedimentação do conceito e das salvaguardas, Sandra Cureau lembra:

> "A partir da década 1990, devido às pressões dos países do Sul, cujo patrimônio frequentemente não cumpria os critérios para a inclusão na Lista do Patrimônio Mundial, a questão da proteção do patrimônio imaterial tomou novo impulso. Assim é que, no curso da Conferência Geral da UNESCO, de 1997, restou decidido que deveria ser dada prioridade às atividades relacionadas com o patrimônio imaterial".[45]

Na sua elaboração, foram, assim, tomados em conta precedentes e fundamentos de diversos normativos internacionais, nomeadamente:

> "[...] a Declaração Universal dos Direitos Humanos de 1948; o Pacto Internacional dos Direitos Econômicos, Sociais e Culturais, de 1966; o Pacto Internacional dos Direitos Civis e Políticos, de 1966; a Convenção para a Proteção do Patrimônio Mundial, Cultural e Natural de 1972; a Recomendação da UNESCO sobre a salvaguarda da cultura tradicional e popular, de 1989; a Declaração Universal da UNESCO sobre a Diversidade Cultural, de 2001; e a Declaração de Istambul, de 2002".[46]

---

44 CUREAU, Sandra. Dimensões das Práticas Culturais e Direitos Humanos. In: SOARES, Inês Virgínia Prado; CUREAU, Sandra (org.). *Bens Culturais e Direitos Humanos*. São Paulo: Sesc Paulo, 2015. pp. 105-125.

45 CUREAU, Sandra. Dimensões das Práticas Culturais e Direitos Humanos. In: SOARES, Inês Virgínia Prado; CUREAU, Sandra (org.). *Bens Culturais e Direitos Humanos*. São Paulo: Sesc São Paulo, 2015, p. 118.

46 CONVENÇÃO UNESCO, 2003. *Convenção para a Salvaguarda do Patrimônio Cultural Imaterial* – UNESCO, 2003. Tradução feita pelo Ministério de Relações Exteriores, Brasília, 2006. Disponível em: <http://portal.iphan. gov.br/uploads/ckfinder/arquivos/ConvencaoSalvaguarda.pdf>. Acesso em: 14 fev. 2019.

Os Estados-partes sustentam-se na ideia de indissociabilidade do patrimônio cultural imaterial do patrimônio cultural de natureza material. Por outro lado, interpretando os impactos do fenômeno da globalização, reconhecem a potencialidade desse processo, bem assim das transformações sociais que agitam o mundo em duplo sentido: na lógica positiva, criando condições propícias para um diálogo renovado entre as comunidades; pelo prisma negativo, gerando, "da mesma forma que os fenômenos da intolerância, graves riscos de deterioração, desaparecimento e destruição do patrimônio cultural imaterial, devido em particular à falta de meios para sua salvaguarda".[47]

Como contraponto a essa tendência negativa, a Convenção, catalisa o papel que as

> "[...] comunidades, em especial as indígenas, os grupos e, em alguns casos, os indivíduos desempenham [...] na produção, salvaguarda, manutenção e recriação do patrimônio cultural imaterial, assim contribuindo para enriquecer a diversidade cultural e a criatividade humana [...] Isto porque o patrimônio cultural imaterial cumpre uma 'inestimável função', como fator de aproximação, intercâmbio e entendimento entre os seres humanos".[48]

A referida Convenção, em seu artigo 2°, define patrimônio cultural imaterial, como uma noção abrangente de "usos, representações, expressões, conhecimentos e técnicas, junto aos instrumentos, objetos, artefatos e espaços culturais que lhes são inerentes, que os grupos e, em alguns casos, os indivíduos reconheçam como parte de seu patrimônio cultural".

Segundo Daisy Rafaela da Silva, esse patrimônio cultural imaterial é "recriado" constantemente pelas comunidades, grupos e indivíduos em função de seu Meio Ambiente (entorno), sua interação com a natureza e sua história, gerando um sentido (sentimento) de identidade e continuidade.[49]

---

47 CONVENÇÃO UNESCO, 2003. *Convenção para a Salvaguarda do Patrimônio Cultural Imaterial* – UNESCO, 2003. Tradução feita pelo Ministério de Relações Exteriores, Brasília, 2006. Disponível em: <http://portal.iphan. gov.br/uploads/ckfinder/arquivos/ConvencaoSalvaguarda.pdf>. Acesso em: 14 fev. 2019.

48 CONVENÇÃO UNESCO, 2003. *Convenção para a Salvaguarda do Patrimônio Cultural Imaterial* – UNESCO, 2003. Tradução feita pelo Ministério de Relações Exteriores, Brasília, 2006. Disponível em: <http://portal.iphan. gov.br/uploads/ckfinder/arquivos/ConvencaoSalvaguarda.pdf>. Acesso em: 14 fev. 2019.

49 SILVA, Daisy Rafaela da. Convenção para a salvaguarda do patrimônio cultural imaterial: A tutela do meio ambiente cultural. In: *Âmbito Jurídico,* Rio Grande, XIII, n. 75, abril de 2010. Disponível em: <http://www.ambito-juridico.com.br/

Em 2006, o Brasil ratificou a Convenção para a Salvaguarda do Patrimônio Cultural Imaterial, adotada pela UNESCO em 2003. No mesmo ano, o Brasil foi eleito para integrar o primeiro Comitê Intergovernamental do Patrimônio Cultural Imaterial, criado pela referida Convenção, com mandato de 2 anos.

Em 2007, ocorreu o estabelecimento de acordo do Brasil com a Agência Espanhola de Cooperação Internacional para o Desenvolvimento (AECID), para a realização do inventario das referências culturais M'Byá – Guarani em seis estados brasileiros e posterior articulação, no âmbito do Centro Regional para a Salvaguarda do Patrimônio Cultural Imaterial da América Latina (Crespial), com países da América Latina nos quais a presença dessa cultura é significativa.[50]

2.14. Convenção sobre a Proteção e Promoção da Diversidade das Expressões Culturais, da UNESCO –, Paris, 2005

A Convenção sobre a Proteção e Promoção da Diversidade das Expressões Culturais foi adotada pela Organização das Nações Unidas para a Educação, a Ciência e a Cultura – UNESCO –, em sua Conferência Geral, na 33ª reunião, realizada no período de 3 a 21 de outubro de 2005. A referida convenção, afirmando ser a diversidade cultural patrimônio comum da humanidade e, também, um dos princípios do desenvolvimento sustentável das comunidades, dos povos e nações, como uma dimensão da realização dos direitos humanos, articula conceitos, métodos, ações e diretrizes, sobre a base de valores da democracia, da justiça social, da tolerância e do mútuo respeito, que compõem uma matriz coerente de pressupostos de uma adequada política voltada para a garantia da diversidade. Eis os objetivos da Convenção Internacional citada:

> "[...] proteger e promover a diversidade das expressões culturais"; "encorajar o diálogo entre culturas a fim de assegurar intercâmbios culturais mais amplos e equilibrados no mundo em favor do respeito intercultural e de uma cultura da paz"; "reafirmar a importância do vínculo entre cultura e desenvolvimento para todos os países, especialmente para países em desenvolvimento, e

---

site/index.php?n_link=revista_artigos_leitura&artigo_id=7361>. Acesso em: agosto de 2017.

50 IPHAN – Instituto do Patrimônio Histórico e Artístico Nacional. *Linha do Tempo – IPHAN 80 anos*. Disponível em: <http://portal.iphan. gov.br/pagina/detalhes/1211>. Acesso em: 21 set. 2017.

encorajar as ações empreendidas no plano nacional e internacional para que se reconheça o autêntico valor desse vínculo".[51]

A referida Convenção, firmada em 20 de outubro de 2005, foi aprovada no Brasil pelo Decreto Legislativo n. 485, de 20 de dezembro de 2006, tendo o instrumento de ratificação sido depositado junto à UNESCO em 16 de janeiro de 2007. A promulgação da Convenção deu-se por meio do Decreto n. 6177, de 1º de agosto de 2007.

Em 2007, prestigiando-se os propósitos da aludida Convenção, deu-se o lançamento do projeto Roteiros Nacionais de Imigração, pelo Iphan/MinC, inserido em um conjunto de ações de reconhecimento e valorização da contribuição das diversas etnias na formação da identidade cultural brasileira.[52]

Em 2008, lançou-se o primeiro Edital de seleção de projetos para experimentação da metodologia do Inventário Nacional da Diversidade Linguística (INDL).

Em 2015, o Brasil passou a integrar o Comitê Intergovernamental da Diversidade Cultural da UNESCO, que trabalha para implantar as atividades e prioridades estabelecidas pelos Estados signatários.

3. AS CARTAS PATRIMONIAIS[53]

No trato da proteção e preservação de bens culturais, atualmente, são feitas menções, cada vez mais frequentes e enfáticas, às chamadas Cartas patrimoniais, internacionais ou nacionais. Tais cartas, em seu sentido estrito, não se confundem com as de caráter convencional, objeto de estudo no tópico precedente. Elas reúnem tão somente premissas e hipóteses técnicas e, conquanto representem importante base de apoio para práticas especializadas ou dependentes de conhecimentos em determinados domínios da ciência, não têm caráter normativo, mas orientativo.

Beatriz Mugayar Kühl discorre sobre as características dessas cartas patrimoniais:

---

51 CONVENÇÃO UNESCO, 2005. *A Convenção sobre a Proteção e Promoção da Diversidade das Expressões Culturais*, 2005. Disponível em: <https://unesdoc.unesco.org/ark:/48223/pf0000150224>. Acesso em: 26 fev. 2019.

52 IPHAN – Instituto do Patrimônio Histórico e Artístico Nacional. *Linha do Tempo – IPHAN 80 anos*. Disponível em: <http://portal.iphan. gov.br/pagina/detalhes/1211>. Acesso em: 21 set. 2017.

53 BRASIL: Instituto do Patrimônio Histórico e Artístico Nacional. Cartas Patrimoniais. Rio de Janeiro: IPHAN, 2000.

> "As cartas patrimoniais são fruto da discussão de um determinado momento. Antes de tudo, não têm a pretensão de ser um sistema teórico desenvolvido de maneira extensa e com absoluto rigor, nem de expor toda a fundamentação teórica do período. As cartas são documentos concisos e sintetizam os pontos a respeito dos quais foi possível obter consenso, oferecendo indicações de caráter geral. Seu caráter, portanto, é indicativo ou, no máximo, prescritivo".[54]

Enfatiza a autora que as Cartas constituem-se em instrumentais teóricos para a orientação do exercício profissional nas áreas de conservação e preservação, subsidiando, também, as instituições atuantes nessa política, e, sem lhes negar o caráter orientativo, projeta a importância dessas cartas, especialmente as internacionais, para inspiração do ordenamento interno, como se colhe das suas considerações:

> "Obviamente, cartas internacionais, como a de Veneza, não podem ter caráter normativo, pois suas indicações devem ser reinterpretadas e aprofundadas para as diversas realidades culturais de cada país, e ser, ou não, absorvidas em suas propostas legislativas. As cartas internacionais, se devidamente reinterpretadas para as realidades locais, podem resultar em cartas nacionais, ou articularem-se a elas; podem, assim, ter papel importantíssimo na construção normativa relacionada à preservação dos bens culturais dos vários países".[55]

Destacam-se algumas Cartas Patrimoniais que, pela sua importância, acabaram por constituir referências indispensáveis no tratamento da temática do patrimônio cultural, e, igualmente, eventos nos quais se tenham pautado de modo significativo as questões em comento, resultando em recomendações ou compromissos diversos. Eis os principais congressos e documentos de que se cuida neste tópico, alguns já mencionados em outras passagens do texto:

1) a Carta de Atenas, de 1932, elaborada no âmbito do 1º Congresso Internacional de Arquitetos e Técnicos de Monumentos Históricos, realizado em 1931;

---

54 KÜHL, Beatriz Mugayar. *Notas sobre a Carta de Veneza*. Scielo, 2010. Disponível em: <http://www.scielo.br/scielo.php?script=sci_arttext&pid=S0101-47142010000200008>. Acesso em: 14 fev. 2019.

55 KÜHL, Beatriz Mugayar. *Notas sobre a Carta de Veneza*. Scielo, 2010. Disponível em: <http://www.scielo.br/scielo.php?script=sci_arttext&pid=S0101-47142010000200008>. Acesso em: 14 fev. 2019.

2) o Congresso Internacional de Arquitetos realizado em Moscou, em 1958, no qual foi discutida a problemática da restauração;
3) Carta de Gubbio, resultante da Conferência Nacional para Salvação e Restauração de Centros Históricos realizada em Gubbio, no período de 17 a 19 de setembro de 1960, promovida por um grupo de arquitetos, urbanistas, juristas, estudiosos de restauração e representantes de municípios;
4) o Congresso da Federação Internacional de Vivenda e Urbanismo, realizado em Santiago de Compostela, em 1961;
5) a Carta de Veneza, resultante do Congresso realizado pela União Internacional de Arquitetos e de técnicos em monumentos históricos, em Veneza, no período de 25 a 31 de maio de 1964;
6) a Carta de Quito, fruto do encontro de caráter técnico, promovido pela Organização dos Estados Americanos – OEA, com a participação de diversos países, entre os quais se incluía o Brasil, em 1967;
7) Compromisso de Brasília 1970. I Encontro de Governadores de Estado, Secretários Estaduais da Área Cultural, Prefeitos de Municípios Interessados e Presidentes e Representantes de Instituições Culturais, de abril de 1970;
8) Compromisso de Salvador. II Encontro de Governadores para a Preservação do Patrimônio Histórico, Artístico e Arqueológico e Natural do Brasil, de outubro de 1971;
9) Carta do Restauro, elaborada pelo Ministério da Instrução Pública da Itália em 1972;
10) Carta de Bruges, Declaração de princípios sobre problemas ambientais, elaborada pelo Conselho dos Municípios europeus, em Bruges, junho de 1974;
11) Resolução de São Domingos. I Seminário Interamericano sobre Experiências na Conservação e Restauração do Patrimônio Monumental dos períodos Colonial e Republicano, pela OEA, em dezembro de 1974;
12) Declaração de Amsterdã/Manifesto de Amsterdã – Carta Europeia do Patrimônio Arquitetônico Europeu, resultante do Congresso sobre Patrimônio Arquitetônico, realizado em outubro de 1975, Ano Europeu do Patrimônio Arquitetônico, em Amsterdã, tendo sido elaborada pelo Conselho da Europa;
13) Carta do Turismo Cultural, elaborada pelo Conselho Internacional dos Monumentos e dos Sítios (ICOMOS), no Seminário

Internacional de Turismo Contemporâneo e Humanismo, realizado em Bruxelas, em 1976;

14) Carta de Machu Picchu. Encontro Internacional de Arquitetos ocorrido em dezembro de 1977;

15) Carta de Burra, elaborada pelos membros do Conselho Internacional de Monumentos e Sítios (ICOMOS), na Austrália, em 1980;

16) Carta de Florença, elaborada pelo Conselho Internacional de Monumentos e Sítios (ICOMOS), em Florença, Itália, 1981;

17) Declaração Tlaxcala. 3° Colóquio Interamericano sobre a Conservação do Patrimônio Monumental, de outubro de 1982;

18) Carta de Washington, elaborada pelo Conselho Internacional dos Monumentos e dos Sítios (ICOMOS), no ano de 1986, em Washington – EUA;

19) Carta de Petrópolis, elaborada no 1° Seminário Brasileiro para Preservação e Revitalização de Centros Históricos, em Petrópolis – RJ, em 1987;

20) Carta de Washington, ou Carta Internacional para a Salvaguarda das Cidades Históricas, adotada pela 8ª Assembleia Geral do ICOMOS, em Washington – EUA, em 1987;

21) Carta de Cabo Frio. Encontro de Civilizações nas Américas, em outubro de 1989;

22) Declaração de São Paulo lançada por ocasião da Jornada Comemorativa do 25° aniversário da Cara de Veneza, em 1989;

23) Carta de Lausanne, elaborada pelo Comité Internacional para a Gestão do Património Arqueológico (ICAHM) e adotada pela 9ª Assembleia Geral do ICOMOS, realizada em Lausanne, em 1990;

24) Recomendação Europa Paisagem, adotada pelo Comitê de Ministros do Conselho da Europa, em 11 de setembro de 1995, por ocasião do 543° encontro de vice Ministros;

25) Declaração de Sofia, de 9 de outubro de 1996, elaborada durante a XI Assembleia Geral do ICOMOS;

26) Declaração de São Paulo II. Recomendações Brasileiras à XI Assembleia Geral do ICOMOS, de 1996;

27) Carta de Fortaleza. Seminário: Patrimônio Imaterial – Estratégias e Formas de Proteção, realizado no período de 10 a 14 de novembro de 1997.

28) Encontro do Ministério Público na Defesa do Patrimônio Cultural, realizado nos dias 22 e 23 de outubro de 2003, em Goiânia – GO;

29) Carta de Santos – 2° Encontro Nacional do Ministério Público na Defesa do Patrimônio Cultural, realizado nos dia 23 e 24 de setembro de 2004;

30) A Declaração de XI'AN sobre a Conservação do Entorno Edificado, Sítios e Áreas do Patrimônio Cultural, adotada em Xi'an, China, em 21 de outubro de 2005 – XV Assembleia Geral do ICOMOS, a partir do Simpósio Científico da Assembleia Geral dedicado "Os monumentos e os Sítios em seu Entorno – Conservar o Patrimônio Cultural nas Cidades e as Paisagens em Processo de Mudança";[56]

31) I Fórum Nacional do Patrimônio Cultural: Sistema Nacional de Patrimônio Cultural: Desafios, estratégias e experiências para uma nova gestão, realizado em Ouro Preto-MG, em 2010; [57]

32) Carta dos Jardins Históricos, ou Carta de Juiz de Fora, resultante do Congresso organizado pelo Instituto de Patrimônio Histórico e Artístico Nacional - IPHAN, pela Fundação Museu Mariano Procópio e pela Fundação Casa de Rui Barbosa, em Juiz de Fora-MG, no período de 5-7 de outubro de 2010.

3.1. Carta de Atenas

É recorrente, nos estudos e nas práticas relacionadas com conservação e restauro de bens do Patrimônio Cultural, a menção à "Carta de Atenas". Deve-se assinalar, porém, que há duas cartas patrimoniais sob o mesmo título, elaboradas em uma mesma época por distintas instâncias, tendo uma delas ganhado sucessivas versões.

A Carta pioneira foi elaborada no âmbito do 1° Congresso Internacional de Arquitetos e Técnicos de Monumentos Históricos, realizado em 1931; a segunda teve foro no Congresso Internacional de Arquitetura Moderna – CIAM –, a bordo do navio Patris II, em 1933, a qual se apresenta em quatro

---

56 IPHAN. Programa de Especialização em Patrimônio do IPHAN. *Entorno dos bens tombados/Programa de Especialização em Patrimônio do IPHAN.* Pesquisa e texto: Analucia Thompson e Lia Mota. Rio de Janeiro: IPHAN, 2007. pp. 120-123.

57 SUTTI, Weber. Instituto do Patrimônio Histórico e Artístico Nacional (IPHAN). *I Fórum Nacional do Patrimônio Cultural – Sistema Nacional de Patrimônio Cultural: desafios, estratégias e experiências para uma nova gestão.* Ouro Preto/MG, 2009/Instituto do Patrimônio Histórico e Artístico Nacional. Brasília, DF: Iphan, 2012.

versões: uma original, correspondente ao conteúdo da Ata do IV CIAM, publicada nos Anais da Câmara Técnica de Atenas; a segunda, que é uma adaptação feita por Le Corbusier, datada de 1941; a terceira, publicada por José-Luis Sert, nos EUA, em 1942, In: "Can Cities Survive"; e a quarta, que corresponde a uma publicação holandesa, na qual se faz a comparação entre a versão original e a de Corbusier.[58]

A Carta resultante daquele 1º Congresso inaugurou em pauta transnacional a discussão acerca das preocupações do segmento participante no tocante aos aspectos legais e técnico-construtivos, aos princípios e diretrizes relacionados com a conservação e propugnou pela concepção ou fortalecimento de organizações nacionais e internacionais, de caráter operacional e técnico-consultivo, na seara da preservação e do restauro. Enfatizou a necessidade de adequação da legislação de cada país e também de construção de uma base principiológica comum que pudesse balizar as ações nesse campo entre os países participantes, notadamente com o propósito de evitar usos incompatíveis e de resguardar a prevalência do direito coletivo sobre o individual, sem, contudo, desprezar as peculiaridades locais.[59]

Por ocasião do Congresso Internacional de Arquitetura Moderna – CIAM – realizado em Atenas, discutiram-se e estabeleceram-se os princípios que deveriam integrar uma carta de urbanismo, documento que, sob concepção do chamado Urbanismo Racionalista, consubstanciasse os postulados norteadores das ações de planejamento das funções da cidade e das intervenções nos espaços urbanos. O documento então condensado enfatizou, assim, o planejamento regional e infra-urbano, o zoneamento e o equilíbrio da relação propriedade privada do solo urbano – funções coletivas da cidade, entre outros postulados.[60]

A despeito de, em sua substância, definidos, os referidos princípios não foram, desde logo, sistematizados ou ordenados segundo formulação precisa.

Dessa forma, foi retardada a publicação da Carta, que só ocorreu na França, em 1941, sob o título "**Carta de Atenas**", a qual, conforme lembra Jorge Dantas, "não vinha assinada, era uma publicação anônima, mas percebia-se muito

---

58 Carta de Atenas (Grécia/Atenas). In: Congresso Internacional de Arquitetura Moderna. Belo Horizonte: Diretório Acadêmico da Escola de Arquitetura, 1964.

59 LE CORBUSIER. A Carta de Atenas/Versão de Le Corbusier. Tradução de Rebeca Scherer. São Paulo: Hucitec. EDUSP.

60 LE CORBUSIER. A Carta de Atenas/Versão de Le Corbusier. Tradução de Rebeca Scherer. São Paulo: Hucitec. EDUSP.

bem, nesta primeira edição, o trabalho de Le Corbusier; o anonimato se justificava pela presença nazista no solo francês".[61]

Tendo em vista os objetivos deste trabalho, buscou-se analisar o conteúdo da referida Carta Patrimonial e, reconhecendo a importância de suas conclusões e a influência de seus postulados na prática e na discursividade da preservação, apesar de alguns se encontrarem, de certa forma, ultrapassados ou ressemantizados, intentou-se maior familiaridade com o texto, principalmente com aqueles trechos que mais de perto dizem respeito ao objeto do estudo. Toma-se como fonte a versão de Le Corbusier.[62]

Assim, dos 95 tópicos, transcrevem-se os seguintes, atinentes à preservação do patrimônio cultural:

> "65. Os valores arquitetônicos devem ser salvaguardados (edifícios isolados ou conjuntos urbanos).
>
> A vida de uma cidade é um acontecimento contínuo, manifestado ao longo dos séculos por obras materiais, traçados ou construções, que a dotam de personalidade própria, da qual vai emanando sua alma pouco a pouco.
>
> São esses testemunhos preciosos do passado que serão respeitados: primeiro, por seu valor histórico ou sentimental; segundo, porque alguns levam em si mesmos uma virtude plástica na qual toma corpo o mais alto grau de intensidade do gênio humano.
>
> Formam parte do patrimônio humano, e aqueles que os detêm ou estão encarregados de sua proteção têm a responsabilidade e a obrigação de fazer tudo que é lícito para transmitir aos séculos esta nobre herança, intacta.
>
> 66. Serão salvaguardados, se constituírem expressão de uma cultura anterior e se responderem a um interesse geral.
>
> A morte, que não perdoa a nenhum vivente, ataca também as obras dos homens. Entre os testemunhos do passado, há que saber reconhecer e discriminar aqueles que ainda estão bem vivos.
>
> Nem tudo que é passado tem direito, por definição, à perpetuidade; convém eleger, com sensatez, o que deve ser respeitado.
>
> Se os interesses da cidade estão prejudicados pela persistência de certas presenças insignes e majestosas de uma era ultrapassada, buscar-se-á a solução capaz de conciliar dois pontos de vista opostos:

---

[61] Carta de Atenas (Grécia/Atenas). In: Congresso Internacional de Arquitetura Moderna. Belo Horizonte: Diretório Acadêmico da Escola de Arquitetura, 1964.

[62] LE CORBUSIER. A Carta de Atenas/Versão de Le Corbusier. Tradução de Rebeca Scherer. São Paulo: Hucitec. EDUSP.

– nos casos em que se apresentam construções repetidas em diversos exemplares, conservar-se-ão algumas como documentação, derrubar-se-ão as outras;
– em outros casos, poder-se-á isolar somente a parte que constitui um valor real ou uma recordação; o resto modificar-se-á utilmente;
– finalmente, em certos casos excepcionais, poderá ser encarado o transplante total de elementos incômodos por sua situação, que merecem, porém, ser conservados por seu alto significado estético ou histórico.

67. Se sua conservação não implica sacrifício de populações mantidas em condições malsãs, estreito culto do passado não poderia fazer desconhecer as regras da justiça social. Espíritos mais preocupados com esteticismo que com solidariedade batalham pela conservação de certos velhos bairros, sem se preocupar com a miséria, a promiscuidade e as enfermidades que eles abrigam.

É tomar uma grave responsabilidade.

O problema deve ser estudado e pode, às vezes, ser resolvido com uma solução genial; porém, em nenhum caso, deve primar o culto ao pitoresco e à história sobre a salubridade da habitação, de que tão fundo dependem o bem-estar e a saúde moral do indivíduo.

68. Se for possível remediar sua presença prejudicial com medidas radicais, por exemplo: o desvio de elementos vitais de circulação ou a substituição de centros considerados imutáveis até hoje.

O excepcional crescimento de uma cidade pode criar uma situação perigosa, que conduza a obstáculo intransponível, do qual se libertará somente a custo de certos sacrifícios.

O obstáculo não poderá ser suprimido senão pela demolição.

Porém, quando esta medida contém a destruição de verdadeiros valores arquitetônicos, históricos ou espirituais, é preferível, sem dúvida, buscar outra solução.

Em vez de suprimir o que impede a circulação, desviar-se-á a própria circulação ou, se as condições o permitirem, far-se-á a passagem por um túnel.

Finalmente, pode-se substituir um centro de atividade intensa, transportá-lo para outro lado, trocar inteiramente o regime circulatório da zona congestionada.

A imaginação, a invenção e os recursos técnicos devem combinar-se para que se possam solucionar as questões mais controvertidas.

69. A demolição dos cortiços ao redor dos monumentos históricos oferecerá a ocasião de criar superfícies verdes.

É possível, em certos casos, que a demolição de casas insalubres e cortiços ao redor de alguns monumentos de valor histórico destrua um ambiente secular.

Aproveitar-se-á a situação para se introduzirem superfícies verdes.

Os vestígios do passado ficarão mergulhados em novo ambiente, talvez inesperado, porém completamente tolerável e que, em qualquer caso, prestará amplo benefício aos bairros circundantes.

70. O emprego de estilos do passado, sob pretexto de estética, em construções novas erguidas em zonas históricas tem consequências nefastas. A manutenção de tais usos ou a introdução de tais iniciativas não serão toleradas de maneira alguma.

Tais métodos são contrários à grande lição da história. Jamais foi registrado um retrocesso, jamais volveu o homem sobre seus passos.

As obras-mestras do passado nos mostram que cada geração teve sua maneira de pensar, suas concepções, sua estética, fazendo uso, como de um trampolim para sua imaginação, da totalidade dos recursos técnicos de sua época.

Copiar servilmente o passado é condenar-se à mentira, é erguer a 'falsificação' em princípio, posto que não poderiam ser reconstituídas as antigas condições de trabalho, já que a aplicação da técnica moderna a um ideal ultrapassado não é senão simulacro desprovido de toda a vida.

Ao misturar o 'falsificado' ao 'verdadeiro', longe de conseguir-se impressão de conjunto e sensação da pureza de estilo, não se chega senão a reconstituição fictícia que somente é capaz de lançar o descrédito sobre os testemunhos autênticos que tanto se empenha em preservar".

Pode-se concluir que a Carta de Atenas instituiu o critério de especialização funcional da cidade. Segundo essa orientação, a organização da cidade deveria ser feita a partir da separação das funções em setores específicos, entre os quais deveria figurar o do patrimônio cultural.

A par disso, o documento estabeleceu, entre outras regras, as que definiam desvios de traçados de vias para efeito de proteção do patrimônio, acenando com alternativas questionáveis de conciliação do espaço urbano. Assim, a Carta não trouxe uma concepção linear e sem conflito; ao contrario, consignou soluções técnicas polêmicas, tendo sido responsável por um grave processo de destruição de monumentos.

3.2. Carta De Gubbio, Gubbio, 1960

A Carta de Gubbio, fruto das proposições e debates no âmbito da Conferência Nacional para Salvação e Restauração de Centros Históricos realizada em Gubbio, no período de 17-19 de setembro de 1960, que reuniu arquitetos, urbanistas, juristas, estudiosos de restauração e representantes de diversos municípios italianos, sob coordenação de grandes conhecedores da temática, apresenta-se como relevante Declaração de Princípios sobre Conservação e Restauração de Centros Históricos,[63] documento cujo teor permanece atual. Em suas proclamações, a Carta enfatiza a necessidade de identificação, reconhecimento e classificação dos Centros Históricos com a indicação daquelas áreas que devem ser objeto de recuperação ou de outras intervenções no espaço urbano, considerando-se "essas operações como uma premissa para o [...] desenvolvimento da cidade moderna e, portanto, a necessidade de elas serem parte dos planos reguladores municipais, como uma das etapas essenciais na programação de sua implementação".[64]

A referida Carta esboça a ideia de conservação e assinala o deslocamento do foco sobre a esfera de valores históricos e artísticos para o plano dos valores culturais amalgamados na cidade.

3.3. Carta de Veneza, 1964[65]

Em Veneza, no período de 25 a 31 de maio de 1964, realizou-se, por iniciativa da União Internacional de Arquitetos, o II Congresso Internacional de Arquitetura e de Técnicos de Monumento Histórico, para discussão de temas afetos à conservação, restauração e manutenção de monumentos do Patrimônio Cultural. As conclusões do certame foram registradas na Carta de Veneza, Documento Patrimonial que, pelo nível e seriedade das discussões travadas no congresso que lhe deu origem, constituiu-se em relevante referencial relativamente aos temas de que se ocupou.

63 Carta de Gubbio – La Carta di Gubbio del 1960. Disponível em: <http://www.italianostra.org/?p=32687>. Acesso em: 12 out. 2017.

64 Carta de Gubbio. 10 de novembro de 2009. Disponível em: <https://urbanisticaitalia.wordpress.com/2009/11/10/carta-di-gubbio>. Acesso em: julho de 2017.

65 Carta de Veneza. II Congresso Internacional de Arquitetos e Técnicos dos Monumentos Históricos ICOMOS – Conselho Internacional de Monumentos e Sítios Escritório. Maio de 1964. Disponível em: <http://portal.iphan. gov.br/uploads/ckfinder/arquivos/Carta%20de%20Veneza%201964.pdf>. Acesso em: 26 fev. 2019.

Os postulados orientadores do referido Congresso foram articulados naquela Carta, que, segundo Beatriz Mugayar Kühl, "permanece como documento-base do Icomos 1, criado em 1965 e acolhido pela UNESCO como órgão consultor e de colaboração".[66]

Propugna o documento especialmente pela conservação do bem, aliada à sua permanência no ambiente em que se acha inserido, além de estimular a proteção de conjuntos arquitetônicos.

No entanto, o conteúdo da Carta de Veneza não foi objeto imediato de discussões necessárias à sua adequada interpretação e internalização nos meios técnicos, só vindo a ser alvo de debates no ano seguinte à sua edição.

Beatriz Mugayar Kühl noticia que, no Brasil, a discussão sobre a Carta só foi pautada de forma sistemática sob os auspícios institucionais da FAU-USP, em cooperação com o IPHAN e a Condephaat, no bojo do Curso de Restauração e Conservação de Monumentos Arquitetônicos, realizado em 1974, o qual representou um marco na construção e compartilhamento de conhecimento em torno dos postulados da Carta. Anota a autora que "a Carta de Veneza fazia parte da bibliografia utilizada por Hugues de Varine-Bohan, que lecionou no curso. Nas aulas de Augusto da Silva Telles, a Carta foi extensa e fundamentadamente perscrutada".[67]

Mostra a especialista que, naquela oportunidade, havia, entre outros professores do curso, quem incorresse em equívoco ao citar postulados da Carta de Veneza e da Carta de Atenas como fundamentos conexos na definição de restauro, sem perceber a contradição entre os postulados das duas cartas patrimoniais. E afirma que:

> "Essa inconsistência teórica persiste até mesmo em instrumentos normativos recentes, como a decisão normativa n. 80, do Conselho Federal de Engenharia, Arquitetura, Urbanismo e Agronomia (Confea), de 2007, que afirma basear suas definições em documentos como a Carta de Veneza e a Carta de Atenas, sem se dar conta de que as definições desses documentos são incompatíveis entre si [...] Ou seja, ainda persiste, no Brasil – apesar de algumas honrosas

66 KÜHL, Beatriz Mugayar. *Notas sobre a Carta de Veneza*. Scielo, 2010. Disponível em: <http://www.scielo.br/scielo.php?script=sci_arttext&pid=S0101-47142010000200008>. Acesso em: 14 fev. 2019.

67 KÜHL, Beatriz Mugayar. *Notas sobre a Carta de Veneza*. Scielo, 2010. Disponível em: <http://www.scielo.br/scielo.php?script=sci_arttext&pid=S0101-47142010000200008>. Acesso em: 14 fev. 2019.

exceções, como o esforço de Silva Telles –, uma enorme dificuldade de leitura fundamentada do documento de Veneza".[68]

Do referido documento, colhem-se as principais recomendações, que aqui são registradas, tendo em vista, principalmente, o aspecto prático de que se revestem. Elas constituem diretrizes para conservação e restauração, definindo a especificidade do tratamento que deve ser dado aos monumentos e os limites das intervenções.

Eis alguns enunciados da Carta de Veneza:

> "A noção de monumento compreende não só a criação arquitetônica isolada, mas também a moldura em que ela é inserida. O monumento é inseparável do meio onde se encontra situado e, bem assim, da história da qual é testemunho".
>
> "A conservação e a restauração de monumentos visam a salvaguardar tanto a obra de arte, quanto o testemunho histórico".
>
> "A conservação de monumentos é sempre favorecida quando se atribui a esses monumentos função útil à sociedade, utilização essa que não pode alterar a disposição dos elementos que os compõem, nem seu ambiente".
>
> "Desde que as técnicas tradicionais se revelem insuficientes, a consolidação de um monumento pode ser assegurada, recorrendo-se a todas as técnicas modernas empregadas em obras de conservação e de construção cuja eficácia tenha sido comprovada por meios científicos e pela experiência".
>
> "A restauração é uma operação que deve ter caráter excepcional. Apoia-se no respeito à substância da coisa antiga ou sobre documentos autênticos e deverá deter-se onde começa a conjectura. Além disso, todo trabalho complementar verificado indispensável deverá destacar-se da composição arquitetônica e levará a marca de nosso tempo.
>
> Os elementos destinados a substituir as partes que faltarem deverão integrar-se harmoniosamente no conjunto, embora distinguindo-se dos elementos originais, a fim de que a restauração não falsifique o documento de arte e de história".
>
> "As contribuições de todas as épocas para a construção de um monumento devem ser respeitadas, não devendo considerar-se a unidade do estilo como o objetivo a alcançar no curso de uma restauração".

---

68 KÜHL, Beatriz Mugayar. *Notas sobre a Carta de Veneza*. Scielo, 2010. Disponível em: <http://www.scielo.br/scielo.php?script=sci_arttext&pid=S0101-4714201 0000200008>. Acesso em: 14 fev. 2019.

> "Quando ocorrem num edifício diversas contribuições superpostas, a recuperação do estado jacente não se justifica senão excepcionalmente".
> "A remoção total ou parcial de um monumento do sítio original para outro local não pode ser tolerada, salvo se sua preservação assim o exigir ou se razões de grande interesse nacional ou internacional a justificarem".
> "A preservação do monumento implica a da moldura tradicional; as construções, demolições ou agenciamentos novos não poderão, pois, alterar as relações de volume e colorido do monumento com seu ambiente próprio".
> "O agenciamento de ruínas e as medidas necessárias à conservação e à proteção permanente dos elementos arquitetônicos, assim como dos objetos descobertos, serão assegurados. Por outro lado, todas as iniciativas deverão ser tomadas com o objetivo de facilitar a compreensão do monumento descoberto sem, jamais, desvirtuar sua significação. Todo trabalho de reconstrução deverá, entretanto, ser excluído 'a priori'; somente a anastilose pode ser admitida, quer dizer, a recomposição de partes existentes, porém desmembradas".[69]

Segundo Ana Paula Darolt, a Carta Patrimonial de Veneza (1964) é a mais influente no gênero e continua prestigiada e atualizada até os dias atuais, o "que se deve ao fato de que ela amplia o significado de patrimônio, que passa a ser visto como objeto de transformação: histórica, cultural, temporal e não deve ser separado da história à qual pertence". Daí por que, segundo a autora, amplia-se a percepção do monumento, que deve ser compreendido no conjunto urbano correspondente. De fato, o monumento, segundo os postulados da Carta, deve ser visto como parte integrante do ambiente no qual está inserido e circunstanciado por sua história, sem, contudo, perder sua individualidade: "entende-se esse conjunto como sítio monumental, urbano ou rural, como um importante testemunho de uma civilização, de uma evolução significativa e/ou de um acontecimento histórico".[70]

---

69 Carta de Veneza. Revista C. J. Arquitetura. Rio de Janeiro: Editora Fernando Chinaglia, (17): 128, 1977.

70 DAROLT, Ana Paula. *Carta de referência:* Carta de Veneza – Monumentos e Sítios. Maio de 1964. Disponível em: <https://arquiteturahistoriaepatrimonio.wordpress.com/2016/03/06/carta-de-referencia-carta-de-veneza-monumentos-e-sitios-maio-de-1964>. Acesso em: 06/03/2016.

3.4. Carta do Restauro, Itália, 1972[71]

A Carta do Restauro, elaborada, em 1972, pelo Ministério da Instrução Pública da Itália, é um documento de grande relevância para a política de restauro do Patrimônio arquitetônico e artístico daquele país, especialmente levando-se em conta o significado e a extensão da atividade lá desenvolvida, mas, também, para os demais Estados, como referência para os profissionais desse campo laboral. A Carta considera restauração "qualquer intervenção, não necessariamente direta", em obra de arte a fim de manter seu funcionamento, facilitar a leitura de seus traços ou características, bem assim garantir sua condição de transmitir integralmente o seu significado e suas referências. Cuida o documento de estabelecer, em seus 12 artigos, diretrizes técnicas aplicáveis às referidas intervenções em "monumentos arquitetônicos, pinturas e esculturas, conjuntos de edifícios de interesse monumental, histórico ou ambiental, centros históricos, coleções artísticas e jardins de especial importância", além de dispor sobre etapas de trabalhos, responsabilizações, metodologias, técnicas e programas (IPHAN – Carta do Restauro, 1972).[72]

3.5. Carta de Bruges, Bruges, 1974

A Carta de Bruges, de 1974, no bojo das medidas preparatórias das comemorações de 1975 – Ano Europeu de Patrimônio,[73] catalisava, por iniciativa do Conselho de Municípios Europeus, então, reunido em Bruges, as reflexões acerca dos conflitos entre o homem e a natureza, com reflexos na vida urbana, questão já pautada pelo Clube de Roma, dois anos antes,

---

71 Carta do Restauro (Itália). Disponível em: <http://portal.iphan. gov.br/uploads/ckfinder/arquivos/Carta%20do%20Restauro%201972.pdf>. Acesso em: 17 out. 2017.

72 RENNO, Caroline. *Cartas Patrimoniais*. Disponível em: <https://carolinerenno.com/2015/04/17/cartas-patrimoniais>. Acesso em: 12 out. 2017.

73 **Ano Europeu do Patrimônio** "Aqui, no entanto, é importante perceber que quando se celebra o Ano Europeu do Patrimônio, em 1975, já se pretende ir muito além da ideia tradicional de patrimônio: organizada pelo Conselho da Europa, com o objetivo de 'outorgar à conservação do patrimônio histórico, cultural e imobiliário da Europa o lugar que lhe corresponde no contexto do planejamento urbano e territorial', aquela iniciativa vai ter, na verdade, a intenção – mais ampla – de conseguir 'a definição de uma política europeia de ordenação do território'". CASTRIOTA, Leonardo Barci. Conservação Urbana: tombamento e áreas de conservação. In: FERNANDES, Edésio. ALFONSIN, Betânia (coord.). *Revisitando o Instituto do Tombamento*. Belo Horizonte: Fórum, (51-71) 2010. p. 58. ISBN: 978-85-7700-388-4.

quando fez sérias advertências em relação à crise ambiental em curso por força do binômio crescimento populacional desordenado e esgotamento de recursos naturais, bem assim sinalizou os caminhos de aproximação entre proteção ao patrimônio e planejamento territorial urbano.

Eis por que Leonardo Barci Castriota, perscrutando as mazelas do urbanismo dessa quadra e as soluções para o seu enfretamento, registra:

> "Na Carta de Bruges, de 1974, já se expõem os sérios problemas sociais e ambientais que apareciam claramente naquele momento: 'crescimento da população e sua repartição desigual, a aceleração brutal e desordenada – no curso dos últimos decênios – do urbanismo e da expansão industrial, a exploração intensiva dos recursos que sabemos que não são renováveis, a não observância das legislações, a competição desenfreada em todos os campos'".[74]

A par de "Declaração de Princípios sobre Problemas Ambientais", a Carta era um esboço de "uma política harmoniosa entre o homem e seu meio ambiente, tendo em vista a necessidade biológica de conservação da espécie humana",[75]e, assim, na percepção de Leonardo Barci Castriota, "já traçava uma ampla política ambiental europeia quando tratava também a questão do patrimônio".[76]

Acrescenta que os documentos produzidos naquele momento na Europa já se inseriam

> "[...] no marco da ideia de uma política ambiental mais geral, que tende ao aproveitamento sustentável dos recursos, assim como a uma tomada de consciência da necessidade de se instaurar uma

---

74 CASTRIOTA, Leonardo Barci. Conservação Urbana: tombamento e áreas de conservação. In: FERNANDES, Edésio. ALFONSIN, Betânia (coord.). *Revisitando o Instituto do Tombamento.* Belo Horizonte: Fórum, (51-71) 2010. p. 58. ISBN: 978-85-7700-388-4. Veja também CASTRIOTA, Leonardo Barci. et al. *PAC Cidades Históricas:* oportunidade para a conservação integrada. Disponível em: <https://saojoaodelreitransparente.com.br/files/docs/PAC_SABARA1.pdf>. Acesso em: 12 out. 2017.

75 Carta de Bruges – Carta di Bruges (Bruges/Bélgica). Dichiarazione di principio sui problemi dell'ambiente. Disponível em: <http://www.regione.molise.it/korai/documentazioneinternazionale/1974dichiarazionedibruges.pdf.>. Acesso em: 12 out. 2017.

76 CASTRIOTA, Leonardo Barci. Conservação Urbana: tombamento e áreas de conservação. In: FERNANDES, Edésio. ALFONSIN, Betânia (coord.). *Revisitando o Instituto do Tombamento.* Belo Horizonte: Fórum, (51-71) 2010. p. 58. ISBN: 978-85-7700-388-4.

nova concepção das relações entre o homem e o seu ambiente, natural ou construído, 'na busca de um novo e benéfico equilíbrio entre desenvolvimento econômico, patrimônio ambiental e patrimônio cultural'".[77]

Lembra Castriota a importância da iniciativa da celebração do Ano Europeu do Patrimônio e dos eventos e documentos que convergiram para os mesmos objetivos, como a Carta em comento:

> "'[Mais que] outorgar à conservação do patrimônio histórico, cultural e imobiliário da Europa o lugar que lhe corresponde no contexto do planejamento urbano e territorial', aquela iniciativa vai ter, na verdade, a intenção – mais ampla – de conseguir 'a definição de uma política europeia de ordenação do território'. E vai ser este o cerne da ideia da 'conservação integrada': a integração entre a preservação do patrimônio e o planejamento urbano, entendido na sua dimensão mais ampla, necessidade que já se percebia nas décadas anteriores na Europa".[78]

3.6. Carta Europeia do Patrimônio Arquitetônico, de Amsterdã – 1975

A Carta Europeia do Património Arquitetônico foi adotada pelo Comitê dos Ministros do Conselho da Europa e oficializada no Congresso sobre o Património Arquitetônico Europeu que teve lugar em Amsterdã, no período de 21 a 25 de outubro de 1975, Ano Europeu do Patrimônio Arquitetônico.[79]

Por iniciativa do Conselho da Europa, proclamou-se 1975 como o Ano Europeu do Patrimônio Arquitetônico, medida emblemática para articular e motivar os países europeus no sentido de desenvolverem estratégias conjuntas

---

77 CASTRIOTA, Leonardo Barci. Conservação Urbana: tombamento e áreas de conservação. In: FERNANDES, Edésio. ALFONSIN, Betânia (coord.). *Revisitando o Instituto do Tombamento.* Belo Horizonte: Fórum, (51-71) 2010. p. 59. ISBN: 978-85-7700-388-4.

78 CASTRIOTA, Leonardo Barci. Conservação Urbana: tombamento e áreas de conservação. In: FERNANDES, Edésio. ALFONSIN, Betânia (coord.). *Revisitando o Instituto do Tombamento.* Belo Horizonte: Fórum, (51-71) 2010. p. 58. ISBN: 978-85-7700-388-4.

79 Carta de Amsterdã – Carta Europeia do Património Arquitetônico (Amsterdã/Holanda). Disponível em: <http://www.patrimoniocultural.gov.pt/media/uploads/cc/CARTAEUROPEIADOPATRIMONIOARQUITECTONICO.pdf>. Acesso em: 12 out. 2017.

de sensibilização das respectivas comunidades para os valores de seus referentes do passado, monumentos, conjuntos arquitetônicos e sítios, no meio urbano ou rural, nas mais diversas dimensões: culturais, socais e económicas.

Defendeu-se o propósito de se criar uma visão compartilhada do problema, e, sobretudo, de forjar uma linguagem comum no enunciado dos princípios gerais que deveriam guiar a ação concertada das instâncias responsáveis e dos cidadãos, razão pela qual o Conselho da Europa elaborou a supramencionada Declaração.[80]

A Carta, também denominada Declaração de Amsterdã, de outubro de 1975, parte da afirmação da relevância da Europa no tocante ao patrimônio arquitetônico:

> "Reconhece que a arquitetura singular da Europa é patrimônio comum de todos os seus povos e afirma a intenção dos Estados-membros de cooperar entre si e com os outros países europeus para protegê-lo".

Fruto de discussões entre políticos e experts da Europa Ocidental e do Leste, assim como dos Estados Unidos e do Canadá, o documento traduz uma concepção ampla e integrada de conservação do patrimônio, buscando pautar, mediante diretrizes lapidarmente enunciadas, o diálogo entre políticas patrimoniais e planejamento urbano; entre técnicas de restauro e o tempo; entre os bens culturais ou seus conjuntos com as populações circundantes, como fica evidenciado na dicção da Carta.

O documento registra considerações essenciais que lastreiam as suas diretrizes e proclamações e que são aqui transcritas:

"a) Além de seu inestimável valor cultural, o patrimônio arquitetônico da Europa leva todos os europeus a tomarem consciência de uma história e destino comuns. Sua conservação é, portanto, revestida de uma importância vital.

b) Esse patrimônio compreende não somente as construções isoladas de um valor excepcional e seu entorno, mas também os conjuntos, bairros de cidades e aldeias que apresentam um interesse histórico ou cultural.

---

80 Carta de Amsterdã – Carta Europeia do Património Arquitetônico (Amsterdã/Holanda). Disponível em: <http://www.patrimoniocultural.gov.pt/media/uploads/cc/CARTAEUROPEIADOPATRIMONIOARQUITECTONICO.pdf>. Acesso em: 12 out. 2017.

c) Essas riquezas são um bem comum a todos os povos da Europa, que têm o dever comum de protegê-las dos perigos crescentes que as ameaçam: negligência e deterioração, demolição deliberada, novas construções em desarmonia e circulação excessiva.

d) A conservação do patrimônio arquitetônico deve ser considerada não apenas como um problema marginal, mas como objetivo maior do planejamento das áreas urbanas e do planejamento físico territorial.

e) Os poderes locais, aos quais compete a maioria das decisões importantes em matéria de planejamento, são todos particularmente responsáveis pela proteção do patrimônio arquitetônico e devem ajudar-se mutuamente através da troca de ideias e de informações.

f) A reabilitação dos bairros antigos deve ser concebida e realizada, tanto quanto possível, sem modificações importantes da composição social dos habitantes, e de uma maneira tal que todas as camadas da sociedade se beneficiem de uma operação financiada por fundos públicos.

g) As medidas legislativas e administrativas necessárias devem ser reforçadas e tornadas mais eficazes em todos os países.

h) Para fazer face aos custos de restauração, planejamento e conservação das construções e sítios de interesse arquitetônico ou histórico, uma ajuda financeira adequada deve ser colocada à disposição dos poderes locais e de proprietários particulares; além disso, para estes últimos, incentivos fiscais deverão ser previstos.

i) O patrimônio arquitetônico não sobreviverá a não ser que seja apreciado pelo público e especialmente pelas novas gerações. Os programas de educação em todos os níveis devem, portanto, se preocupar mais intensamente com essa matéria.

j) Devem ser encorajadas as organizações privadas – internacionais, nacionais e locais – que contribuam para despertar o interesse do público.

k) Uma vez que a arquitetura de hoje é o patrimônio de amanhã, tudo deve ser feito para assegurar uma arquitetura contemporânea de alta qualidade".[81]

---

81 Carta de Amsterdã – IPHAN. Disponível em: <http://portal.iphan. gov.br/uploads/ckfinder/arquivos/Declaracao%20de%20Amsterda%CC%83%201975.pdf>. Acesso em: 12 out. 2017.

Extraem-se, ainda, da referida Carta, alguns conceitos, princípios ou diretrizes relevantes para a pauta da proteção ao patrimônio cultural:

> "O patrimônio arquitetônico é composto de todos os edifícios e conjuntos urbanos que apresentem interesse histórico ou cultural. O Patrimônio é a riqueza social; portanto, de responsabilidade coletiva. A conservação deve ser objeto principal da planificação urbana e territorial. As municipalidades são as principais responsáveis pela conservação. A recuperação de áreas urbanas degradadas deve ser realizada sem modificações substanciais da composição social dos residentes nas áreas reabilitadas. [...] A conservação do patrimônio construído deve ser assunto dos programas de educação; [...]
> Certamente que, além da formulação de princípios, se coloca o problema da sua aplicação. A ação futura do Conselho da Europa tenderá a aprofundar as possibilidades de aplicação destes princípios nas diferentes situações nacionais e a melhorar progressivamente as legislações e as regulamentações em vigor, bem como a formação no domínio considerado".[82]

Para bem se aquilatar a importância da Declaração de Amsterdã no grande ciclo das práticas discursivas no campo patrimonial, traz-se, aqui, o registro feito por Leonardo Castriota, na perspectiva ideológica do tema, ao resgatar os motes de reflexão que alimentaram a enunciação da Carta:

> "Nas reflexões que subjazem à ideia de conservação integrada, pode-se perceber claramente a crise do Movimento Moderno, que naquele momento já vinha sendo submetido a uma feroz revisão, com críticas ácidas à sua arquitetura anônima e ao seu urbanismo segregador e desumano. Com a Declaração de Amsterdã volta-se a atenção para a cidade tradicional, que é valorizada exatamente por seu valor urbano, naqueles aspectos que foram longamente negados pelo Movimento Moderno: sua escala humana, seus espaços fechados, sua diversidade de usos e sua diversidade sociocultural".[83]

---

82 Carta de Amsterdã – IPHAN. Disponível em: <http://portal.iphan. gov.br/uploads/ckfinder/arquivos/Declaracao%20de%20Amsterda%CC%83%201975.pdf>. Acesso em: 12 out. 2017.

83 CASTRIOTA, Leonardo Barci. Conservação Urbana: Tombamento e Áreas de Conservação. In: FERNANDES, Edésio; ALFONSIN, Betânia (coord.). *Revisitando o Instituto do Tombamento*. Belo Horizonte: Fórum, 2010. pp. 51-71 e 60. ISBN: 978-85-7700-388-4.

3.7. Carta do Turismo Cultural, de Bruxelas - 1976[84]

Algumas Recomendações Internacionais têm como móvel o estímulo à atividade turística associada à valorização do patrimônio cultural. Essas recomendações buscam orientar as atividades turísticas no sentido de incorporarem alternativas de conciliação dos interesses econômicos da função com os de divulgação e valorização dos referentes de identidade, envolvendo-se a população, de forma que não seja esta ameaçada ou agredida pela exploração turística, haja vista a rejeição por parte de vários povos ao turismo. Na Bélgica, por exemplo, país no qual a atividade turística é intensamente desenvolvida, há mobilização da sociedade no sentido de que se excluam de roteiros turísticos determinados bairros e locais, postura recorrente em outros centros turísticos, de modo explícito ou transverso.

Os encontros internacionais que tematizam o turismo discutem mecanismos de inserção dos bens culturais em roteiros turísticos, bem assim de valorização de sua ambiência; estimulam a adoção de processos de renovação e reabilitação de cidades para a função turística; debatem mecanismos de incentivos fiscais, de captação de recursos, métodos de identificação e potencialização de interesses e fluxos turísticos. Na mesma linha, defendem a criação de mecanismos educacionais de sensibilização dos particulares e da coletividade para investimentos no setor, sem perder de vista a busca de sua sustentabilidade, na densa dimensão da responsabilidade estendida, de atores sociais e culturais, empreendedores privados, Estado, Sociedade e cidadãos.

A denominada Carta de Turismo Cultural, resultante do "Seminário Internacional de Turismo Contemporâneo e Humanismo", realizado por iniciativa do Conselho Internacional dos Monumentos e dos Sítios (ICOMOS), em Bruxelas, nos dias 8 e 9 de novembro de 1976, com a participação de segmentos envolvidos na atividade turística e de representações das instâncias de proteção do Patrimônio, notadamente dos monumentos e sítios históricos, constituiu um marco relevante para a integração das políticas correspondentes. A postura dos signatários da Carta é motivada pela constatação de que "o turismo é um fato social, humano, econômico e cultural universal irreversível. Sua influência no

84 Carta de Turismo Cultural, 1976 (Brasil) – IPHAN. Disponível em: <http://portal.iphan. gov.br/uploads/ckfinder/arquivos/Carta%20de%20Turismo%20Cultural%20 1976.pdf>. Acesso em: 12 out. 2017.

campo dos monumentos e sítios é particularmente importante e só pode aumentar, dados os conhecidos fatores de desenvolvimento de tal atividade". Ainda no tocante ao que se proclama como fundamento da Postura Básica, colhe-se fragmento que dá conta de consideráveis impactos da atividade turística, potencialmente mais gravosos, tendo em vista o caráter expansivo do processo de desenvolvimento: "O turismo aparece como um dos fenômenos propícios para exercer uma influência altamente significativa no entorno do homem em geral e dos monumentos e sítios em particular".

O documento consagra conceitos fundamentais sobre turismo cultural e sobre os elementos patrimoniais do contexto de sua prática. Eis a definição apresentada pela Carta, diga-se, bastante estreita, sobre o principal objeto de sua disciplina: "O turismo cultural é aquela forma de turismo que tem por objeto, entre outros fins, o conhecimento de monumentos e sítios histórico-artísticos".

A referida Carta destaca a importância da atividade para o conhecimento e a valorização de monumentos e sítios histórico-artísticos, o que, por si, se revela positivo; chama, ainda, a atenção para o fato de que a atividade turística justifica e incentiva os esforços para manutenção e preservação desse mesmo patrimônio.[85] Adverte, contudo, para as pressões que a atividade turística exerce sobre o patrimônio, quando dissociada de uma política adequadamente estruturada com base nos pilares do turismo sustentável e da proteção ao patrimônio que lhe dá suporte.

Apresentando, assim, considerações sobre o turismo enquanto atividade econômica, social e cultural, o documento alerta para a necessidade de que deva ser tratada sob as cautelas de proteção do patrimônio, e o faz invocando a normatividade dos documentos internacionais mais relevantes, como a Convenção da UNESCO de 1972, e mostrando a importância de articulação dos setores governamentais, das instâncias diversas de proteção do Patrimônio e das entidades representativas da atividade turística, para a garantia de uma atividade que, irreversível, há de ser pelo menos tolerável.

Nesse sentido, prevê a Carta que, "para garantir tais efeitos, são necessárias a criação e a aplicação de medidas políticas dirigidas ao setor e instrumentos fundamentais para contínua manutenção e orientação do movimento turístico (IPHAN – Carta do Turismo Cultural, 1976)".[86]

---

85 RENNO, Caroline. *Cartas Patrimoniais*. Disponível em: <https://carolinerenno.com/2015/04/17/cartas-patrimoniais>. Acesso em: 12 out. 2017.

86 RENNO, Caroline. *Cartas Patrimoniais*. Disponível em: <https://carolinerenno.

Dessa forma, a Carta recomenda que sejam assimiladas práticas mais compatíveis e articuladas estratégias de conscientização de todos os envolvidos, de modo a assegurar uma atuação responsável e aceitável nesse campo. Estabelece, assim, um elenco, sob o título "Bases de Atuação", de 10 regras que devem orientar as práticas, tanto dos organismos de proteção, como das diversas esferas governamentais, seja ainda das entidades representativas do setor turístico.

3.8. Carta de Burra, 1980[87]

Sob os auspícios do Conselho Internacional de Monumentos e Sítios – ICOMOS –, foi elaborada na Austrália, em 1980, a Carta de Burra. O Documento, com 29 artigos, é um importante marco na política de conservação e gestão dos sítios com significado cultural, em contraponto à política de preservação, de caráter mais limitador. O documento trata de várias questões atinentes às tipologias de intervenções no patrimônio, distinguindo conservação, preservação, manutenção, restauração e reconstrução.[88]

Com ênfase na conservação, de caráter mais dinâmico, a aludida Carta da Austrália, além de importante aporte conceitual, cuida de disciplinar os procedimentos de intervenção, indicando as circunstâncias em que se aplicam, as características de cada qual e até os elementos a serem implantados ou mantidos; disciplina os cuidados com o entorno, recomendando a permanência do bem na sua localização histórica; valoriza a participação da população nos processos decisórios afetos ao patrimônio, além de estabelecer outros enunciados e recomendações.[89]

Leonardo Barci Castriota destaca a importância da referida Carta na construção de um novo paradigma de tratamento do patrimônio pela vertente da conservação, o qual articula, a partir da expansão da noção de patrimônio, a política correspondente com política urbana. Adverte o autor para a necessidade de revisita aos antecedentes do tratamento por ela dispensado ao tema, isto é, às medidas que inauguraram a referida articulação, lembrando que a Lei Maltraux da França, de 1961, foi, "de fato, a primeira na Europa

---

com/2015/04/17/cartas-patrimoniais>. Acesso em: 12 out. 2017.

87 Carta de Burra (Austrália/Burra) – IPHAN. Disponível em: <http://portal.iphan.gov.br/uploads/ckfinder/arquivos/Carta%20de%20Burra%201980.pdf>. Acesso em: 12 out. 2017.

88 RENNO, Caroline. *Cartas Patrimoniais*. Disponível em: <https://carolinerenno.com/2015/04/17/cartas-patrimoniais>. Acesso em: 12 out. 2017.

89 RENNO, Caroline. *Cartas Patrimoniais*. Disponível em: <https://carolinerenno.com/2015/04/17/cartas-patrimoniais>. Acesso em: 12 out. 2017.

a acrescentar à ideia da preservação monumental a questão da conservação dos centros históricos, tentando associar de forma íntima planejadores urbanos e os chamados arquitetos de monumentos".[90]

E explica que, em relação aos bairros antigos, a referida

> "[...] lei pretendia preservar seus traços essenciais e, ao mesmo tempo, adaptar essas áreas à vida moderna, a fim de evitar transformá-las em museus ao ar livre, colocando para tal fim à disposição do Estado um vasto leque de ações: renovação dos edifícios, melhorias dos serviços urbanos, criação de estabelecimentos nos pátios internos, entre outros".[91]

Castriota relata que,

> "[...] como se sabe, a primeira onda de políticas para o patrimônio, iniciada na França no final do século XVIII, protegia basicamente edificações, estruturas e outros artefatos individuais, e tinha um caráter essencialmente imobilista, tendo como foco, de fato, a limitação da mudança".[92]

Segundo ele, as políticas, até os anos 60, se pautavam por propósitos de preservação, restritas à manutenção do bem, coerente com uma "concepção restrita e limitada de patrimônio":

> "No que se refere especificamente ao patrimônio arquitetônico, este ainda é percebido como uma espécie de 'coleção de objetos', identificados e catalogados por peritos, como representantes significativos da arquitetura do passado e, como tal, dignos de preservação, passando os critérios adotados aqui pelo caráter de excepcionalidade da edificação, à qual se atribuía valor histórico e/ou estético. Já quanto ao patrimônio cultural, a sua concepção

---

90 CASTRIOTA, Leonardo Barci. Conservação Urbana: tombamento e áreas de conservação. In: FERNANDES, Edésio; ALFONSIN, Betânia (coord.). *Revisitando o Instituto do Tombamento.* Belo Horizonte: Fórum, (51-71) 2010. p. 62. ISBN: 978-85-7700-388-4.

91 CASTRIOTA, Leonardo Barci. Conservação Urbana: tombamento e áreas de conservação. In: FERNANDES, Edésio; ALFONSIN, Betânia (coord.). *Revisitando o Instituto do Tombamento.* Belo Horizonte: Fórum, (51-71) 2010. p. 63. ISBN: 978-85-7700-388-4.

92 CASTRIOTA, Leonardo Barci. Conservação Urbana: tombamento e áreas de conservação. In: FERNANDES, Edésio; ALFONSIN, Betânia (coord.). *Revisitando o Instituto do Tombamento.* Belo Horizonte: Fórum, (51-71) 2010. p. 52. ISBN: 978-85-7700-388-4.

tradicional relaciona-o a produtos da cultura erudita, derivados via de regra de grupos e segmentos sociais dominantes".[93]

Lembra Castriota: "Nos anos 1960, começa-se, assim, a se formular outra visão de intervenção sobre o patrimônio, passando-se da ideia de preservação para a de conservação. Que vem a constituir o nosso segundo modelo".[94]

Após os anos sessenta, e especialmente no contexto das comemorações do Ano Europeu de Patrimônio, muitas reflexões, algumas já lastreadas na prática e nas contribuições especializadas, são catalisadas nos documentos posteriores, sobretudo com vistas à integração do patrimônio, em oposição à ideia de sua imobilização. É, pois, na linha dos avanços, que se apresenta a Carta de Burra, de 1980, responsável por sustentar o deslocamento do foco sobre preservação para a conservação, com grandes reflexos na prática discursiva.

Colhem-se da Carta de Burra diversos conceitos úteis no campo da proteção ao Patrimônio, sendo certo que, na doutrina e na jurisprudência, de um modo geral, a adoção desses termos não se faz com observância do sentido estrito que se extrai do documento em análise:

"O termo 'bem' designará um local, uma zona, um edifício ou outra obra construída, ou um conjunto de edificações ou outras obras que possuam uma significação cultural, compreendidos, em cada caso, o conteúdo e o entorno a que pertence.

O termo 'significação cultural' designará o valor estético, histórico, científico ou social de um bem para as gerações passadas, presentes ou futuras.

A 'substância' será o conjunto de materiais que fisicamente constituem o bem.

O termo 'conservação' designará os cuidados a serem dispensados a um bem para preservar-lhe as características que apresentem uma significação cultural. De acordo com as circunstâncias, a conservação implicará ou não a preservação ou a restauração, além da manutenção; ela poderá, igualmente,

---

93 CASTRIOTA, Leonardo Barci. Conservação Urbana: tombamento e áreas de conservação. In: FERNANDES, Edésio; ALFONSIN, Betânia (coord.). *Revisitando o Instituto do Tombamento*. Belo Horizonte: Fórum, (51-71) 2010. p. 53. ISBN: 978-85-7700-388-4.

94 CASTRIOTA, Leonardo Barci. Conservação Urbana: tombamento e áreas de conservação. In: FERNANDES, Edésio; ALFONSIN, Betânia (coord.). *Revisitando o Instituto do Tombamento*. Belo Horizonte: Fórum, (51-71) 2010. p. 57. ISBN: 978-85-7700-388-4.

compreender obras mínimas de reconstrução ou adaptação que atendam às necessidades e exigências práticas.

O termo 'manutenção' designará a proteção contínua da substância, do conteúdo e do entorno de um bem e não deve ser confundido com o termo reparação. A reparação implica a restauração e reconstrução, e assim será considerada.

A 'preservação' será a manutenção no estado da substância de um bem e a desaceleração do processo pelo qual ele se degrada.

A 'restauração' será o restabelecimento da substância de um bem em um estado anterior conhecido.

A 'reconstrução' será o restabelecimento, com o máximo de exatidão, de um estado anterior conhecido, ela se distingue pela introdução na substância existente de materiais diferentes, sejam novos ou antigos. A reconstrução não deve ser confundida, nem com a recriação, nem com a reconstituição hipotética, ambas excluídas do domínio regulamentado pelas presentes orientações.

A 'adaptação' será o agenciamento de um bem a uma nova destinação sem a destruição de sua significação cultural.

O 'uso compatível' designará uma utilização que não implique mudança na significação cultural da substância, modificações que sejam substancialmente reversíveis ou que requeiram um impacto mínimo".[95]

A par dessas formulações, o documento traz um desenvolvido tratamento da conservação, sendo a referência nessa matéria.

Chama ainda a atenção a ênfase dada ao aspecto limitador da preservação, consoante disposto no art. 12 da referida Carta: "A preservação se limita à proteção, à manutenção e à eventual estabilização da substância existente. Não poderão ser admitidas técnicas de estabilização que destruam a significação cultural do bem".

Como a Carta Europeia do Patrimônio Arquitetônico, de 1975, estabeleceu as linhas da conservação integrada, a Carta de Burra contribuiu para avanços no mesmo sentido e para dar suporte ao "deslocamento do paradigma da preservação para os da conservação e reabilitação", consoante lembra Castriota.[96]

---

95 Carta de Burra (Austrália/Burra) – IPHAN. Disponível em: <http://portal.iphan.gov.br/uploads/ckfinder/arquivos/Carta%20de%20Burra%201980.pdf>. Acesso em: 12 out. 2017.

96 CASTRIOTA, Leonardo Barci. Conservação Urbana: tombamento e áreas de conservação. In: FERNANDES, Edésio; ALFONSIN, Betânia (coord.). *Revisitando o*

Registra-se que a Carta de Burra, de 1980, é também referida em outras versões, incluída uma de 1999, também editada pelo ICOMOS, na Austrália. O referido conselho internacional adverte para o fato de que as versões anteriores à de 1999 estão superadas, compondo apenas os registros da evolução da filosofia de conservação naquele país, tendo sido aperfeiçoadas pela última.

3.9. Carta de Florença

A Carta de Florença, também denominada Carta dos Jardins Históricos, elaborada pelo Comitê Internacional dos Jardins Históricos do ICOMOS – IFLA – em 21 de maio de 1981, em Florença, e registrada pelo Conselho Internacional de Monumentos e Sítios – ICOMOS –, em 13 de dezembro de 1981, em aditamento à Carta de Veneza, disciplinou os Jardins Históricos, estabelecendo, especialmente, orientações e recomendações para as intervenções nesses monumentos.

O artigo 1º da Carta assenta o seguinte conceito: "Um jardim histórico é uma composição arquitetônica e vegetal que do ponto de vista da história ou da arte apresenta um interesse público. Como tal é considerado monumento".[97]

No artigo 2º., a Carta desenvolve e aprofunda o conceito, com vistas a explicitar o objeto na sua dinâmica, como algo vivo que é. Eis a redação do dispositivo:

> "Um jardim histórico é uma composição de arquitetura cujo material constituinte é principalmente de origem vegetal, consequentemente vivo, e como tal perecível e renovável. O seu aspecto resulta de um equilíbrio perpétuo entre o movimento cíclico das estações, do desenvolvimento e decadência da Natureza e da vontade artística e compositiva que tende a perpetuar a sua condição".[98]

A Carta, a partir da consideração dos jardins históricos como monumentos, assim compreendidos, não apenas os parques monumentais e ornamentais, mas, também, os jardins modestos, que se revistam de características indicadas no conceito, prescreve que eles devem ser objeto de salvaguardas de

---

Instituto do Tombamento. Belo Horizonte: Fórum, (51-71) 2010. p. 51. ISBN: 978-85-7700-388-4.

97 Carta de Florença (Florença/Itália) – IPHAN. Disponível em: <http://portal.iphan.gov.br/uploads/ckfinder/arquivos/Carta%20de%20Florenc%CC%A7a%201981.pdf>. Acesso em: 12 out. 2017.

98 Carta de Florença (Florença/Itália) – IPHAN. Disponível em: <http://portal.iphan.gov.br/uploads/ckfinder/arquivos/Carta%20de%20Florenc%CC%A7a%201981.pdf>. Acesso em: 12 out. 2017.

acordo com os postulados da Carta de Veneza, advertindo: "Todavia, como 'monumento vivo', a sua salvaguarda decorre de regras específicas que constituem a presente Carta" (Art. 3º).

Entre as recomendações, devem ser destacadas aquelas relacionadas com a imposição de intervenções diferenciadas, a realização de estudos prévios aos processos de reestruturação e reconstrução para assegurar o caráter científico da intervenção, a destinação, a proteção legal e administrativa, e, por fim, a valorização dos jardins históricos, notadamente na perspectiva de figuração em lista de patrimônios mundiais reconhecidos.[99]

Devem ser realçadas as especificidades das intervenções, que podem ocorrer a título de manutenção, conservação, restauração e reconstrução.

Considerando que os jardins históricos são dotados de características e peculiaridades no tocante a traçado, topografia e vegetação, faz-se necessário adotar as cautelas próprias nas intervenções, "mantendo espécies, volumes, cores, distâncias, alturas, elementos estruturais e/ou decorativos", consoante enunciado da Carta.

Referindo-se à utilização e ao acesso aos jardins, afirma a Carta que "a sua utilização precisa ser controlada e o seu acesso para visitação deve ser limitado para conservar a sua substância e sua mensagem cultural".

O documento ainda defende a importância de identificar, inventariar e proteger os jardins históricos, criar medidas legais e financeiras para manutenção, conservação e restauro (IPHAN – Carta de Florença, 1981).[100]

3.10. Carta de Washington de 1986 – 1987

A Carta de Washington, elaborada pelo Conselho Internacional dos Monumentos e dos Sítios – ICOMOS – e adotada pela sua 8ª Assembleia Geral em Washington (EUA), em 1987, é também denominada Carta Internacional para a Salvaguarda das Cidades Históricas.[101]

Trata-se de uma complementação à Carta Internacional sobre Conservação e Restauração de Monumentos e Sítios, ou Carta de Veneza de

---

99 Carta de Florença (Florença/Itália) – IPHAN. Disponível em: <http://portal.iphan. gov.br/uploads/ckfinder/arquivos/Carta%20de%20Florenc%CC%A7a%201981.pdf>. Acesso em: 12 out. 2017.

100 RENNO, Caroline. *Cartas Patrimoniais*. Disponível em: <https://carolinerenno.com/2015/04/17/cartas-patrimoniais>. Acesso em: 12 out. 2017.

101 Carta de Washington (Washington/EUA) – IPHAN. Disponível em: <http://portal.iphan.gov.br/uploads/ckfinder/arquivos/Carta%20de%20Washington%201986.pdf>. Acesso em: 12 out. 2017.

1964, bem assim de recapitulação da Recomendação da UNESCO relativa à Salvaguarda dos Conjuntos Históricos e Tradicionais e a sua Função na Vida Contemporânea (Varsóvia, Nairobi, 1970).[102]

A Carta de Washington de 1986, na parte preambular, faz uma advertência para lembrar que toda cidade é histórica, para, depois, justificar o seu foco: "Resultantes de um desenvolvimento mais ou menos espontâneo ou de um projeto deliberado, todas as cidades do mundo são as expressões materiais da diversidade das sociedades através da história e são todas, por essas razões, históricas".[103]

O documento, contudo, determina, com clareza, o universo sobre o qual pretende incidir, ao tratar de salvaguardas de cidades históricas ou assemelhadas, afirmando que a Carta "diz respeito mais precisamente às cidades grandes ou pequenas e aos centros ou bairros históricos com seu entorno natural ou construído, que além de sua condição de documento histórico, exprimem valores próprios das civilizações urbanas tradicionais".[104] A Carta de Washington, invoca a situação em que se encontram cidades e centros/bairros históricos que expressam valores ameaçados, seja por degradação, desestruturação ou destruição, para enfatizar a necessidade de salvaguardas, mediante métodos e instrumentos que visam à proteção da qualidade das cidades históricas (IPHAN – Carta de Washington, 1987)".[105]

O Documento, seja na versão de 1986, seja na de 1987, estabelece, entre os princípios e objetivos da salvaguarda, o seguinte: "Para ser eficaz, a salvaguarda das cidades e bairros históricos deve ser parte essencial de uma política coerente de desenvolvimento econômico e social, a ser considerada no planejamento físico-territorial e nos planos urbanos em todos os seus níveis".[106]

---

102 Carta de Washington (Washington/EUA) – IPHAN. Disponível em: <http://portal.iphan.gov.br/uploads/ckfinder/arquivos/Carta%20de%20Washington%201986.pdf>. Acesso em: 12 out. 2017.

103 Carta de Washington (Washington/EUA) – IPHAN. Disponível em: <http://portal.iphan.gov.br/uploads/ckfinder/arquivos/Carta%20de%20Washington%201986.pdf>. Acesso em: 12 out. 2017.

104 Carta de Washington (Washington/EUA) – IPHAN. Disponível em: <http://portal.iphan.gov.br/uploads/ckfinder/arquivos/Carta%20de%20Washington%201986.pdf>. Acesso em: 12 out. 2017.

105 RENNO, Caroline. *Cartas Patrimoniais.* Disponível em: <https://carolinerenno.com/2015/04/17/cartas-patrimoniais>. Acesso em: 12 out. 2017.

106 Carta de Washington (Washington/EUA) – IPHAN. Disponível em: <http://portal.iphan.gov.br/uploads/ckfinder/arquivos/Carta%20de%20Washington%201986.pdf>. Acesso em: 12 out. 2017.

Extraem-se da Carta diretrizes que vão ao encontro desses princípios e objetivos: a participação e o comprometimento dos habitantes no processo de salvaguarda de seu patrimônio; a necessidade de prudência, método, sensibilidade e rigor para as intervenções; reserva ao dogmatismo; realização de estudos multidisciplinares antes das intervenções; melhoria do habitat; envolvimento de profissionais especializados, entre outras.[107]

A salvaguarda das cidades históricas compreende medidas para proteção, conservação e restauro, assim como ações voltadas para o seu desenvolvimento coerente e sua adaptação harmoniosa à vida contemporânea.

Segundo as proclamações da Carta, devem ser preservados os seguintes substratos da cidade com foco nos valores que eles guardam: a forma urbana definida pela malha fundiária e pela rede viária; as relações entre edifícios, espaços verdes e espaços livres; a forma e o aspecto dos edifícios (interior e exterior) definidos pela sua estrutura, volume, estilo, escala, materiais, cor e decoração; as relações da cidade com o seu ambiente natural ou criado pelo homem; as vocações diversas da cidade adquiridas ao longo da sua história, entre outros.

Conforme assevera a Carta em comento, qualquer ataque a estes valores comprometeria a autenticidade da cidade histórica (IPHAN – Carta de Washington, 1986)".[108]

3.11. Carta de Petrópolis – 1987

A Carta de Petrópolis, resultante do 1º Seminário Brasileiro para Preservação e Revitalização de Centros Históricos, realizado em 1987, trata da preservação dos Sítios Históricos Urbanos – SHU – tendo em vista a potencialização de ambiências e referenciais necessários para a consolidação da cidadania.

No referido documento, o SHU é tratado no amplo contexto de paisagens naturais e construídas, assim como nos múltiplos quadros de vivências dos seus habitantes, catalisando valores do passado, do presente e projetando outros no horizonte das possibilidades do futuro. A Carta destaca os novos espaços urbanos como "testemunhos ambientais em formação" e

107 Carta de Washington (Washington/EUA) – IPHAN. Disponível em: <http://portal.iphan. gov.br/uploads/ckfinder/arquivos/Carta%20de%20Washington%201986.pdf>. Acesso em: 12 out. 2017.

108 RENNO, Caroline. *Cartas Patrimoniais*. Disponível em: <https://carolinerenno.com/2015/04/17/cartas-patrimoniais>. Acesso em: 12 out. 2017.

indica a necessidade de "reapropriação política do espaço urbano pelo cidadão" e de que a preservação incremente a qualidade de vida. Segundo as prescrições da Carta, "a preservação do SHU deve ser pressuposto do planejamento urbano, entendido como processo contínuo e permanente, alicerçado no conhecimento dos mecanismos formadores e atuantes na estruturação do espaço".[109]

Por fim, o documento enfatiza a importância da "ação integrada de órgãos federais, estaduais e municipais, bem como a participação da comunidade interessada, alinhando como instrumentos de proteção: tombamento, inventário, desapropriação, isenção e incentivos fiscais, normas urbanísticas e a declaração de interesse cultural (IPHAN – Carta de Petrópolis, 1987).[110]

3.12. Carta de Lausanne - 1990[111]

A Carta para a Proteção e Gestão do Patrimônio Arqueológico foi elaborada pelo International Committee for lhe Management of Archaeological Heritage – ICAHM – do ICOMOS e aprovada pela 9ª Assembleia Geral deste, em Lausanne (Suíça), em 1990. A Carta registra, em caráter preambular, que

> "[...] o patrimônio arqueológico constitui testemunho essencial sobre atividades humanas do passado. Sua proteção e gerenciamento são, portanto, indispensáveis para garantir aos arqueólogos e outros cientistas estudá-lo e interpretá-lo em nome das gerações presentes e a vir, e para seu usufruto".

O documento proclama a necessidade de que o patrimônio arqueológico seja objeto de tratamento compreensivo de sua complexidade, que desafia o conhecimento da arqueologia, mas demanda suplementos multidisciplinares, seja do campo da arquitetura, seja do conhecimento das populações autóctones ou de profissionais de outros campos.

O documento pauta orientações e recomendações diversas, na linha do objetivo proposto: cautelas para intervenção nos sítios arqueológicos;

---

109 Carta de Petrópolis (Brasil) – IPHAN. Disponível em: <http://portal.iphan. gov. br/uploads/ckfinder/arquivos/Carta%20de%20Petropolis%201987.pdf>. Acesso em: 12 out. 2017.

110 RENNO, Caroline. *Cartas Patrimoniais*. Disponível em: <//carolinerenno.com/2015 /04/17/cartas-patrimoniais>. Acesso em: 12 out. 2017.

111 Carta de Lausanne (Lausanne/Suiça) – IPHAN. Disponível em: <http://portal. iphan. gov.br/uploads/ckfinder/arquivos/Carta%20de%20Lausanne%201990.pdf>. Acesso em: 12 out. 2017.

política integrada de conservação e preservação; cooperação internacional; política de informação; premissas da reconstituição; qualificação profissional; avanço da legislação, entre outras (IPHAN – Carta de Lausanne, 1990).

3.13.Recomendação da Europa – 1995

Elaborada pelo Comitê da Europa em 1995, a Recomendação da Europa trata da Conservação integrada das áreas de paisagens culturais no âmbito das políticas paisagísticas.

Da extensa consideranda, extrai-se a ênfase na necessidade de serem desenvolvidas estratégias para integrar a evolução orientada e a preservação da paisagem em suas dimensões cultural e natural e para sustentar uma política abrangente e unificada dos interesses culturais, estéticos, ecológicos e sociais do respectivo território. [112]

Registra-se o conceito de paisagem, segundo a referida Carta:

> "Paisagem – expressão formal dos numerosos elementos relacionados existentes em determinado período entre o indivíduo ou uma sociedade e um território topograficamente definido, cuja aparência é o resultado de ação ou cuidados especiais, de fatores naturais e humanos e de uma combinação de ambos.
> Paisagem é considerada em um tríplice significado cultural, porquanto é definida e caracterizada como a maneira pela qual determinado território é percebido por um indivíduo ou por uma comunidade; dá testemunho ao passado e ao presente do relacionamento existente entre os indivíduos e seu meio ambiente; ajuda a especificar culturas e locais, sensibilidades, práticas, crenças e tradições".[113]

A proposta Central da Recomendação é indicar alternativas e suplementos teóricos e mecanismos operacionais voltados para garantir a conservação e a evolução controlada das áreas de paisagem cultural, com o que acabam por impactar o uso da terra e da própria paisagem nas áreas de controle.

Para o cumprimento desses macro objetivos são enunciados 10 artigos que tracejam todo o campo de aplicação da Recomendação, a saber: o processo

---

112 Carta Européia. Recomendação Europa – IPHAN. Disponível em: <http://portal.iphan.gov.br/uploads/ckfinder/arquivos/Recomendacao%20Europa%201995.pdf>. Acesso em: 17 out. 2017.

113 Carta Européia. Recomendação Europa – IPHAN. Disponível em: <http://portal.iphan.gov.br/uploads/ckfinder/arquivos/Recomendacao%20Europa%201995.pdf>. Acesso em: 17 out. 2017.

de identificação e a avaliação das áreas de paisagem natural; os níveis de competência e estratégia de ação; a estrutura legal ou reguladora; a implementação de políticas de paisagem; proteção legal e conservação das áreas de paisagem cultural; procedimentos específicos de proteção e aplicação de medidas de proteção e conservação e evolução controlada; informação e incremento da conscientização; treinamento e pesquisa; e cooperação internacional (IPHAN – Recomendação Europa, 1995).[114]

3.14. Recomendações do I Fórum Nacional do Patrimônio Cultural – 2009/2010 – Evento de Ouro Preto-MG

O I Fórum Nacional do Patrimônio Cultural: Sistema Nacional de Patrimônio Cultural – Desafios, estratégias e experiências para uma nova gestão, realizado em Ouro Preto-MG, em 2009,[115] embora configurado como evento interno, é aqui mencionado pela sua importância na agenda de construção de um sistema nacional de gestão do setor patrimonial.

> "O I Fórum Nacional, embora tenha ocorrido em 2009, somente em 2010 teve seus anais publicados com o objetivo de disponibilizar para consulta os conteúdos dos relatórios e análises realizados no evento. O Fórum integrou o processo de instituição do Sistema Nacional do Patrimônio Cultural (SNPC), que busca a coordenação e a realização de ações na área de gestão do patrimônio cultural (IPHAN – I Fórum Nacional do Patrimônio Cultural, 2010)".[116]

3.15. Carta dos Jardins Históricos, Juiz De Fora – 2010[117]

A Carta dos Jardins Históricos, resultado do I Encontro Nacional de Gestores de Jardins Históricos, realizado pelo Instituto de Patrimônio

---

114 RENNO, Caroline. *Cartas Patrimoniais*. Disponível em: <https://carolinerenno.com/2015/04/17/cartas-patrimoniais>. Acesso em: 12 out. 2017.

115 SUTTI, Weber. Instituto do Patrimônio Histórico e Artístico Nacional (IPHAN). *I Fórum Nacional do Patrimônio Cultural – Sistema Nacional de Patrimônio Cultural: desafios, estratégias e experiências para uma nova gestão*. Ouro Preto/MG, 2009/Instituto do Patrimônio Histórico e Artístico Nacional. Brasília, DF: IPHAN, 2012.

116 SUTTI, Weber. Instituto do Patrimônio Histórico e Artístico Nacional (IPHAN). *I Fórum Nacional do Patrimônio Cultural – Sistema Nacional de Patrimônio Cultural: desafios, estratégias e experiências para uma nova gestão*. Ouro Preto/MG, 2009/Instituto do Patrimônio Histórico e Artístico Nacional. Brasília, DF: IPHAN, 2012.

117 Carta de Jardins Históricos Brasileiros (Brasil). Carta de Juiz de Fora – IPHAN.Disponível em: <http://portal.iphan.gov.br/uploads/ckfinder/arquivos/Carta%20dos%20Jardins%20Historicos.pdf>. Acesso em: 12out. 2017.

Histórico e Artístico Nacional – IPHAN –, pela Fundação Museu Mariano Procópio e pela Fundação Casa de Rui Barbosa, em Juiz de Fora – MG, no período de 5-7 de outubro de 2010, embora de aplicação interna, é aqui registrada como marco temático importante.

Inspirada em documentos internacionais relevantes, em especial a Carta de Florença de 1981, sobre o mesmo tema, a Carta de Juiz de Fora apropria à realidade brasileira avançados enunciados sobre a matéria.

Amplia o campo de aplicação das suas diretrizes, ao estabelecer, por razões de "importância simbólica e afetiva", a equivalência entre "locais de encontro, de convívio, como parques, jardins, passeios das cidades históricas e também das grandes metrópoles, entre outros locais que constituem muitas vezes o refúgio apaziguador".

Estão minuciosamente tratados na Carta aspectos conceituais sobre o objeto tematizado, a importância dos jardins históricos, na sua lata expressão, a sua autenticidade e integridade, as problemáticas nesse campo e os fatores de degradação, as formas de identificação, proteção, preservação e manutenção. A Carta culmina por prescrever um rol de recomendações específicas e que apresentam importância pragmática na política de gestão dos jardins.

4. PATRIMÔNIOS MUNDIAIS RECONHECIDOS

Em 1972, a Organização das Nações Unidas para a Educação, a Ciência e a Cultura – UNESCO – estabeleceu a Convenção do Patrimônio Mundial para incentivar a preservação de bens culturais e naturais considerados significativos para a humanidade.

Partindo da consideração de que determinados bens apresentam um valor universal e ensejam interesse excepcional, enquanto dotação da natureza ou como testemunhos da diversidade da criação humana, a justificar o esforço por parte de toda a humanidade em prol de sua preservação, a referida Convenção instituiu uma disciplina própria para a referida tutela.

Afirma Luiz Fernando Almeida, ao discutir a fundamentação daquela norma internacional, que "sua construção e implementação resultam de um esforço internacional na valorização de bens que, por sua importância para a referência e identidade das nações, possam ser considerados patrimônio de todos os povos".[118]

---

[118] ALMEIDA, Luiz Fernando de. *Patrimônio mundial:* fundamentos para seu reconhecimento – A Convenção sobre Proteção do Patrimônio Mundial, Cultural e Natural de 1972: para saber o essencial. Brasília, DF: Iphan, 2008. Disponível em: <http://portal.iphan.gov.br/uploads/ckfinder/arquivos/Cartilha_do_patrimonio_mundial.pdf>. Acesso em: 22 ago. 2017.

O procedimento de declaração de um bem como Patrimônio da Humanidade, segundo o mesmo especialista, compreende a iniciativa, por parte de um dos países signatários da Convenção específica, de apresentação da candidatura de um bem cultural ou natural para inscrição na Lista do Patrimônio Mundial, observando-se as exigências relacionadas com informações e documentos necessários à instrução da proposta; a análise e a avaliação do processo da candidatura pela instância própria do organismo internacional, com suporte de técnicos consultivos de acordo com a natureza do bem; e aprovação final pelo Comitê do Patrimônio Mundial da UNESCO, integrado por representantes de 21 países signatários.[119]

4.1. Patrimônio Cultural e Natural da Humanidade em Diversos Países

Vários sítios e monumentos integram o chamado Patrimônio Mundial Cultural e Natural reconhecido pela UNESCO, ou Patrimônio da Humanidade, beneficiando-se do sistema de proteção e cooperação internacional estabelecido pela Convenção de 1972, daquela organização, entre os quais figuram: Ohrid e seu lago, na Iugoslávia; Tikal e sua floresta tropical, na Guatemala; o Monte Saint-Michel e sua baía, na França; as cidades de Quito (Equador) e Antiga Guatemala (Guatemala), onde sucessivos terremotos deixam marcas e inspiram a criação do gênio humano; as Ilhas Galápagos (Equador), formadas pelos vulcões do Pacífico, um conjunto de rochedos privilegiado por fauna e flora de originalidade universalmente conhecida, com suas tartarugas gigantes e iguanas marinhos e terrestres; o Vale do Katmandu (Nepal), que busca o equilíbrio entre o budismo e o hinduísmo, suas origens nas misteriosas lendas, com grupos de monumentos espalhados por todo o vale, resultantes da fusão da arte e da arquitetura da Índia, China e Tibete; o Parque Nacional de Sagarmatha (Nepal), com o Pico de Sagarmatha, suas geleiras, suas formidáveis flora e fauna, além da presença da cultura dos sherpas, com seus templos e monastérios, das muralhas mani (lousas de pedras cobertas de inscrições), dos chorten (monumentos funerários), dos moinhos de oração e dos refúgios de prece; a cidade velha de Damasco (Síria), a mais antiga capital do mundo, com suas mesquitas, escolas e

119 ALMEIDA, Luiz Fernando de. *Patrimônio mundial:* fundamentos para seu reconhecimento – A Convenção sobre Proteção do Patrimônio Mundial, Cultural e Natural de 1972: para saber o essencial. Brasília, DF: Iphan, 2008. Disponível em: <http://portal.iphan.gov.br/uploads/ckfinder/arquivos/Cartilha_do_patrimonio_mundial.pdf>. Acesso em: 22 ago. 2017.

mausoléus, palácios, mercados e as ruínas aramaicas; Persépolis (Irã), edificada nas áridas planícies de Fars pelo Rei Dario, congregando um conjunto arquitetônico de grande opulência, mostra do poder do império persa; a Praça Real ou do Xá (Irã), criada em fins do século XVI pelo Xá Abas I, constituindo elemento urbanístico até então inédito nas cidades mulçumanas do Irã (sua beleza justificou o nome de Nesfe Jaham, Metade do Mundo); Tchogha Zambil (Irã), cidade religiosa, formada por três muralhas concêntricas de adobe – (a primeira, um santuário consagrado a Nusku, deus do fogo; a segunda, com sete templos; e a terceira, com três; ao centro, uma torre) – o conjunto data do século XIII a.C.; o Parque Nacional de Nahanni (Canadá), que concentra numerosas maravilhas naturais, como geleiras, sumidouros, cascatas, picos, fontes de água quente, rios subterrâneos, cavernas, além de várias espécies de plantas, pássaros, mamíferos; o Parque Nacional de Kluane (Canadá) e o Monumento Nacional de Wrangell – St. Elias (EUA), com sua imensa cadeia de geleiras, sismos, vulcões abundantes e fontes de água quente.[120]

Figuram, ainda, no Patrimônio Mundial, entre outros, o Parque Provincial dos Dinossauros (Canadá); o Parque Histórico Nacional de Anseaux Meadows (Canadá); o Independence Hall (EUA); o Parque Nacional de Mesa Verde (EUA); o Parque Nacional de Yellowstone (EUA); o Parque Nacional do Grand Canyon (EUA); o Parque Nacional de Everglades (EUA); a Zona de Conservação de Ngorongoro (Tanzânia); o Parque Nacional dos Virunga (Zaire); os Fortes e Castelos de Gana; o Parque Nacional de Simien (Etiópia); o Fasil Ghebbi, região de Gondar (Etiópia); as igrejas escavadas na rocha da Lalibela (Etiópia); o Cairo islâmico (Egito); os museus ao ar livre da Níbia e de Assuá (Egito); a antiga Tebas e sua necrópole (Egito); Mênfis e sua necrópole; a zona de pirâmides de Gisé a Dhachur (Egito); Abu Mena (Egito); o sítio arqueológico de Cartago (Tunísia); o Anfiteatro de El Jem (Tunísia); a Medina de Túnis (Tunísia); o cavaleiro de Madara (Bulgária); as igrejas rupestres de Ivanovo (Bulgária); a tumba trácia de Kazanlak (Bulgária); a igreja de Boyana (Bulgária); o palácio e o parque de Versalhes (França); as grutas decoradas do vale do Vézère (França); a catedral de Chartres (França); a basílica e colina de Véselay (França); o lago de Ohrid (Iugoslávia); Stari Ras e Sopocani (Iugoslávia); o Centro Histórico de Split e o Palácio de Diocleciano (Iugoslávia); a cidade velha de Dubrovnik (Iugoslávia); o Parque Nacional dos Lagos de Plitvice (Iugoslávia); o bairro de Bryggen, em Bergen (Noruega); a igreja de madeira de Urnes (Noruega); a arte rupestre de Valcamonica

---

120 FRADIER, Georges. As mil e uma maravilhas do mundo. *O Correio da UNESCO*. Rio de Janeiro, 8(10), outubro de 1980.

(Itália); a catedral de Aachen (Alemanha); as minas de sal de Wieliczka (Polônia); o conjunto histórico urbano e arquitetônico de Cracóvia (Polônia); e o Parque Nacional de Bialowieza (Polônia).[121]

4.2. Patrimônio Cultural e Natural da Humanidade no Brasil[122]

No Brasil, o IPHAN, atento às disposições convencionais, cuida de manter informações sobre a sistemática de proteção internacional de bens do Patrimônio Mundial e de traçar orientações internas relativas à caracterização de bens e ao processo de seu reconhecimento na referida categoria, explicitando:

> 1."As Categorias de Valoração do Patrimônio Mundial: o patrimônio natural e cultural, o patrimônio misto e a paisagem cultural 2. Os Critérios de Valoração do Patrimônio Mundial: o Valor Universal Excepcional como parâmetro 3. As categorias de bens culturais para fins operativos, compreendendo as diferenças 4. O universo do Patrimônio Mundial hoje: um repertório em construção 5. O Patrimônio Mundial no Brasil: bens declarados e atual lista indicativa 6. Passo prévio para a formulação de candidaturas 7. O dossiê de candidatura: aspectos fundamentais para o seu desenvolvimento. Anexo – Convenção sobre a Proteção do Patrimônio Mundial, Cultural e Natural, Unesco, Paris, 1972".[123]

Segundo o IPHAN, o Patrimônio Mundial no Brasil contava, até 2008, com os seguintes bens culturais (Bc) ou naturais (Bn) assim declarados: • Cidade Histórica de Ouro Preto – 1980 Bc • Centro Histórico de Olinda – 1982 Bc • Missões Jesuíticas dos Guaranis, Ruinas de São Miguel das Missões – 1983 Bc – Btn (Brasil/Argentina) • Centro Histórico de Salvador – 1985 Bc • Santuário de Bom Jesus de Matosinhos em Congonhas do Campo – 1985 Bc • Parque Nacional de Iguaçu – 1986 Bn • Plano Piloto de Brasília – 1987 Bc • Parque

---

121 UNESCO. Natureza e cultura patrimônio da humanidade. *O Correio da UNESCO*. 8(10): 4, Rio de Janeiro: Fundação Getúlio Vargas, outubro de 1980.

122 IPHAN; UNESCO (ori.). *Patrimônio da Humanidade no Brasil*. Pesquisa e texto: Pecival Tirapeli. Editora: Metalivro. São Paulo: Donnelley Cochrane Gráfica Editora, 2000. Título original: *World Heritage Sites in Brazil*. Versão inglesa: Kevin Mundy.

123 ALMEIDA, Luiz Fernando de. *Patrimônio mundial:* fundamentos para seu reconhecimento – A Convenção sobre Proteção do Patrimônio Mundial, Cultural e Natural de 1972: para saber o essencial. Brasília, DF: Iphan, 2008. Disponível em: <http://portal.iphan.gov.br/uploads/ckfinder/arquivos/Cartilha_do_patrimonio_mundial.pdf>. Acesso em: 22 ago. 2017.

Nacional Serra da Capivara – 1991 Bc • Centro Histórico de São Luís – 1997 Bc • Centro Histórico de Diamantina – 1999 Bc • Mata Atlântica – Reservas Sp/Pr – 1999 Bn • Costa do Descobrimento – Reservas Mata Atlântica Ba/Es – 1999 Bn • Complexo de Áreas Protegidas – Amazônia Central – 2000 Bn • Complexo de Áreas Protegidas – Pantanal, Mt/Ms – 2000 Bn • Centro Histórico de Goiás – 2001 Bc • Áreas Protegidas del Cerrado – Chapada Dos Veadeiros e Parque Nacional das Emas – 2001 Bn • Ilhas Atlânticas Brasileiras – Reservas de Fernando de Noronha e Atol das Rocas – 2001 Bn. [124]

Destaca-se que o Centro Histórico de Ouro Preto (MG) é o primeiro bem brasileiro reconhecido pela Unesco como Patrimônio Mundial, o que ocorreu em 1980.

A seguir, apresenta-se uma Lista Indicativa Brasileira (2008, com alterações) de bens culturais e naturais passíveis de serem reconhecidos como Patrimônio Mundial, isto é, o conjunto dos bens em relação aos quais existem propostas ou candidaturas junto à UNESCO, para sua declaração como patrimônio da humanidade, segundo registro do IPHAN:

Estação Ecológica de Taim (Rio Grande do Sul) (1996) – Bn • Estação Ecológica de Raso da Catarina (Bahia) (1996) – Bn • Parque Nacional Pico da Neblina (Amazonas) (1996) – Bn • Parque Nacional de Serra da Bocaina (São Paulo – Rio de Janeiro) (1996) – Bn • Conventos Franciscanos do Nordeste Brasileiro (1996) – Bc • Palácio da Cultura, Antiga Sede do Ministério de Educação e Saúde, Rio De Janeiro (1996) – Bc • Igreja e Mosteiro de São Bento, Rio de Janeiro (1996) – Bc • Conjunto Arquitetônico da Pampulha, Belo Horizonte (1996) – Bc • Estação Ecológica Anavilhanas (1998) – Bn • Parque Nacional de Serra do Divisor (1998) – Bn • Parque Nacional Serra da Canastra (1998) – Bn • Canyon do Rio Peruaçu (Minas Gerais) (1998) – Bn • Área Federal de Proteção Ambiental Cavernas do Peruaçu/Parque Veredas do Peruaçu (1998) – Bn • Paisagem Cultural do Rio de Janeiro (2001) – Bc • Caminho do Ouro em Parati e sua Paisagem (2004) – Bc • Parque Nacional da Serra da Capivara e Áreas de Preservação Permanente (Extensão) (1998) – Bm.[125]

Registra-se que o Comitê do Patrimônio Mundial da UNESCO, do qual o Brasil participa, por intermédio do Presidente do IPHAN, recomenda

---

124 ALMEIDA, Luiz Fernando de. *Patrimônio mundial:* fundamentos para seu reconhecimento – A Convenção sobre Proteção do Patrimônio Mundial, Cultural e Natural de 1972: para saber o essencial. Brasília, DF: Iphan, 2008. Disponível em: <http://portal.iphan.gov.br/uploads/ckfinder/arquivos/Cartilha_do_patrimonio_mundial.pdf>. Acesso em: 22 ago. 2017.

125 Disponível em: <http://portal.iphan.gov.br/uploads/ckfinder/arquivos/Cartilha_do_patrimonio_mundial.pdf>.

em suas diretrizes operacionais que se revise e atualize, a cada dez anos, a lista indicativa de cada Estado-Parte, isto para que se possa avaliar periodicamente a atualidade da proposta de reconhecimento e cumprir as condicionalidades ou premissas, conforme definição daquela instância. [126]

Chama-se, igualmente, a atenção para o fato de que alguns bens constantes da lista indicativa até 2008 já foram reconhecidos pela UNESCO como Patrimônios da Humanidade, como, no âmbito do patrimônio cultural: a Praça São Francisco, em São Cristóvão (SE), em 2010; as Paisagens do Rio de Janeiro, entre a montanha e o mar (RJ), em 2012, a primeira paisagem urbana tratada como patrimônio mundial; o Cais de Vilongo – Rio de Janeiro (RJ), em 2017; antes, o Conjunto da Pampulha – BH (MG) fora alçado à condição de patrimônio mundial – 17 de julho de 2016:

> "A decisão foi tomada durante a 40ª sessão do Comitê do Patrimônio Mundial da Organização das Nações Unidas para a Educação, a Ciência e a Cultura – UNESCO –, realizada entre os dias 15 e 17 de julho, no Centro de Convenções de Istambul, na Turquia. A indicação da Pampulha foi ratificada pelos 21 países integrantes do comitê, por consenso, conforme informou o Ministério da Cultura. Com essa decisão, o Conjunto da Pampulha, em Belo Horizonte, passou a ser o 20º bem brasileiro inscrito na Lista do Patrimônio Mundial".[127]

---

126 ALMEIDA, Luiz Fernando de. *Patrimônio mundial:* fundamentos para seu reconhecimento – A Convenção sobre Proteção do Patrimônio Mundial, Cultural e Natural de 1972: para saber o essencial. Brasília, DF: Iphan, 2008. Disponível em: <http://portal.iphan.gov.br/uploads/ckfinder/arquivos/Cartilha_do_patrimonio_mundial.pdf>. Acesso em: 22 ago. 2017.

127 AGÊNCIA BRASIL. *UNESCO reconhece a Pampulha como Patrimônio Mundial da Humanidade.* Disponível em: <http://agenciabrasil.ebc.com.br/cultura/noticia/2016-07/pampula-e-reconhecido-como-patrimonio-mundial-da-humanidade>. Acesso em: 17 jul. 2016.

Capítulo 2

O tratamento constitucional da proteção do patrimônio cultural no direito estrangeiro

Em todo o planeta, cada vez mais, cresce a consciência de que é necessário proteger o acervo cultural de que dispõe a humanidade. Nesse sentido, a atuação de organismos internacionais e as iniciativas de inúmeros governos, de há muito, têm estimulado a evolução de uma mentalidade conservacionista e a adoção de práticas coerentes com tal intento.

Entretanto, há que se reconhecer a alienação em que se encontra boa parte dos povos, mais preocupados com a sobrevivência de que com valores espirituais, cuja sustentação pressupõe educação e superação das necessidades básicas da população. Há, ainda, fatores de dominação que inibem especialmente os países colonizados de promoverem a apropriação de sua cultura. A propósito, é interessante notar que, justamente nas nações mais pobres e menos atentas às questões culturais, costuma-se disciplinar constitucionalmente e por meio da legislação ordinária, pormenorizadamente, a proteção ao patrimônio histórico e artístico. Outrossim, nessas nações, atribui-se ao Estado o papel primacial, como que reconhecendo a inépcia da sociedade para exercer a tutela sobre aquele bem jurídico, e reforçando o encobrimento e a dominação.

De outra parte, em que pese à diversidade de tratamento legal e constitucional dado à matéria, é forçoso acolher a regra geral de que, nos países "culturalmente avançados", a ação da coletividade é o principal vetor da preservação do patrimônio histórico e artístico. Nesses países, verifica-se plena eficácia do aparato normativo, a partir da atuação conjunta da Administração e da sociedade na promoção do patrimônio, na fiscalização do cumprimento das normas protetivas e na provocação dos órgãos de controle, incluída a de vigorosa e pronta manifestação do Judiciário, ante a ocorrência de infrações.

Vistos superficialmente alguns aspectos de Sociologia Jurídica, de relevância para a compreensão da diversidade de tratamento constitucional dispensado à matéria, passa-se ao estudo do tema sob o prisma do direito comparado, notadamente de caráter positivo.

Os esforços envidados com vistas a uma análise abrangente e profunda esbarram em obstáculos quase irremovíveis, por limitações manifestas de espaço e de tempo. Ademais, a escassez de recursos bibliográficos e a dificuldade de acesso aos complexos sistemas normativos de alguns Estados, sobretudo os organizados em Federação – nos quais normalmente a preservação cultural é desdobrada em diversos níveis –, aliadas à pouca ênfase constitucional e legal no tratamento da matéria em países tradicionalmente exemplares nesse campo, justificam a ausência de uniformidade do cotejo.

Quanto à escolha da legislação a ser comparada, tem-se que ela não se deu de modo aleatório; ao contrário, a ela presidiram critérios lógicos conducentes aos objetivos propostos neste capítulo. A seleção norteou-se, não tanto pelo articulado formal dos preceitos contidos em cada Constituição, mas pela relação do ordenamento com a estrutura histórica na qual se insere e com o sistema político e econômico que o conforma.

Assim, busca-se enfocar ligeiramente os sistemas de proteção dos países vizinhos, latino-americanos, com ênfase para os inseridos em realidade socioeconômica similar à do Brasil, ou para alguns patrimônios emblemáticos como os do Peru e de Cuba; o da Metrópole, Portugal, em que podem ser detectadas as raízes do sistema pátrio de proteção; e, finalmente, as diferenças de tratamento entre os países europeus de destaque.

O material aqui sistematizado não pode fornecer base documental a uma análise teórica de direito comparado, posto que a opção se deu por um critério empírico, por via do qual se buscam elementos comuns mais evidentes para o agrupamento.

Não se optou, também, pela trilha usual a que se faz referência em política, economia e sociologia: a que distingue três grandes zonas – a dos países industrializados do Ocidente, a dos países industrializados do Leste e a dos países não industrializados do Terceiro Mundo; nem se fez abordagem com foco nas especificidades da cultura nos polos dos processos de descolonização – antigos colonizadores e descolonizados –, que devem pautar outros estudos.

1. O TRATAMENTO DA PROTEÇÃO PATRIMONIAL EM ALGUNS PAÍSES LATINO-AMERICANOS

1.1. Argentina

A Constituição Argentina em vigor é a de 1853, com as suas sucessivas emendas.

Restabelecida, em 27 de abril de 1956, por ato do Governo originado do golpe de Estado de 16 de setembro de 1955, apresenta a seguinte proclamação do poder revolucionário:

> *"Por ello, el gobierno provisional de la Nación Argentina, en ejercicio de sus poderes revolucionarios, proclama con fuerza obligatoria:*
> *Artículo 1° – Declarar vigente la Constitución Nacional sancionada em 1853, con las reformas de 1860, 1866, 1898 y exclusión de la de 1949, sin perjuicio de los actos y procedimientos que hubiesen quedado definitivamente concluídos con anterioridad al 16 de septiembro de 1955".*

A Constituição que vigorava até então era a de 1949, sob cuja égide a cultura era concebida como o fim fundamental que devia o Estado perseguir para a civilização, compreendendo esta o progresso material e moral. Nesse sentido, naquela ordem, consideravam-se patrimônio mínimo do cidadão e base da civilização: a instrução, o cultivo e o desenvolvimento da inteligência, a educação dos indivíduos, das classes e dos povos, os sentimentos nacionalistas e as virtudes pessoais, familiares e cívicas.

A Carta de 1949 regionalizava o território nacional em áreas universitárias que deviam congregar instituições responsáveis pelo estudo da literatura e da história do folclore de sua zona de influência cultural, além de outras disciplinas ligadas ao incremento das atividades econômicas regionais.

Essas universidades, até hoje, oferecem cursos obrigatórios e comuns para a formação dos estudantes, com o propósito de despertá-los para a realidade espiritual, econômica, social, política, histórica e cultural da República Argentina, enfatizando, assim, os conhecimentos fundamentais ao desenvolvimento integrado do cidadão.

Além da preocupação com os valores imateriais da cultura, a Constituição revogada denotava zelo do Constituinte para com o patrimônio físico da cultura nacional, registrando dispositivo semelhante aos que figuram na história constitucional brasileira, a partir de 1934, e, de resto, na maioria das Constituições.

Nesse sentido, vê-se, no Capítulo III, 37, IV, parágrafo 7°, da Constituição Nacional da República Argentina, de 11 de março de 1949, norma assim enunciada:

> *"Las riquezas artísticas e históricas, asi como el paisage natural cualquiera que sea su propietario, forman parte del patrimônio cultural de la Nación y estarán bajo la tutela del Estado, que puede decretar las expropiaciones necesarias para su defensa y prohibir la exportación o enabanación de los terosos artísticos.*
> *El Estado organizará um registro de la riqueza artística e histórica que assegure su custodia y atienda a su conservación".*

Já a Constituição Argentina de 1853, que veio a ser restabelecida pelo poder revolucionário, omitira-se quanto à temática de Cultura, tendo feito apenas breve referência ao patrimônio cultural no artigo 41. Não obstante isso, existe, na Argentina, um adequado sistema de proteção, com ênfase para a regionalização e o papel da Universidade, nos moldes da disciplina de 1949.

Por outro lado, a Argentina está sujeita a diversas normas internacionais sobre a Proteção do Patrimônio Cultural e Natural, como a Convenção da UNESCO de 1972, ratificada em 1978, e outras integradas à ordem interna nos termos da legislação, na qual se incluem, entre outras, a Lei n. 26.118, de 05 de julho de 2006, que aprova a Convenção para a Salvaguarda do Patrimônio Cultural Imaterial, adotada pela Trigésima Segunda Conferência Geral da Organização das Nações Unidas para a Educação, a Ciência e a Cultura – UNESCO; a Lei n. 26305, de 14 de novembro de 2007, que aprova a Convenção sobre a Proteção e Promoção da Diversidade das Expressões Culturais, adotada em Paris – República Francesa, em 20 de Outubro de 2005.

1.2. Uruguai

O Uruguai é uma República Democrática Representativa, com um sistema presidencial, que tem ganhado destaque pelas práticas democráticas. De acordo com a Economist Intelligence Unit, em 2010, o Uruguai alcançou a 21ª posição no Índice de Democracia, entre os 30 países considerados "democracias plenas" no mundo.[1]

A Constituição da República Oriental do Uruguai, aprovada em 24 de agosto de 1966, com a Emenda de 1967, sob cuja égide aquela República se encontra, determina que o patrimônio artístico e histórico uruguaio, seja privado ou público, é submetido à salvaguarda do Estado.

Todavia, esgota-se a tutela estatal no âmbito dos bens materiais, como monumentos, objetos, dentre outros, consoante se depreende da construção do dispositivo que aponta essa diretriz patrimonial no referido texto e comina à legislação ordinária estabelecer os instrumentos de defesa do chamado tesouro cultural:

> *"Artículo 34 – Toda la riqueza artística o histórica del país, sea quien fuere su dueño, constituye el tesoro cultural de la Nación; estará bajo la salvaguardia del Estado, y la Ley establecerá lo que estime oportuno pra su defensa".*

---

1 *The Economist Intelligence Unit's index of democracy 2010.* Disponível em: <http://escoladeredes.net/profiles/blogs/the-economist-intelligence>. Acesso em: 02 abr. 2019.

A referida Constituição, adensando a disciplina específica, estabelece norma de fomento às atividades culturais, mediante incentivos fiscais à iniciativa privada:

> *"Artículo 69 – Las instituciones de enseñanza privada y las culturales de la misma naturaleza estarán exoneradas de impuestos nacionales y municipales, como subvención por sus servicios".*

Reunindo expressivo patrimônio natural e cultural, o Uruguai apresenta polos turísticos consolidados, como as praias dos Departamentos de Canelones e Maldonado, onde está localizada Punta del Este; e as estâncias turísticas que guardam a cultura gaúcha do Uruguai, associando fazendas históricas e os recursos naturais do País.[2] Chama-se ainda a atenção para outros polos, como o da Colônia de Sacramento, nas áreas agrícolas e pouco habitadas, a oeste da capital uruguaia, ao longo do rio da Prata. A referida colônia, fundada pelo Império Português em 1680, manteve-se como ponto de discórdia entre os portugueses e o Império Espanhol por mais de um século, e, hoje, preserva a arquitetura e os pavimentos da era colonial. Em 1995, a cidade foi declarada Patrimônio Mundial pela UNESCO.[3]

1.3. Paraguai

A Constituição da República do Paraguai, de 1967, com a Emenda de 1977, disciplinava a matéria relativa à proteção estatal do patrimônio cultural, com foco naquele constituído pelos bens materiais. A par da ênfase sobre o patrimônio tangível, estabelecia norma concernente à proteção, promoção e aperfeiçoamento da língua guarani, da cultura nativa como um dos elementos formadores da cultura nacional. Esse traço foi em parte assimilado pela Constituição Brasileira de 1988, que contempla as manifestações das culturas populares, indígenas e afro-brasileiras como objeto de proteção do Estado.

Transcreve-se a norma fundamental que embasava a política preservacionista naquele País:

> *"Art. 92. El Estado fomentará la Cultura en todas su manifestaciones. Protegerá la lengua guarani y promoverá su enseñanza, evolución y perfeccionamiento. Velará por la conservación de los documentos, las obras, los objetos y monumentos de valor histórico, arqueológico e*

2 *Turismo del Uruguay.* Acessado em: 27 jan. 2014.

3 UNESCO (ed.). *Historic Quarter of the City of Colonia del Sacramento.* Disponível em: <https://whc.unesco.org/en/list/747>. Acesso em: 07 mar. 2019.

artístico que se encuentram en el país y arbitrará los medios para que sirvan a los fines de la educación!"

Depois de cinco Constituições, desde a independência em relação à Espanha, conquistada em 1811, a República do Paraguai é regida, atualmente, pela Constituição de 1992, a sexta do país.[4] A nova Carta substituiu a de 1967, de cariz autoritário, e, no tocante ao patrimônio, estabeleceu disciplina básica de proteção e meios necessários para a conservação, recuperação e restauração de objetos, documentos e áreas de valor histórico, arqueológico e artístico. A nova ordem constitucional prestigiou os direitos difusos, as dimensões material e imaterial da cultura, nas expressões física, monumental, oral ou de outras formas de memória, como patrimônio coletivo e fator de identidade da nação.

Colhem-se do texto magno vigente os principais enunciados referentes à matéria ou que com ela fazem conexão:

"Artículo 38 – DEL DERECHO A LA DEFENSA DE LOS INTERESES DIFUSOS – Toda persona tiene derecho, individual o colectivamente, a reclamar a las autoridades públicas medidas para la defensa del ambiente, de la integridad del hábitat, de la salubridad pública, del acervo cultural nacional, de los intereses del consumidor y de otros que, por su naturaleza jurídica, pertenezcan a la comunidad y hagan relación con la calidad de vida y con el patrimonio colectivo.

Artículo 73 – DEL DERECHO A LA EDUCACIÓN Y DE SUS FINES – Toda persona tiene derecho a la educación integral y permanente, que como sistema y proceso se realiza en el contexto de la cultura de la comunidad. Sus fines son el desarrollo pleno de la personalidad humana y la promoción de la libertad y la paz, la justicia social, la solidaridad, la cooperación y la integración de los pueblos; el respeto a los derechos humanos y los principios democráticos; la afirmación del compromiso con la Patria, de la identidad cultural y la formación intelectual, moral y cívica, así como la eliminación de los contenidos educativos de carácter discriminatorio. La erradicación del analfabetismo y la capacitación para el trabajo son objetivos permanentes del sistema educativo.

Artículo 81 – DEL PATRIMONIO CULTURAL – Se arbitrarán los medios necesarios para la conservación, el rescate y la restauración de los

---

[4] NOVO, Benigno Nunes. A história das Constituições Paraguaias. Disponível em: <meuartigo.brasilescola.uol.com.br> Postado em: 20 de jul. 2009. >. Acesso em: 13 jun. 2017.

objetos, documentos y espacios de valor histórico, arqueológico, paleontológico, artístico o científico, así como de sus respectivos entornos físicos, que hacen parte del patrimonio cultural de la Nación. El Estado definirá y registrará aquellos que se encuentren en el país y, en su caso, gestionará la recuperación de los que se hallen en el extranjero. Los organismos competentes se encargarán de la salvaguarda y del rescate de las diversas expresiones de la cultura oral y de la memoria colectiva de la Nación, cooperando con los particulares que persigan el mismo objetivo. Quedan prohibidos el uso inapropiado y el empleo desnaturalizante de dichos bienes su destrucción, su alteración dolosa, la remoción de sus lugares originarios y su enajenación con fines de exportación".

1.4. Chile

A Constituição Política da República do Chile de 1980 é a que se encontra em vigor. O texto constitucional foi aprovado em plebiscito, no dia 11 de setembro de 1980, e entrou em vigor, em regime transitório, em 11 de março de 1981 e, em forma plena, em 11 de março de 1990.

Antes da publicação da referida Constituição, o Chile já se submetia à obrigação de proteção ao patrimônio, consoante o Decreto n. 259, que promulgou a Convenção sobre a Proteção do Patrimônio Mundial, Cultural e Natural, da UNESCO, realizada em Paris, no dia 16 de Novembro de 1972. Por isso mesmo, o Chile já se vinculava àquela fonte supranacional por força da subscrição, ratificação e aprovação daquela convenção. Como se verá, à frente, o País é signatário de outras Convenções e Cartas de Proteção, além de dispor de uma relevante base patrimonial da cultura, material e imaterial.

Na análise do texto constitucional vigente, há de se ressaltar a estreita relação entre educação, ciência e tecnologia e a política de preservação do patrimônio artístico e cultural. Igualmente, chama-se a atenção para o atrelamento do desenvolvimento nessas áreas ao fomento e estímulo promovidos pelo Estado.

Nessa direção, a dicção do art. 19, 10°, parte final da Constituição de 1980:

"Artículo 19 – La Constitución asegura a todas las personas:

[...]

10° El derecho a la educación.

[...]

Corresponderá al Estado, asimismo, fomentar el desarrolo de la educación en todos sus niveles; estimular la investigación científica y tecnológica, la creación artística y la protección e incremento del patrimonio cultural de la Nación'.

De forma coerente com os supostos dessa associação entre cultura e educação, no Chile, a preocupação do Poder Público e da Sociedade com o patrimônio cultural não se esgota na proteção aos objetos materiais, mas alcança a salvaguarda da dimensão imaterial do patrimônio.

Prestigiando a diversidade cultural e o patrimônio imaterial da cultura, o Chile assinou a Convenção sobre a Proteção e Promoção da Diversidade das Expressões Culturais e seu Anexo, bem assim a Convenção para a Salvaguarda do Patrimônio Cultural Imaterial da UNESCO, promulgadas, respectivamente, pelo Decreto n. 82, de 4 de abril de 2007, e pelo Decreto n. 11, de 11 de janeiro de 2007, após ratificação junto à UNESCO e aprovação pelo Congresso.

Especialmente a partir desses compromissos internacionais, o Chile tem desenvolvido ações articuladas na área cultural com foco em diversidade e multiculturalismo, bem assim em promoção do patrimônio intangível. A propósito, registram-se algumas ações, como a campanha realizada no final de 2011, por iniciativa da UNESCO e de outras agências das Nações Unidas, conduzida pela organização "Mucho Chile", voltada para a sensibilização da sociedade chilena quanto ao valor da diversidade cultural, com ênfase na valorização dos povos indígenas.

O Chile tem avançado na política de valorização do patrimônio imaterial da cultura, dispondo, mormente, de estrutura institucional organizada para a condução da correspondente política pública: o Conselho Nacional para a Cultura e as Artes (CNCA) é o órgão oficialmente responsável para reconhecer e promover a salvaguarda do património cultural imaterial do Chile; outras instâncias oficiais, nacionais e internacionais, têm-se engajado nesses propósitos de resgate e salvaguarda dos elementos identitários da cultura chilena, devendo-se destacar que a UNESCO, por meio do Escritório Regional de Educação (OREALC/UNESCO Santiago), por exemplo, realizou várias ações no Chile para a salvaguarda do Patrimônio Cultural Imaterial.

Como fruto de avanços nesse campo, o Chile já concorre com uma candidatura na Lista de Patrimônio Cultural Imaterial junto à UNESCO, a Dança Chinesa, tradição de irmandades que expressam sua fé por meio da música e da dança, no bojo de celebrações populares, em cinco estilos diferenciados. As danças da grande categoria, organizadas principalmente por homens, em áreas rurais, são caracterizadas pela execução *salta e squats*, ao ritmo de uma música instrumental isométrica, utilizando-se tambores e flautas de origem pré-colombiana.[5]

O Chile, associando natureza e cultura em arranjos singulares, de valor que transcende a sua territorialidade, ostenta uma pluralidade de bens culturais, sobretudo de caráter material, dignos de referência no Patrimônio da Humanidade, comparecendo na lista da UNESCO com diversas inscrições:[6]

1) O Parque Nacional de Rapa Nui (1995), de nome indígena, é um conjunto arquitetônico e paisagístico considerado um fenômeno cultural único no mundo: uma antiga sociedade polonesa que habitou o lugar criou, de modo original, formas arquitetônicas e esculturais grandiosas e criativas, como santuários e personagens de pedras que formam uma paisagem cultural peculiar e fascinante.
2) As Iglesias de Chiloé (2000), construídas inteiramente de madeira e posteriormente enriquecidas, respectivamente, por iniciativa dos pregadores jesuítas itinerantes, e dos franciscanos, representam um exemplo único de arquitetura religiosa na América Latina: além de se constituírem em exemplares emblemáticos da riqueza cultural do arquipélago de Chiloé, essas igrejas representam uma mistura da cultura indígena com a europeia.
3) O Barrio Histórico de la Ciudad Portuaria de Valparaíso (2003), ou Cidade Colonial de Valparaíso, é um centro urbano e arquitetônico de excepcional relevância na América Latina, formado no final do século XIX e que mantém interessantes estruturas da era industrial. Caracteriza-se por um tecido tradicional adaptado à geografia das colinas circundantes, em contraste com a disposição geométrica sobre terreno plano. Além disso, é composta por uma variedade de igrejas.
4) As Oficinas salitreras de Humberstone y Santa Laura (2005) são remanescentes da antiga fábrica na qual trabalhadores do Chile, Peru e Bolívia viveram e forjaram uma cultura peculiar. As oficinas, situadas no Pampas remoto, um dos mais secos desertos da Terra,

5 UNESCO. *La UNESCO presenta mapa del patrimonio chileno.* Disponível em: <http://www.unesco.org/new/es/media-services/single_view/news/la_unesco_presenta_mapa_del_patrimonio_chileno>. Acesso em: 14 fev. 2019.

6 UNESCO. *La UNESCO presenta mapa del patrimonio chileno.* Disponível em: <http://www.unesco.org/new/es/media-services/single_view/news/la_unesco_presenta_mapa_del_patrimonio_chileno>. Acesso em: 14 fev. 2019.

ligam-se a milhares de pampinos que viveram e trabalharam naquele ambiente hostil por mais de 60 anos, para processar o maior depósito de salitre no mundo, produzindo o fertilizante nitrato de sódio, responsável pela transformação de terras agrícolas do Norte e América do Sul e da Europa, e por geração de riquezas para o Chile.[7]

5) A Ciudad minera de Sewell (2006) foi fundada pela Braden Copper Company, em 1904, para a extração de cobre, na mina de El Teniente, considerada, na época, a maior mina de cobre subterrânea do mundo. A partir de 1977, a cidade entrou em declínio, apesar das atividades na mina continuarem até os dias de hoje.[8]

6) O Qhapac Ñan – Sistema vial andino (2014) – é uma vasta rede de estradas construídas ao longo de vários séculos, pelos Incas, com o objetivo de facilitar as comunicações, o transporte e o comércio, e também de apoiar fins defensivos. O sistema rodoviário se estende por uma das áreas geográficas de maiores contrastes do mundo, desde os picos nevados dos Andes até a Costa do Pacífico, passando por florestas tropicais, vales férteis e desertos. O Património cultural reconhecido pela UNESCO envolve componentes selecionados para destacar o papel social e político do complexo, a dimensão e o valor das obras-primas da arquitetura, da engenharia e da infra-estrutura que se destinavam, de forma conexa, para atividades comerciais, alojamento, armazenagem de mercadorias e ligação com locais de significado religioso.[9]

1.5. Peru

A Constituição da República do Peru de 30 de dezembro de 1993 é a que se encontra em vigor, em substituição à de 12 de julho de 1979.

No regime constitucional anterior, a matéria relativa à proteção do patrimônio cultural estava adstrita a alguns dispositivos:

---

7 UFVJM. *Usinas de salitre de Humberstone e Santa Laura – Chile.* Disponível em: <http://www.ufvjm.edu.br/rotasdopatrimonio/rotas/chile/37-usinas-de-salitre-de-humberstone-e-santa-laura-2005>. Acesso em: 14 fev. 2019.

8 OLIVEIRA, Bruno. Sewell – A cidade fantasma dos Andes. Disponível em: <semprenaviagem.com.br > Acesso em: 20 de abril de 2019.

9 UFVJM. *Usinas de salitre de Humberstone e Santa Laura – Chile.* Disponível em: <http://www.ufvjm.edu.br/rotasdopatrimonio/rotas/chile/37-usinas-de-salitre-de-humberstone-e-santa-laura-2005>. Acesso em: 14 fev. 2019.

> *"Artículo 36 – Los yacimientos, restos arqueológicos, construcciones, monumentos, objetos artísticos y testimonios de valor histórico, declarados patrimônio cultural de la Nación, están bajo el amparo del Estado. La ley regula su conservación, restauración, mantenimiento y restitución.*
>
> *Artículo 255 – Las municipalidades provinciales tienem a cargo, además de los servicios públicos locales, lo siguiente:*
>
> *[...]*
>
> *4 – Turismo y conservación de monumentos arqueológicos e históricos, em coordinación com el órgano regional".*

Sob a égide da Constituição revogada, observavam-se: a tônica da proteção ao patrimônio cultural material; a ênfase na responsabilidade do Estado na respectiva política pública; a conjugação das políticas de turismo e de conservação dos monumentos, tratamento que, de certa forma, associava o direito à proteção do patrimônio cultural às pretensões de desenvolvimento pela vertente de razões econômicas da atividade, sem romper com a autonomia do primeiro, referido a valores espirituais.

No regime constitucional em vigor, observa-se a expansão do tratamento da matéria para alcançar múltiplos campos de abrangência dos valores culturais, como ocorre no tocante à organização política, conforme os dispositivos a seguir:

> *"Artículo 189°. El territorio de la República está integrado por regiones, departamentos, provincias y distritos, en cuyas circunscripciones se constituye y organiza el gobierno a nivel nacional, regional y local, en los términos que establece la Constitución y la ley, preservando la unidad e integridad del Estado y de la Nación. El ámbito del nivel regional de gobierno son las regiones y departamentos. El ámbito del nivel local de gobierno son las provincias, distritos y los centros poblados".*
>
> *"Artículo 190°. Las regiones se crean sobre la base de áreas contiguas integradas histórica, cultural, administrativa y económicamente, conformando unidades geoeconómicas sostenibles. El proceso de regionalización se inicia eligiendo gobiernos en los actuales departamentos y la Provincia Constitucional del Callao. Estos gobiernos son gobiernos regionales. Mediante referéndum podrán integrarse dos o más circunscripciones departamentales contiguas para constituir una región, conforme a ley. Igual procedimiento siguen las provincias y distritos contiguos para cambiar de circunscripción regional. La ley determina las competencias y facultades adicionales, así como incentivos especiales, de las regiones así integradas. Mientras dure el proceso de integración, dos o más gobiernos regionales podrán crear mecanismos de coordinación entre sí. La ley determinará esos mecanismos".*

Entre os critérios de formação das regiões, levam-se em conta diversos aspectos de integração, entre os quais os de ordem histórica e cultural. Os critérios referidos preordenam uma estrutura de descentralização que privilegia a identidade regional notadamente a partir dos valores coletivos.

Já sob o título específico de "Patrimônio Cultural de la Nación", a Constituição vigente estabelece direitos fundamentais vertidos à fruição de diversificadas dotações jurídicas nesse campo, ao prescrever a obrigação do Estado de garantir acesso à cultura e a proteção da pluralidade:

> *"Artículo 2°. [...] Toda persona tiene derecho;*
> *[...]*
> *8 – A la libertad de creación intelectual, artística, técnica y científica, así como a la propiedad sobre dichas creaciones y a su producto. El Estado propicia el acceso a la cultura y fomenta su desarrollo y difusión*
> *[...]*
> *19 – A su identidad étnica y cultural. El Estado reconoce y protege la pluralidad étnica y cultural de la Nación".*
>
> O artigo 21, à sua vez, apresenta o núcleo de sustentação da política de preservação do patrimônio cultural, com ênfase no de natureza material e na proteção estatal:
>
> *"Artículo 21°. – Los yacimientos y restos arqueológicos, construcciones, monumentos, lugares, documentos bibliográficos y de archivo, objetos artísticos y testimonios de valor histórico, expresamente declarados bienes culturales, y provisionalmente los que se presumen como tales, son patrimonio cultural de la Nación, independientemente de su condición de propiedad privada o pública. Están protegidos por el Estado.*
>
> *La ley garantiza la propiedad de dicho patrimonio. Fomenta conforme a ley, la participación privada en la conservación, restauración, exhibición y difusión del mismo, así como su restitución al país cuando hubiere sido ilegalmente trasladado fuera del territorio nacional".*

Na sistemática de descentralização prevista na Constituição peruana, aos governos locais cabe importante papel na política cultural e, igualmente, no tocante à política patrimonial, com ênfase em conservação de monumentos arqueológicos e históricos.

> *"Artículo 195°. Los gobiernos locales promueven el desarrollo y la economía local, y la prestación de los servicios públicos de su responsabilidad, en armonía con las políticas y planes nacionales y regionales de desarrollo. Son competentes para:*
>
> *8. Desarrollar y regular actividades y/o servicios en materia de educación, salud, vivienda, saneamiento, medio ambiente, sustentabilidad*

de los recursos naturales, transporte colectivo, circulación y tránsito, turismo, conservación de monumentos arqueológicos e históricos, cultura, recreación y deporte, conforme a ley".

A despeito da ausência de tratamento constitucional mais explícito em relação ao patrimônio imaterial da cultura, nos níveis nacional, regional ou local, alguns tratados e acordos internacionais diretamente relacionados com bens dessa natureza foram ratificados: a Convenção para a Salvaguarda de Patrimônio Imaterial, pelo Decreto n. 059-2005-RE, publicado em 12 de agosto de 2005; a Convenção sobre a Proteção e Promoção da Diversidade das Expressões, pelo Decreto n. 047-2006-RE, publicado em 19 de julho de 2006.

Como se pode observar, o Peru enfatiza constitucionalmente a importância da cultura como valor de integração territorial e de identidade. Mantém, porém, a prevalência do papel tutelar do Estado, sem invocar a participação da sociedade ou da cidadania como fator de construção coletiva da política de preservação do patrimônio.

No Peru, diversos são os monumentos e referentes materiais da cultura universal, assim como múltiplas são as manifestações da cultura imaterial: danças, música, peregrinações, arte têxtil, entre outras expressões tradicionais.

O rico legado cultural (e também natural) do Peru é reconhecido pela Unesco como Patrimônio da Humanidade, em dupla vertente; material e imaterial.

Entre os diversos bens materiais reconhecidos pela UNESCO, destacam-se:

1) O Qhapaq Ñan, "O Grande Caminho", é constituído por um complexo sistema viário (caminhos pré-incaicos e incaicos) unificados e construídos durante o século XV pelos incas. Esta rede de caminhos permitia o acesso à informação e a circulação de produtos necessários para a vida de todo o território. O caminho possibilitava que os Incas, em Cusco, administrassem territórios situados a milhares de quilômetros. Por estas vias se enviavam mensageiros, e recebiam-se os benefícios do tributo ou do trabalho itinerante, e se deslocavam os exércitos.
2) A cidade de Cusco, com seus muros e palácios construídos pelos Incas, exibe a colossal arquitetura da capital do Tahuantinsuyo. Quando chegaram, os conquistadores espanhóis usaram, como base, as construções incas de pedra sobre pedra para a edificação das igrejas,

conventos e casarões, formando-se uma simbiose peculiar que deu um caráter único à cidade, declarada, em 1983, Patrimônio Cultural da Humanidade. A grande mostra de Arte Virreinal, com pinturas de cenas religiosas e molduras folhadas a ouro, remete a uma época na qual o encontro da cultura andina com a espanhola trouxe como resultado a famosa Escola Cusquenha, cujos herdeiros ou seguidores são os artistas que residem nas casas-ateliê do tradicional Bairro de San Blas, que representam arte de Cusco.

3) O Santuário Histórico de Machu Picchu, situado no alto de uma montanha, é uma cidade Inca com templos, palácios, plataformas e canais de água, tudo construído com grandes blocos de pedra, sem uso de cimento, que mostram o engenho de uma grande civilização. A edificação da cidade, em harmonia com a natureza, faz o diálogo do espaço urbano com a montanha, sob única identidade. Desde 1983, Machu Picchu é considerada Patrimônio Cultural e Natural da Humanidade.

4) A Zona Arqueológica Chan Chan, a maior cidade de barro da América pré-colombiana, abrigou cerca de cem mil pessoas, entre os anos 850 d.C. e 1470 d.C. O complexo é formado por dez cidadelas amuralhadas, algumas pirâmides, canais, cemitérios, entre outras edificações. Foi a capital do reino Chimú, cultura pré-incaica que se expandiu pela costa norte. O bem foi Incluído na lista do Patrimônio Mundial, em 1986.

5) O Centro Histórico de Lima, Cidade dos Reis, foi, desde sua fundação, centro político e cultural de primeira grandeza do novo continente. O Centro Histórico conserva igrejas, conventos e casarões com elegantes sacadas em diversos estilos, barroco, renascentista e neoclássico. A cidade mostra especial combinação do moderno com o ancestral, destacando-se a conservação de suas tradições na gastronomia, música, dança e em outras expressões artísticas. Em 1991, o Centro Histórico de Lima foi incluído na lista do Patrimônio da Humanidade.

6) O Centro histórico de Arequipa, uma das principais cidades do sul do Peru, é conhecida como a Cidade Branca, devido ao fato de as edificações terem sido construídas com sillar, uma pedra branca proveniente das imensas pedreiras formadas pela lava dos vulcões que circundam a cidade. O Centro Histórico de Arequipa reúne exemplares importantes da época colonial: casarões, conventos,

igrejas, quase sempre guarnecidos com magníficas obras de arte. Há quem afirme ser o grande Monastério de Santa Catalina uma cidade dentro de outra cidade. O Centro Histórico de Arequipa foi incluído na lista do Patrimônio Mundial em 2000.

7) A Cidade Sagrada de Caral – Supe, é o centro mais antigo da Civilização da América. O grupamento humano que nela se estabeleceu originalmente é tão antigo quanto os povos da Mesopotâmia, Índia e Egito; no entanto, diferentemente, aquela civilização desenvolveu-se de forma isolada, pois não teve contato com as culturas do velho continente. A cidade de Caral, situada na costa norte de Lima, compreende seis pirâmides, praças circulares e as residências da classe dominante, entre outros edifícios. Ela foi incluída na Lista do Patrimônio Mundial, em 2009.[10]

Entre os bens culturais do Peru reconhecidos como Patrimônio Cultural Imaterial da Humanidade pela UNESCO, destacam-se os seguintes:

1) O baile de la tijera, ou dança das tesouras, um evento típico de vilarejos dos Andes, que ocorre nos meses secos, coincidindo com as principais fases do calendário agrícola, no qual a população comparece em massa nas ruas – fantasiada e com tesouras nas mãos (Inscrito em 2010 na Lista Representativa do Patrimônio Cultural Imaterial da Humanidade);
2) A peregrinação ao santuário do Senhor de Qoyllurit'i, um evento ligado à fé que começa 58 dias após a Páscoa e, durante 24 horas, segue com procissões e carregamento de cruzes, passando pelo cume nevado da montanha até o povoado de Tayancani;
3) O Eschuva, um conjunto de cantos religiosos do povo indígena Huachipaire, que vive na selva amazônica, ao sul do Peru, os quais são entoados para invocar os espíritos da natureza durante as cerimônias, com o objetivo de cura;
4) A arte têxtil de Taquile, que, originalmente proclamado em 2005, foi inscrito, em 2008, na Lista Representativa do Patrimônio Cultural Imaterial da Humanidade;

10 PERU. *Patrimônio da Humanidade.* Disponível em: <http://www.peru.travel/pt-br/sobre-o-peru/patrimonio-da-humanidade.aspx>. Acesso em: 07 mar. 2019.

5) O patrimônio oral e as manifestações culturais do povo Zápara, originalmente proclamados em 2001, foram inscritos em 2008, na Lista Representativa do Patrimônio Cultural Imaterial da Humanidade (Equador-Peru);
6) A Huaconada, dança ritual de Mito, inscrita, em 2010, na Lista Representativa do Patrimônio Cultural Imaterial da Humanidade.[11]

1.6. Cuba

Vem à baila o tratamento dispensado à cultura em Cuba, país insular, com destaque para as especificidades que apresenta no contexto latino-americano, e relativamente ao cenário mais ampliado em que a experiência do regime repercute.

A atual Constituição Cubana foi proclamada em 24 de fevereiro de 1976, tendo sofrido reformas aprovadas pela Assembleia Nacional do Poder Popular. Transcreve-se a sua invocação inaugural, pelos traços que apresenta e pela força ideológica com que semantiza todo conteúdo normativo:

> *"Herederos y continuadores del trabajo creador y de las tradiciones de combatividad, firmeza, heroísmo y sacrificio forjadas por nuestros antecesores;*
> *por los aborígenes que prefirieron muchas veces el exterminio a la sumisión;*
> *por los esclavos que se rebelaron contra sus amos;*
> *por los que despertaron la conciencia nacional y el ansia cubana de patria y libertad;*
> *por los patriotas que en 1868 iniciaron las guerras de independencia contra el colonialismo español y los que en el último impulso de 1895 las llevaron a la victoria de 1898, que les fuera arrebatada por la intervención y ocupación militar del imperialismo yanqui;*
> *por los obreros, campesinos, estudiantes e intelectuales que lucharon durante mas de cincuenta años contra el dominio imperialista, la corrupcion política, la falta de derechos y libertades populares, el desempleo y la explotación impuesta por capitalistas y terratenientes;*
> *por lo que promovieron e integraron y desarrollaron las primeras organizaciones de obreros y de campesinos, difundieron las ideas socialistas y fundaron los primeros movimientos marxista y marxista-leninista;*

---

11 PERU. *Patrimônio cultural imaterial reconhecido.* Disponível em <http://www.crespial.org/pt/Content2/index/0012/NF/3/peru-pci-reconocido>. Acesso em: 07 mar. 2019.

> *por los integrantes de la vanguardia de la generación del centenario del natalicio de Martí, que nutridos por su magisterio nos condujeron a la victoria Revolucionaria popular de Enero;*
> *por los que, con el sacrificio de sus vidas, defendieron la Revolución contribuyendo a su definitiva consolidación;*
> *por los que masivamente cumplieron heroicas misiones internacionalistas [...]".*

O constitucionalismo cubano denota o interesse do Estado pela conservação de seu patrimônio cultural, bem assim pela preservação das belezas naturais notáveis. A cultura, em todas as manifestações, constitui valor primordial do Estado, e é compreendida, em um contexto que abarca ainda a ciência e a educação, como o principal elemento de desenvolvimento socioeconômico. Com inspiração na tradição de combatividade, no ideário marxista, no espírito nacionalista e de solidariedade, tendente a formar a consciência dos cubanos para o amor à pátria, a Constituição, especialmente no artigo 39, traça diretrizes para atuação nesse campo. Com fidelidade ao espirito revolucionário, destaca a participação dos cidadãos por intermédio das organizações sociais e de massa na definição da política cultural do País e vincula todas as ações culturais aos princípios políticos do regime comunista.

Eis os dispositivos cogitados:

> *"Artículo 39º. – El Estado orienta, fomenta y promueve la educación, la cultura y las ciencias en todas sus manifestaciones.*
> *En su política educativa y cultural se atiene a los postulados siguientes:*
> *1. fundamenta su política educacional y cultural en los avances de la ciencia y la técnica, el ideario marxista y martiano, la tradición pedagógica progresista cubana y la universal;*
> *2. la enseñanza es función del Estado y es gratuita. Se basa en las conclusiones y aportes de la ciencia y en la relación más estrecha del estudio con la vida, el trabajo y la producción. El estado mantiene un amplio sistema de becas para los estudiantes y proporciona múltiples facilidades de estudio a los trabajadores a fin de que puedan alcanzar los más altos niveles posibles de conocimientos y habilidades. La ley precisa la integración y estructura del sistema nacional de enseñanza, así como el alcance de la obligatoriedad de estudiar y define la preparación general básica que, como mínimo, debe adquirir todo ciudadano;*
> *3. promover la educación patriótica y la formación comunista de las nuevas generaciones y la preparación de los niños, jóvenes y adultos para la vida social.*

> *Para realizar este principio se combinan la educación general y las especializadas de carácter científico, técnico o artístico, con el trabajo, la investigación para el desarrollo, la educación física, el deporte y la participación en actividades políticas, sociales y de preparación militar;*
>
> *Es libre la creación artística siempre que su contenido no sea contrario a la Revolución. Las formas de expresión en el arte son libres;*
>
> *1. el Estado, a fin de elevar la cultura del pueblo, se ocupa de fomentar y desarrollar la educación artística, la vocación para la creación y el cultivo del arte y la capacidad para apreciarlo;*
>
> *2. la actividad creadora e investigativa en la ciencia es libre. El Estado estimula y viabiliza la investigación y prioriza la dirigida a resolver los problemas que atañen al interés de la sociedad y al beneficio del pueblo;*
>
> *3. el Estado propicia que los trabajadores se incorporen a la labor científica y al desarrollo de la ciencia;*
>
> *4. el Estado orienta, fomenta y promueve la cultura física y el deporte en todas sus manifestaciones como medio de educación y contribución a la formación integral de los ciudadanos;*
>
> *5. el Estado defiende la identidad de la cultura cubana y vela por la conservación del patrimonio cultural y la riqueza artística e histórica de la nación. Protege los monumentos nacionales y los lugares notables por su belleza natural o por su reconocido valor artístico o histórico;*
>
> *6. el Estado promueve la participación de los ciudadanos a través de las organizaciones de masas y sociales del país en la realización de su política educacional y cultural".*

Havana, a capital da República de Cuba, é um enclave privilegiado para as comunicações e o comércio, eixo administrativo, político, cultural e científico do país. O centro histórico de Havana e seu sistema de fortificações foram declarados pela UNESCO como Patrimônio Cultural da Humanidade, em 1982. O referido patrimônio abrange significativo conjunto de praças e largos, em cujo entorno se levantaram majestosas edificações e um poderoso sistema defensivo, sendo exemplares mais importantes o Castelo da Força Real, o Castelo dos Três Reis do Morro e a Fortaleza de São Carlos da Cabana. As construções mostram estilos arquitetônicos diversos, conformados durante quase cinco séculos, que vão desde o pré-barroco até o movimento moderno.[12]

Na mesma linha, Havana abriga mais de 30 locais reconhecidos como patrimônio nacional.

---

12 Disponível em: <http://ilga-lac.org/pt/sobre-cuba-2>.

Cuba, porém, não restringe sua política cultural aos referentes físicos; desenvolve múltiplas atividades que associam educação e cultura pela vertente da educação patrimonial, e que são voltadas para os seus diversos públicos.

Segundo se colhe das lições de Cléo Alves Pinto de Oliveira, o Escritório do Historiador de Havana, criado em 1938, mantém projetos socioeducativos, desde 1999, abrangendo uma mescla de atividades recreativas e educativas. Nessa vertente, Havana conta com Programa Infantil Sociocultural, que desenvolve projetos junto a museus, com aulas e oficinas de criação; visitas guiadas a monumentos e eventos culturais diversos com foco na valorização do tempo livre para o fortalecimento dos laços familiares e fruição do patrimônio cultural do centro histórico. Igualmente, desenvolve arrojado programa Sociocultural para a Terceira Idade, segmento de grande representatividade na população nacional, abrangendo atividades culturais e terapêuticas.[13]

O autor mostra a ênfase à política de integração do idoso naquele contexto:

> "Em Cuba, por exemplo, existe uma abordagem específica para a terceira idade, articulando atividades culturais e terapêuticas, tais como: visitas a museus, exposições, monumentos, sítios históricos, debates, dinâmicas de grupo, técnicas de ativação da memória, entre outros. É promovido também um workshop anual – Taller de Rescate de la Memoria Barrial, no qual os idosos têm a oportunidade de resgatar suas memórias, reconstruindo acontecimentos e lugares que fazem parte da história do centro histórico. Toda a população pode participar e, assim, enriquecer seus conhecimentos sobre a história do bairro. A participação dos idosos neste programa produz resultados muito positivos, tanto físicos como emocionais".[14]

O escritório é ainda responsável por ações de restauração e conservação do patrimônio e por outras ações que ajudam a desenvolver a comunidade como polo cultural, a partir de diagnostico de expectativas e necessidades. A criação de confrarias ou associações envolvendo donas de casa, pensionistas, trabalhadores independentes, carpinteiros, pedreiros, sapateiros e ourives, em Havana Velha, constituiu iniciativa importante para o resgate das tradições artesanais.[15]

---

[13] OLIVEIRA, Cléo Alves Pinto de. *Educação Patrimonial no IPHAN*. Brasília: Enap, 2011, pp. 84-85.

[14] OLIVEIRA, Cléo Alves Pinto de. *Educação Patrimonial no IPHAN*. Brasília: Enap, 2011, p. 17.

[15] OLIVEIRA, Cléo Alves Pinto de. *Educação Patrimonial no IPHAN*. Brasília: Enap, 2011, pp. 84-85.

2. O SISTEMA DA PROTEÇÃO NA METRÓPOLE – PORTUGAL

A Constituição Portuguesa de 18 de agosto de 1911, em dispositivo lacônico, elegia como tarefa fundamental do Estado a de proteger e valorizar o patrimônio cultural do Povo Português. Diante de tal imperativo constitucional, nenhuma política estatal no domínio da cultura podia olvidar a preservação e a valorização do patrimônio português, uma herança secular, cuja importância para a redescoberta do substrato civilizacional e antropológico continua sendo decisiva, conforme registra José Augusto Seabra.[16]

Ancorado naquela proclamação, simples, mas eloquente, Portugal sempre manteve forte tradição cultural.

A atual Constituição da República Portuguesa é a aprovada em 2 de abril de 1976, com suas sucessivas revisões.

O texto constitucional de 1976 apresentava, no seu articulado inicial, a expressão das opções políticas e ideológicas decorrentes do período revolucionário que se seguiu à ruptura com o anterior regime autoritário, consagrando a transição para o socialismo. Por isso mesmo, a Constituição Portuguesa sofreu várias revisões: a de 1982, que procurou diminuir a carga ideológica do texto, flexibilizar o sistema económico e redefinir as estruturas do exercício do poder político; a de 1989, que deu maior abertura ao sistema económico, nomeadamente pondo termo ao princípio da irreversibilidade das nacionalizações; as de 1992 e 1997, que vieram adaptar o texto constitucional aos princípios dos Tratados da União Europeia, Maastricht e Amsterdã, introduzindo ainda outras alterações relacionadas com o sistema eleitoral e a atuação legislativa; a de 2001, que permitiu a ratificação, por Portugal, da Convenção que criara o Tribunal Penal Internacional, alterando as regras de extradição; a de 2004, que aprofundou a autonomia político-administrativa das regiões autônomas dos Açores e da Madeira, entre outras prescrições; a de 2005, que permitiu a realização de referendo sobre a aprovação de tratado destinado à construção e ao aprofundamento da União Europeia.

No tocante à Cultura, a Constituição vigente deu tratamento mais enfático e abrangente à matéria, prestigiando os valores culturais no bojo da democracia e traçando as bases de uma política patrimonial abrangente nesse campo. Nesse sentido, proclamando a República Portuguesa como um Estado de Direito Democrático, vinculou-a à realização da democracia

---

16 SEABRA, José Augusto. Os direitos e os deveres culturais. *In: Estudos sobre a Constituição*, III. Lisboa, 1979, p. 362.

econômica, social e cultural e ao aprofundamento da democracia participativa, nos termos do artigo 2º; entre as tarefas fundamentais do Estado, incluiu a de "proteger e valorizar o patrimônio cultural do povo português [...]", conforme disposto no artigo 9º, "e"; e, no art. 78, consagrou ao cidadão o direito à cultura, envolvendo as dimensões de criação e fruição de seus valores pela coletividade:

> "Art. 78. [...]
> 1 – Todos têm direito à fruição e criação cultural, bem como o dever de preservar, defender e valorizar o patrimônio cultural.
> 2 – Incumbe ao Estado, em colaboração com todos os agentes culturais:
> a) incentivar e assegurar o acesso de todos os cidadãos, em especial dos trabalhadores, aos meios e instrumentos de ação cultural, bem como corrigir as assimetrias existentes no país em tal domínio;
> b) apoiar as iniciativas que estimulem a criação individual e coletiva, nas suas múltiplas formas e expressões, e uma maior circulação das obras e dos bens culturais de qualidade;
> c) promover a salvaguarda e a valorização do patrimônio cultural, tornando-o elemento vivificador da identidade cultural comum;
> d) desenvolver as relações culturais com todos os povos, especialmente os de língua portuguesa, e assegurar a defesa e a promoção da cultura portuguesa no estrangeiro;
> e) articular a política cultural e as demais políticas setoriais.
> 3 – É conferido a todos o direito de promover, nos termos da lei, a prevenção ou a cessação dos fatores de degradação do patrimônio cultural".

Vê-se que o artigo em tela, além da consagração de direitos, invocou a conjugação de esforços ou a ação conjunta do Estado, dos cidadãos e dos agentes culturais para a preservação, a defesa e a valorização do patrimônio cultural. Isso, como forma de se evitar a degradação da cultura nacional e de tornar viável a garantia daqueles direitos, aos quais corresponde o dever de atuação positiva do Estado. É dizer: reconheceu que a identidade do Estado Português se delineará a partir da produção cultural, atribuindo ao Poder Público incumbência de corrigir as assimetrias existentes nesse campo e competência para o incentivo à criação e o apoio à divulgação e circulação dos bens culturais de qualidade. Assinalou o Constituinte português uma diretriz de democratização de seus valores, valendo destacar, nesse sentido, entre os programas apontados pela Carta para a ação governamental, o que se destina à correção das desigualdades sociais e geográficas que impeçam ou dificultem o acesso às fontes da cultura, bem como à sua livre criação.

Segundo a Constituição Portuguesa, compete ainda ao Estado, em sintonia com os agentes culturais, fazer com que a cultura do país extrapole os seus limites geográficos, mediante o estímulo à convivência cultural com os demais países de idioma português, dando, pois, destaque ao patrimônio linguístico e privilegiando as relações com as nações irmanadas pela língua.

Vê-se que a Carta Portuguesa tem caráter essencialmente programático, haja vista que o seu texto tem evidente intenção de interferir, de projetar, de alterar a postura do Estado e, também, da sociedade no sentido da valorização e vivificação do patrimônio, ao contrário do aspecto estático de outros textos, cujo intento precípuo é garantir a preservação dos bens culturais, em perspectiva de tradição objetivada.

Naturalmente, os direitos fundamentais não se incluem nessa categoria normativa programática, pois têm força de normas executáveis e exigíveis, de que é exemplo o artigo 70 da Constituição Portuguesa, que prevê a proteção aos jovens para a efetivação dos seus direitos culturais, nomeadamente: no ensino, na formação profissional e na cultura.

Na mesma vertente de efetividade constitucional, no plano processual, a Constituição legitima a conduta de qualquer cidadão voltada para prevenção do patrimônio ou cessação de situação degradante que o afete, cabendo à lei regulamentar a forma de exercício desse direito. Sinaliza, portanto, com a ampliação da legitimidade ativa para defesa de interesses difusos da cultura.

No âmbito da legislação ordinária, é mister atentar para as profundas alterações havidas nos últimos tempos, bem como para a profusão de leis sobre a matéria – cujas referências foram cuidadosamente anotadas por Isaltino Morais e outros.[17] Constitui a referida resenha subsídio valioso para o estudo comparado do tema. Desse conjunto normativo vigente, o documento mais substantivo no campo da proteção patrimonial é a Lei n. 13, de 6 de julho de 1985, a qual disciplina o instituto da classificação, semelhante ao tombamento brasileiro, além de estabelecer diretrizes mais abrangentes

---

17 MORAIS, Isaltino et al. *Constituição República Portuguesa anotada e comentada*. Lisboa: Rei dos Livros, 1983.

naquela seara. Já no seu art. 1º, acena a lei para uma significativa abrangência do objeto de proteção no direito português, alcançando, além do patrimônio material, as manifestações inconcretas, entre as quais realça as relacionadas com os valores ortográficos da Língua Portuguesa.

Quanto à instrumentalização da proteção ao patrimônio no plano normativo ordinário, percebe-se, no tocante à dimensão material, que o Direito positivo português é satisfatório: prevê os parâmetros da ação estatal; disponibiliza diversos mecanismos de controle pelo Estado e pela sociedade, incluindo sanções de ordem fiscal, penal e administrativa; arrola outros institutos modernos, que poderão ter aplicação alternativa à classificação, como o das zonas de proteção e o do solo criado; aponta a desapropriação para determinadas situações; define incentivos fiscais aos colaboradores. Relativamente ao patrimônio imaterial, alinha instrumentos diversos voltados para salvaguarda e fomento, sendo avançadas as soluções.

Finalmente, no que concerne ao plano administrativo, assevera-se que a política de proteção do patrimônio cultural está centrada no Ministério da Cultura, que tem como instância de execução o Instituto Português de Proteção Cultural – IPPC –, com papel decisivo na orientação técnica da conservação/preservação.

De resto, ainda, é necessário ressaltar que o eixo da economia de Portugal é o turismo, razão pela qual se privilegia, naquele País, a integração das políticas de proteção do patrimônio cultural e de desenvolvimento do turismo.

3. A PROTEÇÃO AO PATRIMÔNIO CULTURAL EM ALGUNS PAÍSES EUROPEUS EMBLEMÁTICOS

3.1. Itália[18]

A Constituição da República Italiana em vigor resulta do texto aprovado pela Assembleia Constituinte em 22 de dezembro de 1947, promulgado em 27 de dezembro do mesmo ano, com início de vigência em 01 de janeiro de 1948, e das sucessivas alterações nela introduzidas.

---

18 Neste tópico, comparecem, em grande extensão, suplementos colhidos das obras: ZANOBINI, Guido. *Corso de diritto amministrativo.* 5 ed. Milano: Dott. A. Guiffrè, 1958. pp. 210-4 e 210, v. 4; PRESUTTI, Enrico. *Istituzioni di diritto amministrativo italiano.* 3 ed. Messina: Casa Editrice Giuseppe Principato, 1934. v. 1.

A Itália, então, recém-saída de um regime totalitário e fascista e emergindo de uma guerra devastadora, proclamou, por meio de uma nova Carta Constitucional, normas avançadas de organização da República e de sua convivência no concerto internacional, bem como princípios norteadores da comunidade interna.

A referida Constituição, no tocante à temática do patrimônio cultural, foi lacônica, estabelecendo a seguinte norma no art. 9º:

> *"La República promuove lo sviluppo della Cultura e la ricerca scientifica e tecnica.*
> *Tutela il paesaggio e il patrimonio storico e artistico della Nazione".*

Entretanto, a matéria da proteção patrimonial já encontrara lastro mais adensado no plano ordinário, tanto em relação à dimensão cultural quanto à natural. Na vertente da cultura, fora originariamente tratada pela Lei n. 364, de 20 de junho de 1909[19], tendo esta sofrido sucessivas alterações; na vertente dos bens naturais e das belezas panorâmicas – desenvolvida paralelamente à dos bens de valor histórico e artístico –, a tutela foi regulada, inicialmente, pela Lei n. 778, de 11 de maio de 1922, substituída por outro diploma em junho de 1939.

De fato, no direito italiano, tal como demonstra a rica literatura jurídica capitulada por Zanobini,[20] em que se fazem presentes Presutti, Sangiovanni, Grisolia, Cantucci e outros, de longa data, dá-se ênfase à proteção do patrimônio cultural, o que se revela não só no plano normativo, mas também no epistemológico e no fenomenológico. Nessa linha, os estudos desenvolvidos pela doutrina italiana, tomando como substrato a trama normativa, as bases conceituais de categorias jurídicas e a intensa e complexa experiência jurídica da proteção patrimonial com suas polêmicas, desafios e avanços, representam significativa e sistematizada contribuição nessa seara. A literatura jurídica percorre, assim, a base normativa sobre as limitações à propriedade para assegurar a conservação de bens para fins das Artes, da História e da Cultura nacional, aí compreendidos os ligados à Paleontologia, à Pré-história, à Numismática, bem como os manuscritos, os autógrafos, os documentos e os livros portadores de um caráter de raridade; enfrenta intricadas questões no campo da proteção ao patrimônio cultural, notadamente em contexto no qual a problemática relativa ao tema é extraordinariamente amplificada, até mesmo pela magnitude do acervo italiano; igualmente, se

---

19 Norma substituída pela Lei n. 1.089, de 1º de junho de 1989.

20 ZANOBINI, Guido. *Corso de diritto amministrativo.* 5 ed. Milano: Dott. A. Guiffrè, 1958, pp. 210-4 e 210, v. 4.

desafia com os paradoxos das pautas relativas ao patrimônio natural, pressionadas pelas bandeiras ambientalistas e demandas de sustentabilidade, oferecendo relevantes contribuições nesses campos.

Na Itália, a Notificação é consagrada como o principal instituto de proteção do Patrimônio – apresentando traços afins com o tombamento do direito pátrio, –cuja aplicação se dá pelo Ministro da Instrução Pública, que, após avaliação técnico-discricionária, na forma administrativa e observada uma ritualística própria, cientifica o respectivo proprietário ou possuidor do bem, cultural ou natural, de particular interesse público, da incidência de regime especial sobre o objeto.

Segundo a disciplina legal vigente, protegem-se bens culturais e naturais, móveis ou imóveis, de valor histórico, arqueológico, paleológico, palenteológico, artístico, numismático, paisagístico em razão de acentuada beleza e singularidade geográfica, entre outros, e por tal significação, considerados de interesse público.

Dissertando sobre a Notificação como instituto de proteção ao patrimônio cultural e natural na Itália, Presutti[21] comenta que o direito italiano distingue, além dos bens resultantes do engenho humano, especialmente, os bens de beleza natural notável e beleza panorâmica, embora não seja fácil identificar com precisão a diferença entre os dois títulos jurídicos. Entende que a fórmula usada pelo legislador nos marcos normativos de proteção já referidos é muito feliz e apresenta alguns critérios distintivos: quando se fala de localidade que apresenta uma beleza natural, está-se referindo ao imóvel em si; quando se fala de beleza panorâmica, o que se tem em conta é a beleza da vista de que se goza de determinada localidade. De modo que, no primeiro caso, é a localidade que deve ser bela; no segundo, a localidade pode, por si mesma, não apresentar nenhuma beleza. Porém, a localidade que guarda e ambienta a beleza do panorama é vinculada ao conjunto. Cita como exemplos a Ilha de Capri e o Vesúvio, que formam o panorama, cuja vista se goza de muitos pontos do Golfo de Nápoles.

Conforme ensinos de Zanobini e Pressuti,[22] na Itália, o procedimento da Notificação é objeto de cautelas especiais, valendo resgatar, em breve tracejo, suas particularidades. O rito inicia-se com a organização de uma

---

21 PRESUTTI, Enrico. *Istituzioni di diritto amministrativo italiano.* 3 ed. Messina: Casa Editrice Giuseppe Principato, 1934. v. 1.

22 ZANOBINI, Guido. *Corso de diritto amministrativo.* 5 ed. Milano: Dott. A. Guiffrè, 1958, pp. 210-4, v. 4; PRESUTTI, Enrico. *Istituzioni di diritto amministrativo italiano.* 3 ed. Messina: Casa Editrice Giuseppe Principato, 1934. v. 1.

listagem que é exibida ao público durante o prazo de três meses, mediante afixação em quadros comunitários próximos às sedes das uniões provinciais de agricultores, industriais, profissionais e artistas em geral. Durante esse prazo, os proprietários interessados podem impugnar a notificação diretamente ou por intermédio das respectivas organizações. O Ministro da Instrução examina o elenco dos bens, assim como as impugnações, procedendo às modificações que entender adequadas e, finalmente, faz publicá-lo no jornal oficial, para que possa gerar efeitos. Da decisão, há possibilidade de recurso ao Governo, que se pronuncia, ouvidos os corpos técnicos do Ministério da Instrução Pública e do Conselho de Estado. Registre-se ser essa uma das raras hipóteses de recurso hierárquico ao Governo da República.

A Notificação obedece à forma escrita, devendo conter o respectivo documento a motivação, as razões ou os critérios da avaliação do interesse alegado, e, quando se refere a bens imóveis, é transcrita no cartório de registro, a partir de quando vincula o proprietário, possuidor ou sucessor. Já os bens móveis notificados passam de imediato a integrar um elenco mantido junto ao Ministério da Instrução Pública, de cujo registro se extrai cópia para a Prefeitura.

Os bens públicos das províncias e das comunas sujeitam-se, igualmente, às imposições da Notificação. Comentando o grau de tais restrições, Presutti afirma que elas impõem vínculos mais graves quando as coisas pertencem à província, aos institutos públicos, às entidades, entes morais legalmente reconhecidos, e que, se as coisas pertencem ao particular, as limitações são mais suaves. Aqueles vínculos pressupõem cuidados especiais quanto à alienação, à conservação, à demolição, à remoção, à modificação ou à restauração da coisa.

Alcançados pela Notificação, os bens, particulares ou públicos, passam a se sujeitar ao regime especial que lhes impõe condicionamentos e restrições.

Enrico Presutti,[23] explicitando a natureza e os efeitos da Notificação, situa as normas que se dirigem aos proprietários de bens que apresentem valores culturais e naturais reconhecidos como de interesse público para fins de proteção entre aquelas normas que estatuem limites negativos da liberdade e da propriedade individual. Dá realce, notadamente, às limitações à propriedade mobiliária e imobiliária impostas pela Lei n. 361, de 20 de junho de 1969, que protege aqueles valores. Explica que essas normas delimitam ao proprietário a esfera de liberdade e o alcance da faculdade compreendida no direito de

---

23 PRESUTTI, Enrico. *Istituzioni di diritto amministrativo italiano.* 3 ed. Messina: Casa Editrice Giuseppe Principato, 1934. v. 1.

propriedade em face da Administração, o que traz como consequência o direito de o particular exigir que a autoridade pública não ultrapasse os limites impostos por tais normas. Isto é, os efeitos são as decorrentes limitações para a propriedade e o proprietário, e, também, a delimitação da esfera de ingerência da autoridade pública, sem prejuízo da ampla legitimidade do Estado para a atuação protetiva, o que se deve acolher sob o manto de cautelas explícitas na legislação, vocacionadas para a garantia da razoabilidade interventiva, como se verá relativamente à tutela de bens não notificados.

Cumpre observar que, no direito italiano, relativamente ao domínio da tutela estatal do patrimônio histórico e artístico, bem como do patrimônio natural, o Ministério da Instrução Pública – ao qual a execução e o controle da política de preservação estão afetos – detém significativo poder de ação.

Os bens notificados submetem-se ao controle por parte do referido Ministério; ainda que não integrante do elenco dos bens notificados, qualquer bem pode sofrer limitações por parte daquele Ministério.

Segundo suplementos de Presutti,[24] o poder público não se restringe, na ação protetora, àqueles bens cujo proprietário tenha sido notificado preventivamente. Poderá intervir, independentemente do reconhecimento oficial do valor cultural do bem, nas exportações, quando se concluir que a coisa que se pretende exportar seja de interesse público, pelas características que detenha, dispondo a Administração de mecanismo para adquiri-la. Resguarda-se, todavia, ao proprietário o direito de discutir o preço em juízo, para o que poderá se valer de comissão pericial; não sendo, porém, adquirida pelo Governo, a coisa é devolvida ao proprietário, com a recomendação de mantê-la segundo as normas vigentes, vedada sua exportação.

Segundo o autor,[25] pode ocorrer, também, que, não tendo sido feita a prévia Notificação, a Administração resolva impedir uma construção que afete o patrimônio ou modifique seu aspecto exterior, caso em que o Ministro pode ordenar a imediata suspensão das obras iniciadas, devendo, no prazo de trinta dias, emitir a Notificação que definitivamente imponha o vínculo, sob pena de revogação da suspensão. Efetivando-se o vínculo, ao proprietário cabe indenização, a qual é limitada ao reembolso das despesas efetuadas, correndo, também, a demolição, se for o caso, a expensas do Estado.

---

24 PRESUTTI, Enrico. *Istituzioni di diritto amministrativo italiano.* 3 ed. Messina: Casa Editrice Giuseppe Principato, 1934. v. 1.

25 PRESUTTI, Enrico. *Istituzioni di diritto amministrativo italiano.* 3 ed. Messina: Casa Editrice Giuseppe Principato, 1934. v. 1.

Na mesma vertente, limites especiais podem recair sobre a propriedade superficiária do bem em cujo subsolo se tenham descoberto coisas que apresentem características arqueológicas. Outras limitações podem incidir sobre o subsolo no qual se supõe existir coisa relacionada à arqueologia, facultando-se à Administração proceder a escavações mediante expropriação, caso em que o preço não incluirá qualquer valor como prêmio por suposta descoberta; mantendo-se o bem na propriedade originária, o proprietário deve ser indenizado do dano emergente e do lucro cessante, bem assim dos produtos da escavação, na proporção de um quarto deles ou mediante o pagamento do valor correspondente, a critério da Administração. Permite-se, ainda, à Administração substituir aquele que dela recebera autorização para proceder a escavações, situação em que o substituído deve ser reembolsado das despesas realizadas, sem prejuízo de eventual participação no produto das descobertas até a revogação da licença, em condições preestabelecidas.

Presutti[26] chama, também, a atenção para o fato de que, no direito italiano, as normas nessa seara sempre são ab-rogadas e modificadas por novas leis, as quais, em geral, impõem limites mais severos que os antigos, respeitada, porém, a regra da irretroatividade dessas normas. Adverte, contudo, que o fato de determinados bens não se terem submetido, no passado, a limitações não impede que novas normas em vigor se tornem, em relação àqueles, operativas imediatamente. Se o uso vetado pela nova lei era permitido pela antiga e ocorreu sob seu império, e tal exercício implica a criação de um fato de natureza permanente, a emanação da nova lei não importa na destruição da obra, como se evidencia na situação de um proprietário que tenha construído um edifício na vizinhança de um cemitério, sob o império de lei que não lhe fazia qualquer proibição. Alega não ser esse obrigado a demolir o edifício, só porque a nova lei veda construção num dado raio do cemitério, em que se compreenda seu imóvel, sendo a imposição de novo limite inconcebível em caráter retroativo. Entretanto, reconhece o referido autor que a imposição de um novo limite à liberdade e à propriedade individuais, ainda que não retroativa, pode importar em grave dano aos particulares, principalmente se a interdição recair sobre atividade lucrativa; a indenização apresenta-se como solução que deve ocorrer quando determinadas coisas só puderem ser utilizadas economicamente para a atividade vedada, hipótese em que não poderia ser superior ao valor real do referido patrimônio.

---

26 PRESUTTI, Enrico. *Istituzioni di diritto amministrativo italiano.* 3 ed. Messina: Casa Editrice Giuseppe Principato, 1934. v. 1.

No tocante à aplicação de sanções penais, Presutti[27] lembra que se devem adotar os princípios de direito transitório da lei penal.

Por fim, embora reconheça avanços no ordenamento jurídico italiano no tocante à preservação, Presutti[28] denuncia a falta de eficazes garantias jurisdicionais, o que redunda em práticas abusivas por parte do particular e em atuações temerárias da Administração. Lamenta que, enquanto se multiplicam as fraudes dos particulares, em virtude das insuficientes garantias no ordenamento, encoraja-se a adoção, sob o manto da tutela do interesse público, de uma série de medidas cujo escopo não é outro senão o de proteção a especulações escusas.

3.2. França

A França é uma República Democrática regida pela Lei Fundamental de 4 de outubro de 1958, aprovada em referendo popular de 28 de setembro de 1958, com as alterações posteriores; a invocação preambular da Lei refere-se a três textos fundamentais da história política francesa: a Declaração dos Direitos do Homem e do Cidadão; a Constituição Francesa de 1946 e a Carta Ambiental de 2004.

O texto constitucional francês, conquanto orientado pelos princípios da liberdade, da igualdade e da fraternidade, não estabelece norma especial sobre preservação do patrimônio cultural e natural; igualmente não se constata documento autônomo de força constitucional aplicável à matéria, como ocorre no caso da politica ambiental, que é objeto da Carta específica referida no preâmbulo da Lei Fundamental.

No entanto, deve-se registrar a extraordinária importância da contribuição francesa no campo da cultura. A França, por seus aspectos geográficos, pelos eventos históricos que protagonizou ou testemunhou, pela índole de seu povo e poder de seus grupos internos, consolidou-se como centro exportador de cinema, moda, arte e conhecimento, liderando o processo de construção de uma mentalidade "preservacionista" em caráter universal, especialmente a partir de movimentos severos de resgate do patrimônio nacional com reflexos transnacionais, conforme se depreende das análises no campo dessa temática:

---

27 PRESUTTI, Enrico. *Istituzioni di diritto amministrativo italiano.* 3 ed. Messina: Casa Editrice Giuseppe Principato, 1934. v. 1.

28 PRESUTTI, Enrico. *Istituzioni di diritto amministrativo italiano.* 3 ed. Messina: Casa Editrice Giuseppe Principato, 1934. v. 1.

> "O movimento de preservação do patrimônio cultural surgiu do ponto de vista mundial no início do século XIX na França, como fruto da Revolução Francesa, que, nos seus momentos mais radicais, levou à depredação e destruição de importantes bens arquitetônicos e artísticos ligados à Igreja ou à história do Ancien Regime. Originalmente, a preocupação preservacionista era voltada aos monumentos e objetos artísticos de valor excepcional, às vezes levando até mesmo à destruição de bens também relevantes, porém, de menor importância artística, para destaque daqueles mais notáveis. Isto explica, por exemplo, a situação atual da Catedral de Notre Dame de Paris, totalmente isolada, eis que as edificações de origem medieval que garantiam sua autêntica ambiência foram demolidas para lhe dar destaque no século passado, perdendo-se assim definitivamente um aspecto relevante do patrimônio cultural francês".[29]

Conquanto se possa sugerir que a omissão constitucional seja explicada até mesmo pelo grau de evolução da cultura naquele País – o que permite supor ali terem sido superados os problemas mais encontradiços em outras comunidades –, não é possível assim concluir. A França, país das grandes revoluções democrático-burguesas de 1789 e 1848, e fonte do constitucionalismo liberal, preocupou-se pioneiramente com os problemas afetos ao seu patrimônio histórico e artístico, tendo como tônica permanente de sua política o enfrentamento dessas questões, quer no plano administrativo, quer no âmbito legislativo. Daí por que, a ausência de norma nesse sentido no âmbito constitucional só pode ser explicada pelo caráter enfaticamente político da Carta Francesa e pela ausência de normas programáticas de políticas públicas. Com efeito, a leitura tópica da Constituição mostra a prevalência de normas relativas à organização dos poderes e ao relacionamento entre eles, notadamente entre o Parlamento e o Governo.

Estudos comparados, com frequência, dão destaque à importância e precedência da contribuição francesa no campo da proteção patrimonial. Juan Manuel Alegre Ávila, por exemplo, em estudo sobre o regime de proteção do patrimônio histórico na Espanha, faz uma análise paralela das práticas adotadas especialmente em outros países exemplares da Europa e, realçando o sistema francês, mostra os seus antecedentes. Situa-os a partir

---

29 RIBEIRO JUNIOR, Eurípedes Clementino. A preservação do patrimônio cultural e suas particularidades. In: *Âmbito Jurídico*, Rio Grande, XII, n. 70. Novembro de 2009. Disponível em: <http://www.ambitojuridico.com.br/site/index.php?n_link=revista_artigos_leitura&artigo_id=6918>. Acesso em: junho de 2017.

de 1830, com a criação de uma comissão encarregada dos objetos nobres, seguida da Comissão de Monumentos Históricos e da iniciativa de tipificação penal de práticas de destruição ou degradação do patrimônio, passando pelas instruções e circulares que constituíram o embrião de uma regulamentação progressivamente afirmada, especialmente com a Lei de 30 de março de 1887. Este marco, segundo o autor, decorreu de trabalhos preparatórios e sistemáticos e "tuvo el mérito de situar como princípio fundamental la prohibición de destruir, incluso parcialmente, todo inmueble classificado".[30]

Juan Manuel, recapitulando comentários de Brichet sobre a referida lei francesa, afirma que este,

> "[...] recogiendo uma opinión generalizada, y tras reconocer los aspecto positivos de la Ley, entendió que la aplicación de la misma no suscitó dificuldades reales ni violentas oposiciones, dado que la Administración buscó siempre el consentimento de los proprietários, em uma labor de composición de intereses a fin de poner em ejecución las medidas protetoras de la Ley de 1887".[31]

Seguiram-se várias leis que disciplinaram aspectos específicos do sistema de proteção patrimonial na França, sem contudo, se registrar avanço no plano constitucional.

A matéria relativa à proteção do Patrimônio Natural foi, inicialmente, positivada em nível infraconstitucional por meio da Lei de 2 de maio de 1930, que elevou a proteção de monumentos naturais e sítios de caráter científico à condição de interesse público. A partir de 1934, a legislação francesa passou a contemplar os monumentos naturais com proteção especial, sujeitando-os, prioritariamente, à classificação, o principal instituto de preservação.

Só recentemente, uma política pública ganha *status* de norma constitucional naquela República, a referente à Preservação Ambiental, embora a matéria, como visto, tenha sido normatizada por lei.

Certo é que farta e extensa legislação infraconstitucional no campo da preservação do patrimônio cultural, notadamente de caráter regulamentar,

---

30 AVILA, Juan Manuel Alegre. *Evolución y régimen jurídico del patrimônio Histórico*. Madrid: Ministério de Cultura, 1994. p. 58, t. 1, n. 5 (Colección Analisis y Documentos).

31 AVILA, Juan Manuel Alegre. *Evolución y régimen jurídico del patrimônio Histórico*. Madrid: Ministério de Cultura, 1994, pp. 57-61, t. 1, n. 5 (Colección Analisis y Documentos).

supre a lacuna constitucional no sistema francês,[32] devendo-se enfatizar as alterações mais profundas introduzidas pela Lei de 7 de janeiro de 1983, que trata da divisão de poderes entre comunas, departamentos, regiões e estados, estabelecendo a descentralização no tocante à proteção patrimonial e criando Zonas de Proteção do Patrimônio Arquitetônico e Urbano (ZPPAU).

Deve-se destacar, em paralelo, a construção normativa e pragmática de uma ordem urbanística avançada, capaz de dialogar com as soluções de proteção ao patrimônio cultural e aos monumentos naturais, especialmente voltadas para sua fruição segundo parâmetros de sustentabilidade e permanência. Nessa linha, com suporte dos centros de estudos e dos conselhos administrativos, a legislação, notadamente na lógica da integração entre proteção e soluções urbanísticas, desde o século XIX, vai-se consolidando, até incorporar mecanismos modernos de democratização dos processos de preservação, especialmente no ambiente urbano, que se abrem à participação concorrente do Estado, das associações privadas e dos cidadãos.

Registrem-se, nesse diapasão, de um lado, as tendências à descentralização da atividade de proteção ao patrimônio cultural e ao envolvimento das coletividades locais nos empreendimentos estatais de conservação e proteção dos monumentos e sítios artísticos, históricos, científicos, legendários e pitorescos e, de outro, a crescente valorização e proteção das paisagens, sobretudo a partir do marco legal de 8 de janeiro de 1993, a chamada "Lei das Paisagens", e as novas soluções de proteção a partir da amplificação do conceito de patrimônio, a abranger, mais recentemente, a dimensão do patrimônio industrial.

Neste tracejo, observa-se que, embrionariamente, a legislação de proteção alcançava apenas o patrimônio de valor cultural; a partir de 1934, ampliou-se, como visto, sua incidência, para abranger também os monumentos naturais de valor ambiental ou paisagístico na mesma sistemática de proteção, prioritariamente, por meio da classificação, seguindo-se modificações mais sensíveis no sistema a partir da Lei de 7 de janeiro de 1983, que definiu novos caminhos para atuação do Estado na proteção desses valores. Nesse percurso, a política patrimonial na França tem passado por profundas mudanças, desde as variações e alargamentos na concepção de patrimônio, passando pela ampliação do fenômeno patrimonial, com a incorporação de outros atores à grande arena da "preservação", antes adstrita a especialistas do setor, até a concorrência de conhecimentos interdisciplinares e de lastro comunitário.

---

32 FRANÇA. RECUEIL DE TEXTES. *Protection du patrimoine historique et esthétique de la France* (Recueil de textes). 5 ed. Paris: Journal Official de la Republique Française, 1988. p. 1345, t. 1.

Segundo a análise de Marina Vieira de Brito, pelos veios da Geografia, alguns fatores corroboram essa tendência:

> "A inscrição geral, as associações do patrimônio, o recente patrimônio imaterial e industrial, o processo de descentralização e o consequente fortalecimento das comunas têm transformado/ampliado o fenômeno patrimonial, gerando uma série de questões acerca do atual papel do patrimônio nacional e de como esse fenômeno em processo tem se adaptado".[33]

Chama a atenção a inscrição, no Patrimônio Mundial, da região de *Nord-Pas-de-Calais* como Paisagem Cultural Evolutiva, realizada pela UNESCO, em 2012. O caso é emblemático de uma nova compreensão da indústria como "referencial de desenvolvimento, redesenvolvimento local e de pertencimento identitário, após sua reconversão para território patrimonializado, tanto em escala nacional quanto em escala global".[34]

Tem-se por indisputável, entretanto, que é o direito urbanístico francês que, desde 1913, oferece as alternativas mais avançadas no campo da preservação: zona de proteção, mediante normas restritivas sobre o direito de construir em áreas circunvizinhas de monumentos classificados; estabelecimento de faixas em torno dos monumentos, constituídas em servidões; normas específicas de resguardo do patrimônio, como as constantes de planos de ocupação do solo, as medidas especiais de proteção de bairros e jardins. Tudo isso conjugado com forte feixe de sanções.

Por fim, anota-se que a França, em razão de mudanças políticas sensíveis ocorridas nas últimas décadas, com maior inflexão das ideias socialistas e prevalência de estratégias liberais – no que se tem reconhecido o estágio de um "socialismo agônico"[35] – vem exibindo ao mundo um quadro de contrastes entre passado e presente, no qual roupas modernas de militantes, os movimentos voluntários de *Helpers,* o apelo de *start-ups e* o colorido apelativo de cartazes de grupos contestatórios contracenam com grandes heróis imortalizados em bronze e com os imaginários figurantes dos palácios e lugares da

---

33 BRITO, Marina Vieira. *Política de Patrimônio Francesa:* esboçando seu passado e presente. Universidade Federal do Rio de Janeiro. Revista CPC,13(25) (86-111), p. 108, jan./set. 2018.

34 BRITO, Marina Vieira. *Política de Patrimônio Francesa:* esboçando seu passado e presente. Universidade Federal do Rio de Janeiro. Revista CPC,13(25) (86-111), p. 108, jan./set. 2018.

35 FEBBRO, Eduardo. O Socialismo francês entrou em fase terminal. 2.02.2018. Disponível em: <htpp://wwwlhu.unisinos.br> Acesso em: 20 de jul. 2019.

memória, certamente, em processo de (re) apropriação do patrimônio cultural francês como legado, mas, também, como elemento vivo que desafia as pontes e travessias intergeracionais.

3.3. Alemanha

A República Federal da Alemanha rege-se pela Constituição promulgada em 23 de maio de 1949, pelo Conselho Parlamentar, também chamada Lei Fundamental da República Federal da Alemanha, ou Lei Fundamental de Bonn, com suas alterações.

A Alemanha, após a Segunda Guerra Mundial, foi dividida entre os principais vencedores do conflito, resultando na constituição da República Democrática da Alemanha (RDA ou Alemanha Oriental) e da República Federal da Alemanha (RFA ou Alemanha Ocidental).

Prosseguindo com seus projetos de soberania, as duas Alemanhas lograram superar as grandes perdas materiais decorrentes da guerra. Nos anos 70, contudo, já se faziam notar sensíveis diferenças entre elas: a Alemanha Oriental (comunista) apresentava-se como mais um país desenvolvido; a Alemanha Ocidental (capitalista) projetava-se como uma potência, com indústria avançada e forte. Na década seguinte, a disparidade tomou grandes proporções, o que gerou descontentamento entre os alemães orientais e movimentos populares em prol da qualidade de vida, como os que tensionaram Berlim Oriental em 1989. Com o avanço das manifestações, os Estados da República Democrática Alemã uniram-se pacificamente à parte ocidental, em negociações, visando à reunificação política da Alemanha, o que ocorreu em 3 de outubro de 1990, com a entrada em vigor do acordo que oficializou a decisão, a qual se consolidou após a queda do Muro de Berlim.[36]

Em que pese ao recente processo de reunificação da Alemanha, a Lei Fundamental de Bonn, salvo dispositivos alcançados por virtuais alterações necessárias, continua em vigor, consoante o teor de seu art. 146:

> "Esta Lei Fundamental deixará de vigorar no dia em que entrar em vigor uma Constituição que tenha sido adotada por todo o povo alemão, em livre decisão".

A análise das alterações sofridas pela Lei Fundamental de Bonn evidencia que elas são em sua maioria pertinentes à reunificação, tais como a

---

36 GONÇALVES, Rainer. *A Reunificação da Alemanha*. Disponível em: <http://historiadomundo.uol.com.br/idade-contemporanea/reunicacao-alemanha.htm>. Acesso em: 14 fev. 2019.

introduzida no preâmbulo e, especialmente, as aportadas por força das emendas introduzidas em 1994, 2002 e 2006.

Quanto à temática da preservação do patrimônio cultural, o cotejo das normas da Constituição Alemã, seja na sua versão original, seja na decorrente de alterações, frustra o estudioso, mormente aquele vertido ao garimpo de comandos diretos. É que a Lei Fundamental não dispõe de forma sistêmica sobre a matéria, nem explicita uma só norma que, de per se, possa fundamentar um arcabouço legislativo infraconstitucional. Daquele texto, colhe-se tão-somente a prescrição do art. 13, parágrafo 5º, cuja redação segue transcrita:

> "Cabe à Federação a legislação exclusiva nas seguintes matérias:
>
> [...]
>
> 5 – Proteção do patrimônio cultural alemão contra a evasão para o estrangeiro".

A preocupação com a atuação impeditiva da evasão do patrimônio cultural, na ordem constitucional original, obviamente se inspirava em razões históricas, que registravam os efeitos da Grande Guerra sobre o acervo cultural daquela nação.

Trata-se de cautela presente em diversos ordenamentos jurídicos, embora, quase sempre, conjugada com outras medidas de preservação, valorização e promoção do patrimônio cultural, como no caso do Brasil, que, no Decreto-Lei n. 25, de 1937, já consagrava o mesmo princípio, sujeitando o comércio de obras de arte a regras rigorosas e, igualmente, da Espanha, que apresenta norma de conteúdo semelhante na sua Constituição de 1978.

Ressalta-se, no entanto, que é da concepção federalista do Estado Alemão, traduzida na Lei Fundamental e consagrada tradicionalmente naquele país, que se extraem as marcas mais sensíveis no plano da cultura. Nenhum outro setor revela de maneira tão nítida os reflexos da estrutura federativa. A vida cultural própria e marcante dos estados, a competência legislativa destes e a participação dos municípios por meio das diversas entidades da área asseguram a pluralidade cultural da Alemanha. Não dispõe aquela federação de uma metrópole central da Cultura, como Paris ou Londres. Não há ali uma província cultural; há, sim, centros culturais dotados de características próprias em todo o território. Há, portanto, uma estrutura policêntrica equilibrada conformada aos valores e anseios ligados à identidade regional.

Sobre a relevância do Federalismo Alemão e do seu traço conformador da cultura, anota-se o seguinte comentário:

> "O federalismo na Alemanha é mais do que um sistema de Estado. Ele reproduz a estrutura cultural e econômica descentralizada do país e tem origem em uma longa tradição. Muito além de suas funções políticas, os estados representam identidades marcadamente regionais. A forte posição dos Länder foi fixada na Lei Fundamental em 1949".[37]

Espera-se, porém, que Berlim, como capital e sede do governo da Alemanha reunificada, desempenhe um papel essencial, também nesse setor, sob a perspectiva da unidade da Federação, sem prejuízo da tônica da pluralidade cultural interna, principalmente com o enriquecimento por meio da herança dos novos estados federados.

3.4. Espanha

A Constituição da Espanha de 1978, aprovada pelas Cortes em 31 de outubro, referendada pelo povo espanhol em 6 de dezembro e promulgada em 27 de dezembro do mesmo ano, encontra-se ainda em vigor. Porém, desde sua publicação, a Constituição passou por duas reformas: a primeira, em 1992, para disciplinar a votação pelos cidadãos espanhóis no exterior em eleições; a segunda, em 2011, para alterar as normas de regência de orçamentos e gestão financeira da Administração Pública.

Alfonso Pérez Moreno, atento à realidade que modula a força do Direito, ou seja, aos novos fatores e horizontes que influem na configuração das estruturas jurídicas, assinala o intenso movimento de ampliação do interesse das coletividades pelo acesso aos diversos bens culturais e pela fruição de seus valores no âmbito comunitário e mostra que a significação da cultura como valor humano, social e econômico tem avançado entre os povos na proporção do desenvolvimento das nações, convertendo-se em fator imprescindível da qualidade de vida. O autor, sinalizando ser essa a trajetória na Espanha, com reflexos na ordem jurídica relativamente aos bens culturais, e analisando o tratamento constitucional dado a matéria, afirma:

---

37 ALEMANHA. *Informações*. Disponível em: <https://www.tatsachen-ueber-deutschland.de/pt-br/system/files/download/tatsachen_2015_por.pdf>. Acesso em: 22 jun. 2017.

> "Em el preâmbulo de la Constitución de 1978 la Nación española proclama su voluntad de: 'Proteger a todos los españoles y pueblos de España em el ejercicio de los derechos humanos, sus culturas y tradiciones, lenguas e instituciones.' 'Promover el progresso de la cultura y de la economia para assegurar a todos uma digna calidad de vida.' Y los artículos 3.3, 9.2, 20.b), 44, 46,48 148, 15ª y 149.2 contienen um conjunto normativo integrante de la que se há denominado 'Constitución cultural', donde se consagra, entre otros, el derecho de acesso a la cultura, y se ordena a los poderes públicos garantir la conservación y promover el enriquecimento del patrimônio histórico, cultural y artístico de los pueblos de España y de los bienes que lo integram".[38]

Em seu artigo 46, prevê a referida Constituição que é incumbência das autoridades públicas garantir a preservação e promover o enriquecimento do patrimônio histórico, cultural e artístico, além de submeter às sanções do Direito Penal condutas lesivas ao patrimônio:

> "Artigo 46. As autoridades públicas devem garantir a preservação e promover o enriquecimento do patrimônio histórico, cultural e artístico dos povos da Espanha e da propriedade que o integrar, independentemente do seu estatuto jurídico e de propriedade. O direito penal deve punir crimes contra o património".

A aludida Carta Constitucional trata, ainda, a matéria relativa à preservação do patrimônio cultural, com vistas à prevenção contra a evasão dos bens, consoante dispõe em seu artículo 149, I:

> *"El Estado tiene competência exclusiva sobre las siguientes materias:*
>
> *[...]*
>
> *Parágrafo 28° – Defensa del patrimonio cultural, artístico y monumental español contra la exportactión y la expoliación; museos, bibliotecas y archivos de titularidad estatal, sin perjuicio de su gestión por parte de las Comunidades Autónomas".*

No plano infraconstitucional, o direito espanhol é farto em diplomas legais voltados para a preservação do patrimônio cultural, disciplinando as ações estatais nessa área, as limitações à propriedade e o comportamento dos cidadãos, entre eles o consubstanciado pela Ley del Patrimonio Histórico, de

---

[38] MORENO, Afonso Pérez. Prólogo. In: RODRIGUES, Concepcion Barrero. *La ordenacion jurídica del patrimônio histórico.* Madrid: Editorial Civitas, 1990. p.19.

25 de junio de 1985, no qual merece destaque, entre os institutos de proteção, aquele correspondente ao tombamento do direito pátrio – a classificação, que impõe restrições ao direito de propriedade.

Aí se dá ênfase à disciplina das relações de vizinhança e ao instituto da zona de proteção em torno dos bens classificados.

A desapropriação também cumpre papel fundamental no sistema espanhol de preservação do patrimônio, justificando-se em três situações distintas: quando a tutela estatal do bem implicar gravame para o proprietário; quando se verificar qualquer ameaça iminente sobre o patrimônio, que possa resultar em sua deterioração ou destruição; e a título de sanção, hipótese em que a desapropriação equivale a penalidade, por incorrer o titular do bem em descumprimento de obrigação a seu cargo.

Por fim, chama-se a atenção para a necessidade de reavaliação de certas manifestações culturais que integram as tradições do povo espanhol e que hoje tangenciam as pautas dos direitos humanos: as touradas realizadas em Madri, lá declaradas bens de interesse cultural, e em diversos outros locais do País; a *Colla Castellera*, verdadeira torre humana forjando edifício ou castelo, presente na Catalunha.

A propósito, é crucial a advertência feita por Sandra Cureau, ao enfrentar os dilemas nessa seara:

> "Ainda que o direito à identidade cultural seja reconhecido como um direito de terceira geração, jamais poderá entrar em conflito com outros direitos humanos, como aqueles relativos à vida, à dignidade ou à incolumidade física. Isso significa que manifestações culturais como as corridas de touros, ou a Colla Castellera devem ser definitivamente proibidas – por coerência, já que os países que as abrigam são signatários de tratados internacionais protetivos de direitos que com elas se chocam – ou sofrer uma adaptação de modo a respeitá-lo".[39]

Vê-se que, na Espanha, se as questões relativas à proteção do patrimônio cultural encontram melhor sintonia de tratamento na vertente material, no tocante à dimensão imaterial, são pautadas em franco dissenso, radicalizando-se as posições que rotulam as mesmas práticas ora como abomináveis, ora como legítimas manifestações de interesse cultural. Eis o dilema

---

39 CUREAU, Sandra. Dimensões das práticas culturais e direitos humanos. In: SOARES, Inês Virgínia Prado; CUREAU, Sandra (org.). *Bens culturais e direitos humanos*. São Paulo: Edições Sesc São Paulo, 2015 (105-125) p.125. ISBN: 978-85-69296-58-8.

que se retrata entre Madri, que, em 2010, declarou as touradas bens de interesse cultural, e Catalunha, que, em 2012, proibiu peremptoriamente essas corridas de touros na região. Um dilema que se expande para outros países da Europa: Portugal, desde 2010, considera as touradas patrimônio cultural, embora conviva com proibições internas de certas comunas; França, em 2011, inscreveu a touromaquia na lista de seu patrimônio cultural imaterial, sob protesto de associações anticorridas, como lembra Cureau.[40]

Por fim, anota-se que Concepcion Barrero Rodrigues[41], em tese de doutorado, faz um completo giro em torno do tema da proteção do patrimônio espanhol, pelo viés dogmático, sem negligenciar a ampliação e as matrizes de concepção do regime jurídico, e, perscrutando a jurisprudência, conclui que a sua evolução potencializa a emergência da prevalência do interesse cultural sobre o urbanístico e o econômico; na vertente axiológica, mostra a persistência de forte acolhida social da importância de se proteger o patrimônio cultural, que vem ganhando ressonância no direito positivo.

Em comentário à tese da autora, Alfonso Pérez Bueno, tomando em conta seus suplementos, afirma:

> "La nueva respuesta legislativa a tan positiva mentalización social há sido importante, pero no suficiente. La escassez de los médios previstos para procurar la efectividad de la normas – verdadeira aporia del nuevo ordenamento – invita a mantener todavia aberto el processo legislativo[...]".

E adverte, a partir dos assentamentos da obra comentada:

> "Las potencialidades de la Constitucion no han sido cumplidodamente desarrolhadas por la Ley del Patrimonio Historico de 1985, por lo que debe ésta considerarse susceptible de reformas. La paradoja es explicable porque la vida real y la jurisprudencia españolas avanzaban em esta materia por delante de la doctrina".[42]

---

40 CUREAU, Sandra. Dimensões das práticas culturais e direitos humanos. In: SOARES, Inês Virgínia Prado; CUREAU, Sandra (org.). *Bens culturais e direitos humanos.* São Paulo: Edições Sesc São Paulo, 2015, (105 – 125) p.119. ISBN: 978-85-69296-58-8.

41 RODRIGUEZ, Concepcion Barrero. *La Ordenacion Juridica del Patrimonio Historico.* Madrid: Editorial Civitas S.A., 1990.

42 MORENO, Afonso Pérez. Prólogo. In: RODRIGUES, Concepcion Barrero. *La ordenacion jurídica del patrimônio histórico.* Madrid: Editorial Civitas, 1990. p. 21.

3.5. Suíça

É importante conhecer o tratamento da preservação cultural na Constituição helvética, principalmente pelo fato de ser a Suíça a mais antiga democracia do mundo e pequeno país descentralizado, com estrutura federativa e sistema de Governo diretorial.

A Constituição da Confederação Suíça promulgada em 29 de maio de 1874, multiplamente emendada, e que vigorou até 1999, dispunha, em seu art. 24, sobre a proteção do patrimônio cultural e natural, com ênfase para este:

> "Artigo 24 Séxies
>
> 1 – A proteção da natureza e da paisagem está sob a alçada do direito cantonal.
>
> 2 – No cumprimento das suas obrigações, a Confederação deve defender o aspecto característico da paisagem e das localidades, os lugares evocadores do passado, assim como as curiosidades naturais e os monumentos, e conservá-los intatos sempre que se verificar haver nisso um interesse geral preponderante.
>
> 3 – A Confederação pode apoiar por meio de subsídios os esforços desenvolvidos para a proteção da natureza e da paisagem e proceder, por via contratual ou de expropriação, à aquisição ou à conservação de reservas naturais, de lugares evocadores do passado e de monumentos de importância nacional.
>
> 4 – Está autorizada a legislar relativamente à proteção da fauna e da flora".

A peculiaridade do dispositivo estava na fixação da competência cantonal, análoga à Estadual, para o tratamento da matéria, reservando-se à Confederação um papel secundário e de suporte.

A referida Constituição, que sofreu sua última emenda em 1990, foi revogada e substituída pela atual Constituição Federal da Confederação Suíça, aprovada pelo voto popular e cantonal em 18 de abril de 1999, entrando em vigor em 1 de janeiro de 2000.

A nova Constituição dá ênfase à preservação do patrimônio, sob invocação da proteção da natureza e da terra pátria, elencando, como objeto de cuidados especiais, as paisagens, os lugares históricos, bem como os monumentos naturais e culturais. Na tradição dos comandos constitucionais anteriores, estabelece que os cantões têm competência para manter a preservação e a conservação de tais bens, conforme o artigo 78, que dispõe sobre a proteção da natureza e da terra pátria. São as seguintes as implicações da aludida norma:

1. A proteção da natureza e da terra pátria é da competência dos cantões.
2. No cumprimento de suas tarefas, a Confederação leva em consideração os interesses de proteção da natureza e da terra pátria. Ela preserva paisagens, a apresentação dos sítios, lugares históricos, bem como monumentos naturais e culturais; deve mantê-los conservados de acordo com o interesse público que os reger.
3. A Confederação pode incentivar atividades de proteção da natureza e da região e adquirir ou assegurar objetos de importância para a Suíça, seja por contrato ou desapropriação.
4. Devem ser observadas disposições destinadas a proteger a fauna e a flora e à preservação do seu habitat com a variedade natural, protegendo-se as espécies ameaçadas de extinção.
5. Os pântanos e as áreas pantanosas de beleza especial e de importância para a Suíça são protegidos. Dentro destas áreas não podem ser erguidas construções nem efetuadas alterações no solo. Exceções são as instalações destinadas à proteção ou à exploração agrícola usual dos pântanos.

4. A PRESERVAÇÃO EM ALGUNS PAÍSES SOCIALISTAS DE TRADIÇÃO PRESERVACIONISTA

4.1. A extinta União Soviética

Os países da antiga União das Repúblicas Socialistas Soviéticas, notadamente a Rússia – em torno de cujos valores se agregaram diversas repúblicas asiáticas e europeias, sob a liderança vitoriosa do Exército Vermelho (Bolchevique) – constituíam importante referência no campo da preservação do patrimônio cultural.

Registra-se o tratamento dado à preservação do Patrimônio Cultural pela Constituição da União das Repúblicas Socialistas Soviéticas, de 07 de outubro de 1977, tendo em vista sua importância histórica – e os traços marcantes da ordem marxista então consagrada, na qual ganhava relevância a unidade do poder do Estado e do partido comunista.

A extinta União Soviética, por sua dimensão geográfica e pela profusão de nacionalidades e etnias que encerrava, era o país de cultura mais heterogênea em todo o mundo. Não obstante se devesse reconhecer a hegemonia da República da Rússia – fruto da supremacia territorial, demográfica e econômica ao longo do tempo –, a União Soviética, de fato evidenciava, em todas as repúblicas que a integravam, pujança cultural invejável.

A Rússia, Estado que mudou o mundo inaugurando o socialismo, como República Socialista Federativa Soviética da Rússia, e que se constituiu em berço de uma das maiores literaturas de todos os tempos, capitaneada por autores universais, e em um dos mais expressivos centros do patrimônio cultural, concentrando exemplares da arquitetura e da arte de valor extraordinário, influenciou profundamente o conjunto das Repúblicas Socialistas e impactou outras nações.

O maior museu do mundo, L'Hermitage, de Leningrado, as torres das igrejas ortodoxas de São Basílio e São Nicolau e os muros do Kremlin são exemplares que atestam a riqueza arquitetônica da antiga URSS, com ênfase na República da Rússia, e testemunham a saga de sua civilização. Igualmente, o sucesso permanente do Bolshoi no Ocidente revela o compromisso soviético com a produção cultural contemporânea.

Enfim, pode-se dizer que a extinta URSS concentrava um dos mais completos acervos culturais e um sistema normativo de preservação digno de análise, por razões elementares: ter-se inserido numa ordem jurídica e econômica substancialmente diversa da brasileira, porquanto socialista; ter-se revelado, na prática, bem-sucedido.

Ainda hoje, pululam manifestações folclóricas, literárias e artísticas, da culta e européia Lituânia ao atrasado Azerbaidjão. O passado e o presente oferecem ao mundo as valiosas contribuições de Tolstói, Dostoiévsky, Pushkin, Tchaikovsky, Stravinsky, Sakharov, Pavlov, Leskov e outros.

Por todas essas razões, há de se perquirir a base normativa do sistema de proteção na antiga URSS.

O preceito superior do referido sistema constava da Lei Maior Soviética de 1977, e estava consubstanciado em seu art. 68, que chamava a atenção, por sua singeleza e pelo destinatário que elegia para o fim de tutela do patrimônio cultural.

Eis o teor do aludido dispositivo:

> "Art. 68. O desvelo pela conservação dos monumentos históricos e outros valores culturais é um dever e uma obrigação dos cidadãos da URSS".

Em linha comparativa, percebe-se que a norma supra, que não encontrava correspondente na anterior Constituição de 1936 da antiga União Soviética, opunha-se de modo curiosamente sintomático à prevista tradicionalmente no sistema constitucional brasileiro, no tocante a seu destinatário.

Enquanto a norma soviética cominava o dever de conservação aos cidadãos, as Constituições pátrias, notadamente capitalistas e supostamente menos estatizantes, mantinham a preservação como dever do Estado, até o advento da Constituição de 1988. Por conseguinte, na URSS, o povo era reconhecido como sujeito da proteção e não apenas como seu beneficiário, ao passo que no constitucionalismo interno, o Estado vinha assumindo nítido caráter paternalista.

Comentando a Constituição Soviética de 1977, Jorge de Esteban e Santiago Varela[43] mostravam que o constitucionalismo socialista contemplava uma série de deveres para os cidadãos, cujo cumprimento assegurava a efetividade dos direitos e liberdades colocados como objetivos do regime soviético.

Os autores apontavam como primeiro desses deveres e fundamento dos demais o cumprimento da Constituição, das leis soviéticas e o respeito às normas de convivência, que pressupunham respeito aos direitos e interesses legítimos de outras pessoas. Mostravam que, além dessa obrigação de respeito, de acatamento ao ordenamento jurídico, a Constituição exigia a participação do cidadão em favor do regime e da Nação.

A contribuição do cidadão no campo da preservação do patrimônio natural e cultural situava-se, portanto, no universo de múltiplos deveres, cabendo-lhe, em conjunto com o Estado, proteger as riquezas naturais (art. 67), custodiar o legado cultural e artístico (art. 68) e fomentar a colaboração interna e internacional nessa seara, conforme ditames gerais. Presente estava, no constitucionalismo soviético, o princípio da indissociabilidade de direitos e deveres, sendo certo que o exercício daqueles e das liberdades pelo cidadão resultava do cumprimento de seus deveres, consoante ensinos dos autores citados.

Seguramente, o Estado socialista não concebia a execução da tarefa de preservação sem a contribuição ativa dos cidadãos, com forte deslocamento da titularidade da obrigação para esse polo. Daí por que a legislação infraconstitucional disciplinadora da matéria, sob a égide do comando constitucional já comentado, cujo marco principal era a Lei sobre preservação de 1° de março de 1977, previu que as organizações sociais e os cidadãos deveriam colaborar com os órgãos estatais para implementar medidas de proteção e utilização racional dos bens, para prestar-lhes assistência com o objetivo de descoberta, registro e restauração de monumentos históricos e outros valores culturais, bem assim para a divulgação dos conhecimentos específicos; na mesma toada, assegurava ao cidadão, por diversas formas, o envolvimento no processo de proteção mediante a participação de conselhos e comitês executivos nos mais amplos níveis e por via de sindicatos, organizações e associações.

No mesmo plano normativo, constituiu-se, sob a égide do comando supra transcrito, um sistema de proteção bastante vigoroso, abrangente e

---

43 ESTEBAN, Jorge de; VARELA, Santiago. *La constitución soviética*. Madrid: Universidade Complutense, Facultad de Derecho – Sección de Publicaciones, 1978, p. 82.

multivocacionado. Sua avançada disciplina recaía sobre os monumentos e documentos históricos, arqueológicos, urbanísticos, arquitetônicos, pictóricos, esculturais, literários e musicais, com ênfase especial para aqueles que retratassem o período revolucionário e as lutas e conquistas do proletariado e do campesinato, com vistas à aplicação de regime especial de proteção ou de medidas acautelatórias diversas. A proteção contemplava, outrossim, os modos de vida do povo soviético e as manifestações populares de natureza cultural. Em face disso, podia-se asseverar que o sistema soviético de preservação da cultura assegurava o respeito ao passado e a vitalidade do presente, por meio de institutos como o inventário e assemelhados, a par de zonas de proteção e outros instrumentos previstos na rígida disciplina legal concernente à reforma urbanística.

Vale aduzir que, no sistema soviético, a constituição de regime especial de proteção para determinado bem não atingia, em princípio, o direito do proprietário, o qual poderia ser mantido na esfera do titular, salvo se a medida de preservação, por sua natureza ou em razão da condição do bem, demandasse sua transferência.

A legislação reconhecia, por outro lado, situações em que, por recomendação de caráter técnico, ao bem devesse ser dada determinada destinação, hipótese em que, normalmente, se indicava a conveniência de seu uso, sob condições preestabelecidas, por empresas, associações e outros órgãos ou instituições. O desvirtuamento em sua utilização e o não-atendimento à recomendação do órgão técnico, entretanto, podiam acarretar a retomada do bem, sem prejuízo de outras cominações.

Há de ressaltar também que as infrações às normas de preservação eram punidas com sanções penais e administrativas, sendo expressivas aquelas privativas de liberdade e as de caráter pecuniário. Os infratores respondiam perante a União e as Repúblicas que a integravam, sujeitando-se à obrigação de restauração ou indenização pelos prejuízos causados.

Feitas as considerações sobre o tratamento do tema na antiga URSS, faz-se necessário traçar o quadro das profundas alterações político-sociais da União Soviética, em face de rupturas e transições, ainda que por linhas superficiais. Assim, resgata-se que, em estratégia explícita ou velada, a União Soviética competia com os Estados Unidos pela hegemonia do mundo; ambos, em enfrentamento indireto, estabeleciam o estado permanente de "Guerra Fria", até que fatores concatenados externalizaram a crise de 1980, agravada em 1990. A convergência de outras agravantes levou ao quadro de enfraquecimento da

União Soviética em face das potências capitalistas,[44] como a morte de líderes da Revolução Russa; a queda do modelo econômico; o insucesso de reformas, com a deterioração da qualidade de vida da população; a concentração do poder e o autoritarismo; a divisão ideológica no âmbito do Partido Comunista. Nesse contexto, o estadista Mikhail Gorbatchev assumiu a Secretaria do Partido Comunista Soviético, sob a bandeira de ideias inovadoras e estratégia política que propugnava por sindicatos livres e pelo pluralismo, em contraposição ao regime de partido único.

Em linha liberal, Gorbatchev implementou as metas da *perestroika* (restruturação da economia para diminuição da participação do Estado) e as da *glasnost* (transparência para a redução da intervenção do governo nas questões civis) e, no plano internacional, investiu na neutralização da tensão da guerra fria, merecendo, em 1990, o Prêmio Nobel da Paz.[45]

Em meio a inflexões, a União Soviética logo sofreu cisão, polarizada entre os opositores à abertura política e os favoráveis a ela, com a ascensão de tendências nacionalistas em praticamente todas as Repúblicas Socialistas Soviéticas, de um lado, e com os questionamentos da burguesia russa, temerosa de perder os privilégios, e outros opositores, de outro.

Em 12 de junho de 1991, a Rússia Soviética declarou sua própria independência, continuando sob a regência da Constituição de 1978, que vigorou até 25 de dezembro de 1993; vinculava-se a referida Carta russa à ordem constitucional de 1977 da URSS.

Em 29 de agosto de 1991, o Partido Comunista Soviético foi colocado na ilegalidade, com a perda dos seus poderes no Conselho Supremo da URSS, e as nações que integravam a União Soviética passaram a reivindicar, com vigor, a autonomia política sobre seus territórios.

Em setembro de 1991, foi anunciada a dissolução do Parlamento; em 8 de dezembro daquele ano, foi formalizada a dissolução da URSS; a Federação Russa foi criada, na sequência da dissolução da União Soviética, em dezembro de 1991, quando Ieltsen declarou a independência da Rússia e a formação da Comunidade dos Estados Independentes (CEI), sendo aquela Federação reconhecida como Estado sucessor da URSS.

A atual Constituição da Rússia é a carta outorgada em 12 de dezembro de 1993, pelo poder absoluto, após a dissolução do Parlamento, e,

---

44 OLIVEIRI, Antônio Carlos. *Comunismo:* Do socialismo romântico à extinta União Soviética. Publicado em 13 de julho de 2005. Disponível em: <https://educacao.uol.com.br/disciplinas/historia/comunismo-do-socialismo-romantico-a-extinta-uniao-sovietica.htm>. Acesso em: 27 jun. 2017.

45 BEZERRA, Juliana. *Fim da URSS.* Disponível em: <https://www.todamateria.com.br/fim-da-urss>. Acesso em: 27 jun. 2017.

posteriormente, aprovada em referendo de 25 de dezembro de 1993, quando foi oficializada. Ela substitui a Constituição de 1978 (editada sob a égide da Constituição da União Soviética de 1977) e declara a Rússia Estado Democrático de Direito, com governo republicano.[46]

É de se examinar qual será o impacto dessa sistemática nos Estados agora soberanos, os quais passaram a integrar a Comunidade de Estados Independentes; e, ainda, se a temática da preservação do patrimônio cultural virá a constituir objeto de princípios unificadores da política específica nas ordens jurídicas correspondentes.

4.2. China

A Constituição da República Popular da China, adotada em 4 de dezembro de 1982, na V Sessão da V Assembleia Nacional, assegura proteção ao patrimônio e estímulo às atividades culturais, considerados sob enfoque abrangente.

A norma que trata da matéria consta do art. 22, que prescreve a obrigação do Estado de impulsionar o desenvolvimento da cultura e também os pressupostos do apoio estatal ao setor mencionado: o compromisso das iniciativas com o socialismo e com o povo, bem como a vinculação das ações à produção cultural de massas.

Eis o dispositivo:

> *"Artículo 22 – El Estado impulsa el desarrolo de la literatura y arte, el periodismo, la radiofusión y televisión, el trabajo editorial y la distribución, los servicios de bibliotecas, museos y casas de cultura y otras actividades culturales que sirvan al pueblo y al socialismo, y al despliegue de actividades culturales de masas.*
> *El Estado protege los lugares pitorescos y de valor histórico, los valiosos monumentos y reliquias culturales y demás importantes legados de valor histórico y cultural".*

Por meio de políticas convencionais voltadas para a preservação do patrimônio nacional, os referentes da cultura têm recebido a atenção governamental, com ênfase nos valores socialistas. Chama a atenção, contudo, a ausência de previsão de participação da sociedade nos processos culturais. Na verdade, dá-se

---

46 RIBEIRO, Milton. *A extinta União Soviética completa 90 anos*. Tal país, qual arte?. Publicado em 30 de dezembro de 2012. Disponível em: <http://www.sul21.com.br/jornal/a-extinta-uniao-sovietica-completa-90-anos-tal-pais-qual-arte>. Acesso em: 27 jun. 2017.

ênfase à cultura de massa, lógica que não incorpora as vertentes da emancipação e da autonomia, próprias da sociedade participativa.

Paralelamente à proteção interna do patrimônio cultural chinês, o país passou a integrar a lista daqueles que possuem bens culturais reconhecidos pela Unesco, sendo exemplo a Cidade Proibida, em Pequim, antigo palácio imperial chinês, considerado Patrimônio Mundial pela UNESCO.[47]

5. CONSIDERAÇÕES GERAIS

O presente estudo, envolvendo experiências de alguns países em destaque, especialmente sob o prisma constitucional, tornou possível a melhor compreensão das vicissitudes e perspectivas com que se deparam os povos no tratamento das soluções de proteção ao patrimônio cultural. Permitiu, igualmente, a avaliação das características fundamentais do sistema pátrio, bem como a crítica à inversão dos papéis de que se incumbem Estado e sociedade civil no Brasil, notadamente, na comparação com as ordens emblemáticas de Cuba e da URSS.

Agrega-se às considerações deste capítulo a percuciente conclusão de Cléo Alves Pinto de Oliveira acerca dos traços característicos da política de preservação em diversos países, a partir de abordagem comparativa:

> "Na análise das experiências internacionais, fica claro que a abordagem dada por cada país ou organismo está diretamente ligada às suas peculiaridades e contextos político e socioeconômico. Assim, na Europa, por exemplo, pelo fato do continente ser formado por dezenas de países com culturas diferentes, as ações têm como mote o conhecimento de outras culturas para o fortalecimento da unidade europeia, incentivando um espírito de cidadania, tolerância e convivência. A ideia é demonstrar que o continente possui uma herança multicultural e que assimilou influências externas, mas que se tornaram parte do seu patrimônio comum. Já em Cuba o foco é a proteção do patrimônio vinculada à valorização e promoção da cultura de modo mais amplo, sendo que esta é considerada o principal elemento de desenvolvimento socioeconômico. De modo geral, isso é observado também nas experiências de outros países, nas quais a preservação do patrimônio está normalmente atrelada ao desenvolvimento local".[48]

---

47 UNESCO. *Lista do Patrimônio da Humanidade:* Palácios Imperiais das Dinastias Ming e Qing em Pequim e Shenyang. UNESCO. Disponível em: <https://pt.wikipedia.org/wiki/Pal%C3%A1cios_Imperiais_das_Dinastias_Ming_e_Qing_em_Pequim_e_Shenyang>. Acesso em: 4 mar. 2007.

48 OLIVEIRA, Cléo Alves Pinto de. *Educação Patrimonial no IPHAN*. Brasília: Enap, 2011. p. 17.

Recomenda-se ao leitor, a título de complementação e aprofundamento do conteúdo do presente capítulo, incursão pelos estudos desenvolvidos por José Adércio Leite Sampaio sob o título O constitucionalismo Democrático e Cultural (ou Constitucionalismo da Fraternidade),[49] nos quais o autor, fazendo um inventário das constituições estrangeiras em vigor, sobretudo aquelas oriundas de manifestações constituintes mais recentes, mostra a tendência de recuperação e valorização da cultura nos diversos ordenamentos, como dimensão de convivência democrática. O autor apresenta uma resenha dos principais dispositivos constitucionais que suportam o dever de proteção ao patrimônio cultural, associando-os aos seguintes aspectos do direito fundamental à cultura: herança da cultura nacional; garantia dos direitos culturais; promoção da cultura da solidariedade; reconhecimento do pluralismo cultural, étnico e ou cultural; igualdade e autonomia cultural interna; identidade nacional; e proteção dos sítios, monumentos ou produções culturais. Sobre a resenha, conclui o autor:

> "Há primeiramente a ênfase na afirmação identitária do povo ou da nação, seguida da perspectiva intergeracional e solidarista da existência, salvaguarda e uso sustentado do patrimônio cultural. Esse dever de proteção se projeta, na maioria dos casos, como aspecto dos direitos fundamentais".[50]

Que esta breve análise comparativa possa motivar novos estudos e avanços, bem assim proporcionar maior acuidade para o diagnóstico dos instrumentos que mereçam ser mantidos ou incorporados na política de preservação cultural brasileira, ou que devam ser dela extirpados, à luz das experiências que alcançaram êxito ou que foram malsucedidas em outros países, respectivamente.

Por fim, assinala-se que novos arranjos comparativos, segundo outros critérios de ponderação, podem subsidiar diferentes vertentes de reflexão.

---

49 SAMPAIO, José Adércio Leite. O Constitucionalismo Democrático e Cultural. In: SOARES, Inês Virgínia Prado; CUREAU, Sandra (org.). *Bens Culturais e Direitos Humanos*. São Paulo: Edições Sesc São Paulo, 2015 (37-57) pp. 50-57.

50 SAMPAIO, José Adércio Leite. O Constitucionalismo Democrático e Cultural. In: SOARES, Inês Virgínia Prado; CUREAU, Sandra (org.). *Bens Culturais e Direitos Humanos*. São Paulo: Edições Sesc São Paulo, 2015 (37 – 570 p. 50.

Capítulo 3

Antecedentes da institucionalização da proteção estatal ao patrimônio cultural no Brasil e evolução da política patrimonial

1. ANTECEDENTES DA INSTITUCIONALIZAÇÃO DA PROTEÇÃO AO PATRIMÔNIO CULTURAL

Segundo García Gallo:

> "La utilidade del estúdio histórico del Derecho radica em um hecho indiscutible: que el passado está vivo em el presente, que éste, em gran parte, no es sino herencia de nuestros antepassados enriquecida com nuestra propia aportación. Sise sabe cuando se conocen las causas(scire est per causas scire), el Derecho actual sólo puede conocerse cumplidamente i sabemos por quê es así, de donde viene, como se há formado".[1]

Eis por que se inicia a investigação acerca do institutos jurídicos da política patrimonial no Brasil pelo resgate de antecedentes de sua institucionalização.

José Afonso da Silva, tratando da evolução da proteção ao Patrimônio Cultural no Direito pátrio, situa, consoante Rodrigo M. F. de Andrade, sua origem nos precedentes do Direito luso, haja vista a submissão da Colônia à Metrópole.[2]

Buscando analisar o marco fundador da mesma política em Portugal, lembra o constitucionalista[3] que lá se cuidou de inserir, no direito interno,

---

1 GALLO, García. El por quê del estúdio de la historia del Derecho y utilidade. *Revista Jurídica General del Colegio de Abogados de Madrid*, 1988. p. 26, n. 21. Apud RODRIGUEZ, Concepcion Barrero. *La ordenacion jurídica del patrimônio histórico.* Madrid: Editorial Civitas, 1990. p. 31.

2 SILVA, José Afonso da. *O direito urbanístico brasileiro.* São Paulo: Revista dos Tribunais, 1981. pp. 482-3 (cf". Patrimônio histórico e artístico, repertório enciclopédico do direito brasileiro. pp. 186 e seg., v. 36).

3 SILVA, José Afonso da. *O direito urbanístico brasileiro.* São Paulo: Revista dos Tribunais, 1981. pp. 482-3 (cf". Patrimônio histórico e artístico, repertório enciclopédico do direito brasileiro.pp. 186 e seg., v. 36).

normas de proteção ao patrimônio cultural, com muita precedência em relação a outros povos:

> "Por alvará de 28/8/1721, D. João proibiu que qualquer pessoa desfigurasse ou destruísse, no todo ou em parte, qualquer edifício que mostrasse ser dos tempos dos fenícios, gregos, romanos, godos ou arábicos, assim como monumentos em que houvesse esculpida alguma figura ou que tivessem letreiros fenícios, gregos, romanos, góticos ou arábicos, incorrendo os infratores nas penas impostas pela Ordenação do Livro 5, Tít. 12, parágrafo 5º".

Na linha daquele registro, Portugal construiu uma sólida política de proteção, até a instituição do regime da Classificação, que até hoje prevalece.

No Brasil, ainda no período colonial, e portanto, sob os auspícios do Direito Luso, o primeiro sinal de alerta contra a omissão do Poder Público na proteção dos monumentos históricos foi dado por D. André de Melo e Castro, Conde das Galveias, em 1742, quando expediu o primeiro ato protecionista. Tomando conhecimento de que, em Pernambuco, o Palácio das Duas Torres seria transformado em quartel e de que outras decisões assolariam o patrimônio cultural daquele Estado, manifestou veemente protesto contra essas medidas, em carta que enviou ao então Governador Luís Pereira Freire de Andrade. Em várias passagens de sua carta, D. André deixava nítidos sinais de seu espírito conservador; demonstrava ainda perceber a complexidade dos problemas envolvidos na preservação de monumentos de valor artístico e histórico, conforme se apreende do excerto:

> "Pelo que respeita aos Quartéis que se pretendem mudar para o Palácio das Duas Torres, obra de Conde Maurício de Nassau, em que os Governadores fazem a sua assistência, me lastimo muito que se haja de entregar ao uso violento e pouco cuidadoso dos soldados, que em pouco tempo reduzirão aquela fábrica a uma total desolação, mas ainda me lastima mais que, com ela, se arruinará também uma memória que mudamente está recomendando à posteridade as ilustres e famosas ações que obraram os Portugueses na Restauração dessa Capitania [...] as fábricas em que se incluem as estimáveis circunstâncias (referidas) [...] são livros que falam, sem que seja necessário lê-los [...]; se necessitasse absolutamente, para defensa dessa Praça, que se demolisse o Palácio, e com ele uma memória tão ilustre, paciência, porque esta mesma desgraça têm experimentado outros edifícios igualmente famosos; mas, para nós, pouparmos a despesa de dez ou doze mil cruzados é cousa indigna que se saiba que, por um preço tão vil,

> nos exponhamos a que se sepulte, na ruína dessas quatro paredes, a glória de toda uma nação. [...] me persuado de que lhe será mais útil fabricarem-se quartéis novos, do que bulir no Palácio das Duas Torres, porque tenho por certo que, por mais que se trabalhe em atalhar despesas, em polir a obra, sempre ficará uma coberta de remendos".[4]

Não obstante a ocorrência daquele precedente, até o fim do Brasil Colônia – de fato ocorrido com a transferência da Família Real para o Brasil em 1808 – e posterior elevação do Brasil a Reino Unido de Portugal e Algarves, em 1815, medidas de proteção ao patrimônio não tiveram espaço e ressonância, com ressalva de providências pontuais, como a criação oficial da Biblioteca Nacional, em 27 de outubro de 1810, uma herança benfazeja da transferência da Família Real para o Brasil. Foi na transição para a Independência e constituição do Império, mas sob influência lusitana, que significativos passos foram dados, sendo emblemática a criação, por Dom João VI, em 6 de junho de 1818, do Museu Nacional, então Museu Real, no Rio de Janeiro, que figura como instituição científica e cultural pioneira e como marco civilizatório do Reino Unido do Brasil, Portugal e Algarves, na preparação do Império quase nascente. Com ampla vocação museológica nas vertentes antropológica, arqueológica, paleontológica, etnográfica, geológica, biológica, botânica e zoológica, o Museu, instalado na Quinta da Boa Vista, no Bairro São Cristóvão, figura como santuário da cultura brasileira, tendo sido palco nobre dos principais eventos políticos e administrativos da história do Brasil até a Proclamação da República, seguindo, depois, como testemunho do percurso de relevantes atores da sena coletiva pelas tortuosas linhas do Estado-Nação.[5]

Mila Batista Leite Corrêa da Costa, perscrutando a linha de tempo da evolução do tratamento da cultura no Brasil, em artigo intitulado Patrimônio Cultural e Identidade Pós-colonial: Memória, Hibridismo, Violência e Representação[6], analisa a conformação do patrimônio cultural brasileiro

---

4 BRASIL. *Introdução ao Atlas Cultural do Brasil.* MEC, Conselho Federal de Cultura e Fundação Nacional de Material Escolar. Rio de Janeiro: Editora Mec, 1972.

5 MUSEU NACIONAL. Disponível em: <http://www.museunacional.ufrj.br/dir/omuseu/omuseu.html>. Acesso em: julho de 2018.

6 COSTA, Mila Batista Leite Corrêa da. Patrimônio Cultural e Identidade Pós-colonial: Memória, Hibridismo, Violência e Representação. In: LOPES, Mônica Sette; MATOS, Andityas Soares de M. C.; SANTANA, Eder Fernandes (org.). *Representação da violência:* direito, literatura, cinema e outras artes. Belo Horizonte: D' Plácido, 2017 (69-96), v. 1.

pelo viés de uma identidade em construção no período Pós-Colonial, em processo de ruptura com a matriz da Metrópole e de transição para uma cultura própria e autorreferenciada.

Aponta a autora, porém, para a persistência de influências do colonialismo, para além de seus marcos temporais, sobre o papel do Direito e sobre a preservação do patrimônio cultural no Brasil, denunciando uma tensão resultante da coexistência de práticas discursivas coloniais com novas narrativas, em processo de clivagem do discurso pós-colonial, com o consequente hibridismo dessas práticas.[7]

Observa-se, assim, que, nem sob os auspícios da Independência do Brasil, a questão da proteção do patrimônio cultural foi objeto de atenção útil, coerente e sistemática no plano normativo fundamental, sendo que a Constituição do Império, de 3/3/1824, em dispositivo algum, tratou da proteção do patrimônio.

Mesmo sem lastro constitucional, iniciativas em favor do patrimônio cultural vieram a registrar-se ainda no século XIX, embora adstritas a finalidades etnográficas. O Ministro do Império, Conselheiro Luís Pedreira do Couto, por exemplo, adotou medidas nesse sentido, ordenando aos Presidentes das Províncias que obtivessem coleções epigrafadas para a Biblioteca Nacional e, ao Diretor das Obras Públicas, cuidados especiais na restauração dos monumentos, de maneira que ficassem intatas as inscrições neles gravadas. As Províncias da Bahia, de Pernambuco, Alagoas e da Paraíba recolheram à Biblioteca Nacional praticamente toda a epigrafia dos monumentos da região. Todavia aquele espírito que parecia contagiar a elite do poder arrefecera; o idealismo conservador isolava-se nos limites da vaidade e da ambição de cada um, de modo que, durante longo período, imperou a apatia das autoridades em face das ameaças aos bens culturais.

A ideia de proteção do patrimônio brasileiro emerge, de forma mais abrangente e consistente, ainda no século XIX, quando se vislumbra, na reordenação da cidade, uma forma de consolidação do Estado-nação. Nessa fase, ganham realce a história dos grandes homens e as grandes obras de valor estético e artístico, configurando-se nítido esforço conservacionista de caráter elitista, mediante a identificação do monumento como o principal referente de identidade, ao qual se atribui alta carga simbólica.

---

7 COSTA, Mila Batista Leite Corrêa da. *Cidade, Patrimônio e Memória:* Dimensões do Colonialismo, da Gestão Urbana e do Direito. BH, Universidade Federal de Minas Gerais – Faculdade de Direito. Programa de Pós-Graduação. Projeto de Pesquisa para Doutorado, 2015. p. 1.

A Constituição da República de 1891, como a do Império, omitiu-se a respeito do assunto. Entretanto, no período republicano, o tema da proteção do patrimônio voltou a lume, por obra de uma elite de escritores e estudiosos ligados à história e às artes. Encabeçavam esse grupo Araújo Porto Alegre, Araújo Viana, Afonso Arinos e outros, que procuravam despertar a Nação de sua tradicional insensibilidade frente a tudo que constituía ameaça às suas raízes e tradições. Assim, foi o período da República Velha que abrigou o maior movimento em favor do patrimônio histórico e artístico nacional, sobretudo questionando os modelos culturais então presentes. As primeiras iniciativas legislativas e trabalhos de sensibilização, por exemplo, surgiram na primeira fase republicana, já refletindo pautas do plano internacional acerca das mazelas da Grande Guerra Mundial.

Em linha de tempo do IPHAN, elaborada com o objetivo de auxiliar as pesquisas sobre a história da preservação do patrimônio cultural no Brasil, apontam-se marcos importantes dessa trajetória, sendo o primeiro deles o de 1916, que registra uma viagem realizada pelo escritor Alceu Amoroso Lima e pelo advogado Rodrigo Melo Franco de Andrade a Minas Gerais, após a qual anunciaram a descoberta do barroco e proclamaram a necessidade de sua preservação.[8]

O Professor Aires da Mata Machado Filho[9], seguindo esse curso, dava notícia de matéria publicada na Revista do Brasil (setembro/dezembro de 1916), de Alceu Amoroso Lima, em que este registrara, após peregrinação cultural pelas cidades históricas de Minas, um grito de alarma em defesa do patrimônio histórico e artístico. Revelara, no fulgor de sua juventude, sua sensibilidade, seu espírito conservador, seu amor às tradições, contrariando afirmação que mais tarde Juscelino Kubitschek[10] faria com relação ao comportamento do jovem diante da História e que aqui se transcreve:

> "[...] É comum aos povos jovens o desapreço pelas lições da História. A seiva poderosa de vida que trazem no organismo moço não lhes deixa vagares para a contemplação das paisagens que os ancestrais teceram. Ante o esplendor da vida, fitam, impacientes, as

---

8 IPHAN – Instituto do Patrimônio Histórico e Artístico Nacional. Disponível em: <http://portal.iphan. gov.br/pagina/detalhes/1211>. Acesso em: 21 set. 2017.

9 MACHADO FILHO, Ayres da Mata. *Preservação do patrimônio nacional.* Cultura Social, Brasília: Ministério da Educação e Cultura, 10(36): pp.52-8, abr./jun. 1981.

10 Trecho do discurso proferido em sua posse como sócio honorário do Instituto Histórico e Geográfico de Minas em 15/8/1944. *Revista do Instituto Histórico e Geográfico de Minas Gerais.* Belo Horizonte, 1(1943-4), 1945.

perspectivas do futuro. Não se demoram na contemplação dos poentes por mais belos que se apresentem. Anseiam apenas pelas radiosas luzes que anunciam as alvoradas, esquecendo-se, porém, de que, na beleza das tradições, reside a substância indispensável à estruturação do caráter, tanto de povos como de indivíduos".

Sintonizado com o pensamento da intelectualidade e fugindo ao padrão da mentalidade jovem, Alceu Amoroso Lima[11] demonstrava preocupação com o tratamento dispensado ao patrimônio. Contava ele a situação deplorável em que se encontravam monumentos de tradição nacional, pela descaracterização, pelas ruínas, seja como efeito do desmazelo, do mau gosto, seja como resultado da preterição pelo novo.

Revelando certa angústia com relação ao espírito da época, afirmava: "A gratidão dos homens não procurou combater a obra do tempo, auxiliou--a, pelo contrário". Reconhecia e denunciava a existência de uma "epidemia nacional" que fulminava o patrimônio cultural do País e encarecia a necessidade urgente de legislação relativa à matéria. Eis o seu apelo: "Já que vivemos numa época legista, façamos uma lei, essa ao menos útil e benfazeja, à sombra da qual possam viver respeitados os vestígios dos nossos primeiros anos, como Colônia e como Nação".[12]

Na verdade, o descaso não era total. Nesse sentido, ressalvava o Prof. Aires da Mata Machado Filho, em seu artigo já mencionado, o apoio e o incentivo da Igreja às artes. Na análise das providências adotadas pela Igreja no intento de regular o desvelo com que deveria tratar monumentos e documentos sob sua guarda, o Professor destacava a importância da Carta Pastoral do episcopado mineiro sobre o patrimônio artístico e chamava a atenção para as advertências severas contidas no referido documento, dirigidas aos párocos e a todos os representantes do Clero, no sentido da preservação do patrimônio da Igreja, pelo seu valor de antiguidade ou tradição, bem assim para cominações coercitivas.

Aquela pastoral, recapitulando, também, as prescrições do Concílio Plenário da América Latina de 1915, citava, dentre outras, a de n. 881, prevendo "que os párocos e outros sacerdotes se apliquem com diligência a adquirir

---

11 LIMA, Alceu Amoroso. Apud MACHADO FILHO, Ayres da Mata. *Preservação do patrimônio nacional.* Cultura Social, Brasília: Ministério da Educação e Cultura, 10(36): 52-8, abr./jun. 1981.

12 LIMA, Alceu Amoroso. Apud MACHADO FILHO, Ayres da Mata. *Preservação do patrimônio nacional.* Cultura Social, Brasília: Ministério da Educação e Cultura, 10(36): 52-8, abr./jun. 1981.

o conhecimento dos princípios de arqueologia sacra, arte cristã, jurisprudência canônica, para que na obra assaz difícil de edificar e restaurar igrejas não caiam em não leves erros e defeitos".[13]

Apesar de realçada pela literatura e pela Igreja a necessidade de que se adotassem medidas efetivas para proteção do patrimônio histórico e artístico, não vingaram resultados satisfatórios.

Providências mais avançadas só foram delineadas a partir de 1920. Nesse ano, a Sociedade Brasileira de Belas-Artes engajou-se na luta pela proteção ao patrimônio, encarregando o Professor Alberto Childe, arqueólogo e conservador de antiguidades clássicas do Museu Nacional, de elaborar anteprojeto de lei de defesa do patrimônio artístico nacional. O documento então elaborado centrava-se, contudo, na proteção aos bens arqueológicos, não tratando adequadamente dos bens históricos e artísticos. Por outro lado, sugeria, como primeiro passo, a desapropriação dos referidos bens. A iniciativa não prosperou.

O ano de 1922 foi marcado pela Semana da Arte Moderna, que reuniu diversos escritores, poetas e artistas, entre os quais Manoel Bandeira e Mário de Andrade, que exerceram papel relevante na construção de soluções para a preservação do patrimônio cultural. Foi no bojo desse evento modernista de vanguarda, de apelo identitário, que Mário de Andrade, pela primeira vez, destacou a dimensão imaterial do patrimônio, tema que foi retomado e pautado muitos anos depois, até consagrar a atual fase do ciclo de proteção patrimonial.[14]

A importância do movimento modernista, reconhecida por uma plêiade de estudiosos, é objeto de aprofundado estudo no campo da academia, resultante de esforço interdisciplinar com ênfase na Literatura e no Direito, em nível de tese de doutoramento intitulada: "A Coisa Literária como Fonte da Norma Jurídica: O Movimento Modernista e o Patrimônio Cultural".[15]

Em 1923, na Câmara dos Deputados, foi apresentado o primeiro projeto de lei, de autoria do parlamentar pernambucano Luiz Cedro, voltado para a proteção do patrimônio artístico, o qual, ao contrário do primeiro, não contemplava os monumentos arqueológicos.

---

13 MACHADO FILHO, Ayres da Mata. *Preservação do patrimônio nacional.* Cultura Social, Brasília: Ministério da Educação e Cultura, 10(36): 52-8, abr./jun. 1981.

14 IPHAN – Instituto do Patrimônio Histórico e Artístico Nacional. Disponível em: <http://portal.iphan. gov.br/pagina/detalhes/1211>. Acesso em: 21 set. 2017.

15 MATTOS, Liana Portilho. *A Coisa Literária como Fonte da Norma Jurídica:* O Movimento Modernista e o Patrimônio Cultural. Tese (Doutorado) – Programa de Pós-Graduação em Direito, Universidade Federal de Minas Gerais, 2018.

No ano seguinte, sem que aquela proposição lograsse aprovação, Augusto de Lima, representante de Minas Gerais na Câmara do Deputados, apresentou projeto de lei visando a proibir a saída de obras de arte do Brasil para o estrangeiro. Tal medida se fazia necessária, eis que o "câmbio negro" caminhava no sentido da franca ampliação das relações comerciais clandestinas, para alimentar a voracidade primitivista e nostálgica dos interesses burgueses do mundo ocidental. Entretanto, o projeto não foi aprovado. E, com efeito, não poderia chegar a termo, já que não encontrava sustentação no próprio texto constitucional vigente, que não previa qualquer restrição à propriedade com o propósito de proteção ao patrimônio cultural do País.

Assim é que, amplamente debatida no âmbito federal, a questão da preservação repercutiu com vigor nos Estados. Em 1924, Mário de Andrade viajou às cidades mineiras, em companhia do franco-suíço Blaise Cendrars e de intelectuais brasileiros, para contato com a arte colonial brasileira e com jovens expoentes do pensamento modernista mineiro. Promoveu, com as bateias da sensibilidade, o garimpo de manifestações diversas das culturas, acenando, já então, com as bases de um conceito ampliado de patrimônio, transcendente da dimensão material, prioritariamente defendido nas arenas internacionais de preservação. Lúcio Costa, à sua vez, em viagens às cidades históricas de Minas Gerais, colheu elementos para estudo da arquitetura colonial brasileira.[16]

Em 1925, Minas Gerais, sob a presidência de Mello Viana, assumiu o protagonismo na discussão temática. Refletindo aquele ideal de preservação já aflorado desde o início do século XVIII, organizou uma comissão para estudar e sugerir medidas que coibissem o comércio de antiguidades, que assolava o patrimônio histórico e artístico de interiores tradicionais mineiros, presas fáceis dos especuladores. O trabalho da comissão culminou com o esboço de novo anteprojeto de lei federal elaborado por Jair Lins, relator da comissão, e, embora não logrando acolhida do Parlamento nacional, tornou-se valioso subsídio, reunindo conceitos e princípios hoje consagrados pela legislação.

Em 1926, criou-se a Inspetoria Estadual de Monumentos de Minas Gerais. A esse esforço de Minas, seguiu-se o da Bahia, que organizou a defesa do acervo histórico e artístico do Estado, culminando com as Leis

---

16 IPHAN – Instituto do Patrimônio Histórico e Artístico Nacional. Disponível em: <http://portal.iphan. gov.br/pagina/detalhes/1211>. Acesso em: 21 set. 2017.

Estaduais n. 2.031 e 2.032, ambas de 8 de agosto de 1927, que, a despeito de não se conformarem à matriz constitucional, foram regulamentadas pelo Decreto n. 5.339, de 6 de dezembro daquele ano. Criou-se, assim, a Inspetoria Estadual de Monumentos Nacionais, anexa à Diretoria do Arquivo Público e à do Museu Nacional – diga-se: em modelagem administrativa bastante singular. Pernambuco, na esteira da Bahia, pela Lei Estadual n. 1.918, de 25 de agosto de 1928, autorizou o seu então Governador a criar a mesma inspetoria e um museu no Estado. Como as duas leis baianas, a pernambucana também não encontrava guarida na Constituição.

E foram se revezando, no tempo, iniciativas institucionais de âmbito federal ou estadual, além de outras de caráter científico, internas ou externas. É exemplo de marcos científicos o registrado na linha de tempo do IPHAN relativo à programação em torno da arquitetura moderna desenvolvida pelo arquiteto e urbanista Le Corbusier, em viagem à América do Sul, em 1929, constituída de uma série de conferências e palestras na Argentina, Uruguai e no Brasil, influenciando na divulgação do conhecimento naquela área.[17]

Em 1930, o Deputado José Wanderley de Araújo Pinto, da Bahia, apresentou ao Congresso Nacional novo projeto de lei, o qual, em seu artigo 1º, definia o objeto da proteção do Estado:

> "Art. 1º Consideram-se patrimônio histórico-artístico nacional todas as coisas imóveis ou móveis, a que deva estender a sua proteção o Estado, em razão de seu valor artístico, de sua significação histórica ou de sua peculiar e notável beleza, quer pertençam à União, aos Estados, ao Distrito Federal, aos Municípios, às coletividades ou a particulares".

Pelo projeto, reconhecia-se à União, aos Estados e aos Municípios o direito de desapropriação de qualquer imóvel ou móvel catalogado, mediante prévia indenização, desde que a desapropriação se impusesse como medida de proteção ou salvamento do bem.

O Parlamentar propôs, também, a criação de uma inspetoria de defesa do patrimônio histórico-artístico nacional, concentrando, naquele órgão, a ação ligada à guarda e à conservação dos bens do patrimônio histórico-artístico nacional. O referido projeto, tendo em vista as injunções da época, não logrou aprovação, e, com a Revolução de 30 e a consequente dissolução do Congresso Nacional, foi arquivado. A referida proposição esgotava a matéria, minudenciando os

---

17 IPHAN – Instituto do Patrimônio Histórico e Artístico Nacional. Disponível em: <http://portal.iphan. gov.br/pagina/detalhes/1211>. Acesso em: 21 set. 2017.

diversos ângulos da questão, registrando conceitos de ordem técnica e sistematizando princípios importantes, e, por isso mesmo, marcou lugar de destaque entre os antecedentes da matéria, constituindo uma das principais fontes de inspiração da legislação que ainda hoje se encontra em vigor.

A partir de 1933, abriu-se espaço à nova política dos poderes públicos, e medidas efetivas de salvamento foram tomadas, como a consagração da cidade de Ouro Preto sob o título Monumento Nacional, por meio do Decreto n. 22.928, de 12 de julho daquele ano, de cuja consideranda e teor normativo extraem-se os seguintes assentamentos:

> "[...] considerando que é dever do Poder Público defender o patrimônio artístico da Nação e que fazem parte das tradições de um povo os lugares em que se realizaram os grandes feitos da sua história; considerando que a cidade de Ouro Preto, antiga Capital do Estado de Minas Gerais, foi teatro de acontecimentos de alto relevo histórico na formação de nossa nacionalidade e que possui velhos monumentos, edifícios e templos de arquitetura colonial, verdadeiras obras d'arte, que merecem defesa e conservação,
>
> Resolve:
>
> Art. 1°. Fica erigida em Monumento Nacional a cidade de Ouro Preto, sem ônus para a União Federal e dentro do que determina a legislação vigente.
> Art. 2° Os monumentos ligados à História Pátria, bem como as obras de arte, que constituem o patrimônio histórico e artístico da cidade de Ouro Preto, ficam entregues à vigilância e guarda do Governo do Estado de Minas Gerais e da municipalidade de Ouro Preto, dentro da órbita governamental de cada um".

No ano seguinte, o governo federal iniciou a organização de um serviço de proteção aos monumentos históricos e às obras de arte tradicionais do País, por meio do Decreto n. 24.735, de 14 de julho de 1934, que aprovou o regulamento para o Museu Histórico Nacional.

A medida mais importante, porém, estava por vir – a consagração da proteção ao patrimônio histórico e artístico como princípio constitucional –, o que ocorreu com a promulgação da Carta Fundamental do Brasil de 16 de julho de 1934:

> "Art. 10. Compete concorrentemente à União e aos Estados: III – proteger as belezas naturais e os monumentos de valor histórico ou artístico, podendo impedir a saída de obras de arte".

A Constituição Federal de 1934, ao tratar dos Direitos e Garantias Individuais, no artigo 113, 17, consagrou a primeira norma inibidora do direito de propriedade, acolhendo o princípio da sua função social, nos seguintes termos: "é garantido o direito de propriedade, que não poderá ser exercido contra o interesse social ou coletivo, na forma que a lei determinar".

Já sob a égide dos aludidos comandos, objetivando suprir a lacuna na legislação federal, foi reapresentado, em 1935, o projeto do Deputado baiano José Wanderley de Araújo Pinho, o qual foi novamente rejeitado pelo Parlamento.

A ideia de disciplinar a proteção ao patrimônio cultural, já amadurecida, embora contasse com histórica resistência do Parlamento, encontrou em Gustavo Capanema, Ministro da Educação de 1934 a 1945, grande receptividade. Com ele, o sistema de proteção aos monumentos históricos, arqueológicos e naturais e bens móveis do patrimônio artístico caminhou rumo à consolidação. Inicialmente empenhado na preservação das obras de pintura, partiu, depois, para meta mais abrangente – a organização de um serviço nacional para a defesa do extenso e valioso patrimônio artístico e a preservação de monumentos e de várias obras de arte ameaçadas de danificação, arruinamento e dispersão. Nesse sentido, seguiu a orientação do historiador Luís Camilo de Oliveira Neto, de adoção de um plano geral que englobasse conservação e aproveitamento dos monumentos nacionais, o qual deveria envolver criação de legislação adequada, de órgãos próprios, de museus e de núcleos de estudos e pesquisas. Preocupado com o problema, Capanema convocou Mário de Andrade, escritor paulista, então Diretor do Departamento de Cultura da Prefeitura de São Paulo, para elaboração do referido plano.

Carlos Drummond de Andrade,[18] referindo-se à iniciativa de Capanema, relatava:

> "[...] as coisas veneráveis da criação artística e da história brasileira – sítios, edificações, alfaias – jaziam ao abandono, vítimas da cobiça, do saque, da indiferença e da ignorância. Foi então que Gustavo Capanema, um Ministro fora da bitola vulgar, chamou Mário de Andrade e pediu-lhe um anteprojeto de órgão federal que pusesse termo a essa tristeza".

Mário de Andrade, apropriando na sua bagagem cultural a experiência de outros países e voltado para a realidade do Brasil, objeto com que trabalhava no seu dia-a-dia, elaborou um plano, datado de 24/3/36, para criação do Serviço do Patrimônio Artístico Nacional. O trabalho recebeu de

---

18 ANDRADE, Carlos Drummond de. *Estado de Minas*. Belo Horizonte, 29 jun. 1967.

Carlos Drummond de Andrade,[19] no artigo já citado, o seguinte comentário: "A elaboração continuada e modesta de uma teoria de defesa dos bens históricos e artísticos, fundada tanto na experiência estrangeira quanto na observação de particularidades locais, coroou afinal os esforços".

Com efeito, o plano de Mário de Andrade representava o pensamento da intelectualidade, a visão de participantes do movimento modernista, revelando riqueza de conhecimento acerca da matéria, especialmente sob os aspectos conceituais e técnicos; por isso mesmo, a situação apresentada desafiava as elites políticas em face da concepção ampliada de patrimônio e da participação popular. Nele, foram estabelecidas definições de patrimônio artístico nacional, obra de arte patrimonial, artes arqueológicas e ameríndias, arte popular, arte histórica, arte erudita e arte aplicada, em lato espectro do patrimônio, em posição precursora no tocante à compreensão da dimensão imaterial do patrimônio cultural, bem assim, esboçado um organograma de estruturação e de funcionamento do serviço.

Por meio do Serviço do Patrimônio Artístico Nacional – SPAN –, primeiro órgão governamental de âmbito nacional de índole protecionista do patrimônio cultural, idealizado por Mário de Andrade, ampliar-se-iam muito a finalidade e o universo de competências do Poder Público, o que se apreende de fragmentos do Capítulo I do Anteprojeto:

> "[...] Finalidade: o serviço do Patrimônio Artístico Nacional tem por objetivo determinar, organizar, conservar, defender e propagar o patrimônio artístico nacional.
>
> [...]
>
> Atribuições do SPAN, dentre outras: I – determinar e organizar o tombamento geral do patrimônio artístico nacional".

O trabalho de Mário de Andrade, correspondendo, no tocante à estruturação do serviço, às expectativas de Capanema, recebeu de sua parte a melhor acolhida. Fez-se, então, o imediato encaminhamento da matéria à Câmara dos Deputados visando à inclusão do órgão, já como Serviço do Patrimônio Histórico e Artístico Nacional (SPHAN), na estrutura do Ministério da Educação, e, ao mesmo tempo, ao Presidente Getúlio Vargas visando à autorização para seu funcionamento em caráter experimental. Para a direção do referido órgão foi escolhido Rodrigo Melo Franco de Andrade, e logo foi sancionada a Lei n. 378, de 13/1/1937, oficializando o SPHAN em comando seminal que vingou:

---

19 ANDRADE, Carlos Drummond de. *Estado de Minas*. Belo Horizonte, 29 jun. 1967.

"Art. 46. Fica criado o Serviço do Patrimônio Histórico e Artístico Nacional, com a finalidade de promover em todo o País, e de modo permanente, o tombamento, a conservação, o enriquecimento e o conhecimento do patrimônio histórico e artístico nacional".

Instituição destinada a perdurar, o SPHAN, por sua concepção, suas bases e seu alcance, permanece, na América Latina, como a entidade oficial mais antiga de preservação dos bens culturais; tendo sido transformada, em 1990, em Instituto Brasileiro de Patrimônio Cultural – IBPC, a nova denominação não foi internalizada pelo segmento cultural, de modo que o instituto foi logo restabelecido como IPHAN.[20]

Colhem-se da página oficial do IPHAN elementos de caracterização deste na organização administrativa brasileira e de sua missão institucional:

> O Instituto do Patrimônio Histórico e Artístico Nacional (Iphan) é uma autarquia federal vinculada ao Ministério da Cidadania que responde pela preservação do Patrimônio Cultural Brasileiro. Cabe ao Iphan proteger e promover os bens culturais do País, assegurando sua permanência e usufruto para as gerações presentes e futuras.
> [...] O Iphan também responde pela conservação, salvaguarda e monitoramento dos bens culturais brasileiros inscritos na Lista do Patrimônio Mundial e na Lista o Patrimônio Cultural Imaterial da Humanidade, conforme convenções da Unesco, respectivamente, a Convenção do Patrimônio Mundial de 1972 e a Convenção do Patrimônio Cultural Imaterial de 2003.[21]

Não bastava, porém, a institucionalidade do SPHAN; era necessário um marco legal sobre a disciplina da proteção ao patrimônio e seus instrumentos. A nova versão elaborada por Rodrigo de Melo Franco, que adequava à concepção política e aos ditames constitucionais o polêmico conteúdo da matéria versada no Projeto de Mário de Andrade, que desafiara as elites políticas, acabou por prevalecer. Quando já se ultimava, no Congresso Nacional, a tramitação do projeto de lei sobre preservação, aprovado em 1ª votação pela Câmara dos Deputados, emendado pelo Senado e em fase de

---

20 A sigla IPHAN será utilizada quando se fizer referência ao período em que a instituição está presente como tal no sistema brasileiro de proteção ou quando não se fizer referência a um determinado período, e as siglas DPHAN, SPHAN, IBPC, quando referidas aos respectivos períodos.

21 Disponível em: <http://portal.iphan.gov.br/pagina/detalhes/872>. Acesso em: 10 abr. 2019.

retorno à Câmara para manifestação sobre as emendas, o Golpe de Estado de 10 de novembro de/1937 dissolveu o Parlamento.

A Ditadura de Vargas outorgou, então, a Carta de 1937, a qual tratou a questão com maior rigor, notadamente alterando a noção tradicional de propriedade, não sem críticas. Admitindo restrições maiores, a Carta cometeu ao legislador ordinário poderes amplos sobre a propriedade, prevendo, no artigo 122, 14, que "o seu conteúdo e os seus limites serão os definidos nas leis que lhe regularem o exercício", o que suscitou críticas ácidas, como a aduzida pelo Ministro Aníbal Freire,[22] no chamado Arco de Telles, ao afirmar que o direito de propriedade teria sido golpeado pelo referido princípio.

O art. 134 da aludida Carta, por sua vez, estabelecia norma para proteção do Patrimônio Cultural:

> "Os monumentos históricos, artísticos e naturais, assim como as paisagens ou locais particularmente dotados pela natureza, gozam da proteção e dos cuidados especiais da Nação, dos Estados e dos Municípios. Os atentados contra eles cometidos serão equiparados aos cometidos contra o patrimônio nacional".

Assinala-se que a norma, na parte que equiparava os bens objeto dessa proteção ao patrimônio nacional, trazia uma conotação jurídica que deveria ser rigorosamente considerada.

Conforme previsão constitucional, a matéria relativa à propriedade e, em consequência, as formas de intervenção no domínio deveriam ser tratadas em lei que regulasse o exercício do direito a ela correspondente. Entretanto, como o Presidente era competente para a expedição de decretos-leis em todas as matérias de competência legislativa da União, enquanto não se reunisse o Congresso, Getúlio Vargas tratou da matéria por meio do Decreto-Lei n. 25, de 30/11/1937, o qual resultou do aproveitamento do projeto anterior mediante restrição do escopo do patrimônio e de sua adequação à nova Carta. Constituiu-se, então, em efetivo marco legal da proteção ao patrimônio cultural no bojo de uma ordem jurídica aberta à intervenção estatal na propriedade. A forma encontrada para proteger o patrimônio foi o tombamento. O decreto-lei explicitou os contornos e a extensão da proteção do patrimônio artístico, histórico, cultural e paisagístico e organizou o tombamento, uma espécie de intervenção do Estado incidente sobre a esfera patrimonial de terceiros, sem prejuízo da proteção aos bens do patrimônio

22 FREIRE, Aníbal. Ap. cível n. 4.377 ac. *Revista de Direito Administrativo*. Rio de Janeiro, 2: pp.100-143.

público, quando referenciados à cultura. A disciplina veiculada pelo Decreto-Lei restringiu o direito de propriedade, por meio daquele instituto, espelhando a norma constitucional e os princípios filosóficos de intervenção estatal, na ordem do Estado Novo.

No art. 23, à sua vez, o referido marco legal dispôs sobre o estabelecimento de acordo entre a União e os Estados para coordenação de atividades de proteção e uniformização da legislação estadual complementar, de certa forma, atropelando a autonomia dos Estados-membros.

Esse decreto-lei, conquanto tenha sido fruto formal e instrumento da Ditadura de Vargas e da hegemonia estatal, resultou materialmente de aprofundados estudos técnicos, da sensibilidade de alguns políticos da época e das pressões dos intelectuais na busca da revalorização da cultura nacional em contexto de discussões internacionais e de remodelagem do pacto federativo.[23] Constituiu-se em documento-chave da matéria, seja pela solidez de sua estruturação, seja pelo valor simbólico enquanto somatório das experiências e contribuições das elites, assimiladas ao longo do processo de institucionalização da proteção ao patrimônio histórico, artístico, cultural e paisagístico, seja ainda pelo pioneirismo na introdução da prática da limitação ou restrição dos direitos patrimoniais em função de interesses sociais. Solução que se deu sem o atrelamento à necessidade de indenização, isto é, sem contrapartida de pagamento ou compensação como condição de validade do ato limitador ou restritivo.

O referido decreto-lei, de rigorosa construção lógica, mantém-se em vigor até a presente data, tendo sofrido alterações, eis que a Constituição de 1946, a Carta de 1967 e a Emenda Constitucional n. 1 de 1969 continuaram reservando os critérios de qualificação do patrimônio cultural à legislação ordinária e sujeitando à proteção do poder público os bens constitutivos do

---

23 Comentando a gênese do Decreto-lei n. 25/37, Liana Portilho Mattos ressalta as tensões subjacentes à sua estruturação: "No caso brasileiro, as primeiras normas jurídicas sistematizadas de proteção ao patrimônio foram trazidas pelo Decreto-lei n. 25, de 30 de novembro de 1937, no bojo do movimento modernista brasileiro, tentando conciliar, de um lado, a identificação e a preservação de uma identidade genuinamente brasileira, nacional, e, de outro, ao reconfigurar um perfil artístico e cultural do país, inseri-lo entre as nações modernas e civilizadas do mundo. Assim, embora inicialmente baseado em estudo formulado pelo poeta Mário de Andrade, o Decreto-lei n. 25/1937 acabou adotando conceito mais restritivo, formulado em estudos de Rodrigo Melo Franco de Andrade, que o definiu como obra de arte de aspecto tangível, corpórea, isto é, patrimônio tipicamente material". MATTOS, Liana Portilho. *Bens da Cultura:* entre autoridade, alteridade e autoria. Projeto de pesquisa apresentado ao Programa de Pós-Graduação em Direito da Faculdade de Direito da Universidade Federal de Minas Gerais – Doutorado. Belo Horizonte, 2015. p.5.

patrimônio histórico, artístico, cultural e paisagístico. A Constituição Federal de 1988, embora tenha marcado avanços, em linhas gerais, recepcionou aquele marco normativo, informando sua (re)leitura e (re)semantização.

A título de complementação de leitura acerca desse percurso, merece atenção o trabalho de Maria Cecília Londres Fonseca, que, superando o patamar das institucionalidades, resgata a trajetória da política de preservação no Brasil, revendo ritos, instrumentos e atores do processo, compreendido este em sua complexidade e dinâmica.[24]

Pode-se concluir, em relação a esse percurso, que o sistema de proteção ao patrimônio, que não está concluído, não decorreu do amadurecimento cultural da população brasileira, mas de impulsos, que se poderiam adjetivar de elitistas, por parte de instituições como a Igreja e o Estado e de segmentos como a intelectualidade, sobretudo a de vocação literária. Do mesmo modo, observa-se que a disciplina normativa do principal instituto de preservação, o tombamento, é pouco inserida no contexto de vivência da sociedade, soando, muitas vezes, como uma ordem punitiva e impeditiva do processo de desenvolvimento.

Registra-se, ainda, que os antecedentes da institucionalização da proteção, bem assim as políticas públicas no setor estiveram associadas prioritariamente à preocupação com o processo de formação de uma memória capaz de legitimar o Estado-Nação sob a ótica hegemônica e das tendências de dominação do capitalismo. Corrobora essa assertiva o fato de que tenha sobrevivido o decreto-lei estado-novista, sem maiores questionamentos, ao longo dos últimos 80 anos.

2. AS FASES DA POLITICA PATRIMONIAL E OS DIVERSOS CRITÉRIOS DE SUA CARACTERIZAÇÃO

Pode-se dizer que o Decreto-lei n. 25/37 cumpre, ao longo de cerca de 80 anos, o papel de fio condutor da política patrimonial. Diferentes critérios de recorte dessa linha de tempo são apresentados, com o propósito de identificar as fases institucionais: perfis de gestão da política patrimonial, motes de práticas discursivas, paradigmas conceituais, entre outros, específicos ou concorrentes.

---

[24] FONSECA, Maria Cecília Londres. Referências Culturais: Base para Novas Políticas de Patrimônio. In: CORSINO e outros. *Inventário Nacional de Referências Culturais:* Manual de Aplicação. Brasília: Instituto do Patrimônio Histórico e Artístico Nacional, 2000.

2.1. Fases Institucionais

O IPHAN, principal responsável pela efetividade do referido marco legal, tem nele a bandeira de sua ação, modelada esta em diversas fases institucionais: sob a direção de Rodrigo de Melo Franco de Andrade, iniciou-se a "fase heróica", como internalizada na discursividade da proteção patrimonial, que segue até os anos 70; ao final da década, tem-se a temporalidade que marca o início da fase de modernização do órgão em seu patamar de Instituto, que segue até a democratização. A política da primeira fase, com índole de salvamento de edificações civis e religiosas, prioriza a defesa de bens materiais monumentais, organização de coleções eruditas e populares, ao abrigo de museus e "casas históricas", vertente bem alinhada com ações de conscientização da população acerca de seus acervos, como assinala Maria Cecília Londres Fonseca.[25] Na segunda, direciona-se à proteção de conjuntos, já refletindo os conflitos da urbanização em razão das pressões imobiliárias sobre os valores patrimoniais, notadamente de núcleos históricos. Conjuntos são transformados em monumentos nacionais, estruturam-se planos para cidades históricas e programas de reconstrução dessas cidades.

Se a "fase heróica" foi conduzida por Rodrigo de Melo Franco de Andrade, a de diversidade e pluralidade cultural foi capitaneada por outro gigante da história da proteção patrimonial no Brasil, Aloísio Sérgio Magalhães, como Coordenador-Geral do Centro Nacional de Referência Cultural – CNRC, institucionalidade que consolidou concepção e metodologia de abordagem da diversidade na dinâmica sociocultural em torno de referências culturais e sua significação, com diversos programas que praticamente anteciparam pautas ainda hoje recorrentes, e, depois, como Presidente do IPHAN, sob cujos auspícios foram então criadas a Secretaria de Patrimônio Histórico e Artístico Nacional (Decreto-lei n. 84.198, de 13 de novembro de 1979) e a Fundação Nacional Pró-Memória (Lei n. 6.757, de 26 de novembro de 1979).

Registra-se que, já sob a égide das constituições anteriores, houve certa evolução na aplicação do tombamento, especialmente ao se tratar o monumento em seu contexto, o que acabou por lhe atribuir (re) significação ao influxo das relações travadas em seu entorno. O patrimônio material prevaleceu, contudo, como o centro da atenção e objeto de tutela por parte do Estado.

---

25 FONSECA, Maria Cecília Londres. *O Patrimônio em Processo:* uma trajetória da política federal de preservação no Brasil. 2 ed. Rio de Janeiro: Editora UFRJ: MinC – Iphan, 2005.

Já no percurso da democratização, inaugura-se a fase atual, sem caráter de personificação institucional a partir de figuras dos dirigentes, na qual se densifica o debate em torno das manifestações culturais, incorporando o conceito amplificado de patrimônio cultural. Abre-se, definitivamente, novo leito para o curso da diversidade cultural pelo fio do patrimônio imaterial, que ganha significância ao lado das tradicionais referências identitárias materiais, resultando a fase em remodelagem de instâncias e procedimentos do próprio sistema de proteção.

2.2. A conformação do patrimônio segundo fundamentos ideológicos diversos

Podem ser destacadas diferentes bandeiras ideológicas no percurso da política patrimonial no Brasil: legitimação da sociedade capitalista e emergência do Estado-Nação; mercantilização do solo urbano e capitalismo monopolista; direito à cidade e democratização; diversidade e ampliação do conceito de patrimônio cultural para abrangência de sua dimensão imaterial.

A arquiteta Vera Milet,[26] em trabalho de rigorosa análise crítica, registrando a trajetória da proteção ao patrimônio (cultural e natural), assinala o processo de manipulação na construção da memória, por meio do qual se opera verdadeira dominação social de imposição de valores e representações, mostrando a importância de se revisitar o instituto segundo a lógica da quebra da hegemonia estatal e da dominação.

Explica a autora que o ideário preservacionista se articula, num primeiro momento, com os processos ideológicos de legitimação da sociedade capitalista e da emergência do Estado-Nação e, a seguir, com a forma social de apropriação e utilização dos ambientes construídos no espaço da cidade, com os conflitos decorrentes, especialmente ao influxo da internacionalização e da monopolização da economia.

Eis a sua síntese no tocante aos marcos fundamentais da trajetória do patrimônio: "Em ambos os casos, o ideário preservacionista, construído pelos grupos hegemônicos, se articula com as formas assumidas pelo Estado, através das doutrinas legitimadoras e das políticas de ordenamento urbano capitalista".[27]

---

26 MILET, Vera. *A teimosia das pedras:* um estudo sobre a preservação do patrimônio ambiental no Brasil. Olinda: Prefeitura de Olinda, 1988, pp. 188-190.

27 MILET, Vera. *A teimosia das pedras:* um estudo sobre a preservação do patrimônio ambiental no Brasil. Olinda: Prefeitura de Olinda, 1988, pp. 188-190.

E, referindo-se à primeira etapa, que tem como fundamento doutrinal o *mise valeur*, faz a associação entre preservação e poder, fatores sobre os quais, segundo a autora, se assenta o Estado-Nação-burguês:

> "Na verdade, a memória institucionalizada emerge como um dos elementos constitutivos das sociedades contemporâneas, e seu conteúdo e funcionalidade representam, sem dúvida, uma força integrativa do social, contribuindo para a legitimação do poder".[28]

Já no segundo momento, o solo urbano passa a se identificar como mercadoria, ao mesmo tempo em que se amplia a noção de patrimônio cultural, o que dá nova direção à política de preservação, tendo lugar, então, um capitalismo monopolista, concepção cujas resultantes são lembradas por Vera Milet:

> "A questão protecionista, a partir de então, não deixa de criar problemas e dificuldades entre os interesses capitalistas envolvidos com o solo urbano – o capital imobiliário, principalmente – e o ideário preservacionista expresso na legislação. Na verdade, tais confrontos são resolvidos no mercado capitalista, ao se transformar o solo urbano plenamente em mercadoria".[29]

Acrescentam-se a essas fases as decorrentes da nova ordem constitucional. A Constituição de 1988, sob o ponto de vista conceitual, à sua vez, estabelece normas mais amplas no tocante ao tema, erige sólidas bases de uma política urbana, a partir da concepção de direito à cidade. Na mesma lógica, a Constituição explicitou institutos que poderão ser usados para proteção do patrimônio cultural brasileiro de modo articulado com o planejamento urbano; e, sob o aspecto político, inovou em relação aos instrumentos de participação da sociedade nas políticas públicas, que deverão ser incorporados notadamente na vertente da processualidade democrática.

No tocante ao conceito de patrimônio, já se asinalou que a Carta amplifica o seu contorno, considerando, ao lado de bens materiais da cultura, os de natureza imaterial; a solução normativa, já avançada no tocante ao tratamento da cidade, é ainda mais vanguardista no tratamento da proteção do patrimônio imaterial, que tem lastro em contribuições internas de há muito sedimentadas

---

28 MILET, Vera. *A teimosia das pedras:* um estudo sobre a preservação do patrimônio ambiental no Brasil. Olinda: Prefeitura de Olinda, 1988, pp. 188-190.

29 MILET, Vera. *A teimosia das pedras:* um estudo sobre a preservação do patrimônio ambiental no Brasil. Olinda: Prefeitura de Olinda, 1988, pp. 188-190.

e é aderente à tendência moderna mais ampla de incorporar ao conceito de patrimônio as produções socioculturais, os bens intangíveis, os modos de vida, as memórias sensoriais, os estilos e formas de comportamento que integram as memórias coletivas. Na verdade, nesse particular, a Carta antecipa solução só oficializada, no plano internacional, em 2003, com a Convenção para a Salvaguarda da Herança Cultural Imaterial, da UNESCO.

Registra-se que, repercutindo a latitude do conceito constitucional de patrimônio cultural, editou-se o Decreto n. 3.551, de 4 de agosto de 2000, que instituiu o Registro de Bens de Natureza Imaterial. Maria Laura Viveiros de Castro Cavalcante e Cecília Londres Fonseca anotam que:

> "O Ministério da Cultura e o IPHAN optaram pela expressão patrimônio cultural imaterial, tendo por fundamento o art. 216 da Constituição Federal de 1988, alertando, entretanto, para a falsa dicotomia sugerida por esta expressão entre as dimensões materiais e imateriais do patrimônio. As dimensões materiais e imateriais do patrimônio são conceitualmente entendidas como complementares".[30]

A despeito da prática inexistência de decreto autônomo no Brasil ou de sua estreita aplicação, o referido ato normativo tem sido uma importante âncora da política de salvaguarda ao patrimônio imaterial, já tardiamente normatizada. Na mesma linha conceptual, registrem-se, como instrumentos ou institucionalidades da política patrimonial mais recente: o Inventário Nacional de Referências Culturais – INRC; o Centro Nacional de Folclore e Cultura Popular-CNFCP; e o Instituto Brasileiro de Museus – IBRAM. (Lei Fed. N. 11.906, de 2009).

2.3. Períodos paradigmáticos das políticas patrimoniais e narrativas correspondentes segundo os critérios e variáveis da historicidade

Frederico Barbosa, em artigo intitulado "Direitos Humanos, Patrimônio Cultural e Políticas Públicas", analisa o percurso das políticas públicas patrimoniais, os fatores que influenciam as escolhas dos repertórios simbólicos e

---

30 CAVALCANTI, Maria Laura Viveiros de Castro; FONSECA, Cecília Londres. *Patrimônio Imaterial no Brasil:* Legislação e Políticas Estaduais. Brasília: UNESCO, 2008. p. 13.

as narrativas, considerando que o patrimônio cultural resulta de um "processo histórico de produção política, jurídica e social".[31]

Nessa análise, o autor toma as políticas especificas à luz de paradigmas tracejados pelas complexas variáveis da historicidade, a partir dos quais situa as transformações no campo patrimonial, que se dão em três planos distintos de interface: o cognitivo, o normativo e o instrumental.

No primeiro plano, têm-se os valores que pautam as visões de mundo e permitem a captação ou produção de significados de bens e objetos como referentes culturais; no segundo, o normativo, vislumbram-se os modos de agir, o dever-ser segundo princípios e preceitos que informam a atuação do poder público e dos cidadãos; e, no terceiro, divisam-se instrumentos, ferramentas, planos, institutos, procedimentos com vistas à operacionalização dos dois planos anteriores.[32]

Nessa vertente, o autor resgata, em quadro bastante elucidativo,[33] a linha de tempo das transformações dessas políticas no Brasil, destacando quatro períodos paradigmáticos.

O primeiro deles, de 1920-37, corresponde ao paradigma pré-político, com ênfase nos valores da cultura etnográfica, do dinamismo cultural e do modernismo; orientação normativa voltada para a sintonia com o processo civilizatório mais amplo; busca de uma base operacional representada pela elaboração do Anteprojeto de Mário de Andrade; e prevalência da mediação do movimento modernista.

O segundo período, de 1937-1969, corresponde ao paradigma de protagonismo do IPHAN/Academia; tem sua ênfase nos valores da arte, da arquitetura e da história no bojo da política de "pedra e cal"; segue orientação normativa voltada para a institucionalização, para preservação de bens edificados e para a projeção da Nação, erigindo, como símbolo nacional, o

---

31 BARBOSA, Frederico. Direitos Humanos, Patrimônio Cultural e Políticas Públicas. In: *Bens culturais e direitos humanos.* SOARES, Inês Virgínia Prado; CUREAU, Sandra (org.). São Paulo: Edições Sesc São Paulo, 2015 (73-104). p. 73. ISBN: 978-85-69298-58-8.

32 BARBOSA, Frederico. Direitos Humanos, Patrimônio Cultural e Políticas Públicas. In: *Bens culturais e direitos humanos.* SOARES, Inês Virgínia Prado; CUREAU, Sandra (org.). São Paulo: Edições Sesc São Paulo, 2015 (73-104). pp. 74-75. ISBN: 978-85-69298-58-8.

33 BARBOSA, Frederico [...] Quadro 2, Os paradigmas das políticas patrimoniais: Período, Paradigma, Representações, Orientações normativas, Elementos operacionais e mediadores. In: *Bens culturais e direitos humanos.* SOARES, Inês Virgínia Prado; CUREAU, Sandra (org.). São Paulo: Edições Sesc São Paulo, 2015 (73-104). p. 77. ISBN: 978-85-69298-58-8.

barroco mineiro; apresenta como principais elementos operacionais o Decreto-Lei n 25/37, o tombamento como instituto mais relevante de proteção, e a estrutura institucional; conta com a expressiva mediação dos arquitetos e profissionais do campo patrimonial.[34]

O terceiro período, de 1969-1982, à luz do paradigma do desenvolvimento, reflete a influência do planejamento, da valorização da cultura em sua conexão com a economia e a modernização; sua base normativa enfatiza a articulação das políticas nacionais de cultura com mecanismos de acesso aos bens culturais e a participação social, com reflexos nos elementos operacionais – institucionalidades, fomento, redes de circuitos culturais –, contando com um núcleo ampliado de medidores a partir da integração de produtores culturais nas arenas da política.[35]

O quarto período, o de 1982-2012, caracterizado pelo paradigma dos direitos culturais, é marcado, sobretudo pelos valores de democratização, participação social, expansão do conceito de cultura em vertente antropológica e pela valorização da cultura em contexto vivo. Tais valores têm reflexos na ordem normativa e nos arranjos institucionais, federativos e sociais; nos elementos operacionais, notadamente, representados pela criação do Ministério da Cultura, pela descentralização das políticas setoriais, ampliação do incentivo fiscal, organização do Sistema Nacional de Cultura e criação de instrumentos de proteção do patrimônio imaterial. Tudo a envolver uma maior complexidade da base de mediação, na esfera pública, com integração de cientistas sociais e dos produtores culturais no ciclo de formação e implementação das soluções.[36]

Em tracejo mais rápido e em recortes temporais que englobam a "pré-história institucional das políticas culturais" e outros marcos aproximados, Barbosa sintetiza, no Quadro 3 – "Períodos históricos das políticas culturais

34 BARBOSA, Frederico [...] Quadro 2, Os paradigmas das políticas patrimoniais: Período, Paradigma, Representações, Orientações normativas, Elementos operacionais e mediadores. In: *Bens culturais e direitos humanos*. SOARES, Inês Virgínia Prado; CUREAU, Sandra (org.). São Paulo: Edições Sesc São Paulo, 2015 (73-104). p. 77. ISBN: 978-85-69298-58-8.

35 BARBOSA, Frederico [...] Quadro 2, Os paradigmas das políticas patrimoniais: Período, Paradigma, Representações, Orientações normativas, Elementos operacionais e mediadores. In: *Bens culturais e direitos humanos*. SOARES, Inês Virgínia Prado; CUREAU, Sandra (org.). São Paulo: Edições Sesc São Paulo, 2015 (73-104). p. 77. ISBN: 978-85-69298-58-8.

36 BARBOSA, Frederico [...] Quadro 2, Os paradigmas das políticas patrimoniais: Período, Paradigma, Representações, Orientações normativas, Elementos operacionais e mediadores. In: *Bens culturais e direitos humanos*. SOARES, Inês Virgínia Prado; CUREAU, Sandra (org.). São Paulo: Edições Sesc São Paulo, 2015 (73-104). p. 77. ISBN: 978-85-69298-58-8.

brasileiras",[37] alguns conceitos, levando em conta "valores das estratégias dispersas nas instituições". Os períodos e os princípios de totalização enunciados no referido quadro são, a seguir, destacados:

1) Período iberista – 1530 – 1822 – Civilização portuguesa;
2) Período racialista – 1808 – 1930 – Racialismo e Culturalismo;
3) Período de expansão fragmentada – 1930 – 1988 – Criação do homem novo brasileiro, modernismo, integração e modernização da cultura brasileira a partir do Estado;
4) Período dos Direitos Culturais Pós – Constituição Federal de 1988 – Direito fundamentais.

A compreensão desses diversos estágios facilita o trânsito pelas variáveis narrativas históricas, pelos diversos padrões de seletividade de bens e representações culturais, pelo *modus operandi* do poder público, da sociedade e dos demais atores da política patrimonial; enfim, permite maior abertura para a leitura das diversas dimensões da experiência jurídica – nos planos ontológico, deontológico e fenomenológico.

3. O MARCO LEGAL DO PATRIMÔNIO AO CABO DE 80 ANOS DE VIGÊNCIA E NOVOS IMPERATIVOS DO PRESENTE

Depois de 80 anos de aplicação, o Decreto-lei n. 25/37 tem sofrido revisões, sobretudo na dimensão hermenêutica, no sentido da modernização do Instituto que lhe constitui o objeto de normatização. Tais alterações se justificam, tendo em vista a sensível modificação do quadro cultural brasileiro, sendo certo que a fisionomia da cultura de 1937 era completamente diferente da que se espelha nos dias atuais, com a abordagem do multiculturalismo e dos direitos culturais, incluído o de fruição do patrimônio, na moldura dos direitos humanos e a nova concepção de Estado.

De fato, a ordem normativa é agora fortemente tensionada pelo paradigma democrático, pelas pretensões de participação popular e societal nos processos decisórios, pelo pluralismo político e cultural, pela necessidade de revisão das práticas administrativas, com vistas à adoção de mecanismos de

---

[37] BARBOSA, Frederico [...] Quadro 2, Os paradigmas das políticas patrimoniais: Período, Paradigma, Representações, Orientações normativas, Elementos operacionais e mediadores. In: *Bens culturais e direitos humanos.* SOARES, Inês Virgínia Prado; CUREAU, Sandra (org.). São Paulo: Edições Sesc São Paulo, 2015 (73-104). p. 79. ISBN: 978-85-69298-58-8.

consensualização e mediação para solução de conflitos e à incorporação de mecanismos de lastro comunitário. Valores diferentes que estão a demandar percepção e ponderação próprias, num cenário complexo.

Especialmente no tocante ao componente comunitário da política aludida, alguns estudiosos são contundentes, ao assinalar a necessidade de aproximação entre proteção do patrimônio e comunidade, como Rodrigo Vieira Costa em sua obra "A Dimensão Constitucional do Patrimônio Cultural: o tombamento e o registro sob a ótica dos direitos culturais". O autor inova, ao tratar a temática do patrimônio a partir do vigamento dos direitos culturais, e busca afastar critérios atávicos e aristocráticos nas práticas patrimoniais, para se assentar em pressupostos de "colaboração da comunidade", no "pluralismo", na relação "tangível – intangível" e no "Estado Democrático de Direito". E faz críticas à apropriação do tombamento como instituto do Direito Administrativo, para compreendê-lo como instituto dos direitos culturais.[38] Este é também um desafio a ser superado mediante a alteração da matriz normativa ou operativa e lastreamento de práticas coerentes.

O mesmo movimento tensional é alimentado pela demanda de universalização de direitos, notadamente de fruição da cultura e de tutela de interesses coletivos e difusos em linha prospectiva; pela necessidade de diálogo da normatividade da proteção com o marco legal das cidades, de associação dos institutos de proteção ao conjunto de mecanismos jurídicos e urbanísticos, de planejamento territorial, de intervenção e ordenação da cidade, de funcionalização social, incorporando a dimensão dos valores culturais e urbanos e da ambiência que os circunda.

Na mesma linha, são explícitos os imperativos de uma política pública integrativa de esforços multisetoriais convergentes para a proteção patrimonial em todo o seu ciclo, associando preservação ao planejamento e à gestão; é incontestável, também, a necessidade de reconfiguração do quadro de responsabilidades nas relações Estado-proprietário-sociedade-cidadão, avaliando-se a dinâmica desses fluxos relacionais e, precipuamente, ônus e compensações dos atores envolvidos.

Por outro lado, há de se ter em conta o desafio de se construir uma matriz de proteção ao patrimônio cultural e à ordem urbanística em moldes de conformação federativa, que supere a lógica da criticável "hierarquização

---

38 COSTA, Rodrigo Vieira. *A Dimensão Constitucional do Patrimônio Cultural:* o tombamento e o registro sob a ótica dos direitos culturais. Rio de Janeiro: Lumen Juris, 2011.

dos entes federados" e rompa com a verdadeira comporta que estanca a atuação da União, para que a ação protetiva se desenvolva em atuação integrada e complementar, em todo o território, no bojo de uma política abrangente e, ao mesmo tempo, aderente as peculiaridades dos estados e municípios.

Por fim, a tensão entre os pilares do edifício da política patrimonial é amplificada em caráter global no contexto civilizatório híper-complexo, sob as pressões dos riscos da desterritorialização, a demandar o fortalecimento dos referentes de identidade, e das virtualidades e constantes deslocamentos de conceitos, percepções e estratégias na atuação pública e nos processos sociais. Enfim os fluxos de pressão são sustentados pela trama de elementos que tecem a identidade em contexto Pós-moderno – sentimento e consciência nacionais e identidade coletiva – como mostram Mila Batista Corrêa da Costa e Charles Alexandre Simões Pires;[39] ou, ainda, pelos deslocamentos dos fatores de identidade na Pós-modernidade, de que fala Stuart Hall.[40]

---

39 COSTA, Mila Batista Leite Corrêa da; PIRES, Charles Alexandre Simões. Memória e Patrimônio Cultural no Mosaico da Urbe: Dimensões do Direito, do Esquerdo e Narrativas do Estado Pós-Moderno. In: DIAS, Maria Tereza Fonseca; BARBOSA, Maria Elisa Braz; COSTA, Mila Batista Leite Corrêa da; CORDEIRO, Caio Barros (org.). *Estado e Propriedade.* Estudos em Homenagem à Professora Maria Coeli Simões Pires. Belo Horizonte: Fórum, 2015. pp. 129-148.

40 HALL, Stuart. *A identidade Cultural na Pós-modernidade.* Rio de Janeiro: DP&A, 2000.

Capítulo 4

Princípio constitucional da proteção do patrimônio cultural no Brasil

1. O TRATAMENTO CONSTITUCIONAL TARDIO DA PROTEÇÃO DO PATRIMÔNIO CULTURAL

A visão retrospectiva da história constitucional do Estado brasileiro permite verificar que inexistia, até o final do século XIX, preocupação com a memória nacional ou com o acervo de bens legados pela natureza ou pelo engenho humano; as Constituições de 1824 e 1891 não trataram da preservação do patrimônio cultural ou natural. Só na ordem constitucional de 1934, na qual a propriedade aparecia – com ineditismo – como direito individual, cujo exercício se devia coadunar com o interesse público, a matéria foi tratada, pela primeira vez, no art. 10, item III:

> "Art. 10. Compete concorrentemente à União e aos Estados:
>
> [...]
>
> III – proteger as belezas naturais e os monumentos de valor histórico ou artístico, podendo impedir a evasão de obras de arte".

Embora a Constituição de 1934 tenha valor mais histórico em face de sua efêmera vigência, foi considerada como importante marco formal da política patrimonial, ao inaugurar o princípio da proteção de referentes da cultura. A regra estatuída não logrou significativo alcance material, porquanto não teve aplicação, além de conter conceitos restritivos que, de certa forma, a amesquinhavam. Sobressaem na análise do preceito em tela o inadequado emprego da palavra monumento, a qual não exprimia todo o conjunto suscetível de preservação – o mais próprio seria o uso do termo patrimônio, de maior plasticidade –; e o impróprio uso da palavra **beleza,** cuja conotação, encerrando conceito subjetivo, condicionava a importância de uma paisagem a sua estética, do que resultava risco para a proteção aos referentes naturais. Eis que, na ausência de critérios objetivos para a qualificação do bem, ficava exclusivamente ao alvedrio do administrador a definição do que seria preservável. Considerando que a preservação não poderia incidir apenas sobre o que agradasse do ponto de vista estético e nem depender de solução personalista do agente responsável, o defeito aludido comprometia o fim intentado pelo Constituinte.

Na Carta do Estado Novo, a de 1937, a preservação do patrimônio cultural e da natureza foi disciplinada – com novidades – por norma cuja redação revelou-se mais apurada que a do art. 10, III, de 1934.

A matéria foi tratada pelo art. 134, nos seguintes termos:

> "Os monumentos históricos, artísticos e naturais, assim como as paisagens ou os locais particularmente dotados pela natureza, gozam da proteção e dos cuidados especiais da Nação, dos Estados e dos Municípios. Os atentados contra eles cometidos serão equiparados aos cometidos contra o patrimônio nacional". (g.n.).

Como se depreende da parte grifada, a Carta de 37 assegurou coercitividade ao comando do art. 134, tornando-o auto-aplicável. Essa foi a principal inovação em relação à Carta de 1934, mas há outros pontos a destacar. Substituiu-se a expressão imprópria "belezas naturais" por "paisagens ou locais particularmente dotados pela natureza". Dessa forma, a preservação de uma paisagem não mais se condicionava ao aspecto psicológico do agente, em termos estéticos, nem à sua avaliação subjetiva acerca do que era e do que não era beleza natural. Na mesma direção, a Constituição do Estado Novo expandiu o campo de aplicação da proteção, alargando a noção de patrimônio, nela contemplando bens públicos e privados.

Outra mudança importante deu-se por força da inclusão do Município entre os entes estatais competentes para proteger os bens relacionados. Merece realce, também, a ênfase dada à função estatal de preservar o patrimônio cultural e a natureza, com o acréscimo da expressão "cuidados especiais" no corpo do art. 134, que qualifica a atuação pública.

A Constituição de 46, no que diz respeito à proteção da cultura e da natureza pelo Estado, retrocedeu parcialmente à posição adotada pelo Constituinte em 34, no tocante aos atributos dos bens sujeitos à proteção.

Eis o enunciado do art. 175, que dispôs sobre a matéria:

> "As obras, monumentos e documentos de valor histórico e artístico, bem como os monumentos naturais, as paisagens e os locais dotados de particular beleza ficam sob a proteção do Poder Público".

De início, vale notar a adoção da expressão Poder Público, que significou a única inovação importante, consolidando a competência prevista em 37 para a proteção ao patrimônio cultural e natural e estendendo-a ao Distrito Federal e aos Territórios.

Da leitura do dispositivo constitucional em comento, conclui-se que, embora o Constituinte faça enfática proclamação da proteção do Estado ou do Poder Público aos bens elencados, acabou por apenas asseverá-la em norma programática, sem, contudo, ratificar o preceito de 37, que dava maior vigor a essa proteção, equiparando a crime contra o patrimônio nacional qualquer atentado contra aqueles bens. Isto é, a Constituição não projetou consequências imediatas da aplicação do novo comando protetivo sobre a trama normativa editada sob a égide da Carta de 1937, nomeadamente o Decreto-Lei n. 25/37 e normas correlatas.

Assim é que o Constituinte de 46, a exemplo do de 34, resolveu deixar ao legislador ordinário a tarefa de dar praticidade ao princípio constitucional da proteção aos bens que elencou, tendo, então, ocorrido o fenômeno da recepção.

A Carta seguinte, a de 1967, reiterou a norma programática estabelecida em 46, retomando, porém, o uso de termos constantes do texto de 37.

Transcreve-se a proclamação constitucional de amparo estatal à cultura e da proteção especial aos bens que menciona:

> "Art. 172. O amparo à cultura é dever do Estado.
> Parágrafo único – Ficam sob a proteção especial do Poder Público os documentos, as obras e os locais de valor histórico ou artístico, os monumentos e as paisagens naturais notáveis, bem como as jazidas arqueológicas".

Alguns estudiosos apontavam um aspecto negativo na construção desse artigo, sob alegação de que o *caput*, referindo-se exclusivamente à cultura, não se coadunava com o elenco de bens objeto da proteção estatal, formulado no parágrafo único; por lapso ou equívoco, paisagens naturais teriam sido enquadradas no conceito de cultura, que só poderia alcançar diretamente os frutos da ação humana e que, por essa razão, o texto deveria ter mencionado a palavra natureza. Outros, adotando "a relação entre História e Cultura estabelecida teoricamente na obra de Georg Hegel, quando afirmou que a razão humana se manifesta por meio das instituições religiosas, artísticas, científicas, sociais, políticas

[...] em cada tempo e lugar"[1], entendiam adequada a construção, posição com a qual se alinha a autora.

A concepção hegeliana de cultura, na dicção de Marilda Aparecida Soares, é explicitada na seguinte síntese:

> "Em um sentido histórico-antropológico contemporâneo, considera-se que, seja por obra do 'espírito universal' ou para produzir as condições materiais de vida, o Homem mantém, aperfeiçoa, modifica, traduz, recria sua existência produzindo cultura".[2]

Cumpre salientar, no tocante ao trecho objeto da controvérsia, a substituição das expressões "as paisagens e os locais dotados de particular beleza" por as "paisagens naturais notáveis". O texto, que basicamente repetiu a Carta do Estado Novo, revelou-se mais acurado. Reitera-se: valor estético não se confunde com valor ecológico. Aquele depreende-se da forma, da exterioridade; este corresponde ao valor intrínseco do bem, considerado à sua substância, à sua importância e magnitude, dentro do ecossistema.

De resto, uma novidade de relevo: jazidas arqueológicas foram incluídas no espectro da proteção como nova categoria de bens merecedores de tutela, explicitando-se o que estava previsto de forma implícita nas Constituições anteriores. A alteração logrou dar ao texto maior precisão, cautela conveniente em contexto de flagrante desrespeito aos sítios arqueológicos, derivado de uma concepção equivocada que tomava os fósseis como ossinhos inúteis. Assim, apesar de abrangidas as jazidas arqueológicas no conceito de locais de valor histórico, era fundamental que, por sua singularidade e importância, bem como pela habitual degradação a que se sujeitavam, constituíssem espécie própria.

Vê-se que, na redação do parágrafo único, nada havia a ser escoimado, senão aperfeiçoado: o conteúdo, de natureza programática, estava claro, definindo-se com precisão e objetividade as características dos bens por cuja proteção propugnava a Carta. Poder-se-ia, no entanto, ampliar o alcance da proteção, incluindo, nesse campo, a cultura traduzida em manifestações de caráter imaterial.

---

1 SOARES, Marilda Aparecida. *O conceito de Cultura:* um produto social e historicamente construído. p. 01-06, v. jul., ano 2, série 13/07, 2011. ISSN: 2179-4111. Disponível em: <http://fabiopestanaramos.blogspot.com.br/2011/07/o-conceito-de-cultura-um-produto-social.html>. Acesso em: 14 jan. 2019.

2 SOARES, Marilda Aparecida. *O conceito de Cultura:* um produto social e historicamente construído. p. 01-06, ano 2, v. jul., série 13/07, 2011. ISSN: 2179-4111. Disponível em: <http://fabiopestanaramos.blogspot.com.br/2011/07/o-conceito-de-cultura-um-produto-social.html>. Acesso em: 14 jan. 2019.

Observa-se que a Emenda n. 1, de 1969, reproduziu os preceitos de 67, alterando-se apenas sua numeração.

Finalizando a análise da evolução constitucional do tema em estudo, cuidar-se-á do tratamento dispensado à cultura na Constituição de 1988, o que se fará, contudo, sem incursões no processo constitucional recente, objeto de múltiplos estudos no bojo da literatura jurídica sobre o constitucionalismo brasileiro.

A leitura exploratória da chamada "Constituição Cultural",[3] assim entendida a partir da farta disciplina jurídica que perpassa o seu texto no tocante à temática, permite apreendê-la, desde o primeiro cotejo com as matrizes constitucionais anteriores, como um núcleo normativo de maior complexidade e relevância na ordem social. Convém, assim, salientar, desde já, que a normatividade com que o constituinte contemplou a cultura e o patrimônio correspondente é inovador e assentado sobre conceito abrangente de bem cultural. Percebe-se que o Constituinte brasileiro, fugindo à técnica usual nas Constituições estrangeiras, trata a questão de forma minuciosa: define em conceito dilargado o patrimônio cultural; adota a concepção de valor cultural de bens enquanto produto de cultura coletiva, abandonando a tendência conceitual do histórico e do artístico como produção individual. De igual modo, prevê mecanismos de garantia da eficácia da norma, cometendo ao legislador ordinário competência para estabelecer incentivos para produção e fruição dos bens e valores culturais e para disciplinar vários institutos adequados para a preservação. Decreta, de forma direta, o tombamento de documentos e sítios detentores de reminiscências históricas dos antigos quilombos, devendo tais bens ser identificados mediante procedimento administrativo próprio, de caráter complementar, vinculado e especial.

Capítulo específico sobre meio ambiente, de conteúdo avançado, sinaliza com soluções próprias para os problemas da preservação da natureza. Entretanto, adota o Constituinte prática reiterada relativamente ao conceito de cultura, quando faz integrarem-se ao patrimônio cultural brasileiro os sítios de valor paisagístico e ecológico, expressão da Natureza, *ex-vi* do disposto no inciso V do art. 216. Pelo conteúdo abrangente e pela construção lógica, a seção pode ser considerada moderna e adequada.

---

3 "Constituição Cultural" é tomada neste texto a partir dos registros de CUNHA FILHO, Francisco Humberto. Direitos culturais no Brasil: dimensionamento e conceituação. In: SOARES, Inês Virgínia Prado; CUREAU, Sandra (org.). *Bens culturais e direitos humanos.* São Paulo: Edições Sesc São Paulo, 2005 (27-35), pp. 30-31. ISBN: 978-85-69296-58-8.

Eis os conteúdos dos arts. 215 e 216 da Constituição Federal, que compõem a seção Da Cultura, com as alterações introduzidas pelas emendas constitucionais números 42, de 19.12. 2003; 48, de 2005; e 71, de 2012:

> "Art. 215. O Estado garantirá a todos o pleno exercício dos direitos culturais e acesso às fontes da cultura nacional, e apoiará e incentivará a valorização e a difusão das manifestações culturais.
>
> § 1º O Estado protegerá as manifestações das culturas populares, indígenas e afro-brasileiras, e das de outros grupos participantes do processo civilizatório nacional.
>
> 2º A lei disporá sobre a fixação de datas comemorativas de alta significação para os diferentes segmentos étnicos nacionais.
>
> 3º A lei estabelecerá o Plano Nacional de Cultura, de duração plurianual, visando ao desenvolvimento cultural do País e à integração das ações do poder público que conduzem à:
>
> I defesa e valorização do patrimônio cultural brasileiro;
>
> II produção, promoção e difusão de bens culturais;
>
> III formação de pessoal qualificado para a gestão da cultura em suas múltiplas dimensões;
>
> IV democratização do acesso aos bens de cultura;
>
> V valorização da diversidade étnica e regional. (§ 3º e incisos I a IV incluídos pela Emenda Constitucional n. 48, de 2005).
>
> Art. 216. Constituem patrimônio cultural brasileiro os bens de natureza material e imaterial, tomados individualmente ou em conjunto, portadores de referência à identidade, à ação, à memória dos diferentes grupos formadores da sociedade brasileira, nos quais se incluem:
>
> I – as formas de expressão;
>
> II – os modos de criar, fazer e viver;
>
> III – as criações científicas, artísticas e tecnológicas;
>
> IV – as obras, objetos, documentos, edificações e demais espaços destinados às manifestações artístico-culturais;
>
> V – os conjuntos urbanos e sítios de valor histórico, paisagístico, artístico, arqueológico, paleontológico, ecológico e científico.
>
> § 1º O Poder Público, com a colaboração da comunidade, promoverá e protegerá o patrimônio cultural brasileiro, por meio de inventários, registros, vigilância, tombamento e desapropriação, e de outras formas de acautelamento e preservação.
>
> § 2º Cabem à administração pública, na forma da lei, a gestão da documentação governamental e as providências para franquear sua consulta a quantos dela necessitem.

§ 3º A lei estabelecerá incentivos para a produção e o conhecimento de bens e valores culturais.

§ 4º Os danos e ameaças ao patrimônio cultural serão punidos, na forma da lei.

§ 5º Ficam tombados todos os documentos e os sítios detentores de reminiscências históricas dos antigos quilombos.

§ 6º É facultado aos Estados e ao Distrito Federal vincular a fundo estadual de fomento à cultura até cinco décimos por cento de sua receita tributária líquida, para o financiamento de programas e projetos culturais, vedada a aplicação desses recursos no pagamento de:

I – despesas com pessoal e encargos sociais;

II – serviço da dívida;

III – qualquer outra despesa corrente não vinculada diretamente aos investimentos ou ações apoiados.(§ 6º e incisos I a IIII incluídos pela Emenda Constitucional n. 42, de 19.12.2003).

Art. 216-A. O Sistema Nacional de Cultura, organizado em regime de colaboração, de forma descentralizada e participativa, institui um processo de gestão e promoção conjunta de políticas públicas de cultura, democráticas e permanentes, pactuadas entre os entes da Federação e a sociedade, tendo por objetivo promover o desenvolvimento humano, social e econômico com pleno exercício dos direitos culturais.

§ 1º O Sistema Nacional de Cultura fundamenta-se na política nacional de cultura e nas suas diretrizes, estabelecidas no Plano Nacional de Cultura, e rege-se pelos seguintes princípios:

I – diversidade das expressões culturais;

II – universalização do acesso aos bens e serviços culturais;

III – fomento à produção, difusão e circulação de conhecimento e bens culturais;

IV – cooperação entre os entes federados, os agentes públicos e privados atuantes na área cultural;

V – integração e interação na execução das políticas, programas, projetos e ações desenvolvidas;

VI – complementaridade nos papéis dos agentes culturais;

VII – transversalidade das políticas culturais;

VIII – autonomia dos entes federados e das instituições da sociedade civil;

IX – transparência e compartilhamento das informações;

X – democratização dos processos decisórios com participação e controle social;

> XI – descentralização articulada e pactuada da gestão, dos recursos e das ações;
>
> XII – ampliação progressiva dos recursos contidos nos orçamentos públicos para a cultura.
>
> (Art. 216 A, § 1º e incisos I a XII incluídos pela Emenda Constitucional n. 71, de 2012).
>
> § 2º Constitui a estrutura do Sistema Nacional de Cultura, nas respectivas esferas da Federação:
>
> I – órgãos gestores da cultura;
>
> II – conselhos de política cultural;
>
> III – conferências de cultura;
>
> IV – comissões intergestores;
>
> V – planos de cultura;
>
> VI – sistemas de financiamento à cultura;
>
> VII – sistemas de informações e indicadores culturais;
>
> VIII – programas de formação na área da cultura;
>
> IX – sistemas setoriais de cultura.
>
> (§ 2º e incisos I a IX incluídos pela Emenda Constitucional n. 71, de 2012).
>
> § 3º Lei federal disporá sobre a regulamentação do Sistema Nacional de Cultura, bem como de sua articulação com os demais sistemas nacionais ou políticas setoriais de governo.(Incluído pela Emenda Constitucional n. 71, de 2012).
>
> § 4º Os Estados, o Distrito Federal e os Municípios organizarão seus respectivos sistemas de cultura em leis próprias. (Incluído pela Emenda Constitucional n. 71, de 2012)".

Deve-se assinalar que, em termos de concepção e alcance, a disciplina constitucional atinente à cultura e ao patrimônio legada pelo constituinte originário de 1988, com forte âncora na diversidade e sedimentação na Antropologia e sob diretriz de atuação positiva do Estado – no sentido da responsabilidade compartilhada com a sociedade para o asseguramento da efetividade dos direitos culturais –, já era satisfatória. Aliás, na dicção de Francisco Humberto Cunha Filho, ao comentar a chamada "Constituição cultural", há excesso na enunciação da proteção:

> "Na verdade, se não fosse o encantamento brasileiro pela retórica, o texto do artigo transcrito poderia terminar na parte em destaque (Caput do Art. 215), porque seus complementos são meras manifestações específicas de direitos culturais. Contudo, elas

> possuem uma utilidade, evidenciada em palavras substantivas nelas contidas: acesso; apoio, incentivo, valorização e difusão.
> [...]
> Quando se trata de garantir as liberdades culturais, a abstenção é recomendada; se o foco é assegurar possibilidades equânimes de criação e difusão, atuação e prestações são necessárias".[4]

Com efeito, aquela redação do *caput* bastaria, e, com mais razão, o artigo completo na versão original do texto constitucional poderia dar lastro a uma normatividade infraconstitucional arrojada, eis que os pilares estavam instalados. A Constituição, de fato, já retratava os fortes laços entre Antropologia e políticas culturais e sedimentava em múltiplas matrizes as contribuições dos diversos grupos formadores da identidade nacional. Muitas soluções erigidas ao *status* de normas constitucionais comportar-se-iam em lei, sem afronta à Constituição. A opção do constituinte derivado, contudo, foi no sentido de aportar ao texto fundamental novas construções constitucionais, não necessariamente de caráter material, mas, certamente, legitimadas no bojo dos movimentos culturais.

De qualquer forma, andou bem o Constituinte derivado ao consagrar a exceção à vedação estabelecida no artigo 167, IV, da Constituição Federal, de vinculação de receitas de impostos a fundos ou despesas, com as ressalvas constantes do referido dispositivo. Do mesmo modo, avançou no tocante ao balizamento da política pública da cultura em suas diversas dimensões, suprindo mesmo deficiências da legislação infraconstitucional ou deixando determinados comandos a salvo dos embates e das mutações próprias dos processos legislativos comuns. Por outro lado, alguns dispositivos previnem o tensionamento de interpretações sobre possíveis arranjos de políticas públicas com impacto nas relações federativas.

Vê-se que a disciplina constitucional sobre a cultura foi sensivelmente ampliada pelo constituinte derivado, especialmente para explicitar o comando de proteção da pluralidade de etnias, com ênfase para as indígenas e afro-brasileiras; para definir as bases do Plano Nacional de Cultura, do Sistema Nacional de Cultura,[5] por meio de novas diretrizes

---

4 CUNHA FILHO, Francisco Humberto. Direitos culturais no Brasil: dimensionamento e conceituação. In: SOARES, Inês Virgínia Prado; CUREAU, Sandra (org.). *Bens culturais e direitos humanos*. São Paulo: Edições Sesc São Paulo, 2005 (27-35). pp. 30-31. ISBN: 978-85-69296-58-8.

5 A respeito do tema, apontam-se suplementos institucionais do Ministério da Cultura que permitem densificar o conteúdo da Emenda Constitucional n. 71/2012 e

de concepção e de gestão da correspondente política pública nas diversas esferas federativas, sobressaindo a lógica de sistema, a possibilidade de inclusão dos fundos de cultura entre as hipóteses de exceção constitucional à vedação de vinculação de receita fiscal, observadas as restrições previstas, entre outras.

2. NATUREZA DA NORMA DE PROTEÇÃO NO DIREITO BRASILEIRO

Tendência do Estado contemporâneo, a partir do marco da Declaração Universal de Direitos de 1948, é tratar os direitos culturais como direitos humanos, os quais são assim conotados pelos traços de universalidade, indivisibilidade e interdependência, uma vez que estão todos imbricados e vertidos à satisfação da pessoa humana segundo padrões projetados e acolhidos pela geração presente.

Inês Virgínia Prado Soares, atenta às implicações dessa concepção, afirma: "Todos os direitos humanos, sejam eles políticos, civis, sociais, econômicos ou culturais, devem ser garantidos e a busca pela sua efetividade passa por um processo de ponderação entre os direitos e escolha dos bens de acesso necessários para a fruição desses direitos".[6]

A Declaração Universal inaugura a contemporânea concepção de direitos humanos e sinaliza para alterações profundas na ordem internacional e nas ordens jurídicas internas, e que devem gravitar em torno da ideia central de respeito à dignidade humana, apelando por uma normatividade que represente uma base formal de sustentação do direito e por uma base material capaz de garantir a efetividade das normas que consagram esses direitos.

Assimilando essa nova vocação do Estado e do Direito, várias Constituições, a partir da de Weimar, ampliaram a concepção dos direitos humanos, consagrando gama sempre crescente de direitos sociais, econômicos e culturais. Paulatinamente, registra-se evolução no tratamento dos interesses metaindividuais, coletivos e difusos, e, geralmente, a proteção dos valores naturais e culturais, em suas diversas manifestações, integra as referências

---

pavimentar os caminhos da implementação das mudanças que ela consubstância. BRASIL. Ministério da Cultura. *Estruturação, Institucionalização e Implementação do Sistema Nacional de Cultura*. Brasília: Ministério da Cultura, 2011.

6 SOARES, Inês Virgínia Prado. *Direito à Diversidade Linguística no Brasil e sua Proteção Jurídica. In: Seminário Ibero-Americano de Diversidade Linguística,* 2014, Foz do Iguaçu Paraná, p. 71.

desses interesses protegidos em vertente de conciliação com interesses de caráter social e individual.

Segundo Inês Virgínia Prado Soares, "a proteção dos direitos culturais se dá em duas grandes frentes: nas normas declaratórias dos direitos culturais (base formal) e nas normas e atuações concretas que alcançam o conjunto de bens necessários para efetividade desses direitos no seio da sociedade, como manifestação da vida (base material)".[7]

Acolhida a síntese elaborada pela autora, que se completa com a lição segundo a qual "as normas patrimoniais refletem materialmente os direitos culturais",[8] faz-se ainda necessário assinalar que o elenco desses direitos consagrados nem sempre coexiste com formas constitucionais de tutela processual. Ademais, as normas que os consagram podem ter natureza variada. Assim, a compreensão do direito cultural em sua ampla abrangência semântica (formal e material), especialmente como dotação relacionada com produção e fruição cultural mediante acesso aos processos de formação e subjetivação do patrimônio, e, ao mesmo tempo, de gozo dos valores de seus referentes, e também a mensuração da força vinculante do princípio de proteção ao patrimônio que a norma constitucional traduz pressupõem analisadas, entre outros aspectos, a natureza daquela norma consagradora e as formas processuais de tutela que com ela coexistam, o que pode definir contornos mais estreitos ou mais abertos para a efetividade de seu comando.

Observa-se, de logo, que o tratamento dispensado à temática pela Constituição Federal de 1988, refletindo a experiência histórica, as tensões e distensões sociais e os debates em diferentes níveis, é mais avançado e abrangente que os desenvolvidos nas constituições anteriores, sendo certo que o constituinte situou os direitos culturais no bojo dos direitos humanos refletidos em recorte da ordem social, que abriga direitos à educação, à saúde, à cultura, entre outros motes de dotação jurídica.

A incorporação dessa normatividade no sistema político-administrativo e nos processos sociais diversos, contudo, requer estratégias de organização, articulação e implementação de uma política específica, para a qual é necessário um conjunto de condições jurídicas, técnicas, políticas e institucionais.

---

7 SOARES, Inês Virgínia Prado. *Direito ao (do) Patrimônio cultural brasileiro*. Belo Horizonte: Editora Fórum, 2009. p. 69.

8 SOARES, Inês Virgínia Prado. *Direito ao (do) Patrimônio cultural brasileiro*. Belo Horizonte: Editora Fórum, 2009. p. 71.

A análise do tratamento constitucional em vigor sobre a matéria, bem assim dos reflexos no sistema e na política patrimonial, será feita, particularmente, pelo prisma comparativo em relação à correspondente disciplina na Constituição anterior, até mesmo para compreensão do teor da normatividade do texto vigente, a partir da avaliação de seu poder de pregnância da realidade por ele encontrada tendo em vista as alternativas direções: da permanência do *status quo*; da transformação; ou da ruptura e, enfim, mensuração dos avanços por ele projetados.

2.1. A norma de proteção à cultura na Constituição de 1967 com a Emenda Constitucional n. 1/1969

Far-se-á detença na análise da norma prevista no artigo 180 da Emenda Constitucional n. 1 de 1969, a qual reconhecia como fundamental o valor cultural e consagrava a tutela estatal do interesse social nessa seara, submetendo o patrimônio histórico e artístico, os documentos, os monumentos, as paisagens naturais notáveis e as jazidas arqueológicas à proteção especial do Poder Público. Assinala-se que, apesar da explicitação de um rol de características que especializavam os bens culturais para efeito de proteção, uma interpretação mais aberta do parágrafo único do referido artigo permitia o enquadramento de outras categorias de bens no campo de proteção.

Questionava-se, entretanto, a efetividade da proteção. Ou seja: interrogava-se em que medida a norma vinculava o Poder Público à prestação da proteção especial ao patrimônio cultural erigido à categoria de direito social, e, igualmente, se o dispositivo constitucional lograva eficácia para garantir o respeito da sociedade aos referentes desse patrimônio, indagações que sinalizavam para a necessidade de se enfrentar o ponto fundamental – o do caráter da norma.

Pontes de Miranda[9], analisando a referida norma, situava-a entre as de caráter programático, apesar da expressão "dever" nela contida, como "aquelas em que o legislador, Constituinte ou não, em vez de editar regra jurídica de aplicação concreta, apenas traça linhas diretoras, pelas quais se hão de orientar os poderes públicos. A legislação, a execução e a própria Justiça ficam sujeitas a esses ditames, que são como programas dados à função legislativa".[10]

---

9 MIRANDA, Pontes de. *Comentários à Constituição de 1967 com a emenda constitucional n. 1/69*. 2. ed. Revista dos Tribunais. p. 367, t. 6.

10 MIRANDA, Pontes de. *Comentários à Constituição de 1967 com a emenda constitucional n. 1/69*. 2. ed. Revista dos Tribunais. pp. 126-7, t. 1.

O mestre Pontes de Miranda, entretanto, não deduzia desse caráter das normas a consequência natural da ineficácia; ao contrário, nelas reconhecia eficácia jurídica: "As regras jurídicas programáticas são suscetíveis de cogência, desde logo, se o contrário não se conclui da Constituição que as contém. Por isso mesmo, onde o princípio foi estabelecido suficientemente, há de entender-se já inserto no sistema jurídico".[11]

Daí por que advertia que o mais importante era ter-se em conta a dicotomia das regras jurídicas como bastantes em si e não-bastantes em si; que tanto umas quanto outras podiam ser simplesmente programáticas.[12]

Prosseguindo nessa ordem de cogitações, prelecionava o autor, evidenciando essa dicotomia:

> "Quando uma regra se basta, por si mesma, para sua incidência, diz-se bastante em si, 'self-executing', 'self-acting', 'self-enforcing'. Quando, porém, precisam as regras jurídicas de regulamentação, porque, sem a criação de novas regras jurídicas que as completem ou suplementem, não poderiam incidir e, pois, ser aplicadas, dizem-se não-bastantes em si".[13]

A partir de tais considerações, na análise do texto de 1969, concluía-se tratar-se de norma programática de eficácia jurídica relativa, já que, pela ausência de sanção e pela sua insuficiente inserção no sistema jurídico, em razão, sobretudo, da inexistência de garantias processuais, a regra não era dotada de plena força cogente em sentido formal e material.

Com efeito, a norma referida, conquanto dotada de força derrogatória de regras a ela contrárias ou de teor para fundamentação de invalidação de atos conflitantes, precisava ser desenvolvida por lei ordinária; a sanção não aparecia no texto: cabia ao legislador ordinário complementá-la, garantindo-lhe os mecanismos de sua eficácia, necessidade em parte superada pelo processo de recepção de normas editadas sob a égide de constituições anteriores e compatíveis com a nova ordem.

Desse modo, apesar da limpidez do texto constitucional passado, da cogência aparentemente ampliada no termo "dever", percebia-se que a Emenda Constitucional n. 1 de 1969 não resolvera o problema da obrigatoriedade da

---

11 MIRANDA, Pontes de. *Comentários à Constituição de 1967 com a emenda constitucional n. 1/69*. 2. ed. Revista dos Tribunais. p. 127, t. 1.

12 MIRANDA, Pontes de. *Comentários à Constituição de 1967 com a emenda constitucional n. 1/69*. 2. ed. Revista dos Tribunais. p. 126, t. 1.

13 MIRANDA, Pontes de. *Comentários à Constituição de 1967 com a emenda constitucional n. 1/69*. 2. ed. Revista dos Tribunais. p. 126, t. 1.

proteção à cultura pelo Estado. Reconheceram-se interesses fundamentais, mas não se estabeleceram a correspondente legitimação e os instrumentos processuais para permitir a sua consecução. Não se garantiu a efetivação da dupla proteção, que se deveria direcionar para os dois planos: o do Estado e o do comportamento da sociedade, propugnando-se, em ambos, tanto por um *non facere* como por um *facere*. Estava implícita, no papel protetor do Estado, e de forma prevalente, a necessidade de ação. A efetividade da norma revelava-se, porém, precária. Não podia a norma ser considerada plenamente eficaz, o que não ocorria como consequência natural de seu caráter programático, consoante registro, mas da carência de instrumentos processuais aptos a efetivá-la.

Alerta para a advertência de doutrinadores que afiançam dever-se considerar, na análise da efetividade de qualquer garantia constitucional, a consagração da correspondente garantia processual, e ainda à posição de Kelsen, que considera a Constituição como fundamento de validez da lei processual, pode-se afirmar que restava, assim, frágil o arcabouço jurídico-constitucional da proteção.

O Prof. José Alfredo de Oliveira Baracho[14] acenava para a importância de criação de instrumentos jurídicos novos, para atender à crescente gama de reivindicações que se estabeleciam no bojo dos conflitos metaindividuais, objeto de profundas investigações por parte de estudiosos, entre os quais sobressaía Ada Pelegrini. Nessa linha de raciocínio, o constitucionalista registrava e corroborava a afirmação de Fix Zamudio, quando examinava as garantias constitucionais: "[...] a verdadeira 'garantia' das disposições fundamentais consiste, essencialmente, em sua proteção processual".[15]

Foi assim que, ainda sob a égide da Emenda Constitucional, garantias processuais foram incorporadas na ordem jurídica, especialmente com o aporte da Ação Civil Pública.

A despeito dos reparos que se possam fazer à disciplina dispensada à matéria na Emenda Constitucional de 69, revelava-se como princípio capitular o da preservação do patrimônio, consoante posição, diversas vezes, assinalada por publicistas. Pontes de Miranda[16] entendia tratar-se de regra jurídica digna

---

14 BARACHO, José Alfredo de Oliveira. *Teoria geral da Constituição*. São Paulo: Resenha Universitária, 1979. p. 142.

15 BARACHO, José Alfredo de Oliveira. *Teoria geral da Constituição*. São Paulo: Resenha Universitária, 1979. p. 139.

16 MIRANDA, Pontes de. *Comentários à Constituição de 1967 com a emenda constitucional n. 1/69*. 2. ed. Revista dos Tribunais. p. 368, t. 6.

de reprodução em Constituições posteriores que viesse a ter o Brasil, e da atenção acurada dos legisladores ordinários, principalmente daqueles do Direito Penal, alegando que se encontrava preestabelecida, nesse campo, por meio de devolução sugestiva, a regra de direito formal material.

Rosah Russomano,[17] enfocando o mesmo artigo, embora reconhecendo a ausência de sanção, realçava sua importância, afirmando a força da norma pelo efeito de sua repetição, para o que buscava argumento em Portalis:

> "[...] o texto supremo, acatando todos os setores em que brota a criação humana, simbolizando a Cultura, dispõe, de maneira cristalina, que o Estado a deve amparar. Não se estatui, em verdade, na Constituição, sanção para o descumprimento do preceito.
>
> Não obstante, não se pode negar sua positividade. Quando mais não seja, pelo fato de que, consoante já acentuava Portalis, na Exposição de Motivos do Código Civil Francês, há verdades de imensa utilidade, que devem ser repetidas insistentemente, a fim de que ressoem nos ouvidos dos detentores do Poder. Porque, pela iteratividade de sua afirmação, terão, um dia, o dom de atingir sua perfeita concretude".

Acata-se a posição de Rosah Russomano quanto ao papel educativo da norma, asseverando-se, contudo, que não estaria sua eficácia ligada apenas à persistência de sua afirmação, mas à força de seu papel como matriz da ação governamental.

De fato, a força vinculante da norma, sem prejuízo do efeito de sua iteratividade, estava no direcionamento da ação estatal e no balizamento de novos contornos do direito de(à) propriedade, ao fixar a relatividade desse direito e permitir a intervenção estatal sobre a propriedade no resguardo do interesse coletivo de preservação cultural. Da mesma forma, o preceito orientava e limitava o campo da atividade legislativa nesse particular, não restando ao legislador ordinário nenhum poder para alterá-lo. Cumpria aí o papel de norte da ação estatal em seus diversos níveis, impondo-se à autonomia política a vedação de fazer tábua rasa da regra maior, sendo efeito, por excelência, da eficácia jurídica da norma a derrogação do direito que lhe fosse contrário. Não obstante suas características, a norma constitucional, recepcionou o marco legal da proteção, nomeadamente, o decreto lei n. 25/37, naquilo que guardava compatibilidade.

---

[17] RUSSOMANO, Rosah. *Curso de direito constitucional.* 3 ed. Rio de Janeiro: Livraria Freitas Bastos S.A., 1978. p. 441.

Assim, conquanto não suficientemente inserta no sistema jurídico constitucional, a norma obrigava o legislador, os juízes e administradores, no seu desenvolvimento, interpretação ou atualização, a observarem esta ideia norte e fundamental: é dever do Estado amparar a cultura. Dela decorriam, de imediato, limites aos proprietários, mas, também, obrigações públicas, ou de prestações, notadamente positivas, por parte do Estado.

José Afonso da Silva[18] não desconhecia o alcance da norma, daí remarcar:

> "É relevante notar que o fato de a Constituição Federal determinar a proteção do patrimônio cultural importa consequências jurídicas profundas, que a doutrina e a jurisprudência não têm percebido adequadamente. A norma do parágrafo único do art. 180 da Constituição Federal, a despeito de sua característica programática, reveste-se de eficácia bem mais ampla que sua aparência formal denuncia. Ela, em primeiro lugar, impõe ao Poder Público o dever de proteção especial àqueles bens indicados; nisso há mais que simples eficácia negativa, pois determina conduta positiva do Poder Público no sentido apontado. Em segundo lugar, ela condiciona o direito de propriedade daqueles bens, que assim ficam sujeitos a um regime jurídico especial em razão do interesse público na sua preservação, após reconhecidos como de valor cultural. Por conseguinte, a limitação no direito de propriedade aqui não é mero condicionamento geral à sua função social. É mais do que isso, pois é limitação que sujeita o bem a um regime jurídico especial, como bem de interesse público".

2.2. A norma de proteção à cultura na Constituição de 1988

Jarbas Soares Júnior, prefaciando a obra Tutela do Patrimônio Cultural Brasileiro, de Marcos Paulo de Souza Miranda, e referindo-se ao tratamento dado ao patrimônio cultural pela Constituição de 1988, sintetiza o seu escopo e explicita o contorno do princípio da proteção nos seguintes termos:

> "Além de apresentar um conceito abrangente acerca de patrimônio cultural brasileiro (art. 216, caput e incisos. I a V) em suas manifestações materiais e imateriais, individuais e coletivas, o

---

18 SILVA, José Afonso da. *O direito urbanístico brasileiro*. São Paulo: Revista dos Tribunais, 1981. p. 489.

> texto constitucional obriga o Poder Público, com a colaboração da comunidade, a promovê-lo e protegê-lo, 'por meio de inventários, registros, vigilância, tombamento e desapropriação, e de outras formas de acautelamento e preservação' (art. 216, § 1º). A Constituição da República de 1988 também determina que a lei deve 'estabelecer: incentivos para a produção e conhecimento dos bens e valores culturais' (art. 216, § 3º) Por outro lado, os danos e ameaças ao patrimônio cultural deverão ser punidos na forma da lei (at. 216, § 4º)".[19]

A Constituição de 1988, no art. 216, acolhe, pois, o princípio de proteção ao Patrimônio, adentrando, todavia, veredas mais modernas, com indicação exemplificativa de novas fórmulas para efetivar a proteção, a par de se extrair de seu conjunto alcance significativo de garantias de sua eficácia, incluídas as relativas à sanção.

Quanto à natureza da norma sede do princípio da proteção, tem-se fundamentalmente, que a Constituição de 1988, como a Emenda Constitucional n. 1/69, estabelece norma programática de proteção dotada de eficácia no plano formal, a depender de especificações ulteriores, a cargo da legislação ordinária para o seu completo desenvolvimento e o adequado disciplinamento de seu conteúdo.[20]

Entretanto, ao consagrar direitos sociais à cultura, cria, desde logo, obrigações para o Estado de prestações positivas nessa seara; por outro lado, na medida em que prevê o tombamento dos documentos e sítios dos quilombos, o qual tem como fonte imediata o texto constitucional, avança no tocante à efetividade. Pode-se dizer que, no tocante aos bens que guardem reminiscências dos quilombos, optou o constituinte pelo sistema de proteção *ex vi*

---

19 MIRANDA, Marcos Paulo de Souza. *Tutela do patrimônio cultural brasileiro:* doutrina, jurisprudência e legislação. Belo Horizonte: Del Rey, 2006. p. XIX.

20 Nota – O estudo sobre a natureza e a aplicabilidade das chamadas normas constitucionais programáticas, com raízes na Alemanha, ganhou significativa evolução doutrinária no sentido da sofisticação e do rigor analíticos. A partir das reflexões norte-americanas, que embasaram a doutrina, Rui Barbosa divulgou, no Brasil, os suplementos em torno da categorização das normas bastantes-em-si e não-bastantes-em-si, que, conjuntamente com o primeiro enfoque germânico desenvolvido por Carl Schmitt e seu discípulo Forsthoff, negavam natureza propriamente jurídica às regras que se enquadrassem na última categoria genericamente denominada de normas programáticas. Prosseguindo com as precisas análises da doutrina italiana mais recente, graças a Alessandro Pizzorusso, em especial, passou-se a reconhecer a essa categoria de normas caráter jurídico-normativo em sentido próprio.

legis, isto é, oriundo diretamente da norma, embora a eficácia esteja vinculada à existência de ato administrativo individualizador, de identificação, de natureza não constitutiva. Há ainda outras situações de bens protegidos *ex vi legis*, quando, independentemente da incidência de um instituto protetivo mediado por ato de autoridade, recebem proteção direta, como os sítios arqueológicos, a justificar o manejo de instrumentos processuais adequados.

A Constituição prevê ainda instrumentos específicos de tutela, como o mandado de injunção, o mandado de segurança coletivo, a inconstitucionalidade por omissão, que podem garantir maior eficácia da norma de proteção.

Por outro lado, o fato de a ordem cultural demandar a conjugação de diversas ações, projetos, programas, institutos ou as mais complexas medidas, meio ou finalísticas, não afeta a eficácia dos comandos da matriz constitucional.

Nesse sentido, Canotilho deixa claro que "o fato de dependerem de providências institucionais para a sua realização não quer dizer (as normas) que não tenham eficácia. Ao contrário, sua imperatividade direta é reconhecida, como imposição constitucional aos órgãos públicos". E conclui:

> "[...] as normas programáticas têm eficácia jurídica imediata, direta e vinculante nos casos seguintes:
> I – estabelecem um dever para o legislador ordinário;
> II – condicionam a legislação futura, com a consequência de serem inconstitucionais as leis ou atos que as ferirem;
> III – informam a concepção do Estado e da sociedade e inspiram sua ordenação jurídica, mediante a atribuição de fins sociais, proteção dos valores da justiça social e revelação dos componentes do bem comum;
> IV – constituem sentido teleológico para interpretação, integração e aplicação das normas jurídicas;
> V – condicionam a atividade discricionária da Administração e do Judiciário;
> VI – criam situações jurídicas subjetivas, de vantagem ou de desvantagem".[21]

Maria Paula Dallari Bucci, na mesma linha, discorrendo sobre as matrizes constitucionais de políticas públicas, afirma que "um dos efeitos da

---

21 CANOTILHO, José Joaquim Gomes. *Direito Constitucional e Teoria da Constituição.* 7 ed. Coimbra: Editora Almedina, 2003.

aplicabilidade das normas programáticas é a proibição de omissão dos Poderes Públicos na realização dos direitos sociais", compreensão que afasta, na vertente política, argumento de "inexequibilidade dos direitos sociais".[22]

É importante salientar, também, que a disciplina constitucional da preservação abrange, além dos dispositivos específicos da cultura, todos aqueles que, direta ou indiretamente, se relacionem com a propriedade e com as limitações a que se sujeita em função do interesse público (art. 5°, *caput,* e incisos IV, V, IX, XXII, XXIII, XXIV, XXV, XXVII e LXXIII e art. 170, *caput,* VI, CF/88). Acrescentam-se outros dispositivos que compõem o lato arcabouço normativo aplicável à preservação ou que com ele guarda correlação: Art. 20, X, art. 23, *caput,* I, III, IV, V, VI, VII; art. 24, *caput,* VI, VII, VIII e IX; art. 30, *caput,* IX; art.129, *caput e* inciso III; art. 182, *caput,* §§ 1°, 2°, 3°, 4°, I, II, III; art. 219, *caput;* art. 225, *caput.* É essa ampla base normativa que densifica a chamada "Constituição Cultural", ordem constitucional que recepcionou a legislação sobre a matéria, ressignificando-a na nova temporalidade. Quanto aos direitos culturais, assinala-se que deverão ser tratados sob o manto dos direitos humanos, a eles devendo ser aplicadas as cautelas próprias da hermenêutica nesse campo.

Concluindo, pode-se afirmar que a Constituição de 1988 estabelece normas programáticas no tocante à cultura. Entretanto, são elas eficazes juridicamente no sentido de que: recepcionam ou não normas anteriores; derrogam normas precedentes contrárias ao princípio, diretriz ou "fragmento normativo" por elas fixados; bem como vinculam juridicamente a atuação futura dos órgãos estatais, por serem capazes de sustentar a retirada de validade dos atos a elas contrários que venham a ser praticados.

Como afirma Pizzorusso acerca das polêmicas relativas ao tema das normas programáticas no bojo do constitucionalismo,[23]

> "[...] o resultado deste debate foi, com efeito, o reconhecimento de que as disposições constitucionais dotadas de conteúdo preferentemente programático requeriam especificações ulteriores

---

[22] BUCCI, Maria Paula Dallari (org.). *Políticas Públicas:* Reflexões sobre o conceito jurídico. São Paulo: Saraiva, 2006. pp. 29 e 10.

[23] PIZZORUSSO, Alessandro. *Lecciones de derecho constitucional.* Madrid: Centro de Estudos Constitucionales, 1984. p. 215, v. 2.
Consultem-se, ainda, no mesmo volume, pp. 151 a 159 e 279 a 285; na doutrina Portuguesa, a obra de Canotilho – *Constituição Dirigente e Vinculação do Legislado –;* e, no Brasil, a obra já clássica de José Afonso da Silva. *Da aplicabilidade das normas constitucionais..*

para o seu pleno desenvolvimento. No entanto, isso não as impedia de converter em constitucionalmente ilegítimas, de modo imediato, as disposições legislativas ordinárias que se inspirassem em princípios incompatíveis com aquelas. O que é importante, sobretudo, para demonstrar que as disposições constitucionais – como ademais as legislativas e os 'textos' normativos provenientes de outras fontes do Direito – são sempre úteis para a atividade de seleção e interpretação das disposições e demais 'textos' a partir dos quais devem ser elaboradas as normas aplicáveis aos casos concretos que se apresentem na vida diária. Trata-se de uma conclusão que não menospreza a transcedência política que assumem, em conexão com sua eficácia jurídica, os textos constitucionais, o que também denota, adequadamente, o ponto de chegada de toda uma longa evolução em prol da 'juridicização' dos atos do poder, evolução que deriva das próprias origens do constitucionalismo no século XVIII".

Por fim, há de se colocar em alerta à advertência de José Adércio Leite Sampaio,[24] para que se evite a confusão da "dimensão normativa (ideal) com a dimensão empírica", como se a proclamação da Constituição Federal de 1988 do Estado Democrático de Direito bastasse por si.

2.3. Princípios do Sistema de Proteção

O princípio constitucional basilar da proteção ao patrimônio cultural, previsto no *caput do* artigo 216, encontra desdobramentos na própria Constituição, sendo desenvolvido em marcos legais correlatos, de modo que, do complexo regime jurídico da proteção patrimonial, extraem-se diversos princípios ou cânones interpretativos, os quais devem ser ponderados ou (re) significados no contexto de aplicação.

Cumpre assinalar que a tendência de tratamento do patrimônio cultural como expressão do meio ambiente tem refletido no plano legal, com a edição da Lei n. 9.605, de 12 de fevereiro de 1998, a denominada Lei de Crimes Ambientais, que tipifica, ao lado de crimes contra o meio ambiente natural, aquelas condutas contra o patrimônio cultural (art.62 a 65); e, especialmente, da Lei n. 9.985, de 18 de julho de 2000, a denominada Lei do SNUC

---

24 SAMPAIO, José Adércio Leite. O constitucionalismo democrático e cultural (ou Constitucionalismo da Fraternidade). In: SOARES, Inês Virgínia Prado; CUREAU, Sandra (coord.). *Bens culturais e direitos humanos.* São Paulo: Edições Sesc São Paulo, 2005 (37-57), p. 41.

– Sistema Nacional de Unidades de Conservação da Natureza, que, no art. 4º, VIII, integra ao Sistema de Proteção o patrimônio cultural. Essas soluções normativas têm trazido impactos na conformação principiológica no domínio patrimonial.

Lúcia Reisewitz, nesse viés, lembra que:

> "[...] o direito ambiental não está limitado àquilo que diz respeito à natureza, o que chamamos de dado. Além da fauna, da flora, da qualidade do ar e da água, portanto de todo equilíbrio ecológico, estão compreendidos em sua tutela os elementos criados pelo ser humano, ou seja, a ação humana modificadora da natureza, de maneira que toda a riqueza que compõe o patrimônio ambiental transcende a matéria natural e incorpora também um ambiente cultural, revelado pelo patrimônio cultural".[25]

Marcos Paulo de Souza Miranda, partindo da matriz constitucional do regime e da premissa de que "o Patrimônio Cultural é reconhecido como um dos aspectos do meio ambiente", toma o Direito Ambiental como álveo comum pelo qual fluem as normas de proteção em sua lata abrangência e colhe, em vertente especial, as que informam a proteção patrimonial, notadamente como direito difuso e indisponível, elencando-as em extenso rol, sistematizando-as e densificando-as no âmbito do sistema jurídico.[26]

Referindo-se ao conjunto principiológico no campo ambiental de incidência comum, adverte, porém, o autor que

> "[...] a aplicação de tais princípios à temática patrimonial em determinadas circunstâncias demanda pequenas adequações dos mandamentos nucleares do Direito Ambiental, que na maioria das vezes foram cunhados com vistas dirigidas preponderantemente para o contexto natural do meio ambiente".[27]

Tangenciando os princípios específicos ao patrimônio cultural, mostra que, em razão das peculiaridades da matéria, o Direito Ambiental não esgota todas as suas nuances.

---

25 REISEWITZ, Lúcia. *Direito Ambiental e Patrimônio Cultural:* Direito à Preservação da Memória, Ação e Identidade do Povo brasileiro. São Paulo: Editora Juarez de Oliveira, 2004. p. 63.

26 MIRANDA, Marcos Paulo de Souza. *Tutela do patrimônio cultural brasileiro:* doutrina, jurisprudência e legislação. Belo Horizonte: Del Rey, 2006, pp. 23-48.

27 MIRANDA, Marcos Paulo de Souza. *Tutela do patrimônio cultural brasileiro:* doutrina, jurisprudência e legislação. Belo Horizonte: Del Rey, 2006, pp. 23-48.

Enumeram-se, a seguir, os princípios comuns da seara ambiental norteadores da proteção ao patrimônio cultural, conforme capitula o autor: **da proteção,** com desdobramento em subprincípio da intervenção obrigatória; **da função sociocultural da propriedade** (art. 5°, XXIII, 170, II, da CF/88, art. 1.228, § 1°, do Código Civil Brasileiro); **da fruição coletiva** (art. 215, *caput*, CF/88, art. XXVII da Declaração Universal dos Direitos do Homem e art. da Carta da Organização dos Estados Americanos de 1948); **da prevenção de danos** (art. 216, § 4°, CF/88); **da responsabilização** (art. 225, § 3°, CF/88 – responsabilidade administrativa, civil e penal – Leis 9.605/98 – Lei de Crimes Ambientais, que, nos arts.62 a 65, tipifica os crimes contra o ordenamento urbanístico e o patrimônio cultural, e Lei 6.938/81 – art. 14, § 1°, que estabelece responsabilidade objetiva); **do equilíbrio** (desenvolvimento integrado, harmônico e sustentável mediante articulação de políticas sociais, econômicas, de proteção ao patrimônio); **da participação popular** (Art. 1°, Parágrafo Único, 216, *caput*, da CF/88, Declaração do Rio de Janeiro, da Conferência das Nações Unidas para o Meio Ambiente e o Desenvolvimento, de 1992, as normas de Quito, 1967); **da vinculação dos bens culturas** (art. 23, IV, da CF/88, Decreto-lei n. 25/37 – art. 14, Leis n. 3.924/61 – art. 20, n. 4.845/65 – arts. 1° e 5°, n. 5.471 – arts.1°-3°, a Convenção da UNIDROIT, Roma, 1995, e art. 12 da Carta de Santos); **da educação patrimonial** (art. 225, VI, CF/88, Carta de Atenas 1931, Declaração de Estocolmo 1972, Principio 19, Carta de Goiânia); **da solidariedade intergeracional** (art. 225, *caput* CF/88); **da cooperação internacional** (art. 4°, IX, da CF/88, a Convenção de 1972-UNESCO, a Convenção da UNDROIT, e a Lei 9.605/98, art. 77).[28]

Relativamente ao princípio da participação popular, convém aportar as várias possibilidades que são abertas ao cidadão, de forma isolada ou por meio de associações, em resenha feita pelo autor:

> "Participação popular no processo legislativo, desde a fase de discussões até a aprovação final do projeto (audiências públicas); iniciativa popular de lei (CF/88 – art. 61, par 2°); Referendo e plebiscito; Direito de acesso a informações públicas (CF/88 – art. 5°, XXXIII); Direito de petição (CF/88 – art. 5°, XXXIV); Ação Popular (CF/88 – art. 5°, LXXIII); Ação Civil Pública (Lei 7.347/85, art. 5°); Atuação direta do Terceiro Setor;

[28] MIRANDA, Marcos Paulo de Souza. *Tutela do patrimônio cultural brasileiro:* doutrina, jurisprudência e legislação. Belo Horizonte: Del Rey, 2006. pp. 23-48.

> Atuação direta do Terceiro Setor (ações desenvolvidas por organizações não governamentais voltadas para a proteção do patrimônio cultural); Instituição de Reservas Particulares do Patrimônio Natural para o desenvolvimento de atividades de cunho científico, cultural, recreativo e de lazer (Decreto 1.922, de 5 de junho de 1996; Participação nos Conselhos Deliberativos do Patrimônio Cultural e demais órgãos colegiados dotados de poder normativo".[29]

O apelo de participação revela-se ainda mais enfático, quando se tem em conta a necessidade de se cumprir o desiderato de legitimidade democrática, no complexo espaço da cidade, em todo o ciclo da política de tutela pública patrimonial. O desafio envolve a participação cidadã e social no processo de tombamento, na gestão do patrimônio protegido, na discussão das questões relevantes da pauta do patrimônio, na linha de uma procedimentalização mais robusta e aberta que incorpore os múltiplos atores na construção de consensos e soluções seguras e que possam representar as escolhas mais adequadas nesse campo. Especificamente no tocante ao processo, isso pressupõe cuidados especiais de participação, desde a sua fase preparatória, até sua ultimação. Nessa vertente, devem se enfatizar mecanismos e práticas capazes de refletir a "aproximação de soluções procedimentais dos sistemas jurídicos de raiz romano-germânica – pela paulatina construção de uma consciência procedimental – e anglo-saxônica – pela transposição de garantias da chamada natural "justicia e do due process of law para o procedimento administrativo".[30]

Assinala-se que, no âmbito da política patrimonial, tem-se evoluído na organização de uma base de legitimação dos processos decisórios, com adoção de arranjos participativos, o que, de resto, reflete uma tendência de participação procedimental na decisão administrativa.

Esta tendência revela-se, segundo Eurico Bitencourt,

> "[...] por meio de estruturas colegiadas para a definição e o acompanhamento de políticas setoriais. Avolumam-se os conselhos, comitês e outros órgãos colegiados, com participação do poder

---

29 MIRANDA, Marcos Paulo de Souza. *Tutela do patrimônio cultural brasileiro:* doutrina, jurisprudência e legislação. Belo Horizonte: Del Rey, 2006, pp. 39-40.

30 NETO, Eurico Bitencourt. *Concertação administrativa interorgânica:* direito administrativo e organização no Século XXI. São Paulo: Almedina, 2017. p. 93. ISBN: 978-85-8493-207-8.

público e da sociedade, como meio de abertura e legitimação democrática reforçada da atuação administrativa. Essas estruturas participativas têm sua influência ampliada quando a tutela dos diversos interesses públicos se organiza em rede, já que os âmbitos de competências dos diversos órgãos e serviços se interpenetram e influenciam mutuamente".[31]

Conclui-se, assim, que uma extensa base principiológica compõe a normatividade que sustenta, a partir, da proclamação constitucional do art. 216, e de outros tentáculos da ordem maior, a proteção do patrimônio cultural no Brasil. Cuida-se de princípios e subprincípios que perpassam searas distintas de aplicação, mas que revelam um substrato comum, notadamente ao Direito Ambiental, na perspectiva de tratamento de interesses difusos segundo viés da responsabilidade compartilhada pela lógica intergeracional, e, também, ao Direito Urbanístico, como a via de prossecução do direito à cidade, a partir da noção de funcionalização da propriedade urbana, um dos pilares da construção da sustentabilidade e humanização da cidade, tudo sem perder de vista os referenciais de identidade.

A ponderação desses princípios deve ser feita, no entanto, sem uma apriorística determinação de incidência dessas normas; ao contrário, haverá de ser realizada tomando-se em conta o contexto, bem assim os elementos conformadores da unidade da situação sobre a qual se pretende atraí-los, os princípios, para a constatação da adequabilidade do fluxo normativo para regular o quadro então configurado. Desse modo, cada princípio deve ganhar a sua densidade em face das situações concretas, comportando variações, conforme seja o campo de sua aplicação.

Conquanto seja muito útil, a sistematização principiológica a partir do substrato comum do Direito ambiental, com lastro constitucional, deve ser desafiada por novos pressupostos teóricos, ou seja, deve ser relida à luz de novos "caminhos do conhecimento".

Novas sinalizações desafiam as certezas nos múltiplos vieses, especialmente diante do horizonte de certa ruptura com a visão materialista da vida, dando-se lugar a uma realidade nova da chamada "Ciência do buraco negro", no vácuo de ausência da matéria, com reflexos nos diversos campos epistemológicos, que indicam, também, uma transição para um

---

[31] NETO, Eurico Bitencourt. *Concertação administrativa interorgânica:* direito administrativo e organização no Século XXI. São Paulo: Almedina, 2017. p. 221. ISBN: 978-85-8493-207-8.

novo paradigma do Direito. Este, influenciado por essa nova concepção da vida e da ciência, particularmente a partir de uma lógica sistêmica, baseada nos ensinos de Bert Hellinger, que têm como pilares a hierarquia, a inclusão e o equilíbrio entre o dar e o receber, começa a apreender a trama da ordem normativa e das relações no conjunto da ordem sistêmica.

Diga-se que há uma sensibilidade ou abertura por parte dos estudiosos ou operadores do Direito para a nova concepção, com vistas à apropriação de um Direito atualizado, capaz de disciplinar a realidade dinâmica, complexa e interligada.

O Conselho Nacional de Justiça, por exemplo, com base nos suplementos daquele psicoterapeuta alemão,[32] vem implantando nas diversas sessões judiciárias os pressupostos da teoria sistêmica, validando, do ponto de vista jurídico, a sua aplicação à lógica e à dinâmica dos processos. Passos importantes estão sendo dados também em outros ambientes de pesquisas teóricas e de aplicação, sob as luzes dessa concepção de interligação sistêmica, segundo a qual cada um tem um papel, uma função para o equilíbrio do todo, em lógica de solidariedade.

Tomam-se, assim, à construção da teoria sistêmica de Bert Hellinger[33], os pilares conceptuais.

Hierarquia, como primeiro pilar, é enunciada pela singela afirmação de Hellinger em relação à ordem de origem, segundo a qual, "existe uma hierarquia baseada no momento em que se começa a pertencer a um sistema: esta é a ordem de origem, que se orienta pela sequência cronológica do ingresso no sistema". É dizer: "Quem entrou primeiro num sistema tem prevalência sobre quem entrou depois, da mesma forma, aquilo que existiu primeiro num sistema tem precedência sobre o que veio depois".[34] Por isso mesmo, quem comparece primeiro na construção do que veio depois deve ser reverenciado. A ideia de "reverência" ao passado, àquele que veio antes, precisa ser entendida e valorizada como plataforma de sustentação do presente e do futuro. Por sua vez, segundo o autor, além dessa prevalência em razão da precedência da vinculação, "os sistemas também possuem entre si uma

---

32 Hellinger, Bert. *Ordem do Amor:* um guia para o trabalho com constelações familiares. Tradução de: Newton Araújo Queiroz. São Paulo: Cultrix, 2007.

33 Hellinger, Bert. *Ordem do Amor:* um guia para o trabalho com constelações familiares. Tradução de: Newton Araújo Queiroz. São Paulo: Cultrix, 2007.

34 Hellinger, Bert. *Ordem do Amor:* um guia para o trabalho com constelações familiares. Tradução de: Newton Araújo Queiroz. São Paulo: Cultrix, 2007. p. 36.

hierarquia, que nesse particular, é invertida", decorrendo da sucessão dos sistemas a prevalência do novo sobre o anterior.[35]

O pilar da Inclusão[36] sustenta a ideia de que as pessoas, tendo em vista suas aspirações ou suas projeções de futuro, não podem negar ou excluir a existência de um passado; contrapõe-se, assim, à tendência de ruptura ou corte. É dizer: o pilar da inclusão arrima a necessidade de se respeitar o passado como condição de síntese da história e de constituição de um presente mais positivo, sem significar atraso do futuro.

O equilíbrio entre o dar e o receber[37] é outro pilar e, apropriado em linguagem jurídica, remete ao equilíbrio no exercício de funções e papeis, assegurando que cada um ofereça o de melhor na construção harmônica, o que, em certa medida, remete à ideia de sustentabilidade.

As reflexões têm apontado para a necessidade de que também no campo do patrimônio cultural se dê curso à aplicação dos pressupostos teóricos desse caminho do conhecimento, tendo em vista a plena adequação dos padrões sistêmicos a essa seara, com as consequentes (re)significações, em especial, de princípios, institutos, procedimentos e referentes, a partir da ênfase à ideia permanente de interligação das temporalidades: passado, presente e futuro, isto é, de uma permanente conexão por meio de variados referentes do patrimônio cultural.

Daí, a importância de ressignificação da estrutura principiológica no campo da proteção do patrimônio cultural, pela vertente sistêmica, principalmente para garantir a apropriação da ideia nuclear de interligação à base do campo normativo da temática patrimonial, tarefa que se lança ao coletivo para fins de contribuições.

Vislumbra-se que a "teoria sistêmica", de fato, possa ter, no campo do patrimônio cultural, espaço de plena aderência, em razão da própria natureza do objeto temático, contribuindo para a densificação dos princípios e do sentido dos institutos de proteção; para incorporação aos discursos de justificação, com vistas às construções legislativas e de políticas públicas; aos discursos de aplicação, nos desafios hermenêuticos do "Direito do Patrimônio", especialmente na interface com o Direito ambiental. Em

---

35 Hellinger, Bert. *Ordem do Amor:* um guia para o trabalho com constelações familiares. Tradução de: Newton Araújo Queiroz. São Paulo: Cultrix, 2007. p. 37.

36 Hellinger, Bert. *Ordem do Amor:* um guia para o trabalho com constelações familiares. Tradução de: Newton Araújo Queiroz. São Paulo: Cultrix, 2007.

37 Hellinger, Bert. *Ordem do Amor:* um guia para o trabalho com constelações familiares. Tradução de: Newton Araújo Queiroz. São Paulo: Cultrix, 2007.

consequência, acredita-se que o campo do patrimônio cultural possa constituir-se em base capaz de irradiar a importância da visão sistêmica para outras áreas do direito, uma vez que o fio de interligação sistêmica tem alcance muito mais geral.

Em síntese, a partir da lógica sistêmica, e dos pilares de sua sustentação (hierarquia – ordem de origem de vinculação ao sistema, ou na sucessão de sistemas hierarquia invertida, inclusão e equilíbrio), pode-se avançar na leitura dos princípios do campo temático do patrimônio para a compreensão dos paradoxos e desafios ai recorrentes, a partir da ideia de que o patrimônio, como legado, deve ser reverenciado, não há de ser simplesmente excluído para a ocupação pelo novo; não deve, porém, negar o presente, nem atravancar o futuro. Ao contrário, a experiência do passado precisa ser considerada e potencializada dentro da ideia de hierarquia, de solidariedade, de interligação e, na essência, de sustentabilidade.

Capítulo 5

Evolução da normatividade infraconstitucional da proteção ao patrimônio cultural no direito brasileiro com ênfase no instituto do tombamento

1. LEGISLAÇÃO FEDERAL

Múltiplas são as formas de proteção ao patrimônio cultural, incluindo aquelas de caráter *ex vi legis,* tais as que dispõem sobre a preservação de jazidas, de áreas de interesse cultural e ambiental, as que comunicam diretamente um dado regime de tratamento em razão de uma referência temporal ou da natureza do bem, entre outras, e as que demandam a atuação administrativa do Poder Público no sentido de trasladar, do plano normativo para o plano concreto, a genérica imposição de proteção, como o tombamento, cuja análise constitui o objeto central da pesquisa.

Buscar-se-á, neste capítulo, registrar, a título de referência legislativa infraconstitucional, os documentos que compuseram a linha de tempo da normatização da proteção ao patrimônio cultural no Brasil, ainda que correspondentes a simples normas de efeitos concretos, com destaque para aqueles que assumiram papel estrutural no sistema protecionista, apontando-se possíveis alterações ou revogações.

Naquele plano normativo, deve ser registrado, com precedência, o **Decreto n. 22.928, de 12 de julho de 1933,** do Presidente Getúlio Vargas, que atribuiu à cidade de Ouro Preto o título de monumento nacional; embora de efeitos concretos, o decreto coloca-se como primeira referência da normatividade interna tendo em vista a construção de um projeto de identidade do Estado-Nação.

A disciplina sistemática da preservação do patrimônio cultural foi inaugurada pela **Lei Federal n. 378, de 13 de janeiro de 1937,** que deu nova organização ao Ministério da Educação e Saúde Pública e criou o Serviço do Patrimônio Histórico e Artístico Nacional, com a finalidade de promover, em todo o País e de modo permanente, o tombamento, a conservação, o enriquecimento e o conhecimento do patrimônio histórico e artístico nacional.

Na sequência, superado o propósito imediato de organicidade e institucionalização, a matéria foi tratada, em toda a sua extensão, pelo **Decreto-Lei n. 25, de 30 de novembro de 1937,** marco legal que apropriou o conteúdo do projeto elaborado por Rodrigo de Melo Franco, à sua vez, inspirado no projeto de Mário de Andrade, cuja latitude fora reduzida e reconformada naquela versão conciliadora. Aprovada na Câmara dos Deputados, a matéria tramitava no Congresso Nacional quando da dissolução deste pelo Golpe de 37. Com tal medida, o projeto foi então adaptado e convertido em Decreto-Lei.

Com trinta artigos, alguns dos quais revogados, o mencionado Decreto-Lei define a organização da proteção do patrimônio histórico e artístico nacional, sendo esta a sua estrutura básica:

Capítulo I – Do Patrimônio Histórico e Artístico Nacional

Capítulo II – Do Tombamento

Capítulo III – Dos Efeitos do Tombamento

Capítulo IV – Do Direito de Preferência (Revogado)

Capítulo V – Disposições Gerais.

O referido Decreto-Lei, conquanto seja a principal referência normativa infraconstitucional no Brasil no campo da preservação do patrimônio cultural, não esgota a disciplina legislativa nesse campo. Ao contrário, cuidando dessa proteção, emparelha-se, ao longo do tempo, com uma série de normas esparsas vertidas à temática específica ou de outros sítios convergentes, e, mais recentemente, com as contidas no Estatuto da Cidade, que amplificam a tutela da cultura na sua expressão patrimonial. Comportando, também, proteção a certos bens do patrimônio natural, revela, neste particular, caráter complementar a um complexo e rico arcabouço normativo que compõe o sistema próprio de proteção à natureza, sob título do meio ambiente. O referido marco legal constitui-se em verdadeira âncora da política de proteção ao patrimônio, balizando, não sem embates jurídicos, a atuação estatal: em uma primeira fase, de salvamento de edificações civis e religiosas e de preservação de acervos; em fase intermediária, de regulação das pressões da industrialização e urbanização, tendo nele um contraponto como ordem limitadora das relações, tendo em vista especialmente a proteção dos conjuntos urbanos tombados e as ditas cidades históricas; e, na medida em que as sinalizações internacionais e a dinâmica interna mostram a necessidade de (re) semantização do patrimônio sob a perspectiva dos direitos culturais no bojo dos direitos humanos, a atuação estatal é desafiada, na linha de efetividade desses direitos, a uma articulação permanente dos múltiplos instrumentos de searas convergentes, inaugurando-se nova fase, sujeita a complexos significantes, incluídos os decorrentes da concepção democrática de Estado e de Direito. O tombamento passou a transitar em outras pautas, especialmente concorrendo com instrumentos do Direito Urbanístico, nas agendas de sustentabilidade e de qualidade das cidades, em torno de propósitos de interação das diversas dimensões funcionais e materiais do urbano com a cidade simbólica dos referentes culturais. Eis por que o marco normativo em comento passou a ser reinterpretado na sua conexão com os mais diversos normativos temáticos, com ênfase no Direito Urbanístico.

José Afonso da Silva,[1] analisando o referido Decreto-Lei sob o enfoque das relações com o Direito Urbanístico, recomendava a sua revisão com o objetivo de promover adequações aos novos conceitos de preservação e revitalização do patrimônio cultural urbanístico, reconhecendo que a tutela jurídica dos bens culturais ambientais, apesar de razoavelmente desenvolvida, encontrava-se fundada em legislação antiga e conceitualmente ultrapassada.

José Afonso da Silva[2] criticava ainda o fato de que as leis subsequentes se limitaram a adotar as normas do Decreto-Lei n. 25/37, sem levar em conta as pesquisas doutrinárias e técnicas mais modernas, notadamente na linha transitiva para o Direito Urbanístico, que delineiam conceitos evoluídos sobre o tema.

Em linha diversa, Sônia Rabello ressalta que o marco legal do tombamento, constituído pelo Decreto – Lei 25/1937, atravessa o tempo, mantendo sua atualidade, e afirma que ele se encontra "vigente até os dias de hoje, certamente em função da excelência do seu texto", considerando-o, por sua construção normativa, "quase perfeito".[3]

De fato, o referido Decreto-lei mantém-se como uma referência incontestável na disciplina da proteção ao patrimônio, tendo sido, em sua essência, recepcionado pela Constituição de 1988. É certo, também, que sob a nova ordem constitucional, o discurso de aplicação das normas sobre a proteção do patrimônio tem buscado explorar a sua plasticidade, ressemantizando conceitos e relendo o texto normativo por lentes atualizadas. Não há negar, contudo, a recorrência de dificuldades e conflitos apontando a necessidade de adequações e reformulações, especialmente, no tocante à

---

[1] SILVA, José Afonso da. *O direito urbanístico brasileiro*. São Paulo: Revista dos Tribunais, 1981. p. 510.

[2] SILVA, José Afonso da. *O direito urbanístico brasileiro*. São Paulo: Revista dos Tribunais, 1981. p. 510.

[3] RABELLO, Sônia. Tombamento e Legislação urbanística: competência e gestão. In: FERNANDES, Edésio; ALFONSIN, Betânia (coord.). *Revisitando o instituto do tombamento*. Belo Horizonte: Fórum, 2010. pp. 37-49.

processualidade e à nova concepção de patrimônio, entre outras questões, o que se evidencia à luz do avançado e inovador tratamento constitucional dado à matéria; de suplementos valiosos aportados por pesquisas contemporâneas em diversos campos, incluídos os recentes estudos jurídicos sobre novos conceitos e soluções no campo patrimonial oriundas de fontes supranacionais; e, igualmente, do imperativo de diálogo com outras disciplinas legais referentes a campos correlatos de aplicação, especialmente para que sejam incorporados avanços do Direito Urbanístico, introduzidos pelo Estatuto da Cidade Lei Federal n. 10.275, de 10 de julho de 2001.

Embora seja necessária a revisão do marco legal do tombamento, não se pode reconhecer o anacronismo do Decreto-Lei 25, cuja atualização, reitera-se, pode e deve ser feita também no campo da aplicação, dando-se-lhe interpretação conforme à Constituição e plasticidade necessária, notadamente tendo-se em conta o substrato cultural do objeto de sua regulação.

Levantar-se-ão, na sequência, as normas que adensaram o Decreto-Lei 25/37, instrumentalizaram a correspondente política estatal, incluídas algumas de efeitos concretos, ou especializaram o tratamento da proteção, com realce para as relativas ao patrimônio cultural.

O **Decreto-Lei n. 2.077, de 8 de março de 1940,** cria o Museu das Missões, em São Miguel das Missões – RS.

O **Decreto-Lei n. 2.809, de 23 de novembro de 1940,** dispondo sobre aceitação e aplicação de donativos particulares pelo Serviço do Patrimônio Histórico e Artístico Nacional, instituiu a colaboração voluntária do particular mediante doações para fins de preservação do patrimônio, reconhecendo ao SPHAN legitimidade para recebê-las e definindo diretrizes para aplicação dos recursos ou donativos e princípios de controle das contas referentes ao seu emprego.

O **Decreto-Lei n. 2.848, de 7 de dezembro de 1940,** que contém o Código Penal Brasileiro, no capítulo referente ao dano, inclui disposições que estabelecem sanções para infração de normas da legislação de proteção ao patrimônio histórico e artístico nacional, como a do art. 165, que tipifica como crime o atentado ao patrimônio cultural:

> "Art. 165. Destruir, inutilizar ou deteriorar coisa tombada pela autoridade competente em virtude de valor artístico, arqueológico ou histórico.
>
> Pena – detenção, de seis meses a dois anos, e multa".

O **Decreto-Lei n. 3.365, de 21 de junho de 1941,** estabelece, em seu art. 5º, o elenco de hipóteses ou finalidades que autorizam a desapropriação, entre elas prevendo aquelas voltadas para a tutela do patrimônio cultural:

> Art. 5º [...]
> k) a preservação e conservação dos monumentos históricos e artísticos, isolados ou integrados em conjuntos urbanos ou rurais, bem como as medidas necessárias a manter-lhes e realçar-lhes os aspectos valiosos ou característicos e, ainda, a proteção de paisagens e locais particularmente dotados pela natureza;
> l) a preservação e a conservação adequada de arquivos, documentos e outros bens imóveis de valor histórico ou artístico".

O Decreto-Lei n. 3.866, de 20 de novembro de 1941[4], estabelece a faculdade de cancelamento do ato de tombamento pelo Presidente da República por razão de interesse público, independentemente de parecer do órgão técnico indicando a solução.

Prevê o referido documento legal que, em grau de recurso, o Presidente, de ofício ou mediante provocação de qualquer interessado, desfaça o tombamento de qualquer bem inscrito pelo serviço do Patrimônio Histórico e Artístico Nacional, atual IPHAN.

Trata-se de norma polêmica, notadamente em contexto de redução da esfera de discricionariedade administrativa, e que recebe frequentes críticas dos setores técnicos da área patrimonial e de operadores do Direito, seja sob alegação de não recepção da norma pela Constituição de 1988 em face das estreitas hipóteses de decreto autônomo no Brasil, a teor do art. 84 da CF, seja pela invocação da norma constante do art. 225, III, da CF, que, em campo análogo, sujeita a decisão desconstitutiva ou alteradora do *status quo* de proteção à lei, seja, enfim, sob argumento de segurança jurídica. Não obstante isso, há defesa no sentido de que a norma em questão mantém-se em vigor.

A polêmica se instala sob alegação de substituição integral do juízo técnico do órgão oficial de proteção do patrimônio cultural pelo juízo político do Chefe da Nação, a quem se assegura o poder de avaliar a conveniência da permanência do ato inicial certamente em face de interesse público diverso e superveniente.

Na legislação portuguesa, observa-se a presença da desclassificação como mecanismo de controle da classificação para fins da proteção patrimonial. Entretanto, a medida portuguesa vincula-se às hipóteses legais que a autorizam e a parecer favorável do órgão técnico naquele sentido. A solução

---

4 Sobre a matéria foram colhidos subsídios de MARTINEZ, Mohine Almeida Costa.. Anotações da autora. BH: PucMinas, 2017.
A temática do cancelamento será objeto de aprofundamento no capítulo do Controle do Tombamento.

não apresentaa o nítido traço político que conforma o mecanismo estatal no direito interno. Não se vulnera, em última análise, a eficácia do ato de classificação no campo técnico, pelo menos no que diz respeito à sua permanência enquanto perdurarem as razões que motivaram a incidência do regime especial de proteção. Há, assim, traços distintitivos entre a desclassificação no Direito luso e cancelamento do tombamento na ordem brasileira, de índole marcadamente discricionária ou política.[5]

No Direito espanhol, o tombamento cautelar garante proteção do bem independentemente de sua sujeição formal a regime especial de proteção, seja *ex vi legis*, seja decorrente de provimento judicial ou de decisão administrativa; o instituto relativiza o controle político tal como adotado no Brasil.

Chama a atenção o fato de que a Lei Espanhola sobre patrimônio cultural, a de n. 16, de 25 de junho de 1989, estabelecer que o valor cultural do bem não precisa ser declarado por qualquer instância para que deva ser protegido, a teor do art. 12.

Da análise do cancelamento cuidar-se-á no capítulo específico do controle do tombamento.

Decreto-lei n. 4.146, de 4 de março de 1942 – Dispõe sobre a proteção de depósitos fossilíferos.

O **Decreto-Lei n. 8.534, de 2 de janeiro de 1946,** transformou o Serviço do Patrimônio Histórico e Artístico Nacional em Diretoria (DPHAN), descentralizou suas decisões, mediante a criação de quatro distritos – sediados em: Recife, Salvador, Belo Horizonte e São Paulo – e subordinou à Diretoria os Museus da Inconfidência, das Missões e do Ouro. Os referidos distritos envolviam vários Estados, salvo o terceiro, que se restringia a Minas Gerais.[6]

O **Decreto n. 20.303, de 2 de janeiro de 1946,** regulamentou o Decreto-Lei n. 25/37, aprovando o Regimento da Diretoria do Patrimônio Histórico e Artístico Nacional, do Ministério da Educação e Saúde.

Eis suas disposições no tocante à finalidade e à competência da Diretoria, conforme a publicação original:

---

5 SILVA, Júlia Alexim Nunes da. Tombamento e Classificação de Bens Culturais: Estudo Comparado entre Brasil e Portugal. Revista da Faculdade de Direito Brasileiro – RIDB. Faculdade de Direito de Lisboa. Ano2 (2013) n. 65733-5839 – ISSN: 2182-7567..

6 A Lei n. 8.029, de 12 de abril de 1990, que atribuiu a denominação de Instituto Brasileiro de Patrimônio Cultural – IBPC – ao sucessor do SPHAN foi alterada para restabelecimento do antigo nome institucional, não tendo impacto sobre o referido decreto-lei.

> "Capítulo I
>
> Da Finalidade e Competência
>
> Art. 1º A Diretoria do Patrimônio Histórico e Artístico Nacional, subordinada ao Ministro da Educação e Saúde, tem por finalidade inventariar, classificar, tombar e conservar monumentos, obras, documentos e objetos de valor histórico e artístico existentes no país, competindo-lhe promover:
>
> I – a catalogação sistemática e a proteção dos arquivos estaduais, municipais, eclesiásticos e particulares, cujos acervos interessem à história nacional e à história da arte no Brasil;
>
> II – medidas que tenham por objetivo o enriquecimento do patrimônio histórico e artístico nacional;
>
> III – a proteção dos bens tombados na conformidade do Decreto-Lei n. 25, de 30 de novembro de 1937, e, bem assim, a fiscalização sobre os mesmos, extensiva ao comércio de antiguidades e de obras de arte tradicional do país, para os fins estabelecidos no citado Decreto-Lei;
>
> IV – a coordenação e a orientação das atividades dos museus federais que lhe forem subordinados, prestando assistência técnica aos demais;
>
> V – o estímulo e a orientação, no país, da organização de museus de arte, história, etnografia e arqueologia; e
>
> VI – a realização de exposições temporárias de obras de valor histórico e artístico, assim como de publicações e quaisquer outros empreendimentos que visem difundir, desenvolver e apurar o conhecimento do patrimônio histórico e artístico nacional".

A disciplina nele contida é ampla, envolvendo, também, os museus subordinados àquela diretoria; cuida-se ainda, no referido regulamento, da especificação de atribuições dos diversos órgãos que a integram.

O Decreto n. 44.851, de 11 de novembro de 1958, ratifica a Convenção para a Proteção de Bens Culturais em Caso de Conflito Armado.

A **Lei Federal n. 3.924, de 25 de julho de 1961,** que dispõe sobre os sítios arqueológicos e pré-históricos do País, sujeita à guarda e à proteção do Poder Público os monumentos daquela natureza existentes no território nacional, bem assim os elementos que neles se encontrem, traçando todas as normas dessa proteção, desde a exclusão desses bens da propriedade da superfície, regida pelo direito comum, até as limitações à exploração e ao aproveitamento econômico.

Com efeito, a norma, categoricamente, prevê que a propriedade da superfície, regida pelo direito comum, não inclui a das jazidas arqueológicas ou pré-históricas, nem a dos objetos nela incorporados, diretriz que tem por objetivo submeter a controles específicos a exploração dos referidos bens culturais, condicionando-a a pesquisas científicas.

O diploma legal considera, outrossim, o ato que importa na destruição ou mutilação dos referidos bens (monumentos arqueológicos ou pré-históricos) crime contra o patrimônio nacional e, como tal, punível, de acordo com o disposto nas leis penais.

O aludido texto legal estabelece e disciplina a permissão para as escavações arqueológicas por particulares; condiciona à autorização as realizadas por instituições científicas especializadas da União, dos Estados e dos Municípios; e determina ao órgão ou à instituição do Patrimônio Histórico e Artístico Nacional manter cadastro das jazidas arqueológicas.

Dispõe, ainda, que a transferência desses objetos para o exterior não pode prescindir de licença do órgão do Patrimônio Histórico e Artístico, a par de definir rigoroso sistema de proteção para tais bens.

Verifica-se que, nesse caso, a preservação não se efetiva por meio do ato específico do tombamento, mas, mediante outras formas de intervenção do Estado na propriedade, sobretudo, como decorrência direta da lei, na vertente *ex vi legis*. que atrai imposições do poder de polícia e outras formas positivas de acautelamento.

A **Lei n. 4.717, de 29 de junho de 1965,** regulou a ação popular, instrumento processual colocado à disposição do cidadão para proteção ao interesse público ou tutela de interesse coletivo, por via do qual pleiteia a anulação ou a declaração de nulidade de atos lesivos ao patrimônio público, bem assim ressarcimento pelos prejuízos decorrentes. A lei estabelecia como pressupostos da ação a lesividade e a ilegalidade. A caracterização do último pressuposto fazia-se com base nas seguintes razões, consoante o art. 2º: a) incompetência; b) vício de forma; c) ilegalidade do objeto; d) inexistência dos motivos; e) desvio de finalidade.

A seguir, transcreve-se o comentário de Waldemar Mariz de Oliveira Júnior[7] sobre Ação Popular, sob a égide da Emenda Constitucional n. 1 de 1969, com o objetivo de evidenciar o contexto de consolidação de mecanismos processuais de tutela coletiva, que, evoluindo na efetividade de interesses difusos, ao depois, se colocaram na instrumentalidade do controle da proteção patrimonial:

---

7 OLIVEIRA JÚNIOR, Waldemar Mariz. *In:* Grinover, Ada Pellegrini (coord.). *A tutela dos interesses difusos*. São Paulo: Max Limonad, 1984,.pp. 13-4.

> "[...] no próprio direito brasileiro, podemos colher, aqui e acolá, alguns exemplos em que se configura, embora ainda de maneira incipiente, a tutela jurisdicional dos interesses coletivos. Assim, apontaremos casos extraídos da legislação pátria (civil e penal), bem como algumas tentativas de caráter prático feitas em nosso País, com aquele objetivo.
> Em primeiro lugar, apontaremos a ação popular, prevista pela Constituição Federal em seu art. 135, parágrafo 31 ('qualquer cidadão será parte legítima para propor ação popular que vise a anular atos lesivos ao patrimônio de entidades públicas'), regulamentada pela Lei n. 4.717, de 20 de junho de 1965. Evidentemente, o cidadão encontra-se legitimado para, em nome próprio, defender os direitos de uma coletividade, caracterizando-se aí a figura da substituição processual".

A partir de alterações introduzidas na disciplina legal da Ação Popular, os bens e direitos de valor econômico, artístico, estético ou histórico passaram a ser tratados, para os fins da tutela processual, como patrimônio público.

A **Lei n. 4.737, de 15 de julho de 1965,** que contém o Código Eleitoral, previa, no art. 328, sanção penal – detenção de até seis meses e pagamento de 40 a 90 dias/multa – para o infrator que escrevesse, assinalasse ou fizesse pinturas em muros, fachadas ou qualquer logradouro público, para fins de propaganda eleitoral, empregando qualquer tipo de tinta, piche, cal ou produto semelhante. Elevava, porém, a pena, estabelecendo o mínimo de seis meses e o máximo de dois anos e pagamento de 40 a 90 dias/multa se a inscrição fosse realizada em qualquer monumento, ou em coisa tombada pela autoridade competente em virtude de seu valor artístico, arqueológico ou histórico. A norma apenas secundava disposição do Código Penal (art. 165) que tipificava como crime de dano a ação lesiva à coisa de valor artístico, arqueológico ou histórico e, igualmente, tratava, no art. 329, de outro tipo penal. A Lei 9.504, de 30 de setembro de 1997, revogou os dispositivos, estabelecendo outras normas sobre propaganda, sem, contudo, prever regramento específico sobre propagandas em monumentos históricos ou culturais.

A **Lei n. 4.771, de 15 de setembro de 1965,** instituiu o Código Florestal, que sucedeu ao de 1934, baixado pelo Decreto n. 23.793, de 23 de janeiro de 1934, norma que não foi suficientemente intervencionista para garantir a eficácia da proteção. Estabeleceu o Código de 1965 uma série de restrições à propriedade, com vistas principalmente à proteção dos recursos florestais: considerava as florestas existentes no território nacional um conjunto de bens de interesse comum a todos os habitantes do País; instituía as florestas de preservação permanente; disciplinava a criação de florestas públicas e definia normas de preservação da flora e fauna ameaçadas de extinção mediante a previsão de criação de parques nacionais, estaduais e municipais, e, por fim, editava normas de proteção aos sítios de valor científico e histórico.

O Código de 1965 foi revogado pela Lei n. 12.651, de 25 de janeiro de 2012, que instituiu o novo Código Florestal. Neste, criou-se a chamada cota de reserva ambiental – CRA, título nominativo representativo da área com vegetação nativa, existente ou em processo de recuperação, sob a forma de servidão ambiental, protegida como reserva particular natural – RPPN, entre outras cautelas (art. 44). Foram tratadas, também, as áreas urbanas tombadas (art. 65, § 3º), especialmente inseridas em processo de reurbanização de núcleos urbanos informais.

A **Lei n. 4.845, de 19 de novembro de 1965,** proíbe a saída, para o exterior, de obras de arte e ofícios produzidos no País até o fim do período monárquico, abrangendo pinturas, desenhos, esculturas, gravuras, elementos de arquitetura, obras de talha, imaginária, ourivesaria, mobiliário e outras modalidades. O referido marco estende a proteção ainda às obras de Portugal incorporadas ao meio nacional nos períodos colonial e imperial e, também, às demais que, mesmo produzidas no estrangeiro, estejam ligadas a personalidades e história brasileiras. Faz uma exceção, para fins de intercâmbio cultural, para as que se destinam a exposições temporárias, mediante autorização do órgão competente da administração federal. Comina pena de sequestro dos bens nos casos de infração da lei.

O diploma legal consagra limitação ao uso e à disposição da propriedade, decorrendo diretamente de seus dispositivos restrições à circulação de determinados bens, limitações que, embora guardem alguma semelhança com as do regime do tombamento, apresentam distinções. A norma não foi revogada.

O Decreto n. 58.054, de 23 de março de 1966, promulgou a Convenção para a Proteção da Flora, da Fauna e das Belezas Cênicas dos Países da América, de 1940, com o que passou a referida norma transnacional a figurar como fonte formal de direito no Brasil, no tocante à matéria nela tratada.

Firmada em 12 de outubro de 1940, a mencionada convenção teve como signatários Bolívia, Cuba, El Salvador, Nicarágua, Peru, República Dominicana, Estados Unidos da América, Venezuela, Equador; ratificada pelo Brasil, foi aprovada pelo Decreto Legislativo n. 3, de 13 de fevereiro de 1948, e, na sequência, promulgada pelo já citado decreto.

Por meio da Convenção, os governos contratantes comprometeram-se a promover estudos visando à criação, dentro de seus respectivos países, de parques, monumentos naturais e reservas nacionais e de regiões virgens, obrigando-se a promovê-la logo que, na opinião das autoridades do país, as circunstâncias o permitissem, notificando a União Panamericana das providências adotadas a este respeito. A referida convenção consagrou, ainda, uma série de outras normas de proteção, entre as quais se incluíam as atinentes a exportações de bens culturais.

No cumprimento da pactuação, várias normas infralegais foram editadas, como a Portaria n. 3481 – DN, de 31 de maio de 1973, do Instituto Brasileiro de Desenvolvimento Florestal, além de iniciativas diversas no sentido de constituição de parques e de outras modalidades de unidades de proteção ou conservação.

A **Lei n. 5.471, de 9 de junho de 1968,** dispôs sobre a exportação de livros antigos e conjuntos bibliográficos brasileiros, proibiu a exportação de bibliotecas e acervos documentais constituídos de obras brasileiras ou sobre o Brasil adotadas no período entre os séculos XVI e XIX, incluindo na proibição a exportação de obras, documentos desmembrados dos conjuntos bibliográficos e coleções de periódicos com mais de dez anos de publicação, bem como quaisquer originais e cópias antigas de partituras musicais.

O **Decreto n. 65.347, de 13 de outubro de 1969,** regulamentou a Lei n. 5.471, de 9 de julho de 1968, supramencionada.

A **Lei n. 5.988, de 14 de dezembro de 1973,** disciplinando os direitos autorais, assegurou ao autor, entre outros direitos, o de questionar ato de particular ou do Poder Público que desnature, danifique ou modifique obras de sua autoria, consoante dispõe o seu art. 25, IV, parágrafo 1º. A referida lei foi revogada pela de n. 9.610, de 19 de fevereiro de 1998, ressalvando-se as disposições do art. 17 e de seus parágrafos 1º e 2º.

O **Decreto n. 72.312, de 31 de maio de 1973,** promulgou a Convenção da Unesco sobre Medidas a serem adotadas para Proibir e Impedir a Importação, Exportação e Transferência de Propriedade Ilícitas dos Bens Culturais, de 1972.

A **Lei n. 6.292, de 15 de dezembro de 1975,** tornou obrigatória a homologação de tombamentos e de seus cancelamentos no âmbito do Iphan pelo Ministro da Educação e Cultura.[8]

A partir do advento dessa lei, a competência do IPHAN sofreu restrição: o tombamento, que até então era ultimado nos limites do colegiado

8 *IPHAN – Instituto do Patrimônio Histórico e Artístico Nacional. Disponível em: <http://portal.iphan. gov.br/pagina/detalhes/1211>. Acesso em: 21 set. 2017.*

competente, passou a ser feito pelo Instituto em caráter provisório, ficando a sua definitividade condicionada ao pronunciamento favorável da autoridade homologante, à vista do parecer do órgão consultivo. A negativa de homologação, quer por vício de legalidade, quer por razão de mérito, no âmbito da chamada auto-tutela, traz como consequência o cancelamento do tombamento provisório, voltando o bem ao seu *status quo*. A homologação prevista nessa lei, seguida do registro no livro do tombo, desta forma, implementa a eficácia do ato, ressalvadas, todavia, as hipóteses de recurso provido e de ausência de registro em cartório, quando exigidas.

Instituiu-se, assim, ato de controle interno do tombamento, administrativo ou político.

Conquanto se verifique em legislações estrangeiras a homologação ministerial como requisito de eficácia do ato, justifica-se a polêmica em torno da discussão acerca da adequação desse procedimento ao instituto do tombamento, ligado fortemente a fatores técnicos.

O **Decreto n. 80.978, de 12 de dezembro de 1977,** promulgou a Convenção relativa à Proteção do Patrimônio Mundial, Cultural e Natural, de 1972, adotada em Paris durante a XVII Sessão da Conferência Geral da Organização das Nações Unidas para a Educação, a Ciência e a Cultura – UNESCO. O documento internacional, de amplo alcance e significado na política patrimonial, é objeto de análise mais detida em capítulo próprio.

A **Lei n. 6.513, de 20 de dezembro de 1977,** dispôs sobre a criação de áreas especiais, de locais de interesse turístico e de inventários – com finalidades turísticas – a cargo da Empresa Brasileira de Turismo – EMBRATUR – dos bens de valor cultural e natural; acrescentou inciso ao art. 2º da Lei n. 4.132, de 10 de setembro de 1962; incorporou dispositivo à Lei n. 4.717, de 29 de junho de 1965, nos termos do art. 33, para incluir os bens de valor turístico no rol daqueles que integram o patrimônio público, com vistas à proteção por meio de Ação Popular.

Centrado no fomento ao turismo e atento aos imperativos de tutela do meio ambiente natural e cultural, cuidou o legislador de enumerar as tipologias de bens mais compatíveis com as atividades do setor, considerando de interesse turístico as áreas especiais e os locais assim instituídos, bem como os bens de valor cultural e natural protegidos pela legislação própria e, especialmente:

> "I – os bens de valor histórico, artístico, arqueológico ou pré-histórico;
> II – as reservas e estações ecológicas;

> III – as áreas destinadas à proteção de recursos naturais renováveis;
> IV – as manifestações culturais ou etnológicas e os locais onde elas ocorram;
> V – as paisagens notáveis;
> VI – as localidades e os acidentes naturais adequados ao repouso e à prática de atividades recreativas, desportivas ou de lazer; VII – as fontes hidrominerais aproveitáveis;
> VIII – as localidades que apresentem condições climáticas especiais;
> IX – outros que venham a ser definidos, na forma da lei".

Além de enumerá-los, o aludido marco legal avançou, estabelecendo normas disciplinadoras do uso e da ocupação desses bens, prevendo mecanismos de proteção do patrimônio natural e cultural e enfatizando a importância da criação de áreas especiais, ou assemelhadas, para gestão articulada de múltiplos interesses de proteção.

Nesse sentido, a criação de áreas especiais de interesse turístico foi prevista com o objetivo de dinamizar o turismo e proteger os recursos naturais, tendo em conta o equilíbrio ecológico e a garantia de proteção do patrimônio cultural. A ação governamental ali disciplinada foi atribuída a múltiplos órgãos ou entidades: Ministério da Indústria e Comércio; Ministério da Educação e Cultura; Ministério da Agricultura; Ministério do Interior; Empresa Brasileira de Turismo – EMBRATUR –; Instituto do Patrimônio Histórico e Artístico Nacional – IPHAN –; Instituto Brasileiro de Desenvolvimento Florestal – IBDF –; Secretaria Especial do Meio Ambiente – SEMA –; Comissão Nacional de Regiões Metropolitanas e de Política Urbana – CNPU –, organismo interministerial; e a Superintendência do Desenvolvimento da Pesca – SUDEPE – Ministério da Agricultura. Chama-se a atenção para o fato de que alguns desses órgãos sofreram modificações, seja na denominação, seja nas suas competências. Outros foram extintos ou reestruturados.

A lei previu, com destaque, entre as atribuições da EMBRATUR, a de promover entendimentos com os demais órgãos e entidades para a definição dos bens culturais e naturais protegidos apropriados para a utilização turística, bem assim dos usos turísticos com eles compatíveis.

A **Lei n. 6.757, de 17 de dezembro de 1979,** autorizou o Poder Executivo a instituir a Fundação Nacional Pró-Memória, vinculada ao Ministério de Educação e Cultura – MEC –, com personalidade jurídica de direito privado, para contribuir para o inventário, a classificação, a conservação, a proteção, a restauração e a revitalização dos bens de valor cultural e natural existentes no País. A fundação, no quadro institucional brasileiro, foi até sua extinção, em 1990, a organização responsável por dinamizar a política de captação de recursos para utilização em projetos da seara cultural.

O **Decreto n. 84.396, de 16 de janeiro de 1980,** aprovou o Estatuto da Fundação Nacional Pró-Memória e autorizou o Ministério da Fazenda a transferir àquela Fundação a administração e a exploração dos próprios nacionais que se encontravam arrendados ou alugados a terceiros.

O **Decreto n. 85.118, de 3 de setembro de 1980,** aprovou o III Plano Básico de Desenvolvimento Científico e Tecnológico – PBDET, no qual se deu ênfase à educação e à cultura, definidas como prioridades no processo de desenvolvimento global.

O **Decreto n. 5.819, de 24 de fevereiro de 1981,** criou o Grupo de Trabalho para Preservação do Patrimônio Histórico, Artístico, Urbanístico e Paisagistico de Brasília – GT Brasília – composto por representantes da Secretaria do Patrimônio Histórico e Artístico Nacional e Fundação Nacional Pró-Memória (Sphan/Pró-Memória), do Governo do Distrito Federal e da Universidade de Brasília, com a finalidade de estudar, propor e adotar medidas que visem à preservação do patrimônio histórico e cultural de Brasília.[9]

A **Lei n. 6.902, de 27 de abril de 1981,** disciplinou a criação de estações ecológicas e áreas de proteção ambiental.

O **Decreto n. 86.176, de 6 julho de 1981,** regulamentou a Lei n. 6.513, de 20 de dezembro de 1977, sobre a criação de áreas especiais e de locais de interesse turístico.

A **Lei n. 6.938, de 31 de agosto de 1981,** apenas aqui citada pela correlação da matéria nela tratada com a objeto deste estudo, estabeleceu a Política Nacional do Meio Ambiente, seus fins e mecanismos de formulação e aplicação; criou o Conselho Nacional do Meio Ambiente e instituiu o Cadastro Técnico Federal de Atividades e Instrumentos de Defesa Ambiental, tendo sofrido algumas alterações.

A **Lei n. 7.347, de 24 de junho de 1985,** instrumento legal dos mais profícuos, disciplinou a Ação Civil Pública, conferindo legitimidade a entidades públicas e particulares para agirem processualmente na defesa do patrimônio cultural, do meio ambiente e do consumidor, contra danos a eles causados, sem prejuízo da Ação Popular.

Da versão original do art. 5° da referida lei, extraía-se o seguinte comando aplicável à Ação Civil Pública como mecanismo para proteção do patrimônio cultural:

---

9 IPHAN – Instituto do Patrimônio Histórico e Artístico Nacional. Disponível em: <http://portal.iphan. gov.br/pagina/detalhes/1211>. Acesso em: 21 set. 2017.

> "A ação principal e a cautelar poderão ser propostas pelo Ministério Público, pela União, pelos Estados e Municípios. Poderão também ser propostas por autarquia, empresa pública, fundação, sociedade de economia mista ou por associação que: I – esteja constituída há pelo menos um ano, nos termos da lei civil; II – inclua, entre suas prioridades institucionais, a proteção ao meio ambiente, ao consumidor, ao patrimônio artístico, estético, histórico, turístico e paisagístico".

O referido dispositivo sofreu várias alterações, passando a vigorar com a seguinte redação, na qual se amplia o escopo da Ação Civil Pública e se definem novas regras de legitimação. Eis a nova redação do artigo mencionado:

> "Art. 5º Têm legitimidade para propor a ação principal e a ação cautelar: (Redação dada pela Lei n. 11.448, de 2007) (Vide Lei n. 13.105, de 2015) I – o Ministério Público; (Redação dada pela Lei n. 11.448, de 2007). II – a Defensoria Pública; (Redação dada pela Lei n. 11.448, de 2007) III – a União, os Estados, o Distrito Federal e os Municípios; (Incluído pela Lei n. 11.448, de 2007) IV – a autarquia, empresa pública, fundação ou sociedade de economia mista; (Incluído pela Lei n. 11.448, de 2007) V – a associação que, concomitantemente: (Incluído pela Lei n. 11.448, de 2007) a) esteja constituída há pelo menos 1 (um) ano nos termos da lei civil; (Incluído pela Lei n. 11.448, de 2007) b) inclua, entre suas finalidades institucionais, a proteção ao patrimônio público e social, ao meio ambiente, ao consumidor, à ordem econômica, à livre concorrência, aos direitos de grupos raciais, étnicos ou religiosos ou ao patrimônio artístico, estético, histórico, turístico e paisagístico. (Redação dada pela Lei n. 13.004, de 2014). § 1º O Ministério Público, se não intervier no processo como parte, atuará obrigatoriamente como fiscal da lei. § 2º Fica facultado ao Poder Público e a outras associações legitimadas nos termos deste artigo habilitar-se como litisconsortes de qualquer das partes. § 3º Em caso de desistência infundada ou abandono da ação por associação legitimada, o Ministério Público ou outro legitimado assumirá a titularidade ativa. (Redação dada pela Lei n. 8.078, de 1990). § 4.º O requisito da pré-constituição poderá ser dispensado pelo juiz, quando haja manifesto interesse social evidenciado pela dimensão ou característica do dano, ou pela relevância do bem jurídico a ser protegido. (Incluído pela Lei nª 8.078, de 11.9.1990). § 5.º Admitir-se-á o litisconsórcio facultativo entre os Ministérios Públicos da União, do Distrito Federal e dos Estados na defesa dos interesses e

> direitos de que cuida esta lei. (Incluído pela Lei nª 8.078, de 11.9.1990). § 6° Os órgãos públicos legitimados poderão tomar dos interessados compromisso de ajustamento de sua conduta às exigências legais, mediante cominações, que terá eficácia de título executivo extrajudicial. (Incluído pela Lei nª 8.078, de 11.9.1990)".[10]

A referida lei define como objeto da Ação Civil a condenação em dinheiro ou o cumprimento de obrigação de fazer, ou não fazer, *ex-vi do* disposto no art. 3°. Prevê a possibilidade de ação cautelar, objetivando evitar o dano, nos termos do art. 4°.

A disciplina da Ação Civil Pública de responsabilidade por danos, prevista na lei, constituiu grande avanço na tutela dos interesses coletivos; o rigor de sua concepção e a sua prática elevaram-na à condição de mais eficiente mecanismo de proteção dos interesses difusos, sobretudo pela série de mecanismos acautelatórios que disponibiliza aos interessados e de que podem lançar mão para não terem frustrado seu intento de acionar.

Na mesma linha, está previsto, no art. 13, o Fundo de Reconstituição de Bens Lesados, destinado à reparação dos danos causados ao meio ambiente, ao consumidor, a bens e direitos de valor artístico, estético, histórico, turístico e paisagístico, entre outros protegidos pela referida lei.

O Fundo para Reconstituição de Bens Lesados, de que trata a Lei n. 7.347, de 24/7/85, foi inicialmente regulamentado pelo **Decreto n. 92.302, de 16 de janeiro de 1986,** o qual definia que o Fundo seria constituído pelas indenizações decorrentes de condenações por danos mencionados no art. 1° e de multas advindas do descumprimento de decisões judiciais, doações de pessoas físicas ou jurídicas, nacionais ou estrangeiras. O decreto original foi revogado pelo de n. 407, de 27 de dezembro de 1991, à sua vez, revogado pelo de n. 1.306, de 9 de novembro de 1994, que regulamentou o Fundo de Defesa de Direitos Difusos, de que tratam os arts. 13 e 20 da Lei n. 7.347, de 24 de julho de 1985, entre outras providências. Eis a redação do art. 1° do Decreto n. 1.306/94:

> "O Fundo de Defesa de Direitos Difusos (FDD), criado pela Lei n. 7.347, de 24 de julho de 1985, tem por finalidade a reparação dos danos causados ao meio ambiente, ao consumidor, a bens e direitos de valor artístico, estético, histórico, turístico, paisagístico, por infração à ordem econômica e a outros interesses difusos e coletivos".

---

10 *Lei n. 11.448 de 15 de janeiro de 2007 altera o art. 5o da Lei n. 7.347, de 24 de julho de 1985, que disciplina a ação civil pública, legitimando para sua propositura a Defensoria Pública.* Disponível em: <http://www.planalto.gov.br/ccivil_03/_ato2007-2010/2007/lei/l11448.htm>. Acesso em: 1 mar. 2019.

O **Decreto n. 91.873, de 4 de novembro de 1985,** fixando novas atribuições ao Conselho de Direito Autoral, previa que a ele competia, entre outras funções, a de impedir a destruição, danificação ou deturpação de obras intelectuais, a fim de evitar prejuízos culturais, morais ou patrimoniais, tanto coletivos quanto individuais, mediante medidas legais cabíveis.

A **Lei n. 7.505, de 2 de julho de 1986,** também conhecida como Lei Sarney, dispôs sobre benefícios fiscais referentes ao imposto de renda concedidos a operações de caráter cultural ou artístico. Trata-se de uso da parafiscalidade para viabilizar, no âmbito da atividade administrativa, fomento social na área cultural.

A **Lei n. 7.542, de 26 de setembro de 1986,** dispôs sobre a pesquisa, exploração, remoção, demolição de coisas ou bens afundados, submersos, encalhados e perdidos em águas sob a jurisdição nacional, em terreno de marinha e seus acrescidos e em terrenos marginais, em decorrência de sinistro, alijamento ou fortuna do mar, e dá outras providências. O texto legal sofreu alteração por força da Lei 10.166/2000.

Decreto n. 95.733, de 12 de fevereiro de 1988 – Dispõe sobre a inclusão, no orçamento dos projetos e obras federais, de recursos destinados a prevenir ou corrigir os prejuízos de natureza ambiental, cultural e social decorrentes da execução desses projetos e obras.

Na década de 90, destaca-se a legislação relacionada com a Reforma Administrativa Federal, por via da qual se deram a criação e a regulamentação do Instituto Brasileiro de Patrimônio Cultural – IBPC –, em substituição ao SPHAN, bem assim do Instituto Brasileiro de Arte e Cultura – IBAC –, e a extinção da Fundação Pró-Memória: **Lei n. 8.029, de 12 de abril de 1990,** que atribuiu a denominação de Instituto Brasileiro de Patrimônio Cultural – IBPC – ao sucessor do SPHAN; **Medida Provisória n. 206, de 8 de agosto de 1990,** sucessivamente reeditada e posteriormente convertida na **Lei n. 8.113, de 12 de dezembro de 1990; Decretos n. 99.492, de 3 de setembro de 1990, 99.601, de 13 de outubro de 1990, e 99.602, de 13 de outubro de 1990.**

Decreto n. 99.556, de 1º de outubro de 1990 – Dispõe sobre a proteção das cavidades naturais subterrâneas existentes no território nacional, e dá outras providências.

A **Lei n. 8.159, de 8 de janeiro de 1991,** dispõe sobre a política nacional de arquivos públicos e privados e dá outras providências.

A **Lei n. 8.313, de 23 de dezembro de 1991,** Lei Rouanet, restabeleceu os princípios da Lei 7505, de 2 de julho de 1986, e instituiu o Programa de Apoio à Cultura Nacional (Pronac), com o objetivo de promover a captação de recursos para fomentar projetos de preservação do patrimônio cultural.

Decreto n. 520, de 13 de maio de 1992 – Institui o Sistema Nacional de Bibliotecas Públicas, e dá outras providências.

A **Lei n. 8.490, de 19 de novembro de 19 92,** transformou a Secretaria de Cultura da Presidência da República em Ministério da Cultura.

A **Medida Provisória n. 610, de 8 de setembro de 1994,** sucessivamente reeditada e substituída pela **Medida Provisória n. 752, de 6 de dezembro de 1994,** restabeleceu as denominações Instituto do Patrimônio Histórico e Artístico Nacional – IPHAN – e Fundação Nacional de Artes – FUNARTE – respectivamente, para o Instituto Brasileiro de Patrimônio Cultural – IBPC – e o Instituto Brasileiro de Arte e Cultura – IBAC.

Decreto 1.306, de 9 de novembro de 1994 – Regulamenta o Fundo de Defesa de Direitos Difusos, de que tratam os arts.13 e 20 da **Lei n. 7.347, de julho de 1985,** seu conselho gestor, e dá outras providências.

Decreto n. 2.134, de 24 de janeiro de 1997 – Regulamenta o art. 23 da Lei n. 8.159, de 8 de janeiro de 1991, que dispõe sobre a categoria dos documentos públicos sigilosos e o acesso a eles, e dá outras providências.

A **Lei Federal n. 9.605, de 12 de fevereiro de 1998,** incluiu entre os tipos penais os crimes contra o ordenamento urbano e o patrimônio cultural (artigos 62 a 65), equiparando-os aos crimes ambientais. O art.67, à sua vez, estabelece os crimes contra a administração ambiental, a envolver como sujeito ativo o funcionário público, entre os quais tipifica "conceder o funcionário público licença, autorização ou permissão em desacordo com as normas ambientais, para atividades, obras ou serviços cuja realização depende de autorizativo do Poder Público".

Lei n. 9.795, de 27 de abril de 1999 – Dispõe sobre educação ambiental, institui a Política Nacional de Educação Ambiental, e dá outras providências.

Decreto n. 29.42?, de 18 de janeiro de 1999 – Regulamenta os arts. 7°, II, e 16 da Lei n. 8159, de 8 de janeiro de 1991, que dispõe sobre a política nacional de arquivos públicos e privados e dá outras providências.

Decreto n. 3.166, de 14 de setembro de 1999 – Promulga a Convenção da UNIDROIT sobre Bens Culturas Furtados ou Ilicitamente Exportados, concluída em Roma, em 24 de junho de 1995.

Decreto n. 3.179, de 21 de setembro de 1999 – Dispõe sobre a especificação das sanções aplicáveis às condutas e atividades lesivas ao meio ambiente, e dá outras providências.

Lei n. 9.985, de 18 de julho de 2000. Lei do Sistema Nacional de Unidades de Conservação da Natureza – Lei SNUC -

Regulamenta o art. 225, § 1º, incisos II, III,e VII, da Constituição Federa, institui o Sistema Nacional de Unidades de Conservação da Natureza, e dá outras providências (Cf. Art. 4º, VIII)

Decreto Federal n. 3.551, de 04 de agosto de 2000.

Em 1997, um importante Congresso fora realizado em Fortaleza, sob a denominação "Patrimônio Imaterial: estratégias e formas de proteção", tendo discutido os instrumentos legais e administrativos de preservação dos bens culturais de natureza imaterial. Em 1988, haviam sido criados a Comissão Interinstitucional para elaboração da proposta de regulamentação do Registro de bens culturais de natureza imaterial e o Grupo de Trabalho Patrimônio Imaterial (GTPI) para assessorar a Comissão.

Reunindo suplementos colhidos no referido evento e, especialmente, no âmbito da Comissão Interinstitucional, editou-se o **Decreto Federal n. 3.551, de 04 de agosto de 2000,** que "institui o Registro de Bens Culturais de Natureza Imaterial que constituem patrimônio cultural brasileiro, cria o Programa Nacional do Patrimônio Imaterial-PNPI – e dá outras providências". O documento normativo refere-se aos saberes, formas de expressão, celebrações e lugares que constituem o patrimônio imaterial. A norma, conquanto recente, vêm sendo aplicada com êxito na proteção dos bens intangíveis; está, contudo, a merecer estudos mais aprofundados, especialmente, no tocante aos efeitos do registro.

O Programa Nacional do Patrimônio Imaterial criado pelo decreto teve início de implementação em 2001, com o projeto Celebrações e Saberes da Cultura Popular, desenvolvido pelo Centro Nacional de Folclore e Cultura Popular (CNFCP).[11]

Os primeiros planos de salvaguarda de bens registrados foram implementados em 2005, constituindo apoio e fomento a fatos culturais aos quais são atribuídos sentidos e valores de referência e "identidade para grupos sociais envolvidos e que são registrados como patrimônio cultural brasileiro, conforme estabelecido no Decreto n. 3.551, de 4 de agosto de 2000".[12]

Lei 10.166, de 27 de dezembro de 2000 – Altera a **Lei n. 7.542, de 26 de setembro de 1986,** que dispõe sobre a pesquisa, exploração, remoção e

---

11 IPHAN – Instituto do Patrimônio Histórico e Artístico Nacional. Disponível em: <http://portal.iphan. gov.br/pagina/detalhes/1211>. Acesso em: 21 set. 2017.

12 IPHAN – Instituto do Patrimônio Histórico e Artístico Nacional. Disponível em: <http://portal.iphan. gov.br/pagina/detalhes/1211>. Acesso em: 21 set. 2017.

demolição de coisas ou bens afundados, submersos, encalhados e perdidos em águas sob jurisdição nacional, em terreno de marinha e seus acrescidos e em terrenos marginais, em decorrência de sinistro, alijamento ou fortuna do mar, e dá outras providências.

Em 2001, foi editado o Estatuto da Cidade, a **Lei n. 10.257, de 10 de julho de 2001.** O marco legal urbanístico, a despeito de ser um privilegiado objeto de estudo na pauta brasileira, ainda não foi exaustivamente analisado pelos veios de suas conexões com a disciplina da proteção patrimonial, especialmente para associação de mecanismos como os de impactos de vizinhança, operação urbana consorciada, transferência do direito de construir, zoneamentos, entre tantos outros que se apresentam como pontos de contato das ordens urbanística e patrimonial, ambas referenciadas pela propriedade de função social.

O **Decreto n. 3.912, de 10 de setembro de 2001,** regulamentou as disposições relativas ao processo administrativo para identificação dos remanescentes das comunidades de quilombos e para o reconhecimento, a delimitação, a titulação e o registro imobiliário das terras por ele ocupadas.

Decreto n. 4.073, de janeiro de 2002 – Regulamenta a **Lei n. 8.159, de 8 de janeiro de 1991,** que dispõe sobre a política nacional de arquivos públicos e privados.

Decreto n. 4.281, de 25 de junho de 2002 – Regulamenta a Lei 9.795, de 27 de abril de 1999, que institui a Política Nacional de educação Ambiental, e dá outras providências.

Lei n. 10.413, de 12 de março de 2002 – Determina o tombamento dos bens culturais das empresas incluídas no Programa Nacional e Desestatização.

Decreto n. 4.887, de 20 de novembro de 2003 – Regulamenta o procedimento para identificação, reconhecimento, delimitação, demarcação e titulação das terras ocupadas por remanescentes das comunidades dos quilombos de que trata o art. 68 do Ato das Disposições Constitucionais Transitórias. (O Decreto n. 4.887/2003 revogou o de n. 3.912/2001)

Decreto n. 5.264, de 5 de novembro de 2004 – Institui o Sistema Brasileiro de Museus e dá outras providências. (**Revogado pelo Decreto n. 8124, de 17 de outubro de 2013**).

Lei n. 10.994, de 14 de dezembro de 2004 – Dispõe sobre o depósito legal de publicações na Biblioteca Nacional, e dá outras providências.

O **Decreto n. 5.753, de 12 de abril de 2006,** promulgou a Convenção para a Salvaguarda do Patrimônio Imaterial, adotada em Paris, em 17 de outubro de 2003, e aprovada em 3 de novembro de 2003.

A **Lei n. 11.483, de 31 de maio de 2007,** dispôs sobre a revitalização do setor ferroviário, atribuindo ao IPHAN a preservação da Memória Ferroviária da RFFSA.

Em 23 de março de 2007, foi publicada a **Resolução n. 001/2007 IPHAN,** aprovada, em 3 de agosto de 2006, pelo Instituto, tratando da elegibilidade e seleção de bens culturais imateriais, bem como dos procedimentos a serem observados na proposição e preparação de dossiês de candidaturas para a inscrição na Lista Interna dos Bens em situação de Necessidade de Salvaguarda Urgente e na lista representativa da referida modalidade patrimonial.

Em 2009, foi publicada a **Portaria n. 127, de 30 de abril de 2009, do IPHAN,** que estabeleceu normas técnicas sobre a chancela da Paisagem Cultural como instrumento de preservação.

Em 2010, foram enviadas à UNESCO as primeiras candidaturas brasileiras às listas de que trata a Convenção para a Salvaguarda do Patrimônio Cultural Imaterial.

Ainda no mesmo ano, o **Decreto n. 7387, de 9 de dezembro de 2010,** instituiu o Inventário Nacional de Diversidade Linguística (INDL), como instrumento de identificação, documentação e reconhecimento das línguas faladas no Brasil.

A **Lei Complementar n. 140, de 8 de dezembro de 2011,** fixou normas, com fulcro no art. 23, *caput*, incisos III, IV e VII, e parágrafo, da Constituição Federal, para a cooperação entre a União, os Estados, o Distrito Federal e os Municípios, no tocante a ações administrativas decorrentes do exercício da competência comum relativa à proteção das paisagens naturais notáveis, à proteção do meio ambiente, ao combate à poluição em qualquer de suas formas e à preservação das florestas, da fauna e da flora. A citada lei alterou também a Lei n. 6.938, de 31 de agosto de 1981.[13]

Em 2012, o Brasil, que conseguiu empreender avanços na valorização de suas paisagens, seja no plano normativo, seja do ponto de vista metodológico de sua avaliação e tratamento, foi reconhecido pelo seu patrimônio paisagístico, com a inscrição do "Rio de Janeiro: Paisagens cariocas entre a montanha e o mar" na Lista de Paisagens de Valor Universal da Unesco. Foi a primeira área urbana no mundo a ser reconhecida em seu valor universal por sua paisagem.

---

13 BRASIL. *Lei complementar 140*. 8 de dezembro de 2011. Disponível em: <http://www.planalto.gov.br/ccivil_03/leis/LCP/Lcp140.htm>. Acesso em: 28 set. 2017.

O **Decreto n. 9.238, de 15 de dezembro de 2017,** aprova a Estrutura Regimental e o Quadro Administrativo dos Cargos em Comissão e Funções de Confiança do IPHAN, e dá outras providências.

Anota-se, a título de complementação, a contribuição de Vera Americano Bueno, sob o título "Patrimônio Cultural Brasileiro e Legislação: um panorama".[14] Na mesma vertente, registra-se a referência da publicação oficial do IPHAN intitulada "Coletânea de Leis sobre Preservação do Patrimônio".[15]

Por fim, enumeram-se, em ordem cronológica, documentos normativos editados no âmbito do sistema de proteção sob a modalidade de portarias, reunindo importante disciplina de lastro operacional, ainda em vigor: Portaria n 10, de 10 de setembro de 1986, da Secretaria do Patrimônio Histórico e Artístico Nacional – SPHAN – (Determina os procedimentos a serem observados nos processos de aprovação de projetos a serem executados em bens tombados pela SPHAN ou nas áreas de seus respectivos entornos); Portaria n. 11, de 11 de setembro de 1986, da Secretaria do Patrimônio Histórico e Artístico Nacional – SPHAN – (Dispõe sobre instauração do processo de tombamento, avaliação técnica da proposta,, julgamento pelo Conselho Consultivo e pelo Ministro da Cultura e sobre as demais providências legais); Portaria n. 7, de 1 de dezembro de 1988, da Secretaria do Patrimônio Histórico e Artístico Nacional – SPHAN – (Estabelece procedimentos necessários à comunicação prévia às permissões e às autorizações para pesquisas e escavações arqueológicas em sítios arqueológicos e pré-históricos previstas na Lei n. 3.924, de 26 de julho de 1961); Portaria Interministerial n. 69, de 23 de janeiro de 199, do Ministério da Marinha e do Ministério da Cultura (Aprova normas comuns sobre a pesquisa, exploração, remoção e demolição de coisas ou bens de valor artístico, de interesse histórico, ou arqueológico, afundados, submersos, encalhados e perdidos em águas sob jurisdição nacional, em terrenos de marinha e seus acrescidos e em terrenos marginais, em decorrência de sinistro, alijamento ou fortuna do mar.); Portaria n. 262, de 24 de agosto de 1992, do Instituto Brasileiro do Patrimônio Cultural – IBPC – (Dispõe sobre a vedação de saída do País de obras de arte e de outros bens culturais tombados, assim como daqueles especificados nos arts. 1º, 2º e 3º da Lei n. 4.845/65, sem prévia e expressa autorização do IBPC, mediante solicitação do interessado, estabelecendo os procedimentos próprios);

---

14 BUENO, Vera Americano. Patrimônio Cultural Brasileiro e Legislação: Um Panorama. Senatus: *Cadernos da Secretaria de Informação e Documentação.* Brasília: Senado Federal, novembro de 2005. pp. 18-25, v. 4, n. 1.

15 *"Coletânea de Leis sobre Preservação do Patrimônio".* Rio de Janeiro: Iphan, 2006. ISBN: 85-7334-027-4.

Portaria n. 111, de 16 de agosto de 1995, do Ministério da Cultura (Dispõe sobre o reconhecimento "como de significação relevante para o desenvolvimento cultural do País" de pessoas jurídica de fins culturais, para efeito do que dispõe o artigo 8°, inciso V, do Decreto n. 87.043, de 22 de março de 1982.); Portaria n. 40, de 13 de julho de 2000, da Fundação Cultural Palmares (Estabelece as normas que regerão os trabalhos para a identificação, reconhecimento, delimitação e demarcação, levantamento cartorial, e titulação das terras ocupadas por comunidades remanescentes de quilombos); Portaria n. 230, de 17 de dezembro de 2002, do Departamento de Proteção do Instituto do Patrimônio Histórico e Artístico Nacional – IPHAN – (Estabelece os procedimentos para obtenção de licenças ambientais de empreendimentos potencialmente capazes de afetar o patrimônio arqueológico.); Portaria n. 228, de 31 de janeiro de 2003, do Diretor do Departamento de Proteção do Instituto do Patrimônio Histórico e Artístico Nacional – IPHAN – (Trata de exigência para renovação de licença ambiental relativa a reservatórios de empreendimentos hidrelétricos de qualquer tamanho ou dimensão, de apresentação de projeto de levantamento, prospecção, resgate e salvamento arqueológico na área de depleção).[16]

Ao cabo desse levantamento, é pertinente registrar a advertência do sociólogo Frederico Barbosa:

> "Agregar normas e leis ao quadro normativo é apenas um aspecto da garantia dos direitos. Enfim, subtrair os direitos do campo da historia, da luta política, e localizá-los no espaço dos valores abstratamente universalizantes não ajuda a solucionar a difícil questão das condições sociais e institucionais que permitiriam realizá-los".[17]

Eis por que se conclui que uma base normativa adequada que estabeleça padrões de conduta, que imponha vedações e controle, que discipline direitos e obrigações no tocante ao patrimônio cultural é pressuposto de uma política setorial que vincule juridicamente a ação do Poder Público, mas não garante a sua efetividade, e, em última análise, a efetividade dos direitos culturais; devem elas perpassar os níveis fenomenológicos da historia, da política, da sociologia na lata abrangência do ambiente social.

---

16 IPHAN. *Coletânea de Leis sobre preservação do Patrimônio.* Rio de Janeiro: Iphan, 2006.

17 BARBOSA, Frederico. Direitos Humanos: Patrimônio Cultural e Políticas Públicas. In: *Bens culturais e direitos humanos.* SOARES, Inês Virgínia Prado; CUREAU, Sandra (org.). São Paulo: Edições Sesc São Paulo, 2015(73-104). p. 74. ISBN: 978-85-69298-58-8.

Por fim, registra-se que se cogita de codificação da disciplina pertinente. Neste sentido, as discussões travadas no IV Encontro de Estudos Multidisciplinares em Cultura, realizado em Salvador-Bahia, em 2008.[18]

2. LEGISLAÇÃO DO ESTADO DE MINAS GERAIS

Sob a égide da Emenda Constitucional n. 1/69, José Afonso da Silva,[19] em minucioso levantamento das normas de proteção no âmbito dos Estados, indicava, nas diversas Constituições estaduais, os dispositivos que secundavam a norma do art. 180 daquela Emenda, e citava a legislação ordinária específica de vários Estados brasileiros: Bahia, Ceará, Rio de Janeiro, Maranhão, Minas Gerais, Paraíba, Paraná, Pernambuco, São Paulo, Sergipe, que, de modo geral, havia sido recepcionada pela nova ordem constitucional.

O autor fazia menção especial à legislação mineira de organização administrativa voltada para a proteção ao patrimônio, isto é, à autorização legislativa (Lei n. 5.775, de 30/9/1971) para criação, sob a forma de fundação, do Instituto Estadual do Patrimônio Histórico e Artístico – IEPHA/MG –, e aos Decretos n. 14.374, de 10 de março de 1972, e 14.386, de 16 de março de 72, que aprovaram o estatuto daquela Fundação, legislação que veio a sofrer profundas alterações.

Resgatando a linha de tempo, cumpre observar, porém, que, anteriormente a essa lei, outros marcos legais tiveram lugar em Minas Gerais.

Em complementação a tais referências, apresenta-se uma resenha da legislação estadual de Minas Gerais sobre Preservação do Patrimônio Cultural:

– **Lei n. 5.664, de 29 de abril de 1971** – Cria o Museu de Ferro no município de Itabira.

– **Lei n. 5.741, de 8 de julho de 1971** – Dispõe sobre a proteção especial de documentos, obras e locais de valor histórico e artístico, monumentos, paisagens naturais e jazidas arqueológicas, pelo Estado, e contém outras providências. Trata-se de uma lei que disciplina, de modo superficial, a proteção, limitando-se a comandos lacônicos e pouco sistêmicos. A norma foi alterada pela Lei n. 11.726, de 30 de dezembro de 1994; pela Lei n. 13.956, de 24 de julho de 2001; e pela Lei Delegada n. 170, de 25 de janeiro de 2007.

---

18 COSTA, Rodrigo Vieira. A ideia de Código de Proteção ao Patrimônio Cultural enquanto Paradigma de Simplificação dos Direitos Culturais. IV ENECUL-Encontro de Estudos Multidisciplinares em Cultura. 2008. Salvador/Bahia-Brasil, p.203.

19 SILVA, José Afonso da. *O direito urbanístico brasileiro*. São Paulo: Revista dos Tribunais, 1981. pp. 488-9.

– **Lei n. 5.775, de 30 de setembro de 1971** – Autoriza o Poder Executivo a instituir, sob forma de Fundação, o Instituto Estadual do Patrimônio Histórico e Artístico – IEPHA/MG – e dá outras providências. Esta instituiu o Fundo Estadual do Patrimônio Histórico e Artístico, de natureza contábil especial.

A mencionada lei previa que o Instituto Estadual do Patrimônio Histórico e Artístico – IEPHA/MG –, "órgão" de colaboração com o Instituto do Patrimônio Histórico e Artístico Nacional – IPHAN –, teria por finalidade exercer a proteção, no território do Estado de Minas Gerais, aos bens móveis e imóveis, de propriedade pública ou particular, de que tratam o Decreto-Lei n. 25, de 30 de novembro de 1937, e a legislação posterior. Estabelecia, assim, as competências do IEPHA, sujeitava a atuação da entidade à legislação federal específica e às normas e recomendações do IPHAN; definia peculiaridades do processo de tombamento estadual; disciplinava as cautelas relativas ao cancelamento de tombamento, entre outras prescrições.

A lei mencionada, em caráter pragmático, transferiu para a responsabilidade do Instituto Estadual do Patrimônio Histórico e Artístico a execução do convênio firmado pelo Governo do Estado, em 8/3/71, com o Ministério da Educação e Cultura, aprovado pela Resolução n. 970, de 12/5/71, da Assembleia Legislativa, destinado à execução de serviços de preservação do patrimônio histórico e artístico em Minas Gerais.

O aludido marco legal sofreu significativas alterações em decorrência da Lei n. 8.828, de 5 de junho de 1985, que, não obstante, reiterou, como objetivos do Instituto, consoante dispôs no art. 19, o cumprimento das normas gerais de preservação do patrimônio histórico e artístico preconizadas na Lei.n. 5.741, de 8 de julho de 1971.

– **Lei n. 6.501, de 5 de dezembro de 1974** – Dá nova redação ao artigo 6º da Lei n. 5.775, de 30 de setembro de 1971. (Inclui o Diretor Executivo na composição do Conselho Curador.) Esta lei foi revogada pelo art. 2º da Lei 8.828, de 5 de junho de 1985.

– **Lei n. 8.828, de 5 de junho de 1985** – Altera dispositivos da Lei n. 5.775, de 30 de setembro de 1971, que autoriza o Poder Executivo a instituir, sob forma de Fundação privada, o Instituto Estadual do Patrimônio Histórico e Artístico. Segundo a nova disciplina, o IEPHA passou a ser entidade de colaboração com a Secretaria de Estado da Cultura e do Ministério da Cultura. A nova lei consignou a necessidade de o Conselho Curador submeter a decisão de tombamento à homologação do Secretário de Estado da Cultura. Previu recurso da decisão de Tombamento ao Governador do Estado, em última instância.

A Lei n. 8.828/85 alterou, também, a sistemática do "cancelamento", condicionando-o à decisão unânime do Conselho Curador e à homologação pelo Governador do Estado, tendo por fundamento erro de fato quanto à sua causa determinante ou motivo relevante por excepcional interesse público.

Por outro lado, a lei, ao disciplinar o tombamento de bem público estadual, previu seu processamento "de ofício" e homologação pelo Governador; a norma vigorou até 1993, quando foi revogada pela Lei n. 11.258/93.

– **Decreto n. 26.193, de 24 de setembro de 1986** – Aprova o Estatuto do Instituto Estadual do Patrimônio Histórico e Artístico de Minas Gerais – IEPHA/MG.

O Decreto definiu como finalidade do Instituto exercer a proteção dos bens móveis e imóveis de que tratam o Decreto-Lei n. 25, de 20 de novembro de 1937, a Lei Federal n. 3.924, de 26 de julho de 1961 (Dispõe sobre os sítios arqueológicos e pré-históricos do País), a Lei Estadual n. 5.741, de 8 de setembro de 1971 (Dispõe sobre a proteção especial), a Lei Estadual n. 5.775, de 30 de setembro de 1971 (Autoriza o Poder Executivo a instituir o IEPHA), revogada, e a Lei Estadual n. 8.828, de 5 de junho de 1985 (Altera dispositivos da Lei n. 5.775, de 30 de setembro de 1971). A referida norma regulamentar estabeleceu a natureza do Instituto e disciplinou suas atribuições, prevendo também as fases do processo de tombamento.

A Constituição do Estado de 1989 dispôs sobre a cultura em seção própria, nos artigos 207 a 210 e ainda no Ato das Disposições Constitucionais Transitórias, abrangendo, na disciplina, peculiar tratamento da temática patrimonial e realizando diretamente tombamentos, na esteira da Constituição Federal.

Observa-se que, após a Constituição do Estado, que vedou a criação ou permanência de fundações privadas na Administração Pública, a teor do art. 14, a natureza jurídica da Fundação foi conformada aos novos ditames.

– **Lei n. 11.726, de 30 de dezembro de 1994** – Dispõe sobre política cultural do Estado.

– **Lei n. 13.956, de 24 de julho de 2001** – Dispõe sobre as obras representativas do patrimônio cultural mineiro e dá outras providências.

– **Decreto n. 42. 505, de 15 de abril de 2002** -Institui formas de registros de bens culturais de natureza imaterial ou infungível que constituem o patrimônio cultural de Minas Gerais.

Na Reforma Administrativa de 2003, o IEPHA foi tratado na **Lei Delegada n. 45, de 2 de janeiro de 2003; na Lei Delegada n. 55, de 29 de**

janeiro de 2003, na área de competência da Secretaria de Estado da Cultura, como fundação denominada Instituto Estadual do Patrimônio Histórico e Artístico; e na **Lei Delegada n. 81, de 29 de janeiro de 2003.**

Na reforma de 2007, a instituição foi tratada na **Lei Delegada n. 112, de 25 de janeiro de 2007,** vinculada à Secretaria de Estado da Cultura, como Instituto Estadual do Patrimônio Histórico e Artístico de Minas Gerais; na **Lei Delegada n. 116, de 25 de janeiro de 2007,** que dispôs sobre a Secretaria de Estado da Cultura; na **Lei Delegada n. 175, de 26 de janeiro de 2007,** que dispôs sobre o Grupo de Direção e Assessoramento); e na **Lei Delegada n. 149, de 25 de janeiro de 2007,** que dispõe sobre a estrutura básica do IEPHA, a qual alterou a Lei Delegada n. 81, de 29 de janeiro de 2003, que dispunha sobre a estrutura orgânica básica do Instituto. A **Lei Delegada n. 170, de 25 de janeiro de 2007,** criou o Conselho Estadual do Patrimônio Cultural – CONEP. A legislação de 2003 foi parcialmente revogada pela Lei Delegada de n. 116, de 25 de janeiro de 2007.

Em 2009, a **Lei n. 18.030, de 12 de janeiro de 2009,** "Lei Robin Hood", deu nova disciplina ao ICMS Cultural.

> "A Lei n. 12 040, de 28 de dezembro de 1995 –, denominada Lei Robin Hood, introduziu [...] critérios para a distribuição do ICMS. Essa lei foi alterada pela Lei 13 n. 803, de dezembro de 2000, que passou a orientar a execução da política até janeiro de 2009, e em 2009, pela Lei 18. 030, que passou a regulamentar a distribuição da parcela do tributo estadual a partir de 2011. Esse instrumento legal surge como uma estratégia de indução especificamente delineada pelo governo de Minas com vistas a obter dos governos locais a adesão às políticas de patrimônio cultural, educação, saúde, meio ambiente, responsabilidade fiscal e produção de alimentos, dentre outros. A lei buscou favorecer ainda os municípios mais populosos e, mediante a introdução do critério da cota-mínima, promover a redistribuição do ICMS em favor dos municípios mais pobres".[20]

Na Reforma Administrativa de 2011, a fundação foi tratada na **Lei Delegada n. 179, de 1º de janeiro de 2011,** (art. 12, IV, alínea "d"); e na **Lei Delegada n. 180, de 20 de janeiro de 2011.** Nesta última, a entidade,

---

20 BIONDINI, Isabella Virgínia Freire, et al. *A política do ICMS Patrimônio Cultural em Minas Gerais como instrumento de indução à descentralização de ações de política pública no campo do patrimônio:* potencialidades e limites. p. 3. Disponível em: <http://diamantina.cedeplar.ufmg.br/2014/site/arquivos/a-politica-do-icms-patrimonio-cultural-em-minas-gerais.pdf>. Acesso em: 14 fev. 2019.

vinculada à Pasta da Cultura, recebeu amplo tratamento como fundação de natureza jurídica pública, com a explicitação de seu papel e competências. A lei referida ainda disciplinava os conselhos da área de competência da Secretaria de Estado da Cultura, entre os quais o CONEP, tratado no art. 128. A **Lei Delegada n. 182, de 21 de janeiro de 2011,** dispôs sobre cargos, gratificações, entre outras matérias.

– **Lei n. 19.420, de 11 de janeiro de 2011** – Estabelece a Política Estadual de Arquivos.

– **Decreto n. 45.843, de 26 de dezembro de 2011** – Regulamenta o programa social de preservação do Patrimônio Cultural previsto no Item XVI do anexo da Lei 18.692, de 30 de dezembro de 2009.

– **Decreto n. 45.850, de 28 de dezembro de 2011** – Aprova o Estatuto do Instituto Estadual do Patrimônio Histórico e Artístico de Minas Gerais.

– **Lei n. 20.368, de 07 de agosto de 2012** – Institui o Registro do Patrimônio Vivo do Estado de Minas Gerais.

– **Decreto n. 46.406, de 27 de dezembro de 2013** – Contém o Regimento Interno do Conselho Estadual de Política Cultural – Consec.

– **Lei n. 21.141, de 13 de janeiro de 2014** – Dispõe sobre a criação, a gestão e o funcionamento de museus do Estado.

– **Lei n. 21.936, de 23 de dezembro de 2015** – Institui a Política Estadual de Desenvolvimento da Gastronomia.

– **Decreto n. 46. 923, de 29 de dezembro de 2015.** Institui o Circuito Liberdade. Trata-se de um projeto de arranjo complexo, envolvendo modelagem colaborativa peculiar e investimentos no âmbito de parcerias, que fora, anos antes, implantado e já se achava incorporado ao sentimento coletivo.

– **Lei n. 22.257, de 27 d e julho de 2016.** Estabeleceu a estrutura orgânica da administração pública do Poder Executivo do Estado. Referida lei revogou as leis delegadas e, no art. 57, fez menção à Fundação, deixando a matéria à disciplina regulamentar.

– **Lei n. 22. 672, de 31 de julho de 2017** – Institui o Plano Estadual de Cultura de Minas Gerais, a partir das normas federais.

– **Lei n. 22.858, de 08 de janeiro de 2018** – Fixa critério para a instituição de data comemorativa estadual.

– **Lei n. 22. 944, de 15 de janeiro de 2018** – Institui o Sistema Estadual de Cultura, o Sistema de Financiamento à Cultura e a Política Estadual de Cultura Viva é dá outras providências.

3. LEGISLAÇÃO MUNICIPAL COM ÊNFASE NA DO MUNICÍPIO DE BELO HORIZONTE

Segundo a matriz constitucional de competências legislativas, o Município pode editar leis destinadas a disciplinar a cultura local, incluindo-se nesse campo a proteção ao respectivo patrimônio, a teor do disposto no art. 30, I e VIII, da Constituição Federal. Os referidos comandos asseguram àquele ente federativo legislar sobre assuntos de interesse local, bem assim suplementar a legislação federal e a estadual, no que couber. O citado artigo inclui, na competência administrativa do Município, a promoção da proteção do patrimônio histórico-cultural local, observadas a legislação e a ação fiscalizadora federal e estadual, o que é também objeto de previsão no bojo da competência comum de caráter executivo de que trata o art. 23, III, da Constituição Federal. Tal competência administrativa permite concluir pela consequente competência legislativa instrumental. Acrescenta-se, ainda, a competência especial do Município para a política de desenvolvimento urbano, em cujo universo se encartam competências executivas e legislativas, consoante o disposto no art. 182.

Muito se tem avançado na esfera municipal no tocante à construção dos marcos legais sobre a cultura, sobre o seu patrimônio, material e ou imaterial, sobre a modelagem de políticas públicas e a estruturação das bases para criação e fruição da cultura, sobre a organização de fundos e de instâncias de gestão na área, observadas, especialmente no tocante à intervenção na propriedade, as normas ou diretrizes gerais pertinentes.

É, contudo, no campo do Direito Urbanístico, que se reserva ao Município atuação mais relevante relativamente à proteção; é também a interface entre a ordem patrimonial e a ordem urbanística o mais nítido ponto conflitual entre os órgãos de controle da política patrimonial, notadamente da União e dos estados, e os de ordenação da cidade no âmbito das competências municipais.

Ainda em contexto de atraso no tocante a políticas integradas, José Afonso da Silva[21] já constatava que a preservação do patrimônio cultural ambiental, na esfera dos municípios, dava-se conjugadamente, ou não, com o zoneamento urbano.

De fato, nessa seara da legislação municipal, releva notar, de há muito, a presença do zoneamento como imprescindível e eficaz instrumento de

---

21 SILVA, José Afonso da. *O direito urbanístico brasileiro*. São Paulo: Revista dos Tribunais, 1981. pp. 488-9.

proteção patrimonial na área cultural, considerada a análise em relação aos grandes centros urbanos ou de concentração de imóveis ligados à cultura. Citam-se como exemplos, em temporalidade mais remota, São Paulo, em que a Lei n. 8.328, de 2 de dezembro de 1975, estabelecia a zona z8-200 e classificava os imóveis nela inseridos como de caráter histórico ou de excepcional valor artístico, cultural ou paisagístico, destinados à preservação; Parati, Estado do Rio de Janeiro, em que o Decreto-Lei n. 51, de 27 de maio de 1947, já instituía a zona urbana, subdividida em bairros, dentre os quais previa o Bairro Histórico.

Saliente-se, igualmente, que experiências bem sucedidas especialmente no Sul do Brasil, como as de Curitiba e de Pelotas, projetaram a potencialidade dos instrumentos urbanísticos do Solo Criado e da Transferência do Direito de Construir. Em Pelotas, a Lei do "Solo Criado" previa compensação aos proprietários de imóveis tombados, constituída basicamente do direito de utilização, pelo proprietário, de outro terreno, à sua escolha, com área equivalente à que seria construída no local protegido, desde que observadas as exigências legais. A lei consignava, ainda, a possibilidade de transferência do direito pelo proprietário a outro construtor, como incentivo à preservação.

Hodiernamente, esses e outros municípios, por meio de legislação mais atualizada, vêm avançando na articulação de mecanismos administrativos com os de caráter urbanístico, notadamente para proteção de conjuntos arquitetônicos ou paisagísticos, sujeitos, ou não, a tombamento; vêm implementando outros mecanismos compatíveis, especialmente a partir do advento do Estatuto da Cidade.

Cumpre destacar que, particularmente em Belo Horizonte, a legislação, há décadas, vem sendo modificada, com vistas a assimilar avanços, com ênfase em soluções do Direito Urbanístico, o que já imprime reflexos positivos no quadro da preservação do patrimônio cultural da Capital mineira, no qual a "ressignificação de lugares referenciais da cidade", ou a projeção da cidade simbólica, é feita em processo que transcende o patamar da "proteção do patrimônio natural e construído", para resguardar e valorizar as identidades locais, em sua diversidade e história, em sua permanência e mutação, na (re)construção contínua da cidade.[22]

Esse quadro explicita a diretriz de articulação entre política urbana e política patrimonial, que vem orientando, nos últimos vinte anos, a atuação

22 ARROYO, Michele Abreu. A Política de Proteção do Patrimônio Histórico em Belo Horizonte. In: *Guia de Bens Tombados de Belo Horizonte*. CASTRO, Maria Ângela Reis de (org.). Belo Horizonte, 2006. p. 9.

do município de Belo Horizonte e que pode ser corroborada na síntese elaborada por Michele Abreu Arroyo, ex-gestora do patrimônio cultural da Capital mineira:

> "Preservar o patrimônio e as referências da cidade passa pela melhoria da qualidade de vida destas áreas visando potencializar seu uso, novas formas de apropriação e novas imagens que se articulem simbolicamente no espaço urbano. Manter as características históricas e possibilitar a inserção de novos elementos à paisagem urbana, assegurar circulação dos pedestres, a iluminação, readequação dos engenhos de publicidade, reforma das calçadas e das fachadas dos imóveis são ações que vêm sendo priorizadas e que articulam a política setorial de proteção cultural, com as políticas públicas de regulação urbana, planejamento urbano, cultura e educação".[23]

Anota-se, ainda, como tendência geral, que, ao lado de instrumentos previstos na legislação sobre uso do solo, há um esforço dos municípios no sentido da cooperação com os órgãos estaduais e federais, mesmo porque há sinalização constitucional no sentido da observância das normas da União e dos Estados e da colaboração nos processos de fiscalização.

Os maiores avanços, contudo, não são fruto de uma produção legislativa espontânea; resultam de movimentos diversos, notadamente de iniciativas do segmento da arquitetura, dos setores culturais e preservacionistas e das instituições de tutela, com destaque para o Ministério Público. Muito antes do advento do Estatuto da Cidade, na década de 80, em contexto de abertura política, visando à melhoria das condições do patrimônio natural e cultural da região metropolitana de Belo Horizonte, arquitetos mineiros, após diversos encontros promovidos pelo Instituto dos Arquitetos do Brasil/MG, sugeriram política de preservação do patrimônio mineiro embasada em planos diretores integrados para determinadas áreas.[24] Enfatizaram a necessidade de elaboração de legislação municipal adequada a essa proteção, em que se estabelecessem critérios objetivos para seleção de bens a serem preservados e mecanismos de integração do controle e regulação da cidade e da proteção patrimonial. Esses movimentos e arregimentações em planos diversos repercutem na construção da linha normativa setorial.

23 ARROYO, Michele Abreu. A Política de Proteção do Patrimônio Histórico em Belo Horizonte. In: *Guia de Bens Tombados de Belo Horizonte*. CASTRO, Maria Ângela Reis de (org.). Belo Horizonte, 2006. p. 9.

24 ESTADO DE MINAS GERAIS. Belo Horizonte, 13 mar. 1983. p. 12.

A **Lei 3.802, de 6 de julho de 1984,** organiza a proteção do Patrimônio Cultural do Município de Belo Horizonte. A norma trata do patrimônio cultural, do tombamento e seus efeitos, do direito de preferência, da criação de órgãos culturais, além de prever incentivos à preservação. Neste sentido, instituiu a isenção de tributo nos termos seguintes:

> "Art. 29. Os imóveis tombados na forma desta lei gozarão de isenção do imposto predial e territorial urbano, condicionada à comprovação de que o beneficiário preserva efetivamente o bem tombado.
> Parágrafo único. A isenção de que trata este artigo será renovada em cada exercício fiscal, se o beneficiário continuar, comprovadamente preservando o bem tombado".

O artigo 28 cria órgãos ou instâncias administrativas com competências específicas para a proteção patrimonial:

> "Art. 28. Fica criado, na Secretaria Municipal de Cultura e Turismo, o Conselho Deliberativo do Patrimônio Cultural do Município".

Trata-se, portanto, de um marco legal importante, seja pela regulação da cultura, seja pela criação do Conselho Deliberativo do Patrimônio Cultural do Município de Belo Horizonte – CDPCM/BH, instância responsável pelo tombamento, que, segundo as disposições do marco legal citado, poderá convidar instituições, bem como técnicos especializados em preservação cultural, para participarem dos trabalhos sobre tombamento; seja, ainda, pela criação, na estrutura administrativa do Poder Executivo Municipal, do Serviço de Bens Culturais, posteriormente, transformado em Departamento de Memória e Patrimônio Cultural, e, atualmente, posicionado na organização como Gerência de Patrimônio Histórico e Urbano.

O **Decreto 551, de 17 de dezembro de 1986,** aprovou regimento do Conselho Deliberativo do Patrimônio Cultural do Município de Belo Horizonte.

Os movimentos culturais e urbanos, particularmente no contexto do processo de elaboração da Lei Orgânica Municipal, seguiram assinalando a necessidade de revisão da Lei de Uso e Ocupação do Solo de Belo Horizonte, tendo em vista a inexistência ou insuficiência de medidas específicas naquele marco visando à preservação e à valorização das áreas e edificações de interesse histórico da cidade. Chamavam, enfim, a atenção para a necessidade de implementação das seguintes medidas: dinamização dos museus;

manutenção de referências históricas da cidade, principalmente no que diz respeito à localização de monumentos comemorativos; destinação de novos usos a edificações de interesse histórico em caráter precário de conservação; revitalização e utilização dessas edificações, quando de propriedade do Município; construção de parcerias com o Estado ou União para recuperação e aproveitamento de suas edificações, por exemplo, para abrigar atividades da Administração estadual ou para transformá-los em equipamentos culturais, ao invés de demoli-las.

Sugeriam a prioridade na consolidação do Jardim Botânico de Belo Horizonte, criado pelo Decreto 10.232, de 27 de janeiro de 1932, pelo Estado, na área que veio a ser definida como Parque da Baleia pelo Decreto Estadual n. 28.162, de 6 de junho de 1988; e, como fator de preservação da Serra do Curral, a adoção de formas de proteção aos sítios, hoje submetidos a pressões crescentes que partem das atividades mineradoras e do lazer predatório.

É nesse cenário de debates que se constrói a normatividade fundamental da Capital mineira: a **Lei Orgânica do Município de Belo Horizonte, de 21 de março de 1990,** que trouxe várias inovações em termos de política urbana, prevendo, entre outros institutos, a transferência do direito de construir.

Em 1994, foi editada a **Lei n. 6.706, de 6 de agosto de 1994,** que disciplinou o instituto da TDC, objeto de regulamentação pelo **Decreto n. 8.766, de 11 de junho de 1996.**

A **Lei n. 7.165, de 27 de agosto de 1996,** instituiu o Plano Diretor de Belo Horizonte; a **Lei n. 7.166, de 27 de agosto de 1996,** estabeleceu novas normas e condições para parcelamento, ocupação e uso do solo urbano no município, contemplando institutos urbanísticos novos e disciplinando a transferência do direito de construir, esta tratada nos seguintes termos no PDM:

> "Art. 60. Transferência do Direito de Construir – TDC – é o instrumento pelo qual o Poder Público Municipal autoriza o proprietário de imóvel urbano a alienar ou a exercer em outro local, mediante escritura pública, o direito de construir previsto na Lei de Parcelamento, Ocupação e Uso do Solo relativo ao Coeficiente de Aproveitamento Básico – CAB –, observado o disposto no art. 61 desta Lei. Parágrafo único – O acréscimo de potencial construtivo proveniente da Transferência do Direito de Construir poderá gerar aumento proporcional no número de unidades habitacionais no imóvel receptor, aplicando-se, para tanto, as regras referentes à Transferência do Direito de Construir previstas nesta Lei".
>
> "Art. 61. São imóveis passíveis de geração da TDC aqueles considerados necessários para:

> [...]
> III – o atendimento a programas de regularização fundiária e de urbanização de áreas ocupadas por população de baixa renda".[25]

O **Decreto n. 9.616, de 26 de junho de 1998,** revogou o Decreto n. 8.766, de 11 de junho de 1996, e deu nova regulamentação ao capitulo I, titulo IV, da Lei n. 7.165, de 27 de agosto de 1996, que dispõe sobre a transferência do direito de construir.

A **Lei n. 8.137, de 22 de dezembro de 2000,** alterou as Leis n. 7.165 e n. 7.166, ambas de 1996.

A **Lei n. 8.726, de 30 de dezembro de 2003,** instituiu a Operação Urbana do Conjunto Arquitetônico Oiapoque e adjacências.

A **Lei n. 9.959, de 20 de julho de 2010,** alterou a Lei n. 7,165 e a lei n. 7.166, ambas de 1996, e estabeleceu normas e condições para urbanização e regularização fundiária de Zona Especial de Interesse Social – ZEIS –, entre outras providências.

O **Decreto n. 15.254, de 5 de julho de 2013,** revogou o Decreto n. 9. 616, de 27 de junho de 1998.

A **Lei n. 10.908, de 15 de fevereiro de 2016,** estabeleceu critérios para a aplicação da Transferência do Direito de Construir em imóveis situados em Zeis destinados a programa de regularização fundiária.

Há de se registrar que, em Belo Horizonte, a proteção ao patrimônio mediante marcos normativos, medidas jurídicas, institucionais, educacionais e de planejamento de seu uso evoluiu significativamente, mas faz-se necessário persistir na consolidação da política específica, principalmente por meio de estratégias intersetoriais e interfederativas, de modo a potencializar investimentos e ações relativas ao patrimônio cultural da Capital, capazes de criar escala de valor em órbitas crescentes, do nível local, passando pelo regional, até o nacional, e transcendendo mesmo para o plano global, como no caso do Conjunto da Pampulha, contemplado como Patrimônio da Humanidade, pela UNESCO. Esse novo patamar da política patrimonial só será possível mediante uma articulação das esferas federativas e dos setores de mercado e da sociedade civil e adequada integração das ordens urbanísticas e do patrimônio cultural.

---

25 *Lei n. 7.165, de 27 de agosto de 1996 institui o Plano Diretor do Município de Belo Horizonte.* Disponível em: <https://prefeitura.pbh.gov.br/sites/default/files/estrutura-de-governo/politica-urbana/Lei_7165_Plano_Diretor.pdf >. Acesso em: 21 mar. 2019.

A legislação sobre patrimônio, nas diferentes esferas, durante muito tempo, resultou da prática dos técnicos, fruto de sofisticados processos de ideação, sem um compromisso mais profundo com a realidade, daí a dificuldade de sua eficácia. O processo legislativo, contudo, vai assimilando mudanças, notadamente incorporando instrumentos democráticos. No campo da política da cultura, tem-se auscultado a sociedade, investigado o que efetivamente acontece no espaço da cidade, no âmbito regional ou na órbita nacional, na busca de adequada avaliação e projeção de cenário, para que se possa oferecer alternativas legislativas capazes de reverter os processos negativos existentes e de definir novas perspectivas de cooperação e de integração nessa seara.

Por fim, nessa toada, anota-se que, nas últimas décadas, uma intensa agenda patrimonial foi desenvolvida pela Administração Municipal e pelos órgãos do sistema cultural, também em resposta a diversas reivindicações de movimentos sociais e urbanos que chamavam a atenção para a necessidade de implementação de diversas medidas no campo patrimonial, de articulação, incentivo ou regulação.[26]

Afirma Michele Arroyo que

> "Desde os anos 90, a concepção plural de bem cultural, baseada na diversidade das formas de viver na cidade, foi incorporada à política de proteção do patrimônio histórico municipal. A partir de estudos sobre a formação, ocupação, história, tipologias arquitetônicas, manifestações sociais, foram definidos Conjuntos Urbanos, em cujos perímetros encontram-se edificações de interesse cultural que se articulam à história de ocupação do lugar e aos fazeres sociais".[27]

Essa proteção, segundo Maria Ângela Reis de Castro,[28] parte da "opção pela sub-divisão da malha urbana em conjuntos urbanos"; e, segundo Michele Abreu Arroyo, alcança os seguintes conjuntos arquitetônicos: de Tipologia de influência da Comissão Construtora da Nova Capital; Rua

---

26 Deve-se fazer um registro acerca da importância da contribuição de Lídia Avelar, gestora municipal do setor patrimonial, que introduziu na prática administrativa do Município de Belo Horizonte uma arrojada compreensão acerca do patrimônio e uma processualidade mais aberta na efetivação do tombamento, liderando um momento paradigmático da política local na área, com ênfase no tombamento de conjuntos.

27 ARROYO, Michele Abreu. A Política de Proteção do Patrimônio Histórico em Belo Horizonte. In: *Guia de Bens Tombados de Belo Horizonte.* CASTRO, Maria Ângela Reis de (org.). Belo Horizonte, 2006. p. 9.

28 CASTRO, Maria Ângela Reis de (org.). *Guia de Bens Tombados de Belo Horizonte.* Belo Horizonte, 2006. p. 7.

Caetés; Praça da Estação; Avenida Afonso Pena; Rua da Bahia; Praça da Liberdade; Praça da Boa Viagem; Avenida Carandaí e Avenida Alfredo Balena; Praça Hugo Werneck; Praça Floriano Peixoto; Bairro Floresta e Lagoa da Pampulha. Encontram-se protegidos pelo Plano Diretor e pela Lei de Parcelamento, Uso e Ocupação do Solo as Áreas de Diretrizes Especiais (ADEs) de interesse cultural: Pampulha, Cidade Jardim, Santa Tereza, Venda Nova e Lagoinha. Há, também, tombamento Paisagístico da Serra do Curral. Outros bens culturais são objeto de tombamento isolado, além de outras formas de acautelamento.[29]

O patrimônio tombado pelo Conselho Deliberativo do Patrimônio Cultural de Belo Horizonte é tratado em Anexo a esta obra.

---

29 ARROYO, Michele Abreu. A Política de Proteção do Patrimônio Histórico em Belo Horizonte. In: *Guia de Bens Tombados de Belo Horizonte*. CASTRO, Maria Ângela Reis de (org.). Belo Horizonte, 2006. pp. 9-10.

Capítulo 6

ÓRGÃOS ADMINISTRATIVOS DE PROTEÇÃO DO PATRIMÔNIO CULTURAL DO BRASIL

1. ORGANIZAÇÃO DO SISTEMA DE PROTEÇÃO NO ÂMBITO FEDERAL

As primeiras iniciativas organizatórias de um sistema administrativo de proteção ao patrimônio cultural no Brasil são contemporâneas às de dotação de uma marco legal sobre a matéria e às de institucionalização da ação estatal no setor. Inauguram-se em 1934, com a criação, por meio do Decreto n. 24.735, de 14 de julho, da Inspetoria de Monumentos Nacionais, primeiro órgão de preservação do patrimônio edificado para todo o território brasileiro, no âmbito do Museu Histórico Nacional, Rio de Janeiro (RJ),[1] e seguem, consoante se resgata em linha de tempo que será registrada ao longo deste capítulo, apesar dos hiatos involuntários.

A despeito do precedente, a certidão de nascimento da principal institucionalidade do sistema ocorre dois anos após, em 18 de abril de 1936, com a instituição, em caráter provisório, do Serviço do Patrimônio Histórico e Artístico Nacional, órgão que se instalou sob a direção de Rodrigo Melo Franco de Andrade.[2]

Com o advento da ordem constitucional de 1937, reorganizou-se o Ministério da Educação e Saúde Pública, criando-se oficialmente o Serviço do Patrimônio Histórico e Artístico Nacional e seu Conselho Consultivo pela Lei Federal n. 378, de 1° de janeiro de 1937, seguida pelo Decreto-Lei n. 25, de 30 de novembro do mesmo ano, que dispôs, em caráter abrangente, sobre a organização da proteção ao patrimônio e sobre o tombamento. O SPHAN, embora se situasse na estrutura da Administração Pública como Serviço, na condição de órgão oficial pioneiro e de

---

1 IPHAN – Instituto do Patrimônio Histórico e Artístico Nacional. Disponível em: <http://portal.iphan. gov.br/pagina/detalhes/1211>. Acesso em: 21 set. 2017.

2 IPHAN – Instituto do Patrimônio Histórico e Artístico Nacional. Disponível em: <http://portal.iphan. gov.br/pagina/detalhes/1211>. Acesso em 21 set. 2017.

âmbito nacional para a proteção do patrimônio cultural, recebeu, desde logo, missão ampla e emergente, tendo sido encarregado de cadastramento, tombamento e restauração de bens considerados de excepcional valor histórico artístico, documental, arquitetônico, paisagístico e arqueológico do patrimônio brasileiro.

O órgão federal, em sua primeira fase de atuação, dedicou-se a inventariar o que havia de mais significativo no patrimônio cultural e artístico do Brasil; socorrer os bens que corriam riscos de desaparecimento, destruição e deterioração; criar uma filosofia e uma consciência de preservação, bem assim instrumentos de atuação, incluídos os de caráter normativo. Com atuação arrojada, o SPHAN subsidiou a construção e a aplicação do primeiro marco normativo e conseguiu realizar, só em 1938, o tombamento de 234 bens, em 10 estados, dentre eles, os Conjuntos Arquitetônicos e Urbanísticos das Cidades Históricas Mineiras. Ouro Preto recebera, antes do SPHAN, o reconhecimento como patrimônio nacional por meio de Decreto. O SPHAN, inaugurando o exercício de suas competências, increve, pioneiramente todo o aconjunto arquitetônico e paisagístico do Serro no livro do tombo, seguindo o registro de Diamantina, São João Del Rei e Tiradentes – MG.[3]

Em 1946, o SPHAN, no âmbito do mesmo ministério, ganhando prestígio, foi transformado, pelo Decreto-Lei n. 8.534, em Diretoria do Patrimônio Histórico e Artístico Nacional, a qual teve o seu regimento aprovado pelo Decreto n. 20.303, de 2 de janeiro de 1946.

O mesmo ano foi marcado por outras iniciativas organizacionais: criou-se o Instituto Brasileiro para Educação, Ciência e Cultura, por recomendação da Organização das Nações Unidas para a Educação, Ciência e Cultura (UNESCO); criou-se a Comissão Nacional de Folclore, no âmbito do Instituto Brasileiro de Educação, Ciência e Cultura – IBECC –, medida que propiciou a organização da estratégia de apoio às manifestações culturais populares do país, a partir de estudos, pesquisas e debates.

Em 1951, já repercutindo o trabalho e as ideias da Comissão, no âmbito do I Congresso Brasileiro do Folclore, no Rio de Janeiro, realizado de 22 a 31 de agosto, restou aprovada a Carta do Folclore Brasileiro. Pautado pelo VIII Congresso Brasileiro do Folclore, reunido em Salvador Bahia, de 12 a 16 e dezembro de 1995, o referido documento foi objeto de percuciente

[3] IPHAN – Instituto do Patrimônio Histórico e Artístico Nacional. Disponível em: <http://portal.iphan. gov.br/pagina/detalhes/1211>. Acesso em: 21 set. 2017.

releitura, em face das transformações da sociedade brasileira e dos resultados dos estudos nesse campo.

Em 1953, criou-se o Ministério da Saúde e transformou-se o Ministério da Educação e Saúde em Ministério da Educação e Cultura, ao qual a Diretoria do Patrimônio Histórico e Artístico Nacional – DPHAN – ficou subordinada, conforme a Lei n. 1.920, de 25 de julho de 1953.

Em 1954, a Lei n. 2.200, de 12 de abril, criou o Museu do Diamante e a Biblioteca Antônio Torres, em Diamantina – MG.

Em 1968, foi criado o Museu do Folclore, no Rio de Janeiro (RJ), um dos marcos da Campanha de Defesa do Folclore Brasileiro. Ainda no mesmo ano, teve lugar outra medida importante em relação à organização do setor cultural, com reflexos na política patrimonial, qual seja a instituição do Conselho Nacional de Cultura.[4]

Em 1970, a Diretoria do Patrimônio Histórico e Artístico Nacional – DPHAN –, por meio do Decreto n. 66.967, de 20 de junho, foi transformada em Instituto do Patrimônio Histórico e Artístico Nacional, ganhando *status* de órgão autônomo, nos moldes definidos no Decreto-Lei 200, de 25 de fevereiro de 1967.

José Afonso da Silva,[5] recapitulando a história institucional, registra:

> "A União, no exercício de sua competência, promulgou os textos legais já citados, Decreto-Lei n. 25/37, Decreto-Lei n. 3.866/40, Leis n. 6.292/75 e 3.924/61, e criou um órgão técnico incumbido da execução dessas leis e da fiscalização de seu cumprimento, o qual inicialmente se denominou Serviço do Patrimônio Histórico e Artístico Nacional e foi transformado no Instituto do Patrimônio Histórico e Artístico Nacional – IPHAN – pelo art. 14 do Decreto-Lei n. 66.967, de 27 de julho de 1970, como órgão autônomo, vinculado ao Ministério da Educação e Cultura, na forma do Decreto-Lei n. 200/67, com a redação do Decreto-Lei n. 900/69".

Vale registrar a redação do art. 14 do Decreto-Lei n. 66.967, de 27 de julho de 1970, ao qual se refere José Afonso da Silva:

> "Art. 14. Fica assegurada, na forma do art. 172 do Decreto-Lei n. 200, de 25 de fevereiro de 1967, com a redação dada pelo Decreto-Lei n. 900, de 29 de setembro de 1969, autonomia administrativa

4 IPHAN – Instituto do Patrimônio Histórico e Artístico Nacional. Disponível em: <http://portal.iphan. gov.br/pagina/detalhes/1211>. Acesso em: 21 set. 2017.

5 SILVA, José Afonso da. *O direito urbanístico brasileiro*. São Paulo: Revista dos Tribunais, 1981. p. 510.

> e financeira ao Instituto Nacional de Estudos Pedagógicos – INEP – e à Diretoria do Patrimônio Histórico e Artístico Nacional, que passará a denominar-se Instituto do Patrimônio Histórico e Artístico Nacional – IPHAN.
> Parágrafo único – A estrutura, a competência e as atribuições de que trata este artigo serão definidas em ato do Ministro de Estado, ouvido o Ministério do Planejamento e Coordenação-Geral".

Erigido à categoria de órgão autônomo, o IPHAN passou a situar-se na cúpula da Administração, na área de competência do Ministério da Educação, participando das decisões governamentais afetas ao setor patrimonial da cultura e, como instância diretiva dotada de ampla autonomia administrativa, financeira e técnica, assumiu as funções precípuas de planejamento, supervisão, coordenação e controle das atividades a seu cargo, sob as orientações que representavam as opções políticas do governo, notadamente traduzidas pelas diretrizes ministeriais específicas.

Já como Instituto, o IPHAN, na década de setenta, implantou a fase de modernização de sua missão, ampliando de modo significativo a sua ação e promovendo iniciativas integradas, notadamente com os estados, e, participando de programas interorgânicos, nacionais e internacionais; desenvolveu estratégias consistentes no tocante à política de Proteção ao Patrimônio, procedendo à organização de suas bases técnicas, bem assim apoiando a estruturação do setor cultural em outras vertentes, notadamente para enfrentamento das pressões e mazelas da urbanização.

A criação, em 1973, do Departamento de Assuntos Culturais – DAC –, do Ministério da Educação e Cultura – MEC,[6] é medida que espelha esses esforços de convergência.

Ainda em 1973, o IPHAN, pelo Ministério da Educação e Cultura, sob coordenação do Ministério do Planejamento, e, em articulação com o Ministério do Interior, por meio da SUDENE, e com o Ministério da Indústria e Comércio, por meio da EMBRATUR, atuou na criação do Programa Integrado de Reconstrução das Cidades Históricas do Nordeste – PCA –, o qual se expandiu para outras regiões, tendo sido considerado o primeiro programa federal a investir recursos na recuperação do patrimônio cultural urbano com vistas ao turismo como fator de desenvolvimento econômico, local e regional.[7]

---

6 IPHAN – Instituto do Patrimônio Histórico e Artístico Nacional. Disponível em: <http://portal.iphan. gov.br/pagina/detalhes/1211>. Acesso em: 21 set. 2017.

7 IPHAN – Instituto do Patrimônio Histórico e Artístico Nacional. Disponível em: <http://portal.iphan. gov.br/pagina/detalhes/1211>. Acesso em: 21 set. 2017.

Em 1975, foi concebido e oficializado o Projeto Centro Nacional de Referência Cultural – CNRC –, cujos programas de estudos eram ligados prioritariamente à linha de pesquisa sobre o artesanato brasileiro, à realização de levantamentos socioculturais, ao resgate da história da Ciência e da Tecnologia no País e à recuperação de documentação sobre o Brasil, projeto que, mais tarde, foi acoplado ao Programa Integrado de Reconstrução de Cidades Históricas, de que participava o Instituto, e transferido à Fundação Pró-Memória. No mesmo ano, foi lançado o Plano Nacional de Cultura – PNC.

O IPHAN, passando por diversos estágios institucionais, consolidou-se como protagonista na política de preservação, seja por suas diversas iniciativas no âmbito do território nacional, seja pelo poder que detinha, especialmente para efetivar em toda a sua extensão o tombamento. Com o advento da Lei n. 6.292, de 15 de dezembro de 1975, o Instituto sofreu certa constrição no tocante às suas competências, eis que a referida lei manteve na sua alçada apenas o tombamento provisório, o qual passou a ficar sujeito à homologação do Ministério da Cultura, por meio da Secretaria da Cultura, para sua finalização. De fato, a referida lei, ao condicionar a definitividade do tombamento ao controle político na forma de homologação pelo Ministro da Cultura, retirou do órgão técnico parcela significativa de seu poder, o que foi sempre amplamente criticado pela doutrina especializada, apesar de encontrar lastro em experiências em ordenamentos jurídicos estrangeiros.

Em 1976, registra-se avanço na estruturação do sistema de proteção ao patrimônio, com a incorporação da estrutura criada em 1958, na esfera de competência do Ministério da Educação e Cultura, para suporte à Campanha de Defesa do Folclore Brasileiro, pela Fundação Nacional de Arte – FUNARTE –, sob a denominação de Instituto Nacional do Folclore.

Em 1978, a Lei n. 81.454, de 17 de março, criou a Secretaria de Assuntos Culturais – SEAC –, no Ministério da Educação e Cultura – MEC.

Em 1979, a Lei n. 6.757, de 17 de dezembro, autorizou o Poder Executivo a instituir, supervisionada pelo Ministério da Educação e Cultura, a Fundação Nacional Pró-Memória – FNPM, com personalidade jurídica de direito privado, destinada a contribuir para o inventário, a classificação, a conservação, a proteção, a restauração e a revitalização dos bens de valor cultural e natural existentes no País. O estatuto da Fundação Pró-Memória foi aprovado pelo Decreto n. 84.396, de 16 de janeiro de 1980. As medidas para implementação da Fundação foram adotadas, incluídas as de fusão ou transformação do então Centro Nacional de Referências Culturais – CNRC –, da Subsecretaria de Cultura, do Instituto do Patrimônio Histórico e Artístico Nacional – IPHAN – e do Programa das Cidades Históricas – PCH –, o qual fora transferido, em 1979, para o Instituto. O final da década explicita os conflitos e as tensões entre as correntes focadas no patrimônio "de pedra e cal" e os movimentos em torno de novas metodologias de abordagem da dimensão imaterial da cultura, presentes dentro e fora das institucionalidades.

> "Essa fusão teve como consequência a transformação do IPHAN em Secretaria – SPHAN – e a criação da Fundação Nacional Pró-Memória. Dessa forma, configurou-se uma organização dual para tratar da política federal de proteção ao patrimônio cultural brasileiro: a SPHAN, como o órgão administrativo dessa política, e a Fundação Nacional Pró-Memória, à qual cabia o papel operacional".[8]

Em 1981, a Portaria 274, de 10 de abril, do MEC, dispondo sobre a Secretaria da Cultura, fez menção a duas subsecretarias: a de Assuntos Culturais e a do Patrimônio Histórico e Artístico Nacional – SPHAN. Da fusão da subsecretaria de Assuntos Culturais ali referida com o Centro Nacional de Referência Cultural – CNRC –, surgiu a estrutura da Fundação Pró-Memória, permanecendo, então, a SPHAN como órgão da Administração direta, no plano de secretaria, responsável pela função administrativa e especial detentora de poder de polícia, enquanto a Fundação se instalou em moldes mais flexíveis, dotada de maior liberdade quanto ao gerenciamento dos recursos.

Não seria recomendável que uma fundação privada detivesse o poder de tombar, ou seja, de intervir diretamente na propriedade privada; por outro lado, não poderia a Administração sujeitar-se às amarras e às burocracias dos órgãos internos para dinamizar suas atividades protetivas. Daí a coexistência de um órgão de administração direta e de uma entidade fundacional.

Assim, a SPHAN detinha, na sua estrutura, órgãos internos destinados à função administrativa de dirigir e executar a política de proteção ao Patrimônio, e, com atuação mais abrangente, no concerto orgânico de índole governamental, determinava as diretrizes técnicas e as estratégias da política patrimonial nacional.

À Fundação Nacional Pró-Memória cabia identificar, preservar, restaurar e revitalizar os bens culturais brasileiros, incumbindo-lhe, assim, as

---

8 REZENDE, Maria Beatriz et al. *Secretaria e Subsecretaria do Patrimônio Histórico e Artístico Nacional 1979-1990*. Disponível em: <http://portal.iphan. gov.br/dicionarioPatrimonioCultural/detalhes/60/secretaria-e-subsecretaria-do-patrimonio-historico-e-artistico-nacional-1979-1990>. Acesso em: 14 jan. 2019.

missões executivas e operacionais, o que, porém, não desqualificava o seu elevado papel técnico e institucional.

Em 1985, em contexto de redemocratização e sob a égide de valores de diversidade, que se espelhavam sobretudo em manifestações imateriais da cultura, foi criado o Ministério da Cultura do Brasil, pelo Decreto 91.144, de 15 de março de 1985. No mesmo ano, foi restabelecida a Secretaria do Patrimônio Histórico e Artístico Nacional.

Em 1990, uma ampla reforma da Administração Pública Federal operou profundas mudanças na estrutura dos órgãos e entidades responsáveis pela política cultural, especialmente por meio da Lei n. 8.028, de 12 de abril, que extinguiu o Ministério da Cultura e criou a Secretaria de Cultura como órgão de assistência direta ao Presidente da República; a Lei n. 8.029, de 12 de abril de 1990, que extinguiu a Fundação Nacional Pró-Memória e autorizou o Poder Executivo a criar o Instituto Brasileiro do Patrimônio Cultural – IBPC –, como sucedâneo da Fundação Nacional Pró-Memória, e a transformar a Fundação Nacional de Arte – FUNARTE – e o Instituto Nacional de Folclore, respectivamente, em Instituto Brasileiro de Arte e Cultura – IBAC – e Coordenação de Cultura Popular – CCP.[9]

Registram-se, a título de resenha histórica, considerações sobre a legislação que operou tais mudanças, com destaque para dispositivos específicos.

A Lei n. 8.029, de 12 de abril de 1990, que dispôs sobre a extinção e a dissolução de entidades da Administração Pública Federal, entre outras providências, no artigo 1°, autorizou o Poder Executivo a extinguir ou a transformar, entre outras entidades da Administração Pública Federal, a Fundação Nacional Pró-Memória – PRÓ-MEMÓRIA.

Já o artigo 2° da mesma lei previa:

> "Art. 2° É o Poder Executivo autorizado a constituir:
>
> I. O instituto Brasileiro de Arte e Cultura – IBAC, sob regime jurídico de Fundação, ao qual serão transferidos o acervo, as receitas e dotações orçamentárias, bem assim os direitos e obrigações das fundações a que se referem as alíneas "a", "b" e "c" (FUNARTE, FUNDACEN E FCB) do inciso II, do artigo anterior, com as seguintes competências:
>
> a. formular, coordenar e executar programas de apoio aos produtores e criadores culturais, isolada ou coletivamente, e demais manifestações artísticas e tradicionais representativas do povo brasileiro;

9 IPHAN – Instituto do Patrimônio Histórico e Artístico Nacional. Disponível em: <http://portal.iphan. gov.br/pagina/detalhes/1211>. Acesso em: 21 set. 2017.

b. promoção de ações voltadas para difusão do produto e da produção cultural;
c. orientação normativa, consulta e assistência no que diz respeito aos direitos de autor e direitos que lhe são conexos;
d. orientação normativa, referente à produção e exibição cinematográfica, videográfica e fonográfica em todo o território Nacional.
II. O Instituto Brasileiro de Patrimônio Cultural – IBPC, ao qual serão transferidos as competências, o acervo e as receitas e dotações orçamentárias da Secretaria do Patrimônio Histórico e Artístico Nacional – SPHAN, bem como o acervo, as receitas e dotações orçamentárias da Fundação a que se refere a alínea "d", do inciso II, do artigo anterior, tem por finalidade a promoção e proteção do patrimônio cultural brasileiro nos termos da Constituição Federal, especialmente em seu artigo 216;
III. [...]
§ 1º – O Instituto Brasileiro de Patrimônio Cultural sucede a Secretaria do Patrimônio Histórico e Artístico Nacional – SPHAN, nas competências previstas no Decreto-Lei n. 25 de 30 de novembro de 1937, no Decreto-Lei n. 3.866, de 29 de novembro de 1941, na Lei n. 4.845, de 19 de novembro de 1965, e na Lei n. 3.924, de 26 de julho de 1961.
§ 2º – As entidades a que se refere este artigo serão dirigidas por Diretorias integradas por presidente e até quatro diretores, todos nomeados pelo Presidente da República.
§ 3º – Os serviços prestados pelas entidades referidas neste artigo serão remunerados conforme tabelas de preços e ingressos aprovadas pelas respectivas Diretorias.
§ 4º – O Poder Executivo disporá, em decreto, sobre as estruturas, quadros de pessoal e atribuições das entidades a que se refere este artigo, respeitadas, quanto às últimas, as atribuições básicas das entidades absorvidas.
§ 5º – Aplicam-se aos servidores que excedam a lotação a que se refere o parágrafo anterior, o disposto na Lei que resultou da conversão da Medida Provisória n. 150, de 15 de março de 1990".

A Medida Provisória n. 206, de 8 de agosto de 1990, dispunha sobre a natureza jurídica do Instituto Brasileiro do Patrimônio Cultural – IBPC –[10] e da Biblioteca Nacional.

---

[10] A Medida Provisória n. 610, de 8 de setembro de 1994, no art. 6º, restabeleceu os nomes de Instituto do Patrimônio Histórico e Artístico Nacional – IPHAN – e Fundação Nacional de Artes – FUNARTE –, respectivamente, para IBPC e para IBAC.

Eis a redação de seu artigo 1º:

> "Fica atribuída a natureza jurídica de autarquia ao Instituto Brasileiro do Patrimônio Cultural – IBPC, a que se refere o inciso II, artigo 2º, da Lei n. 8.029, de 12 de abril de 1990".

O Decreto n. 99.492, de 3 de setembro de 1990, no artigo 1º, organizou as Fundações Instituto Brasileiro de Arte e Cultura – IBAC –, Biblioteca Nacional – BN –, e a Autarquia Federal Instituto Brasileiro do Patrimônio Cultural – IBPC –, vinculadas à Secretaria da Cultura da Presidência da República.

O Decreto n. 99.602, de 13 de outubro de 1990, aprovou a Estrutura Regimental do Instituto Brasileiro do Patrimônio Cultural – IBPC. Foi, depois, alterado pelo Decreto n. 335, de 11 de novembro de 1991.

Destacam-se, a seguir, as finalidades do Instituto, previstas no anexo I do referido documento regimental, logo superado pela reversão do tratamento dado à matéria:

> "Art. 2º O IBPC tem por finalidade promover e proteger o patrimônio cultural brasileiro, nos termos da Constituição e, especialmente:
> I. formular e coordenar a execução da política de preservação, promoção e proteção do patrimônio cultural, em consonância com as diretrizes da SEC/PR;
> II. formular e promover programas de cooperação técnica e aperfeiçoamento de recursos humanos voltados para a conservação e preservação do patrimônio cultural;
> III. desenvolver estudos e pesquisas, visando à geração e incorporação de metodologias, normas e procedimentos para a conservação e preservação do patrimônio cultural;
> IV. promover a identificação, o inventário, a documentação, o registro, a difusão, a vigilância, o tombamento, a desapropriação, a conservação, a restauração, a devolução, o uso e a revitalização do patrimônio cultural;
> V. exercer as competências estabelecidas no Decreto-Lei n. 25, de 30 de novembro de 1937, no Decreto-Lei n. 3.866, de 29 de novembro de 1941, na Lei n. 4.845, de 19 de novembro de 1965, e na Lei n. 3.924, de 26 de julho de 1961".
> O IBPC, segundo o artigo 3º do anexo, tem a seguinte estrutura regimental:
> "I – órgãos colegiados:
> a. Diretoria;
> b. Conselho Consultivo do Patrimônio Cultural;

> II – órgão de assistência direta e imediata ao Presidente: Gabinete;
> III – órgãos seccionais:
> a. Procuradoria Jurídica;
> b. Departamento de Planejamento e Administração;
> IV – órgãos singulares:
> a. Departamento de Identificação e Documentação;
> b. Departamento de Proteção;
> c. Departamento de Promoção;
> V – unidades descentralizadas: Coordenações Regionais".

Destaca-se a composição do referido conselho, prevista no artigo 6º do Regimento, cujo critério funda-se em uma filosofia de atuação participativa do órgão, com destaque para o seu caráter técnico:

> "Art. 6º Ao Conselho Consultivo do Patrimônio Cultural compete examinar, apreciar e opinar sobre questões relacionadas ao tombamento.
> § 1º – O Gabinete, os órgãos seccionais, singulares e descentralizados prestarão apoio técnico e administrativo ao conselho.
> § 2º – O Conselho será presidido pelo Presidente do IBPC, que o integra como membro nato, e composto pelos seguintes membros:
> a) um representante e respectivo suplente, de cada uma das seguintes entidades: Instituto dos Arquitetos do Brasil – IAB, Conselho Internacional de Monumentos e Sítios – ICOMOS, Instituto Brasileiro do Meio Ambiente e dos Recursos Naturais Renováveis – IBAMA e Museu Nacional, que serão indicados pelos dirigentes das mesmas;
> b) dez representantes da sociedade civil, com notórios conhecimentos nos campos de atuação do IBPC.
> § 3º – Os membros referidos nas alíneas "a" e "b" do parágrafo anterior serão designados pelo Presidente da República para o mandato de quatro anos, permitida uma recondução.
> § 4º – A participação no Conselho, na qualidade de membro, não será remunerada, sendo considerada prestação de serviço público relevante".

Assinalam-se, também, as diretrizes relacionadas com a atuação das Coordenações Regionais, as quais apontavam no sentido de ações integradas com a dos demais órgãos e entidades da Federação, marcadas por notas de participação e colaboração da sociedade civil e entidades privadas, consoante a norma regimental do artigo 13:

> "Às coordenações Regionais compete dirigir, coordenar, controlar e executar as ações de promoção e proteção do patrimônio cultural, no âmbito de suas áreas de atuação, em efetiva interação com os demais órgãos e entidades, da União, dos Estados, do Distrito Federal e dos Municípios, com representantes da sociedade civil e com a colaboração de entidades privadas, devendo, para tanto:
> I – executar, por intermédio das prefeituras, ou diretamente, o controle e a fiscalização dos conjuntos e núcleos tombados;
> II – elaborar e propor o tombamento de bens culturais;
> III – exercer a fiscalização e a liberação de bens culturais;
> IV – determinar o embargo de ações que contrariarem a legislação em vigor e aplicar as sanções legais;
> V – executar diretamente a identificação, o cadastramento, o controle e a fiscalização do patrimônio cultural, em sua área de atuação;
> VI – contribuir para a formulação da política de preservação do patrimônio cultural, propor normas e procedimentos e desenvolver metodologias, refletindo a pluralidade e diversidade cultural brasileira;
> VII – formar, sob a direção do Coordenador Regional, Câmaras Regionais de Proteção, compostas, preferentemente, por representantes dos Governos estaduais e municipais e da sociedade local".

O Decreto n. 99.601, de 13 de outubro de 1990, aprovou o Estatuto do Instituto Brasileiro de Arte e Cultura.

Entre os 20 artigos do referido estatuto, transcreve-se aquele que estabeleceu a estrutura básica da Fundação:

> "Art. 4º O IBAC tem a seguinte estrutura básica:
> I – Órgão Colegiado: Diretoria;
> II – Órgão de Assistência Direta e Imediata ao Presidente: Gabinete;
> III – Órgãos Seccionais:
> a) Assessoria Jurídica;
> b) Departamento de Pesquisa e Documentação;
> c) Departamento de Difusão Cultural;
> IV – Unidades Descentralizadas: Coordenações Regionais".

Em 1992, a Secretaria de Cultura da Presidência da República foi transformada em Ministério da Cultura, pela Lei 8.490, de 19 de novembro.

Em 1994, por força da Medida Provisória 752, de 6 de dezembro, restabeleceu-se o nome do IPHAN, em substituição ao IBPC.

Em 1995, criou-se, no âmbito do IPHAN, a Divisão de Informação e Documentação para produção de conhecimentos em Inventários do Patrimônio Imaterial.

Em 2003, o Centro Nacional de Folclore e Cultura Popular – CNFCP – foi inserido na estrutura do IPHAN, pelo Decreto 4.811, de 19 de agosto de 2003.

Em 2004, foi ampliado o número de representações das Superintendências Regionais e Sub-regionais do IPHAN. No mesmo ano, foi criado o Comitê Nacional do Brasil do Programa Memória do Mundo/UNESCO, pela Portaria Minc n. 259, de 2 de setembro de 2004. O Decreto n. 5.040, de 7 de abril de 2004, criou o Departamento de Patrimônio Imaterial/IPHAN, ao qual foi agregado o Centro Nacional de Folclore e Cultura Popular – CNFCP.

Em 2006, foi criada a Câmara do Patrimônio Imaterial do Conselho Consultivo do Patrimônio Cultural, pela Resolução n. 001, de 3 de agosto de 2006, do IPHAN.

Em 2009, foram criados o Departamento de Articulação e Fomento – DAF – e o Centro Nacional de Arqueologia – CNA –, do IPHAN, e superintendências regionais em todos os estados brasileiros, nos termos do Decreto n. 6844, de 7 de março de 2009.

Em 2010, criou-se o Centro Regional de Formação em Gestão do Patrimônio – Centro Lúcio Costa/IPHAN – nos termos do acordo firmado entre o governo brasileiro e a Organização das Nações Unidas para a Educação, Ciência e Cultura – UNESCO-, durante a 34ª Reunião do Comitê do Patrimônio Mundial, em Brasília (DF). O Centro, como instância peculiar, cooperativa e aberta aos diversos interessados, visa ampliar a capacidade de gestão do patrimônio cultural e natural e promover a cooperação na região de abrangência, composta por 17 países de língua oficial portuguesa e espanhola na América do Sul, África e Ásia.[11]

Em 2014, a Portaria n. 224, de 30 de abril, do IPHAN, criou as Câmaras Setoriais de Arquitetura e Urbanismo e do Patrimônio Imaterial.

---

11 IPHAN – Instituto do Patrimônio Histórico e Artístico Nacional. Disponível em: <http://portal.iphan. gov.br/pagina/detalhes/1211>. Acesso em: 21 set. 2017.

Em 2015, a Portaria Interministerial n. 60, de 24 de março de 2015, dos Ministérios do Meio Ambiente, da Cultura e da Saúde, estabeleceu procedimentos administrativos que disciplinam a atuação de órgãos e entidades da administração pública federal em processos de licenciamento ambiental de competência do Instituto Brasileiro do Meio Ambiente e dos Recursos Naturais Renováveis – IBAMA.

Sintetizando a natureza jurídica, a missão, a estrutura organizacional e abrangência de sua competência, o IPHAN, em sítio virtual, assim se apresenta:

> "O Instituto do Patrimônio Histórico e Artístico Nacional (IPHAN) é uma autarquia federal vinculada ao Ministério da Cultura que responde pela preservação do Patrimônio Cultural Brasileiro. Cabe ao Iphan proteger e promover os bens culturais do País, assegurando sua permanência e usufruto para as gerações presentes e futuras".

O IPHAN possui 27 Superintendências (uma em cada Unidade Federativa); 27 Escritórios Técnicos, a maioria deles localizados em cidades que têm seus conjuntos urbanos tombados, as chamadas Cidades Históricas; e, ainda, cinco Unidades Especiais, sendo quatro delas no Rio de Janeiro: Centro Lucio Costa, Sítio Roberto Burle Marx, Paço Imperial e Centro Nacional do Folclore e Cultura Popular; e, uma em Brasília, o Centro Nacional de Arqueologia. O IPHAN também responde pela conservação, salvaguarda e monitoramento dos bens culturais brasileiros inscritos na Lista do Patrimônio Mundial e na Lista do Patrimônio Cultural Imaterial da Humanidade, conforme convenções da UNESCO, respectivamente, a Convenção do Patrimônio Mundial de 1972 e a Convenção do Patrimônio Cultural Imaterial de 2003".[12]

Buscando elementos para a avaliação da dotação de poder prevista legalmente para o IPHAN, colhe-se do direito português, a instituição correspondente, o Instituto Português de Proteção Cultural – IPPC –, responsável pela execução da política de preservação do patrimônio cultural luso, com atuação focada no instituto da classificação, equivalente ao tombamento brasileiro. Anota-se que a medida de reestruturação do instituto patrimonial pátrio como autarquia sob denominação de IBPC inspirou-se na concepção do Instituto de Portugal, tendo, porém, encontrado resistência por parte do grande público da política patrimonial, dentro e fora da instituição. A substituição do nome soou afrontosa à história institucional do SPHAN/IPHAN, quase secular. Não obstante isso, outras mudanças foram assimiladas como avanços.

[12] IPHAN – Instituto do Patrimônio Histórico e Artístico Nacional. Disponível em: <http://portal.iphan. gov.br/pagina/detalhes/1211>. Acesso em: 21 set. 2017.

Tanto aqui como no direito português, o Ministério da Cultura é o órgão político, instância da cúpula governamental, em cuja alçada se encontram as diretrizes políticas da proteção ao patrimônio cultural; já as entidades são instituições de tradição que têm a seu cargo o papel técnico na política patrimonial, devendo implementar múltiplas medidas que compõem o espectro da atuação de proteção, defesa e desenvolvimento do patrimônio cultural, encarregando-se, também, de suporte a medidas com as quais o País se comprometa por meio de pactuação internacional.

A recente reforma administrativa federal estabeleceu a competência do IPHAN para o tombamento provisório, mantendo, contudo, a homologação pelo Ministro da Cultura.

Todavia, verifica-se diferença no que diz respeito à força vinculante do pronunciamento da instituição técnica para a autoridade daquela instância ministerial; em Portugal, gozando de ampla autonomia, o IPPC fixa os critérios técnicos gerais para o enquadramento e a classificação. As ações protetoras sujeitam-se ainda a parecer prévio e favorável do IPPC, isto é, o Ministério da Cultura só pode classificar o bem mediante parecer do Instituto que conclua pela adequação da medida protetiva. Não se cuida de afirmar que ao parecer favorável deva corresponder obrigatoriamente a classificação. Tanto lá como internamente, não se estabeleceu o entendimento da estrita vinculação ao parecer, de modo a extrair dele a obrigação de tombar. Todavia, no direito luso, o ato de tombamento, assim como o de cancelamento pela autoridade competente, deve ter como pressuposto parecer favorável do órgão técnico quanto à medida. Vale dizer, o Ministro da Cultura não chancela a classificação, nem a pode cancelar, contra o parecer do IPPC. No direito brasileiro, diferentemente, o parecer é requisito do processo formativo da decisão sobre tombamento, mas a votação pela instância deliberativa, no caso, o Conselho Consultivo do Patrimônio Cultural, é que decide pela incidência ou não do tombamento; já no tocante ao cancelamento, a solução interna ainda mais se afasta da delineada no Direito português, eis que o Presidente da República, independentemente de parecer técnico, pode cancelar o tombamento.

Ainda no tocante ao poder da instituição técnica, outra questão polêmica tangencia a definitividade, ou não, do seu pronunciamento no tocante ao enquadramento e à caracterização do bem como de valor cultural, em face do Poder Judiciário.

Resgata-se, neste passo, um *leading case*, cujos elementos mantêm-se atuais. Tratando da questão da possibilidade de o Judiciário apreciar a qualificação de um bem como histórico ou artístico, Victor Nunes Leal[13] entendeu ser tal exame pertinente ao da legalidade do ato. Desenvolveu, em comentário a acórdão do Supremo Tribunal Federal na Apelação Cível n. 7.377, envolvendo o chamado Arco de Teles, alentada tese sobre "atos discricionários" e funções quase-judiciais da Administração. Considerava inoperante o dispositivo legal que não admitia recurso das decisões do Conselho Consultivo do SPHAN, endossando opinião do Ministro Castro Nunes, Relator do recurso.

Perquiriu o alcance da legalidade, isto é, vasculhou o campo possível de investigação no exame desse atributo, concluindo, como Seabra Fagundes, que o motivo do ato administrativo fazia parte da sua configuração legal, e a averiguação de sua adequação estava incluída na análise da legalidade. O SPHAN não exerceria, segundo ele, função jurisdicional formalmente válida, isto é, inatacável perante o Poder Judiciário. Entendeu que a dificuldade técnica da matéria não podia ser considerada, por si só, impedimento à competência revisora do Judiciário. Registrou que a tendência dos Tribunais vinha sendo no sentido de acompanhar a opinião técnica do órgão, emprestando-lhe o valor de laudo autorizado, o que não significava, porém, definitividade da decisão administrativa.

Explicava, mais, que a tolerância dos tribunais em confiar poderes, incluídos os de natureza judicial, a órgãos da Administração conduziu, na prática, ao absolutismo administrativo, cuja tendência era legitimar-se na doutrina. Concluiu não se eximir o Conselho Consultivo do SPHAN da revisão judicial de seus atos, devendo entender-se, portanto, que a vedação de recurso das decisões, consagrada na lei, só se referia à instância administrativa, e que nem o princípio da discricionariedade da Administração o poderia socorrer, tendo em vista que o exame da qualificação de um bem concerne a seu devido ou indevido enquadramento segundo padrões da lei, dizendo respeito, portanto, à legalidade, alçada do Judiciário.

A pretensa imunidade da esfera técnica com que se pretendeu, até por meio de previsão legal e especialmente nos primeiros embates, afastar o controle judicial nessa seara, hoje, ganha novos contornos, de modo que, sem se afastar a sindicância judicial sobre toda a ação administrativa, tem-se buscado apoio de novos recursos interpretativos do caso concreto e das normas de regência, assinalando-se tendência à valorização dos pressupostos técnicos e epistemológicos, sem, contudo, os apreender em matriz fechada ou autoritária.

---

13 LEAL, Victor Nunes. Ato Administrativo. *Revista de Direito Administrativo*. Rio de Janeiro: Imprensa Nacional 1, 2(1), julho de 1945. pp. 124-43.

Por fim anota-se que, após longa trajetória das institucionalidades no campo da preservação, a Emenda Constitucional n. 71, de 2012, instituiu o Sistema Nacional de Cultura, organizado em regime de colaboração, de forma descentralizada e participativa. A alteração é substancial e deverá impactar estruturas organizacionais e práticas institucionais no âmbito da política de proteção ao patrimônio cultural. Subsídios sobre o tema são encontrados em publicações institucionais do Ministério de Cultura.[14]

2. ORGANIZAÇÃO DO SISTEMA DE PROTEÇÃO NOS ESTADOS COM ÊNFASE PARA A DO ESTADO DE MINAS GERAIS

No âmbito estadual, registram-se providências no sentido de proteger o patrimônio cultural, desde a edição de normas próprias até a criação de órgãos com incumbência de adotar medidas de preservação dos bens culturais, seja em caráter colaborativo, seja no cumprimento de competências estritamente estaduais.

A título de ilustração, registra-se a linha de institucionalização e de evolução da estrutura orgânica de suporte à política patrimonial no Estado de Minas Gerais.

A Lei n. 5.741, de 8 de julho de 1971, estabeleceu normas gerais de preservação do patrimônio histórico e artístico no âmbito do Estado.

A Lei n. 6.501, de 5 de dezembro de 1974, dispôs sobre a composição do Conselho Curador da Fundação.

A Lei n. 5.775, de 30 de setembro de 1978, autorizou o Poder Executivo a instituir, sob forma de fundação, o Instituto Estadual do Patrimônio Histórico e Artístico (IEPHA/MG) e criou, ainda, o Fundo Estadual do Patrimônio Histórico e Artístico, de natureza contábil especial.

A mencionada lei, antecipando-se na lógica de relações "interorgânicas", previa que o Instituto Estadual do Patrimônio Histórico e Artístico – IEPHA/MG -, "órgão" de colaboração com o Instituto do Patrimônio Histórico e Artístico Nacional – IPHAN-, teria por finalidade exercer a proteção, no território do Estado de Minas Gerais, aos bens móveis e imóveis, de propriedade pública ou particular, referidos no Decreto-Lei n. 25, de 30 de novembro de 1937, e legislação posterior.

O aludido marco legal transferiu para a responsabilidade do Instituto Estadual do Patrimônio Histórico e Artístico a execução do

---

[14] BRASIL. Ministério da Cultura. *Estruturação, Institucionalização e Implementação do Sistema Nacional de Cultura*. Brasília: Ministério da Cultura, 2011.

convênio firmado pelo Governo do Estado, em 8 de março de 1971, com o Ministério da Educação e Cultura, aprovado pela Resolução n. 970, de 12 de maio de 1971, da Assembleia Legislativa, destinado à realização de serviços de preservação ao patrimônio histórico e artístico em Minas Gerais.

Consoante a Lei n. 5.775/78, as principais competências do IEPHA eram as seguintes: efetivar tombamento; exercer, por delegação, a fiscalização de bens tombados pelo IPHAN; realizar obras de recuperação ou complementares; promover a catalogação e a proteção do arquivo; organizar, manter e orientar a formação e o funcionamento de museus; estimular estudos; promover cursos, publicações; manter sistema de vigilância e manter corpo de guias.

Segundo a mesma legislação estadual, a atuação do IEPHA sujeitava-se à legislação federal específica e às normas e recomendações do IPHAN, razão pela qual havia algumas peculiaridades na atuação da entidade que merecem ser explicitadas, notadamente as relacionadas com os processos de tombamento e procedimentos correlatos. O tombamento estadual, de acordo com a referida lei, por exemplo, deveria ocorrer após o pronunciamento da Assessoria de Estudos e Projetos do IEPHA e por decisão do Conselho Curador, comunicando-se a decisão ao IPHAN. Previa-se que o cancelamento seria feito após reunião conjunta do Secretariado do Estado presidida pelo Chefe do Executivo, audiência do IPHAN e despacho governamental, sem prejuízo de outras peculiaridades.

O marco legal de 1978 sofreu significativas alterações introduzidas pela Lei n. 8.828, de 5 de junho de 1985, que, não obstante, reiterou, como objetivos do Instituto, consoante dispôs no art. 19, o cumprimento das normas gerais de preservação do patrimônio histórico e artístico preconizadas na Lei. n. 5.741, de 8 de julho de 1971.

Anotam-se, a seguir, as mudanças institucionais da Fundação decorrentes dessas normas até a sua configuração mais recente.

Por força da Lei n. 8.828, de 5 de junho de 1985, o IEPHA passou a ser entidade de colaboração com a Secretaria de Estado da Cultura e com o Ministério da Cultura. A nova lei consignou também a necessidade de o Conselho Curador submeter a decisão de tombamento à homologação do Secretário de Estado da Cultura; previu recurso da decisão de Tombamento ao Governador do Estado, a cuja manifestação, na esfera administrativa, atribuiu caráter de definitividade, em virtude de expressa vedação de recurso.

A lei alterou, também, a sistemática do cancelamento, condicionando-o à decisão unânime do Conselho Curador e à homologação pelo Governador do Estado, tendo por fundamento erro de fato quanto à sua causa determinante ou motivo relevante por excepcional interesse público.

Em decorrência das mudanças operadas pela Lei n. 8.828, de 1985, o Decreto n. 26.193, de 24 de setembro de 1986, aprovou novo Estatuto do Instituto Estadual do Patrimônio Histórico e Artístico de Minas Gerais – IEPHA/MG.

O Decreto definiu como finalidade do Instituto exercer a proteção dos bens móveis e imóveis de que tratam o Decreto-Lei n. 25, de 20 de novembro de 1937, a Lei Federal n. 3.924 de 26 de julho de 1961 (Dispõe sobre os sítios arqueológicos e pré-históricos do País), a Lei Estadual n. 5.741, de 8 de setembro de 1971 (Dispõe sobre a proteção especial), a Lei n. 5.775, de 30 de setembro de 1971, entre outras.

Com relação ao processo de Tombamento, o Estatuto do IEPHA, aprovado pelo Decreto n. 26.193, de 24 de setembro de 1986, estabeleceu a seguinte sequência:

a) iniciativa do IEPHA ou de terceiros (Preparação e instrução – delimitação da área externa);
b) notificação do proprietário pelo presidente do IEPHA;
c) prazo para impugnação;
d) encaminhamento do processo ao Conselho Curador;
e) discussão e decisão pelo Conselho Curador;
f) homologação pelo Secretário de Estado da Cultura e edição do decreto de tombamento pelo Governador;
g) inscrição do bem no livro do tombo;
h) publicação da inscrição;
i) notificação de tombamento definitivo por edital e
j) recurso da decisão para o Governador, se for o caso.

Quanto ao cancelamento, condicionou-o a lei à decisão unânime do Conselho Curador e à homologação pelo Governador.

A lei, ao disciplinar o tombamento de bem público estadual, previu o processamento "de ofício" e a sua homologação pelo Governador.

A natureza jurídica da Fundação foi alterada a partir da Constituição do Estado de 1989, que vedou a permanência ou criação de entidades fundacionais de natureza privada na Administração Indireta do Estado, a teor do disposto no seu art. 14.

A partir de 2003, a organização administrativa do Estado passou por sucessivas reformas por meio de Leis delegadas.

Na Reforma Administrativa de 2003, a entidade foi tratada na Lei Delegada n. 45, de 2 de janeiro de 2003; na Lei Delegada n. 55, de 29 de janeiro de 2003, na área de competência da Secretaria de Estado da Cultura, como fundação denominada Instituto Estadual do Patrimônio Histórico e Artístico; e na Lei Delegada n. 81, de 29 de janeiro de 2003.

Na reforma de 2007, a instituição foi objeto de disciplina na Lei Delegada n. 112, de 25 de janeiro de 2007, com a vinculação à Secretaria de Estado da Cultura, como Instituto Estadual do Patrimônio Histórico e Artístico de Minas Gerais; na Lei Delegada n. 116, de 25 de janeiro de 2007, que trata da Secretaria de Estado da Cultura; na Lei Delegada n. 149, de 25 de janeiro de 2007, que dispõe sobre a estrutura básica do IEPHA; na Lei Delegada n. 175, de 26 de janeiro de 2007, que cuida do Grupo de Direção e Assessoramento; e na Lei Delegada n. 149, de 25 de janeiro de 2007, a qual alterou a Lei Delegada n. 81, de 29 de janeiro de 2003. A lei Delegada n. 170, de 25 de janeiro de 2007, criou o Conselho Estadual do Patrimônio Cultural – CONEP. A legislação de 2003 foi parcialmente revogada pela Lei Delegada de n. 116, de 25 de janeiro de 2007.

A Lei n. 18.030, de 12 de janeiro de 2009, dispôs sobre a distribuição da parcela da receita do produto de arrecadação do ICMS pertencente aos Municípios, importante ferramenta de fomento por meio da parafiscalidade de que dispõe o IEPHA para a gestão patrimonial junto aos governos locais.

Na Reforma Administrativa de 2011, a Fundação sofreu alterações por força da Lei Delegada n. 179, de 1º de janeiro de 2011 (art. 12, IV, alínea "d"); e da Lei Delegada n. 180, de 20 de janeiro de 2011. Nesta última, a entidade, vinculada à Pasta da Cultura, recebeu amplo tratamento como fundação de natureza jurídica pública, com a explicitação de seu papel e competências, consoante disposto, notadamente, no art. 120:

> "Art. 120. A Fundação Instituto do Patrimônio Histórico e Artístico de Minas Gerais – IEPHAMG –, a que se refere a alínea "d" do inciso IV do art. 12 da Lei Delegada n. 179, de 2011, tem por finalidade pesquisar, proteger e promover o patrimônio cultural do Estado, nos termos do disposto na Constituição Federal e na Constituição do Estado, competindo-lhe:
>
> I – executar a política de preservação, promoção e proteção do patrimônio cultural, em consonância com as diretrizes da Secretaria de Estado de Cultura e com as deliberações do Conselho Estadual do Patrimônio Cultural – CONEP;
>
> II – identificar os bens culturais do Estado e os acervos considerados de interesse de preservação, procedendo ao seu levantamento

e pesquisa, ao armazenamento, registro e difusão de informações e documentos sobre o patrimônio cultural mineiro, em seus aspectos jurídicos, técnicos e conceituais, de forma direta ou indireta, por meio de parcerias com instituições públicas ou privadas e com a sociedade civil;

III – promover a adoção de medidas administrativas e judiciais para a conservação e proteção do patrimônio cultural, por meio de tombamento e de outras formas de acautelamento;

IV – promover a realização de ações educativas de identificação, valorização e proteção dos bens culturais junto à sociedade e a instituições públicas ou privadas;

V – promover e incentivar o desenvolvimento de planos de gestão e de fiscalização preventiva e corretiva dos bens culturais protegidos pelo Estado;

VI – elaborar, direta ou indiretamente, analisar e aprovar estudos, relatórios técnicos e projetos de intervenção, bem como fiscalizar áreas ou bens tombados pelo Estado ou de interesse cultural;

VII – executar, direta ou indiretamente, as obras e os serviços para a implantação de projetos de intervenção em bens tombados de propriedade do Estado e de conservação e restauração do acervo considerado de interesse de preservação;

VIII – fiscalizar o cumprimento da legislação de proteção do patrimônio cultural, aplicar penalidades, multas e demais sanções administrativas e promover arrecadação, cobrança, execução de créditos não tributários, ressarcimentos devidos e emolumentos decorrentes de suas atividades, exercendo o poder de polícia administrativa, nos termos da legislação vigente;

IX – adotar metodologias, normas e procedimentos para a realização de pesquisas, projetos, obras e serviços de conservação, restauração, intervenções urbanas e planos integrados de preservação e para o uso e a revitalização de bens tombados e de áreas protegidas ou de interesse cultural;

X – prestar assessoramento a instituições públicas e privadas e a interessados na elaboração de pesquisas, projetos e planos de identificação, intervenção, proteção e conservação de bens tombados e de áreas protegidas ou de interesse cultural, observadas a conveniência e a oportunidade para o Instituto;

XI – promover pesquisas e colaborar, no que tange à execução, em projetos, obras e serviços de conservação, restauração, revitalização, requalificação e gestão de bens protegidos ou de interesse cultural, com vistas à sua adaptação às necessidades de novos usos, segurança e acessibilidade;

XII – manter intercâmbio com instituições públicas e privadas, nacionais e internacionais, com vistas à cooperação técnica, científica e financeira;
XIII – examinar e aprovar estudos, projetos e relatórios prévios de impacto cultural para licenciamento de obra pública ou privada em área ou bem de interesse cultural ou protegido pelo Estado, com prerrogativa para exigir ações reparadoras e mitigadoras de danos, na forma da lei, bem como reformulações nos respectivos projetos; e
XIV – exercer atividades correlatas".[15]

A lei referida ainda disciplinava os conselhos da área de competência da Secretaria de Estado da Cultura, entre os quais o CONEP, tratado no art. 128. A Lei Delegada n. 182, de 21 de janeiro de 2011, dispôs sobre cargos, gratificações, entre outras matérias.

O Decreto n. 45.850, de 28 de dezembro de 2011, aprovou o Estatuto do Instituto Estadual do Patrimônio Histórico e Artístico de Minas Gerais.

A legislação instituidora do IEPHA e as normas que lhe atribuíram natureza de fundação autárquica e introduziram alterações no seu papel reconheceram-lhe poder de polícia para atuação sancionadora no campo do patrimônio cultural, remetendo, todavia, para a legislação vigente (art. 120, VIII, da Lei Delegada n. 180, VIII, de 2011. Na última década, muito se discutiu acerca da conveniência de plena dotação de poder de polícia, especialmente na dimensão sancionatória, àquela Fundação, que reivindicava critérios para o exercício daquele poder instrumental, o que, não obstante a ausência de óbices à previsão legal específica, não se efetivou.

Na prática, considerando a falta de uma base legal do poder para aplicação de penalidades administrativas e medidas mais efetivas, a instituição limita-se à fiscalização e ao controle preventivo no campo patrimonial, mas tem buscado maior efetividade do controle mediante a provocação ao Ministério Público para viabilizar cominações no âmbito da sua competência ampla de caráter tutelar.

A Lei n. 22.257, de 27 de julho de 2016, que estabelece a estrutura orgânica da Administração Pública do Poder Executivo do Estado e dá outras providências, revogou as leis delegadas, e, no art. 57, fez menção à Fundação

---

15 *Lei Delegada 180 de 20/01/2011 dispõe sobre a estrutura orgânica da Administração Pública do Poder Executivo do Estado de Minas Gerais e dá outras providências.* Disponível em: <https://www.almg.gov.br/consulte/legislacao/completa/completa-nova-min. html?tipo=LDL&num=180&ano=2011>. Acesso em: 21 mar. 2019.

Instituto Estadual do Patrimônio Histórico e Artístico de Minas Gerais – IEPHA – MG, deixando a matéria para o plano regulamentar.

A competência do IEPHA para exercício do poder de polícia, remetida genericamente à legislação vigente, perdeu espaço na ordem jurídica patrimonial.

Registram-se, por fim, marcos legais que, conquanto não disponham sobre estrutura do IEPHA, impactam competências e atuação do instituto no âmbito do Sistema de Cultura: a Lei n. 20.368, de 07 de agosto de 2012, que instituiu o Registro do Patrimônio Vivo do Estado de Minas Gerais; a Lei n. 21.141, de 13 de janeiro de 2014, que dispôs sobre a criação, a gestão e o funcionamento de museus no Estado; a Lei n. 21.936, de 23 de dezembro de 2015, que instituiu a Política Estadual de Desenvolvimento da Gastronomia; a Lei n. 22.627, de 31 de julho de 2017, que instituiu o Plano Estadual de Cultura de Minas Gerais; a Lei n. 22.944, de 15 de janeiro de 2018, que instituiu o sistema Estadual de Cultura, o Sistema de Financiamento à Cultura e a Política Estadual de Cultura Viva.

Assim é que, em Minas, o IEPHA, atuando, desde a sua criação, no campo das políticas de patrimônio cultural, inicialmente, mediante convênio com o instituto federal, muito colaborou na preservação do acervo cultural mineiro de interesse nacional, a maior parte pertencente à época da Inconfidência; paralelamente, na linha de proteção dos bens de interesse estadual da cultura, dedicou-se à organização e manutenção do Museu Mineiro, em Belo Horizonte e desenvolveu uma abrangente e eficaz política de tombamento. Continua o trabalho de identificação do restante do patrimônio de interesse regional, sob competência estadual, adotando, ainda, medidas complementares para a sua preservação. Na vertente de fomento, vem atuando no apoio aos municípios mediante a gestão dos recursos de ICMS Cultural, consoante disposto na Lei n. 18.030, de 12 de janeiro de 2009, "Lei Robin Hood".

Em sua trajetória, vem se dedicando, desse modo, à pesquisa, à proteção e à promoção dos bens culturais, com ênfase nos de natureza material, sendo que, a partir de 2001, tem desenvolvido uma avançada política voltada para o patrimônio imaterial, inaugurada com a proteção da tradição queijeira artesanal de Serro, por meio do primeiro registro feito pela instituição. Sua atuação envolve a prática de inventários, registro de bens, tombamentos, além de outros institutos e cautelas de sua alçada.

Alinham-se, a título de exemplo, órgãos estaduais encarregados da proteção ao patrimônio cultural em outros Estados: Conselho do Patrimônio Histórico e Artístico da Bahia, Fundação Cultural do Maranhão, Instituto do

Patrimônio Histórico e Artístico da Paraíba, Serviço de Defesa ao Patrimônio Artístico e Histórico de Pernambuco, Conselho de Defesa do Patrimônio Histórico, Artístico e Turístico de São Paulo – CONDEPHAT-, Instituto Estadual do Patrimônio Cultural – INEPA –, do Rio de Janeiro.

3. ORGANIZAÇÃO NA ESFERA MUNICIPAL

Ressalta-se que, em nível municipal, prevalece a tendência de criação de Conselhos de Patrimônio Histórico e Artístico. São exemplos desses órgãos: Conselho Deliberativo do Patrimônio de Belo Horizonte,[16] Conselho Municipal de Proteção ao Patrimônio Histórico-Cultural de Fortaleza - COMPHIC -, Conselho Municipal do Patrimônio Histórico, Cultural e Ambiental da Cidade de São Paulo, Conselho Municipal de Proteção do Patrimônio Cultural do Rio de Janeiro, Conselho Consultivo do Patrimônio Cultural do Município de Salvador, Conselho do Patrimônio Histórico e Cultural de Porto Alegre, Conselho Municipal do Patrimônio Cultural de Curitiba e Conselho Municipal do Patrimônio Cultural de Serro, este aqui citado pela particularidade de compor o arranjo institucional da cultura de um município cujo conjunto arquitetônico e paisagístico foi pioneiramente reconhecido no Brasil como patrimônio Nacional da Cultura por meio de tombamento nos termos do Decreto Lei 25, de 30, de novembro de 1937.

Até pela vocação municipalista do Estado Brasileiro, pode-se avaliar a gama de conselhos voltados para a referida política. Uma análise superficial aponta para uma diversidade de tratamentos dispensados à referida institucionalidade; são variações, assim como no plano normativo, especialmente quanto às competências, prerrogativas, composição, processualidade, a relação que mantêm com a sociedade e a esfera governamental, com reflexos no *status* institucional que apresentam. A matéria merece estudos aprofundados, segundo os recortes seletivos adequados para fins de pesquisa, como conselhos de Capitais, conselhos de cidades ditas "históricas", conselhos de cidades declaradas Patrimônio da Humanidade pela UNESCO, conselhos de cidades selecionadas pelo número e expressão de seu patrimônio tombado, polos regionais de cultura, conselhos de cidades

---

16 A **Lei n. 3.802, de 6 de julho de 1984,** que organiza a proteção do Patrimônio Cultural do Município de Belo Horizonte, entre outras providências, cria órgãos culturais, entre os quais, o Conselho Deliberativo, cujo regimento interno foi aprovado pelo **Decreto n. 551, de 17 de dezembro de 1986.**

que contem com representação do IPHAN, conselhos correspondentes aos municípios de um território metropolitano, entre outros critérios.

Pode-se, neste passo, concluir que, aos órgãos ou instituições, tanto federais quanto estaduais e municipais, cabe o exame técnico das questões relacionadas com a promoção e a realização da proteção patrimonial, bem assim das proposições de tombamento.

No âmbito estadual e municipal, a legislação específica indica a autoridade competente para o tombamento e delimita o papel dos órgãos técnicos de proteção.

Por último, é importante reiterar que as autoridades definidas nas três esferas de competência podem, paralelamente, tombar o mesmo bem, consoante conclusão que se recolhe de fragmento de Pontes de Miranda:[17]

> "Titulares dos direitos, pretensões, ações ou exceções, que nascem do tombamento, bem como do direito e da pretensão a tombar bens que entrem nas categorias mencionadas no texto, são a União, o Estado-membro ou o Distrito Federal, ou o Território e o Município em que se achem tais bens".

---

17 *Apud* Silva, José Afonso da. *Direito Urbanísito brasileiro.* São Paulo: Revista dos Tribunais, 1981. p. 487.

Capítulo 7

TOMBAMENTO

1. CONCEITO

Para a delimitação conceitual de tombamento, a atenção há de perpassar, fundamentalmente, quatro planos de cogitação do objeto: o do núcleo etmológico, o do instituto, o do ato resultante da aplicação do instituto segundo a matriz normativa de sua regência, considerado em si ou no bojo do procedimento, e ainda o do fato que marca o registro daquela materialização.

No plano etimológico, tem-se que os vocábulos tombamento, tombo, tombar, segundo os principais dicionários e enciclopédias contemporâneos, ligam-se ao mesmo corpo semântico, significando registro, inventário e arrolamento.

No direito pátrio, o termo tombar e seus correlatos foram aportados do ordenamento jurídico português. Tombamento, usado no Código de Processo Civil luso de 1876 como sinônimo de demarcação, foi neste mesmo sentido empregado no Código de Processo Civil de 1939. Posteriormente, preceitos do Código Administrativo de 1940 assimilaram, definitivamente, o termo na sinonímia de cadastro, uma vez que, usualmente, já se designava por tombo o registro, o arquivo e a catalogação de documentos públicos ou históricos, razão pela qual se chama Torre do Tombo o atual Arquivo Nacional Português,[1] em Lisboa, originariamente, a casa em que se conservavam os livros das leis, escrituras públicas, contratos, tratados com estados estrangeiros e outros papéis autênticos do Reino.[2]

---

1 TOMBAMENTO. In: *Grande Enciclopédia Portuguesa Brasileira*. Lisboa: Editorial Enciclopédia Limitada, s.d. p. 23, v. 32.

2 "A Torre do Tombo é uma das instituições mais antigas de Portugal. Desde a sua instalação numa das torres do castelo de Lisboa, ocorrida no reinado de D.

Retomando outras tramas das raízes do vocábulo, Pontes de Miranda[3] registra:

> "Tombar (do latim tumulus, elevação da terra, donde tombo por tômoro, talvez por haver marcos com alteamentos dos limites das terras) tem o significado de lançar em livro de tombo, e nada tem com tombar (do velho alto alemão tomôn, provavelmente formado no espanhol, passando ao português e ao inglês). O tombamento é apenas, hoje, a inscrição no livro do tombo, tal como acontecia com os bens da Coroa".

Esse termo reinícola do direito luso incorpora-se ao direito brasileiro, por influência da relação Metrópole-Brasil Colônia e por espírito de preservação do patrimônio linguístico, atraindo formalismos e ritualidades próprias, de modo que os bens que se devam submeter a regime especial de proteção do Poder Público por meio de tombamento hão de ser inscritos nos livros de tombo existentes no Instituto do Patrimônio Histórico e Artístico Nacional – IPHAN, ou no livro apropriado da repartição estadual ou municipal. Daí o entendimento comum de que tombar é inscrever o bem em livros especiais.

Como instituto jurídico, assinala-se que o tombamento, especialmente na experiência brasileira, constitui-se em relevante instrumento – de *status* constitucional – da atuação estatal com vistas a promover a proteção do patrimônio cultural, sustentando-se nos interesses difusos e no direito coletivo à permanência e à integridade dos bens dessa natureza para a fruição das gerações presentes e futuras e, em última análise, em um dos vários mecanismos de efetivação dos direitos sociais à cultura, na dimensão patrimonial __ (re) significação, integridade e fruição dos referentes culturais –, o que densifica o direito cultural, na condição de dotação universal proclamada pela ONU, "como prerrogativa de participar da vida cultural da comunidade". O instituto, tradicionalmente, tratado, na perspectiva hegemônica do Estado, na lata seara do Direito Público, e, como peculiar instrumento de intervenção na propriedade, com sítio estrito no Direito Administrativo e lastro no poder de

---

Fernando e rigorosamente desde 1378, data da primeira certidão conhecida, até 1755, prestou serviço como arquivo do rei, dos seus vassalos, da administração do reino e das possessões ultramarinas. Além de servir à administração régia, com funções semelhantes às de um arquivo dos nossos dias, o serviço mais importante prestado pela Torre foi o das certidões, solicitado pelas instituições em geral. Atualmente, há o Arquivo Nacional da Torre do Tombo". NOHARA, Irene Patrícia. *Direito administrativo*. 6. ed. São Paulo: Atlas, 2016. p. 756.

3 MIRANDA, Francisco Pontes de. Comentários à Constituição de 1967. *Revista dos Tribunais*. p. 371, t. 6.

polícia, encerra um regime próprio de proteção ao patrimônio cultural de natureza material, voltado para a garantia de permanência dos bens de suporte aos valores culturais, com vínculos de imodificabilidade e seus consectários.

O instituto, porém, por força da evolução no tratamento dispensado ao patrimônio cultural em documentos internacionais ou internos e da realidade das cidades brasileiras, com a assimilação da importância do contexto urbano no qual se insere o bem tombado, das áreas de entorno, dos conjuntos urbanos arquitetônicos e paisagísticos, da integração dos instrumentos interventivos com locus na urbe, foi, desde a década de 70, clivado pelo Direito Urbanístico, conquanto em linha mais conservadora.

Cumpre salientar, também, que, de há muito, tem ganhado corpo a estratégia de deslocamento do instituto do tombamento para o campo do Direito Ambiental, a partir de uma visão holística e unitária do meio ambiente na sua bifurcação pragmática em meio ambiente natural e meio ambiente cultural, ou ainda na tríplice abordagem a cogitar, também, do meio ambiente artificial, tese defendida enfaticamente pelo Ministério Público, na tentativa de comunicar ao campo da proteção patrimonial da cultura as metodologias de análise, os princípios reitores daquela seara: prevenção, precaução, poluidor-pagador, responsabilidade, limite e função social da propriedade, com plena ressonância na legislação, na prática administrativa, na doutrina e na jurisprudência.

Ana Maria Moreira Marchesan mostra a prevalência dessa visão sistêmica no tratamento da proteção patrimonial no bojo do Direito Ambiental: "afirma-se estar a absoluta maioria da doutrina nacional inserida numa tendência dominante, inclusive em sede de Direito Comparado, de atribuir tratamento integrado ao bem ambiental, o que aliás, já foi assentado por Steigleder".[4]

Após a Constituição de 1988 e, mais efetivamente, da edição do Estatuto da Cidade, o Direito Administrativo, na interface com outros ramos, notadamente em torno do eixo da propriedade, reflete novas tensões do tombamento, alimentadas pelo Direito Urbanístico, nessa fase de (re)investida deste ramo, mais enfaticamente em razão dos novos significantes democráticos, como a função social daquela, cuja importância é amplificada no tocante à tipologia imobiliária urbana. Edésio Fernandes, registrando os deslocamentos conceituais e legislativos atinentes ao tombamento, vislumbra, na espécie, "um instrumento central não apenas para a política de preservação do patrimônio

4 MARCHESAN, Ana Maria Moreira. *A tutela do patrimônio cultural sob enfoque do direito ambiental.* Porto Alegre: Livraria do Advogado, 2007. p. 87.

cultural, mas também para a política urbana brasileira".[5] Outras contribuições têm sido oferecidas por especialistas da temática no sentido de (re)significação do tombamento. Nesse sentido, as reflexões de Aline Faiwichow Estefam.[6]

A apropriação do tombamento no campo do Direito Urbanístico e no bojo do Direito Ambiental, embora tratada em robusta teorização, tem recebido objeção por parte de alguns especialistas em Direito Patrimonial, como nos fartos suplementos de Carlos Magno de Souza Paiva, em tese doutoral defendida em 2014, na qual propugna pela autonomização do Direito do Patrimônio Cultural, apontando inconsistências nas teses opostas, marcadamente na ambientalista. Projeta uma releitura dos pressupostos da proteção patrimonial que, efetivamente, devem ser ressemantizados. Parte o autor de considerações de Niklas Luhmann e Ludwig Wittgenstein no campo da Teoria dos Sistemas e dos jogos de linguagem, para sustentar a impropriedade do tratamento jurídico do patrimônio cultural no âmbito do subsistema Ambiental, defendendo a autonomização do Direito do Patrimônio Cultural, isto é, o seu reconhecimento como subsistema próprio, a partir do código binário: "valor/não valor cultural" Sua síntese alinha as razões mais substantivas dessa autonomização:

> "Dado todo o regime jurídico normativo e toda a institucionalização organizacional ligada ao Direito do Patrimônio Cultural que, no Brasil, se apresenta por um vasto arcabouço legal e por uma abrangente institucionalização de órgãos públicos e privados, reconhece-se, portanto, a existência desse sistema específico".[7]

A tese do autor está consubstanciada na obra Direito do Patrimônio Cultural: autonomia e efetividade.[8]

Certo é que a proteção ao patrimônio cultural foi, durante muito tempo, tratada no âmbito do Direito Administrativo, o qual precisou estabelecer um diálogo inadiável com o Direito Urbanístico, especialmente em face das mazelas da intensa e desorganizada urbanização, com os reflexos

---

5 FERNANDES, Edésio; ALFONSIN, Betânia (coord.). *Revisitando o Instituto do Tombamento.* Belo Horizonte: Fórum, 2010. p. 17. ISBN: 978-85-7700-388-4.

6 ESTEFAM, Aline Faiwichow. A Preservação do Patrimônio Cultural e o Tombamento. *Revista Brasileira de Estudos da Função Pública.* Belo Horizonte, mai./ago. 2016. v. 5, n. 14.

7 PAIVA, Carlos Magno de Souza. *Por um Direito do Patrimônio Cultural autônomo.* Tese de Doutorado em Direito. Belo Horizonte: Pontifícia Universidade Católica de Minas Gerais (impressão do autor), 2014. p. 34.

8 PAIVA, Carlos Magno de Souza. *Direito do Patrimônio Cultural:* autonomia e efetividade. Curitiba: Juruá, 2015.

sobre os conjuntos arquitetônicos e paisagísticos tombados; na tentativa de renovar a concepção das ações estatais e a interpretação do arcabouço normativo correspondente com vistas à efetividade da proteção, fez-se um engenhoso deslocamento desse núcleo temático para o Direito Ambiental; paralelamente, outros estudiosos buscaram retomar as interfaces com o Direito Urbanístico e estabelecer novos tentáculos da temática no campo desse ramo, notadamente pela necessidade de adensamento da função social da propriedade urbana e do direito à cidade.

Hodiernamente, como dito, cogita-se da autonomização do ramo. Sobre a polêmica, anota-se a contribuição de José Eduardo Ramo Rodrigues e Marcos Paulo de Souza sob o título "Estatuto de Direito do Patrimônio Cultural", a explicitar as discussões em torno da proposta de autonomia do ramo.[9] Como instituto em trânsito, o tombamento, principal instrumento de proteção patrimonial dos bens materiais, não se comporta mais no seu álveo de origem; nem segue curso de linearidade em leitos de transposições artificializadas, estando a demandar aprofundamento de sua trama normativa; adequada compreensão de seus desafios institucionais; renovação de metodologias que o reciclem na ordem jurídica democrática; revisão e refundação dos seus princípios e pressupostos hermenêuticos; conformação de critérios que contemplem as especificidades do campo cultural, tudo com vistas a sua autonomização ou ao arejamento, sem perder de vista a importância do esforço integrativo das áreas ou campos de interface. Enquanto se agravam as tensões entre ramos disputantes, desafiam os institutos de proteção os desdobramentos e aproximações de "memória", "patrimônio cultural" e "representações patrimoniais", facetas que se revelam por meio dos referentes ou bens culturais.[10, 11]

Na qualidade de **ato administrativo,** o tombamento deve ser analisado como a manifestação do Poder Público que materializa o reconhecimento do valor cultural que incide sobre o bem por ele alcançado e que opera a transmutação deste em bem de interesse público integrante do patrimônio cultural – por suportar o bem simbólico –, para fins de sujeição a um regime próprio de proteção delineado nas normas de regência, no plano constitucional e

---

9 RODRIGUES, José Eduardo Ramos; MIRANDA, Marcos Paulo de Souza. *Estudos de Direito do Patrimônio Cultural.* Belo Horizonte: Fórum, 2012.

10 LANA, Ricardo Samuel de. Memória e Patrimônio Cultural. *LPH: Revista de História.* Porto Alegre, 1991. p. 91, v. 2, n. 1.

11 TOLEDO, Carlos José Teixeira de. A Proteção do Patrimônio Cultural e suas Representações Patrimoniais. *Boletim de Direito administrativo.* São Paulo, abril de 2005. pp. 420-427, v. 21, n. 4.

infraconstitucional, que se traduz em intervenção estatal na propriedade, de que resultam restrições parciais. Em tópico próprio, será dada ênfase a este núcleo, seja na interface com o procedimento ou processo vertido ao ato final do tombamento, seja em razão da necessidade de tangenciar aspectos pertinentes a algumas matrizes classificatórias de atos administrativos com vistas ao enquadramento do tombamento.

Na condição de **fato administrativo,** o tombamento é analisado como resultado da operação de registro dos bens reconhecidos por seu valor cultural em um dos livros do Tombo, sob chancela do órgão ou instituição responsável pela proteção patrimonial. Há de se assinalar, contudo, que o tombamento não se resume na mera inscrição, ou pode ser considerado o resultado dessa operação material.

Por outro lado, não se confunde com o conceito de proteção, e nem esgota a instrumentalização da atuação estatal no campo da tutela da dimensão patrimonial da cultura.

Diversos são os conceitos que se lhe atribuem, referenciados, ora ao núcleo do instituto, ora ao ato que expressa o comando complementar de proteção, encontradiços na esparsa doutrina sobre a matéria, dos quais se destacam alguns de maior relevância, seja para a apreensão do sentido que lhe empresta a doutrina, ou de potenciais desdobramentos com reflexos em outros aspectos da temática, seja como ponto de partida para a redefinição de seus contornos, isto é, para a reconceitualização da categoria jurídica específica.

A seguir, anotam-se alguns desses conceitos de tombamento, aos quais são aduzidas breves considerações.

DIOGO DE FIGUEIREDO MOREIRA NETO

> "É uma intervenção ordenadora concreta do Estado na propriedade privada, limitativa de exercício de direitos de utilização e de disposição, gratuita, permanente, indelegável, destinada à preservação, sob regime especial de cuidados, dos bens de valor histórico, arqueológico, artístico ou paisagístico".[12]

Chama-se a atenção para o fato de que o conceito proposto por Diogo de Figueiredo acerca do tombamento prestigia o seu enquadramento na atividade interventiva do Estado, ressaltando o caráter concreto da limitação, a demonstrar o foco no próprio ato estatal do tombamento; sintetiza os efeitos

---

12 MOREIRA NETO, Diogo de Figueiredo. *Curso de direito administrativo*. 3. ed. Rio de Janeiro: Forense, 1976. p. 289.

do regime especial de cuidados no plano da utilização e da disposição dos bens; elenca conotações que particularizariam o ato – gratuidade, permanência e indelegabilidade – e por fim, enumera os bens ou categorias de bens que lhe constituem o objeto.

Observa-se, porém, que o conceito elaborado pelo autor não abrange, em sua concepção, a proteção aos bens públicos contemplados na legislação interna de tombamento. De outro lado, enumera, entre os elementos do conceito, a gratuidade, incorrendo em divergência com a doutrina majoritária que não considera o referido atributo como elemento conceitual da espécie.

DIÓGENES GASPARINI

> "Como fato, é a operação material de registro do bem no livro do tombo correspondente, levado a efeito pelo agente público responsável. Como ato, é restrição imposta pelo Estado ao direito de propriedade, com a finalidade de conservá-la em razão do valor artístico, paisagístico, arqueológico, etnográfico ou bibliográfico que representa para a coletividade.
>
> [...]
>
> [É] ato administrativo que submete bens ou coisas, particulares ou públicas, a um regime especial de proteção, em face de sua vinculação a fatos memoráveis da história do Brasil, ou por encerrar excepcional valor artístico, paisagístico, arqueológico, etnográfico ou bibliográfico, a fim de evitar o seu perecimento".[13]

O autor precisa os contornos da dimensão material da atuação do poder público na prática do tombamento, bem assim do ato como comando complementar de caráter imperativo. O estudo acerca do ato, desenvolvido pelo grande colaborador da doutrina do instituto, distingue a operação material do registro, como fato administrativo, e a restrição, a intervenção em si mesma, como ato administrativo. Nitidamente, vislumbra-se essa distinção. Não haveria propriamente reparos a fazer às construções. Assinala-se, contudo, que, se o tombamento for tratado segundo vocação de unidade do procedimento, a inscrição haverá de ser considerada como fase ou ato final. Em outras palavras: a inscrição é apenas o momento pontual e final de um procedimento, cujo *iter* tem início numa primeira ação, que é a individuação do bem, prossegue com a manifestação do órgão técnico sobre seu valor,

---

13 GASPARINI, Diógenes. Tombamento II. In: *Enciclopédia Saraiva do Direito*. São Paulo: Saraiva, 1982. p. 17, v. 74.

passando pela notificação, pela manifestação do proprietário, pela decisão do órgão competente, até a homologação.

JOSÉ CRETELLA JÚNIOR

Colhem-se da obra de Cretella Júnior conceitos desenvolvidos especialmente a partir da doutrina italiana, destacando-se o fato de ser o autor um dos pioneiros no estudo jurídico do tema do tombamento, como, de resto, de outros institutos, sobretudo, sob a ótica da reflexão histórica do direito.

Recorrendo a suplementos de Arnaldo de Valles,[14] Cretella Júnior apresenta múltiplas contribuições contendo conceitos ou fragmentos conceituais de tombamento – como fato administrativo, como ato administrativo e como instituto – dos quais se registram os seguintes:

> "Tombamento é a operação material da inscrição de bem, móvel ou imóvel, no livro público respectivo. Sob esse aspecto, o ato físico do tombamento é um fato administrativo, ou seja, atividade material que tem por objetivo efeitos práticos, no interesse da pessoa jurídica que a executa
>
> [...]
>
> Considerado como fato administrativo, o tombamento é o ato material praticado pelo funcionário público responsável, no exercício da administração".

Tomando em consideração o ato administrativo do tombamento como comando complementar à lei, revestido de imperatividade, Cretella Júnior afirma tratar-se de

> "[...] restrição parcial ao direito de propriedade, realizada pelo Estado com a finalidade de conservar objetos móveis e imóveis, considerados de interesse histórico, artístico, arqueológico, etnográfico ou bibliográfico relevante. Restrição parcial do direito de propriedade, localiza-se no início de uma escala de limitações em que a desapropriação ocupa o ponto extremo".[15]

Afirma Cretella Júnior:

> "O tombamento é instituto do Direito Administrativo, polarizador de incidência normativa de Direito Público. É instituto do

---

14 VALLES, Arnaldo de. *Elementi di diritto amministrativo.* 3 ed. Padova: Cedam. 1965. p. 155.

15 CRETELLA JÚNIOR, José. Tombamento I. In: *Enciclopédia saraiva do direito.* São Paulo: 1977 (1-30), v. 74

> Direito Administrativo, porque se concretiza mediante a convergência de normas concernentes à relação de administração. Instituto do Direito Administrativo, o tombamento caracteriza-se por ser disciplinado por um feixe de normas de Direito Público, exorbitantes e derrogatórias do Direito comum".[16]

Este último enunciado é construído a partir de uma síntese das ideias nucleares do Direito Administrativo e constitui importante substrato genérico para conceituações mais restritas do instituto.

As coordenadas nele traçadas, integrando o cerne do regime jurídico administrativo, apropriadas em seus desdobramentos, podem subsidiar as formulações mais específicas acerca do instituto do tombamento sob rótulos diversos, quer de servidão, quer de limitação administrativa ou de outras figuras congêneres, especialmente pela força de derrogação de normas do Direito Civil e, notadamente, do Direito Urbanístico, em casos concretos, por apelo de integração e convergência.

Cretella conceitua, assim, o tombamento em três vertentes: analisando-o sob o enfoque da materialização da inscrição, na mesma linha adotada por Gasparini, apresenta-o como fato administrativo; destrinçando-o a partir do regime que a manifestação estatal assume na incidência sobre o objeto tutelado, localiza-o entre as limitações à propriedade; como instituto, situa-o no campo do Direito Administrativo, sedimentando os pressupostos conceituais.

JOSÉ AFONSO DA SILVA

> "[Tombamento é] o ato do Poder Executivo que, reconhecendo o valor cultural (histórico, arqueológico, etnográfico, artístico ou paisagístico) de um bem, mediante sua inscrição no livro próprio, subordina-o a um regime especial que lhe impõe vínculos de destinação, de imodificabilidade e de relativa inalienabilidade".[17]

O conceito apresentado pelo constitucionalista mineiro e um dos precursores do Direito Urbanístico no Brasil, amalgamando elementos tradicionalmente presentes nos conceitos assentados na doutrina e enfatizando a instrumentalidade da inscrição em livro próprio, incorpora um elemento diferente dos demais, qual seja a referência ao efeito de constituição de "vínculos de destinação" do bem tombado, o que remete a um possível desdobramento de uma condicionante de uso, ou predeterminação do uso. Vê-se que a

---

16 CRETELLA JÚNIOR, José. Do tombamento no direito brasileiro. *Revista de Direito da Faculdade de Direito da USP.* São Paulo (70): 95, 1975.

17 SILVA, José Afonso da. *Ordenação constitucional da cultura.* São Paulo: Malheiros, 2001. p. 159.

alusão feita pelo autor a tal vínculo é sutil, não tendo sido objeto de aprofundamento, estando a questão da predeterminação de uso, de alta complexidade e não pacificada, a merecer novas reflexões.

LÚCIA VALLE FIGUEIREDO

Lúcia Valle Figueiredo, uma das pioneiras no estudo da disciplina urbanística da propriedade, e qualificada colaborara da doutrina do tombamento, afirma ser este "[...] ato administrativo por meio do qual a Administração Pública manifesta sua vontade de preservar determinado bem".[18]

Este conceito, tomado isoladamente, parece, demonstrar frágil relação entre o Poder Público e o administrado, na qual aquele apenas revela sua intenção de proteger o bem. Densificada a leitura do excerto, porém, pode-se compreender a proposta conceitual tendo em vista a identificação de discricionariedade na seleção que determina o bem a ser protegido em regime especial.

No presente estudo, sustenta-se, pois, que o ato de tombamento, além de traduzir a manifestação de vontade do Poder Público de preservar determinado bem cultural, constitui para o titular do bem o dever de fazê-lo, eis que se cuida de um ato imperativo a gerar obrigações na esfera desse titular, na de terceiros a ele vinculados, e para o Estado, apelando por sua atuação positiva, mais modernamente sujeita a uma arregimentação mais ampla. É dizer: efetivado o ato, enquanto perdurar, vincula a ação estatal e sujeita o titular do bem material e terceiros às restrições dele decorrentes. Portanto, o ato que realiza em cada caso o tombamento não é mera declaração de intenção, apesar de, na prática, muitas vezes, não passar de frustrada promessa de proteção.

Considerações sobre a natureza do ato e sobre outros aspectos correlatos relevantes nesse domínio conceitual, especialmente a partir do cotejo das diversas posições doutrinais até aqui trazidas, serão feitas, a título de síntese, ao final do tópico 1.1.

1.1. Tombamento: ato ou procedimento?

Assentadas essas bases conceituais, propõe-se caracterizar o tombamento em face das figuras jurídicas do ato e do procedimento administrativo, e, na sua projeção como ato, intenta-se dissecá-lo, com vistas a identificar-lhe os elementos, bem assim apontar os seus pressupostos.

---

18 FIGUEIREDO, Lúcia Valle. *Disciplina urbanística da propriedade*. São Paulo: Revista dos Tribunais, 1980. p. 16.

O tombamento, expressão de atualização da norma, pode ser conceituado como o ato final resultante de procedimento administrativo mediante o qual o Poder Público, reconhecendo o valor cultural (histórico, artístico, arqueológico, documental, natural...) de um bem material, móvel ou imóvel, sujeita-o a regime jurídico especial de tutela pública, do qual resulta intervenção na propriedade privada ou pública, na forma de restrições parciais, tendo em vista a realização do interesse coletivo de proteção do patrimônio cultural. Do procedimento tombamento, ou mais precisamente do seu processo, que leva ao decisório final, cuidar-se-á em capítulo próprio, seguindo-se, neste tópico, com os suplementos relacionados com a fisiologia e os pressupostos do ato.

É certo que a matriz tradicional da estrutura do ato administrativo apresenta cinco elementos: sujeito, motivo, objeto, finalidade e forma. A doutrina capitaneada por Hely Lopes Meirelles parte dos elementos do ato jurídico e, sobretudo, do lastro do direito positivo concernente à Ação Popular, Lei n. 4.717, de 29 de junho de 1965, que, ao disciplinar as hipóteses de nulidade do ato administrativo, prevê a possibilidade de vícios em relação a: competência, finalidade, forma, motivo e objeto. Não será, entretanto, olvidada a polêmica sutilmente sugerida por Celso Antônio Bandeira de Mello,[19] que estabelece convincente construção teórica que reduz a dois os elementos (conteúdo e forma), concebendo os demais como pressupostos, sob a alegação de que são eles externos e antecedentes ao ato.

Os pressupostos do ato de tombamento, segundo a teoria de Celso Antônio, são competência, motivo e finalidade.

A competência equivale à atribuição ao agente público de poder de manifestar a vontade delimitada na lei.

O motivo pode ser enunciado como a razão legal e fática em que se baseia o ato, assentada no interesse público. É, dessa forma, a vontade da lei identificada numa dada situação real.

Nesse particular, vem em socorro a lição de Celso Antônio:[20] "Cumpre distinguir motivo do ato, de motivo legal. Enquanto este último é a previsão abstrata de uma situação fática, empírica, o motivo do ato é a própria situação material, empírica, que efetivamente serviu de suporte real e objetivo para a prática do ato".

---

19 MELLO, Celso Antônio Bandeira de. *Elementos de direito administrativo.* 3ª tiragem. São Paulo: Revista dos Tribunais, 1988. p. 42.

20 MELLO, Celso Antônio Bandeira de. *Elementos de direito administrativo.* 3ª tiragem. São Paulo: Revista dos Tribunais, 1988. p. 44.

Pode-se reconhecer, portanto, como motivo legal a obrigação estatal, abstratamente prevista, de zelar pelo interesse cultural; e motivo do ato, a constatação de seu valor cultural, algo demonstrado por meio hábil a instruir o processo correspondente, a justificar o enquadramento do bem como de interesse público e o cometimento ao Estado do dever de protegê-lo por meio de tombamento.

A finalidade corresponde "[...] ao bem jurídico objetivado pelo ato. Vale dizer, é o resultado previsto legalmente como o correspondente à tipologia do ato administrativo, consistindo no alcance dos objetivos por ele comportados", conforme noção a salvo de dúvidas desenvolvida pelo mesmo autor.[21]

Eis aqui um ponto de convergência de todos os atos administrativos: a finalidade pública. Contudo, deve-se considerar, como objetivo inerente ao ato de tombamento e como sua finalidade específica, atender ao interesse público de proteção de bens materiais do patrimônio cultural. Trata-se de finalidade cogente que deve ser protegida contra o próprio gestor patrimonial, contra terceiros e, também, contra o Poder Público em ampla conotação, cujo desvio a hermenêutica jurídica é capaz de apontar até em situação de aparente proteção. Desrespeitada a finalidade, encontra-se o administrador diante de nulidade por desvio de poder, vício de finalidade. Eis aí uma seara própria ao exercício dos controles da discricionariedade. É que a vontade, mesmo em campo de discricionariedade, é ainda, em última análise, a vontade da lei.

Dissecando o ato de tombamento em elementos segundo a teoria de Celso Antônio, e, pois, em sua internalidade, registram-se na sua configuração:

1) objeto ou conteúdo – **a própria alteração na ordem jurídica produzida pelo ato. Em última instância, é o próprio ato, em sua essência,** na linguagem do mestre paulista.[22]

Com efeito, o objeto é o conteúdo em torno do qual se exercita a manifestação de vontade da Administração. O objeto, definido abstratamente pela lei, previsto, portanto, no plano objetivo, materializa-se no plano subjetivo por meio de relação dos sujeitos; ou seja, na situação real, os sujeitos se relacionam em função do objeto. Em relação ao ato em análise, verifica-se

[21] MELLO, Celso Antônio Bandeira de. *Elementos de direito administrativo.* 3ª tiragem. São Paulo: Revista dos Tribunais, 1988. p. 46.

[22] MELLO, Celso Antônio Bandeira de. *Elementos de direito administrativo.* 3ª tiragem. São Paulo: Revista dos Tribunais, 1988, p.42.

que o seu conteúdo é o próprio tombamento – regime especial de proteção incidente sobre determinado bem:

> "[forma –] o revestimento exterior do ato. Portanto, o modo pelo qual este aparece e revela sua existência. A forma pode, eventualmente, não ser obrigatória, isto é, ocorrerá por vezes ausência de prescrição legal sobre uma forma determinada, exigida para a prática do ato. Contudo, não pode haver ato sem forma, porquanto o direito não se ocupa de pensamentos ou intenções enquanto não traduzidos exteriormente. Ora, como a forma é o meio de exteriorização do ato, sem forma não pode haver ato.
> Não se deve confundir forma, na acepção enunciada, com formalidade, que é um modo específico de apresentação da forma, ou seja, uma dada solenização requerida para o ato".[23]

De fato, não se pode conceber conteúdo sem forma, devendo-se ter presente a lúcida distinção proposta pelo mestre paulista, a qual é reiterada nas seguintes conclusões:

"Enquanto a forma significa exteriorização, formalidade significa o modo específico dessa exteriorização".[24]

Chama-se aqui a atenção para a importância dessa precisão conceitual, particularmente considerando o campo específico de aplicação, o da proteção patrimonial, que, não podendo prescindir da forma, prestigia além – as solenidades e ritualidades próprias da tradição.

Cabe ainda transcrever a lição de Cretella[25] neste sentido:

> "Embora a forma possa apresentar alguma relação acidental com o conteúdo, de modo algum com este se identifica.
> Forma é o sinal tangível por meio do qual se revela fora do sujeito que a exprime, a vontade, constituindo esta o conteúdo do ato. Trata-se de fenômeno exterior, que assume uma veste, modo com que se manifesta a vontade, colocando-a como uma entidade objetiva [...].
> Certo é que o requisito da forma, que confere existência ao ato (forma *dat esse rei*), revela de modo inequívoco aos olhos do mundo

---

23 MELLO, Celso Antônio Bandeira de. *Elementos de direito administrativo*. 3ª tiragem. São Paulo: Revista dos Tribunais, 1988, p. 42.

24 MELLO, Celso Antônio Bandeira de. *Elementos de direito administrativo*. 3ª tiragem. São Paulo: Revista dos Tribunais, 1988. p. 49.

25 CRETELLA JÚNIOR, José. *Curso de direito administrativo*. 7 ed. rev. e atual. Rio de Janeiro: Forense, 1983. p. 291.

exterior a vontade do agente público que se dirige para o objeto lícito, concorrendo para a consecução dos fins do Estado".

Essa diferenciação, é possível percebê-la em relação ao tombamento, cuja forma é escrita e pública em todas as fases de sua manifestação (a partir da notificação), sendo que essa exteriorização por meio de registros, dentro de solenidades específicas, tem cabida, por exemplo, quando se exige a inscrição em livro próprio ou a averbação em registros cartorários.

Feitas essas considerações, acolhidos parcialmente os conceitos acerca do instituto nas vertentes de seus diversos núcleos e retomados os seus principais elementos e pressupostos, pode-se concluir que o tombamento é o ato final de um procedimento administrativo, resultante de atuação discricionária da Administração, por via do qual o Poder Público, intervindo na propriedade, institui uma servidão administrativa, traduzida na incidência de regime especial de proteção sobre determinado bem material, que deve suportar o bem simbólico, em razão de suas características especiais, integrando-se em sua gestão com a finalidade de atender ao interesse coletivo de proteção do patrimônio da cultura ou da natureza.

A partir da incidência do tombamento, a proteção deverá se processar de acordo com o ordenamento jurídico, sendo que, para se desincumbir desse papel, dispõe o Poder Público, desde logo, de meios diretos e indiretos para exigir o cumprimento das obrigações resultantes do ato, compulsório ou voluntário, além de outros de concertação.

O tombamento estabelece, assim, condição especial do bem para o efeito das medidas de acautelamento, por meio do reconhecimento formal de seu caráter cultural, revestindo-o de característica pública e fazendo certa a obrigação de proteção. É oportuno assinalar, todavia, que a ausência de tombamento não autoriza a conclusão de que o bem esteja em desproteção; apenas deixa o bem a mercê de seu enquadramento como bem cultural a partir do caso concreto, para atrair, então, proteção.

Estremado o conceito da espécie e feitos os enquadramentos necessários nas matrizes teóricas, chama-se a atenção para existência de formas alternativas pelas quais o poder público protegerá o patrimônio cultural. A Constituição de 1988, no art. 216, § 1º, enumera vários instrumentos de atuação. Existem mecanismos diversos, com procedimentos e efeitos próprios, pelos quais é possível assegurar proteção ao patrimônio cultural ou natural, cuja apropriação pode se dar no bojo de uma política pública específica.

2. OBJETO DO TOMBAMENTO E CONCEITOS CORRELATOS

A definição do objeto do tombamento, tautologicamente tracejada em torno do núcleo essencial traduzido pela expressão bem cultural, pressupõe a compreensão das noções acerca de bens, bens jurídicos e patrimônio cultural, sendo esta a categoria jurídica que ocupa a centralidade do trabalho e que, pelos elementos da expressão, deve ser tratada em sua correlação com as de patrimônio nacional e patrimônio público, e, pelo traço adjetivo, referenciado pelo valor que o tipifica ou qualifica – o da cultura – na dimensão normatizada.

2.1. Bens e bens jurídicos

Faz-se o aporte de suplementos doutrinários e normativos acerca do principal elemento componencial das categorias jurídicas envolvidas, nomeadamente os bens, colhendo-se as noções privatísticas e passando pela sua ressemantização na seara pública, de modo a fixar os pressupostos que perpassam a apropriação das expressões ao longo do texto.

Preliminarmente, divagando por caminhos mais filosóficos, anota-se uma reflexão de Flávio Carsalade, arquiteto e pesquisador dedicado ao tema da proteção patrimonial, com base nos escritos de Heidegger, nos quais o filósofo do existencialismo tenta distinguir os conceitos de coisa e de mundo. Afirma o arquiteto:

> "Comecemos pelo conceito de 'coisa'. Nele, uma primeira distinção a fazer é entre os objetos ideais (matemáticos), os metafísicos (*o da-sein*) e os reais. Interessa-nos, a esta altura, explorar um pouco mais estes últimos. Os objetos reais podem ser divididos entre naturais e culturais, estes também possuindo uma dupla condição que lhes é fornecida por seu substrato material e pelo seu sentido (valores), inseparáveis entre si".[26]

O autor, fazendo todo um percurso pela ideia de imbricação entre a matéria e o mundo instituído, mostra que este há de se revelar "real, trazido pela matéria e pelo lugar", e concreto, no sentido de materializar "uma realidade nova", e que essa concepção, aplicada à arte, projeta o seu caráter de instituição e não "reprodução do preexistente como algo congelado, mas algo que, ao acontecer, se mantém aberto enquanto a obra de arte existir e for

---

[26] CARSALADE, Flavio de Lemos. *A Pedra e o Tempo:* arquitetura como patrimônio cultural. Belo Horizonte: Editora UFMG, 2014. p. 41.

fruída".[27] Em outra dicção, complementa: "Isso traz profundas implicações quando tratamos da obra de arte, pois ela, graças ao seu caráter de abertura e de não imutabilidade eterna (afinal a verdade não é preestabelecida), se institui a cada vez em que é fruída".[28]

No campo do Direito Civil, resenhas conceituais acerca de bens dão conta de polêmicas e divergências na definição, tendo em vista uma pluralidade de critérios: utilidade, materialidade, valor, natureza jurídica e, também, de opção de gênero e espécie.

Floriano de Azevedo Marques Neto, em tese de livre-docência,[29] revisita clássicos conceitos de bens e universalidades assemelhadas no âmbito do Direito Civil e passa em revista a doutrina administrativista acerca dos bens públicos, incursionando em conteúdos correlatos. Traz, assim, à baila assentamentos das diversas correntes civilistas, entre as quais se sustentam posições extremadas: a dos que consideram as coisas como um universo maior em contraposição às pessoas, daquelas deduzindo a categoria de bens, quando vertidos à apropriação, consoante entendimento de Sílvio Rodrigues, para quem "bens são aquelas coisas que, sendo úteis aos homens, provocam sua cupidez e, por conseguinte, são objeto de apropriação privada"; [30] a dos que, capitaneados por Clóvis Beviláqua,[31] defendem a inversão da lógica, tratando os bens como conceito genérico e as coisas sob o prisma jurídico apenas como os bens susceptíveis de apropriação pelos sujeitos; e uma terceira corrente, defendida por Caio Mário da Silva Pereira,[32] que trata os bens e as coisas como universalidades distintas: bem em sentido genérico é aquilo que pode ser objeto de relação jurídica e, em sentido restrito, elemento de riqueza que pode ser apropriado patrimonialmente. Explica o autor civilista que "as coisas são materiais e concretas, enquanto que se reserva para designar os imateriais ou abstratos o nome bens, em sentido estrito". E pondera, com uma adversativa relativizadora:

---

27 CARSALADE, Flávio de Lemos. *A Pedra e o Tempo:* arquitetura como patrimônio cultural. Belo Horizonte: Editora UFMG, 2014. p. 41.

28 CARSALADE, Flávio de Lemos. *A Pedra e o Tempo:* arquitetura como patrimônio cultural. Belo Horizonte: Editora UFMG, 2014. p. 41.

29 MARQUES NETO, Floriano de Azevedo. *Bens Públicos* – Função social e exploração econômica: o regime jurídico das utilidades públicas. Belo Horizonte: Fórum, 2009.

30 RODRIGUES, Sílvio. *Direito Civil:* Parte geral. 34 ed. São Paulo: Saraiva, 2006. p. 115, v. 1.

31 BEVILÁQUA, Clóvis. *Theoria Geral do Direito Civil*. 3. ed. Rio de Janeiro: Francisco Alves, 1946. p. 208.

32 PEREIRA, Caio Mário da Silva. *Instituições de Direito Civil*. 19 ed. Rio de Janeiro: Forense, 2002. pp. 252-253, v. 1.

> "Tudo o que se pode integrar ao nosso patrimônio é um bem, e é objeto de direito subjetivo. São os bens econômicos. Mas não somente estes são objeto de Direito. A ordem jurídica envolve ainda outros bens inestimáveis economicamente, ou insusceptíveis de se traduzirem por um valor pecuniário".

Floriano de Azevedo Marques Neto conclui, assim, segundo a lição de Caio Mário da Silva Pereira, que

> "bens jurídicos seriam, então, tudo que, serviente ao homem, puder ser objeto de relação jurídica 'sem distinção de materialidade ou patrimonialidade'. Já bens como ativo patrimonial seriam aqueles 'elementos de riqueza passíveis de apropriação' pelo indivíduo".[33]

É dizer: bem jurídico é aquele que, independentemente da patrimonialidade ou da materialidade e do valor econômico, recebe proteção da ordem jurídica.

Não destoa dessa posição a síntese registrada por René Ariel Dotti, com base em Ihering, acerca do contorno conceitual de bem:

> "Na formulação clássica, bem é 'tudo aquilo que nos pode servir', ou, em outros termos, 'bem é qualquer coisa apta a satisfazer uma necessidade humana'. Pode consistir num objeto do mundo exterior (coisa) ou numa qualidade do sujeito (integridade física). E também poderá conter uma natureza incorpórea, daí por que falar-se em bens ideais ao lado dos bens materiais".[34]

Floriano de Azevedo Marques Neto, no entanto, avança em construções, buscando fazer face aos desafios contemporâneos, tanto em termos conceituais como de aplicação e utilidades dos bens, ao influxo do critério do valor econômico. Para ele, o conceito de coisa abrange

> "todo objeto, móvel ou imóvel, dotado de materialidade, encontradiço no mundo natural. Há 'coisas' no sentido jurídico (e estas são previstas no conteúdo do livro III da Parte Especial do Código Civil – Lei n. 10. 406, de 10 de janeiro de 2002), entendidas como aqueles objetos materiais que podem ser objeto de relação jurídica entre sujeitos de direito".[35]

---

33 MARQUES NETO, Floriano de Azevedo. *Bens Públicos* – Função social e exploração econômica: o regime jurídico das utilidades públicas. Belo Horizonte: Fórum, 2009. p. 44.

34 ARIEL, Dotti René. *A tutela dos interesses difusos.* Coordenação de Ada Pellegrini Grinover. São Paulo: Max Limonad Ltda., 1984. p. 56.

35 MARQUES NETO, Floriano de Azevedo. *Bens Públicos* – Função social e exploração econômica: o regime jurídico das utilidades públicas. Belo Horizonte: Fórum, 2009. pp. 49-50.

E conclui, divergindo de Clóvis Beviláqua – que admite "bens não econômicos": "Entendemos, então, serem 'bens' os objetos que, com ou sem materialidade (é dizer, mesmo sem ser propriamente coisas), são dotados de utilidades suscetíveis de valoração econômica (pelo seu valor de troca ou de uso)".[36]

Acrescenta-se que o Código Civil de 2002, na esteira do Código Civil de 1916, apresenta um amplo tratamento sobre os bens (arts.79-103) e, disciplinando especificamente o uso, apresenta normas de interesse para a temática objeto do presente estudo. Nesse sentido, o art. 1.228 prevê que o uso é uma das faculdades decorrentes do direito de propriedade; o art. 1.412 estabelece que o uso pode ser também um direito real sobre coisa alheia; de acordo com o art. 83,inciso III, o uso seria bem móvel para efeitos legais; e, segundo o art. 80, inciso I, seria o uso um bem imóvel para efeitos legais.[37]

Discutindo estas normas do Código Civil, Marinella Machado Araújo ressalta que, não estando o uso vinculado ao direito de propriedade, mas ao contrário, consistindo em direito autônomo, será ele um bem – móvel ou imóvel, como nos casos dos direito à habitação, à moradia, de construir, entre outros, registrando, em síntese:

> "Assim, o uso será bem móvel, se consistir em um direito real sobre imóveis (art. 80, inciso I), como o direito à superfície. Mas será considerado bem móvel, se for um direito pessoal de caráter patrimonial (art.83, inciso III), como direito de construir enquanto objeto de transferência do direito de construir, nos termos do art. 35 da Lei n. 10.257/2001 (Estatuto da Cidade)".[38]

A discussão tem relevância na pragmática do tombamento, notadamente em face das polêmicas sobre a possibilidade de tombamento cumulativo, isto é, do bem patrimonial e de seu uso. Posicionamento do Supremo Tribunal Federal[39] afasta o que se pode designar predeterminação de uso do bem

---

36 MARQUES NETO, Floriano de Azevedo. *Bens Públicos* – Função social e exploração econômica: o regime jurídico das utilidades públicas. Belo Horizonte: Fórum, 2009. p. 51.

37 ARAÚJO, Marinella Machado. Tombamento de Uso na Jurisprudência do Supremo Tribunal Federal. In: FERNANDES, Edésio; ALFONSIN, Betânia. *Revisitando o instituto do tombamento*. Belo Horizonte: Fórum, 2000 (183-195) ISBN: 978-85-7700-388-4.

38 ARAÚJO, Marinella Machado. Tombamento de Uso na Jurisprudência do Supremo Tribunal Federal. In: FERNANDES, Edésio; ALFONSIN, Betânia. *Revisitando o instituto do tombamento*. Belo Horizonte: Fórum, 2000 (183-195). ISBN: 978-85-7700-388-4.

39 BRASIL. SUPREMO TRIBUNAL FEDERAL – STF. *Recurso Especial n. 219.292-1/*

tombado, ao argumento de que o uso é apenas uma faculdade decorrente do domínio, e não um bem com autonomia para suportar o tombamento na forma de predestinação.

A propósito, remete-se o leitor para o tópico que trata da matéria: A polêmica sobre o tombamento de uso (Capítulo 7 – Item 2.6.2).

2.2. Patrimônio: Patrimônio Nacional, Patrimônio Público, Patrimônio Cultural

"O termo patrimônio tem sua origem semântico-latina nas palavras propriedade e patrimonialismo. *Patrimonium,* originalmente, definia o conjunto dos bens paternos, herança familiar, caracterizando a relação da palavra com a esfera dos interesses privados".[40]

A expressão, contudo, transita por outros domínios, sendo objeto de muitas divergências. Tratando de patrimônio, Marques, atento à polissemia do termo, especialmente entre os publicistas, até por força do tratamento normativo constitucional dado à matéria (arts.5°, inciso LXXIII; 23,I; 24, VII; 30, IX; 49,I; 129, III; 216; 219; 150, VI), reconhece que,"no âmbito do direito público, haveria três dimensões distintas de patrimonialidade".[41] Identifica, assim, em um primeiro plano, o **patrimônio nacional,** que se aproxima da noção de 'domínio eminente' e compreende tudo que possui valor para a coletividade no âmbito do país, independentemente de pertencer ou não ao domínio de entes públicos. Lembra que essa categoria não contempla o caráter excludente da propriedade, uma vez que a coisa pode pertencer a alguém e, concomitantemente, ter sua utilidade integrante do patrimônio de todos, isto é, do patrimônio nacional. Em segundo lugar, apresenta o **patrimônio público,** que corresponde a "tudo o quanto economicamente valorável (bens, direitos e receitas) integrantes do domínio dos entes públicos".[42] Em outra passagem, referindo-se a essa mesma dimensão de patrimonialidade, sem se desconectar do critério da valoração econômica, afirma que o patrimônio público

---

MG. Tombamento do Cine Brasil.

40 PIRES, Maria Coeli Simões; COSTA, Mila Batista Leite Corrêa da; MATTOS, Liana Portilho. Patrimônio Cultural. In: *Dicionário de políticas públicas:* vol. 2. CASTRO, Carmem Lúcia Freitas de; GONTIJO, Cynthia Rúbia Braga; PINTO, Luciana Moraes Raso Sardinha (org.). Barbacena: Editora UEMG, 2015. ISBN: 978-85-62578-55-7. p. 319.

41 MARQUES NETO, Floriano de Azevedo. *Bens Públicos* – Função social e exploração econômica: o regime jurídico das utilidades públicas. Belo Horizonte: Fórum, 2009. p. 57.

42 MARQUES NETO, Floriano de Azevedo. *Bens Públicos* – Função social e exploração econômica: o regime jurídico das utilidades públicas. Belo Horizonte: Fórum, 2009. pp. 57-58.

"corresponde ao conjunto de bens materiais e imateriais, inclusive direitos e receitas, de propriedade das pessoas de direito público. Trata-se, portanto, de um universo maior do que o acervo dos bens detidos pela Administração Pública".[43] A terceira patrimonialidade, segundo o Professor paulista, é constituída pelos **bens públicos,** ou seja, é "a espécie correspondente aos objetos possuidores de valor econômico (seja valor de uso, seja valor de troca) atribuíveis aos entes públicos, mas não incluídas aí as receitas públicas, que [...] não são tratadas pela ordem jurídica como sinônimo de bens".[44]

Aproveita ainda à presente análise a perene lição do Mestre Paulo Neves de Carvalho[45] acerca da classificação dos bens públicos, noção que ele aprofundava a partir da inserção destes num território específico, elemento imprescindível na definição da entidade a que se devem submeter, na medida em que traduz o âmbito de exercício do poder conferido àquela.

Eis a sua afirmação:

> "Nesse território, vale dizer, nesse âmbito ou delimitação físico-geográfica, são públicos os bens – pertencentes à União, aos Estados ou aos Municípios – ou são particulares, seja qual for a pessoa a que pertencerem (Código Civil: art. 65 de 1916).
> Os bens públicos, na conhecida classificação, são os de uso comum do povo (tais como os mares, rios, estradas, ruas e praças); ou são de uso especial, tais como os edifícios ou terrenos aplicados a serviço ou estabelecimento federal, estadual ou municipal; ou se dizem dominicais, isto é, os que constituem o patrimônio da União, dos Estados ou dos Municípios, como objeto de direito pessoal ou real de cada uma dessas entidades (Código Civil: art. 66 de 1916)".[46]

Ainda segundo o Professor da Escola Mineira de Direito Administrativo, no território da entidade, que serve para delimitar o âmbito de exercício de sua competência, a maior parte dos bens é de propriedade

[43] MARQUES NETO, Floriano de Azevedo. *Bens Públicos* – Função social e exploração econômica: o regime jurídico das utilidades públicas. Belo Horizonte: Fórum, 2009. p. 55.

[44] MARQUES NETO, Floriano de Azevedo. *Bens Públicos* – Função social e exploração econômica: o regime jurídico das utilidades públicas. Belo Horizonte: Fórum, 2009. p. 58.

[45] CARVALHO, Paulo Neves de. *Parecer – Projeto de Lei Estadual n. 1.695/89.* Inconstitucionalidade da lei em que se transforme o projeto, como proposto. Belo Horizonte, Assembleia Legislativa do Estado de Minas Gerais, agosto de 1989.

[46] Os artigos 65 e 66 do Código Civil de 1916 correspondem aos arts. 98 e 99 do Código Civil de 2002.

particular, mas, a par disso, há a propriedade pública, sendo que entidades diferentes podem ser titulares de bens patrimoniais na mesma delimitação físico-geográfica.[47]

Essa colocação parece fundamental para a exata compreensão da relação entre determinada entidade estatal e o bem cultural situado em seu território.

Nesse sentido, importa registrar afirmação irretocável do mestre mineiro: [48]

> "A entidade estatal, a par da titularidade que pode assumir, dos bens de seu patrimônio, exerce, em relação aos bens particulares, a potestade inerente à sua especial condição; daí, o chamado domínio eminente, que lhe permite, à entidade estatal, em favor do interesse geral, impor limitações à propriedade privada, ou mesmo substituí-la por um valor indenizatório, no caso da expropriação".

O patrimônio cultural, à sua vez, enquadra-se no patrimônio nacional, conforme assentado na doutrina, notadamente na lição de Marques Neto, afirmando que a ordem jurídica,

> "[...] sem descurar do fato de que os bens prenhes de referência à identidade, à ação e à memória dos grupos constituintes da sociedade brasileira possam ser objeto de direito de propriedade pelos indivíduos, reconhece que a sua imanência cultural integra o patrimônio nacional (de todos). Este sentido de patrimônio, portanto, não remete à noção de propriedade (entendida como apropriação exclusiva da titularidade do bem)".[49]

A noção de patrimônio está, portanto, imbricada com outros lineamentos que fazem uma tessitura comum das espécies correlatas que serão tratadas a seguir.

Concepcion Barrero Rodrigues, desenvolvendo densa discussão a respeito do referido conceito no direito espanhol, conclui:

---

47 CARVALHO, Paulo Neves de. *Parecer – Projeto de Lei Estadual n. 1.695/89*. Inconstitucionalidade da lei em que se transforme o projeto, como proposto. Belo Horizonte, Assembleia Legislativa do Estado de Minas Gerais, agosto de 1989.

48 CARVALHO, Paulo Neves de. *Parecer – Projeto de Lei Estadual n. 1.695/89*. Inconstitucionalidade da lei em que se transforme o projeto, como proposto. Belo Horizonte, Assembleia Legislativa do Estado de Minas Gerais, agosto de 1989.

49 MARQUES NETO, Floriano de Azevedo. *Bens Públicos* – Função social e exploração econômica: o regime jurídico das utilidades públicas. Belo Horizonte: Fórum, 2009. p. 59.

> "El Patrimônio Cultural es [...] um concepto, uma noción que existe em el mundo de la realidad extrajurídica; 'locultural' es uma condición inmanente al próprio bien; ahora bien, ea realidade precisa de uma concreción em el mundo del Derecho em cuyo ámbito deben quedar determinados com rigor y claridade los bienes portadores de esse valor que la Constitución manda proteger; com ello, el concepto de Patrimonio Cultural se convierte em um concepto formal, ostentan tal cualidad y, em consecuencia, se someten a la tutela de la norma aquellos objetos respecto de los que así haya sido declarado".[50]

2.3. Bem Cultural e Cultura – Patrimônio Cultural Amplo, Patrimônio Cultural Restrito – Patrimônio Nacional

Traçados os contornos conceituais das categorias jurídicas centrais, importa proceder à delimitação de bem cultural, no bojo do patrimônio cultural, isto é, no universo plural dos referentes e elementos identitários, sobre o qual deve incidir o abrangente amparo estatal, e à identificação da base da possível incidência da proteção especial por via do instituto de intervenção em comento. Em outras palavras, perquirir o objeto passa pela formulação de respostas às seguintes indagações, entre outras: O que é bem cultural? Qual a natureza dos bens que integram a cultura brasileira, o que faz os bens culturais patrimônio nacional em sentido amplo e em caráter restrito e quais os bens que se devem sujeitar ao regime especial mediante aplicação do tombamento?

Apropriada a noção clássica de bem e bem jurídico, segundo a lição de Caio Mário da Silva Pereira, da qual se deduz que bem jurídico é aquele que, independentemente da patrimonialidade ou da materialidade e do valor econômico, recebe proteção da ordem jurídica, busca-se traçar o contorno da expressão bem cultural, o que se faz com fulcro no conceito de cultura e, também, com apoio em suplementos de René Ariel Dotti.[51]

É certo que emerge da necessidade coletiva a noção *a priori* do valor cultural, essência da abstração e realidade superior à própria vontade. Hodiernamente, pode-se assentar que bem cultural é uma universalidade, de natureza material ou imaterial, portadora de valor cultural, na sua dinâmica e mutabilidade, capaz de traduzir a experiência, existencial e histórica, no(s)

---

50 *RODRIGUEZ, Concepcion Barrero. La Ordenacion Juridica del Patrimonio Historico. Madrid: Editoria Civitas S.A., 1990.* p. 198.

51 ARIEL, Dotti René. *A tutela dos interesses difusos.* Coordenação de Ada Pellegrini Grinover. São Paulo: Max Limonad Ltda., 1984. p. 56.

processo (s) de identidade coletiva. A adjetivação desses bens dá-se por projeção do substantivo cultura, conceito de caráter mutante, a partir da visão fenomenológica. No entanto, é depois de positivados os direitos culturais, os valores identitários e o princípio de proteção correlata, que se atribui incontestável valor jurídico ao bem cultural. É dizer: esses bens materiais ou imateriais da cultura tornam-se bens jurídicos a partir do significado que lhes reconheça o ordenamento, o qual, por isso mesmo, disciplina as condutas humanas que neles possam interferir, ou as relações que se estabeleçam em função deles.

A análise do bem cultural como bem jurídico objeto da proteção do Estado remete, pois, aos processos de identificação e reconhecimento do valor que o adjetiva, passando pelo estudo do sentido específico que lhe é dado pela norma, enquanto materialidade em si capaz de expressar valor, ou como universalidade apta a suportar um bem cultural imaterial que lhe transcende a dimensão física. É, portanto, referenciado pelo próprio conceito de cultura.

Tradicionalmente, traduz-se pelo termo **cultura** tudo aquilo que resulta do esforço criador humano, podendo-se afirmar que cultura é ato de humanização da natureza; é a forma de sua apropriação pelo homem na sua relação com ela, para atender a suas necessidades biológicas e sociais. Nesse sentido, é reelaboração do meio ambiente, processo que, preferencialmente, acontece na cidade. Esse conceito, porém, não é unívoco ou hegemônico, e foi, durante longo período, usado com prevalência em sua conotação restritiva. Sobre um pano de fundo naturalizado, sustentava-se uma cultura artificializada pela erudição das elites, por conceitos fechados de arte, excludentes da diversidade das manifestações e das existencialidades, e pelas versões parcializadas da história.

Nesse sentido, as concepções elitistas acerca de **bem cultural,** mais propriamente, bens históricos ou artísticos, assentadas em práticas discursivas do Estado-Ñação, do positivismo e da hegemonia do Estado, erigiam em valor cultural um conjunto restrito de representações, ressaltando a importância dos fatores historicidade oficial, raridade ou escassez, excepcionalidade e representatividade, isolados ou concorrentes, para aquisição pelo bem de um significado específico, particularmente conferido pelo ordenamento jurídico.

Ramón Gutierrez critica a noção de patrimônio histórico adotada para fins de tombamento ou sujeição dos bens que o integram ao regime de proteção especial, lembrando que aquela estava sustentada por uma estratégia histórica reducionista, legitimada por uma "historiografia oficial que converte em patrimônio bens de origem aristocrática, religiosa, bélica ou estatal".[52]

Quanto a relação entre cultura e natureza, cabe registrar que a Constituição Federal de 1967, com a redação da EC n. 1/69, na esteira de diversos textos estrangeiros, já integrava no conceito de cultura bens outros que não só o produto da criação humana. Relacionava, no elenco das espécies de bens que se deviam sujeitar à proteção especial do Poder Público, as paisagens naturais notáveis. A opção constitucional por essa elasticidade conceitual que permitia projetar o elemento natural assimilado pela cultura parecia invocar a concepção hegeliana, propugnando pela abrangência, no conceito de cultura, do dado natural enquanto absorvido pelo universo cultural.

Essa concepção não se achava apenas no Direito Constitucional, mas no ordenamento jurídico infraconstitucional do tombamento no Brasil desde a edição do Decreto-lei n. 25/37, no qual o patrimônio cultural englobava bens da natureza direta ou indiretamente relacionados com o universo humano. Essa interação de valores era amplamente defendida, sob o argumento da indissociabilidade da dimensão da realidade cultural da fenomenologia natural, seja no âmbito urbano, dentro do contexto natural da paisagem, seja na relação com a matéria-prima no campo da tecnologia, conforme asseverava Aluísio Magalhães.[53]

Esse tratamento da cultura, na verdade, já era tendência que se registrava nas legislações da França, da Suécia, e da Itália, nas quais se via, integrada na tutela dos bens culturais, a salvaguarda de bens naturais. Isso, em razão do reconhecimento da necessidade de proteção das riquezas de quaisquer dos reinos da natureza; da importância de tais bens no conhecimento da história natural do país; do significado das características de beleza, excepcionalidade, singularidade. Tinha-se, então, o elemento natural assimilado pela cultura.

Quanto aos valores tendentes a caracterizar um bem como de interesse para a cultura, embora tenham sido por muito tempo considerados restritivamente, há de se entender que essa tendência se justificava mais pela prática discursiva de que por força da normatividade em vigor. Traduzido no sistema constitucional o princípio da proteção pelo Estado à cultura, a

---

52 GUTIERREZ, Ramón. Direito ao Patrimônio Construído. In: Secretaria Municipal de Cultura de São Paulo. *O Direito à Memória:* Patrimônio histórico e cidadania. São Paulo: Secretaria Municipal de Cultura/DPH, 1992.

53 MAGALHÃES, Aloísio. *A memória nacional no cotidiano brasileiro.* Interior. Brasília: Ministério do Interior: 6(34): 51-8, set./out. 1980. Edição especial.

abrangência do objeto dessa proteção haveria de estar informada por aquela norma; dessa maneira, não se deveria esgotar nos limites do parágrafo único do art. 180 da Carta Constitucional o universo que, por força do *caput*, se devesse colocar sob o amparo estatal.

Na mesma linha, pode-se afirmar que, não obstante as Constituições brasileiras anteriores terem omitido referência à categoria dos bens imateriais, não se deve extrair dos textos constitucionais o alcance da proteção do Estado restrito aos bens expressamente mencionados no plano normativo; as manifestações tradicionais reveladas no fazer, no uso e nos hábitos do povo estariam, por hermenêutica mais aberta, alcançadas no conceito amplo de cultura, passíveis de proteção por institutos próprios.

Mais especificamente, pode-se afirmar que, no plano ideativo, a proteção estatal, sob a égide da Carta anterior, não se restringia aos bens de valor histórico e artístico, podendo, em princípio, alcançar outros, como, por exemplo, os de valor científico e folclórico, merecedores do amparo do Poder Público, embora a eles a Constituição não tivesse feito expressa menção.

Do mesmo modo, o patrimônio imaterial poderia receber salvaguardas, com plena aderência aos princípios constitucionais implícitos.

Comentando o art. 180 da Constituição anterior, Sílvio Meira[54] dava-lhe essa amplitude, chegando a admitir tombamento de bens incorpóreos, o que, todavia, merece reserva:

> "A Constituição não é casuística, não enumera propriamente, antes traça as coordenadas a seguir. Seria um contra-senso entendermos que o tombamento de bens incorpóreos de reconhecido valor cultural estaria sendo inconstitucional, principalmente considerando a norma programática expressa no 'caput' do mencionado art. 180 da Constituição Federal. Esta norma prescreve que o Estado tem o dever de proteger a cultura".

Ocorre que, na prática, em ordens de exceção, desde o Estado Novo, passando pela Ditadura Militar, prevaleciam os métodos positivistas de identificação dos bens culturais e toda uma discursividade de hegemonia estatal, que vingou até recentemente, enfatizando-se não só o valor cultural dos bens materiais, mas, na proteção a este título, restringindo-se, segundo visão dominante, àqueles que atendessem aos apelos de representatividade das elites. Foi

54 MEIRA, Sílvio. Os templos sagrados em face da lei e do direito. *Revista de Ciência Política*. Rio de Janeiro, 23(1): 23, jan./abr. 1980.

o processo de redemocratização que abriu espaço para questionamentos de estruturas socioculturais, para o arejamento no tocante ao campo da identidade brasileira, ao respeito à ancestralidade e ao tratamento dos referentes que projetam o simbólico.

Nesse diapasão, sinaliza-se, do ponto de vista filosófico, para a necessidade de compreensão da cultura como um processo aberto, com base em (re)leituras sobre o tema, como a de Flávio de Lemos Carsalade, que registra: "A visão antropológica contemporânea entende a cultura como uma visão de mundo que estabelece padrões públicos e que determina o destino das nações, uma consciência de grupo, uma forma de falar sobre identidades coletivas".[55] Referindo-se a alguns atributos apontados pelos estudiosos, segundo essa visão, enumera os comuns entre eles: o dinamismo, a envolver subculturas abertas, sincréticas e instáveis; interdependência entre indivíduos, grupos, classes e sociedade no tocante aos processos culturais; variabilidade e relatividade dos valores culturais; criação e recriação contínuas de padrões culturais; impossibilidade de tratamento uniforme da cultura por leis genéricas; comunicabilidade por meio de símbolos e padrões, expressos ou implícitos, e de ideias tradicionais com valores vinculados.[56] Essas variações no conceito e no escopo da cultura, obviamente, têm impactos nos tratamentos dos seus referentes ou bens culturais.

Neste passo, ressaltam-se, pelas recíprocas interferências dos elementos relacionais, as noções de cultura na interface com história e memória. Incursionando pela obra de Carsalade, é possível recolher subsídios importantes, que podem ser trazidos a partir da sua síntese:

> "[...] história, cultura e memória se encontram imbricadas como agentes que a um só tempo criam e explicam as transformações sociais. Na dinâmica da história, na confusão da memória e na mutabilidade da cultura, não se pode falar de verdade ou permanência em sentido absoluto, mas em um encadeamento/superposição sobre o qual podemos tecer várias conclusões possíveis, sem determinação de uma ciência exata, por certo, mas também sem uma única lógica que permita uma aplicação objetiva. O fato histórico seria ele mesmo uma possibilidade de transformação

---

55 CARSALADE, Flávio de Lemos. *A pedra e o tempo:* arquitetura como patrimônio cultural. Belo Horizonte: Editora UFMG, 2014. p. 157.

56 CARSALADE, Flávio de Lemos. *A pedra e o tempo:* arquitetura como patrimônio cultural. Belo Horizonte: Editora UFMG, 2014. pp. 157 e 159.

dependente da maneira como ele fosse entendido pela história, vivenciado pela memória ou assimilado pela cultura".[57]

Outros fragmentos de sua lição concorrem para a distinção:"para a memória importa o significado latente no fato histórico da maneira como foi absorvido e continua sendo vivenciado pelo indivíduo e pela coletividade" Explica o autor: "Através da história em comum, um povo se reconhece como tal e cria seus mitos e seus heróis, símbolos importantes para a formação e transformação de sua cultura, referências fundamentais para a sua identidade própria".[58]

2.3.1. Patrimônio cultural em sentido amplo

Não é demais ressaltar a importância superlativa que o patrimônio cultural em suas variadas expressões vem ganhando internacionalmente no bojo da Pós-Modernidade e no contexto de múltiplas crises, notadamente resultantes do fenômeno da globalização; observa-se que, cada vez mais, se faz presente a compreensão da sua extensão e relevância – menos como dimensão hegemônica de valores reconhecidos pelo Estado, mais como imanente expressão plural da sociedade que o detém – para a garantia da identidade dos povos, revelando-se como significativa pauta dos direitos humanos, no âmbito nacional e internacional, a desafiar a humanização da concepção da sua proteção e fruição, o que remete para a ideia de funcionalização do patrimônio e seu permanente revigoramento pelo sentido e papel que se lhe atribui.

A importância do patrimônio cultural mais se evidencia em cenário de radicais mudanças de bases tecnológicas nos processos de interação dos povos, com impactos imensuráveis das redes virtuais, e, também, de deslocamento ou reconfiguração dos fluxos de interesses culturais orientados para a instantaneidade. Nesse quadro, "o patrimônio cultural serve de contraponto ao processo acelerado de desterritorialização e padronização cultural".[59]

Aderindo à tendência internacional e valendo-se de sedimentação de uma consciência interna voltada para a necessidade de alargamento do

---

57 CARSALADE, Flávio de Lemos. *A pedra e o tempo:* arquitetura como patrimônio cultural. Belo Horizonte: Editora UFMG, 2014. p. 167.

58 CARSALADE, Flávio de Lemos. *A pedra e o tempo:* arquitetura como patrimônio cultural. Belo Horizonte: Editora UFMG, 2014. p. 163.

59 PIRES, Maria Coeli Simões. A Proteção do patrimônio cultural como contraponto à desterritorialização. In: SOARES, Inês Virgínia Prado; CUREAU, Sandra (org.). *Bens Culturais e Direitos Humanos.* São Paulo: Sesc São Paulo, 2015, pp. 71-72. ISBN: 978-85-69298-58-8.

conceito de cultura na linha de inclusão e diversidade, a Constituição Federal de 1988 ampliou o espectro conceitual de cultura, abrangendo no patrimônio sujeito à proteção e salvaguarda os bens materiais e imateriais a ela referenciados, sem afastar, nesse lineamento, bens naturais, assimilando no particular a filosofia de interação dos valores de cultura e natureza.

A referida Carta, no art. 216, *caput*, assentou, então, um conceito amplo de patrimônio cultural, apropriando aquelas dimensões dos bens, em contraponto à tradicional concepção focada nas notas clássicas de monumentalidade, raridade, excepcionalidade previstas em ordenamentos anteriores para qualificação dos referentes culturais. Traz-se à colação o conceito constitucional de patrimônio cultural (art. 216, *caput*, da Constituição Federal de 1988, que, no plano da ideação normativa, identifica o objeto da proteção estatal):

> "Constituem o patrimônio cultural brasileiro os bens de natureza material e imaterial, tomados individualmente ou em conjunto, portadores de referência à identidade, à ação, à memória dos diferentes grupos formadores da sociedade brasileira, nos quais se incluem:
> I – as formas de expressão;
> II – os modos de criar, fazer e viver;
> III – as criações científicas, artísticas e tecnológicas;
> IV – as obras, objetos, documentos, edificações e demais espaços destinados às manifestações artístico-culturais;
> V – os conjuntos urbanos e sítios de valor histórico, paisagístico, artístico, arqueológico, paleontológico, ecológico e científico".

A Constituição, como se pode perceber do enunciado, não traz enumeração taxativa de categorias que integram o universo do patrimônio cultural. O conceito pode abranger outros agrupamentos de bens não relacionados. É dizer:

> "O patrimônio cultural, capaz de criar e fortalecer laços de identidade e de recuperar até mesmo os nexos entre distantes temporalidades e diferentes gerações, constitui-se tanto de elementos tangíveis da cultura, resultantes do engenho, da inventividadade, da obra e da arte do homem, como de formas intangíveis dela, tais os modos de fazer enraizados no quotidiano, celebrações, rituais, folguedos, manifestações literárias, cênicas, lúdicas, plásticas, espaços destinados a práticas culturais coletivas e saberes, cujos valores perpassam o inconsciente coletivo para conferir identidade a um povo ou grupo social. Essa a latitude semântica

que se deve dar à expressão patrimônio cultural, e que não emerge nova nos dias atuais".[60]

Observa-se que a redação constitucional, além da ampliação de conceito, rompe com paradigmas ortodoxos de patrimônio, como o da historicidade de fatos memoráveis. Ramón Gutierrez, discutindo essa ruptura constitucional com a noção de patrimônio histórico para adoção de um patrimônio mais lato focado no valor cultural, mostra que "nessa nova concepção de patrimônio, há a inclusão da cultura e das dimensões testemunhais do cotidiano e dos feitos intangíveis".[61]

Assim é que, a par da tradicional versão do patrimônio físico, a nova dimensão do patrimônio imaterial, tratada de forma explícita na Constituição de 1988, ganha ênfase no bojo da política pública de proteção à cultura e ressonância nas páginas da literatura técnica, do Direito, da História, da Antropologia, da Sociologia, especialmente.[62,63,64,65,66]

Desse modo, atribui-se ao imensurável conjunto dos bens culturais, materiais e imateriais, com os significados potenciais ou explícitos, a conotação de patrimônio cultural em sentido amplo, embora se deva afastar uma visão homogênea, rígida e naturalizada da categoria jurídica, que é mais complexa e desafiadora.

---

60 PIRES, Maria Coeli Simões. Proteção do Patrimônio Cultura: da monumentalidade aos bens imateriais. In: FERNANDES, Edésio; ALFONSIN, Betânia (coord.). *Revisitando o instituto do tombamento.* Belo Horizonte: Fórum, 2010. pp. 75-88. ISBN: 978-85-7700-152-1.

61 GUTIERREZ, Ramón. Direito ao Patrimônio Construído. In: Secretaria Municipal de Cultura de São Paulo. *O Direito à Memória:* Patrimônio histórico e cidadania. São Paulo: Secretaria Municipal de Cultura/DPH, 1992.

62 ALVES, Ana Cláudia Lima e outros. *Patrimônio imaterial:* disposições constitucionais, normas correlatas, bens imateriais registrados. Brasília: Senado Federal, Subsecretaria de Edições Técnicas, 2012.

63 CAVALCANTI, Maria Laura Viveiros de Castro; FONSECA, Cecília Londres. *Patrimônio Imaterial no Brasil:* Legislação e Políticas Estaduais. Brasília: UNESCO, 2008.

64 COSTA, Mila Batista Leite Corrêa da. *A Preservação da herança Cultural Intangível:* A Contribuição das Nações Unidas. Guia de Estudos. Belo Horizonte, setembro de 2004,pp. 198-211.

65 FONSECA, Maria Cecília Londres. A Salvaguarda do patrimônio cultural imaterial no IPHAN: antecedentes, realizações e desafios (IPHAN 1937-2017). *Revista do Patrimônio Histórico e Artístico Nacional.* Brasília, n. 35/2017, pp. 157-170.

66 QUEIROZ, Hermano Fabrício Oliveira Guaianais e. *O Registro de bens culturais imateriais como instrumento constitucional garantidor de direitos culturais.* Dissertação (Mestrado Profissional) – Instituto do Patrimônio Histórico e Artístitco Nacional. Rio de Janeiro, 2014.

Extensa e vigorosamente consagrados na esfera constitucional, os valores, direitos culturais e os princípios da proteção são densificados como a força aglutinadora, a amarração na tessitura do regime de amparo à cultura, na conjugação com as demais normas que com eles devem guardar coerência, incluídas as internacionais por força de convenções de que o Brasil é signatário. Um amparo que não se esgota, assim, nos limites da estatalidade, para aglutinar esforços transnacionais e da sociedade na complexa diversidade.

A plena densificação desses conceitos e valores, finalmente, ocorre por meio da política pública de proteção desse lato patrimônio cultural, o qual. embora inserido em contexto tecnológico de homogeinização da cultura e de padronização de seus referentes,

> "[...] deve ser tratado numa perspectiva humana, pois, ao incidir sobre bens culturais, materiais ou imateriais, as medidas acautelatórias de proteção e salvaguarda são fundamentadas pelo poder de referência desses bens para a identidade dos seres humanos, por seus valores e sua capacidade de transmitir testemunho ou despertar sentimento. Essa lógica antropocêntrica afasta a compreensão de um patrimônio cultural divorciado dos sentidos e do sentimento das pessoas. Como referência de identidade, o patrimônio cultural não é mera expressão de carga valorativa herdada, mas sobretudo daquela que lhe é atribuída no processo identitário e de fruição. Os valores estéticos, artísticos, históricos e paisagísticos estão ligados, necessariamente, à lógica da fruição. Não existem por si, mas em relação com sujeitos, na atualização do binômio identidade-objeto. Do mesmo modo, a cultura imaterial está intrinsecamente ligada à dimensão humana. Não há expressão possível de um patrimônio cultural dissociado das pessoas que o ergueram e daqueles que constituem seu destino.
>
> A dignidade humana deve ser garantida pelo direito cultural na complexidade de sua expressão: produção de bens culturais; participação democrática na gestão do patrimônio cultural; respeito à diversidade étnica e regional; acesso aos bens culturais e fruição; direito à informação cultural, participação no controle; e, por fim, o direito de identidade com o patrimônio. É dizer que as pessoas precisam não apenas fruir do legado, mas ver-se refletidas nele".[67]

---

67 PIRES, Maria Coeli Simões. A Proteção do patrimônio cultural como contraponto à desterritorialização. In: SOARES, Inês Virgínia Prado; CUREAU, Sandra (org.).

Em abordagem peculiar, mas aderente às reflexões desenvolvidas no presente tópico, Liana Portilho Mattos, analisando o dispositivo em comento, o artigo.216 da CF, a partir de suplementos do campo da linguagem, aponta, especialmente, o deslocamento operado na seara da proteção ao patrimônio cultural, e mostra a relação desse movimento com o "deslizamento do sentido dos significantes autoridade para alteridade":

> "Com isso, tem-se que a norma contida no art. 216 da Constituição passa a veicular uma tensão dialética e dialógica permanente na esfera de legitimação dos bens culturais como parte integrante do patrimônio cultural brasileiro, operada ora no campo da autoridade – esfera apta a 'dizer', a garantir a proteção cultural por meio dos instrumento jurídicos próprios –, ora no campo da alteridade, uma vez que a noção de identidade decorre fundamentalmente de um processo de subjetivação de toda forma estranha ao aparato estatal".[68]

A autora, assim, problematiza a legitimidade, sob o paradigma constitucional vigente, para definição e aferição do atributo de "portador de referência" do bem, a partir do questionamento sobre possível criação de "outra esfera de legitimidade, que não a da autoridade estatal", trazendo para a centralidade da pesquisa o problema em torno da "definição estabelecida pelo texto constitucional (art. 216), estruturada em um conceito jurídico indeterminado", sob indagação de possuir ou não

> "[...] elasticidade para abarcar a complexidade das manifestações culturais inerentes a uma sociedade plúrima e de identidade cultural multifragmentada, como a brasileira, aliás como o próprio conceito constitucional reconhece ao mencionar que tal 'referência' é 'dos diferentes grupos formadores da sociedade brasileira".[69]

Bens Culturais e Direitos Humanos. São Paulo: Sesc São Paulo, 2015. pp. 71-72. ISBN: 978-85-69298-58-8.

68 MATTOS, Liana Portilho. *Bens da cultura:* entre autoridade, alteridade e autoria. Projeto de pesquisa apresentado ao Programa de Pós-Graduação em Direito da Faculdade de Direito da Universidade Federal de Minas Gerais – Doutorado. Belo Horizonte: edição impressa da autora, 2015. p. 6.

69 MATTOS, Liana Portilho. *Bens da cultura:* entre autoridade, alteridade e autoria. Projeto de pesquisa apresentado ao Programa de Pós-Graduação em Direito da Faculdade de Direito da Universidade Federal de Minas Gerais – Doutorado. Belo Horizonte: edição impressa da autora, 2015. p. 7.

Por outro lado, na vertente técnico-jurídica, não se há de desprezar a chamada funcionalização do patrimônio, que pressupõe a incorporação do significante social no âmago da sua estrutura, de modo a sustentar, se necessário, o atrelamento do uso à função social que tenha atraído a incidência da proteção mediante instrumento de intervenção na propriedade. O significante da função social não pode, contudo, ser panaceia; haverá de ser considerado na situação concreta, na qual se deve avaliar a relação de equilíbrio dos encargos diretamente suportados pelo proprietário na comparação com os incidentes sobre o grupo social inserido no possível recorte de avaliação, que pode ter contornos mais estreitos e razoáveis. A razoabilidade e a proporcionalidade devem conduzir o caminho de lucidez em operações jurídicas que devam resultar na arbitragem da solução justa. É que não se trata de uma postura reducionista do conteúdo da propriedade, ou de mera retórica de desconsideração do proprietário, mas de buscar densificar a noção de função social e de divisar tentáculos de coerência da chamada funcionalização patrimonial, especialmente mediante legislação capaz de fazer, na prática, a aproximação das dotações jurídicas constitucionais, sob pena de inocuidade das proclamações fundamentais.

Assinala-se, em arremate deste tópico, que, a despeito de internalizada e defendida por estudiosos da preservação e positivada no Direito Constitucional, a ampliação do espectro da proteção patrimonial e a abertura conceitual e procedimental da cultura nessa vertente, só mais recentemente, em face do apelo do paradigma democrático, têm sido objeto de preocupação por agentes administrativos competentes. Intentam a adoção de novos mecanismos capazes de operar a ruptura real com a política excludente, para efetivar a proteção ou salvaguarda, não apenas dos grandes monumentos do poder civil e eclesiástico, mas, também, de todo o conjunto de manifestações das artes arqueológicas e dos valores ecológicos,[70] e ainda dos bens imateriais, de resto, cumprindo a diretriz constitucional.

Em outras palavras, na dicção de Liana Portilho Mattos: "Tem-se que a democracia inaugura, então, uma nova discursividade normativa na proteção dos bens da cultura, muito embora essa discursividade ainda não esteja devidamente compreendida e assimilada na prática jurídica vigente".[71]

---

70 PIMENTA, Aluísio (Ministro da Cultura), na SBPC, Minas Gerais. Órgão Oficial do Estado de Minas Gerais. Belo Horizonte, 17 jul. 1985. p. 4.

71 MATTOS, Liana Portilho. *Bens da cultura:* entre autoridade, alteridade e autoria. Projeto de pesquisa apresentado ao Programa de Pós-Graduação em Direito da Faculdade de Direito da Universidade Federal de Minas Gerais – Doutorado. Belo Horizonte: edição impressa da autora, 2015. p. 9.

De fato, "a democratização, o elastecimento do conceito de patrimônio trazido pela Constituição de 1988 e a abertura dos processos de definição de bens culturais deram voz e criaram espaços interlocutórios para os interessados".[72] Mas não basta voz ou interlocução; é necessário promover o empoderamento social no processo decisório e uma processualidade verdadeiramente democrática.

2.3.2. Patrimônio cultural em sentido estrito

Um conceito estrito de patrimônio cultural, contudo, se deve assentar com vistas à proteção prevista constitucionalmente: o conjunto de bens, materiais e imateriais, identificados e reconhecidos pelo valor cultural, abrangidos ou alcançados pelos diversos instrumentos de acautelamento, proteção e salvaguarda. É de se admitir, também, que o conteúdo dessas expressões haverá de ser definido concretamente pelo poder público responsável pela aplicação da lei a partir de critérios técnicos ou normativos e de parâmetros próprios, com vistas à delimitação do patrimônio cultural em sentido estrito, isto é, aquele que, reunindo bens culturais determinados, esteja sujeito aos instrumentos constitucionais acautelatórios. É dizer: as adjetivações apostas às categorias de bens não são suficientes para expressar a relação desses com a cultura para efeito da aplicação da proteção especial. É que não basta a mera tipificação do bem em si, mas a constatação de que ele seja resultado do processo de formação da cultura ou expressão desta e de tal relevância a justificar uma tutela especial.

Assinala-se, no entanto, não se cogitar de uma concepção constitutiva do próprio patrimônio cultural, mas da relação deste com o regime especial de proteção a que se devem submeter os bens que o integram. A definição em sentido estrito extrai, portanto, os elementos do conceito constitucional geral, traçando-se o seu preciso contorno, a partir da legislação infraconstitucional, mediante a processualidade própria, voltada para a identificação dos bens e aplicação dos instrumentos de proteção, tais como tombamento, registro, inventário.

Sublinhe-se que o bem cultural sujeito à proteção do poder público pode ser tanto material quanto imaterial; tanto pode ser uma escultura, um documento, quanto uma linguagem, uma música. Já o objeto do tombamento,

---

72 PIRES, Maria Coeli Simões; COSTA, Mila Batista Leite Corrêa da; MATTOS, Liana Portilho. Patrimônio Cultural. In: *Dicionário de políticas públicas:* vol. 2. CASTRO, Carmem Lúcia Freitas de; GONTIJO, Cynthia Rúbia Braga; PINTO, Luciana Moraes Raso Sardinha (org.). Barbacena: Editora UEMG, 2015. p. 321. ISBN: 978-85-62578-55-7. 490.

instrumento especial de proteção, não é tão amplo. Para que possam merecer a proteção, os bens devem-se enquadrar nas categorias jurídicas de móveis ou imóveis que apresentem as características legais prescritas (arts. 79-81 e 82-84 do Código Civil de 2002), além de outros requisitos previstos na legislação específica.

O Decreto-Lei n. 25, de 30/11/37, como já registrado, organiza e regula a proteção ao patrimônio histórico, artístico e paisagístico nacional por meio do tombamento; quase secular, atravessa o tempo sem profundas alterações, permanecendo como um dos principais marcos legais sobre a matéria, também assim considerado entre os congêneres de outros países. Anota-se que o referido documento normativo há de ser reinterpretado como base legal do tratamento de parte do patrimônio cultural e não de toda a sua extensão, limitando-se ao protegido por aquele instrumento.

O mencionado decreto-lei, ao traçar as diretrizes básicas de proteção à cultura no Brasil, considera como objeto de tombamento, pelo seu interesse público, os bens móveis ou imóveis, privados ou públicos, e ainda os eclesiásticos, quer por sua vinculação a fatos memoráveis da história, quer por seu excepcional valor arqueológico, etnográfico, bibliográfico ou artístico, bem como os monumentos naturais, os sítios e paisagens particularmente dotados pela natureza. A norma alcança, desse modo, bens públicos, privados ou eclesiásticos da cultura materializada e da natureza, para efeito da proteção legal estatuída. Anota-se que o tombamento tem maior incidência sobre bens imóveis, importando, por isso mesmo, em uma mais robusta potencialidade de conflitos. Sobre a matéria discorre Carlos Magno de Souza Paiva, vislumbrando um regime jurídico especial do bem cultural edificado.[73]

Sônia Rabello, discorrendo sobre patrimônio cultural na relação com os instrumentos de proteção, recorda que

> "O tombamento, instrumento criado em 1937 pelo Decreto-lei n. 25 (DL 25/37), foi recepcionado pela Constituição de 1988, na qual o conceito ampliado de patrimônio cultural insere esse instrumento como uma espécie dentre as diversas do gênero da proteção, dirigido a determinados tipos de bens".[74]

---

73 PAIVA, Carlos Magno de Souza. *O Regime Jurídico do Bem Cultural Edificado no Brasil*. Minas Gerais: Editora UFOP, 2010.

74 RABELLO, Sonia. O tombamento. In: REZENDE, Maria Beatriz; GRIECO, Bettina; TEIXEIRA, Luciano; THOMPSON, Analucia (org.). *Dicionário IPHAN de*

E prossegue delimitando objetivo, alcance e pressupostos do mecanismo interventivo:

> "Tombamento tem por objetivo garantir a preservação de bens materiais, públicos ou privados, aos quais se atribui valor cultural para a comunidade na qual estão inseridos. [...] Há dois pressupostos legais na imposição do tombamento: o primeiro é de que ele seja materializado em coisas, em bens materiais, físicos, móveis ou imóveis. É o que diz o art. 1º do DL 25/37, quando dispõe: 'Constitui o patrimônio histórico e artístico nacional o conjunto de bens móveis e imóveis existentes no país e cuja conservação seja de interesse público [...]'. O segundo pressuposto, decorrência do primeiro, é o de que a imposição do tombamento pelo Poder Público visa à conservação do bem, ou seja, à manutenção das características materiais do bem através das quais se pode reconhecer o valor cultural que lhe é atribuído". [75]

Tendo em vista a materialidade como pressuposto do tombamento, pode-se dizer, em sintonia com os postulados da Carta Patrimonial de Burra, que, para fins de aplicação do tombamento,

> "[...] o termo bem designará um local, uma zona, um edifício ou outra obra construída, ou um conjunto de edificações ou outras obras que possuam uma significação cultural, compreendidos, em cada caso, o conteúdo e o entorno a que pertence. O termo significação cultural designará o valor estético, histórico, científico ou social de um bem para as gerações passadas, presentes ou futuras".[76]

Deve-se observar ainda que, conquanto estabelecidos alguns pressupostos científicos mínimos de caracterização dos bens para o efeito de sua integração ao patrimônio cultural, o reconhecimento desse caráter se dá mediante juízo de valor, a partir de embasamento técnico relativamente aos fatores e valores de enquadramento. E nem sempre esse juízo é objetivo, traduzido como função do conhecimento, formulado independentemente do desejo e da vontade do sujeito julgador, podendo ser avaliado segundo

---

Patrimônio Cultural. 1. ed. Rio de Janeiro, Brasília: Iphan: DAF: Copedoc, 2015. pp. 1-3 (Termo chave Tombamento). ISBN: 978-85-7334 – 279-6.

75 RABELLO, Sonia. O tombamento. In: REZENDE, Maria Beatriz; GRIECO, Bettina; TEIXEIRA, Luciano; THOMPSON, Analucia (org.). *Dicionário IPHAN de Patrimônio Cultural*. 1. ed. Rio de Janeiro, Brasília: Iphan: DAF: Copedoc, 2015. p. 7 (Termo chave Tombamento). ISBN: 978-85-7334 – 279-6.

76 Carta de Burra (Austrália/Burra) – IPHAN. Disponível em: <http://portal.iphan. gov.br/uploads/ckfinder/arquivos/Carta%20de%20Burra%201980.pdf>. Acesso em: 12 out. 2017.

padrões subjetivos.[77] A análise do valor cultural para fins de tombamento é objeto de estudo em capítulo próprio, no qual se discutem aspectos de discricionariedade do tombamento, e no capítulo destinado aos assentamentos sobre o processo de que resulta o ato final do tombamento.

Acrescenta-se que o tombamento pode ser apropriado como instrumento de proteção ao patrimônio nas diversas esferas federativas, assumindo a dimensão de tombamento nacional, estadual, distrital e municipal.

Certo é que o Estado, durante longos anos, desenvolveu uma política de proteção elitista, monopolizada pelo tombamento, recebendo severas críticas por concentrar sua proteção nos monumentos **de pedra e cal,** mas também por desconsiderar o contexto sociocultural e da ambiência desses referentes, descuidando dos bens culturais presentes nos cantos, nas lendas, no fazer e nos hábitos do povo brasileiro. Nesse sentido, a crítica e o alerta de que, por bem cultural, além do patrimônio **de pedra e cal,** constituído de sobradões, igrejas, fortalezas e outros, há de se entender também o fazer cotidiano das comunidades, e que o patrimônio tombado deve ser vivificado na relação do cotidiano, consoante registros de entrevista de Aloísio Magalhães,[78] à Revista Interior sob o título Memória Nacional do Cotidiano Brasileiro:

> "o bem cultural deve transcender o patrimônio de pedra e cal, para ser enfocado no contexto sociocultural onde se encontra, e, portanto, sua guarda e uso devem estar subordinados às instituições e comunidades que com ele interagem cotidianamente".

Pesquisando a abrangência do objeto do tombamento no direito comparado, verifica-se que, na **Itália,** a proteção estatal incide praticamente sobre os mesmos objetos consagrados no Decreto-Lei n. 25/37, consoante registro de Zanobini:[79]

> *"Cose d'interesse storico ed artistico. Queste limitazioni hanno lo scopo di assicurare la conservazione delle cose anzidette per i fini dell'arte, della storia e, della cultura nazionale. Il primo testo organico sulla materia fu la legge 20 giugno 1.009 numero 364; questa dopo varie modificazioni, stata sostituita dalla vigente legge 1° giugno 1939, n. 1.089.*
>
> *Le cose cui la legge si riferisce sono gli immobili e i mobili che presentano interesse artistico, storico e archeologico, comprese quelle che interessano la*

77 KELSEN, Hans. *Teoria pura do direito.* Tradução de: João Baptista Machado. 4. ed. Coimbra: Armênio Amado, 1976. p. 44.

78 MAGALHÃES, Aloísio. *A memória nacional no cotidiano brasileiro.* Interior. Brasília: Ministério do Interior: 6(34): 51-8, set./out. 1980. Edição especial.

79 ZANOBINI, Guido. *Corso di diritto amministrativo.* 3 ed. Milano: Giuffre, 1948. v. 04.

> *paleontologia, la preistoria, la numismatica; nonchè i manoscritti, gli autografi, i documenti, i livri eventi carattere di raritá e di pregio, e, infine, le ville, i parchi e giardini che abbiano interesse artistico e storico (art. 1).*
> *Bellezze panoramiche. La tutela delle belleze naturali e panoramiche fu regolata per la prima volta della legge 11 maggio 1922, n. 778, la quale stata inseguito sostituita da quelle 29 giugno 1939, n. 1.497. La legge si riferisce alle cose immobili aventi cospicui caratteri di belleze naturali o di singolorità geologica, alle ville, parchi e giardini che non trovano protezione nelle norme sulla tutela delle cose de interesse artistico, alle bellezze panoramiche e ai belvederi accessibili al pubblico (art. 1)".*

Na legislação alemã, é bastante abrangente o campo de proteção, integrando o objeto da tutela estatal bens ligados a diversos motivos: o histórico, o artístico, o científico, o urbanístico, o legendário e o folclórico.

Na França, a legislação segue a mesma tendência, como se vê da *Loi de Programe* n. 67-1174, de 28 decembre 1967, *relative à la restauration des monuments historiques et à la protection de sites,* publicada no Diário Oficial de 29/12/67, que, em seu art. 4º, aponta, entre os bens preserváveis, também os de natureza científica, legendária ou pitoresca:

> *"Il est établi dans chaque département une liste des monuments naturels et des sites dont la conservation ou la preservation présente, au point de vue artistique, historique, scientifique, légendaire ou pitoresque, un intérêt general".*

Como ressonância de movimentos internos, e por influência de soluções adotadas em outros países, de recomendações estabelecidas em convenções internacionais e de concepções novas que enquadram os direitos à cultura e ao patrimônio cultural na matriz dos direitos humanos, hoje, no Brasil, há uma nova tendência relativamente ao tratamento do patrimônio cultural em sentido ampliado, com reflexos na aplicação do tombamento, buscando-se superar a lógica da exclusão e romper com o padrão da monumentalidade no tocante ao seu objeto.

Os bens imateriais são susceptíveis de proteção por meio de outros mecanismos que vêm sendo utilizados como forma de integração da cultura imaterializada e do seu processo de produção ao universo de proteção, conforme exposto em tópico autônomo.

2.4. Conceitos imanentes ao objeto

Para a delimitação do objeto, além dos suplementos aduzidos, é necessário atentar para o significado de outros termos correlatos, de interesse nos domínios da temática, como **monumento, documento, paisagens e lugar.**

Razão pela qual, em caráter complementar, é feito o aporte de algumas noções que, aqui simplificadas, não esgotam a complexidade que enceram.

Colhem-se, assim, de Flávio de Lemos Carsalade contribuições que ajudam a sedimentar a noção de monumento: "Monumento vem de *monere* (advertir, lembrar) e seu sentido original tem fundo religioso, de revelação e de advertência". Lembra que, segundo Françoise Choay,

> "a função do monumento seria tocar pela emoção, pela memória viva, seria ainda a manutenção das identidades (fins vitais), a defesa contra o pragmatismo da existência, configurando o ser e o tempo, funções que se resumem em três pontos básicos: memorial, arte, testemunho histórico. Assim, o monumento tem por finalidade fazer reviver um passado negligenciado pelo tempo".[80]

Com suplementos de Riegi acerca do caráter dos monumentos e a relação desses com o presente, apresenta as suas categorias: "monumentos intencionados (com valor artístico, criados para sobreviver ao tempo, com clara função rememorativa) e não intencionados (aqueles que sobreviveram ao tempo, com valor histórico, portanto, monumentos 'históricos'".[81]

Nas legislações estrangeiras, o termo **monumento** possui significado amplo: *monument*, em francês, e *Denkmal*, em alemão, são rótulos que abrangem conteúdo vasto, envolvendo construções, obras feitas pela mão do homem e ainda os legados notáveis deixados pela natureza.

Flávio de Lemos Carsalade resgata, também, a origem e sentido do termo **documento:**

> "*Documentum* deriva do latim *docere* (ensinar) e evolui para o significado de prova, instrumento, testemunho. Uma visão positivista da história vê o documento como testemunho, como prova da veracidade dos fatos ocorridos conforme os historiadores o narraram. Aquilo que permanece, que consegue sobreviver à torrente do tempo, constituiria, portanto, um patrimônio histórico de caráter coletivo, marca da história comum".[82]

---

80 CARSALADE, Flávio de Lemos. *A pedra e o tempo:* arquitetura como patrimônio cultural. Belo Horizonte: Editora UFMG, 2014. p. 187.

81 CARSALADE, Flávio de Lemos. *A pedra e o tempo:* arquitetura como patrimônio cultural. Belo Horizonte: Editora UFMG, 2014. p. 187.

82 CARSALADE, Flávio de Lemos. *A pedra e o tempo:* arquitetura como patrimônio cultural. Belo Horizonte: Editora UFMG, 2014. p. 185.

O autor, porém, apresenta dois problemas metodológicos na abordagem do tema, com base nas críticas feitas pela História Nova, o da pretensa neutralidade da história na seleção dos documentos e o da alegada autenticidade, já que os recortes feitos pelos historiadores podem atender a intenções diversas, e não é possível verificar se determinados documentos espelham a verdade como ela ocorreu.[83]

De qualquer forma, não se há de negar a grande importância do documento, o qual, em sua variabilidade, deve ser entendido em sentido mais abrangente, em face de seu nexo lógico com os fatores integrativos da história, da arte, da cultura, e não pode ser tomado por força de mero processo gramatical.

Por fim, o termo **paisagem** há de traduzir a noção de beleza panorâmica que envolve elementos da natureza sujeitos ao enfoque cultural, traduzido na percepção humana daqueles que dela possam fruir. Sobre o verbete, apresentam-se considerações mais filosóficas, em face da polêmica que cerca a matéria, notadamente no campo da proteção patrimonial. O aporte é feito a partir da contribuição de Demian Garcia Castro, que, em estudo especializado no campo da geografia, aprofunda a discussão sobre as paisagens humanas, reunindo distintos suplementos filosóficos sobre o tema:

> "O estudo de (Denis) Cosgrove destaca questões que de forma alguma fariam parte de uma geografia pautada no positivismo clássico ou no positivismo lógico. Já em destaque no título de seu texto, o autor nos diz que "a geografia está em toda parte", para destacar a cultura e o simbolismo nas paisagens humanas. Temos aqui temas e abordagens próprias de uma renovação das ciências que ganha força na década de 1970, substituindo os ideais positivistas anteriores".[84]

Em posição divergente, mas, igualmente, superadora do positivismo, o autor destaca a reflexão de Milton Santos em seu livro a Natureza do Espaço (2002), no qual distingue epistemologicamente espaço e paisagem:

---

83 CARSALADE, Flávio de Lemos. *A pedra e o tempo:* arquitetura como patrimônio cultural. Belo Horizonte: Editora UFMG, 2014. p. 185.

84 CASTRO, Demian Garcia. *Significados do conceito de Paisagem:* Um debate através da epistemologia da geografia. Disponível em: <http://www.pucsp.br/~diamantino/PAISAGEM.htm>. Acesso em: 14 fev. 2019.

> "Santos discorda da posição do autor sueco, dizendo que onde este escreve paisagem teria escrito espaço. Paisagem e espaço não são sinônimos. 'A paisagem é um conjunto de formas que, num dado momento, exprime as heranças que representam as sucessivas relações localizadas entre homem e natureza. O espaço são as formas mais a vida que as anima' (2002, p.103)".[85]

Segundo Demian Garcia Castro, as lições de Blanc-Pamard Chantal e Jean-Pierre Raison, ao tratarem da paisagem, convergem para uma síntese dialógica entre natureza e sociedade: "Chantal & Raison almejam 'que em torno deste vocábulo, inçado de tantas inspirações existenciais quanto de significados científicos, se realize uma síntese eficaz das relações dialéticas entre natureza e sociedade'".[86]

E conclui Demian que: "A definição mais simples de paisagem, como um espaço abarcado por um 'golpe de vista', bastante usual no senso comum, não dá conta da complexidade que o termo abrange".[87]

Há de se distinguir, também, a noção de **lugar,** a qual pode ser desenvolvida a partir de Carsalade:

> "Da maneira como ela (a ideia de lugar) é entendida do ponto de vista existencial, ela supera a abstração de 'ponto no espaço' para vir carregada de sentimentos a ele associados, O homem deve instituir o seu lugar, para se situar na Terra, criando seu 'ponto de partida' para sua identificação e orientação [...] A estrutura preestabelecida do mundo pelo modo da pre-sença faz com que o homem tenha uma relação existencial com a natureza e com as coisas".[88]

Definidos, portanto, os elementos estruturais do objeto, os conceitos a ele imanentes ou simplesmente correlatos e alinhavados os pressupostos ou características a partir dos quais é possível fazer incidir sobre os bens o

---

85 CASTRO, Demian Garcia. *Significados do conceito de Paisagem:* Um debate através da epistemologia da geografia. Disponível em: <http://www.pucsp.br/~diamantino/PAISAGEM.htm>. Acesso em: 14 fev. 2019.

86 CASTRO, Demian Garcia. *Significados do conceito de Paisagem:* Um debate através da epistemologia da geografia. Disponível em: <http://www.pucsp.br/~diamantino/PAISAGEM.htm>. Acesso em: 14 fev. 2019.

87 CASTRO, Demian Garcia. *Significados do conceito de Paisagem:* Um debate através da epistemologia da geografia. Disponível em: <http://www.pucsp.br/~diamantino/PAISAGEM.htm>. Acesso em: 14 fev. 2019.

88 CARSALADE, Flávio de Lemos. *A pedra e o tempo:* arquitetura como patrimônio cultural. Belo Horizonte: Editora UFMG, 2014. p. 65.

tombamento, é oportuno ressaltar as peculiaridades da modalidade incidente sobre bem individualizado e do tombamento de conjunto, ambos atraindo o regime especial de proteção.

2.5. Categorias de Bens preserváveis, peculiaridades e exceções

Diversas categorias de bens podem ser objeto de tombamento, as quais vêm recebendo atenção diferenciada no curso do tempo, e o prestígio de cada uma delas, de algum modo, reflete uma concepção de cultura e os valores nela enfatizados, a influência do pensamento político interno ou externo, ou ainda denota a ocorrência de circunstâncias fáticas extraordinárias.

Na análise da trajetória do tratamento do patrimônio cultural no Brasil, vê-se, na origem, o atrelamento da proteção estatal aos **valores históricos e artísticos,** tendo recaído prioritariamente sobre bens que referenciavam tais valores, na vertente elitista e de conformação do Estado-Nação, caracterizando-se perfeita subsunção do patrimônio histórico e artístico como exclusivo objeto de proteção. Favorecia essa tendência a legislação sobre a matéria, a qual definia, com prioridade, o lineamento dessa incidência.

Não menos pormenorizada era a legislação quanto à caracterização de bens de **valor arqueológico, etnográfico e bibliográfico,** fator que, reforçado pelo caráter científico dessa classificação, privilegiou a tutela estatal nesse campo, à sua vez, em concepção excludente e elitista.

2.5.1. Bens Naturais

Na década de 80, porém, empenho mais significativo por parte do Estado e da Sociedade passou a ser levado a efeito na seara da proteção da **natureza.** Nunca se tratou de forma tão enfática a questão como nos últimos tempos. Contudo, certa perplexidade ocorre em relação aos bens naturais que se devem inserir na sistemática da proteção por meio de tombamento. Vale ressaltar que distintos são os enfoques dados a essa temática: proteção aos **bens naturais primitivos;** proteção aos **bens agenciados pelo homem com valor paisagístico ou histórico;** conservação da natureza enquanto ecossistema. O tombamento é instrumento adequado para viabilizar as primeiras soluções e deverá gerar efeitos apropriados aos objetivos da tutela. De fato, o tombamento pode ser o meio adequado para proteger os sítios e monumentos naturais por sua beleza, pelo seu caráter ornamental, como também por uma característica importância, seja paisagística, seja histórica, que apresentem.

Nesse sentido, vale ressaltar registro feito por Paulo Affonso Leme Machado,[89] segundo o qual

> "sítios e monumentos naturais comuns em determinada época passam a ser diferentes ou raros em outra época histórica, passando a merecer menção especial ou a ser dignos de atenção".

Demais disso, bens naturais até **agenciados pela indústria humana,** isto é, ainda que não sejam bens primitivos, podem ser objeto da referida proteção pelo Poder Público.

Não podem ser olvidados, porém, outros instrumentos que devem socorrer cada caso em face das peculiaridades e objetivos da proteção, os quais poderão apresentar vantagens comparativas relativamente ao tombamento, notadamente no tocante à sua eficácia. Já para instrumentalizar a ação do poder público quanto à garantia do equilíbrio do ecossistema, a legislação sobre meio ambiente prescreve, no âmbito de um regime jurídico próprio, uma série de medidas alternativas.

De qualquer forma, não se pode deixar de reconhecer o avanço da política ambiental, já nitidamente assimilada pela sociedade, diferentemente do que ocorre em relação à cultura, e contemplada com instrumentos específicos de proteção com escopo abrangente, a despeito de sua efetividade ser, por vezes, comprometida pela escassez de recursos públicos para fazer face às despesas, especialmente às indenizações em razão de intervenções gravosas sobre a propriedade, e aos demais consectários dessa política. Ressalta-se que, embora as medidas de proteção a monumentos naturais e assemelhados tenham surgido no âmbito da proteção ao patrimônio cultural, prestigiando beleza e excepcionalidade, a evolução mais recente no campo da política ambiental autônoma tem levado à tentativa de abrigamento do patrimônio cultural sob os auspícios do Direito Ambiental, objetivando a garantia de maior efetividade à proteção estatal mediante a concorrência de princípios e métodos mais rigorosos desta seara.[90]

Deve-se destacar que a integração, cada vez mais significativa, do meio ambiente natural ao conceito de patrimônio cultural – conjunto de

---

89 MACHADO, Paulo Affonso Leme. Tombamento: instrumento jurídico de proteção do patrimônio natural e cultural. *Revista dos Tribunais*. São Paulo, 363(71): 15-40, setembro de 1982.

90 Sobre as conexões entre meio ambiente e o patrimônio cultural, veja PIRES, Maria Coeli Simões. Direito Urbanístico, meio ambiente e patrimônio cultural. *Revista de Informação Legislativa*. Brasília, 2001. v. 38, n. 151, (207-230). Cf., também, as Leis n. 9.605, de 12 de fevereiro de 1998 – Lei de Crimes Ambientais (arts. 62-66); n. 9.985, de 18 de julho de 2000 – Lei SNUC (art. 4º, incisos II, III e VII).

bens dotados de valor simbólico resultantes da ação humana – pode também ser entendida como uma nova postura, pela qual se atribui valor cultural à paisagem, à natureza, sobretudo quando, em finais do século, os recursos naturais, antes tão abundantes e até considerados inesgotáveis, e que definem modos de vida e de produção, dão sinal de exaustão.

2.5.2. Templos

O primeiro aspecto a se considerar na análise de matéria atinente aos templos religiosos é o significado do termo igreja, para o que se busca subsídio em Sílvio Meira:

> "A palavra, do ponto de vista jurídico, designa o complexo que inspira a simbologia do templo enquanto espaço, enquanto ambiente, e, assim, não pode se restringir ao prédio despojado de seus pertences mas inclui tudo aquilo que, por acessão intelectual, passou a integrar o todo. Assim, tudo que materializa o estilo, que caracteriza o templo deve estar compreendido no significado do termo".[91]

Registra-se que, pelas peculiaridades apresentadas pelos templos sagrados no tocante ao tombamento e dada a acentuada incidência que esse instituto sempre teve sobre essa categoria de bens, eles eram abordados, sob a égide do Código Civil de 1916, a partir de sua principal característica – a inalienabilidade – e tendo em vista as implicações que dela podiam decorrer.

Segundo dispunha a ordem jurídica interna, tais bens eram inalienáveis – bens fora do comércio –, característica que permanecia mesmo se restassem construídos em terreno de propriedade de associação, irmandade ou qualquer outro tipo de pessoa jurídica de direito privado, com fins religiosos ou assistenciais, desde que sagrados e abertos ao culto público.

Esse caráter de inalienabilidade acarretava dificuldades em relação ao patrimônio eclesial. Analisando a inalienabilidade dos templos sagrados na vigência daquele Código e a extensão do efeito dessa condição, Sílvio Meira,[92] referindo-se à Igreja de Nossa Senhora da Paz, de Ipanema, Rio de Janeiro, em processo junto ao Conselho Federal de Cultura, afirmava:

> "As áreas que cercam o templo, se o completam (jardins, terraços, pátios, etc.), integram o todo, não podendo também ser alienadas se, com a alienação, sobrevier desfiguração do conjunto, cabendo

---

91 MEIRA, Sílvio. Os templos sagrados em face da lei e do direito. *Revista de Ciência Política*. Rio de Janeiro, jan./abr. 1980, 23(1): 4-41. p. 4.

92 MEIRA, Sílvio. Os templos sagrados em face da lei e do direito. *Revista de Ciência Política*. Rio de Janeiro, jan./abr. 1980, 23(1): 4-41. p. 4.

> à municipalidade negar licença para obras que atentem contra a beleza arquitetural da cidade ou que visem, por meios indiretos, à destruição do templo.
> Na elaboração de qualquer lei nova, deve-se recomendar o cadastramento de todos os bens das entidades de finalidade religiosa, com averbação da inalienabilidade daqueles que, por serem dedicados a culto e a obras sociais, estão fora do comércio, nos termos do art. 69 do Código Civil Brasileiro de 1916".[93,94]

Outro aspecto importante diz respeito ao alcance do tombamento dos templos sagrados: há polêmicas que se instalam em torno do tema a partir do tracejamento do próprio conceito de Igreja ou Templo, na linha do que já se registrou em plano preambular deste tópico, a indicar não só o prédio, mas todos os seus pertences. Sílvio Meira,[95] a propósito da questão, adverte:

> "Desse raciocínio não se deve extrair a conclusão de impossibilidade de tombamento incidente exclusivamente sobre o prédio de uma determinada igreja. Com efeito, é possível e há registros fartos dessa alternativa. O que não se deve alegar é a não-incidência de efeitos do tombamento sobre os bens móveis que guarnecem um templo, pela simples verificação de que o ato de tutela a eles não tenha feito menção expressa, usando apenas o termo igreja".

Outro fator relevante a ser destacado em relação aos templos sagrados é o atinente à função que eles cumprem, sabido que a sua desativação ou a alteração nos processos de uso acabam por refletir em seu estado de conservação, isto é, há de se propugnar pela manutenção dos usos dos templos, pois a sua decadência funcional reflete-se na deterioração dos prédios e dos objetos que os guarnecem.

2.6. Bens a salvo de Tombamento

2.6.1. Bens previstos no artigo 3º do Decreto-Lei n. 25/37

É importante salientar, também, que, para o gizamento do contorno do objeto do tombamento, deve-se levar em conta a exclusão, *a priori*, de alguns bens do universo de proteção, por força de norma expressa.

---

93 Obs: Art. 69 do Código Civil Brasileiro de 1916, sem correspondente no Código Civil de 2002.

94 Há de se registrar, contudo, que o Código Civil de 2002 omitiu-se no tratamento da matéria, o que, certamente, justificará novas reflexões sobre o tombamento de bens que consubstanciem templos sagrados.

95 MEIRA, Sílvio. Os templos sagrados em face da lei e do direito. *Revista de Ciência Política*. Rio de Janeiro, jan./abr. 1980, 23(1): 4-41. p. 4.

Assim, excluem-se do patrimônio histórico e artístico nacional, segundo o art. 3º do Decreto-Lei n. 25/37, as obras de origem estrangeira pertencentes às representações diplomáticas ou consulares acreditadas no País; as pertencentes às empresas estrangeiras que façam carreira no País; as que se incluam na categoria de bens a que se refere o art. 10 do Decreto-lei n. 4.657, de 4 de setembro de 1942, a Lei de Introdução ao Código Civil Brasileiro, atual Lei de Introdução às Normas do Direito Brasileiro, estando sujeitas à lei pessoal do proprietário; as obras que pertençam a casas de comércio de objetos históricos ou artísticos; as obras que sejam trazidas para exposições comemorativas, educativas ou comerciais; e as que sejam importadas por empresas estrangeiras expressamente para adorno dos respectivos estabelecimentos.

O citado dispositivo enumera uma série de bens que, por sua origem, destinação ou pela situação em que se encontram, estão excluídos do patrimônio histórico e artístico nacional estrito, sendo, por conseguinte, insusceptíveis de tombamento.

Vê-se que o dispositivo abriga bens de origem estrangeira nas situações que especifica e bens pertencentes a casas de comércio de objetos históricos ou artísticos. Se se tratar de objetos de origem estrangeira naquelas condições, claro está que o tombamento não recairá sobre tais bens, pois eles não integram a cultura brasileira; quanto aos objetos históricos e artísticos comercializáveis que se acham excluídos da incidência de tombamento, registra-se que são impostas aos seus comerciantes ou leiloeiros determinadas cautelas e obrigações: registro especial da condição junto ao IPHAN, prévia autenticação dos bens pelo Instituto, licença para o comércio e apresentação periódica da relação completa dos objetos históricos ou artísticos que possuem.

Parece razoável sustentar-se a conveniência de alteração da legislação para admitir que tais bens, objeto de comércio especializado, ao atenderem às condições para proteção especial do tombamento, possam ser considerados integrantes do patrimônio histórico e artístico nacional estrito, sem que isso traga como consequência a inalienabilidade e a impossibilidade do comércio no ramo. É possível manter-se o bem no comércio até numa perspectiva de disseminação da cultura; a medida do equilíbrio deveria ser a do rigoroso controle dessa atividade, de forma a coibir a mera voracidade mercantil, condicionando-se a alienação desses bens, pelo menos, ao âmbito de seu contexto. Os mecanismos de proteção e os métodos de controle é que precisariam evoluir para atender a essa dinâmica pela qual passaria o bem tombado.

2.6.2. A polêmica sobre o tombamento de uso

O tema do tombamento de uso deve ser tratado a partir de uma noção basilar, que, na lição de Inês Virgínia Prado Soares, em abordagem econômica ou informativo-científica, se enuncia como "valor de uso [...], aquele atribuído ao bem pelo que pode proporcionar na satisfação de uma necessidade concreta e contemporânea, seja individual ou coletiva".[96]

Conforme o uso seja imediato e direto, ou menos imediato, assumirá, segundo a autora, a dimensão de valor tangível ou intangível, respectivamente:

> "O valor tangível de um bem cultural é revelado quando o bem possui características que permitem sua utilização para atender necessidades concretas, no plano individual ou coletivo. O bem que possui valor de uso tangível pode ser material ou imaterial [...] O valor de uso intangível comporta benefícios menos perceptíveis no curto prazo, pois a atribuição do valor ao bem decorre da possibilidade de se extrair dele informações que serão úteis para o conhecimento".[97]

A autora mostra que um bem com seus valores de referência cultural (de forma ou estética; simbólico, associativo, ou como presença substitutiva; e de uso) pode ser mantido dando suporte aos mesmos usos aos quais originalmente foi destinado, ou ser aplicado a outros usos mais apropriados às necessidades contemporâneas, mas adverte:

> "[...] mesmo que um bem cultural seja portador de uso tangível, as suas características e peculiaridade não podem ser desconsideradas nas situações concretas de fruição e consumo, ou mesmo na fase anterior, na qual são feitas as adaptações, as reformas ou as restaurações do bem para que seja adequado a novos usos. Desse modo, as restaurações, reformas e adaptações que tornem o bem acessível e 'usável' devem ser submetidas ao Poder Público, que indicará as condições e os procedimentos a serem seguidos nas intervenções".[98]

Sabe-se que a destinação ou uso do bem tombado traz implicações no seu processo de conservação, preservação ou restauro, razão pela qual

---

96 SOARES, Inês Virgínia Prado. *Direito ao (do) Patrimônio cultural brasileiro.* Belo Horizonte: Editora Fórum. 2009. p. 42.

97 SOARES, Inês Virgínia Prado. *Direito ao (do) Patrimônio cultural brasileiro.* Belo Horizonte: Editora Fórum. 2009. pp. 42 e 44.

98 SOARES, Inês Virgínia Prado. *Direito ao (do) Patrimônio cultural brasileiro.* Belo Horizonte: Editora Fórum. 2009. p. 43.

surgem conflitos entre os órgãos de proteção e os proprietários em torno da questão, registrando-se, em alguns casos, tentativas de predestinação ou tombamento de uso. Sobre elementos dessa tensão afirma Flávio de Lemos Carsalade,[99] pela vertente do arquiteto acadêmico, que

> "[...] a polaridade restauração-conservação revela em si um dos mais graves problemas da intervenção no patrimônio edificado que, submetido à pressão de novo uso, precisa a ele se adaptar e, a partir daí, sofrer alterações. Essas alterações afetam duplamente o documento histórico e a obra de arte e, além dos dois, a relação entre eles".

Por outro lado, releva notar que, dentro da sistemática do Decreto-Lei n. 25, de 1937, não se cogita da proteção do uso do bem cultural, pelo menos de forma expressa, embora se reconheçam divergências nesta temática.

Já José Afonso da Silva apresenta um conceito de tombamento que tangencia a questão problema, no qual afirma tratar-se de um

> "[...] ato do Poder Executivo que, reconhecendo o valor cultural (histórico, arqueológico, etnográfico, artístico ou paisagístico) de um bem, mediante sua inscrição no livro próprio, subordina-o a um regime jurídico especial que lhe impõe vínculos de destinação, de imodificabilidade e de relativa inalienabilidade".[100]

Vê-se que o conceito de tombamento apresentado pelo constitucionalista já remete para um possível desdobramento, pela alusão a vínculos de destinação, uma condicionante do uso. Isto é, as diretrizes específicas do tombamento comportariam vinculações de destinação como efeitos diretos do tombamento e não como tombamento cumulativo, desde que sem o esvaziamento do conteúdo econômico do bem, sob pena de conversão da modalidade interventiva em desapropriação indireta.

Enfrentando a polêmica, o Supremo Tribunal Federal, ao julgar o Recurso Especial n. 219.292-1/MG,[101] considerou inconstitucional o tombamento de bens imóveis destinados a uso artístico-cultural, consubstanciado na predestinação de uso artístico – cultural do antigo Cine Brasil, objeto de tombamento

---

99 CARSALADE, Flávio de Lemos, *A pedra e o tempo:* arquitetura como patrimônio cultural. Belo Horizonte: Editora UFMG, 2014. p. 345.

100 SILVA, José Afonso da. *Ordenação constitucional da cultura.* São Paulo: Malheiros, 2001. p. 159.

101 BRASIL. SUPREMO TRIBUNAL FEDERAL. Rel. Ministro Octávio Gallotti. *Recurso Especial n. 219.292.* Julgamento em 7.12.99, Dj 23 jun. 2000.

integral e de seu uso por ato do Município de Belo Horizonte, subsistindo, em decorrência da decisão, apenas o tombamento da edificação.

A motivação do STF deu-se com lastro em suplementos doutrinários de Sônia Rabello, sustentando o entendimento de que o ordenamento jurídico pátrio não contempla tombamento de uso, uma vez que o uso não constitui bem passível de apropriação, móvel ou imóvel. Assinalou o STF que o uso é um elemento integrativo do domínio e não um bem, e que o tombamento recai sobre bens móveis e imóveis. E que, assim, o tombamento não poderia incidir sobre o uso. Sustentou aquele tribunal que ao poder público caberia tutelar o bem tombado mediante o controle do uso danoso ou inadequado à sua proteção, afastando-se a predeterminação de um uso específico.

Entendeu, mais, que as limitações impostas pelo Poder Público ao uso de bens imóveis consistem em expropriação do direito de propriedade, demandando desapropriação, e não, tombamento.

A questão de predeterminação do uso, contudo, envolve maior complexidade e não está pacificada.

O referido julgado e as discussões travadas no bojo do processo – e que gravitaram em torno da questão atinente ao enquadramento de uso como elemento integrativo do domínio ou como bem – constituíram objeto de destrinçamento e contraposição por Marinella Machado Araújo.[102]

A autora polemiza os argumentos em que se assenta a decisão, lembrando que, de fato, "um dos significados do termo uso é o que o identifica com uma das faculdades decorrentes do direito de propriedade", como, de resto, constante do art. 1.228 do Código Civil de 2002, mas que, de acordo com o mesmo Código,

> "[...] o uso pode ser também: um direito real sobre coisa alheia (art. 1.412), um bem imóvel para efeitos legais (art. 80, I), ou, ainda, bem móvel para efeitos legais (art. 83, inciso III) [...] Quando [...] o uso não está vinculado ao direito de propriedade, mas, ao contrário, consiste em direito autônomo, tem-se o uso como bem – móvel ou imóvel. É o caso do direito de construir, do direito à habitação, do direito à moradia, entre outros".[103]

---

102 ARAÚJO, Marinella Machado. Tombamento de Uso na Jurisprudência do Supremo Tribunal Federal. In: FERNANDES, Edésio; ALFONSIN, Betânia. *Revisitando o instituto do tombamento*. Belo Horizonte: Fórum, 2000 (183-193).ISBN: 978-85-7700-388-4.

103 ARAÚJO, Marinella Machado. Tombamento de Uso na Jurisprudência do Supremo Tribunal Federal. In: FERNANDES, Edésio; ALFONSIN, Betânia. *Revisitando o instituto do tombamento*. Belo Horizonte: Fórum, 2000 (183-193). pp. 185-186. ISBN:

Acrescenta Araújo:

> "Assim, o uso será bem imóvel, se consistir em um direito real sobre imóveis (art. 80, inciso I), como o direito à superfície. Mas será considerado bem móvel, se for um direito pessoal de caráter patrimonial (art. 83, inciso III), como o direito de construir enquanto objeto de transferência do direito de construir, nos termos do art. 35 da Lei 10.257/2001".[104]

E conclui: "Tanto potencial construtivo quanto atividade econômica são bens patrimoniais que exteriorizam o valor econômico da propriedade".[105]

Marinella Machado Araújo sustenta, ao final, a viabilidade jurídica do tombamento de uso, concluindo que

> "[...] todo tombamento impõe restrições ao direito de uso ou à faculdade de uso do imóvel. Logo, quando o Poder Público tomba um bem integralmente ou em sua fachada, restringe-lhe a faculdade de uso que se manifesta sobre o direito, sendo uso um bem. Em síntese, quando o Poder Público tomba bem com o fim de protegê-lo mediante imposição de restrição ao uso do imóvel à atividade econômica de natureza artístico-cultural, o faz com o mesmo fundamento da lei (Decreto-lei n. 25, de 1937, ou Lei n. 3.802, de 1984), que o autoriza impor restrição ao direito de construir".[106]

Nesse passo, parece razoável concluir, na esteira dos argumentos expendidos pela autora, que não se pode desprezar a chamada funcionalização do patrimônio, a incorporação do significante função social na internalidade de sua estrutura, de modo que pode ser um caminho de lucidez atrelar-se, se necessário, o uso à função social, sendo esta a razão

---

978-85-7700-388-4.

104 ARAÚJO, Marinella Machado. Tombamento de Uso na Jurisprudência do Supremo Tribunal Federal. In: FERNANDES, Edésio; ALFONSIN, Betânia. *Revisitando o instituto do tombamento.* Belo Horizonte: Fórum, 2000 (183-193). p. 186. ISBN: 978-85-7700-388-4.

105 ARAÚJO, Marinella Machado. Tombamento de Uso na Jurisprudência do Supremo Tribunal Federal. In: FERNANDES, Edésio; ALFONSIN, Betânia. *Revisitando o instituto do tombamento.* Belo Horizonte: Fórum, 2000 (183-193). p. 186. ISBN: 978-85-7700-388-4.

106 ARAÚJO, Marinella Machado. Tombamento de Uso na Jurisprudência do Supremo Tribunal Federal. In: FERNANDES, Edésio; ALFONSIN, Betânia. *Revisitando o instituto do tombamento.* Belo Horizonte: Fórum, 2000 (183-193). p. 193. ISBN: 978-85 – 7700-388-4.

primeira da incidência de proteção mediante instrumentos de intervenção na propriedade. Impõe-se, contudo, ponderar, na linha da contribuição de Inês Virgínia Prado Soares[107] e de outros estudiosos, o valor de uso, nas vertentes privada e pública e nas dimensões tangível e intangível, de modo conjugado com os demais valores de referência cultural. Não se defende uma postura reducionista do conteúdo da propriedade, a negar a dimensão econômica dos bens na expressão dos valores de troca e dos valores de uso; trata-se de conjectura que, superando a retórica da desconsideração do proprietário, busca tentáculos de coerência que dêem sentido à chamada funcionalização patrimonial.

Embora a polêmica não esteja solvida, pode-se concluir, com base nos argumentos aduzidos, notadamente o da densificação do conteúdo interno da função social, que o tombamento de uso, ou predestinação do bem alcançado pelo referido regime especial de proteção a um dado modo de fruição, não deve ficar, aprioristicamente, descartado. O que ocorre é que a intervenção qualificada pelo gravame sobre o uso pode, no caso concreto, afetar significativamente o atributo da fruição do bem, o valor de uso e, consequentemente, transmutar-se em medida mais gravosa, apelando, com mais razão, por indenização, mormente se o uso predestinado quebrar a razoabilidade do aproveitamento do bem na esfera do proprietário.

2.6.3. Bens Imateriais da Cultura – Inaplicabilidade do Tombamento – formas de Salvaguarda

Como já assinalado, a preocupação com os bens imateriais e com a diversidade dos elementos de identidade da cultura brasileira não emerge nova nos dias atuais. A história registra fatores e circunstâncias relevantes que propulsaram as reflexões nesse campo: na década de 30, o fortalecimento da elite industrial e comercial que marcou nova fase do capitalismo no País, com repercussão na cultura; o enfraquecimento dos laços de dependência com o exterior, ocasionado pela grave crise econômica mundial, que possibilitou a revalorização dos elementos constitutivos da identidade cultural nacional. Foi nesse período que o escritor Mário de Andrade foi convidado pelo então Ministro da Educação, Gustavo Capanema, a elaborar anteprojeto de lei destinado a disciplinar a proteção estatal ao

---

[107] SOARES, Inês Virgínia Prado. *Direito ao (do) Patrimônio cultural brasileiro*. Belo Horizonte: Editora Fórum, 2009. p. 42.

patrimônio.[108] E, já ali, para Mário de Andrade, as manifestações artísticas não se esgotavam nos objetos e monumentos. O anteprojeto por ele elaborado dava amplo alcance ao conceito de patrimônio cultural, cogitando, também, da dimensão imaterial desse. Destaca-se o valor do referido anteprojeto como documento científico-cultural, anotando-se, porém, não ter sido ele, que era mais amplo de que o Decreto-Lei 25, completamente absorvido pelos elaboradores deste. Assim, o Decreto-lei 25/37 tratou de objeto mais restrito, o patrimônio histórico e artístico nacional de natureza material protegido por tombamento, não abrangendo a cultura imaterial como no projeto modernista.

Essa opção do legislador infraconstitucional não teria sido motivada pela consideração de que fosse exaustiva a enumeração dos bens preserváveis na Carta Constitucional da época. A não-adoção do tombamento para bens imateriais, por outro lado, encontrava explicação na incompatibilidade da natureza intrínseca do instrumento com aqueles; seriam os bens imateriais susceptíveis de salvaguarda por meio de outros mecanismos, aptos a realizar a integração da cultura intangível e do seu processo de produção ao universo de proteção.

A Constituição de 1988 incluiu de forma explícita os bens imateriais no universo do patrimônio cultural merecedor de proteção, o que pode ser tomado como resposta do Constituinte ao aniquilamento das culturas regionais pela cultura de massa, e, igualmente, como fruto de influência alienígena.

Pesquisando o direito comparado com foco na proteção do patrimônio intangível da cultura, verifica-se que diversos países prestigiam a temática, entre os quais, Portugal, cuja contribuição específica é aqui registrada, tendo em vista a influência da disciplina lusitana na solução adotada pela Constituição Federal de 1988.

Em Portugal, a Lei n. 13, de 06 de julho de 1985, que disciplina a preservação do patrimônio cultural português, quando o define, a ele expressamente integra os bens imateriais, a teor de seu art. 1º:

> "O patrimônio cultural português é constituído por todos os bens materiais e imateriais que, pelo reconhecido valor próprio, devem ser considerados como de interesse relevante para a permanência e identidade da cultura portuguesa através do tempo".

108 As considerações sobre esse esforço construtivo da modernidade constam de registros em capítulo próprio desta obra.

Além dessa expressa integração, aquele marco legal dá ênfase nesse campo, por meio da definição de mecanismos e procedimentos específicos, à categoria jurídica dos bens imateriais, prevendo um subtítulo ao título "Das Formas e Regime de Proteção do Patrimônio Cultural", para tratar especificamente daquela categoria.

O direito português alcança, assim, todas as formas de manifestação cultural, sendo que, no tratamento da matéria, o maior realce se dá aos valores ortográficos da língua portuguesa.

A nova Constituição brasileira, forjada bem ao molde da Constituição portuguesa, define como objeto de preservação estatal a cultura traduzida em suas diversas manifestações, incluídas as imateriais, enfatizadas em sua literalidade. É forçoso frisar, também, a ampliada abrangência constitucional da própria ação protetiva do Estado e da sociedade, notadamente ao se referir o texto fundamental a outras formas de acautelamento, o que, de fato, potencializa o poder dos diversos atores responsáveis na prossecução do interesse de proteção aos bens culturais integrantes do amplo conceito de patrimônio cultural.

Torna-se, então, necessário delinear novos mecanismos para incidência da proteção estatal sobre essas manifestações, ou contornos jurídicos mais precisos das salvaguardas e medidas consequentes, especialmente à luz da experiência portuguesa e de putros países em que se registram políticas cada vez mais eficazes de resguardo das manifestações culturais do cotidiano.

Não se olvida o avanço interno representado pela aplicação do instrumento do registro nas diversas esferas da Federação. Entretanto, disciplinado, no âmbito federal, apenas pelo Decreto n 3.551, de 04 de agosto de 2000, e, em estados e municípios, por normas de correspondente hierarquia, o instrumento carece de melhor garantia, tendo em conta as peculiaridades do sistema normativo brasileiro. É dizer, em uma ordem jurídica na qual é praticamente nulo o espaço de edição de decretos autônomos, a legislação deverá adaptar-se aos novos ditames constitucionais que incluem – repita-se – os bens imateriais no rol daqueles que devem ser tutelados pelo Estado. Portanto, necessário se faz alterar-se a disciplina vigente da matéria, tendo em vista seu reposicionamento e sua expansão, a fim de que acolha, em documentos normativos adequados, novos instrumentos para a cabal salvaguarda das manifestações culturais, como o folclore, o fazer quotidiano, e outras que identificam regiões inteiras.[109] O decreto federal vigente, pela qualidade técnica, poderá inspirar nova legislação sobre a matéria.[110]

Não se argumente, por outro lado, com a desnecessidade de tratamento próprio para categorias específicas de patrimônio intangível, como a do patrimônio dos valores folclóricos, entre outros, pelo seu virtual alcance no caráter artístico, reconhecido para efeito de proteção. A prevalecer tal ponderação, impende admitir, também, no campo do patrimônio material, a desnecessidade da disciplina expressa quanto aos bens de natureza arqueológica, já que estes se vinculam de qualquer forma ao artístico ou ao histórico.

Encontram, assim, respondidas neste tópico as perguntas inicialmente assentadas no tocante ao objeto do tombamento. O patrimônio cultural brasileiro, para efeito de proteção, contempla, pois, o bem absorvido pelo universo cultural, seja material ou imaterial, seja público, privado ou eclesiástico, tomado individualmente ou em conjunto com outros, em virtude de seu valor histórico, artístico, paisagístico, arqueológico, etnográfico e bibliográfico, especialmente, sendo que o regime especial do tombamento só incide sobre bens materiais.

Finalmente, conclui-se que, conquanto a tutela estatal venha recaindo prioritariamente sobre determinada categoria de bens, a tendência é o abandono dessa postura elitista e de exclusividade do tombamento para a assimilação de uma política mais abrangente.

2.7. Jurisprudência

De interesse, ainda, para o presente estudo é o julgado de que se dará notícia, a seguir, e no qual se discute a respeito do objeto do tombamento (Apelação cível n. 12.087, 2ª Câmara Cível do Tribunal de Justiça da Bahia).

Na hipótese de o prédio histórico ou artístico sofrer destruição por incêndio, desaparece o tombamento, o qual não se estende ao terreno. A essa conclusão chegaram os Desembargadores integrantes da turma julgadora

---

109 A Emenda Constitucional n. 32, de 11 de setembro de 2001, introduziu na Constituição Federal hipóteses restritas de decretos autônomos.

110 Igualmente, o projeto do Censo Cultural do Estado de Minas Gerais implantado em 1993, considerado um significativo avanço no tocante ao tratamento da cultura imaterial, tendo em vista o seu contexto e pioneirismo, deve ser aqui mencionado como um precedente da solução hoje levada a efeito nessa seara.

da Segunda Câmara Cível do Tribunal de Justiça da Bahia, ao apreciar a apelação cível n. 12.087.[111]

O litígio motivou-se pelo fato de o expropriado ter discordado da avaliação feita pelos peritos nomeados, os quais, sustentando que ao terreno se impunham restrições pelo efeito do tombamento, avaliaram-no por preço inferior ao dos imóveis vizinhos. Feita a perícia judicial, o imóvel foi avaliado por preço mais justo, tendo em vista o valor do mercado.

O Tribunal entendeu que, uma vez desaparecido o patrimônio tombado, não haveria por que estender as restrições ao terreno e decidiu pelo acatamento da avaliação judicial.

Na hipótese vertente, o terreno perdera toda relação com o tombamento, em virtude da destruição do objeto principal, que, simbolizando o valor cultural, justificara a incidência da proteção especial.

3. FUNDAMENTO

O tombamento funda-se em quatro pilares: um de ordem política, e os demais, de caráter jurídico, em diferentes planos: o constitucional, o infraconstitucional e o jurídico estrito.

Outro, apesar de não se colocar diretamente no plano dos primeiros, será também analisado – o pressuposto sociológico do acatamento do valor cultural no plano normativo, isto é, em dispositivos constitucionais e infraconstitucionais que o reconhecem.

3.1. Fundamento político

O fundamento político está inserido no domínio eminente, uma das manifestações do domínio público, reconhecido ao Estado e por ele exercido sobre todas as coisas, bens e pessoas situadas em seu território.[112] O domínio eminente, como expressão do poder político, reparte-se, no caso de descentralização política nos moldes federativos, entre a União, os Estados, o Distrito Federal e os Municípios, na extensão dos respectivos territórios, legitimando o poder limitativo de cada qual.

É dizer, na linguagem de Hely Lopes Meirelles: "em nome do domínio eminente é que são estabelecidas as limitações ao uso da propriedade

---

[111] CASTRO, Almir. Desapropriação, tombamento. *Revista de Direito Administrativo*. Rio de Janeiro, Fundação Getúlio Vargas, jan./mar. 1973. v. 111.

[112] GASPARINI, Diógenes. Tombamento II. In: *Enciclopédia Saraiva do Direito*. São Paulo: Saraiva, 1982. p. 18, v. 74.

privada, as servidões, a desapropriação, as medidas de polícia e o regime especial de certos bens particulares de interesse público".[113]

O domínio eminente é, segundo a fórmula completa de Hely Lopes Meirelles[114]

> "[...] o poder político pelo qual o Estado submete à sua vontade todas as coisas de seu território. É uma das manifestações da soberania interna; não é direito de propriedade. Como expressão da soberania nacional, não encontra limites senão no ordenamento jurídico-constitucional estabelecido pelo próprio Estado. Esse domínio alcança não só os bens pertencentes às entidades públicas, como a propriedade privada e as coisas inapropriáveis, de interesse público".

Desse domínio superior, geral e potencial sobre os bens e pessoas, fala Benjamin Villegas Basavilbaso:[115]

> "[...] não constitui um direito de propriedade; é o poder que o Estado exerce potencialmente sobre as pessoas e os bens que se encontram no seu território. Tem-se dito que esse poder não admite restrições. Todavia, o absoluto dessa potestade está condicionado à ordem jurídico-constitucional e aos princípios, direitos e garantias da Lei Fundamental. O domínio eminente é um poder sujeito ao direito; não é um poder arbitrário".

3.2. Fundamento constitucional

Condicionante do domínio eminente, o ordenamento jurídico-constitucional, delimitador e informador daquele domínio, constitui, em verdade, o principal fundamento do regime especial sobre bens objeto da proteção do Estado e, assim, inspira a atuação jurídica do poder público.

O fundamento constitucional está explicitado nos arts. 215 e 216 da Constituição Federal, objeto de estudo específico no capítulo "Princípio Constitucional da Preservação" e que aperfeiçoa norma de há muito consagrada no constitucionalismo brasileiro.

Conforme já assinalado, desde a Constituição de 1934, a presença de dispositivo semelhante acabou por estabelecer novo balizamento do direito

---

113 MEIRELLES, Hely Lopes; BURLE FILHO, José Emmanuel. *Direito administrativo brasileiro*. 43. ed. São Paulo: Malheiros, 2018. p. 659.

114 MEIRELLES, Hely Lopes. *Direito administrativo brasileiro*. 9. ed. São Paulo: Revista dos Tribunais, 1982. p. 415.

115 BASAVILBASO, Benjamin Villegas. *In derecho administrativo*. Buenos Aires, 1952 (4/13).

de propriedade incidente sobre bens de valor cultural, artístico, histórico e paisagístico, (re)significando o conceito então estabelecido do referido direito. Daí por que se tomou a norma constitucional consagradora do direito social da cultura o extrato para validade e legitimidade das normas de hierarquia inferior que tangenciam a preservação daquele patrimônio.

Zanobini[116] explica, com hialina clareza, esse efeito conformador exercido pelas normas constitucionais consagradoras de interesses sociais, como o versado neste trabalho, sobre o direito de propriedade: "De um lado mais exato, poder-se-ia dizer que a propriedade é um direito de extensão e conteúdo diferentes, de acordo com os bens que lhe constituem o objeto".

Por conseguinte, é de se concluir da leitura do texto constitucional que, quando o objeto da propriedade se compõe de documentos, obras, locais de valor histórico ou artístico, monumentos ou paisagens naturais, jazidas arqueológicas, a extensão do direito daquela há de ser definido mais restritamente na medida em que cresce a função social daquela, ou em que se funcionaliza o bem objeto da propriedade, sobre ela incidindo o poder de intervenção do poder público.

Nesse sentido, logra impor-se, portanto, a nova conformação do direito de propriedade, que concilia o direito subjetivo do titular com o interesse social, coletivo ou difuso da cultura, todos constitucionalmente assegurados, sendo certo que

> "O direito público da propriedade que considera o bem dentro de um conjunto maior vai reduzindo o quantum daquela fruição, porque observa a totalidade dos direitos de propriedade, bem como a necessidade pública, a utilidade pública e o interesse social".[117]

Essa preocupação com o novo contorno do direito de ou à propriedade não é recente. Parecia estar presente já no esboço do anteprojeto de lei para proteção do patrimônio artístico estadual e federal, elaborado por Jair Lins[118] em 1925. Portanto, 12 anos antes do Decreto-Lei n. 25/37, quando aquele jurista, fazendo a ponderação de interesses privados e públicos, se

---

116 ZANOBINI, Guido. *Corso di diritto amministrativo*. 3 ed. Milano: Giuffre, 1948. p. 141, v. 04.

117 CRETELLA JÚNIOR, José. Do tombamento no direito brasileiro. *Revista da Faculdade de Direito da USP*. São Paulo (70): 80, 1975.

118 LINS, Jair. Proteção do patrimônio artístico estadual e federal. *Revista Forense*. Rio de Janeiro (51: 8), jul./dez. 1928.

insurgia contra os resquícios liberais da então vigente Constituição de 1891, consoante se constata na lição que, a seguir, se registra:

> "Firmado, assim, o direito do Estado a intervir diretamente para a tutela do patrimônio artístico, cumpre esboçar sua esfera de ação, de modo a se evitar o choque de interesses.
> É que a ação tutelar do Estado encontra, no campo do direito, o interesse legítimo do proprietário, que, por isso mesmo que o é, não pode ser ferido ou desrespeitado, não só porque isto importaria em se agir contra direito, como também porque atentaria contra a garantia estabelecida no Pacto Fundamental.
> [...]
> A antiga noção do direito de propriedade, incluindo em si o jus abutendi amplo e irrestrito, que autorizava e justificava, mesmo, atos de vandalismo, de há muito se acha relegado entre a ordem de idéias incompatíveis com o progresso atual da civilização. Sua conceituação atual tolera diversas restrições e limitações, em favor da coletividade, como as chamadas servidões legais, cuja constitucionalidade ninguém ousou, jamais, discutir; assim como o chamado poder de polícia, que, às vezes, priva o proprietário de faculdades importantíssimas".

3.3. Fundamento infraconstitucional

Consagrando a norma fundamental da proteção à cultura, gizando, portanto, novos contornos do direito de propriedade, a Constituição não esgota a disciplina da matéria. E neste aspecto é valioso retomar a ideia da programaticidade da norma, realçando a sua condição de não--bastante em si.

Dentro desse contexto, a inserção efetiva da propriedade num quadro jurídico especial de restrições e limitações, como forma de tutelar o patrimônio cultural de possíveis danos decorrentes da atividade humana no uso de determinados bens, depende de normas que as estabeleçam no plano infraconstitucional. Do mesmo modo, o cometimento de bens à proteção especial do Estado, que se traduz em ônus do poder público, implica responsabilidade efetiva por medidas de sua alçada.

Nesse nível, o fundamento do instituto se encontra inserido no Decreto-Lei n. 25, de 30/11/1937, que constitui a lei básica do tombamento. O referido decreto, apesar de ter sofrido algumas alterações ao longo do tempo, mantém as linhas básicas no tratamento da matéria. De todo o arcabouço de normas que disciplinam o tombamento tratar-se – á em capítulo específico.

O poder de tombar se fundamenta, portanto, nos pilares referidos. É certo que a lei do tombamento, no parágrafo 1º do art. 1º, prevê: "Os bens só serão considerados parte integrante do patrimônio histórico e artístico brasileiro depois de inscritos, separada ou agrupadamente, num dos quatro livros do tombo de que trata o art. 4º desta lei". O dispositivo sugere ser o tombamento o momento pontual que marca o início do regime especial de proteção para cada bem. De fato, o Decreto-Lei n. 25 disciplina um regime especial, para cujos efeitos define a conformação do patrimônio a ele submetido.

Não se pode afastar, porém, da alçada da ampla proteção o conceito lato de patrimônio cultural, que, por óbvio, se expande para além do universo sujeito a tombamento, atraindo outras incidências igualmente legais. É que, em face da nova ordem constitucional, sem prejuízo da tutela especial decorrente do tombamento, que gera consequências específicas, ou independente dela, a proteção do Estado pode ser efetivada de forma mais aberta. Há situações acobertadas por leis especiais, por outros institutos ou atos e, ainda, por instrumentos processuais disponíveis para efetivação de direitos.

De qualquer forma, o sistema de proteção, de base constitucional e infraconstitucional, pressupõe permanente intervenção na propriedade e limitações às pessoas, visando à compatibilização entre o direito do proprietário e os direitos sociais protegidos pelo Estado. Pode-se afirmar que o Estado titulariza o interesse de preservação da cultura, sem deter, contudo, a exclusividade dessa posição, eis que a ele se atribuiu o dever de defendê-la em colaboração com a comunidade. Esse compartilhamento ou relativização da titularidade fica evidenciado nas referências, por exemplo, a outras formas colaborativas, à extensão da Ação Popular à proteção do patrimônio cultural e, igualmente, à titularidade da Ação Civil Pública.

3.4. Poder de polícia

José Cretella Júnior[119] apresenta como fundamento jurídico do tombamento, o poder de polícia: "O fundamento jurídico do tombamento o poder

[119] CRETELLA JÚNIOR, José. Regime jurídico do tombamento. *Revista de direito administrativo* (112: 54), abr./jun. 1973.

de polícia do Estado. Somente o poder de polícia, a necessidade da proteção dos bens históricos e artísticos, justifica tais limitações".

O autor defende sua posição, apoiando-se no magistério credenciado de Alessio,[120] cujas afirmações, apesar de não se referirem de maneira direta ao tombamento, a esta figura se aplicam inteiramente, pelo que convém registrá-las:

> "Nem sempre a limitação é imposta e regulada de modo completo e preciso pela própria norma jurídica, da qual emana. Às vezes, a própria norma jurídica outorga à Administração um poder discricionário para determinar, nos casos particulares, que extensão deva ter a limitação ao direito de propriedade. Tal poder exige, além disso, o emprego de discricionariedade técnica e, de todo modo, a edição de um ato administrativo".
> "A matéria entra no campo da polícia precisamente porque se trata de limitações concernentes à tutela da coletividade de possíveis danos derivados da atividade humana no que se refere ao uso de determinados bens".[121]

Tecendo também ilações dessa natureza, afirma Hely Lopes Meirelles,[122] em posicionamento que resume a extensão e os limites, a razão e o fundamento do poder de polícia:

> "Onde houver interesse relevante da coletividade ou do próprio Estado, haverá, correlatamente, igual poder de polícia administrativa para a proteção desses interesses. É a regra sem exceção [...]
> A razão do poder de polícia é o interesse social, e o seu fundamento está na supremacia geral que o Estado exerce em seu território sobre todas as pessoas, bens e atividades, supremacia que se revela nos mandamentos constitucionais e nas normas de ordem pública, que a cada passo opõem condicionamentos e restrições aos direitos individuais em favor da coletividade, incumbindo ao Poder Público o seu policiamento administrativo".[123]

---

120 D'ALESSIO, Francesco. Instituzioni di diritto amministrativo. 4. ed. 1949. p. 39, v. 2. *Apud* J. C. Júnior, *Revista de Direito Administrativo* (112: 54), abr./jun. 1973.

121 D'ALESSIO, Francesco. *Sistema instituzionale del diritto amministrativo italiano.* 1953. p. 472. *Apud* Cretella JÚNIOR, José. Regime jurídico do tombamento. *Revista de Direito Administrativo* (112: 55), abr./jun. 1973.

122 MEIRELLES, Hely Lopes. *Direito administrativo brasileiro.* 4 ed. São Paulo: Revista dos Tribunais, 1976. p. 95.

123 MEIRELLES, Hely Lopes. *Direito administrativo brasileiro.* 4 ed. São Paulo: Revista dos Tribunais, 1976. p. 93.

Assim, é certo que, uma vez reconhecido o caráter social do bem, em função de seu valor cultural ou natural, o qual justifica a medida de proteção, caberá ao Estado exercer o necessário poder de polícia – mas não apenas ele – para a garantia daquela tutela. Daí por que o poder de polícia é poder jurídico estrito que fundamenta o tombamento e a ação protetora do Estado em seus desdobramentos limitativos específicos, a partir do reconhecimento formal do valor social do bem por aquele ou outro instrumento. Pode fundamentar, também, diferentes intervenções legais fora do espectro do patrimônio tombado.

Em qualquer que seja a vertente, não se há de manejar o poder de polícia de forma arbitrária, pois também ele demanda o lastro legal e deve ser aplicado com razoabilidade, proporcionalidade e com fidelidade aos princípios constitucionais da Administração, sem que se perca de vista a baliza democrática que deve orientar o sistema administrativo.

3.5. Pressuposto sociológico

Além da análise desses fundamentos de ordem jurídica, é imprescindível a do pressuposto sociológico, tendo em vista o seu reflexo no estudo da eficácia.

Sabe-se que, dentre os fatores primordiais que contribuem para o desenvolvimento social de um povo, avulta o de amparo à cultura, valor universalmente consagrado, conquanto não absoluto. Especialmente importante em sociedades democráticas, tem-se que nelas o reconhecimento desse valor por norma constitucional emerge da vontade coletiva e que, por isso mesmo, traduz o anseio de assegurar o amparo à sua cultura ou à pluralidade delas. Neste passo, acolhe-se o ensinamento de Kelsen,[124] segundo o qual **uma teoria científica dos valores apenas toma em consideração, no entanto, as normas estabelecidas por atos de vontade humana e os valores por ela constituídos.**

Mas não basta a consagração do referido valor no plano constitucional e pela legislação infraconstitucional; pelo contrário, sua adoção impõe a tarefa de indagar acerca de sua real inserção no contexto social ou de se perquirir a respeito da existência do pressuposto sociológico do instituto de proteção. Vale dizer, é necessário verificar se a compreensão da importância da sua dimensão é vivenciada ou experimentada efetivamente por todos, integrando o cotidiano social, ou se sua adoção decorreu apenas da

---

[124] KELSEN, Hans. *Teoria pura do direito*. Tradução de: João Baptista Machado. 4. ed. Coimbra: Armênio Amado, 1976. p. 40.

consciência de uma elite, que praticamente o teria imposto à observância dos demais, o que, na linha de Bobbio, equivaleria a um indicativo da eficácia ou não das normas que assegurem a proteção daquele valor.

A retomada do estudo dos antecedentes da institucionalização da preservação do patrimônio cultural no Brasil permite a coleta de informações e referentes que levam à conclusão de que ela se deu mais como resultado de um movimento da elite intelectual e da Igreja do que da consciência coletiva quanto aos fatores integrativos da nacionalidade que fazem a trama da identidade e formação do povo brasileiro.

Daí por que se constata o abissal divórcio existente entre o arcabouço de normas protetoras do patrimônio e a sua internalização, com reflexos na realidade do patrimônio cultural brasileiro, especialmente na vertente da apropriação subjetiva pelos destinatários.

Em arremate destas considerações, pode-se afirmar que variado é o fundamento do tombamento: deve ter como pressuposto o fundamento sociológico, para usar de uma metáfora arquitetural, firme alicerce no reconhecimento social do valor cultural de que são portadores determinados bens; assenta-se, como visto, no domínio eminente, fundamento político, que, por sua vez, enquanto exercício, revela-se juridicamente no poder de polícia, expressão permanente do poder estatal. Revelação que pressupõe a conformação e a delimitação do domínio eminente nas normas constitucionais, que lhe constituem o fundamento jurídico (propriedade privada e função social da propriedade) e embasam o necessário desenvolvimento de todo um quadro jurídico de restrições e limitações na esfera infraconstitucional.

3.6. Jurisprudência – Leading Case

A amostragem histórica da aplicação do Decreto-Lei n. 25 denota a perplexidade que geraram as primeiras medidas de efetivação do tombamento, só erigido à condição de instituto constitucional em 1988. Entretanto, não se pode negar a importância das polêmicas e consensos estabelecidos para a evolução jurídica do instituto e para consolidação da ideia de legitimidade da proteção ao interesse público expresso na simbologia dos referentes, a justificar imposições no domínio patrimonial.

Como peça fundamental dessa amostragem, tem-se o famoso julgado do Arco de Teles,[125] no qual, analisando a questão da compatibilidade do tombamento e das limitações que dele decorrem com o direito de propriedade, o Poder Judiciário manifestou-se definitivamente em favor da constitucionalidade do Decreto-Lei n. 25 em face da Carta de 1937. Por se tratar de um *Leading Case*, na linha de tempo do sistema jurídico de proteção, impende fazer transcrições mais substanciosas de seu conteúdo com ênfase em questões então cruciais, embora algumas estejam superadas ou solvidas.

No Brasil, o primeiro caso de tombamento apreciado pelo Judiciário data de 1938 e envolveu conflito de interesses em relação ao prédio situado na Praça 15 de Novembro n. 34, no Rio de Janeiro, tendo sido a discussão travada em torno da arguição da inconstitucionalidade do Decreto-Lei n. 25/37 em face do direito de propriedade consagrado na Constituição de 1937.

Inconformados com a decisão do então SPHAN, de tombamento do referido bem, os proprietários Jaime Lino da Cunha Sotto Maior e sua mulher ajuizaram ação sumária especial com o objetivo de anular o ato de tombamento, sob alegação de que seria inconstitucional o Decreto-Lei n. 25, por atentatório ao direito de propriedade, e que o ato estaria inquinado de nulidade, uma vez que o bem sobre o qual incidira o tombamento não se revestia das condições legais.

O principal argumento dos autores para caracterização da alegada nulidade foi o de que o tombamento feito sem sua aquiescência e, até, contra sua vontade, atentara contra o direito de propriedade, garantido pela Constituição e demais leis vigentes. O referido argumento foi, entre outros, contestado pela ré, União Federal, sob o raciocínio de que, assegurando a Constituição o direito de propriedade, no art. 122, n. 14, estabeleceu que o seu conteúdo e os seus limites seriam os definidos nas leis que lhe regulassem o exercício. Essa argumentação, à evidência, harmonizava-se com o citado art. 134 e encontrava suporte infraconstitucional no disposto no Decreto-Lei n. 25, de 1937, sobre a proteção do patrimônio histórico e artístico nacional. O juiz julgou improcedente a ação.

Em grau de recurso, o feito subiu ao Supremo Tribunal Federal, com parecer da Procuradoria-Geral pela manutenção da sentença, de cujo teor impende realçar o entendimento segundo o qual ao juiz não competia o exame do mérito do tombamento, o juízo de valor quanto aos aspectos histórico e artístico do bem: "Não é, pois, lícito ao juiz julgar se o prédio

125 REVISTA DE DIREITO ADMINISTRATIVO. Rio de Janeiro: Imprensa Nacional, 2(1): pp.102 e seguintes, julho de 1945.

tombado tem ou não valor histórico ou artístico para ser tombado, mas apenas se, no processo que apurou essa qualidade, foram atendidas as exigências da lei".[126]

O Parecer da douta Procuradoria citava, ainda, opinião do Dr. Rodrigo Melo Franco de Andrade:

> "Parece evidente que o exame do ato administrativo de um órgão técnico como o SPHAN pelo Poder Judiciário não pode, em caso algum, abranger as razões puramente técnicas de decidir adotadas pelo órgão administrativo, ou, por outras palavras, o que constitui o mérito da decisão administrativa.
> Nessa parte, o órgão técnico é necessariamente soberano, e suas decisões não podem ser discutidas e apreciadas.O que ao Judiciário cabe examinar é tão-somente o processo de tombamento, a observância das formalidades legais previstas para o ato, cuja falta possa importar nulidade".[127]

Contestando os argumentos do apelante, de que o ato constituíra atentado à propriedade, o Procurador-Geral afirmou:

> "Uma outra alegação sem nenhuma consistência é a relativa a 'atentado à propriedade', que o 'Serviço de Defesa do Patrimônio Histórico' teria cometido contra a propriedade dos apelados, o que feriria gravemente a Constituição. Não há apenas exagero nessa assertiva: há absoluta falta de procedência.
> Ao invés de atentar contra a propriedade, o que o 'Serviço' faz é justamente proteger a propriedade, a saber, protege a propriedade de valor histórico ou artístico contra – singularidade! – contra o proprietário ignorante ou ganancioso. E a protege visando à utilidade comum, que se reflete na conservação dos monumentos que possam servir de marcos de nossa evolução cultural ou assimiladores de fatos de nossa história. A defesa do patrimônio histórico ou artístico acarreta certa limitação ao uso da propriedade, no sentido de que o proprietário dela não pode abusar a ponto de aniquilá-la, por outra maneira, fazer com que ela perca o valor que a levou a ser tombada".[128]

---

126 REVISTA DE DIREITO ADMINISTRATIVO. Rio de Janeiro: Imprensa Nacional, 2(1): pp.102 e seguintes, julho de 1945.

127 REVISTA DE DIREITO ADMINISTRATIVO. Rio de Janeiro: Imprensa Nacional, 2(1): pp.102 e seguintes, julho de 1945.

128 REVISTA DE DIREITO ADMINISTRATIVO. Rio de Janeiro: Imprensa Nacional,

O relator, Ministro Castro Nunes, tendo em vista a questão suscitada sobre a constitucionalidade do ato administrativo praticado com base no Decreto-Lei n. 25, de 1937, entendeu devessem os autos ser submetidos à apreciação do Tribunal Pleno e, nessa decisão, foi acompanhado pelo revisor, Ministro Laudo de Camargo, e demais Ministros.

No Pleno, a matéria foi amplamente debatida em duas tendências antagônicas: uma, embasada no princípio conservador e individualista da propriedade, e outra, demonstrando a tendência socializadora.

Assim, uma corrente defendeu a inconstitucionalidade do Decreto-Lei n. 25/37 e do ato administrativo de tombamento sem desapropriação, figurando nessa linha Laudo de Camargo e Otávio Kelly; a outra defendeu a constitucionalidade do ato com base na função social da propriedade, colocando-se nessa posição Castro Nunes, Orozimbo Nonato e Aníbal Freire.

Destacam-se dos votos de cada um deles alguns fragmentos:

Ministro Castro Nunes, Relator:

> "I – A finalidade do tombamento é conservar a coisa reputada de valor histórico ou artístico com a sua fisionomia característica. Mas essa preservação não acarreta necessariamente a perda da propriedade, o proprietário não é substituído pelo Estado, apenas se lhe retira uma das faculdades elementares do domínio, o direito de transformar e desnaturar a coisa, como exprime Lafayette (Coisas, parágrafo 25°.). Direito de transformação, assim o qualifica o Código Civil Português, o qual vai até à destruição mesma, identificando-se, em certos casos, observa Cunha Gonçalves, com o proscrito 'jus abutendi'. Por isso mesmo que, se a coisa não sai do domínio do particular, não se desloca para o domínio do Estado, este não estará obrigado a desapropriá-la para realizar o fim que tem em vista".[129]
>
> "II – Para proteger, isto é, acautelar, defender ou preservar os valores artísticos ou históricos existentes no país, o Estado não pretende nem precisa transferir para o seu domínio tais valores. Quer deixá-los em poder dos respectivos donos, com a obrigação, a estes imposta, de conservá-los, o que envolve, sem dúvida, uma

---

2(1): pp.102 e seguintes, julho de 1945.

129 REVISTA DE DIREITO ADMINISTRATIVO. Rio de Janeiro: Imprensa Nacional, 2(1): pp. 102 e seguintes, julho de 1945. p. 105.

limitação à faculdade que normalmente tem o proprietário de destruir, desnaturar ou transformar a coisa".[130]

"III – [...] a cláusula constitucional é muito flexível. Continua assegurado o direito de propriedade como direito individual, subjetivo, com a garantia correspondente que o abroquela contra o confisco e se expressa na desapropriação mediante prévia indenização. Mas as demais restrições, ainda que lesivas em grau maior ou menor do direito do proprietário, são restrições de faculdades derivadas do domínio, faculdades que formam a conteúdo daquele direito".[131]

"O Estado só toma a si o ônus da conservação – e a tanto equivale a obrigação de desapropriar – quando não seja possível conservar a coisa deixando-a em mãos do proprietário, e tal é a hipótese prevista no Decreto-Lei n. 25. Não está, porém, impedido de fazê-lo em outras hipóteses, se assim o entender em cada caso, já então por aplicação da lei geral sobre desapropriação, e não por aplicação daquela lei especial".[132]

Ministro Laudo de Camargo:

"Se, *ex-vi* do Decreto-Lei n. 3.365, de 41, se considerarem casos de utilidade pública para a desapropriação 'a preservação e conservação dos monumentos históricos e artísticos' (art. 5º, letra k), têm aí os poderes públicos o meio único para a conservação dos mesmos monumentos, quando impossível o tombamento voluntário".[133]

O Ministro Otávio Kelly, referindo-se ao art. 17 do Decreto-Lei n. 25, afirmava:

"Esse mandamento não se cinge a traçar condições que regulem o exercício do direito de propriedade (art. 122, n. 14, da Carta Constitucional de 1937), mas vai além, impedindo, sumariamente, o

130 REVISTA DE DIREITO ADMINISTRATIVO. Rio de Janeiro: Imprensa Nacional, 2(1): pp.102 e seguintes, julho de 1945. p. 106.

131 REVISTA DE DIREITO ADMINISTRATIVO. Rio de Janeiro: Imprensa Nacional, 2(1): pp.102 e seguintes, julho de 1945. p. 107.

132 REVISTA DE DIREITO ADMINISTRATIVO. Rio de Janeiro: Imprensa Nacional, 2(1): pp.102 e seguintes, julho de 1945. p. 109.

133 REVISTA DE DIREITO ADMINISTRATIVO. Rio de Janeiro: Imprensa Nacional, 2(1): pp. 102 e seguintes, julho de 1945. p. 110.

> uso, o gozo e a disposição da coisa, atributos inerentes ao domínio e sem cuja garantia este não pode subsistir".[134]
>
> "[...] a lei, no apontado inciso, fugindo ao respeito que deve às garantias concedidas a tão imemorial direito, quer que o indivíduo, dono que é de um prédio em condições tais, dele se não utilize, de suas vantagens não aufira proveitos e de sua disposição se sinta privado, como bem retirado do comércio, sem indenização ou pagamento, em benefício tão-só da coletividade, que lhe impõe o curioso sacrifício de enriquecer à sua custa o patrimônio nacional, quando o não adquirira com essa destinação, mas para incorporá-lo ao seu próprio, como um bem fungível, para a utilização que lhe quisesse dar, consoante as seguranças que a lei lhe conferia".[135]

O Ministro Orozimbo Nonato, em seu voto, aduzia, entre outros argumentos favoráveis à constitucionalidade do Decreto-Lei n. 25/37, os seguintes:

> "E a [Constituição] de 1937, resolutamente, admite restrições maiores, pois defere às leis ordinárias não só a regulamentação de seu exercício como a própria definição de seu conteúdo".[136]
>
> "É à luz da concepção constitucional da propriedade – direito relativo em que vive muito daquilo a que Duguit chamou dever social – que, a meu ver, deve a questão dos autos ser solvida".[137]
>
> "O que, a meu ver, retira ao decreto a balda de inconstitucional é a própria concepção da propriedade na Constituição, que proclama a possibilidade de dar-se ao conteúdo desse direito definição, e, pois, limitação, em lei ordinária".[138] "[...] é que o exercício da propriedade do monumento histórico obedece a disciplina especial, tem limites próprios que se não confundem com os da propriedade dos outros bens, o que é lícito estabelecer em face do preceito constitucional citado".[139]

---

134 REVISTA DE DIREITO ADMINISTRATIVO. Rio de Janeiro: Imprensa Nacional, 2(1): pp.102 e seguintes, julho de 1945. p. 111.

135 REVISTA DE DIREITO ADMINISTRATIVO. Rio de Janeiro: Imprensa Nacional, 2(1): pp.102 e seguintes, julho de 1945. p. 111.

136 REVISTA DE DIREITO ADMINISTRATIVO. Rio de Janeiro: Imprensa Nacional, 2(1): pp. 102 e seguintes, julho de 1945. p. 113.

137 REVISTA DE DIREITO ADMINISTRATIVO. Rio de Janeiro: Imprensa Nacional, 2(1): pp. 102 e seguintes, julho de 1945. p. 113.

138 REVISTA DE DIREITO ADMINISTRATIVO. Rio de Janeiro: Imprensa Nacional, 2(1): pp. 102 e seguintes, julho de 1945. p. 113.

139 REVISTA DE DIREITO ADMINISTRATIVO. Rio de Janeiro: Imprensa Nacional, 2(1): pp. 102 e seguintes, julho de 1945. p. 116.

Ministro Goular de Oliveira:

> "A lei, dentro da compreensão manifestada em torno do dispositivo constitucional, não pode ser tida como inconstitucional, porque se aproveita da prerrogativa estabelecida no dispositivo constitucional, que, alterando a noção das Constituições anteriores, confere ao legislador comum a possibilidade de cercear, modificar, alterar, limitar o próprio conteúdo da propriedade".[140]

Já o Ministro Waldemar Falcão, fazendo profundo estudo sobre o direito de propriedade, concluía:

> "Não há, assim, no decreto em questão, a destruição, a eliminação do direito de propriedade. Há normas limitativas, condicionadoras de tal direito e, também, normas protetoras, acobertadoras desse mesmo direito, algumas até do interesse do próprio dono da propriedade.
> Tudo isso demonstra que, dentro do conceito novo da propriedade que nos trouxe o direito contemporâneo e, particularmente, o direito brasileiro, o legislador se preocupou em reservar determinados bens para poupá-los ao olvido, ao esquecimento, e enriquecer, assim, o patrimônio histórico do país".[141]

Votou pela constitucionalidade do Decreto-Lei n. 25.

Os Ministros Aníbal Freire, Barros Barreto, José Linhares e Bento de Faria votaram com o Relator.

Julgado constitucional o dispositivo impugnado, contra dois votos, os autos foram devolvidos à Turma para o respectivo julgamento quanto ao aspecto de legalidade do ato.

Na 1ª Turma, a matéria foi, também, relatada pelo Ministro Castro Nunes.

Discutiu-se, aí, a questão do caráter de historicidade atribuído ao bem pelo órgão técnico federal, assentando o relator que

> "[...] aquela classificação era passível de exame pelo Judiciário em razão da 'sujeição dos atos administrativos de qualquer natureza, e seja qual for a hierarquia da autoridade de que emanem, inclusive

---

140 REVISTA DE DIREITO ADMINISTRATIVO. Rio de Janeiro: Imprensa Nacional, 2(1): pp. 102 e seguintes, julho de 1945. p. 118.

141 REVISTA DE DIREITO ADMINISTRATIVO. Rio de Janeiro: Imprensa Nacional, 2(1): pp.102 e seguintes, julho de 1945. p. 120.

o Presidente da República, ao controle judicial, ao exame dos tribunais, quando provocados estes em forma regular"'.[142]

São, ainda, considerações do relator:

"Tem-se entendido, porém, que esses corpos ou conselhos, em decidindo sobre fatos ou na fixação de pontos de natureza técnica, suas decisões são, em regra, conclusivas para o Judiciário, que, deste modo, se autolimita, ainda que conservando, em princípio, o poder de revê-los mesmo sob esses aspectos".[143]

Afirmou, contudo, ser "inoperante o dispositivo em que se diz que das decisões do Serviço do Patrimônio Histórico não haverá recurso, se se quiser entender que essa vedação alcança o Judiciário".[144]

Negou o Relator provimento ao recurso.

Por sua vez, o Ministro Filadelfo Azevedo reivindicou a "legitimidade da apreciação do Judiciário, embora sob os mais discretos contornos, a fim de evitar que, sob a aparência de técnica, se disfarcem o exagerado arbítrio ou a injustiça notória".[145]

4. COMPETÊNCIA

O estudo da competência para a preservação do patrimônio cultural perpassa, inicialmente, o plano da execução, já que a proteção evoca medidas concretas. Todavia, dado o caráter programático da Constituição sob esse aspecto, as pessoas de direito público interno não podem praticar atos com esse objetivo tão-somente escudadas na norma constitucional; há necessidade de lei reguladora da matéria, razão pela qual o exame da competência legislativa é também de fundamental interesse neste trabalho. O delineamento preciso dessas competências dos entes políticos e dos órgãos administrativos no campo da proteção ao patrimônio cultural, especialmente o constituído por sítios ou núcleos urbanos, ganha maior complexidade quando se leva em conta a elaboração legislativa e a aplicação de instrumentos protetivos na interface

142 REVISTA DE DIREITO ADMINISTRATIVO. Rio de Janeiro: Imprensa Nacional, 2(1): 102 e seguintes, julho de 1945. p. 126.

143 REVISTA DE DIREITO ADMINISTRATIVO. Rio de Janeiro: Imprensa Nacional, 2(1): 102 e seguintes, julho de 1945. p. 128.

144 REVISTA DE DIREITO ADMINISTRATIVO. Rio de Janeiro: Imprensa Nacional, 2(1): 102 e seguintes, julho de1945. p. 127.

145 REVISTA DE DIREITO ADMINISTRATIVO. Rio de Janeiro: Imprensa Nacional, 2(1): 102 e seguintes, julho de 1945. p. 133.

com o planejamento territorial e os diversos instrumentos de incidência sobre a cidade, pelo que se faz necessário tangenciar as competências relacionadas, notadamente, com a política urbana.

4.1. Competências para Proteção do Patrimônio Cultural na Constituição de 88

A primeira, a competência executiva, está disciplinada no art. 23, III, IV e V, e no art. 30, IX, da Constituição da República; já a segunda, a legislativa, encontra-se delineada nas normas do art. 24, I, VII, VIII, IX, parágrafos 1º, 2º e 3º e do art. 30, II, da mesma Carta. Todos esses dispositivos devem ser cotejados com a norma do art. 215.

Contêm os referidos dispositivos as normas de atribuição. Definem a competência que Ruy Cirne de Lima[146] conceitua no direito público como a **medida do poder que a ordem jurídica assina a uma pessoa determinada.**

Eis a redação dos dispositivos supramencionados:

> "Art. 23. É competência comum da União, dos Estados, do Distrito Federal e dos Municípios:
>
> [...]
>
> III – proteger os documentos, as obras e outros bens de valor histórico, artístico e cultural, os monumentos, as paisagens naturais notáveis e os sítios arqueológicos;
>
> IV – impedir a evasão, a destruição e a descaracterização de obras de arte e de outros bens de valor histórico, artístico ou cultural;
>
> V – proporcionar os meios de acesso à cultura, à educação e à ciência;
>
> [...]
>
> Art. 24. Compete à União, aos Estados e ao Distrito Federal legislar concorrentemente sobre:
>
> I – direito tributário, financeiro, penitenciário, econômico e urbanístico;
>
> [...]
>
> VII – proteção ao patrimônio histórico, cultural, artístico, turístico e paisagístico;
>
> VIII – responsabilidade por dano ao meio ambiente, ao consumidor, a bens e direitos de valor artístico, estético, histórico, turístico e paisagístico;

---

146 LIMA, Ruy Cirne. *Princípios de direito administrativo*. 5 ed. São Paulo: Revista dos Tribunais, 1982. p. 139.

[...]

IX – educação, cultura, ensino e desporto;

[...]

Parágrafo 1° – No âmbito da legislação concorrente, a competência da União limitar-se-á a estabelecer normas gerais.

Parágrafo 2° – A competência da União para legislar sobre normas gerais não exclui a competência suplementar dos Estados.

Parágrafo 3° – Inexistindo lei federal sobre normas gerais, os Estados exercerão a competência legislativa plena, para atender a suas peculiaridades.

[...]

Art. 30. Compete aos municípios:

[...]

II – Suplementar a legislação federal e a estadual no que couber

[...]

IX – promover a proteção do patrimônio histórico cultural local, observada a legislação e a ação fiscalizadora federal e estadual.

Art. 215. O Estado garantirá a todos o pleno exercício dos direitos culturais e acesso às fontes da cultural nacional, e apoiará e incentivará a valorização e a difusão das manifestações culturais.

Parágrafo 1° – O Estado protegerá as manifestações das culturas populares indígenas e afro-brasileiras, e das de outros grupos participantes do processo civilizatório nacional.

Parágrafo 2° – A lei disporá sobre a fixação de datas comemorativas de alta significação para os diferentes segmentos étnicos nacionais".[147]

O Constituinte atribuiu, pois, aos entes estatais referidos competência para atuação no campo da preservação do patrimônio, a qual envolve tanto a elaboração de leis quanto a execução destas. A Constituição, inserindo a matéria no âmbito da competência comum no plano executório; no da legislação concorrente da União, dos Estados e do Distrito Federal; e da competência supletiva à legislação federal e estadual por parte de município, sujeita o bem aos poderes dessas entidades estatais. Dessa perplexidade, decorrência da organização federada, já falava o Prof. Paulo Neves de Carvalho: [148]

---

147 Redação original do art. 215 da Constituição Federal de 1988.

148 CARVALHO, Paulo Neves de. *Parecer – Projeto de Lei Estadual n. 1.695/89*. Inconstitucionalidade da lei em que se transforme o projeto, como proposto. Belo Horizonte, Assembleia Legislativa do Estado de Minas Gerais, agosto de 1989.

> "Percebe-se, sem dificuldade, que o território do Estado brasileiro é um só e é também uma única a população que o ocupa, a comunidade nacional; por força da organização federada do Estado, três ordens ou esferas de poder coexistem, incidindo sobre esse território e essa comunidade, cada qual identificada por competências (privativas, concorrentes ou comuns) a serem exercidas sobre uma parcela local ou regional da comunidade ou sobre toda ela.
>
> O que se quer assinalar é que, a despeito de ser um só o território, variam os âmbitos deste território sobre os quais se exercem os poderes das entidades estatais – a União, o Estado (Estado Federado ou Estado-membro) e o Município".

Vê-se que a competência para a execução do tombamento, instituto do Direito Administrativo que se afigura peça fundamental na proteção ao patrimônio histórico, artístico e natural, está assim solvida: à União, em qualquer parte do território brasileiro, ao Estado-membro, dentro de seus limites, ao Município, na área que abranger, cabe tombar, por meio de órgãos indicados segundo sua legislação.

Cabe registrar que o tombamento, no plano da competência executiva, isto é, enquanto ato administrativo ou comando complementar à lei, insere-se na competência do Pode Executivo, sendo as atribuições estabelecidas em legislação infraconstitucional.

Sônia Rabello de Castro afirma a propósito:

> "O tombamento é ato administrativo cuja competência para praticá-lo foi atribuída pela lei a órgãos específicos do Poder Executivo. A lei, como decorre de suas características de generalidade e abstratividade, previu as hipóteses genéricas nas quais caberá o exercício do poder de polícia pelo órgão competente da Administração Federal".[149]

Por isso mesmo, o tombamento por lei encontra muitas dificuldades para sua sustentação, prevalecendo, sobretudo na jurisprudência, a tese de sua inviabilidade, seja por simples quebra de legalidade, tendo em vista que os marcos que disciplinam a matéria – no âmbito federal, o Decreto Lei 25/37, e, nas demais esferas, as leis correspondentes – estabelecem ritualística própria

---

149 RABELLO, Sônia. Tombamento e Legislação urbanística: Competência e gestão. In: FERNANDES, Edésio; ALFONSIN, Betânia (coord.). *Revisitando o Instituto do Tombamento.* Belo Horizonte: Editora Fórum, 2010 (37-49). p. 47. ISBN: 978-85-7700-388-4.

para o tombamento e competências executivas para a sua realização, seja em razão de fundamentos da ordem política e constitucional que resguardam a independência dos poderes com os consectários desse princípio.

Não se afasta, por óbvio, a atuação legislativa com vistas à disciplina abstrata de proteção, e, igualmente, não se desconhece a competência do Parlamento para operar o controle da atuação do Poder Executivo no tocante às políticas públicas e a outras vertentes da gestão, nem se olvida a atuação colaboradora do Poder Legislativo no planejamento das ações governamentais, tampouco a sua legitimidade como espaço de arregimentação das forças sociais, políticas em torno de temáticas relevantes, que podem contemplar a pauta patrimonial.

Incluído, pois, na competência do Poder Executivo, o tombamento, no caso da União, é praticado pelo Conselho Consultivo do Patrimônio Nacional, de modo vinculado à avaliação do efetivo valor suportado pelo bem, devendo a decisão ser submetida ao controle ministerial para análise da legalidade do processo e, no cotejo de interesses públicos, da oportunidade de integrá-lo no plano de sua eficácia. Negada a homologação, ou decretada a anulação ou revogação do tombamento, desconstitui-se a ordem interventiva, afastando-se os efeitos do tombamento provisório e arquivando-se o processo. Acrescenta-se que não cabe ao Presidente da República efetivar tombamento, competência atribuída ao órgão específico. A atuação do Presidente fica restrita à situação em que, ultimado um tombamento, seja ele submetido àquela autoridade, para fins de cancelamento, em razão de ilegalidade ou de conveniência, para restauração da juridicidade ou solução de conflito de interesses públicos supervenientes. O cancelamento recebe justificadas reservas da doutrina, como registrado em outro ponto desta obra.

No âmbito de estados e municípios, há variações quanto à competência para efetivação do tombamento, mas os respectivos sistemas de proteção patrimonial guardam, de modo geral, certo paralelismo com o da esfera federal, conforme já exposto em capítulo próprio.

Vale notar que o tombamento realizado por um ente estatal não exclui idêntico procedimento dos demais. Conforme o bem seja considerado de relevo no plano municipal, estadual e federal, é possível sua inscrição no livro do tombo de cada uma das pessoas jurídicas de direito público interno em que se insira. Aqui também é oportuna a lição de Pontes de Miranda, no mesmo sentido, segundo a qual

> "titulares dos direitos, pretensões, ações ou exceções, que nascem do tombamento, bem como do direito e da pretensão de

> tombar bens que entrem nas categorias mencionadas no texto, são a União, o Estado-membro, o Distrito Federal ou o Território e o Município em que se acham tais bens".[150]

Aplicam-se, de imediato, à atuação dos entes estatais os limites da territorialidade, que não são suficientes, e, por isso mesmo, devem estar sustentados pelo grau de interesse na proteção a efetivar-se. Desse modo, só a União, teoricamente, poderá adotar medidas de abrangência total, relativamente a bens de importância nacional. Não lhe cabe, assim, apesar de seu domínio eminente geral, tombar um bem com base em interesse regional, ou seja, instituir regime especial sobre bem que não tenha expressividade nacional. Não deverá adotar medidas apenas para suprir iniciativa do ente competente. Caracterizado o interesse regional, caberá ao Estado adotar a providência; deverá exercer a competência executiva o município, se o interesse for restrito ao âmbito local. Na hipótese de concorrência da atuação dos entes estatais, verificado qualquer conflito, o interesse público de âmbito nacional que colida com o regional ou local deve ter prevalência. A regra, porém, é que os efeitos das diversas ações sejam compatíveis. Esse raciocínio, contudo, não invalida o poder vinculante da restrição que o município possa impor à União ou ao Estado ou que este possa impor àquela em razão de tombamento de bens de propriedade de cada qual.

No plano legislativo, incontestável é a competência da União, dos Estados-membros e do Distrito Federal para adotar, por ato próprio, leis sobre tombamento nos limites constitucionais e nas suas respectivas esferas de competência, mantida a prevalência da União para normas gerais. A ela cabe dispor a este título, entre outras matérias, sobre urbanismo, meio ambiente, responsabilidade por danos ao patrimônio e proteção ao patrimônio histórico, cultural, artístico, turístico e paisagístico, incumbindo, pois, ao legislador federal dar os parâmetros e as bases da construção dos institutos jurídicos correspondentes a serem observados e adotados pela Federação.

Pode-se, aliás, observar na história constitucional o paulatino avanço da União sobre campos antes atribuídos aos Estados e Municípios; deslocando-se da seara agrária em rumo à urbanística, a competência da União tem como motivação básica a mudança dos processos de criação das riquezas, do rural ao industrial, passando a cidade a ser o foco de atenção.

Esse avanço da União e prevalência de seu poder normativo geram dificuldades e a própria inação dos entes federados, atitude de recíproca

---

150 *Comentários à Constituição de 1967, com a emenda n. 1/69*. São Paulo: Revista dos Tribunais, s.d. t. 6, pp. 375/376.

espera, com prejuízos para a cultura como um todo. É certo que alguns Estados e Municípios têm buscado antecipar alternativas legislativas, sendo exemplo a atuação no campo urbanístico. Entretanto, muitas vezes, frágeis são as soluções alcançadas, já que, em última análise, hão de ser compatíveis com aquilo que dispuser a União em caráter nacional.

A Constituição de 1988 dificultou, portanto, uma ação mais independente de Estados e Municípios.

Assinala-se, por fim, que a competência legislativa suplementar do município, assegurada pelo art. 30, inciso I e II, da Constituição Federal, nesse campo, é reforçada pela própria competência executiva expressa para efetivar a proteção, além de convalidar-se pela regra do "interesse local". Entretanto, é mais estreita, uma vez condicionada às normas de proteção de âmbito federal e estadual. Nesse particular, é importante ressaltar que não prevalece o esquema da legislação concorrente, já que o município não se inclui no referido condomínio. Assim, por força de comando expresso, a legislação federal (e não apenas as normas gerais) deve ser respeitada pelo município.

Da análise dos novos dispositivos constitucionais que compõem o arcabouço da competência nesse campo de atuação, pode-se concluir que o Constituinte de 1988 oferece uma matriz de política de preservação do patrimônio de certa forma centralizada na União, sobretudo em razão do arranjo da competência legislativa, conquanto haja maior ênfase à de caráter executivo no campo da proteção, a impor deveres aos diversos entes federativos.

4.1.1. Interfaces com as competências relacionadas com as funções sociais da cidade

O tema da competência relativa ao tombamento de bens imóveis urbanos ganha mais complexidade, quando se leva em conta a interface dessa proteção patrimonial com a atuação do Poder Público no seara urbanística, sobretudo quando as prescrições de proteção incidem sobre conjuntos. Vocacionados e selecionados para a permanência como espaços e representações especiais da urbe, os conjuntos, de modo geral, são, contraditoriamente, tensionados pela dinâmica das funções da cidade, pela pressão do mercado imobiliário, pela permanente demanda de intervenções, muitas radicais, como demolição de ruínas urbanísticas inseridas em diferentes – conquanto não excludentes – ordens competenciais. Assim é que um mesmo complexo, espaço urbano ou bem do patrimônio cultural pode estar submetido a competências diversas, a interesses urbanísticos, técnicas e modos próprios de abordagem, entre outras injunções, com vistas à consecução de objetivos específicos e, por vezes, conflitantes, embora tangidos pelo interesse público concretamente delineado.

No direito interno, Edésio Fernandes Filho explicita o dilema crucial e os conflitos que se estabelecem entre a ordem jurídica de proteção do patrimônio cultural e o desenvolvimento e a gestão urbana, sinalizando para a "importância do planejamento territorial e da regulação dos processos de uso, ocupação e parcelamento do solo para a plena efetividade das políticas de proteção de patrimônio cultural".[151]

Na intercessão dessas ordens, a de proteção e a urbanística, vislumbra-se, de fato, nítida dimensão conflitual, potencializada pela necessidade de autorizações no âmbito dos sistemas de proteção ao patrimônio e de gestão urbana, que envolvem razoável margem de discricionariedade; pela demora das soluções no exercício das "faculdades" de controle em âmbito administrativo e judicial; pela ausência de sintonia interorgânica e carência de mediação; pelos condicionamentos que, nos diferentes extremos, representam riscos para as relações entre urbanismo e patrimônio histórico e para a segurança jurídica dos envolvidos, os impactados pala atuação ou omissão.

Sônia Rabello, enfrentando perplexidades e conflitos recorrentes no contexto dessas políticas, o que ela traduz por "verdadeira esgrima de interesses públicos – quando se considera a competência dos órgãos da administração pública municipal, e a estadual ou federal que podem ter a cidade como palco e objeto de sua atuação", mostra o quão difícil e delicada é a missão dos "planejadores urbanos municipais que têm tarefa de compatibilizar o planejamento da cidade com os inúmeros interesses públicos federais e estaduais que também se materializam nas cidade, por força das competências que a União e os Estados detêm".[152]

Nesse sentido, lembra as múltiplas temáticas associadas aos interesses públicos em disputa na seara urbana: funções sociais da cidade como moradia, transportes metropolitanos, saneamento, telefonia, educação, saúde e segurança públicas, além da gestão da proteção do patrimônio urbano tombado.

---

151 FERNANDES, Edésio. Do Tombamento ao Planejamento Territorial e à Gestão Urbana. In: FERNANDES, Edésio; ALFONSIN, Betânia (coord.). *Revisitando o Instituto do Tombamento*. Belo Horizonte: Fórum, 2010 (23-35). p. 26. ISBN: 978-85-7700-388-4.

152 RABELLO, Sônia. Tombamento e Legislação urbanística: Competência e gestão. In: FERNANDES, Edésio; ALFONSIN, Betânia (coord.). *Revisitando o Instituto do Tombamento*. Belo Horizonte: Editora Fórum, 2010 (37-49). p. 38. ISBN: 978-85-7700-388-4.

Por essa razão, não obstante a importância de outras competências com impacto na cidade, deve-se destacar a atribuída aos municípios, a teor do art 182 da CF, para a política urbana: "A política de desenvolvimento urbano, executada pelo Poder Público Municipal, conforme diretrizes gerais fixadas em lei, tem por objeto ordenar o pleno desenvolvimento das funções sociais da cidade e garantir o bem-estar de seus habitantes".

A Lei 10.257, 2001 – ECi –, estabelecendo as diretrizes gerais sobre a matéria, acabou por instalar injustificada polêmica em torno de uma irrogada alteração das competências dos entes federativos no tocante aos interesses públicos urbanos, algo de resto inviável, eis que só a Constituição é sede bastante para amparar novas normas competências, questão enfrentada por Sônia Rabello, quando afirma que

> "[...] a referida Lei Federal consolidou o sistema jurídico constitucional vigente, reforçando precipuamente a competência municipal para dispor e gerir o uso do solo urbano, sem comprometer ou excluir a competência dos demais entes federativos – Estados e União – no que concerne a seus interesses públicos específicos, também incidentes sobre a propriedade, e sobre este mesmo espaço. Consequentemente, embora o Estatuto da Cidade reafirme a competência do Município para o planejamento municipal, especialmente através do plano diretor (art.4°, III, a), isso não implicou alteração das competências constitucionais, federal e estadual, de legislar e de proteger o patrimônio cultural".[153]

De qualquer modo, na esteira das lições da autora, deve-se ter em mente a diretriz estabelecida no ECi acerca da compatibilização do planejamento urbano com a reponsabilidade pela proteção e preservação do patrimônio cultural urbano da União e do Estado. O comando traz para o Município, em casos de sobreposições de interesses afetos às diferentes esferas, a obrigação de levar em conta as regras oriundas de outros entes que possam refletir, por exemplo, em índices de uso e ocupação do solo, como aquelas estabelecidas pela União ou pelo Estado visando proteger o bem tombado ou o seu entorno (ou vizinhança de bem tombado), o que se deve dar por meio de processo hermenêutico, e não da inadequada incorporação dessas normas no ordenamento municipal, sempre atento ao fato de que o tombamento de um sítio urbano cria,

---

153 RABELLO, Sônia. Tombamento e Legislação urbanística: Competência e gestão. In: FERNANDES, Edésio; ALFONSIN, Betânia (coord.). *Revisitando o Instituto do Tombamento.* Belo Horizonte: Editora Fórum, 2010 (37-49). p. 40. ISBN: 978-85-7700-388-4.

"[...] diretamente, uma significativa área de articulação de interesses superpostos em relação aos Municípios. Em função deste ato de proteção, o Município terá que recepcionar, ou absorver, necessariamente, aquela imposição na sua atividade de gestão urbanística, mesmo que não a explicite, diretamente, no corpo de suas leis".[154]

De importância, nesse campo, é a análise de possíveis incompatibilidades de diretrizes afetas a interesses públicos diversos incidentes sobre o mesmo objeto. Tratando da hipótese, Sônia Rabello sustenta a solução da suspensão da diretriz municipal, para acolher a de caráter "mais abrangente, em termos federativos", respaldando-se em "sistemática sincronizadora preconizada, em tese, no art. § 4º do art. 24 da Constituição Federal".[155] A suspenção durará até que seja superado o antagonismo, quando se restabelecerá a eficácia da norma.

Chama-se a atenção para solução prática, a partir do cotejo das diretrizes, apontada pela autora: "Outrossim, nos casos em que a normativa federal ou estadual for compatível com as normas municipais, ambas devem ser aplicadas. Por exemplo: se a norma municipal for mais restritiva do que a federal (ou estadual), aquela será a aplicável".[156]

Na mesma linha, Sônia Rabello lembra outras medidas que podem potencializar a gestão urbanística na conciliação com outros interesses públicos, chamando a atenção para a possibilidade de delegação de competência, a partir "da clareza das diretrizes aplicáveis às áreas e núcleos tutelados". Afirma que, "uma vez realizada a tarefa, mecanismos de gestão poderão ser utilizados para facilitar a administração pública de tais interesses, e também os interesses dos administrados: é o caso de delegação de competência para exame e aprovação de projeto, para fins de licenciamento", prática insipiente por força de centralismo, de desconfiança entre os órgãos e de atitude conservadora, como denuncia a autora.[157]

---

154 RABELLO, Sônia. Tombamento e Legislação urbanística: Competência e gestão. In: FERNANDES, Edésio; ALFONSIN, Betânia (coord.). *Revisitando o Instituto do Tombamento*. Belo Horizonte: Editora Fórum, 2010 (37-49). pp. 40-42. ISBN: 978-85-7700-388-4.

155 RABELLO, Sônia. Tombamento e Legislação urbanística: Competência e gestão. In: FERNANDES, Edésio; ALFONSIN, Betânia (coord.). *Revisitando o Instituto do Tombamento*. Belo Horizonte: Editora Fórum, 2010 (37-49). p. 43. ISBN: 978-85-7700-388-4.

156 RABELLO, Sônia. Tombamento e Legislação urbanística: Competência e gestão. In: FERNANDES, Edésio; ALFONSIN, Betânia (coord.). *Revisitando o Instituto do Tombamento*. Belo Horizonte: Editora Fórum, 2010 (37-49). p. 43. ISBN: 978-85-7700-388-4.

157 RABELLO, Sônia. Tombamento e Legislação urbanística: Competência e gestão. In: FERNANDES, Edésio; ALFONSIN, Betânia (coord.). *Revisitando o*

As tensões entre urbanismo e proteção ao patrimônio estão presentes de forma recorrente em outros países, merecendo estudos variados e aprofundados, como os desenvolvidos por Juan Manuel Alegre Ávila, na Espanha, *"Evolución y régimen jurídico del Patrimônio Histórico"*. O estudo, embora condicionado por uma organização política e administrativa diversa, pode subsidiar debates no Brasil, notadamente no tocante às competências.

A propósito das polêmicas nesse campo, o autor, "à luz de importante sentença,[158] paradigmática do entendimento jurisprudencial acerca das relações entre ordenação urbanística e tutela monumental"[159] no direito espanhol, e apresentando uma panorâmica jurisprudencial sobre a concorrência de diferentes ordens normativas e competências sobre o mesmo objeto de proteção, na vigência da Lei de 1933,[160] desenvolve substancioso trabalho, no qual, especialmente, enfrenta a concorrência desses arranjos normativos e a dualidade de competências, mostrando a prevalência das atribuídas às Belas-Artes como principio geral e tomando o julgado como "síntese e um adequado expoente dos diferentes extremos que têm caracterizado durante mais de meio século o tema".[161]

4.2. As competências no campo da proteção ao patrimônio cultural na sistemática constitucional anterior

A título de sedimentação da trajetória constitucional do tombamento, desenvolve-se o presente tópico, o qual pauta as polêmicas no tocante às competências legislativa e executiva para a proteção patrimonial, dissensos que permearam muitas discussões na doutrina e na jurisprudência, contribuindo para o estágio de tratamento das questões competenciais e novos rumos do sistema de proteção na nova ordem.

Instituto do Tombamento. Belo Horizonte: Editora Fórum, 2010, (37-49). p. 45. ISBN: 978-85-7700-388-4.

158 *Sentença de 3 de outubro de 1986, do Tribunal Supremo.* STS.3 – X-1986, Sala 3. Ponente: D. Salvador ORTOLÁ NAVARRO. Arz. 5287. Caso Demolición de edifício situado em el conjunto histórico – artístico de la Ciudad de Sevilla.

159 ÁVILLA, Juan Manuel Alegre. *Evolución y régimen Jurídico del Patrimônio Histórico.* Madrid: Ministério de Cultura, 1994. p. 55, t. II, n. 5 (Coleccion Analisis y Documentos).

160 Lei de 1933 que, disciplinando, no bojo do Estado, a proteção ao patrimonio no âmbito da competência de "Bellas Artes", condiciona a atuação urbanística no tocante a realização de obras, demolições, entre outras intervenções, à autorização por parte do órgão de proteção, o que inclui conjuntos urbanos protegidos.

161 ÁVILLA, Juan Manuel Alegre. *Evolución y régimen Jurídico del Patrimônio Histórico.* Madrid: Ministério de Cultura, 1994. p. 25, t. II, n. 5 (Coleccion Analisis y Documentos).

Sob o pálio da Constituição anterior, a competência nessa área, conquanto diferentemente caracterizada, já se distribuía entre os diversos entes estatais, sem o traço centralizador da atual.

O *caput do* art. 180 referia-se ao Estado, enquanto o parágrafo único do mesmo dispositivo empregava a expressão **Poder Público,** de cunho genérico, conjunto de órgãos e entidades a que cabem a administração e as funções públicas. A expressão abrangia, portanto, a União, os Estados e os Municípios, planos diversos de exercício de um único Poder – o estatal em sua complexa organização. Na sistemática anterior, assegurava-se aos municípios ampla autonomia legislativa. Confira-se a propósito o parágrafo único do art. 180 da Constituição anterior. Não era possível interpretar o comando de outro modo, o que representaria distorção, porquanto, no *caput do* art. 180, dispunha-se que o amparo à cultura era dever do Estado, sendo que este, no sistema pátrio, reúne em seu conceito os entes políticos que o estruturam e vivificam.

José Afonso da Silva,[162] com a autoridade que lhe é peculiar, afirmava categoricamente essa extensão, quando analisava o fundamento da proteção do patrimônio cultural urbanístico na Constituição anterior:

> "[...] ao falar em poder público, a norma constitucional se impõe a todas as entidades dotadas de poder público, ou seja: à União, aos Estados, ao Distrito Federal e aos Municípios, às quais confere não apenas a competência, mas o dever mesmo de organizar a proteção especial do patrimônio cultural em geral e do patrimônio cultural urbanístico, manifestação específica, talvez mais expressiva, daquele, mediante legislação e planos apropriados".

E rotulava de comum ou paralela a competência das entidades da Federação para a matéria, refutando qualquer interpretação cujo entendimento buscasse a hierarquização entre aquelas:

> "Trata-se antes de competência (ou dever) comum ou paralela, e não de competência concorrente, em sentido técnico, pois queo exercício dela por uma das entidades não exclui a da outra. Vale dizer, em hipótese alguma se torna competência exclusiva".[163]

Colocando todos os entes num mesmo plano, concluía que "as três esferas de competência podem, paralelamente, tombar o mesmo bem, sem

---

162 SILVA, José Afonso da. *Direito urbanístico brasileiro*. São Paulo: RT, 1981. p. 485.

163 SILVA, José Afonso da. *O direito urbanístico brasileiro*. São Paulo: Revista dos Tribunais, 1981. p. 486.

que haja exclusão em face de qualquer delas. Não ocorre caso de competência só da União, ou só do Estado, ou só do Município".[164]

Com rigor científico, o constitucionalista, corrigindo Prudente de Moraes Neto, ex-Conselheiro do IPHAN, ressaltava a inadequada expressão por ele usada ao tratar de competência dos diversos entes estatais para a preservação do patrimônio – "pessoas jurídicas de direito público interno de nível hierarquicamente mais elevado, na Federação".[165]

Acolhia, assim, com a referida ressalva de linguagem, o entendimento exposto pelo Conselheiro, registrado em fragmento colhido de parecer de Heráclito de Queiroz:

> "Por outro lado, qualquer que seja o 'nível federativo' em que seja efetuado, o tombamento é ato soberano, que se impõe ao respeito mesmo das pessoas jurídicas de direito público interno de nível hierarquicamente mais elevado, na Federação.
>
> Assim, o tombamento no âmbito municipal impõe-se ao respeito do Estado e da União, pois que nem a União, nem aquele – o Estado-membro – poderiam rever, cancelar ou tornar sem efeito ato legalmente praticado pela autoridade municipal, na esfera de sua competência".[166]

Noutra vertente, lastreado por fundamentos constitucionais e doutrinários diversos, defendia Paulo Affonso Leme Machado a competência concorrente dos entes da Federação para a matéria, refutando as colocações teóricas e as normas do direito positivo em torno do caráter suplementar da competência dos Estados e Municípios, asseverando: "Assim, não tendo sido explicitada ou deixada implícita competência suplementar para os Estados e Municípios, estes podem utilizar de liberdade para legislar sobre a maneira de proteger o patrimônio cultural".[167]

É também nesse sentido a crítica que ele faz ao Decreto-Lei n. 25/37, que, em seu art. 23, conceitua como complementar a legislação estadual sobre a

---

164 SILVA, José Afonso da. *O direito urbanístico brasileiro*. São Paulo: Revista dos Tribunais, 1981. p. 486.

165 SILVA, José Afonso da. *O direito urbanístico brasileiro*. São Paulo: Revista dos Tribunais, 1981. p. 486.

166 QUEIROZ, Heráclito de. *Parecer public. na R. de Dir. Pub., 39-40/83. Apud* SILVA, José Afonso da. *O direito urbanístico brasileiro*. São Paulo: Revista dos Tribunais, 1981. p. 486.

167 MACHADO, Paulo Affonso Leme. Instrumento jurídico de proteção do patrimônio natural e cultural. *Revista dos Tribunais*. São Paulo (563: 22), setembro de 1982.

matéria, definição legal que, segundo o autor, já afrontava "a competência mais ampla do art. 134 da Constituição Federal (1937), pois, consoante o espírito federativo, as restrições aos Estados e aos Municípios devem ser previstas".[168]

Fundado em motivos diferentes, José Cretella Júnior[169] afirmava não estar a matéria adstrita à União, apesar de reconhecê-la precipuamente atribuída a esse ente. Explicava que, sendo a finalidade do tombamento impor mera limitação, objetivando-se a proteção da coisa contra a ação deletéria do tempo ou do homem, não se poderia compreender que a competência legislativa para a matéria estivesse circunscrita à União:

> "A finalidade do tombamento não é a 'subtração' da propriedade, como ocorre com a desapropriação, mas a limitação e conservação da coisa, para que não sofra a ação deletéria do tempo ou das pessoas. Legislar sobre 'subtração' é competência da União. Legislar sobre limitação 'não é privativo da União".

Hely Lopes Meirelles[170] afirmava, também, competir "precipuamente à União legislar e prover sobre o patrimônio histórico e artístico nacional".

Argumentava o administrativista que a matéria objeto da competência referida era de interesse geral da Nação, cabendo a Estados-membros e Municípios secundar a ação federal nos limites de seus territórios, mediante acordo com o governo central ou pelo exercício de sua autonomia constitucional e da competência subsidiária de que desfrutavam quanto à proteção de seu patrimônio cultural e natural.

É de se afirmar, com José Afonso da Silva, o entendimento de que, sob a égide da Constituição anterior, a competência dos entes da Federação, no tocante à matéria, era comum ou paralela, e, ainda, consoante seu entendimento, que havia ausência de hierarquia entre as esferas de poder, afastando-se, também, a característica de precipuidade apontada por Hely Lopes Meirelles.

Escora-se o raciocínio nos fundamentos doutrinários e constitucionais já colacionados, e, ainda, nas regras constitucionais constantes dos arts. 13 e 15 da Emenda Constitucional n. 1/69, que apresentavam o seguinte teor:

---

168 MACHADO, Paulo Affonso Leme. Instrumento jurídico de proteção do patrimônio natural e cultural. *Revista dos Tribunais*. São Paulo (563: 22), setembro de 1982. p. 22.

169 CRETELLA JÚNIOR, José. Do tombamento no direito brasileiro. *Revista da Faculdade de Direito da USP*. São Paulo (70): pp. 79-106, 1975.

170 MEIRELLES, Hely Lopes. *Direito de construir*. 3. ed. São Paulo: Revista dos Tribunais, 1981. p. 131.

"Art. 13. [...]
Parágrafo 1° – Aos Estados são conferidos todos os poderes que, explícita ou implicitamente, não lhes sejam vedados por esta Constituição".
"Art. 15. A autonomia municipal será assegurada:
[...]
II – pela administração própria, no que respeite ao seu peculiar interesse".

Com efeito, se a norma não criara ressalvas, restrições ou distinções, nesse particular, para o Estado-membro, seria ilógico que se o fizesse na interpretação.

No tocante ao Município, a competência se inseria na abrangência do peculiar interesse e encontrava respaldo ainda nas expressões genéricas "Poder Público" e "Estado", já mencionadas.

Acolhe-se a lição de Hely Lopes Meirelles exclusivamente no que se referia à territorialidade da competência de cada ente estatal, o que se coloca como limite de atuação. Eis que, enquanto a União pode praticar atos de tombamento em qualquer parte do País, ao Estado-membro só é permitido fazê-lo dentro de seus limites, o que se aplica aos Municípios, que só poderão tombar no âmbito de sua territorialidade.

Uma coisa é hierarquizar as relações entre os entes estatais – o que é um equívoco –; outra, é reconhecer os planos diversos, os âmbitos territoriais de diferentes dimensões, em que os três entes mencionados exercem sua autonomia. No plano legislativo, também, não se pode afastar da ideia de ausência de hierarquia entre as normas, em razão da esfera de que promanam, salvo se uma extrai da outra o fundamento de sua validade.

Destarte, ratifica-se a visão acerca da matéria, discordando do mestre Hely Lopes Meirelles.

É que só seria possível, então, falar em competência precípua da União se a proteção do patrimônio cultural e natural estivesse incluída no elenco de matérias do art. 8°, inciso XVII, da Emenda Constitucional n. 1/69 sujeitas, estas sim, à competência especial da União. A interpretação extensiva dada então ao inciso XVII revelava-se inadequada, já que o elenco se mostrava exaustivo e não exemplificativo. Logo, admitir competência **precípua** da União para legislar sobre o patrimônio histórico, artístico e natural e para praticar atos de preservação, como o tombamento, significaria dizer que inexistia competência comum ou paralela, já que toda matéria não listada no art. 8° poderia ser tomada como de competência precípua da União, bastando invocar o interesse geral da Nação a respeito do tema.

Nesse sentido, a ideia da competência precípua da União não se coadunava com a citada Carta, na qual aparecia claramente a intenção de criar três tipos de competência para a União: privativa, especial (com a consequente competência supletiva, subsidiária, de Estados e Municípios) e comum ou paralela. A competência concorrente tinha caráter insipiente naquele texto.

Tomando-se como exemplo o art. 18, parágrafo 3º, da Emenda Constitucional n. 1/69, pode-se indicar como hipótese de competência privativa a que se enunciava nos seguintes dizeres: **Somente a União, nos casos excepcionais definidos em lei complementar, poderá instituir empréstimo compulsório.**

No art. 8º, por outro lado, estaria prescrita uma competência especial: **Compete à União: [...] XVII – legislar sobre: a) cumprimento da Constituição e execução dos serviços federais.**

Todas as demais matérias não previstas nos artigos que restringiam ou especializavam a competência sujeitavam-se à competência comum ou paralela, conforme os dispositivos mencionados nos arts. 13, parágrafo 1º, e 15, II. Em suma, inexistindo ressalvas, explícitas ou implícitas, a competência era paralela para legislar sobre a proteção à cultura e à natureza, a qual era igualmente atribuída aos três entes federativos.

Ressalte-se, outrossim, que Paulo Affonso Leme Machado,[171] reconhecendo na tradição do direito constitucional brasileiro a competência concorrente para a matéria, propugnava também por uma hierarquia normativa em relação ao sistema de proteção do patrimônio cultural:

> "A matéria, contudo, mereceria outra previsão constitucional, estabelecendo-se uma hierarquia normativa, de forma a contemplar os Estados e Municípios com a competência subsidária à da União, e não paralela. Com isto não se postula um centralismo protetor dos monumentos históricos, artísticos e naturais. As regras básicas merecem, entretanto, ser as mesmas para toda a Nação, para que não criem vários regimes jurídicos de proteção, uns até conflitantes com os outros. [...]
> A União deveria ter, mas ainda não tem, diante do texto da Emenda Constitucional n. 1/69, vigente, a tarefa essencial ou principal de legislar sobre o tombamento. A matéria está merecendo conter, no texto constitucional, disposição neste sentido".[172]

---

171 MACHADO, Paulo Affonso Leme. Instrumento jurídico de proteção do patrimônio natural e cultural. *Revista dos Tribunais*. São Paulo (563), setembro de 1982. p. 22.

172 MACHADO, Paulo Affonso Leme. Instrumento jurídico de proteção do patrimônio natural e cultural. *Revista dos Tribunais*. São Paulo (563), setembro de 1982. p. 23.

4.3. Jurisprudência

> TOMBAMENTO DE BENS DA UNIÃO POR MUNICÍPIO
> "TJ – MG – Apelação Cível AC 10145110015677001MG (TJ-MG)
> Data de publicação: 08/02/2013
> Ementa: ANULAÇÃO DE TOMBAMENTO – PROTEÇÃO DO PATRIMÔNIO HISTÓRICO E CULTURAL – BENS DE PROPRIEDADE DA UNIÃO – COMPETÊNCIA CONCORRENTE DO MUNICÍPIO PARA O AJUIZAMENTO DA AÇÃO – ARTIGOS 23, III E IV; 30, I, II, e IX; 216, § 1º, DA CONSTITUIÇÃO DA REPÚBLICA – PROCESSO ADMINISTRATIVO – OBSERVÂNCIA DOS PRINCÍPIOS CONSTITUCIONAIS DO CONTRADITÓRIO E DA AMPLA DEFESA – PEDIDO JULGADO IMPROCEDENTE – SENTENÇA MANTIDA. 1. A Constituição da República outorga a todas as pessoas jurídicas de Direito Público a competência para o tombamento de bens de valor histórico, artístico e cultural nacional. 2. Ao Município cabe legislar sobre assuntos de interesse local na medida em que, com o tombamento, pretende preservar e conservar intactos, imunes à destruição ou a qualquer tipo de modificação, diante do interesse da comunidade pela manutenção estética, os bens, seja por razões históricas, artísticas, arqueológicas ou paisagísticas. 3. O Município deve valer-se dos poderes normativos que lhe são assegurados constitucionalmente, para dispor sobre o tombamento de bens, ainda que de propriedade de Ente Público hierarquicamente superior, desde que observados os princípios do contraditório e da ampla defesa".

Com efeito, o município pode tombar bens da União ou dos Estados, assim como os Estados podem tombar os dos municípios e da União. Não prevalece nesse campo a restrição imposta aos municípios no sentido de impossibilitá-los de efetivar desapropriação de bens do Estado e da União, nem aos Estados, vedando-lhes desapropriar bem federais.

Quanto ao processo de tombamento, ou seja, sua execução, convém lembrar que, no âmbito federal, o Conselho Consultivo do Patrimônio é o órgão competente para essa iniciativa, cabendo a mesma medida, nas esferas estadual e municipal, aos respectivos Conselhos de Defesa do Patrimônio ou à instância, órgão ou entidade que a lei indicar.

Cabe ao órgão do Executivo definir, a partir de estudo técnico e mediante ato administrativo, os bens que se devem sujeitar ao regime especial de proteção estatal, segundo os parâmetros estabelecidos abstrata e genericamente na norma que empresta ao ato o suporte de legalidade.

A análise dos procedimentos que efetivam o tombamento é matéria de outro segmento do presente trabalho.

O IPHAN – Instituto do Patrimônio Histórico e Artístico Nacional, segundo o Decreto – Lei 25/37, que organiza a proteção do patrimônio histórico e artístico nacional, é o órgão/entidade federal responsável pela conservação e fiscalização desses bens.

A seguir, são trazidos à baila julgados que envolvem a atuação do IPHAN ou de outros órgãos executivos ou institucionalidades competentes, em outras esferas, para o tombamento e proteção do patrimônio cultural:

> TOMBAMENTO PELO IPHAN E COMPETÊNCIA DA JUSTIÇA FEDERAL
> Processo CC 106413 SP 2009/0122810-4
> Orgão Julgador-STJ – S3 – TERCEIRA SEÇÃO
> Publicação: DJe 09/11/2009
> Julgamento: 14 de Outubro de 2009
> Relator: Ministro ARNALDO ESTEVES LIMA
> **Ementa:**
> PENAL. CONFLITO DE COMPETÊNCIA. FURTO DE OBRAS DE ARTES EM MUSEU. TOMBAMENTO PELO IPHAN. EFETIVO INTERESSE DA UNIÃO. PRESERVAÇÃO E MANUTENÇÃO DE BENS DE EXCEPCIONAL VALOR CULTURAL E ARTÍSTICO. COMPETÊNCIA DA JUSTIÇA FEDERAL E CONCESSÃO DE HABEAS CORPUS, DE OFICIO, PARA ANULAR A SENTENÇA CONDENATÓRIA PROFERIDA PELO JUÍZO ESTADUAL.
> 1. O objetivo do tombamento é a proteção do patrimônio histórico e artístico nacional, cabendo ao IPHAN a sua manutenção e vigilância, conforme o disposto nos arts. 19 e 20 do Decreto-Lei 25/37. 2. A União, por intermédio do IPHAN, tem efetivo interesse na preservação e manutenção do patrimônio histórico e artístico nacional, resguardando os bens de excepcional valor cultural e artístico. 3. Determinada a competência da Justiça Federal, não se pode manter a sentença condenatória proferida por Juízo incompetente, visto ser aquela de ordem constitucional. 4. Conflito conhecido para declarar a competência do Juízo Federal da 10ª Vara Criminal da Seção Judiciária do Estado de São Paulo, ora suscitante. Concessão de habeas corpus, de ofício, para anular a sentença condenatória proferida pelo Juízo Estadual, facultando-se a ratificação dos atos processuais anteriormente praticados, na forma legal.

Acordão

Vistos, relatados e discutidos os autos em que são partes as acima indicadas, acordam os Ministros da Terceira Seção do Superior Tribunal de Justiça, por unanimidade, conhecer do conflito e declarar competente o suscitante, Juízo Federal da 10ª Vara Criminal da Seção Judiciária do Estado de São Paulo, concedendo habeas corpus de ofício, nos termos do voto do Sr. Ministro Relator. Votaram com o Relator a Sra. Ministra Maria Thereza de Assis Moura e os Srs. Ministros Napoleão Nunes Maia Filho, Jorge Mussi, Og Fernandes, Celso Limongi (Desembargador convocado do TJ/SP) e Haroldo Rodrigues (Desembargador convocado do TJ/CE). Ausentes, justificadamente, o Sr. Ministro Felix Fischer e, ocasionalmente, o Sr. Ministro Nilson Naves. Presidiu o julgamento a Sra. Ministra Laurita Vaz.

LIMITAÇÕES IMPOSTAS PELO CONSELHO DO PATRIMÔNIO CULTURAL DO MUNICÍPIO DE BELO HORIZONTE

Processo: AC 10024113177562003MG

Orgão Julgador: TJMG – Câmaras Cíveis Isoladas/5ª CÂMARA CÍVEL

Publicação: 26/02/2013

Julgamento: 21 de Fevereiro de 2013

Relator: Versiani Penna

Ementa:

APELAÇÃO CÍVEL – MANDADO DE SEGURANÇA – PATRIMÔNIO HISTÓRICO CULTURAL – BEM TOMBADO – CASSAÇÃO DE ALVARÁ DE FUNCIONAMENTO APÓS DELIBERALÇAO DO CONSELHO DELIBERATIVO DO PATRIMÔNIO CULTURAL DO MUNICÍPIO DE BELO HORIZONTE – LEGALIDADE – AUSÊNCIA DE DIREITO LÍQUIDO E CERTO.

– Em conformidade com a legislação específica (art. 8º inciso IX do Decreto Municipal n. 5.531/1986), o Conselho Deliberativo do Patrimônio Cultural do Município de Belo Horizonte é o órgão responsável por definir o perímetro de proteção do entorno de bens imóveis tombados, estabelecendo as limitações administrativas cabíveis e necessárias à efetiva proteção do patrimônio cultural municipal. – Não ofende direito líquido e certo a deliberação do Conselho Deliberativo do Patrimônio Cultural do Município de Belo Horizonte que determinou o encerramento de atividade econômica de estacionamento desenvolvida no entorno de bens protegidos pelo tombamento, quando observada a legislação de regência e o devido processo legal administrativo.

Decisão

Preliminar acolhida. Recurso parcialmente conhecido e não provido

PROJETO DE REVITALIZAÇÃO DE BEM TOMBADO E AUTORIZAÇÃO PRÉVIA DO IPHAN

Processo: AC 200851010053873

Orgão Julgador: TRF (2) QUINTA TURMA ESPECIALIZADA

Publicação: 07/08/2014

Julgamento: 29 de Julho de 2014

Relator: Desembargador Federal FLÁVIO DE OLIVEIRA LUCAS

Ementa:

ADMINISTRATIVO. REVITALIZAÇÃO DO ESTÁDIO DE REMO DA LAGOA. ENTORNO DE BEM TOMBADO. ARTIGO 18 DO DECRETO-LEI 25/37. PROTEÇÃO DO PATRIMÔNIO HISTÓRICO E CULTURAL. PRÉVIA E EXPRESSA AUTORIZAÇÃO DO IPHAN AO PROJETO MODIFICADO. APELAÇÃO DESPROVIDA.

1. A CRFB/88, em seu artigo 216, § 1º, fincou as balizas para a proteção do patrimônio histórico e cultural nacional, incluindo a proteção aos conjuntos urbanos de valor paisagístico, estabelecendo para o Poder Público o dever de promover a proteção de tal patrimônio, através de diversas formas, ali enumeradas de forma exemplificativa.

2. O IPHAN é a autarquia competente para autorizar a construção e alteração de imóveis localizados em áreas de preservação do patrimônio histórico e cultural, incluindo-se as áreas de entorno de bens tombados, nos termos do art. 18 do Decreto-Lei n. 25/37. 3. A edição de atos normativos secundários pelo IPHAN, voltados à execução de suas atribuições, na qualidade de órgão técnico, encontra fundamento constitucional e legal, respectivamente, na CRFB/88, no Decreto-Lei n. 25/37, no Decreto n. 335/91 e em todos aqueles que lhe sucederam, servindo tais diplomas de parâmetro de validade de seus atos normativos. 4. No campo jurídico do tombamento, "o conceito de dano não se restringe ou se resume a simples lesão física (desfiguradora e estrutural) ao bem protegido, pois inclui agressões difusas e até interferências fugazes nele mesmo, no conjunto e no seu entorno (= dano indireto), que arranhem ou alterem os valores globais intangíveis, as características, as funções, a estética e a harmonia, o bucólico ou a visibilidade das suas várias dimensões que justificaram a especial salvaguarda legal e

administrativa". (RESP 200901365470, HERMANN BENJAMIN, STJ – SEGUNDA TURMA, DJE DATA: 28/02/2012). 5. Houve expressa e prévia autorização do IPHAN à implantação do projeto de revitalização do Estádio de Remo (Lagoa – Centro Múltiplo de Esporte e Lazer do Estádio de Remo da Lagoa), realizando-se as adaptações necessárias ao projeto inicial, de modo a adequá-lo às recomendações desta autarquia, no intuito de preservar a visibilidade do espelho d'água. 6. Consoante Ofício expedido pelo Gabinete da 6ª Superintendência do IPHAN, esclareceu-se que o projeto executado não corresponde àquele rejeitado pela Superintendência da gestão anterior, contra o qual o Ministério Público se insurge, de modo que as devidas alterações foram realizadas ao longo do tempo. Ademais, quanto às salas de cinema, localizam-se no Bloco B, sendo que sua construção ocupa rigorosamente a projeção da edificação anterior, e não traz qualquer alteração em prejuízo do outro Bloco. 7. Não se vislumbra qualquer ilegalidade ou desrespeito ao tombamento do conjunto paisagístico da Lagoa Rodrigo de Freitas, quando as alterações a serem realizadas em seu entorno – revitalização do Estádio de Remo da Lagoa – tiveram prévia autorização do IPHAN, órgão competente a tanto, com respaldo do Município e Estado do Rio de Janeiro. 8. Apelação autoral desprovida.

Decisão

Por unanimidade, negou-se provimento à apelação, na forma do voto do Relator.

Capítulo 8

REGIME JURÍDICO DO TOMBAMENTO

O tombamento, instituto de lastro constitucional destinado à proteção do patrimônio cultural material, concretiza-se mediante ato administrativo resultante de procedimento, cujos pressupostos, encadeamento e alcance são regidos por uma trama normativa que sustenta sua validade.

O tombamento, como ato administrativo, promana de normas gerais, mas concretiza-se mediante procedimento individualizador, assumindo natureza e características próprias. Importa definir esses traços, o que só pode ser realizado a partir do estudo do fim que lhe é imanente e da disciplina a que se submete, notadamente o marco legal constituído pelo Decreto-lei n. 25/37, que, conquanto formulado em ambiente político adverso, ao influxo de um paradigma de Estado já ultrapassado, traça suficientemente o regime jurídico do tombamento e todo o iter procedimental de sua aplicação. O referido documento normativo, relido à luz dos comandos e princípios estabelecidos na Constituição de 1988, sustenta a validade do tombamento e da correspondente intervenção estatal, capaz de restringir direitos individuais enquistados pelo interesse social de preservação.

A análise do marco legal específico e das normas correlatas permitirá o delineamento do regime jurídico aplicável ao tombamento, bem assim o destrinçamento dos traços desse regime. Para enumerá-los necessário se faz o exame ontológico e teleológico do tombamento, identificando o *locus* ou *status* que ocupa no mundo jurídico.

Pedro Nunes apresenta o seguinte significado da expressão Instituto Jurídico: "Conjunto de normas reguladoras ou disciplinadoras de uma criação legal, com características próprias, constituindo uma entidade autônoma de direito, que atende a interesses de ordem privada, ou pública: a falência, o usufruto, a tutela, o pátrio poder, a prescrição, a legitimação".[1]

---

1 NUNES, Pedro. *Dicionário de Tecnologia Jurídica*. 13 ed. Rio de Janeiro: Renovar, 1999. p. 635.

A priori, contudo, deve-se tomar como premissa a ideia de que o tombamento não constitui figura jurídica isolada, ou seja, de conformação inteiramente autônoma, justificando-se sua existência ao abrigo de uma ordem jurídica complexa, na qual há interação entre categorias e institutos jurídicos, num sentido mais amplo, na construção de universalidades, e, ainda, de um corpo normativo especializado, num plano mais restrito, que propugna por identidade e autonomia. Por outro lado, não é um instrumento exclusivo de proteção do patrimônio; a ordem jurídica apresenta outros institutos alternativos ou complementares, que podem ser implementados por meio de ato correspondente, além de fórmulas protetivas diretas, isto é, *ex vi legis*, que comunicam aos bens a proteção de forma automática.

Logo, o tombamento encerra peculiaridades, mas apresenta, outrossim, caracteres que o aproximam de instrumentos congêneres, notadamente de outros previstos constitucionalmente para a proteção e salvaguarda do patrimônio cultural. Peça de uma engrenagem complexa, o instituto desempenha papel singular, encontrando-se relativamente ajustado ao escopo maior que suas normas de regência perseguem e encadeiam. Nesse sentido, pode-se afirmar ser a crítica recorrente que se opõe ao tombamento mais relacionada com a sua inadequada aplicação de que com a sua construção enquanto instituto.

Explicitada a condição do tombamento como uma faceta destacada da pedra angular erigida, segundo a Constituição, para assegurar a preservação do patrimônio cultural e natural da Nação, retoma-se o conceito do instituto, prosseguindo-se com as considerações em torno de sua natureza, tudo em afirmações alinhavadas precária e provisoriamente. Apresenta-se, então, o tombamento, a princípio, como instituto constitucional e, no plano concreto, como ato legalmente embasado, cuja finalidade é assegurar o respeito ao patrimônio cultural e natural do País.

A partir dessa formulação, ainda que incompleta, é possível alinhar indagações que, respondidas, levarão à delimitação do instituto, bem como do ato por meio do qual se revela.

A questão a ser inicialmente colocada concerne ao plano relacional metajurídico, que é alvo de incidência das normas disciplinadoras do tombamento. Ora, conforme já assinalado, a disciplina do tombamento insere-se num complexo normativo que está voltado como um todo para a proteção da cultura e da natureza. Quem detém a titularidade dos acervos culturais? Obviamente, não o indivíduo. Seria o Estado? A memória de um país – bem como seu patrimônio natural – não é fruível, de forma exclusiva, por indivíduo algum. A todas as pessoas aproveita conservar o patrimônio cultural e natural, ainda que algumas o desconheçam. Num caso, tem-se o elo com o repositório da identidade coletiva, aquilo que faz de um povo uma Nação, o "algo em comum"; noutro, a garantia do futuro da coletividade, do *habitat* indispensável ao ciclo biológico, cujo prosseguimento significa a sobrevivência da espécie.

Considerando, pois, que haurir os benefícios gerados pela natureza e pela conservação do passado é apanágio das pessoas em geral, fica claro que, num primeiro plano, um dos polos das relações contempladas pela norma de proteção, principalmente no plano constitucional, é a coletividade, cuja expressão mais simplista é revelada pelo próprio Estado, sem prejuízo de outras dimensões organizatórias e do foco intergeracional.

Resta desvendar o sujeito passivo das relações disciplinadas pela Constituição Federal. Identifica-se, de imediato, o Estado, nessa teórica relação. Além da relação estabelecida nesse nível, verificam-se outras, que surgem como desdobramento da norma fundamental. E continua a indagação: a quem se destinam as normas de proteção da cultura e da natureza? Sob o enfoque das limitações, sem dúvida, àqueles que possam lesar o patrimônio, por si mesmos ou mediante conduta de seus agentes; em se tratando de finalidade, e sob o aspecto da proteção propriamente dita, a todos aqueles que podem se beneficiar dos reflexos dessa proteção. Com isso, pode-se afirmar que o sujeito da obrigação de respeitar os bens protegidos por norma constitucional e pelos instrumentos jurídicos decorrentes é tanto a pessoa natural, o indivíduo, quanto a pessoa jurídica, seja esta de direito privado ou de direito público, entendidos, no polo passivo da relação, tanto os que têm a propriedade do bem, como os que a ele possam vincular-se de alguma forma. A relação que se estabelece na efetivação do tombamento, por meio do ato administrativo específico, tem como sujeito ativo o Estado e como sujeito passivo, o proprietário do bem, os quais se relacionam em função do objeto, que é o próprio bem. Observe-se, todavia, que, em determinadas circunstâncias, já efetuado o ato de tombamento, a polarização entre Estado e proprietário se inverte, como, por exemplo, quando o proprietário passa a exigir, em certas hipóteses, a conservação da coisa pelo Estado, demonstrada a impossibilidade de ele mesmo fazê-lo.

Das considerações acima aduzidas, conclui-se que as relações que se estabelecem em função do tombamento são de direito público e, mais especificamente, de direito administrativo (relação de administração), porquanto se processam em torno de interesses sociais que são resguardados por atos da Administração, cuja disciplina é estabelecida no âmbito daquele ramo.

Não se pode olvidar, contudo, o esforço e a tendência de localização do instituto no âmbito do Direito Ambiental,[2, 3] ao abrigo de um lato conceito de ambiente e com propósitos de estender ao campo patrimonial da cultura princípios e métodos desse ramo.

Ramón Martín Mateo, Catedrático de Direito Administrativo na Espanha, em prólogo à obra de Maria Del Rosario Alonso Ibañez, estabelecendo as premissas de sua leitura, afirma:

> "Quede sentado de entrada que no comparto em absoluto la inclusión del patrimônio cultural em el complejo ambiental [...] Creo que las técnicas jurídicas de protección del médio físico e del cultural son distintas y la reunificación de estas dos problemáticas sólo puede adicionar confusión. [...] Pero sentadas estas premisas, si pueden identificarse afinidades notables que ayudan a compreender la justificación interventora de la Administración y naturaleza y alcance de los poderes de que está investida".[4]

Igualmente, é necessário ter em conta as interfaces do instituto com o Direito Urbanístico,[5] notadamente na abordagem do planejamento territorial urbano, com recíprocas influências entre proteção ao patrimônio e gestão urbanística.

Por fim, assinala-se um movimento explícito, mas cuidadoso, de busca por autonomização do ramo à luz da Teoria dos Sistemas.[6]

Identificados ou delineados os sujeitos da relação no tombamento, assim como o ramo do direito a que se prendem as regras a ela aplicáveis, é possível redefinir o objeto central deste estudo em novos termos: tombamento é o instituto jurídico que se concretiza por meio de ato resultante de procedimento próprio regido por normas de Direito Administrativo, tendo por escopo resguardar, contra ação lesiva de pessoa física ou jurídica, e até

---

2 MARCHESAN, Ana Maria Moreira. *A tutela do patrimônio cultural sob enfoque do direito ambiental.* Porto Alegre: Livraria do Advogado, 2007.

3 MIRANDA, Marcos Paulo de Souza. *Tutela do patrimônio cultural brasileiro:* doutrina, jurisprudência e legislação. Belo Horizonte: Del Rey, 2006.

4 MATEO, Ramón Martín. Prólogo In: IBAÑEZ, Mª Del Rosário Alonso. *El Patrimonio Historico:* Destino Publico y Valor Cultural. Madrid: Editorial Civitas, S.A., 1992. p. 19.

5 FERNANDES, Edésio. Do tombamento ao planejamento territorial e à gestão urbana. In: FERNANDES, Edésio; ALFONSIN, Betânia (coord.). *Revisitando o instituto do tombamento.* Belo Horizonte: Fórum, 2010: (23-35), p.26. ISBN: 978-85-7700-388-4.

6 PAIVA, Carlos Magno de Souza. *Por um Direito do Patrimônio Cultural autônomo.* Tese de Doutorado em Direito. Belo Horizonte: Pontifícia Universidade Católica de Minas Gerais (impressão do autor), 2014.

do Poder Público, bens culturais ou naturais cuja preservação ou conservação seja de interesse público, de modo compatibilizado com os demais interesses públicos concorrentes, e observadas as interfaces de sua disciplina com a de outros institutos correlatos.

1. DISCRICIONARIEDADE E VINCULAÇÃO

Essas considerações, entretanto, ainda são incompletas, e outras indagações se impõem relativamente à discricionariedade ou vinculação do ato, ou, mais precisamente, sobre aspectos discricionários ou vinculados do ato administrativo do tombamento.

A temática da discricionariedade e da vinculação, recorrente na pauta da doutrina administrativista, vem passando por releitura ou ressignificação, colocando-se sob reservas determinados conceitos, terminologias e classificações encontradiços nos assentamentos tradicionais.

Florivaldo Dutra de Araújo, na obra intitulada "Motivação e controle do Ato Administrativo", revisita a literatura sobre a matéria, reunindo suplementos importantes para situação do estado da arte desse núcleo de atenção da disciplina.

Mostra o autor que a doutrina distingue "ato vinculado" e "ato discricionário", respectivamente, como aquele "em que a lei descreve rigorosamente os pressupostos necessários à emissão do ato administrativo e seu conteúdo, em face da ocorrência da prevista hipótese legal [...] (e como aquele) em que a lei deixa ao administrador "um claro a ser preenchido com seu juízo pessoal".[7]

Completa o autor: "Também tradicionalmente é ensinado e afirmado que a competência e a finalidade do ato administrativo constituem-se invariavelmente em seus 'elementos regrados' ('vinculados'), podendo a discricionariedade recair sobre o objeto (conteúdo) e a 'escolha dos motivos' do ato".[8]

Lembra, ainda, que "A forma do ato era vista como vinculada por grande parte da doutrina mais antiga, embora entre seus representantes já houvesse vozes a registrar a possibilidade da prática legal dos atos administrativos 'independente de qualquer forma preestabelecida' (Bandeira de Mello, O. Aranha. 1979, p. 472)".[9]

---

7 ARAÚJO, Florivaldo Dutra. *Motivação e Controle do Ato Administrativo.* 2 ed. Belo Horizonte: Editora Del Rey. 2005. p. 58.

8 ARAÚJO, Florivaldo Dutra. *Motivação e Controle do Ato Administrativo.* 2 ed. Belo Horizonte: Editora Del Rey. 2005. p. 58.

9 ARAÚJO, Florivaldo Dutra. *Motivação e Controle do Ato Administrativo.* 2 ed. Belo Horizonte: Editora Del Rey. 2005. p. 59.

No tratamento da matéria, os administrativistas se dividem: de um lado, uns sustentando a propriedade da classificação dos atos, conforme a esfera de liberdade na sua prática, como vinculados ou discricionários; outros defendendo, além daquela categorização dos atos, a adequação da adjetivação do poder administrativo para a sua implementação como poder discricionário e poder vinculado; de outro lado, outros negando a existência de atos assim rotulados, e admitindo apenas uma certa variação na dotação de poder para a atuação administrativa; outros, por fim, afastam a rotulação dos atos, para reconhecer apenas a possibilidade da ocorrência de aspectos que possam caracterizar o fenômeno da discrição ou da vinculação, nesta corrente situando-se Florivaldo Dutra de Araújo.[10]

Segundo Florivaldo Dutra de Araújo:

> "[...] a discrição caracterizará dado aspecto do ato administrativo sempre que a norma de direito positivo regulá-lo de modo a transparecer que, na apreciação do direito e das circunstâncias em que este se faz aplicável, está o administrador diante de um número determinado ou indeterminado de opções que se caracterizam como *indiferentes jurídicos,* pelo que a consideração axiológica da melhor alternativa se fará por meio de outros critérios que não de direito".[11]

Colhe-se do mesmo autor o conceito de vinculação:

> "A vinculação caracterizará dado aspecto do ato administrativo, sempre que a norma de direito positivo regulá-lo de modo a transparecer que, na consideração axiológica do direito e das circunstâncias em que este se faz aplicável, deve o administrador, ao aplicar essa norma, fazê-lo da melhor maneira possível".[12]

É dizer, na interpretação e aplicação da norma genérica e abstrata, o administrador será o árbitro competente da solução concreta, devendo tomar, em juízo complexo, seus dispositivos e circunstâncias, averiguando sempre se a situação é de vinculação ou de indiferentes jurídicos, para que possa resolvê-la, respectivamente, com critérios do direito, ou por parâmetros axiológicos ou de outra natureza. Isto para, no caso de discricionariedade, buscar a melhor alternativa entre aquelas igualmente disponíveis, e, no caso de vinculação,

---

10 ARAÚJO, Florivaldo Dutra. *Motivação e Controle do Ato Administrativo.* 2 ed. Belo Horizonte: Editora Del Rey. 2005. p. 59.

11 ARAÚJO, Florivaldo Dutra. *Motivação e Controle do Ato Administrativo.* 2 ed. Belo Horizonte: Editora Del Rey. 2005. p. 85.

12 ARAÚJO, Florivaldo Dutra. *Motivação e Controle do Ato Administrativo.* 2 ed. Belo Horizonte: Editora Del Rey. 2005. p. 65.

assegurar a melhor aplicação da solução regulada tendo em conta a complexidade da normatividade que a situação atrai.

Passa-se, pois, às questões concernentes à posição do administrador no tocante aos procedimentos para a efetivação do tombamento.

Ressalta-se que se exclui da análise presente o tombamento dos quilombos, que decorre diretamente da Constituição, condição que comunica ao ato de sua materialização natureza diversa da dos demais.

O tombamento, que se concretiza por ato administrativo, é regulado fartamente pela legislação específica, sendo realizado mediante procedimento complexo, praticado pela administração pública de qualquer dos entes federativos.

A atuação do administrador, como sói acontecer no âmbito da atividade administrativa, é balizada pela lei. No tocante ao tombamento, observa-se que o legislador quis sujeitar o processo de instituição de regime jurídico especial sobre determinado bem à observância de regras objetivas, que afastassem intervenção parcial ou tendenciosa do administrador, fazendo supor uma prevalência de aspectos vinculados em sua processualidade. Vê-se, de fato, um ritual regrado em minudências. Em contraponto, a norma traceja margem de liberdade ao administrador, por exemplo, quanto ao momento da edição do ato de tombamento, assim como no tocante à escolha do bem, entre indiferentes jurídicos, como de interesse público específico para figuração no patrimônio cultural estritamente considerado.

Se, por um lado, é verdade que o exercício do poder estatal de tombar (poder-dever, na lição de Celso Antônio Bandeira de Mello) está sujeito aos parâmetros da ordem jurídica, por outro, parece incorreto pretender, em razão disso, a classificação do tombamento como "ato vinculado", seja porque não configura situação em que todos os seus pressupostos e elementos sujeitam-se a uma apreciação estritamente vinculada, seja porque, apesar de materializado a partir de uma processualidade bastante regrada, sem alternativas rituais, ele resulta de uma operação de cunho axiológico, na qual há liberdade de escolha do administrador, notadamente entre os bens portadores das características legais que os coloquem no plano eletivo da proteção especial, daquele ou daqueles que se devam sujeitar a tombamento, o que não significa ausência de critérios objetivos que devam lastrear os indiferentes jurídicos. A solução representada pela escolha será tomada pela convergência de outros critérios que não os jurídicos, conquanto sejam os critérios jurídicos plausíveis para fins da caracterização. Precisamente aí, na promoção do ato, é que se deve buscar discrição ou vinculação da conduta administrativa na interpretação e aplicação da norma genérica do tombamento.

Celso Antônio Bandeira de Mello[13] parece ter razão, quando assevera, em face do pressuposto da competência, não haver ato propriamente discricionário, podendo apenas existir discricionariedade por ocasião da edição do ato. A avaliação do Professor da Pontifícia Universidade Católica de São Paulo, nesse particular, procede, tendo em vista que, diferentemente dos atos da esfera privada, os administrativos são executados, invariavelmente, segundo definição legal prévia e objetiva de competência e finalidade. De maneira que só é possível falar em discrição no âmbito da competência, no direito administrativo, referenciada à possível liberdade do administrador para dar ensejo ao ato, após apreciação da conveniência e oportunidade de realizá-lo.

Por conseguinte, nessa linha de raciocínio, e conforme a doutrina tradicional, "ato vinculado" será aquele a cuja realização o administrador estiver obrigado, não lhe restando qualquer margem de liberdade quanto à decisão a tomar, senão a de cumprir a lei, devendo fazê-lo da melhor forma possível.

Não é isso que sucede no tombamento. De fato, o conteúdo do ato, os passos de sua execução e as alterações que produz no mundo jurídico estão prescritas em lei, porém, a escolha do momento para tombar, assim como a do bem a ser contemplado, fica a cargo da Administração, que opta, por meio de órgão técnico especializado, numa primeira instância, e de agente político, a *posteriori*, escolhas que, apesar de coerentes com critérios do Direito no plano de identificação dos indiferentes jurídicos, são feitas segundo outros critérios que ultrapassam os domínios daquele.

Ressalte-se que a discricionariedade para submeter um bem cultural ao regime específico de tombamento, e não há unanimidade em relação a este ponto, coloca-se à disposição do Poder Público no momento anterior à edição do ato, sempre balizada pelo direito, já que o Poder Público só dispõe de reserva quanto ao exame de conveniência e oportunidade para fazê-lo, respeitada, porém, a configuração jurídica da valoração do bem, o que pode remeter a uma dimensão de "discricionariedade técnica".

A propósito da discricionariedade, José Afonso da Silva,[14] recordando autor italiano, tece considerações em torno da apreciação do valor artístico, ou histórico, ou de beleza natural, pressupostos do tombamento, situando-os em perspectiva de enquadramento na "discricionariedade técnica":

---

13 MELLO, Celso Antônio Bandeira de. *Elementos de direito administrativo*. São Paulo: Revista dos Tribunais, 1983.

14 SILVA, José Afonso da. *O direito urbanístico brasileiro*. São Paulo: Revista dos Tribunais, 1981. p. 490.

"A determinação desse valor, contudo, importa apreciação técnico-estética, que é de nítido caráter discricionário. Cremos que se dá aqui aquele tipo de discricionariedade técnica, referida por Cattaneo: *Si tratta di discrezionalità soltanto tecnica, relativa alla valutazione dei pregi estetici del bene da tutelare, e non anche amministrativa: le norme di legge, infatti riportano il particolare regime del vincolo alla qualifica del bene; una volta che gli estremi de tale qualifica ricorrano, non ocorre ulteriore indagine d'opportunità e convenienza.* Não será, assim, de admitir-se a possibilidade de o Judiciário interferir nessa esfera, pois que ele só poderia fazê-lo também por um julgamento de valor idêntico, e não de legalidade".

Desse modo, o Poder Público, no nível de instrução e por meio de atuação técnica, busca a caracterização do bem e o seu enquadramento em categorias sujeitas à proteção jurídica, construindo o suporte ou os dados do juízo de ponderação em torno do valor cultural do bem e, em esfera decisória, decide sobre a conveniência de reconhecer-lhe esse atributo para o efeito de vinculá-lo à proteção especial do tombamento, o que não significa liberdade ilimitada, nem poder para desproteção. Não se trata, por outros lados, de deixar, pela discricionariedade no tombamento, a critério da autoridade estatal definir a conformação do que seja patrimônio cultural, mas o reconhecimento oficial do valor cultural de determinado bem que deva ser protegido pelo tombamento, mesmo porque outras formas de proteção existem, até independentemente da oficialidade do reconhecimento prévio por parte do Poder Público.

O tombamento pressupõe, assim, um exercício de seleção por parte do poder público, em função da relevância do bem, para que sobre ele se efetive a proteção. O bem é considerado enquanto valor simbólico, avaliado, entretanto, a partir de suas características em face da norma de proteção e erigido, em face da ponderação de seu valor, em si ou comparativamente, à condição de bem de interesse público sujeito a regime especial de proteção.

Observa-se, por outro lado, que a identificação de aspectos sujeitos à discrição na prática do ato de tombamento não anula a possibilidade de se identificarem elementos de vinculação. Se se pretender a afirmação da tipologia do ato por esse critério (discricionário/vinculado), ainda que com o propósito de capturar uma "imagem de síntese", expressão colhida por Miguel Seabra Fagundes dos ensinos de Francis-Paul Bénoir,[15] e a despeito das

15 FAGUNDES, Miguel Seabra. *Controle Jurisdicional do Ato Administrativo*, 1984. p. 65. Apud ARAÚJO, Florivaldo Dutra. *Motivação e Controle do Ato Administrativo.* 2 ed. Belo Horizonte: Editora Del Rey, 2005. p. 59.

objeções que se colocam em plano doutrinal às expressões, será o cotejo desses aspectos a via para uma possível classificação em função da prevalência de elementos regrados ou de aspectos abertos à discrição.

Registra-se, a propósito, a posição de Cretella Júnior,[16] a vislumbrar o pronunciamento da autoridade administrativa como o instante derradeiro do tombamento, localizado na esfera discricionária da Administração. Afirma Cretella, em consonância com o Decreto-Lei n. 25/37 e com as leis posteriormente dedicadas à matéria, incluídas as estaduais e municipais, que, mesmo quando o bem apresentar as características previstas para o tombamento, pode o administrador optar pela não-realização do ato, quando julgar preferível não o efetivar, em razão da prevalência de interesse público diverso.

José Afonso da Silva[17], reconhecendo a essencialidade do parecer favorável para o tombamento, afirma, porém, a "discricionariedade do ato" de tombamento, secundando posição de José Cretella Júnior:

> "O ato de tombamento é, porém, vinculado no sentido de que não se verificará sem o parecer técnico do órgão competente (IPHAN ou entidade semelhante nos Estados ou Municípios) aconselhando a medida. O ato está, pois, vinculado a esse parecer. Mas este não vincula a autoridade competente para emitir o ato do tombamento. Quer dizer: mesmo que seja pela expedição do ato, a autoridade goza de competência, cabendo-lhe o juízo da oportunidade. 'De lege lata', tem razão Cretella Júnior, quando escreve que o pronunciamento da autoridade, concretizado em ato administrativo, está localizado na esfera discricionária da Administração. Pode o administrador reconhecer a qualificação do bem, louvando-se no parecer do órgão competente e, no entanto, não editar o ato, por não achar nem conveniente e nem oportuno tombá-lo, concluindo com esta distinção judiciosa: 'Não se confunda, pois, a qualificação do bem com o tombamento em si.' Qualificar é tipificar, é atribuir ao bem valor histórico, artístico, paisagístico, enquadrando-o de modo preciso em uma das hipóteses legais. Tombar é o momento jurídico concretizado pela edição do ato. Qualificação é operação de natureza técnica; o tombamento, em si, é ato administrativo discricionário que pode ser editado ou não, porque envolve oportunidade, conveniência, razoabilidade".

---

16 CRETELLA JÚNIOR, José. Regime jurídico do tombamento. *Revista de Direito Administrativo*. Rio de Janeiro, (102): 50-68, abr./jun. 1975. p. 54.

17 SILVA, José Afonso da. *O direito urbanístico brasileiro*. São Paulo: Revista dos Tribunais, 1981. p. 491.

Acrescenta-se, na linha da habitual advertência da doutrina administrativista, que a discricionariedade não pode transbordar em arbitrariedade; a atuação do administrador com margem de discrição está também jungida ao direito. Neste ponto, impende registrar que não se está a fazer referência ao denominado "arbítrio extraordinário", essência da discricionariedade, a significar maior espaço para a vontade do administrador no ato de interpretação e aplicação do direito positivo.[18]

Não ocorrendo, porém, situação de indiferentes jurídicos, como a de pluralidade de objetos que possam ter o poder simbólico de representação junto ao patrimônio cultural, ou de conflito de interesses públicos, ou ainda opção justificada por um instrumento alternativo que melhor atenda a conveniência e a oportunidade administrativa na seara patrimonial, a autoridade deve acatar o parecer do órgão técnico que tenha concluído pelo tombamento, sob pena de desconsiderar o comando constitucional que prevê a prestação positiva por parte do Estado no sentido de efetivar a proteção.

Tais afirmativas corroboram a compreensão do tombamento como instrumento de contornos técnicos e emprego político, o que pode ser inferido do traço da atuação do Conselho Consultivo do Patrimônio e dos preceitos contidos no Decreto-Lei n. 3.866/41 e na Lei n. 6.292/75, embora se deva assinalar a polêmica que perpassa a atuação política nesse campo. O primeiro outorga ao Presidente da República a prerrogativa de, em caráter recursal ou de ofício, desfazer o tombamento; a segunda estatui a necessidade de homologação pelo órgão competente do ato originário do Instituto.

Tudo aponta no sentido da discricionariedade em relação a certos aspectos do tombamento, que, se tem pressupostos vinculados, depende, em última análise, da vontade da autoridade administrativa a operar a opção por fazê-lo, no âmbito da discrição que a ordem normativa lhe reserva. Ressalva-se a tendência de ampliação dos limites do exame da discricionariedade pelo Judiciário, o que se conjuga com os princípios da obrigatoriedade da motivação dos atos administrativos, da razoabilidade, sendo este o referencial para avaliação da compatibilidade entre o motivo legal e o motivo fático do ato que efetiva o tombamento ou da decisão denegatória.

Registra-se, ainda, o avanço que se tem efetuado no campo da preservação, por via da Ação Civil Pública e da Ação Popular, seja para assegurar a integridade de bens tombados, seja para enfrentar a omissão de tombamento, com o reconhecimento judicial do valor cultural do bem para efeito de

---

18 LINARES, Juan Francisco. *Poder Discrecional Administrativo* (Arbítrio Administrativo). Buenos Aires: Abeledo-Perrot, 1978. p. 16.

proteção estatal; ambas as ações são próprias para efetivar de forma direta tutela de bens culturais e naturais (ainda que não tombados).

De outro lado, não se pode perder de vista as orientações daqueles que atuam na seara da preservação, segundo os quais não se deve ter o tombamento como único instrumento de proteção, principalmente, se tomada em consideração a discricionariedade para editá-lo.

Demais disso, em determinadas situações, não é recomendável a sua adoção e sim a de instrumentos diversos que podem ser usados de maneira progressiva. Recomendam alguns estudiosos, por exemplo, que o tombamento não deve ser adotado para proteção de bens ameaçados, ao argumento de que existem alternativas extremas para bens irreversivelmente ameaçados, como desapropriação, trasladação, enfim ações curativas mais eficazes.

De outro lado, advertem os estudiosos para que se evite tombamento de bens localizados em zonas em crescimento, tendo em vista que a economia de mercado acabará por forçar o crescimento de expectativas e de tensões e impasses entre o setor público e o proprietário.

Por último, depara-se com um dos principais nós górdios do tombamento, o da garantia efetiva da proteção ao patrimônio cultural e natural, ou seja, o da concretização de medidas próprias no âmbito de uma política pública que envolva atuação preventiva, educativa, repressiva, reparatória, asseguradas as condições técnicas, funcionais, institucionais e de investimentos. Por outro lado, a discricionariedade para sujeitar certo bem ao regime especial de proteção do Patrimônio Cultural ou Natural – substância final do tombamento – pode frustrar as expectativas, acarretando a inexigibilidade de atos de preservação propriamente decorrentes do instituto.

Verifica-se, em face disso, ameaça à plena eficácia dos princípios constitucionais, já que depende do administrador, limitado a determinadas condições, a demarcação da base material sujeita à proteção especial do Estado. Tracejo esse, tradicionalmente, correspondente ao conjunto dos bens tombados, e que, hodiernamente, deve refletir o concurso da aplicação de outros instrumentos próprios ou correlatos ao tombamento. É que se deve ter em conta o comando da Constituição de 1988 que indica vários institutos que poderão auxiliar nessa configuração. A legislação haverá de contemplar adequadamente essa nova diretriz, com vistas a harmonizar os efeitos e condicionamentos da pluralidade dos instrumentos de proteção e salvaguarda do patrimônio cultural com outros vertidos à proteção de interesse públicos diversos, muitas vezes incidentes sobre um mesmo espaço, e, sobretudo, a atuação e interface dos poderes estatais no âmbito de suas competências, bem assim da sociedade.

Não é incorreto, portanto, afirmar que, em última análise, à Administração compete dizer a quais bens naturais ou culturais se aplica e a quais não se aplica o regime especial de proteção do tombamento, observados os preceitos constitucionais e legais pertinentes, embora existam outros instrumentos destinados à proteção patrimonial, até mesmo independentemente da rotulação do bem ameaçado ou atingido, entre os quais ganha realce a Ação Civil Pública.

2. TOMBAMENTO COMO ATO CONSTITUTIVO

Passa-se à análise do tombamento com vistas ao enquadramento do ato que materializa o seu comando segundo o critério da sua relação com a situação jurídica dele resultante. Isto é, busca-se averiguar se o ato de tombamento constitui ou apenas declara a situação jurídica especial em que é posto o bem que lhe constitua o objeto. De logo, chama-se a atenção para o fato de que o caráter constitutivo ou declaratório não se deduz da origem do ato, ou seja, não se liga ao critério da distribuição funcional do poder estatal; nem da forma de explicitação do seu comando; nem da liberdade ou da vinculação da autoridade competente no tocante a aspectos de sua prática. O que, entre outros traços, concorre para diferenciar o domínio classificatório ora em comento – o de ato constitutivo e ato declaratório – daquele anteriormente examinado concerne à aptidão do ato para, respectivamente, gerar situação jurídica nova, ou explicitar a existência desta, engendrada, nesta hipótese, por causa anterior ao ato.

Assinala-se que aqui se tem em vista a configuração de um patrimônio cultural estritamente considerado para fins de conformação da base de incidência de um regime especial de proteção, alertando-se para o fato de que o tracejo dessa base não se esgota ou se define exclusivamente pelo tombamento, *ex vi* do disposto no art. 216 da Constituição Federal, ao incluir os bens imateriais no universo da proteção especial e ao estabelecer outros instrumentos de acautelamento. Examina-se aqui a condição do ato de tombamento para instituir regime especial disciplinado pelo Decreto-lei 25/37 sobre bens por ele alcançados e que se abrigam, então, sob o pálio de sua proteção, encartados, portanto, em um grupamento certo de bens que constituem estritamente o patrimônio cultural material sob tutela especial.

Dispõe o Decreto-Lei n. 25, de 1937, em seu art. 1º, que

> "Constitui o patrimônio histórico e artístico nacional o conjunto dos bens móveis e imóveis existentes no país e cuja conservação seja de interesse público, quer por sua vinculação a fatos

memoráveis da História do Brasil, quer por seu excepcional valor arqueológico e etnográfico, bibliográfico ou artístico".

O parágrafo primeiro do artigo acrescenta que os bens referidos só serão considerados parte integrante do patrimônio histórico e artístico brasileiro depois de inscritos, separada ou agrupadamente, num dos quatro livros do tombamento.

O texto acima, que deve ser apropriado mediante interpretação conforme com as normas constitucionais sobre a matéria, notadamente as dos artigos 215 e 216, há de ser tomado como base para reflexão sobre o vínculo entre o ato de tombar e a situação jurídica a que se submetem o bem e os que com ele se relacionam. Revela-se evidente e indiscutível o cunho constitutivo do tombamento, ato que submete o bem à situação jurídica abstratamente prevista na norma. Não é o Decreto-Lei n. 25 que confere proteção especial a este ou àquele bem. O surgimento de direitos e deveres para o Estado, o proprietário e o cidadão em geral, no âmbito do regime especial de proteção que ele conforma, coincide com a edição do ato administrativo que concretiza a hipótese legal.

Concluir pelo contrário, ou seja, que o *status* jurídico especial do bem decorre da lei, significaria tornar amorfo o patrimônio histórico e artístico nacional estrito, quebrando-se, de certa forma, o princípio da segurança jurídica, porquanto haveria total imprecisão do conjunto de bens sujeitos à proteção estatal especial e às limitações dela advindas.

Essa compreensão não despreza, contudo, a noção antropológica e social do patrimônio cultural, de contorno indeterminado e dinâmico e muito mais amplo, plural e amorfo que o patrimônio cultural estrito, assim considerado o reconhecido em dimensão jurídica por meio de instrumentos próprios. Por outro lado, não inibe a atuação estatal, nem da comunidade ou do cidadão, no sentido da proteção daqueles que não estando aprioristicamente reconhecidos, especialmente por meio do tombamento, venham se revelar como importantes referentes de identidade nas situações concretamente avaliadas; a atuação, contudo, não encontra seu fundamento de validade e de legitimidade no regime especial de proteção a que se sujeitam os bens em razão de tombamento, notadamente.

As opiniões, no entanto, não são unânimes quanto à constitutividade do ato de tombamento. Sustentam alguns doutrinadores tratar-se de ato meramente declaratório. Nesta posição colocam-se os que defendem que o bem, reunindo os elementos que lhe assegurem suficiente grau de referibilidade à identidade da comunidade nacional, estadual ou municipal e apresente as características tracejadas pelas normas de regência, já são em si bens culturais dignos de proteção e que o tombamento seria apenas uma declaração desse valor, de resto imanente ao próprio bem.

Carlos Frederico Marés de Souza Filho parece propugnar pelo caráter declaratório do tombamento, embora por meio de uma solução inusitada: "O tombamento não é mais do que um registro, ou mais precisamente, um processo que culmina com o registro no livro do tombo. Foi concebido, portanto, como um registro de bens, à imagem do que no Brasil é o registro de imóveis".[19]

Outros desejam o tombamento em traços bifrontes: seria ele, a um só tempo, declaratório da condição imanente ou preexistente do bem e constitutivo no tocante aos múltiplos efeitos que ele comunica ao bem e aos que com ele guardam interface.

Destarte, acolhe-se a opinião abalizada da maioria dos administrativistas, que defende o efeito constitutivo do ato, apesar de inferir-se de sua materialização a forma declaratória. Pode-se afirmar que um bem cultural enquanto integrante do universo aberto do amplo patrimônio cultural, ao ser selecionado para um novo universo, o do patrimônio cultural considerado estritamente para fins de proteção especial, ganha conotação jurídica própria, dimensão que se coloca além do plano antropológico do conceito de cultura.

Oportuno, pois, citar colocações fundamentais de alguns administrativistas, muitas das quais já inseridas no capítulo destinado ao conceito de tombamento, mas aqui reafirmadas por constituírem base referencial para nova reflexão no tocante à constitutividade do ato.

José Afonso da Silva[20]assenta entendimento depurado sobre a questão, a afastar dubiedade em face do enfoque declaratório ou constitutivo da materialização da norma do tombamento, o que se apropria na síntese contida em seu conceito sobre o tombamento:

> "[...] ato do Poder Público que, reconhecendo o valor cultural (histórico, arqueológico, etnográfico, artístico ou paisagístico) de um bem, mediante sua inscrição no livro próprio, subordina-o a um regime jurídico especial que lhe impõe vínculos de destinação, de imodificabilidade e de relativa inalienabilidade".

---

19 SOUZA FILHO, Carlos Federico Marés. Tombamento e Registro: Dois Instrumentos de Proteção. In: FERNANDES FILHO, Edésio; ALFONSIN, Betânia (coord.). *Revisitando o Instituto do Tombamento.* Belo Horizonte: Fórum, 2010 (163-173), p. 169. ISBN: 978-85-7700-388-4.

20 SILVA, José Afonso da. O direito urbanístico brasileiro. São Paulo: Revista dos Tribunais, 1981. pp. 499-500.

O autor, coerente com essa formulação conceitual, é categórico em afirmar a constitutividade do ato, referindo-se à possibilidade de incidência do tombamento sobre coisas pertencentes à União, aos Estados, aos Municípios, ao Distrito Federal e às autarquias, de uso comum, especial ou dominial, assim como sobre coisas pertencentes às pessoas naturais ou às pessoas jurídicas privadas:

> "Em qualquer desses casos, o tombamento é que constitui o bem tombado em patrimônio histórico, artístico, arqueológico e paisagístico nacional, estadual ou municipal; ele produz efeitos sobre a esfera jurídica dos proprietários, privados ou públicos, dos bens tombados, impondo limitações ao direito de propriedade, e cria, para eles, um regime jurídico especial, transformando-os em bens de interesse público (situação diversa de domínio público e de domínio privado), sujeitos a vínculos de várias espécies, [...]. Tudo isso inova a situação jurídica dos bens tombados, transforma sua posição jurídica e impõe a seus proprietários condutas jurídicas, 'ob rem', que antes não havia, demonstrando que o tombamento, em qualquer caso, é constitutivo".[21]

No mesmo sentido é a posição de Diógenes Gasparini:[22]

> "Dúvida também parece não existir quando se afirma que o ato de tombamento é constitutivo. O tombamento retira o bem da categoria em que se encontra e o entroniza na categoria dos bens tombados, alterando-lhe substancialmente o regime jurídico. Nessa mudança de regime está a constitutividade do ato de tombamento".

Lúcia Valle Figueiredo[23] corrobora a visão dos autores citados, ao afirmar que o ato administrativo muda a natureza do bem, que, inscrito em livro de tombo, passa a reger-se por regras especiais nas relações em que figura.

Por último, menciona-se Celso Antônio Bandeira de Mello,[24] que, posicionando-se acerca de polêmica doutrinária sobre ser limitação ou servidão administrativa o ônus instituído pelo tombamento, deixa clara sua opção pela constitutividade deste:

---

21 SILVA, José Afonso da. O direito urbanístico brasileiro. São Paulo: Revista dos Tribunais, 1981. pp. 499-500.

22 GASPARINI, Diógenes. Tombamento II. In: *Enciclopédia Saraiva do Direito*. São Paulo: Saraiva, 1982. p. 18, v. 74

23 FIGUEIREDO, Lúcia Valle. *Disciplina urbanística da propriedade*. São Paulo: Revista dos Tribunais, 1980.

24 MELLO, Celso Antônio Bandeira de. Elementos de direito administrativo. São Paulo: Revista dos Tribunais, 1981. pp.180-2.

> "Com efeito, se a limitação administrativa não é senão o perfil do Direito, parece razoável entender que sempre que seja necessário um ato específico da Administração impondo um gravame, por conseguinte, criando uma situação nova, atingiu-se o próprio direito, e, pois, a hipótese é de servidão".

Tendo em vista as considerações até aqui aduzidas, bem como as opiniões evocadas, pode-se concluir que o tombamento, além dos aspectos de discrição que o informam, é também constitutivo. Isto é, o ato modifica o mundo jurídico, alterando a natureza do bem tombado e os direitos afetos a sua propriedade. Decorrente do poder extroverso do Poder Público, a relação que se estabelece ao influxo desse ato tem caráter bem definido e se informa, não só pela imperatividade, salvo em caso de tombamento voluntário, e, também, pela constitutividade do provimento. A par do reconhecimento oficial do valor cultural do bem, o tombamento constitui o objeto em bem de interesse público e integra o Poder Público em sua gestão. Nem a participação cidadã e societal no processo, tão recomendável no Estado Democrático de Direito, afasta os atributos do ato de tombamento, como ordem de proteção; apenas torna mais legítima a intervenção estatal e efetiva o postulado da responsabilidade estendida da sociedade no processo de proteção.

A lei não cria, por si mesma, situação nova; apenas orienta os passos do administrador, no sentido de que a incorporação de um bem ao regime jurídico especial que ela prevê se faça segundo requisitos técnicos objetivos e segundo a ordem normativa. Em suma, o ato administrativo é que concretiza a abstração geral, atraindo o regime jurídico nela prescrito, constituindo situação inédita para o bem e alterando os direitos e deveres dos que com ele se relacionam, criando ou reconhecendo, ademais, uma dimensão imaterial do bem que transcende o vínculo proprietário relativo ao bem material que suporta o valor cultural.

Em outras palavras, é o que afirma Ramón Martín Mateo:

"Si los bienes culturales son em definitiva constityentes de um patrimônio colectivo, es necessário extraer las consecuencias jurídicas obligadas y adoptar medidas realistas que impidan, por supuesto, que los proprietários del suporte físico de estos bienes se apropien de su contenido inmaterial". [25]

Por fim, chama-se a atenção para o fato de que a divergência na classificação do tombamento segundo o critério em pauta neste tópico não se

---

[25] MATEO, Ramón Martín. Prólogo In: IBAÑEZ, Mª Del Rosário Alonso. *El Patrimonio Historico:* Destino Publico y Valor Cultural. Madrid: Editorial Civitas, S.A., 1992. p. 22.

põe em nível apenas retórico, mas atrai consequências práticas, especialmente no decisório judicial.

2.1. Jurisprudência

Vem à colação julgado em que se discute a natureza do ato de tombamento – constitutiva ou declaratória – com vistas à solução de um conflito que tangencia diversas polêmicas no campo da proteção, notadamente a concorrência de institutos e a permanência da condição do bem cultural a despeito da revogação do tombamento, ao entendimento do caráter meramente declaratório do ato revogado:

> Tribunal de Justiça de Minas Gerais – Número 1.0220.11.000290-8/007 – Relator: Des.(a) Moacyr Lobato. Data do Julgamento: 29/09/2016 Data da Publicação: 11/10/2016
>
> EMENTA: DIREITO ADMINISTRATIVO E CONSTITUCIONAL. DEMOLIÇÃO PARCIAL DE IGREJA. BEM TOMBADO E INVENTARIADO. DESTOMBAMENTO. PROTEÇÃO REMANESCENTE PELA EXISTÊNCIA DO INVENTÁRIO. EFEITOS MERAMENTE DECLARATÓRIOS DESTAS DUAS FORMAS DE PROTEÇÃO CULTURAL. VALOR IMANENTE DO PRÓPRIO BEM. INEXISTÊNCIA DE DIREITO ADQUIRIDO OU DA POSSIBILIDADE DE RECONHECIMENTO DO "FATO CONSUMADO" EM MATÉRIA AMBIENTAL CULTURAL, POIS NADA IMPEDE, COM OS ATUAIS RECURSOS TECNOLÓGICOS, A RECONSTRUÇÃO DO BEM, COMO OCORRE NOS PAÍSES EUROPEUS. AÇÃO JULGADA PARCIALMENTE PROCEDENTE. – [O piso destruído da] Igreja inventariada e tombada pelo poder público municipal, independentemente da revogação do tombamento, efetivada pelo Executivo (contra o Parecer do Conselho do Patrimônio Histórico do Município) pode ser [refeito], pois a aquisição dos ladrilhos hidráulicos destruídos e sua recolocação são medidas tecnologicamente simples. – Tanto o inventário quanto o tombamento possuem natureza declaratória. Há discussão, mas firmou-se na doutrina majoritária a opinião de que este último possui natureza declaratória e constitutiva, visto que, ao declarar um valor cultural que preexiste ao ato e lhe é anterior, cria (ao mesmo tempo) obrigações para os envolvidos (proprietário, poder público e até vizinhos). Mas não existe divergência sobre a natureza declaratória do tombamento. – Se assim é, desfazer ou revogar o ato de tombamento importa pouco neste caso, primeiro porque remanesceu o inventário como instrumento de proteção; e, em segundo plano, a

revogação do ato de tombamento não desfigura o valor cultural preexistente, que é a importância arquitetônica e/ou sociocultural, com todos os objetos que o integram e formam um conjunto religioso merecedor da proteção. – A Constituição da República impõe, nesse caso, um sério compromisso com as gerações futuras. Vedar, por exemplo, um desmatamento (porque "irreversível") é um convite ao desmatamento generalizado, como ocorre atualmente em Minas Gerais (que a mídia noticia como sendo o campeão do desmatamento da Mata Atlântica) ou a que se destruam os imóveis protegidos, visto que, demolidos, a situação irregular pode ser "regularizada". De outro lado, a recuperação, a construção ou mesmo a própria reconstrução, como demonstram os exemplos daqui mesmo ou da Europa (Veneza é a campeã da reconstrução), deixam clara e inegável a possibilidade, sempre existente, da recuperação do bem cultural sob ameaça. – Em suma, não existe "fato consumado" a ser preservado, nem "direito adquirido" à destruição do patrimônio cultural, ainda que particular. O caso da Igreja Universal em Belo Horizonte (destruição de casas no Bairro de Lourdes) mostra que a repressão, ainda que a posteriori, pelo menos educa para o futuro e impede atos novos de violação dos direitos culturais.

3. O TOMBAMENTO COMO SERVIDÃO ADMINISTRATIVA *VERSUS* LIMITAÇÃO ADMINISTRATIVA

Inicia-se o presente capítulo com uma síntese elaborada por Edésio Fernandes em revisita ao instituto do tombamento, para contextualização da questão que ora se pauta:

> "Como se sabe, o tombamento é tradicionalmente considerado pela doutrina como uma das possibilidades de intervenção do estado sobre a propriedade privada, ao lado da desapropriação, das limitações administrativas, da servidão administrativa, da ocupação temporária e da requisição administrativa. A polêmica se origina do fato de que, como regra geral, admite-se em tese que surge direito a alguma forma e/ou medida de indenização ao proprietário privado sempre que a intervenção do Estado atingir uma propriedade determinada. No caso do tombamento, todavia, o instituto certamente atinge propriedade determinada, mas a legislação específica sobre o tema não previu direito à indenização. A justificativa para essa exceção à regra tem sido dada pelo fato de que o tombamento seria um gravame parcial ao bem, não exaurindo totalmente o conteúdo econômico do bem tombado. Tal

justificativa, contudo, tem sido cada vez mais questionada pelos proprietários afetados pelas políticas e atos de proteção do patrimônio cultural com o argumento central de que, em razão do aumento progressivo dos preços de imóveis no contexto da urbanização rápida do país, as possibilidades efetivas de uso econômico de um bem tombado seriam muito pouco significativas, com o que o tombamento acabaria ganhando um caráter punitivo".[26]

O autor toma o tombamento em sua autonomia, situando o instituto entre as múltiplas modalidades de intervenção e chamando a atenção para as tensões em torno dos possíveis gravames.

Neste tópico, buscar-se-á subsumir o instituto do tombamento, pelo prisma do gravame que comunica ao bem sob sua incidência, em uma das clássicas figuras de intervenção, preservando-lhe, contudo, autonomia no tocante ao que lhe constitui a essencialidade como "entidade jurídica" protetiva. Assim, para complementação da análise dos principais traços do referido instituto jurídico, busca-se pautar o seu enquadramento nas figuras tipológicas da limitação ou da servidão administrativas, notadamente, exercício de relevância por ser a distinção a que possivelmente encerra mais implicações práticas, tendo em vista, principalmente, os diferentes reflexos ou efeitos que o regime especial engendra sobre o bem tombado e a esfera jurídica do sujeito que o titulariza.

Embora o tema da intervenção do Estado sobre a propriedade privada seja prestigiado na maioria dos manuais do Direito Administrativo e em diversos títulos específicos da literatura publicística, e largamente apropriado no direito positivo e na jurisprudência,[27] remanesce a imprecisão conceitual

---

26 FERNANDES FILHO, Edésio; ALFONSIN, Betânia. Revisitando o Instituto do Tombamento. In: FERNANDES, Edésio; ALFONSIN, Betânia (coord.). *Revisitando o Instituto do Tombamento.* Belo Horizonte: Fórum, 2010. p. 16. ISBN: 978-85-7700-388-4.

27 O Ministro Carlos Mario Velloso, na Apelação Civil 84.819/SP, Tribunal Federal de Recursos, objetivando estremar os conceitos de desapropriação, servidão e limitação administrativa, colhe subsídios em lição irretocável do Ministro Cunha Peixoto quanto aos três modos de intervenção na propriedade privada: "Enquanto que, na desapropriação, o indivíduo perde a sua propriedade, daí a necessidade de indenização, na segunda, vale dizer, na servidão administrativa, há interferência de terceiros no uso e gozo da propriedade, interferência que afeta a exclusividade da propriedade no integral aproveitamento, pelo que se impõe indenizar a parte em que o proprietário fica privado no desfrute. Todavia, tratando-se de limitação administrativa, não há perda da propriedade, nem terceiro intervém no uso e gozo da propriedade. O que há é simples restrição ao uso, restrição que deflui do próprio direito de propriedade [...] já que este deve ser exercido não com exclusividade, mas tendo em consideração o interesse

das modalidades interventivas mais próximas: a limitação administrativa e a servidão administrativa, com a consequente tensão no campo de sua aplicação. É dizer, em outras palavras, da dificuldade taxonômica e pragmática desses institutos interventivos, de modo que, na distinção classificatória, repousam entendimentos antagônicos, ou, às vezes, conciliatórios, cada qual apreendendo por seu ângulo de visão as situações de gravame impostas pelo ato da Administração.

Sônia Rabello, em aprofundado estudo sobre a referida categoria jurídica, sintetiza seus suplementos no seguinte enunciado:

> "É, portanto, a servidão administrativa uma utilidade que afeta um bem como direito real, dando, por conseguinte, a titularidade deste direito ao sujeito que o constituiu – uma pessoa jurídica de direito público (ou ente delegado). Como em qualquer direito real, a servidão administrativa implicará desmembramento do conteúdo do direito do proprietário; afastando o proprietário, total ou parcialmente, da titularidade exclusiva do desfrute de um de seus elementos".[28]

Já a limitação administrativa, consoante lição da administrativista,"não interfere na exclusividade das faculdades do domínio do proprietário; é modulação do seu exercício pela aplicação do poder de polícia".[29]

Para Celso Antônio Bandeira de Mello,

> "Servidão Administrativa é o direito real que assujeita um bem a suportar uma utilidade pública, por força da qual ficam afetados parcialmente os poderes do proprietário quanto ao seu uso ou gozo. É, pois, o gravame que onera um dado imóvel subjugando-o ao dever de suportar uma conveniência pública, de tal sorte que a utilidade residente no bem pode ser fruída singularmente pela coletividade ou pela administração".[30]

Alerta o autor paulista para o risco de se incorrer em confusão no tratamento das duas figuras jurídicas, sugerindo atentar-se quanto aos seguintes traços distintivos:

---

público". (*In: BRASIL. Tribunal Federal de Recursos. Apelação Cível 84.819/SP. Revista do Tribunal Federal de Recursos, 122: 152, 1985.* pp. 122-161).

28 RABELLO Sônia. *O Estado na Preservação de Bens Culturais:* O tombamento. Rio de Janeiro: Reedições Iphan, 2009. p. 132.

29 RABELLO Sônia. *O Estado na Preservação de Bens Culturais:* O tombamento. Rio de Janeiro: Reedições Iphan, 2009. p. 132.

30 MELLO, Celso Antônio Bandeira. *Curso de Direito Administrativo,* 33ª ed. São Paulo: Malheiros, 2016. p. 936.

> "Do ponto de vista teórico, é profunda a distinção entre umas e outras. Enquanto, por meio das limitações, o uso da propriedade ou da liberdade é condicionado pela Administração para que se mantenha dentro da esfera correspondente ao desenho legal do direito, na servidão há verdadeiro sacrifício, conquanto parcial, do direito. Ou seja: a compostura do direito, legalmente definida, vem a sofrer uma compressão em nome do interesse público a ser extraído do bem sujeito à servidão".[31]

Cabe realçar, neste passo, por vertente mais distante dos assentamentos do direito civil, por um lado, mas de forma coerente com a perspectiva publicística, por outro, a tênue separação entre eles – a qual se infere do conjunto da doutrina –, suficiente para lhes dar autonomia e caráter próprio.

Em síntese, pode-se dizer que servidão administrativa é ônus sobre bem móvel ou imóvel, que se traduz na obrigação de suportar, quase sempre, individualmente criado por meio de ato administrativo, podendo ser, também, resultante de imposição genérica, desde que constitua obrigação daquela natureza, e se caracteriza como interferência do Poder Público no uso e gozo da propriedade, privada ou pública, afetando a exclusividade do domínio. Na servidão, pois, o bem passa a prestar-se ou, antes, a sujeitar-se a um tipo de uso público, ou de utilidade pública, podendo ser, inclusive, um uso público de natureza pedagógica, como ocorre no campo patrimonial da cultura. Essa intervenção pode ser gratuita ou onerosa: está a salvo de indenização, se não gera desequilíbrio no conteúdo econômico do bem; acarreta indenização, quando o uso público que se exerce sobre o bem privado tombado produzir dano.

Limitação, ao revés, decorre sempre de condicionamento genérico e abstrato, que atinge não a propriedade, mas o proprietário, impondo-lhe obrigação de não fazer ou de fazer, com vistas ao exercício socialmente adequado de seus direitos sobre o bem. Na limitação administrativa, pois, a propriedade, por si mesma, permanece intocada, razão pela qual esta intervenção é essencialmente gratuita.

Desse modo, uma construção que se faça segundo posturas municipais não se torna, por isso, de utilidade pública, nem está sujeita senão a mera verificação do cumprimento das normas pertinentes. A intervenção é, pois, mais leve. Apenas se impede o proprietário de fazer algo que viria em prejuízo da sociedade ou da ordem urbanística como um todo.

---

31 MELLO, Celso Antônio Bandeira. *Curso de Direito Administrativo*, 33ª ed. São Paulo: Malheiros, 2016. p. 936.

No bojo das ponderações que sustentam o enquadramento do tombamento em uma ou outra modalidade, a indenização é recorrentemente apresentada como fator distintivo determinante, entendendo-se, por simetria, que a incidência da indenização ou o afastamento dela depende fundamentalmente de como seja classificado o tombamento no domínio de que se trata.

É dizer: para a classificação do tombamento como servidão, alguns teóricos do Direito Administrativo se aferram à indenização como elemento indicativo daquela configuração, ou seja, entendem que o traço precípuo e saliente para caracterização da servidão em que se subsume o tombamento é a aptidão para gerar direito à contrapartida pecuniária, em benefício do titular do bem gravado; para análise da ocorrência da obrigação de ressarcimento por parte da Administração pela imposição do tombamento, situam-na como o principal consectário desse enquadramento.

Demonstrar-se – á, porém, que a análise da classificação do tombamento como limitação ou servidão administrativa não pode se restringir à aplicação do critério da incidência ou não de indenização em razão do gravame, sendo que se tratará do tema do ressarcimento noutro ponto do trabalho.

Não se descuram, também, teorias jurídicas que têm sido expostas para caracterizar o regime jurídico do tombamento, ou a natureza do gravame que ele comunica, com base em outros pressupostos: propriedade coletiva dominial, domínio eminente estatal, bem cultural material como suporte de um bem imaterial, propriedade privada como função social, bem de interesse público, bem cultural sujeito a custódia administrativa. Essas teorias, todavia, não serão aqui resgatadas, tendo em vista que, na oposição entre servidão e limitação, reside a maior polêmica. A propósito das teorias, chama-se a atenção para as explanações de Paulo Affonso Leme Machado.[32]

Os autores que se manifestam sobre o tema da natureza do gravame, na polarização servidão X limitação, ingressam numa ou noutra corrente, adotando ligeiras variações, sendo que alguns apresentam soluções peculiares.

Entre os que entendem a tutela pública do tombamento como limitação administrativa ou que afastam a sua caracterização como servidão, comparecem, além de outros, Marcelo Caetano, Themístocles Brandão Cavalcanti, Cretella Júnior e Sônia Rabello de Castro.

Sônia Rabello de Castro é categórica no seu posicionamento e enfática na defesa dessa corrente doutrinária, afirmando que "o tombamento segue

32 MACHADO, Paulo Affonso Leme. Tombamento: instrumento jurídico de proteção do patrimônio natural e cultural. *Revista dos Tribunais*. São Paulo, 563(71): 23, setembro de 1982.

sendo um instituto jurídico que tem natureza de limitação administrativa, consagrada pela doutrina jurídica majoritária, e pela jurisprudência pátria".[33]

Afasta a autora a natureza de servidão administrativa como regime da intervenção do tombamento, reconhecendo a caracterização de limitação administrativa, uma vez que "o ato insere o bem identificado na classe dos bens culturais, passando a tutelar o interesse público que a coisa detém, sem detrimento das suas relações do direito concernente ao domínio".[34]

E completa:

> "Entrementes, com o ato administrativo identificando interesse cultural, o exercício das faculdades do domínio passa a ser modulado pelas limitações impostas pela administração pública, visando à proteção e conservação daquele bem; não tira o tombamento, em momento nenhum, a exclusividade do proprietário sobre a coisa, mas condiciona a forma de exercício das faculdades do domínio".[35]

Marcelo Caetano,[36] abordando a compatibilidade das intervenções estatais diversas com o direito de propriedade para a garantia de uma gama de interesses públicos, neles incluídos o de proteção patrimonial, traduz as imposições como limitações, conforme se registra:

> "[...] as restrições de utilidade pública ao direito de propriedade vigoram onde quer que relativamente à propriedade particular se verifiquem as circunstâncias pressupostas na lei para assegurar a realização de interesses públicos em geral. Tais restrições traduzem-se em limitações permanentemente impostas ao exercício do direito de propriedade ou em poderes conferidos à Administração para intervir, a fim de realizar os fins que lhe estão confiados".

A posição encontra suporte em Zanobini,[37] que defende a compatibilidade desses condicionamentos com o direito de propriedade: "As restrições do direito público são impostas, porque o direito de propriedade não é incompatível

---

33 RABELLO, Sônia. Tombamento e Legislação urbanística: Competência e gestão. In: FERNANDES, Edésio; ALFONSIN, Betânia (coord.). *Revisitando o Instituto do Tombamento.* Belo Horizonte: Editora Fórum, 2010 (37-49), p. 46. ISBN: 978-85 – 7700-388-4.

34 RABELLO Sônia. *O Estado na Preservação de Bens Culturais:* O tombamento. Rio de Janeiro: Reedições Iphan, 2009. p. 138.

35 RABELLO Sônia. *O Estado na Preservação de Bens Culturais:* O tombamento. Rio de Janeiro: Reedições Iphan, 2009. p. 138.

36 CAETANO, Marcelo. *Princípios fundamentais do direito administrativo.* Rio de Janeiro: Forense, 1977. p. 472.

37 ZANOBINI, Guido. *Corso de diritto amministrativo.* 5. ed. Milano: Dott. A. Guiffrè, 1958, p. 140, v. 4.

com determinados interesses públicos, ou seja, da generalidade representada pelo Estado e outros entes administrativos".

Classificam o referido tipo de intervenção como servidão, entre outros, Ruy Cirne Lima, Celso Antônio Bandeira de Mello,[38] Adilson Abreu Dallari, Diógenes Gasparini, entre outros.

Neste passo da análise da questão, colhem-se de Cirne de Lima[39] assertivas lapidares, as quais, mostrando a natureza da servidão administrativa, enfrentam a polêmica em torno de seu caráter real ou não, deixando ver, com clareza, pontos de distanciamento e aproximação entre a servidão pública e as do direito privado.

Ei-las:

> "A servidão administrativa importa na incidência da relação de administração sobre uma parte somente das utilidades, de que uma coisa determinada é suscetível. Não se poderá dizer que constitua ela direito real, por isso que a relação de administração, na qual consiste, pode indiferentemente ter, em princípio, como objeto uma coisa corpórea ou um fato [...]. Mas a sua estrutura jurídica é análoga à dos direitos reais [...]".

Essa relação de administração, que constitui, na verdade, o substrato do regime jurídico administrativo, que Cirne de Lima[40] soube tão bem sintetizar, é, na sua expressão, **a relação jurídica que se estrutura ao influxo de uma finalidade cogente.**

Pois bem, nada mais conforme com a servidão instituída pelo tombamento do que o conceito por ele (Cirne) proposto. Constituindo uma relação de administração, o tombamento tem como consequência a convergência, para o bem sobre o qual incida, de gravames sobre utilidades que seu titular possa fruir.

Não condiciona Cirne de Lima o conteúdo da servidão à submissão da utilidade de determinado bem à utilidade pública doutra coisa, como

---

38 Anota-se que Celso Antônio Bandeira de Mello, que enquadrava a intervenção resultante do tombamento como servidão administrativista até a 26ª edição do seu Curso de Direito Administrativo, alterou sua posição para sustentar tombamento e servidão como categorias distintas, consoante seu registro em sua obra revisada. MELLO, Celso Antônio Bandeira. *Curso de Direito Administrativo.* 33 ed. São Paulo: Malheiros, 2016. p. 940.

39 LIMA, Ruy Cirne. *Princípios de direito administrativo.* 5 ed. São Paulo: Revista dos Tribunais, 1982. pp. 195-6.

40 LIMA, Ruy Cirne. *Princípios de direito administrativo.* 5 ed. São Paulo: Revista dos Tribunais, 1982. p. 51.

sustenta Marcelo Caetano[41] Entende-a, sim, incidente sobre bens isoladamente considerados, cuja utilidade passa a subordinar-se à finalidade pública que a tenha motivado. Em outras palavras, pode-se admitir que a servidão administrativa não tem como pressuposto a existência de um prédio dominante *(res dominans)* e um prédio serviente *(res serviens)* como ocorre na servidão civil. Nisso reside, certamente, do ponto de vista conceitual, o traço distintivo básico. A comunicação entre as espécies se verifica a partir da identificação da incidência, sobre um bem determinado, de uma imposição ou direito que afete por força de algum gravame o seu uso e gozo, sendo tal imposição especializada, no caso da servidão administrativa, pela finalidade pública que o bem deverá suportar.

Mas não se infere apenas da construção de Cirne de Lima em torno das servidões administrativas a tipificação do tombamento como tal. Cuida ele, de forma especial, de estabelecer o referido rótulo para o instituto, afirmando:

> "[...] a servidão administrativa, ao contrário da servidão real do direito privado (art. 695, Código Civil),[42] pode incidir sobre móveis ou imóveis. Pode incidir sobre móveis a servidão instituída sobre as coisas do patrimônio histórico e artístico nacional, que lhes impede a restauração livremente feita, posto que desejada pelo próprio dono" (Decreto-Lei, n. 25, de 30 de novembro de 1937, art. 17).[43]

Cirne de Lima enumera, ainda, entre as servidões administrativas sobre imóveis, a que incide sobre os prédios vizinhos de obra ou imóvel pertencentes ao patrimônio histórico e artístico nacional; entre as constituídas sobre móveis, a servidão estabelecida sobre as telas, estatuárias e outros objetos de valor histórico ou artístico tombados.[44]

Celso Antônio Bandeira de Mello, notável por sua obstinação em precisar os conceitos e fixar premissas lógicas, trata a questão partindo de uma tentativa de distinção entre servidões e limitações administrativas. O que se pode concluir a respeito é que, segundo o autor, sempre que o direito for

---

41 CAETANO, Marcelo. *Princípios fundamentais do direito administrativo.* Rio de Janeiro: Forense, 1977. p. 472.

42 Ao art. 695 do Código Civil de 1916 corresponde o art. 1.378 do Código Civil de 2002.

43 LIMA, Ruy Cirne. *Princípios de direito administrativo.* 5 ed. São Paulo: Revista dos Tribunais, 1982. p. 196.

44 LIMA, Ruy Cirne. *Princípios de direito administrativo.* 5 ed. São Paulo: Revista dos Tribunais, 1982. p. 197-8.

atingido de forma específica, importando sacrifício individual, a hipótese é de servidão. Tratar-se-á de limitação quando houver condicionamento genérico ao uso ou gozo do bem mediante a obrigação de abstenção, sendo que, se a disposição genérica impuser obrigação de suportar, ter-se-á servidão.

Na medida em que o tombamento é apenas regulado em normas gerais, surgindo, concretamente, de ato administrativo específico, para Celso Antônio ficava evidenciado o caráter de servidão pública do ato, conforme registro da lição original do mestre paulista:[45]

> "[...] sempre que seja necessário um ato específico da Administração impondo um gravame, por conseguinte, criando uma situação nova, atingiu-se o próprio direito e, pois, a hipótese é de servidão. Por este motivo, entendemos que tanto o tombamento pelo Patrimônio Histórico quanto a declaração de que uma determinada área particular é de reserva florestal são casos de servidão e não de limitação administrativa como normalmente se afirma.
>
> [...]
>
> "Se a propriedade é afetada por uma disposição genérica e abstrata, pode ou não ser caso de servidão. Será limitação e não servidão, se impuser apenas um dever de abstenção, um *non facere*. Será servidão, se impuser um *pati*, obrigação de suportar".[46]

Adilson Abreu Dallari[47] enquadra o tombamento como servidão, consoante sua cristalina lição: "Entendemos que o tombamento configura verdadeira servidão administrativa, na medida em que o Poder Público absorve uma qualidade ou um valor já existente no bem tombado, para desfrute ou proveito da coletividade".

Diógenes Gasparini afirma:

> "O tombamento, que pode incidir sobre um bem móvel ou imóvel, é servidão administrativa (RDF, 86: 37) dotada de nome

---

45 Anota-se que Celso Antônio Bandeira de Mello, que enquadrava a intervenção resultante do tombamento como servidão administrativista até a 26ª edição do seu Curso de Direito Administrativo, alterou sua posição para sustentar tombamento e servidão como categorias distintas, consoante seu registro em sua obra revisada. MELLO, Celso Antônio Bandeira. *Curso de Direito Administrativo.* 33 ed. São Paulo: Malheiros, 2016. p. 940.

46 MELLO, Celso Antônio Bandeira de. *Elementos de direito administrativo.* São Paulo: Revista dos Tribunais, 1981. pp. 180-2.

47 DALLARI, Adilson Abreu. "Tombamento". Instituto Jurídico, *Revista de Direito Público.* São Paulo: Revista dos Tribunais, 1987. p. 38, v. 86.

> próprio, instituída sempre que o Poder Público deseja preservar certo bem, público ou particular, em razão de seu valor histórico, cultural, artístico, turístico e paisagístico. Alguns autores não atribuem ao tombamento a natureza de servidão, pois entendem inexistir prédio dominante, elemento indispensável na identificação desse instituto. Ainda que forte, o argumento não impressiona, pois o elemento dominante tanto pode ser um prédio como um serviço e este, induvidosamente, está presente na medida em que cabe ao Estado garantir a todos o pleno exercício dos direitos culturais e o acesso às fontes da cultura nacional, apoiando e incentivando a valorização e difusão das manifestações culturais".[48]

Outros autores apresentam soluções peculiares, como Hely Lopes Meirelles, Lúcia Valle Figueiredo e Maria Sylvia Zanella Di Pietro.

Hely Lopes Meirelles[49] distingue os dois tipos de intervenção estatal na propriedade, segundo critérios próximos dos de Celso Antônio Bandeira de Mello:

> "Servidão administrativa ou pública é ônus real de uso, imposto pela Administração à propriedade particular, para assegurar a realização e conservação de obras e serviços públicos ou de utilidade pública, mediante indenização dos prejuízos efetivamente suportados pelo proprietário.
>
> [...]
>
> Limitação administrativa é toda imposição geral, gratuita, unilateral e de ordem pública, condicionadora do exercício de direitos ou de atividades particulares às exigências do bem-estar social. As limitações administrativas são preceitos de ordem pública. Derivam, comumente, do poder de polícia inerente e indissociável da Administração e se exteriorizam em imposições unilaterais e imperativas, sob a tríplice modalidade: positiva (fazer), negativa (não fazer) ou permissiva (deixar fazer). No primeiro caso, o particular fica obrigado a realizar o que a Administração lhe impõe; no segundo, deve abster-se do que lhe é vedado; no terceiro, deve permitir algo em sua propriedade".[50]

---

48 GASPARINI, Diógenes. *Direito Administrativo*. 10 ed. São Paulo: Saraiva, 2005. pp. 677-678.

49 MEIRELLES Hely Lopes. *Direito administrativo brasileiro*. 9 ed. São Paulo: Revista dos Tribunais, 1982. p. 512.

50 MEIRELLES Hely Lopes. *Direito administrativo brasileiro*. 9 ed. São Paulo: Revista dos Tribunais, 1982. pp. 519-520.

E conclui Hely Lopes Meirelles, assimilando os caracteres distintivos desses institutos:

> "[...] a servidão administrativa é ônus real do Poder Público sobre a propriedade particular, com finalidade de serventia pública – 'publicae utilitatis'. A limitação administrativa é uma restrição pessoal, geral e gratuita, imposta genericamente pelo Poder Público ao exercício de direitos individuais, em benefício da coletividade; a servidão administrativa é um ônus real de uso, imposto especificamente pela Administração a determinados imóveis particulares, para possibilitar a realização de obras e serviços públicos. Assim, a restrição à edificação além de certa altura é uma limitação administrativa ao direito de construir, ao passo que a obrigação de suportar a passagem de fios de energia elétrica sobre determinadas propriedades privadas, como serviço público, é uma servidão administrativa, porque onera diretamente os imóveis particulares com uma serventia pública. A limitação administrativa impõe uma obrigação de não fazer, enquanto que a servidão administrativa impõe um ônus de suportar que se faça. Aquela incide sobre o proprietário (obrigação pessoal); esta incide sobre a propriedade (ônus real)".[51]

O autor arremata localizando o tombamento, ora na seara das servidões administrativas, ora na das limitações administrativas:

> "O tombamento tanto pode acarretar uma restrição individual quanto uma limitação geral. É restrição individual quando atinge determinado bem – uma casa, por exemplo – reduzindo os direitos do proprietário ou impondo-lhes encargos; é limitação geral quando abrange uma coletividade, obrigando-a a respeitar padrões urbanísticos ou arquitetônicos, como ocorre com o tombamento de locais históricos ou paisagísticos".[52]

Lúcia Valle Figueiredo[53] diz ser o tombamento rótulo que encobre, às vezes, verdadeira desapropriação e, noutros casos, servidão administrativa, que pode ser onerosa ou gratuita, dependendo do sacrifício a que for submetido o direito de propriedade. Explicitando essa visão do tombamento como

---

51 MEIRELLES Hely Lopes. *Direito administrativo brasileiro.* 9 ed. São Paulo: Revista dos Tribunais, 1982. pp. 512-513.

52 MEIRELLES Hely Lopes. *Direito administrativo brasileiro.* 9 ed. São Paulo: Revista dos Tribunais, 1982. p. 528.

53 FIGUEIREDO, Lúcia Valle. *Disciplina urbanística da propriedade.* São Paulo: Revista dos Tribunais, 1980. p. 78.

instituto aparente, biombo atrás do qual se escondem outros instrumentos de intervenção do Estado na propriedade, Lúcia Valle Figueiredo supõe três circunstâncias traçadas em contornos diversos.

Ensina a autora que a inutilidade do bem, advinda do tombamento, denota o caráter expropriatório deste. Nessa situação, caberá ao Estado indenizar o proprietário, tomando por base de cálculo o valor do bem.

A segunda hipótese é a de perda parcial da propriedade, ou, antes, de aspecto utilitário desta, que sofre diminuição no seu potencial econômico. Eis configurada a servidão onerosa, cuja consequência é o direito à indenização, proporcional ao sacrifício imposto.

A última situação é aquela em que inexistem efeitos nocivos, capazes de diluir o conteúdo da propriedade para o titular, decorrentes do tombamento do bem. Está-se, então, diante de servidão gratuita, que não gera direito a indenização.

Em síntese, Lúcia Valle Figueiredo formula ponto de vista, no mínimo, original, considerando o tombamento apenas a exteriorização, o ato formal que reveste, em alguns casos, o instituto de desapropriação e, em outros, a servidão administrativa.

Maria Sylvia Zanella Di Pietro, revendo seus estudos e refutando a posição da doutrina que defende o tombamento como servidão, afirma:

> "Não compartilhamos desse entendimento porque, embora o tombamento seja feito, voluntária ou compulsoriamente, mediante inscrição no Livro do Tombo, dependendo, portanto, de ato administrativo que individualize o bem tombado, não se trata de servidão, pelo fato de não haver a coisa dominante. A restrição não é imposta em benefício de coisa afetada a fim público ou de serviço público, mas, ao contrário, tem por objetivo satisfazer interesse público genérico e abstrato, a saber, o patrimônio histórico e artístico nacional".[54]

Mostra a autora que há pontos em comum entre tombamento e limitação administrativa, como o pressuposto do interesse público para a sua imposição, diferindo, contudo, no aspecto da individualização, eis que a limitação é genérica e o tombamento individualiza o imóvel. Comparativamente com a servidão, mostra como ponto comum dos institutos a individualização do bem; como indicativo de afastamento desses núcleos apresenta a

---

[54] DI PIETRO, Maria Sylvia Zanella. *Direito Administrativo*. 29 ed. Rio de Janeiro: Forense, 2016. p. 187.

coisa dominante na servidão e a sua inexistência no tombamento, concluindo: "Preferimos, por isso, considerar o tombamento categoria própria, que não se enquadra nem como simples limitação administrativa, nem como servidão. Nesse ponto, evoluímos um pouco em relação ao entendimento adotado na tese Servidão Administrativa (1978: 27)".

Consoante a linha de raciocínio percorrida, como se enquadra o tombamento nessa ordem classificatória? A análise da fonte de que promana o tombamento mostra que ele tem sua origem ou materialização no ato administrativo. Tal ato, específico e individualizador, ou abrangente e plúrimo na sua destinação, mas individualizável – ainda que veiculado por lei, questão tensionada por muitas polêmicas – – será materialmente ato administrativo, sujeito às exigências legais.

Cumpre aqui registrar a discordância em relação às posições dos autores que definem como limitação administrativa o tombamento global, como o que estabelece o regime especial para conjuntos arquitetônicos, cujos exemplos mais citados são o de Ouro Preto e o de Serro, ambos no Estado de Minas Gerais, pelo pioneirismo que os informa.

Conquanto o processo observe uma ritualística diferenciada para se adequar ao escopo e abrangência da intervenção, o tombamento geral constitui gravame sobre cada um dos bens, tal como o tombamento individual. Ainda nesse caso, prevalece válido o raciocínio desenvolvido anteriormente, segundo o qual os bens tombados sofrem uma intervenção que poderá ser individualmente considerada. Assim, ainda que decorrente de imposição geral, o tombamento imprime igual regime aos bens sobre os quais incide. A conformação dos efeitos é que pode variar.

O destrinçamento das obrigações que o tombamento impõe, bem assim dos efeitos que pode gerar sobre o bem, a esfera jurídica de seu titular e em relação a terceiros, evidencia que o tombamento configura significativa intervenção estatal na propriedade, transforma a natureza do bem atingido, condiciona o uso e o gozo da coisa, podendo assim ser considerado como servidão. Não há que falar em mera adequação do exercício do direito de propriedade ao interesse público, em moldes de limitação administrativa; a propósito, vale lembrar uma das peculiaridades do tombamento: a possibilidade de cogestão do proprietário e do Estado com vistas à conservação e à recuperação do bem tombado.

Para ilustrar o raciocínio, imaginem-se duas hipóteses: uma construção que não atenda a padrões construtivos definidos em lei e uma edificação histórica tombada a demandar emergente restauração.

No primeiro caso, o único direito que assiste ao Estado é o de ver cumprida a lei. Para atingir tal escopo, o Poder Público pode ordenar o embargo ou a demolição da obra, sanções pela inobservância de normas gerais e limitativas do exercício de direito individual, que resultam em obrigações de não fazer e obrigações de fazer. Na hipótese, o Estado é tão-somente controlador, não podendo jamais alçar-se à condição do titular para, por exemplo, decidir que obra deva ser feita no lugar da embargada, ou, ainda, para construir, subrogando-se no papel do proprietário. O Estado só policia. Ele está distante. Apenas normatiza, em benefício da coletividade. Na mesma linha, uma construção que se faça segundo posturas municipais não se torna, por isso, de utilidade pública, nem está sujeita senão a mera verificação do cumprimento das normas pertinentes. A intervenção é, pois, mais leve: apenas se impede o proprietário de fazer algo que viria em prejuízo da sociedade ou da ordem urbanística como um todo ou obriga-o a atender positivamente a condições estatuídas.

Já na segunda situação, o direito-dever que surge para o Estado é o da **proteção estatal,** previsto no art. 215 da Constituição Federal, competindo ao Poder Público zelar pela cultura, também praticando atos necessários ao alcance desse objetivo. Aqui, depara-se com o Estado-social tardio, que intervém não apenas para assegurar a legalidade, mas para promover o interesse público, ainda que com isso interfira no direito individual. Não se está, nesse caso, diante de normas limitativas, de caráter negativo, ou ainda daquelas que impõem obrigação de fazer, mas sim de regras de intervenção positiva na propriedade, na forma de servidão administrativa; não se pede a omissão do proprietário, nem a prática de algo a que esteja obrigado, mas se impõe a aceitação de uma atuação estatal sobre o bem. No segundo caso, o Estado efetivamente intervém, atuando não só no plano legislativo, mas, também, no administrativo, como gestor do patrimônio.

Obviamente, o ônus acarretado pelo tombamento é, em regra, plenamente legítimo, eis que a ordem jurídica posiciona o Estado, não apenas como um fiscal da lei, mas, ainda, como agente promotor do bem social; por outro lado, na ordem constitucional vigente, a função social é significante importante da propriedade privada, o que traz consequências na pragmática dos institutos que envolvam essa funcionalização, sem que se apequenem as garantias constitucionais sobre a propriedade, sobretudo na busca do equilíbrio razoável dos ônus dos interesses públicos na malha social.

Pode-se concluir, portanto, que o tombamento não é regulação do direito de propriedade, mas intervenção que autoriza a prática de atos administrativos determinados e restrições parciais a partir da consideração do bem como de interesse social. Ajusta-se o instituto às características que conformam a servidão pública, vinculando-se essa tipificação ao pressuposto da intervenção direta do Poder Público no bem, com interferência na exclusividade do exercício das faculdades decorrentes da condição de *dominus*, associada à ideia de suportar. Não se vincula o raciocínio ao caráter genérico ou individual da intervenção, nem se associam obrigatoriamente servidão e indenização, nem tampouco, servidão administrativa aos pressupostos da servidão civil – prédio serviente – prédio dominante, embora se possa sustentar a caracterização dessa relação subjacente a partir de construções conceituais mais arrojadas de bem cultural.

Nesse diapasão, faz-se o aporte de fragmentos doutrinários que, não versando diretamente o tema da servidão, podem tensionar a alegada certeza da inviabilidade de caracterização do tombamento pelo lastro dessa modalidade tendo em conta a ausência do pressuposto aludido. Suplementos que podem sedimentar as bases da arquitetura da servidão administrativa por força do tombamento, como os deduzidos da engenhosa construção conceitual que vislumbra constituir-se, por força do tombamento, um bem simbólico de interesse público, o qual é suportado pelo bem material. Apropriando-se a noção, na lógica da estrutura civil da servidão, o bem físico assumiria o caráter de serviente em relação ao bem dominante, de caráter simbólico. Ana Maria Marchesan, sem se referir ao gravame de servidão, vislumbra, na esteira de autores estrangeiros, a constituição desse bem simbólico.[55]

Na mesma direção, Carlos Frederico Marés de Souza Filho contribui para a reflexão, discorrendo sobre os bens culturais:

> "Todo bem cultural tem em si uma evocação, representação, lembrança, isto é, sobre a materialidade do bem existe uma grandeza imaterial que exatamente lhe dá conteúdo cultural [...] Portanto, todo valor cultural é uma imaterialidade. Muitos bens culturais, para existir, dependem de um bem material, que chamamos de suporte. Outros, porém, existem independentemente de um suporte material, como a língua, a religião, as festas, o conhecimento. Para preservar os com suporte, é necessário preservar os respectivos suportes".[56]

---

[55] MARCHESAN, Ana Maria Moreira. *A Tutela do Patrimônio cultural sob o enfoque do direito ambiental.* Porto Alegre: Livraria do Advogado, 2007.

[56] SOUZA FILHO, Carlos Federico Marés. Tombamento e Registro: Dois Instrumentos de Proteção. In: FERNANDES FILHO, Edésio; ALFONSIN, Betânia (coord.). *Revisitando o Instituto do Tombamento.* Belo Horizonte: Fórum, 2010 (163-173) p. 165. ISBN: 978-85-7700-388-4.

Em outra dicção: "Todo bem cultural é imaterial, mas alguns estão intrinsecamente ligados a um suporte de tal forma que sua preservação depende da preservação do suporte físico, como é o caso da arquitetura, da pintura e da escultura".[57] Apropriando os suplementos do autor, é possível afirmar o bem de suporte, apropriável, como serviente; e o bem imaterial suportado por aquele, de titularidade coletiva, como dominante.

Anota-se que, nas considerações aqui desenvolvidas, não se tratou da servidão sobre imóveis vizinhos a bem tombado, o que será objeto de análise no tópico relativo aos efeitos do tombamento – Em Relação à Vizinhança: Capítulo 9 – Item 4.4.

Registra-se que, não obstante os esforços empreendidos no campo doutrinal acerca dos instrumentos de proteção do patrimônio cultural, bem assim nos discursos de aplicação dos marcos legais do tombamento, persistem muitas divergências e inconsistências no tocante à classificação segundo o critério da natureza e incidência do gravame veiculado pelo ato que o materializa. A questão é, de fato, complexa, e a dimensão do caso concreto é o campo de arregimentação mais propício para a convergência e ponderação de fatores capazes de sustentar a classificação, não aprioristicamente, mas aplicada, em respeito à conformação que cada ato assume. Essas divergências estão lançadas em vários manuais e julgados, demandando tracejos teóricos e argumentativos mais elucidativos e profundos.

Por fim, anota-se que os princípios aplicáveis ao tombamento devem compor a pauta do regime jurídico do instituto e da proteção, desafiando estudos para a conformação de um núcleo normativo específico, capaz de densificar preceitos e de estimular metodologias apropriadas para suporte de sua aplicação, assim como de inspirar novos veios hermenêuticos, sondando o plano de realidade e os processos socioculturais, para arrimar uma ordem de sustentabilidade.

Apontamentos sobre a matéria constam do Capítulo 4, item 2.3.

3.1. Jurisprudência

Processo REsp 435128 SP 2002/0061587-6

Orgão Julgador: STF T1 – PRIMEIRA TURMA
Publicação: DJ 19/05/2003 p. 130

---

57 SOUZA FILHO, Carlos Federico Marés. Tombamento e Registro: Dois Instrumentos de Proteção. In: FERNANDES FILHO, Edésio; ALFONSIN, Betânia (coord.). *Revisitando o Instituto do Tombamento.* Belo Horizonte: Fórum, 2010 (163-173) p. 166. ISBN: 978-85-7700-388-4.

Julgamento: 11 de Fevereiro de 2003

Relator: Ministro LUIZ FUX

Ementa:

PROCESSUAL CIVIL E ADMINISTRATIVO. TOMBAMENTO ÁREA DA SERRA DO MAR. LIMITAÇÃO ADMINISTRATIVA. DESAPROPRIAÇÃO INDIRETA. PATRIMÔNIO AMBIENTAL. LEGITIMAÇÃO PASSIVA DO ESTADO DE SÃO PAULO. AÇÃO DE NATUREZA REAL. PRESCRIÇÃO VINTENÁRIA. SÚMULA n. 119/STJ. NÃO CARACTERIZAÇÃO DE VIOLAÇÃO DO ARTIGO 535, II DO CPC. DECISÃO EXTRA PETITA. NÃO CARACTERIZAÇÃO. DISSÍDIO JURISPRUDENCIAL PREJUDICADO. INTELIGÊNCIA DA SÚMULA n. 83/STJ. (g.n.)

1. Não caracterizada a omissão do acórdão recorrido, afasta-se a preliminar de nulidade com base na violação do artigo 535, II do CPC, porquanto o Tribunal a quo não só acolheu os embargos de declaração para declarar o acórdão, como o próprio aresto recorrido já havia enfrentado os pontos levantados como omissos, os quais diziam respeito às preliminares arguidas em contestação, reiteradas em agravo retido, analisado na oportunidade do julgamento da apelação.

2. A decisão não se revela extra petita, quando a legislação apontada no relatório foi indicada pelo Ministério Público, não tendo o condão de alterar a causa de pedir, nem de desviar o curso da demanda mercê de não ter sido demonstrado prejuízo para a defesa, eis que teve a oportunidade de se manifestar sobre o ponto.

3. A prescrição na desapropriação indireta é vintenária decorrente de tombamento de área ambiental em que se encontra o imóvel. Caracterização da natureza real da ação. Aplicação da Súmula 119/STJ.

4. Limitação administrativa. Consoante reiterada jurisprudência do STJ, a limitação gera obrigação de indenizar quando resulta em prejuízo para o proprietário. A verificação de prejuízo e de sua extensão é questão de prova, obstaculizada pela Súmula 7/STJ. Como sói ocorrer, em sede de Recurso Especial, averiguação sobre se as restrições efetivamente já existiam como também se as características topográficas do terreno tornaram antieconômica a exploração da floresta. (g.n.)

5. O dissídio jurisprudencial resta prejudicado, na hipótese do acórdão recorrido ter decidido na esteira da jurisprudência do STJ. Inteligência da Súmula 83/STJ.

6. Recurso especial conhecido, mas desprovido.

Acordão
Vistos, relatados e discutidos estes autos, acordam os Ministros da Primeira Turma do Superior Tribunal de Justiça, na conformidade dos votos e das notas taquigráficas a seguir, após o voto-vista do Sr. Ministro Humberto Gomes de Barros, por unanimidade, conhecer do recurso, mas negar-lhe provimento, nos termos do voto do Sr. Ministro Relator. Os Srs. Ministros Humberto Gomes de Barros (voto-vista), José Delgado, Francisco Falcão e Paulo Medina votaram com o Sr. Ministro Relator.
Resumo Estruturado
LEGITIMIDADE PASSIVA, FAZENDA PÚBLICA ESTADUAL, AÇÃO DE INDENIZAÇÃO, DESAPROPRIAÇÃO INDIRETA, HIPÓTESE, ÓRGÃO ESTADUAL DO MEIO AMBIENTE, CRIAÇÃO, ÁREA DE PROTEÇÃO AMBIENTAL, RESTRIÇÃO, DIREITO DE PROPRIEDADE, OBRIGATORIEDADE, PAGAMENTO, INDENIZAÇÃO, HIPÓTESE, COMPROVAÇÃO, NECESSIDADE, RESSARCIMENTO DE DESPESA, LIMITAÇÃO ADMINISTRATIVA. APLICAÇÃO, PRESCRIÇÃO VINTENÁRIA, AÇÃO DE INDENIZAÇÃO, PREJUÍZO, DECORRÊNCIA, IMPOSIÇÃO, RESTRIÇÃO, DIREITO DE PROPRIEDADE, OBJETIVO, CRIAÇÃO, ÁREA DE PROTEÇÃO AMBIENTAL, CARACTERIZAÇÃO, DESAPROPRIAÇÃO INDIRETA, NATUREZA JURÍDICA, AÇÃO REAL. (g.n.)

TRF-2 (RJ/ES) – APELAÇÃO CÍVEL AC 314463 RJ 1998.51.01.026402-5 (TRF-2)

Data de publicação: 26/06/2007

Ementa: ADMINISTRATIVO – LIMITAÇÃO ADMINISTRATIVA – TOMBAMENTO – CONSTRUÇÃO IRREGULAR – NECESSIDADE DE AUTORIZAÇÃO PRÉVIA DO IPHAN I – Define-se tombamento como uma forma de *"servidão administrativa"* dotada de nome próprio, instituída sempre que o Poder Público desejar preservar certo bem, público ou particular, em razão de seu valor histórico, artístico, paisagístico, cultural, científico e arqueológico. II – A construção ou modificação de imóvel atingido pelas *limitações administrativas* decorrentes de tombamento exige prévia autorização do Instituto do Patrimônio Histórico e Artístico Nacional, conforme determina o art. 18 do Decreto-lei n. 25/37. III – Apelo improvido. (g.n.)

Capítulo 9

PROCESSO DE TOMBAMENTO

Preliminarmente, cabe salientar que o estudo do processo de tombamento demanda o deslocamento da atenção, do ponto inaugural desse, para o momento anterior à sua instauração. É dizer: há de se ter em conta que, fora da processualidade propriamente dita do instituto, há cautelas e providências que devem ser adotadas no bojo da política pública voltada para a proteção patrimonial da cultura, a envolver estudos, estratégias, planos, prioridades, entre outras.

Em segundo lugar, é necessário que se dê a uma proposição de tombamento, além de subsídios técnicos especializados, o adequado suporte jurídico, notadamente em contexto de maior complexidade nas interfaces do instituto e de transição paradigmática do próprio Estado. Anota-se que a disciplina legal do processo de tombamento encontra-se assentada em linhas principiológicas fundamentais da Constituição Federal, que balizam os chamados processos administrativos, ancorando-os nas garantias de ampla defesa e contraditório, e no Decreto-lei 25/37, com complementações esparsas. Tendo sido a referida normatividade recepcionada pela Constituição Federal de 1988, chama-se a atenção para o que deva ser ressignificado ou assimilado a partir de leitura conforme com a nova ordem. No mesmo diapasão, impende registrar a existência da Lei Geral de Processo Administrativo, a de n. 9.784, de 29 de janeiro de 1999, que regula o processo administrativo no âmbito da Administração Pública Federal. Em face do tratamento especializado dado ao processo de tombamento pelo Decreto-lei 25/37, a aplicação da lei geral só terá lugar nesse campo em caráter subsidiário, consoante disposto no art. 69: "Os processos administrativos específicos continuarão a reger-se por lei própria, aplicando-se-lhes apenas subsidiariamente os preceitos desta Lei", ainda assim, no tocante à atuação da União, uma vez que se caracteriza tão só como lei geral federal, e, portanto, sem caráter nacional.

No tocante às cautelas preparatórias e à assimilação dos princípios democráticos e de participação assentados na Constituição como informadores da ação estatal, cumpre lembrar a importância da ampla discussão da proposta de tombamento entre o órgão estatal e a sociedade, para que a iniciativa do Poder Público não se caracterize como intervenção autoritária, e, por tal razão, rejeitada por seus destinatários primeiros. Registra-se, também, a conveniência de que a notificação ao proprietário e a mobilização sejam precedidas de inventário, uma forma simplificada de proteção, para que a iniciativa do Poder Público não se frustre no interregno da discussão.

Feitas estas considerações, busca-se aduzir elementos para uma discussão técnica da temática processual, notadamente aqueles relativos à delimitação conceitual de processo, com vistas ao enquadramento ou não da ação do poder estatal na estrita processualística do Direito Administrativo.

Em rápida análise, registram-se as duas posições clássicas, isto é, as que rivalizam a doutrina processualista: a alemã, que parte do processo como gênero, de que é espécie o procedimento, e a italiana, que defende o procedimento como gênero, canal das diversas manifestações estatais, situando o processo como espécie.[1]

Segundo ensinos de Dinamarco, a doutrina alemã, na qual se destaca Liebman, é criticada principalmente quando se tem em vista a impossibilidade de abrangência de todas as manifestações do Estado na esfera processual, haja vista as peculiaridades que aí se registram.

A posição dos italianos, à sua vez, firma-se segundo enfoques diferentes, defendidos por três correntes que se situam a partir daquela premissa – procedimento como gênero e processo como espécie.

A primeira corrente italiana vincula-se à teoria do ato-procedimento, e, confundindo as noções de ambos, perde, com essa postura, o nexo especificamente procedimental. Segundo ela, toda ação estatal se dá mediante procedimento, sendo este uma sequência formal de atos menores que se integram no ato complexo. Confundem-se, nessa visão, ato complexo e procedimento, que aí se equivalem.

Já a segunda teoria, firmada, entre outros, por Chiovenda, aceita a premissa do procedimento como categoria distinta da do ato (Procedimento – ato que se faz no tempo como unidade). Todavia, situa a diferença entre elas na natureza intrínseca de cada um (ato-estática/procedimento-dinâmica). Enfrentando a teoria do ato-procedimento, Chiovenda tenta recuperar o nexo procedimental. Demonstra a diferença, situando o processo no plano fático, irrepetível, e o procedimento, no plano abstrato. O procedimento é a previsão normativa de um nexo procedimental, de uma concatenação, de uma série de atos em que o importante é o complexo deles; o processo é a atualização dessa previsão normativa, é a concretização do modelo que nela

---

1 DINAMARCO, Cândido R. *A instrumentalidade do processo*. São Paulo: Revista dos Tribunais, 1987. pp. 176-93.

se contém. Chiovenda incorre em excesso na medida em que explica o processo a partir de sua concretude.

Sandülli, administrativista, empenha-se na tarefa de desenvolver os conhecimentos de Chiovenda, tendo em vista a aplicação desses ao Direito Administrativo.

Nessa mesma corrente, situa-se, ainda, Carnelutti,[2] que, no entanto, já distingue procedimento e processo; partindo da mesma premissa, apenas suaviza a posição de Chiovenda. Os fragmentos de sua obra que aqui são traduzidos aprofundam as noções conceituais sobre aqueles núcleos e podem ser tomados como substanciosos suplementos para a compreensão do tema em análise, e para a percepção de uma lógica subjacente aos enunciados propostos, o que justifica a extensa transcrição de conceitos de ato e procedimento, tangenciando, também, o de ato complexo:

> "Com o propósito habitual de ordenar os conceitos, saliento que o estudo dessas regras há de se dar a partir de um duplo enfoque; trata-se, em primeiro lugar, de contemplar os atos em si, ou seja, isolados uns dos outros, como objeto de sua regulamentação; e depois, os atos em relação uns com os outros, ou seja em sua concatenação, que como veremos, recebe o nome de procedimento [...] O conceito de ato que serve aos juristas é de ordem econômica, enquanto é determinado em função do efeito que dele decorre para o desenvolvimento de um interesse e, portanto, para a satisfação de uma necessidade. Existe, pois, um ato, quando um determinado movimento e a mutação correspondente dirigem-se para tal satisfação, em que reside a sua causa. Pois bem: pode acontecer que, para o desenvolvimento de determinados interesses, sejam necessários, por sua vez, vários atos, cada um dos quais pode ser suficiente para a satisfação de outra necessidade. O fenômeno é absolutamente análogo ao que se nota no campo dos sujeitos e objetos de Direito: Um cavalo e um carro servem em si para coisas distintas, mas para obter algo mais é necessário que combinemos vários cavalos para formar uma parelha ou ainda vários carros para formar um conjunto, ou o cavalo e o veículo para formar uma carruagem. O exame do desenvolvimento do processo, e, em geral, do Direito revela-nos precisamente, com grande frequência, a combinação de vários atos para obter maiores efeitos do que aquele que cada um obteria por si, mais ainda: o próprio processo representa a referida combinação.

---

2 CARNELUTTI, Francesco. *Sistema de derecho procesal civil*. Buenos Aires: Unión Tipografica Editorial Hispano Americana, 1944. pp. 101 e 102, v. 3.

Pois bem: ao observar semelhante fenômeno, a análise jurídica ressalta que se apresentam dois tipos, que precisamos diferenciar cuidadosamente: a) Pode acontecer que cada um dos vários atos combinados conserve íntegra a sua individualidade, e que a ligação proceda apenas da unidade do efeito jurídico a cuja produção se destina a coordenação deles; o efeito em questão, pertence, normalmente, ao último ato, mas não seria produzido se este não tivesse sido precedido pelos demais, cujos efeitos singulares estão precisamente voltados para a preparação do outro (o último ato da série); para esse efeito se procede do primeiro ao último dos atos combinados, e daí que de há muito se tenha denominado procedimento à coordenação. Este é um conceito que surgiu especialmente nos estudos de Direito Administrativo e de Direito Processual, e para cuja depuração mais recente contribuíram mais os cultivadores do 1º que os dos 2º; algumas dessas contribuições são realmente notáveis pela riqueza e pela propriedade das observações: atrevo-me a duvidar, no entanto, de que a meditação em torno desse conceito possa ser considerada esgotada e, sobretudo, sendo preciso estabelecer o limite entre o procedimento e o ato complexo, delimitação que inclusive nos estudos mais recentes ainda permanece incerta, e que, na minha opinião, há de ser buscada na diferença que existe entre a unidade do efeito e a unidade da causa do efeito.

Por tudo isso, acredito que a noção de procedimento, distinta da do ato (até ao extremo de que se há de recusar a noção intermediária do ato-procedimento), concretiza-se na coordenação de vários atos autônomos com vistas à produção de um efeito jurídico conjunto ou final".[3]

A terceira corrente vem sintetizar o aspecto formal e material dos conceitos de procedimento e processo, localizando igualmente o procedimento como gênero do qual o processo é espécie; divergem os autores, entretanto, quanto à característica específica que os distingue. A opção majoritária dos autores italianos dá-se pelo contraditório como característica conformadora do processo. Serio Galeotti sustenta, contrariamente àquela posição prevalecente, que a especificidade não reside exclusivamente no caráter contraditório do processo e na ausência desse traço no procedimento, mas resulta de todas as especificidades decorrentes do ato final, no caso, a sentença.[4]

---

3 CARNELUTTI, Francesco. *Sistema de derecho procesal civil.* Buenos Aires: Unión Tipografica Editorial Hispano Americana, 1944. pp. 101 e 102, v. 3

4 GALEOTTI, Serio. *Contributo alla teoria del procedimento legislativo.* Milano: A. Giuffre, 1985.

Na linha dos doutrinadores italianos mais modernos, situa-se Cândido R. Dinamarco:[5] "Certo é, no entanto, que hoje facilmente se compreende que todo poder se exerce mediante um procedimento, caracterizando-se este como processo desde que seja feito em contraditório".

Esse conceito, segundo Dinamarco, é abrangente e evita o preconceituoso vício metodológico de resumir o processo a instrumento da jurisdição. É o seu comentário:

> "Esse modo de ver o processo corresponde ao pensamento mais moderno da teoria processualista e é de cômoda assimilação na teoria do Estado e do Poder. Diz-se que o processo é todo procedimento realizado em contraditório, e isso tem o mérito de permitir que se rompa com o preconceituoso vício metodológico consistente em confiná-lo nos quadrantes do 'instrumento da jurisdição'; a abertura do conceito de processo para os campos da jurisdição voluntária e da própria administração ou mesmo para fora da área estatal constitui fator de enriquecimento da ciência, ao permitir a visão teleológica dos seus institutos além dos horizontes acanhados que as tradicionais posturas introspectivas impunham".[6]

De fato, essa posição afasta as colocações fundadas no suposto erro metodológico de falar-se em processo administrativo, ao argumento sustentado por alguns processualistas de que só existe procedimento administrativo.

Retomam-se, nestas considerações, algumas ideias que traduzem a preocupação de Dinamarco em sintetizar os dois componentes – o contraditório e o procedimento no fenômeno processo – e em enfatizar a garantia de participação dos interessados diretos no resultado do processo, sob pena de arbitrariedade no exercício do poder:

> "Procedimento e contraditório fundem-se numa unidade empírica, e somente mediante algum exercício do poder de abstração pode-se perceber que, no fenômeno 'processo', existem dois elementos conceitualmente distintos: à base das exigências de cumprimento dos ritos instituídos em lei está a garantia de participação dos sujeitos interessados, pressupondo-se que cada um dos ritos seja desenhado de modo hábil a propiciar e assegurar essa participação".[7]

---

5 DINAMARCO, Cândido R. *A instrumentalidade do processo*. São Paulo: Revista dos Tribunais, 1987 (176-93), p. 178.

6 DINAMARCO, Cândido R. *A instrumentalidade do processo*. São Paulo: Revista dos Tribunais, 1987 (176-93), p. 186.

7 DINAMARCO, Cândido R. *A instrumentalidade do processo*. São Paulo: Revista dos

Acatando, então, a postura de Dinamarco, que bem interpreta as tendências mais modernas da doutrina processualista, com supedâneo principalmente no postulado do contraditório como caracterizador do processo, pode-se então situar o tombamento como processo. Demais disso, a Constituição Federal, no art. 5°, inciso LV, faz alusão direta a processo administrativo, o que ressoa, também, no marco infraconstitucional geral, a Lei n. 9. 784, a Lei de Processo Administrativo da Administração Pública Federal.

Todavia, cumpre observar, desde logo, que, sob este enfoque, serão tratados especificamente o tombamento compulsório e o tombamento voluntário de iniciativa do Poder Público, já que, pela ausência do pressuposto do contraditório, o tombamento voluntário de iniciativa do proprietário e o tombamento de ofício serão tomados como procedimentos, ou seja, como séries juridicamente preordenadas e concatenadas de atos com vistas à produção dos respectivos atos finais e que não se revestem das especificidades decorrentes do princípio do contraditório, caracterizador da subespécie mais complexa, o processo.

Dessa forma, o tombamento será tomado como processo administrativo, em que, sob a autoridade estatal, se relacionam o **Estado-interessado** e o proprietário do bem, aos quais se outorgam situações jurídicas passivas e ativas que vinculam os sujeitos da relação, estabelecendo-se o nexo processual típico.

A posição imparcial do Estado no processo administrativo parece ser irrelevante, conforme se vê desta passagem do conceituado processualista:

> "O processo administrativo não é necessariamente caracterizado ou regido pela inércia do órgão que o conduz nem pela existência de pessoas em posições conflitantes e sob a autoridade do Estado como diretor imparcial das atividades de todos, 'desinteressado' do resultado que vier".[8]

1. FASES

O Professor Menelick de Carvalho Neto,[9] em tese de incomparável profundidade, intitulada "A Sanção no Procedimento Legislativo", retoma, sistematiza, e problematiza a doutrina acerca das questões centrais relativas a processo e procedimento, contribuindo para sua reformulação ou para a densificação das posições.

Tribunais, 1987 (176-93), pp. 185-187.

8 DINAMARCO, Cândido R. *A instrumentalidade do processo*. São Paulo: Revista dos Tribunais, 1987 (176-93), p. 186.

9 CARVALHO NETTO, Menelick de. *A sanção no procedimento legislativo*. Belo Horizonte: Del Rey, 1992. pp. 236 e 237.

A partir das considerações de Serio Galeotti, Carvalho Netto estrema a concepção teórica de procedimento, que se depura, após precisado o fim que dá unidade ao conjunto e em relação ao qual toda a sucessão procedimental é concatenada no seu ciclo:

> "Na verdade, a essa meta final, deduzida da individuação da categoria do ato total da pessoa jurídica complexa, todos os atos da série procedimental devem resultar funcionalmente coligados, mediata ou imediatamente. Daí o procedimento açambarcar, no seu ciclo, todos os atos, mediata ou imediatamente, funcionalmente vinculados à realização daquela categoria de ato total. Ou seja, de todos os atos do procedimento, desde o que o instaura ao que o encerra, é necessário que se possa dizer que têm por fim (causa, objetivo), direta ou indiretamente, enquanto termo de referência obrigatório, a categoria individuada de ato total que o procedimento objetiva produzir. Assim, embora necessariamente subsista sempre uma vinculação de qualquer ato integrante da série com o ato final, é distinta a relação funcional que, com a situação de efeito (causa ou fim jurídico) próprio, por exemplo, da lei, guardam os vários atos procedimentais, como, de um lado, a iniciativa ou a publicação, e, de outro, as deliberações das Câmaras e a sanção do Chefe de Estado. Todavia, cada um de tais atos ou se apresenta funcionalmente coligado de forma decisiva e principal com a situação de efeito do ato total, ou funcionalmente coligado de forma congenitamente dependente, no sentido de que, quando se prescindisse da dependência funcional daquele ato determinado em relação ao ato total resultante do procedimento, o primeiro não poderia subsistir juridicamente como ato daquele tipo".

Conclui o autor que:

> "A individuação da unidade de referência de toda a série procedimental é o que também permite não apenas delimitar o ciclo procedimental mediante o reconhecimento do seu ato inicial e do final, mas, inclusive, fornecer o imprescindível ponto de apoio para efetuar a enucleação do procedimento em fases, conservando, no entanto, a unidade indefectível do procedimento como um todo".[10]

O tópico que será, na sequência, desenvolvido pretende abrigar elementos de identificação desse ciclo, sem apego, contudo, à nomenclatura de processo e procedimento.

---

10 CARVALHO NETTO, Menelick de. *A sanção no procedimento legislativo*. Belo Horizonte: Del Rey, 1992. pp. 236 e 237.

1.1. Instaurativa – Notificação

No plano federal, juridicamente, todo tombamento de bem particular deflagrado por iniciativa do Poder Público inicia-se, uma vez procedida a manifestação do órgão técnico sobre o valor do bem para efeito de tombamento, assim como adotadas outras medidas preparatórias, com a notificação do proprietário ou, se for o caso, do possuidor, quanto à inscrição da coisa no respectivo livro de tombo. A notificação é providência de fundamental importância no processo de tombamento, instaurando a sua fase pública.

Estabelece a Lei do Tombamento a necessidade de notificação do proprietário, sem, contudo, se referir a terceiros interessados e disciplinar a forma que deverá ser observada para a sua materialização; em face dessa lacuna, a providência deve ser objeto de regulamentação, cuidando-se de garantir todas as cautelas para a efetividade do devido processo legal e seus consectários.

Em regra, o poder público usa de dois mecanismos: a notificação pessoal, dirigida individualmente ao proprietário; e a notificação mediante edital, via segura para ciência ao proprietário e a terceiros, de utilização recomendada para tombamento de conjuntos urbanos ou de bens cujos proprietários não possam ser identificados com precisão.

Deve-se observar que a notificação, conquanto possa atender, ainda, aos objetivos de publicidade, com esta não se confunde: notificação gera efeitos para o proprietário e para os que estão incluídos no alcance do tombamento; a publicidade gera efeitos, especialmente, em relação a terceiros.

Há quem sustente não ser a ausência de notificação do proprietário motivo para a nulidade do processo de tombamento, entendendo ser sanável a falha mediante abertura de prazo para impugnação. Neste trabalho, todavia, defende-se posição divergente: trata-se de providência essencial, cuja ausência acarreta a nulidade do procedimento por ferir o devido processo legal, prejudicar o contraditório e inviabilizar o tombamento provisório, ou vulnerar a segurança jurídica da intervenção. Dada a essencialidade da medida instauradora, nada impede que a autoridade competente venha inaugurar um novo processo, procedendo-se à notificação nos termos legais, consoante julgado do Tribunal de Justiça do Rio Grande do Sul, cuja ementa ora se registra:

> TJ-RS – Apelação Cível AC 70064529647 RS (TJ-RS)
> Data de publicação: 30/06/2015
> Ementa: TOMBAMENTO PROVISÓRIO. BEM IMÓVEL. PROCESSO ADMINISTRATIVO. NOTIFICAÇÃO. 1. O tombamento é ato administrativo privativo da Administração Pública, que exige a observância do procedimento previsto no Decreto-lei 25/1937

> e da respectiva lei municipal. Sem a realização de regular processo administrativo de tombamento, a Administração Pública pode incentivar a conservação de bem imóvel, mas não pode exigi-la. 2. O tombamento provisório, que visa a preservar o bem de forma precária e preventiva até o fim do processo administrativo, se inicia apenas com a notificação do proprietário para anuir à inscrição no Livro de Tombo ou impugná-la no prazo legal. Trata-se de formalidade essencial cuja inobservância constitui violação ao contraditório e à ampla defesa. A nulidade, contudo, por falta de tal notificação não impede a realização de novo processo administrativo para decretação do tombamento do imóvel, porquanto tal iniciativa se encontra nos limites da discricionariedade da Administração Pública. Recurso provido. (Apelação Cível n. 70064529647, Vigésima Segunda Câmara Cível, Tribunal de Justiça do RS, Relator: Maria Isabel de Azevedo Souza, Julgado em 25/06/2015).

A notificação estabelece, pois, o nexo necessitante do procedimento, oferece a energia jurídica suficiente para o desdobramento de todo o ciclo procedimental ou, mais especificamente, processual. Sobre esse encadeamento e essa força de propulsão, o Prof. Menelick de Carvalho Netto, sistematizando a posição de Serio Galeotti, apresenta contribuição peculiar, em arquitetura textual na qual, ao mesmo tempo, aglutina e distingue os fenômenos em análise, cuja transcrição se justifica em longo excerto:

> "O conceito de procedimento vem precisamente revelar o nexo de instrumentalidade e a unidade essencial que liga os diversos atos ou fases em relação às anteriores e às posteriores, até que se alcance o ato final, objetivo de todo o procedimento. Ensina, assim, Galeotti que a distinção entre o procedimento e o ato, enquanto fenômenos jurídicos diversos e específicos, que não se confundem, reside no fato de conceitualmente podermos contrapor o operar e o resultado desse operar. O procedimento não é, portanto, ato, mas com mais exatidão, pode-se dizer que é a série complexa dos atos que determinam o caminho procedimental, bem como o ato no seu fazer-se, ou ainda, o fazer-se do ato, a combinação juridicamente preordenada dos atos sucessivos que se coordenam, todos, em relação a um fim único, a produção do ato final. A especificidade que, como dado jurídico, pode ser reconhecida no fenômeno procedimental é configurada na série articulada de atos, em que cada ato, antes de ser resguardado na sua singularidade, é flagrado em sua relação com os momentos antecedentes e os seguintes, e com o ato final específico que, precisamente, o procedimento objetiva produzir e tornar eficaz.

> A teoria do ato jurídico, por outro lado, resguarda-o como entidade individualizada, em si mesma consistente e imóvel, como a cristalização de um comportamento. Se o procedimento é o fazer-se do ato ou o suceder-se dos atos na conexão juridicamente preordenada para a produção de uma determinada categoria jurídica, mais do que os atos sucessivos, o traço distintivo, a característica específica que apresenta em relação ao ato, atomisticamente considerado, é unicamente a sua projeção no tempo.
>
> [...]
>
> No procedimento, o produzir do primeiro ato induz, por assim dizer, a energia jurídica suficiente para o desdobramento de todo o ciclo procedimental, fazendo entrar em ação, uma após outra ou, mais precisamente, uma em consequência da outra, as atividades que compõem o procedimento, até que o impulso propulsivo se exaura por alcançar a meta que o ordenamento atribui ao procedimento em questão".[11]

Além de peça instauradora do processo, que abre a oportunidade para manifestação do proprietário, à notificação reserva-se papel fundamental e constitutivo. É o que se observa a partir do conceito delineado por José Afonso da Silva, que se registra, a seguir, com ligeira análise, no que toca à terminologia **procedimento,** tendo em vista que o tombamento de iniciativa do Poder Público é tratado como processo, espécie daquele gênero a que ele se refere. Ressalva-se que, considerada isoladamente a fase referida como tombamento provisório, tudo indica sua classificação como procedimento.

Eis o conceito de que se cogita:

> "A notificação é ato que se dirige ao proprietário (e na falta deste, ao possuidor), para a inscrição da coisa no livro do tombo. Não é um simples ato de iniciativa procedimental, que dá ciência ao interessado da instauração do procedimento. Tem essa natureza, mas vai além disso, pois significa verdadeira intimação ao proprietário para anuir na inscrição da coisa ou para defender-se, impugnando a pretensão de tombar. Seus efeitos jurídicos não são de mero conhecimento, mas constitutivos, na medida em que a lei lhe dá a natureza de tombamento provisório, equiparado ao definitivo nos termos já vistos".[12]

---

11 CARVALHO NETTO, Menelick de. *A sanção no procedimento legislativo.* Belo Horizonte: Del Rey, 1992. pp. 229, 230 e 231.

12 SILVA, José Afonso da. *O direito urbanístico brasileiro.* São Paulo: Revista dos Tribunais, 1981. p. 501.

Daí por que como peça inaugural do processo de tombamento, conquanto omissa a lei, a notificação deverá mencionar o bem, ou parte dele, a ser tombado, para a perfeita identificação e conhecimento por parte do proprietário, e o motivo de seu desejado enquadramento.

Leme Machado, especialista no assunto, entende tratar-se de exigência final a motivação do tombamento, considerando-a prescindível naquela peça: "Na instauração do processo, não haverá necessidade de fundamentação ou apresentação dos motivos do tombamento, que é matéria final".[13]

Ora, o entendimento vai de encontro aos postulados que asseguram o contraditório ou o "devido processo", objeto de estudo mais aprofundado à luz dos direitos e garantias fundamentais aplicáveis à ampla processualidade.[14] É necessário que o Poder Público afirme as razões pelas quais institui regime especial de proteção para determinado bem; a explicitação dos motivos no plano dos fatos revela-se imprescindível, uma vez que os motivos da lei são, em última análise, amplos. Não se trata de inserir-se exigência exorbitante neste sentido, mas tão só de garantir a explicitação dos motivos do enquadramento do bem no sistema de proteção como condição básica para exercício do controle do ato e dos seus efeitos, seja mediante contraposição pelo proprietário, seja por iniciativa de agentes competentes para promovê-lo na prossecução do interesse público.

1.1.1. Notificação e tombamento provisório

Referindo-se à notificação no contexto da ordem constitucional anterior, na qual praticamente não se vislumbravam medidas cautelares autônomas, José Afonso da Silva indicava aquela medida como apta a garantir efeitos cautelares, deduzindo dessa condição a natureza constitutiva da notificação:

> "No sistema brasileiro, não existem propriamente medidas cautelares independentes do procedimento do tombamento; a própria notificação para o tombamento exerce função cautelar, por ser considerada pela lei (Decreto-Lei n. 25/37) como tombamento provisório, com os mesmos efeitos vinculativos do tombamento definitivo".[15]

---

[13] MACHADO, Paulo Affonso Leme. Tombamento: Instrumento jurídico de proteção do patrimônio natural e cultural. *Revista dos Tribunais*. São Paulo, 563: 28, setembro de 1982.

[14] PIRES, Maria Coeli Simões; COSTA, Mila Batista Leite Corrêa da; CARDOSO, José Luiz F. O Princípio Constitucional do Devido Processo e a Proteção do Patrimônio Cultural: Resignificando o Instituto do Tombamento. *Revista de Direitos e Garantias Fundamentais – Faculdade de Direito de Vitória*. Vitória, 2013.

[15] SILVA, José Afonso da. *O direito urbanístico brasileiro*. São Paulo: Revista dos Tribunais, 1981. p. 497.

Por outro lado, sendo efeito imediato da notificação o tombamento provisório, não se oferece qualquer oportunidade para esclarecimento ou impugnação que possa impedir a imposição cautelar. Daí por que, nessa fase, não há falar em contraditório e, em consequência, "em processo de tombamento provisório"; há, tão somente, o ato procedimental instaurador do processo de tombamento, cujo efeito constitutivo decorre precisamente de sua vinculação ao ato final que o processo visa a produzir. A solução, contudo, em face de novo tracejo constitucional, desafia algum cuidado da Administração para que a medida não configure arbitrariedade da Administração.

Esse tombamento provisório, incidente sobre o bem, "à revelia do proprietário", encontra-se disciplinado pelo art. 10 do Decreto-Lei n. 25/37, tendo-se em vista a necessidade de que se submeta determinado bem ao regime especial de proteção, ainda que precariamente, para que não se frustre o propósito do Poder Público de preservá-lo, como aliás sói acontecer em relação às medidas urbanísticas, acarretando graves danos ao equilíbrio das funções da cidade.

O tombamento provisório tem, assim, por objetivo antecipar a proteção ao bem, principalmente contra a ação destruidora do próprio titular durante a fase preparatória da intervenção definitiva, uma vez que a tramitação do processo, não fugindo à regra da burocracia administrativa, é normalmente demorada, e, a se aguardar o tombamento definitivo, sem que se estabeleça qualquer cautela imediata, a pretensa proteção recairá tardiamente sobre o bem, que poderá já estar descaracterizado ou nem mais existir, em consequência da ação ou omissão do proprietário desinteressado em ter gravado o seu bem.

A disponibilidade do tombamento provisório ou cautelar não deve, contudo, desestimular as instituições responsáveis pela proteção ao patrimônio quanto ao manejo do instituto do inventário, alternativa cautelar que pode ser aplicada preliminarmente ao tombamento.

Anota-se, finalmente, que o tombamento provisório, apesar de gerar os principais efeitos da intervenção, só passa à definitividade após a conclusão de todas as etapas; pode não ser confirmado, hipótese em que retorna o bem ao estado *quo ante*.

Feita, pois, a notificação regular, e a ela anuindo o titular, por escrito, no prazo legal, ou deixando transcorrer o prazo assinado, sem impugnação, e comprovado pelo órgão técnico o preenchimento dos requisitos legais, prossegue-se com o tombamento. O Conselho Consultivo do Patrimônio profere a decisão, que é submetida à apreciação do Ministro da Cultura. O processo, após homologado, tem curso com a inscrição do bem no livro de tombo e a averbação do tombamento no cartório de registros imobiliários. Consuma-se, assim, o tombamento voluntário de iniciativa do Poder Público.

1.2. Instrutória – Impugnação

Se, ao contrário, o proprietário não aceitar o valor cultural de que cogita a lei, isto é, ocorrendo hipótese de recusa, conforme previsto no art. 8º do Decreto-Lei n. 25, deverá ele, no prazo de 15 dias a partir da formalização da notificação, a contar do seu recebimento, apresentar impugnação.

A notificação, pois, deflagra o processo, criando situações jurídicas que definem a participação contraditória dos sujeitos da relação. Não se argumente que a aquiescência do proprietário ou do possuidor descaracterize a configuração do processo. O que importa é a ocorrência de situação que possibilite a impugnação por parte do notificado. O não-uso dessa faculdade não invalida o raciocínio.

Há posições divergentes, entre as quais a da Professora Sônia Rabello, a afastar a caracterização de exercício de ampla defesa do proprietário em caso de impugnação de tombamento, ao argumento de que:

> "O processo administrativo do tombamento visa, basicamente, ao estudo e exame, pela Administração, do mérito da imposição da restrição a determinada propriedade em função do interesse público. Para proteger a cultura, obrigação constitucional do poder público, os entes políticos, através da Administração, exercem seu respectivo poder de polícia, conformando o exercício dos direitos individuais ao interesse público, que os condiciona e limita. Portanto, não se pode afirmar que neste processo administrativo haja, essencialmente, contraditório, pois pode não haver conflito de direitos. Pode não haver direito resistido ou oposto, já que o direito individual deve ser adequado ao interesse público. A impugnação ao tombamento, portanto, deve ser entendida não como uma contestação, mas como forma de recurso administrativo. Também o conteúdo jurídico destas peças processuais – a contestação no processo judicial e a impugnação no processo administrativo – é de natureza diversa. Na contestação, o réu apresenta a defesa de seu direito, pretendido pelo autor, havendo, pois, uma disputa entre duas pretensões conflitantes e excludentes entre si. Na impugnação, feita no processo administrativo de tombamento, não há qualquer disputa de direito pretendido e resistido".[16]

Vê-se que são ponderáveis os argumentos da autora, mas não é possível relativizar a garantia do devido processo legal e dos seus consectários, prevista no art. 5º, LV, da CF, em caráter extensivo aos processos administrativos.

---

16 RABELLO Sônia. *O Estado na Preservação de Bens Culturais:* O tombamento. Rio de Janeiro: Reedições Iphan, 2009. pp. 66-67.

Nesse sentido, há de se reiterar que, embora existam peculiaridades no processo de tombamento, sujeito a regramento especial, não se pode negar ao proprietário do bem em processo de tombamento a aplicação da referida garantia prevista da Constituição Federal, que, reconhecendo a proteção ao litigante em processo judicial ou administrativo e aos acusados em geral, não faz qualquer ressalva ao direito de ampla defesa e de contraditório. Não se pode olvidar que o tombamento compulsório tem caráter restritivo de direito, sendo ato da Administração limitadora, que, por isso mesmo, deve respeitar ritualidades e garantias próprias para a proteção dos atingidos pela ação estatal.

Em outras palavras, o que se coloca em pauta no processo de tombamento é a tensão propriedade e restrição, a qual deve ser resolvida no bojo de uma processualidade democrática, ainda que mitigadas as clássicas características do processo na seara administrativa. Nesse sentido, há de se fazer uma leitura constitucionalmente adequada dos marcos legais pertinentes e das matrizes de aplicação.

Dá-se, no caso, uma inversão no tocante à pretensão resistida; o propósito do proprietário é afastar a incidência do tombamento sobre o bem, normalmente sob alegação de ausência de atributos que justifiquem a intervenção estatal, ou de esvaziamento do direito de propriedade, pretensão resistida pela Administração, que, ao final, normalmente determina a incidência do regime especial de proteção do bem.

Cabe, ainda, salientar que a lei que disciplina o tombamento na esfera federal, tratando de tombamento de bens públicos, não prevê oportunidade de impugnação desse ato pela entidade pública titular do bem. Apenas determina a lei que a entidade a que pertencer o bem, ou sob cuja guarda estiver a coisa tombada, deverá ser notificada. Não lhe assina prazo para manifestação. Desde logo, a notificação produz seus efeitos. No entanto, a entidade poderá opor discordância ao ato na esfera judicial, eis que a definitividade da decisão administrativa no âmbito interno não tem o condão de inviabilizar a discussão do processo, nos seus aspectos de legitimidade e legalidade, perante o Poder Judiciário, sendo competente a Justiça Federal para conhecer de ações que se relacionem com o tombamento operado pela União. Não se há, contudo, de afastar a possibilidade de discussão administrativa em torno da proposta, ainda que sem previsão legal, haja vista a tendência de consensualização, especialmente nas relações interorgânicas, sob pálio da mediação ou da lógica de concertação em torno dos interesses tutelados por cada qual.

De todo o exposto, pode – se afirmar, em síntese, que, instaurado o processo mediante a notificação do proprietário ou possuidor do bem, e configurando-se o tombamento provisório, segue-se a fase instrutória, em que tem lugar o contraditório, inexistindo previsão da referida fase, pelo menos de modo explícito, no procedimento de tombamento de ofício, e, também, naquele referente ao tombamento voluntário de iniciativa do proprietário do bem.

Nos demais casos, verifica-se a pertinência da fase instrutória, na qual a impugnação pelo proprietário faz-se, com base em elementos fáticos, técnicos e jurídicos, comparecendo como defesa mais comum a alegação de que não há adequada sustentação do tombamento, seja em face do desvalor cultural ou natural do bem, isto é, por não se revestir o bem das características indicadas na lei e na própria notificação, seja de quebra do devido processo legal.

Oferecida impugnação tempestiva, o processo é encaminhado ao órgão que teve a iniciativa do tombamento, para, no prazo de 15 dias, sustentá-lo.

1.3. Fase deliberativa

Encerrada a fase instrutória, segue-se-lhe a deliberativa, a qual se inicia com a remessa do processo devidamente instruído ao Conselho Consultivo do Instituto, que, no prazo de sessenta dias, se manifestará a respeito do tombamento, emitindo parecer, que assume o caráter de decisão dessa instância, sendo certo, como já se assinalou, alhures, que os aspectos de valoração do caráter do bem – juízo a cargo daquele Conselho – devem ser apurados mediante ponderação e discricionariedade técnica, com apoio das equipes especializadas, levando em conta, também, suplementos aportados pela participação de segmentos ou representações legítimas, ou ainda pelos proprietários.

1.4. Homologação – fase de integração da eficácia do ato

Previa o art. 10 do Decreto-Lei n. 25 a inexistência de recursos contra decisão do Conselho Consultivo do SPHAN/IPHAN, compreendidos logicamente na esfera administrativa. O tombamento tomava, além do caráter de perfeição, o de definitividade administrativa, com a manifestação do órgão técnico e a inscrição do bem no livro do tombo. Entretanto, é de se observar que a legislação posterior derrogou essa disposição. É o que se depreende do Decreto n. 3.866, de 29 de novembro de 1941, e da Lei n. 6.292/75.

Dispõe o art.1º da Lei n. 6.292/75:

> "Art. 1º O tombamento de bens pelo Instituto do Patrimônio Histórico e Artístico Nacional – IPHAN, previsto no Decreto-Lei n. 25, de 30 de novembro de 1937, dependerá de homologação do Ministro da Educação e Cultura, após parecer do respectivo Conselho Consultivo.

> Parágrafo único – Aplica-se o disposto neste artigo ao caso de cancelamento a que se refere o parágrafo 2º do art. 19 do Decreto-Lei n. 25, de 30 de novembro de 1937".

A homologação, compondo a sequência do processo de tombamento, insere-se na fase procedimental seguinte à propriamente constitutiva ou deliberativa (parecer), que pode ser denominada **fase de integração da eficácia do ato.** Excepcionalmente, a atuação tem cabida para cancelamento do tombamento, por solicitação do proprietário e mediante parecer favorável do Conselho Deliberativo, para os casos previstos no § 2º do art. 19 do Decreto-Lei n. 25/37, de omissão do Poder Público quanto a providências de salvamento do bem tombado em situações que menciona.

Nessa vertente, é que o artigo 1º transcrito erige a homologação ministerial à categoria de ato de controle político, de avaliação da conveniência político-administrativa e, como tal, de caráter discricionário, essencial à integração da eficácia do ato de tombamento, mas igualmente de controle da própria atuação da instituição de proteção patrimonial.

Assim é que, aprovado o parecer pelo tombamento do bem, remete-se o processo ao controle da autoridade competente, o Ministro da Educação e Cultura, que, analisando as razões de conveniência ou oportunidade da intervenção, poderá homologar, ou não, a decisão.

Essa natureza política do controle, porém, é objeto de severas críticas por parte da doutrina preservacionista.

José Afonso da Silva[17] define a homologação como o momento que marca a definitividade do ato para surtir os efeitos jurídicos previstos: "A homologação ministerial é ato de controle, pelo qual o tombamento se torna eficaz e definitivo".

Na verdade, a homologação comunica eficácia ao tombamento, mas o controle ministerial, que, como manifestação discricionária, tem contorno de um controle político, deve ser considerado também como autocontrole mais amplo da administração. De fato, em sede de mérito, o Ministro analisa as razões do órgão técnico aduzidas no processo, e, acatando-as, ratifica o tombamento, ou, ao contrário, deixando de acatá-las, determina o cancelamento da decisão, sendo que a recusa do ato homologatório importa, também, no cancelamento do tombamento provisório já existente. Ocorre, também, que o controle pode alcançar outros aspectos que não exclusivamente

---

17 SILVA, José Afonso da. *O direito urbanístico brasileiro*. São Paulo: Revista dos Tribunais, 1981. p. 502.

de mérito, mas também os capazes de atrair controle de juridicidade, que pode ocasionar recusa de homologação, com as consequências para o ato, que pode vir a ser, então, fulminado. Igualmente, deverá proceder ao exame da conformação da hipótese de cancelamento, não só pela abordagem discricionária, mas também pela vinculativa, no caso do § 2º do art. 19 do Decreto-lei 25/37, já referido.

Observa-se, no entanto, que a redação da norma do art. 1º, além do questionável mérito da solução que veicula, ao estabelecer o controle político, não disciplina suficientemente a sua extensão, a par de deixar certa ambiguidade em relação à natureza mesma do controle.

De qualquer forma, essa é a oportunidade reservada ao Ministério da Cultura, que exerce aí o controle político, mas também administrativo da juridicidade da deliberação do Conselho favorável ao tombamento, para seu cancelamento ou confirmação, podendo importar em sua revisão, o que, contudo, demandará cautelas para que não restem vulnerados os aspectos técnicos da caracterização do bem, nem tampouco o direito do titular do bem.

No caso de homologação do tombamento, proceder-se-á, então, à imediata inscrição do bem no livro de tombo respectivo. Ao revés, favorável o parecer do Conselho Consultivo ao impugnante, arquiva-se o processo.

Veja-se que ao Ministro da Cultura é atribuído poder de finalização e controle do ato de tombamento, deste cabendo ainda recurso para o Presidente da República, de acordo com o artigo único do Decreto-Lei n. 3.866, de 29/11/1941, com as alterações posteriores.[18]

Demais disso, aplicam-se subsidiariamente ao processo do tombamento as disposições da Lei n. 9.784, de 1999, que disciplina o Processo Administrativo na Administração Pública Federal, normatizando a pluralidade de instâncias.

Acirrada polêmica incide sobre as disposições em comento, polarizando-se argumentos segundo os quais não teriam as normas que disciplinam tal controle político sido recepcionadas pela Constituição Federal de 1988, notadamente pelo seu art. 84, e que a redação do art. 225, III, da Carta elidiria o raciocínio em defesa da possibilidade de retirada ou redução do

---

18 Registra-se que a competência executória na esfera estadual é definida pela legislação específica, que normalmente a atribui ao Conselho correspondente, reservando a homologação ao Secretário de Educação ou ao de Cultura. O cancelamento, quando previsto nos Estados e Municípios, é, em geral, da competência do Governador e do Prefeito, respectivamente.

tombamento por ato do Presidente, uma vez condicionada à lei; e defesa da vigência das prescrições por compatíveis com os pressupostos do controle da atividade administrativa.

Ainda na fase de integração de eficácia, algumas providências devem ser tomadas, como as de registro e averbação.

A lei exige que o tombamento definitivo de imóvel de propriedade particular seja transcrito, para os efeitos legais, em livro dos oficiais de registro imobiliário e averbado ao lado da transcrição do domínio, a teor do art. 13 do Decreto-Lei 25/37. No Estado de São Paulo, por exemplo, a norma é reprisada no art. 13, § 1º, do Decreto-Lei n. 149, de 15/8/1969.

Defende-se, assim, ser fundamental o registro para operar todos os efeitos, na medida em que encerra a fase de integração da eficácia do ato, que se segue à série juridicamente concatenada de atos com vistas à produção do ato final de tombamento. O registro, pois, não diz respeito à perfeição do ato, mas, à sua eficácia. Não obstante isso, há posições em sentido diverso, sob alegação de que, como a transcrição e a averbação nos respectivos registros não integram o ato de tombamento, não podem tais providências ser consideradas pressupostos da produção dos efeitos típicos.

Devem ser analisadas outras providências, que já devem constar do processo, como a extensão da notificação aos titulares de bens vizinhos do bem tombado. Assinala-se que alguns autores defendem o entendimento de que, não impondo a lei tal notificação como condição de eficácia do tombamento em relação a eles, não cabe tomá-la para efeito de caracterizar a incidência de efeitos sobre os bens circundantes.

Nesse aspecto, sustenta-se neste trabalho posição diferente, objeto de registro em capítulo apropriado, no tocante à eficácia do ato. A notificação do titular do imóvel vizinho, bem como as inscrições de registro, a par da publicidade que asseguram, interferem na constitutividade de direitos decorrentes do tombamento, devendo, portanto, ser tomadas como pressupostos ou condições de produção de efeitos típicos do ato.

Pode-se, então, arrematar: para que se verifique o tombamento de um bem, tem lugar um procedimento, ou seja, um conjunto concatenado de atos dirigidos à realização de um ato final – fenômeno jurídico que é portador de especificidade, não se confundindo com o mero ato, ainda que complexo, e nem tampouco com a categoria dos fenômenos jurídicos de formação sucessiva da esfera cível. Com efeito, o conceito de procedimento, em que se insere o processo, permite ao analista captar a sequência preordenada de atos, jurídica e dinamicamente considerada, não se confundindo com a visão estática dos atos que a integram e nem tampouco com o ato final que visa a produzir.

O procedimento para o tombamento compulsório e para o voluntário de iniciativa do Poder Público é informado pelo princípio do contraditório e, assim, diferentemente do procedimento do tombamento voluntário de iniciativa do proprietário, enquadra-se naquela subespécie mais complexa denominada processo, podendo ser enucleado em fases distintas:

1ª a instaurativa ou introdutória, que tem lugar por força da notificação ao proprietário ou possuidor do bem e que induz o efeito constitutivo cautelar do tombamento provisório e o nexo necessitante que deflagra o processo;

2ª a instrutória, na qual é aberta a oportunidade aos particulares interessados para contestação e, ao órgão responsável pela iniciativa para que traga à colação os argumentos a favor do tombamento do bem, sendo recomendável a participação de técnicos com vistas a oferecer subsídios à decisão;

3ª a deliberativa, na qual se verifica o parecer do Conselho no sentido do tombamento e, finalmente;

4ª a de integração de eficácia que, não compondo o próprio ato, destina-se ao controle político e administrativo e ao cumprimento das formalidades de registro no respectivo livro do tombo e no cartório, bem assim de publicidade.

JURISPRUDÊNCIA ADMINISTRATIVA

Colhem-se da jurisprudência administrativa ensinamentos que subsidiam o presente estudo.

Em substancioso parecer, cuja ementa ora se destaca, Themístocles Brandão Cavalvanti[19] abordou matéria concernente à notificação à vizinhança e ao registro:

> " – O princípio da legalidade deve ser obedecido como norma no processo do tombamento, no respeito ao direito de terceiros e da utilização da propriedade privada.
>
> – A notificação dos interessados conhecidos, e estes são os proprietários das áreas vizinhas aos imóveis tombados, é providência indispensável à perfeição do ato de tombamento.
>
> – O registro público é que caracteriza o término do processo de tombamento, é a prova de que o mesmo foi efetivado".

---

19 CAVALCANTI, Themístocles Brandão. Patrimônio histórico – Tombamento – Notificação – Registro. *Revista de Direito Administrativo*. Rio de Janeiro, 1975. pp. 428-34, v. 119.

A discussão sobre a matéria que motivou o parecer travou-se em torno de uma questão que envolvia um terreno – área de reconhecido valor econômico incluída na vizinhança de bem tombado – situado no Rio de Janeiro, no qual o proprietário tencionava construir um conjunto urbanístico. Aprovado o projeto pelas autoridades competentes do Poder Público Estadual, estas pediram a manifestação do Instituto do Patrimônio Histórico, o qual, instado, em 1973, apenas se pronunciou, um ano após, e de forma contrária à construção, nos termos do despacho de seu Diretor, *verbis:*

> "[...] o volume das edificações interfere violentamente na paisagem que lhe cumpre preservar. O projeto hoteleiro poderá, contudo, ser desenvolvido na área pretendida para uso residencial, situando-se no nível abaixo da cota 100, não devendo o coroamento, no entanto, ultrapassar a cota de 105 m".[20]

O proprietário do imóvel recorreu, administrativamente, ao próprio IPHAN.

O processo foi encaminhado em grau de recurso ao Ministério da Educação, mas antecipando-se à decisão do recurso, o IPHAN tombou a área destinada à realização do projeto. O Ministro da Educação solicitou, então, o pronunciamento do Consultor Jurídico, que emitiu parecer apontando irregularidades no processo de tombamento da área, como a falta de notificação dos proprietários vizinhos e de averbação no Registro de Imóveis. Levantou, por fim, hipóteses de nulidade do tombamento.

Comentando o referido parecer, o publicista Themístocles Cavalcanti[21] teve oportunidade de salientar que a ação do Estado na proteção do patrimônio histórico e artístico deveria exercer-se em consonância com as formalidades legais, pressupondo o respeito à propriedade privada. Ressaltou, ainda, a importância da notificação dos interessados – vizinhos da área tombada – para possibilitar a esses a defesa da propriedade. Citou, também, jurisprudência do STF relativa à decisão tomada no caso do pico do Itabirito, ocasião em que se cancelou o tombamento por despacho do Presidente da República, em acatamento ao parecer do então Consultor-Geral.

---

20 CAVALCANTI, Themístocles Brandão. Patrimônio histórico – Tombamento – Notificação – Registro. *Revista de Direito Administrativo*. Rio de Janeiro, 1975. pp. 428-34, v. 119.

21 CAVALCANTI, Themístocles Brandão. Patrimônio histórico – Tombamento – Notificação – Registro. *Revista de Direito Administrativo*. Rio de Janeiro, 1975. pp. 428-34, 1975, v. 119.

Themístocles Cavalcanti destacou, igualmente, a questão da distribuição da competência entre a União e o Estado no tocante à matéria, sustentando que, em face da competência do Estado para licenciar a construção no terreno, caberia ao IPHAN a não-interferência, já que a matéria era estranha à sua competência. Este deveria, no caso em estudo, apenas opinar sobre o que excedera aos 100 m, e não sobre outros problemas urbanísticos da alçada do Estado.

Frisando a importância econômica do projeto – conforme as manifestações da Secretaria de Turismo do Estado – e a irregularidade do tombamento, Themístocles Cavalcanti colocou-se a favor do proprietário recorrente.

Posteriormente, os autos, em fase de recurso, foram submetidos à apreciação jurídica da Consultoria-Geral da República, para manifestação acerca do despacho do Diretor do IPHAN, que impôs restrições à efetivação do projeto e determinou, sem as formalidades legais, o tombamento de toda a área.

O parecer, da lavra do Dr. Carlos Medeiros Silva,[22] Ministro aposentado do STF, tratou, com propriedade, a matéria, realçando a distribuição de competências entre órgãos da administração estadual e federal. Lembrou que, nos casos de proteção do patrimônio histórico, a competência era concorrente, devendo o órgão central delegar aos de cunho local o expediente do tombamento de bens de interesse mais restrito.

E, segundo o parecerista, o serviço federal teria desrespeitado o preceito descentralizador, ao não delegar ao serviço estadual, de idênticas atribuições, o tombamento; ampliado irregularmente o tombamento sobre área já tombada, para nela incluir o terreno no qual se pretendia executar o projeto em discussão; e atuado com o propósito de alterar o projeto já aprovado pela autoridade estadual. Reconheceu o Ministro abuso de poder por parte do Instituto.

O parecerista reconheceu que se tratava de tombamento oneroso, a exigir a desapropriação com o pagamento de justa indenização, e concluiu pela ilegalidade do tombamento.

Fato novo fez os autos retornarem ao Dr. Carlos Medeiros, que, em outro parecer, voltou à análise da matéria. É que o IPHAN obstara novamente a construção, sob o argumento de que se tratava de área vizinha a outro bem tombado. Mas, ficando comprovado que o terreno distava dois quilômetros e meio do patrimônio tombado, o parecerista manteve a posição anterior, criticando, na oportunidade, o preceito disciplinador das

---

22 SILVA, Carlos Medeiros. Parecer: Patrimônio Histórico e Artístico Nacional – Tombamento – Notificação do Proprietário – Registro – Nulidade. *Revista de Direito Administrativo.* Rio de Janeiro, 120: (459-69), abr./jun. 1975.

construções vizinhas ao imóvel tombado, por não definir, **mediante critérios mensuráveis, o que seja vizinhança de coisa tombada, nem dar a noção de grau do impedimento ou redução da visibilidade.**

Embora, diversas teses tivessem sido levantadas, as de caráter central foram a da exigência de notificação aos proprietários vizinhos como condição de validade do tombamento e as de registro em cartório, como fator de sua eficácia. As duas formalidades, no entanto, estão relacionadas com a eficácia do tombamento, já que se ligam à produção dos efeitos típicos da espécie.

2. OS LIVROS DE TOMBO

A formalização do ato de tombamento pressupõe o arrolamento do bem em livros especiais, inscrição que exterioriza o ato, como a demonstração formal do reconhecimento, pelo órgão competente, do valor histórico, artístico, arqueológico ou paisagístico do bem. A inscrição, em última análise, informa o tipo de preservação que deverá ser objetivada, razão pela qual é significativo tecer considerações a respeito dos denominados livros de tombo.

Quando se analisou o conceito de tombamento, fez-se detença no estudo do termo tombo, perquirindo-lhe as origens e o significado, o que, neste passo, ligeiramente se retoma.

Se, por um lado, não é possível afirmar que sua raiz mais longínqua se situe em Portugal, por outro, não é difícil lá detectar as raízes mais próximas de seu uso no Brasil. O termo, designando o Arquivo Nacional Português, fundado em 1375, em uma das torres da muralha que cercava Lisboa – a Torre do Tombo –, era também a denominação dos livros destinados ao registro de todo o acervo do referido arquivo do Reino, que, mais tarde, se transferiu, após incêndio, para a Torre do Castelo de São Jorge e, finalmente, para o Convento de São Bento.[23]

Daí teria sido o termo trazido para o Brasil e consagrado pelo direito pátrio por força da legislação, que assimilou a tradição e o patrimônio linguístico português, o que mereceu aplauso de, entre outros, Hely Lopes Meirelles.[24] Entendeu este que o legislador brasileiro, ao conservar as expressões reinícolas na legislação de tombamento, começou por "preservar o nosso patrimônio linguístico, dando o exemplo aos que vão cumprir a lei".

---

23 FERREIRA, Sérgio Andrea. *Direito administrativo didático.* Rio de Janeiro: Editora Própria, 1979. p. 185.

24 MEIRELLES Hely Lopes. *Direito administrativo brasileiro.* 9 ed. São Paulo: Revista dos Tribunais, 1982. p. 477.

Analisado o vocábulo, passa-se à especificação dos livros especiais destinados à inscrição de bens do patrimônio cultural e natural sujeitos à tutela estatal.

Para o lançamento ou registro dos tombamentos realizados na esfera federal, o Decreto-Lei n. 25, que disciplina a matéria naquele âmbito, instituiu quatro livros, tendo em vista a definição geral dos bens objeto da proteção do Estado.

Os referidos livros estão assim especificados:

1º – Livro do Tombo Arqueológico, Etnográfico e Paisagístico;

2º – Livro do Tombo Histórico;

3º – Livro do Tombo das Belas-Artes;

4º – Livro do Tombo das Artes Aplicadas.

Destina-se o primeiro à catalogação dos bens pertencentes às categorias de arte arqueológica, etnográfica, ameríndia e popular, bem assim dos monumentos naturais, sítios e paisagens de feição notável; o Livro do Tombo Histórico arrola os bens caracterizados como de interesse histórico e as obras de arte ligadas àquele valor; o terceiro presta-se ao registro de bens relacionados com a arte erudita, nacional ou estrangeira; o quarto destina-se à inscrição das obras ou artes aplicadas, nacionais ou estrangeiras.

Os livros de tombo reúnem os elementos de identificação do bem: a denominação, a localização e outros dados importantes para sua caracterização.

Cumpre observar, ainda, que o tombamento, enquanto provisório, limita-se à notificação; uma vez homologado o parecer do Conselho Consultivo do Patrimônio, o tombamento é inscrito no livro, segundo as categorias a que pertença o bem, reputando-se, internamente, concluído.

Todos esses livros destinam-se ao arrolamento de bens materiais, isto porque o instituto é próprio para a proteção de bens móveis e imóveis, e os livros devem guardar pertinência com a natureza dos bens protegidos, que, na legislação federal, se restringem às categorias já mencionadas. A inclusão de bens imateriais na seara genérica de proteção do Poder Público, consagrada pela Carta de 1988, justificou outras normas jurídicas de proteção à espécie e, ainda, livros específicos para os registros. Por outro lado, é de se observar que, cuidando a lei federal de instituir os livros especiais para o tombamento, inviável se torna a instituição de novos livros pela via administrativa, pois isso significaria, a ampliação do objeto da proteção definido por lei. E, ainda que por via legislativa, há de levar-se em conta a delimitação constitucional do objeto, o que não significa a sujeição à literalidade da Carta.

É importante salientar que a legislação estadual, sujeita, hoje, apenas às normas gerais da União, no tocante à preservação do patrimônio cultural e natural, pode prever tratamento diferenciado da matéria, como ilustra a prática de São Paulo, com a Lei n. 10.247/68, a qual, fugindo ao parâmetro federal, previu um quinto livro, destinado às artes populares e ao folclore. O Município, porém, está limitado à legislação federal e estadual.

No direito português, em cujo âmbito a classificação equivale ao tombamento do direito pátrio, a inscrição dos bens culturais classificados se faz em catálogo próprio, sob responsabilidade do Instituto Português de Proteção Cultural – IPPC –, exigindo-se, quando se tratar de imóveis, a averbação, no registro predial, da classificação. No caso de móveis, o Ministério da Cultura procede ao registro, expedindo os respectivos certificados que devem acompanhar o bem. Além da figuração nos respectivos catálogos, prevê a legislação portuguesa a identificação dos bens, cujo processo deve ser objeto de regulamento que definirá os dados de classificação, tais como: tipo, data, unidade classificadora e outros elementos.[25]

Igualmente, no direito espanhol, em que o ato jurídico correspondente ao tombamento é também o da classificação, os bens sujeitos a regime especial de proteção são inventariados e catalogados segundo sua natureza e qualificação. Todavia, é de ressaltar que o processo ou a qualificação tem aí tratamento especial. A classificação é precedida de decreto declaratório, editado após a audiência das Academias de História e Belas-Artes ou do Comissariado-Geral do Patrimônio Artístico, tendo início com petição formulada pelas entidades encarregadas da proteção ou que a elas se vinculam, ou pelo cidadão.[26]

3. ESPÉCIES DE TOMBAMENTO

3.1. Tombamento de Ofício, Tombamento Voluntário e Tombamento Compulsório

A legislação brasileira de proteção patrimonial disciplina três tipos de tombamento: o de ofício, o voluntário e o compulsório.

---

25 FARIA, Edimur Ferreira de. *Do tombamento no direito brasileiro*. Dissertação de Mestrado. Belo Horizonte: Universidade Federal de Minas Gerais, 1986. p. 281.

26 FARIA, Edimur Ferreira de. *Do tombamento no direito brasileiro*. Dissertação de Mestrado. Belo Horizonte: Universidade Federal de Minas Gerais, 1986. p. 308.

3.1.1. Tombamento de Ofício

O art. 5º do Decreto-Lei n. 25/37 prevê o chamado tombamento de ofício para os bens pertencentes à União, aos Estados e aos Municípios. Prescreve o citado artigo a necessidade de notificação à entidade a que pertencer ou sob cuja guarda estiver a coisa, a fim de produzir os necessários efeitos. O referido tombamento é, desde o início, definitivo, não se prevendo qualquer contraditório no âmbito administrativo. Caracteriza-se como procedimento administrativo.

O principal efeito que o tombamento impõe às coisas públicas, já inalienáveis por natureza ou alienáveis mediante autorização legislativa ou nas condições legais, é a limitação de sua transferência apenas às demais entidades de direito público interno, sendo que deverá a adquirente imediatamente comunicar ao Instituto a aquisição.

A tais bens aplicam-se ainda as restrições de ordem geral: só mediante prévia autorização do Instituto podem sofrer reparação, pintura e restauração; não devem ser destruídos, demolidos ou mutilados. A infração dessas normas sujeita pessoalmente a autoridade por ela responsável a multa.

Não determina a lei a obrigatoriedade de transcrição do tombamento de bens públicos em livro a cargo dos oficiais do registro de imóveis, nem a averbação ao lado da transcrição do domínio, como o faz em relação aos bens de propriedade particular (art.13). Contudo, sustenta-se que, para surtir efeitos em relação a terceiros, o tombamento desses bens deve constar dos registros cartoriais. Quando discutida a eficácia do ato de tombamento, esta questão foi tratada, expendendo-se as razões dessa posição.

Conquanto omissa a lei quanto à possibilidade de a entidade pública tomar a iniciativa do tombamento, e apesar da expressão **de ofício,** nela empregada para o tombamento relativo àqueles bens, parece óbvio que possa a entidade pública deflagrar a providência nesse sentido, mediante solicitação ao órgão técnico.

No âmbito federal, até o advento da Lei 6.292/72, deveria se efetivar por ordem do Diretor do Instituto do Patrimônio.

Defendem alguns administrativistas que a Lei 6.292/72 acabou por extirpar a espécie, ao argumento de que sua caracterização se dava em razão da competência do Diretor do Instituto para promovê-lo por meio de despacho.

Sustenta-se, neste trabalho, que a alteração introduzida na processualística do tombamento, submetendo todas as modalidades à deliberação coletiva do Conselho Consultivo do Patrimônio, não elimina o tombamento de ofício que se caracteriza pela incidência sobre bens de propriedade do poder público.

3.1.2. Tombamento Voluntário

O Decreto-Lei n. 25 prevê, em seu art. 6º, duas modalidades de tombamento de coisa pertencente à pessoa natural ou à pessoa jurídica de direito privado, que são o voluntário e o compulsório. Sobre elas, doutrina José Cretella Júnior:[27]

> "Há dois tipos de tombamento, o voluntário e o compulsório. Denomina-se voluntário (ou espontâneo) o tombamento sempre que o proprietário do bem solicita a prática do ato ou concorda com a notificação que lhe dá ciência do procedimento do Poder Público; denomina-se compulsório o tombamento quando a iniciativa da inscrição do bem é do próprio Estado, impondo-se ao particular, mesmo contra a sua vontade, a aceitação da medida, com todas as implicações limitativas do uso pleno de propriedade".

O tombamento voluntário consubstancia-se pelo concurso de vontade do proprietário e da entidade responsável pelo tombamento: algumas vezes, o proprietário, entendendo que o seu bem se reveste das qualidades necessárias (características arquitetônicas, históricas e outras) para que possa integrar o patrimônio histórico e artístico nacional, toma a iniciativa de solicitar seu tombamento ao Instituto do Patrimônio. Este, reconhecendo aquelas características, procede ao tombamento; outras vezes, tendo o Instituto iniciado o processo de tombamento, o proprietário, uma vez notificado do propósito daquele órgão/entidade, manifesta por escrito sua anuência à notificação ou deixa transcorrer o prazo sem impugnação. Nesse sentido, verifica-se que o tombamento voluntário de iniciativa do Poder Público se caracteriza como processo, e aquele espontaneamente solicitado pelo proprietário, como procedimento.

É, assim, voluntário em ambas as vertentes, o tombamento – as vontades dos sujeitos envolvidos na relação convergem para um único objetivo: a tutela estatal do bem.

3.1.3. Tombamento Compulsório

O tombamento compulsório apresenta-se como imposição do Poder Público, ocorrendo em situação de recusa do proprietário a anuir à inscrição da coisa, isto é, em caso em que o proprietário, não aquiescendo à medida, apresenta as razões da impugnação.

---

27 CRETELLA JÚNIOR, José. Do tombamento no direito brasileiro. *Revista da Faculdade de Direito da USP*. São Paulo, 70: (79-106), 1975.

O Poder Público, não aceitando a impugnação, acaba por fazer o tombamento contra a vontade do proprietário, consubstanciando modalidade de ato do Poder Público à qual se ajustam as características apontadas por José Cretella Júnior – unilateral, discricionário e constitutivo.[28]

Assim, uma vez evidenciada, mediante estudos dos órgãos técnicos, a necessidade de conservação de determinado bem de valor cultural, emitido o parecer competente e verificadas a oportunidade e a conveniência pública, a Administração, mesmo contra a vontade do proprietário, procede ao tombamento.

O Decreto-Lei n. 25/37 previa, no art. 9°, o processo desta modalidade de tombamento, tendo sofrido alteração com o advento da Lei n. 6.292, de 15/12/75, o que importa em nova dinâmica. Inicia-se com a notificação do proprietário, para dar sua anuência ao tombamento ou, se quiser impugnar, oferecer razões da impugnação. Transcorrido o prazo sem impugnação, o processo é submetido a parecer do Conselho Consultivo do Patrimônio e à homologação, e, em seguida, é procedida a inscrição da coisa no respectivo livro, configurando-se hipótese de tombamento voluntário. Oferecida impugnação, abre-se vista, no prazo de outros quinze dias, ao órgão de que houver emanado a iniciativa do tombamento, a fim de sustentá-la, remetendo-se o processo à deliberação coletiva do Conselho Consultivo competente. Estabelecia o referido decreto que, no prazo de 60 dias a contar do seu recebimento, o órgão decidiria sobre a matéria, dessa decisão não cabendo recurso. Houve, conforme já registrado, alteração do Decreto-Lei n. 25/37, e a decisão do tombamento não é mais tomada pelo Conselho, em caráter definitivo, sujeitando-se ao crivo da autoridade homologante, com recurso para o Presidente da República.

O referido tombamento não se exclui da alçada do Judiciário, que, provocado, poderá examiná-lo sob o aspecto da legalidade e legitimidade, no lato campo da juridicidade.

3.2. Tombamento Provisório e Tombamento Definitivo

O tombamento, quanto à eficácia, pode classificar-se em provisório e definitivo.

Estabelecia o art. 10 do Decreto-Lei n. 25/37:

> "Art. 10. O tombamento dos bens a que se refere o art. 6° desta lei será considerado provisório ou definitivo, conforme esteja o

28 CRETELLA JÚNIOR, José. Regime jurídico do tombamento. *Revista de Direito Administrativo*. Rio de Janeiro, (112): 50-68, abr./jun. 1975. p. 62.

> respectivo processo iniciado pela notificação ou concluído pela inscrição dos referidos bens no competente livro de tombo.
> Parágrafo único – Para todos os efeitos, salvo a disposição do art. 13 desta lei, o tombamento provisório se equipara ao definitivo".

Cuida-se, neste tópico, mais objetivamente, de precisar os contornos do tombamento cautelar em face daquele efetivado por decisão meritória das instâncias competentes, como resultado do processo de que é objeto.

3.2.1. Tombamento Provisório

A lei refere-se ao tombamento provisório como aquele iniciado pela notificação. De fato, essa providência inaugural da fase externa do tombamento, objetiva, a par de cientificar o proprietário da pretensão do tombamento pela Administração, instituir um gravame provisório sobre o bem, sujeitando-o, de imediato, ao regime especial de proteção. Tem, assim, natureza constitutiva, eis que opera, a partir do momento do seu recebimento pelo proprietário, o chamado tombamento provisório mencionado no artigo supra.

O tombamento provisório é, pois, meio rápido e eficaz para defender os bens suscetíveis de tombamento, garantindo-se a preservação do bem, enquanto se decide sobre o tombamento definitivo. Pode-se, então, afirmar que, como instrumento cautelar no curso do processo, a notificação configura providência a assegurar o estado da coisa até a proteção definitiva, medida acautelatória de que resulta para a Administração o dever de proteger o bem mediante aplicação de sanções administrativas, entre outras cabíveis.

Não houvesse o tombamento provisório, o proprietário do bem, cientificado do propósito do Poder Público ou percebendo a iminência da intervenção, poderia adotar medidas que impedissem o tombamento. O renomado penalista Magalhães Noronha,[29] aludindo à tutela penal do bem provisoriamente tombado, destacava a equiparação do tombamento provisório ao definitivo, para os efeitos daquela:

> "Se para todos os efeitos o tombamento provisório é equiparado ao definitivo, parece-nos que também o será para os efeitos penais. O contrário, aliás, seria incentivar, muita vez, o proprietário da coisa, durante o processo do tombamento, a danificá-la parcialmente, tirando, por exemplo, o seu valor histórico, sem grave dano para o valor material, a fim de furtá-la ao tombamento".

---

[29] NORONHA, E. Magalhães de. *Código penal brasileiro comentado.* 2 ed. São Paulo: Saraiva, 1958. v. 5.

Paulo Affonso Leme Machado,[30] comentando os efeitos do tombamento provisório, na mesma direção, afirma:

> "Dessa forma, o tombamento provisório, ocorrido tão-somente com a notificação do proprietário privado ou público, dá direito ao Poder Público não só de processar criminalmente o infrator, como enseja a prisão em flagrante de quem danifique ou altere, de qualquer modo, o bem protegido, devendo essa prisão em flagrante ser efetuada por qualquer pessoa ou elemento do povo e autoridades policiais e seus agentes (art. 301, CPP)".

3.2.2. Tombamento Definitivo

Tombamento definitivo pode ser enunciado, sinteticamente, em parelha com o conceito de perfeição desenvolvido por Celso Antônio Bandeira de Mello, como aquele que cumpriu o seu iter formativo, resultando no ato final que materializa o decisório. A noção tangencia, em campo autônomo, a eficácia como disponibilidade do ato para gerar efeitos típicos, consoante lição do mestre paulista.

Afirma José Afonso da Silva[31] que a definitividade do tombamento, consoante previsão do art. 10 do Decreto-lei n. 25/37, esteve vinculada à inscrição da coisa no livro do tombo até o advento da Lei n. 6.292/75:

> "A inscrição da coisa no livro do tombo constitui o verdadeiro e definitivo tombamento com todas as consequências jurídicas daí decorrentes, conforme veremos. Mas agora, com o surgimento da Lei n. 6.292/75, essa inscrição ficou na dependência de homologação do Ministério da Educação e Cultura (tombamento federal) para surtir os efeitos jurídicos previstos. A homologação ministerial é ato de controle, pelo qual o tombamento se torna eficaz e definitivo".

Consoante alteração introduzida no Decreto-lei 25/37 pela referida lei, o tombamento passou a depender de homologado pelo Ministério da Cultura, permanecendo provisório até o implemento desse ato de controle e o registro competente. Assim, o tombamento provisório pode ser definido como o regime jurídico especial que incide sobre determinado bem no período que medeia a notificação e a inscrição após a homologação, cujos efeitos praticamente

---

30 MACHADO, Paulo Affonso Leme. Tombamento: Instrumento jurídico de proteção do patrimônio natural e cultural. *Revista dos Tribunais*. São Paulo, 563: 22, setembro de 1982.

31 SILVA, José Afonso da. *O direito urbanístico brasileiro*. São Paulo: Revista dos Tribunais, 1981. pp. 501-2.

se equivalem aos do definitivo. É dizer: Quando o parecer do Conselho Consultivo do Patrimônio é homologado e a inscrição do bem é feita no competente livro do tombo, ocorre o tombamento definitivo.

Todavia, como se verá em outro segmento deste trabalho, a eficácia do tombamento não está diretamente ligada à sua definitividade: tanto é eficaz o tombamento definitivo quanto o provisório; diverge, porém, o âmbito dessa eficácia. Por outro lado, a definitividade do ato, cujo momento pontual é o da inscrição no respectivo livro do Tombo, após a homologação, conforme alteração introduzida pela Lei n. 6.292/75 supramencionada, não significa a sua plena eficácia.

Se os efeitos ocorrem nesse momento em relação ao proprietário e ao próprio Poder Público, não ocorrem, desde logo, em relação a terceiros e vizinhos, por exemplo. Para esses efeitos, faz-se mister adotar as providências de registro e averbações, independentemente da natureza do bem, conforme se verificará na parte atinente à eficácia.

Por fim, há de se fazer um alerta, de resto um apelo de segurança jurídica, no sentido de que se observem parâmetros de razoabilidade e proporcionalidade nos processos decisórios no âmbito da política de proteção, de modo que o tempo não seja fator de desconsideração na pacificação das relações. Que se evitem tombamentos provisórios eternizados pela inércia, e que as recorrentes tensões em torno do instituto aplicado sejam equacionadas tempestivamente, para ruptura com a prática da prestação tardia, que, muitas vezes, já sem proveito para a verdadeira proteção, só resulta em imposição da carga punitiva.

Ressalvando, pois, a importância do caráter acautelatório da notificação, defende-se deva a legislação cuidar de definir limites de prazo para estabelecimento da tutela definitiva, para que se evite a incerteza da situação do proprietário e de terceiros afetados.

3.3. Tombamento Global e Tombamento Individual

O tombamento pode ser classificado ainda, segundo os destinatários, em global ou individual, conforme incida sobre um conjunto de bens ou sobre um bem individualizado.

Segundo a norma de regência, a proteção do patrimônio natural e cultural, por meio do tombamento, tanto pode incidir sobre bens individualizados, como pode abranger um conjunto de imóveis ou de bens móveis, se, pela semelhança ou pelas circunstâncias envolvidas, justificar-se a medida global (art. 1°, parágrafo 1°, do Decreto-Lei n. 25/37).

3.3.1. Tombamento Individual

O viés tautológico induz, no delineamento da espécie, a afirmação preliminar do tombamento individual como aquele que incide sobre um bem individual. Expandindo esta noção singela, pode-se afirmar ser o tombamento individual aquele que incide sobre um bem considerado como suporte autônomo de um valor cultural que demanda proteção especial pelo seu poder de referenciar a memória e a identidade.

O tombamento individual justifica-se em muitas situações, mas a gestão de exemplares isolados apresenta maiores dificuldades, ao mesmo tempo em que o Poder Público incorre na possibilidade de imposição de ônus desproporcionais ao proprietário do bem tombado relativamente aos titulares de bens não atingidos pela intervenção estatal, instalando-se polêmicas, às vezes, insuperáveis.

O tombamento individual, em regra, gera efeitos assemelhados aos do tombamento de conjunto, incluído o de constituição de servidão sobre imóveis do entorno. O tombamento individual, contudo, pode ser plúrimo, resultando na existência de vários tombamentos isolados em um mesmo contexto. Podem eles incidir sobre distintas categorias de bens no âmbito de um mesmo espaço situacional: bens históricos, de valor paisagístico, entre outros.

3.3.2. Tombamento Global[32]

No tombamento global, o poder público toma em consideração o valor cultural no seu conjunto, isto é, a simbologia do bem coletivo; eis que, se considerasse autonomamente os elementos da globalidade, faria incidir o tombamento sobre cada qual de per si.

Assim, havendo justificativa técnica, o poder público poderá optar pela incidência de sua intervenção sobre a globalidade dos bens integrantes de um conjunto, ainda que tais bens sejam individualizáveis, notadamente para fins de efeitos. É que o tombamento do conjunto pode não operar em relação a todas as partes idênticos efeitos. A preservação vista sob a perspectiva do conjunto há de levar em conta o objetivo específico da medida in concreto, respeitando-se o princípio da função e do papel de cada elemento

32 A prática de tombamento global ou de conjunto encontra-se consolidada no âmbito do IPHAN, notadamente com os conjuntos arquitetônicos e paisagísticos de "Cidades Históricas"; tem adesão por parte de algumas instituições de proteção nas esferas estadual e municipal, merecendo destaque, nesta órbita, a do Município de Belo Horizonte, objeto de considerações no tópico intitulado Legislação Municipal com ênfase na do Município de Belo Horizonte.

na harmonização do todo para garantia do efeito primordial coletivo da tutela. Por isso mesmo, deve-se ter o cuidado de estabelecer diretrizes específicas para a proteção, de modo a facilitar a gestão do interesse cultural, a dar transparência às medidas e a compatibilizar legítimos interesses dos titulares de bens alcançados pela proteção. As diretrizes, quando estabelecidas de modo genérico ou por recomendações massivas e pouco aderentes ao quadro fático que pretendem regular, acabam por caracterizar instrumentos de manipulação e de suporte para propósitos autoritários, em prejuízo do papel orientador que devem assumir para os que se sujeitam às injunções da proteção: poder público, notadamente, as autoridades urbanísticas, proprietários, vizinhos e a cidadania que se pretenda integrante do controle social.

Desse modo, pode-se afirmar que o regime jurídico do tombamento é aplicável ao conjunto, mas incidirão de modo diferenciado seus efeitos, quando individualizáveis as partes, conforme previsão legal e diretrizes estabelecidas em cada processo.

Alerta-se para o fato de que, principalmente quando se tem em vista o tombamento global, não se pode olvidar a correlação do instituto com soluções urbanísticas, como a de criação de áreas de interesse cultural, a de institucionalização de zonas de proteção, a de avaliação de impacto de vizinhança, entre outras. É certo que o tombamento não se confunde com os instrumentos urbanísticos; nem se equivalem os interesses públicos de preservação patrimonial e aqueles em voga na seara da política urbanística, também chamados de interesses urbanísticos. Estes são objeto de regulação no bojo do planejamento urbano, assentado, à sua vez, na legislação básica e, de modo sistemático, no Estatuto da Cidade. Há, porém, entre eles, fortes conexões, a desafiar o adequado manejo das competências dos entes federativos responsáveis, em diferentes medidas e papéis, pela compatibilização das relações e, em última análise, pela ampla sustentabilidade no ambiente urbano.

Nessa linha, projeta-se "o valor do tombamento como regime jurídico antecipativo e às vezes acessório do zoneamento urbano. À cobiça e à imprevisão de alguns, erige-se esse instituto jurídico como autolimitador do próprio Poder Público", como adverte Paulo Affonso Leme Machado.[33]

4. EFEITOS DO TOMBAMENTO

Os efeitos do tombamento, diferentemente dos oriundos de algumas formas de proteção que se verificam por força direta da lei ou pelo

---

33 MACHADO, Paulo Affonso Leme. Tombamento: instrumento jurídico de proteção do patrimônio natural e cultural. *Revista dos Tribunais*. São Paulo, 563(71): pp.15-40, setembro de 1982.

enquadramento em situações específicas previstas no sistema jurídico, só operam a partir do ato específico de constituição de regime especial sobre o bem. É a incidência do tombamento, provisório ou definitivo, sobre determinado bem que o submete à proteção especial, decorrendo daquele ato direitos e obrigações para aqueles que, em função dele, se relacionam, assim como restrições para terceiros, os chamados efeitos reflexos, neste caso, a depender de providências próprias, como registros cartorários.

Vê-se que alguns efeitos incidem diretamente sobre o bem, constituindo certos gravames; outros alcançam os sujeitos da relação subjacente ao ato – proprietário e Poder Público – e, no âmbito externo dessa relação, os vizinhos e terceiros que se sujeitam a restrições relativamente ao bem.

Os autores que se ocupam da matéria enumeram uma gama interminável de efeitos, deduzidos do sistema de proteção, que é, na verdade, arrojada construção no plano legal. Percebe-se, contudo, que o sofisticado aparato normativo, conquanto relevante, mostra-se pouco eficaz quando subsumido no plano fático, uma vez que não se traduz em efetiva proteção do bem, sobretudo, por não se desvencilhar da carga punitiva que encerra.

Essa enumeração, muitas vezes, explicita os efeitos que devem fluir do ato a partir do enunciado da lei; outras vezes, aqueles que se inferem dos princípios que informam o instituto, e, ainda, de sua categorização em função da tipologia do bem. Porém, em substância, não se distinguem em função do caráter provisório ou definitivo do tombamento.

Importa, porém, registrar que o efeito do tombamento, ligado à finalidade genérica do instituto, é a obrigação de conservar; já o primeiro fator conformador dos efeitos específicos é a definição do objetivo que norteou a manifestação do poder público *in concreto,* o que se apreende, de forma prática, a partir da categorização do livro em que o bem tenha sido arrolado, conforme já explicitado. A existência de diferentes livros de tombo, de inscrições diferenciadas, evoca a de multifacetado sistema de conservação e, portanto, de medidas e efeitos.

4.1. Em Relação ao Objeto

Cuidar-se-á, inicialmente, dos efeitos em relação ao objeto de tombamento.

Esses podem ser resumidos na integração do bem ao patrimônio cultural nacional estrito – a partir da inscrição – e na submissão daquele a um regime especial de proteção, constituindo-se sobre o bem uma servidão administrativa, onerosa ou gratuita, conforme imponha diminuição, ou não, do valor econômico do bem; tal regime especial há de ser entendido como garantia de proteção efetiva do bem contra o abandono, a mutilação, a destruição, a deformação, a evasão, de forma a assegurar-lhe a conservação com a fisionomia característica. Esses efeitos podem ser assim enumerados:

- todos os bens tombados são, por força da lei de tombamento, equiparados a bens do patrimônio nacional, em sentido estrito;
- as coisas tombadas pertencentes às pessoas jurídicas de direito público, inalienáveis por natureza, submetem-se à inalienabilidade especial e relativa; só podem ser transferidas de uma pessoa jurídica de direito público interno para outra;
- em se tratando de bens particulares, não perdem a alienabilidade; todavia, fica esta condicionada a algumas restrições previstas na legislação, entre as quais a de preferência para o Poder Público, na seguinte ordem: União, Estados e Municípios;
- o bem mantém-se como propriedade do seu titular, saindo, porém, da órbita da vontade exclusiva deste para ficar submetido a uma finalidade coletiva e impessoal;
- o tombamento pode alterar o regime econômico do solo;
- o valor cultural simbolizado pelo bem, com o tombamento, passa à categoria de direito coletivo e difuso;
- fica o bem resguardado contra a ação deletéria, contra a demolição, a mutilação, e alcançado pelo regime de proteção, mesmo quanto às reformas, as quais se fazem mediante controle do órgão ou instituição competente;
- em caso de móvel, o deslocamento sujeita o bem a nova inscrição no local para o qual se transferiu, devendo o fato ser comunicado ao órgão;
- a saída do bem para o exterior só é permitida para fim de intercâmbio cultural, sem transferência de domínio e mediante autorização do Conselho Consultivo do Instituto;
- sujeita-se o bem a sequestro pela União ou pelo Estado em que se encontre, na hipótese de tentativa de exportação, ressalvado o caso anterior;
- a conservação do bem pode levar à mudança de sua destinação, em busca da recuperação de suas feições primitivas ou de uso compatível com suas características;

- deverá o bem suportar reparos executados por determinação do órgão ou instituição competente, na hipótese de o proprietário não dispor de recursos para realizar as obras a suas expensas;
- o bem poderá, em alguns casos, ser desapropriado quando a via do tombamento for inadequada para a proteção;
- a par do valor imanente ao bem, este, pela via do tombamento, passa a ter reconhecido o valor cultural ou natural, de interesse coletivo, que se impõe ao respeito de todos mediante sistema especial de proteção;
- se o tombamento é efetuado pelo município, seu valor é reconhecido na esfera local, sendo, progressivamente ampliado o âmbito desse reconhecimento de acordo com os entes da federação a cuja proteção se submeter;
- o bem tombado continua passível de gravação, pelo proprietário, de penhor, anticrese ou hipoteca;
- em se tratando de tombamento de conjunto, os bens individualizáveis podem sofrer restrições diferenciadas de acordo com sua posição ou papel no todo;
- em caso de tombamento provisório, os efeitos são praticamente os mesmos do tombamento definitivo, salvo com relação às restrições à alienação do bem; e, também, à vizinhança e a terceiros, na ausência de medidas condicionadoras da eficácia.

Da enumeração dos efeitos do tombamento sobre o bem que lhe constitui o objeto, pode-se deduzir que a constituição do regime especial acaba por alterar a própria natureza do bem tombado, que tem aumentada a área de sua publicização, configurando-se a transmutação do bem tombado, físico ou material e apropriaável, em um bem de interesse público pelo que representa enquanto suporte ao bem cultural, simbólico e intangível e inapropriável.

Por último, deve-se assinalar que, se o objeto do tombamento for um bem da União, Estado ou Município, recairá sobre ele uma inalienabilidade especial e relativa, eis que todos já se sujeitam à regra geral de inalienabilidade. A inalienabilidade geral, disciplinada no Código Civil, é superada por lei autorizativa da alienação editada na mesma esfera. Já a inalienabilidade especial, decorrente do Decreto-Lei n. 25/37 e imposta mediante tombamento levado a efeito, por exemplo, pela União, pelo Estado ou pelo Município, só por lei federal pode ser liberada.

4.2. Em Relação à Entidade de Direito Público Interno

Em relação à entidade de direito público interno, sujeito ativo do tombamento, deve-se destacar o primeiro e principal efeito do ato, que é o de integrar o Poder Público na gestão do bem. Com efeito, o regime jurídico do tombamento estabelece, de imediato, a corresponsabilidade da Administração na gestão do bem, obrigando-se a protegê-lo, conservá-lo, repará-lo em certos casos, até mesmo a suas expensas, como na hipótese de o proprietário não dispor de recursos para tanto.

Para o exercício da proteção, investe-se o Estado de prerrogativas, com respaldo no poder de polícia, que lhe permitem adotar medidas de inspeção e fiscalização permanente do bem tombado, bem como coibir a ação deletéria que venha a interferir no seu estado; por outro lado, assume obrigações e sujeita-se a imposições próprias do regime jurídico administrativo.

Atribui-se-lhe, nessa mesma linha, o poder-dever de impor penalidades administrativas e penais a todos aqueles que destruírem, inutilizarem, deteriorarem ou alterarem os bens tombados, bem assim àqueles que retirarem as características que justificaram a proteção especial.

O tombamento estabelecia, ainda, em relação ao Poder Público, o direito de preferência para aquisição dos bens tombados de propriedade particular, no caso de alienação onerosa[34]. Para o exercício do direito de preferência era fundamental que se tivesse dado publicidade do ato de tombamento pelo Diário Oficial, e procedido ao seu registro em cartório. Em consequência, garantia-se ao Estado o direito de ser notificado para aquisição ou de proceder a sequestro de bens tombados e alienados com violação do princípio da preferência, ou, ainda, em casos de exportação proibida.

Acrescente-se, neste diapasão, que o tombamento criava, para a entidade de direito público interno, o direito de remir a dívida pela qual respondia o bem tombado, levado à praça para execução judicial.

Embora não se trate de efeito típico do tombamento, é relevante anotar, também, a possibilidade de caracterização de obrigação pública de indenizar, na medida em que o tombamento interfira, de maneira significativa, no conteúdo do direito de propriedade, podendo chegar a se equiparar, em situações radicais, a uma desapropriação indireta.

Estabelece-se, na mesma lógica, em favor do Poder Público o poder-dever de desapropriar, se a via do tombamento se mostra absolutamente inócua para a

---

34 O art. 22 do Decreto-Lei n. 25/37, que estabeleceu o direito de preferência referido, foi revogado pelo Código de Processo Civil de 2015 – Lei n. 13.105, de 16 de março de 2015.

conservação do bem. Faz-se ressalva no sentido de que o município não pode desapropriar bens do Estado e da União e o Estado, os da União.

Assim, se, por um lado, para o Estado se estabelecem obrigações de proteger o bem, por outro, coloca-se a possibilidade legal de imposição de restrições ao titular, chegando a admitir-se a possibilidade de se lhe tirar a disponibilidade total sobre o bem, mediante desapropriação.

4.2.1. Jurisprudência

Vem à colação julgado em que se reconheceu responsabilidade subsidiária da União Federal em relação ao titular da propriedade de uma igreja tombada, bem como a legitimidade daquela para figurar no polo passivo da Ação Civil Pública, juntamente com o IPHAN, para restauração e manutenção do bem, configurada a ausência de recursos da primeira responsável, a Mitra Diocesana, para fazer face às despesas com as obras.

> JURISPRUDÊNCIA
> Processo AC 200151110002686
> AC – APELAÇÃO CÍVEL – 435826
> Relator(a) Desembargador Federal RICARDO PERLINGEIRO
> TRF2 Órgão julgador
> QUINTA TURMA ESPECIALIZADA
> Ementa CONSTITUCIONAL E ADMINISTRATIVO. AÇÃO CIVIL PÚBLICA. PATRIMÔNIO HISTÓRICO NACIONAL. TOMBAMENTO. IGREJA DE SANTA LUZIA. CONSERVAÇÃO E RESTAURAÇÃO DO IMÓVEL. RESPONSABILIDADE DOS ENTES PÚBLICOS. SUPERVISÃO TÉCNICA DO IPHAN. DECRETO-LEI n. 25/37.
> 1. Ação Civil Pública ajuizada pelo Ministério Público Federal, objetivando a condenação da União Federal a promover as reformas necessárias à completa restauração e manutenção da Igreja de Santa Luzia, situada em Angra dos Reis, sob a orientação do IPHAN, por se tratar de imóvel tombado no Livro das Belas Artes, de propriedade da Mitra Diocesana de Itaguaí e sob a responsabilidade da Irmandade do Glorioso São Benedito da Cidade de Angra dos Reis, que não dispõe de recursos financeiros para a execução das obras necessárias à preservação do monumento em questão. 2. Realizada perícia judicial, o laudo apresentado pelo expert atestou a existência de danos no bem tombado e a necessidade urgente de uma reforma geral, tendo em vista persistirem os problemas apontados pelo IPHAN na estrutura elétrica e física do imóvel, com perigo de

incêndio e desabamento, pondo em risco a segurança da comunidade que frequenta a Igreja. Além disso, não se pode desprezar a magnitude de ditas obras a exigir recursos vultosos, bem como as dificuldades financeiras da Irmandade responsável pelo bem e todas as suas iniciativas infrutíferas para captar recursos para a restauração do imóvel. 3. O art. 216 da Constituição Federal consagra a proteção ao patrimônio cultural, constituído pelos bens de natureza material e imaterial, que, pelo seu valor artístico, estético, histórico, turístico, paisagístico ou arqueológico, são considerados de interesse relevante para a permanência e identidade da cultura da sociedade brasileira, nos quais se incluem as edificações e os sítios de valor histórico e arqueológico, consoante os incisos IV e V do referido dispositivo. Nesse sentido, o § 1º daquele mesmo artigo incumbe ao Poder Público, com a colaboração da comunidade, o dever de tutelar o patrimônio cultural nacional por diversos meios de acautelamento e preservação, entre os quais o tombamento. 4. O Decreto-lei n. 25/37, devidamente recepcionado pela nova ordem constitucional, estabelece a obrigação de o proprietário conservar o bem tombado para mantê-lo dentro de suas características culturais, providenciando a realização de obras de conservação e restauração, sob orientação e supervisão técnica do IPHAN. Na falta de recursos financeiros, deve necessariamente comunicar o fato ao IPHAN, ou a outro órgão público estadual ou municipal que tenha decretado o tombamento, o qual mandará executá-las às expensas da União, se o tombamento for federal, ou às expensas dos Estados ou dos Municípios, conforme seja o tombamento estadual ou municipal. Demais disso, prevê sanções administrativas por condutas em desacordo com o instituto do tombamento. 5. Responsabilidade subsidiária da União Federal pela execução e custeio das obras de conservação e restauração do referido imóvel tombado no interesse do patrimônio histórico nacional, bem como sua legitimidade para integrar o polo passivo da ação, juntamente com o IPHAN, órgão encarregado da tutela e fiscalização das condições de conservação dos bens tombados, assim como da orientação e supervisão de eventuais obras na coisa tombada, inclusive, lhe sendo autorizado a atuar de ofício na execução de obras de reparação em casos urgentes (art. 19, § 3º, do Dec.-lei 25/37). 6. Necessidade de observância do princípio da intervenção estatal obrigatória na proteção do patrimônio cultural, consagrado no art. 23, III e IV da CF, e do princípio da precaução, que, no caso específico de proteção do patrimônio cultural, informa que quando houver perigo de ocorrência de um dano grave ou irreversível, a falta de certeza científica absoluta não deverá ser utilizada como razão para se

> adiar a adoção de medidas eficazes para impedir a deterioração do monumento. 7. A solicitação do cancelamento do tombamento da coisa por parte do proprietário, nos moldes do art. 19, § 2º, do Dec.-lei 25/37, não se revelaria a medida mais adequada à solução da controvérsia, haja vista que a finalidade do tombamento, em substância, é a proteção do patrimônio cultural nacional, cuja conservação seja de interesse público, quer por sua vinculação a fatos memoráveis da história do Brasil [...] Apelação provida para, reformando a sentença, julgar procedente a pretensão autoral. (cf. EREsp n. 895.530, Rel. Min. ELIANA CALMON, DJe 18/12/2009).
> Data da Publicação 04/05/2012

Registra-se, a seguir, jurisprudência na qual se reconhece, na mesma vertente do julgado supra selecionado, a legitimidade passiva "ad causam" da entidade responsável pela conservação e fiscalização dos bens tombados em caso de omissão:

> TRF-5 – Agravo de Instrumento AGTR 61755 RN 0010530-14.2005.4.05.0000 (TRF-5)
> Data de publicação: 30/05/2006
> Ementa: ADMINISTRATIVO E PROCESSUAL CIVIL. AÇÃO CIVIL PÚBLICA. BEM PÚBLICO TOMBADO. RESPONSABILIDADE PELA CONSERVAÇÃO E FISCALIZAÇÃO DO BEM. LEGITIMIDADE PASSIVA AD CAUSAM. – Tendo a fundação agravante a função precípua de fiscalizar e diligenciar no sentido de preservar o bem tombado, embora não seja sua proprietária, porquanto se trata de patrimônio histórico, tem ela legitimidade passiva "ad causam", uma vez que não cumpriu com seu mister de impedir a dilapidação do edifício. – Agravo de instrumento improvido.

4.3. Em Relação ao Proprietário

A maioria dos efeitos do ato de tombamento incide sobre o sujeito passivo da relação – o proprietário –, que sofre uma série de restrições no tocante aos elementos integrativos de sua propriedade.

É que o tombamento, em regra, não subtrai o bem do domínio de seu proprietário; impõe ao titular o encargo de conservação e preservação do bem tombado, sujeitando-o a restrições de ordem pública mediante o condicionamento e regulação dos atributos da propriedade – o uso, o gozo e a disposição –, acabando por lhe afetar o desfrute pleno, conforme a natureza e as características do próprio bem.

É dizer: Em princípio, não sofre o proprietário a perda do bem em razão do tombamento, mantendo-se as faculdades decorrentes do direito de propriedade; sujeita-se o proprietário, no entanto, à diminuição no teor desses atributos, consoante a lição de Caio Mário da Silva Pereira:[35]

> "O tombamento do bem, resultante de sua classificação como de valor histórico, artístico ou paisagístico, não importa, em princípio, na sua retirada do acervo patrimonial do seu proprietário. Não importa, mesmo, na sua inalienabilidade, senão na sua sujeição a um regime peculiar de restrições. A coisa não sai do uso e do gozo do dominus, e nem mesmo perde a disponibilidade. Mas sofrem todas estas qualidades dominicais uma diminuição do valor jurídico, que frequentemente reflete na redução do valor econômico".

Acrescente-se, em outra vertente, que a constituição do regime especial do tombamento acaba por alterar a própria natureza do bem, que tem aumentada a área de sua publicização, relativizando-se, em consequência, a posição do proprietário nas relações com o Poder Público em função do objeto, com as derrogações publicísticas, o que repercute concretamente nas qualidades dominicais.

Por tudo isso, sujeita-se o proprietário a deveres negativos de não-fazer ou positivos de fazer com permissão de autoridade ou sob condições determinadas ou, ainda, de suportar. É que, como titular do domínio, deve a pessoa suportar o ônus da intervenção do Poder Público e, como administradora, obriga-se a uma série de providências e abstenções.

Atingido pela relação de administração, o proprietário é *dominus* e administrador. É o que afirma Cretella.[36]

Reportando-se aos efeitos do tombamento, o referido autor[37] os separa em dois grupos:

> "Em restrições negativas, de natureza de non facere (os bens não poderão ser destruídos, demolidos, reparados, restaurados, pintados, consertados, alienados, alterados, modificados), e em restrições positivas, verdadeiras imposições do Poder Público, de

35 PEREIRA, Caio Mário da Silva. Parecer da Consultoria-Geral da República: Patrimônio histórico 2 tombamento. *Revista de Direito Administrativo,* Fundação Getúlio Vargas, 65, jul./set. 1961.

36 CRETELLA JÚNIOR, José. Do tombamento no direito brasileiro. *Revista da Faculdade de Direito da USP.* São Paulo, (70): 79-106, 1975. p. 88.

37 CRETELLA JÚNIOR, José. Tombamento I. In: *Enciclopédia saraiva do direito.* São Paulo, 1977. pp. 6, 88, v. 74.

natureza de um facere (os bens deverão ser conservados, vigiados, cuidados pelo proprietário, que nesse mister procederá como um bonus pater familias)".

Sujeita-se o proprietário, portanto, a certas condições para reparação, pintura e restauração do bem tombado, só podendo fazê-lo mediante autorização do Instituto; deverá zelar pelo bem, comunicando à autoridade competente no prazo legal o extravio ou furto de coisa tombada, eis que a disponibilidade do titular sobre sua propriedade embora subsista, fica restringida pela impossibilidade de destruição, demolição ou mutilação.

Zanobini,[38] resumindo os efeitos da notificação no direito italiano, aponta os principais em relação aos proprietários dos bens:

1) não podem demolir, remover ou restaurar os bens sem autorização do Ministério da Instrução Pública. Igualmente, submetem-se os proprietários à prévia autorização do Ministério para executarem a retirada de afrescos, brasões, grafites, inscrições, tabernáculos e outros ornamentos de edifícios;
2) não podem destinar os mesmos bens a usos não compatíveis com suas características históricas e artísticas;
3) no caso de desejarem restaurar ou realizar obra de qualquer gênero, devem submeter o respectivo projeto à superintendência competente para autorização;
4) devem denunciar ao Ministério todo ato, a título oneroso ou gratuito, que transmita, no todo ou em parte, a propriedade ou a posse. No caso de alienação a título oneroso, o Ministério tem a faculdade de adquirir a coisa pelo preço estabelecido no ato de alienação. Se se tratar de coleções ou série de objetos de interesse histórico ou artístico, o Ministério pode vetar a alienação, quando desta possa decorrer dano à sua conservação.

Os efeitos da notificação elencados pelo mestre italiano não diferem, em essência, dos que são previstos no ordenamento pátrio para o instituto correspondente.

Na sistemática interna, o tombamento não importa em gravame de inalienabilidade sobre o bem, que não perde, como visto, o atributo de

[38] ZANOBINI, Guido. *Corso de diritto amministrativo.* 5 ed. Milano: Dott. A. Guiffrè, (210-4), 1958. p. 211, v. 4.

disponibilidade; sujeita-se, contudo, o proprietário a restrições à alienação: averbação junto ao Registro de Imóveis das transferências de domínio; comunicação ao órgão do patrimônio da transferência de bem; proibição de saída do país, salvo exceções; direito de preferência em favor das pessoas políticas.

Nessa linha, obriga-se também o proprietário a fazer declaração da coisa que pretende exportar e a apresentá-la ao órgão competente, dela fazendo constar o valor venal da peça, sendo então reservado ao Poder Público um prazo de dois meses, dentro do qual poderá conceder ou negar a autorização. Nesta hipótese, ao Estado será permitido adquirir o bem pelo valor declarado.

A inobservância desses limites sujeita o infrator às cominações previstas na legislação penal ou em normas especiais, obrigando-se, entre outras medidas, à restituição da coisa tombada ao seu estado anterior ou à correspondente indenização.

À conta dos parcos direitos que se reservam ao proprietário de bem tombado, registre-se, como quase exclusiva compensação, o de receber diretamente do Poder Público e em caráter supletório, a reparação do bem, quando provada a impossibilidade de fazê-lo por sua própria conta, benefício que, não concretizado, gera ao proprietário o direito de requerer o cancelamento do tombamento.

A aplicação de recursos públicos a bens do domínio privado objeto de tombamento tem a justificá-la o próprio regime especial em que se insere o bem. O poder público no processo de cogestão do imóvel deve assumir essa posição extrema toda vez que, por ausência de condição por parte do proprietário, esteja o bem ameaçado e assim, o interesse público de que se acha revestido.

Releva notar que o tombamento pode gerar para o proprietário o direito a indenização, se o ato acarretar prejuízo efetivo e significativo, tema que suscita muitas polêmicas na esfera judicial em razão de conflitos potencializados no contexto da crescente urbanização, notadamente a partir da década de 70. Cumpre ressaltar que a abrangência do tombamento pode ser fator relevante na ponderação dos elementos que podem influir no deslinde da questão. É que o tombamento de conjuntos urbanos dificilmente poderá levar a tal consequência, uma vez que o ônus que se impõe aos proprietários tem incidência geral, o que poderá levar a uma maior compatibilidade entre os usos dos bens e, por isso mesmo, garantir igualdade de situações, sem penalizações excepcionais e discrepantes. Do ponto de vista estrutural e sob o ângulo das funções, estarão todos os bens sujeitos a circunstâncias assemelhadas. As soluções, contudo, não serão aprioristicamente definidas; a situações concretas poderão abrigar particularidades que terminarão por atrair diferentes ponderações e, consequentemente, por direcionar a decisão em sentido divergente.

Por fim, chama-se a atenção para o fato de que não só ao titular do domínio do bem tombado aplicam-se os efeitos do tombamento, mas também àqueles que, de qualquer forma, sejam responsáveis por sua guarda ou detenham sua posse.

4.3.1. Jurisprudência

Os julgados selecionados e aqui transcritos em teor de ementas pautam questões atinentes à responsabilidade primária dos proprietários de bens tombados e, correlatamente, à responsabilidade subsidiária dos entes públicos:

> TRF-5 – AC Apelação Cível AC 45375420124058500 (TRF-5)
> Data de publicação: 18/07/2014
> Ementa: CONSTITUCIONAL E ADMINISTRATIVO. AÇÃO CIVIL PÚBLICA. RESTAURAÇÃO DE BENS TOMBADOS COMO PATRIMÔNIO HISTÓRICO. CASA E IGREJA DA FAZENDA TEJUPEBA. RESPONSABILIDADE PRIMÁRIA DOS PROPRIETÁRIOS. AUSÊNCIA DE COMPROVAÇÃO DA SUFICIÊNCIA FINANCEIRA DOS PROPRIETÁRIOS DO BEM PARA A RESTAURAÇÃO DOS ELEMENTOS ARTÍSTICOS. CUSTO ELEVADO. RESPONSABILIDADE DO IPHAN. POSSIBILIDADE. 1. Apelação desafiada em face da sentença que julgou procedente, em parte, os pedidos formulados na inicial, deixando de condenar os Réus na obrigação de restaurarem os elementos artísticos da Casa e da Igreja dos Jesuítas, cabendo ao IPHAN esse encargo, uma vez que a restauração da parte estrutural dos imóveis já foi realizada pelos requeridos, de acordo com as orientações da referida autarquia. 2. A responsabilidade primária de conservação e de reparação do patrimônio do bem tombado é do proprietário, desde que o mesmo disponha de recursos econômicos para realizá-las, cabendo ao IPHAN o dever subsidiário de reparar o imóvel à custa da União, somente quando o proprietário do bem não pode arcar com as despesas necessárias, nos termos do art. 19, do Decreto-Lei n. 25/1937. 3. A Requerida Ruth Rollemberg informou em 1981 a insuficiência econômica para restaurar os bens objetos desta demanda, requerendo, desde então, que o IPHAN tomasse as providências cabíveis, no sentido de proceder à conservação dos bens em questão. 4. Em tendo sido demonstrado o elevado custo com a restauração dos elementos artísticos da Casa e da Igreja dos Jesuítas, consoante os depoimentos da arquiteta da divisão técnica e da chefe da divisão técnica do IPHAN/SE, haveria de ser demonstrada a insuficiência

financeira dos proprietários para se eximirem do referido encargo. 5. Hipótese em que MPF não demonstrou a suficiência de recursos dos proprietários, para a realização das obras de conservação ou reforma dos imóveis tombados, nos termos do art. 333, I, do CPC. Apelação improvida [...]"

TRF-1 – APELAÇÃO CIVEL AC 1250 MA 1998.37.00.001250-4 (TRF-1)

Data de publicação: 27/07/2006

Ementa: ADMINISTRATIVO. CONSTITUCIONAL. PROCESSUAL CIVIL. AÇÃO CIVIL PÚBLICA. IMÓVEL TOMBADO. OBRAS DE RECUPERAÇÃO E RESTAURAÇÃO. RESPONSABILIDADE PRIMÁRIA DO PROPRIETÁRIO. RESPONSABILIDADE SUBSIDIÁRIA DO IPHAN E DA UNIÃO. OMISSÃO NÃO CARACTERIZADA. DECRETO-LEI 25/37, Art. 19, § 3° E CF/88 Art. 216. 1. Eventual erro na avaliação das provas carreadas aos autos não caracteriza vício de forma caracterizador de error in procedendo, de modo a ensejar a anulação da sentença. Trata-se, na espécie, de vício de julgamento (error in judicando) a ensejar sua reforma. 2. Os documentos carreados aos autos afastam a alegação de omissão, comprovando o acompanhamento da situação do imóvel, por parte do IPHAN, três anos antes do ajuizamento da ação, inclusive oficiando ao proprietário acerca da necessidade de adoção de medidas preventivas para conter o processo de deterioração progressiva do bem tombado. 3. Compete ao proprietário, por responsabilidade primária, o dever de conservar o bem tombado para mantê-lo dentro de suas características culturais. Mas, se não dispuser de recursos para proceder a obras de conservação e reparação, deve necessariamente comunicar o fato ao órgão que decretou o tombamento, o qual mandará executá-las a suas expensas (Decreto-lei 25/37, art. 19, § 3° e CF/88, art. 216) 4. Na hipótese dos autos, o dispêndio de recursos públicos na realização das reformas não se fez necessário. A uma, porque o proprietário se dispôs desde logo a reformar o bem; e, a duas, porque não se caracterizou situação de urgência na realização das obras necessárias à preservação. 5. Apelações da União e do IPHAN providas. 6. Remessa oficial prejudicada.

TRF-2 (RJ/ES) – AGRAVO DE INSTRUMENTO AG 0 RJ 96.02.35632-4 (TRF-2)

Data de publicação: 02/12/1997

Ementa: PROCESSUAL CIVIL – AGRAVO DE INSTRUMENTO – RESTAURAÇÃO DE IMÓVEL TOMBADO PELO "IPHAN". I – NÃO DISPONDO O PROPRIETÁRIO DE IMÓVEL TOMBADO PELO PATRIMÔNIO HISTÓRICO DE RECURSOS PARA

> PROCEDER ÀS OBRAS DE REPARAÇÃO E CONSERVAÇÃO DO BEM, COMO NO PRESENTE CASO, LEVARÁ AO CONHECIMENTO DO SERVIÇO DO PATRIMÔNIO HISTÓRICO A NECESSIDADE DAS MENCIONADAS OBRAS, E O DIRETOR DO SERVIÇO DEVERÁ EXECUTÁ-LAS ÀS EXPENSAS DA UNIÃO, DENTRO DO PRAZO DE SEIS MESES, OU PROVIDENCIARÁ PARA QUE SEJA FEITA A DESAPROPRIAÇÃO. NA FALTA DESTA PROVIDÊNCIA, PODERÁ O PROPRIETÁRIO REQUERER SEJA FEITO O CANCELAMENTO DO TOMBAMENTO DO BEM (DECRETO-LEI n. 25/37). II – AGRAVO PROVIDO, PARA RENOVAR A LIMINAR, QUE COMPELIA O AGRAVANTE A PROMOVER AS OBRAS NO IMÓVEL TOMBADO.

4.4. Em Relação à Vizinhança

A proteção do imóvel tombado não seria eficaz se não se adotassem medidas para evitar que, nas áreas circundantes, se realizassem obras que viessem descaracterizar o bem ou diminuir-lhe o valor que ensejou a intervenção, ou se erigissem barreiras ou obstáculos à sua visibilidade. Por tal razão, é recorrente nos sistemas jurídicos, no bojo da disciplina jurídica da vizinhança de bem tombado, a previsão de cautelas envolvendo os bens circundantes a monumentos e outros objetos de proteção, sejam elas tendentes a evitar a descaracterização, ou voltadas para a garantia da visibilidade do bem principal, ou para a integração da ambiência.

Mostra Paulo Affonso Leme Machado, em fragmento colhido de Pontes de Miranda,[39] que, no Brasil, a disciplina do tombamento erige em categoria própria o direito de vizinhança: "Aí está, a favor do titular do direito de propriedade da coisa tombada, direito de vizinhança, não previsto no Direito das Coisas. Trata-se de direito público de vizinhança".

Reconhece Paulo Affonso Leme Machado,[40] no entanto, ser

> "Tímida a proteção do bem tombado, pois só se lhe resguarda a visão, podendo a vizinhança deixar de apresentar homogeneidade com a coisa ou ser alterada de modo prejudicial a ela, sem que se deixem à Administração meios para impedir a alteração ou exigir adaptação integrativa da vizinhança".

---

39 MIRANDA, Francisco Cavalcanti Pontes de. *Comentários à Constituição de 1967 com a emenda n. 1 de 1969*. 2. ed. Rio de Janeiro: Forense, 1972. p. 375, v. 6.

40 MACHADO, Paulo Affonso Leme. Tombamento: instrumento jurídico de proteção do patrimônio natural e cultural. *Revista dos Tribunais*. São Paulo, 563(71): pp.15-40, setembro de 1982. p. 19.

De outro lado, assinala que, na ausência de limite certo para proteção da área de entorno do monumento ou outro bem tombado, "fica incerta a zona de proteção, gerando subjetivismo da Administração Pública e até conflitos entre as licenças e autorizações municipais, estaduais e federais".[41]

Vê-se que a matéria atinente às áreas vizinhas ao bem tombado, no Direito pátrio, não é suficientemente disciplinada. Atento às consequências práticas desse inadequado tratamento, Paulo Affonso Leme Machado[42] afirma:

> "A proteção da vizinhança ou do entorno do monumento tombado revela a necessidade de uma previsão, principalmente no âmbito municipal, dessa tutela jurídica, para que o art. 18 do Decreto-Lei n. 25/37 não seja fonte de conflito entre o órgão de proteção cultural e o órgão licenciador de construções ou de atividades agrícolas ou florestais [...]".

Paulo Affonso Leme Machado ressalta,[43] também, a preocupação do legislador com a proteção à visibilidade da coisa tombada, seja monumento histórico, artístico ou natural, para que possa permitir uma fruição estética, mesmo à distância.

Alerta, contudo, que não se deve restringir o conceito de visibilidade aos seus aspectos objetivos, sustentando que ela deverá ser entendida do ponto de vista físico (distância, perspectiva, altura), mas, também, finalístico e qualitativo (harmonia, integração e ambiência).

Daí por que não basta a garantia da visibilidade assegurada mediante mera estipulação de parâmetros físicos; a ambiência deve ser considerada caso a caso, e, para tanto, o exame técnico preliminar ao tombamento deve tomar o bem principal contextualizado. Isso permite a adequada definição de seu entorno, a identificação do nível de relação do imóvel principal com os demais, a demarcação da área vizinha sobre a qual incidirão restrições, bem assim a especificação dessas restrições, evitando-se subjetivismos e soluções desarrazoadas.

---

41 MACHADO, Paulo Affonso Leme. Tombamento: instrumento jurídico de proteção do patrimônio natural e cultural. *Revista dos Tribunais*. São Paulo, 563(71): pp.15-40, setembro de 1982. p. 19.

42 MACHADO, Paulo Affonso Leme. Tombamento: instrumento jurídico de proteção do patrimônio natural e cultural. *Revista dos Tribunais*. São Paulo, 563(71): pp. 15-40, setembro de 1982. p. 18.

43 MACHADO, Paulo Affonso Leme. Tombamento: instrumento jurídico de proteção do patrimônio natural e cultural. *Revista dos Tribunais*. São Paulo, 563(71): pp. 15-40, setembro de 1982. p. 18.

Essas imposições a imóveis da área vizinha podem ser depreendidas do art. 18 do Decreto-Lei n. 25/37, bem assim de outras disposições esparsas ou especializadas, apresentando nítido traço de servidão em relação ao bem principal.

Ana Maria Moreira Marchesan,[44] em substancioso estudo sobre o entorno dos bens tombados na legislação brasileira, lançado em obra coletiva, tendo como ponto de partida as imposições previstas no art. 18, já citado, resgata o lastro de cautelas de proteção ao bem tombado sob o enfoque dos bens circundantes:

> "A par disso, ao tutelar a paisagem como valor, como bem jurídico digno de proteção, nosso ordenamento contempla a proteção do entorno, a começar pela Constituição – arts. 23, III; 24, VIII e 216, V. A Lei n. 7.347/85, que disciplina a Ação Civil Pública, prevê a responsabilidade por danos causados ao meio ambiente e a bens e direitos de valor estético e paisagístico, dentre outros.
>
> Essa proteção ao entorno, também restou contemplada pela Lei n. 6.513/77, regulamentada pelo Decreto Federal n. 86.176/81, a qual disciplina as áreas especiais de interesse turístico, instituindo a possibilidade de definição de zonas de entorno que podem ser de duas espécies: a) entorno de proteção [...], e b) entorno de ambientação [...] Na Lei n. 6.513/77, que trata das áreas especiais e locais de interesse turístico, há a previsão".

A autora versa sobre o mesmo tema, em linha de abordagem mais ampliada e filosófica, no artigo O Entorno dos Bens Culturais e a Identidade das Cidades: Da Proteção aos Aspectos Materiais e Imateriais do Patrimônio Cultural Urbano.[45]

Acrescenta-se que as restrições a proprietários da área vizinha a bem tombado, e que conformam servidão da área de entorno relativamente ao bem principal, deduzidas do art. 18 do Decreto-Lei n. 25/37, consoante já explicitado em tópico próprio, só podem ocorrer a partir da averbação no registro de imóveis, de acordo com o Código Civil, no que dispõe sobre a instituição e eficácia de direitos reais sobre imóveis (arts. 1.245 e 1.227).

---

44 MARCHESAN, Ana Maria Moreira. A preservação do futuro através do passado: o entorno dos bens tombados na legislação brasileira. In: FERNANDES, Edésio; ALFONSIN, Betânia (coord.). *Revisitando o instituto do tombamento*. Belo Horizonte: Fórum, 2010: (99-127), p. 100. ISBN: 978-85-7700-388-4.

45 MARCHESAN, Ana Maria Moreira. O Entorno dos Bens Culturais e a Identidade das Cidades: Da Proteção aos Aspectos Materiais e Imateriais do Patrimônio Cultural Urbano. *Revista de Direito ambiental*. São Paulo: Instituto Direito por um Planeta Verde/Revista dos Tribunais, jul./set. 2011. pp. 395-420, v. 16, n. 63.

Assim é que, averbado o registro, fica o vizinho condicionado à autorização do Instituto para construir, e, ao fazê-lo, não poderá prejudicar o bem tombado, limitando ou impedindo sua visibilidade. Da mesma forma, a colocação de anúncios ou cartazes nas áreas vizinhas não poderá ser feita sem prévia autorização do Instituto.

Sujeita-se o vizinho, no caso de infração, à destruição de obra impeditiva, à retirada dos cartazes ou objetos e às demais sanções, incluídas as pecuniárias.

Assim, como efeitos reflexos, têm-se aqueles que atingem a vizinhança em função de sua relação com o bem tombado, entre os quais, avulta de importância o da constituição dessa servidão administrativa sobre área ou bem circundante de patrimônio tombado.

Chama-se a atenção para dissenso na caracterização do regime jurídico da imposição sobre a área vizinha em decorrência do tombamento. Ana Maria Moreira Marchesan, no capítulo mencionado, aprofunda a discussão sobre a natureza da imposição, sustentando sua inserção "no amplo espectro das limitações administrativas ao direito de propriedade", ao argumento de que

> "[...] no caso do entorno, é possível assemelhar a limitação administrativa a uma obrigação real, propter rem. Enquanto titular (seja na condição de proprietário, possuidor ou locatário) de na área envoltória do bem tombado, o vizinho está circunscrito ao feixe de obrigações relativas à preservação cultural".[46]

A autora, contudo, problematiza soluções normativas e pragmáticas dadas à matéria, enfatizando a insuficiência do tratamento a ela dispensado pelo art. 18 do Decreto-lei 25/37, em face dos avanços técnicos da noção de entorno:

> "O dispositivo se ressente de uma melhor conceituação sobre 'vizinhança', de uma clareza sobre o regime jurídico dos bens nela inseridos, bem como sobre uma melhor especificação dos valores tutelados pelo entorno, os quais, seguramente, não cabem na estreita expressão 'visibilidade".[47]

---

46 MARCHESAN, Ana Maria Moreira. A preservação do futuro através do passado: o entorno dos bens tombados na legislação brasileira. In: FERNANDES, Edésio; ALFONSIN, Betânia (coord.). *Revisitando o instituto do tombamento.* Belo Horizonte: Fórum, 2010: (99-127), pp.116-117. ISBN: 978-85-7700-388-4.

47 MARCHESAN, Ana Maria Moreira. A preservação do futuro através do passado: o entorno dos bens tombados na legislação brasileira. In: FERNANDES, Edésio; ALFONSIN, Betânia (coord.). *Revisitando o instituto do tombamento.* Belo Horizonte: Fórum, 2010: (99-127), p.114. ISBN: 978-85-7700-388-4.

Observa-se que a legislação não defere ao vizinho qualquer direito, salvo o de haurir os efeitos da preservação do valor cultural ou natural. Portanto, não cogita a lei de indenização pela referida servidão. A despeito disso, não se pode falar de uma definição apriorística e uniforme para todas as situações de servidão sobre imóvel vizinho a bem tombado; o caso concreto é que deverá evidenciar os elementos necessários para uma solução adequada.

Apesar de o Decreto-Lei n. 25/37 não tratar da demarcação dos perímetros dos monumentos tombados, em Minas, a partir de 1985, os processos de tombamento pelo IEPHA passaram a incorporar a delimitação da vizinhança, prevalecendo o princípio de que o perímetro do objeto tombado deve contemplar também a área do entorno de valor intrínseco e, às vezes, a do entorno sem valor em si mesmo, eis que, neste caso, se torna mais difícil alcançá-la pelo tombamento.

Nesse sentido, em Minas Gerais, a Lei n. 8.828, de 05 de junho de 1985, dando nova redação ao art. 4°, § 2° da Lei n. 5.775, de 1971, previu:

> "Art. 4° [...]
> § 2° O tombamento de bem imóvel lhe delimitará a área de entorno ou vizinhança, para o efeito da proteção prevista no art. 18 do Decreto-Lei n. 25, de 30 de novembro de 1937, devendo o Instituto, no prazo de 180 (cento e oitenta) dias da vigência desta lei, delimitar o entorno dos monumentos já inscritos nos livros de tombo, para aprovação do Conselho Curador".

No Estado de São Paulo, a questão da área de entorno está disciplinada pelo Decreto n. 13426, de 16/3/79, nos arts.137 e 138, de forma conjugada com a Lei Complementar n. 2, de 15/8/69, art. 1°, e o Decreto de 19/12/69, art. 16, prevendo servidão sobre os prédios vizinhos aos bens tombados.

De qualquer forma, há muitas lacunas na ordem interna em relação à temática específica. O tratamento da matéria no direito estrangeiro, contudo, é mais avançado. Paulo Affonso Leme Machado[48] registra que, de modo geral, as legislações alienígenas comportam oportunas e necessárias limitações ao direito de propriedade dos imóveis situados na vizinhança da coisa tombada, não se restringindo a guardar-lhe a visibilidade, nem se restringem às construções privadas, mas alcançam também as públicas (edifícios, arruamentos, ou viadutos).

---

48 MACHADO, Paulo Affonso Leme. Tombamento: instrumento jurídico de proteção do patrimônio natural e cultural. *Revista dos Tribunais*. São Paulo, 563(71): 15-40, setembro de 1982. p. 20.

Nessa linha, observa-se que, na Espanha, por exemplo, as construções em lugares imediatos a bens protegidos – de caráter artístico, histórico, arqueológico –, isolados ou que integrem um grupo, ou que se situem próximos de algum monumento assim caracterizado e de importância, devem adaptar-se ao ambiente em que estiverem situadas.

Prevê o direito espanhol imposições também com relação à vizinhança de bens naturais, a fim de garantir-lhes harmonia e evitar a desfiguração.

4.4.1. Jurisprudência

Os jugados colacionados a seguir versam questões de vizinhança de bens tombados.

O primeiro analisa especificamente intervenção municipal em praça tombada consistente na instalação de tendas e similares para realização do Festival de Inverno de Petrópolis. O Tribunal reconheceu a necessidade de autorização da intervenção pelo IPHAN, assentando que "as instalações realizadas ou autorizadas pelo Município réu em praças públicas tombadas não podem ter o condão de impedir ou reduzir a visibilidade, ainda que temporariamente, dos bens históricos nelas localizados, cabendo ao IPHAN manifestar-se previamente sobre tais atividades".

> Processo: AC 413308 RJ 2005.51.06.000047-4
> Orgão Julgador:TRF – (2) QUINTA TURMA ESPECIALIZADA
> Publicação:
> DJU de: 09/05/2008 – Página: 783
> Julgamento: 30 de Abril de 2008
> Relator: Desembargadora Federal VERA LUCIA LIMA
> Ementa:
> CONSTITUCIONAL. ADMINISTRATIVO. AÇÃO CIVIL PÚBLICA. TOMBAMENTO. INSTALAÇÃO DE BARRACAS E SIMILARES EM PRAÇAS PÚBLICAS DO MUNICÍPIO DE PETRÓPOLIS. IMPEDIMENTO OU REDUÇÃO DA VISIBILIDADE DOS BENS TOMBADOS. AUTORIZAÇÃO PRÉVIA DO IPHAN. NECESSIDADE. Art. 18, DECRETO-LEI n. 25, DE 30.11.1937. RECURSO DESPROVIDO. – Trata-se de apelação cível alvejando sentença que, em sede de ação civil pública, ajuizada pelo Ministério Público Federal em face do Município de Petrópolis, julgou procedentes os pedidos sob o fundamento de que o IPHAN é o órgão competente para autorizar a realização de construções e modificações relacionadas aos bens tombados, com base no art. 18 do Decreto-lei n. 25/37. – Conforme se depreende dos autos, o Município réu, quando do

Festival de Inverno de Petrópolis, instalou barracas, balões promocionais e outras estruturas em praças da cidade que são objeto de tombamento. Em ofício de fls. 12, o IPHAN informa que as instalações ocorreram sem que fossem encaminhados os pedidos de autorização, razão pela qual a autarquia embargou algumas dessas construções. Com base em tais informações, o Ministério Público Federal encaminhou ao réu a Recomendação de fls. 14, tendo o Município silenciado a respeito. – A questão central para a solução da lide consiste na análise do disposto no art. 18, do Decreto-Lei n. 25/37, que trata da organização e da proteção do Patrimônio Histórico Brasileiro. – O referido dispositivo legal tem por objetivo proteger a visibilidade da coisa tombada, preservando a área a ela vizinha. [...] Dessa forma, para se verificar a necessidade da referida autorização, não cabe diferenciar, como pretende o réu, as construções permanentes das temporárias, uma vez que o objetivo da norma é resguardar a visibilidade do bem tombado, a fim de que todos a ele tenham acesso e de que seja preservada a atmosfera ambiental e urbana que confere sentido ao bem tombado. – Com efeito, segundo o art. 215 da Constituição da República, cabe ao Estado garantir o acesso às fontes de cultura nacional. Por sua vez, o art. 216 do texto constitucional, em seu inciso IV, inclui no conceito de patrimônio cultural brasileiro "as obras, objetos, documentos, edificações e demais espaços destinados às manifestações artístico-culturais". [...] – Para que esse objetivo se concretize, o tombamento requer um regime jurídico especial de propriedade, levando-se em conta sua função social. Tal regime, previsto no aludido Decreto 25/37, institui limitações para os proprietários de bens tombados, dentre as quais se enquadra a necessidade de autorização do órgão competente, que, na esfera federal, por força do Decreto 2.807/98, é o IPHAN, caracterizado como autarquia mediante a Lei 8.113/90, art. 1º. Em face da especialidade desse regime, não merece prosperar também a alegação do réu de que a exigência de autorização prévia viola a independência dos poderes, na medida que permitiria interferência na discricionariedade municipal, retirando do ente federativo prerrogativas decorrentes de seu poder de polícia. Na verdade, não se trata de impedir quaisquer construções, permanentes ou não, mas de se exigir, em conformidade com a proteção conferida aos bens tombados, que aquelas sejam feitas após a devida autorização. – Assim, ao instalar barracas e similares nas praças tombadas, o Município, mesmo visando ao bem-estar coletivo, tem o dever constitucional de preservar e promover o adequado acesso aos aspectos históricos que tais imóveis possuem enquanto fontes de cultura nacional. Os objetivos buscados pelo ente federativo, quando promove eventos que

demandam tais construções, devem ser conciliados com a preservação de valores culturais, que não se restringem apenas aos interesses locais, mas que, por força do tombamento, fazem parte do patrimônio cultural brasileiro. – Pelo exposto, é forçoso concluir que as instalações realizadas ou autorizadas pelo Município réu em praças públicas tombadas não podem ter o condão de impedir ou reduzir a visibilidade, ainda que temporariamente, dos bens históricos nelas localizados, cabendo ao IPHAN manifestar-se previamente sobre tais atividades. – Apelação desprovida.
Acordão
Por unanimidade, negou-se provimento à apelação, na forma do voto da Relatora.

O segundo julgado trata de construção em área vizinha a bem tombado da qual decorreu prejuízo para a visibilidade do bem tombado. Concluiu-se, no caso, pela demolição da construção, sem direito à indenização.

TRF-2 – APELAÇÃO CÍVEL AC 200550010017397 RJ 2005.50.01.001739-7 (TRF-2)
Data de publicação: 26/11/2010
Ementa: ADMINISTRATIVO E PROCESSUAL CIVIL. AÇÃO CIVIL PÚBLICA. IPHAN. IGREJA SÃO GONÇALO. TOMBAMENTO. IMÓVEL VIZINHO. OBRA IRREGULAR. AFETAÇÃO DA VISIBILIDADE DO BEM TOMBADO. DEMOLIÇÃO. POSSIBILIDADE. ARTIGO 18 DO DECRETO-LEI 25/67. INDENIZAÇÃO. IMPOSSIBILIDADE. PROCEDÊNCIA DO PEDIDO. SENTENÇA CONFIRMADA. 1. Ao IPHAN compete promover a preservação do patrimônio cultural brasileiro, o que lhe confere legitimidade para defender em juízo o imóvel tombado, no caso, a Igreja São Gonçalo, situada em Vitória, no Espírito Santo. 2. Os autores são os ocupantes do imóvel vizinho do bem tombado, cujo proprietário é falecido há mais de trinta anos. Em razão disso, resta evidente que a obra ilegal decorreu de suas iniciativas, pelo que são partes legítimas para figurarem no pólo passivo da presente demanda. 3. Obra realizada sem a prévia autorização do IPHAN, como determina o artigo 18 do Dec-Lei n. 18/67, sujeita-se a embargos, os quais, apesar de prontamente efetivados pela autoridade local, foram ignorados pelos apelantes. 4. Afetação evidente da visibilidade do bem tombado, em razão dos acréscimos no imóvel vizinho, decorrentes da obra ilegal, possibilita a demolição do mesmo, sem direito à indenização. 5. Apelação conhecida e improvida.

Da jurisprudência, colhem-se outros julgados versando os efeitos do tombamento na propriedade vizinha.

1 Na Paraíba, a União Federal propôs ação cominatória contra o Ginásio Pio X, alegando que este, sem o conhecimento da Diretoria do Patrimônio Histórico e Artístico Nacional, erguera um pórtico de ginástica nas proximidades de monumento tombado, prejudicando a visibilidade de uma de suas fachadas. Em seu pedido, a Diretoria solicitou que o réu fosse obrigado a destruir a obra, sob pena de que o Poder Público efetivasse a demolição, a expensas daquele.

O réu, ao contestar a ação, alegou que a construção, situada dentro do pátio interno do colégio, foi levada a efeito tendo em vista o disposto em lei federal, a qual compelia todo estabelecimento de ensino a lecionar Educação Física a seus alunos. Afirmou, ainda, que a fotografia trazida aos autos mediante perícia comprovava que o pórtico não prejudicava a visibilidade do monumento.

O juiz *a quo,* adotando a perícia, julgou improcedente a ação, recorrendo de ofício ao Tribunal Federal de Recursos.

Naquele Tribunal, abriu-se vista ao Subprocurador-Geral da República, que exarou parecer contrário à posição do juiz de primeiro grau. Entendeu o Subprocurador que as provas, fotográfica e testemunhal, haviam pendido para a procedência da ação.

Em seu pronunciamento, o Ministro Djalma Cunha Melo, presidindo ao julgamento, aderiu à opinião do Subprocurador, reconhecendo a procedência do feito.

O Ministro Mourão Russel, Relator, discordou do Presidente, à alegação de o laudo ter sido da lavra do perito nomeado pelo juiz e indicado pela própria União Federal; negou provimento ao recurso de ofício, confirmando, portanto, a sentença recorrida.

A decisão do Tribunal, por maioria de votos, foi pelo desprovimento do recurso.[49]

---

49 BRASIL. Tribunal Federal de Recursos. Patrimônio artístico e histórico – Visibilidade da obra tombada: Interpretação e aplicação do Decreto-Lei n. 25, de 1937. Apelação n. 1.515. União Federal versus Ginásio Pio X. Relator: Ministro Mourão Rüssel. Acórdão de 6 de novembro de 1951. *Revista Forense.* Rio de Janeiro, 144: 206-8, 1952. p. 207.

2 Outro caso registrado envolveu emblemática contenda entre a Prefeitura de Petrópolis, proprietários e o órgão patrimonial.

Em 1958, a Prefeitura de Petrópolis aprovara a planta e respectiva licença para construção de edifício de apartamentos, com oito andares, sobre "pilotis", na Avenida Sete de Setembro, 66-67.

Após ter a obra alcançado o quinto pavimento, foi embargada pela Prefeitura – com ordem para que fosse reduzida a quatro andares –, conforme pedido do Patrimônio Histórico e Artístico Nacional.

O proprietário da construção, não concordando com o embargo, recorreu ao Judiciário e obteve ganho de causa nas diversas instâncias.

Assim, foram construídos os edifícios Champs Elysées e Sete de Setembro, ambos com oito pavimentos.

Em terreno baldio, vizinho a tais prédios, pretendeu-se construir outro edifício nas mesmas proporções dos anteriores.

Com fulcro no art. 18 do Decreto-Lei n. 25, de 30/11/37, a Diretoria do Patrimônio Histórico e Artístico Nacional condicionou a autorização para a nova construção à redução de seu gabarito a quatro pavimentos, a fim de que não se prejudicasse a visibilidade do Museu Imperial.

Na oportunidade, a mencionada Diretoria viu-se na obrigação de exigir, também, a demolição daqueles prédios já habitados, com oito pavimentos, edifícios que abrigavam cerca de 90 famílias. Tal medida acarretaria ônus para os cofres do Município de Petrópolis.

O então Consultor-Geral da República, no parecer sobre a matéria, retomou a análise da questão dos efeitos das obras projetadas no tocante à visibilidade do Museu Imperial.

Afirmava: "não basta que a construção esteja na vizinhança da coisa tombada; é necessário que a mesma impeça ou reduza sua visibilidade".

Pelos dados de seu parecer, especialmente os relativos à tipificação do imóvel tombado e à descrição de sua área, bem como à dos prédios vizinhos, demonstrava-se que as obras projetadas não reduziam ou impediam a visibilidade do Museu Imperial.

A questão da visibilidade se colocava, pois, como ponto central da discussão, tanto no âmbito administrativo quanto na esfera do Judiciário.

Em seu voto, na oportunidade do julgamento do Agravo em Mandado de Segurança n. 19.958, o Ministro Afrânio Antônio Costa manifestou-se contra a pretensão da Diretoria do Patrimônio Histórico e Artístico Nacional.

Concluiu, também, o Ministro que as obras dos dois prédios não prejudicavam a visibilidade do prédio tombado.

Desta sorte, o simples fato de a construção particular encontrar-se na vizinhança da coisa tombada não assegurava ao Instituto o direito de embargar-lhe o andamento. Necessária a comprovação de que a construção impedia ou reduzia a visibilidade do patrimônio histórico tombado. A conclusão naquele processo assegurou ao proprietário a continuidade da obra, comprovado que não interferia na visibilidade do prédio tombado.[50]

4.5. Em Relação aos Comerciantes de Objetos Sujeitos à Proteção Especial do Poder Público

Exige-se dos comerciantes de objetos artísticos e históricos, de manuscritos, ou de livros antigos e raros, segundo a lei, registro especial junto ao Instituto, o que lhes impõe certas obrigações que visam a subordiná-los a controle rigoroso. Incumbe-lhes o dever de apresentar àquele órgão rol completo dos objetos, ficando também obrigados à autenticação competente para alienação. Essa mesma disciplina prevalece em relação aos leiloeiros.

Conclusão: Pode-se, pois, concluir que amplos são os efeitos do tombamento. Alguns incidem sobre o objeto, constituindo servidão; outros ocorrem em relação à pessoa de direito público interno, sujeito ativo do tombamento, integrando-o na gestão do bem; outros atingem o proprietário ou possuidor, acarretando-lhes obrigações de fazer, de não-fazer e de suportar. Podem, ainda, alcançar a área vizinha, de forma reflexa, pela sua relação com o bem tombado, impondo-lhe servidão. Por último, outros efeitos estendem-se, eventualmente, a terceiros.

---

50 BRASIL. Presidência da República. Patrimônio histórico e artístico nacional – Tombamento – Vizinhança – Visibilidade. Não basta que a construção esteja na vizinhança da coisa tombada, é necessário que a mesma impeça ou reduza sua visibilidade. Interpretação do art. 18, do Decreto-Lei n. 25, de 30 de novembro de 1937. Processo P.R. n. 1.946/68. Consultor-Geral: Adroaldo Mesquita da Costa. *Revista de Direito Administrativo*. Rio de Janeiro: 93: (379-81), outubro de 1968. p. 378.

Capítulo 10

RELAÇÕES JURÍDICAS

As relações jurídicas, que se travam a partir de situações jurídicas, significam vinculações de sujeitos entre si, ou entre estes e objetos, enunciadas por notas de atribuição ou desatribuição, traduzidas por poder ou dever das pessoas quanto ao objeto.

O ato de tombamento incide sobre uma situação jurídica – retratada na estática de determinada relação – decorrente de uma norma de atribuição que reconhece ao proprietário da coisa o *status* de *dominus*, ou ao seu detentor, o poder de dela fruir.

A relação nova que se estabelece subjacente ao ato de tombamento, entre o sujeito ativo, o Estado, e o sujeito passivo – o proprietário ou detentor do objeto –, caracterizando intervenção daquele sobre o patrimônio deste, traduz-se normalmente em notas de desatribuição de parcela do conteúdo jurídico da propriedade e alteração do *status* do titular ou detentor; isso ocorre em razão do regime especial que se institui para a proteção do bem, impondo obrigações públicas àqueles que com ele se relacionam, às quais se opõe o direito do Estado de exigir o seu cumprimento.

Tais obrigações públicas, conforme bem ensina Seabra Fagundes,[1] constituem limitações que interferem na órbita de liberdade do indivíduo ou incidem sobre os direitos patrimoniais:

> "A obrigação pública pode ser positiva (obrigação de fazer ou de dar), negativa (obrigação de não fazer), ou mista (obrigação de suportar). Tanto num como noutro caso, contém uma ordem limitativa da liberdade pessoal ou dos direitos patrimoniais, a cuja obediência o indivíduo fica vinculado".

Como já ficou evidenciado quando da análise dos efeitos do tombamento, elas se ajustam à classificação defendida pelo mestre. Plenamente

[1] FAGUNDES, Miguel Seabra. *O controle dos atos administrativos pelo Poder Judiciário*. 4. ed. atual. Rio de Janeiro: Forense, 1967. p. 206.

defensáveis, tais obrigações se conciliam com os princípios informadores da ordem jurídica pátria, segundo a qual a propriedade privada e o exercício das liberdades individuais devem conformar-se com o interesse social igualmente protegido, o que se enquadra na concepção do caráter por excelência limitativo da atividade estatal defendida por Carnelutti, caráter esse não exclusivo:

> "A atividade estatal depende e se compõe, essencialmente, de limitações às atividades individuais, no que concerne à pessoa e aos bens. Pela origem e pelo destino do Estado, é um órgão limitativo das atividades dos seus habitantes".[2]

Poder-se-ia, mesmo, dizer que tais limitações ocorrem num plano normal de relações – que pressupõe um nível de interesse e um de conflito –, as quais, na explicação de Carnelutti,[3] se vislumbram a partir da constatação de que os elementos sujeitos e objeto

> "Estão entre si ligados por dupla relação, entre o sujeito e objeto e entre ambos os sujeitos. Uma é relação de primeiro grau e chama-se interesse; a outra é relação de grau superior e chama-se conflito de interesses".

Os conflitos são da dinâmica da relação; desde que não extrapolem a razoabilidade, são suportáveis, e a eles deve ceder o sujeito titular do objeto.

1. CONFLITOS GERADOS PELO TOMBAMENTO

Pode ocorrer que a relação nova oriunda do tombamento não interfira substancialmente na situação jurídica anterior, mantendo-se relativamente ao direito desta decorrente, em essência, os seus atributos, e, em consequência, garantindo-se a compatibilização das relações jurídicas.

Ao contrário, pode ocorrer que o tombamento, sobrevindo como relação cogente de caráter interventivo, alcance situação jurídica constituída, dificultando a fruição do direito adquirido. Nessa situação, do ato administrativo enquanto atualização de uma hipótese legal emerge, de forma mediata, direito para o administrado; ou o direito pode advir também do ato como fonte imediata. Tomem-se como exemplos dois atos: um de tombamento de um prédio colonial em relação ao qual o proprietário já conta com

---

2 CARNELUTTI, Francesco. *Teoria geral do direito.* Tradução de: A. Rodrigues Queiró e Artur Anselmo de Castro. São Paulo: Livraria Acadêmica: Saraiva, 1942. p. 246.

3 CARNELUTTI, Francesco. *Teoria geral do direito.* Tradução de: A. Rodrigues Queiró e Artur Anselmo de Castro. São Paulo: Livraria Acadêmica: Saraiva, 1942. p. 246.

uma licença de (re)construção para fins comerciais; outro de tombamento que incida sobre imóvel objeto de concessão do Poder Público a particular para exploração minerária.

No primeiro caso, verifica-se impasse no tocante aos efeitos de dois atos administrativos conflitantes: o proprietário de um prédio do período colonial, pretendendo o aproveitamento do imóvel para fins comerciais e valendo-se de seu direito subjetivo material de construir e alterar o prédio, demonstrou à Administração Pública seu interesse em fazê-lo, requerendo o respectivo alvará de demolição e construção. A Administração, em face do atendimento, pelo interessado, de todos os requisitos legais, apenas cumprindo o dever de satisfazer o interesse do requerente – eis que a isto não se podia furtar –, liberou o alvará correspondente. Ressalte-se que, em linha de concepção tradicional, o direito de construir não advém da licença, mas a precede.

A licença significa o mero reconhecimento, por via administrativa, da aptidão do titular para o exercício desse direito. Constitui, em última análise, a necessária comprovação de que o exercício desse direito far-se-á em conformidade com a legislação que disciplina o uso do solo, eis que a faculdade de construir está condicionada ao amparo da lei. À licença sucedeu o ato de tombamento do bem, de conteúdo incompatível com o do anterior, que gerou direito adquirido para o titular, oponível à Administração.

Ora, liberada em favor do proprietário a respectiva licença, entende-se que a faculdade que estava apenas prevista no plano normativo, como decorrência da primeira relação de atribuição que lhe reconhecera a situação de *dominus,* é substituída por uma prestação ativa da Administração, consubstanciada em ato administrativo de suporte vinculado. Passou, por isso, a integrar o patrimônio jurídico do administrado de forma concreta, individualizada, distinta entre situações diversas. Não estando pendente de qualquer condição, é fruível, desde logo. Tem-se, assim, uma situação jurídica nova, direito adquirido que decorre da própria lei, como fonte primária, e que se individualizou mediante ato administrativo de reconhecimento. O tombamento, à sua vez, será mediatamente influenciado pela licença anterior, a qual gerou direito adquirido a reconstruir. A licença, informada por aspectos de vinculação, não poderá ser revogada pela Administração e nem neutralizada por efeito do ato interventivo do posterior tombamento, o que não significa que inexista alternativa de proteção.

No último caso, o da concessão minerária, depara-se evidente conflito entre os efeitos do ato novo (tombamento) e os oriundos do ato precedente o da concessão, em cuja formação concorrem, simultaneamente, as vontades do Poder Público e do particular para a concretização do direito e da qual resulta direito subjetivo para o concessionário. Esbarra-se, assim, em irremediável contradição: prevalecendo o ato novo, este acabará por revogar implicitamente, mediante substituição, o ato anterior com ele incompatível.

Assim, pode-se visualizar, num primeiro plano, a situação jurídica de domínio do titular em relação ao bem, atualização de uma hipótese normativa de atribuição. Essa situação, que é, por natureza, estática, imodificável por si mesma, é vista, num segundo plano, já alterada, por força da dinâmica do mundo dos fatos – ato jurídico novo que pode mudar, ou até extinguir a situação anterior. Pode-se falar, mesmo, de uma nova situação, desdobramento da primeira, que se constitui mediante a concretização da hipótese jurídica, a qual realiza a previsão contida no esquema normativo de atribuição e pode ser alterada por força de atualização de outra hipótese, por sua vez contida em outra norma.

Pois bem, o tombamento, pelo caráter especial do regime que impõe, pode significar a neutralização da fruição do direito anterior. Indaga-se: qual dos atos deve prevalecer?

No caso da concessão, o equacionamento da dúvida suscitada, conquanto não diga respeito diretamente à revogação, mas a ato novo com conteúdo diferente e contrário ao ato anterior, há de passar, necessariamente, pela análise da revogação, eis que implicitamente a ela corresponde.

Registre-se a lição de Marcelo Caetano[4] no tocante à referida distinção que bem se ajusta a esta análise:

> "Não se deve confundir o ato revogatório com um novo ato com conteúdo diferente e porventura contrário ao ato anterior; este é um novo ato administrativo que substitui outro ato anterior, dispondo para o futuro em termos opostos aos fixados antes. O ato anterior produziu os seus efeitos e deixa de vigorar porque o seu lugar foi tomado por outro ato de conteúdo diferente que implicitamente o revoga. Ora, o ato de revogação tem por objetivo direto e explícito fazer cessar os efeitos do ato revogado sem, em si próprio, o substituir".

O autor português admite, portanto, a revogação de forma implícita, por conflito de interesses públicos, o que é plenamente defensável.

Ter-se – ia, então, revisão indireta do ato precedente por razão de mérito. Seria a situação de revogação indireta e, como tal, estaria sujeita aos mesmos requisitos de produção do ato anterior.

---

4 CAETANO, Marcelo. *Princípios fundamentais do direito administrativo*. Rio de Janeiro: Forense, 1977.pp. 189-90.

Com efeito, o Poder Público pode editar um ato novo que, conquanto não objetive a revogação do ato antecedente, se com ele incompatível, ao ponto de esvaziar o conteúdo do ato anterior, gere, por via oblíqua, a revogação. Daí por que se tratar da revogação e seus limites. No caso, o limite será a constituição de direito subjetivo para o concessionário, o que remete, na prevalência do tombamento, para possível indenização.

Conclui-se que, na dinâmica da relação decorrente do tombamento – sujeito ativo – sujeito passivo –, podem ocorrer conflitos de interesses entre os sujeitos. Tais conflitos devem ser suportados segundo o princípio da razoabilidade. Todavia, se se trava conflito que atinja substancialmente a situação jurídica anterior, em que os efeitos do ato novo sejam incompatíveis com os do ato precedente, tem-se, indubitavelmente, hipótese de revogação, e, como tal, deve ser tratada segundo a teoria própria, assimilando-se limites e consequências para a Administração.

Daí ser importante para o presente trabalho a recapitulação dos limites da revogação.

2. REVOGAÇÃO

No estudo do tema, não se pode olvidar a contribuição valiosa do Professor Paulo Neves de Carvalho,[5] consubstanciada na tese intitulada "Da Revogação no Direito Administrativo", uma das primeiras obras de sistematização doutrinária acerca das questões fundamentais relativas à revogação e à anulação, a partir do cotejo das ideias capitais dos mais abalizados autores em confronto, lançadas em variados e esparsos estudos sobre os aspectos mais controvertidos do problema. Sua obra faz o pano de fundo de muitos suplementos hodiernos.

Em sua erudita construção, delimita, assim, o campo de sua investigação:

> "Trata-se, em síntese, de pesquisar as raízes a que deve prender-se a extinção do ato administrativo, na esfera da própria administração, fixar o princípio que a explique face às ideias centrais do direito público, o limite de seu conceito, os efeitos que se lhe possam reconhecer, a competência que lhe dê validade, a forma de que deva revestir-se e o controle que o regime lhe permita".

---

5 CARVALHO, Paulo Neves de. *Da revogação no direito administrativo.* Belo Horizonte: UFMG, 1951.

Após mais de meio século, a obra, pela consistência de sua concepção e estrutura, pela profundidade de seu embasamento, pela preciosidade de seu conteúdo, resiste aos influxos da evolução do Direito Administrativo, permanecendo como infalível referencial, a partir do qual é possível evoluir-se no encadeamento lógico de novas ideias, fundadas em valores e princípios atuais.

Buscam-se, sobretudo, de Gabino Fraga[6] ponderações importantes acerca do instituto, que bem situam suas implicações e seus limites. O autor, comentando as várias correntes doutrinárias a respeito da matéria, alinha a que sustenta o pleno acatamento da faculdade discricionária do Poder Público de retirar seus atos do mundo jurídico; a que opõe resistência a essa faculdade; e a que, aceitando a faculdade revogatória do Poder Público, firma seu fundamento na alteração dos pressupostos de exigência do interesse público em relação ao ato jurídico inicial, estabelecendo-lhe limitações.

Segundo ele, a primeira corrente, que sustenta a precariedade das resoluções administrativas, tem como argumento a premissa de que à faculdade de criar corresponde a de retirar do mundo jurídico o ato de sua criação. Contestando o argumento, Gabino Fraga afirma a autonomia e independência do ato, que produz efeitos dos quais seu autor não pode dispor de forma ilimitada. Opõe-se, ainda, ao argumento de que a ausência da força de coisa julgada nos atos administrativos lhes retira o caráter de estabilidade, visto que só se admitiriam então como estáveis os atos dotados dessa autoridade, o que seria inconcebível.

Analisa a tese contrária, a daqueles que propugnam pela imutabilidade dessas resoluções sob o argumento de que a autoridade de coisa julgada é comum a todos os atos de direito público, eis que, pairando sobre eles a exigência superior da vida social, que é a segurança das relações jurídicas, os atos que as engendram devem gozar de estabilidade.

Contra esses argumentos, Gabino Fraga aduz o entendimento de que, ao se atribuir autoridade de coisa julgada aos atos administrativos, se estabeleceria, em seu favor, a presunção *juris et de jure,* e não *juris tantum,* o que seria contrário ao regime jurídico estabelecido para os referidos atos.

De outro lado, conquanto admitindo o argumento da estabilidade de certos atos e a força do princípio da irretroatividade da lei, Gabino Fraga mostra, com clareza, baseado em Alessi, a fluidez da colocação, por via da qual se pretende valer da irretroatividade da lei para explicar a intangibilidade dos atos, para inadmitir-lhes, assim, a revogação:

---

6 FRAGA, Gabino. *Derecho administrativo.* México: Porrúa, S.A., 1977. pp. 310-7.

> *"[...] si bien puede admitirse que la irretroactividad de la ley constituye un obstáculo conceptual a la admisibilidad de la eficacia para el pasado (ex tunc) de la revocación, no puede constituirlo para la admisibilidad del efecto normal de la revocación, que es para el porvenir (ex nunc)".*[7]

Gabino Fraga, entendendo que a revogação, no Direito Administrativo, não se pode basear no reconhecimento de um poder negativo da Administração, nem na precariedade, nem na imutabilidade dos atos, busca fundamento em fator diferente e endossa a corrente que considera que o fundamento da revogação se estriba na alteração de um dos pressupostos do ato jurídico original, ou seja, a mudança superveniente das exigências do interesse público que se devem satisfazer mediante a atividade administrativa.

Afirma:[8]

> *"Ahora bien, mientras que el acto legítimo en su origen no puede convertirse mas tarde en ilegítimo, puesto que una ley posterior no puede cambiar los elementos legales de un acto que cumplii con todos los requeridos por la ley que rigii su formación, el acto que en su origen fue oportuno por coincidir con el interés público existente en ese momento, si puede posteriormente tornarse en inoportuno, porque el interés público cambia con frecuencia, de manera que, cuando el cambio ocurre, el acto original no sirve ya para satisfacerlo, y aun puede llegar a contrariarlo.*
> *Es en este momento en que se ha roto la coincidencia original del acto con el interés público cuando surge la cuestión de si debe preferirse la continuidad del acto o si debe preferirse la satisfacción de las nuevas exigencias del interés público".*

Na mesma linha, pode-se admitir, com Marcelo Caetano,[9] que

> "[...] não admira que o ato definitivo e executório não crie situação jurídica imodificável, pois que pode averiguar-se mais tarde que o direito exigia outra conduta ou que o interesse público impunha diferente solução".

Assim, sob o fundamento da alteração do interesse público, revela-se a revogação como instrumento de controle dos atos administrativos de que pode lançar mão o administrador para compatibilização da oportunidade e conveniência da permanência do ato.

---

7 FRAGA, Gabino. *Derecho administrativo*. México: Porrúa, S.A., 1977. p. 313.

8 FRAGA, Gabino. *Derecho administrativo*. México: Porrúa, S.A., 1977. p. 314.

9 CAETANO, Marcelo. *Princípios fundamentais do direito administrativo*. Rio de Janeiro: Forense, 1977. p. 192.

Mas a faculdade que se concede à Administração para compatibilizar os interesses públicos não pode ser ilimitada, sob pena de levar o Poder Público ao arbítrio. Opõem-se, portanto, limites ao poder revogador. Tais limites são as situações jurídicas individuais, os direitos adquiridos consolidados por atos constitutivos.

Além das restrições que dizem respeito à natureza intrínseca do ato, outras existem, como as que impõem irrevogabilidade aos atos de execução instantânea, se já executados, e àqueles cuja prática seja consequência de imposição legal, isto é, resultantes do exercício do "poder vinculado".

Esses limites são reconhecidos no direito pátrio e no direito estrangeiro, tratados pela doutrina da teoria da revogação dos atos administrativos e pela jurisprudência.

A propósito, comenta Gabino Fraga[10] que

> *"[...] se ha sostenido que la revogación tiene un límite, y es portanto inadmisible cuando el acto original ha engendrado derechos adquiridos os derechos patrimoniales [...]. Mas adverte que para que pueda hablarse de un derecho adquirido es necesário que el particular tenga la facultad de exigir que su situación sea respetada y que la Administración tenga la obligación de respetarla [...]".*

A mesma posição é defendida, entre outros publicistas, por Marcelo Caetano:[11]

> "O ato definitivo e executório, embora pelo princípio da identidade, que conatural a todo ser, mesmo de criação jurídica, e pelas necessidades de segurança tenda a subsistir, tal como foi praticado, é revogável, mas essa faculdade de revogação está fortemente condicionada; é preciso que não ofenda a lei nem os direitos ou situações individuais criados ou consolidados à sua sombra".

Seabra Fagundes[12] sustenta que, de todos os critérios, o mais ajustável ao direito interno, e, ao mesmo tempo, o mais simples, que comporta, ademais, a generalização de se desejar nesse setor, é o que vincula a revogabilidade à inexistência de direito subjetivo nascido do ato da Administração.

---

10 FRAGA, Gabino. *Derecho administrativo*. México: Porrúa, S.A., 1977. p. 315.

11 CAETANO, Marcelo. *Princípios fundamentais do direito administrativo*. Rio de Janeiro: Forense, 1977. p. 192.

12 FAGUNDES, Miguel Seabra. Revogação e anulação do ato administrativo. *Revista de Direito Administrativo*. Rio de Janeiro: Fundação Getúlio Vargas, 3: 3, 1946.

Do parecer do Dr. Carlos Medeiros da Silva[13] a propósito de consulta a respeito do ato de tombamento do Pico do Itabirito, que importava na revogação do ato administrativo de licença para exploração de lavra, e que será comentado ao final deste ponto, respigam-se fragmentos doutrinários sobre o instituto:

> *"La régle constamment enoncée et appliquée par le Conseil d'État est que l'acte administratif individuel régulier ne peut pas être retiré ou rapporté (au sens de abrogé pour l'avenir) lorsqu'il a 'crée des droites' au profit des individus qu'il concerne. (André de Laubadère, Droit Administratif, 2ª ed., Paris, 1957, p. 179).*
> *Si el acto es legitimo y válido y se dictï en ejercício de facultates regladas no podrá revocarse por causa de oportunidad, ya que la administracion estaba obligada a dictarlo en essas condiciones. (Manuel Maria Diez, El acto administrativo, B. Aires, 1956, p. 261-262).*
> *Ma tale facoltà, è ovvio, no può essere illimitata, se non si vuol negare ogni rispetto ai diritti quesiti in base al provvedimento e annullare il concetto stesso dello stato, come stato di diritto. (Oreste Ranelletti, Teoria degli atti amministrativi speciali, Milano, 1945, 7ª ed., p. 129)".*

No Brasil, os publicistas costumam distinguir dois momentos para circunscrever os limites da revogação em face do direito adquirido.

Entendem alguns que, se o direito está integrado ao patrimônio individual de alguém, mas seu exercício ainda não se iniciou – em outras palavras: estando o direito disponível para fruição e dele ainda não se estejam haurindo os efeitos – pode o ato ser revogado.

Tal é a posição da jurisprudência brasileira, que se tem firmado, no tocante ao direito de construir, no sentido de que o alvará, enquanto não iniciadas as obras, pode ser revogado, resolvendo-se em perdas e danos os prejuízos apurados. Aplica-se, assim, o princípio da responsabilidade civil do Estado, que obriga a reparar qualquer ofensa ao patrimônio individual por violação de direito, ou seja, a compensar o desfalque do patrimônio do proprietário onerado.

Outros defendem que, liberado o alvará em favor de alguém, é o direito integrado ao patrimônio da pessoa, estando resguardado, durante o seu prazo

---

13 SILVA, Carlos Medeiros. Patrimônio artístico e histórico nacional – Tombamento – Desapropriação – Concessão de Lavra – Ato Administrativo – Revogação. Interpretação do art. 175 da Constituição; idem, do art. 17 do Decreto-Lei n. 25, de 1937. *Revista de Direito Administrativo*. Rio de Janeiro, 67 (248-58), jan./mar. 1962.

de validade, contra qualquer afronta, quer de lei nova, quer de ato administrativo, não precisando o titular encontrar-se exercitando esse direito adquirido. É que, reconhecido o direito e outorgado o alvará por autoridade competente após atendidos os pressupostos legais, caracteriza-se ato perfeito, válido e eficaz, que não pode ser alcançado pela discricionariedade do administrador no ajuizamento da conveniência ou oportunidade de mantê-lo, em momento superveniente. A revogação encontraria, segundo esses, limitação no direito adquirido. Só por via extraordinária restaria à Administração alternativa para alcançar seu intento, sendo exequível, portanto, a desapropriação. A hipótese é, assim, de transmutação do direito decorrente de ato administrativo anterior, pela via extraordinária, em indenização na forma da lei.

Sustenta-se, neste trabalho, ser esta a posição mais adequada. Assim, pode-se concluir que o limite da revogação coincide com o momento da integração do direito ao patrimônio jurídico de alguém.

Não se cogita, aqui, de situação decorrente de ato maculado por vícios de ilegitimidade ou ilegalidade, eis que esse é vulnerável, tendo em vista que tais vícios impedem a definitividade da situação jurídica. Igualmente, não se trata de caducidade.

Comentando a jurisprudência mexicana nesse particular, Gabino Fraga[14] registra as variações que têm ocorrido nos julgados:

> *"Las posiciones que sobre el particular han adoptado las resoluciones judiciales de la Suprema Corte de Justicia de México, han sido muy variables. Asi, se ha sostenido que si una primera resolución creï derechos a favor de las partes interesadas, tales derechos no pueden ser desconocidos por una resolución posterior de la misma autoridad administrativa, por muy fundada que sea.*
> *En otros casos, la misma Suprema Corte ha resuelto que todo acto fuera de la ley no puede engendrar más que una aparente situación jurídica y que, por lo mismo, su destrucción por la misma autoridad administrativa no implica lo que en términos técnicos se denomina la privación de um derecho".*

Merece destaque, nesse plano, a posição privilegiada do Poder Público. Em situações que tais, como visto, ainda que constituído direito em favor de alguém, não fica o Poder Público impossibilitado de realizar os seus fins. Dispõe ele dos chamados recursos extraordinários. Tal é o caso do direito de desapropriar, que pode ser exercido, também na hipótese em que se considerar

---

14 FRAGA, Gabino. *Derecho administrativo.* México: Porrúa, S.A., 1977. p. 309.

incompatível ou inadequado o instituto do tombamento, para garantia da proteção estatal. É, assim, o caminho recomendável quando o ato de tombamento puder ferir, de maneira acentuada, direito adquirido e, por via de consequência, o conteúdo econômico da propriedade e para assumir a gestão do bem.

No contexto da revogação, têm lugar os princípios da responsabilidade civil do Estado, da garantia do direito de propriedade e da segurança de situação jurídica constituída. Veda o primeiro cargas desiguais para os cidadãos e impõe reparação do dano, mediante repartição do ônus com a sociedade, para os casos de suportar o cidadão gravame excedente da medida comum.

Tem-se, assim, que o ato de tombamento, alcançando situação jurídica decorrente de ato administrativo legítimo e legal, provocando irremediável conflito com o direito adquirido, é nulo por atingir esse direito subjetivo garantido constitucionalmente. Pode o interessado pedir o seu cancelamento pela via administrativa, em recurso ao Presidente da República, ou recorrer ao Judiciário para opor sua discordância e salvaguardar a situação jurídica precedente.

Assim, na medida em que o tombamento acarrete a diluição completa do conteúdo da propriedade ou anule direito adquirido com ele inconciliável, somente pela via expropriatória, mediante indenização na forma da lei, poderá o Poder Público proteger o bem.

Na hipótese de o Poder Público não usar da faculdade de desapropriar para tombar, ocorrendo sensível restrição ao domínio privado passível de avaliação em termos econômicos, fica ressalvado ao proprietário o direito de, por via judicial, pedir indenização para recompor o prejuízo sofrido.

Ressalte-se, contudo, que a regra é a conciliação. É excepcional a impossibilidade de coexistência do sistema especial de proteção via tombamento e da fruição do direito de propriedade, com ressalvas como no caso que, a seguir, é registrado.

Ilustra bem a hipótese de revogação indireta a situação concreta de conflito entre o direito de lavra decorrente de ato administrativo perfeito, válido e eficaz e os efeitos do tombamento compulsório superveniente, que inviabilizou e atingiu aquele direito já assegurado. Trata-se do tombamento, por iniciativa do SPHAN, em 1961, do Pico do Itabirito, localizado no Município de mesmo nome, no Estado de Minas Gerais, onde se explora a mina chamada Cata Branca.[15]

---

15 SILVA, Carlos Medeiros. Patrimônio artístico e histórico nacional – Tombamento – Desapropriação – Concessão de Lavra – Ato Administrativo – Revogação. Interpretação do art. 175 da Constituição; idem, do art. 17 do Decreto-Lei n. 25, de 1937. *Revista de Direito Administrativo*. Rio de Janeiro, 67: (248-58), jan./mar. 1962.

O tombamento se deu tendo em vista o aspecto singular do referido pico entre os monumentos naturais do País, cuja excepcional beleza paisagística justificava a preservação de sua integridade em função do interesse público, que deveria prevalecer mesmo contra os interesses privados dos proprietários e concessionários da lavra. Assim concluíra o SPHAN, cuja resolução reservou aos interessados a possibilidade de lavra do minério rolado ao **pé de escarpa.**

Quando notificados, os interessados apresentaram impugnação e, ao final do decisório, pediram reconsideração do ato.

Alegaram os recorrentes que os motivos de natureza estética e histórica eram controvertidos, quando deveriam ser relevantes e diretos para justificar medida tão drástica; que razões de ordem econômica demonstravam a inadequação da medida, já que esta implicaria o abandono de arrojado projeto, já no quinto ano de execução, envolvendo extração e embarque de minério, em escala progressiva, e que o valor do maciço, objeto do tombamento, estimado em vultosa quantia, perderia para os proprietários da mina todo o seu conteúdo econômico.

Integraram ainda as razões dos recorrentes os argumentos expendidos em parecer do Dr. Carlos Medeiros Silva,[16] peça que acompanhou a inicial. No referido parecer, aquele jurista, a despeito de comentar todo o processo de institucionalização do tombamento, mostrando sua evolução, fundamentos e a necessidade de preservação dos bens do patrimônio cultural em sentido abrangente, na análise da situação concreta, insurgiu-se contra a decisão. Sustentou que, apesar de se haver atendido a todos os pressupostos de caracterização do bem, para o fim de integrá-lo à proteção especial do Estado, um obstáculo intransponível se colocava, o direito de lavra já integrante do patrimônio individual, por via de licença de exploração, ato válido, perfeito e eficaz. Ato que estaria praticamente revogado pelo tombamento posterior.

O parecista desenvolveu o raciocínio a partir da análise dos efeitos do tombamento, entre os quais destacou o decorrente do art. 17 do Decreto-Lei n. 25/37, segundo o qual **as coisas tombadas não poderão, em caso nenhum, ser destruídas, demolidas ou mutiladas.**

Entendeu que o objetivo do tombamento do Pico do Itabirito foi o de preservar-lhe a integridade como **monumento natural** de **excepcional beleza paisagística.**

---

16 SILVA, Carlos Medeiros. Patrimônio artístico e histórico nacional – Tombamento – Desapropriação – Concessão de Lavra – Ato Administrativo – Revogação. Interpretação do art. 175 da Constituição; idem, do art. 17 do Decreto-Lei n. 25, de 1937. *Revista de Direito Administrativo*. Rio de Janeiro, 67: (248-58), jan./mar. 1962.

Cotejando tal efeito com o decorrente do ato anterior, segundo o qual a extração do minério não era só um direito do concessionário, mas um dever, um encargo que ele assumira, sob sanções que iam até a revogação ou caducidade da concessão, concluiu pela incompatibilidade de prevalência dos dois, indagando: **Poderá juridicamente subsistir e prevalecer o ato administrativo do tombamento em manifesta contradição com outro anterior e de maior hierarquia, qual seja, o de concessão de lavra?**

Justificou a negativa da resposta, aduzindo, entre outras, as seguintes razões:

> *"Consumado, portanto, o tombamento do Pico do Itabirito, não poderão prosseguir os trabalhos de lavra do minério que o maciço encerra, porque tal atividade industrial acarretará a sua destruição, demolição ou mutilação, vedadas, expressamente, no art. 17 do Decreto-Lei n. 25, de 1937, idem, Código Penal, arts. 165 e 166".*
>
> *"No caso em exame, o tombamento equivale à revogação da lavra, impede o exercício regular de um direito de propriedade, veda a extração e a disponibilidade do minério, dever precípuo do concessionário. Esta consequência não se atenua com a permissão de lavrar o minério rolado de 'pé de escarpa', porque a mina é um todo, compreende o maciço, e como tal foi a sua área delineada".*
>
> *"É entendimento pacífico que os atos administrativos de que resulte uma situação jurídica individual não podem ser revogados, exceto quando eivados de nulidade; neste caso a ilegalidade é obstáculo intransponível à constituição de uma situação jurídica definitiva".*
>
> *"Tal como acontece no caso da presente consulta, não é possível conservar a coisa tombada sem retirá-la das mãos do proprietário, porque o direito que lhe confere e o dever que lhe impõe o Código de Minas é precisamente o de destruir a coisa, objeto do tombamento, e nem outro propósito ou desejo poderia constituir fundamento jurídico para a concessão da lavra de uma jazida cuja delimitação engloba, em sua área, o maciço de forte teor mineral, economicamente valioso".*

E conclui:

> *"Não pode haver dúvida de que o tombamento do Pico do Itabirito, como foi realizado, importa em negação total do direito de propriedade do titular, concessionário da lavra do minério que se confunde com o próprio acidente geológico; somente através da desapropriação com indenização seria aquele ato juridicamente viável, provada a utilidade pública.*
>
> *[...] o tombamento relatado na consulta é nulo, porque impossibilita a lavra do maciço, assegurada por ato administrativo válido e eficaz,*

criador de direitos individuais, irrevogável por motivo de conveniência, reconhecida posteriormente; somente a desapropriação, com indenização prévia, justa e em dinheiro, poderá extinguir os direitos patrimoniais decorrentes da situação jurídica constituída na forma da Lei de Minas, salvo infração desta, de que se não cogita".

Entendeu o parecerista que o desfazimento do ato poderia dar-se mediante recurso administrativo para o Chefe do Poder Executivo, para que procedesse ao cancelamento com fundamento no Decreto-Lei n. 3.866, de 29/12/1941; ou judicial, mediante Mandado de Segurança, por ilegalidade e abuso de poder, ou pelas vias ordinárias.

Sustentando essas posições, Carlos Medeiros, em sua peça, sem dúvida, de grande contribuição para o estudo do tombamento, reúne citações de jurisprudência e diversos postulados doutrinários, extraídos do direito pátrio e do direito estrangeiro, no tocante à teoria da revogação e da desapropriação, esta como alternativa para proteção.

Dessas considerações por ele citadas, vale ressaltar a posição do direito italiano, no qual

> *"[...] a desapropriação é o remédio preconizado quando a proteção envolve a disponibilidade da coisa tutelada (Michele Cantucci e Mário Grisólia); e a do direito francês, em que, na vigência da Lei de 30/7/1887, a desapropriação era a única providência eficaz para assegurar a proteção do patrimônio histórico e artístico, quando o proprietário da coisa se opunha ao tombamento ('classement'). Princípio que vingou também na Lei de 13/12/1913, que continua em vigor, com as modificações de textos posteriores (Robert Brichet, Le Régime des Monuments Historiques en France, Paris, 1952, p. 23-24)."*

Versando, ainda, a mesma matéria, encontra-se parecer de Reginaldo Nunes,[17] cuja conclusão foi no sentido de que o tombamento não poderia ser levado a efeito sem a prévia desapropriação.

Na instância administrativa, o recurso foi apreciado preliminarmente pelo Conselho Consultivo do Instituto do Patrimônio Histórico e Artístico Nacional, que opinou no sentido de que o tombamento deveria prevalecer sem indenização. O Ministro da Educação e Cultura, manifestando-se após o Conselho, acompanhou a conclusão daquele órgão, remetendo o processo ao Presidente da República para decisão final.

---

17 NUNES, Reginaldo. Patrimônio artístico e histórico nacional – Tombamento – Desapropriação – Concessão de lavra. Interpretação do art. 141, parágrafos 4º e 16, e art. 175 da Constituição. *Revista de Direito Administrativo*. Rio de Janeiro, 16: (444-50), abr./jun. 1964.

Na presidência, a matéria foi submetida a parecer do então Consultor-Geral, Adroaldo Mesquita da Costa.[18] Este, entendendo que a interdição da exploração do minério viria como consequência inevitável do tombamento e que o maciço só tinha valor como jazida enquanto pudesse ser explorado, eis que fora adquirido o pico exatamente para que lhe fosse explorado o minério de ferro até o seu total esgotamento, concluiu, em seu parecer, que o tombamento não só criava restrições ao uso da propriedade, mas retirava ao legítimo proprietário o único direito a que ele visara ao adquirir o maciço.

E observava:

> *"Quando, porém, como no caso em exame, essa restrição ou limitação importa, pelo tombamento, no esvaziamento do conteúdo econômico da propriedade, já não há, apenas, restrição, senão verdadeira supressão, apreensão, ou que outro nome se lhe dê, dessa propriedade, decorrente de sua intocabilidade.*
> *E, nesse caso, não pode o Estado determinar o tombamento, senão mediante o prévio pagamento em dinheiro, ao proprietário da mina, da indenização correspondente ao valor da porção dela de que ficar impedido de usufruir, porque o tombamento, na espécie, se equipara a uma desapropriação por utilidade pública, nos precisos termos do art. 5º, letra k, do Decreto-Lei n. 3.365, de 21 de junho de 1941 [...]".*

Baseando-se nesse raciocínio, entendeu o Consultor-Geral que o Presidente da República, com fulcro no Decreto-Lei n. 3.866, de 29 de novembro de 1941, poderia dar ou negar provimento ao recurso. Isto é, cancelar o tombamento ou mantê-lo. Neste caso, deveria efetuar a desapropriação, nos termos legais, ou pagar ao proprietário a devida indenização correspondente aos prejuízos causados.

O Presidente da República, acatando as razões da Consultoria-Geral, decidiu dar provimento ao recurso. Levou em consideração, principalmente, o gravame que a manutenção da medida acarretaria para as finanças públicas, optando pelo cancelamento do tombamento, cujos efeitos eram controversos em face do direito adquirido, que consubstanciava fato econômico de efeito certo e conhecido. Deve-se acrescentar que não se cogitava de restrição a uma faculdade potencial mas atual e concreta.

---

18 BRASIL. PRESIDÊNCIA DA REPÚBLICA. COSTA, Adroaldo Mesquita da. Consultoria Geral da República. Parecer – processo P.R. n º22.473/64 – Patrimônio Histórico e Artístico Nacional. Tombamento e Desapropriação. In: *Revista de Direito Administrativo*. Rio de Janeiro, Fundação Getúlio Vargas, 82, 1965. pp. 344 e 346.

Nos dias atuais, a situação relatada pode orientar reflexões mais atualizadas, notadamente no campo da exploração minerária, campo conflitual por excelência, a demandar uma revisão no regime das concessões, para melhor contemplar os interesses coletivos impactados pela atividade econômica, sem desconsiderar a tensão sustentabilidade e desenvolvimento.

3. PERFEIÇÃO, VALIDADE E EFICÁCIA DO ATO

Neste tópico, interessa, inicialmente, estabelecer, ainda que de forma superficial, os limites entre os campos da perfeição, da validade e da eficácia do ato, para depois particularizar a análise desses atributos em face do tombamento: a primeira diz respeito ao esgotamento do iter de produção do ato; a segunda relaciona-se com os aspectos de sua adequação às exigências normativas; e a eficácia tangencia a idoneidade do ato para produzir os efeitos. Com relação a esta última, far-se-á análise mais detida. Permeiam o texto os suplementos de Celso Antônio Bandeira de Mello.[19]

A perfeição pressupõe a integração, no ato, de seus elementos constitutivos e a verificação de seus pressupostos subjetivo, objetivo, teleológico, lógico e ainda dos atinentes às formalidades.

Com a precisão de linguagem e o rigor conceitual que lhe são peculiares, Celso Antônio Bandeira de Mello[20] assim define a perfeição do ato:

> "O ato administrativo é perfeito quando esgotadas as fases necessárias à sua produção. Portanto, ato perfeito é o que completou o ciclo necessário à sua formação. Perfeição, pois, é a situação do ato cujo processo está concluído".

Já a validade está condicionada à conformação intrínseca daqueles elementos e pressupostos com as normas que disciplinam o ato. Vale dizer, o ato, expressando a relação, a atividade, deve encontrar-se conforme o direito. O exame dessa conformação compreende o aspecto de legalidade ou, de forma mais abrangente, o de juridicidade, sendo que a validez do ato vincula-se à ausência de vícios.

A eficácia, atributo de fundamental importância neste estudo, liga-se à condição do ato para gerar consequências jurídicas típicas de seu conteúdo, condição que se poderia chamar de *status* ou situação atual de disponibilidade para

---

19 MELLO, Celso Antônio Bandeira de. *Elementos de direito administrativo*. São Paulo: Revista dos Tribunais, 1983.

20 MELLO, Celso Antônio Bandeira de. *Elementos de direito administrativo*. São Paulo: Revista dos Tribunais, 1983. p. 39.

produção de seus efeitos, conforme explicitado por Celso Antônio.[21] Assim, diz-se que o ato administrativo é eficaz quando está disponível para a produção de seus efeitos próprios, ou seja, quando o desencadear de seus efeitos típicos não se encontra dependente de qualquer evento posterior, como uma condição suspensiva, um termo inicial ou um ato controlador a cargo de outra autoridade.

Retomando os três atributos do ato administrativo – perfeição, validade e eficácia, procurar-se-á situá-los relativamente ao ato de tombamento.

Perfeito seria o ato do tombamento definitivo, aquele que teria completado o ciclo de sua elaboração, encontrando-se nele reunidos todos os elementos constitutivos, que lhe dão concretude, a par dos pressupostos que, conquanto não lhe sejam internos, eis que o antecedem, comparecem na sua produção, concorrendo todos para a incidência do atributo da perfeição.

Válido seria o tombamento feito em consonância com a disciplina legal pertinente. A validade pode não corresponder à perfeição do ato, pois que válido pode ser o ato ainda inacabado, mas praticado segundo o ordenamento jurídico, como ocorre com o tombamento provisório, fundado em notificação regular pela autoridade competente ao titular do bem.

Pode ocorrer, entretanto, situação de ato de tombamento perfeito e acabado, comprometido por vícios que lhe atinjam a legitimidade ou legalidade. Eis que nem sempre coincidem perfeição e validade.

Eficaz seria o ato de tombamento capaz de gerar efeitos típicos, condição que, quase sempre, se acumula com a perfeição e a validade. Todavia, essa condição pode verificar-se no tombamento provisório, isto é, independentemente da presença do atributo da perfeição, e até do de validade.

É o caso do ato de tombamento provisório, decorrente da aplicação do art. 10 do Decreto-Lei n. 25/37, em que se prevê a produção de efeitos do referido tombamento cautelar, salvo aqueles que dependem da transcrição do ato no Cartório de Registro de Imóveis e da averbação ao lado da transcrição de domínio, exigências estabelecidas pelo art. 13 do mesmo marco legal.

É frequente, por outro lado, ato de tombamento já definitivo, com eficácia relativa.

Elementos integrativos da eficácia e algumas polêmicas no tocante à obrigação de registros cartorários

Na sistema jurídico brasileiro, a eficácia plena do tombamento depende da implementação de alguns elementos, fatores ou condições para a

---

21 MELLO, Celso Antônio Bandeira de. *Elementos de direito administrativo*. São Paulo: Revista dos Tribunais, 1983. p. 39.

integração do referido atributo. É que a condição do tombamento de produzir todos os efeitos jurídicos típicos, segundo a legislação específica, se verifica com o implemento de seu registro no respectivo livro de tombo, após a homologação pela autoridade competente; de sua averbação no Cartório de Registro Imobiliário; e da publicidade no Diário Oficial. Apenas alguns efeitos operam desde a notificação do proprietário, tais os concernentes aos sujeitos da relação. Já aqueles atinentes a terceiros e aos proprietários de imóveis vizinhos a bens tombados só se concretizam com o implemento daquelas condições, quando passa o ato a ser oponível a todos. Aqui, certamente, têm lugar os chamados efeitos reflexos, que, na linguagem de Celso Antônio,[22]

> "São aqueles que refluem sobre outra relação jurídica, ou seja, que atingem terceiros não objetivados pelo ato. Quer-se dizer: ao incidir sobre uma dada situação, o ato atinge outra relação jurídica que não era seu objeto próprio. Os efeitos reflexos, portanto, são aqueles que alcançam terceiros, pessoas que não fazem parte da relação jurídica travada entre a Administração e o sujeito passivo do ato".

É dizer, como Themístocles,[23] que o tombamento, revelando o "conteúdo de um domínio especial", atinge, não apenas os sujeitos passivos diretamente ligados ao ato, mas, também, a terceiros.

3.1. Registro de bens imóveis tombados de titularidade particular

Em se tratando de bem imóvel de propriedade particular, a averbação do ato de tombamento se dará junto ao Cartório de Registro Imobiliário e será promovida pelo órgão competente da União, do Estado ou do Município que tenha procedido ao ato.

A necessidade de registro, no caso de bens particulares, decorre de disposição expressa da Lei de Tombamento, em seu art. 13, *caput:*

> "O tombamento definitivo dos bens de propriedade particular será, por iniciativa do órgão competente do Serviço do Patrimônio Histórico e Artístico Nacional, transcrito para os devidos efeitos em livro a cargo dos oficiais do registro de imóveis e averbado ao lado da transcrição do domínio.

---

22 MELLO, Celso Antônio Bandeira de. *Elementos de direito administrativo.* São Paulo: Revista dos Tribunais, 1983. p. 40.

23 P CAVALCANTI, Themístocles Brandão. Patrimônio histórico – Tombamento – Notificação – Registro. *Revista de Direito Administrativo.* Rio de Janeiro, 1975.(. 428-34),p. 430, v. 119.

> Parágrafo 1º – No caso de transferência da propriedade dos bens de que trata este artigo, deverá o adquirente, dentro do prazo de trinta dias, sob pena de multa de dez por cento sobre o respectivo valor, fazê-la constar do registro, ainda que se trate de transmissão judicial ou causa mortis".

As providências de averbação e outras correlacionadas são, pois, indispensáveis ao tombamento e, por isso mesmo, a ausência dessas medidas pode frustrar os efeitos do ato. Nem se alegue, também, a natureza do instituto do tombamento para se excluir a necessidade de registro no cartório competente; incidindo sobre a propriedade e, dando-lhe diferente contorno, o tombamento conforma um direito novo (privado-público), o que deve ser publicizado na forma mais solene, qual seja a registrária, sob pena de comprometimento da eficácia do ato.

É o que se verifica, por exemplo, no caso de venda de um bem tombado, de cujo registro imobiliário não conste a averbação do ato administrativo. Essa não poderá ser invalidada, caso não se atenda a norma de preferência, e deverá produzir para o adquirente o direito pleno da propriedade. A omissão da medida gera, pois, como consequência imediata a perda pela União, pelos Estados e pelos Municípios do direito de preferência previsto no art. 22 do Decreto-Lei n. 25/37.

Tem-se, aí, então, uma forma de punir a relapsia do Estado, resguardando o terceiro, que se fia na verdade dos documentos oficiais. Apesar de parecer tratar-se, aqui, de raciocínio privatista, ele guarda coerência com a matriz publicística,, já que tem como pressuposto o direito subjetivo público do terceiro em relação à proteção do Estado à segurança jurídica. Registre-se, como analogia, o tratamento dado ao princípio da publicidade no campo das normas tributárias, por exemplo, relativamente às certidões negativas de débito fiscal.

3.2. Registro de bens móveis tombados de titularidade particular

Em se tratando de tombamento de bem móvel, igualmente de propriedade privada, o registro se fará junto ao cartório de títulos e documentos.

Conquanto não haja disposição expressa que defina a obrigatoriedade desse registro, tal exigência é inferida da regra do parágrafo 2º do art. 13 do Decreto-lei N. 25, quando prevê a necessidade de registro, no caso de deslocamento de bem, hipótese em que o registro se dará no local de sua nova situação. Ora, não se há de cogitar de deslocamento de bem imóvel, não se admitindo interpretação outra, senão a que indica o mesmo procedimento junto ao cartório de títulos e documentos do local da situação anterior do bem.

Eis a redação do parágrafo referido:

> "Na hipótese de deslocação de tais bens, deverá o proprietário, dentro do mesmo prazo e sob pena da mesma multa, inscrevê-los no registro do lugar para que tiverem sido deslocados".

É verdade que parece incorrer o legislador em equívoco, quando usa a expressão **tais bens,** uma vez que os bens referidos no *caput e* no primeiro parágrafo do art. 13, já transcritos, são, indubitavelmente, bens imóveis. Todavia, a obrigatoriedade de registro do tombamento de bens móveis pode ser deduzida da norma transcrita. Nessa linha é o raciocínio de Diógenes Gasparini.[24]

Pode-se admitir, também, que o registro seja feito em repartição própria de proteção ao patrimônio no local do bem.

3.3. Registro de bens públicos tombados

Conforme se pode observar, a legislação específica omite qualquer referência ao registro dos bens públicos tombados.

É certo que a Lei Federal n. 6.015, de 31 de dezembro de 1973, de Registros Públicos, posterior à Lei de Tombamento, também, não cuidou de estabelecer, entre os livros de registro, um que se destinasse especialmente ao assentamento de atos de tombamento e nem inseriu, expressamente, na gama daqueles atos passíveis de registro, o de tombamento.

Entretanto, a mencionada Lei de Registros Públicos prevê a averbação de ocorrências diversas, que não aquelas enumeradas no item II do seu art. 167, pelo que se haverá de entender estejam naquela diversidade abrigadas outras situações.

Dispõe o art. 246:

> "Além dos casos expressamente indicados no item II do art. 167, serão averbadas na matrícula as sub-rogações e outras ocorrências que, por qualquer modo, alterem o registro".

Ora, na disciplina de regência da matéria, prevalecem as regras especiais contidas no Decreto-Lei n. 25/37, complementadas pela lei geral, já que esta, de caráter abrangente, não invalida as previsões específicas. Se houvesse conflito entre as normas, a hermenêutica recomendaria a prevalência da regra especial; a situação, contudo, é de complementação de tratamento.

---

24 GASPARINI, Diógenes. Tombamento II. In: *Enciclopédia Saraiva do Direito*. São Paulo: Saraiva, 1982. p. 24, v. 74.

De toda leitura, de fato, não se vislumbra a exclusão ou desoneração do Poder Público da obrigação de proceder ao registro em cartório e à averbação do tombamento de bens públicos, a despeito da ausência da norma que expressamente o exija. Por outro lado, o registro administrativo não parece suficiente como instrumento adequado de proteção aos interesses de terceiros, o que é bastante pacífico no tocante aos bens imóveis. Aliás, a maioria dos autores nacionais entende ser indispensável a aludida providência junto ao cartório.

Desse modo, sustenta-se que a disciplina aplicada à espécie não decorre da Lei de Tombamento, mas é inferida da sistemática do registro público e dos princípios que a orientam, entre os quais merece destaque o da publicidade do ato, como garantia de terceiros.

Disto se conclui que é obrigatória a averbação no registro imobiliário de atos e fatos relacionados com o bem tombado, os quais elucidem, modifiquem ou restrinjam direitos referentes ao bem ou ao titular, e que, por tal razão, "alterem o registro", consoante o disposto no art. 246 da Lei de Registros Públicos.

Registro de servidão sobre imóveis circunvizinhos a bem tombado

Constitui um dos problemas que afetam a eficácia do tombamento a ausência de notificação dos proprietários de imóveis circunvizinhos ao bem em processo de tombamento, não podendo aqueles titulares, em razão disso, impugnar o tombamento cujos efeitos atingem também a sua propriedade mediante a instituição indireta de servidão.

Sendo a publicidade o instrumento de garantia de terceiros, e cumprindo ao Estado preservá-la, defende-se que o Poder Público deve aprimorar a prática da notificação, cercando-a dos cuidados próprios, a exemplo do que ocorre na seara judicial, e ampliando seus destinatários, para entre eles incluir os proprietários da área vizinha ao bem que se pretende tombar.

Ressalte-se a importância de se proceder, também, à averbação em registro de bens imóveis de propriedade vizinha de bem tombado sobre a qual incidam efeitos do tombamento. Ora, inexistindo obrigação de que se transcreva, no cartório de registro de imóveis, a servidão imposta ao bem, verificam-se constantes conflitos na concessão de licenças e autorizações municipais, bem assim na atuação de órgãos estaduais e federais responsáveis pela política de preservação.

Não se pode admitir, contudo, é que, ocorrendo a efetiva notificação do proprietário ou dos vizinhos, estes venham a alegar, tendo conhecimento do tombamento, a ausência de registro, cujo objetivo é a publicidade. Entretanto, a ausência de registro pode ser, com êxito, alegada por terceiros de boa-fé, e, neste caso, é dever do Estado garantir-lhes seu direito.

É de se ver, portanto, com reserva, a omissão do Decreto-Lei n. 25/37 quanto à obrigação de transcrição ou averbação do tombamento de bem público, bem assim da servidão em área vizinha ao bem tombado, no Registro de Imóveis do local da situação do bem, tendo-se em vista interesses de terceiros e as implicações na vizinhança do bem tombado, consoante dispõe o art. 18.

Certo é que, na prática, os órgãos de proteção omitem-se até com relação à averbação de tombamento de bens privados, omissão que interfere na constituição dos efeitos contra terceiros, pois que, reitera-se, só podem estes ficar sujeitos às restrições do art. 18, após a averbação.

A obrigação de registro em sistemas de proteção de alguns países

Em ligeiras incursões pelo direito estrangeiro, identifica-se a tendência a exigir-se o registro.

No **direito francês,** exige-se a transcrição do tombamento no registro imobiliário, baseado, sobretudo, no princípio de garantia da boa-fé, prestigiado no excerto de Robert Brichet:[25]

> "Le servitude frappant un immeuble classé etant opposable aux tiers, la publicité de la décision est organisée afin notamment q'un acquéreur ne puisse pas exciper de sa bonne foi en cas d'inobservation des prescriptions legales".

No **direito português,** a Lei n. 13, de 06 de julho de 1985, tratando do instituto correspondente – o da classificação –, prevê o registro em fichas próprias, a cargo do Instituto Português de Proteção Cultural – IPPC –, devendo a classificação ser averbada no registro predial, em se tratando de imóvel. Quando se tratar de bem móvel, este deverá acompanhar-se de certificado de registro expedido pelo Ministério da Cultura, órgão ao qual compete a política de preservação da cultura. Os bens integrantes do acervo cultural, oficialmente classificados, são identificados mediante processo próprio.

A ausência da averbação no registro predial vicia o ato de classificação, pelo que isto pode ser alegado para efeitos de obrigações e direitos decorrentes do ato.

O **direito espanhol** também condiciona os efeitos jurídicos da classificação dos bens de seu patrimônio cultural aos indispensáveis registros do ato:

---

25 BRICHET, Robert. *Le regime des monuments historiques en France.* Paris: Librarie de le cour de cassation, 1952.

> "É através do catálogo que se identifica a real categoria do bem preservado e se fazem os registros indispensáveis ao nascimento das obrigações e direitos relativos a monumentos classificados".[26]

No **direito italiano,** a legislação prevê a exigência de inscrições registrárias, ao estabelecer pela Lei Fundamental n. 1.069, de 01/6/1939, que a notificação inicial do processo de tombamento deve ser inscrita no registro hipotecário. E não distingue a doutrina entre bens tombados de propriedade privada ou pública, para efeitos de transcrição.

3.4. Jurisprudência

A questão da exigência de inscrição nos registros cartorários como pressuposto da eficácia do ato de tombamento, entretanto, não é incontroversa. Registram-se, assim, posições diferentes na jurisprudência administrativa e na pretoriana.

3.4.1. Demolição de imóvel tombado em São Luiz do Maranhão

Ilustra bem o presente estudo a decisão do T.F.R.,[27] em **ação cominatória proposta pela União contra** pessoa jurídica de direito privado, **proprietária de imóvel em São Luiz do Maranhão,** com o objetivo de impedir a demolição de obra arquitetônica de propriedade da ré. A referida ação foi, ao final, julgada improcedente, sob o argumento de que, à falta de inscrição perfeita, válida e incontestável, não ocorrera tombamento e, consequentemente, não havia restrições. Estando o proprietário na plenitude de seus direitos, podia, por consequência, demolir. Analisando, assim, a situação concreta de ausência de registro do tombamento, o Tribunal concluiu tratar-se de omissão substancial, que influía irremediavelmente nos efeitos do ato.

3.4.2. Caso Chácara do Céu

No campo da jurisprudência administrativa, colhe-se um caso cujo enfoque doutrinário nos diversos momentos de seu desenvolvimento é rico

---

26 FARIA, Edimur Ferreira de. *Do tombamento no direito brasileiro.* Dissertação de Mestrado. Belo Horizonte: Universidade Federal de Minas Gerais, 1986. p. 308.

27 BRASIL. Tribunal Federal de Recursos. Patrimônio Histórico – Tombamento – Interpretação do Decreto-Lei n. 25, de 1937. Apelação Cível n. 8.330. União Federal versus Sociedade Líbano-Maranhense. Relator: Ministro Godoy Ilha. Acórdão de 20 de novembro de 1963. *Revista de Direito Administrativo.* Rio de Janeiro, 79 (235-39) jan./mar. 1965. p. 239.

em considerações em torno do instituto do tombamento, sendo a exigência de registro do ato correspondente no cartório e de notificação do vizinho a principal tese versada.

Trata-se de julgado emblemático relativo a uma pendência envolvendo área de terreno denominada **Chácara do Céu,** no Rio de Janeiro.

O proprietário, interessado em construir um conjunto de edifícios, obteve o respectivo projeto e o submeteu ao então Governador do Estado, que acumulava as funções de Prefeito Municipal. Este aprovou o referido projeto, condicionando-o à manifestação do IPHAN quanto à parte excedente à cota 100, nos termos do Decreto-Lei n. 299, de 17 de fevereiro de 1970, art. 4°, e propondo adequação do projeto às exigências legais. O Instituto, apontando razões de ordem técnica, manifestou-se contrariamente ao projeto, nos termos em que originariamente elaborado, alegando, entre outros fundamentos, o prejuízo que dele adviria para os bens vizinhos tombados.

Pretendendo manter o projeto, o proprietário recorreu da decisão do IPHAN, valendo-se de pareceres de juristas conceituados, entre eles, Themístocles Brandão Cavalcanti,[28] cujas teses podem assim ser resumidas:

1) A primeira demonstrava lesão do direito de propriedade em razão das restrições impostas pelo Instituto, o que seria inaceitável diante da norma constitucional que assegurava a propriedade particular, sustentando-se que a compatibilização do direito de propriedade com o direito social de preservação cultural deveria dar-se, assim, pela desapropriação, nos termos do art. 175 da Constituição então vigente, a de 1946:

   > "[...] à coletividade cabe indenizar a propriedade privada, através da desapropriação. Isto significa que a proteção do Patrimônio Histórico e Artístico deve pressupor o respeito à propriedade, que não desaparece, pelo fato de haver um interesse artístico a proteger".

2) A segunda suscitava a ilegalidade do tombamento, sob alegação de não ter sido o respectivo ato registrado no cartório local, condição indispensável, cujo descumprimento, teria invalidado o ato de tombamento, entendendo-se o registro no cartório como elemento do ato.

---

28 CAVALCANTI, Themístocles Brandão. Patrimônio histórico – Tombamento – Notificação – Registro. *Revista de Direito Administrativo.* Rio de Janeiro, 1975: (428-34), p.430, v. 119.

3) A terceira dizia respeito à competência para tratar de questões relativas a edificação e urbanismo, questionando-se a alçada do IPHAN para alterar o projeto.

O parecer do Procurador-Geral da República, Luiz Rafael Mayer,[29] exarado por ocasião do exame do recurso, enfrentando as diversas teses, concluiu pela improcedência do feito.

Atacando a principal fundamentação do recurso, assim se manifestou o Procurador-Geral:

> "A transcrição e averbação não constituem elementos do processo de tombamento, não o aperfeiçoam, mas condicionam os seus efeitos, senão em plano e para fins estritos e especiais.
> Com efeito, as inscrições registrárias, não tendo de nenhum modo o intento de constituição de direitos reais de natureza privada, visam apenas à publicidade, que assegura a observância das restrições legais sobre a alienabilidade dos bens tombados e o exercício das preferências do Poder Público".

Não se acataram, no parecer do Procurador, nem a tese da ofensa ao direito de propriedade, nem a da incompetência do IPHAN. Ao contrário, objetou-se que, em se tratando de

> "[...] construção em vizinhança da coisa tombada, em condições de impedir ou reduzir a sua visibilidade, a competência do órgão se exercite na sua plenitude, sem limitações ou condicionamentos opostos pela legislação local".

Alegou-se que, ainda que se tivesse mantido o proprietário no limite da cota 100, não se liberaria da sujeição ao órgão do patrimônio, conforme legislação do tombamento; e a adequação do projeto, por sua vez, deveria submeter-se à aprovação do IPHAN.

Concluiu pela improcedência do recurso.

Nesse sentido foi a decisão do Presidente da República, que fez prevalecer a decisão do IPHAN.[30]

---

29 BRASIL. PRESIDÊNCIA DA REPÚBLICA. Processo P.R. 7593/73 – Consultoria Geral. MAYER, Luiz Rafael. Jurisprudência Administrativa – Patrimônio Histórico e Artístico – Tombamento – Vizinhança – Registro. *Revista de Direito Administrativo*. Rio de janeiro, 120 (403-413). 1975.

30 BRASIL. Presidência da República. Patrimônio histórico e artístico – Tombamento – Vizinhança – Registro. O tombamento de bem privado deve ser precedido de

Afirma-se, assim, no tocante ao tombamento, que os atributos de eficácia, perfeição e validade se ligam, respectivamente, à situação atual de disponibilidade do ato para gerar efeitos próprios, à conclusão de sua elaboração e à verificação de sua adequação ao direito. Esses atributos podem não coexistir no mesmo ato, o que altera a sua posição no mundo jurídico. Registra-se, ainda, a possibilidade de eficácia relativa do tombamento de imóveis, tal a hipótese em que não se verificam o registro, a averbação no cartório competente e a publicidade no Diário Oficial.

4. EFICÁCIA DA NORMA

Inicialmente, registra-se que o Decreto-Lei 25/37 não adota a sistemática de proteção especial *ex vi legis*,, pelo que se torna imprescindível a análise da norma como fonte mediata das ações do órgão Executivo responsável pela atualização do regime nela prescrito.

Assim, a eficácia do tombamento, após ser enfocada sob o prisma da disponibilidade do ato para cumprir seus efeitos, deve passar também pelo estudo do processo de internalização da norma que fundamenta o ato, o que deve ser feito com o auxílio da Sociologia Jurídica.

Miguel Reale,[31] precisando o objeto da Sociologia Jurídica, afirma que ela se apresenta,

> "[...] hodiernamente, como uma ciência positiva que procura se valer de rigorosos dados estatísticos para compreender como as normas jurídicas se apresentam efetivamente, isto é, como experiência humana, com resultados que não raro se mostram bem diversos dos que eram esperados pelo legislador".

Prosseguindo, resume assim seu entendimento:

> "[...] a Sociologia Jurídica não visa à norma jurídica como tal, mas sim à sua eficácia ou efetividade, no plano do fato social".

Assim, relativamente às normas de proteção à cultura, a Sociologia Jurídica auxiliará na avaliação de sua absorção como fato social, permitindo analisar como as pessoas reagem em face delas e da ação protetora do Estado, isto é, ajudará a responder em que medida a vida social comporta as referidas regras, apreendendo o fato social de forma global e sistemática.

---

notificação ao proprietário. Processo P.R. n. 7.593/73. Consultor-Geral: Luiz Rafael Mayer. *Revista de Direito Administrativo*. Rio de Janeiro, 120: (403-12), abr./jun. 1975.

31 REALE, Miguel. *Lições preliminares de direito*. 2 ed. São Paulo: Bushatsky, 1974. p. 23.

Passar-se-á, com auxílio da referida ciência, à identificação e análise de fatores ou condições objetivas que favorecem ou impedem a assimilação da disciplina jurídica do tombamento no comportamento das pessoas, para, então, avaliar a possível convergência de vários motivos que impedem a internalização da lei, justificando a sua insuficiente aplicação.

Essa não-assimilação da norma pode ocorrer, em parte, por razões históricas, o que, por um esforço de culturologia jurídica, fica explicitado a partir do resgate dos seus precedentes e do processo autoritário de sua edição, inserido na ditadura de Vargas. Ademais, a imposição do valor cultural, a justificar o tombamento, notadamente nos primeiros anos de aplicação do Decreto-lei 25/37, era fator negativo no tocante ao acolhimento do marco legal, eis que, como criação artificial, implicava certos procedimentos até refratários por parte da coletividade, do cidadão e da Administração Pública, que, não raro, se omitia em efetivar a proteção patrimonial da cultura.

A outra falha, que se situa na própria norma e que reflete na assimilação desta, diz respeito à ineficiência das sanções, que, na forma em que previstas, não significam garantia daquilo que a norma determina e objetiva – a proteção dos bens.

Não se cogita, é claro, de pretender a invalidez da norma; é que se sabe, com Kelsen,[32] que, contendo a norma um **dever ser,** a inocorrência de determinada consequência que ela preveja não a invalida. Cuida-se, tão só, de mostrar que, pela amenidade das sanções, a eficácia da norma se torna relativa.

Nessa linha, Reale entende haver uma graduação de positividade jurídica, ou seja, diversos graus de incidência do direito positivo, quer em extensão, quer em intensidade, devido exatamente à maior ou menor organização da sanção, sua objetividade e eficácia.[33]

Em outro giro, é necessário salientar que, no Brasil, a normatização da proteção à cultura é bem restrita ao Estado, embora, segundo a teoria da pluralidade dos ordenamentos jurídicos internos, possam coexistir diversos entes com ordens jurídicas próprias, respeitada uma gradação entre tais ordens. Nessa escala, o Estado coloca-se em posição soberana, a ele devendo todos recorrer, para dirimir os conflitos. No Brasil, verifica-se, no plano da proteção ao patrimônio cultural, que ordenamentos jurídicos internos praticamente inexistem, restando as sanções impostas pelo ordenamento jurídico estatal, já consideradas deficientes. Tudo isso constitui fator que interfere na eficácia do sistema de proteção no País.

---

32 KELSEN, Hans. *Teoria pura do direito.* Tradução de: João Baptista Machado. 4. ed. Coimbra: Armênio Amado, 1976.

33 REALE, Miguel. *Lições preliminares de direito.* 2 ed. São Paulo: Bushatsky, 1974. p. 87.

Por outro lado, a legislação não se tem renovado suficientemente mediante adaptação evolutiva aos fatos e valores, ou por meio de hermenêutica mais complexa: mantida em vigor, tem reservado – apesar de sua excelente técnica e da vocação para abraçar a nova realidade, como permanente desafio dos marcos legais –, na prática, insignificante coeficiente de elasticidade para essa adaptação, revelando-se, em alguns pontos, insuficiente para fazer face ao quadro cultural brasileiro, notadamente no cenário de intensas pressões do tempo e da inovação.

De fato, não se tem conseguido, na aplicação da legislação, superar de forma desejável a temporalidade de sua edição para mantê-la nova e fazê-la aberta, em condições de responder aos desafios da Pós-Modernidade, que demandam mecanismos democráticos de solução de conflitos, de mediação, de participação nos processos decisórios, entre outros. Parece diluir-se na trama complexa da disciplina legal o elemento teleológico racional da norma de proteção.

Nesse passo, não se descura a lição de Miguel Reale, segundo a qual

> "a norma jurídica, por conseguinte, vive inserida na concreção do processo histórico, representando sempre um instrumento, quando não racional, pelo menos razoável (a rigor, o razoável é o racional na concretude da experiência humana, com todas as suas deficiências e limitações), atuando, por isso mesmo, como uma ponte flexível e elástica destinada à perene composição de fatos, segundo valores e de valores entre si".[34]

Ora, toda lei tem uma finalidade a cumprir. Esta finalidade é o fundamento racional e jurídico de sua criação, a *ratio legis*, essencial para a compreensão de seu sentido, a força vivente e móvel, dinâmica como o ordenamento jurídico, e que acompanha a disposição legal em toda a sua vida, desenvolvendo-se com ela.

Mas a lei tem também um sentido social, que deve ser resgatado por meio de sua vinculação às necessidades práticas da vida e da realidade social. Assim, encontrada a razão de seu existir, a finalidade precípua de sua criação, a *ratio legis*, tem-se de ter claro que, embora de suma importância para revelar o sentido legal, este elemento é necessário, mas não suficiente. Deve ser conjugado com o elemento social, para que, na sua aplicação, se atinja a sua finalidade intrínseca, sob os contornos atuais da realidade social, o que não tem ocorrido de modo inteiramente satisfatório no plano da

---

34 REALE, Miguel. *O direito como experiência:* introdução à epistemologia jurídica. São Paulo: Saraiva, 1968. p. 217.

preservação. É que se verificam ainda, a despeito da transição paradigmática, a prevalência de uma prática conceitual ainda restrita de cultura, excludente e estática, e o comportamento elitista dos agentes de preservação, tudo aliado a uma dificuldade de conciliar respeito ao passado com direito ao presente e abertura para possibilidades do futuro.

Avaliando a eficácia da base normativa de proteção ao patrimônio cultural, intenta-se perquirir, mediante interpretação lógico-sistemática, as conexões não apenas internas do texto legal básico, como também aquelas de entrelaçamento com as demais normas. A partir da análise de todos esses fatores, buscando a finalidade, o sentido, a gênese histórica e a inserção das normas no sistema jurídico como um todo, constata-se a necessidade de maior adequação – menos textual, mais interpretativa – das normas de proteção à trama mais complexa do ordenamento jurídico, no qual o tombamento não pode continuar como quase exclusivo instrumento de preservação do patrimônio cultural. Deve, portanto, atualizar-se, para instrumentalizar o projeto constitucional no tocante à temática de seu objeto, consoante a tessitura do artigo 216 da Constituição da República de 1988, que indica novos rumos na trilha de preservação, acenando com uma gama de institutos alternativos e interfaces desafiadoras, notadamente nos campos do Direito Urbanístico e do Direito Ambiental.

A insuficiência do tombamento, pois, há de ser suprida por meio da atualização da legislação que o disciplina, especialmente por meio da modernização da interpretação de seus preceitos, bem assim mediante um balanço ou avaliação de sua aplicação.

Por último, quanto ao instituto, até então adotado como instrumento quase exclusivo de proteção, vale ressaltar que seu uso inadequado acaba por interferir negativamente em sua eficácia. Identificando-se preservação com tombamento, nega-se a este sua especificidade como instrumento interventivo.

O uso de espécies próprias de preservação para cada finalidade assegurará a consolidação do tombamento como instrumento especial e que, por tal razão, deve ser empregado com critério e razoabilidade e não, de forma indiscriminada.

Reitera-se: o instituto poderá, principalmente, ser potencializado pela conjugação de outros institutos, incluídos os do Direito Urbanístico – Zoneamento, Solo criado, Desapropriação –, pelos quais se pode intensificar o móvel de proteção do patrimônio cultural. Da mesma forma, a aproximação com o Direito Ambiental, em interdisciplinaridade responsável, pode garantir o trânsito de princípios comuns e recíproca colaboração para a consolidação de institutos de proteção nas respectivas searas.

Capítulo 11

CONTROLE DO TOMBAMENTO

A eficácia do instituto do tombamento se avalia, especialmente, à razão da efetividade do controle da ação governamental de proteção ao patrimônio cultural.

Assim, cresce de significado o estudo do presente tópico, que não se coloca como segmento acessório e ancilar da temática pautada, mas, ao contrário, como núcleo de caráter essencial.

Para discorrer sobre o controle do tombamento, buscar-se-á situá-lo a partir da afirmação de sua incidência em três momentos decisivos do ato.

Proceder-se-á à análise do controle no que concerne ao momento precedente à instituição do regime especial sobre determinado bem; no tocante à fase de manifestação do Poder Público, em que a proteção abstratamente considerada na norma é atualizada, concretizada, integrando o bem no patrimônio cultural e natural estrito, para fins de proteção especial; e, por fim, tratar-se-á do controle incidente relativamente aos efeitos oriundos do ato constitutivo do tombamento.

1. DO CONTROLE A PRIORI E A RELEVÂNCIA DO PAPEL DO LEGISLATIVO

O momento *a priori* do tombamento há de ser estudado, sobretudo, tendo-se em vista a omissão do Poder Público em instituí-lo, pelo que o controle, em última análise, deve pressupor mecanismos por via dos quais se possa levar a Administração a estabelecer regime especial de tutela sobre determinado bem. O tratamento da matéria exige que se tenham respondidas, num primeiro plano, as indagações que serão objeto de estudo pormenorizado a seguir: Há direito subjetivo público ao tombamento? Existe legitimidade ativa, quer do indivíduo, quer da coletividade ou de segmentos dela, para exigir a efetivação governamental do tombamento?

Ora, aqui se pauta uma das questões mais delicadas – a de compatibilizar o dever do Estado de proteger a cultura com a discricionariedade do Poder

Público de instituir o tombamento, principal instrumento de proteção. Essa convergência entre uma quase-obrigação pública e a livre opção do Poder Público quanto ao momento de se proteger o bem cria, de início, uma perplexidade.

Algumas considerações iniciais se fazem necessárias, para que se permita o raciocínio de que se possam extrair conclusões objetivas, respostas rigorosas àquelas indagações.

A colocação vestibular diz respeito ao comando da norma contida no parágrafo 1º do art. 216 da Constituição da República, que estabelece a obrigação de o Poder Público, com a colaboração da comunidade, promover e proteger o patrimônio cultural brasileiro. É que, em face de norma aparentemente tão imperativa, injustificada seria, aos menos atentos, a polêmica que se trava em torno da exigibilidade, ou não, do tombamento ou de outros instrumentos de proteção.

Quando se analisou, neste trabalho, a natureza da norma constitucional de proteção, concluiu-se pelo seu caráter programático associado ao seu traço de eficácia normativa em sentido formal. É que, sem plena eficácia no plano material, o comando carece de elementos que lhe possibilitem regular diretamente casos concretos, e, assim, de outra norma que lhe venha atribuir efetividade. De outro lado, o mecanismo processual de garantia da ação protetora do Estado deve ser disciplinado em norma infraconstitucional.

O enunciado da norma, literalmente coercitivo, não consubstancia senão faculdade que se materializa por via da manifestação discricionária do Poder Público, ao contrário daquilo que defendem alguns administrativistas adeptos da vinculação da Administração. Como desdobramento necessário dessa suposta posição de vinculação da ação estatal, ter-se-ia que, sempre que se verificassem os pressupostos para a proteção especial, estaria o Estado obrigado a efetuar o tombamento e a adotar medidas conservacionistas decorrentes da modalidade interventiva. Dessa forma, seria de admitir-se que o proprietário e a sociedade pudessem exigir a manifestação do Poder Público no sentido do tombamento.

Em outra dicção: nesta linha de argumentação, enquadrando-se determinado bem em dadas condições, avaliadas em parecer do órgão técnico a partir de motivos e fatos objetivos, estaria o Poder Público vinculado à obrigação de promover o tombamento.

Inocorre essa vinculação, conforme argumentos já expendidos quando da análise da natureza do ato de tombamento e aqui retomados por razões metodológicas.

Ora, buscando fundamento nos que situam a discricionariedade no campo da norma, como Cretella Júnior, ou no campo do fato, como Celso

Antônio Bandeira de Mello, pode-se sustentar que a abstração da regra que vincula o administrador – eis que sempre ela vincula nos limites nela mesma previstos – não invalida o raciocínio da discricionariedade da Administração no tocante ao tombamento. A opção do administrador não se dirige à norma, mas ao fato, que, num dado momento, será, ou não, subsumido à norma. Destaque-se, neste particular, que a discricionariedade repousa antes na liberdade de conduta do administrador ao optar do que ao executar.

Assim, apesar de as características preexistirem, não fica o Poder Público preso a determinado momento para efetivar o tombamento, uma vez que é o árbitro da conveniência e oportunidade. Há de ter-se em conta que, em face da multiplicidade dos bens e da diversidade de interesses públicos, ao Poder Público deve restar uma faculdade para estabelecer suas prioridades, devendo sua recusa ser motivada por uma razão de interesse público. Por outro lado, a Constituição de 1988 assinala uma série de mecanismos alternativos de proteção, por via dos quais a ação estatal poderá ser efetivada. Aliás, verifica-se uma tendência a restringir-se paulatinamente a aplicação do tombamento, privilegiando-se outros institutos que podem garantir maior eficácia ao sistema de proteção.

Desta forma, se o juízo da conveniência e da oportunidade do tombamento é do Poder Público, os proprietários e a coletividade interessados na preservação não poderão exigi-lo. Se não há como compelir o Poder Público a fazê-lo, sob pena de substituição do juízo da Administração pelo do Poder Judicante, inafastável é a característica de discricionariedade do tombamento. Esse raciocínio não invalida, porém, a postura participativa que a sociedade deve ter em relação às políticas públicas no campo da cultura. Nem deve frustrar as iniciativas no sentido da efetivação da proteção ao patrimônio cultural por via da Ação Civil Pública e da Ação Popular, instrumentos de tutela independentes do tombamento.

Nesse sentido, destaca-se o posicionamento adotado pelo décimo primeiro grupo cível do Tribunal de Justiça do Rio Grande do Sul nos EI 70054347232,[1] em que foi reconhecido o direito de ação do Ministério Público para pleitear o reconhecimento de uma edificação não tombada como patrimônio histórico e cultural para fim de proteção. Entretanto, apesar de ter acolhido o direito de ação, a decisão tomada pelo TJ/RS, tendo como fundamento o laudo apresentado pelo Instituto do Patrimônio Histórico e Artístico do

---

1 *EI 70054347232*. **Tribunal:** Tribunal de Justiça do RS. **Órgão Julgador:** Décimo Primeiro Grupo Cível. **Relator:** Marco Aurélio Heinz Julgado em 16/08/2013. Publicado no DJ de 07/10/2013.

Estado, no qual este se posicionava contrário à demanda posta em juízo, sob alegação de que inexistia valor histórico ou cultural a merecer a conservação e a preservação pretendidas, negou a efetivação do tombamento.

Na verdade, não cabe ao Poder Judiciário compelir a Administração a efetivar o tombamento. O que se tem reconhecido na Jurisprudência, como, aliás, consta da ementa do julgado referido, é que

> "quando o Poder Público não toma as medidas necessárias para tombamento de um bem que reconhecidamente deve ser protegido, em razão de seu valor histórico ou paisagístico [...], o Ministério Público, através da Ação Civil Pública, ou o cidadão, mediante Ação Popular, pode recorrer ao Judiciário para determinar a proteção, mas não o tombamento".

Fortalece ainda a tese da discricionariedade a previsão constante do Decreto n. 3.866/41, que possibilita ao Presidente da República, de ofício ou em grau de recurso, cancelar, por motivo de interesse público, o tombamento, o que equivale à faculdade revogatória.

Observe-se que o instituto da revogação é, por si, fundamentado na discricionariedade, e o elemento indicador de tal medida – o interesse público – deve ser tratado no caso concreto, devendo o juízo da conveniência, que envolve a ideia de valoração, ser operado relativamente à pluralidade dos interesses públicos concorrentes.

Assim, se o aparecimento do tombamento e seu desaparecimento pela revogação estão definidos exatamente em função da discricionariedade do Poder Público para efetivá-lo e igualmente para, em função do interesse público, extirpá-lo, não há como afastar o entendimento de que prevalentemente estão previstos no ato aspectos de discricionariedade.

Pois bem, considerada a discricionariedade da ação estatal nesse particular e a ausência de instrumentos processuais eficazes, ressalvadas a Ação Civil Pública e a Ação Popular – cujo alcance será analisado posteriormente –, ambas destinadas à proteção de determinados bens, até mesmo antes da instituição do regime especial por via do tombamento, resta que, na fase precedente ao tombamento, podem funcionar positivamente o controle político pelo Poder Legislativo e as ações de mobilização e sensibilização desenvolvidas por Organizações não governamentais, por grupos de interessados e pela coletividade como um todo.

O Poder Legislativo exerce, tradicionalmente, duas funções primordiais: uma, criadora de normas jurídicas; outra, de controle da atividade governamental, ambas de irrecusável importância, mas a primeira, sobretudo pelo domínio do clássico princípio da divisão de poderes, tornou-se a tarefa precípua do Parlamento, considerada, geralmente, a que lhe assegura a dignidade na tríade constitucional do Estado.

Contudo, o Poder Legislativo, como instância máxima de representação, tem investido na sua função de fiscalização e controle da Administração, constituindo-se, para isso, em campo de poder aberto à manifestação livre das correntes que o compõem, isto é, num espaço de arregimentação dos diversos atores e das forças sociais e, assim, de catalisação dos anseios da sociedade.

Nessa missão, as Comissões Parlamentares de Inquérito constituem-se em mecanismos eficazes. Criadas por prazo determinado e com objetivo de apurar irregularidades relativamente a fatos determinados, cuja fiscalização se insira em sua esfera de competência, podem convocar autoridades envolvidas e representantes de segmentos da sociedade, para elucidação de fatos de interesse da coletividade, incluídos aqueles relacionados com o patrimônio cultural e natural.

Polêmica, todavia, se instala quando o Poder Legislativo não encontra ressonância no Poder Executivo para efetivar a proteção por via administrativa, ainda que em situações extremadas. Controvérsia que se alimenta a partir da seguinte indagação: No caso de omissão do Poder Público em efetivar o tombamento de bem cuja preservação seja relevante para a coletividade, poderia o Legislativo, por iniciativa de parlamentar ou comissão, mediante lei, suprir a inação do órgão executivo?

É sabido ser usual a prática de edição de lei de efeitos concretos, o que intrinsecamente corresponde à de um ato administrativo apenas revestido das formalidades de um ato legislativo e, como tal, plenamente sujeito ao controle do Judiciário; na elaboração desse ato administrativo, deve ater-se o Legislativo aos pressupostos legais, atento, portanto, à advertência de Barthélemy e Duez[2] de que a sujeição do Legislativo ao direito ordinário, enquanto não o altere, é **a consequência mais enérgica e mais característica da ideia da legalidade.**

Nesse mesmo sentido é a lição cristalina do mestre Paulo Neves Carvalho,[3] em parecer sobre o Projeto de Lei Estadual n. 1.695/89, da Assembleia de Minas Gerais, dispondo sobre modificação do objeto de convênio celebrado entre os Municípios de Ouro Branco e Congonhas. Obtempera que,

---

2 FAGUNDES, Miguel Seabra. *O controle dos atos administrativos pelo Poder Judiciário.* 4. ed. atual. Rio de Janeiro: Forense, 1967. p. 102.

3 CARVALHO, Paulo Neves de. *Parecer – Projeto de Lei Estadual n. 1.695/89.* Inconstitucionalidade da lei em que se transforme o projeto, como proposto. Belo Horizonte, Assembleia Legislativa do Estado de Minas Gerais, agosto de 1989.

"Relativamente ao Projeto de Lei, pode ainda dizer-se que a lei em que acaso se transformasse, tendo como conteúdo mero ato administrativo, se sujeita a controle do Judiciário, independentemente de ato de sua execução, sem prejuízo, ainda, da hipótese de se intentar a declaração de sua inconstitucionalidade, em ação direta".

Pois bem: a dificuldade recorrentemente alegada, no caso particular do tombamento, é conciliar a especificidade do processo com a tramitação legislativa e, assim, de garantir a compatibilidade do ato editado pela via formal da lei ao direito posto, ao que se contrapõe o argumento de que o Legislativo pode buscar minimizar o uso de uma solução pouco técnica, suprindo suas deficiências por meio de audiência de especialistas, de órgãos oficiais responsáveis e de representantes da sociedade civil, o que não ilidiria a configuração de ilegalidade por inobservância da ritualística prevista no Decreto-lei 25/37.

Há, porém, um aspecto central a considerar: o que diz respeito ao princípio da separação dos poderes que assegura ao Executivo a seara da realização do Direito; ao Legislativo, a legislação; e ao Judiciário, a jurisdição, em um sistema que tangencia barreiras e limites à atuação funcional de cada qual.

Vale aqui transcrever a lição do Prof. Raul Machado Horta[4] relativamente à Emenda à Constituição que, disciplinando matéria de lei ordinária, se coloca como instrumento de burla às regras de iniciativas no processo legislativo, a partir de cujos suplementos é possível, apesar de não se referirem especificamente ao tema versado nesta obra, tecer ilações que se apliquem ao seu objeto:

> "Ampliando a técnica de controle e acentuando o seu rigor, a Representação de Inconstitucionalidade tem levado o Supremo a declarar inconstitucionalidade de Emendas à Constituição de Estado, por inconstitucionalidade formal ou vício formal, quando a Emenda transporta para o domínio da Constituição matéria de lei ordinária, de modo a contornar o impedimento de sua iniciativa pelo legislador ordinário, em face da iniciativa constitucional reservada ao Governador do Estado, no quadro de sua competência de natureza financeira (Representação n. 1.352-9 Inconstitucionalidade da Emenda Constitucional n. 31 à Constituição do Estado do Espírito Santo. Representação n. 1.464-9. Inconstitucionalidade da Emenda Constitucional n. 26 à Constituição do Estado de Minas Gerais)".

---

4 HORTA, Raul Machado. Os limites e a esfera de atuação do poder constituinte estadual. Conferência proferida em 24 de outubro de 1988, no Simpósio "A Nova Constituição Federal e o Processo Constitucional Mineiro". *Cadernos do Simpósio*. Belo Horizonte: Assembleia Legislativa, 1989. p. 15, v. 1.

Na mesma linha, o Supremo Tribunal Federal tem adotado a tese de que o Legislativo não pode interferir na formação de ato específico, de competência do Executivo, ainda que sob a forma de lei autorizativa (Representação 686 e 993-9 – RJ).

Especificamente em relação ao tombamento *in concreto*, há julgados no sentido de inadmiti-lo por ato legislativo (MS. 2.807/84 TJ. RJ; Representação de Inconstitucionalidade n. 1/87 – relator Des. José Carlos Barbosa Moreira, Rev. Forense, v. 303 p. 168/172).

Essa foi também a posição adotada pelo Tribunal de Justiça de Minas Gerais na ADI 1.0000.12.130705-2/000, em que se julgou inconstitucional, por maioria de votos, a Lei Municipal 12. 702/12, de Juiz de Fora, que dispunha sobre o tombamento de um estabelecimento tradicional do município mineiro, considerando que a lei em julgamento sofria de vício por invadir competência administrativa. Considerou-se que o tombamento, como ato tipicamente administrativo, atribuição do Poder Executivo, não poderia ser concretizado mediante lei, sob pena de violação ao princípio constitucional de independência e separação dos poderes. Os votos dissidentes, entretanto, defenderam a capacidade do Legislativo municipal para efetivar o tombamento, por meio da lei, sob alegação de que a própria Constituição Federal (arts. 216, § 3º) e a Constituição mineira de 1989 (art. 84) efetivaram tombamento de sítios e serras de valor cultural reconhecido. Argumentaram ainda que o não seguimento do procedimento estabelecido pelo Dec. 25/37 representa ilegalidade, ou má execução da lei, e não inconstitucionalidade,[5] uma vez que "o tombamento aperfeiçoa-se por meio de um procedimento composto de vários atos preparatórios e essenciais à sua validade, sequência a ser observada pelo Poder Público".

O entendimento do Supremo Tribunal Federal na ADI 1706/DF assenta a inconstitucionalidade do tombamento ou sua alteração decorrente da atuação legislativa do Parlamento, conforme as palavras do relator, Min. Eros Grau: "o ato do Poder Legislativo que efetive o tombamento e, de igual modo, aquele que pretenda alterar as condições de tombamento regularmente instituído pelo Poder Executivo, é inconstitucional, dada a sua incompatibilidade com a harmonia entre os poderes".[6]

---

5 TJMG. *Ação Direta Inconst. 1.0000.12.130705-2/000.* Relator(a): Des.(a) Antônio Sérvulo, ÓRGÃO ESPECIAL, julgamento em 24/07/2013, publicação da súmula em 01/11/2013.

6 STF. *ADI 1706/DF.* Relator: Min. Eros Grau, Tribunal Pleno, julgamento em 09/04/2008, publicação em 12/09/2008.

Dessa forma, não se sustenta, neste estudo, ser alternativa mais adequada a utilização da via legislativa mediante iniciativa parlamentar para suprir a omissão do poder público em instituir tombamento. É certo que a lei poderá viabilizar soluções outras com repercussão direta na seara da preservação, como a que contempla proteção de uma categoria genérica de bem, prevendo os efeitos que advirão dessa proteção, o que não se deverá confundir com o tombamento.

De todo modo, sublinhe-se que a fiscalização e o controle por meio de CPIs poderão ocorrer na fase anterior ao tombamento e, ainda, com mais êxito na fase posterior. É oportuno assinalar que, apesar de ser adequada à apuração de qualquer irregularidade sujeita ao controle do parlamento ou cuja avaliação possa subsidiar a atividade legislativa de competência da respectiva esfera, a CPI não substitui o controle jurisdicional. Ao contrário, pode colaborar nesse controle, mas limita-se seu papel à averiguação, à apuração de irregularidades e à remessa de relatórios às autoridades competentes. Ela não incrimina nem promove anulação dos atos; pode apontar infrações político-administrativas e adotar diversas soluções, incluídas as de cunho legislativo, quando for o caso.

Ainda quanto ao controle político, vale anotar que há, no Poder Legislativo, as Comissões Técnicas, uma das quais, geralmente, é responsável pelas matérias ligadas à política ambiental, envolvendo matérias atinentes à cultura e ao meio ambiente natural, ou é específica para a política de cultura. As referidas instâncias podem valer-se de audiências extraparlamentares, convocar ou convidar autoridades e especialistas, seja com o objetivo de interferir nos planos de governo, discutir o orçamento estatal, seja para reunir subsídios para pareceres técnicos sobre matérias a elas atinentes, ou para densificar as iniciativas parlamentares, legislativas ou fiscalizadoras.

Ainda no plano político, há, outrossim, mecanismos diversos de pressão, em que se incluem as campanhas para sensibilização das autoridades no sentido de obter um resultado, desenvolvidas principalmente pelas Organizações não Governamentais – ONGS, com apoio de Frentes Parlamentares, ou sem participação do Poder Legislativo.

Registre-se, também, que instrumentos adequados a esse tipo de mobilização são os partidos políticos, muito embora, no Brasil, dada a ausência de identidade e de definição filosófica e programática das agremiações, não venham cumprindo esse mister. Anota-se que a defesa do meio ambiente passou a constituir linha programática de partido político; a preservação da cultura, contudo, não mobilizou ainda forças políticas de modo a refletir na base partidária.

Por último, acresce lembrar o virtual papel da Imprensa, de formação da consciência coletiva de respeito à cultura mediante adequado processo de comunicação. O nível de informação pode alterar as posturas, quer das autoridades, quer da coletividade, com vistas ao aperfeiçoamento do processo de proteção e à consolidação de uma filosofia participativa nessa seara.

2. DO CONTROLE INTERNO DO TOMBAMENTO

O efetivo controle vai ocorrer – diga-se, de forma discreta – a partir da iniciativa da Administração Pública de instituir o regime especial sobre determinado bem, desde o momento em que se desencadeia a ação estatal, sendo objeto de controle o processo de tombamento, o ato e seus efeitos.

Da dinâmica Administração-administrado, relativamente ao objeto, num plano, e Administração-coletividade, noutro, interferindo nas situações jurídicas, nasce todo o substrato da incidência do controle. Sobre tal dinâmica, ter-se-ia a aplicação dos princípios da teoria geral do controle dos atos administrativos, no que toca aos tipos interno e externo, sendo que o interno significa o autocontrole, exclusivo do Executivo ou dos demais poderes no exercício da função administrativa, cujas variantes encobrem a revisão dos atos sob o prisma do mérito e sob o ângulo da legalidade. O controle interno, sob o ângulo da legalidade, manifesta-se por meio da anulação, da convalidação e outros mecanismos próprios dessa seara controlatória.

Já com base no controle de mérito, geralmente, a autoridade, reconhecendo razões políticas de inconveniência e inoportunidade do ato, procede à sua revogação, uma das formas de cancelamento. Essa faculdade revogatória – como já anotado – se assenta sobre o "poder discricionário da Administração" de rever seus próprios atos, retirando-os, a seu juízo, do mundo jurídico, a despeito de seus atributos positivos, notadamente os de validade e perfeição.

Respeita a revogação os efeitos precedentes, operando, portanto, *ex nunc*. São, assim, limites a esse poder revogador as situações jurídicas constituídas, os direitos adquiridos, que não podem ser vulnerados pela simples consideração da Administração de que o ato não deve mais prevalecer, sendo tais limites ditados pelo princípio de segurança do direito. Atos existem que, por sua própria natureza, não podem ser alcançados pela revogação, tais são os de efeitos instantâneos, se já os tiverem gerado, bem assim aqueles praticados por força de vinculação. Como todo ato ou procedimento, o tombamento, desde sua etapa inaugural e mesmo na fase preparatória, sujeita-se aos diversos controles mencionados.

2.1. Controle interno de caráter político

2.1.1. Homologação

No tocante ao tombamento, o controle interno de caráter político, assim designado o de mérito, apresenta-se, especialmente, pela homologação do ato pelo Ministério da Cultura, sendo que o ato só se libera com o atendimento de tal formalidade. O controle mediante homologação, previsto na Lei n. 6.292/75, sujeita, portanto, o ato à confirmação daquele órgão, que, com ele concordando, ratifica-o para sua eficácia e, em caso de oposição ao tombamento, por razões de mérito, ou por razão de legalidade, no caso de vício, nega a homologação do tombamento.

O requisito de homologação é criticado por alguns administrativistas ao argumento de que diminui a autonomia do órgão técnico, admitindo-se, em última análise, a substituição do juízo desse colegiado pelo juízo do órgão político.

Contudo, é de observar que, no direito estrangeiro, como no caso do direito português, a revisão política do ato ocorre, conquanto não tenha lá o caráter cerceador que se registra internamente. Lá, como aqui, o Ministério pode deixar de homologar, mesmo contra parecer do órgão técnico, mas, uma vez homologado, só com parecer técnico favorável ao cancelamento a autoridade competente poderá fazê-lo.

2.1.2. Cancelamento do tombamento pelo Presidente

O controle interno manifestava-se, ainda, com base na faculdade deferida ao Chefe do Executivo pelo Decreto-Lei n. 3.866, de 29 de novembro de 1941, para, a requerimento ou de ofício, cancelar o tombamento, revogando-o ou anulando-o. Até o advento do referido decreto-lei, contra o ato de tombamento não cabia qualquer recurso administrativo, eis que vigorava o disposto no art. 9°, inciso III, parte final, do Decreto-Lei n. 25/37.

A referida prerrogativa, desde sua previsão, vinha sendo fulcro de muita polêmica, encerrando grande perplexidade por possibilitar que se tornasse sem efeito juízo prévio do órgão/instituição competente para analisar as características de determinado bem. De fato, nem se vinculava o Presidente da República ao parecer técnico prévio para o cancelamento.

Atendendo ao interesse público, conforme exigia o diploma legal citado – aliás, de forma despicienda, já que a todo ato administrativo se impõe a observância dessa finalidade suprema –, o Presidente podia volver o bem tombado ao *status* original, por iniciativa própria ou em decisão sobre recurso interposto por parte interessada. É forçoso repetir que o simples reconhecimento ao Presidente da República de competência para cancelar o ato de tombamento condicionaria o exercício daquela faculdade ao interesse público, já que toda atividade estatal há de subordinar-se a um fim de interesse público. O legislador, ao explicitar, na lei, genericamente, a limitação do ato discricionário do Presidente da República ao interesse público, nada acrescentou ao princípio geral, já que não lhe deu definição específica, nem resultavam, de forma implícita, da lei elementos dessa especificação.

De outra parte, esse fim de interesse público pode ser facilmente detectado, conforme lembra Marcelo Caetano[7] ao responder à indagação de qual seria a finalidade a ser alcançada pela via do poder discricionário:

> "É o fim para que a lei o conferiu ao órgão. Deste modo a interpretação da norma atributiva da competência é que nos esclarecerá sobre o fim que o poder deve destinar-se a preencher".

Daí por que incumbia ao Presidente da República discernir o interesse público a justificar o cancelamento da inscrição, apresentando a necessária motivação para virtual controle jurisdicional.

Cumpre observar, entretanto, que a disciplina do referido decreto sofreu alteração, transferindo-se, segundo ilações, o cancelamento para a competência do IPHAN. A Lei n. 8029, de 12 de abril de 1990, no art. 2°, § 1°, estabeleceu que o Instituto Brasileiro do Patrimônio Cultural (atual IPHAN) seria sucessor da Secretaria de Patrimônio Histórico e Artístico Nacional (SPHAN) nas competências previstas, entre outras leis, no Decreto-lei 25/37 e no Decreto-lei 3866/41. Este decreto foi considerado revogado, segundo os registros oficiais da Câmara dos Deputados, embora não tratasse de competência da Secretaria sucedida, nem tivesse sofrido revogação expressa.

De qualquer forma, remanesce o cancelamento, com alguma polêmica no tocante à competência para manejá-lo: teria sido inserido no âmbito da competência institucional do Instituto, ou remanescido na competência do Chefe do Executivo com providências formais a cargo do IPHAN, a substituir o órgão responsável pela seu processamento até a alteração já aludida?

O tema do cancelamento do tombamento, na vertente de controle de mérito, remete ao possível conflito de princípios vinculados a interesses públicos diversos, a ser resolvido mediante ponderação dessas normas, em operação hermenêutica complexa do caso, a qual pode resultar em decisão que

---

7 CAETANO, Marcello. *Manual de direito administrativo*. 4 ed. Lisboa: Coimbra Editora Ltda., 1957. pp. 239-40.

afaste o regime especial de proteção sobre o bem. Não se trata, contudo, de uma operação de ilimitada discricionariedade, mas de solução de conflito de interesses e de princípios na sua expressão factual, concreta, que há de ser demonstrada em motivação consistente, a refletir os elementos de ponderação.

O cancelamento da inscrição no Livro do Tombo, em amplo sentido, além de fundar-se em razões de mérito, pode assentar-se na existência de vícios que comprometam a legalidade do tombamento, caracterizando-se, assim, típica oportunidade de controle interno, uma vez facultado à autoridade revogar o ato de tombamento que se revele inconveniente, inoportuno e contrário a interesse público supervenientemente conhecido, ou a ela atribuído o poder-dever de anular o ato que se revele ilegal ou antijurídico. O conflito de princípios ou de interesses a suscitar a avaliação de mérito por parte da autoridade pode ser pautado de ofício ou por provocação, em relações interorgânicas ou de interface de interesses concorrentes passíveis de ponderação. A anulação, igualmente, decorrerá de atuação de ofício do Poder Público ou de provocação do interessado, sendo certo que, mesmo em caso de ilegitimidade da iniciativa do recurso, a decisão dando-lhe provimento supre a falha originária, eis que a revisão pode ser assumida, diretamente, pela autoridade competente.

Hely Lopes Meirelles, entre outros administrativistas, referindo-se à faculdade conferida ao Presidente da República para o cancelamento por razão de mérito, ponderava ser ela criticável, na medida em que, sob o influxo autoritário e centralizador da Ditadura, se tornou o juízo presidencial mais importante e considerável que o do IPHAN – Instituto do Patrimônio Histórico e Artístico Nacional, órgão colegiado de elevado gabarito técnico, muito mais abalizado para proferir decisão.[8]

Ademais, vale enfatizar que o cancelamento é uma atuação incomum, se contrastada com o procedimento do tombamento, que observa rito próprio e solene, enquanto aquele tudo dispensa.[9]

Quanto à definitividade do cancelamento, deve-se observar que, como todo ato administrativo, ele é passível de reexame pelo Judiciário e terá, então, sua definitividade assegurada, tão só, no âmbito administrativo, se irrecorrível a decisão.

Entendem alguns autores que o cancelamento fundado em razões de mérito está imune à revisão pelo Judiciário, o que precisa, contudo, ser

---

8 MEIRELLES Hely Lopes. *Direito administrativo brasileiro*. 9 ed. São Paulo: Revista dos Tribunais, 1982. p. 484.

9 GASPARINI, Diógenes. Tombamento II. In: *Enciclopédia Saraiva do Direito*. São Paulo: Saraiva, 1982.pp. 7-8, v. 74.

compreendido nos termos de proteção à internalidade do mérito e não, quanto à legalidade do exercício da discricionariedade.

A propósito, afirma Caio Mário da Silva Pereira:[10] **O cancelamento da inscrição do bem tombado, sendo ato discricionário, não comporta o exame de sua justiça.**

Segundo essa linha de entendimento, apenas quanto ao cancelamento embasado na ilegalidade do ato poder-se-ia admitir a possibilidade de o Poder Judiciário reformar a decisão. É que, consoante as lições do autor, se o ato se funda em razões de legalidade, o problema comporta outro entendimento, trazendo o caráter de ato de julgamento.

A tendência moderna, entretanto, é no sentido do alargamento da seara de perquirição por parte do Judiciário, alcançando, também, os atos praticados com base em discricionariedade, ou em que se verifiquem aspectos discricionários.

2.2. Jurisprudência

Registram-se dois casos de cancelamento de tombamento pelo Presidente da República: o primeiro, referente ao Parque Henrique Lage, e o segundo, ao Pico do Itabirito.

2.2.1. Parque Henrique Lage-RJ – Cancelamento/revogação

O DPHAN, em 14 de julho de 1947, tombou o imóvel situado na Rua Jardim Botânico, n. 414, no Rio de Janeiro, conhecido também como Parque Henrique Lage.

Na qualidade de promitente-compradora do referido imóvel, a empresa Comércio e Indústria Mauá S/A solicitou, em 1960, com base no Decreto-Lei n. 3.866/41, o cancelamento da inscrição, aduzindo, entre outras, as seguintes razões:

- que o ato seria insubsistente e nulo, por carecer o imóvel de qualquer relevância histórica ou artística;
- que o aproveitamento do referido parque se daria, dentro de rigoroso planejamento, como um centro residencial ao estilo dos existentes nas maiores capitais do mundo.

---

[10] PEREIRA, Caio Mário da Silva. Parecer da Consultoria-Geral da República: Patrimônio histórico – tombamento. *Revista de Direito Administrativo*, Fundação Getúlio Vargas, 65, jul./set. 1961. p. 315.

Submetido o processo a parecer do Consultor-Geral da República, Victor Nunes Leal,[11] opinou este favoravelmente ao cancelamento, fundamentando assim suas conclusões:

> "Vê-se, pois, que o cancelamento da inscrição, facultado pelo Decreto-Lei n. 3.866, de 1941, não tem por motivo a inexistência do interesse histórico ou artístico a ser protegido, mas a ocorrência ou consideração de outra razão de interesse coletivo, contrária àquela que determinou o tombamento e capaz de suplantá-la. O Decreto-Lei n. 3.866 não pressupõe a nulidade ou ilegalidade do tombamento, mas, ao contrário, a sua perfeita regularidade. A despeito disso, admite a possibilidade de um conflito de interesses, não um conflito entre o interesse privado do proprietário e o interesse público traduzido no tombamento – que este sempre deve prevalecer –, mas um conflito entre interesses públicos de natureza diversa, diante do qual o Chefe da Administração Federal, superior hierárquico dos órgãos de proteção do patrimônio histórico e artístico nacional, pode decidir que tenham primazia as razões de ordem pública que aconselhem cancelar-se o tombamento. A inscrição é legítima, porém o interesse público, nela consubstanciado, não pode prevalecer contra interesse público, de outra natureza, colidente com aquele e de maior expressão, segundo o critério da autoridade competente".

Nunes Leal, admitindo o caráter discricionário do ato de cancelamento, buscou ensinamentos de André Hauriou:

> "[...] Se as regras de direito são apenas limites exteriores, compreende-se que, enquanto não forem impostas fronteiras à independência dos entes sujeitos, ou mesmo ao interior dos quadros traçados pelas aludidas regras, os entes sujeitos conservarão a sua autonomia e a sua liberdade. O poder discricionário da Administração aparece, portanto, sob esse aspecto, como sendo aquela parte da iniciativa e da independência jurídicas da Administração que não foi limitada pela lei e pelas regras de Direito, e como o equivalente, em direito público, do princípio da autonomia da vontade em direito privado, e da soberania dos Estados no plano internacional".[12]

---

11 BRASIL. Consultor Geral da República. LEAL, Victor Nunes. *Pareceres do Consultor-Geral da República*. Mar./out. 1960. Brasília: Departamento de Imprensa Nacional, 1966: p 269-73, v. único.

12 HAURIOU, André. O poder discricionário e sua justificação. *Revista de Direito Administrativo*. Rio de Janeiro, 19: (27-32), 1950. Apud: BRASIL. Consultor Geral da República. LEAL, Victor Nunes. *Pareceres do Consultor-Geral da República*. Mar./out. 1960. Brasília: Departamento de Imprensa Nacional, 1966: (269-73), p. 272, v. único.

O Consultor-Geral, por fim, assinalou a possibilidade de compatibilização do interesse privado com o interesse público:

> "Um dos princípios norteadores referidos adverte que nem sempre o interesse privado é incompatível com o interesse público. A Administração frequentemente pode atender a um interesse público indiscutível, embora da sua atuação resulte benefício para particulares".

Solicitou aquele consultor, ao final, informações ao Governador do antigo Estado da Guanabara a respeito da destinação do imóvel. Com base nas informações prestadas, o Presidente da República acatou o recurso, em despacho exarado no processo em 20/7/60, publicado no Diário Oficial de 3/8/1960, pág. 10.988, determinando o cancelamento do tombamento do aludido imóvel.

Inconformado com a decisão, o Diretor do órgão técnico do patrimônio apresentou pedido de reconsideração ao Chefe do Executivo,tendo o requerimento sido logo submetido à manifestação da Consultoria da República, que opinou pela manutenção da deliberação anterior, tendo sido o cancelamento, ao final, confirmado pelo Presidente.

Novamente, pugnou o órgão técnico por que se mantivesse o sistema especial de proteção para o referido bem, propondo o restabelecimento do tombamento do referido parque, ou, no caso de sua inviabilidade, a solução alternativa da desapropriação do imóvel. O então Consultor-Geral da República, Caio Mário da Silva Pereira,[13] emitiu parecer sobre a matéria, entendendo que o processo não comportava mais exame do mérito. Segundo ele,

> "Todos os problemas referentes à legalidade e à justiça do tombamento perderam a oportunidade, pois o fundamento da decisão presidencial de 20/7/60, ulteriormente mantida em 29/1/61, foi a razão de interesse público".

Interpretando o Decreto-Lei n. 3.866/41, o então Consultor-Geral da República entendeu que o Chefe da Nação

> "Agiu, destarte, em função do seu poder discricionário, que não se confunde com o ato de arbítrio, mas significa a faculdade de resolver segundo a liberdade e a autonomia que a lei confere ao órgão colegiado ou ao detentor do poder".[14]

---

13 PEREIRA, Caio Mário da Silva. Parecer da Consultoria-Geral da República: Patrimônio histórico – tombamento. *Revista de Direito Administrativo,* Fundação Getúlio Vargas, 65, jul./set. 1961. p. 316.

14 PEREIRA, Caio Mário da Silva. Parecer da Consultoria-Geral da República: Patrimônio histórico – tombamento. *Revista de Direito Administrativo,* Fundação Getúlio Vargas, 65, jul./set. 1961. p. 317.

Opinou, assim, o Consultor, mais uma vez, pela manutenção da decisão proferida no processo, isto é, resguardando o cancelamento do tombamento, com a ressalva da possibilidade de desapropriação do referido imóvel, na forma da lei, como forma de fazer prevalecer o interesse do Estado.

Registram-se alguns fragmentos do parecer do Consultor-Geral, que podem auxiliar na elucidação da matéria:

> "É que, não havendo fundado o seu ato em razões de legalidade, mas em motivo de interesse público, deslocou o seu fundamento para a órbita do poder discricionário".[15]
>
> "O ato administrativo, como ato de império, distingue-se do ato de julgamento eis que, sendo ambos a solução de uma questão proposta à vista de premissas formais, no primeiro a autoridade não está adstrita à demonstração de que a resolução assenta em motivos de justiça, e na verificação de requisito, porque procede em decorrência da liberdade conferida pela lei".[16]
>
> "Extremando a atividade técnica da atividade discricionária, ensina Bielsa que, quanto à primeira, a Administração não tem liberdade de apreciação legal ou administrativa, enquanto que relativamente à segunda, o problema resolve-se em 'razão do interesse coletivo'".[17]

Em outra vertente, analisou o Consultor a questão da virtual indenização e, atento ao valor econômico do bem, advertiu para as consequências da manutenção da inscrição e, buscando lastro no direito francês, que, segundo ele, assegurava ao proprietário que discordasse da servidão de classificação sobre bem de sua propriedade direito à indenização correspondente ao prejuízo suportado, arrematou:

> "Para nós, a lei não reconhece diretamente este direito de ressarcimento. Mas os princípios tutelares da propriedade não são incompatíveis com a indenização ao dono, se o ato do tombamento lhe trouxer um prejuízo, desde que autorize a verificação de uma relação de causalidade entre esta atividade administrativa e o dano sofrido. [...]

---

15 PEREIRA, Caio Mário da Silva. Parecer da Consultoria-Geral da República: Patrimônio histórico – tombamento. *Revista de Direito Administrativo,* Fundação Getúlio Vargas, 65, jul./set. 1961. p. 316.

16 PEREIRA, Caio Mário da Silva. Parecer da Consultoria-Geral da República: Patrimônio histórico – tombamento. *Revista de Direito Administrativo,* Fundação Getúlio Vargas, 65, jul./set. 1961. p. 317.

17 BIELSA, Rafael. *Derecho administrativo,* v. 187. *Apud* PEREIRA, Caio Mário da Silva. Parecer da Consultoria-Geral da República: Patrimônio histórico – tombamento. *Revista de Direito Administrativo,* Fundação Getúlio Vargas, 65, jul./set. 1961. p. 317.

> No caso do Parque Henrique Lage, o valor do imóvel, em razão de sua localização e demais condições particulares, poderá suscitar uma consequência desastrosa para a Administração e ensanchar a potencialidade de reparações de vulto. Daí aconselhar-se uma prudência especial na reapreciação da espécie, tendo-se presente que estes efeitos não devem ser menosprezados ao deduzir as razões de interesse público que atribuem ao Chefe do Poder Executivo o decidir da conveniência de se manter ou não a inscrição no tombo nacional".[18]

Respaldado no parecer do Consultor-Geral, o Presidente da República exarou, pela terceira vez no referido processo, despacho acatando a orientação nele contida, no sentido da manutenção do cancelamento, o qual configurou mera revogação, uma vez que a opção se fez tão só em função do interesse público, por razões de mérito.

2.2.2. Tombamento do Pico do Itabirito-MG – Cancelamento/anulação

O controle interno envolve aspectos não apenas ligados à conveniência e à oportunidade, mas, também, à legalidade do ato, o que significa dizer que o tombamento pode ser objeto de anulação pela Administração, em razão de sua competência para rever seus próprios atos no tocante à sua legalidade, de ofício ou a requerimento. A nulidade parece ter sido o fundamento do cancelamento em outro caso, envolvendo o tombamento do Pico do Itabirito, em Minas Gerais,[19] em que conflitavam os efeitos do tombamento com o direito adquirido de exploração de lavra, decorrente de ato administrativo perfeito, válido e eficaz. A polêmica gira em torno da revogação indireta da concessão de lavra que teria ocorrido por força do ato de tombamento, cujos efeitos seriam incompatíveis com a fruição do direito anterior e que o tombamento seria impróprio no caso, cabendo desapropriação. Processo rico pela profundidade dos pareceres que a ele se acostaram, nele se aliam razões de ordem doutrinária, jurisprudencial e legal em favor do cancelamento. Conquanto enfatizando os valores e interesses econômicos em conflito com os da preservação do patrimônio natural, embasam-se

---

18 PEREIRA, Caio Mário da Silva. Parecer da Consultoria-Geral da República: Patrimônio histórico – tombamento. *Revista de Direito Administrativo,* Fundação Getúlio Vargas, 65, jul./set. 1961, pp. 317 e 318.

19 SILVA, Carlos Medeiros. Patrimônio artístico e histórico nacional – Tombamento – Desapropriação – Concessão de Lavra – Ato Administrativo – Revogação. Interpretação do art. 175 da Constituição; idem, do art. 17 do Decreto-Lei n. 25, de 1937. *Revista de Direito Administrativo,* Rio de Janeiro, 67: 248-58, jan./mar. 1962.

os pareceres em consistentes argumentos. O cancelamento aparece como a alternativa mais recomendável para a preservação do interesse público, apesar de diverso do interesse específico da proteção ao patrimônio. Reconheceu-se que a permanência do ato do tombamento poderia violar outro interesse público, na medida em que sua permanência pressuporia um ônus incalculável para os cofres públicos, que deveriam recompor os prejuízos sofridos pelo proprietário, quer pelo esvaziamento do conteúdo econômico de sua propriedade, quer pela transferência de domínio, que extraordinariamente se teria de efetuar.

Admitiu-se, assim, a nulidade do tombamento compulsório, que, importando na negação ou restrição total do direito de propriedade sem desapropriação e indenização, equivaleria à "revogação da lavra", o que não poderia prevalecer em face do direito de exploração do minério, objeto de ato administrativo válido e eficaz, criador de direitos individuais, irrevogáveis por motivos de conveniência reconhecida posteriormente. Entendeu-se que só a desapropriação, mediante indenização prévia, justa e em dinheiro, poderia atingir os direitos patrimoniais decorrentes da situação jurídica constituída na forma da Lei de Minas, salvo infração desta, de que se não cogitava.

Registra-se que no capítulo "Dos Efeitos do Tombamento", na seção "Conflitos entre Efeitos de Atos Anteriores e os Decorrentes do Tombamento", essa jurisprudência administrativa é comentada de modo mais profundo.

Importante ressaltar, todavia, a ausência de definitividade nas decisões oriundas do controle interno da Administração. É que, instalado, no Brasil, praticamente, o monopólio jurisdicional em favor do Poder Judiciário, resguarda-se a este Poder o exame de qualquer lesão de direito individual, nos termos do inciso XXXV, art. 5º, da Constituição da República.

Conclui-se que o controle do tombamento pode verificar-se em distintos momentos: *a priori*, tendo em vista a omissão do Poder Público em instituí-lo, oportunidade em que ganha relevo a participação do Legislativo por meio das Comissões Parlamentares de Inquérito e das Comissões Técnicas, do Ministério Público e do Judiciário, com a Ação Civil Pública; e, a partir do instante em que se desencadeia a ação estatal no sentido de instituir regime especial de proteção sobre determinado bem, assim como de sua efetiva formalização, são objeto de controle o processo de tombamento, o ato e seus efeitos, controle que pode ser interno ou externo, sendo por excelência expressão deste último a tutela jurisdicional. Como já visto, compõem, ainda, a trama de controle os atos da homologação e do cancelamento.

3. O CONTROLE JURISDICIONAL E SEUS LIMITES

A partir da caracterização do ato de tombamento como discricionário, ou, em melhor dicção, ato no qual se verifica a prevalência de aspectos de discricionariedade, a questão que se coloca no tocante a seu controle pelo Judiciário diz respeito aos limites de sua sindicância, sabido que há aspectos de vinculação para qualquer prática administrativa e que toda discrição está vinculada à intenção da lei; disso se extrai a constatação de que os atos praticados com base em discricionariedade não se excluem do controle jurisdicional.

Dessa forma, tudo o que significa desvio ou exorbitância do campo de atuação da atividade discricionária – ainda que de forma oblíqua, de que é exemplo o desvio de finalidade – enseja o controle jurisdicional. Essa é a tendência, segundo lembra Seabra Fagundes:[20] limitar, pelas vias do controle, a ação administrativa, mesmo quando decorrente do poder discricionário. O administrativista corrobora sua afirmação com as posições de Bromage, José Gascóny Marin, Marcelo Caetano, Castro Nunes, Guimarães Menegale e Themístocles Cavalcanti, reconhecendo, em relação a este, alteração de sua posição no sentido de admitir o controle jurisdicional sobre os atos discricionários.

Todavia, é de se notar que o controle jurisdicional, que, em relação ao ato prevalentemente vinculado, é abrangente e ilimitado, deve ter contornos diferentes no que toca à discricionariedade.

De fato, da concepção de que a prática de atos ditos discricionários equivale à criação de direito pela Administração Pública em nível sublegal, surge consequência importante no que diz respeito aos limites que se impõem ao seu controle pelo Judiciário, muito embora essas barreiras venham se atenuando, paulatinamente, na doutrina e na jurisprudência, especialmente a partir dos novos rumos do Direito Administrativo no tocante à teoria dos conceitos jurídicos indeterminados, que passam a ser defendidos em sua força vinculativa.

É que, enquanto ato de criação discricionária, não pode ser revisto pelo Judiciário na intimidade dessa criação, salvo quanto à legitimidade e à legalidade, incluindo a análise da razoabilidade e aspectos da vinculação do ato aos motivos aduzidos e a delimitação de conceitos jurídicos indeterminados, daí que a criação de direito do Poder Público, permitida pela abertura da norma, alçada ao juízo da Administração, só se reserva relativamente imune ao controle jurisdicional.

Comenta Diógenes Gasparini[21] que, da possibilidade de ser o ato de tombamento sindicado pelo Judiciário, não discrepa a melhor doutrina, e os tribunais, recorrentemente, têm-se julgado competentes. Não há razão para

---

20 FAGUNDES, Miguel Seabra. *O controle dos atos administrativos pelo Poder Judiciário.* 4. ed. atual. Rio de Janeiro: Forense, 1967. pp. 105-7.

21 GASPARINI, Diógenes. Tombamento II. In: *Enciclopédia Saraiva do Direito.* São Paulo: Saraiva, 1982, pp. 28-9, v. 74.

se retirar do Judiciário o exame da legalidade do ato de tombamento, nem quando se pretende questionar os requisitos históricos, artísticos, arqueológicos ou outros definidos pela legislação vigente.

É que, como visto, no tocante ao "ato discricionário do tombamento", indiscutivelmente, só é possível situar os limites à revisão jurisdicional no que toca à oportunidade e à conveniência de sua prática, e, ainda assim, essas barreiras serão transpostas a partir da perspectiva da razoabilidade e da fresta que se abrir no cotejo dos motivos, que deverão estar explícitos.

Desse modo é que, na hipótese de o proprietário de um bem não se conformar com o tombamento, resta-lhe o direito de impugná-lo na via judicial, oportunidade em que poderá enfrentar o processo, o ato em todos os seus pressupostos, requisitos e elementos; poderá insurgir-se contra a caracterização do bem segundo as categorias legais previstas, questionando, assim, se os motivos do ato correspondem a motivos legais e de fato, e poderá questionar o tombamento sob o prisma da razoabilidade.

Esse entendimento no tocante à caracterização do bem não é pacífico, havendo os que sustentam que o enquadramento de um bem deve ser feito a juízo estrito da Administração Pública, à alegação de que, envolvendo valoração, não pode sujeitar-se a exame pelo Judiciário. Argumentam que há sempre uma margem dentro da qual o Poder Público aplica alguns padrões de escolha e dos quais, na prática, dificilmente se poderia afastar, e que os critérios são vagamente definidos pela lei, não permitindo a apuração objetiva do erro ou acerto na qualificação ou não do bem. Em outras palavras, chamam a atenção para situações em que não é possível estabelecer todos os critérios teoricamente determináveis, demonstrando que esses ficariam alçados à subjetividade, principalmente porque os pressupostos insinuam valoração (Cf. Capítulo 8,1).

Em função disso, afirmam ser impossível analisar-se com objetividade a rotulação de determinado bem, em face da ausência de um critério único, objetivo, desafetado de qualquer fator axiológico, para a conclusão de que o bem pertence ou não à categoria indicada.

A questão perpassa a análise ou controle judicial do valor cultural sobre o qual repousa a razão do tombamento. Maria Tereza Fonseca Dias e Luiza Teodoro de Mendonça discutem o controle do "relevante valor cultural" pelo Poder Judiciário à luz da jurisprudência mineira, apontando julgados e argumentos de doutrinadores que auxiliam na solução de casos concretos.[22]

---

22 DIAS, Maria Tereza Fonseca; MENDONÇA, Luíza Teodoro de. *O Controle judicial do "relevante valor cultural" de bens tombados na jurisprudência mineira:* a discricionariedade administrativa e a proteção do patrimônio cultural. Belo Horizonte: Meritum, jan./jun. 2015: (239-274), v. 10, n. 1.

Gabino Fraga,[23] examinando a inexistência *"de los motivos o defectos en la apreciación de su valor"*, atenta, também, para a circunstância de se verificar, em relação ao motivo, possibilidade de discricionariedade do agente:

> *"Todo acto jurídico supone motivos que lo provocan. Cuando esos motivos faltan, no existe la condición para el ejercicio de la competencia. Por tanto, el acto es irregular. La sanción de esa irregularidad no puede ser otra que la privación de los efectos del acto por medio de la nulidad.*
>
> *Pero no basta que existan los motivos; es necesario, ademas, que ellos sean apreciados legalmente como antecedentes de un acto administrativo y que este sea el que la ley determine que se realice cuando aquellos concurren.*
>
> *Tratandose de la irregularidad que pudiera existir por la apreciación inexacta del motivo o por la falta de oportunidad en la decisión, debe tomarse em cuenta, de la misma manera que respecto de las otras irregularidades que tenemos estudiado, si el Poder Administrativo goza de facultad discrecional o si tiene una competencia ligada por la ley. En este último caso, la sanción tiene que ser la nulidad".*

Sustenta-se, neste trabalho, com supedâneo na jurisprudência e na doutrina dominantes, que inexiste absoluta liberdade de escolha; ao contrário, devem afastar-se padrões subjetivos na classificação de um bem. É certo que a lei não traça minuciosamente os critérios de identificação dos bens para aquela finalidade, mas define o balizamento das opções, que se devem orientar pela razoabilidade. É dizer: admite-se, aqui, tão somente uma discricionariedade técnica, uma escolha entre os bens de uma base de referentes informados por dadas características, cujos limites se podem interpretar em função desse princípio de equilíbrio que deve informar as alternativas da Administração.

Na Apelação Cível n. 70054564273, a Vigésima Segunda Câmara Cível do Tribunal de Justiça do Rio Grande do Sul desenvolveu o raciocínio antes exposto, entendendo que, no caso concreto, o procedimento de escolha dos bens imóveis passíveis de tombamento deveria pautar-se por elementos objetivos, afastando aspectos subjetivos, incluídos os aportados na manifestação popular pela preservação daqueles não selecionados pelo Município para lançamento no Livro do Tombo. Ademais, o Poder Judiciário se pronunciou limitado à análise da legalidade do ato, não adentrando o seu mérito, em observância do princípio da separação do Poderes.[24]

---

23 FRAGA, Gabino. *Derecho administrativo*. México: Porrúa, S.A., 1977. p. 305.

24 *Apelação Cível n. 70054564273*. Vigésima Segunda Câmara Cível, Tribunal de Justiça do RS, Relator: Marilene Bonzanini Bernardi, julgado em 12/09/2013.

Do mesmo julgado,[25] extrai-se a seguinte síntese quanto ao mérito:

> "O ente competente deve atuar no espaço concedido pela norma, o que revela a discricionariedade técnica da medida. Se a avaliação da municipalidade ocorrer mediante correto procedimento e for materialmente razoável, não pode ser reformada pelo Poder Judiciário, sob pena de indevida violação à competência constitucional dos Poderes da República. O controle judicial limita-se, enfim, à legalidade da atuação.
> Avaliação dos bens que deve ser pautada pelo aspecto técnico, sob pena de emprestar desmedido subjetivismo, o que travaria quaisquer políticas públicas pela simples existência de opiniões ou posições divergente daquelas adotadas pelo órgão competente, Caso concreto em que o laudo pericial do Juízo afastou o valor histórico, cultural ou arquitetônico necessário para justificar o tombamento dos imóveis em questão, circunstância suficiente a legitimar a atuação do município como posta".

Nessa linha, José Cretella Júnior[26] entende que se configura

> "[...] a ilegalidade, quando a incidência normativa converge para um motivo falso ou inexistente. Se o tombamento é decretado por motivo histórico, permanece o ato se a história, realmente, justifica a medida, mas o procedimento se anula, se se prova que o bem nada tem de histórico".

A valoração técnica do bem é o atestado objetivo de um fato: ou o bem é ligado à pré-história ou à história, ou tem interesse arqueológico, etnográfico, artístico ou bibliográfico.

No *leading-case* sobre tombamento no Brasil, referente ao conjunto arquitetônico da cidade do Rio de Janeiro, conhecido por Arco de Teles, o STF negou provimento ao recurso do proprietário, que se insurgiu contra o tombamento, por entender, entre outras razões, que o prédio não constituía monumento histórico. O Tribunal manteve o ato estatal e todas as suas consequências, por reconhecer que o prédio, por seus atributos, integrava o referido conjunto arquitetônico de interesse cultural. Nessa memorável decisão, a Suprema Corte firmou o entendimento segundo o qual ao Judiciário cabia, como ainda lhe cabe, conhecer, além dos aspectos legais do ato de

---

25 *Apelação Cível n. 70054564273*. Vigésima Segunda Câmara Cível, Tribunal de Justiça do RS, Relator: Marilene Bonzanini Bernardi, julgado em 12/09/2013.

26 CRETELLA JÚNIOR, José. Regime jurídico do tombamento. *Revista de Direito Administrativo*. Rio de Janeiro, (112): pp.50-68, abr./jun. 1975.

tombamento, os de fato que indicam ou não se dado bem está ligado a acontecimentos notáveis da história.

Examinando a questão da submissão do ato de tombamento ao controle jurisdicional, Diógenes Gasparini[27] obtempera, na mesma vertente, que ele pode ser apreciado sob o aspecto de legalidade, entendida não só em seu alcance formal, mas em seu caráter substancial ou material.

Ressalva Gasparini, todavia, ser vedado ao Judiciário analisar o ato quanto a sua oportunidade e conveniência; devendo esse poder, segundo o autor, proceder ao exame das formalidades legais, do motivo e da finalidade que se acham especificados na norma, bem como, fundamentalmente, verificar se a capitulação exigida pela lei, como autorizativa da instituição de regime especial de proteção sobre determinado bem, foi adequada, para o que poderá analisar-lhe mesmo a natureza intrínseca. É dizer: Não se limita aquele Poder à observância das formalidades explícitas do ato.

Segundo Gasparini, no tocante à individualização do bem, ao Judiciário é deferida faculdade de examinar se existiram ou não os alegados motivos de caracterização do bem como integrante do patrimônio cultural ou natural, exame que não exorbita o campo de controle jurisdicional, não significando intromissão na discricionariedade administrativa. Verifica-se tão só se a opção do Poder Público se comportou dentro dos limites que foram impostos à sua ação, ou seja, se ocorreu ou não a vinculação do bem às características de historicidade, arqueologia, arte, paisagismo, entre outras protegidas pela lei.

Poderá o Judiciário, portanto, analisar o ato de tombamento quanto à legalidade, questionando a competência, a forma, o objeto, o motivo e a finalidade do ato de tombamento, relativamente aos aspectos formal, material, e de sua razoabilidade, considerando, sobretudo, neste caso, a circunstância de que, no tombamento, a finalidade pública específica está definida na própria lei. Todavia, não adentrará o exame a oportunidade e a conveniência, salvo hipóteses de falsidade dos motivos e de comprometimento da finalidade legal. Sindicará, ainda, o ato em função de situação jurídica decorrente de outro ato administrativo, alcançada por efeitos do novo ato ou com ele incompatível; poderá analisá-lo em face do direito de propriedade, quando prejudicado este em seu conteúdo econômico, com vistas à composição de possível dano.

Na linha desses assentamentos, percebe-se do julgamento dos EI 10024062680129002, que a Primeira Câmara Cível do Tribunal de Justiça de Minas Gerais considerou insubsistente a motivação do ato, pela ausência de comprovação de requisitos para enquadramento do bem, notadamente para

---

27 GASPARINI, Diógenes. Tombamento II. In: *Enciclopédia Saraiva do Direito*. São Paulo: Saraiva, 1982. v. 74.

sua inserção em um grupamento específico como o dos bens de valor histórico de um dado momento social, tudo a justificar a proteção especial. Entendeu-se desprovido de razoabilidade o tombamento questionado, sobretudo por seu contraste com o direito de propriedade. Para a maioria do órgão julgador, o mero fato de o imóvel pertencer a uma determinada época da ocupação de Belo Horizonte, sem estar comprovada sua relevância histórica ou social, individualmente, não pode constituir óbice ao direito de propriedade, o qual só deve "ser superado quando o direito coletivo for comprovadamente preponderante e relevante".[28]

3.1. Princípio da Legalidade

Ao princípio da legalidade, informador de todas as atividades estatais, submete-se de forma especial o Executivo. É que a Administração Pública, responsável, por excelência, pela atualização do direito, subordina-se irremediavelmente à ordem jurídica, emanando da lei o seu poder de ação, como fonte primária. Essa sujeição, segundo Seabra Fagundes,[29] diz respeito à estática do direito, ligando-se o controle político-jurídico da legalidade aos fenômenos da dinâmica do direito.

A legalidade, para a Administração Pública, diferentemente do alcance que representa para o particular, a quem é lícito fazer tudo o que a lei não proíbe, significa autorização para agir; daí por que a ausência de preceito de lei que, *a priori*, autorize o ato, ou o excesso no seu cometimento, com extrapolação do âmbito permitido pela lei, acarretará sua injuridicidade.

Dessa forma, tem-se a inarredável submissão da Administração Pública à lei, princípio que garante o respeito aos direitos do administrado nas suas relações com o Poder Público, consoante lição de Seabra Fagundes,[30] que explica essa sujeição como "consequência do sistema de legislação escrita e da própria natureza da função administrativa". É que, "sendo a função administrativa que constitui o objeto das atividades da Administração Pública, essencialmente realizadora do direito, não se pode compreender seja exercida sem que haja texto legal autorizando-a, ou além dos limites deste".

---

28 TJMG. *Embargos Infringentes 1.0024.06.268012-9/002*. Relator(a): Des.(a) Vanessa Verdolim Hudson Andrade, 1ª CÂMARA CÍVEL, julgamento em 08/05/2013, publicação da súmula em 09/05/2013.

29 FAGUNDES, Miguel Seabra. *O controle dos atos administrativos pelo Poder Judiciário*. 4. ed. atual. Rio de Janeiro: Forense, 1967. pp. 100-1.

30 FAGUNDES, Miguel Seabra. *O controle dos atos administrativos pelo Poder Judiciário*. 4. ed. atual. Rio de Janeiro: Forense, 1967. pp. 100-1.

Já para o Mestre Celso Antônio B. de Mello,[31] o princípio surge como decorrência natural da indisponibilidade do interesse público.

No entanto, nem sempre é possível ao legislador prever todas as nuanças de atuação do Poder Público, traçando ao administrador rígidos limites à sua atividade, razão pela qual, sem que se contrarie o regime de legalidade, e tendo em conta a multiplicidade de situações no mundo dos fatos, impossível de ser abarcada na previsão e previsibilidade do legislador, se reconhece, em dadas circunstâncias, certa flexibilidade de ação ao Poder Público.

Em face da complexidade da relação legalidade e atuação do agente em nível sublegal, adverte Celso Antônio B. de Mello:[32] que

> "A exata compreensão do princípio da legalidade não significa – nem exclui – o fato de que à Administração incumbe criar concretamente – embora em nível sublegal – a utilidade pública, fato que postula necessariamente o princípio da discricionariedade".

Essas e outras justificativas que embasam a teoria da discricionariedade da atividade administrativa estão bem sintetizadas na passagem de Seabra Fagundes,[33] que se transcreve a seguir:

> "A variedade e multiplicidade das situações [...] excluem, em muitos casos, disciplinação uniforme e precisa. O seu exercício é condicionado por uma série de circunstâncias ocasionais e com respeito a elas não é possível tudo prever. Nem seria útil descer a rigorosa minuciosidade, o que resultaria em nocivo entrave à realização das finalidades visadas pela atividade administrativa. Para atender a isso, permite-se em muitos casos ao Poder Executivo que seja discricionário em relação à conveniência, oportunidade e modo de agir. Ele age, então, no uso de competência discricionária ou livre, a que já aludimos. A Administração Pública pode assim, sem contrariar o 'regime de legalidade', sem ir positivamente de encontro a determinações legislativas, abster-se de executar a lei. Quando não existe uma peremptória fixação de prazo para a aplicação da regra, fica-lhe a faculdade de conciliar a execução com as conveniências de tempo e utilidade indicadas

---

31 MELLO, Celso Antônio Bandeira de. *Elementos de direito administrativo*. São Paulo: Revista dos Tribunais, 1983. p. 13.

32 FAGUNDES, Miguel Seabra. *O controle dos atos administrativos pelo Poder Judiciário*. 4. ed. atual. Rio de Janeiro: Forense, 1967. p. 15.

33 FAGUNDES, Miguel Seabra. *O controle dos atos administrativos pelo Poder Judiciário*. 4. ed. atual. Rio de Janeiro: Forense, 1967. p. 103.

por circunstâncias que só ela pode aferir. Em certos casos, o próprio interesse público pode aconselhar a não pôr em movimento o texto legal. Também é indispensável permitir à Administração Pública resolver, por mais de um modo, determinadas situações, segundo entenda diante dos fatos concretos".

Dessa forma, é possível à Administração, sem prejuízo de competência do Judiciário para interpretar a lei, criar soluções no plano sublegal, sendo que o "poder discricionário" significa, em última análise, para o seu detentor, faculdade de criação de direito.

Seabra Fagundes,[34] apoiando-se em Fritz Fleiner, mostra, porém, a vinculação dessa criação à vontade da lei e sujeita a ação com base em "poder discricionário" a limitações jurídicas:

> "Com a competência discricionária, o legislador outorga à autoridade administrativa" [poder para] "determinar como cabível, entre as várias possibilidades de solução, aquela que melhor corresponda, no caso concreto, à intenção da lei: [...] esse 'elemento móvel' que enseja à Administração 'executar os preceitos legais, de maneira a atender às variáveis exigências da vida e do interesse público', não exclui de todo as limitações jurídicas à sua atividade, nem a erige em árbitro irrestrito das situações a considerar".

Daí por que essa margem de liberdade não autoriza o raciocínio de que a atividade do Poder Público com base no "poder discricionário" possa ocorrer divorciada da ordem jurídica, nem legitima o desvio ou exorbitância de poder. Toda a mobilidade, poder de criação e flexibilidade outorgada ao Administrador há de interpretar-se e conduzir-se em perfeita fidelidade à intenção da lei, à sua vez, inserida em uma ordem mais ampla, que tem na Constituição a máxima normatividade. Com efeito, não lhe basta comportar-se nos limites legais; para garantia de legitimidade de seus atos e procedimentos, deve o Administrador agir segundo a inspiração da lei, sob o norte da Constituição, tendo por finalidade concretizar um interesse público.

Georges Vedel[35] entende que

> *"La legalité impose a' l'Administration non seulement certaines règles extérieures de conduite mais une sorte de règle psychologique: l'obligation d' avoir en vue, dans son action, l'intérêt public".*

---

34 FAGUNDES, Miguel Seabra. *O controle dos atos administrativos pelo Poder Judiciário*. 4. ed. atual. Rio de Janeiro: Forense, 1967: (105-7), p 105.

35 VEDEL, Georges; DEVOLVÉ, Pierre. *Droit administratif*. 9. ed. Paris: Presses Universitaires de France, 1984. pp. 374 e 429.

E chama atenção para o fato de que

> *"l'intérêt public n'est pas par essence distinct de l'intérêt des personnes ou des groupes; il est un arbitrage entre les divers intérêts particuliers. Cet arbitrage se fait selon deux directives. Tantôt l'intérêt public sera celui du groupe le plus nombreux: l'expropriation qui a pour objet de permettre le passage d'une autoroute sacrifie l'intérêt du propriétaire à celui des in nombrables usagers de la voie. Tantôt l'intérêt public se définira non quantitativement, mais qualitativement: les malades indigents ne constituent pas le groupe le plus nombreux de la population; mais la valeur de la santé e de la vie humaine l'emporte sur la valeur des intérêts pécuniaires de l'ensemble des citoyens; c'est porquoi il existe, aux frais des contribuables, une assistance médicale gratuite".*

Por outro lado, Jean Rivero,[36] negando a oposição entre os conceitos de legalidade e discricionariedade, assinala não ser possível definir graus no poder discricionário, sustentando que a discricionariedade é que pode variar no seio do ato:

> "O poder discricionário não é susceptível de graus; um poder não é mais ou menos discricionário; é, se a lei deixa a Administração senhora do seu exercício; não o é, se lhe dita as condições.
>
> Mas no seio de um ato pode haver mais ou menos discricionariedade, consoante a lei deixe mais ou menos elementos da decisão à livre apreciação da Administração.
>
> Desde logo, a existência do poder discricionário não está em contradição com o princípio da legalidade. Em relação às exigências da legalidade, define-se de modo residual: começa onde elas acabam".

Seabra Fagundes, também sem identificar diferentes níveis de discricionariedade, reconhece variação de sua extensão, conforme incida sobre a utilidade, a oportunidade, os motivos do ato administrativo, o modo de agir, ou ainda o objeto ou conteúdo do ato administrativo, isolada ou simultaneamente.

Essa variação, mais restrita para Ruy Cirne de Lima,[37] tem as seguintes nuanças:

> "Discricionários, finalmente, são aqueles atos em respeito aos quais a autoridade administrativa, embora adstrita a prescrições

---

[36] RIVERO, Jean. *Direito administrativo*. Tradução de: Dr. Rogério Ehrhardt Soares. Coimbra: Almedina, 1981. pp. 95-6.

[37] LIMA, Ruy Cirne. *Princípios de direito administrativo*. 5 ed. São Paulo: Revista dos Tribunais, 1982. p. 91.

não jurídicas, possui, em face da regra jurídica, liberdade de determinação, quanto ao respectivo destinatário, objeto ou fim".

Celso Antônio Bandeira de Mello[38] amplia o campo de possível incidência da discricionariedade, para admiti-la, segundo posição confessadamente destoante da doutrina estrangeira e pátria, bem assim contra a própria tendência jurisprudencial, também em relação à finalidade, reconhecendo passível de discricionariedade a qualificação do fim dentro de um universo vinculante de interesse público. Em outra dicção: reserva-se ao administrador certa margem de juízo discricionário na qualificação da finalidade pública específica, definida, *a priori*, em caráter genérico.

De qualquer forma, parece assistir razão ao mestre paulista, que, em verdade, não se opõe à corrente dominante, segundo a qual restariam sempre vinculados o fim, que, necessariamente, deve ser um interesse público, e a competência, cuja indicação cabe à lei. A opinião do autor parece apontar uma variação dos níveis da finalidade pública: finalidade pública do Estado e finalidade pública específica. Assim, se amplamente estabelecida a finalidade pública, a atualização da lei pressupõe a seleção de uma finalidade específica compatível com aquela ampla, vinculante para a Administração.

Essa particularização da finalidade pública é tarefa dinâmica da Administração Pública, quando não especificada ou rotulada na lei. Há de inferir-se o fim específico a partir da análise da intenção da lei, decodificando-se, portanto, no limite do fim público amplamente considerado, aquele intento particularizado. Daí ser correto afirmar que se reserva ao administrador uma esfera de discricionariedade para qualificação do fim público, o que não exclui a ideia de legalidade. Noutro giro, sustenta-se, também, na doutrina, tratar-se de atuação vinculada.

Relativamente ao Decreto-Lei 25/37, pode-se afirmar que é ele a fonte do poder de ação do Poder Público para efetivar tombamento, eis que desse marco não decorre diretamente o regime especial de proteção especial. Consagra a norma finalidade pública ampla de preservação de certos valores; ao órgão do Executivo caberá, mediante ato de tombamento, especializar a referida finalidade *in* concreto, o que importará em análise técnica, para o enquadramento do bem; e de mérito, para decidir sobre a oportunidade e conveniência do seu tombamento.

---

38 MELLO, Celso Antônio Bandeira de. *Elementos de direito administrativo*. São Paulo: Revista dos Tribunais, 1983. p. 61.

3.2. Direitos Públicos Subjetivos

No controle jurisdicional dos atos administrativos, ganha relevo a figura dos direitos subjetivos públicos do indivíduo, em paralelo com os direitos difusos. No estudo do tema, revela-se também importante a análise da legitimidade ativa, para se exigir a prestação jurisdicional; da legalidade, com vista a fixar-se o alcance da revisão e dos limites da sujeição dos atos oriundos do "poder discricionário" ao Judiciário; e dos mecanismos de tutela e instrumentos utilizáveis pelo administrado, por instituições e pela coletividade para resguardar os direitos individuais e coletivos relacionados principalmente com o tombamento.

Antes da abordagem dos direitos subjetivos, tendo em vista a sua convergência para o interesse atinente ao bem protegido, buscar-se-á resgatar as noções de interesse extraídas de lições de Carnelutti, Rocco, Antolisei, catalisadas por René Ariel Dotti:[39]

> "A essência do interesse, segundo alguns autores, encontra-se numa relação favorável à satisfação de uma necessidade. Prevalentemente, considera-se interesse a valoração, por parte do sujeito, da aptidão da coisa para satisfazer uma necessidade. Ao fundo, o interesse não é mais que o reflexo subjetivo do bem e revela a tendência ou a aspiração do sujeito a vê-lo conservado, como nos diz com clareza Antolisei. Bem e interesse, portanto, são conceitos distintos, posto que, em realidade, o bem é o objeto do interesse".

Dito isso, tomam-se a Seabra Fagundes[40] noções basilares do Direito Administrativo, em colocações que permanecem atuais, como a construção de seu conceito acerca dos direitos subjetivos públicos:

> "Os direitos que o administrado tem diante do Estado, a exigir prestações ativas ou negativas, constituem, no seu conjunto, os chamados direitos públicos subjetivos [...], um poder de ação assente no direito objetivo e destinado à satisfação de certo interesse".

Por sua vez, o mestre[41] busca os elementos dessa conceituação em lições de administrativistas de nomeada, de cujo registro destacam-se os seguintes ensinamentos:

---

39 DOTTI, René Ariel. A tutela penal dos interesses coletivos. In: GRINOVER, Ada Pellegrini et al. *A tutela dos interesses difusos*. São Paulo: Max Limonad, 1984. p. 56.

40 FAGUNDES, Miguel Seabra. *O controle dos atos administrativos pelo Poder Judiciário*. 4. ed. atual. Rio de Janeiro: Forense, 1967. p. 171.

41 FAGUNDES, Miguel Seabra. *O controle dos atos administrativos pelo Poder Judiciário*. 4. ed. atual. Rio de Janeiro: Forense, 1967. pp. 171-2.

a) os de Ruy Cirne de Lima[42], em sua obra Princípios de Direito Administrativo Brasileiro, segundo os quais a nota saliente da conceituação de tais direitos "é a circunstância de criarem obrigação jurídica em pessoas de direito público, a quem normalmente apenas se reconhece, em tal ordem de matérias, o poder de obrigar juridicamente".[43]
b) os de Ranelletti,[44] em sua obra Le Guarentigie della Giustizia nella Pubblica Amministrazione, na qual se definem direitos públicos subjetivos como "poder jurídico que o direito objetivo concede ao sujeito para garantir a satisfação dum interesse".[45]
c) os de Bonnard,[46] em seu Droit Administratif, sustentando haver "sem dúvida, um direito subjetivo do indivíduo à legalidade do ato administrativo, como decorrência imperiosa da submissão do Poder Executivo à ordem jurídica".[47]

Adverte Seabra Fagundes que a existência de direito subjetivo se condiciona à sua individualização na esfera do titular, defendendo que a legalidade lhe deve interessar diretamente e não remotamente como cidadão.

O controle jurisdicional vai-se verificar exatamente em situações em que haja interferência no direito subjetivo por lesão ou ameaça, abrindo ensanchas a que o administrado busque a prestação jurisdicional para dirimir o conflito, mediante a aplicação individualizada do direito, isso pela vertente dos sistemas tradicionais de legitimação, em que, rigorosamente, coincide esta com a titularidade da relação jurídica material subjacente ao processo, ressalvadas raríssimas exceções.

Assim, mostra Seabra Fagundes[48] que o exame das situações pelo Judiciário se dá a partir de sua individualização e de sua interferência com o direito subjetivo, apontando como exceção o contencioso objeto de ação popular.

42 LIMA, Ruy Cirne. *Princípios de direito administrativo.* 5 ed. São Paulo: Revista dos Tribunais, 1982. p. 90.

43 LIMA, Ruy Cirne. *Princípios de direito administrativo.* 5 ed. São Paulo: Revista dos Tribunais, 1982. p. 90.

44 RANELLETTI, Oreste. *Le Guarentigie della Giustizia nella Pubblica Amministrazione.* Milano: A. Giuffre, 1934. p. 158, n. 107.

45 RANELLETTI, Oreste. *Le Guarentigie della Giustizia nella Pubblica Amministrazione,* Milano: A. Giuffre, 1934. p. 158, n. 107.

46 BONNARD, Roger. *Précis de Droit Adm.* Paris: Librarie du Recueil Sirey, 1953. pp. 81 e 84.

47 RANELLETTI, Oreste. *Le Guarentigie della Giustizia nella Pubblica Amministrazione.* Milano: A. Giuffre, 1934. p. 172, n. 107.

48 FAGUNDES, Miguel Seabra. *O controle dos atos administrativos pelo Poder Judiciário.* 4. ed. atual. Rio de Janeiro: Forense, 1967. p. 165.

Com efeito, esta situação não decorre de conflito entre Administração e administrado por ser o direito individual atingido, não havendo assim um móvel privado ou próprio; tem como pressuposto o desrespeito a normas do ordenamento positivo de que se presume lesão para o patrimônio estatal, sendo a participação do cidadão movida pelo interesse geral. Transfere-se, assim, o campo de ação do âmbito singular para caracterizar-se como *uti cives* ou *uti socius*.

Verifica-se, aí, a chamada **legitimação concorrente e disjuntiva dos co-titulares,** atribuída concorrentemente a cada um dos membros da coletividade, de que fala José Carlos Barbosa Moreira,[49] especialista em direitos difusos.

Essas noções não variam no direito estrangeiro. Gabino Fraga,[50] analisando o direito positivo mexicano, aponta a necessidade de violação de um interesse pessoal e direto para legitimar o particular a agir contra a Administração por meio de instrumentos próprios, advertindo que, naquela ordem jurídica, só excepcionalmente se outorga a ação popular como via para remediar as ilegalidades da Administração.

Sobre a exigência de violação de interesse pessoal diz o autor:

"La otra parte en la contención es el particular que resulta lesionado por el acto administrativo. Es evidente que cuando hay una lesión de un derecho, existe lo contencioso; pero también, en un régimen de legalidad debe admitirse que exista cuando hay violación a un interés, siempre que éste sea personal y directo".

Afirma Ramón Martín Mateo que

> "[...] tanto el patrimônio natural como el cultural constituyen um acervo comunitário, que no da lugar em este último caso,[...] a um derecho subjetivo de disfrute efectivo: 'lo que sé es exigible constitucionalmente é que se garantisse la conservación y puesta em valor de los bienes de Patrimonio Historico".[51]

Mas a legitimidade ativa, tradicionalmente enfocada sob o ângulo individualista do direito, há de assentar-se sobre novas bases, em que o amálgama seja exatamente a natureza do interesse cuja tutela se objetiva.

Comenta Edimur Ferreira de Faria[52] que, desde a década de 80, os estudiosos do direito vêm construindo a teoria do interesse difuso, em substituição

---

49 MOREIRA, José Carlos Barbosa. A proteção jurisdicional dos interesses coletivos ou difusos. In: GRINOVER, Ada Pellegrini et alii. *A tutela dos interesses difusos.* São Paulo: Max Limonad, 1984. p. 100.

50 FRAGA, Gabino. *Derecho administrativo.* México: Porrúa, S.A., 1977. p. 450.

51 MATEO, Ramón Martín. Prólogo. In: IBAÑEZ, Mª Del Rosário Alonso. *El Patrimonio Historico:* Destino Publico y Valor Cultural. Madrid: Editorial Civitas S.A., 1992. p. 19.

52 FARIA, Edimur Ferreira de. *Do tombamento no direito brasileiro.* Dissertação de Mestrado. Belo Horizonte: Universidade Federal de Minas Gerais, 1986. p. 195.

à do coletivo. Afirma que há três graus de interesse: o individual, o coletivo e o difuso. Situa o coletivo como o intermediário dos demais, titularizado ou defendido por corporações delimitadas juridicamente – clubes sociais, associações de classe, sindicatos –, descartando o entendimento segundo o qual o coletivo corresponderia ao universo dos administrados em face da Administração, e seria, assim, delimitado pelo contorno abrangente dessa gama de interessados.

De fato, as concepções mais modernas admitem a coexistência de três níveis, colocados em círculos concêntricos, em que podem prevalecer sem a recíproca exclusão: num plano mais direto, abrange-se a esfera do indivíduo; num plano intermediário, a dos grupos ou categorias determinadas; e, em terceiro nível, abrange-se uma gama indeterminada de pessoas, todos se colocando em face da Administração e, também, de outros sujeitos responsáveis.

Percebe-se que novos traços já se delineiam neste particular, emergindo como preocupação mundial a institucionalização dos chamados interesses difusos, que, paulatinamente, se vão conjugando com a instrumentalização para efetivação da respectiva tutela.

O tema, dos mais palpitantes na década de 80, tornou-se objeto de atenção especial de estudiosos; neste ponto, a contribuição pioneira dos publicistas e processualistas italianos merece relevo.

Também no Brasil, sob a coordenação de Ada Pellegrini Grinover, um grupo de especialistas dedicou-se ao aprofundamento da matéria, o que proporcionou avanços internos nesse campo exatamente no momento em que cresciam, e ainda crescem, de importância os conflitos metaindividuais, quer em face das consequências da economia selvagemente consumista, da ameaça dos fatores de equilíbrio ecológico, da omissão do Poder Público na preservação do patrimônio cultural em todas as suas manifestações, quer mesmo em face dos comprometedores projetos ou planos governamentais.

Waldemar Mariz de Oliveira Júnior,[53] ainda no contexto de perplexidade em relação às novas dimensões de interesse, evocando a necessidade de se criarem novas espécies de tutela, não mais presas ao interesse material e restritas à inspiração de iniciativa particular, deixa em aberto a questão fundamental em face do cenário de defesa dos interesses coletivos:

> "Quem teria legitimação ativa para poder agir em juízo na defesa e na salvaguarda dos interesses coletivos? Os chamados grupos ou corpos intermediários teriam acesso ao Poder Judiciário para

---

53 OLIVEIRA JÚNIOR, Waldemar Mariz de. Tutela jurisdicional dos interesses coletivos. In: GRINOVER, Ada Pellegrini et al. *A tutela dos interesses difusos*. São Paulo: Max Limonad, 1984. p. 11.

> tutelar os interesses que representam sua própria essência, sua própria razão de existir?"

Com razão, hoje já não se contesta a existência de direitos e interesses que transcendem a esfera individual, e cujo desrespeito ou violação acarreta danos a vastos agrupamentos de pessoas, por certo até indetermináveis; a preocupação, hoje, é com a criação ou fortalecimento de instrumentos para efetivação de tais direitos.

Caracterizando esses direitos e interesses, Ada Pellegrini[54] destacava dois filetes distintivos, duas notas fundamentais:

> "Uma, relativa à sua titularidade, pois pertencem a uma série indeterminada de sujeitos [...]; outra, relativa a seu objeto, que é sempre um bem coletivo, insuscetível de divisão, sendo que a satisfação de um interessado implica necessariamente a satisfação de todos, ao mesmo tempo que a lesão de um indica a lesão de toda a coletividade".

José Carlos Barbosa Moreira,[55] partindo das mesmas premissas, indica como traços básicos, na definição desses interesses difusos, a existência de uma pluralidade de titulares, em número indeterminado, e, ao menos para fins práticos, indeterminável, aliada à indivisibilidade do objeto do interesse. Dessa indivisibilidade decorre o fato de que a satisfação do interesse aproveita em conjunto a todos, e a sua postergação, igualmente, atinge a todos.

Em face dessas características e da configuração coletiva dos conflitos a que se referem os principais autores, dá-se maior importância aos instrumentos processuais próprios para garantia da correspondente tutela jurisdicional. É que, transcendendo a esfera individual e inseridos no amplo campo dos interesses públicos, com graus crescentes de abrangência – coletivo, difuso e geral –, tais direitos não são passíveis de tutela com base nos princípios e regras da legitimação ativa tradicional. As pessoas interessadas na prestação ou proteção a interesses difusos, geralmente, acham-se em situação imprópria ou inadequada para exigir o provimento.

No Julgamento do AI 10000160162533001, a Sétima Câmara Cível do Tribunal de Justiça de Minas Gerais entendeu, por maioria e com base no art. 2º, § 1º, I da Lei n. 12.153/09, que as ações que versem sobre tombamento, por

---

54 GRINOVER, Ada Pellegrini et al. *A tutela dos interesses difusos*. São Paulo: Max Limonad, 1984. p. 31.

55 MOREIRA, José Carlos Barbosa. A proteção jurisdicional dos interesses coletivos ou difusos. In: GRINOVER, Ada Pellegrini et alii. *A tutela dos interesses difusos*. São Paulo: Max Limonad, 1984. p. 99.

envolverem direitos difusos, não estão abrangidas na competência dos juizados especiais da fazenda pública, ainda que o valor da causa não supere 60 salários mínimos.[56]

No direito brasileiro, podem-se detectar exemplos em que se configura a efetiva tutela jurisdicional dos interesses coletivos ou difusos, quer no âmbito do processo civil, quer no do processo penal. Na seara do processo civil, é necessário enfatizar, dentre outros instrumentos disponíveis, a ação popular, em que se legitima o cidadão para propor ação que vise a anular atos lesivos ao patrimônio de entidades públicas (a sua disciplina está prevista na Lei n. 4.717, de 20 de junho de 1965, e foi revitalizada pela ampliação operada pela Constituição de 1988), e a ação civil pública, de considerável alcance no que toca a interesses coletivos e difusos e específicos e que instrumentaliza principalmente a ação do Ministério Público na defesa de interesses difusos.

De outra parte, verifica-se que, com relativa frequência, no Brasil, a tutela de vários interesses coletivos vem-se dando em função de um vínculo jurídico que une as pessoas de um grupo entre si, não se inserindo, pois, nessa tutela, os interesses metaindividuais difusos, os interesses de massa, de grupos teoricamente indetermináveis.

O enfrentamento dessa questão da proteção dos interesses coletivos pela configuração de massa, envolvendo uma possibilidade de conflito, também de massa, segundo Ada Pellegrini[57], exorbita do clássico contraste **indivíduo x autoridade** para se localizar em seara tipicamente política, devendo passar por uma **correta colocação institucional dos procedimentos de mediação que têm por objeto a solução de conflitos metaindividuais.**

Nesse plano, situa a autora os **corpos intermediários** como instrumentos de racionalização de ações e políticas, ao mesmo tempo que adverte para o risco da opressão que tais corpos possam significar para os associados e para terceiros, na medida em que se transformarem em centros de poder, eis por que se lhes devem opor limites.

Waldemar Mariz de Oliveira Júnior[58] comenta que a tendência nos países estrangeiros tem-se manifestado no sentido de se conjugarem as ações e

---

56 TJMG. *Agravo de Instrumento – Cv 1.0000.16.016253-3/001*. Relator(a): Des.(a) Peixoto Henriques, 7ª CÂMARA CÍVEL, julgamento em 09/08/0016, publicação da súmula em 12/08/2016.

57 GRINOVER, Ada Pellegrini et al. *A tutela dos interesses difusos*. São Paulo: Max Limonad, 1984. p. 32.

58 OLIVEIRA JÚNIOR, Waldemar Mariz de. Tutela jurisdicional dos interesses coletivos. In: GRINOVER, Ada Pellegrini et al. *A tutela dos interesses difusos*. São Paulo: Max Limonad, 1984. p. 20.

iniciativas de um organismo governamental com as de indivíduos, de grupos privados, direta ou indiretamente interessados, alternativa que se tem revelado satisfatória. Cita como exemplo dessas combinações o *ombudsman* sueco, criado em 1970, que divide com a associação de consumidores legitimidade para agir perante a Corte do Mercado nos casos de abusos comerciais e publicitários. Põe em relevo, ainda, o *ombudsman* do parlamento de Israel, criado em 1971, reconhecendo originalidade e inovação em seu sistema. Mostra, enfim, que, em diversos países, é frequente a ação de um indivíduo ou de um grupo representando milhões de pessoas, não identificadas, nas chamadas ações de classe.

Das soluções colhidas no direito alienígena para a tutela extraprocessual e processual de interesses difusos, registram-se as seguintes medidas:

> "[...] a) instituição de órgãos públicos, altamente especializados [...]; b) extensão da legitimação para agir a sujeitos privados – associações e pessoas físicas – não pessoalmente prejudicados; c) extensão dos poderes do juiz, não mais limitado à determinação de reparação do dano sofrido pelo autor, mas investido de poderes para perquirir do prejuízo provocado, nem adstrito a proferir sentenças com eficácia limitada às partes".[59]

Dessa forma, são experimentados novos esquemas processuais, reformulando-se e adaptando-se os institutos a eles pertinentes, como os da legitimação, da representação, da substituição processual e da coisa julgada, sendo completamente revistos os limites desta.

No Brasil, são exemplos de órgãos governamentais visando à tutela de interesses difusos os diversos conselhos de defesa do meio ambiente, do consumidor, da defesa civil; apontam-se, também, as múltiplas organizações não governamentais – ONGS, com os mesmos objetivos.

Por outro lado, louvável é a evolução na doutrina da ação, que, tradicionalmente assentada em bases individualistas, passa a absorver os reflexos das inovações, que vão, aos poucos, sendo introduzidas nos sistemas de proteção aos interesses coletivos e difusos. Certo é que já se admite legitimação de associações de classe, partidos políticos e outras entidades, para a tutela de interesses coletivos, reconhecendo-se a legitimidade em função do vínculo jurídico que liga as pessoas do grupo entre si, alternativa cuja eficácia ainda se encontra distante da potencialidade que a solução encerra.

No que toca ao tombamento, já se assinalou nos assentamentos deste estudo que seu objetivo é proteger o interesse geral pela cultura, uma vez

---

59 GRINOVER, Ada Pellegrini et al. *A tutela dos interesses difusos*. São Paulo: Max Limonad, 1984. p. 40.

erigida esta em valor constitucionalmente reconhecido. Instituindo o Poder Público regime especial de proteção sobre determinado bem, insere-o numa esfera de interesse geral, cuja fruição interessa a todos em conjunto, e a ninguém de forma individual, salvo se se quiser admitir o interesse individual do proprietário, hipótese que, conquanto excepcional, não se afasta, dado que não são a priori incompatíveis o interesse privado e o interesse coletivo.

Demais disso, deve-se observar que a Constituição tratou a cultura também como direito social e, assim, encartado entre aqueles destinados a garantir aos indivíduos condições materiais não apenas imprescindíveis para o gozo de seus direitos em linha de inclusão, como para assegurar qualidade de vida. Assentada, assim, no plano objetivo, a previsão, ao incidir de forma concreta na esfera da pessoa, gera o direito subjetivo de exigir do poder público prestações.

Em outra vertente, em decorrência das dotações de direitos individuais, como o de propriedade, ao titular é facultado exigir, por meio de ação própria, indenização por dano causado ao seu patrimônio. É que o interesse do indivíduo relativamente ao bem de sua propriedade ou em seu poder é protegido pela Constituição, que coloca sob a custódia do Judiciário os direitos individuais, para que sejam, mediante provocação, preservados de lesão ou ameaça. Deve-se, assim, efetivar no mecanismo estatal a submissão dos atos administrativos à legalidade, seja para garantia de direito individual, seja para assegurar o direito geral constitucionalmente consagrado.

Enfatiza-se, contudo, o caráter coletivo do interesse pela cultura, de preservação dos valores histórico, artístico, estético e arqueológico, na dimensão difusa, com os desdobramentos processuais dessa prevalência, conforme reconhecido por especialistas como Ada Pellegrini, Paulo Affonso Leme Machado, José Carlos Barbosa Moreira, entre outros, e por cuja tutela propugna a primeira:

> "[...] quando a indústria edilícia deteriora o patrimônio artístico, histórico ou turístico, verifica-se de maneira contundente e até trágica a necessidade imperiosa e urgente de não deixar sem tutela esses interesses comuns".[60]

José Carlos Barbosa Moreira,[61] reconhecendo a necessidade de tratamento adequado aos interesses difusos da cultura, registra, entre as espécies que so-

---

60 GRINOVER, Ada Pellegrini et al. *A tutela dos interesses difusos.* São Paulo: Max Limonad, 1984. p. 31.

61 MOREIRA, José Carlos Barbosa. A proteção jurisdicional dos interesses coletivos ou difusos. In: GRINOVER, Ada Pellegrini et alii. *A tutela dos interesses difusos.* São Paulo: Max Limonad, 1984. pp. 99 e 102.

bressaem na vida contemporânea da maior parte das sociedades desenvolvidas ou em processo de desenvolvimento, a proteção dos bens de valor histórico ou artístico. Mas atenta, embora reconhecendo a existência de determinados mecanismos processuais de tutela, para a dificuldade de se estabelecer pelo órgão judicial proteção adequada à garantia dos interesses coletivos, defendendo ser fundamental situar-se o tipo de salvaguarda a ser proporcionado pelo órgão judicial, preferencialmente pela tutela jurisdicional de caráter preventivo:

> "Em grande número de hipóteses é irreparável a lesão consumada no interesse coletivo: nada seria capaz de reconstituir a obra de arte destruída, nem de restaurar a rocha que aformoseava a paisagem; inexiste, ademais, prestação pecuniária que logre compensar adequadamente o dano, insuscetível de medida por padrões econômicos. Em poucas matérias se revela de modo tão eloquente como nesta a insuficiência da tutela repressiva, exercitada mediante a imposição de sanções e, quando necessário, pela execução forçada da condenação. O que mais importa é evitar a ocorrência da lesão, daí o caráter preventivo que deve assumir, de preferência, a tutela jurisdicional".

Apoiados, assim, na doutrina mais recente acerca dos interesses, pode-se afirmar, relativamente ao tombamento, a existência de níveis diferentes de interesses: numa esfera mais restrita, o decorrente de direito individual do administrado em relação ao bem, oponível à Administração, como direito subjetivo público, isto é, faculdade de agir conferida pelo ordenamento jurídico (direito objetivo) à pessoa, para fazer valer seus direitos, sendo oponível ao Estado; num plano intermediário, o interesse coletivo de preservação representado por grupos definidos, isto é, titularizado por pessoas integrantes de um grupo determinado ligadas por vínculo jurídico; e, num campo mais abrangente, o interesse difuso de grupos teoricamente indetermináveis, ligadas por circunstâncias de fato.

Os últimos integram o espectro dos direitos coletivos em sentido amplo: direitos difusos, caracterizados sobretudo pela ampla transindividualidade; os direitos coletivos em sentido estrito são informados por uma transindividualidade restrita; e direitos individuais homogêneos são acidentalmente coletivos, já que decorrem de uma origem comum e se reúnem por interesse instrumental. Outras características se associam às indicadas, para identificação das categorias, como divisibilidade ou não do objeto, disponibilidade ou não do bem tutelado, vínculo a ensejar a demanda.

Identificando-se, pois, níveis diferentes de interesse e consagrando-se os correspondentes direitos oponíveis à Administração, a eles deve corresponder a necessária legitimação para postular a proteção estatal via instrumentos processuais adequados.

A defesa desses interesses, por via jurisdicional, assenta-se, basicamente, nos pressupostos e instrumentos de controle do ato administrativo, da atuação do mecanismo estatal, da ação ou inação do proprietário e da conduta lesiva de terceiros.

Esse controle, de caráter externo, efetiva-se mediante instrumentos processuais de que se tratará a seguir.

3.3. Instrumentos Processuais

Quais os instrumentos utilizáveis para resguardar os interesses e direitos individuais relacionados ao bem tombado? Que instrumentos se colocam para a defesa do interesse coletivo ou difuso à proteção do patrimônio cultural?

Para salvaguarda dos primeiros, os interessados podem valer-se de ações civis comuns, entre as quais se enquadram a ordinária de indenização, a cominatória, as possessórias. Registre-se, também, uma ação civil especial – o Mandado de Segurança, previsto na Constituição Federal, disciplinado pela Lei n. 12.016, de 7 de agosto de 2009, com as modificações, e, subsidiariamente, pelo Código de Processo Civil.

Para o resguardo do interesse coletivo, modernamente rotulado de **interesse difuso** (este mais amplo que aquele), o direito positivo pátrio contempla a ação popular e a ação civil pública, esta incorporada ao sistema brasileiro na década de 80.

Como remédios preventivos e de tutela inibitória, ressalta-se o "Interdito Proibitório", previsto no art. 567 do Código de Processo Civil, que poderá ser usado no campo da proteção patrimonial, conquanto seja dificilmente concebível em matéria de interesse coletivo..

Destacam-se, ainda, entre os instrumentos disponíveis para efetivação de proteção ao patrimônio, as ações cautelares.

Sobre algumas dessas ações, serão tecidas ligeiras considerações.

3.3.1. Mandado de Segurança

Ação civil especial, de rito sumário, própria para resguardar direito líquido e certo lesado ou ameaçado por ato omissivo ou comissivo, eivado de ilegalidade ou abuso de poder, de responsabilidade de autoridade pública ou agente de pessoa jurídica no exercício de atribuições do Poder Público, e não amparado por *habeas-corpus ou habeas data,* o Mandado de Segurança é tratado como remédio heroico no sistema de controle da Administração Pública brasileira.

Nas ordens constitucionais anteriores, embora já ocupasse a Ação posição de destaque, o Mandado de Segurança estava estruturado com base em legitimação ativa e passiva restrita, não tendo encontrado na Lei n. 1533, de 31 de dezembro de 1951, e suas alterações espaço para sua reconformação em bases mais ampliadas.

A legitimidade para a propositura do Mandado de Segurança, tradicionalmente, era reconhecida em função de direito próprio. Conquanto se tivesse tentado reconhecer legitimidade às associações para propositura de ação em defesa de seus associados, a jurisprudência sob a égide da Constituição anterior manteve-se presa ao princípio da coincidência entre a legitimação e a titularidade da relação jurídica material discutida no processo, recusando sistematicamente a legitimação, ressalvadas as situações expressamente previstas em lei.[62]

Ressalte-se que o art. 1°, parágrafo 2°, da Lei n. 1.533/51[63] dispunha que **quando o direito ameaçado ou violado couber a várias pessoas, qualquer delas poderá requerer o Mandado de Segurança.**

Analisando o referido dispositivo, a propósito da tutela dos interesses coletivos, José Carlos Barbosa Moreira[64] comenta que dessa abertura não se extraíam, contudo, sugestões relevantes para o plano dos interesses difusos, reconhecendo que, naquela ordem, "doutrina e jurisprudência firmaram-se no sentido de que o mandado de segurança [era] instrumento de proteção apenas contra ato [que afetasse] de maneira individualizada a esfera jurídica de alguém".

A Constituição da República de 1988, em seu art. 5°, ao matizar os termos em que é assegurado aos brasileiros e estrangeiros residentes no Brasil o direito à vida, à liberdade, à igualdade, à segurança e à propriedade, trata de forma inovadora o Mandado de Segurança, consagrando, ao lado da tradicional modalidade individual da ação reprisada no inciso LXIX, expressa e indubitavelmente, no inciso LXX, a legitimidade de caráter coletivo para a propositura de mandado de segurança:

---

62 Como exemplos, citem-se a legitimação da Ordem dos Advogados do Brasil, para a defesa dos interesses gerais da classe e dos individuais relacionados com o exercício da profissão (Lei n. 4.215, de 27 de abril de 1963, revogada pela Lei n. 8906/94), e a das associações de classe amparadas pela Lei n. 1.134, de 14 de junho de 1950, revogada pela Lei n. 12.016/09.

63 Lei n. 12.016, de 7 de agosto de 2009, art. 1°, § 3°.

64 MOREIRA, José Carlos Barbosa. A proteção jurisdicional dos interesses coletivos ou difusos. In: GRINOVER, Ada Pellegrini et alii. *A tutela dos interesses difusos.* São Paulo: Max Limonad, 1984. p. 100.

> "Art. 5º [...]
> LXX – O mandado de segurança coletivo pode ser impetrado por:
> a) partido político com representação no Congresso nacional;
> b) organização sindical, entidade de classe ou associação legalmente constituída e em funcionamento há pelo menos um ano, em defesa dos interesses de seus membros ou associados".

A Ação, no plano infraconstitucional, é tratada pela Lei n. 12.016, de 7 de agosto de 2009, que revogou a Lei n. 1.533, de 31 de dezembro de 1951.

Segundo Maria Sylvia Zanella Di Pietro, "a nova lei não trouxe modificações significativas, limitando-se, em grande parte, a repetir dispositivos da lei anterior, às vezes com pequenas mudanças de redação, ou a incorporar entendimentos já adotados pela doutrina e jurisprudência".[65]

Pela sistemática do Mandado de Segurança apresentada pela Constituição de 1988 e desenvolvida na legislação infraconstitucional, concorrem, pois, duas modalidades da Ação: a individual e a coletiva. O Mandado de Segurança, em ambas as vertentes, pode ser utilizado no campo do controle da proteção patrimonial da cultura: seja em caráter individual pelo proprietário, pelo vizinho do bem tombado ou por terceiro afetado pelo ato ilegal ou eivado de abuso de poder, ou contra omissão; ou nos casos em que Partidos Políticos ou associações legalmente constituídas, com objetivos institucionais aderentes à temática patrimonial, possam integrar o polo ativo na defesa do patrimônio contra ato ou omissão já referida.

Maria Sylvia Zanella Di Pietro, investigando a natureza do interesse defendido por Mandado de Segurança Coletivo e enfrentando polêmicas suscitadas pela incoerência na disciplina legal, especialmente no tocante aos partidos políticos (art. 21 da Lei n. 12.016/2009c/c art. 1º da Lei n. 9.096, de 19 de setembro de 1995), distingue as versões de interesse a teor do art. 21 do novo marco legal.[66]

Assinala a autora que podem ser defendidos por Mandado de Segurança coletivo, consoante o citado art. 22,

> "[interesses] 'transindividuais, de natureza indivisível, de que seja titular grupo ou categoria de pessoas ligadas entre si ou com a parte contrária por uma relação jurídica básica'; 'os decorrentes

---

65 DI PIETRO, Maria Sylvia Zanella. *Direito Administrativo.* 29ª edição. Rio de Janeiro: Editora Forense, 2018. p. 933.

66 DI PIETRO, Maria Sylvia Zanella. *Direito Administrativo.* 29ª edição. Rio de Janeiro: Editora Forense, 2018, pp. 951-952.

de origem comum e da atividade ou situação específica da totalidade ou de parte dos associados ou membros do impetrante'".[67]

Inclui-se aqui a hipótese de defesa dos direitos coletivos de toda a categoria ou de parte dela, o que se fará mediante Mandado de Segurança Coletivo por entidade de classe em favor dos associados independentemente de autorização destes.

O remédio constitucional (art. 5°, LXX) destina-se à defesa da categoria a que se vincule a entidade de classe ou sindicato visando a resguardar o interesse coletivo que não pode ser confundido com os direitos individuais homogêneos, já que aquele deve pertencer ao todo de forma despersonalizada, em geral, sob o signo da indisponibilidade. No caso de interesses particularizados dos associados, ainda que plúrimos, "a entidade, devidamente autorizada por cada um dos interessados, agirá como substituto processual, defendendo direito alheio", conforme lembra Di Pietro[68].

É importante ressaltar que os partidos políticos têm um poder mais amplo, extrapolando o alcance dos filiados.

Vale lembrar que se impetra o Mandado de Segurança contra a autoridade coatora, a responsável pela prática do ato, e não contra a pessoa jurídica (art. 6°, § 3°, da Lei n. 12.016); em caso de omissão do Poder Público, autoridade coatora é aquela designada pela lei como competente para a prática do ato.

O art. 2° da Lei n. 12.016/09, à sua vez, estabelece: "considerar-se-á federal a autoridade coatora se as consequências de ordem patrimonial do ato contra o qual se requer o mandado houverem de ser suportadas pela União ou entidade por ela controlada".

Maria Sylvia lembra que, " na hipótese de haver mais de uma autoridade, como no caso de atos complexos e compostos, todas elas devem ser citadas, uma vez que nesse tipo de ato, que só se aperfeiçoa com a manifestação de duas ou mais vontades, o desfazimento exigirá a mesma participação".[69] As considerações aplicam-se ao controle no campo do patrimônio.

Conquanto ampliada a legitimidade para a propositura de Mandado de Segurança, merece ser destacada a circunstância de que, objetivando

[67] DI PIETRO, Maria Sylvia Zanella. *Direito Administrativo*. 29ª edição. Rio de Janeiro: Editora Forense, 2018. p. 953.

[68] DI PIETRO, Maria Sylvia Zanella. *Direito Administrativo*. 29ª edição. Rio de Janeiro: Editora Forense, 2018. p. 953.

[69] DI PIETRO, Maria Sylvia Zanella. *Direito Administrativo*. 29ª edição. Rio de Janeiro: Editora Forense, 2018. p. 935.

apenas a cessação do ato ou da omissão da autoridade coatora que caracterize ilegalidade ou abuso de poder, não se presta o Mandado de Segurança à reparação do dano patrimonial decorrente do ilícito, salvo hipótese prevista na Lei n. 5.021, de 9/6/66,[70] que não tem aplicação no presente trabalho.

Jurisprudência

No julgamento do MS 1988.69490-1 (SC), a Quarta Câmara Cível do Tribunal de Justiça de Santa Catarina, tendo como Relator o Desembargador Anselmo Cerello, considerou violação a direito líquido e certo a não expedição de alvará de demolição pela prefeitura, sob a alegação de que o imóvel possuía valor histórico, a despeito da ausência de prévia instauração de procedimento de tombamento. Para os desembargadores, o Mandado de Segurança foi impetrado corretamente, pois "importa que haja possibilidade de defesa diante da Administração".[71]

Destacam-se na ementa do julgado os seguintes elementos de síntese da questão posta em Juízo: "Negativa de alvará de demolição de imóvel considerado de valor histórico – Tombamento – Inobservância de regular procedimento administrativo – Imóvel inserido dentre aqueles de proteção provisória para posterior processo de tombamento".

Colhem-se das razões do julgado os seguintes excertos:

> "'Tratando o tombamento de verdadeiro cerceamento ao direito de propriedade, à Administração Pública incumbe o dever de obedecer rigoroso procedimento administrativo, a fim de garantir ao particular os princípios da ampla defesa e do contraditório, sob pena de nulidade do ato' (TJSC – ACMS n. – Rel.Des. Rui Fortes).
>
> [...]
>
> Fere o princípio do devido processo legal a negativa da municipalidade em expedir alvará de demolição de prédio urbano ao argumento de existência de interesse no seu tombamento, mas sem a devida instauração do processo competente.'A formalização de tombamento exige a observância do devido processo legal, intimado pessoalmente e por edital o proprietário do imóvel, dando-se a oportunidade de defesa na forma de lei. Inatendidos tais pressupostos, há nulidade do procedimento administrativo, a qual pode

---

70 Revogada pela Lei n. 12.016/09.

71 TJ-SC. *MS: 694901 SC 1988.069490-1*. Relator: Anselmo Cerello, Data de Julgamento: 17/03/1994, Segunda Câmara de Direito Comercial, Data de Publicação: Apelação cível em mandado de segurança n. 4.764, de Blumenau.

> ser pronunciada em Juízo'(TJSC Ap. Cível 31627 – Rel. Des. Francisco Oliveira Filho).
>
> [...]
>
> Portanto, para a efetivação do tombamento, é compulsório o defido processo legal, que inexistindo para tal tipo de restrição da propriedade, mormente sem indenização, não pode fundar a negativa na expedição de alvará para demolição do imóvel em perspectiva, mais ou menos remota, de ser tombado, restringindo assim sem sustentáculo legal o direito de seus proprietários.
>
> [...]
>
> A negativa na expedição do alvará de demolição não pode fundar-se em probabilidade do tombamento do imóvel na ausência de procedimento específico para tanto, previsto no Decreto-lei n. 25, de 30 de novembro de 1937".

3.3.2. Ação Civil Pública

Instrumento previsto pioneiramente pelo Lei Complementar Federal n. 40, de 14 de dezembro de 1981(Lei Orgânica do Ministério Público), e tardiamente disciplinada pela Lei n. 7.347, de 24 de julho de 1985, tendo como ponto de partida o dano ecológico previsto na Lei n. 6.938, de 1981, a Ação Civil Pública alcançou objeto de tutela mais amplo de que o ali estabelecido.

Destina-se o instrumento à proteção do patrimônio público de modo geral e, de modo especial, dos interesses difusos relativos aos valores ecológicos, culturais, urbanísticos, bem assim à dos interesses relacionados com o consumidor e a economia popular, tendo por escopo principal a prevenção ou reparação de dano. Sua lei de regência foi sucessivamente alterada, sobretudo para ampliação de seu objeto,[72] sendo que o *status* constitucional da ACP, posterior à edição do seu marco legal, efetivou-se no âmbito da disciplina das funções institucionais do Ministério Público, art. 129, III e § 1º, da CF/88, e, portanto, distante das proclamações do art. 5º da CF/88 concernentes aos direitos individuais e coletivos.

Profundamente revolucionária, a Ação Civil Pública é instrumento processual de alcance que ultrapassa os horizontes de qualquer outro previsto no ordenamento jurídico brasileiro, dispondo de amplas bases de legitimidade ativa e passiva e de extensa gama de objetos sob sua tutela.

---

72 Lei 8.078, de 11 de setembro de 1990 (Código do Consumidor); Lei n. 8.884, de 11 de junho de 1994 (Ordem Econômica); Lei n. 9.494, de 10 de setembro de 1997; Lei n. 10.257, de 10 de julho de 2001 (Estatuto da Cidade); Medida Provisória n. 2.180-35, de 24 de agosto de 2001; Lei n. 12.288, de 20 de julho de 2010 (Estatuto da Igualdade Racial); Lei n. 12.529, de 30 de novembro de 201, entre outras.

Pode ser proposta contra pessoa natural ou jurídica, pública ou privada, que tenha lesado ou que ameace lesar por ato omissivo ou comissivo os valores mencionados, sendo apta, portanto, para a proteção jurisdicional do patrimônio cultural, notadamente dos bens sujeitos a regime especial de proteção decorrente do tombamento, seja contra o poder público, seja contra o proprietário, seja contra terceiros, em variáveis conotações.

Neste trabalho, enfatiza-se a importância do instrumento como via de controle da efetividade dos efeitos do tombamento de bens culturais.

Nesse campo da tutela ao patrimônio, terá ela valia maior. Chama-se a atenção, nesse sentido, para a desnecessidade da existência de prévio tombamento do bem cultural como pressuposto da Ação Civil Pública; ela pode ser proposta independentemente de tombamento. O que ocorre é que, se a ação tiver por objeto um bem sob regime especial de proteção por via do tombamento, não se cuidará, no processo, da configuração do bem, quanto aos seus requisitos intrínsecos ou quanto às suas características físicas ou suas externalidades, como referente identitário da comunidade, da coletividade regional ou da Nação, nem da gradação da sua relevância no conjunto patrimonial. Já no caso de inexistir tombamento, o judiciário não substituirá a autoridade administrativa efetivando tombamento, mas deverá, a partir do processo, reconhecer, ou não, o valor cultural do bem para fins das cautelas que determinará no caso concreto.

Quanto ao delineamento da legitimidade ativa, a legislação é também generosa. Elege uma gama de titulares para a postulação da tutela jurisdicional, tanto para a ação cautelar como para a principal, embora se possa verificar, ainda, sua parcimoniosa utilização por parte da sociedade organizada. A Ação Civil Pública abre, sobretudo ao Ministério Público, amplas perspectivas de atuação; antes restrita à Ação Pública, habilita-o à defesa de interesses coletivos indisponíveis e de interesses difusos.

Especialmente no campo da proteção ao patrimônio cultural, seja na vertente material seja na imaterial, o Ministério Público, na tutela penal ou civil, encontra um amplo campo de atuação, consoante assinala Fernando Antônio Nogueira Galvão da Rocha.[73]

Proposta pela Administração Pública, União, Estados-membros e Municípios, empresas públicas, fundações, sociedades de economia mista, Ministério Público, entidades cujos objetivos tenham vinculação com o

---

73 ROCHA, Fernando Antônio Nogueira Galvão da. Atuação do Ministério Público na Proteção do Patrimônio Cultural Imaterial. *Jus Navegandi*. Teresina, ano 11, n. 1472, 13 jul. 2007.

meio ambiente, com o patrimônio cultural, artístico, estético, turístico e paisagístico, com os interesses do consumidor, da livre concorrência, e outros que se enquadram no espectro da tutela por ela instrumentalizada, a ACP, com uma base de legitimação ativa dilargada, tem lugar em situações de omissão do Poder Público em relação à proteção dos interesses atinentes a essas searas ou de ação lesiva; no caso de ação, positiva ou negativa, de entidades privadas ou de particulares, de que possa decorrer dano ao meio ambiente, ao consumidor ou ao patrimônio cultural, entre outros.

A lei de regência habilita qualquer pessoa a provocar a iniciativa do Ministério Público, atribuindo ao servidor público o dever de fazê-lo, fornecendo este informações sobre fatos que constituam objeto da ACP e indicando-lhes os elementos de convicção (art. 6º). Envolve, assim, o servidor público, chamando-o à tarefa de denunciar ao Ministério Público fatos de que tenha conhecimento.

Quanto à competência para o processamento das ações civis públicas, estabelecia o art. 2º da Lei n. 7.347/85 que elas deveriam ser propostas no foro do local do dano, sendo o Juízo correspondente o competente para processar e julgar o feito. A aplicação do dispositivo, em casos de figuração da União no processo, em locais não providos de vara da Justiça Federal, gerou polêmicas, solvidas estas pelo Direito sumulado – Súmula 183 do STJ; o art. 2º e a súmula que o interpretou restaram revogados com o tratamento estabelecido no art. 93 do Código do Consumidor, que, de resto, de modo compatível com a regra constitucional de competência da Justiça Federal estabelecida no art. 109, I da CF/88, prevê o processamento por essa Justiça das ações civis públicas nas situações ali enunciadas.

A Ação Civil Pública, usada em toda sua extensão, não apenas no controle da Administração, já que nem constitui a rigor meio específico de tal controle, poderá alcançar excelentes resultados no campo da preservação dos valores culturais em face de uma gama de legitimados passivos, sendo certo que sua aplicação tem guarida mesmo antes da integração do bem ao chamado patrimônio cultural restrito, sujeito à proteção especial, pela via do tombamento. Previram-se, também, medidas liminares, cuja eficácia se preserva pela suspensividade, e que podem dar amparo aos bens culturais em situação de risco, quando o provimento imediato é a alternativa de salvação.

Conforme se verifica na justificação do Projeto de Lei n. 3.034, de 1984, da Câmara dos Deputados, de autoria de Flávio Bierrenbach, buscou-se na experiência estrangeira, combinando os critérios da *common law* com os do sistema romano-germânico, parâmetro para legitimação de associações para as ações civis; na disciplina interna da ação popular, encontrou-se inspiração para uma série de controles contra os perigos decorrentes de abuso, condicionamentos com os quais se desestimula a lide temerária; na mesma linha, colheram-se cautelas para as partes e a coletividade contra possíveis pressões e contra o conluio. A lei que institui a Ação Civil Pública, na esteira de outros marcos legais, disciplina a coisa julgada *secundum eventum litis* e adota medidas para garantia do exercício da ação.

Ampliou-se, neste passo, também o objeto da ACP, não mais limitada à expressão econômica de indenização, mas alcançando a condenação a obrigação de fazer ou não fazer. Estabeleceu-se, ainda, uma sanção de direito material alternativa à pena de multa adotada tradicionalmente, prevendo-se a possibilidade de proibição de atividade nociva. As arrecadações no âmbito do controle operado por meio da ação em comento alimentam fundos financeiros especiais, como o Fundo de Defesa de Direitos Difusos, da União, de que tratam os arts. 13 e 20 da Lei da Ação Civil Pública, e correspondentes, na esfera dos Estados.

Segundo Marcos Paulo de Souza Miranda, a Ação Civil Pública pode ter por objeto prevenção de dano ao bem incluído no espectro de sua tutela e que esteja em risco; a reparação do dano em si; a transmutação dessa reparação, se impossível, em ressarcimento ou indenização pelo dano causado, "sendo viável a pretensão de condenação em dinheiro, do cumprimento de obrigação de fazer ou não fazer, bem como de declaração de situação jurídica".[74]

Sustenta o autor tal posição no seguinte raciocínio:

> "Em sede de ação civil pública versando sobre a defesa do patrimônio cultural, tendo em vista os princípios da prevenção e da reparação integral, há plena viabilidade de se cumular pedidos consistentes em obrigações de fazer ou não fazer com indenização em virtude dos danos tecnicamente irreparáveis e também dos danos extrapatrimoniais. Somente assim será possível a integral reparação objetivada pelo Direito Ambiental, evitando-se o enriquecimento ilícito do degradador em detrimento dos direitos da coletividade".[75]

Observa-se que a posição do autor, lastreada em sua experiência ministerial, busca sustentar a integral aplicação dos princípios do Direito

---

[74] MIRANDA, Marcos Paulo de Souza. *Tutela do Patrimônio Cultural Brasileiro*. Belo Horizonte: Editora Del Rey, 2006. p. 174.

[75] MIRANDA, Marcos Paulo de Souza. *Tutela do Patrimônio Cultural Brasileiro*. Belo Horizonte: Editora Del Rey, 2006. p. 175.

Ambiental à seara do Direito do Patrimônio cultural. Há de se ponderar, contudo, que se é salutar a comunicação das diretivas principiológicas, a operação não pode ser de transposição pela lógica de identidade de tratamento; a sua aplicação deve considerar as especificidades de cada campo.

Por fim, anotam-se considerações breves sobre o Inquérito Civil Público e Termo de Ajustamento de Conduta. O primeiro, com previsão no art. 8º, § 1º, da Lei da Ação Civil Pública e constitucionalizado por força do art. 129, III, da CF/88, é um procedimento administrativo, extrajudicial, disponibilizado ao Ministério Público para coleta de elementos para formação de sua convicção acerca da existência ou não de motivos para a propositura da ação, não sendo pressuposto da ação.

A propósito, faz-se o aporte da contribuição de Marcos Paulo de Souza Miranda:

> "Como procedimento administrativo, de natureza inquisitiva, o inquérito civil não está sujeito ao contraditório e à ampla defesa e sequer é indispensável á propositura da ação civil pública, uma vez que se mostra como uma faculdade assegurada ao Ministério Público a fim de que possa, sendo necessário, colher elementos probatórios que possam fundamentar a sua atuação".[76]

A condução do inquérito, no entanto, pode ser objeto de controle em razão de abuso de autoridade, desvio de finalidade e quanto aos meios de que se utiliza a autoridade, em face das amplas garantias individuais. A matéria tem merecido atenção cuidadosa, mormente tendo em conta o direito do cidadão de acesso a informações que lhe dizem respeito e a importância de esclarecimentos do inquirido que podem efetivamente contribuir para a verdade dos fatos.

Marcos Paulo, comentando os arts. 5º e 6º da Lei n. 7.347/85, que facultam aos órgãos legitimados para a propositura da Ação Civil Pública a tomada de compromisso de ajustamento de conduta às prescrições legais, mediante cominações, ao qual se assegura a eficácia de título judicial, afirma:

> "O termo de ajustamento de conduta é um instrumento que se afigura como de indiscutível importância em termos de defesa de direitos difusos uma vez que permite a rápida solução

---

76 MIRANDA, Marcos Paulo de Souza. *Tutela do Patrimônio Cultural Brasileiro*. Belo Horizonte: Editora Del Rey, 2006. p. 186.

extrajudicial de conflitos permitindo recomposição do meio ambiente lesado, muitas vezes com resultados mais significativos e eficazes do que aqueles oriundos dos comandos de uma serôdia decisão judicial".[77]

E completa: "Entendemos que o termo de ajustamento de conduta, quando possível, deve ser sempre privilegiado em detrimento do aforamento de ações civis públicas".[78]

Não há dúvidas quanto à importância dos TACs, que, efetivamente, devem ser privilegiados no âmbito das soluções dos conflitos que envolvem interesses difusos. É possível, no entanto, vislumbrar nesse campo, especialmente no do patrimônio cultural, virtual fecundidade para avanços com técnicas de mediação para solução consensual das contendas, incorporando-se nessa prática especialistas, atores sociais, instâncias e institucionalidades que possam equalizar tecnicamente as forças em contraste, para soluções mais razoáveis também para aquele que se sujeita ao controle e que não tem o domínio das tecnicalidades envolvidas.

Jurisprudência

O Segundo Grupo de Câmaras Cíveis do Tribunal de Justiça do Rio Grande do Sul, julgando os EI 70023476856, sob a relatoria do então Des. Paulo de Tarso Sanseverino, manteve a decisão pela improcedência da Ação Civil Pública em seara de tutela do Paaaatrimônio Cultural. A ACP envolvia pretensão de decretação, pelo Poder Judiciário, de tombamento de imóvel particular e de interrupção das obras, em face da omissão da Administração Pública em proceder à execução das medidas administrativas necessárias à preservação do bem, tendo os magistrados concluído pela improcedência do pedido. A decisão foi mantida em grau de recurso, ao entendimento de que o uso da Ação Civil Pública como instrumento de tombamento devia ficar restrito à excepcionalidade, o que não se configurava, uma vez que o bem cujo tombamento era pretendido não sofria iminente risco.[79]

---

77 MIRANDA, Marcos Paulo de Souza. *Tutela do Patrimônio Cultural Brasileiro.* Belo Horizonte: Editora Del Rey, 2006. p. 188.

78 MIRANDA, Marcos Paulo de Souza. *Tutela do Patrimônio Cultural Brasileiro.* Belo Horizonte: Editora Del Rey, 2006. p. 188.

79 TJ-RS. *EI: 70023476856 RS.* Relator: Paulo de Tarso Vieira Sanseverino, Data de Julgamento: 11/07/2008, Segundo Grupo de Câmaras Cíveis, Data de Publicação: Diário da Justiça do dia 25/07/2008.

Vê-se que o julgado parte do pressuposto da competência do Judiciário para efetivar o tombamento excepcional, o que parece um equívoco; o que se defende em doutrina e em larga jurisprudência é a possibilidade de o Judiciário determinar a proteção, o que não significa tombar.

3.3.3. Ação Popular

Instrumento consagrado na Carta Magna de 1946 e disciplinado pela Lei n. 4.717, de 29 de junho de 1965, resultado de proposta do Ministro Seabra Fagundes, destina-se a coibir a perpetração, pela autoridade, de atos ou omissões danosos ao patrimônio público.

O ordenamento jurídico brasileiro, contemplando a Ação Popular, coloca à disposição do cidadão, pessoa natural civilmente capaz e eleitor, mecanismo que pode ser usado na defesa de interesses difusos, apesar de nesse aspecto só se prestar em caráter limitado. É dizer: O ordenamento pátrio atribui legitimidade ao cidadão para, em nome próprio, defender os direitos da coletividade.

Seabra Fagundes,[80] quanto à legitimação processual para a Ação Popular, afirma:

> "Qualquer cidadão é parte legítima para propor Ação Popular. O interesse à propositura (legitimatio ad processum), individualizado na generalidade das ações, em relação às quais compete ao próprio titular do direito material ou a terceiro referido expressamente em lei (substituto processual), tratando-se de 'actio popularis', compete a qualquer dos integrantes ativos da comunidade política (eleitor) que delibere investir-se em defensor da legalidade e da moralidade dos atos administrativos, ou de atos de pessoas privadas a esses outros equiparados. Tal caráter genérico do direito de agir distingue e assinala processualmente a Ação Popular, não só entre as demandas que envolvem interesses da Administração Pública, senão também em meio a todas as ações".

A ação, que se assentava nos três pressupostos – qualidade de cidadão do proponente, ilegalidade do ato do Poder Público e lesividade –, tem hoje a justificá-la, segundo Maryia Sylvia Zanella Di Pietro, a mesma qualidade de cidadão no sujeito ativo; ilegalidade ou imoralidade praticada pelo Poder Público ou entidade de que ele participe; lesão ao patrimônio público, à moralidade administrativa, ao meio ambiente e ao patrimônio histórico e cultural.

---

80 FAGUNDES, Miguel Seabra. *O controle dos atos administrativos pelo Poder Judiciário.* 4. ed. atual. Rio de Janeiro: Forense, 1967. pp. 383-5.

Quanto ao segundo pressuposto, instalou-se polêmica sobre a concorrência dos dois aspectos, ou sua autonomia, como causa de pedir. Muito se argumentou, contudo, no sentido da suficiência da imoralidade para a ação popular, tendência que ganhou reforço com o tratamento constitucional da moralidade, como princípio da Administração Pública, a teor do art. 37 *caput*, da CF/88, e, como tal, passível de ser tomada na matriz dos vícios que atraem nulidade dos atos. Nesse diapasão, afirma Di Pietro que

> "[...] além disso, o próprio dispositivo concernente à Ação Popular permite concluir que a imoralidade constitui fundamento autônomo para propositura de Ação Popular, independentemente de demonstração de ilegalidade, ao permitir que ela tenha por objeto anular ato lesivo à moralidade administrativa".

Assim a ocorrência de dano ao patrimônio das entidades públicas ou à moralidade administrativa, neste caso, sem a exigência da ilegalidade do ato que o tenha desencadeado, é causa de pedir.

A jurisprudência, que já vinha evoluindo no sentido de reconhecer a suficiência do dano (decorrente de imoralidade), nos termos em que já qualificado, como seu pressuposto, encontrou, na Constituição, o acatamento de sua tendência, ao se referir à anulação de ato lesivo ao patrimônio público ou à moralidade (Art. 5°, LXXIII-CF).

Por outro lado, sujeitam-se ao seu controle, indistintamente, os atos administrativos oriundos da atuação vincula ou discricionária.

A Ação Popular é também instrumento adequado para compelir o Poder Público à prática de determinados atos a cuja execução se acha vinculado pela lei e cuja omissão possa representar lesão ao patrimônio público. Registre-se que, a par de a omissão poder significar ofensa à legalidade, poderá acarretar prejuízo ao interesse coletivo.

A propósito do alcance da expressão **patrimônio das entidades públicas,** assinala-se que José Carlos Barbosa Moreira[81] já reconhecia digna de realce na disciplina da Ação Popular a extensão dada pelo legislador, em boa hora, ao conceito, traduzindo com notável largueza, no art. 1° da Lei n. 4.717, de 29 de junho de 1965, com a redação dada pela Lei n. 6.513, de 20 de dezembro de 1977,a cláusula constitucional então vigente, e assim considerando **patrimônio público os bens e direitos de valor econômico, artístico, estético ou turístico, a fim de possibilitar a aplicação da Ação Popular para proteção de cada qual.**

---

81 MOREIRA, José Carlos Barbosa. A proteção jurisdicional dos interesses coletivos ou difusos. In: GRINOVER, Ada Pellegrini et alii. *A tutela dos interesses difusos*. São Paulo: Max Limonad, 1984. p. 100.

A Constituição de 1988, por sua vez, consolida tal abrangência, referindo-se expressamente ao "meio ambiente e ao patrimônio histórico e cultural" como objeto de Ação Popular (Art. 5º, LXXIII-CF), razão pela qual esse remédio processual é inquestionavelmente colocado como instrumento de tutela também dos interesses difusos de preservação do patrimônio cultural, considerado este o submetido ao regime especial via tombamento ou instrumento similar, ou que detenha as características protegidas por lei especial.

Acrescente-se a esse fato a previsão constitucional de isenção de custas judiciais e do ônus da sucumbência, salvo má-fé do autor, arranjo normativo que favorece ou estimula a iniciativa popular.

Percebia-se que a concorrência dos pressupostos de lesão à moralidade e ilegalidade, aliada aos ônus impostos ao cidadão, tornava praticamente inaplicável o instrumento de tutela, seja pela aparente legalidade que a ação do Poder Público pode acobertar, seja pelo obstáculo que constituía o receio da sucumbência. Dessa forma, restava, geralmente, prejudicada a Ação Popular como mecanismo de salvaguarda do interesse difuso pela cultura, em razão do ônus que significava para o cidadão exigir a tutela jurisdicional em conflitos metaindividuais.

A questão da concorrência dos pressupostos, principalmente quando se tinha em vista ato de aspectos discricionários, era atacada por alguns publicistas, os quais entendiam que a eficácia da referida ação ficava comprometida, reconhecendo que poderia ser ela profícua a partir da verificação do pressuposto da lesividade. Contrapondo-se a essa linha, outros defendiam a indissociabilidade dos dois pressupostos, afirmando que não se poderia falar de lesividade, salvo como manifestação de ilegalidade ou de imoralidade, sendo exemplo dessa posição a assumida por Luciano Pereira Leite.[82]

Em boa hora, a Constituição da República deu fim a essa polêmica da concorrência dos pressupostos, ao se referir à quebra da moralidade como suficiente por trazer em si o vício que justifica a anulação do ato e por já constituir prejuízo à própria moralidade administrativa; só em sentido amplo remanesce a concorrência dos pressupostos da ilegalidade e da lesividade.

Sublinhe-se, ainda, a possibilidade de utilização da AP em caráter preventivo. Nesse sentido registre-se a opinião de José Carlos Barbosa Moreira,[83] em

82 LEITE, Luciano Pereira. *Discricionariedade administrativa e controle judicial.* São Paulo: Revista dos Tribunais, 1981. p. 48.

83 MOREIRA, José Carlos Barbosa. A proteção jurisdicional dos interesses coletivos ou difusos. In: GRINOVER, Ada Pellegrini et alii. *A tutela dos interesses difusos.* São Paulo: Max Limonad, 1984. p. 103.

que destaca os pressupostos da suspensão liminar dos efeitos de um ato impugnado, o que se aplica ao controle no âmbito da proteção ao patrimônio cultural:

> "Não se põe em dúvida que seja possível propô-la antes mesmo de iniciar-se a execução do ato impugnado; e, em se tratando de defesa do 'patrimônio público' (no sentido lato que já se explicou), pode o juiz determinar in limine litis a suspensão dos efeitos do ato (art. 5º, parágrafo 4º, acrescentado à Lei n. 4.717 pela Lei n. 6.523, de 20/12/1977). É evidente que a medida só se justifica se desde logo se verificarem a relevância e a verossimilhança das alegações do autor (fumus boni iuris) e o perigo de dano de difícil ou impossível reparação, na pendência do processo (periculum in mora)".

Conquanto louvável essa alternativa, percebe-se a necessidade de se estabelecer, a exemplo do que ocorre em relação ao mandado de segurança, limitação temporal para a vigência da liminar. Visa-se, com isso, a evitar perturbação na atividade da Administração e na economia privada em virtude da relapsia na decisão de mérito, razão pela qual, ainda que não estabelecida essa limitação, devem-se acautelar os julgadores para que não se comprometam interesses também coletivos na trama das relações subjacentes.

Merece, ainda, destaque a definição do legislador no tocante ao estabelecimento dos limites da coisa julgada, que afasta o conluio de autor e réus contra a desídia daquele, limites esses previstos no art. 18 da mencionada lei, distinguindo situações recorrentes no campo judicial:

a) no caso de ação julgada procedente, a sentença faz coisa julgada *erga omnes;*
b) igualmente, opera efeitos *erga omnes* a sentença que julgar improcedente a ação por verificar que não procede razão ao autor popular em arguir a existência de lesão.

Dessa forma, como afirma Seabra Fagundes,[84] **a sentença que declara a ação improcedente só terá eficácia de coisa julgada quando assentar na interpretação dos fundamentos jurídicos do pedido,** eis que

> "[...] a sentença não faz coisa julgada material para ninguém, nem mesmo para o autor, nos casos em que, por insuficiência de prova, não se pode afirmar a existência ou não dos fatos alegados,

---

[84] FAGUNDES, Miguel Seabra. *O controle dos atos administrativos pelo Poder Judiciário.* 4. ed. atual. Rio de Janeiro: Forense, 1967. p. 392.

situação que permite a propositura de nova ação, ainda que com igual teor, para obter o pronunciamento da invalidez do ato".

De qualquer forma, a despeito de todos os avanços e de seu caráter democrático, é de se reconhecer ainda a timidez da Ação Popular, pois a luta pela preservação de interesses coletivos por via desse mecanismo é ainda insatisfatória e desalentadora, sobretudo se se levar em conta que, sendo os atos que se busca combater provenientes da Administração, tudo concorre para desestimular o cidadão: a carência de recursos técnicos, a exposição pessoal a retaliações, entre outras dificuldades. Justifica-se, portanto, senão a ampliação da titularidade de ação no bojo do controle social, pelo menos a incorporação de oportunidade de participação de associações ou de outras instâncias de mediação, exercendo hoje papel fundamental na redefinição dos rumos da sociedade brasileira. De resto, a solução de ampliação, que demandaria alteração do comando constitucional específico, ganharia aderência à filosofia da proteção compartilhada definida no art. 216 da Constituição Federal.

3.3.4. Nunciação de Obra Nova

Ressalta-se que, entre os processos especiais de jurisdição contenciosa, regulados no Código de Processo Civil de 1973 - Lei n. 5.869, de janeiro de 1973 -, previa-se o de nunciação de obra nova.

A ação em comento tinha por fim impedir que o prédio de posse ou de propriedade do autor fosse prejudicado em sua natureza, substância, servidão ou fins por obra nova em prédio vizinho. O sistema jurídico, dessarte, reconhecia ao proprietário meio próprio de defesa dos imóveis, de caráter preventivo, contra o nocivo exercício da propriedade vizinha.

Prevista no art. 384, III, do Código de Processo Civil anterior,[85] tendo por objetivo impedir que o particular construísse em desacordo com a lei ou o regulamento de postura, podia servir de forma reflexa à salvaguarda do interesse coletivo da preservação do patrimônio cultural, na medida em que, efetivando restrição a um bem vizinho a imóvel tombado, seria apta a evitar a descaracterização deste. Desde que se reconhecesse a existência de um interesse difuso na observância das regras jurídicas que disciplinam as construções no tocante à vizinhança, a referida ação poderia, de forma reflexa, prestar-se aos interesses urbanísticos gerais, também difusos.

O Código de Processo Civil previa, igualmente, a possibilidade, na referida ação, de embargo em caráter liminar (arts. 937 e 938).

---

85 O CPC/15 - Lei n. 13.105, de 16 de março de 2015- deixou de prever a Nunciação de Obra Nova como ação especial.

Previa-se, expressamente, a medida acautelatória, sendo que, em processos instaurados para tutelar outros interesses difusos, na ausência de previsão legal, era de admitir-se que tais medidas poderiam ser efetivadas para prevenir a incidência do dano em razão do poder geral de cautela que detém o juiz.

Note-se que, verificada a emergência, poderia ser feito o embargo mesmo em caráter extrajudicial, pela própria Administração Pública, mediante notificação verbal ao proprietário ou ao construtor da obra, o que deveria ser testemunhado por duas pessoas.

Esses assentamentos são feitos sob propósito de avaliação do espectro de mecanismos processuais disponíveis para a tutela jurisdicional do patrimônio cultural ou apenas integrantes da linha de evolução dessa tutela, sendo certo que a Nunciação de Obra Nova não é mais tratada no Código de Processo Civil de 2015, como ação especial.

Traz-se à colação jurisprudência relativa à matéria: Apelação Cível n. 13.009[86] – A União Federal moveu Ação de Nunciação de Obra Nova para que fosse embargada e, ao final, demolida construção que estava sendo erigida em terreno vizinho a prédio tombado pelo Patrimônio Histórico e Artístico Nacional.

O juiz *a quo*, atendo-se ao laudo pericial conclusivo – de que o prédio que o réu estava construindo não afetava a **necessária visibilidade do prédio** tombado –, bem como ao fato de que a prefeitura municipal havia concedido licença para a construção, julgou improcedente a ação, decisão da qual recorreu a União.

No TFR, em seu voto, o Relator, Ministro Henrique D'Ávila, salientou a conveniência de ação conjunta e harmônica do setor de obras do Município com o Serviço do Patrimônio Histórico e Artístico, sob o argumento de que o particular nem sempre tem ciência dos interesses históricos dos diversos pontos da cidade. Observou, ainda, que, quando a proteção ao patrimônio representar **redução ou impedimento** ao direito de propriedade, o caminho a ser trilhado pelo Poder Público deve ser o da indenização ou da desapropriação. Entendeu, também, que a União não poderia alcançar o seu propósito gratuitamente, se ocorridos os pressupostos de restrição ou de impedimento do imóvel particular, e, atendo-se ao laudo pericial, concluiu pela negativa de provimento ao recurso.

86 BRASIL. Tribunal Federal de Recursos. Nunciação de Obra Nova – Patrimônio histórico – Nulidade do ato de permissão. Apelação n. 13.009. União Federal versus Leopoldo José P. Relator: Ministro Henrique D'ávila. Acórdão de 5 de setembro de 1962. *Revista Forense*. Rio de Janeiro, 211: (126-7), jul./set. 1965.

Contrariamente, o Ministro Aguiar Dias deu-lhe provimento, alegando que o SPHAN exercia verdadeiro poder de polícia, competindo-lhe determinar aquilo que causava, ou não, dano ao patrimônio histórico, independentemente de indenização ao particular. Nessa linha, a decisão da 1ª turma julgadora do TFR, indo de encontro ao voto do Relator, deu provimento ao recurso, pela procedência da ação.

Na análise dos diversos instrumentos processuais disponíveis para efetivação da proteção estatal sobre o patrimônio cultural, revelou-se mais adequada a Ação Civil Pública, pela abrangência das pessoas contra as quais pode ser proposta, pela gama de titulares para sua postulação e pela extensão de seu objeto, não só ligado à expressão econômica da indenização, mas também à condenação, com previsão de obrigação de fazer e de não fazer, e, também, pela rígida disciplina em que se encontra inserida, a desestimular a lide temerária.

Todavia, a escolha do melhor instrumento processual só pode ser feita a partir da análise da situação concreta que motivar o controle.

Demais disso, registra-se que o controle jurisdicional da preservação não pode ter como objeto apenas o bem sujeito a tombamento; há outros mecanismos legais e ainda proteções que decorrem diretamente da lei. Todas as situações se submetem ao controle jurisdicional; o que é importante frisar é a especificidade do instrumento processual a ser adotado para cada caso.

3.4. Do Atentado Contra o Patrimônio Cultural

3.4.1. Das Infrações Contra o Patrimônio Cultural e Respectivas Sanções: evolução e antigas tipificações penais no Direito brasileiro

Prevista com ineditismo na Constituição de 1934, a norma de proteção ao patrimônio cultural e natural foi aperfeiçoada pela Constituição de 1937, pela alusão do novo texto à equiparação dos atentados contra os monumentos históricos, artísticos e naturais, paisagens ou locais particularmente dotados pela natureza aos cometidos contra o patrimônio nacional.

A sanção ficava, assim, a cargo de lei ordinária, mas qualquer lei penal de tutela ao patrimônio nacional, de natureza pública, tinha aplicação ao que atentasse contra aqueles bens, considerados que eram patrimônio nacional. Dessa forma, uma série de limitações, obrigações e sanções, quer administrativas, quer penais, foi prevista no ordenamento jurídico, em leis ordinárias que desenvolviam o preceito constitucional.

Particularmente, a Lei de Tombamento, Decreto-Lei n. 25/37, cuidou de estabelecer sanções para aplicação em casos de dano ao patrimônio cultural.

Em seu art. 21, a referida lei considerou danos contra o patrimônio nacional os cometidos contra bens móveis ou imóveis submetidos a regime especial de proteção, por sua vinculação a fatos memoráveis da história pátria, ou por serem portadores de excepcional valor arqueológico, etnográfico, bibliográfico, artístico ou paisagístico. Coexistem, pois, dois regimes: o do patrimônio nacional, de natureza pública, e o do patrimônio cultural em poder de particulares, equiparado ao patrimônio nacional via tombamento.

No art. 15, parágrafo 3º, aquele instrumento atribui a pena cominada para o crime de contrabando (reclusão de um a quatro anos)[87] a quem tentar exportação de coisa tombada, cumulada com a pena de multa de cinquenta por cento do valor da coisa.

Inspirado no art. 733 do Código Rocco – que prevê como contravenção o dano ocasionado a coisa de valor arqueológico, histórico ou artístico –, nas Constituições Federais de 1934 e 1937 e no Decreto-Lei n. 25/37, e, ainda, tendo como precedentes os Estatutos Penais de 1830 e de 1890, o legislador penal prescreveu como crime de dano, no Decreto-Lei n. 2.858, de 7 de dezembro de 1940 (Código Penal vigente), a destruição, a inutilização ou a deterioração de coisa tombada, em virtude de valor artístico, arqueológico ou histórico (art. 165). Reprimiu, também, em seu art. 166, a alteração, sem licença da autoridade competente, do aspecto de local especialmente protegido por lei.[88, 89]

Sabe-se que a autoridade competente para autorizar a modificação da coisa tombada é aquela que especialmente protege o bem, conforme elucida a observação de Paulo Affonso Leme Machado:[90]

> "[...] não escusa ter o agente uma licença de construção, por exemplo, do departamento de obras de uma Prefeitura Municipal, se não obteve licença de organismo encarregado de proteger o bem. O ônus da prova da licença cabe ao infrator".

A pena cominada, no primeiro dispositivo legal (art. 165 do CP), era

---

87 A Lei n. 13.008/14 inseriu no Código Penal o art. 334-A, que tipificou exclusivamente o crime de contrabando, diferenciando-o do descaminho e cominou pena de reclusão, de dois a cinco anos.

88 MIRANDA, Marcos Paulo de Souza. Tutela do Patrimônio Cultural Brasileiro. Belo Horizonte: Del Rey, p. 212.

89 Os arts. 165 e 166 do CP foram tacitamente revogados pela Lei n. 9.605, de 12 de fevereiro de 1998, que dispõe sobre sanções penais e administrativas derivadas de condutas lesivas ao meio ambiente, e dá outras providências.

90 MACHADO, Paulo Affonso Leme. Tombamento: instrumento jurídico de proteção do patrimônio natural e cultural. *Revista dos Tribunais*. São Paulo, 563(71): 15-40, setembro de 1982. p. 38.

de detenção, de seis meses a dois anos, ou multa, de dois mil a quarenta mil cruzeiros; no segundo, de detenção, de um mês a um ano, ou multa, de dois mil a quarenta mil cruzeiros.

Por outro lado, a Lei das Contravenções Penais previa como tal o exercício irregular de comércio de bens integrantes do patrimônio cultural. Com efeito, estabelecia o art. 48 dessa lei que o comércio de antiguidades, de obras de arte de qualquer natureza, de manuscritos, de livros antigos ou raros, se exercido ilegalmente, constituía contravenção penal, sancionada com a pena de prisão simples de um a seis meses, ou multa de dois mil a vinte mil cruzeiros.

A legislação eleitoral, à sua vez, não descurava a matéria. Previa o art. 328[91] da Lei n. 4.737, que contém o Código Eleitoral:

> "Art. 328. Escrever, assinalar ou fazer pinturas em muros, fachadas ou qualquer logradouro público, para fins de propaganda eleitoral, empregando qualquer tipo de tinta, piche, cal ou produto semelhante.
>
> Pena – detenção de até seis meses e pagamento de 40 a 90 dias-multa.
>
> Parágrafo único – Se a inscrição for realizada em qualquer monumento, ou em coisa tombada pela autoridade competente em virtude de seu valor artístico, arqueológico ou histórico:
>
> Pena – detenção de seis meses a dois anos e pagamento de 40 a 90 dias-multa".

Fazendo-se a inscrição, sinalação ou pintura para fins eleitorais em monumento ou em coisa tombada, aplicava-se a sanção do parágrafo único do art. 328; não havendo finalidade eleitoral, a sanção cabível era a disposta no art. 165 do Código Penal.

Considerando delito contra o patrimônio nacional a destruição ou mutilação de monumentos arqueológicos ou pré-históricos, a Lei n. 3.924, de 26 de julho de 1961, relacionava os seguintes bens protegidos:

> "[...] as jazidas de qualquer natureza, origem e finalidade, que representam testemunhos da cultura dos paleoameríndios do Brasil, tais como sambaquis, montes artificiais ou tesos, poços sepulcrais, jazidas, aterrados, estearias e quaisquer outras de idêntico significado, a juízo da Diretoria do Patrimônio Histórico e

---

91 Artigo revogado pela Lei n. 9.504/97.

> Artístico Nacional; os sítios nos quais se encontram vestígios positivos de ocupação pelos paleoameríndios, tais como grutas, lapas e abrigos sob rocha; os sítios identificados como cemitérios, sepulcros ou locais de pouso prolongado ou de aldeamento; 'estações' ou 'serômios', nos quais se encontrem vestígios humanos de interesse arqueológico ou paleoetnográfico; as inscrições rupestres ou locais com sulcos de polimento de utensílios e outros vestígios de monumentos arqueológicos ou pré-históricos como patrimônio nacional".

Comentando dispositivo da lei referida, Damásio de Jesus[92] observava que se considerava crime contra o patrimônio nacional a destruição, inutilização ou deterioração causadas aos monumentos arqueológicos ou pré-históricos, nos termos do art. 163, parágrafo único, III, do Código Penal, se se constatasse a ausência de registro do monumento pela diretoria do Patrimônio Histórico e Artístico Nacional; nos casos em que os monumentos fossem registrados, o crime seria o previsto no art. 165 do Código Penal.

O objeto jurídico da proteção que se pretendia efetivar mediante aplicação das diversas sanções era a inviolabilidade do patrimônio em seu aspecto mais amplo, abrangendo, além do caráter material, o ideológico ou o subjetivo das coisas públicas ou privadas que interessam a todos pela sua raridade, antiguidade ou perfeição.

No julgamento do Conflito de Competência n. 19157/MG, os Ministros da Terceira Seção do Superior Tribunal de Justiça consideraram a Justiça Federal competente para julgamento de processo-crime relacionado à destruição ou deterioração de bem de interesse da União, ainda que não concretizado o registro do tombamento no cartório local.[93]

O julgado foi assim ementado:

> "Processual Penal. Crime de Incêndio. Bens Tombados. Carência de Transcrição Imobiliária. Competência: Cabe à Justiça Federal o processo-crime contra bens tombados pelo Instituto do Patrimônio Histórico e Artístico Nacional, sem relevância obstativa a falta de inscrição no registro imobiliário".

---

92 JESUS, Damásio de. *Direito penal:* parte especial. 4. ed. São Paulo: Saraiva, 1979. p. 375, v. 2.

93 *CC 19.157/MG*. Rel. Ministro JOSÉ DANTAS, TERCEIRA SEÇÃO, julgado em 27/03/1998, DJ 03/08/1998.

3.4.2. Do Objeto Material do Crime de Dano

No caso de dano à coisa de valor artístico, arqueológico ou histórico, a divergência em relação ao dano comum se dava em razão do objeto material. Ou seja, no delito de dano comum, o objeto material era a coisa alheia (móvel, imóvel ou semovente); já no crime de dano à coisa de valor artístico ou arqueológico, o objeto material era só o imóvel (edifício, ruínas, estátuas), ou móvel (mobília, manuscritos e outros) tombado, podendo cometê-lo o próprio proprietário, que deveria suportar as consequências jurídicas de tutela incidente sobre o bem. Portanto, era condição fundamental para a caracterização do delito previsto no art. 165 a de que a ação lesiva recaísse sobre bem tombado.

Podia ocorrer o referido delito em relação aos bens tombados provisoriamente, conforme lição de Magalhães de Noronha,[94] segundo o qual:

> "Se, para todos os efeitos, o tombamento provisório é equiparado ao definitivo, parece-nos que também o será para os efeitos penais. Do contrário, o proprietário da coisa, durante o processo de tombamento, poderia danificá-la parcialmente, tirando o seu valor histórico, sem grave dano para o valor material, a fim de furtá-la ao tombamento".

De outro lado, é importante ressaltar que o dano em questão podia incidir sobre bens tombados públicos ou privados, sendo certo que a doutrina era relutante em aceitar o delito previsto no art. 165, quando a coisa tombada fosse pública. Magalhães Noronha,[95] por exemplo, entendia que ocorria dano qualificado, de que tratava o art. 163, parágrafo único, III, do Código Penal, se a danificação se dava em relação à coisa tombada pública.

> "Art. 163. Destruir, inutilizar ou deteriorar coisa alheia:
>
> Pena – detenção, de um a seis meses, ou multa de mil cruzeiros a dez mil cruzeiros.
>
> Parágrafo único – Se o crime é cometido:
>
> [...]
>
> III – contra o patrimônio da União, Estado, Município, empresa concessionária de serviços públicos ou sociedade de economia mista:
>
> Pena – detenção, de seis meses a três anos, e multa de mil cruzeiros a vinte mil cruzeiros, além da pena correspondente à violência".

---

94 NORONHA, E. Magalhães de. *Código penal brasileiro comentado.* 2 ed. São Paulo: Saraiva, 1958. v. 5.

95 NORONHA, E. Magalhães de. *Direito penal.* 23 ed. São Paulo: Saraiva, 1988. p. 321, v. 2.

Já Nélson Hungria[96] divergia desse entendimento, considerando, em virtude de se tratar de coisa pública e tombada, haver concurso formal (dano contra o patrimônio público e dano em coisa de valor artístico, histórico, arqueológico).

Por sua vez, Heleno Cláudio Fragoso[97] acreditava existir apenas o crime definido no art. 165 do Código Penal, regra especial em relação à que disciplinava o dano comum, ponto de vista que se revelava mais razoável, o que podia ser corroborado com a lição de Damásio de Jesus[98] a respeito do princípio da especialidade:

> "Diz-se que uma norma penal incriminadora é especial em relação a outra, geral, quando possui em sua definição legal todos os elementos típicos desta, e mais alguns, de natureza objetiva ou subjetiva, denominados especializantes, apresentando, por isso, um minus ou um plus de severidade. A norma especial, ou seja, a que acresce elemento próprio à descrição legal do crime previsto na geral, prefere a esta".

Assim, a mesma opinião de Heleno Cláudio Fragoso era sustentada por Damásio de Jesus,[99] segundo o qual, quando as coisas tombadas pertenciam à União, Estado ou Município, aplicar-se-ía somente o art. 165, afastando-se o art. 163, parágrafo único, III, do Código Penal.

3.4.3. Da Caracterização do Dano

Doutrinando a respeito da ocorrência de crime por dano em coisa de valor artístico, arqueológico ou histórico, o Professor Fernando Mantovani,[100] da Universidade de Florença, apresenta suplementos que podem se aplicados nternamente:

> "O crime ocorre: '1 – na alteração da relação de equilíbrio e harmonia entre o bem artístico e o contexto arquitetônico, artístico,

---

96 HUNGRIA, Nélson. *Comentários ao Código Penal*. 2. ed. rev. Rio de Janeiro: Forense, 1958. pp. 115-6, v. 7.

97 FRAGOSO, Heleno Cláudio. *Lições de direito penal:* parte especial. São Paulo: Editora José Bushatky, 1977. p. 34, v. 2.

98 JESUS, Damásio de. *Direito penal:* parte geral. 10. ed. São Paulo: Saraiva, 1985. pp. 94-5, v. 1.

99 JESUS, Damásio de. *Direito penal:* parte especial. 4. ed. São Paulo: Saraiva, 1979. p. 374, v. 2.

100 MANTOVANI, Fernando. Apud. MACHADO, Paulo Affonso Leme. Tombamento: instrumento jurídico de proteção do patrimônio natural e cultural. *Revista dos Tribunais*. São Paulo, 563(71): 15-40, setembro de 1982.

> urbanístico, paisagístico em que tal bem harmonicamente está colocado, através da ação, principalmente na atualidade, modificadora, da especulação edilícia, do desfrutamento irracional dos recursos naturais e turísticos (instalações urbanas e industriais, abertura de estradas, demolições de contexto artístico, desmatamento, etc.); 2 – na alteração do ambiente natural em que o bem se coloca, devido, hoje, assinaladamente, aos fenômenos de poluição atmosférica e terrestre ou a ação atingindo a estabilidade do bem protegido através do tráfego automobilístico, ferroviário, aéreo'".

Magalhães de Noronha,[101] ao caracterizar o dano, com muita propriedade, advertia:

> "[...] não é mister também a alteração total, pois a modificação parcial pode produzir o evento que a lei veda. Muita vez, um simples senão introduzido numa paisagem, num local, é o bastante para quebrar a harmonia do conjunto ou ferir a estética".

3.4.4. Do Elemento Subjetivo

O crime só era punível a título de dolo, inexistindo, destarte, a modalidade culposa. O dolo do delito era a vontade de destruir, inutilizar ou deteriorar coisa tombada. Ignorando o agente o tombamento, ocorria erro de tipo e responderia ele, eventualmente, por dano qualificado (art. 163, parágrafo único, do Código Penal).

3.4.5. Dos Sujeitos

Sujeito ativo era qualquer pessoa que destruísse, inutilizasse ou deteriorasse coisa tombada, a qual não podia ser destruída, demolida, mutilada ou mesmo reparada, pintada ou restaurada sem licença do órgão competente. Logo, o proprietário do bem podia ser o sujeito ativo do delito.

A pessoa jurídica de direito público (União, Estado ou Município) ou o proprietário podia ser o sujeito passivo do crime de dano em bem de valor artístico, arqueológico ou histórico, previsto no art. 165.

3.4.6. Das Sanções Administrativas na sistemática anterior

A multa e a demolição são sanções administrativas previstas na legislação específica, de aplicação frequente.

---

101 NORONHA, E. Magalhães de. *Direito penal*. 23 ed. São Paulo: Saraiva, 1988. p. 323, v. 2.

Comentando a legislação que coíbe a exportação dos bens do patrimônio cultural, Hely Lopes Meirelles[102] salienta que **a multa administrativa é de natureza objetiva e se torna devida, independentemente da ocorrência de culpa ou dolo do infrator.**

O percentual da multa dependerá do caso concreto, sendo que a sanção será mais gravosa, no caso de reincidência ou tentativa de exportação, correspondendo a 100% do valor da coisa tombada.

Tratando-se de infração da norma que estabelece a obrigação de o proprietário comunicar ao órgão competente a necessidade de serem feitas obras de conservação, ou de reparação, em bem tombado, bem assim a eventual dificuldade de fazê-las a suas expensas, a multa dependerá do dano sofrido pela coisa.

Outra sanção administrativa frequente é a que determina ao proprietário que faça demolição do que houver construído sem sua autorização.

No art. 18 do Decreto-Lei n. 25/37, é bom observar que o legislador falou em **vizinhança** e não em **propriedade vizinha.** Destarte, pertencendo os arredores ao mesmo proprietário, este está impedido de construir se não houver autorização. Infringindo tal dispositivo, o infrator se sujeita à multa, a ter o objeto retirado, ou à destruição da coisa. A remoção de objeto se dará, por exemplo, na hipótese de colocação de anúncios ou cartazes na vizinhança da coisa tombada, em prejuízo de sua visibilidade.

A lei é omissa quanto à possibilidade de o Poder Público exigir a restauração do bem tombado quando houver comissão ou omissão do proprietário. Entretanto, a restauração obrigatória é sanção administrativa usual no direito estrangeiro e a própria Ação Civil Pública acolhe orientação mais moderna, que possibilita ao Judiciário determinar a composição do prejuízo.

São, assim, insuficientes as sanções. Demais disso, adverte Paulo Affonso Leme Machado:[103]

> "Faltou à legislação mencionada uma clara disposição sobre o tipo de culpa do proprietário na prática dos ilícitos referidos e qual o critério de responsabilidade a que está sujeito (objetiva ou subjetiva). Assim, é de se perguntar: se os danos forem cometidos pelos detentores da coisa tombada, pelos locatários ou por

---

102 MEIRELLES, Hely Lopes. *Direito administrativo brasileiro.* 4 ed. São Paulo: Revista dos Tribunais, 1976. p. 165.

103 MACHADO, Paulo Affonso Leme. Tombamento: instrumento jurídico de proteção do patrimônio natural e cultural. *Revista dos Tribunais.* São Paulo, 563(71): 15-40, setembro de 1982. p. 37.

terceiros, sem que se prove a culpa 'in vigilando' do proprietário, seria ele punível? Para solucionar o impasse, melhor seria um aperfeiçoamento da legislação, exigindo-se caução dos usuários que não os proprietários, garantindo-se o pagamento da multa".

Do exposto, dessume-se que a legislação pertinente ao tombamento – máxime com relação ao patrimônio cultural – carecia de revisão, para ser eficazmente observada.

3.4.7. As implicações da Lei 9. 605/98, que tipifica crimes ambientais na tutela penal e infrações e sanções no âmbito da tutela administrativa do patrimônio cultural

Cabe registrar que, por força da Lei dos Crimes Ambientais, operou-se profunda alteração no quadro da tutela penal e administrativa, não apenas no tocante ao meio natural, mas, de modo especial, no chamado meio ambiente cultural, revogando-se tipificações estabelecidas no Código Penal e em outras leis esparsas quando em contradição com os novos tipos. Sustenta-se, igualmente, que a sistemática de sanções administrativas foi reconformada pela referida lei, o que, contudo, deve ser apreendido com reservas, em face da especificidade da organização que lhe dá suporte em razão da titularidade do poder de polícia e da dinâmica e peculiaridades da proteção.

Marcos Paulo Souza Miranda, referindo-se aos tipos penais correspondentes à proteção do patrimônio cultural naquele marco do Direito Penal Ambiental, seleciona os constantes dos arts. 62; 63; 64; 65, sobre eles aduzindo pertinentes comentários.[104]

Trata-se de disposições que abarcam de modo renovado condutas típicas, sujeitos, objetos jurídicos, objetos materiais, elementos subjetivos, elementos objetivos e penas na linha das previsões anteriormente assentadas no ordenamento, notadamente no Código Penal. A matéria demanda estudos especializados e o acompanhamento da Doutrina e da Jurisprudência, em razão da perplexidade que ainda provoca, seja pela incongruência interna de algumas soluções (Exemplo: art. 65, Parágrafo único, em face dos arts. 62 e 63), seja por simplificações inconcebíveis, como no tocante à integração dos sistemas de proteção para fins de aplicação de sanções.

---

104 MIRANDA, Marcos Paulo de Souza. Tutela do Patrimônio Cultural Brasileiro. Belo Horizonte: Del Rey, pp. 215-256

Guilherme Cruz Mendonça, embora faça incursão por todo o campo da tutela do patrimônio cultural, nas dimensões penal, civil e administrativa, detêm-se na última delas, abordando, com ênfase, as sanções administrativas em matéria de patrimônio cultural à luz da Lei 9.605/98 – repita-se – documento legal que dispõe sobre crimes e infrações ambientais, bem assim sobre sanções administrativas.

O autor, enfatizando o movimento de expansão da noção de meio ambiente, para abranger as suas dimensões natural e cultural, na vertente filosófica socioambiental, mostra que os seus reflexos são irrefutáveis, estando explicitados em doutrina, jurisprudência e no direito positivo, haja vista o tratamento dado à tutela do patrimônio cultural na lei em comento, que tipificou condutas contra o patrimônio cultural, estabeleceu sanções administrativas nessa seara, entre outras providências. Assim, em face do que entende ser um aparente conflito entre a legislação de patrimônio e a referida lei, problematiza a competência do IPHAN para aplicação de sanções administrativas em matéria de patrimônio, afirmando a ocorrência de revogação tácita dos dispositivos legais do Decreto-lei n. 25/37 a elas atinentes, e de outros documentos esparsos, propugnando pela inclusão do IPHAN no Sistema Nacional de Meio Ambiente, para que possa continuar a deter o poder de polícia e o consectário poder de aplicação das sanções administrativas no domínio de sua atuação, sem prejuízo de ação no campo da educação patrimonial.[105]

O autor distingue, no sistema de proteção do patrimônio, normas de comando e de controle; as primeiras, segundo os suplementos aportados, "permitem ou obrigam o individuo a fazer algo, e estas vedam determinadas condutas, criando uma obrigação de não fazer. Além destas, há também as normas que estabelecem sanções".[106]

Valendo-se de critérios de resolução de conflitos temporais ou espaciais de leis, oferecidos pela teoria geral do direito – o hierárquico, o cronológico e o da especialidade –, sustenta que a Lei de Crimes Ambientais revogou o Código Penal no tocante à matéria ambiental,, por possuir aquela natureza de lei específica no que tange à tipificação das condutas consideradas como crimes contra o meio ambiente.[107]

---

105 MENDONCA, Guilherme Cruz. Das sanções administrativas em matéria de patrimônio histórico e artístico nacional. In: *Patrimônio: práticas e reflexões*. Rio de Janeiro: Iphan: Copedoc, 2007 (233-268), pp. 233 e 267.

106 MENDONCA, Guilherme Cruz. Das sanções administrativas em matéria de patrimônio histórico e artístico nacional. In: *Patrimônio: práticas e reflexões*. Rio de Janeiro: Iphan: Copedoc, 2007 (233-268), p. 236.

107 MENDONCA, Guilherme Cruz. Das sanções administrativas em matéria de patrimônio histórico e artístico nacional. In: *Patrimônio:* práticas e reflexões. Rio de Janeiro: Iphan: Copedoc, 2007: (233-268), pp. 337-338.

Quanto ao conflito no tocante às sanções administrativas, entre leis ordinárias referentes à proteção do patrimônio cultural, como o Decreto--Lei 25/37, e a Lei de Crimes Ambientais, tomadas no mesmo plano hierárquico, entende que deve prevalecer o critério cronológico, e assim, a norma posterior no tocante às sanções administrativas, mantidas as normas de comando e controle, que não foram objeto de disciplina nova.[108]

Por fim, o autor desenvolve uma criteriosa analise da Lei 9.605/98 no tocante às sanções administrativas, tomadas genericamente, enumerando--as em extenso rol; caracterizando-as por tipos, sistematizando-as nas vertentes de aplicação às infrações contra o ordenamento urbano e o patrimônio cultural; traçando o procedimento para apuração de responsabilidade administrativa, apresentando as características do Fundo Destinatário de Multas e assinalando a importância de um Fundo Nacional do Patrimônio Cultural, nos moldes do Fundo Nacional de Meio Ambiente.[109]

Cabe salientar, porém, que, no sistema de proteção, medidas repressivas, corretivas ou sancionatórias devem ser conjugadas com medidas acautelatórias e de estímulo ou fomento ao patrimônio. Nesse sentido, traz-se à colação a advertência de José Luis Alvarez Alvarez, em profunda análise desenvolvida sobre a sistemática de proteção do patrimônio histórico espanhol, em que ele, a despeito de festejar as soluções traçadas pela Lei de 1985, importante marco de evolução da legislação sobre a matéria, propugna por novos avanços que permitam o cumprimento do preceito constitucional da proteção (Art. 46 da Constituição Espanhola), que propõe não apenas a conservação, mas também o enriquecimento e promoção do Patrimônio Cultural. Comenta ele:

> "Creo que la Ley dio um gran paso, pero que hay que dar más em la dirección de la incorporación de la sociedade a la colaboración a esos fines, y pienso que la relación entre las normas prohibitivas o limitativas y las estimulantes es claramente desfavorable a estas últimas, em um momento em que las legislaciones más avançadas y progressistas ya han compreendido que es más importante, práctico y precioso, para el Patrimonio estimular que prohibir".[110]

---

108 MENDONCA, Guilherme Cruz. Das sanções administrativas em matéria de patrimônio histórico e artístico nacional. In: *Patrimônio:* práticas e reflexões. Rio de Janeiro: Iphan: Copedoc, 2007: (233-268), p. 238.

109 MENDONCA, Guilherme Cruz. Das sanções administrativas em matéria de patrimônio histórico e artístico nacional. In: *Patrimônio:* práticas e reflexões. Rio de Janeiro: Iphan: Copedoc, 2007: (233-268), pp. 256-266.

110 ALVAREZ, José Luiz Alvarez. *Estudios sobre el Patrimonio Historico Español y la ley de 25 de junio de 1985.* Madrid: Editorial Civitas, S.A., 1989. p. 20.

4. A SOLUÇÃO CONSENSUAL DE CONFLITOS NO CAMPO DO DIREITO PATRIMONIAL

A título de arremate do presente capítulo, como resultado das reflexões desenvolvias acerca dos desafios na seara do controle da proteção ao patrimônio cultural, registra-se, a breve texto, a nova tendência relativamente a possíveis mecanismos de consensualização para superação da intensa conflituosidade nesse campo.

No Brasil, em face da crescente procura pela tutela jurisdicional como forma de solução de conflitos – reflexo, principalmente, do fenômeno da Judicialização da Política, em que, frustradas as expectativas dos indivíduos quanto à efetivação de direitos por parte dos Poderes Executivo e Legislativo, vê-se o Poder Judiciário como aquele capaz de satisfazer as carências da sociedade –, e da morosidade da prestação, ou, por vezes, pouca eficiência, que o agigantamento do papel desse Poder provoca, o ordenamento jurídico pátrio vem incorporando mecanismos alternativos aos tradicionais disponíveis para dirimir controvérsias.[111]

A solução consensual de conflitos, com base na utilização de meios como a negociação, conciliação ou mediação, por exemplo, apesar de não ser um tema recente, ganhou novas proporções após a vigência da Lei 13.105 de 2015 – o Novo Código de Processo Civil. Nesta Lei, o tema é tratado como norma fundamental do processo, privilegiando a comunicação entre as partes como instrumento de pacificação social, o que reflete a disposição do ordenamento jurídico pátrio no sentido da construção, não só dentro do processo judicial, como na processualidade administrativa e nas práticas sociais, de solução efetiva de controvérsias pela tendencial consensualização.

Isso porque a comunicação entre as partes do conflito e a restauração da relação tensionada por elas, conjuntamente, quando possível, asseguram maior proteção do mérito, tendo em vista que aqueles diretamente envolvidos na lide, com o auxílio técnico, se necessário, são capazes de mensurar, de acordo com a situação fática, de forma mais eficiente, os efeitos da decisão. E essa premissa, considerando o que dispõe o artigo 3°, parágrafo 2°, do Novo Código de Processo Civil, aplica-se, não só às relações de Direito Privado, como as da seara do Direito Público, tendo em vista que é dever do Estado promover, "sempre que possível, a solução consensual dos conflitos".

---

111 BATISTA, Stephânia Coeli Simões. Ativismo Judicial: o crescente protagonismo do Poder Judiciário no Brasil. *In:* VIANA, Aline Nunes; KAITEL, Cristiane Silva; OMMATI, José Emílio Medauar (coord.). *Pensando o direito:* trabalhos de pesquisa e extensão do curso de Direito PUC Minas – Serro, v. 1. Belo Horizonte: Conhecimento Livraria e Distribuidora, 2018: (249-268) p. 256. ISBN: 978-85-93869-20-4.

Registra-se, também, a importância das soluções de autocomposição de conflitos e de consensualização previstos em outros marcos legais, notadamente na Lei n. 13.655, de 25 de abril de 2018, que alterou a Lei de Introdução às Normas do Direito Brasileiro – LINDB.

O Poder Público, nessa perspectiva, deve abandonar a tradicional postura de verticalização nas relações com o particular, sempre que possível, a fim de garantir, principalmente por meio da comunicação, que, em conjunto, seja protegido o interesse público com a maior efetividade, atendendo-se à realidade e às necessidades de cada caso.

Nesse sentido, a Constituição da República de 1988 – que prevê, em seu preâmbulo, o comprometimento com a solução pacífica de contendas, na ordem interna ou internacional, como posição ideológica do constituinte e diretriz de interpretação do texto normativo –, em seu artigo 216, parágrafo 1º, estabelece, quanto à proteção do patrimônio cultural brasileiro, uma corresponsabilidade entre o Poder Público e a comunidade, partindo do pressuposto de que esta é a "melhor guardiã de seu patrimônio", conforme assinalou Aloísio Guimarães, um dos estelares do Patrimônio Cultural no Brasil, responsável por grandes inovações na política setorial.[112]

A construção conjunta de decisão sobre determinado bem cultural que envolva questões históricas, urbanísticas, edilícias e arquitetônicas, por exemplo, permite que sejam avaliados, com maior técnica e clareza, aspectos que restariam, em solução unilateral, no campo de domínio institucional, com a pretensa ampliação da discricionariedade administrativa, o que pode deixar os particulares em posição técnica de desequilíbrio. Ademais, a dinâmica comunicativa confere ao processo decisório, para além de uma dimensão exclusivamente institucional, maior legitimidade, a viabilizar soluções mais eficientes e eficazes de proteção do bem e dos interesses da sociedade, sem desconsideração daqueles de caráter particular que devam ter guarida na ordem jurídica.

No campo tensional de arregimentação dos atores da proteção patrimonial, especialmente na interface com os titulares dos bens materiais que suportam os de caráter simbólico, de valor cultural, fazem-se presentes a verticalidade e a radicalização de posições: desde a de arrogância institucional ancorada em pretensa discricionariedade, em autoexecutoriedade da aplicação do Poder de Polícia e em outras manifestações do poder extroverso do Estado, passando pela legitimidade tutelar ampliada dos órgãos de controle, culminando com os desafios do Estado em face dos paradoxos de cultura e transformação, de um lado; e

---

112 MAGALHÃES, Aloísio. *E Triunfo?* – A questão dos bens culturais no Brasil. Rio de Janeiro: Nova Fronteira: Fundação Roberto Marinho, 1997.

de extremismo da relação proprietária, algumas vezes sem a compreensão da dimensão funcional da propriedade, e, em outras, sem o conhecimento específico acerca das tecnicalidades do objeto. Tudo leva, não raro, à configuração de prejuízos imensuráveis para a proteção do patrimônio e para o conteúdo patrimonial dos direitos do particular.

Os mecanismos consensuais de solução de conflitos podem distender as tensões, permitindo o aporte de contribuições técnicas impessoais, equalizando ou equilibrando posições, enfim, densificando os discursos de aplicação em seara de reconhecida prevalência de tecnicalidades de índole interdisciplinar, a envolver arqueologia, história, arquitetura, urbanismo, engenharia, entre outras áreas de conhecimento, sem desprezar a dimensão de conhecimento comunitário como repositório de sentido para o patrimônio cultural reconhecido institucionalmente, mas em que também se deve reconhecer o seu destinatário.

Eis por que, sem prejuízo dos avanços do controle jurisdicional por meio das diversas ações disponíveis, e, também, do aprimoramento dos controles internos, deve-se abrir o horizonte de tratativas de solução consensual de conflitos, em razão da potencialidade que a vertente representa nesse campo tão vocacionado às contendas.

Em outra vertente do mesmo manancial da consensualização, agora no lato campo institucional em que repousa a pluralidade das expressões do poder estatal, apresentam-se as relações interorgânicas. É que a Administração Pública, embora inevitavelmente voltada para a finalidade pública genérica, é multifacetada em suas perspectivas teleológicas, isto é, não tem um escopo simples, focal ou tópico; diversificados são os interesses públicos tutelados sob a bandeira da ampla finalidade pública, para cuja consecução deve estar atenta aos interesses públicos específicos. Daí o desafio das relações interorgânicas para a concretização dessa pluralidade de interesses públicos, por vezes conflitantes, como ocorre no campo de proteção ao patrimônio cultural e em outros sítios correlatos ou de interface.

É que temas transversais com impacto no patrimônio cultural podem perpassar toda a máquina, ou vários "centros parcelares" de atribuições, demandando "concertação administrativa interorgânica", que, segundo Eurico Bitencourt, é "caracterizada por relações jurídicas entre órgãos despersonalizados, visando a uma atuação pactuada". Trata-se de "instrumento típico do Estado de Direito Democrático Social".[113]

---

113 NETO, Eurico Bitencourt. *Concertação administrativa interorgânica:* direito administrativo e organização no Século XXI. São Paulo: Almedina, 2017. p. 429. ISBN: 978-85-8493-207-8.

Os órgãos públicos, que detêm capacidade jurídica parcial, no seu pluralismo interno e ao influxo de discursividade e objetivos próprios, e, por vezes, contraditórios, devem interagir fazendo com que essas "unidades parcelares de atribuições" possam encontrar soluções adequadas.[114]

Para aprofundamento nos estudos do tema constante deste tópico, a contribuição de Maria Alice Vieira Medina reúne significativos suplementos.[115]

114 NETO, Eurico Bitencourt. *Concertação administrativa interorgânica:* direito administrativo e organização no Século XXI. São Paulo: Almedina, 2017. p. 227. ISBN: 978-85-8493-207-8.

115 VIEIRA, Maria Alice Medina. Aplicabilidade da Mediação de Conflitos na Conformação da Tutela do Patrimônio Cultural: Democracia e Diálogos. Belo Horizonte: UFMG/Direito-TCC – 2019, sob orientação da Professora Maria Coeli Simões Pires.

Capítulo 12

O DIREITO DE PROPRIEDADE E SUA EVOLUÇÃO CONSTITUCIONAL[1]

1. CONSIDERAÇÕES PRELIMINARES

A propriedade é uma instituição milenar, marcada por um substrato econômico, jurídico e político, que vem sofrendo modificações ao longo do tempo. Assim, qualquer debate que a tematize deve tomá-la, nessas perspectivas, ao influxo das diversas injunções, assentando-se, desde logo, a inexistência de uma noção absoluta, definitiva acerca desse instituto, eis que seus contornos e alcance variam conforme o tempo histórico e o paradigma que o (re)signifique.[2]

O instituto evoluiu, desde o Direito Romano, com algumas restrições das servidões de vizinhança, passando pela clássica noção ligada à tradição do século XVIII, como direito absoluto irrestrito, exclusivo e irrevogável do proprietário, até incorporar as mais recentes tendências traduzidas na função social da propriedade.

No Brasil, da Constituição Imperial à Carta Cidadã, transcorreram mais de cento e cinquenta anos, que assistiram a mudanças profundas na sociedade, não sendo preciso investigação histórica acurada para que se perceba a dimensão de tais modificações. Basta lembrar que, há pouco mais de cem anos, vivia-se em economia escravocrata, marcada por relações sociais hoje inconcebíveis.

A propriedade privada, instituto que constitui o principal sustentáculo do regime capitalista, não esteve infensa às aludidas mudanças. Pelo contrário,

---

1 PIRES, Maria Coeli Simões. "A função social no direito urbanístico e na política urbana: uma nova ordem de sustentabilidade das cidades". In: PEREIRA, Flávio Henrique Unes; DIAS, Maria Tereza Fonseca. Cidadania e Inclusão Social: Estudos em Homenagem à Professora Miracy Barbosa de Sousa Gustin. Belo Horizonte: Editora Fórum, 2008: (377-406). ISBN: 978-85-7700-152-1. O artigo aqui referido foi extensamente incorporado na atualização de parte do presente capítulo.

2 PIRES, Maria Coeli Simões. "A função social no direito urbanístico e na política urbana: uma nova ordem de sustentabilidade das cidades". In: PEREIRA, Flávio Henrique Unes; DIAS, Maria Tereza Fonseca. *Cidadania e Inclusão Social:* Estudos em Homenagem à Professora Miracy Barbosa de Sousa Gustin. Belo Horizonte: Editora Fórum, 2008: (377-406). ISBN: 978-85-7700-152-1.

seu delineamento sofreu ponderável revisão ao longo desse tempo. Aliás, não poderia ser diferente, pois a maneira como as pessoas se situam em face das coisas, dos bens, naturais ou culturais, determina a essência do sistema socioeconômico a ser disciplinado pelo Direito.

Hodiernamente, a propriedade já não se caracteriza como direito subjetivo exclusivo do proprietário; em benefício da coletividade, admitem-se, constitucionalmente, limitações de ordem pública e restrições ao seu uso e ao seu conteúdo. E mais que isso, já se admite a função social da propriedade como elemento de sua estrutura.

Assim, no Brasil, o atual direito de propriedade afigura-se como direito individual, enquanto apropriação econômica da coisa, mas sujeito à ingerência do Estado para o cumprimento de sua função social. De fato, a Constituição Federal consagra significativa intervenção estatal sobre a propriedade privada, legando à legislação ordinária definir a instrumentalização do Poder Público para efetivá-la..

Dessa forma, a propriedade, reconceitualizada, vem inserida em um quadro jurídico de restrições ou limitações impostas pelo Estado, entre as quais, aquelas relacionadas com a tutela de determinados bens – cuja conservação ou preservação interessa à coletividade – contra possíveis danos decorrentes da natureza ou da atividade humana.

O conceito jurídico da propriedade, à sua vez, permite a recuperação, pelo pesquisador, de toda uma trama de relações vivenciadas no âmbito da infraestrutura. Nesse plano, como interagem as pessoas enquanto produtoras e para quem produzem são algumas das indagações principais, cuja solução advirá da compreensão do fenômeno propriedade sob a ótica do direito. Outra pergunta fundamental a ser respondida por quem observa a evolução das normas jurídicas com fulcro nas próprias Constituições é a de como a sociedade intenta, num determinado degrau evolutivo, alterar as relações existentes? Isto é, como a sociedade concebe utopias, como ela se programa para o futuro?

2. A EVOLUÇÃO DA PROPRIEDADE NAS CONSTITUIÇÕES BRASILEIRAS ANTERIORES À DE 1988

Com foco nesse duplo papel do Direito, que é, a um só tempo, retrato e vaticínio, vejam-se, concretamente, sob o prisma histórico-constitucional, a paulatina alteração do conceito de propriedade no Brasil, com a perda do caráter que lhe era imanente no Liberalismo Clássico – corrente de pensamento que prevaleceu no Iluminismo, que tomou conta dos séculos XVIII e XIX – e a aquisição de contornos que a amoldam ao Estado Social de Direito e, mais precisamente, ao Estado Democrático de Direito que hodiernamente pontifica.

Nesse sentido, vale traçar, *a priori*, uma linha divisória entre as Constituições do século XX e as do passado. Na Constituição de 1824 e na de 1891, prevaleciam verdades axiomáticas do pensamento liberal – derivadas da reflexão de Adam Smith e Ricardo, entre outros –, destacando-se o direito à propriedade como bem jurídico intangível, de exercício pleno e ilimitado, posto em maior evidência que o direito à vida. O mesmo tratamento não se registrou nas Cartas Magnas seguintes.

Tomando-se os textos constitucionais como parâmetros para reflexão, faz-se a reprodução dos dispositivos alusivos à matéria em estudo, registrando-se comentários cabíveis sobre o que traziam como novidade.

2.1 Constituição de 1824

Na Constituição de 1824, o art. 179, em seu *caput e* no inciso 22, consignava os preceitos que disciplinavam, ou antes, estatuíam a propriedade:

> "Art. 179 – A inviolabilidade dos direitos civis e políticos dos cidadãos brasileiros, que tem por base a liberdade, a segurança individual e a propriedade, é garantida pela Constituição do Império, pela maneira seguinte:
>
> [...]
>
> 22 – É garantido o direito de propriedade em toda a sua plenitude. Se o bem público, legalmente verificado, exigir o uso e emprego da propriedade do cidadão, será ele previamente indenizado do valor dela. A lei marcará os casos com que terá lugar esta única exceção e dará as regras para se determinar a indenização".

Não se previa aí qualquer restrição à propriedade privada.

Assinala-se que é a Lei n. 601/1850 (Lei de Terras), editada sob a égide da Carta Imperial, que insere as terras brasileiras no comércio jurídico, já que, até então, elas só eram passíveis de aquisição na fórmula de posse. A dicção da Lei referida prevê: "Ficam proibidas as aquisições de terras por outro título que não seja o de compra".

Sob as luzes do paradigma do Estado Liberal, a propriedade era tida como direito supremo do indivíduo:

> "Àquela altura, o valor fundamental era o indivíduo. O direito privado tratava de regular, do ponto de vista formal, a atuação dos sujeitos de direito, notadamente o contratante e o proprietário, os quais, por sua vez, a nada aspiravam senão ao aniquilamento de todos os privilégios feudais".[3]

2.2 Constituição de 1891

Na primeira Constituição republicana, a de 1891, o instituto tinha seus contornos definidos nos seguintes termos:

> "Art. 72. A Constituição assegura a brasileiros e a estrangeiros residentes no País a inviolabilidade dos direitos concernentes à liberdade, à segurança individual e à propriedade, nos termos seguintes:
>
> [...]
>
> Parágrafo 17 – O direito de propriedade mantém-se em toda a sua plenitude, salvo a desapropriação por necessidade ou utilidade pública, mediante indenização prévia:
>
> a) as minas pertencem ao proprietário do solo, salvo as limitações estabelecidas por lei a bem da exploração das mesmas;
>
> b) as minas e jazidas minerais necessárias à segurança e defesa nacionais e as terras onde existirem não podem ser transferidas a estrangeiros".

O cotejo dos ditames constitucionais de 1824 e 1891 permite afirmar que, substancialmente, pouca coisa mudou. O Constituinte de 1891, aliás, preocupado em asseverar a continuidade, a conservação da propriedade nos moldes do Império, utilizava-se de verbo que denotava explicitamente a sobrevivência do conceito jurídico preexistente: Parágrafo 17 – O direito de propriedade mantém-se em toda a sua plenitude".

O que, introduzido em 1891, merece realce, foi a extensão do direito de propriedade aos estrangeiros, evitando-se, outrossim, o uso da palavra cidadãos, que, presente no texto de 1824, excluía grande número de pessoas do universo de eventuais proprietários. A adoção desse enunciado restritivo em 1824 explicava-se facilmente pelo fato de que, a esse tempo, vasta parcela da população estava submetida à escravidão e, assim, não dispunha da cidadania, pressuposto fundamental para a aquisição de propriedade.

---

3 TEPEDINO, Gustavo. *Temas de direito civil*. 2. ed. Rio de Janeiro, São Paulo: Renovar, 2001. p. 2.

A par da generalidade ou universalidade da norma, introduzida em 1891 como fruto inevitável do princípio da isonomia instaurado pela República, vale destacar o surgimento da desapropriação enquanto instituto constitucionalmente estruturado, uma vez que, na Carta de 1824, aparecia apenas o germe da intervenção, numa formulação imprecisa, que deferia ao legislador ordinário a disciplina do uso e emprego da propriedade do cidadão.

Por último, cumpre assinalar um traço afim nas duas Constituições, o qual encerrava juízo axiológico prevalecente tanto no Império quanto em toda a República Velha: o direito à vida ou à subsistência era simplesmente esquecido, mostrando ser bem jurídico menos valioso que a propriedade, em torno da qual se exerciam a liberdade e a segurança individuais, postas em plano idêntico ao daquela, mas existindo exclusivamente em função dela.

Ao proprietário, em suma, é que se reservavam liberdade e segurança individuais, para que exercitasse as faculdades decorrentes de seu *status*.

Por isso mesmo, o Código Civil de 1916 acolheu a concepção individualista e privatista da propriedade, concebida como ícone do capitalismo, embora tenha, também, acolhido a primeira restrição ao direito de propriedade, ao condicionar o direito de construir ao direito de vizinhança e às regulações administrativas existentes.

Após a I Guerra Mundial, os partidos socialistas de então despontaram com força e impuseram às Constituições vindouras maior preocupação com os aspectos social e econômico.

A Constituição alemã de Weimar, de 1919, retratou a nova orientação, estabelecendo, em seu art. 153, alínea 3ª, que a propriedade impunha obrigações, e o seu uso deveria constituir, também, serviço para o mais alto interesse jurídico.

No Brasil, o liberalismo que marcara o quadro econômico-social da Carta de 1891, com a quase total não-interferência do Estado na propriedade privada, deixou de caracterizar as Constituições do pós-guerra.

2.3 Constituição de 1934

Finda a República Velha, sustentada basicamente pelas mesmas oligarquias que detinham o poder econômico no Império, promulgou-se a Constituição de 34, sob os auspícios de nova ordem, gerada pela Revolução de 30, na qual se faziam sentir os reflexos da novel filosofia. De fato, as circunstâncias e o curso do tempo colocaram em reserva o individualismo e o egoísmo liberais, mostrando que a garantia de direitos em nível meramente formal gerava iniquidades, o que justificou a previsão da função social da propriedade na

Constituição de 1934. A partir de então, as Constituições brasileiras vêm afirmando a função social da propriedade, sempre remetida à legislação, à sua vez, sujeita a contraditórias interpretações. Nessa trajetória, o postulado foi relegado, até recentemente, a uma abordagem mais nominal.[4]

De qualquer modo, foi perdendo espaço a noção de propriedade como direito de gozo irrestrito, em favor da noção de propriedade funcionalizada, embora muitas dificuldades tenham sido opostas à sua verdadeira implementação.[5]

Irrompeu, desde então, nova fase formal para o instituto da propriedade no Brasil, e o exercício do direito passou a ser tratado em perspectiva de limitação, vinculado à função social, pelo menos no espaço doutrinal e no plano do direito positivo.

1934 é o marco temporal de inauguração de nova mentalidade intervencionista, a exigir o exercício de direito individual da propriedade em consonância com o interesse coletivo. Foram, portanto, erigidos em 34, os pilares do Estado Social de Direito neste País. Mas a construção ainda requeria muito esforço, pois só os alicerces se encontravam assentados. Eis a disciplina introdutória dada pela Constituição de 1934, que, adotando, assim, nova concepção do direito de propriedade, admitiu algumas restrições:

> "Art. 113. A Constituição assegura a brasileiros e a estrangeiros residentes no País a inviolabilidade dos direitos concernentes à liberdade, à subsistência, à segurança individual e à propriedade, nos termos seguintes:
>
> [...]
>
> 17 – É garantido o direito de propriedade, que não poderá ser exercido contra o interesse social ou coletivo, na forma que a lei determinar. A desapropriação por necessidade ou utilidade pública far-se-á nos termos da lei, mediante prévia e justa indenização. Em caso de perigo iminente, como guerra ou comoção intestina, poderão as autoridades competentes usar da propriedade particular até onde o bem público o exija, ressalvado o direito à indenização ulterior".

---

4 PIRES, Maria Coeli Simões. "A função social no direito urbanístico e na política urbana: uma nova ordem de sustentabilidade das cidades". In: PEREIRA, Flávio Henrique Unes; DIAS, Maria Tereza Fonseca. *Cidadania e Inclusão Social:* Estudos em Homenagem à Professora Miracy Barbosa de Sousa Gustin. Belo Horizonte: Editora Fórum, 2008: (377-406), p. 387. ISBN: 978-85-7700-152-1.

5 PIRES, Maria Coeli Simões. "A função social no direito urbanístico e na política urbana: uma nova ordem de sustentabilidade das cidades". In: PEREIRA, Flávio Henrique Unes; DIAS, Maria Tereza Fonseca. *Cidadania e Inclusão Social:* Estudos em Homenagem à Professora Miracy Barbosa de Sousa Gustin. Belo Horizonte: Editora Fórum, 2008: (377-406), p. 386. ISBN: 978-85-7700-152-1.

Em vista do mencionado artigo, compreende-se que coube à lei determinar quando o exercício do direito de propriedade seria contrário ao interesse social e coletivo. A Constituição de 1934, no entanto, teve vida efêmera e pouca efetividade na ordem jurídica nacional, apresentando-se como marco formal relevante.

2.4 Constituição de 1937

A Constituição de 1937, a Polaca, de inspiração corporativista, seguia o rumo da Carta precedente no tocante à sujeição da propriedade ao interesse público. Entretanto, sob o influxo do autoritarismo do Estado Novo, trazia novidades. Eis as disposições que aproveitam ao estudo:

> "Art. 122. A Constituição assegura aos brasileiros residentes no País o direito à liberdade, à segurança individual e à propriedade, nos termos seguintes:
>
> [...]
>
> 14 – O direito de propriedade, salvo a desapropriação por necessidade ou utilidade pública, mediante indenização prévia. O seu conteúdo e os seus limites serão os definidos nas leis que lhe regularem o exercício". (g. n.).

Na parte assinalada, a novidade, a de remissão, ao legislador ordinário, de competência para o delineamento da propriedade, mediante regulamentação de seu exercício.

Considerando-se que os limites da propriedade foram constitucionalmente condicionados à vontade do legislador e que, com o fechamento do Congresso durante o Estado Novo, o poder se concentrava de forma autoritária em mãos do Chefe da Nação, resta claro que o conteúdo da propriedade e os limites desta passaram a depender do Poder Executivo, no desempenho da função legislativa.

É dizer: Sob a égide da Constituição de 1937, a legislação ordinária, na versão de decreto-lei, ficou credenciada a cercear, modificar, alterar, limitar o próprio conteúdo do direito de propriedade.

2.5 Constituição de 1946

Encerrado o período ditatorial em 1945, surgia nova ordem jurídica, politicamente liberal, que ganhava conformação com a Carta Constitucional de 1946. Esta estabelecia, em seu art. 141, os direitos individuais sob sua tutela:

"Art. 141. A Constituição assegura aos brasileiros e aos estrangeiros residentes no País a inviolabilidade dos direitos concernentes à vida, à liberdade, à segurança individual e à propriedade, nos termos seguintes:

[...]

Parágrafo 16 – É garantido o direito de propriedade, salvo o caso de desapropriação por necessidade ou utilidade pública, ou por interesse social, mediante prévia e justa indenização em dinheiro. Em caso de perigo iminente, como guerra ou comoção intestina, as autoridades competentes poderão usar da propriedade particular, se assim o exigir o bem público, ficando, todavia, assegurado o direito a indenização ulterior".

No art. 147, a Constituição de 46 prescrevia requisitos ou condições para o exercício da propriedade:

"O uso da propriedade está condicionado ao bem-estar social. A lei poderá, com observância do disposto no art. 141, parágrafo 16, promover a justa distribuição da propriedade, com igual oportunidade para todos".

Outro preceito da Constituição de 46 que se aplicava à propriedade era o contido no art. 152, que seguia disciplina adotada desde 34 (arts. 118 e 119), passando por 37 (art. 122, inciso 14, e Lei Constitucional n. 5/1942, art. 1º). Constituía como propriedade distinta da do solo a referente às minas e demais riquezas do subsolo, bem como às quedas-d'água, para efeito de exploração ou aproveitamento industrial.

O art. 153 estatuía as exigências a que se deveria sujeitar a exploração econômica aludida no art. 152.

2.6 Constituição de 1967

O direito de propriedade, já na Constituição de 67 e na Emenda Constitucional n. 1, de 69, não apresentou novidades significativas nesse particular, salvo a desapropriação para fins de reforma agrária, conforme o art. 157, parágrafo 1º, do texto original.

Na mesma Carta, no art. 150 do Capítulo dos Direitos e Garantias Individuais, constavam os seguintes preceitos aplicáveis ao instituto em tela:

"Art. 150. A Constituição assegura aos brasileiros e aos estrangeiros residentes no País a inviolabilidade dos direitos concernentes à vida, à liberdade, à segurança e à propriedade, nos termos seguintes:

> [...]
> Parágrafo 22 – É garantido o direito de propriedade, salvo o caso de desapropriação por necessidade ou utilidade pública ou por interesse social, mediante prévia e justa indenização em dinheiro, ressalvado o disposto no art. 157, parágrafo 1º. Em caso de perigo público iminente, as autoridades competentes poderão usar da propriedade particular, assegurada ao proprietário indenização ulterior".

Eis o teor do art. 157, parágrafo 1º, mencionado acima e constante do Título III, Da Ordem Econômica e Social:

> "Art. 157. A ordem econômica tem por fim realizar a justiça social, com base nos seguintes princípios:
> I – liberdade de iniciativa;
> II – valorização do trabalho como condição da dignidade humana;
> III – função social da propriedade;
> IV – harmonia e solidariedade entre os fatores de produção;
> V – desenvolvimento econômico;
> VI – repressão ao abuso do poder econômico, caracterizado pelo domínio dos mercados, a eliminação da concorrência e o aumento arbitrário dos lucros.
> Parágrafo 1º – Para os fins previstos neste artigo, a União poderá promover a desapropriação da propriedade territorial rural, mediante pagamento de prévia e justa indenização em títulos especiais da dívida pública, com cláusula de exata correção monetária, resgatáveis no prazo máximo de vinte anos, em parcelas anuais sucessivas, assegurada a sua aceitação, a qualquer tempo, como meio de pagamento de até cinquenta por cento do imposto territorial rural e como pagamento do preço de terras públicas".

Dessa forma, aprimorou-se raciocínio desencadeado em 34 e reiterado em 46, afirmando-se de maneira categórica a função social da propriedade, além da possibilidade de intervenção estatal para o efetivo cumprimento dessa função.

Se, em 1934, o Constituinte exigia exercício da propriedade consentâneo ao interesse coletivo, em 1946, ele inovou, prevendo desapropriação por interesse social e outorgando ao legislador a faculdade de promover a justa distribuição da propriedade. Prestigiando essa diretriz, em 1967, o "Constituinte" fez-se mais categórico e explícito, lançando as bases para a reforma agrária.

É que, ao criar, sobretudo, novo tipo de indenização, com pagamento feito em títulos especiais do Tesouro, resgatáveis no prazo de 20 anos, o "Constituinte de 67" criava alternativas para a implementação de um plano correspondente àquela reforma.

Chegou-se, enfim, pelo menos no plano do direito positivo, ao ápice da evolução constitucional da propriedade, que, plena e intocável até a República Velha, passou a ser totalmente submetida à sua função social, na literalidade da norma.

2.7 Emenda Constitucional de 1969

Para completar esta análise, convém salientar que a Emenda Constitucional n. 1, de 69, reproduziu integralmente o texto de 67, no que concerne à propriedade. Alterou-se apenas a numeração dos artigos referentes à matéria.

O parágrafo 22 do art. 150 da Constituição de 67 passou a ser o parágrafo 22 do art. 153 da Emenda n. 1, de 69, ao passo que o parágrafo 1º do art. 157 teve seu conteúdo inserido no art. 161 da Emenda mencionada.

3. A PROPRIEDADE PRIVADA NA CONSTITUIÇÃO FEDERAL DE 1988 E A DENSIFICAÇÃO DA FUNÇÃO SOCIAL

3.1 Pilares que sustentam o arcabouço da propriedade privada na ordem constitucional vigente

O art. 5º da Carta da República de 1988 garante o direito de propriedade aos brasileiros e aos estrangeiros residentes no País.

Eis a construção de que se cogita:

> "Art. 5º Todos são iguais perante a lei, sem distinção de qualquer natureza, garantindo-se aos brasileiros e aos estrangeiros residentes no País a inviolabilidade do direito à vida, à liberdade, à igualdade, à segurança e à propriedade, nos termos seguintes:
>
> [...]
>
> XXII – é garantido o direito de propriedade;
>
> XXIII – a propriedade atenderá a sua função social;
>
> XXIV – a lei estabelecerá o procedimento para desapropriação por necessidade ou utilidade pública, ou por interesse social, mediante justa e prévia indenização em dinheiro, ressalvados os casos previstos nesta Constituição;

> XXV – no caso de iminente perigo público, a autoridade competente poderá usar de propriedade particular, assegurada ao proprietário indenização ulterior, se houver dano;
> XXVI – a pequena propriedade rural, assim definida em lei, desde que trabalhada pela família, não será objeto de penhora para pagamento de débitos decorrentes de sua atividade produtiva, dispondo a lei sobre os meios de financiar o seu desenvolvimento;
> [...]
> LIV – ninguém será privado da liberdade ou de seus bens sem o devido processo legal".

Entretanto, o tratamento do tema no texto constitucional vigente não se esgota no traçado de normas gerais. É minudente, conforme se pode registrar:

> "Art. 170 – A ordem econômica, fundada na valorização do trabalho humano e na livre iniciativa, tem por fim assegurar a todos existência digna, conforme os ditames da justiça social, observados os seguintes princípios:
> [...]
> II – propriedade privada;
> III – função social da propriedade; "
> "Art. 176. As jazidas, em lavra ou não, e demais recursos minerais e os potenciais de energia hidráulica constituem propriedade distinta da do solo, para efeito de exploração ou aproveitamento, e pertencem à União, garantida ao concessionário a propriedade do produto da lavra".
> "Art. 182. [...]
> Parágrafo 2º – A propriedade urbana cumpre sua função social quando atende às exigências fundamentais de ordenação da cidade expressas no plano diretor.
> Parágrafo 3º – As desapropriações de imóveis urbanos serão feitas com prévia e justa indenização em dinheiro.
> Parágrafo 4º – É facultado ao Poder Público municipal, mediante lei específica para área incluída no plano diretor, exigir, nos termos da lei federal, do proprietário do solo urbano não edificado, subutilizado ou não utilizado, que promova seu adequado aproveitamento, sob pena, sucessivamente, de:
> I – parcelamento ou edificação compulsórios;
> II – imposto sobre a propriedade predial e territorial urbana progressivo no tempo;

> III – desapropriação com pagamento mediante títulos da dívida pública de emissão previamente aprovada pelo Senado Federal, com prazo de resgate de até dez anos, em parcelas anuais, iguais e sucessivas, assegurados o valor real da indenização e os juros legais".
>
> "Art. 184. Compete à União desapropriar por interesse social, para fins de reforma agrária, o imóvel rural que não esteja cumprindo sua função social, mediante prévia e justa indenização de títulos da dívida agrária, com cláusula de preservação do valor real, resgatáveis no prazo de até vinte anos, a partir do segundo ano de sua emissão, e cuja utilização será definida em lei".
>
> "Art. 185. São insuscetíveis de desapropriação para fins de reforma agrária:
>
> I – a pequena e média propriedade rural, assim definida em lei, desde que seu proprietário não possua outra;
>
> II – a propriedade produtiva.
>
> Parágrafo único – A lei garantirá tratamento especial à propriedade produtiva e fixará normas para o cumprimento dos requisitos relativos a sua função social".
>
> "Art. 186. A função social é cumprida quando a propriedade rural atende, simultaneamente, segundo critérios e graus de exigência estabelecidos em lei, aos seguintes requisitos:
>
> I – aproveitamento racional e adequado;
>
> II – utilização adequada dos recursos naturais disponíveis e preservação do meio ambiente;
>
> III – observância das disposições que regulam as relações de trabalho;
>
> IV – exploração que favoreça o bem-estar dos proprietários e dos trabalhadores".
>
> "Art. 216. [...]
>
> Parágrafo 1º – O Poder Público, com a colaboração da comunidade, promoverá e protegerá o patrimônio cultural brasileiro, por meio de inventários, registros, vigilância, tombamento e desapropriação, e de outras formas de acautelamento e preservação".

Percebe-se que a disciplina do direito de (à) propriedade é bastante intricada, notando-se, pelo cotejo das normas pertinentes, o fortalecimento da tendência conciliadora da nova Carta, que aglutina a noção moderna do direito individual de propriedade e a função social desta, delineando garantias e admitindo intervenções. Pode-se então dizer que a proclamada propriedade privada possui funções concomitantes: uma de caráter privatístico e outra de caráter publicístico. Será dada ênfase à função social da propriedade imobiliária urbana, tendo em vista os objetivos deste trabalho.

3.2 Densificação da função social da propriedade na ordem constitucional de 1988

Conquanto presente em constituições anteriores, o princípio da função social da propriedade só ganha fórmula mais avançada na Constituição de 1988, a traduzir a noção de que o direito à propriedade deve ter seu exercício realizado, não somente em benefício de seu detentor, mas sim, de toda a coletividade em que se insere. Na textura constitucional, embora de construção relativamente vaga, a propriedade deixa de ser mero direito, para ser conotada como direito-dever. Apesar de sua aparente insuficiência, a solução normativa afasta, de plano, concepções outrora correntias, como a do "não-uso", forma de exercício do direito de propriedade.[6]

Antecipando as ideias desse paradigma no Direito Francês, Léon Duguit, em lapidar afirmação, deixou assentado que: "a propriedade não é mais o direito subjetivo do proprietário; é a função social do detentor da riqueza".[7] Em outras palavra: a propriedade é o direito-dever, tal como previsto na Constituição Federal de 1988, daí o desafio de densificar na prática seu conteúdo e seu contorno.

Segundo Edésio Fernandes,

> "A evolução histórica do conceito de propriedade, do direito de propriedade e o surgimento da noção de função social da propriedade nos levam a crer que esta última se insere indubitavelmente na concepção mesma de propriedade, como condição de sua legitimidade, senão de sua existência mesma em alguns casos. Decorre daí que a propriedade que não esteja cumprindo a sua função social não será, ou deverá ser, objeto da proteção jurídica, ou seja, já não caberá mais fundamento jurídico a atribuir direito de propriedade ao titular de um bem que não esteja cumprindo a sua função social".[8]

---

6 PIRES, Maria Coeli Simões. "A função social no direito urbanístico e na política urbana: uma nova ordem de sustentabilidade das cidades". In: PEREIRA, Flávio Henrique Unes; DIAS, Maria Tereza Fonseca. *Cidadania e Inclusão Social:* Estudos em Homenagem à Professora Miracy Barbosa de Sousa Gustin. Belo Horizonte: Editora Fórum, 2008: (377-406), p.387. ISBN: 978-85-7700-152-1.

7 PIRES, Maria Coeli Simões. "A função social no direito urbanístico e na política urbana: uma nova ordem de sustentabilidade das cidades". In: PEREIRA, Flávio Henrique Unes; DIAS, Maria Tereza Fonseca. *Cidadania e Inclusão Social:* Estudos em Homenagem à Professora Miracy Barbosa de Sousa Gustin. Belo Horizonte: Editora Fórum, 2008: (377-406). ISBN: 978-85-7700-152-1.

8 FERNANDES, Edésio (org.). *Direito Urbanístico.* Belo Horizonte: Del Rey, 1998. pp. 123-124.

No direito brasileiro, é na Constituição vigente que a função social passa a ser conotada não só como princípio, mas como elemento componente da própria noção de propriedade. Vale dizer: a função social é princípio de interpretação, mas é internalidade do instituto da propriedade como elemento de seu conteúdo.[9]

Estrema-se, assim, a distinção entre a função social, determinante de obrigações positivas ao proprietário como desdobramento da condição intrínseca da função, e a sujeição ao poder de polícia do Estado, de que resultam limitações negativas do Estado na tutela das relações a partir da externalidade da propriedade. As limitações são externas, eis que se agregam supervenientemente à propriedade, condicionando seu exercício; a função social é ínsita ao instituto, definindo e condicionando o modo de exercício e fruição da propriedade.[10]

Destarte, é cediço dizer que a evolução do instituto da propriedade transita pelo reconhecimento da função social, o que deve perpassar, não exclusivamente o ambiente rural, no qual é frequentemente arguida por força dos conflitos por terras, como também o espaço urbano.

É, de fato, importante densificar o conteúdo da função social da propriedade urbana, a qual poderá, além de dar suporte ao propósito de uma configuração mais inclusiva e sustentável de cidade, lastrear intervenções sobre a propriedade privada, principalmente, tendo como objeto a preservação do patrimônio cultural, por meio de institutos como o tombamento e a desapropriação, visando aos interesses coletivos e difusos de proteção.

Reitera-se que a norma constitucional vigente, na esteira de constituições anteriores, não define os elementos constitutivos do direito de propriedade, embora traga os traços conformadores da índole de tal dotação, sob a síntese da função social. A disciplina acerca desses elementos bem assim no tocante a outros desdobramentos deve ter lugar na legislação infraconstitucional.

À União, com exclusividade, cabe definir os elementos formativos do direito de propriedade enquanto instituto do Direito Civil assim como disciplinar as relações entre os cidadãos no tocante ao objeto de propriedade; enquanto

---

9 PIRES, Maria Coeli Simões. "A função social no direito urbanístico e na política urbana: uma nova ordem de sustentabilidade das cidades". In: PEREIRA, Flávio Henrique Unes; DIAS, Maria Tereza Fonseca. *Cidadania e Inclusão Social:* Estudos em Homenagem à Professora Miracy Barbosa de Sousa Gustin. Belo Horizonte: Editora Fórum, 2008: (377-406). ISBN: 978-85-7700-152-1.

10 PIRES, Maria Coeli Simões. "A função social no direito urbanístico e na política urbana: uma nova ordem de sustentabilidade das cidades". In: PEREIRA, Flávio Henrique Unes; DIAS, Maria Tereza Fonseca. *Cidadania e Inclusão Social:* Estudos em Homenagem à Professora Miracy Barbosa de Sousa Gustin. Belo Horizonte: Editora Fórum, 2008: (377-406), p.387. ISBN: 978-85-7700-152-1.

instituto de ordem pública, respeitados os pressupostos e os limites tendo em vista os elementos formativos do direito definidos na legislação da União, é disciplinado em cada esfera pelo respectivo ente político, que pode estabelecer limitações administrativas e intervenções próprias de sua competência.

O texto constitucional de 1988, dessa forma, avança ainda mais o campo da publicização do direito de propriedade. Para se ter uma avaliação desse avanço, será necessário um confronto das normas diretamente relacionadas com a propriedade com aquelas atinentes à política urbana e à política tributária, as quais incorporam mecanismos modernos de intervenção estatal para efetivação de benefícios sociais.

Na Constituição de 1988, o instituto de propriedade, não apenas passa por novação, como apresenta, também, fórmula mais consistente da chamada função social da propriedade imobiliária, apesar de condicionada ao plano infraconstitucional, nos termos dos arts. 182 e 184. Edésio Fernandes lembra que "o direito de propriedade imobiliária urbana é assegurado desde que cumprida sua função social, que, por sua vez, é aquela determinada pela legislação urbanística, sobretudo no contexto municipal".[11]

Na prática brasileira pós Constituição de 1988, porém, em muitos casos, faltou aos municípios optar por uma política urbana mais consistente. Em outros, administrações mais progressistas, mesmo determinadas a fazer uso de institutos interventivos mais potentes, encontraram dificuldades em face de certas disposições inseridas na malha normativa da Carta Magna, como as relativas às competências, e da inoperância do Congresso Nacional para suprir a ausência de normas gerais da União destinadas a regulamentar a Constituição, o que só veio a ocorrer em 2001.[12]

Nessa trama, não raras vezes, ambiguidades vinham socorrendo interesses conservadores que tentavam manter inalterado o quadro de exclusão e a ineficácia do princípio da função social da propriedade urbana.[13]

---

11 FERNANDES, Edésio. Um novo olhar sobre as cidades. *Revista do Legislativo*. Belo Horizonte, set./dez. 2001. p. 56, n. 32.

12 PIRES, Maria Coeli Simões. "A função social no direito urbanístico e na política urbana: uma nova ordem de sustentabilidade das cidades". In: PEREIRA, Flávio Henrique Unes; DIAS, Maria Tereza Fonseca. *Cidadania e Inclusão Social:* Estudos em Homenagem à Professora Miracy Barbosa de Sousa Gustin. Belo Horizonte: Editora Fórum, 2008: (377-406), p. 388. ISBN: 978-85-7700-152-1.

13 PIRES, Maria Coeli Simões. "A função social no direito urbanístico e na política urbana: uma nova ordem de sustentabilidade das cidades". In: PEREIRA, Flávio Henrique Unes; DIAS, Maria Tereza Fonseca. *Cidadania e Inclusão Social:* Estudos em Homenagem à Professora Miracy Barbosa de Sousa Gustin. Belo Horizonte: Editora Fórum, 2008: (377-406). ISBN: 978-85-7700-152-1.

Retardatariamente, se editou o Estatuto da Cidade – Lei Federal 10.257/2001 –, que, consoante a diretriz democrático-popular da Reforma Urbana, prevê vários mecanismos para efetivação da função social da propriedade, sempre com ênfase na participação do cidadão na formulação, na execução e no acompanhamento das intervenções voltadas para o desenvolvimento urbano.[14] O Estatuto da Cidade trata em seu art. 39 da função social da propriedade urbana, e ainda traz outros parâmetros ou indicativos do que se espera de sua conformação:

> "Art. 39. A propriedade urbana cumpre sua função social quando atende às exigências fundamentais de ordenação da cidade expressas no plano diretor, assegurando o atendimento das necessidades dos cidadãos quanto à qualidade de vida, à justiça social e ao desenvolvimento das atividades econômicas, respeitadas as diretrizes previstas no art. 2o desta Lei.
>
> Art. 2o A política urbana tem por objetivo ordenar o pleno desenvolvimento das funções sociais da cidade e da propriedade urbana, mediante as seguintes diretrizes gerais:
>
> XII – proteção, preservação e recuperação do meio ambiente natural e construído, do patrimônio cultural, histórico, artístico, paisagístico e arqueológico".

O significado da proclamação contida no dispositivo legal transcrito encontra resguardo na noção sociológica de cidade, em que o patrimônio cultural se integra ao meio ambiente natural, formando o conjunto urbano como um espaço de fruição, a partir da experiência dos múltiplos sentidos de seus habitantes, tangenciando também a noção de sustentabilidade.

Neste passo, a autora, em complemento a essas reflexões, reitera passagem de sua locução quanto à sustentabilidade da cidade:

> "Assim é que, nos dias atuais, discutir gestão das espécies patrimônio cultural, ambiência urbana, cidade simbólica e equipamentos e espaços de produção e fruição de cultura é, ao mesmo tempo, lidar com conceitos e estruturas do gênero meio ambiente, posto ser o dado cultural integrante da noção matriz daquele. Daí a densidade da ideia de sustentabilidade da cidade como

14 PIRES, Maria Coeli Simões. "A função social no direito urbanístico e na política urbana: uma nova ordem de sustentabilidade das cidades". In: PEREIRA, Flávio Henrique Unes; DIAS, Maria Tereza Fonseca. *Cidadania e Inclusão Social:* Estudos em Homenagem à Professora Miracy Barbosa de Sousa Gustin. Belo Horizonte: Editora Fórum, 2008: (377-406), p. 388. ISBN: 978-85-7700-152-1.

espaço de dupla fruição que inspira o moderno urbanismo: cidade material e cidade simbólica, fruíveis pelos múltiplos sentidos do homem nos planos biológico, espiritual e social".[15]

No tocante ao solo urbano, como visto, a função social se expressa conforme previsão no Plano Diretor, à sua vez, abrangente das diversas dimensões da urbe, e se densifica por meio dos diversos instrumentos jurídicos, políticos, tributários e urbanísticos de sua tutela, previstos no marco legal das cidades.

Nessa linha, o Estatuto possibilita, a partir do Plano Diretor, a aplicação de sanções à propriedade urbana que não cumpre sua função social, com destaque para o IPTU progressivo como forma de combate à especulação imobiliária, além de instrumentos, como o parcelamento, a edificação ou a utilização de compulsórios.

Confirmam-se, portanto, os novos contornos do direito de propriedade de que já falava Jair Lins: [16]

> "[...] a antiga noção de direito de propriedade, incluindo em si o jus abutendi amplo e irrestrito, que autorizava e justificava mesmo atos de vandalismo, de há muito se acha relegada entre a ordem de ideias incompatíveis com o progresso atual da civilização, sua conceituação atual tolera diversas restrições e limitações, em favor da coletividade".

Com efeito, desde os primeiros tempos – quando se apresentava individualista, pessoal, absoluta –, a propriedade vem experimentando contínua evolução, imantando-se do individual para o social, desprivatizando-se para publicizar-se. Assim, além do âmbito interno da propriedade, relativamente reservado ao proprietário, mas no qual também se encarta o caráter de sua funcionalização, há um externo, sobre o qual convergem outros direitos, disciplinados pelo Estado. E o direito público da propriedade considera o bem dentro desse contexto maior, em função do qual reduz a fruição do *jus utendi e fruendi*, tendo em vista a necessidade pública, o interesse social, a própria função social da propriedade. Daí as restrições e limitações que se impõem nesse campo.

A propriedade distancia-se mais, portanto, da órbita puramente privatística para interessar de perto ao Estado; nesse plano, os limites da moral ou dos direitos alheios são nitidamente insuficientes.

---

15 PIRES, Maria Coeli. Direito Urbanístico, meio ambiente e patrimônio cultural. *Revista de Informação Legislativa*. Brasília: Senado, 2001: (207-230), v. 38, n. 151.

16 LINS, Jair. Proteção do patrimônio artístico estadual e federal. *Revista Forense*. Rio de Janeiro, 51 (5-1 5), jul./dez. 1928.

Hélio Rodrigues Figueiredo Junior, defendendo o caráter endógeno da função social da propriedade, projeta-lhe maior plasticidade para um tendencial alargamento no sentido de responder aos reclamos da dignidade humana:

> "Parece assim possível afirmar, com base no pressuposto da função social constitucional endógena ao conteúdo de uma propriedade submetida a um estatuto jurídico próprio, que as exigências relativas ao cumprimento da função social estejam sempre latentes e prontas para emergirem como categorias históricas, no momento em que se tornarem necessárias para a ordenação da vida comunitária, segundo os reclamos da dignidade humana. Propriedade privada e sua função social são assim duas faces de uma mesma moeda: confundem-se premidas entre o interesse individual e o interesse coletivo".[17]

Assinala-se, contudo, que o conceito não pode abrigar ilimitadas possibilidades, devendo ser densificado a partir de elementos constitucionais e infraconstitucionais, sob pena de redundar em insegurança jurídica.

3.3 Função social do patrimônio cultural da cidade e participação democrática[18]

O patrimônio cultural, capaz de criar e fortalecer laços de identidade e de recuperar até mesmo os nexos entre distantes temporalidades e diferentes gerações, constitui-se tanto de elementos tangíveis da cultura, resultantes do engenho, da inventividade, da obra e da arte do homem, como de formas intangíveis dela, tais os modos de fazer enraizados no quotidiano: celebrações, rituais, folguedos, manifestações literárias, cênicas, lúdicas, plásticas, espaços destinados a práticas culturais coletivas e saberes, cujos valores perpassam o inconsciente coletivo para conferir identidade a um povo ou grupo social. Essa a latitude semântica que se deve dar à expressão patrimônio cultural, e que não emerge nova nos dias atuais.

---

17 FIGUEIREDO JUNIOR, Hélio Rodrigues. Bens culturais: Função Social da Propriedade e Instrumentos Jurídicos para a sua Preservação. *Revista de Direito da Cidade*. Rio de Janeiro, 2013: (28-76), v. 5, n. 2.

18 O presente tópico foi originalmente publicado em capítulo de autoria da autora constante de obra coletiva, apresentando pequenas alterações: PIRES, Maria Coeli Simões. "A função social no direito urbanístico e na política urbana: uma nova ordem de sustentabilidade das cidades". In: PEREIRA, Flávio Henrique Unes; DIAS, Maria Tereza Fonseca. *Cidadania e Inclusão Social:* Estudos em Homenagem à Professora Miracy Barbosa de Sousa Gustin. Belo Horizonte: Editora Fórum, 2008: (377-406). ISBN: 978-85-7700-152-1.

A patrimonialização da cultura, mediante a proteção de seus referentes, é uma tendência na sociedade contemporânea, apresentando-se como tema de interesse e pesquisa em campos diversos do conhecimento científico e sendo pauta de diálogo intenso, notadamente entre cientistas sociais. As políticas correspondentes em âmbito nacional e no plano internacional, capitaneadas, no primeiro caso, pelo Instituto do Patrimônio Histórico e Artístico Nacional (IPHAN), e, no segundo, pela Organização das Nações Unidas para a Educação, Ciência e Cultura (UNESCO), refletem o paradigma de Estado e de sociedade em que aquelas se inserem. Desse modo, por exemplo, internamente, durante muito tempo, o propósito de configuração de um patrimônio que se constituísse em referência de identidade de um Estado-Nação, com pretensão estatal hegemônica, levou à elitização da representação da cultura, traduzida pela expressão da monumentalidade, sem lastro de legitimidade social.

Pelo caráter restrito do próprio conceito de patrimônio cultural adotado, pelo traço segregador das representações, ditas nacionais, e pela excludência das diferenças, a conformação do patrimônio apresentava-se como uma artificialização segregadora, já que os bens que o integravam eram ao mesmo tempo materialidade e idealização, num sistema de representação oficial e hegemônica; portanto, alheio à dimensão social do processo de cultura.

Nas últimas décadas, as políticas institucionais, sob o paradigma democrático e sob diretriz de compartilhamento com a sociedade, ampliam o seu foco e os instrumentos de preservação: "seleção, restauro, conservação, revitalização, *gentrification*, proteção, valorização, divulgação, reconhecimento e, mais recentemente, inventário, registro e salvaguarda".[19]

Nesse contexto, desenvolve-se uma reflexão teórica e pragmática sobre o patrimônio cultural tomado como processo social, por isso mesmo vivo, dinâmico, em contraposição à sua visão como representação simbólica estática. Propugna-se pela participação da comunidade no desenvolvimento e na construção de sua identidade. Tudo para evidenciar a correlação da legitimidade do patrimônio com os sujeitos sociais agentes das escolhas de "aspectos culturais representativos da identidade e com a responsabilidade social e ética para com os grupos criadores e portadores de bens culturais patrimoniais", de que fala Izabela Tamaso.[20]

19 TAMASO, Izabela. Dossiê Patrimônio Cultural – Apresentação. *Revista de Ciências Sociais – Sociedade e Cultura*. Goiânia: Universidade Federal de Goiás, jul.-dez., 2005.pp. 7-12, vol. 8, n. 2.

20 TAMASO, Izabela. Dossiê Patrimônio Cultural – Apresentação. *Revista de Ciências Sociais – Sociedade e Cultura*. Goiânia: Universidade Federal de Goiás, jul.-dez., 2005. pp. 7-12, vol. 8, n. 2.

O patrimônio cultural passa a ser tratado, assim, a partir da relação do cidadão com o espaço urbano, compreendendo referentes materiais e imateriais da cultura, pelo viés de sua função social. Com tal vinculação, deve ser constituído em processo de interação histórica entre cidadãos, espaço urbano e memória coletiva. Assim, impende traduzir as concepções políticas, econômicas, sociológicas e culturais que determinaram a intervenção no espaço da cidade ou a formação das diversas expressões da identidade social. Por isso mesmo, o patrimônio cultural não pode, por exemplo, ser definido tendo em vista aspectos estéticos e mercadológicos voltados para a indústria do turismo, tampouco representar apenas os valores de uma elite local. Há, sim, de espelhar a sociedade em que se insere, em sua pluralidade e até em seus paradoxos.

Para que isso se dê, ou seja, para que se determine um patrimônio cultural que possua significado para os habitantes locais, imprescindível é a participação do cidadão, integrando, por exemplo, o processo de escolha de bens tombáveis, a patrimonialização de valores intangíveis da cultura, a produção de conhecimento a respeito de seus elementos, seu salvamento e preservação.

O cidadão, além de natural construtor do espaço urbano, deve ser, também, coautor do processo de destacamento dos bens representativos de sua história, justificando-se seu papel ativo nessa seara e o compartilhamento de responsabilidades com a Administração Pública e a sociedade.

Por outro lado, na efetivação das funções sociais da urbe, revela-se nova vertente em favor do cidadão, a do direito à cidade, na exata imbricação com a diretriz geral da política urbana – expressa no art. 2°, II do Estatuto da Cidade –, e de gestão democrática dos planos, programas e projetos de desenvolvimento urbano, o que acena, não apenas para espaços institucionais e simbólicos de participação, mas com imperativa relação de integração para fins de efetivação dos direitos de fruição dos benefícios civilizatórios e funções urbanas, em contraponto à exclusão.

O tema é complexo e tem interfaces: com a política de preservação, tensionando tratamento da monumentalidade e pluralismo cultural; com a globalização, tensionando hegemonia estatal pela identidade da nação e processualidade democrática; com os processos de "gentrification", polarizando sustentabilidade patrimonial e espaço público, entre outras conexões.

Nesse contexto, deve ser ressaltado que a relação que se estabelece entre mercantilização do patrimônio e as demandas de fruição social dos bens que o integram tem, hoje, grande relevância, em decorrência, principalmente, dos processos de "enobrecimento" ou "retradicionalização" dos espaços.

Essa pressão da racionalidade mercadológica, que impõe a potencialização econômica dos bens culturais, traz como consequência a sua precarização quando não grave elitização. Tal distorção ocorre pelas diversas formas de interditos proibitórios, e pela desconsideração dos usuários residentes na área de intervenção ou de sua condição de coautores de sua cultura, estimulando a segregação não apenas espacial, mas social. O quadro envolve a apropriação privada dos bônus da preservação e da cultura como um todo, pela exploração egoística de serviços e produtos, com a transformação da tradição, dos saberes e fazeres, das manifestações folclóricas em espetáculo para alimentar a agenda das arenas do mercado, que segue alheio à essência dos espaços.

A privatização do público só pode ser revertida pelo uso cotidiano desses espaços por parte dos cidadãos, na busca de seus lugares e de suas tradições, bem assim de interações e representações sociais espontâneas travadas nesses ambientes, as quais, fugindo à lógica de meras concessões, são capazes de promover a (re)significação e recriação de sua materialidade e simbologia.

Outros suplementos sobre o tema da função social no campo do Direito Urbanístico, em diversas vertentes de aplicação (função social do Direito urbanístico, da propriedade, da posse, da cidade, do espaço urbano, do mobiliário urbano, dos investimentos públicos, da ambiência urbana, e do patrimônio cultural) podem ser encontrados no capítulo intitulado "A função social no Direito Urbanístico e na política urbana: uma nova ordem de sustentabilidade das cidades", elaborado pela autora e integrante de obra coletiva, conforme referência.[21]

4. DESAPROPRIAÇÃO E TOMBAMENTO

Conquanto já tenha sido discutida ligeiramente a questão da desapropriação como instituto alternativo para viabilizar a proteção estatal a bens do patrimônio cultural, a retomada do tema, já agora sob o enfoque de seu tratamento específico na legislação interna e em face do tombamento, revela-se fundamental.

Diante das múltiplas colocações que existem em torno da matéria, algumas indagações precisam ser respondidas: Em que medida os referidos institutos se relacionam? É a desapropriação pressuposto do tombamento compulsório? Em que situação o tombamento pode ser considerado consequência

---

21 PIRES, Maria Coeli Simões. "A função social no direito urbanístico e na política urbana: uma nova ordem de sustentabilidade das cidades". In: PEREIRA, Flávio Henrique Unes; DIAS, Maria Tereza Fonseca. *Cidadania e Inclusão Social:* Estudos em Homenagem à Professora Miracy Barbosa de Sousa Gustin. Belo Horizonte: Editora Fórum, 2008: (377-406). ISBN: 978-85-7700-152-1.

daquela? Como se compatibilizam as regras do art. 19 do Decreto-Lei n. 25/37 e do art. 5º, k e l, do Decreto-Lei n. 3.365/41? E, ainda, o bem tombado seria passível de desapropriação com base na lei geral ou sobre ele só incidiria a desapropriação em situação prevista na disciplina da lei especial?

Ora, geralmente, o tombamento compulsório pode prevalecer independentemente de desapropriação. Instituindo regime especial de proteção para determinado bem, enfeixa certas restrições ao direito de propriedade perfeitamente suportáveis pelo titular num sistema constitucional de garantia daquele direito, delineado sob contornos de uma prevalência do interesse social sobre o individual. Tais intervenções, guardadas as características, podem ser situadas, dependendo do gravame que impõem, na linha das que decorrem dos Códigos de Água, Caça e Pesca, Florestal e de Minas, ou da legislação que disciplina as locações. É certo, porém, que, pelo menos teoricamente, é sempre concebível intervenção estatal que exija obrigação de suportar por parte do proprietário do bem.

Consoante exposto no Capítulo 8, Tópico 3, como servidão administrativa, o tombamento não impõe restrições totalmente incompatíveis com os atributos da propriedade, do que resulta não haver, em regra, relação direta e necessária entre tombamento compulsório e desapropriação. Ao contrário, a correlação é excepcional.

Pontes de Miranda[22] mostra como o proprietário, independentemente de desapropriação, deve suportar a intervenção do poder público sobre o bem com vistas a protegê-lo:

> "Desde que, na propriedade de alguém, existe monumento histórico, móvel ou imóvel, que o Estado repute digno de guarda ou de proteção, nenhum direito tem o proprietário, ainda fora dos processos de desapropriação, para obstar ao exercício de qualquer medida de proteção ou de zelamento".

Ora, a desapropriação é instrumento de transferência de domínio do bem, o mais radical da efetivação do caráter social da propriedade, e só se justifica como decorrência do tombamento se o sacrifício do direito de propriedade for total ou de tal forma sensível, que provoque esvaziamento irremediável de seu conteúdo econômico. Aí, deverá ser precedido de indenização justa e em dinheiro, e, dessa forma, responder satisfatoriamente às regras de tutela da propriedade privada, mediante a transmutação do direito. A indicação ou não da desapropriação nesse caso deverá assentar-se nos

---

22 MIRANDA, Francisco Cavalcanti Pontes de. *Comentários à Constituição de 1967 com a emenda n. 1 de 1969*. Rio de Janeiro: Forense, 1972. p. 358.

pressupostos de compatibilização, ou não, do direito de propriedade com os efeitos concretos e específicos de um regime especial de tutela sobre determinado bem. A ideia de supressão do direito, de esvaziamento, evoca necessariamente a da desapropriação. Nesse sentido, já se pronunciaram os tribunais, e a própria jurisprudência administrativa já assentou o mesmo entendimento, conforme registro ao final deste tópico. Igualmente, a doutrina sustenta a desapropriação em tais situações.

Duas são as hipóteses legais de desapropriação por interesse de preservação do patrimônio cultural: a constante do parágrafo 1º do art. 19 da Lei de Tombamento; e a prevista no art. 5º, alínea k, do Decreto-Lei n. 3.365/41.

Estabelece o referido art. 19:

> "Art. 19. O proprietário da coisa tombada que não dispuser de recursos para proceder às obras de conservação e reparação que a mesma requerer, levará ao conhecimento do Serviço do Patrimônio Histórico e Artístico Nacional a necessidade das mencionadas obras, sob pena de multa correspondente ao dobro da importância em que for avaliado o dano sofrido pela mesma coisa.
> Parágrafo 1º – Recebida a comunicação e consideradas necessárias as obras, o Diretor do Serviço do Patrimônio Histórico e Artístico Nacional mandará executá-las, a expensas da União, devendo as mesmas serem iniciadas dentro do prazo de seis meses, ou providenciará para que seja feita a desapropriação da coisa.
> Parágrafo 2º – À falta de qualquer das providências previstas no parágrafo anterior, poderá o proprietário requerer que seja cancelado o tombamento da coisa.
> Parágrafo 3º – [...]"

O Decreto-Lei n. 3.365/41, no supramencionado dispositivo, prevê:

> "Art. 5º Consideram-se casos de utilidade pública:
> [...]
> k) a preservação e conservação dos monumentos históricos e artísticos, isolados ou integrados em conjuntos urbanos ou rurais, bem como as medidas necessárias a manter-lhes e realçar-lhes os aspectos valiosos ou característicos e, ainda, a proteção de paisagens e locais particularmente dotados pela natureza;
> l) a preservação e a conservação adequada de arquivos, documentos e outros bens, imóveis de valor histórico ou artístico".

Tais comandos legais acobertam situações distintas e, na prática, suscitam frequente discrepância na sua interpretação.

Para compreensão da matéria, sugere-se como primeiro passo a delimitação do campo de aplicação dos referidos dispositivos, sem que se perca de vista a especificidade da norma contida no Decreto-Lei n. 25/37 a respeito e o caráter genérico daquela que deflui da lei geral de desapropriação.

Ora, a primeira, referindo-se a situações próprias e específicas, surge, em última análise, como garantia do proprietário impossibilitado de proceder às medidas de preservação do bem, e impõe-se ao Poder Público sob sanção de cancelamento do tombamento, ocorrida a hipótese prevista na lei. De fato, é facilmente detectável a obrigação de desapropriar como consequência da verificação de ocorrência da situação enunciada no já citado art. 19, deferido ao proprietário o direito de requerer, administrativa ou judicialmente, o cancelamento do tombamento, nas hipóteses de ausência de providências de reparo pelo Poder Público ou de desapropriação.

Pelo que se pode inferir de todo o texto do Decreto-Lei n. 25/37, a consequência primeira da instituição do regime especial nele previsto é a integração do Poder Público na gestão do bem, sem eliminar, todavia, a gestão do proprietário. Prevendo, porém, a hipótese de total impossibilidade de o proprietário continuar na cogestão do bem protegido, estabelece ela mesma, sob pena de extinção daquele regime especial sobre o bem, o repasse do encargo da preservação do bem para o Poder Público ou um alternativo mecanismo de transferência de domínio, por via do qual o Poder Público se investe da obrigação plena de preservar o bem.

É, nesse passo, a desapropriação mecanismo de ratificação do tombamento, sendo que, no caso, há de manter-se aquela vinculada a este, eis que outra razão não a motivou senão o interesse público específico de permanência do regime do tombamento, o qual se cancelaria na ausência desse interesse.

Por óbvio, condição *sine qua non* para que se fundamente a desapropriação com os pressupostos do art. 19 é a existência prévia de tombamento, o que não equivale a dizer que os bens tombados só possam ser desapropriados em situações que tais. É que, reconhecida a insuficiência de condições do proprietário para a preservação do bem, a desapropriação se coloca como obrigação alternativa do Poder Público, como forma de garantia da permanência do regime de proteção. Configura-se, então, hipótese de desapropriação obrigatória para resguardo do interesse de proteção patrimonial.

Por outro lado, a Lei de Desapropriação erige em condição de utilidade pública a preservação e a conservação de bens de valor histórico, artístico e paisagístico. Defere, portanto, ao Poder Público uma faculdade para, à vista do interesse público, fazer incidir a desapropriação, quer sobre os bens formalmente integrados ao patrimônio nacional, quer sobre aqueles ainda não sujeitos a tombamento.

Conquanto seja, em tese, aí considerada faculdade do Poder Público, a referida utilidade pública pode fundamentar a desapropriação quando esta se impuser como condição de validade do ato de tombamento, se desse decorrer o esvaziamento do direito de propriedade.

Diógenes Gasparini,[23] enfatizando o caráter facultativo da desapropriação prevista no referido art. 5°, afirma:

> "Pode o Estado – se entender que para melhor proteção do bem seja necessário transferi-lo para o seu patrimônio – desapropriar. É mera faculdade que o ordenamento outorga ao Estado; não, direito do proprietário. O tombamento é um dos casos de utilidade pública – Decreto-Lei Federal n. 3.365/41, art. 5°, k e l – a facultar o poder expropriatório do Estado, nada mais [...]. Essa previsão na Lei de Desapropriação não induz a que o Estado deva antes desapropriar para depois tombar".

Certamente, não cogita Diógenes Gasparini de tombamento compulsório que resulte em aniquilamento do direito de propriedade.

Reginaldo Nunes,[24] advogado no Rio de Janeiro, em parecer já mencionado, envolvendo concessão de lavra e tombamento no emblemático caso do Pico do Itabirito – Mina de Cata Branca, mostrava a necessidade de desapropriação prévia para os casos de negação do direito de propriedade pelo tombamento e, referindo-se à alínea k do art. 5°, observava:

> "Se o tombamento compulsório, mesmo impedindo por completo o uso normal da propriedade, pudesse levar-se a cabo sem prévia indenização, a alínea acima transcrita do Decreto-Lei n. 3.365/41 seria um texto inútil, porque não teria quando aplicar-se; e o que é mais espantoso, deveria considerar-se revogado por lei a ele anterior – o Decreto-Lei n. 25, de 30 de novembro de 1937, que organizou a proteção do patrimônio histórico e artístico nacional".

Conforme já assinalado, Lúcia Valle Figueiredo[25] entende que o tombamento, como ato constitutivo, sempre acoberta uma servidão ou desapropriação. Nesse sentido, assinala que

---

23 GASPARINI, Diógenes. Tombamento II. In: *Enciclopédia Saraiva do Direito*. São Paulo: Saraiva, 1982. p. 26, v. 74.

24 NUNES, Reginaldo. Patrimônio artístico e histórico nacional – Tombamento – Desapropriação – Concessão de lavra. Interpretação do art. 141, parágrafos 4° e 16, e art. 175 da Constituição. *Revista de Direito Administrativo*. Rio de Janeiro, 16: 444-50, abr./jun. 1964.

25 FIGUEIREDO, Lúcia Valle. *Disciplina urbanística da propriedade*. São Paulo: Revista dos Tribunais, 1980. p. 19.

> "O tombamento, além de fato administrativo – ato de inscrever – nada mais é que rótulo inútil no que tange ao regime jurídico [...] De resto, o ato administrativo, referente a situação constituída, será sempre uma desapropriação ou uma servidão".

Dentro desse raciocínio, a autora apresenta as situações em que se colocam os bens em razão de seu tombamento, realçando aquela de aniquilação da propriedade privada, na qual o bem fica totalmente inútil ao particular, a quem são cometidas obrigações de não fazer e de fazer. Configura-se aí caso de desapropriação indireta, que se resolveria com a indenização correspondente.

É ponto pacífico na jurisprudência do Supremo Tribunal Federal o entendimento de que a desapropriação indireta só poderá ser reconhecida se o proprietário conseguir provar dano especial ao direito de propriedade, configurando-se situação próxima ao seu completo esvaziamento. No tocante ao tombamento, de acordo com julgados da Corte, tem sido admitida a desapropriação indireta unicamente nos casos de imóveis isolados, pois quando todo um conjunto – seja ele parte de um bairro ou rua – é tombado, a configuração de dano extraordinário ao direito de propriedade fica comprometida.[26]

Ora, como visto, a desapropriação é instrumento de transferência de domínio do bem, e, salvo raras exceções, o tombamento pode compatibilizar-se com a perfeita fruição do direito de propriedade. As restrições podem, contudo, comprometer de modo especialmente gravoso o domínio. Prejudica-se a essência do direito, atinge-se de modo significativo o uso, o gozo ou a disposição da coisa, o que implica perda ou esvaziamento de seu conteúdo econômico.

Se o tombamento se efetiva sem prejuízo dos atributos da propriedade, dele não decorrendo sacrifício total ou parcial considerável para o proprietário, não se há de falar em desapropriação.

Na legislação pátria, a desapropriação é, pois, mecanismo colocado à disposição do Poder Público em várias situações. Surge como medida preliminar ao tombamento, nas hipóteses em que este esvazia o direito de propriedade. Outras vezes, visa a remediar o conflito provocado pelo tombamento. Ainda por meio dela, o Poder Público assume a plena gestão do bem tombado, na hipótese da impossibilidade de sua preservação pelo proprietário. Finalmente, vale como instrumento alternativo, que pode destinar-se à preservação do bem independentemente do seu tombamento, vinculando-se, todavia, a sua destinação à finalidade que tenha motivado a transferência de domínio.

Pode ocorrer que os atributos patrimoniais do bem sejam tão importantes e tão fortes, que o Estado ou a comunidade devam possuí-lo.

---

26 Nesse sentido: RE 874818/RS; RE 361127/SP; RE 121140/RJ e AI127174/SP.

Observe-se, por outro lado, que a indenização pode verificar-se fora das hipóteses de desapropriação.

Nessa ordem de ideias, pode-se evoluir na caracterização das três hipóteses de desapropriação para preservação. A primeira, de caráter obrigatório para o Poder Público – quqndo este não assumir a reparação -, sob pena de cancelamento do tombamento, que se dá pela aplicação do art. 19, parágrafo 1º, do Decreto-Lei n. 25/37, c/c o Decreto-Lei n. 3.365/41, art. 5º, k. A segunda, de caráter facultativo, inspirada por interesse de preservação, que se dá por razão de conveniência do Poder Público com base na lei geral e que pode ser rotulada de tombamento indireto. E, ainda, a terceira, de caráter obrigatório, que deve ocorrer como preliminar ao tombamento – ou após sua efetivação –, se ele significar o aniquilamento do direito de propriedade, neste caso, também, por aplicação da lei geral.

No direito europeu de fonte latina, notadamente no direito francês e no italiano, a desapropriação é também a medida prevista quando o tombamento impõe restrições sensíveis ao conteúdo econômico do bem de propriedade particular. É o remédio preconizado quando a proteção envolve a disponibilidade da coisa tutelada, conforme informa Grisolia.[27]

Na verdade, a desapropriação no direito francês era a única providência para assegurar a proteção estatal ao patrimônio cultural contra a vontade do proprietário em relação ao *classement*, continuando como solução heroica, no relato de Robert Brichet.[28]

Carlos Medeiros,[29] em parecer no qual comentava o direito francês, após alinhar vários doutrinadores e referências em torno da utilização do instituto da desapropriação, concluía que a desapropriação era também prevista para o tombamento *(classement)* dos monumentos históricos e os realizados para a proteção de sítios e monumentos naturais, lembrando, ainda, que tal instituto valia como forma de proteção às vizinhanças *(abord)* do bem tombado para garantia de sua visibilidade.

Jurisprudência

Passa-se ao comentário do Mandado de Segurança n. 19961 contra ato expropriatório consubstanciado no Decreto n. 70.678, de junho de 1972, do

---

27 GRISOLIA, Mário. *La tutela delle cose d'arte.* Roma: Soc. Ed. Del "Foro Italiano", 1952. p. 407.

28 FRANÇA. *Le Régime des monuments historiques en France.* Paris, 1951. pp. 23, 24, 40, 59 e 62.

29 Parecer publicado na Revista de *Direito Administrativo,* 108: 429-64, 1972.

Presidente da República, envolvendo imóvel tombado na cidade de Vassouras-RJ, impetrado sob o entendimento de que seria inconstitucional e ilegal o ato impugnado, o qual teria ofendido o direito de propriedade fora dos casos previstos na legislação pertinente e excepcionados na Constituição.

O Relator, Ministro Xavier de Albuquerque, resumia assim os fundamentos dos impetrantes:

> "Alegam os impetrantes que a desapropriação não visa à preservação dos imóveis como patrimônio histórico, pois tal preservação já estava assegurada pelo tombamento nos termos do Decreto-Lei n. 25, de 30/11/37, e do Decreto n. 20.303, de 21/1/46, que aprovou o Regimento da então Diretoria do Patrimônio, legislação em conjugação com a qual há de ser aplicado o art. 5°, letra k, do Decreto-Lei n. 3.365/41, invocada no ato expropriatório, que considera caso de utilidade pública, para fins de desapropriação, a preservação e conservação dos monumentos históricos e artísticos; que tal legislação, regendo especificamente a proteção do patrimônio histórico e artístico nacional, prevê, no art. 19 do Decreto-Lei n. 25/37, o único caso em que é permitida a desapropriação da coisa tombada, isto é, quando o seu proprietário, não dispondo de recursos para proceder às obras de conservação e reparação que a mesma requer, comunicar ao órgão competente a necessidade de tais obras e a sua impossibilidade de executá-las, hipótese na qual a União tem a opção de executar as obras a suas expensas ou desapropriar a coisa; que o decreto expropriatório, portanto, violou o art. 19 do Decreto-Lei n. 25/37 e, por igual, o preceito constitucional que assegura o direito de propriedade, posto que, evidenciadas a desnecessidade e a inutilidade da desapropriação decretada, a finalidade da desapropriação seria, na realidade, a de beneficiar uma entidade de direito privado".[30]

Ao ser ouvida, a Procuradoria-Geral da República[31] defendeu a compatibilidade da desapropriação referida no art. 19, parágrafo 1°, do Decreto-Lei n. 25, de 30 de novembro de 1937, com o preceituado no art. 5°, da Lei de Desapropriação:

---

[30] BRASIL. Supremo Tribunal Federal. Desapropriação – Mandado de segurança – Tombamento – Entidade privada. Mandado de segurança n. 19.961. Paulo Soares de Gouvêa e outros versus Presidente da República. Relator: Ministro Xavier de Albuquerque. Acórdão de 12 de junho de 1974. *Revista de Direito Administrativo*. Rio de Janeiro, 123 (274-83), jan./mar. 1976. p. 275.

[31] RIBEIRO, Antônio de Pádua. Parecer – Procuradoria Geral da República. *Revista de Direito Administrativo*. Rio de Janeiro: FGV, 123: p.275, jan./mar. 1976.

> "Quem pode o mais (desapropriar), pode o menos (tombar), mas o fato de contentar-se com o menos (tombar) não significa que tenha renunciado ao mais (desapropriar)".

Por outro lado, afastou aquele órgão o Mandado de Segurança como meio judicial idôneo para alcançar o pronunciamento judicial sobre a existência, ou não, de utilidade pública, fundamento do ato expropriatório.

Após diligências, a Procuradoria voltou a ser ouvida, quando reiterou seu pronunciamento.

Já o Relator, Ministro Xavier de Albuquerque, sustentou a competência do Poder Judiciário para examinar qualquer questão relacionada com a legalidade do ato expropriatório, não admitindo limitar-se seu mister à fixação do valor da indenização devida.

Defendendo a idoneidade do Mandado de Segurança para discutir a razão justificadora do ato expropriatório, contra a tese da Consultoria Jurídica do Ministério da Educação e Cultura, afirmou o Ministro que importava examinar se estavam reunidos os pressupostos da impetração; se os fundamentos do pedido se assentavam em fatos incontroversos; se havia ilegalidade ou abuso de poder no ato impugnado; e se tal ato ofendia direito líquido e certo dos impetrantes.

E colheu de Castro Nunes[32] as seguintes afirmações:

> "A desapropriação está prevista na Lei n. 25 para o caso em que não seja possível conservar a coisa sem retirá-la das mãos do proprietário. O mesmo no direito italiano. O monumento histórico ou de antiguidade nacional que seja bem imóvel e cuja conservação corra perigo continuado no poder do proprietário é adquirido pelo Estado, mediante desapropriação.
>
> É essa, precisamente, a hipótese prevista no parágrafo 1º do art. 19 da Lei n. 25: se o proprietário não dispõe de meios para fazer as obras de conservação, o Estado, para evitar a ruína do edifício, o desapropria. Fora dessa hipótese, não está obrigado a desapropriar, porque a conservação é um ônus que a lei impõe ao proprietário; salvo se o Estado quiser fazê-lo. [...]
>
> O Decreto-Lei n. 3.365, de 21/6/41, contemplando entre os casos de desapropriação a preservação dos monumentos históricos, deve ser entendido nos termos da lei especial que rege a matéria. Faculta

32 NUNES, Castro. Supremo Tribunal Federal. Apelação Cível 7377. Pleno. Maioria. Rel. Ministro Castro Nunes. Julgado em 17 de junho de 1942. *Revista dos Tribunais*. São Paulo, 147: (792; 796), 1944.

> a desapropriação, de que poderá usar o Poder Público se for necessário ou conveniente transferir para o Estado a propriedade.
>
> [...]
>
> O Estado só toma a si o ônus da conservação – e a tanto equivale a obrigação de desapropriar – quando não seja possível conservar a coisa, deixando-a em mãos do proprietário, e tal é a hipótese prevista na Lei n. 25.
>
> Não está, porém, impedido de fazê-lo em outras hipóteses, se assim o entender em cada caso, já então por aplicação da lei geral sobre desapropriações, e não por aplicação daquela lei especial".

Ressalte-se que, no caso analisado pelo Ministro Castro Nunes, o proprietário insurgia-se contra o tombamento e pretendia compelir a União a desapropriar o imóvel.

Na hipótese do Mandado de Segurança em comento, os proprietários conformavam-se com o tombamento e queriam impedir a União de desapropriar.

Concluiu o Relator, Ministro Xavier de Albuquerque:[33]

> "[...] o proprietário da coisa tombada não pode tê-la expropriada, para fins de preservação e conservação como patrimônio histórico ou artístico, à sua revelia. Deu-lhe a lei o direito de condicionar a expropriação, subordinando-a à denúncia, que lhe cabe, a ele, de não dispor de recursos para preservar e conservar o bem.
>
> [...]
>
> Institui a lei, portanto, certo procedimento a ser obedecido na esfera administrativa, antecedendo ao ato expropriatório para fins de preservação e conservação como patrimônio histórico ou artístico. Instaura-o, nos termos do citado art. 19, a comunicação do proprietário de que não tem recursos para executar as obras necessárias".

Entendeu, assim, o Relator que a única hipótese de desapropriação para fins de preservação e conservação de coisa tombada como patrimônio histórico e artístico nacional era a prevista no Decreto-Lei n. 25/37.

---

33 BRASIL. Supremo Tribunal Federal. Desapropriação – Mandado de segurança – Tombamento – Entidade privada. Mandado de segurança n. 19.961. Paulo Soares de Gouvêa e outros versus Presidente da República. Relator: Ministro Xavier de Albuquerque. Acórdão de 12 de junho de 1974. *Revista de Direito Administrativo*. Rio de Janeiro, 123: (274-83), jan./mar. 1976.

Solicitada vista pelo Ministro Rodrigues Alckmin, foi adiado o julgamento. De seu voto, extraem-se as seguintes conclusões, todas afinadas com a tese do Relator:

> "Em se tratando da preservação ou conservação de monumentos históricos ou artísticos, prevê a lei (Decreto-Lei n. 3.365/41, art. 5°, k) a desapropriação. Não afasta, porém, a disciplina de lei especial (Decreto-Lei n. 25/37) quanto a bem integrante do patrimônio histórico e artístico nacional. Firmou-se aí entendimento de que [...] esta lei especial previu e disciplinou o tombamento de imóveis como integrantes do patrimônio histórico e artístico nacional. Considerou que o interesse na preservação desse patrimônio se satisfaz não com a desapropriação dos bens, ao nuto da Administração, mas com a aplicação de medidas protetivas por ela estabelecidas. Assim, a desapropriação desses bens somente se dará se forem indispensáveis obras de conservação e reparação, e, não dispondo de recursos para fazê-las o proprietário, não optar por executá-las a expensas da União (Decreto-Lei n. 25/37, art. 19, parágrafo 1°)".[34]

O Ministro Rodrigues Alckmin considerou ilegítima a desapropriação de bens integrantes do patrimônio histórico e artístico nacional por entender inexistir a hipótese prevista na lei especial, e, mais, que a finalidade indicada na desapropriação ficaria comprometida para beneficiar entidade particular.

À unanimidade, foi deferido o pedido de Mandado de Segurança.

A propósito, recapitula-se, ainda, a posição de Carlos Medeiros Silva[35] no tocante à desapropriação em face do tombamento, em parecer assim ementado:

Patrimônio Histórico e Artístico Nacional – Tombamento – Vizinhança – Desapropriação – Registro de Imóveis – Direitos de Terceiros.

Medeiros Silva, respondendo a consulta formulada pela VEPLAN quanto à necessidade da desapropriação para proceder-se a tombamento, observava que o IPHAN, muitas vezes, não vinha perfilhando o melhor caminho de proceder à desapropriação para o tombamento, com justa indenização, o que permitiria conciliar-se o interesse público com o privado. Refutava o pensamento de que a desapropriação era desnecessária, citando a manifestação do Consultor-Geral da República[36] sobre as restrições impostas pelo

---

34 *Revista de Direito Administrativo, Rio de Janeiro, 123: (274-83), jan./mar. 1976.*

35 SILVA, Carlos Medeiros. Parecer – Patrimônio Histórico e Artístico Nacional – Tombamento – Vizinhança – Desapropriação. *Revista de Direito Administrativo.* Rio de Janeiro, 108: 429-64, abr./jun. 1972.

36 Consultoria Geral da República. In: *Revista de Direito Administrativo, Rio de Janeiro, 82: 341-46, out./dez. 1965. Apud* SILVA, Carlos Medeiros. Parecer – Patrimônio

tombamento, que importavam não só no esvaziamento do conteúdo econômico da propriedade, senão em verdadeira supressão do direito.

Criticando o tombamento sem a desapropriação, Carlos Medeiros Silva citou a jurisprudência interna e as legislações francesa e italiana, as quais previam a desapropriação no caso em que o tombamento impusesse restrições sensíveis ao bem de propriedade particular, com o seu esvaziamento econômico.

Advertia que, não tendo o Poder Público expropriado para tombar, verificada restrição sensível da propriedade privada, ao proprietário estaria facultado o direito de, com fulcro na Constituição Federal, pleitear, judicialmente, indenização pelo prejuízo.

Apesar de recorrentes argumentos no sentido de vincular tombamento e desapropriação/indenização, o entendimento dominante é no sentido de que não se exige a desapropriação como condição do tombamento. Ela pode justificar-se em algumas hipóteses. Inocorrendo desapropriação e registrando-se prejuízo considerável, resguarda-se ao proprietário o direito a ressarcir-se do gravame que lhe tenha sido imposto, ou, ainda, de obter a desapropriação indireta se o esvaziamento do conteúdo econômico da propriedade a justificar.

Comenta-se, finalmente, julgado envolvendo Mandado de Segurança que tangencia os institutos do tombamento e da desapropriação, cujo acórdão traz a seguinte ementa:

Mandado de Segurança. Poder de Polícia. Atos Administrativos e Atos Vinculados. Seu Controle pelo Judiciário.[37]

Os coproprietários e compossuidores de quatro prédios situados em Porto Alegre requereram à Prefeitura Municipal daquela cidade licença para a demolição dos imóveis e certidões de alinhamento.

Silenciando a Prefeitura sobre o requerimento, ditos proprietários ingressaram em juízo com Mandado de Segurança para que o pedido fosse atendido no prazo de 10 dias.

Ouvida, a autoridade coatora justificou a omissão pelo fato de os imóveis terem sido relacionados, em levantamento empreendido pelo Município, como bens de valor histórico e cultural, para fins de tombamento e declaração de utilidade pública.

Histórico e Artístico Nacional – Tombamento – Vizinhança – Desapropriação. *Revista de Direito Administrativo*. Rio de Janeiro, 108: (429-64), abr./jun. 1972. p. 432.

37 RIO GRANDE DO SUL. Tribunal de justiça. Apelação cível n. 29.531. Município de Porto Alegre, apelante, Versus João Ottoni Silveira e outros, Apelados. Relator: Dr. João Ricardo Vinhas. Acórdão de 22 de junho de 1978. *Revista de Jurisprudência do Tribunal de Justiça do Rio Grande do Sul*. Porto Alegre, 72(11); 445-51, 1979.

Concedido o mandado pelo juiz *a quo*, apelou o Poder Público Municipal.

No Tribunal de Justiça do Rio Grande do Sul, o Relator, ao examinar a matéria, enalteceu o direito-dever do Poder Público de adotar medidas destinadas à proteção do patrimônio histórico e artístico. Reconheceu, entretanto, que o Município agira em desconformidade com a lei, ao omitir-se sobre o pedido dos apelados. Para que o Município pudesse impor restrições aos imóveis, deveria ter realizado o tombamento ou a declaração de utilidade pública para o fim de desapropriação. Lembrou o Relator a sentença do juiz *a quo*, segundo a qual o simples tombamento é adequado

> "[...] se as medidas protetivas a serem adotadas não sacrificam o direito de propriedade em qualquer de seus elementos integrativos. Se, ao contrário, o sacrifício total ou parcial do direito de propriedade é decorrência inevitável dos atos de proteção e preservação, só a declaração de utilidade pública e ulterior desapropriação respondem satisfatoriamente às regras constitucionais resguardadoras daquele direito".

O Relator advertiu, também, que o legislador ordinário inseriu, entre as hipóteses de utilidade pública para fins de desapropriação, "a preservação e conservação de monumentos históricos e artísticos, isolados ou integrados, em conjuntos urbanos e rurais, bem como as medidas necessárias a manter-lhes e realçar-lhes os aspectos mais valiosos ou característicos, e, ainda, a proteção de paisagens e locais particularmente dotados pela natureza", nos termos do art. 5º, letra k, do Decreto-Lei n. 3.365/41.

Chamava ele a atenção para o fato de que, se as medidas protetoras, uma vez efetivadas, não fossem susceptíveis de esvaziarem a substância econômica do bem, seria suficiente o tombamento. Do contrário, não bastaria o simples tombamento, sendo a hipótese de desapropriação.

No caso em estudo, segundo o Relator, a declaração de utilidade pública para fins de desapropriação dos imóveis seria adequada cumulativamente com o tombamento. No entanto, nos autos não se comprovou nem mesmo o simples tombamento.

Assim, concluiu o Judiciário que a inércia do Poder Público Municipal, omitindo-se em decidir sobre o requerimento de licença para demolição, representou, destarte, abuso de poder, desrespeitando direito líquido e certo dos apelados.

Por unanimidade de votos, foi negado provimento à apelação e confirmada a sentença.

5. TOMBAMENTO E INDENIZAÇÃO

Há coincidência quase absoluta entre os autores que concebem o tombamento como espécie de servidão administrativa e os que defendem a indenização. A mesma constatação ocorre entre os que tomam o instituto como limitação administrativa e os que o colocam sob o signo da gratuidade.

Esse paralelismo de posições doutrinárias registradas em capítulo próprio não é infundado, conquanto não seja satisfatório para localização do instituto na ordem classificatória.

Como já se pôde perceber, sustenta-se neste trabalho a distinção entre as duas categorias estudadas – a servidão e a limitação administrativa – sob o prisma das obrigações que criam: respectivamente, a de suportar que se faça, sem prejuízo de outras restrições parciais; e as de fazer e de não fazer. Até porque a gratuidade não é traço exclusivo da limitação. A servidão também pode ser gratuita, pois parece ser perfeitamente cabível a ocorrência de modalidade de servidão pública que não imponha prejuízo. É oportuno lembrar exemplo dado por Celso Antônio B. de Mello, relativo às placas de nomes de ruas, cuja instalação pressupõe obrigação de suportar o ônus, apesar de insuscetível de gerar prejuízo, na maioria das vezes, conforme expõe em seu consagrado manual.

No que concerne ao tombamento, a realidade oferece dado curioso e singular: quando o instituto é aplicado ao acervo de edificações de determinado bairro ou cidade, frequentemente, senão sempre, mostra-se benéfica para os proprietários a atuação estatal a que se submetem os bens de que são titulares. Em situações como essa, a intervenção estatal permite a a recuperação econômica de comunidades estagnadas, a reabilitação de centros históricos e a valorização da propriedade privada. O bem tornado de utilidade pública não sofre perda em seu conteúdo econômico, essência do bem jurídico denominado propriedade. Igualmente, há situações em que o tombamento gera completa perda desse conteúdo, justificando-se a transferência do bem para o domínio estatal mediante a desapropriação.

Daí por que não se pode estabelecer paralelismo entre o tombamento e a indenização, porquanto aquele é a medida de intervenção, e esta se constitui como obrigação estatal em face do sacrifício excepcional imposto ao proprietário em virtude daquela.

Assim, o direito à indenização, apesar de não ser finalidade e nem elemento permanente no tombamento, deve ser objeto de estudo, tendo como pressupostos os reflexos da intervenção estatal sobre o conteúdo de utilidade do bem. A abrangência desse sacrifício deve ser levada em conta na análise de cada situação jurídica constituída, que ora se circunscreve nos limites da servidão, ora extrapola para o campo da desapropriação, como explica Lúcia Valle Figueiredo.[38]

Há, no entanto, grande polêmica a respeito do tema indenização, porquanto envolve de forma imediata o direito de propriedade. Radicalizando as posições e as concepções sobre direito individual e direito social, uns defendem a permanente compatibilidade do tombamento com as prerrogativas do domínio, descartando a possibilidade de indenização, como Carlos Magno de Souza Paiva[39]; outros, a inadequação do instituto enquanto instrumento interventivo na seara dos direitos individuais, indicando a desapropriação como alternativa de sua viabilização.

Desse modo, aqueles que vêem no tombamento instituto apto a realizar a função social da propriedade e os que nele identificam interesse de solapar o direito de propriedade polarizam essa discussão doutrinária, por razões jurídicas aliadas a motivações políticas e ideológicas.

Julgam os individualistas que só deve haver tombamento quando a parte atingida anuir. Caso contrário, só com a desapropriação é possível alcançar o escopo da preservação. O tombamento não precedido de desapropriação violaria o direito individual de propriedade.

Já os demais crêem inaceitável essa tese, em face da circunstância de que não se assegura ao indivíduo direito de propriedade intangível e ilimitado. O que prevalece hoje é o cânone da função social da propriedade, elidindo o conceito liberal desta última e justificando institutos como o tombamento e outros, capazes de incidir sobre o exercício do direito, sem o ferir, necessariamente, em seus elementos constitutivos.

Alinham-se nessa última posição, entre outros: Paulo Affonso Leme Machado (Tombamento, *in* Rev. dos Tribunais, n. 563, p. 35/36), Antônio Queiroz Telles (Tombamento e seu Regime Jurídico, Editora Revista dos Tribunais, 1992, p. 100), Celso Antônio Bandeira de Mello (Tombamento e Dever de Indenizar, *in* Rev. de Direito Público, n. 81, p. 72/73) Adilson Abreu Dallari (Tombamento, *in* Rev. de Direito Público, n. 86, p. 38) e Hely Lopes Meirelles (Tombamento e Indenização, *in* Rev. dos Tribunais, n. 600, 1985, p. 16/17).

A autora desta obra acolhe parcialmente argumentos de ambas as correntes, malgrado não se filie a nenhuma delas, preferindo uma terceira que concilia essas antagonias, na análise da problemática levantada.

---

38 FIGUEIREDO, Lúcia Valle.Curso de Direito Administrativo, 2ª ed. São Paulo: Malheiros, 1995,p.187.

39 DIAS, Maria Tereza Fonseca; PAIVA, Carlos Magno de Souza (coord.). Direito e Proteção do Patrimônio Cultural Imóvel. Belo Horizonte: Fórum, 2010.p.82.

Com efeito, entende extemporâneo o enfoque do tombamento sob prisma liberal, que atribuía à propriedade o caráter de sumo direito, mormente em face do tratamento dado à matéria na Constituição Federal de 1988.

É inegável, na atualidade, a sujeição do direito individual ao interesse coletivo, sendo que essa relação de condicionamento pode exprimir-se de variadas maneiras, contando, para tanto, com supedâneo constitucional.

Assim, é adequada a invocação da função social da propriedade na defesa do tombamento, instituto legítimo tendo a embasá-lo norma constitucional que o prevê expressamente. Nesse sentido, em princípio, cabe tão somente ao proprietário curvar-se à evidência de que o bem jurídico de que é titular suporta um valor cultural reconhecido e que pontifica entre aqueles de cuja preservação a coletividade deva haurir os efeitos. Concretamente, poderá ser caracterizada situação excepcional, a demandar solução pela lógica da adequabilidade.

Carece, pois, de fundamento a posição daqueles que vêem na desapropriação a única forma válida de proteção do bem, na hipótese de não-anuência do proprietário ao tombamento. Será, sim, a única forma de proteção, se a intervenção estatal impingir o banimento do direito de propriedade.

Por outro lado, a autora não julga convincentes os argumentos dos que defendem ser o tombamento insuscetível de gerar prejuízos ao proprietário atingido, pelo fato de se ancorar no princípio da função social.

A realidade fornece incontáveis exemplos de perda do conteúdo econômico da propriedade com a superveniência do ato de tombamento, o que atesta a carência de fundamento dos que preconizam sempre a desnecessidade de indenização e fortalece a corrente conciliadora.

Há de se reconhecer a prevalência da função social; não pode ela, porém, justificar a geração de prejuízo real e não razoável para o indivíduo, sem o devido ressarcimento desta perda.

Entretanto, é preciso ter bem clara a compreensão de que o direito não deve proteger a mera potencialidade da propriedade; toma em conta o prejuízo resultante de restrição relativa a um uso inerente, efetivo e atual, o que naturalmente envolve o uso em processo de viabilização ou em curso de efetivação.

Dessa forma, sob pena de descaracterização da figura jurídica do tombamento, revela-se impróprio condicioná-lo, em todas as situações, à indenização.

Não intenta a autora, pois, atrelar o instituto jurídico do tombamento à indenização; ao contrário, propugna pela posição que busca avaliar a compatibilidade entre tombamento e indenização *in concreto*.

Se a Constituição Federal prescreveu a desapropriação como instrumento utilizável pelo Estado para garantir efetividade de direitos sociais, com toda razão faculta-se ao Poder Público sujeitar o interesse de particulares a institutos mais brandos, que não extingam a propriedade, mas apenas estabeleçam limites ou sacrifícios parciais. Ademais, a Constituição expressamente previu a desapropriação, o tombamento e outras formas acautelatórias para proteção do patrimônio.

Nessa ordem de ideias, é necessário refletir sobre a seguinte indagação: Se a desapropriação enseja sempre direito à indenização para o proprietário atingido pelo *jus imperium*, por que institutos congêneres não o ensejariam, na hipótese de verificar-se real e significativo prejuízo para o titular do direito individual cerceado?

O princípio da função social não pode converter-se em expressão que sirva de panaceia, abrigando toda sorte de interesses em detrimento do direito igualmente constitucional de propriedade e justificando até o confisco.

A função social justifica a servidão do tombamento ou até a desapropriação; não pode fazer desaparecer, porém, o direito à indenização, no primeiro caso, se se reconhecer prejuízo real, e, no segundo, de qualquer modo, porque se negou a própria essência da propriedade. É dizer: em certos casos, é necessário compensação por um prejuízo parcial significativo; em outros, melhor eliminar a propriedade do que sujeitá-la, concretamente, a peias de toda natureza, incompatíveis com os atributos do domínio e capazes de neutralizá-los.

Em ambas as situações, a indenização corresponde à distribuição equânime do ônus da preservação cultural, dentro do princípio da solidariedade social.

A indenização, reitera-se, não é elemento componencial do tombamento, ou consequência necessária da incidência do seu regime sobre o bem. Ela só tem lugar no caso concreto em que se apurar significativo gravame ao conteúdo econômico da propriedade afetada pelo tombamento, devendo o desequilíbrio ser corrigido mediante o ressarcimento pelo prejuízo efetivo.

Faz-se referência ao alentado e profundo trabalho intitulado "A Indenização na Desapropriação, Legislação, Doutrina e Jurisprudência", desenvolvido pelo cientista do Direito e da Administração Pública, Prof. Vicente de Paula Mendes.[40] A obra constitui-se em contribuição das mais valiosas no enfrentamento da intricada questão, a partir da resenha histórica da desapropriação.

---

[40] MENDES, Vicente de Paula. *A indenização na desapropriação:* legislação, doutrina e jurisprudência. Belo Horizonte. Del Rey, 1992.

Numa pesquisa que percorre 150 anos da trajetória do instituto, o autor resgata a legislação desde o diploma de 1821, culminando com a Constituição de 1988; reúne as principais posições doutrinárias compreendidas no período e sistematiza a jurisprudência pretoriana desde 1872 até 1990.

Aspectos de extrema relevância para os objetivos deste capítulo permeiam, de forma crítica e madura, todo o estudo. Entretanto, destacam-se, entre outros, os capítulos II, III e IV, respectivamente, "Natureza Jurídica da Indenização Expropriatória", "Requisitos Constitucionais da Indenização Expropriatória", e "Conteúdo da Indenização Expropriatória," pelas implicações práticas na seara da preservação, na hipótese de o caminho escolhido pelo Poder Público ser o da transferência de domínio. Ali, a questão é tratada de forma sistemática, situações variadas e respectivos desdobramentos são apresentados, tudo sobre os pilares de sólida doutrina e consolidada jurisprudência.

Colhem-se ainda da doutrina e da jurisprudência mais emblemática fragmentos que, aos poucos, vão permitindo consolidar-se, para casos extremos, a construção da teoria da indenização na seara da preservação do patrimônio cultural. Nessa linha, o parecer de Reginaldo Nunes relativo aos efeitos do tombamento do Pico do Itabirito, sustentando que o referido ato esvaziava por completo o direito de propriedade da mina. Entendeu-se, na ocasião, que se reduzia o proprietário da mina a mero custodiador de uma riqueza, a qual estaria impedido de explorar em seu potencial econômico e em seu destino natural. O Parecerista buscou em Bielsa o fundamento para a indenização, entendendo ser ela um meio legítimo para distribuir equanimemente os encargos públicos, seja com base em norma escrita, seja em função dos princípios da solidariedade social.

Eis a passagem de que se cogita:

> *"Cuando el estado expropria, ejercita un derecho (mas aún, una potestad), y sin embargo indemniza. Por eso, la razón de toda regla que niegue indemnización debe fundarse en otro principio, y es el siguiente: cuando la limitación impuesta a la propiedad no la desintegra, v. gr., cuando no se establece servidumbre, usufruto, etc, no hay lesión al derecho de propriedad; se trata entonces de una condición del ejercicio del derecho de propriedad. (Pero la jurisprudencia más reciente del Consejo de Estado, y bajo su influencia lo ha establecido la legislación – admiten un derecho a reparación).*
> *En conclusión, el principio de la reparación debe ser jurídico, por ejemplo, la proporcionalidad de las cargas públicas; o de índole político social, de substancia moral como la solidariedad existente entre los individuos que forman el cuerpo político-social".*[41]

---

[41] BIELSA, Rafael. *El estado de necesidad in el derecho constitucional y administrativo.* Buenos Aires, Depalma, 1957. Apud NUNES, Reginaldo. Patrimônio artístico e

Sendo de interesse da coletividade a preservação da propriedade, impõe-se, a contraprestação correspondente ao prejuízo resultante de atuação que elimine, amesquinhe ou lese essa propriedade, impondo a subtração de seu conteúdo econômico, ou de parte significativa dele. Tal é, com certeza, a solução que interessa à sociedade brasileira nos moldes em que estabelecida.

O ressarcimento em situações de prejuízo sensível é garantia individual, cuja violação traria completa insegurança aos cidadãos, abrindo as portas para o confisco e para a desconsideração da propriedade como direito. Estar-se-ia, enfim, transformando a propriedade, um bem jurídico categorizado constitucionalmente, em mera figuração sem conteúdo ou em simples concessão, revogável a qualquer tempo, sem que seu titular nada pudesse exigir em contrapartida.

Lúcia Valle Figueiredo,[42] referindo-se às hipóteses de redução parcial excepcional na utilização do bem pelo particular e de ausência de prejuízo ao proprietário em razão do tombamento, afirma caracterizar-se a primeira como autêntica servidão administrativa indenizável, e a segunda, servidão administrativa não indenizável, por ausência de prejuízo.

Marcelo Caetano,[43] definindo, também, um campo mais restrito de incidência da indenização, reitera não ser ela elemento permanente da servidão administrativa. Admite-a em face de sacrifício excepcional imposto ao proprietário. Neste sentido, afirma:

> "A servidão administrativa deve ser constituída de modo a permitir que os prédios servientes continuem a ser utilizados pelos seus donos comodantes, segundo o princípio do mínimo prejuízo, e nesse caso não haverá lugar para o pagamento de indenização". A obrigação deste só nascerá "quando a servidão impeça a continuação da fruição normal de todo ou de parte do prédio serviente, de modo a diminuir efetivamente o seu valor. Neste caso haverá um sacrifício excepcional imposto ao proprietário como violação do princípio da igualdade dos cidadãos nos encargos públicos, justificativo de indenização".

---

histórico nacional – Tombamento – Desapropriação – Concessão de lavra. Interpretação do art. 141, parágrafos 4º e 16, e art. 175 da Constituição. *Revista de Direito Administrativo*. Rio de Janeiro, 16: (444-50), abr./jun. 1964.

42 FIGUEIREDO, Lúcia Valle. *Disciplina urbanística da propriedade*. São Paulo: Revista dos Tribunais, 1980. p. 18.

43 CAETANO, Marcello. *Manual de direito administrativo*. 4 ed. Lisboa: Coimbra Editora Ltda., 1957. p. 471.

Na mesma direção é a lição de Laubadère[44] –, referindo-se ao *classement:*

> *"Les servitudes resultant du classement peuvent donner bien à indemnisation s'il en resulte une modification à l'état ou à l'utilisation des leux determinant un prejudice direct, materiel et certain".*

Dessa forma, pode-se afirmar que, se o tombamento significar o esvaziamento do direito de propriedade, o instituto deve subsumir-se na figura da desapropriação, com a correspondente indenização; se acarretar apenas ônus sobre o bem, não se pode afirmar, *a priori,* se a servidão instituída via tombamento deve ou não gerar como consequência a indenização. Esta só pode ser deduzida como forma de compensação de prejuízo que afete de maneira significativa o titular; daí por que é importante ter em conta as situações jurídicas especificamente consideradas e os reflexos da intervenção sobre o conteúdo de utilidade fruível pelo proprietário. Assim, em determinadas circunstâncias, a instituição de regime especial de proteção sobre determinado bem pode dar ensanchas à indenização, importando distribuição equânime do ônus para a sociedade. Será, porém, gratuita, se não houver diminuição significativa de qualquer dos componentes do direito de propriedade, sem que essa não-incidência de indenização sirva de pretexto para situar o instituto na vertente das limitações administrativas.

Daí por que, não usando o Poder Público da alternativa da desapropriação para tombar, nos casos de restrição sensível ao domínio privado – a qual possa ser avaliada em termos econômicos ou pecuniários –, fica ressalvado ao proprietário o direito de pedir, judicialmente, indenização equivalente ao prejuízo.

Na AC 1.0024.99.095386-1/001, a Primeira Câmara Cível do Tribunal de Justiça de Minas Gerais julgou, à unanimidade, procedente pedido de indenização pelo prejuízo que o proprietário de imóvel tombado sofreu ao aliená-lo depois do tombamento, conforme ficou provado em laudo pericial. Ademais, nem mesmo os órgãos municipais conseguiram demonstrar valor histórico ou cultural ligado àquele imóvel, a justificar seu tombamento, o que contribuiu para o resultado.[45]

No julgamento do REsp 1.129.123/SC, a Primeira Turma do STJ considerou possível a indenização, em face de efetivo prejuízo a seus proprietários.[46]

---

44 LAUBADÉRE, André de. *Traité élémentaire de droit administratif.* 5. ed. Paris: Lib. General de Droit e Jurisprudence, 1970.pp. 385-7, t. 2.

45 TJMG. *Apelação Cível 1.0024.99.095386-1/001.* Relator(a): Des.(a) Vanessa Verdolim Hudson Andrade, 1ª CÂMARA CÍVEL, julgamento em 08/06/2004, publicação da súmula em 25/06/2004.

46 *REsp 1129103/SC.* Rel. Ministro Arnaldo Esteves Lima, Primeira Turma, julgado em 08/02/2011, DJe, 17/02/2011.

Por fim, há de ter-se sempre em vista a aplicação dos princípios da responsabilidade civil do Estado às situações decorrentes do tombamento e, especialmente, a dimensão do ônus para a medida exata da composição do prejuízo, lembrando-se de que a indenização não é a única forma compatível de compensação. O proprietário de bem tombado poderá receber, em contrapartida, incentivos fiscais, isenções de taxas e impostos ou recursos subsidiados a juros baixos para manutenção, restauro, limpeza. De outra parte, na seara dos instrumentos urbanísticos brasileiros, destacam-se, de especial caráter compensatório, e capazes de assegurar o princípio de igualdade no tocante ao direito de propriedade –, a transferência do direito de construir e solo criado, atrelados ao coeficiente construtivo.

Em países desenvolvidos, esses institutos e outras formas de compensação assumem formas diversas. A legislação prevê, por exemplo, que o proprietário de uma casa tombada localizada em rua cujo gabarito de construção seja superior ao que efetivamente possa usar em seu imóvel receba bônus pelos andares que ele não puder construir, com o que poderá obter imóvel equivalente ou construir em outro local, inclusive fazendo uso de solo criado ou adicional. O direito brasileiro tem evoluído nesse sentido.

Atualmente, vários municípios brasileiros já adotam a chamada Transferência de Potencial Construtivo, que permite aos proprietários de imóveis tombados a venda da área não utilizada. Em São Paulo, por exemplo, apesar de o instituto ter previsão legal desde 1984, só a partir de 2014, com a aprovação do Plano Diretor Estratégico, é que os proprietários começaram a fazer uso do direito que lhes cabia, como fica claro do abrangente estudo feito por Flávia Peretto.[47]

Belo Horizonte avança na mesma linha, entre outros municípios.

---

47 PERETTO, Flávia T. *A transferência do direito de construir na conservação dos imóveis tombados no Município de São Paulo.* 1º Simpósio Científico ICOMOS Brasil. Belo Horizonte, de 10 a 13 de maio de 2017. Disponível em: <https://even3storage.blob.core.windows.net/anais/59722.pdf>. Acesso em: 14 dez. 2018.

Capítulo 13

O TOMBAMENTO E OS INSTITUTOS DO DIREITO URBANÍSTICO

1. CONSIDERAÇÕES PRELIMINARES

Durante muito tempo, o tombamento, quase exclusivo mecanismo de proteção do patrimônio cultural, foi colocado como um impeditivo à evolução da cidade e como fator de engessamento das soluções urbanísticas, com ressalva de programas pontuais.

Mais recentemente, a compreensão da importância do diálogo intergeracional e da gravidade da tensão provocada pelas rupturas da Pós-Modernidade e pela necessidade de proteção dos referentes de identidade coletiva, no contraponto globalização e localismo, pauta a temática do patrimônio cultural, na agenda do Direito Urbanístico. Assim é que se intenta uma (re) significação do instituto do tombamento como instrumento de proteção patrimonial, a um só tempo, capaz de resguardar a integridade dos bens culturais que lhe constituam o objeto e de projetá-los como referentes identitários no contexto da cidade, em contraposição às culturas homogeinizadas, e, também, de propulsar o desenvolvimento equilibrado do espaço urbano em que se inserem e das funções sociais da cidade.

Vê-se esforço construtivo de novas bases de compreensão das funções da cidade em suas múltiplas dimensões: física, social, simbólica, econômica, estética, urbanística, entre outras. Cria-se, sobretudo, espaço de interlocução entre proteção de referentes culturais da urbe e as funções sociais da cidade.[1,2,3] Patrícia Reis da Silva, mostrando essa nova tendência, lembra que "a função do

1 PIRES, Maria Coeli Simões. Cidade e Cultura: recíprocas Interferências e suas representações. *Revista da Faculdade de Direito da Universidade Federal de Minas Gerais*. Belo Horizonte, 2001: (189-217), n. 40.

2 CARVALHO, Ivan Lira de. *Estética Urbana e Patrimônio Cultural:* Preocupações do Direito Ambiental. Lex: Jurisprudência do Supremo Tribunal Federal. Brasília, dez. 2003: (5-21), v. 25; 300.

3 CARTELLS, Alícia Norma Gonçalez de; NARDI, Letícia (org.). *Patrimônio Cultural e Cidade Contemporânea*. Florianópolis: Editora UFSC, 2012.

tombamento não é cercear (o desenvolvimento da cidade), mas servir de referencial para inúmeras possibilidades de instrumentos associados à preservação".[4]

Por isso mesmo, ganha ênfase, no bojo da ampla política urbana, a associação do tombamento ao planejamento territorial e à regulação urbanística, invocando tipologias de proteção distintas, na busca da superação de práticas discursivas incompatíveis. Isso, em substituição à solução de utilização isolada do tombamento, em uma vertente, e de uma política urbana dissociada dos valores culturais da cidade, em outra.

Edésio Fernandes, nesse sentido, enfatiza a importância de se articular a atuação dos órgãos de Patrimônio com a do município no campo do planejamento territorial, da gestão e regulação urbana, mormente em contexto de pressões decorrentes dos processos urbanizatórios desordenados. Segundo o autor, os municípios podem dotar o sistema de adequadas normas urbanísticas de uso, ocupação, parcelamento, construção e posturas, além de assegurar a criação de áreas de diretrizes especiais e zonas de conservação, com reflexos positivos na política de proteção ao patrimônio natural e cultural.[5]

Essa articulação, à sua vez, responde à advertência de Hely Lopes Meirelles, segundo a qual "o urbanismo não pode desprezar o ambiente natural, nem relegar a tradição".[6]

Na mesma toada, assiste razão a José Afonso da Silva[7] quando conceitua como de interesse urbanístico especial as áreas nas quais se verifica a existência de bens imóveis sujeitos a regime específico de tombamento, as áreas de preservação histórica, cultural e paisagística. Os bens que integram as referidas áreas e que são de natureza imobiliária denominam-se, segundo o autor, bens culturais ambientais; a área em que se situam, meio ambiente cultural; e o conjunto de bens e área, patrimônio cultural ambiental, patrimônio cultural urbanístico ou ainda patrimônio ambiental urbano.

Toshio Mukai[8] também enfatiza o caráter urbanístico do instituto do

---

4 SILVA, Patrícia Reis da. Os significados do tombamento em Ouro Preto e seu papel como elo entre política de preservação e a gestão urbana. In: FERNANDES, Edésio; ALFONSIN, Betânia (coord.). *Revisitando o instituto do tombamento.* Belo Horizonte: Fórum, 2010: (397-415), p 413. ISBN: 978-85-7700-388-4.

5 FERNANDES, Edésio. Do tombamento ao planejamento territorial e à gestão urbana. In: FERNANDES, Edésio; ALFONSIN, Betânia (coord.). *Revisitando o instituto do tombamento.* Belo Horizonte: Fórum, 2010: (23-35), p.34. ISBN: 978-85-7700-388-4.

6 MEIRELLES, Hely Lopes. *O direito de construir.* São Paulo: Revista dos Tribunais, 1965. p. 133.

7 SILVA, José Afonso da. *O direito urbanístico brasileiro.* São Paulo: Revista dos Tribunais, 1981. pp. 481-2.

8 MUKAI, Toshio. Limitações urbanísticas e patrimônio cultural. *Revista de Administração Municipal.* Rio de Janeiro, 27(154): 53-62, jan./mar. 1980.

tombamento, alinhando, ao lado das tradicionais espécies de limitação administrativa, como as de higiene e de segurança, as destinadas à proteção estética, paisagística e monumental da cidade, classificando-as como limitações urbanísticas. E, buscando fundamento da inclusão dessa espécie entre as limitações urbanísticas, registra posição de Hely Lopes Meirelles:

> "A proteção paisagística e monumental enquadra-se perfeitamente nas limitações urbanísticas de defesa estética da cidade e suas adjacências, como elemento de recreação espiritual e fator de educação artística das populações".

Dissentindo dessa posição, a autora deste trabalho defendeu, no capítulo relativo à natureza do tombamento, o caráter de servidão administrativa do instituto, sem o excluir, todavia, na conformação imobiliária, da seara urbanística.

Não há negar a imbricação do instituto do tombamento na tipologia imobiliária[9] com o Direito Urbanístico: recíprocas são as implicações entre o referido instituto e os que se conformam nessa seara jurídica ou em campos correlatos, daí por que o estudo do tombamento relativamente a imóveis não pode ser feito em divórcio com esse ramo do Direito.

Do ponto de vista fenomenológico, observa-se que, no Brasil, a expansão das cidades tem-se dado por rápido processo de urbanização, desordenada e desumana, com reflexos negativos na geografia social e urbana, interferindo nos padrões de habitação, educação, saúde, qualidade de vida, e, sobremaneira, na fisionomia das cidades, com prejuízo sensível para o patrimônio cultural da comunidade.

Somente a adequada regulação e a aplicação integrada de planos e outros institutos urbanísticos que (re)conciliem o desenvolvimento e os valores culturais podem dar solução aos problemas, seja mediante projetos de renovação ou reabilitação urbana, seja pela inserção de bens culturais no contexto da vida das comunidades, ou, ainda, por atribuição aos monumentos de funções novas e dinâmicas na coletividade, inserindo-os nos seus processos de vida e de resgate da memória. Este é um desafio que, a partir da redemocratização, ganha nova dimensão sob influência sobretudo dos novos paradigmas da propriedade urbana e da cidade.

Nesse novo cenário, amplo é o campo da atuação urbanística, em função da qual se colocam vários marcos legais, desde a Constituição, passando pelo

---

9 Sobre o tombamento na tipologia imobiliária, colham-se os suplementos de DIAS, Maria Tereza Fonseca; PAIVA, Carlos Magno de Souza (coord.). *Direito e Proteção do Patrimônio Cultural Imóvel*. Belo Horizonte: Fórum, 2010.

Estatuto da Cidade, no âmbito nacional, e pelos planos estaduais, até a legislação urbanística básica municipal, espaço por excelência da regulação urbana: o Plano Diretor, a Lei de Parcelamento, a Lei de Uso e Ocupação do Solo e outras leis específicas. No conjunto, tem-se uma complexa trama normativa que, se bem implementada, pode responder adequadamente às demandas de uma política urbana capaz de romper com o quadro de insustentabilidade das cidades.

2. POLÍTICA URBANA NA CONSTITUIÇÃO FEDERAL DE 1988[10]

A Constituição de 1988, erigindo os pilares do Estado Democrático de Direito, busca dar sustentação, também, à democratização da cidade, trazendo ao centro da arquitetura de direitos a propriedade urbana como instituto privado, porém, ressemantizado por nuances publicísticas, em razão da enfática incorporação da função social à sua internalidade.

Em capítulo lacônico (arts. 182 e 183), mas de intensa densidade, o Constituinte estabelece as normas fundamentais da política urbana e novas bases para a disciplina da ordem territorial, reconhecendo o plano diretor como principal instrumento de gestão urbanística e requisito e referencial do cumprimento da função social da propriedade urbana.

Essa normatividade, aderente a uma filosofia progressista de compreensão do fenômeno urbanístico, é fruto de discursividade e de reivindicações que combinam esforços da intelectualidade e da militância dos movimentos sociais pela reforma urbana. Suas proclamações selam verdadeira ruptura com a antiga concepção de propriedade urbana egoística, ao consagrar instrumentos de intervenção pelo município no *status* de exclusão das cidades.

Embora constituíssem avanço em termos conceptuais e instrumentais de política urbana, os institutos interventivos previstos na Constituição de 1988, em grande parte, ficaram a mercê de regramentos e diretrizes gerais da União, conforme previsto no art. 21, XX, da CF, enquanto outras ações municipais necessárias à ordenação do pleno desenvolvimento das funções sociais da cidade encontraram dificuldades na própria indefinição de certos pontos da malha normativa, notadamente nas ambiguidades da matriz de competências. A par disso, a resistência à efetivação de mecanismos interventivos mais fortes, motivada pelo cariz político dos institutos e pela persistência do paradigma liberal de propriedade privada, colocou-se

---

10 Este tópico incorpora, com alterações, conteúdo parcial do artigo da autora PIRES, Maria Coeli Simões. O papel do Estatuto na conformação da propriedade urbana. *Revista Fórum de Direito Urbano e Ambiental*. Belo Horizonte: Fórum, jan./fev. 2002. pp. 3-4 e 03-15, ano 1, n. 01.

como fator de entrave ao cumprimento da função social. Dessa combinação resultou, na prática, uma propriedade urbana, de certa forma e até o advento do Estatuto da Cidade, protegida pelo manto conservador e confinada no sítio do Direito Civil, salvo nos casos de iniciativas isoladas de municípios que se anteciparam na aplicação de institutos inovadores, como Porto Alegre, pioneiro na adoção de uma arrojada política urbana.

3. O ESTATUTO DA CIDADE[11]

Ao influxo das contraditórias forças políticas do mercado e da sociedade no campo da propriedade urbana, e após se arrastarem, no Congresso Nacional, desde 1988, sucessivos projetos de lei destinados ao balizamento da política urbana no Brasil, editou-se, no âmbito da União, nos termos dos arts. 24, I, 21, XX, e 182, § 4º. da Constituição da República, a Lei n. 10.257, de 10 de julho de 2001.

Fruto de ideias já defendidas por intelectuais, técnicos e profissionais desde os anos 60 e de iniciativa compartilhada no universo recente de movimentos sociais e segmentos políticos engajados na luta pela democratização da cidade, o Estatuto apresenta-se como uma catálise de tudo o que se desenvolveu no Brasil, na busca de soluções mais progressistas para o enfrentamento do complexo fenômeno urbanístico hodierno, informado pelo déficit habitacional, pela exclusão do acesso à terra urbana e pela desproteção da posse; e como apropriação de soluções externas compatíveis com a problemática brasileira.

O marco legal consubstancia um núcleo de normas de lei que balizam a normatividade municipal no tocante à política urbana, sendo, portanto, imponível a todos os municípios para o disciplinamento de sua atuação urbanística e tracejamento da função social da propriedade urbana.

Diante da afirmação do direito universal à cidade como eixo da reforma urbana, sem ruptura com a propriedade privada, e, portanto, afastada a transferência do espaço urbano para a esfera do poder público como alternativa mais radical para a superação da ordem de exclusão, o foco de atenção seria a própria dinâmica de produção imobiliária para a criação de espaços, e consagração de mecanismos contra a exclusão territorial. Nesse sentido, pôs-se o desafio não só ao legislador, como à sensibilidade intelectual, social e política para a necessidade de novas soluções compatibilizadas com a noção de

---

11 Este tópico incorpora, com alterações, conteúdo parcial do artigo da autora PIRES, Maria Coeli Simões. O papel do Estatuto na conformação da propriedade urbana. *Revista Fórum de Direito Urbano e Ambiental*. Belo Horizonte: Fórum, jan./fev. 2002. pp. 4-5 e 03-15, ano 1, n. 01.

propriedade privada de função social, como: dissociação dos direitos de troca dos de uso, do direito de propriedade do de construir; do direito de propriedade do de superfície; conjugação de medidas fiscais e parafiscais, sobretudo.

Desse modo, o Estatuto, traçando as diretrizes fundamentais do ordenamento por meio das normas gerais, rotuladas de ordem pública ou de interesse social de uso da propriedade urbana, sem se ater ao escopo de definir diretrizes da chamada cidade formal, cogita de soluções abrangentes de agenciamentos espaciais e sociais antes estigmatizados pela clandestinidade, cuidando, também, de projetar novas bases para a ocupação do solo no Brasil em substituição à persistente força da lei do mercado.

Rompe-se com a neutralidade da ordem jurídica em relação à realidade urbana, propugnando-se por um Direito Urbanístico transformador, apto a instrumentalizar o Poder Público e a sociedade para contraposição ao estado de concentração de oportunidades imobiliárias, de tensão entre centralidades e periferias, ambos resultantes de contrastes profundos em termos econômicos e sociais.

O Estatuto da Cidade, que regulamenta os arts. 182 e 183 da Constituição da República, está estruturado em cinco capítulos assim intitulados: I – Diretrizes Gerais; II – Dos Instrumentos da Política Urbana; III – Do Plano Diretor; IV – Da Gestão Democrática da Cidade; V – Disposições Gerais.

O marco legal apresenta-se, enfaticamente, como um conjunto de normas disciplinadoras de instrumentos urbanísticos, assumindo linha relativamente discursiva e ideologizada no capítulo das "Diretrizes Gerais".

O Capítulo I, vinculado ao objeto central da Política Urbana definida na Constituição – ordenação do pleno desenvolvimento das funções da cidade e da propriedade urbana –, reprisa-o, ao fixar as múltiplas diretrizes que orientarão aquela política. Tais diretrizes são: garantia do direito a cidades sustentáveis; gestão democrática; cooperação entre Governos, entre Estados, mercado e sociedade civil como condição para o êxito do processo de urbanização; planejamento do desenvolvimento, da distribuição espacial da população e das atividades econômicas do município como exigência básica da política urbanística; oferta de equipamentos urbanos e comunitários e de serviços públicos; ordenação e controle do solo; integração e complementaridade entre atividades urbanas e rurais; adoção de padrões de produção e consumo e de expansão urbana compatíveis com a sustentabilidade global do município; distribuição de benefícios e de ônus da urbanização; adequação de instrumentos de política econômica, tributária e financeira e de gastos públicos aos objetivos do desenvolvimento urbano; recuperação de investimentos urbanos; proteção, preservação e recuperação do meio ambiente natural e construído; audiência do poder público e da população interessada quanto à implantação de empreendimentos ou atividades potencialmente negativos; regularização fundiária e urbanização de áreas ocupadas por população de baixa renda; simplificação da legislação urbanística e isonomia de condições para agentes públicos e privados em empreendimentos e atividades de urbanização.

O Estatuto prevê comandos que orientam a processualidade da política urbanística sobre bases pluralistas, entretanto, ao dispor sobre "gestão democrática da cidade", apenas menciona os instrumentos mais comuns, como orçamento participativo e assemelhados, sem grandes inovações, salvo no que diz respeito ao controle direto das atividades dos organismos gestores das regiões metropolitanas e das aglomerações urbanas. Deve-se assinalar que, ao impor procedimento participativo como condição obrigatória para a aprovação do Plano Plurianual, da Lei de Diretrizes Orçamentárias e do Orçamento Anual, a lei dá um passo significativo em direção à consolidação da lógica de democratização do planejamento dos gastos públicos.

O Estatuto, com vistas a sustentar o pluralismo da cidade, assenta a exigência de criação de um Conselho de Política Urbana nas diversas esferas, como arena de participação da sociedade civil e como espaço de integração técnico-política no cumprimento da função urbanística e no compartilhamento do poder decisório.

A lei invoca, igualmente, papel mais ativo das municipalidades, seja pela generalidade dos comandos, seja pela ênfase na importância da instância. Como reforço ao papel do poder público local, ao lado da obrigação administrativa de oferta de equipamentos urbanos comunitários básicos que assegurem o cumprimento das funções sociais da cidade, enfatiza-se a função regulatória da propriedade urbana por parte do município, com vistas a interferir no acesso à terra, à moradia, nas condições de fruição da cidade, para além do limite da tradicional ordenação e controle de ocupação e uso do solo, de modo a assegurar o desenvolvimento integrado do município, até interferir no quadro de geografia social da cidade, mediante processos indutíveis ou inibidores de adensamento.

Assim, o Estatuto apresenta-se como importante base normativa que, associada a outros documentos legais relevantes como a lei federal de parcelamento do solo, a disciplina sobre preservação do meio ambiente, as normas legais sobre patrimônio cultural e a legislação urbanística básica dos municípios, pode contribuir para a humanização e socialização das cidades e para o efetivo cumprimento das funções sociais da propriedade urbana.

Ana Maria Marchesan, analisando o Estatuto da Cidade, reconhece sua importância para a proteção do patrimônio cultural urbano;[12] igualmente, Daniela Almeida de Mello e Denise de Souza Saad apontam o Estatuto como um avanço no campo da proteção patrimonial, destacando o Estudo de Impacto de Vizinhança nele previsto como instrumento de grande potencial para essa política.[13]

Contudo, a aplicação da lei em comento haverá de ser conjugada com outras condições de sustentabilidade de uma política urbana inclusiva: a sinergia dos movimentos sociais; o investimento em pesquisas para suporte e orientação de alternativas de intervenção no quadro de realidade; a inversão de prioridades no campo dos investimentos públicos; a intensificação dos processos discursivos; a integração dos diversos atores envolvidos na dinâmica urbana por meio de canais legítimos; e a equalização das forças em contraste como meio de garantir a formação de consensos. A efetivação da potencialidade de transformação do Estatuto, assim, dependerá profundamente dos municípios e da mobilização das comunidades na luta pela cidade ideal.

De fato, não se pode olvidar o papel da legislação de caráter urbanístico no tocante à qualidade das cidades, seja na sua perspectiva física, seja na simbólica, e, assim, na seara da preservação. Ela pode estabelecer limitações ao direito de propriedade, submetendo seus titulares a condições especiais de uso e de preservação dos bens no ambiente urbano. O Plano Diretor como norma estruturante das funções sociais da cidade é também mecanismo balizador da Lei de Uso e Ocupação do Solo, instrumento de planejamento de competência do município, que pode criar áreas de interesse cultural e ambiental ou atribuir ao Executivo poderes para fazê-lo mediante decreto.

José Afonso da Silva,[14] ferindo o tema da proteção ao patrimônio cultural ambiental, classifica os instrumentos de tutela de caráter urbanístico nessa seara em quatro categorias: primários, secundários, cautelares e repressivos.

Outras classificações podem ser colhidas, notadamente, em marcos legais diversos, não havendo critério uniforme para uma sistematização desses mecanismos.

---

12 MARCHESAN, Ana Maria Moreira. O Estatuto da Cidade (Lei 10.257/2001) e a Proteção do Patrimônio Cultural Urbano. *Revista de Direito Ambiental*. São Paulo: Instituto Direito por um Planeta Verde/Revista dos Tribunais, out./dez. 2007. pp. 46-65, v. 12, n. 48.

13 MELLO, Daniela Almeida de; SAAD, Denise de Souza. O Estatuto da Cidade e os Dez Anos de Criação dos Instrumentos Jurídicos Inovadores: Estudo de Impacto de Vizinhança e a Preservação do Patrimônio Cultural. *Revista Brasileira de Direito Municipal*. Belo Horizonte, jan./mar. 2013. v. 14, n. 47.

14 SILVA, José Afonso da. *O direito urbanístico brasileiro*. São Paulo: Revista dos Tribunais, 1981. pp. 495-6.

Assim é que, no rol instrumentos de Política Urbana, o Estatuto da Cidade, sem necessariamente se ater a um critério doutrinário de enunciação, apresenta uma extensa gama de mecanismos, a saber: os planos nacionais, regionais, estaduais, metropolitanos, microrregionais e municipais, valendo destacar entre estes o plano diretor e o orçamento participativo; os institutos tributários e financeiros; o estudo prévio de impacto ambiental e o estudo prévio de impacto de vizinhança, além de outros institutos jurídicos e políticos, novos ou já existentes. Rivalizando natureza jurídica ou caráter político, alinham-se: desapropriação; servidão administrativa; limitações administrativas; tombamento; unidades de conservação; zonas especiais de interesse social; concessão de direito real de uso; concessão de uso especial para fins de moradia; parcelamento, edificação ou utilização compulsórios; usucapião especial de imóvel urbano; direito de superfície; direito de preempção; outorga onerosa do direito de construir e de alteração de uso; transferência do direito de construir; operações urbanas consorciadas; regularização fundiária; assistência técnico-jurídica gratuita; referendo popular e plebiscito, dos quais serão invocados os de maior interesse para o presente estudo.

Assim é que se pode dizer que o Estatuto da Cidade disponibilizou, especialmente aos municípios, institutos jurídicos, tributários, políticos de que podem ou devem fazer uso para interferência na ordem territorial, dando ressonância à dinâmica da política social inclusiva e suporte à gestão urbano-ambiental modelagem integrada, com ênfase na proteção patrimonial.

4. INSTRUMENTOS URBANÍSTICOS

Neste tópico, serão tratados os instrumentos urbanísticos tradicionais, primários e secundários, e os novos instrumentos urbanísticos previstos no Estatuto da Cidade, notadamente os que têm aplicação no campo da preservação, ou que guardem interface com a correspondente política.

4.1 Instrumentos Urbanísticos Primários segundo a Doutrina

José Afonso da Silva, ao tratar dos instrumentos urbanísticos primários, entre eles situa o zoneamento, o tombamento e a desapropriação.

4.1.1 Tombamento

José Afonso da Silva, a par de classificar o tombamento na primeira escala dos mecanismos interventivos no espaço urbano, defende ser ele o instrumento mais eficaz no campo da preservação. Com efeito, conquanto não possa de forma exclusiva alcançar todos os objetivos da proteção, não há como lhe negar o papel preventivo fundamental que desempenha nesse sentido.

Uma análise crítica da aplicação do referido instituto aponta, entretanto, para a necessidade de seu redirecionamento e de racionalização de seu uso.

Registra-se que o referido instituto, sob rótulos diferentes, sempre com disciplina semelhante, é o instrumento, por excelência, utilizado em países de tradição em proteção do patrimônio cultural. A título de exemplo, situam-se alguns deles.[15]

Em Portugal, a classificação é o instituto que corresponde ao tombamento brasileiro. O direito positivo luso, no que se refere à preservação cultural, sofreu profunda evolução na tentativa de fixar alternativas mais satisfatórias à consecução dos objetivos nessa seara, sendo que o documento legal mais substantivo nessa trajetória é a Lei n. 13, de 6 de julho de 1985, que deu novos contornos à disciplina do instituto.

Na extinta URSS, a lei básica sobre preservação do patrimônio cultural soviético, a de 1º/3/1977, destacava os institutos da classificação e do inventário, e a política de preservação do patrimônio cultural encarnava preocupação fundamental com o culto aos ideais socialistas e comunistas dos grandes momentos de seu processo revolucionário. A referida política estava voltada para dois campos: o interno, em que se buscava a sensibilização popular para conhecimento de suas tradições e suas lutas, em que se dava relevo às operárias; e o externo, cujo móvel principal era o de captação de simpatia dos outros povos. Deve ser registrado que, com a desintegração da União Soviética, diversos símbolos da cultura política dos países socialistas foram destruídos, numa demonstração de rejeição por parte da sociedade que os erigiu.

Na Espanha, a proteção se efetiva prioritariamente pelo instituto da classificação, o qual, como o tombamento, institui regime especial sobre os bens culturais, que são inventariados e catalogados.

Na França, a proteção dos monumentos culturais tem, na lei de 31 de dezembro de 1976, que instituiu o plano de ocupação do solo, e na lei de 7 de janeiro de 1983, os grandes marcos da sua base normativa, encontrando disciplina em outros instrumentos legais importantes e, sobretudo, avançados em termos urbanísticos. Os bens culturais materiais são protegidos pela classificação como o principal instituto de política patrimonial. Igualmente, a doutrina francesa se ocupa da matéria de forma especial, como mostram os registros de Rolland e Roberto Brichet.

---

15 Suplementos sob o prisma comparativo podem ser encontrados no Capítulo 2 desta obra.

Na Itália, a legislação impõe limitações ou restrições aos proprietários de obras artísticas, objetos antigos, imóveis e outros bens que encerrem referências de civilizações passadas, situações de que se tem notícia por meio de diversos autores italianos. O sistema interno de proteção adota o instituto da notificação.

No Brasil, o tombamento vem sendo modernizado, sobretudo na busca de sua adequada aplicação como instrumento de gestão urbanística, permanecendo como o principal instituto de proteção patrimonial. Pode e deve ser adotado em complementaridade com zoneamentos e áreas de diretrizes especiais, por exemplo.

4.1.2 Desapropriação

A desapropriação, mecanismo extraordinário de transferência da propriedade de um bem determinado da esfera de seu titular para o domínio público e, também, classificada como instrumento urbanístico primário, pode ser adotada para fins de proteção patrimonial, com fulcro no art. 5º, k, do Decreto-Lei n. 3.365/41, ou com base na lei especial de tombamento.

Uma vez desapropriado para fins de proteção como referente da cultura, inclui-se o bem no patrimônio cultural, de acordo com a classificação legal, por meio de inscrição *ex-officio* no respectivo livro de tombo.

José Afonso da Silva[16] entende ser a desapropriação com base na utilidade pública prevista na referida alínea forma de tombamento. Pode ser denominada tombamento indireto, eis que o tombamento vem como consequência de desapropriação do bem considerado de utilidade pública em função do reconhecimento de suas características históricas, artísticas e paisagísticas.

A outra hipótese está prescrita no Decreto-Lei n. 25/37.

Em relação à desapropriação, não se pode olvidar o ônus que ela impõe aos cofres públicos, a inviabilizar a sua adoção com mais frequência, ressaltando-se, porém, a sua inevitabilidade nas situações em que é ela a única alternativa.

Acrescenta-se, ainda, que a desapropriação pode incidir sobre imóvel vizinho, para efeito de conservação de bem cultural, tombado ou classificado.

Este instituto será tratado, em maior profundidade, em tópico específico (Capítulo 12, Tópico 4).

---

16 SILVA, José Afonso da. *O direito urbanístico brasileiro*. São Paulo: Revista dos Tribunais, 1981. p. 496.

4.1.3 Zoneamento – Áreas de Conservação – Zonas de Proteção e política integrada

Na década de 60, "começaram a emergir na Europa e nos Estados Unidos as chamadas políticas de conservação de áreas", conforme registra Leonardo Barci Castriota.[17] A ideia de conservação integrada, porém, só amadurece e ganha corpo nas cartas internacionais, nos anos 1970, conforme lembra o autor, cujos suplementos perpassam os assentamentos constantes deste tópico, na vertente histórica e filosófica.[18]

Com efeito, a Carta Europeia do Patrimônio Arquitetônico de 1975 estabeleceu os princípios da conservação integrada, reforçados pela Declaração de Amsterdã, de 1975, articulando, planejamento urbano e territorial, desenvolvimento econômico, patrimônio ambiental e patrimônio cultural.[19]

Nesse cenário, rompe-se com a lógica de segregação do urbanismo, no embate com o movimento moderno, e acolhe-se a contribuição da antropologia para valorização dos grupos e segmentos à margem da história e da cultura dominantes, justificando a preocupação com entorno e ambiência, e não apenas com fatores artísticos e históricos.

Assentou-se, em consequência, um conceito mais abrangente de patrimônio ambiental urbano, pregnado pelo processo vital que perpassa lugares, paisagens, o construído, os modos de vida e as diversas culturas, para além da dimensão "reitificada da cultura, como um conjunto de coisas".[20]

A partir da noção ampla, tomada como matriz, projeta-se a proteção do patrimônio sem as amarras da visão tradicional. Dá-se, então, tônica na requalificação dos espaços urbanos e nas áreas de conservação, que

---

17 CASTRIOTA, Leonardo Barci. Conservação Urbana: Tombamento e Áreas de Conservação. In: FERNANDES, Edésio; ALFONSIN, Betânia (coord.). *Revisitando o Instituto do Tombamento.* Belo Horizonte: Fórum, 2010: (51-71), p. 62. ISBN: 978-85-7700-388-4.

18 CASTRIOTA, Leonardo Barci. Conservação Urbana: Tombamento e Áreas de Conservação. In: FERNANDES, Edésio; ALFONSIN, Betânia (coord.). *Revisitando o Instituto do Tombamento.* Belo Horizonte: Fórum, 2010: (51-710, p. 62. ISBN: 978-85-7700-388-4.

19 CASTRIOTA, Leonardo Barci. Conservação Urbana: Tombamento e Áreas de Conservação. In: FERNANDES, Edésio; ALFONSIN, Betânia (coord.). *Revisitando o Instituto do Tombamento.* Belo Horizonte: Fórum, 2010: (51-71), p. 59. ISBN: 978-85-7700-388-4.

20 CASTRIOTA, Leonardo Barci. Conservação Urbana: Tombamento e Áreas de Conservação. In: FERNANDES, Edésio; ALFONSIN, Betânia (coord.). *Revisitando o Instituto do Tombamento.* Belo Horizonte: Fórum, 2010: (51-71), p.56. ISBN: 978-85-7700-388-4.

permitem levar em conta uma somatória de características nelas presentes para fins de salvaguarda e valorização, possibilitando a preservação do patrimônio e o desenvolvimento harmonioso, sobretudo na perspectiva de diálogo com o tempo.

Tais áreas garantem uma proteção mais ampla e se conciliam com o tombamento como instrumento complementar, o qual pode figurar juntamente com a reabilitação, o zoneamento, as posturas, as isenções fiscais, entre outros. Tudo a ser sustentado por um adequado Plano de Salvaguarda da Área.

Assim é que, se contrapondo ao paradigma da preservação, uma concepção mais dinâmica de conservação de valores culturais e urbanos propulsa o compartilhamento de alternativas esboçadas e aplicadas na Europa e nos Estados Unidos – as denominadas Áreas de Conservação, que vieram a ganhar espaço também no Brasil.

Com o intento de proteção mais ampliada, e sob imperativo da sustentabilidade dos bens tutelados no seu contexto, o Direito Urbanístico brasileiro, especialmente por meio da planificação, oferece mecanismos especiais, entre eles, a técnica de zoneamento na forma de zona de proteção. Isso, integrado a outros instrumentos jurídicos. Como bens culturais são aqueles elementos que se destacam na diversidade do universo cultural como referentes da identidade pela sua capacidade de representação ou simbologia dos valores culturais da comunidade, devem ser tomados em seu contexto como objeto de atenção especial da política urbana, de modo que sejam não só respeitados, mas potencializados na sua ambiência e conjuntura.

Nathália Arruda Guimarães registra que

> "[...] a tendência a que assistimos atualmente é a da integração de diversos instrumentos jurídicos para a realização das mais complexas atividades. O tombamento, enquanto instrumento jurídico de origem em uma velha ordem deve ser assumido na atualidade como elemento para concretização de políticas públicas que envolvem uma diversidade de interesses e funções. Sua aplicação gera consequências para toda a coletividade e repercute diretamente na gestão urbanística das propriedades imóveis de uma cidade".[21]

---

[21] GUIMARÃES, Nathália Arruda. O tombamento de bem imóveis: apontamentos sobre o sentido e os valores do tombamento de bens imóveis na atualidade e a proteção do entorno via legislação especial e urbanística: uma abordagem comparada da legislação brasileira e da portuguesa. In: FERNANDES, Edésio; ALFONSIN, Betânia (coord.). *Revisitando o instituto do tombamento*. Belo Horizonte: Fórum, 2010: (195-220), p. 217. ISBN: 978-85-7700-388-4.

José Afonso da Silva,[22] antecipando-se nessa pauta, destacava o papel do zoneamento como instrumento de preservação, advertindo, porém, para a sua insuficiência enquanto mecanismo isolado de política urbana:

> "Zoneamento é também uma forma de reconhecimento do valor cultural dos bens culturais ambientais, por meio da delimitação da zona de interesse histórico, artístico e paisagístico; mas o zoneamento, por si só, não é suficientemente eficaz para a proteção do patrimônio cultural urbanístico, ainda que seja de reconhecer que nele se configurem limitações que, numa primeira fase, podem propiciar medidas protetoras importantes".

O ZEE Ecológico e Econômico, importante instrumento de planejamento territorial, para além do escopo ambiental, pode ser explorado com fins de proteção do patrimônio cultural, como mecanismo de articulação territorial intersetorial e interfederativa, e, assim, na interface com políticas que perpassam o território.

O instrumento do zoneamento, pelo seu caráter político, é criticado. Argumentam alguns que, sendo fixado por lei, pode não levar em conta a apreciação técnico-valorativa, que se substitui pelo juízo político. Deve-se, entretanto, levar em consideração a existência, nas Casas Legislativas, de comissões técnicas especializadas, entre as quais normalmente se insere a atinente à cultura. E, ainda que inexistentes essas comissões no seio do Poder Legislativo competente, dá-se ênfase hoje às audiências extraparlamentares, o que viabiliza a conjugação da apreciação técnica com a opção política, em ação interativa da representação popular, da sociedade civil organizada e dos órgãos oficiais responsáveis pela temática.

O breve cotejo da legislação interna demonstra que, até o advento do Estatuto da Cidade, não se conjugava adequadamente a proteção do patrimônio cultural com o zoneamento, registrando-se acanhadas experiências nesse sentido; não se pode olvidar, no entanto, a solução pioneira adotada, entre outras localidades, por São Paulo, Porto Alegre e Parati, com a previsão de zonas específicas de imóveis de caráter histórico ou excepcional pelo seu valor artístico, cultural e paisagístico.

Afirma Paulo Affonso Leme Machado[23] que

---

22 SILVA, José Afonso da. *O direito urbanístico brasileiro.* São Paulo: Revista dos Tribunais, 1981. p. 496.

23 MACHADO, Paulo Affonso Leme. Tombamento: Instrumento jurídico de proteção do patrimônio natural e cultural. *Revista dos Tribunais.* São Paulo, 563: 22. Setembro de 1982.

> "[...] não se pode esquecer do valor do tombamento como regime jurídico antecipativo e às vezes acessório do zoneamento urbano. À cobiça e imprevisão de alguns, erige-se esse instituto jurídico como autolimitador do próprio Poder Público".

Edimur Ferreira de Faria[24] dá notícia da intensa utilização das chamadas zonas de proteção no direito estrangeiro. Colhem-se de seu trabalho, entre outras, as seguintes informações:

Em Portugal, a legislação prevê a criação de zonas de proteção com áreas até não edificáveis e com natureza de servidão administrativa, em torno dos imóveis classificados, com a finalidade de garantir a visibilidade do bem sob regime especial de proteção e de evitar possíveis danos. O raio dessas zonas é de 50 m a partir dos limites externos do imóvel.

A legislação francesa, a seu turno, desde 1930, instituiu a zona de proteção, sendo que em 1943 fixou-se de maneira geral o limite da área de proteção em 500 metros de raio a contar da parte externa, tendo sido posteriormente permitido ampliar-se o limite dessas áreas.

Igualmente, estavam elas estabelecidas no direito soviético.

Apesar de a esse instituto dar-se ênfase no direito estrangeiro, no Brasil, não se firmou a prática das zonas de proteção. O Estado de São Paulo, todavia, previu a servidão de prédios vizinhos aos bens tombados num raio de 300 metros em torno do imóvel alcançado diretamente pela intervenção, nos termos do disposto nos artigos 137 e 138 do Decreto n. 13.426, de 16 de março de 1979.

De valia para o aprimoramento da política integrada de desenvolvimento e proteção patrimonial são os estudos realizados por Marcos Paulo de Souza Miranda sobre Áreas de Proteção especial, que denunciam o desconhecimento acerca do instrumento.[25]

Como visto, são de extrema relevância, no contexto da preservação do patrimônio cultural, os instrumentos da política urbana e o planejamento do desenvolvimento das funções da cidade, os quais devem conciliar os múltiplos valores que perpassam a vida da comunidade, sendo que não se pode abandonar a preocupação com a equânime apropriação dos benefícios oriundos das medidas estatais incidentes sobre o espaço urbano.

---

24 FARIA, Edimur Ferreira de. *Do tombamento no direito brasileiro.* Dissertação de Mestrado. Belo Horizonte: Universidade Federal de Minas Gerais, 1986. p. 314.

25 MIRANDA, Marcos Paulo de Souza. *Áreas de Proteção Especial:* valiosos e pouco conhecidos instrumentos de defesa do meio ambiente, do ordenamento urbano e do patrimônio cultural. MPMG Jurídico, Belo Horizonte, abr./jun. 2006: pp.32 e 25, v. 1, n. 5.

Podem conjugar-se com o sistema de zoneamento, o instituto do solo criado, o das zonas de proteção, o de transferência do direito de construir e o próprio tombamento, compatíveis entre si.

4.1.4 Solo Criado e Coeficiente Básico[26]

José Afonso da Silva,[27] enfocando o tema do solo criado, antes da edição do Estatuto da Cidade, afirmava que ele se caracterizava juridicamente como a possibilidade de construir acima do coeficiente único: Solo criado será toda edificação acima do coeficiente único, quer envolva ocupação de espaço aéreo, quer a de subsolo.

Nesse sentido, solo criado podia ser tomado, em sua dimensão pragmática, como a área que, na solução construtiva, constitui acréscimo de piso artificial àquela que resulta da apropriação direta do solo natural.

Do ponto de vista regulatório, constituía-se em mecanismo para controlar o adensamento urbano e deter a pressão do mercado imobiliário sobre o poder público para assunção social dos ônus dos investimentos privados.

Esse coeficiente de aproveitamento do solo,[28] que pode ser qualquer um, é o pressuposto fundamental do instituto e tem como escopo principal igualar a equação econômica entre os proprietários, isto é, garantir tratamento isonômico aos titulares no exercício de faculdades do domínio; o solo criado equivale ao excesso de construção, superior ao limite estabelecido pela aplicação daquele coeficiente, observado o teto legal, pelo qual cabe ao beneficiário compensar a comunidade mediante contraprestação pelo impacto gerado pelos novos pisos sobre a estrutura urbana. Solo criado é, portanto, a superação do coeficiente básico dentro do limite legal.

Antes da edição do Estatuto da Cidade, o autor sustentava a natureza do solo criado como restrição ao direito de construir, e não, como mecanismo que dissocia do direito de propriedade aquela dotação do domínio, matéria que envolvia polêmica, de resto, superada pelo Estatuto da Cidade.

---

26 Ao presente tópico foi incorporado, com adaptações, conteúdo parcial da matéria originalmente publicada em artigo da autora PIRES, Maria Coeli Simões. O papel do Estatuto na conformação da propriedade urbana. *Revista Fórum de Direito Urbano e Ambiental*. Belo Horizonte: Fórum, jan./fev. 2002: (03-15), ano 1, n. 01.

27 SILVA, José Afonso da. *O direito urbanístico brasileiro*. São Paulo: Revista dos Tribunais, 1981. p. 313.

28 Dispõe o Estatuto da Cidade que cabe ao município fixar, no plano diretor, o coeficiente básico de aproveitamento, que poderá ser único para toda a zona urbana ou diferenciado para áreas específicas dentro da zona urbana (art. 28, § 3º, da Lei n. 10.257/2001).

Entendia que o instituto poderia ser adotado por lei municipal de uso e ocupação do solo, embora reconhecesse a conveniência de que se estabelecesse por lei federal padrão uniforme para todo o País.

Ora, é sabido que, não adotando o Brasil como regra o coeficiente básico ou único, a legislação de uso e ocupação do solo sempre estabeleceu uma multiplicidade de coeficientes, acarretando desigualdade de tratamento aos proprietários dos terrenos, com variação do conteúdo econômico das áreas urbanas edificáveis em função também do coeficiente de construção.

Entendia-se, mais, que, estabelecido o coeficiente legal básico ou único, a fixação de coeficiente menor ou maior para alguma zona poderia gerar consequências diferentes. Uma seria a de definir-se, tendo em vista a possibilidade de exercer o direito de construir utilizando-se gabarito com coeficiente superior ao único, um ônus, por via do qual deveria esse beneficiário oferecer à coletividade as compensações necessárias ao reequilíbrio reclamado pela criação da área adicional; outra, a compensação ao proprietário pela limitação a ele imposta em desigualdade com os demais proprietários, permitindo acrescer área construída compensatória em outro local indicado pelo Poder Público, igualmente, pela via do solo criado.

O coeficiente básico ou único, de fundamental importância no processo de democratização dos terrenos urbanos e equalização da equação econômica imobiliária, podia ser utilizado como alternativa para preservação do patrimônio cultural imobiliário, possibilitando tratamento equânime a proprietários de bens dele integrantes ou localizados nas áreas vizinhas, mediante compensações equivalentes às restrições sofridas, estas consistentes em obrigação de preservar o imóvel – ainda que contra seu interesse – de nova construção ou de construir em gabarito inferior ao coeficiente único. A compensação podia ser viabilizada por solo criado em outro local, passível de uso pelo proprietário ou alienável para terceiro.

Afirmava José Afonso da Silva[29] ser o documento mais importante sobre solo criado a Carta de Embu, elaborada com a participação de juristas, arquitetos, urbanistas e economistas. Ela sugeria, para o caso de imóvel tombado, que o proprietário pudesse alienar o direito de construir correspondente à diferença entre a restrição sofrida e o coeficiente único de edificação, para que dele o adquirente fizesse uso em outro local.

Os fundamentos da carta referida adensavam as discussões e sustentavam algumas iniciativas.

---

29 SILVA, José Afonso da. *O direito urbanístico brasileiro*. São Paulo: Revista dos Tribunais, 1981. p. 319.

No entanto, até o advento do Estatuto da cidade, registravam-se experiências pouco significativas no sentido da adoção de coeficiente único ou básico e compensações ao proprietário por limitações ou restrições; poucas eram as iniciativas de aplicação do instituto do solo criado, as quais ficavam mais restritas aos objetivos de inibir o adensamento.

Diferentemente, a experiência já era mais amadurecida nos países estrangeiros, citando-se, como exemplos, o *Plafond legal de densité*, na França, e o *Space Adrift*, nos Estados Unidos da América.

A respeito do último, toma-se o registro de José Afonso da Silva:[30]

> "Nos Estados Unidos da América, a experiência do solo criado decorreu do chamado Plano de Chicago. Com o nome de 'Space Adrift' (Espaço Flutuante), o instituto tem sido aplicado, especialmente no seu mecanismo de transferência, para o fim de preservar patrimônio histórico. Por este sistema, os proprietários de imóveis que o Poder Público definir como de interesse histórico ficam autorizados a alienar o direito de construir que lhes couber no terreno onde se acham tais imóveis, que não podem ser demolidos para erguerem-se no respectivo terreno construções modernas e elevadas. A transferência do direito de construir desse terreno para outro permite acrescer em outros imóveis áreas construídas que não seriam possíveis de outro modo".

4.1.5 Outorga Onerosa do Direito de Construir[31]

A outorga onerosa do direito de construir e a transferência do direito de construir guardam relação com a concepção acerca do seu próprio objeto – o direito de construir: se autônomo este em relação ao direito de propriedade, só a concessão do poder público poderá constituir o direito de construir, o que afasta o instituto da TDC da esfera do proprietário, pelo menos em caráter originário; se inerente ao domínio, o potencial construtivo é direito do proprietário, comportando teoricamente a aplicação do mesmo instituto.

O Estatuto da Cidade, vislumbrando a dupla face da propriedade, pública e privada, esta informada pelos atributos elementares cuja densidade à

30 SILVA, José Afonso da. *O direito urbanístico brasileiro.* São Paulo: Revista dos Tribunais, 1981. p. 314.

31 O presente tópico foi originalmente publicado em artigo da autora PIRES, Maria Coeli Simões. O papel do Estatuto na conformação da propriedade urbana. *Revista Fórum de Direito Urbano e Ambiental.* Belo Horizonte: Fórum, jan./fev. 2002: (03-15), ano 1, n. 01, tendo sofrido, neste texto de revisão, algumas adaptações e inclusões.

lei cabe definir, estabelece para os municípios diretriz de equalização da função social do solo urbano, qual seja, a de definir um coeficiente básico, no limite do qual o direito de construir integrará o de propriedade, e a partir do qual todo acréscimo correrá à conta da face pública da propriedade.

A lei nacional sob análise, dissociando, assim, do direito de propriedade o direito de construir além do coeficiente básico, reconhece a titularidade deste direito na esfera do poder público municipal, que poderá outorgá-lo onerosamente ao beneficiário de acordo com lei municipal disciplinadora, vinculando-se os recursos auferidos às finalidades legais.

Segundo a referida lei estatutária, o proprietário poderá adquirir, mediante contrapartida, o direito de construir relativo a essa diferença, a título de solo criado, que é a superação do coeficiente básico dentro do limite legal ou índice máximo, diretamente do poder público ou, se for o caso, de outro particular.

Colhe-se da contribuição de Sônia Rabello acerca do tema o seguinte conceito:

> "A outorga do direito de construir é, portanto, a exigência de contrapartida cobrada pelo Poder Público ao interessado que queira construir para além do índice de aproveitamento básico. Isto é, aproveitar uma edificabilidade a mais, que lhe é facultada pela norma urbanística, entre o índice básico e o índice máximo".[32]

A contraprestação na versão urbanística do solo criado deverá ser, preferencialmente, a transferência ao poder público de terreno comunitariamente útil, correspondente ao excesso, sendo, na versão financeira, representada por um valor pago à municipalidade. Pode, em sua versão urbanística, relativamente a conjuntos tombados, voltar-se para a compensação, mediante investimento na estrutura cultural.

Antes da edição do Estatuto, o instituto da outorga onerosa foi utilizado, não obstante polemizado, tendo em vista a discussão acerca da competência para a definição de coeficiente básico. Já, então, estudiosos do Direito Urbanístico sustentavam, com razão, que a previsão do coeficiente básico, como limitação urbanística, poderia ser feita por meio de lei municipal. Contudo, havia os que entendiam estar a matéria alçada à competência da União.

A discussão ficou superada com a edição da Lei n. 10.257 de 2001, que, expressamente, deixa aos municípios o poder de fixar, no plano diretor, o

---

32 RABELLO, Sônia. Tombamento e Legislação urbanística: Competência e gestão. In: FERNANDES, Edésio; ALFONSIN, Betânia (coord.). *Revisitando o Instituto do Tombamento*. Belo Horizonte: Editora Fórum, 2010: (37-49), p. 48. ISBN: 978-85-7700-388-4.

coeficiente básico de aproveitamento, que poderá ser único para toda a zona urbana ou diferenciado para áreas específicas dentro da zona urbana (art. 28, § 3º).

O Estatuto, respeitando, assim, a competência municipal em relação à matéria, reconhece ser também o plano diretor o locus de previsão das áreas nas quais o direito de construir poderá ser exercido acima do coeficiente básico até o limite nele mesmo previsto (art. 28).

Desse modo, mantém-se sob regime de licenciamento o direito de construir no limite do coeficiente básico, a pressupor a imanência deste ao de propriedade, transferindo-se para o regime de concessão o direito de construir em patamar excedente, o que, em última análise, corresponderia a uma forma de ampliação excepcional do solo, mediante outorga onerosa.

A disciplina, contudo, não tem aplicação automática no âmbito dos municípios. A eles resta a possibilidade de tratamento da matéria segundo as diretrizes do Estatuto da Cidade.

Segundo normas gerais contidas naquele documento, reserva-se à lei municipal específica determinar os casos passíveis de isenção do pagamento da outorga e o valor da contrapartida do beneficiário, observada a disciplina do plano diretor.

Há de se perquirir, também, o significado da solução tópica do tratamento do direito de construir no Código Civil de 2002: a disciplina compõe uma seção, a partir do art. 1299, no bojo do capítulo Dos Direitos de Vizinhança, integrante do Título III – Da Propriedade.

Transferência do Direito de Construir – TDC[33]

Como assinalado no tópico anterior, o tratamento do direito de construir como faculdade originariamente integrada à esfera do proprietário do imóvel induz à compreensão de que o direito de sua transferência será um consectário da imanência do primeiro ao de propriedade, tendo por objeto o solo potencial de impossível utilização em razão de alguma imposição urbanística especial, como o tombamento, ou, de acordo com o modelo legal, o potencial voluntariamente não utilizado, para outro imóvel em condições de recebê-lo.

É importante ressaltar que o coeficiente básico de aproveitamento, da mesma forma que é condição para a outorga onerosa (permissão de construção

---

[33] O presente tópico foi originalmente publicado em artigo da autora PIRES, Maria Coeli Simões. O papel do Estatuto na conformação da propriedade urbana. *Revista Fórum de Direito Urbano e Ambiental*. Belo Horizonte: Fórum, jan./fev. 2002: (03-15), ano 1, n. 01, tendo sofrido, neste texto de revisão, algumas adaptações e inclusões.

além daquele índice geral franqueado para um uso útil isonômico), tratada no tópico anterior, deve ser tomado na perspectiva de informador do instituto da transferência do direito de construir (poder de alienar ou exercer em outro local o direito de construir), mesmo porque falar de transferência de um direito de construir integrado originariamente na esfera do proprietário, na ausência de coeficiente básico, é admitir um superdireito de propriedade.[34]

De acordo com o Estatuto, caberá ao município disciplinar a matéria em lei própria, que cuidará de estabelecer o referido coeficiente, além de autorizar o proprietário de imóvel urbano, privado ou público, a exercer em outro local, como a alienar, por meio de escritura pública, o direito de construir inviabilizado, seja ele imanente ao direito de propriedade, seja ele obtido mediante outorga onerosa do poder público.

Segundo o marco legal urbanístico nacional, o instituto está relacionado com as seguintes finalidades públicas do imóvel que dá origem à transferência: implantação de equipamentos urbanos e comunitários; preservação, tendo em vista seu valor histórico, ambiental, paisagístico, social ou cultural; vinculação a programa de regularização fundiária, urbanização de áreas ocupadas por população de baixa renda e habitação de interesse social; ou doação do imóvel ao poder público para aplicação nos aludidos objetivos.

A transferência é, assim, uma operação entre o titular do direito e o adquirente, previamente autorizada pelo poder público municipal, mediante lei baseada no plano diretor, e vinculada a restritas situações de inviabilização do direito de construir no local originário ou de disponibilidade de direito de construir como fruto de outorga onerosa.

Do ponto de vista da concepção doutrinal e normativa, observa-se que o TDC, como instrumento de planejamento urbano e de equalização do direito de propriedade, articula-se com o tombamento, devendo, no entanto, ganhar mais prestígio na política urbana, para fins de conciliação dos interesses de proteção do patrimônio cultural e dos direitos dos proprietários de bens tombados, em combinação com o instituto correlato de Outorga Onerosa de Direito de Construir.[35]

É que o instituto TDC, além de se prestar à regulação territorial, viabiliza a compensação do proprietário de bens protegidos e, assim, a redistribuição dos

---

34 RABELLO, Sônia. Tombamento e Legislação urbanística: Competência e gestão. In: FERNANDES, Edésio; ALFONSIN, Betânia (coord.). *Revisitando o Instituto do Tombamento*. Belo Horizonte: Editora Fórum, 2010: (37-49), p. 48. ISBN: 978-85-7700-388-4.

35 RABELLO, Sônia. Tombamento e Legislação urbanística: Competência e gestão. In: FERNANDES, Edésio; ALFONSIN, Betânia (coord.). *Revisitando o Instituto do Tombamento*. Belo Horizonte: Editora Fórum, 2010 (37-49), p. 48. ISBN: 978-85-7700-388-4.

ônus e bônus do processo de urbanização na interface com a proteção patrimonial da cultura, tendo, assim, intensa potencialidade para a solução de conflitos decorrentes da contraposição propriedade e intervenção estatal.

Os dois instrumentos, TDC e Outorga Onerosa de Direito de Construir, vocacionados para conciliar limites da propriedade imobiliária e os interesses da cidade, são, contudo, de difícil aplicação, tornando-se necessária uma política adequada para a sua internalização nas práticas urbanísticas, com foco na superação das questões técnicas. Igualmente, é importante uma reavaliação de sua concepção, com vistas ao aperfeiçoamento e à adaptação de seus contornos às especificidades no campo da proteção, para manter convergentes os objetivos compensatórios e os de efetiva preservação, potencializando soluções e superando falhas das práticas emblemáticas no país.

4.2 Instrumentos urbanísticos específicos do Estatuto da Cidade passíveis de aplicação na seara da preservação

4.2.1 Plano Diretor como principal instrumento de planejamento municipal[36]

Prestigiando o planejamento urbanístico, o legislador ordinário nacional editou o Estatuto da Cidade, no qual retoma instrumentos tradicionais, tratando-os, contudo, de maneira uniforme, isto é, sem distinguir critérios imponíveis aos municípios de trama urbana de superlativa complexidade daqueles núcleos mais singelos.

O plano diretor é tratado nos arts. 39 a 42, que estendem a obrigatoriedade de sua elaboração para as cidades integrantes de regiões metropolitanas e de aglomerações urbanas, ou inseridas em áreas de especial interesse turístico ou que tenham influência em empreendimentos ou atividades de impacto ambiental mais abrangente, além de explicitarem a necessidade de sua adoção como pressuposto da aplicação de certos instrumentos.

De fato, é significativamente ampliada a imposição de plano diretor como instrumento básico da política urbanística local. Constitucionalmente previsto para as cidades com mais de vinte mil habitantes, sua aplicação estende-se a todo município que pretender desenvolver política urbanística mais consistente, uma vez que ele se coloca como pré-requisito para adoção da maioria dos instrumentos, especialmente os mais progressistas, como os

---

36 O presente tópico foi originalmente publicado em artigo da autora PIRES, Maria Coeli Simões. O papel do Estatuto na conformação da propriedade urbana. *Revista Fórum de Direito Urbano e Ambiental*. Belo Horizonte: Fórum, jan./fev. 2002: (03-15), ano 1, n. 01, tendo sofrido, neste texto de revisão, algumas adaptações e inclusões.

previstos no § 4° do art. 182 da Constituição da República, e os de preempção, outorga onerosa do direito de construir, alteração de uso mediante contrapartida, operações consorciadas, transferência do direito de construir, consoante disposto no marco legal das cidades.

Por outro lado, a lei sugere maior dinâmica na aplicação do instrumento, estabelecendo a obrigatoriedade de sua revisão a cada dez anos e de adoção de mecanismos de participação da população na sua elaboração e na fiscalização da implementação das diretrizes nele previstas.

O Estatuto determina ainda a obrigatoriedade de elaboração de plano de transporte urbano integrado para cidades com mais de quinhentos mil habitantes, o qual poderá ser autônomo, desde que compatível com o Plano Diretor, ou poderá integrar o próprio conteúdo do Plano Diretor.

4.2.2 Imposto sobre a Propriedade Predial e Territorial Urbana – IPTU[37]

O Estatuto, disciplinando o IPTU progressivo no tempo como medida sucessiva à sanção de parcelamento, edificação ou utilização compulsórios de área prevista no plano diretor e que não cumpra sua função social (art. 182, § 4°, da Constituição da República), define a alíquota máxima e o prazo de aplicação da medida de progressividade do imposto, sob pena de desapropriação, além de prever vedações de isenções ou de anistia relativas à específica categoria (art. 7°).

Em relação às alíquotas tributárias, registram-se a progressividade, que tem caráter positivo, e a regressividade, de caráter negativo. A primeira aumenta a onerosidade do tributo na razão direta da capacidade contributiva, como regra; a segunda diminui o seu valor na razão inversa da capacidade para assunção dos encargos tributários.

A tributação progressiva prevista no § 4° do art. 182 equivale a uma sanção pelo descumprimento da função social da propriedade urbana. Com a medida preconizada, de lastro constitucional, o poder público pretende desestimular a subutilização da propriedade ou a sua completa ociosidade.

Como tal, enquadra-se o instituto em seara de extrafiscalidade, compreendida como atuação tributária do Estado referenciada aos fins metafiscais. Isto

---

[37] O presente tópico foi originalmente publicado em artigo da autora PIRES, Maria Coeli Simões. O papel do Estatuto na conformação da propriedade urbana. *Revista Fórum de Direito Urbano e Ambiental*. Belo Horizonte: Fórum, jan./fev. 2002. p. 03-15, ano 1, n. 01; tendo sofrido, neste texto de revisão, algumas adaptações.

é, ela pressupõe o uso dos tributos como instrumentos de enfrentamento de situações anômalas e de regulação de determinadas atividades, mediante a sua propulsão ou sua repressão, e, portanto, afastado da vocação ordinária dos tributos para a arrecadação de recursos destinados ao Estado, nesse plano, tomada em relevo secundário.

Não destoam dessa compreensão as lições de estudiosos da matéria, entre as quais se destaca a de Aguiar, no sentido de que a extrafiscalidade corresponde à "deliberada utilização, pelo Poder Público, dos tributos, para regular comportamentos sociais".[38]

No campo da extrafiscalidade prevista no art. 182, não se leva em conta a capacidade contributiva daqueles aos quais se impõe, conquanto a pressuponha, pois, como se viu, a progressividade toma a conotação de penalidade, e, por isso mesmo, contra a exacerbação da exação, não se haverá de opor o princípio do não-confisco, que protege, sim, a propriedade legitimada pelo sistema jurídico e, portanto, a salvo de medidas que tais.

Deve-se afirmar que a extrafiscalidade pode ser aplicada sobre fatos econômicos diversos, compatível que é com a ampla tipologia dos impostos, desde que observadas as prescrições constitucionais para o exercício da imposição tributária. Bem por isso, não se esgota no IPTU progressivo a extensão da extrafiscalidade em matéria urbanística.

Observa-se que o perfil e a natureza do IPTU progressivo de que ora se cogita não se comunicam com os traços do IPTU progressivo incluído diretamente no conceito de fiscalidade e que objetiva sustentar a justa distribuição da riqueza traduzida pela propriedade, segundo critérios de localização, padrão construtivo e tempo de construção, que definem as faixas valorativas sobre as quais incidem alíquotas progressivas. Tal distinção infere-se claramente do disposto, por força da Emenda Constitucional n. 29, de 13 de setembro de 2000, no art. 156, § 1º, da Constituição da República, que consigna a progressividade desse imposto, sem prejuízo daquela de caráter sancionatório.

Os municípios dispõem, assim, de instrumentos tributários de política urbana que, tensionados pela escassez dos terrenos urbanos e pela tendência acumulativa da propriedade, podem ganhar adequada conformação no âmbito de cada realidade.

Permanece, contudo, o desafio para os tributaristas no sentido da criação de novos instrumentos urbanísticos tributários ou da adoção de arranjos mais sofisticados para os existentes, de modo a viabilizar equações

---

38 AGUIAR, Joaquim Castro. *Direito da Cidade*. Rio de Janeiro: Renovar, 1994. p. 165.

compensatórias capazes de levar em conta, por exemplo, base territorial e densidade urbana, como forma de efetivação do direito de todos à cidade, e, ainda, o potencial da parafiscalidade para o fomento à ação conservacionista e a compensação na área do patrimônio cultural.

Cabe-lhes, também, superar as dificuldades conceptuais da contribuição de melhoria para que esta possa efetivamente colocar-se como mecanismo de distribuição dos ônus dos investimentos públicos em contraposição à privatização tão recorrente da mais valia deles originada.

Os instrumentos urbanísticos citados podem direcionar o crescimento da cidade, interceptando o contraditório avanço da malha urbana para áreas afastadas, de acesso difícil e oneroso, de maior carência de infraestrutura, para revertê-lo, por meio de adensamento de espaços vazios dotados de condições mais favoráveis de habitabilidade e de estruturação mais viável e menos onerosa para o poder público. Podem operar, induzindo o adensamento de áreas ociosas ou contendo o acesso a áreas de maior densidade populacional.

4.2.3 Preempção[39]

Anota-se que o instituto da preempção urbanística ou preferência tem incidência sobre o atributo da propriedade relacionado com a disposição do bem, sendo tomado como instrumento de gestão urbana.

O instituto, conforme o regime estabelecido no ordenamento pátrio (arts. 25 e segs. do Estatuto da Cidade), assegura ao poder público preferência para aquisição de imóveis urbanos incluídos em áreas definidas em lei municipal baseada no plano diretor e postos em transação como objeto de alienação onerosa entre particulares.

Observa-se que a preempção a que se refere o Estatuto é titularizada exclusivamente pelo município, remanescendo, certamente, previsões legais relativas à preferência aplicáveis a outras esferas.

Trata a lei de vincular o instituto, concorrentemente, à exigência de delimitação de áreas de sua incidência em lei municipal baseada no plano diretor, com o que se enfatiza o seu atrelamento ao planejamento urbanístico, e ao cumprimento de uma das seguintes finalidades: regularização fundiária ou constituição de reserva de terrenos, ordenamento e direcionamento da expansão urbana, de modo a permitir ao poder público maior facilidade de intervenção no

---

39 O presente tópico foi originalmente publicado em artigo da autora PIRES, Maria Coeli Simões. O papel do Estatuto na conformação da propriedade urbana. *Revista Fórum de Direito Urbano e Ambiental*. Belo Horizonte: Fórum, jan./fev. 2002: (03-15), ano 1, n. 01, tendo sofrido, neste texto de revisão, algumas adaptações.

espaço da cidade, no desenvolvimento de programas e projetos habitacionais de interesse social, na proteção do meio ambiente natural e cultural e na implantação de equipamentos urbanos e comunitários e espaços de lazer.

A lei cuida do procedimento para exercício da preempção, o qual envolve ações do proprietário e do poder público, desde a notificação a cargo daquele, acompanhada da proposta de compra, passando pelo edital do município, contendo o aviso de recebimento da notificação, até a operação decorrente do exercício da preferência, ou, em caso de liberação do proprietário pelo poder público, até a apresentação do instrumento público correspondente.

O município, uma vez notificado da intenção do proprietário de proceder à alienação do imóvel e ciente do valor e condições da proposta de compra do bem, deverá manifestar-se no prazo de 30 dias, equivalendo o silêncio à afirmação de desinteresse, não obstante deva ser formalizada. Liberado o proprietário, deverá este, no caso de alienação a terceiro, efetivá-la nas condições estabelecidas na proposta encaminhada ao poder público, sob pena de nulidade de pleno direito da avença então travada.

O poder público poderá adquirir os imóveis pelo preço proposto quando da notificação recebida do proprietário ou, em caso de alienação a terceiro em condições diversas da proposta que acompanhou a notificação, pelo valor da base de cálculo do IPTU ou pelo preço inicialmente indicado, se inferior (art. 27, § 6º).

Resta observar que o Estatuto estabelece o limite máximo de cinco anos para a vigência da preempção, prazo renovável depois de transcorrido um ano do término do primeiro período (art. 25, § 1º). Caberá à lei municipal definir esse prazo, durante o qual será assegurado o direito de preferência, que persistirá até o final daquele, independentemente do número de alienações referentes ao mesmo imóvel.

Por fim, registra-se que o direito de preempção é usual na França, sendo esta tomada como referência importante no tocante à disciplina do instituto.

4.2.4 Outorga Onerosa de Alteração de Uso[40]

Segundo a lei, o plano diretor pode fixar ainda áreas passíveis de novos usos a serem concedidos mediante contrapartida do beneficiário, sendo

---

40 O presente tópico foi originalmente publicado em artigo da autora PIRES, Maria Coeli Simões. O papel do Estatuto na conformação da propriedade urbana. *Revista Fórum de Direito Urbano e Ambiental*. Belo Horizonte: Fórum, jan./fev. 2002. p. 03-15, ano 1, n. 01; tendo sofrido, neste texto de revisão, algumas adaptações.

a outorga tratada em lei municipal específica que, como se viu, disciplinará também o direito de construir e a transferência desse mesmo direito, matéria tratada em tópicos específicos.

4.2.5 Operação Urbana Consorciada[41]

Em outra vertente, cuida-se da operação urbana consorciada, instrumento de gestão emparceirada, aplicável em áreas pré-determinadas pela legislação municipal, à sua vez, baseada no plano diretor.

O instrumento corresponde na prática à operação interligada, definindo-se, no Estatuto, como o conjunto de intervenções e medidas coordenadas pelo poder público municipal, com a participação dos proprietários, moradores, usuários permanentes e investidores privados, objetivando alcançar, em área determinada, transformações urbanísticas estruturais, melhorias sociais e valorização ambiental.

O que se coloca como motivação ao segmento privado relativamente ao instrumento é a flexibilização dos requisitos gerais da legislação urbanística e a possibilidade de regularização de situações desconformes com o direito.

A operação deve ser aprovada em lei específica, a qual conterá o seu plano, que incluirá, entre outras previsões, as relativas à contrapartida e à forma de controle da operação, necessariamente compartilhado com a sociedade civil.

Prevê-se a possibilidade de emissão pelo município, nos termos da lei específica da operação urbana, de certificados de potencial adicional de construção, que serão alienados em leilão ou utilizados no pagamento das obras necessárias à operação. Serão, contudo, conversíveis em direito de construir exclusivamente na área da operação, para superação de padrões estabelecidos pela legislação de uso e ocupação do solo, até o limite flexibilizado pela lei da operação.

Com o objetivo de obstaculizar conluios e manipulações, o legislador federal estabeleceu salvaguarda explícita no art. 33, § 2º, do Estatuto, cunhando de nulas as licenças e autorizações a cargo do poder público municipal expedidas em desacordo com o plano de operação urbana consorciada a partir da aprovação da lei específica destinada à delimitação de área para aplicação do instrumento.

---

41 O presente tópico foi originalmente publicado em artigo da autora PIRES, Maria Coeli Simões. O papel do Estatuto na conformação da propriedade urbana. *Revista Fórum de Direito Urbano e Ambiental*. Belo Horizonte: Fórum, jan./fev. 2002: (03-15), ano 1, n. 01, tendo sofrido, neste texto de revisão, algumas adaptações.

O Estatuto adota, como se viu, algumas salvaguardas para a defesa do interesse público. Contudo, só um controle social efetivo pode garantir a utilização do instituto com fidelidade aos propósitos de uma política urbana democrática, inclusiva e sustentável.

4.2.6 Estudo de Impacto de Vizinhança[42]

O Estatuto trata de um instrumento novo no plano urbanístico, o estudo de impacto de vizinhança, voltado para o controle *a priori* de empreendimentos e atividades potencialmente impactantes da vizinhança, os quais serão especificados em lei municipal.

O EIV, que não substitui o estudo prévio de impacto ambiental quando exigido, deve abranger a análise de questões como geração de tráfego, demanda por transporte público, reflexos na paisagem urbana, relação com o patrimônio natural e cultural, entre outros, e assegurar, em sua elaboração, a audiência da comunidade afetada.

O instrumento, certamente, ganha expressão na política urbanística, sobretudo pela participação das Organizações Não Governamentais, com ênfase sobre as atuantes nas áreas de meio ambiente, patrimônio cultural e urbanístico, e outros movimentos sociais de atuação no espaço das cidades.

Poderá ser potencializado como um dos pilares de gestão e controle da infraestrutura das cidades e de prevenção contra disfunções no desenvolvimento destas, demandando dos responsáveis por sua avaliação a sintonia com o planejamento do município como um todo e dos setores considerados cruciais para a garantia de qualidade de vida no ambiente urbano.

É de enfatizar-se, assim, o avanço constituído pela edição do Estatuto da Cidade, que lança novos tentáculos para o desenvolvimento integrado das funções sociais da cidade, incluída a cultural nas suas diversas dimensões. Ressalta-se, porém, o grande desafio de implementação desse marco normativo, especialmente nos seus desdobramentos federativos no tocante à política de proteção patrimonial. É crucial assimilar os avanços do direito urbanístico também nesse campo, mediante apropriação dos novos institutos e instrumentos de planificação, sujeitando as reformas urbanísticas em locais de interesse cultural a exame dos órgãos de proteção, à participação das comunidades envolvidas, à arregimentação dos diversos atores capazes de contribuir para a maior legitimidade

---

42 O presente tópico foi originalmente publicado em artigo da autora PIRES, Maria Coeli Simões. O papel do Estatuto na conformação da propriedade urbana. *Revista Fórum de Direito Urbano e Ambiental*. Belo Horizonte: Fórum, jan./fev. 2002: (03-15), ano 1, n. 01; tendo sofrido, neste texto de revisão, algumas adaptações.

dos processos decisórios. Necessária também uma abordagem de incentivo ao proprietário do bem protegido, por meio de soluções de redução de impostos, de abertura de linhas compensatórias de financiamento para restauro, por exemplo, bem assim de modernização do instituto do tombamento. É dizer: deve-se garantir efetiva integração da política de proteção patrimonial com as diversas políticas públicas, assegurando-se a utilização de mecanismos de democratização na sua concepção, implementação, controle, bem assim no acesso aos resultados delas oriundos.

4.3 Outros instrumentos

Entre os instrumentos urbanísticos secundários, José Afonso da Silva[43] alinha os seguintes: imodificabilidade, restrições à alienabilidade, possibilidade de diversas intervenções do órgão administrativo competente e subordinação a provimentos e imposições administrativas. Ora, o próprio autor reconhece tratar-se de efeitos de aplicação de instrumentos primários, no caso, daqueles efeitos decorrentes do tombamento, solução que se enquadra nos liames da análise específica. Os efeitos do tombamento foram mencionados em capítulo destinado ao Processo de Tombamento.

No terceiro grupo, o referido autor situa os instrumentos cautelares, cuja finalidade é assegurar o estado da coisa até as providências definitivas. Verifica-se, no entanto, que, na legislação federal, praticamente inexistem medidas cautelares independentes do próprio procedimento do tombamento.

Por último, enumera José Afonso da Silva os instrumentos repressivos, chamados também instrumentos de controle, que, segundo ele, surgem para que deles lance mão a Administração Pública e outros legitimados, para coibir a violação do regime especial de proteção.

De natureza administrativa ou penal, deles pode fazer uso a Administração, em alguns casos, diretamente; em outros, por meio do Poder Judiciário. Outros mecanismos são disponíveis para os órgãos de controle, em especial o Termo de Ajustamento de Conduta, do qual o Ministério Público pode lançar mão, sem necessidade da via judicial, assim como outros legitimados para a Ação Civil Pública.

Mecanismos repressivos, assim como cautelas voltadas para um patrimônio elitizado, contudo, não são suficientes. José Afonso da Silva[44] entendia

---

43 SILVA, José Afonso da. *O direito urbanístico brasileiro*. São Paulo: Revista dos Tribunais, 1981. p. 497.

44 SILVA, José Afonso da. *O direito urbanístico brasileiro*. São Paulo: Revista dos Tribunais, 1981. p. 510.

fazer-se necessária uma revisão da legislação federal, com vistas a adequá-la aos novos conceitos de preservação e revitalização do patrimônio cultural urbanístico, evocando visão mais ampla da matéria e de sua importância na formação e identificação da nacionalidade. Recomendava o abandono da concepção estético-monumental da proteção do patrimônio cultural, para colocá-lo a serviço da comunidade, caminho que vem sendo, aos poucos, palmilhado.

Na mesma linha, Ana Cristina Palacky,[45] entendendo que a política patrimonial, para além da dimensão institucional, enfeixa outros aspectos, enfatiza a necessidade de colaboração de esforços do IPHAN e dos órgãos municipais e metropolitanos em busca de planos diretores que conciliem harmonicamente a planificação dos espaços urbanos e os valores culturais e estéticos da comunidade. Alerta também para o caráter elitista da preservação, em que só o extraordinário é protegido:

> "Faz-se mister, entretanto, uma revisão da política elitista de que só o extraordinário deve ser protegido. Casarios interessantes, florestas, ruas estreitas, tudo pode coexistir com as emergências da cidade nova, mesmo que suas funções originais tenham sido modificadas".

Assinala, entretanto, que a ideia de conciliar planificação urbana e valores culturais emergiu forte, tomando dimensão interamericana, no final dos anos setenta. Avaliação que a autora faz a partir das conclusões dos participantes do Congresso da Organização Interamericana de Cooperação Municipal, realizado em Montevidéu, em 1976, que ela registra:

> "Que los Municípios propendan a la creación dentro de los sectores que en ellos tengan a su cargo el planeamiento urbano y cultural, de oficinas especificamente destinadas al estudio de la recuperación de las ciudades y a la preservación de sitios y monumentos históricos y artísticos, mediante el sistema de conservación integrada".[46]

Nesse sentido, mais que o destrinçamento dos instrumentos urbanísticos, é urgente a superação de questões anteriores e enfaticamente persistentes: o conceito e o conteúdo da propriedade privada urbana, a função social da propriedade, o locus de sua ordenação, a escassez do solo urbano e a pressão

---

45 PALACKY, Ana Cristina. O tombamento e a cultura urbana. *Revista de Administração Municipal*. Rio de Janeiro, 25(146): pp.20-33, jan./mar. 1978.

46 Congresso Extraordinário da Organização Interamericana de Cooperação Municipal, 1. Montevidéu, 25 de novembro de 1976. Apud PALACKY, Ana Cristina. O tombamento e a cultura urbana. *Revista de Administração Municipal*. Rio de Janeiro, 25(146): 20-33, jan./mar. 1978.

para o acesso a ele, o papel do direito, a nova ordem de sustentabilidade da cidade, e, no tocante ao patrimônio cultural, a sua (re)significação como referência de uma sociedade inclusiva, nos seus diversos círculos organizatórios.

A potencialidade dos instrumentos só se realizará na prática quando se romper com a matriz liberal público versus privado e se conceber o Direito Urbanístico como o ramo ordenador do direito à cidade sob o prisma social, isto é, quando se romper com a lógica de neutralidade do direito diante do quadro de exclusão social e segregação espacial das cidades.

4.4 O novo Plano Diretor de Belo Horizonte

O Plano Diretor é o instrumento básico de política urbana do município, que, consoante o disposto no art. 182 da Constituição Federal, regulamentado pelo Estatuto da Cidade, deve conter as normas fundamentais de ordenamento da cidade para o cumprimento da função social da propriedade urbana. Com base na Constituição Federal e na Lei Orgânica Municipal de Belo Horizonte, editou-se o Plano Diretor aprovado pela Lei n. 7.165, de 27 de agosto de 1996.

Em cumprimento das diretrizes estabelecidas pelo Estatuto da Cidade, em conferências de Política Urbana de Belo Horizonte, no sentido da revisão periódica do Plano Diretor e de instituição de um Plano de Mobilidade Urbana, bem assim incorporando assentamentos da III Conferência das Nações Unidas para Habitação e Desenvolvimento Sustentável – HABITAT III –, realizada em Quito, Equador, em 2016, o Município de Belo Horizonte aprovou, em substituição ao Plano Diretor de 1996, o novo instrumento básico, por meio da Lei 11.181, de 8 de agosto de 2019. O projeto de lei do qual resultou o novo marco legal, de iniciativa do Poder Executivo, reunindo postulados dos planos diretores regionais e, especialmente, decisões pactuadas no âmbito da IV Conferência Municipal de Política Urbana, de 2014, foi apresentado à Câmara Municipal em 2015, e teve sua tramitação estendida por quatro anos, em contexto de intensa participação dos diversos segmentos e, também, de amplo debate técnico no tocante aos temas mais polêmicos nele tratados.

Estruturado em 14 títulos, à sua vez, desdobrados em uma sucessão de capítulos, quase sempre fracionados em seções, e totalizando mais de 400 artigos, o novo Plano Diretor de Belo Horizonte, do ponto de vista técnico, revela-se uma peça sistêmica, com uma distribuição tópica da matéria de modo ordenado e coerente, embora incorra em excessivo grau de detalhamento. Do ponto de vista material, apresenta-se como um conjunto de núcleos temáticos pertinentes ou correlatos, tratados pelo fio comum da potencialidade do direito, ou melhor, da legislação urbanística básica, para a efetivação da função social da propriedade urbana e do direito à cidade, mediante regulação com vistas à melhoria da qualidade de vida dos habitantes da Urbe, sem desprezar o compromisso com as futuras gerações.

Assinala-se, como principal inovação do novo Plano Diretor, o estabelecimento do coeficiente básico de aproveitamento para todo território urbano, fixando-se em 1 o seu limite, o que assegura ao proprietário a possibilidade de construir a edificação em tamanho correspondente ao do terreno. Para superar o limite do coeficiente básico, sujeita-se o proprietário à outorga onerosa, resultando a contrapartida em recursos para investimento em infraestrutura e moradias populares. A fixação desse coeficiente básico, matéria alçada à competência do Município, apresenta-se como um fator de mudança radical na forma de apropriação da cidade e opera a reconceitualização do direito de construir, para concebê-lo imanente à propriedade apenas no tocante ao coeficiente básico. Na linha das inovações, o Plano Diretor abriga, também, diretrizes para o aumento do adensamento em torno das principais avenidas, cria novas centralidades de comércio e serviços e estimula a mescla de usos comerciais e residenciais.

O Título I – Dos Princípios, Diretrizes e Objetivos da Política Urbana Municipal – cuida, em perspectiva jusfilosófica de viés progressista, de explicitar os fundamentos de toda a disciplina que compõe a trama normativa. Vai além de considerações abstratas, e, definindo uma nova Agenda Urbana, estabelece de forma clara os objetivos, sinalizando com soluções avançadas, como a reversão da parte da mais valia da terra urbanizada em favor do desenvolvimento urbano. Trata, em capítulo lacônico, a Estruturação Urbana e, no tocante ao Desenvolvimento Urbano, privilegia a lógica de descentralização dos benefícios do processo de urbanização por meio da adequada alocação de equipamentos, bens e serviços, com vistas à equalização do acesso. O Título abrange capítulos específicos sobre Meio Ambiente, Habitação, Patrimônio Cultural e Urbano, sinalizando, notadamente, para a integração dos objetivos urbanísticos com a política municipal de preservação; para a ênfase na promoção das ambiências e nos modos de vida característicos de determinadas porções do território municipal; e, por fim, para a integração ao patrimônio cultural de todos os povos e comunidades tradicionais que nele habitem, grupos culturalmente diferenciados e que se reconheçam como tais. Rompe-se com a concepção de uma cidade hegemônica e artificializada, tendente a projetar uma falsa identidade. Parte-se da ideia de um território plural na sua conformação social, carente de medidas de equalização em múltiplas vertentes, sem prejuízo das referências parcializadas e diferenciadas. Capítulo específico dispõe sobre a Mobilidade Urbana, ressaltando-se as diretrizes de priorização de pedestres e modos de transportes não motorizados sobre os motorizados, com foco em sustentabilidade. Seguem-se outros capítulos: o do Espaço Público e das Áreas Públicas, ressaltando-se que "as ações de qualificação do espaço público têm como objetivo garantir a melhoria do desenho urbano sob preceitos de sustentabilidade, inclusão e resiliência, bem como proporcionar a disponibilização de estrutura adequada à sua apropriação pela população"; o relativo ao Espaço Privado, que cuida de traçar diretrizes para a atividade edilícia, tendo por foco a regulação da cidade, de modo a não deixar o processo de construção do espaço urbano a mercê da lógica do mercado; o destinado a sustentar a Integração entre Espaços Públicos e Privados.

O Título II enuncia e disciplina os Instrumentos de Política Urbana, voltados para a densificação do conceito de função social da propriedade e para soluções de qualificação e democratização do espaço. São apresentados instrumentos de sede constitucional, outros erigidos pelo marco estatutário da urbe e, ainda, alguns que comparecem como inovação ou variação, colhidos da prática nessa seara, de outros sistemas jurídicos, ou sedimentados na doutrina. Cuida-se de Concessão de Uso Especial para Fins de Moradia; de instrumentos sancionatórios, como os do Parcelamento, da Edificação Compulsórios, do IPTU Progressivo no Tempo, da Desapropriação com Pagamento em Títulos da Dívida Pública. Têm lugar outro mecanismos, como o do Consórcio Imobiliário; o da Preempção; aqueles destinados a viabilizar a superação do Coeficiente de Aproveitamento Básico: Outorga Onerosa do Direito de Construir; Transferência do Direito de Construir; Soluções Projetuais de Gentileza Urbana; benefício decorrente da produção de Habitação e Interesse Social; Estoque de Potencial Construtivo Adicional; Operação Urbana Simplificada, Operação Urbana Consorciada; Reajuste de Terrenos; Concessão Urbanística; Consórcio Urbanístico de Interesse Social. Disciplina-se, também, o Estudo de Impacto de Vizinhança.

O TÍTULO III cuida da Gestão Democrática da Cidade, estabelecendo as bases para a garantia de processos decisórios mais consentâneos com o paradigma da participação e definindo a composição básica do arranjo institucional: Conselho Municipal de Política Urbana; Conferência Municipal de Política Urbana; Fórum das áreas de Diretrizes Especiais, todos atrelados à ideia norte segundo a qual o cidadão não é mero destinatário da política pública, de suas ações ou benefícios; é participante do processo decisório, o que se garante por via dos canais disponíveis para tanto.

O TÍTULO IV traz um denso e amplo conteúdo relativo ao Zoneamento, estatuindo normas gerais e contemplando uma diversificação notável das áreas e zonas, alinhando-as em dez variações ou alternativas para uma política urbana lastreada nessa metodologia geral de monitoramento do espaço, orientada por parâmetros urbanísticos específicos, conforme o enquadramento tipológico: Zonas de Preservação Ambiental; de Ocupação Moderada; de Ocupação Preferencial; e Especiais de Interesse Social, de um lado; e de outro, as Áreas Especiais de Interesse Social; as Áreas de Centralidades; as Áreas de Grandes Equipamentos; as Áreas de Diretrizes Especiais; as Áreas de Conexões Ambientais; e as Áreas de Projetos Viários Prioritários.

O Marco legal incorpora disciplina da Lei de Parcelamento, Uso e Ocupação do Solo. No TÍTULO V, trata do Parcelamento do Solo, estabelecendo disposições gerais, disciplinando o Loteamento, com atenção especial para o Sistema de Circulação dos Loteamentos; do Desmembramento; da Modificação de Parcelamento; do Reparcelamento; e do Parcelamento do Solo nas ZEIS.

O Título VI dispõe sobre a Ocupação do Solo, traça as disposições gerais sobre a matéria, aponta os critérios de ocupação do solo aplicáveis à Habitação de Interesse Social e ao Empreendimento de Interesse Social; e disciplina as Ocupações do Solo nas ZEIS.

No Título VII, o Plano Diretor disciplina o Uso do Solo, prescrevendo as disposições gerais; regulando o Uso do Solo nas ZEIS, nas AEIS -1 e nas AEIS de Interesse Ambiental.

O Título VIII cuida pormenorizadamente das Áreas de Interesse Ambiental, apresentando, em capítulos específicos, a disciplina básica das ADES de Interesse Ambiental, bem assim dispondo sobre as já formalizadas ou previstas: as do Izidoro; Barragem Santa Lúcia; Bacia da Pampulha e áreas de Conexões Ambientais.

O Título IX dispõe sobre o Patrimônio Cultural e Urbano, ocupando-se de estabelecer disposições gerais da política de proteção patrimonial segundo a metodologia de diretrizes especiais, dirigidas prioritariamente à manutenção da ambiência residencial: uso residencial.

Capítulos específicos dispõem sobre as diversas ADES, superando uma falha recorrente na sistemática de proteção, que é a ausência ou a insuficiência de diretrizes para o balizamento das intervenções nos espaços ou ambiências de interesse patrimonial da cultura, com a consequente insegurança jurídica. São as ADES: as de Buritis; Serra do Curral; Mirantes; Distrito da Moda; Vale do Arrudas; Avenida do Contorno; Pampulha; Trevo; Santa Tereza; da Lagoinha; Cidade Jardim; Venda Nova; Primeiro de Maio; Quilombos.

O Título X traceja a Política Municipal de Habitação, disciplinando, em vertente progressista, soluções de inclusão, as quais devem ser conjugadas, não apenas para respostas paliativas à emergência, mas tendo em vista um horizonte com pretensão de continuidade para resultados de médio e longo prazos, para que possa favorecer a reversão do quadro de exclusão e dar melhor suporte à efetivação do direito constitucional à habitação. O marco legal dispõe sobre mecanismos, cautelas e processos, a saber: Parceria de Interesse Social; Intervenção em Assentamento Precário; Produção Habitacional de Interesse Social; Intervenções em Zonas Especiais de Interesse Social; e Intervenções em Áreas Especiais de Interesse Social.

O Título XI cuida da Mobilidade como função social da cidade, em um articulado claramente voltado para a primazia do cidadão, estimulando uma multiplicidade de modos de transporte e sinalizando no sentido de uma regulação capaz de assegurar mudança do perfil da própria estrutura urbanística para o setor. A disciplina desestimula o modo de transporte individual motorizado, não só pela inversão da lógica estrutural da função, mas por meio de normas edilícias e, também, de restrição de uso.

O Título XII, sem maiores novidades, dispõe sobre as atividades de Licenciamento Fiscalização e Aplicação de Penalidades.

O Título XIII cuida das soluções do chamado Direito Intertemporal, estabelecendo uma extensa gama de Disposições Transitórias, entre as quais, soluções relacionadas com segurança jurídica vertidas a situações já resguardadas por força de barreiras constitucionais à retroatividade da lei, e assim, desnecessárias; outras efetivamente adequadas, tendo em conta a configuração de direito expectado, a demandar cautelas, sobretudo em face do caráter dinâmico do setor urbanístico, movido por interesses tão explícitos; muitas, de caráter casuístico, são pouco plausíveis no conjunto da normatividade.

O Título XIV, fechando a trama normativa, estabelece as Disposições Finais, relevantes para a interpretação e avaliação do sistema, delas constando as de revogação expressa de várias leis, incluída a do Plano Diretor substituído pelo novo marco legal.

Uma primeira leitura do novo Plano Diretor, ainda sob influência da processualidade democrática de sua tramitação e dos elementos do discurso de justificação, que vingaram na construção da normatividade – fruto de escolhas políticas – no bojo da atividade legislativa, revela um marco legal complexo, arrojado e coerente. Será, porém, o discurso de aplicação, no âmbito da atividade urbanística ou na seara da interpretação jurisdicional, a via capaz de apontar os desvãos dessa estruturação legal, ou de sinalizar com alternativas hermenêuticas para (re)significar a idealidade em face dos desafios que a prática apresenta.

Capítulo 14

CONTRIBUIÇÃO PARA A POLÍTICA DE PROTEÇÃO PATRIMONIAL – UMA PERSPECTIVA FENOMENOLÓGICA

1. PATRIMÔNIO CULTURAL NO PARADIGMA DEMOCRÁTICO – DIREITOS CULTURAIS

O acesso à cultura e a fruição do Patrimônio cultural devem ser tratados como direitos culturais no quadro dos direitos humanos, seja com base nas normativas internacionais acolhidas no direito pátrio, seja nas de cunho regional e interno.

Já em 1984, Caio Tácito, louvando o progresso experimentado pelo Direito Público no tocante à expansão de suas asas para abrir o leque das garantias fundamentais, assinalou:

> "[O Direito Público] opondo ao absolutismo do poder a proteção das liberdades públicas e da propriedade privada, passou a defender em etapas sucessivas os direitos do homem [...]. Já agora, a ordem jurídica se volta para proteger o homem contra os riscos do progresso e da tecnologia, a espoliação dos recursos naturais e a violação dos bens da cultura".[1]

Segundo o autor, a ordem constitucional de 1988 consolidou a proteção dos direitos difusos, superando o plano simbólico e programático das dotações jurídicas para dar-lhes efetividade por meio de instrumentos processuais adequados e de legitimação de agir na defesa dos interesses coletivos.[2]

José Afonso da Silva, por sua vez, refere-se ao direito fundamental à cultura, proclamação constitucional que postula prestação positiva do Estado no bojo de uma política pública oficial.[3]

---

1 TÁCITO, Caio. Do direito individual ao direito difuso. In: *Revista de Direito Administrativo*. Rio de Janeiro, 157: (1-15), jul./set. 1984. p. 13.

2 TÁCITO, Caio. Do direito individual ao direito difuso. In: *Revista de Direito Administrativo*. Rio de Janeiro, 157: (1-15), jul./set. 1984. p. 13.

3 SILVA, José Afonso da. *Ordenação constitucional da cultura*. São Paulo: Malheiros, 2001. p. 48.

A política de proteção ao patrimônio cultural deve ter seu elemento seminal nessas dotações do direito fundamental à cultura, ancorando-se na dimensão social e na perspectiva difusa de suas expressões, ganhando conformação nos quadrantes do projeto constitucional da cultura, tracejado, sobretudo, a partir do comando do art. 216 da Constituição Federal de 1988.

Em outras palavras, deve-se estar atento à dimensão constitucional do patrimônio cultural, buscando-se, também, (re)significar os institutos protetivos à luz dos direitos culturais, como tematiza Rodrigo Vieira Costa.[4]

De outra parte, do ponto de vista filosófico, a política há de se conduzir pela ótica antropocêntrica, conquanto não egoística, a qual afasta a compreensão de um patrimônio cultural divorciado de sentidos e do sentimento das pessoas. Assim, como referência e identidade, o patrimônio cultural não pode ser tratado como mera expressão de carga valorativa herdada, mas, essência, como a carga valorativa que lhe é atribuída no processo indenitário e de fruição.

Por isso mesmo, é expressão comum, no paradigma democrático, a afirmação de que "o patrimônio não pode ser considerado algo dado". Há, de fato, um componente subjetivo daqueles que se relacionam com os seus referentes, e que, por isso mesmo, os (re)significam, perenizando o patrimônio pelo valor que lhe atribuem – destinatários e sujeitos de sua atualização.

Tem-se, pois, como premissa da política de proteção patrimonial, a concepção segundo a qual a identificação e a fruição do patrimônio são tomadas como desdobramento do direito à cultura, o que se associa, à luz do paradigma democrático, ao caráter vivo do patrimônio, que se revela pela dimensão subjetiva das relações dos destinatários com os referentes culturais, sem prejuízo do compromisso com o fluxo comunicacional.

2. ALTERNATIVAS PARA CONTRAPOSIÇÃO AOS FATORES QUE DIFICULTAM A PRESERVAÇÃO

De caráter metajurídico, as considerações registradas neste capítulo, muitas colhidas mediante pesquisa de campo, outras da contribuição informal de estudiosos da matéria, destinam-se a subsidiar a discussão de alternativas para reformulação da política de cultura com ênfase na proteção patrimonial, e dos marcos legais sobre preservação.

Fatores diversos dificultam a concepção da política específica, certas opções legislativas com vistas à proteção, bem assim sua implementação.

---

4 COSTA, Rodrigo Vieira. *A Dimensão Constitucional do Patrimônio Cultural:* o tombamento e o registro sob a ótica dos direitos culturais. Rio de Janeiro: Lumen Juris, 2011.

Dificuldades se colocam, sobretudo, à interpretação e à aplicação do arcabouço normativo, distanciando a base fenomenológica da cultura patrimonial da idealidade legal e das soluções de aplicação do direito, em âmbito administrativo e judicial. Esse quadro consubstancia uma série de entraves à preservação dos bens sujeitos a regime especial de proteção no Brasil.

De valia para os objetivos de proposição de novos rumos das políticas públicas relativas ao Patrimônio Cultural são as reflexões e conteúdos da obra Patrimônio Cultural: políticas públicas e perspectivas da preservação no Brasil, de Márcia Chuva e Antônio Gilberto Ramos Nogueira. Tratando o tema do patrimônio em tríplice abordagem: historiográfica e instrumental da política pública e diagnóstica da gestão, os estudos, na linha de outras contribuições dos autores, sedimentam base para uma ação dialógica e construtiva.[5] Na mesma vertente, a abordagem do tema pelas vertentes histórica, ética e política, desenvolvida pelos citados autores.[6] Merecem igual destaque a contribuição acerca das referências culturais como base de construção de novas políticas para o setor, constante de manual coordenado por Célia Corsino,[7] dos quadros institucionais do IPHAN; e os suplementos aportados por Paula Horta.[8]

Nesse sentido, a reconformação ou revisão dos marcos legais desafia os estudiosos da legística a buscarem a aproximação das soluções normativas com a complexidade fenomenológica que circunstância o objeto da disciplina e, ao mesmo tempo, com a política da cultura e a atuação das instâncias com ela envolvidas. Nesse intento, um largo passo deve ser dado, especialmente em face da mundialização da cultura, no complexo contexto do Estado Pós-moderno, de profundas mutações – econômicas, sociais, políticas, ideológicas e territoriais –, de que fala Jacques Chevallier,[9] no sentido

---

5 CHUVA, Márcia; NOGUEIRA, Antônio Gilberto Ramos (org.). Patrimônio *Cultural:* políticas públicas e perspectivas de preservação no Brasil. Rio de Janeiro: Mauad X: Faperj, 2012.

6 CHUVA, Márcia; NOGUEIRA, Antônio Gilberto Ramos (org.). *Patrimônio Cultural:* políticas públicas e perspectivas de preservação no Brasil. Rio de Janeiro: Mauad X: Faperj, 2012.

7 FONSECA, Maria Cecília Londres. Referências Culturais: Base para Novas Políticas de Patrimônio. In: CORSINO, Célia e outros. *Inventário Nacional de Referências Culturais:* Manual de Aplicação. Brasília: Instituto do Patrimônio Histórico e Artístico Nacional, 2000.

8 HORTA, Paula. *Política de Preservação do Patrimônio Cultural no Brasil:* diretrizes, linhas de ação e resultados. 2000/2010. Brasília: Iphan: Monumenta, 2012.

9 CHEVALLIER, Jacques. *O Estado Pós-Moderno.* Tradução de: Marçal Justen Filho. Belo Horizonte: Editora Fórum, 2009.

da adequada incorporação de práticas internacionais exitosas no campo patrimonial e, ao mesmo tempo, seletiva, para afastamento de padrões culturais que coloquem em xeque os valores internos.

Por outro lado, faz-se necessário submeter as soluções e a política pública específica a uma lógica intersetorial, potencializando a sua matriz, mediante a consideração de relações interorgânicas, bem assim a integração intergovernamental, levando-se em conta, particularmente, a estrutura federativa, com reflexos nos interesses e nas responsabilidades de proteção.

2.1 Intercâmbio Internacional

O Brasil é signatário de diversos tratados e convenções internacionais no campo da cultura, o que o submete aos compromissos pactuados. Contudo, a cooperação e o intercâmbio internacionais não conseguem, ainda, no campo da preservação, romper com a persistência da vocação autárquica do Brasil, o qual se mantém na posição de autossuficiência, sem absorver em nível desejável as novas técnicas e metodologias disponíveis em outros países, seja no campo da natureza, seja no da cultura.

Demais disso, quando as instâncias oficiais de proteção do patrimônio cultural assimilam as contribuições supranacionais, não adotam uma política de compartilhamento capaz de potencializar os resultados e avanços das opções, nem tampouco estimulam o intercâmbio com vistas à fruição de bens de interesse cultural de modo orientado.

A mundialização da cultura acaba por invadir o território cultural brasileiro, mas não há uma organização adequada para a abertura aos fluxos migratórios na perspectiva cultural, com garantia, ao mesmo tempo, de salvaguardas da cultura interna e de acolhida à diversidade para integração multicultural.

Revela-se, assim, crucial propulsar a prática intercambial, seja no campo do conhecimento no tocante à temática patrimonial em suas diversas vertentes, seja no tocante à cooperação para o incremento da fruição de bens internos e externos da cultura, de modo sustentável e coerente.

2.2 Cooperação Intergovernamental

Observa-se que, no Brasil, com o objetivo de resguardar fatores de identidade da nacionalidade, desde o Estado Novo, tem-se buscado estabelecer normas e procedimentos voltados para o direcionamento das ações estatais de proteção do patrimônio cultural, o que garantiu que os referentes culturais atravessassem o tempo para continuar testemunhando o processo civilizatório nacional, mercê da atuação da União, em especial.

É certo que já se percebe avanço no sentido do reconhecimento da necessidade de maior compartilhamento da atuação nesse campo entre as diversas esferas do poder público, mas faz-se necessária a compreensão da importância do tratamento das questões decorrentes em plano de corresponsabilidade permanente, a afastar uma matriz de ações estanques, seletivas, aleatórias, eventuais e desarticuladas.

Resgatam-se alguns eventos e iniciativas importantes da trajetória da preservação do patrimônio cultural no Brasil, com foco na estratégia de cooperação. Nesse rol, destaca-se a medida pioneira e de amplo alcance quanto à sensibilização, que, partindo do Ministério da Educação e Cultura, proporcionou a realização, em Brasília, no ano de 1970, do I Encontro de governadores e prefeitos, de que resultou o chamado Compromisso de Brasília, um marco relevante na linha de tempo da cooperação interfederativa. O referido documento definiu novas diretrizes para a elaboração de políticas de proteção do patrimônio cultural, reconhecendo, então, "a inadiável necessidade de ação supletiva dos Estados e dos Municípios à atuação federal no que se refere à proteção dos bens culturais de valor nacional".[10]

Como desdobramento daquele encontro, realizou-se em Salvador, em 1971, sob o patrocínio do Ministério da Educação e Cultura, novo congresso, com o objetivo de refletir sobre os efeitos do primeiro e definir novas medidas necessárias à defesa do patrimônio, voltadas para uma política articulada na área, além de examinar as possibilidades de aproveitamento turístico das cidades que dispusessem de patrimônio histórico e artístico significativo. Desse encontro resultou o Compromisso de Salvador.[11]

O compromisso reunia várias proposições, entre as quais, a criação do Ministério da Cultura e de órgãos estaduais correspondentes; a edição de legislação voltada para a ampliação do conceito de visibilidade do bem tombado, para alinhamento à noção de ambiência; proposição de novo tratamento dos conjuntos no seu contexto; definição de diretrizes para planos diretores e urbanos; articulação com agentes de financiamento para priorização de projetos da área, bem assim de medidas parafiscais; proposição de criação de fundos, articulação entre a administração pública e autoridades eclesiásticas; orientação ao segmento acadêmico e educacional para o incremento dos estudos na área de museus e de preservação, entre outras medidas assemelhadas.

---

[10] BRASIL. ENCONTRO DE GOVERNADORES, 2. Salvador, 25-29 de outubro de 1971. Anais.

[11] BRASIL. ENCONTRO DE GOVERNADORES, 2. Salvador, 25-29 de outubro de 1971. Anais.

A mobilização gerou efeitos positivos na política de cooperação intergovernamental no setor.

Posteriormente, em 1983, Regina Maria Prosperi, em encontro de trabalho sobre preservação do patrimônio cultural e material no Rio de Janeiro, retomava, no entanto, entre fatores impeditivos da política eficaz para o setor, as dificuldades das relações intergovernamentais e de integração como grandes desafios.

Enfrentando a estrutura administrativa dos órgãos de proteção, ela admitia que a superposição de funções e a desarticulação entre esses órgãos acabava por diluir as responsabilidades, gerando omissões de consequências desastrosas. A dificuldade primordial decorria, assim, da ausência de uma política geral e integrada.

A Constituição de 1988 não superou as dificuldades de desarticulação no campo da proteção patrimonial e acabou trazendo uma matriz de competência que, em vários aspectos, as reforçou.

A despeito disso, esforços foram desenvolvidos no sentido da articulação de políticas públicas colaborativas ou de integração na área patrimonial. Verificam-se, nessa vertente, iniciativas louváveis, ainda que isoladas, de programas federais voltados para objetivos específicos, alguns em articulação com outros entes federativos, bem assim ações por parte de autoridades estaduais e municipais no mister de sanar a carência de programas federais para o setor e no intento de implementar medidas de adequação dos existentes às exigências da atualidade, ou de supri-los em suas lacunas.

Destaca-se, entre as iniciativas, a mais complexa e abrangente, a de organização do Sistema Nacional de Cultura – SNC. Criado pela Emenda Constitucional n.71 de 2002, que acrescenta o art.216-A à Constituição Federal, o SNC consubstancia as bases de um processo de gestão e promoção das políticas públicas de cultura de forma colaborativa entre os entes federados e a sociedade civil, com o objetivo de viabilizar o exercício dos direitos culturais em suas diversas expressões e garantir o amplo acesso a bens e serviços culturais.

Não obstante as dificuldades de implementação dos novos arranjos institucionais, de gestão e financiamento, no âmbito do sistema compartilhado de cultura, há de se persistir na busca de um equilíbrio estrutural e permanente nas relações do condomínio federativo, em contraposição à política centralizadora, tão reforçada pelo sistema de distribuição de competências estabelecido pela Constituição de 1988 em relação à matéria, prestigiando-se uma ação de interiorização progressiva, com a integração dos governos municipais e da comunidade, instâncias mais próximas dos bens culturais. Isso não significa, porém, defesa de distanciamento da União do plano das responsabilidades que lhe cabem na ordem federativa, incluindo, ainda, a atuação supletória, sempre que as instâncias municipais ou estaduais não dispuserem de recursos para a implementação das ações que lhes cabem na política específica.

Enfatiza-se que, embora existam, até por imposição da ordem federativa, mecanismos de cooperação intergovernamental disponíveis, tais como os convênios e os consórcios públicos, ainda se verifica a ineficácia de tais instrumentos, uma vez que se orientam, na maioria dos casos, por critérios políticos, comprometendo o desenvolvimento de uma adequada política nesse campo. Desse modo, os marcos legais ainda carecem de atualização, e os instrumentos, de remodelagem ou reconceitualizações, com o objetivo de viabilizar, na prática, mecanismos modernos de incentivo, critérios de equalização dos eixos culturais, intersetorialidade de políticas afins, equilíbrio de investimentos e compensações.

2.3 Ruptura com a concepção centralizadora de Política Cultural e Revisão do Papel do Estado – Integração da Sociedade, Cooperação e Corresponsabilidade

A política cultural no Brasil, especialmente estruturada sob os auspícios do Estado Novo, ressente-se ainda de melhor apropriação de métodos democráticos, notadamente no campo patrimonial. Registra-se, dessa forma, a persistência do papel paternalista do Estado, que se coloca como o responsável pelo enquadramento da memória, ao invés de se colocar como elemento de suporte sobre o qual possa emergir a memória coletiva, seja local, regional ou nacional.

A não-integração da sociedade na política de proteção é, assim, outro fator de frustração dos resultados nesse campo, realidade que, aos poucos, vem sendo alterada.

O Encontro de Petrópolis realizado em 1987, avançando em relação às concepções até então vigentes no tocante à responsabilidade pela preservação – restrita ao Estado –, concluiu que deveria ser a população a primeira responsável por preservar os ambientes culturais.

Entretanto, a questão fundamental era a de definir formas para operacionalização dessa inversão. Isto é, saber como dividir a responsabilidade em uma seara na qual a ação era, antes, absolutamente centralizada. Nesse sentido, buscou-se repensar as teorias do desenvolvimento, haja vista a nítida tendência à assimilação da democratização dos processos de mudanças, atribuindo-se sua eficácia à internalização pela sociedade civil.

Passou-se a adotar uma postura de cooperação, a qual, embora insipiente, permitiu a articulação de esforços de diferentes instituições, da comunidade, do governo e das universidades, sendo forçoso reconhecer o papel primordial dos segmentos acadêmicos como núcleos de arregimentação, conscientização e treinamento da comunidade.

Nesse sentido, relatava Aloísio Magalhães[12] experiência do IPHAN na década de 60, em torno da preservação do patrimônio de Ouro Preto, cuja deterioração, à época, tomava dimensões avançadas. Adotou-se como princípio o da corresponsabilidade da sociedade civil e do Estado, convocando-se aquela a se incorporar ao empreendimento de recuperação dos bens da cidade, considerando que, pela sua complexidade, os problemas da preservação não podiam ser resolvidos, em suas múltiplas faces, por uma instituição isolada.

Certo é que, aos poucos, foi sendo posta em xeque a estatização da política de preservação ou a centralização das ações na esfera do poder público, que abrigava a postura estatal de homogeneização da cultura. Tal prática no plano institucional e discursivo foi contrastada pela mobilização social no sentido da prevalência do princípio da diversidade.

Sabe-se que, no plano internacional, o Pós – Segunda Guerra Mundial abrira espaço para a diversidade cultural, para os bens imateriais ao lado dos de caráter material, ampliando o conceito de patrimônio. Mais tarde essa concepção ampliada, por sua vez, influenciou a prática e a discursividade interna, de modo que, hoje, entende-se que uma cultura que não aceite a diversidade não pode ter lugar em um Estado Democrático. É dizer: Realidades diferentes demandam tratamento igualmente diferenciado, princípio que cresce de importância, na medida em que se leva em conta a natureza enfaticamente plural da cultura brasileira.

Daí por que a política de proteção, envolvendo os processos de seleção ou eleição dos bens culturais, assim como os de gestão e fruição, deve se orientar sempre por uma proposta inclusiva, atenta, especialmente, aos grupos tradicionalmente marginalizados; dialógica, aberta ao conhecimento e à agregação de novos valores; e de respeito à alteridade entre as diferentes culturas.[13]

Ao mesmo tempo, não é possível manter-se a política fechada no âmbito dos órgãos de proteção; a transversalidade, sob lógica e regramento

---

12 MAGALHÃES, Aloísio. *A memória nacional no cotidiano brasileiro*. Interior. Brasília: Ministério do Interior, 6(34): 51-8, set./out. 1980. Edição especial.

13 MATTOS, Liana Portilho. *Bens da cultura:* entre autoridade, alteridade e autoria. Projeto de pesquisa apresentado ao Programa de Pós-Graduação em Direito da Faculdade de Direito da Universidade Federal de Minas Gerais – Doutorado. Belo Horizonte: edição impressa da autora, 2015.

procedimental, acaba sendo demanda do próprio paradigma democrático e uma estratégia de fortalecimento das relações interorgânicas.

A política de corresponsabilidade do Estado e da sociedade e de abertura à diversidade é, antes de tudo, de cooperação, sendo esta viabilizada no tocante à implementação de ações de preservação dos bens culturais, com frequência, por meio de convênios. É preciso, entretanto, enfrentar a desarticulação dessas políticas, buscando estabelecer mecanismos de transparência para explicitação das condições de colaboração nesse campo, seja pela via de fomento, com uso da parafiscalidade e de outros mecanismos de incentivo, seja, ainda, por instrumentos de colaboração. Deve-se estar atento à disciplina das parcerias com o terceiro setor, as quais se submetem às disposições da Lei N. 13.019, de 31 de julho de 2014, que estabelece o regime jurídico das parcerias entre a Administração Pública e as organizações da sociedade civil, em regime de mútua cooperação, sem prejuízo de legislações próprias para o setor cultural.

Há de observar-se que essa política de integração entre Estado e Sociedade é amplamente usada nos sistemas estrangeiros, nos quais o órgão técnico responsável catalisa a participação de associações, sindicatos, escolas, academias, núcleos de preservação, organizações e representações do povo no processo de preservação. São exemplos, entre outros, os sistemas soviético, português e espanhol.

Ressalte-se que, no direito russo, no qual a política de preservação se alimentava basicamente dos valores da Revolução Socialista, era assegurada ao povo soviético, por todos os meios de representação possíveis, participação na proteção ao patrimônio cultural do País.

Algumas soluções poderiam ser estimuladas ou valorizadas no direito pátrio, a saber: a instituição de associações de defesa do patrimônio, como corpos intermediários entre a coletividade e o Poder Público, com legitimidade para fins de Ação Civil Pública, mecanismo de proteção de interesses difusos, como já previsto, mas também com papel de mediação de conflitos; a representação dos segmentos culturais em instâncias das instituições oficiais de proteção; o estimulo à integração dos bens imateriais no sistema de proteção, tendo em vista que a assimilação dos valores relativos às manifestações inconcretas da cultura pode contribuir para reconhecimento pela sociedade da necessidade de proteção dos demais fatores da identidade nacional, regional e local, na linha do que se vem buscando efetivar internamente.

De fato, incentivar medidas de colaboração, mediante organizações, associações e representações do povo no processo de preservação, pode significar um passo na consolidação da integração da sociedade aos objetivos de tutela do patrimônio.

3. POTENCIALIDADES DAS DIVERSAS INTERFACES DA POLÍTICA PATRIMONIAL COM ÁREAS AFINS OU CORRELATAS

3..1 Interface com o Meio Ambiente

Embora haja prevalecido, por muito tempo, a dicotomia cultura e natureza, mais modernamente, tem-se entendido a necessidade de associação desses dois núcleos para fins de tratamento e abordagem articulada, e que resultou na positivação do conceito ampliado de meio ambiente. (Cf. Lei n. 9.605/98).

O meio ambiente, assim entendido na sua concepção tradicional, pelo seu caráter de vinculação à vida e também pela interface com interesses estatais e econômicos, bem assim da sociedade, tem sido melhor contemplado com medidas de proteção e tutela, beneficiando-se de técnicas e recursos científicos mais avançados. A temática, perpassando essa gama de interesses, propicia repercussão mais significativa das bandeiras ambientalistas, normalmente em contraposição ao Estado e às empresas, ou daquelas defendidas pelos que precisam neutralizar reações adversas aos seus propósitos ou empreendimentos. É que nenhuma empresa ou nenhum Estado é, espontaneamente, "ecológico". A postura protecionista, nesse caso, decorre da convergência de fatores pragmáticos que acabam por impor obrigações positivas ou negativas ao poder público, às empresas e aos cidadãos, com vistas a garantir o equilíbrio ecológico, como fator de sustentabilidade. De outra parte, nesse campo, têm lugar mecanismos de garantia dos valores naturais oriundos do domínio afetivo ou do cognitivo, com resultados positivos.

Desse modo, estudiosos e atores da cultura passaram a buscar suporte na política do meio ambiente para o adensamento da política patrimonial, mediante a apropriação de princípios disponíveis no domínio da proteção ambiental, bem assim de aproveitamento de técnicas, estratégias e metodologias compatíveis com o objeto cultural, tudo segundo um criterioso crivo de adequabilidade de forma a afastar soluções simplistas e artificiais. Nesse sentido, os suplementos contidos no artigo Direito Urbanístico, Meio Ambiente e Patrimônio Cultural.[14] Em linha pragmática, apresenta-se como um potencial campo de convergência de métodos e estratégias de proteção o licenciamento ambiental para variados empreendimentos. Por outro lado, instrumentos como o da Avaliação de Impacto de Vizinhança, o do Registro e o do Inventário podem ser combinados com outros mais tradicionais, com ganhos para os objetivos comuns de proteção ao ambiente natural e cultural. Há, também, que se explorar, no tocante à cultura, os nexos de pertencimento e de afetividade.

---

14 PIRES, Maria Coeli. Direito Urbanístico, meio ambiente e patrimônio cultural. *Revista de Informação Legislativa*. Brasília: Senado, 2001. v. 38, n. 151.

Natanael Reis Bomfim, em seu trabalho intitulado Uma Perspectiva Educacional da Relação entre Cultura e Ambiente, sugere:

> "[...] nos diversos espaços educativos (escola, família, trabalho, lazer, etc.) forjar uma reflexão, que leve o sujeito ao enriquecimento cultural, à qualidade de vida e à preocupação com o equilíbrio ambiental, a partir de sua própria prática social. Por outro lado, em tempos como estes, em que as relações de poder entre as diferentes culturas e nações bem como as desigualdades sociais tornam-se mais evidentes, apelamos para um esforço em nível mundial para aumentar os investimentos em pesquisa científica relacionada aos estudos culturais e ambientais, a fim de contribuir com currículos que questionem e interroguem o processo de subordinação e dominação entre nações; com um conhecimento que permita a formulação de gestão pública politicamente correta, ou seja, com a participação efetiva e democrática da comunidade e do governo".[15]

Uma política de proteção ao patrimônio cultural não pode, portanto, ser construída sem os suplementos da politica ambiental, o que não significa ausência de especificidades; a política patrimonial da cultura deve assimilar avanços, mas não pode artificializar soluções mediante mera transição de princípios e metodologias, cuja aplicabilidade se questiona, por exemplo, no tocante à configuração de danos e apuração de possíveis indenizações.

3.2 Interface com a Arqueologia

Uma das grandes ameaças ao patrimônio cultural decorre da ausência de uma adequada política de tratamento dos sítios arqueológicos, seja no contexto do chamado urbanismo de risco, seja no de explorações econômicas em outras áreas em que se localizem aqueles bens.

Por isso mesmo, verifica-se a necessidade de construção de uma política pública específica e abrangente, a partir do auxílio da arqueologia histórica, que toma os elementos arqueológicos como ponte para conexão com a história das civilizações. Uma política nesse campo, contudo, não se resolve com a simples edição de marcos regulatórios avançados, nem tampouco com a adesão a Cartas de compromissos supranacionais; demanda, especialmente, sua incorporação no *modus operandi* do segmento empreendedor na

---

15 BOMFIM, Natanael Reis. *Uma perspectiva educacional da relação entre cultura e ambiente.* Maio de 2017. Disponível em: <http://www.cult.ufba.br/enecult2007/NatanaelReisBomfim.pdf>. Acesso em: 15 set. 2017.

abordagem das cidades e das áreas nas quais haja indícios de processos civilizatórios em qualquer expressão.

Nesse sentido, chama-se a atenção para o fato de que determinadas intervenções na cidade ou em áreas de interesse patrimonial devem depender de prospecções, de cautelas e de monitoramento especializado, procedimentos que raramente ocorrem ou cuja implementação, às vezes, se dá de forma equivocada, resultando desse descaso ou despreparo dos agentes a perda da história.

Alejandra Saladino, em seu trabalho sobre as Prospecções na Arqueologia Brasileira: Processos de Ressignificação e Práticas de Preservação do Patrimônio Arqueológico, assinala que:

> "Especificamente sobre o patrimônio arqueológico, ainda que existam disposições legais que protejam e procurem regulamentar as práticas preservacionistas, observa-se ainda a necessidade de criação de políticas específicas. Políticas públicas são reflexos das necessidades e anseios da sociedade e derivadas de uma decisão política (Araújo, 2003: 12). Dessa forma, uma política pública de preservação do patrimônio arqueológico refere-se à demanda social pelo direito à fruição desse bem público – inputs – e à demanda do próprio sistema político – withinputs – (Araújo, 2003: 13). A proteção do patrimônio arqueológico é demanda ainda não satisfatoriamente solucionada".[16]

Não se pode olvidar, entretanto, o esforço dos arqueólogos que, de forma espontânea, vêm fazendo mobilização no sentido de sensibilizar o Poder Público e a sociedade para a potencialidade de uma adequada política arqueológica e para os riscos da ausência de cuidados nessa vertente para a construção ou resgate da memória coletiva.

De fato, é importante destacar a potencial corresponsabilidade desse segmento nos rumos da proteção:

> "A Arqueologia é uma área que possui grande influência sobre as escolhas, seleções e definições do que será ou não legado ao futuro como patrimônio. Igualmente, o trabalho dos arqueólogos acaba, muitas vezes, por interferir nos referenciais de memória e

---

16 SALADINO, Alejandra. *Prospecções na arqueologia brasileira:* processos de ressignificação e práticas de preservação do patrimônio arqueológico. Junho de 2008. Disponível em: <http://www.abant.org.br/conteudo/ANAIS/CD_Virtual_26_RBA/grupos_de_trabalho/trabalhos/GT%2037/alejandra%20saladino.pdf>. Acesso em: 15 set. 2017.

identidade de diversas comunidades contemporâneas. Estes elementos ganharam maior relevância no atual contexto de expansão acadêmica e profissional da Arqueologia no Brasil".[17]

A arqueologia, ao seu turno, deve ser considerada como uma área de interdisciplinaridade e complementaridade com história, arquitetura, antropologia, entre outros campos do conhecimento que se aplicam a essa área temática, a demandar, portanto, um esforço de interação e transversalidade.

Anota-se que, em 1988, a Portaria n. 07 do IPHAN estabeleceu os procedimentos para obtenção de permissão de autoridades para pesquisas e escavações arqueológicas em sítios arqueológicos previstas na Lei n. 3.924, de 26 de julho de 1961, o que representa um passo positivo para a proteção, mas insuficiente. Uma política pública abrangente é necessária, devendo primar por mecanismos cooperativos ou colaborativos, sobretudo pela especificidade dos conhecimentos exigidos para o seu suporte; ao mesmo tempo, deve envolver a interdisciplinaridade e a transversalidade, dado que a temática perpassa vários campos epistemológicos e de atuação.

3.3 Interface com a Política Urbana

Muitas dificuldades no tocante à política de preservação decorrem do padrão da política urbana adotada, eis que, muitas vezes, as ações correspondentes são projetadas sem levar em conta cautelas e impactos em relação aos bens do patrimônio cultural imobiliário, tomados individualmente ou em conjunto.

Em 1983, Regina Maria Prosperi Meyer,[18] então Diretora do Departamento do Patrimônio Histórico do Município de São Paulo, em palestra proferida no Encontro de Trabalho sobre Preservação do Patrimônio Cultural e Natural do Município, promovido pelo IBAM, no Rio de Janeiro, apontava os principais fatores que impactavam negativamente a política de preservação, alguns já registrados nesta obra.

Enumerava como principais desafios: o fenômeno da urbanização, que, de resto, provocou a ruptura com o estilo secular de organização humana, com impactos nas relações com os bens e com a propriedade; a modernização das cidades sem uma adequada política de desenvolvimento

---

17 BARCELOS, Artur H. F. *Arqueologia e Patrimônio no Brasil:* um dilema inacabado. Disponível em: <http://periodicos.unesc.net/historia/article/viewFile/1107/1064>. Acesso em: 15 set. 2017.

18 MEYER, Regina Maria Prosperi. A ação do patrimônio no município de São Paulo. *Revista de Administração Municipal*. Rio de Janeiro, 31(172): pp.48-55, jul./set. 1984.

urbano, a encadear rápidas transformações e especulação do solo urbano, tudo aliado à ausência de uma conscientização acerca da necessidade de se conhecer e preservar o acervo cultural.

Por outro lado, a insuficiência de programas integrados no âmbito da política urbana e de marcos normativos, especialmente sobre zoneamento urbano, com vistas a estabelecer regras especiais para locais de proteção, constituía, segundo aquela especialista, o grande flanco da política de tombamento, que não podia atingir seus objetivos sem se conciliar com outros institutos, notadamente de caráter urbanístico.

A Constituição de 1988 impôs novos rumos à política urbana, estabelecendo as bases de um projeto constitucional para as cidades brasileiras. Em 2001, a ordem urbanística brasileira consolidou-se, com o marco legal denominado Estatuto da Cidade.

O Estatuto, respondendo à necessidade de articulação da política urbana com a política de proteção patrimonial, erigiu o planejamento territorial urbano à condição de pressuposto da aludida integração e consagrou diversos instrumentos que podem ser manejados no bojo de uma política integrada.

No âmbito do planejamento urbano, capitaneado pelo Plano Diretor, é preciso buscar a dinâmica das funções sociais da cidade, e, com foco na sua interface com a política patrimonial, estabelecer também mecanismos de proteção da cidade simbólica, que possam, não apenas inibir agressão aos valores culturais, mas prestigiá-los; o engessamento da cidade, como normalmente ocorre para a preservação dos centros históricos, torna-os estáticos e, aos poucos, rejeitados pela sua comunidade. Deve o planejamento urbano, assim, dialogar com a política patrimonial, levando em conta, a par dos diversos objetivos a serem alcançados por esta – seja o de manter-se um determinado traçado urbano, uma dada ambiência, um certo visual, que as teorias e as práticas da percepção do espaço permitem resgatar –, o de efetivamente integrar as ações que convergem para o espaço urbano, de modo a harmonizar a cidade física e a cidade simbólica.

Na interface da política de proteção com a política urbana, a atenção deve ainda focar os processos de reforma urbanística e, também, os de ocupação clandestina de edificações ou áreas de risco em centros históricos, pelos impactos sobre os bens do patrimônio.

As reformas urbanísticas se fazem, muitas vezes, em frontal agressão ao conjunto cultural em que se inserem, seja por assumido desrespeito a diretrizes estabelecidas, seja pelo desconhecimento das restrições em face da diversidade e fragmentação normativa nas esferas federativas, seja em razão do quadro de precariedade a que se chega por ausência de oportunas intervenções, configurando-se situação consumada e irreversível ou de solução economicamente inviável. Deveria o direito pátrio, não apenas condicioná-las à sistemática avaliação ou aprovação dos órgãos encarregados de proteção do patrimônio cultural, mas tomar a questão como objeto especial de regulação, determinando ainda providências e procedimentos voltados para propósitos pedagógicos, técnicos e operacionais, sobretudo para suporte a municípios.

As ocupações clandestinas envoltórias da maioria dos centros históricos, representadas por edificações em condições precárias invadidas ou por áreas formais ou irregulares habitadas em condição de risco, além de se constituírem em centros de degradação da vida, pela precariedade que apresentam, constituem ameaça permanente de destruição da memória, quando não, daqueles centros, pela potencialização dos riscos que a ocupação precária impõe. Demandam, assim, cuidados especiais, medidas pactuadas a partir de sua identificação e análise criteriosa, passando por providências legais de inclusão, ou, quando for o caso, de legalização da posse ou da propriedade de determinadas áreas, adotando-se, também, medidas de acautelamento no sentido da incorporação formal destas à cidade para fins de apropriação dos benefícios civilizatórios.

Essa preocupação não pode desprezar os conjuntos urbanos autossustentáveis, os quais devem ser prestigiados para que sejam salvaguardados das ameaças que os processos de desenvolvimento, normalmente, lhes impõem. Não podem ser abandonadas, igualmente, as áreas mais deprimidas; ao contrário, devem ser alvo de preocupação dos governantes, assumindo o poder público o ônus da revitalização.

Ulpiano Toledo Bezerra de Menezes, valendo-se de sua experiência junto ao CONDEPHAAT, órgão encarregado da preservação do patrimônio cultural no Estado de São Paulo, e tendo como eixo de atenção os conflitos entre preservação de bens tombados e ordenação urbana, tematiza, com ênfase, as "áreas envoltórias". Tomando a questão desses conflitos em dimensão ampliada, desenvolve uma reflexão instigante sobre a cidade em suas múltiplas facetas " intimamente imbricadas e que agem solidariamente: a dimensão do artefato, a do campo de forças e a das significações".[19] Consoante a lição do autor,

---

19 MENESES, Ulpiano Toledo Bezerra de. A cidade como bem cultural – Áreas envoltórias e outros dilemas, equívocos e alcance da preservação do patrimônio ambiental urbano. In: MORI, Victor Hugo; SOUZA, Marise Campos de; BASTOS, Rossano Lopes; GALLO, Haroldo (org.). *Patrimônio:* atualizando o debate. São Paulo: 9ª SR. Iphan, 2006: (35-53), p. 36.

a primeira dimensão alcança a cidade como "coisa feita, fabricada", a envolver padrões locacionais, configurações topográficas, traçados urbanos, formas arquitetônicas e arranjos espaciais, estruturas, equipamentos, infinitos objetos; a segunda toma a cidade como o campo de forças ou o "espaço definível de tensões, conflitos, de interesses e energias em confronto constante, de natureza territorial, econômica, política, social, cultural e assim por diante"; a dimensão dos significados da urbe mostra que "as práticas que dão forma e função ao espaço e o instituem como artefato, também, lhe dão sentido e inteligibilidade e, por sua vez, alimentam-se, elas próprias, de sentido. Por isso, a cidade é também representação, imagem." É dizer: a imagem que os habitantes se fazem da cidade ou de fragmentos dela é fundamental para a prática da cidade".[20]

E adverte:

> "Para compreender a cidade como bem cultural é preciso enfrentá-la simultaneamente nas três dimensões. O bem cultural tem matrizes no universo dos sentidos, da percepção e da cognição, dos valores, da memória e das identidades, das ideologias, das expectativas, mentalidades, etc. Todavia, as representações, para deixarem de ser mero fato mental ou psíquico e integrarem a vida social, precisam passar pelo mundo sensorial, do universo físico: o patrimônio ambiental urbano tem matrizes na dimensão física da cidade, pois é por meio de elementos empíricos do ambiente urbano que os significados são instituídos, criados, circulam, produzem efeitos, reciclam-se e se descartam".[21]

Alerta, porém, para o risco de se buscar nas próprias coisas selecionadas como referentes a definição dos

> "[...] critérios conclusivos para identificar o que compõe esse sistema de referências e guias. [...] Sem as práticas sociais, não há significados sociais. Mas também não há significados sociais sem vetores materiais. É, portanto, apenas dentro do campo de forças e dos padrões segundo os quais elas agem (e valendo-se de

---

20 MENESES, Ulpiano Toledo Bezerra de. A cidade como bem cultural – Áreas envoltórias e outros dilemas, equívocos e alcance da preservação do patrimônio ambiental urbano. In: MORI, Victor Hugo; SOUZA, Marise Campos de; BASTOS, Rossano Lopes; GALLO, Haroldo (org.). *Patrimônio:* atualizando o debate. São Paulo: 9ª SR. Iphan, 2006: (35-53), p. 36.

21 MENESES, Ulpiano Toledo Bezerra de. A cidade como bem cultural – Áreas envoltórias e outros dilemas, equívocos e alcance da preservação do patrimônio ambiental urbano. In: MORI, Victor Hugo; SOUZA, Marise Campos de; BASTOS, Rossano Lopes; GALLO, Haroldo (org.). *Patrimônio:* atualizando o debate. São Paulo: 9ª SR. Iphan, 2006. p. 35-53 e 36-37.

suportes materiais de sentidos e valores), que se pode compreender a gênese e a prática do patrimônio".[22]

De valia para a política de proteção dos chamados centros históricos são os estudos desenvolvidos por Patrice Melé sob o título "Patrimoine et Action Publique au Centre des Villes Mexicaines", que resgatam o projeto de ordenação e controle do espaço urbano, em território mexicano, empreendido pela colonização espanhola, segundo um plano regular de estruturação em torno de uma centralidade e de repartição das funções tradicionais no espaço intra-urbano.

Segundo a autora, o modelo de centralidade e o traçado colonial, responsáveis por uma relativa homogeneidade dos tecidos urbanos e do funcionamento das vilas, vêm sendo postos à prova, há decênios, pela pressão do crescimento urbano e pela dinâmica das ocupações, precarizando as funções centrais. Contrapondo-se à deficiência de políticas públicas e superando o livre jogo dos atores individuais no quadro das estratégias de investimentos, especulativas ou de sustentabilidade, a prática mexicana de proteção do patrimônio como ação publica aparece como uma das raras tentativas sistemáticas de qualificação dos espaços urbanos em sua integralidade, invocando um rol de políticas de arranjo urbano e de reforço da identidade e de valorização da historia e de sua legitima representação. As ações dos poderes públicos, dos atores privados, as normas e os regulamentos que os condicionam têm permitido positiva transformação da sociedade mexicana, pelo viés da modernidade, atenta à sua historia e ao seu futuro.[23]

Sobre a importância e o alcance da ação pública nesses espaços centrais das vilas mexicanas ao influxo da modernidade, fala a autora em síntese que pode ser estendida à realidade interna:

> "Dans ces espaces chargés symboliquement, l`action publique prend plus qu'ailleurs la forme de production de sens et dicousrs sur la ville. Les acteurs publics stigmatisent, qualifient, 'typifient'des espaces. La dynamique des espaces centraux est aussi faite d'un processus complexe de valorisation/dévalorisation dans lequel s'intègrent les

---

22 MENESES, Ulpiano Toledo Bezerra de. A cidade como bem cultural – Áreas envoltórias e outros dilemas, equívocos e alcance da preservação do patrimônio ambiental urbano. In: MORI, Victor Hugo; SOUZA, Marise Campos de; BASTOS, Rossano Lopes; GALLO, Haroldo (org.). *Patrimônio:* atualizando o debate. São Paulo: 9ª SR. Iphan, 2006. p. 35-53 e 37.

23 MELÉ, Patrice. *Patrimoine et Action Publique au Centre des Villes Mexicaines.* Paris: Éditions de I'IHEAL – CREDA – Press. De la Sorbonne Nouvelle. 1998 (7-14), p.13. ISBN: 0993-5878.

> actions de pouvoirs publics qui sont à la fois résultats e acteurs de ces processus. Dans certains cas, c'est explicitement une stratégie de requalification qui est mise em oeuvre pour modifier la perception des acteurs privés et induire um reinvestissement urbain.
> Peut – être plus que tout autre type d'espace, les centre-villes traduisent les identités des villes latino-américaines, peut-être plus que tout autre type d'enjeux urbains, les enjeux autour de la centralité et de l'aménagement des centre-villes sont à même de permetre de saisir les stratégies spatiales des différents acteurs urbains et des différents pouvoirs locaux, comme les modèles culturels qui sous – tendent les pratiques urbaines des populations latino-américaines".[24]

Por fim, sugere-se dinamizar a atuação protetora do Município por meio de: adequada instrumentalização legal; adoção de práticas colaborativas, com ênfase para as parcerias com entidades públicas e privadas; intensificação do intercâmbio com universidades, objetivando sua colaboração na política de preservação; e desenvolvimento de programas de democratização da fruição dos efeitos da política da tutela estatal, mediante museus-escola, museus-comunidade e museus de rua, entre outros.

3.3.1 Interface com o Planejamento territorial urbano

O tombamento, desde 1937, é reconhecido como o principal instrumento de proteção do patrimônio cultural, divergindo a doutrina quanto a sua natureza jurídica: limitação administrativa ou servidão, notadamente.

O Estatuto da Cidade, sem desnaturar o caráter do tombamento como instrumento de proteção ao patrimônio cultural, e sem desconsiderar o seu marco legal específico e sua natureza jurídica, alinhou-o como mecanismo de planejamento urbanístico, embora sem caráter exclusivo. No art. 2°, Inc. XII, reconhecendo as intensas e reciprocas interferências das políticas de proteção e urbanismo, estabeleceu, assim, a diretriz de compatibilização do planejamento urbano com a gestão do patrimônio cultural, o que constitui um grande desafio.[25]

---

24 MELÉ, Patrice. *Patrimoine et Action Publique au Centre des Villes Mexicaines.* Paris: Éditions de l'IHEAL – CREDA – Press. De la Sorbonne Nouvelle. 1998 (7-14), p.13. ISBN: 0993-5878.
MELÉ, Patrice. *Patrimoine et Action Publique au Centre des Villes Mexicaines.* Paris: Éditions de l'IHEAL – CREDA – Press. De la Sorbonne Nouvelle. 1998 (7-14), p.13. ISBN: 0993-5878.

25 RABELLO, Sônia. Tombamento e Legislação urbanística: Competência e gestão. In: FERNANDES, Edésio; ALFONSIN, Betânia (coord.). *Revisitando o Instituto do Tombamento.* Belo Horizonte: Editora Fórum, 2010 (37-49), p. 41. ISBN: 978-85-7700-388-4.

Daí a razão pela qual o tombamento deve ser feito com as cautelas de especificação do objeto, imóveis ou mobiliários urbanos, da área tombada e dos fatores que atraíram a incidência do instrumento protetivo, bem assim com a indicação das diretrizes para o entorno, tudo a permitir o planejamento e a gestão urbana compatíveis e coerentes, que levem em conta, também, as mais valias urbanas, com ganhos para a cidade, a cultura e para os proprietários, afastando-se subjetivismos e práticas aleatórias que potencializam os conflitos.

A diretriz de compatibilização, à sua vez, remete para a importância do adequado manejo das competências em matéria de planejamento urbano e de proteção patrimonial, exsurgindo a delegação como alternativa para racionalização de burocracias e para eficiência de planejamento e de gestão, sem prejuízo para os objetivos atrelados às competências originárias, de resto passiveis de controle pelo delegante.[26]

3.3.2 Compensações financeiras e urbanísticas dos ônus impostos aos proprietários

Na busca de amenizar as resistências e polarizações no campo da proteção ao patrimônio cultural, devem ser apropriados instrumentos urbanísticos voltados para a concretização da justa distribuição de ônus e encargos entre proprietários dos bens protegidos e a comunidade, bem assim para assegurar o desenvolvimento sustentável da cidade em suas diversas dimensões. Além das soluções urbanísticas, podem ser previstas compensações econômicas representadas por dados incentivos fiscais, oferta de créditos de construção e também pela inserção de objetivos de proteção nas operações urbanas.

Deve-se levar em conta o ônus que recai sobre bens tombados. Se a mera conservação do bem já é dispendiosa, normalmente em razão de características construtivas, a restauração, a recomposição e a realização de intervenções necessárias de caráter mais complexo demandam uma política de cooperação efetiva que poderá ser desenvolvida por meio dos citados mecanismos.

Jurema Machado alerta para a importância da aplicação de mecanismos de compensação em áreas correlatas à do patrimônio cultural:

> "A possibilidade de se ponderar impactos positivos e negativos de uma determinada intervenção e autorizá-la mediante compensação

---

26 RABELLO, Sônia. Tombamento e Legislação urbanística: Competência e gestão. In: FERNANDES, Edésio; ALFONSIN, Betânia (coord.). *Revisitando o Instituto do Tombamento.* Belo Horizonte: Editora Fórum, 2010 (37-49), p. 45. ISBN: 978-85-7700-388-4.

de seus impactos negativos é uma prática corrente, por exemplo, na área ambiental, onde está lastreada por regulamentação específica. Também o é na área de gestão urbana com base em instrumentos urbanísticos pré-estabelecidos em lei".[27]

Na mesma linha, mostra que "as operações urbanas previstas no Estatuto da Cidade [...] são exemplos mais concretos de uma estratégia em que os investimentos privados são autorizados e se viabilizam mediante contrapartidas reais, sobretudo financeiras, para o interesse público".[28]

E, defendendo a postura conciliatória, chama a atenção para alternativas simples das quais pode resultar a solução de conflitos em torno de bens tombados, como

> "[...] uma mudança de uso, a introdução de um anexo contemporâneo, a substituição de técnicas construtivas, tudo isso resulta de uma ponderação entre a permanência e a fruição do bem, versus a estrita manutenção de suas características o mais próximas possível de um estado considerado ideal".[29]

Por outro lado, podem-se aliar às formas compensatórias outros mecanismos correlatos, sabendo-se que, na busca da proteção mais ampliada, e na linha da sustentabilidade dos bens tutelados, o D. Urbanístico, especialmente por meio da planificação, oferece instrumentos especiais, como o da zona de proteção, isso integrado a outros de caráter jurídico.[30]

Relativamente ao fomento à proteção do patrimônio cultural, o Direito de vários países estrangeiros pode subsidiar soluções para o adensamento da

---

27 MACHADO, Jurema. Cidade baixa de Salvador: o tombamento a serviço de um projeto de futuro. In: FERNANDES, Edésio; ALFONSIN, Betânia (coord.). *Revisitando o instituto do tombamento.* Belo Horizonte: Fórum, 2010: (285-394), p. 291. ISBN: 978-85-7700-388-4.

28 MACHADO, Jurema. Cidade baixa de Salvador: o tombamento a serviço de um projeto de futuro. In: FERNANDES, Edésio; ALFONSIN, Betânia (coord.). *Revisitando o instituto do tombamento.* Belo Horizonte: Fórum, 2010: (285-394), p. 291. ISBN: 978-85-7700-388-4.

29 MACHADO, Jurema. Cidade baixa de Salvador: o tombamento a serviço de um projeto de futuro. In: FERNANDES, Edésio; ALFONSIN, Betânia (coord.). *Revisitando o instituto do tombamento.* Belo Horizonte: Fórum, 2010: (285-394), p. 291. ISBN: 978-85-7700-388-4.

30 GUIMARÃES, Nathália Arruda. O tombamento de bem imóveis: apontamentos sobre o sentido e os valores do tombamento de bens imóveis na atualidade e a proteção do entorno via legislação especial e urbanística: uma abordagem comparada da legislação brasileira e da portuguesa. In: FERNANDES, Edésio; ALFONSIN, Betânia (coord.). *Revisitando o instituto do tombamento.* Belo Horizonte: Fórum, 2010: (195-220), p 215. ISBN: 978-85-7700-388-4.

política patrimonial no Brasil. A título de exemplo, faz-se registro da contribuição da Espanha nessa atividade administrativa especialmente na transição do Estado Liberal para o Estado Social de Direito, com primordial relevância das medidas destinadas ao patrimônio histórico ou cultural imobiliário. Naquela ordem jurídica, o fomento é tratado como atuação dos poderes públicos constitucionalmente exigida; como instrumento para compensação de benefícios recebidos e cargas suportadas em razão da proteção; e como estímulo ao cumprimento dos deveres de proteção, enfatizando-se, no contexto, uma avançada e complexa política tributária nos diversos níveis, por meio de tributos diretos e indiretos e tendo em vista contribuintes pessoas físicas e contribuintes pessoas jurídicas. Concepcion Barrero Rodriguez, no bojo do que considera política de fiscalidade monumental na Espanha, comenta o estágio das soluções de fomento no regime de proteção do patrimônio histórico da Espanha, criticando os pontos de fragilidade das ações, mas apontando, também, avanços sinalizados na legislação e nas ações do Poder Público.[31]

3.3.3 Ênfase no instrumento urbanístico da TDC

O instituto de Transferência do Direito de Construir (poder de alienar ou exercer em outro local o direito de construir) combinado com a outorga onerosa de direito de construir (permissão de construção além do índice básico e geral franqueado para um uso útil isonômico) deve ser prestigiado, no bojo da política urbana, na sua potencialidade para neutralização de resistência à proteção por meio de compensação ao proprietário e para o atendimento objetivo ao fim de proteção patrimonial e regulação territorial.[32]

A matéria encontra-se tracejada em linhas fundamentais no capítulo intitulado O tombamento e os institutos do Direito Urbanístico.

Reitera-se que, como ambos os instrumentos são de difícil aplicação, torna-se necessária uma política adequada para a sua internalização nas práticas urbanísticas, com foco na superação das questões técnicas. Igualmente, é importante uma reavaliação de sua concepção, com vistas ao aperfeiçoamento e à adaptação de seus contornos às peculiaridades da proteção, para manter convergentes os objetivos compensatórios e os de efetiva preservação, potencializando práticas emblemáticas no país e superando suas falhas.

---

31 RODRIGUEZ, Concepcion Barrero. *La Ordenacion Juridica del Patrimonio Historico*. Madrid: Editoria Civitas S.A., 1990: (663-714).

32 RABELLO, Sônia. Tombamento e Legislação urbanística: Competência e gestão. In: FERNANDES, Edésio; ALFONSIN, Betânia (coord.). *Revisitando o Instituto do Tombamento*. Belo Horizonte: Editora Fórum, 2010 (37-49), p.48. ISBN: 978-85-7700-388-4.

3.4 Interface com Cultura e Turismo

A falta de integração entre políticas de cultura e outras de caráter setorial pode inibir a eficácia das medidas de proteção, como ocorre no tocante ao patrimônio de interesse turístico.

É sabido que o turismo é a segunda atividade econômica mais rentável do mundo; de caráter terciário, envolve comércio e serviços e assenta-se sobre a motivação de viagens, visitações, lazer e gastos, dele decorrendo, como efeitos imediatos, a geração de receita e o aumento de empregos e de tributos, e, de maneira secundária, impactos sociais.[33]

Os objetivos principais do turismo, em última análise, são definidos a partir de sua consideração como atividade econômica, mas como os seus resultados podem ultrapassar o tracejo das linhas do negócio, criando benefícios sociais e influenciando a distribuição de renda, a atividade deve ser tratada sob o duplo enfoque: o econômico e o social.

Assim é que, no bojo das estratégias de desenvolvimento, um dos mais importantes ramos da atividade turística especializa-se sob o título de turismo cultural, modalidade consolidada em países estrangeiros e, sobretudo a partir da década de 70, prestigiada no Brasil, alimentando-se a proteção ao patrimônio cultural, muitas vezes, do incentivo ao turismo e vice-versa, na combinação do milagre no campo econômico e do salvamento no campo patrimonial.

Ocorre, porém, que a atividade turística em locais de preservação cultural demanda, além dos cuidados diretamente vertidos ao patrimônio, condições de infraestrutura física, social e tecnológica, em verdadeiro ciclo de dependência, a demandar a integração dessas atividades, o que, não se concretizando, leva ao retrocesso: depreciação do patrimônio, insatisfação dos envolvidos e frustração do turismo.

Se a salvação do patrimônio histórico esteve ligada às expectativas no tocante à atividade turística, na década de 70, principalmente na América Latina, hoje é preciso avaliar esses resultados, essas estratégias para que não se repitam as falhas e não se despreze o esforço já empreendido.[34]

Sob o enfoque econômico, tendo em vista o caso brasileiro, é preciso fazer-se uma avaliação da relação custo-benefício para os empreendimentos

---

33 *O turismo como atividade econômica e suas diversas formas*. Disponível em: <https:/www.algosobre.com.br/geografia/o-turismo-como-atividade-economica-e-suas-diversas-formas.html>. Acesso em: outubro de 2019.

34 *América Latina foca no turismo para fortalecer sua economia*. Disponível em: <https://brasil.elpais.com/brasil/2018/06/22/economia/1529683118_375185.html>. Aceso em: outubro de 2019.

internos, considerando, especialmente, que a apropriação mais significativa de resultados se dá pelas empresas estrangeiras, sendo que apenas o equivalente a 10% da renda do turismo vem para o Brasil para apropriação geral. Do ponto de vista social ou cultural, impõe-se uma análise mais complexa dos impactos do turismo sobre as comunidades envolvidas, seja nas relações internas dos diversos atores entre si, ou na interação da população com os seus referentes culturais, seja, ainda, nas relações dos habitantes com os turistas. A análise deve ter foco, também, nas tensões entre centralidades e periferias subjacentes aos mapas turísticos, e entre institucionalidades e operadores do setor. Tudo sem perder de vista os indicadores de qualidade de vida das pessoas que integram a área mais diretamente impactada pela atividade e de avaliação das condições do patrimônio cultural que a potencializa e da infraestrutura que a suporta.

Também no âmbito estadual, é importante uma avaliação da política de turismo na sua correlação com o patrimônio, buscando-se conciliar sua dupla vocação, como atividade econômica e como política social. Em Minas, por exemplo, no tratamento de Plano de Turismo, não podem ser desprezadas as sinalizações constitucionais no tocante à matéria: a consideração do turismo como atividade econômica e a diretriz de sua enfática conciliação com o desenvolvimento social. Assim, o Estado deverá apoiar essa linha de empreendimento com vistas ao incremento de ICMS, de empregos, mas deverá, também, atuar compensatoriamente, criando espaço para o turismo social ou para apropriação dos resultados do setor por coletividades marginalizadas.

No âmbito local, na verdade, a questão fundamental é responder à indagação de como a comunidade pode ser beneficiária do resultado da atividade do turismo, para que não seja ela refém de suas mazelas e dificuldades e, em consequência, desenvolva rejeição aos processos de renovação dos centros turísticos. A cautela é importante, pois a rejeição pode se opor à atividade até mesmo em países de tradição no setor. Prova dessa rejeição verificou-se, por exemplo, em Veneza, logo após o processo de ativação do turismo, quando a cidade sofreu significativa queda em sua população.[35,36]

Por tudo isso, é preciso definir diretrizes para o turismo a partir de profunda reflexão sobre a questão estrutural, em lógica integrada, para que seu desenvolvimento possa significar avanço na solução dos problemas básicos

---

35 *População de Veneza tenta se proteger da invasão de turistas.* Disponível em: <http://br.rfi.fr/europa/20170623-linha-direta-como-populacao-de-veneza-se-protege-da-invasao-de-turistas>. Acesso em: outubro de 2019.

36 *Veneza, uma cidade que naufraga com seus turistas.* Disponível em: <https://brasil.elpais.com/brasil/2017/11/20/internacional/1511176425_437516.html>. Acesso em: outubro de 2019.

das comunidades envolvidas e não, reforço a eles; garantir a adoção de mecanismos de efetiva distribuição de renda; e assegurar uma matriz permanente ou duradoura de ações aderentes à vocação turística e comprometidas com a sustentabilidade social, econômica, socioambiental ou cultural da atividade.

Nessa linha, por exemplo, o Fundo de Desenvolvimento do Turismo, em qualquer que seja sua esfera, deve buscar uma aplicação compensatória de recursos aos centros turísticos espoliados, quando a localização das funções de suporte ocorrer fora do respectivo território; ao mesmo tempo, deve dialogar com outros fundos e programas, com vistas à complementaridade de objetivos e fontes.

Registra-se, por fim, uma louvável iniciativa voltada para a preservação patrimonial com impacto na atividade turística, qual seja, a constituída pela criação, em 1996, de uma linha de financiamento para preservação cultural, com o que se iniciou a organização do Projeto de Preservação do Patrimônio Urbano Iphan/BID, transferido, em 1997, para o Ministério da Cultura, sob a denominação Programa Monumenta. Em 1999, foi assinado o

> "Contrato de Empréstimo do Governo Brasileiro com o Banco Interamericano de Desenvolvimento (BID) para execução do Programa Monumenta, primeira experiência do Brasil com um empréstimo internacional na área do patrimônio. O programa contemplava diretamente 26 centros históricos e um conjunto de ações de capacitação, produção de conhecimento e promoção do patrimônio de abrangência nacional, estendendo-se até 2012".[37]

3.5 Interface com Desenvolvimento

O desenvolvimento desordenado, notadamente o de caráter industrial, e as correntes migratórias decorrentes constituem-se em fatores negativos para a política de preservação, impondo interferências que são registradas na seguinte passagem:

> "[...] se antes muitos núcleos urbanos foram preservados, paradoxalmente, pelo abandono e estagnação econômica, agora o progresso industrial, a pressão demográfica e o turismo podem constituir não só fatores economicamente positivos, mas também uma ameaça à integridade do patrimônio".[38]

---

37 IPHAN – Instituto do Patrimônio Histórico e Artístico Nacional. Disponível em: <http://portal.iphan. gov.br/pagina/detalhes/1211>. Acesso em: 21 set. 2017.

38 OLINDA. Um bem da humanidade. *Revista Cultural, Planejamento e Desenvolvimento.*

Na verdade, o processo de desenvolvimento atinge o estágio da radicalização: se a revolução industrial acabou com o ciclo natural da produção, vive-se, agora, a crise da renovação industrial ou do desenvolvimento que, levando a soluções sofisticadas e impensáveis, pode romper com tudo, projetando-se, então, a era contemporânea como uma ameaça real à civilização.

Por isso mesmo, pode-se afirmar ser o drama da atualidade a ruptura: a economia tem-se pensado independentemente da lógica da natureza e da cultura. Debalde, insiste a indústria em apostar na ciência para as soluções que, efetivamente, só poderão ocorrer com a mudança de visão da economia.

Na verdade, nesse contexto, o que ameaça o patrimônio ou dificulta os objetivos da política de preservação é a ausência de conciliação entre ética e desenvolvimento. Assim, na regulação da proteção ao meio ambiente natural e ao patrimônio cultural, deve-se estar atento aos princípios éticos de liberdade e igualdade, que são conquistas da humanidade, consolidados em séculos de luta e que não podem ser desconstruídos ou descartados ao influxo das bandeiras desenvolvimentistas. Não se trata de buscar a igualdade absoluta, como homogeneidade, mas de perseguir a igualdade, sem negação da diversidade, nem tampouco de garantir uma liberdade igualmente absoluta.

Nesse sentido, a disciplina preservacionista deve ter, ao centro, os direitos do homem, e, numa visão progressista, buscar a liberdade com respeito à lógica da natureza e dos fatos sociais da cultura, aplicando à trama das relações esses princípios democráticos reguladores. No campo cultural, deve estar atenta aos impactos da industrialização crescente, da terceirização do trabalho e da internacionalização da economia, que acabam por afetar o patrimônio, seja pela mercantilização radical, seja pela cobiça dos interesses capitalistas, ou ainda pela substituição drástica dos valores em razão das pressões econômicas, marcadamente no campo imobiliário urbano.

É preciso reatar as linhas rompidas, numa tentativa de reequilíbrio capaz de levar a economia a uma racionalidade mais ética em contraposição a essa lógica dominante de acumulação do valor econômico.

Fato é que se aponta, recorrentemente, como fator obstativo ao êxito das políticas de proteção e preservação patrimonial uma equivocada associação que se faz entre preservação e estagnação, pelo sentido de entrave ao progresso que se costuma atribuir às medidas protetoras.

É certo que a preservação espontânea do patrimônio, comumente, convive com o processo de marginalização do desenvolvimento. Percebe-se, entretanto, que, aos poucos, se vai desfazendo esse binômio, concorrendo para isso as medidas de tutela estatal vinculadas a alternativas de adesão aos projetos estruturantes de desenvolvimento que atrelam conservação, sustentabilidade e desenvolvimento econômico, pela vertente da fruição cultural ou turística dos bens envolvidos. Com efeito, já se defendem os valores culturais – não em sentido vagamente metafórico, mas com toda a sua potencialidade e importância – conjugados com os de desenvolvimento.

De fato, a preservação do patrimônio não pode estar dissociada do processo de desenvolvimento, da pregnância da vida, da dinâmica do cotidiano, nem tampouco, fechada ao novo. Nesse sentido Aloísio Magalhães[39] alertava para a necessidade de "compatibilização entre o novo, o projeto e os componentes da anterioridade [...]". Segundo ele, não se pode paralisar a vida, principalmente em se tratando de nações como a brasileira, que "têm todo um processo de devenir, de transformação, até mesmo para atingir uma identidade própria".

Entendendo ele possível a perfeita sintonia do tombamento com esses postulados, defendia ser esse instituto uma figura dinâmica que deveria preservar o bem para que pudesse continuar sendo usado, de forma alinhada com a própria vocação para o processo transitivo das temporalidades: "É que ele deve ser coerente com a ideia de memória, não como registro acumulativo apenas, mas um registro de uso projetivo".[40]

Se se deve evitar essa tendência estagnante da preservação, por outro lado, há de propugnar-se por mecanismos modernos que viabilizem o progresso sem agressão ao patrimônio, razão pela qual uma política de proteção há de levar em conta os desafios de articulação de seus mecanismos com os que se aportam nas pautas de desenvolvimento, contrapondo-se às concepções de progresso divorciadas da ética, dos direitos do homem, dos valores da natureza e da cultura.

4 POLÍTICA DE TOMBAMENTO

O tombamento, conquanto permaneça como instrumento relevante para a política patrimonial, deve ser repensado em sua aplicação, de modo que possa efetivamente garantir um regime especial de proteção, incidindo sobre os bens que justifiquem a sua aplicação, e sem impor ônus desproporcional para o proprietário. Nesse sentido, algumas sugestões podem ser enumeradas. No tocante à abrangência do tombamento, deve-se priorizar o tombamento de conjunto, pois quando o tombamento incide sobre bens

39 MAGALHÃES, Aloísio. *A memória nacional no cotidiano brasileiro*. Interior. Brasília: Ministério do Interior, 6(34), pp.51-8, set./out. 1980. Edição especial.

40 MAGALHÃES, Aloísio. *A memória nacional no cotidiano brasileiro*. Interior. Brasília: Ministério do Interior, 6(34), pp.51-8, set./out. 1980. Edição especial.

isolados, principalmente quando representa significativo gravame à propriedade privada, encontra maiores dificuldades, seja para sua assimilação pela comunidade, seja pelo proprietário; já o tombamento incidente sobre conjuntos arquitetônicos, bairros ou cidades mostra-se mais eficaz.

Grave dificuldade, no entanto, é verificada quanto aos limites dos tombamentos efetivados de forma global. A situação de alguns centros históricos ou conjuntos arquitetônicos tombados é ilustrativa dessa incidência. Não há, de um modo geral, precisão quanto à área atingida pela proteção especial, o que gera consequências urbanísticas e políticas de difícil solução.

Por outro lado, o instituto do tombamento deve ser manejado de forma seletiva, de modo a incidir sobre bens que justifiquem a medida restririva. Não se devem banalizar as situações de intervenção sobre a propriedade, cuidando-se para que as imposições por força da função social encontrem plena justificativa.

Muitas vezes, a preservação é inviabilizada pela carência de recursos humanos e financeiros das instituições de proteção, sendo que a falta destes últimos impede a desapropriação, mesmo em hipóteses em que é ela a única alternativa para proteção do bem. Essa fragilidade pode ser equacionada por meio de aporte de recursos de fundos de recuperação patrimonial, à sua vez, alimentados por fluxos financeiros decorrentes de compensações, contribuições diversas e multas ou condenações pecuniárias por infrações nesse campo.

Ainda no tocante à preservação do bem, faz-se imperioso equacionar a relação de responsabilidades, levando-se em conta a especificidade do objeto de proteção.

Igualmente, revela-se imprescindível suprir a ausência de incentivos e compensações ao proprietário do bem tombado, seja por meio de uma política diferenciada de tributação, seja de alternativa para construção, pelo titular do bem tombado, em outro local. Recomenda-se, outrossim, a adoção de instrumentos compensatórios e de equalização no bojo da política urbana e de incentivos fiscais que beneficiem também aqueles que se disponham a colaborar com os órgãos de proteção.

Com efeito, a lei de tombamento federal não previu compensação ao proprietário para neutralizar o gravame que deve suportar. Em linha diferente da adotada na esfera federal, o Rio de Janeiro, já em 69, previa na legislação sobre tombamento, Decreto-Lei n. 2, de 11/4/69, como incentivo ao titular do bem tombado, o direito à redução de 50% do valor do imposto predial ou territorial relativamente àquele bem. No mesmo sentido, há outras iniciativas de parafiscalidade por parte de diversos municípios.

4.1 O Inventário como suporte para aplicação dos institutos de proteção

Conforme já assinalado, no Brasil, o sistema jurídico de proteção patrimonial da cultura contempla, a partir de lastro constitucional, uma ampla gama de instrumentos destinados àquele fim, seja de modo direto, seja como pressuposto, entre eles figurando o Inventário, instituto ainda carente de uma normatização abrangente que lhe explore, sobretudo, as potencialidades como suporte da política em comento.

Por outro lado, a sua aplicação de forma sistemática e abrangente possibilitará até mesmo o aperfeiçoamento do tombamento, eis que, como medida preliminar, propiciará o exame e a avaliação imparcial e contextualizada das diversas tipologias de bens culturais e, a partir do critério de seletividade, tendo como pressuposto o significado cultural desses bens no tempo e no espaço, indicar os exemplares mais expressivos que devam ser preservados para o futuro. Será também via apropriada para qualificação do monitoramento de bens tombados. O mecanismo deve constituir, dessa forma, suporte para qualquer política de preservação, envolva esta ações preventivas ou curativas.

Enfatiza-se que o mecanismo, conquanto seja limitado para produzir de modo autônomo efeitos para fins de proteção, deve ser prestigiado como suporte indispensável para a ampla política patrimonial, notadamente para o seu planejamento e avaliação, permitindo, não apenas a aplicação de critérios seletivos, mas o desenvolvimento de recursos pedagógicos de abordagem por categorias de bens, estabelecimento de indicativos de prioridades e de dosimetria de risco, além de indicadores importantes, tendo em vista análises comparativas, em contraposição às estratégias erráticas e aleatórias de abordagem no bojo da política temática ou setorial.

Exemplos consistentes de institucionalização desse mecanismo estatal verificam-se, entre outros países, na França e na Inglaterra.

No Brasil, o instituto vem sendo adensado ao longo do tempo. Em 1989, criou-se o Inventário Nacional de Bens Imóveis em Sítios Urbanos (INBI-SU): método de inventário dedicado aos sítios urbanos tombados com o objetivo de levantamento e organização de um conjunto de informações acerca das características dos bens culturais, tais como suas dimensões territoriais, documentação disponível sobre os bens e problemas enfrentados na sua preservação. Em 2000, implementou-se o Inventário Nacional de Referências Culturais (INCR), metodologia correlata voltada para a identificação e produção de conhecimento sobre bens culturais com vistas a subsidiar a formulação de políticas de preservação.[41]

O Inventário de Bens Culturais, como mecanismo de proteção patrimonial, vem sendo tratado com especial relevo no âmbito da política institucional do IPHAN, constituindo-se em objeto de sistematização e produção de conhecimento por parte de técnicos do sistema e estudiosos da Academia.[42]

Na esteira dessa valorização do instrumento, alguns Estados, como o de Minas Gerais, o da Bahia, têm incrementado, com sucesso, o uso do instrumento.

Jurisprudência

O julgado do TJ-SC, em Reexame Necessário em Mandado de Segurança MS 382318 SC 2009.038231-8 (TJ-SC), ilustra a limitação do inventário para gerar autonomamente efeitos de proteção ao patrimônio. O referido Tribunal, analisando o mérito da negativa de autorização de demolição de imóvel pertencente a cadastro histórico municipal, edificação típica de valor histórico assim declarada em Lei local, entendeu incompetente o município para estabelecer Privação do Direito de Propriedade por meio de tombamento compulsório por meio de lei, alegando a necessidade de procedimento administrativo prévio nos termos do Decreto-lei n. 25/1937 e de outras normas legais; entendeu, por outro lado, que o mero registro do bem em cadastro não supria o tombamento, concluindo pela confirmação da sentença que acolheu a possibilidade da demolição.

Assentou o julgado que

> "O tombamento constitui meio hábil à proteção do patrimônio cultural brasileiro, podendo ser realizado voluntariamente, por iniciativa do proprietário do bem, ou compulsoriamente, por iniciativa do órgão competente. O mero registro de bem imóvel em cadastro histórico do município não constitui instrumento hábil à aplicação dos efeitos do tombamento, necessitando da realização de procedimento administrativo, devidamente estabelecido no Decreto n. 25/1937 e Lei Estadual n. 5.846/1980".[43]

---

41 IPHAN – Instituto do Patrimônio Histórico e Artístico Nacional. Disponível em: <http://portal.iphan. gov.br/pagina/detalhes/1211>. Acesso em: 21 set. 2017.

42 ALVES, Ana Cláudia Lima e. Conhecer para Preservar. In: *Seminário Inventário de Bens Culturais:* Uma Interpretação das Cidades. Belo Horizonte, 2004: (12-19). Anais.

43 TJ-SC. *Reexame Necessário em Mandado de Segurança MS 382318 SC 2009.038231-8 (TJ--SC).* Data de publicação: 05/02/2010.

4.2 A importância de mecanismos alternativos ao tombamento

Outra grande dificuldade no campo da proteção liga-se à natureza do ato de tombamento, observando-se, com frequência, que o Poder Público, ancorado em pretensa discricionariedade, deixa de proceder ao tombamento de bem cuja preservação interessa de forma incontestável à comunidade. Assim, é preciso avançar, estabelecendo mecanismo alternativo e excepcional, capaz de canalizar a ação estatal no sentido da adoção de medida de proteção adequada, o que não significa imposição de tombar, mas de proteger. Tal é a solução que se vislumbra no manejo da Ação Civil Pública para declarar o caráter cultural do bem e determinar medidas concretas de proteção.

Apesar de estabelecida constitucionalmente a garantia de proteção aos bens culturais, a desídia do Poder Público em reconhecer-lhes valor social pela sua estimação artística, histórica ou arqueológica pode submetê-los à degradação. A omissão, quando relacionada com bem de incontestável valor, poderá encontrar no Judiciário o canal adequado para saná-la, o que, de certa forma, está equacionado na disciplina da Ação Civil Pública, que prevê uma multiplicidade de atores aptos a assumir o polo ativo da ação.

A partir da noção da indivisibilidade dos interesses coletivos e difusos, no campo processual, no da jurisprudência e no das normas infraconstitucionais, houve, de fato, o alargamento da solução da legitimidade concorrente e disjuntiva, persistindo, contudo, dificuldades no tocante ao exercício da ampla legitimidade para pedir a prestação jurisdicional no campo da proteção patrimonial.

O Ministério Público, que ganha realce com a Ação Civil Pública, pela importância e protagonismo de seu papel na defesa dos complexos interesses difusos, deve ser instrumentalizado tecnicamente para que possa atingir os objetivos, o que pode ser suprido por adequação de seus quadros de suporte ou por meio de uma política de cooperação entre os órgãos administrativos de proteção e a instituição, evoluindo, também, o Judiciário na especialização da prestação jurisdicional relativamente aos interesses difusos.

De outro lado, sanções disponíveis no lato campo da proteção ao patrimônio, especialmente as tratadas no bojo da Lei de Tombamento, antes consideradas insuficientes para inibir a lesão a bens tombados, após a edição da Lei dos Crimes Ambientais, são ainda mais problematizadas, a partir de posicionamentos em contraste dos que as entendem revogadas e dos que defendem a conciliação das normas. De qualquer modo, propugnou o legislador por estabelecer maior rigor às penalidades que se cominam aos que lesam bens tombados. Com a submissão do patrimônio cultural á disciplina do meio ambiente, notadamente no que diz respeito a novas tipificações, e a possibilidade de transmutação de sanções administrativas de multas e outras em restrições de direito substantivo, a Lei de Crimes ambientais sinaliza novos rumos, sem que se possam considerar extintas as soluções anteriores concentradas no marco do Decreto – lei25/37 ou em legislação esparsa.

Soluções de transmutação de sanções de multas em restrições de direito substantivo, como no caso de se estabelecer a obrigação de o causador do dano devolver o bem danificado ao estado anterior, estão previstas no Direito alienígena, por exemplo, na legislação da antiga URSS.

Na linha da efetividade da proteção do patrimônio cultural, vale ressaltar que deve ser intensificado o uso associado de mecanismos mais simples, para a consolidação das diferentes formas de lembranças. Nessa vertente, podem ter lugar, com bons resultados, os processos de reconstituição da memória do cotidiano por meio de projetos de história oral, os programas de TVs educativas, a organização de museus-comunidade, por meio dos quais pequenos grupos podem desenvolver atividades de arranjo de sua identidade, e a utilização de fotografias e de vídeo-documentário, entre outros.

Esses mecanismos permitem ampliar o suporte do processo social para a democratização da institucionalização da memória coletiva. Podem ser instrumentos de mudança da concepção da memória, convertendo-a, de fruto de construção ideológica artificial, em categoria emergente da sociedade, embora não se possa perder de vista o conjunto dos efeitos de cada instrumento, sendo certo que é o tombamento o instituto que garante ao bem um regime mais robusto de proteção contra a sua destruição ou descaracterização.

4.3 Entorno

O tratamento do entorno de bens tombados merece ser pautado entre os desafios no campo da preservação do patrimônio, especialmente na interface com o planejamento territorial.

Nos termos da legislação brasileira, além da reconformação da propriedade do bem imóvel sobre o qual incide o tombamento, outro efeito imediato da intervenção é a constituição de servidão dos bens vizinhos ou da vizinhança, a teor do art. 18 do Dec. Lei n. 25/37. Chama-se, contudo, a atenção para o fato de que a lei federal não cuida de determinar os perímetros de proteção dos monumentos históricos, para fins de identificar os limites da restrição às áreas circunvizinhas.

A restrição tem em vista proteger a visibilidade do bem cultural, importando em impedimentos de novas construções e de afixação de objetos que impeçam a visão do bem protegido.

Trata-se de efeito reflexo do tombamento, ou de efeitos suportados por terceiros em decorrência da proteção incidente sobre o bem principal e que se soma à obrigação geral de abstenção de práticas que coloquem em risco a integridade do bem cultural.

É dizer, na fala de Nathália Arruda Guimarães: "Essa servidão se configura na abstenção de atos que possam levar à obstrução visual, dificultar o acesso ao bem cultural e, segundo uma interpretação mais atual, retirar a harmonia arquitetônica do entorno daquele patrimônio".[44]

Não há previsão de indenização para servidões que tais, o que não impede que, na ocorrência de prejuízo significativo, excepcional, concreto e mensurável economicamente, se possa buscar a composição da situação por indenização.

Ocorre que a ausência de parâmetros legais para a identificação da base da servidão e, também, de medidas de delimitação precisa de áreas de entorno do bem tombado em cada caso concreto é fator que contribui para permanentes conflitos entre os órgãos de proteção cultural e o órgão licenciador de construção e dificulta a adequada articulação entre tombamento e instrumentos urbanísticos diversos, levando a radicalismos e subjetividade no tratamento das soluções. Isso no bojo, sobretudo, da urbanização intensiva que potencializa tais conflitos.

Reforçando as perplexidades decorrentes da omissão legal no tratamento do tema e dessa incerteza fática, alerta Nathália Arruda Guimarães para a ausência de definição normativa quanto ao momento em que se torna exigível a restrição, e para a tendência da doutrina no tratamento das questões correlatas no sentido da importância da averbação no registro como marco para a configuração dessa servidão real, e coativa. A jurisprudência, à sua vez, caminha no sentido de atribuir à averbação a condição de eficácia do ato para os fins dos efeitos reflexos, ficando os vizinhos, a partir dela, condicionados à autorização para construir, entre outras cautelas, conforme registra a autora.[45]

---

44 GUIMARÃES, Nathália Arruda. O tombamento de bem imóveis: apontamentos sobre o sentido e os valores do tombamento de bens imóveis na atualidade e a proteção do entorno via legislação especial e urbanística: uma abordagem comparada da legislação brasileira e da portuguesa. In: FERNANDES, Edésio; ALFONSIN, Betânia (coord.). *Revisitando o instituto do tombamento.* Belo Horizonte: Fórum, 2010: (195-220), p. 210. ISBN: 978-85-7700-388-4.

45 GUIMARÃES, Nathália Arruda. O tombamento de bem imóveis: apontamentos sobre o sentido e os valores do tombamento de bens imóveis na atualidade e a proteção do entorno via legislação especial e urbanística: uma abordagem

Chama-se, ainda, a atenção para o fato de que a lei federal não cuida, igualmente, de determinar os perímetros de proteção dos monumentos históricos, restando permanentes conflitos entre os órgãos de proteção cultural e o órgão licenciador de construção.

O tema do entorno de bens tombados, "noção bastante complexa e distante de consenso", tem desafiado o IPHAN, desde as "memoráveis batalhas judiciais" sustentadas sobre conceitos de vizinhança e visibilidade, que marcaram a história da instituição de proteção até o final da década de 1950; passando por avanços institucionais nos anos setenta, que têm como marco a Portaria n. 29, de 1974 – a qual faz referência às imediações das áreas tombadas de interesse paisagístico no Estado da Guanabara – e, como desdobramentos, iniciativas técnicas relevantes nesse campo; até a institucionalização de procedimentos para proteção dos entornos nos anos oitenta; seguindo-se a consolidação no período de reforço técnico da capacidade operativa do sistema de proteção com a Fundação Pró-Memória.[46]

Não obstante os esforços nesse campo, apontam-se recorrentes dificuldades, seja em face da dinâmica da urbanização crescente, carente de planejamento e de uma regulação capaz de garantir o desenvolvimento harmonioso da urbe, e, principalmente, o diálogo entre centralidades e seus entornos, entre "centros históricos" e periferias, quando tomados como referentes do patrimônio cultural imobiliário ou de interesse para a proteção; seja pela escassez de recursos disponíveis no âmbito do sistema de proteção para fazer face às necessidades de dispêndios com estudos técnicos relacionados com as demandas de caracterização, delimitação, definição de diretrizes, entre outras.

A política de proteção ao entorno tem sido pautada pelo IPHAN, para além dos debates e da avaliação das práticas internas, em importante Programa de Especialização em Patrimônio, em cujo âmbito tem sido desenvolvidas pesquisas com resultados publicados em edições especializadas do Instituto, aptas a "subsidiar discussões, provocar e estimular novas pesquisas sobre o assunto", conforme lembra Lia Motta, ao apresentar um desses trabalhos chancelados pelo IPHAN.[47]

---

comparada da legislação brasileira e da portuguesa. In: FERNANDES, Edésio; ALFONSIN, Betânia (coord.). *Revisitando o instituto do tombamento.* Belo Horizonte: Fórum, 2010: (195-220), p. 210. ISBN: 978-85-7700-388-4.

46 IPHAN. Programa de Especialização em Patrimônio do IPHAN. *Entorno dos bens tombados/Programa de Especialização em Patrimônio do IPHAN.* Pesquisa e texto: Analucia Thompson e Lia Mota. Rio de Janeiro: Iphan, 2007. p. 10.

47 MOTTA, Lia. Apresentação. Programa de Especialização em Patrimônio do IPHAN. *Entorno dos bens tombados/Programa de Especialização em*

As pesquisas envolvem a atuação do IPHAN, resgatam o empenho na institucionalização de procedimentos e na definição de critérios para determinação de áreas de entorno tomando-se como referência o conceito inicial de visibilidade e vizinhança, previstos no Decreto-lei n. 25/37.[48] Tais pesquisas institucionais, aliadas a outras de interesse acadêmico ou profissional, entre as quais se destacam as empreendidas por Analucia Thompson e Lia Mota,[49] com aporte de direito comparado, podem contribuir para a evolução do tratamento da temática, que apresenta uma complexidade que não se esgota no destrinçamento das tradicionais balizas da vizinhança e da visibilidade. Na mesma linha, os suplementos da Carta Patrimonial de Xi'na, China, do ICOMOS, 2005.

A Declaração de XI`AN sobre a Conservação do Entorno Edificado, Sítios e Áreas do Patrimônio Cultural, adotada em Xi'an, China, em 21 de outubro de 2005 – XV Assembleia Geral do ICOMOS, a partir do Simpósio Científico da Assembleia Geral: "Os monumentos e os Sítios em seu Entorno – Conservar o Patrimônio Cultural nas Cidades e as Paisagens em Processo de Mudança", tem como eixos: reconhecer a contribuição do entorno para o significado dos monumentos, sítios e áreas do patrimônio cultural; compreender, documentar e interpretar os entornos em contextos diversos; desenvolver instrumentos de planejamento e práticas para a conservação e a gestão do entorno; acompanhar e fazer a gestão das mudanças que ameaçam o entorno; trabalhar com as comunidades locais, interdisciplinares e internacionais, para a cooperação e o fomento de uma consciência social sobre a conservação e a gestão do entorno.[50]

Por fim, assinala-se a tendência à valorização do patrimônio no seu entorno, não a partir de uma mera prevalência formal do bem tombado, que possa induzir à desconsideração do valor de seu campo de enquadramento, mas das relações com ele, valorizando o ambiente circundante e que interfere na configuração do bem protegido. Essa visão deve orientar a política patrimonial que se pretenda potencializadora da harmonização da ambiência e das funções urbanas em diálogo com os valores culturais que devem informar a vivência na urbe.

Patrimônio do IPHAN. Pesquisa e texto: Analucia Thompson e Lia Mota. Rio de Janeiro: Iphan, 2007. p. 7.

48 IPHAN. Programa de Especialização em Patrimônio do IPHAN. *Entorno dos bens tombados/Programa de Especialização em Patrimônio do IPHAN.* Pesquisa e texto: Analucia Thompson e Lia Mota. Rio de Janeiro: Iphan, 2007. p. 9.

49 IPHAN. Programa de Especialização em Patrimônio do IPHAN. *Entorno dos bens tombados/Programa de Especialização em Patrimônio do IPHAN.* Pesquisa e texto: Analucia Thompson e Lia Mota. Rio de Janeiro: Iphan, 2007.

50 IPHAN. Programa de Especialização em Patrimônio do IPHAN. *Entorno dos bens tombados/Programa de Especialização em Patrimônio do IPHAN.* Pesquisa e texto: Analucia Thompson e Lia Mota. Rio de Janeiro: Iphan, 2007.pp. 120-123.

4.4 Política de Conservação, Manutenção e Restauração e os Riscos das Intervenções

Estranhamente, grande ameaça ao patrimônio cultural está ligada ao processo de restauração. Alceu Amoroso Lima, referindo-se ao patrimônio cultural de Minas Gerais, mostrava sua preocupação com os riscos do processo de recuperação dos bens, em suas afirmações que aqui se transcrevem:

> "Não é somente a demolição [...] o terror da velhas pedras [...]. A morte pode justificar-se, mas nunca a tortura [...]. Mas se a restauração se faz, como entre nós, sem a mínima preocupação pelo primitivo aspecto do edifício, já não é senão um vandalismo[...]. A nova fachada, as novas torres, as novas alas são outras tantas túnicas de Nessus sobre o corpo da antiga construção".[51]

Com vistas ao enfrentamento dessa complexibilidade da atuação necessária a viabilizar concretamente a ação protetora, busca-se a contribuição de Flávio de Lemos Carsalade, abalizada pela experiência acadêmica e pelo exercício da arquitetura nesse campo, cuja lição, em tom de advertência, assenta, preliminarmente, que "preservar o patrimônio é, sobretudo, um exercício de ética fundado no respeito à preexistência e, através dele, no respeito ao futuro, na capacidade de ser, mas também de possibilitar as várias existências".[52]

E prossegue em pauta filosófica acerca da ação de preservar:

> "Significa, assim, o respeito à alteridade e à mudança, mas sem nunca perder de vista os aspectos relacional e contextual fundados na preexistência e na coletividade que a consciência hermenêutica nos mostra como inseparável da condição humana".[53]

Flávio de Lemos Carsalade, analisando, enfim, ainda no plano reflexivo, a tensão entre conservação e restauro, que para ele supera a "questão técnica e terminológica – em que conservar seria uma ação preventiva e restaurar uma ação interventiva –, "sintetiza o problema, afirmando que há "uma questão epistemológica mais complexa, ligada às ideias de autenticidade, documento, reutilização, dentre outras",[54] para cuja compreensão resgata o autor as

---

51 LIMA, Alceu Amoroso. *Revista do Brasil.* São Paulo, set./dez. 1916.

52 CARSALADE, Flávio de Lemos. *A pedra e o tempo:* arquitetura como patrimônio cultural. Belo Horizonte: Editora UFMG, 2014. p. 609.

53 CARSALADE, Flávio de Lemos. *A pedra e o tempo:* arquitetura como patrimônio cultural. Belo Horizonte: Editora UFMG, 2014. p. 609.

54 CARSALADE, Flávio de Lemos. *A pedra e o tempo:* arquitetura como patrimônio cultural. Belo Horizonte: Editora UFMG, 2014. p. 345.

diversas posturas e métodos restaurativos (renascentista, estilístico, filológico ou tipológico, moderno de Boito, científico, crítico, criativo), apropriando os fundamentos e pressupostos aportados pelos respectivos responsáveis e disponibilizando-os de modo sistemático.[55]

Já focando a pragmática da proteção, afirma Carsalade, pela vertente do arquiteto, que

> "[...] a polaridade restauração-conservação revela em si um dos mais graves problemas da intervenção no patrimônio edificado que, submetido à pressão de novo uso, precisa a ele se adaptar e, a partir daí, sofrer alterações. Essas alterações afetam duplamente o documento histórico e a obra de arte e, além dos dois, a relação entre eles".[56]

Grande esforço no sentido de enfrentar as dificuldades técnicas nesse campo registra-se na Universidade Federal da Bahia, na qual é mantido curso de especialização de arquitetos para a atividade de proteção ao patrimônio cultural, cujos resultados positivos têm beneficiado, não só o Brasil, como também outros países da América Latina. A Escola procura desenvolver a consciência crítica e ética dos profissionais, por meio de disciplinas como arqueologia histórica, políticas culturais e outras.

Uma política de proteção não pode descurar o investimento na capacitação técnica e na especialização de profissionais voltados para o setor e deve investir na conscientização quanto aos desafios e implicações das intervenções, seja focando os empreendedores em atividades de restauro, seja os integrantes das equipes envolvidas na fiscalização e monitoramento, tudo auxiliado pela vertente de educação patrimonial, na variável específica das intervenções físicas. O compartilhamento dos processos de restauro ou conservação com a comunidade e com diferentes níveis de governo pode amplificar a consciência e a ética no campo das intervenções.

4.5 Prevenção de danos

O artigo 216 da Constituição da República dispõe que "o poder público, com a colaboração da comunidade, promoverá e protegerá o patrimônio cultural brasileiro, por meio de inventários, registros, vigilância, tombamento e desapropriação e de outras formas de acautelamento e preservação".

---

55 CARSALADE, Flávio de Lemos. *A pedra e o tempo:* arquitetura como patrimônio cultural. Belo Horizonte: Editora UFMG, 2014. pp. 341-343.

56 CARSALADE, Flávio de Lemos. *A pedra e o tempo:* arquitetura como patrimônio cultural. Belo Horizonte: Editora UFMG, 2014. p. 345.

Sabido que o patrimônio cultural material compõem-se tanto de referentes sob titularidade ou propriedade pública como de bens privados, tem-se que a proteção constitucionalmente prevista deve ser abrangente, invocando tratamento adequado para cada caso. Nesse sentido, para a efetividade dos direitos culturais impõe-se ao Poder Público adoção de uma política pública instrumentalizada por mecanismos hábeis, sobretudo, para a prevenção de danos aos bens que constituem a base material da memória coletiva.

De fato, uma política patrimonial em sentido amplo deve contemplar diversos processos, desde os de identificação para fins de proteção jurídica visando à incidência de regimes diferenciados de acautelamento, passando pelos de cuidados materiais, que envolvam ações positivas voltadas para a integridade dos bens, com desdobramentos de preservação, conservação, restauro, recomposição e outras intervenções; processos de promoção, focados, de modo especial, em técnicas educacionais, incentivos e divulgação; e os processos de gestão, aqueles relacionados com o tratamento do bem como objeto de atenção e de regime especial no bojo da política pública de proteção. Enfim, a gestão do bem busca potencializá-lo como referente da cultura e a garantir a sua integridade e valorização no bojo dos diversos processos e dimensões da cidade para cumprimento da finalidade de sua proteção e, assim, da sua função social.

Se tais bens são de propriedade pública, com maior razão, caberá ao Poder Público garantir programas e recursos permanentes para que a proteção ou salvaguarda do patrimônio seja efetiva, o que envolve, além de aportes financeiros, a convergência de outras cautelas, além de tecnologias próprias para o setor.

Se se trata de bem de propriedade privada, faz-se necessária, para além do monitoramento da tradicional política de controle negativo, a atuação do Poder Público em responsabilidade compartilhada, por meio de Programas, de realização de obras, entre outras providências de amparo, salvaguarda e socorro.

O art. 19 do Decreto-lei 25/1937 prevê que, não dispondo o proprietário de recursos financeiros suficientes para a conservação do bem, deverá ele comunicar a situação ao Serviço de Patrimônio Histórico e Artístico Nacional, hoje IPHAN, restando ao Poder Público a obrigação de realizar obras de conservação e, em último caso, desapropriar o bem tombado, quando o proprietário não faça ou não tenha condições de assumir a necessária conservação. Caberá ao Poder Público destinar recursos, tendo em vista a equação necessidade de socorro do bem e a gradação da urgência, de um lado, e a capacidade financeira e técnica do proprietário, de outro, cabendo-lhe a responsabilidade por programas de restauro e de intervenções que transcendam os limites de oneração do proprietário particular.[57]

Registram-se, em diferentes períodos, iniciativas dos órgãos de proteção consistentes em assunção de encargos pelo Poder Público para restauro de monumentos públicos e de exemplares privados tombados, em situação de ameaça. Nos casos dos exemplares privados, até os anos sessenta, o Poder Público assumia o salvamento dos bens. É certo que, em dadas situações, fazia-se valer a expressão popular "sepulcro caiado", uma vez que os casarões recebiam atenção em sua externalidade, compreendendo estrutura, telhados e fachadas, mas, não contando o particular com recursos para a complementação das obras, era possível identificar, em antigos centros históricos, o interior dos sobrados em condições precárias, contrastando com as partes aparentes, tudo segundo a concepção da cidade como obra de arte. Depois de ausência de política de salvamento mediante responsabilidade direta do Poder Público por restauro, salvo para bens do patrimônio público tombado, o Programa Monumenta articulou a previsão de recursos subsidiados para assunção de encargos pelos particulares, assim como destinação às grandes obras demandadas por exemplares públicos, estimulando a sustentabilidade do privado e a contribuição do público na vertente do turismo.

A obrigação de realização de obras de conservação patrimonial, tradicionalmente pouco pautada nas discussões jurídicas sobre tombamento, na atualidade, dominando todas as mídias, polariza qualquer debate sobre patrimônio cultural. Por força da tragédia que se abateu sobre o Museu Nacional[58, 59] – instituição da Administração Pública federal detentora do quinto maior acervo cultural do mundo, vinculada ao Ministério da Educação e sob gestão da Universidade Federal do Rio de Janeiro –, foi ferida de morte a

57 ALVES, Rafael de Oliveira. Obrigação de realizar obras de conservação patrimonial, de acordo com o Decreto-Lei n. 25/1937. In: FERNANDES, Edésio; ALFONSIN, Betânia (coord.). *Revisitando o Instituto do Tombamento.* Belo Horizonte: Fórum, 2010: (175-182). ISBN: 978-85-7700-388-4.

58 O Museu Nacional – RJ, criado em 6 de junho de 1818, por Dom João VI, como Museu Real, com o propósito de propagar o conhecimento e o estudo das ciências naturais em terras brasileiras, é a mais antiga instituição científica do Brasil, hoje situado no antigo Palácio Imperial de São Cristóvão, na Quinta da Boa Vista. Até setembro de 2018, figurou como um dos maiores museus de história natural das Américas, quando foi tomado por um incêndio de grandes proporções, destruindo quase a totalidade de acervo, conforme informação no site institucional: <http://www.museunacional.ufrj.br>.

59 BBC. *Humanidade perdeu mais com incêndio do Museu Nacional do que na Notre-Dame, diz diretor da instituição brasileira.* Disponível em: <https://www.bbc.com/portuguese/geral-48550660>. Acesso em: outubro de 2019.

memória do povo brasileiro, perdendo-se, também, grande parte da história antropológica e científica da humanidade, ainda ardendo em chamas entre murais, fósseis, sarcófagos, dinossauros, acervos de botânica, meteoritos, coleções entomológicas, tronos, estruturas, paredes de arquitetura imperial. Em atmosfera de destruição, a questão é potencializada para além de uma mera discussão dos conflitos entre poder público e proprietário privado decorrentes da aplicação do artigo 19 do decreto-lei 25 de 37.

A mesma pauta se reforça com a tragédia representada pelo incêndio de um dos mais expressivos símbolos da cultura ocidental, a Catedral de Notre Dame, de Paris, ocorrido em 15 de abril de 2019. Apesar de se tratar de sinistro de grandes proporções, a ação de salvamento dos bens ameaçados ou atingidos foi relativamente eficaz, já que evitou destruição mais radical do bem arquitetônico e do acervo, segundo informações recorrentes na mídia internacional de 16 de abril de 2019.

A Convenção para a Proteção do Patrimônio, Cultural e Natural, adotada pela UNESCO em 1972, que inaugurou a política internacional de defesa do patrimônio cultural, em sua consideranda, dispõe que a degradação ou o desaparecimento de um bem do patrimônio cultural e natural constitui um empobrecimento efetivo do patrimônio de todos os povos do mundo.

O caso emblemático do Rio de Janeiro reporta a atenção para as medidas de prevenção contra danos ao patrimônio cultural, tão negligenciadas em todos os níveis, e mostra as conexões entre gestão e responsabilidade em diferentes expressões, devendo as cautelas ganhar centralidade na política patrimonial.

4.6 Educação Patrimonial

O nível de conscientização dos cidadãos em relação aos valores de sua cultura reflete de modo significativo no plano de eficácia da política voltada para a sua preservação; quando os destinatários da política cultural não se sentem beneficiários da preservação, da restauração e do salvamento dos bens, a polarização se estabelece em prejuízo da eficácia da política específica, o que se neutraliza, paulatinamente, por meio de educação patrimonial em sentido lato. Sobre a importância da conscientização como pressuposto da eficácia da política patrimonial discorre Sandra C. A. Pelegrini.[60]

Por sua vez, a ausência de uma educação patrimonial adequada dá margem ao surgimento ou à persistência de fatores psicológicos negativos,

---

60 PELEGRINI, Sandra C. A. *Patrimônio Cultural:* consciência e preservação. São Paulo: Brasilense, 2009.

que interferem na postura do cidadão em face da natureza e da cultura, com reflexos na convivência social e, também, no padrão de acatamento ou rejeição dos instrumentos ou mecanismos de sustentação dos objetivos colimados pelos programas e ações institucionalizados. Disso decorre que é preciso buscar-se uma adequada relação das pessoas com esses bens, o que se viabilizará a partir do conhecimento acerca de seus valores.

Em outra dicção, tem-se que o distanciamento das crianças urbanas em relação à natureza e o seu desconhecimento no tocante aos bens culturais materialmente inseridos no contexto de sua vivência levam-nas à assimilação inadequada de conceitos e posturas. E, por sua vez, a extensão dos conceitos negativos que se têm da fauna, da flora e da cultura repercute em outras esferas de atuação, acabando por refletir nas instâncias de poder. É assim que, paradoxalmente, a literatura, por exemplo, pode ser um mecanismo de distorção, ao veicular conteúdo impróprio sobre a matéria.

Apontam os especialistas, como alternativa mais robusta, o estabelecimento de processos educacionais e instrucionais aptos à interação com o cotidiano, sendo o método mais eficiente para sensibilização aquele por meio do qual é feito o contraste entre ambientes degradados e ambientes equilibrados, entre culturas preservadas e culturas deterioradas.

Assim, além da discussão do modelo educacional, é preciso estar atento a disciplinas que permitam o conhecimento das estruturas sociais e dos ambientes em que se acham inseridas, enfatizando-se as práticas interpretativas no bojo da educação patrimonial.[61, 62] A educação deve ser, assim, considerada forma de inserção no mundo, permitindo que se associem os conhecimentos essenciais e as experiências ou vivências da realidade, de um lado, e o desenvolvimento de atitudes, comportamentos, emoções e educação para a vida, de outro.

No tocante à preservação do patrimônio cultural, há, pois, duas vertentes a considerar: Educação, cujo objetivo é inserir o homem em seu tempo e espaço; e Instrução, que tem por finalidade desenvolver o conhecimento de base científica.

Registra-se como festejada iniciativa de interação entre cultura e educação o esforço que se deu na década de 80 com o projeto "Interação", sob responsabilidade da Fundação PRO-MEMÓRIA; a iniciativa, embora prescrita

---

61 ALBANO, Celina. Gestão Pública do Patrimônio: Uma Forma de Interpretar as Cidades. In: *Seminário Inventário de Bens Culturais:* Uma Interpretação das Cidades. Belo Horizonte, 2004. pp. 09-11. Anais.

62 MURTA, Stela Maris; ALBANO, Celina (org.). *Interpretar o Patrimônio:* Um Exercício do Olhar: Belo Horizonte: Editora UFMG, 2005.

pelo tempo em seus lineamentos institucionais, pode ser tomada como precedente exitoso da política de aproximação Escola-Comunidade, pelo móvel do patrimônio, enquanto conhecimento e como percepção ou internalização pelos destinatários da política de proteção, sob a ótica do acesso aos bens e da garantia de identidade coletiva.

4.7 Divulgação do Patrimônio Tombado

Outro aspecto que deve ser considerado em uma política sistêmica de proteção ao patrimônio cultural é o atinente à promoção dos bens que o integram e da própria cultura, a partir de correta divulgação desses referentes e projeção de seus valores, o que contribui no processo de vivificação do acervo, mediante o estímulo para acesso aos bens culturais, com a consequente potencialização da fruição coletiva das referências identitárias.

Maria Del Rosario Alonso Ibañez lembra:

> *"Lo verdaderamente transcendente del Patrimonio Histórico no está en el aprecio que puedan merecer los bienes que lo integran, aprecio ligado a consideraciones artísticas, históricas, o a cualquier outro tipo de manifestaciones culturales, sino en la función que desarrollan em tanto que instrumentos de promoción cultural".*[63]

Deve-se, no entanto, estar atento à crítica feita por Márcia Sant'Anna no tocante ao uso de instrumentos de proteção para "fins meramente político-partidários e imagéticos",[64] o que falseia a conexão entre patrimônio e seus destinatários principais, aqueles integrantes das comunidades nas quais se inserem.

Sabe-se que, entre os objetivos do tombamento, destacam-se o de possibilitar a conexão intergeracional, a partir do referente que ele protege, e outro de caráter central, que é o de possibilitar a fruição do bem por parte do público, em face dos desdobramentos do direito à cultura. Tais propósitos não se cumprem sem uma consistente política de conhecimento, informação, divulgação ou promoção dos bens culturais, consoante enfatiza Paulo Affonso Leme Machado:[65]

---

63 IBAÑEZ, Mª Del Rosário Alonso. *El Patrimonio Historico:* Destino Publico y Valor Cultural. Madrid: Editorial Civitas, S.A., 1992. p. 19.

64 SANT'ANNA, Márcia. Desafios e perspectivas da política federal de salvaguarda do patrimônio cultural. *Revista do Patrimônio Histórico e Artístico Nacional*. Brasília, 2017: (95-106), n. 36.

65 MACHADO, Paulo Affonso Leme. Tombamento: instrumento jurídico de proteção do patrimônio natural e cultural. *Revista dos Tribunais*. São Paulo, 563(71): pp.15-40, set. 1982.

"O bem público tombado tem uma função dinâmica de instrumento de civilização e postula a divulgação, a difusão, a fruição do conteúdo cultural da coisa de arte [...]. A utilização dos bens públicos tombados há de ser direcionada não só no sentido de sua conservação, mas de sua permanente fruição por toda a coletividade".

As instituições têm avançado no sentido de adotar medidas que possibilitem à sociedade acesso aos dados e informações atinentes aos bens culturais e naturais que integram o patrimônio nacional. Nesse sentido, as exposições itinerantes, os museus abertos, os sites institucionais, os grandes catálogos, as publicações de referência, os concursos, as campanhas, entre outros mecanismos e iniciativas.

5. OUTROS ASSENTAMENTOS

Por fim, são feitos assentamentos acerca de princípios básicos, diretrizes e práticas discursivas de aplicação no campo da proteção do patrimônio cultural, alguns tomados a Edésio Fernandes, enquanto outros são reiterados pela própria autora, ou, ainda, colhidos de outros colaboradores.

Fernandes, revisitando o instituto do tombamento, sintetiza, no excerto a seguir transcrito, os princípios da ordem jurídica, explicita ou implicitamente adotados pela Constituição de 1988, que devem orientar uma política de proteção cultural e que, consequentemente, devem se refletir nos marcos legais correspondentes:

> "Proteção do patrimônio pelo Poder Público – ficando ainda aberta à interpretação a definição de se a intervenção do Poder Público é obrigatória em todos os casos –, com a colaboração da comunidade; função social da propriedade, acarretando a vinculação dos bens culturais ao cumprimento da finalidade de proteção; multiplicidade dos meios de proteção; fruição coletiva dos bens protegidos; prevenção de danos; responsabilização pelos danos causados aos bens protegidos; equilíbrio na ação do Poder Público; participação popular na tomada de decisões acerca da instituição do regime de proteção jurídica e na formulação das políticas públicas; educação patrimonial a ser promovida de diversas maneiras e, em todas as etapas, pelos diversos atores envolvidos; e solidariedade intergeracional, a exemplo do que já se aceita para as questões ambientais e, em menor medida, também para as questões urbanísticas".[66]

Retomam-se, neste passo, em tópicos articulados, a título de fechamento deste capítulo, que pretende pavimentar reflexões sobre os desafios da politica

---

[66] FERNANDES, Edésio; ALFONSIN, Betânia (coord.). *Revisitando o Instituto do Tombamento*. Belo Horizonte: Fórum, 2010. ISBN: 978-85-7700-388-4.

patrimonial, ideias assentadas pela autora em outros trabalhos, amalgadas a fragmentos de contribuições colhidas de diversos especialistas, na literatura ou em debates, acerca de temas referentes a práticas discursivas, a concepções de políticas de proteção ao longo da trajetória brasileira nesse campo, bem como a conexões da proteção patrimonial com os domínios do Direito Urbanístico:

1) A rigor, no lato campo da proteção ao patrimônio cultural, coexistem distintas práticas discursivas: aquelas ainda apegadas a valores coloniais; as articuladas por estratégias pós-coloniais, de lastro positivista e convencional, notadamente atreladas ao Estado-Nação, a sustentar uma cultura de índole impositiva e de hegemonia do Estado ("projetada na interseção da história da modernidade europeia e da contra-modernidade representada pela reação das suas colônias independentes"); as mais avançadas, de quebra do intervencionismo estatal; seguindo-se as permeadas pelas mudanças ou rupturas da alta-modernidade e pelas demandas de participação democrática. Às práticas discursivas atrasadas correspondem práticas de proteção ortodoxas, desafiadas a dar lugar a novas abordagens.[67,68]

2) No contexto atual, há, no Brasil, um forte "deslocamento conceitual de cultura e de patrimônio", da perspectiva liberal positivista para o paradigma constitucional democrático; a discursividade incorpora "novos significantes", como função social, participação democrática, que, por sua vez, suscitam conexões com outros domínios, notadamente do Direito Urbanístico, com vistas à implementação de novas formas de proteção integrada. Nessa vertente, tem-se, também a "funcionalização e a dimensão procedimental do patrimônio".[69,70,71]

67 COSTA, Mila Batista Leite Corrêa da. *A Atuação do Poder Legislativo no Desenho Institucional da Política de Preservação do Patrimônio Cultural no Brasil.* Tese de Doutorado – UFMG – Faculdade de Direito – Programa de Pós-Graduação. Belo Horizonte, 2018.

68 CASTRIOTA, Leonardo Barci. Conservação Urbana: Tombamento e Áreas de Conservação. In: FERNANDES, Edésio; ALFONSIN, Betânia (coord.). *Revisitando o Instituto do Tombamento.* Belo Horizonte: Fórum, 2010: (51-71). ISBN: 978-85-7700-388-4.

69 FERNANDES, Edésio; ALFONSIN, Betânia (coord.). *Revisitando o instituto do tombamento.* Belo Horizonte: Fórum, 2010. p. 17. ISBN: 978-85-7700-388-4.

70 PIRES, Maria Coeli Simões. Proteção do Patrimônio Cultura: da monumentalidade aos bens imateriais. In: FERNANDES, Edésio; ALFONSIN, Betânia (coord.). *Revisitando o instituto do tombamento.* Belo Horizonte: Fórum, 2010: (75-88). ISBN: 978-85-7700-152-1.

71 MATTOS, Liana Portilho. *Bens da cultura:* entre autoridade, alteridade e autoria. Projeto de pesquisa apresentado ao Programa de Pós-Graduação em Direito da Faculdade de Direito da Universidade Federal de Minas Gerais – Doutorado. Belo Horizonte: edição impressa da autora, 2015.

3) Como os bens fazem a mediação entre os figurantes das diversas temporalidades, tendo como pano de fundo um paradigma democrático, hão de superar o elitismo das representações para refletirem "as diversas experiências de vida de homens e mulheres comuns que, no seu cotidiano de luta e trabalho, constroem a história deste País", consoante a concepção da Historiografia Contemporânea, que sustenta sermos todos "sujeitos históricos".[72]
4) Daí por que um grande desafio é a reinterpretação do patrimônio a partir de "historiografias coletivas que levam em conta sobretudo a alteridade", de resto apologizada pela própria Constituição de 1988, pela ênfase inclusiva de todo o processo cultural, com destaque para sua expressão patrimonial. Contornar as "tensões hermenêuticas inerentes à transição" é tarefa que exige fôlego, notadamente contra as resistências internas à prevalência dessas narrativas de índole coletiva, "fomentando, assim, processos sociais necessários".[73, 74, 75]

Há, ainda, que se registrar a importância de a política patrimonial, notadamente a de caráter preventivo, incorporar mecanismos de inovação tecnológica e de automação, para além dos adotados usualmente, com ênfase em "Internet das coisas" e em "inteligência artificial", de modo a garantir a ampliação das plataformas de monitoramento dos bens e de proteção eficaz ao patrimônio. Nesse sentido, poderão ser exploradas geotecnologias, mecanismos virtuais e de automação avançados, como drones, câmaras digitais,

---

72 FERNANDES, José Ricardo Oriá. O Parlamento Brasileiro e a Construção da Memória Nacional: os Movimentos Históricos em Praça Publica (1891-1986) XXVIII Simpósio Nacional de História. Florianópolis: 2015.

73 MATTOS, Liana Portilho. *Bens da cultura:* entre autoridade, alteridade e autoria. Projeto de pesquisa apresentado ao Programa de Pós-Graduação em Direito da Faculdade de Direito da Universidade Federal de Minas Gerais – Doutorado. Belo Horizonte: edição impressa da autora, 2015.

74 COSTA, Mila Batista Leite Corrêa da. *Cultura, Patrimônio e Memória:* Narrativas e dimensões do cotidiano, do tempo e do direito. Projeto de pesquisa para elaboração de tese, apresentado ao Programa de Pós-graduação em Direito da Faculdade de Direito da Universidade Federal de Minas Gerais, como requisito para o processo de seleção para o Doutorado. Belo Horizonte: edição impressa da autora, 2013.

75 FERNANDES, Edésio; ALFONSIN, Betânia (coord.) Revisitando o instituto do tombamento. In: FERNANDES, Edésio; ALFONSIN, Betânia (coord.). *Revisitando o Instituto do Tombamento.* Belo Horizonte: Fórum, 2010. p. 17. ISBN: 978-85-7700-388-4.

portais, radares, suportes avançados de redes sociais, sensores, para orientação de planejamento de eventos, de circulação de veículos, de intervenções em infraestrutura urbanística, roteirização turística, controle de fatores de sinistros, de comprometimento de estruturas, controle de acesso para visitação e fruição; proteção contra roubo de peças, ou contra indevida exploração arqueológica, depredações e avaliação de fatores de depreciação das condições de conservação, entre outros objetivos.

CONCLUSÕES

À guisa de conclusão, mas, ao mesmo tempo, enveredando para uma síntese do trabalho, retomam-se, neste estágio, os capítulos de sua estrutura, registrando-se as ideias e informações que balizaram a obra, a qual não se pautou pelo propósito de construção científica inédita consubstanciada em tese, mas sim pelo de oferecer contribuição à sistematização dos suplementos relativos à Proteção ao Patrimônio Cultural, tema aberto, que perpassa uma pauta robusta de questões, em sua maioria, inseridas nos campos ontológico, deontológico, fenomenológico do Direito.

1. A PROTEÇÃO DO PATRIMÔNIO NO PLANO INTERNACIONAL

As primeiras iniciativas voltadas para a proteção do patrimônio cultural surgiram no plano interno de algumas nações ditas civilizadas, com a criação dos embrionários órgãos competentes para atuação no setor, mas estratégias mais estruturadas desenharam-se por esforço coletivo em determinadas regiões, especialmente como contraponto aos riscos e mazelas das guerras, e ganharam, aos poucos, caráter universal, de modo que a comunidade internacional desenvolveu a consciência da necessidade de estratégias conjuntas e mecanismos de tutela ou salvaguarda desse patrimônio.

Ao longo da história, demonstrando essa consciência, a par de organismos internos pioneiros, outras organizações têm-se estruturado, ocupando-se do tema e protagonizando acordos e outras pactuações transnacionais, com o objetivo de efetivar ou ampliar a tutela do patrimônio cultural por meio de: mecanismos de cooperação; diretrizes de políticas protecionistas a partir de premissas aceitas pelas nações envolvidas; criação de fundos de assistência, entre outras cautelas.

Ressalta-se, neste passo, a importância dos tratados e convenções internacionais, como fontes transnacionais de direito, de caráter formal e material, para os estados signatários.

O século XIX inaugurou a prática de estratégias transnacionais, tendo em vista o resgate, a defesa e a preservação de bens culturais em áreas de conflitos ou de guerras, consubstanciadas em declarações com que se comprometiam os estados signatários. São exemplos dessas iniciativas as Declarações de Bruxelas, de 1874, e as Convenções de Haia, de 1889 e 1907. Tais declarações estabeleciam cautelas que deveriam ser adotadas no bojo do direito internacional humanitário, em situações de conflitos, para a preservação das "artes e das ciências".

Vários outros documentos transnacionais foram firmados com vistas ao tratamento da temática, sendo que, mais recentemente, no bojo da comunidade internacional, no tratamento do patrimônio cultural, após alcançar-se o patamar de (re)apropriação e (re)significação, em sua composição material e imaterial, verifica-se uma acentuada tendência de associar a política de proteção, preservação e fruição dos bens culturais à pretensão ou necessidade de resposta aos direitos culturais no quadro dos direitos humanos.

Participando da comunidade dos estados soberanos, a República Federativa do Brasil mantém, sobretudo no campo da proteção ao patrimônio cultural, relações com estados estrangeiros, firmando vários tratados e convenções e integrando, também, organizações internacionais.

Entre as convenções e recomendações internacionais aprovadas pelo Brasil e que consubstanciam marcos normativos para sustentação de medidas protecionistas do patrimônio, no âmbito da política transnacional neste particular, destacam-se a Convenção para a Proteção do Patrimônio Mundial, Cultural e Natural da UNESCO, aprovada em 1972, pela Conferência Geral, reunida em Paris; e a Convenção para a Salvaguarda do Patrimônio Cultural Imaterial, da UNESCO, aprovada pela Conferência Geral, reunida em Paris, em 2003.

2. O TRATAMENTO CONSTITUCIONAL DA PROTEÇÃO DO PATRIMÔNIO CULTURAL NO DIREITO ESTRANGEIRO

De modo recorrente, os estados estrangeiros valorizam a cultura de seus povos, contendo as respectivas constituições proclamações importantes, incluídas as normas fundamentais de tratamento dos bens culturais.

A análise dos sistemas de proteção em diversas ordens constitucionais permite averiguar que, naqueles países mais avançados, há relevância do papel do cidadão e da sociedade na configuração da cultura e na conformação e proteção de seu patrimônio, isto é, tem-se na ação coletiva o principal vetor da política correspondente, conquanto haja a presença do Estado como responsável pela condução da política pública e pela efetivação dos direitos culturais mediante a adoção de medidas adequadas, com destaque para as de proteção patrimonial.

Constata-se, por outro lado, que nos países nos quais a proteção do patrimônio cultural é pouco robusta, costuma-se atribuir ao Estado o papel primacial na identificação e acautelamento dos bens culturais, como que se reconhecendo a inépcia da sociedade para exercer a tutela sobre o patrimônio.

De qualquer modo, nos diversos sistemas, está presente, sob denominações variadas e regimes jurídicos assemelhados, o instituto do tombamento.

O tombamento, contudo, não é tratado como único instrumento de proteção do patrimônio, sendo comum a sua conjugação com instrumentos correlatos, notadamente o zoneamento, de índole urbanística.

A partir da identificação das características fundamentais de que se revestia a proteção do patrimônio cultural no direito brasileiro até o advento da Constituição Federal de 1988; da análise comparativa dos sistemas adotados em países latino-americanos – inseridos em realidade socioeconômica similar à interna – e em Portugal, em que são detectadas as raízes do ordenamento pátrio de proteção; e, por fim, do estudo das mais notáveis diferenças de tratamento entre alguns países emblemáticos, observa-se que, no tocante ao tratamento da cultura e do patrimônio, havia a inversão dos papéis de que se incumbiam Estado e sociedade no Brasil.

De fato, essa tendência estatizante prevaleceu no Brasil até 1988, quando o constituinte rompeu com o monopólio do Estado no tocante à política de proteção à cultura. Do ponto de vista fenomenológico, contudo, verifica-se a transição da concepção de hegemonia estatal nessa seara para a de compartilhamento enter Poder Público, sociedade e cidadão.

A nova ordem constitucional, com desdobramentos no plano infraconstitucional, assinala, ainda, na linha do direito estrangeiro, a articulação do tombamento, como principal instituto do tombamento, com outros mecanismos correlatos, em especial os do direito urbanístico, para garantia de eficácia das políticas patrimoniais e sustentabilidade da cidade.

3. ANTECEDENTES DA INSTITUCIONALIZAÇÃO DA PROTEÇÃO ESTATAL AO PATRIMÔNIO CULTURAL NO BRASIL

O processo de institucionalização da proteção ao patrimônio cultural, no direito brasileiro, resulta de impulsos – que se poderiam considerar elitistas – por parte de instituições, como a Igreja e o Estado, e de segmentos da sociedade civil, como a intelectualidade, sobretudo a de vocação literária. O primeiro projeto de lei objetivando disciplinar a matéria data de 1923, ao qual se seguem diversas iniciativas que vão culminar com o Decreto-Lei n. 25, de 30 de novembro de 1937, após a consagração, pela Carta de 1934, de norma programática de defesa aos bens da cultura.

Registra-se, ainda, que os antecedentes da institucionalização da proteção, bem assim as políticas públicas no setor estiveram associadas à preocupação com o processo de formação de uma memória capaz de legitimar o Estado-Nação sob a ótica hegemônica e das tendências de dominação do capitalismo. Corrobora essa assertiva o fato de que tenha sobrevivido o decreto-lei estado-novista, sem maiores questionamentos, ao longo dos últimos 80 anos.

Hodiernamente, é a ordem normativa tensionada pelo paradigma democrático, pelas pretensões de participação nos processos decisórios, pelo pluralismo político e cultural, pela necessidade de revisão das práticas administrativas com vistas à adoção de mecanismos de consensualização e mediação. A tensão é amplificada no contexto civilizatório hiper-complexo, sob as pressões dos riscos da desterritorialização, a demandar o fortalecimento dos referentes de identidade. Nesse sentido, virtualidades e constantes deslocamentos de conceitos, percepções e estratégias têm impacto na atuação pública e nos processos sociais.

O mesmo movimento tensional é alimentado pela demanda de universalização de direitos, notadamente de fruição da cultura e de tutela de interesses coletivos e difusos; e, também, pela necessidade de diálogo com o marco legal das cidades, de associação dos institutos de proteção ao conjunto de mecanismos jurídicos e urbanísticos – de planejamento territorial, de intervenção urbanística, de ordenação da cidade e de funcionalização social -, incorporando a dimensão dos valores culturais e urbanos e da ambiência que os circunda.

Na mesma linha, são explícitos os imperativos de uma política pública integrativa de esforços multisetoriais convergentes para a proteção patrimonial em todo o seu ciclo, associando preservação ao planejamento e à gestão; é incontestável, também, a necessidade de reconfiguração do quadro de responsabilidades nas relações estado-proprietário-sociedade-cidadão, avaliando-se, sobretudo, ônus e compensações.

Por fim, há de se ter em conta o desafio de se construir uma matriz de proteção ao patrimônio cultural e à ordem urbanística em moldes de conformação federativa, que supere a lógica da criticável "hierarquização dos entes federados" e rompa com a verdadeira comporta que estanca o poder da União, para que a ação protetiva se desenvolva em atuação integrada, subsidiária e complementar, em todo o território, no bojo de uma política abrangente e, ao mesmo tempo, aderente as peculiaridades dos estados e municípios.

4. PRINCÍPIO CONSTITUCIONAL DA PRESERVAÇÃO DO PATRIMÔNIO CULTURAL NO BRASIL

Consagrado pela primeira vez em nível constitucional na Carta de 1934, o comando de proteção ao patrimônio cultural é reafirmado de modo mais vigoroso no Estatuto do Estado Novo e mantido na Constituição de 1946, sendo reiterado com ligeiro retrocesso na de 1967 e reproduzido na Emenda n. 1, de 1969.

Todas essas Constituições reconheceram interesses coletivos fundamentais de preservação, mas não estabeleceram a correspondente legitimação e os instrumentos processuais para obviar a consecução da dupla proteção estatal, que se deve fixar em dois planos: o da ação do Estado e o do comportamento da sociedade. Como é condição de efetividade da norma constitucional a correspondente garantia processual, a norma se inseria no plano da eficácia na condição de matriz da ação estatal, caracterizando-se como programática, "não bastante em si", seja pela ausência de sanção, seja pela sua insuficiente inserção no sistema jurídico.

A Constituição de 1988, como a anterior, estabelece norma programática de proteção, reservando à legislação ordinária o disciplinamento de diversos desdobramentos da matéria. O tratamento, porém, é mais robusto e inovador: define, em conceito abrangente, patrimônio cultural; prevê mecanismos de garantia de eficácia da norma; estabelece os chamados direitos culturais no espectro dos direitos humanos; estabelece de modo direto o tombamento dos quilombos (proteção *ex-vi-legis*); oferece novos instrumentos de tutela, como o mandado de injunção e o mandado de segurança coletivo; além de indicar vários outros institutos que serão utilizados na preservação. Integra, ainda, a Sociedade ao processo de desenvolvimento da produção cultural e de proteção do patrimônio, assinalando uma filosofia menos estatizante para a política desse setor.

Com relação à competência dos entes da Federação no tocante ao patrimônio cultural, a Constituição de 1988 estabelece normas mais centralizadoras que as definidas nas constituições anteriores.

5. EVOLUÇÃO DA NORMATIVIDADE INFRACONSTITUCIONAL DA PROTEÇÃO AO PATRIMÔNIO CULTURAL NO DIREITO BRASILEIRO COM ÊNFASE NO INSTITUTO DO TOMBAMENTO

No resgate da evolução da política patrimonial no Brasil, notadamente a partir da leitura da legislação, observa-se que o arcabouço normativo que a sustenta gira em torno do principal marco legal da preservação do patrimônio cultural, o Decreto-lei 25/37, que dispõe sobre o tombamento, suprindo omissões, traçando disciplina especial para determinadas categorias patrimoniais, incorporando avanços no campo da proteção, em especial assimilando diretrizes estabelecidas em convenções internacionais.

Inspirado pelas ideias nacionalistas e aderente ao capitalismo, o decreto-lei estado-novista, embora pouco inserido no contexto de vivência da sociedade e soando, muitas vezes, como uma ordem punitiva e impeditiva do processo de desenvolvimento, atravessa o tempo, sobrevivendo, sem maiores questionamentos, ao longo dos últimos 80 anos.

O tombamento com base no referido decreto-lei teve superlativa importância na construção do chamado Estado-Nação, e os efeitos práticos de sua aplicação garantiram o verdadeiro salvamento dos bens que hoje compõem o patrimônio cultural material reconhecido, ainda que este seja elitista e hegemônico.

Vários outros documentos normativos, em caráter fragmentário e esparso, compuseram o arcabouço da proteção; outros dispositivos, embora inseridos em sítios normativos distintos, concorreram para a garantia da proteção, notadamente pelo prisma do controle.

A política de proteção do patrimônio cultural, construída em torno do tombamento, esteve, por muito tempo, praticamente fundamentada no poder de polícia, ficando restrita ao Direito Administrativo; evoluiu no sentido de buscar, também, lastro no Direito Ambiental. O Direito positivo assimilou a tendêncis, por meio da Lei n. 9.605/98 (Lei de Crimes Ambientais), que; nos arts. 62 a 65, tipificou crimes contra o patrimônio cultural; igualmente, da Lei n. 9.885/2000 que, no art. 4º,VIII, prevê entre os objetivos do Sistema a proteção do patrimônio cultural. Paralelamente, a política patrimonial passou a ser tratada em articulação com o Direito Urbanístico, que dispõe de uma multiplicidade de instrumentos para uma política integrada, o que ganhou grandes perspectivas a partir da edição do Estatuto da Cidade – Lei n. 10.257, de 10 de julho de 2001. Recentemente, há reflexões em torno da autonomia de um Direito do Patrimônio, sem, contudo, se desprezarem as interfaces e conexões entre os diversos ramos afins.

Por tudo isso, o tombamento, certamente, continuará como relevante instrumento da política patrimonial. Os desafios que se apresentam são o de renovação do instituto, com foco no processo de seleção e reconhecimento dos referentes identitários, e o de sua conjugação com outros instrumentos de proteção de bens imateriais e, no plano da política urbana, com outros instrumentos urbanísticos disciplinados no Estatuto da Cidade.[1]

---

1 PIRES, Maria Coeli Simões. Proteção do Patrimônio Cultura: da monumentalidade aos bens imateriais. In: FERNANDES, Edésio; ALFONSIN, Betânia (coord.).

As tensões pela efetividade dos direitos culturais, no campo da processualidade democrática, do multiculturalismo, da função social do patrimônio cultural, entre outras, não foram diretamente enfrentadas por meio de normas legais específicas, ressalvando-se a aplicação subsidiária de certos marcos, como o que regula o processo administrativo, Lei 9.784, de 29 de janeiro de 1999.

Anota-se que a criação do Sistema Nacional de Cultura pela Emenda Constitucional n. 71, de 29 de novembro de 2013, constitui um avanço no tocante aos direitos culturais; desafio que se coloca, contudo, é transpor para a prática esse sistema idealizado, com vistas a garantir a efetividade dos direitos culturais em suas diversas manifestações.

À sua vez, problemas cruciais relacionados com entorno, vizinhança e uso de bem tombado, entre outras questões, continuam pendentes de disciplinas adequadas; do mesmo modo, é incontestável, também, a necessidade de reconfiguração do quadro de responsabilidades nas relações Estado-proprietário-sociedade-cidadão, avaliando-se, sobretudo, ônus e compensações, matérias que carecem de tratamento específico.

6. ÓRGÃOS ADMINISTRATIVOS DE PROTEÇÃO DO PATRIMÔNIO CULTURAL NO BRASIL

As primeiras iniciativas organizatórias de um sistema administrativo de proteção ao patrimônio cultural no Brasil são contemporâneas às de dotação de um marco legal sobre a matéria e às de institucionalização da ação estatal no setor. Inauguram-se em 1934, com a criação, por meio do Decreto n. 24.735, de 14 de julho, da Inspetoria de Monumentos Nacionais, primeiro órgão de preservação do patrimônio edificado para todo o território brasileiro, no âmbito do Museu Histórico Nacional, Rio de Janeiro (RJ).[2]

A despeito do precedente, a certidão de nascimento da principal institucionalidade do sistema ocorre dois anos após, em 18 de abril de 1936, com a instituição, em caráter provisório, do Serviço do Patrimônio Histórico e Artístico Nacional, órgão que se instalou sob a direção de Rodrigo Melo Franco de Andrade.[3]

Com o advento da ordem constitucional de 1937, reorganizou-se o Ministério da Educação e Saúde Pública, criando-se oficialmente o Serviço do Patrimônio Histórico e Artístico Nacional e seu Conselho Consultivo

---

Revisitando o instituto do tombamento. Belo Horizonte: Fórum, 2010: (75-88), pp. 85-87. ISBN: 978-85-7700-152-1.

2 IPHAN – Instituto do Patrimônio Histórico e Artístico Nacional. Disponível em: <http://portal.iphan. gov.br/pagina/detalhes/1211>. Acesso em: 21 set. 2017.

3 IPHAN – Instituto do Patrimônio Histórico e Artístico Nacional. Disponível em: <http://portal.iphan. gov.br/pagina/detalhes/1211>. Acesso em: 21 set. 2017.

pela Lei Federal n. 378, de 1º de janeiro de 1937, seguida pelo Decreto-Lei n. 25, de 30 de novembro do mesmo ano, que dispôs, em caráter abrangente, sobre a organização da proteção ao patrimônio e sobre o tombamento. O SPHAN, embora se situasse na estrutura da Administração Pública como Serviço, na condição de órgão oficial pioneiro para a proteção do patrimônio cultural em âmbito nacional, recebeu, desde logo, missão ampla e emergente, tendo sido encarregado de cadastramento, tombamento e restauração de bens considerados de excepcional valor histórico artístico, documental, arquitetônico, paisagístico e arqueológico em todo o território brasileiro.

O IPHAN, resultado de transformação da instância pioneira, continua como principal instituição responsável pela proteção do patrimônio cultural nacional, compondo um sistema mais complexo de órgãos e entidades conexas. Assim se mantém, sem interrupção, desde 1937, embora com episódicas constrições, como a instância executiva competente para o tombamento, sofrendo variações quanto à forma organizatória, passando pela condição de serviço, diretoria, órgão autônomo, secretaria, autarquia; quanto à composição de sua estrutura orgânica; e quanto à vinculação ministerial.

Atualmente, o instituto, como pessoa jurídica de direito público, está organizado como autarquia, encontrando-se vinculado ao Ministério da Cultura.

> "O IPHAN possui 27 Superintendências (uma em cada Unidade Federativa); 27 Escritórios Técnicos, a maioria deles localizados em cidades que têm seus conjuntos urbanos tombados, as chamadas Cidades Históricas; e, ainda, cinco Unidades Especiais, sendo quatro delas no Rio de Janeiro: Centro Lucio Costa, Sítio Roberto Burle Marx, Paço Imperial e Centro Nacional do Folclore e Cultura Popular; e, uma em Brasília, o Centro Nacional de Arqueologia. O IPHAN também responde pela conservação, salvaguarda e monitoramento dos bens culturais brasileiros inscritos na Lista do Patrimônio Mundial e na Lista o Patrimônio Cultural Imaterial da Humanidade, conforme convenções da UNESCO, respectivamente, a Convenção do Patrimônio Mundial de 1972 e a Convenção do Patrimônio Cultural Imaterial de 2003".[4]

Nos estados, existem institutos com missões assemelhadas, apresentando formas organizatórias segundo a opção de cada estado-membro. Todavia, no tocante à missão institucional e às competências, guardam correspondência, a exemplo do Instituto Estadual de Parimônio Histórico e Artístico de Minas Gerais – IEPHA/MG, fundação sob regime de direito público, que integra um complexo sistema de cultura.

---

4 IPHAN – Instituto do Patrimônio Histórico e Artístico Nacional. Disponível em: <http://portal.iphan. gov.br/pagina/detalhes/1211>. Acesso em: 21 set. 2017.

Nos municípios, existem, igualmente, instâncias encarregadas da preservação, normalmente constituídas sob a forma de Conselhos de Patrimônio, órgãos colegiados das secretarias de cultura.

7. TOMBAMENTO

Conceito

O tombamento é o ato final de um procedimento ou processo administrativo resultante da atuação discricionária da Administração, por via do qual o Poder Público faz incidir sobre um bem material isolado, ou um conjunto, em razão de sua caracterização como referente relevante do patrimônio cultural, ou natural, um regime especial de tutela pública que se traduz em restrições parciais, na forma de servidão, integrando-se em sua gestão com a finalidade de atender o interesse coletivo ou difuso de proteção.

Objeto

O patrimônio cultural brasileiro, para o efeito de proteção, constitui-se do bem absorvido pelo universo cultural, seja material ou imaterial, seja público, privado ou eclesiástico, tomado individualmente ou em conjunto com outros, em virtude de seu valor histórico, artístico, paisagístico, arqueológico, etnográfico ou bibliográfico, entre outros; o tombamento toma em conta este objeto, restrito, porém, a bens materiais, móveis e imóveis.

Fundamento

Variado é o fundamento do tombamento. Deve ter como pressuposto o fundamento sociológico, o reconhecimento social do valor cultural de que são portadores determinados bens; outrossim, assenta-se no domínio eminente, fundamento político, que sustenta o poder estatal de intervenção; o mesmo domínio eminente, por sua vez, enquanto exercício, revela-se juridicamente no poder de polícia – revelação esta que pressupõe a conformação e a delimitação do domínio eminente nas normas constitucionais, que lhe constituem o alicerce jurídico e embasam o necessário desenvolvimento de todo um quadro jurídico de restrições e limitações na esfera infraconstitucional. Por fim, há de se integrar aos fundamentos da proteção patrimonial a dotação constitucional de direitos culturais, a demandar prestações positivas do Estado.

Competência

O Constituinte originário atribuiu aos diversos entes estatais competência para atuação no campo da preservação do patrimônio, a qual envolve tanto a elaboração de leis quanto a execução destas. Entretanto, a técnica utilizada acabou por imprimir traço mais centralizador à atuação estatal no tocante à cultura. O tratamento constitucional da matéria, inserida no âmbito da competência comum no plano executório (art. 23 da CR) e considerada objeto de legislação concorrente (art. 24 da CR), sujeita o bem às múltiplas esferas estatais, conquanto em limites sucessivamente mais estreitos no plano dos Estados-Membros e dos municípios.

É incontestável a competência da União, dos Estados-Membros e do Distrito Federal para adotar, por ato próprio, medidas protetoras e leis sobre preservação do patrimônio cultural nos limites constitucionais e nas suas respectivas esferas de competência, prevalecendo a da União para normas gerais. Entretanto, é necessário considerar que o município sofre limitações maiores tanto no plano executório quanto no legislativo, ficando sujeito às normas da União e do Estado, eis que sua competência legislativa é suplementar, decorrente da competência executiva e convalidada pela regra do interesse local. Trata-se, basicamente, de competência legislativa instrumental. Isto é, competência para editar normas para disciplinar a execução da proteção prescrita (art. 30, I e II).

O tombamento realizado por um ente estatal não exclui dos demais idêntico procedimento: conforme o bem seja considerado de relevo no plano municipal, estadual e nacional, é possível sua inscrição no livro do tombo de cada uma das pessoas jurídicas de direito público interno, a partir do procedimento levado a efeito no âmbito respectivo.

8. REGIME JURÍDICO DO TOMBAMENTO

As relações que se estabelecem em função do tombamento, registradas entre sujeitos ativo e passivo em função do objeto de proteção, são de direito público e, mais especificamente, de direito administrativo, porquanto se processam em torno de interesses sociais resguardados por atos da Administração, cuja regulamentação é atributo do aludido ramo.

Sob esse prisma, o tombamento é instituto que se atualiza mediante a convergência de normas de direito administrativo, em procedimento próprio, tendo por escopo resguardar contra ação lesiva de pessoa física ou jurídica, e até do Poder Público, bens culturais ou naturais cuja preservação seja de interesse público. Isso não impede, porém, a conexão do instituto com o Direito Ambiental e com o Direito Urbanístico.

Discricionariedade

Trata-se de instrumento de contornos técnicos e emprego político, como possibilidade de escolha, no sentido de que é reservada à autoridade certa margem de discricionariedade para editá-lo. Apesar de ter pressupostos vinculados, apresenta como fundamento último a vontade política ou valorativa da autoridade administrativa, isto é, o juízo da conveniência e a oportunidade de sua edição.

Depende do administrador, limitado a determinadas exigências, a demarcação da base material sujeita à proteção especial do Estado, cuja configuração é dada, notadamente, pelo conjunto dos bens tombados.

A discricionariedade da remissão de certo bem à categoria de patrimônio histórico e artístico brasileiro para fins de aplicação do regime especial de proteção – substância final do tombamento – acarreta a inexigibilidade de atos nesse sentido, ressalvadas as hipóteses de reconhecimento do valor cultural do objeto pelo Poder Judiciário por meio da Ação Civil Pública ou de aplicação de outras normas especiais, ou institutos, casos em que não se trata especificamente de aplicação do regime de tombamento, mas de declaração do valor cultural e determinação de medida de proteção. Deve-se observar a razoabilidade da decisão para que não reste mais gravosa que o próprio regime de tombamento, nem venha a substituir a atuação administrativa, para além de propósitos acautelatórios.

Constitutividade

O ato de tombamento tem natureza constitutiva, apesar de se inferir de sua materialização a forma declaratória.

O caráter constitutivo ou declaratório concerne à aptidão do ato para gerar situação jurídica nova ou simplesmente explicitar a existência desta, engendrada, nesta hipótese, por causa anterior ao próprio ato.

Não é o Decreto-Lei n. 25 que confere proteção especial a este ou àquele bem. O surgimento de direitos e deveres para o Estado, o proprietário e o cidadão em geral, neste particular, coincide com a incidência do ato administrativo que concretiza a hipótese legal, configurando alteração da natureza do bem.

O *status* jurídico especial do bem não decorre diretamente da lei, pois o ato administrativo é que concretiza a abstração geral, individuando o regime jurídico prescrito, constituindo situação inédita para o bem, impondo-lhes restrições parciais.

Com isso, não se pretende dizer que o valor cultural de um bem não possa preexistir ao tombamento. Com efeito, o valor não é resultado do tombamento; o regime especial que se constrói sobre o bem é que decorre do ato. Há de se ressaltar que institutos alternativos poderão contribuir na configuração do universo do patrimônio cultural, e tutelas poderão ser manejadas independentemente de tombamento, para resultados assemelhados ou especiais.

Servidão Administrativa

O tombamento não é regulação do direito de propriedade, mas intervenção que autoriza a prática de atos administrativos pelo Poder Público e a consideração do bem como de utilidade pública. Ajusta-se perfeitamente às características que conformam a servidão pública, vinculando-se essa tipificação ao pressuposto da intervenção direta do Poder Público no bem, paralelamente à ideia de suportar que se faça.

Não se associa, neste trabalho, tal classificação à contrapartida pecuniária em benefício do titular do bem gravado – a indenização. A servidão pode ser gratuita ou onerosa, dependendo de a intervenção que se exerce sobre o bem onerado produzir dano significativo ou não.

A estrutura jurídica da servidão do tombamento é análoga à dos direitos reais da seara privada, mas guarda especificidades; incide a servidão do tombamento sobre a propriedade, sujeitando-a a uma utilidade geral e simbólica. Por força de sentido, exige-se do proprietário ou detentor do bem a aceitação de uma atuação estatal.

Por outro lado, acolhe-se a compreensão segundo a qual o bem material tombado suporta um segundo bem, este de caráter simbólico, reconhecido pelo tombamento como referência da identidade coletiva.

De outro lado, pode-se observar, consoante raciocínio de Adilson Abreu Dallari,[5] que o "Poder Público absorve uma qualidade ou um valor já existente no bem tombado, para desfrute ou proveito da coletividade".

Não há que se falar em mera adequação do exercício do direito de propriedade ao interesse público, já que para a conservação do bem se permite a co-gestão do Estado. Pode este sub-rogar-se ao proprietário, interferindo nas faculdades inerentes ao domínio.

9. PROCESSO DE TOMBAMENTO

De acordo com as tendências mais modernas da doutrina processualista, com supedâneo principalmente no postulado do contraditório como caracterizador da subespécie mais complexa do procedimento – o processo –, situa-se, nesta obra, o tombamento compulsório e o voluntário de iniciativa do Poder Público como processo e, pela ausência do pressuposto do contraditório, caracterizam-se o tombamento voluntário de iniciativa do proprietário e o tombamento de ofício como procedimento.

---

5 DALLARI, Adilson Abreu. "Tombamento". Instituto Jurídico, *Revista de Direito Público*. São Paulo: Revista dos Tribunais, 1987. p. 38, v. 86.

Fases

O processo, no plano federal, pode ser enucleado nas seguintes fases distintas:

a) Fase instaurativa ou introdutória, que tem lugar por força da notificação. Esta deflagra o processo, criando situações jurídicas que definem a participação contraditória dos sujeitos da relação. A notificação tem natureza constitutiva, o que se funda no papel cautelar que ela exerce. Com efeito, introduz o efeito constitutivo cautelar do tombamento provisório e o nexo necessitante que desencadeia o processo. Deve ser estendida, também, ao titular do imóvel vizinho ao bem objeto do tombamento;
b) Fase instrutória, na qual é aberta a oportunidade, aos particulares interessados, para a contestação e, ao órgão promotor da iniciativa, para a defesa do tombamento do bem;
c) Fase deliberativa ou constitutiva, na qual se verifica a atualização da hipótese normativa, por meio do parecer do Conselho Consultivo do Patrimônio (deliberação); e, finalmente,
d) Fase de integração de eficácia, que, não compondo o próprio processo vertido ao ato decisório final, liga-se a providências consubstanciadas em atos de controle político e de cumprimento das formalidades de registro no livro do tombo e no cartório, e de publicidade.

As inscrições de registro, a par da publicidade que asseguram, interferem na constitutividade de direitos decorrentes do tombamento. O registro integra as condições de eficácia do ato.

Conquanto a lei não exija, no caso do tombamento de bens públicos, a transcrição, considera-se necessário, para produção de efeitos em relação a terceiros, que o tombamento dos referidos bens conste dos registros cartoriais.

A definitividade do tombamento não está diretamente ligada à eficácia do ato: tanto é eficaz o tombamento definitivo quanto o provisório, sendo diverso, entretanto, o âmbito dessa eficácia. Por outro lado, a definitividade do ato, cujo momento pontual é o do registro no livro do tombo, após homologado, não significa a sua plena eficácia.

Espécies de Tombamento

A legislação brasileira prevê três tipos de tombamento: o de ofício, o voluntário e o compulsório, podendo este ser, quanto aos efeitos, provisório ou definitivo, e quanto ao objeto, conjunto ou individual. Infere-se da Lei de Desapropriação uma outra modalidade: o tombamento indireto.

Efeitos do Tombamento

A incidência do tombamento sobre determinado bem submete-o a regime especial de proteção, de que decorrem restrições parciais, direitos e obrigações para aqueles que, em função dele, se relacionam, bem assim para terceiros, os chamados efeitos reflexos.

Os efeitos específicos estão relacionados com a finalidade do tombamento que informa a natureza da proteção que sobre o bem deve recair.

Alguns efeitos do tombamento incidem sobre o objeto deste, constituindo servidão; outros ocorrem em relação à pessoa de direito público interno, sujeito ativo do tombamento, integrando-o na gestão do bem; outros afetam o proprietário, impondo-lhe obrigações de fazer, de não-fazer e de suportar. Há efeitos que alcançam terceiros; outros, a vizinhança, de forma reflexa, pela sua relação com o bem tombado, impondo-lhe sacrifícios.

10.RELAÇÕES JURÍDICAS

A relação subjacente ao ato de tombamento, estabelecida entre o sujeito ativo – o Estado – e o sujeito passivo – o proprietário ou detentor do objeto –, caracterizando intervenção daquele sobre o objeto, traduz-se, normalmente, em notas de desatribuição de parcela do conteúdo jurídico do *status* de titular ou detentor do bem. Às obrigações públicas impostas àqueles que se relacionam com o bem tombado opõe-se o direito do Estado de exigir o seu cumprimento, o que se concilia com os princípios informadores da ordem jurídica interna, em que a propriedade privada e o exercício das liberdades individuais devem conformar-se com o interesse social igualmente protegido, observada a equação da função social da propriedade.

Conflitos

As limitações e restrições parciais impostas pelo Estado às atividades individuais ocorrem no plano normal de relações, o qual pressupõe um nível de interesse e um de conflito de interesses.

Os conflitos de interesses devem ser suportados consoante o princípio de razoabilidade, mas pode ocorrer que afetem substancialmente a situação jurídica anterior, quando se terá a hipótese de revogação, a ser tratada segundo a teoria própria.

Tem-se, assim, revisão indireta do ato precedente, hipótese de revogação indireta e, como tal, sujeita aos mesmos requisitos de produção do ato anterior.

Revogação

A revogação, sob o fundamento da alteração do interesse público, coloca-se como instrumento de controle dos atos administrativos para compatibilização da oportunidade e conveniência do ato. A esse poder revogador opõem-se limites. Fixando-se limites à revogação, só por via extraordinária restaria à Administração alternativa para alcançar seu intento, sendo exequível, neste caso, a desapropriação, transmutação do direito decorrente de ato administrativo anterior, pela via extraordinária, em indenização na forma da lei.

O limite da revogação coincide com o momento da integração do direito ao patrimônio jurídico de alguém, excluída situação decorrente de ato maculado por vícios de ilegitimidade ou ilegalidade, eis que este é vulnerável, passível, então, de anulação, pois os vícios impedem a definitividade da situação jurídica.

Perfeição, validade e eficácia

De acordo com o magistério de Celso Antônio Bandeira de Mello, os atributos de eficácia, perfeição e validade ligam-se, respectivamente, à situação atual de disponibilidade do ato para gerar efeitos próprios, à conclusão de sua elaboração e à verificação de sua adequação ao direito. Esses atributos podem não coincidir no mesmo ato, o que altera sua posição no mundo jurídico. Registra-se, ainda, a possibilidade de eficácia relativa do tombamento de imóveis, tal a hipótese em que não se verificam seu registro e sua averbação no cartório competente.

Eficácia da Norma

A análise do principal marco legal do tombamento, o Decreto-Lei 25/37, pelo viés da culturologia jurídica, mostra o processo autoritário que envolveu o surgimento da norma de proteção, fator negativo para sua internalização. A normatização nele contida ou presente em documentos esparsos é bem restrita ao Estado, sendo certo que, no plano da proteção ao patrimônio cultural, ordenamentos paralelos praticamente inexistem, restando as sanções impostas pelo ordenamento jurídico estatal.

A legislação, apesar da boa técnica e da estrutura lógica da peça que lhe constitui o cerne, em alguns pontos, até a Constituição de 1988, revelava-se anacrônica. A Constituição, porém, projeta-lhe novas perspectivas de vivificação, o que desafia a plasticidade do referido marco. Outra falha, que se situa na própria norma e que reflete na assimilação desta, diz respeito à inadequação das sanções que não garantem o resultado que a lei objetiva – a proteção dos bens. A interpretação dessa normatividade à luz da Constituição de 1988, que traceja as bases de um sistema de cultura muito mais aberto e democrático, bem assim expande o conceito de patrimônio, pode superar as dificuldades de sua atualização e aderência aos novos postulados do Estado e do Direito, o que deve ser tomado especificamente em relação a um dos instrumentos de proteção dos bens materiais da cultura, o tombamento, e, portanto, sem prejuízo de outros normativos e institutos.

De outro lado, a não-apropriação dos resultados da preservação pela sociedade contribui para a rejeição do sistema de proteção por parte da coletividade.

A convergência desses fatores de ineficácia do sistema de proteção no País impede a incorporação da lei, justificando sua conflituosa aplicação, mais restrita à índole interventiva do Estado.

O tombamento não há de ser visto como único instrumento de preservação do patrimônio cultural, sobretudo em face dos novos rumos apontados pela Constituição de 1988.

A insuficiência desse tradicional instituto há de ser suprida, quer por meio da adaptação do sistema de sanções previstas na lei que o disciplina e em outras normas, quer pela modernização da interpretação dos preceitos aplicáveis, ou, principalmente, pela adoção de outros institutos, incluídos os do Direito Urbanístico, pelos quais se poderá intensificar o móvel de proteção do patrimônio cultural.

11. CONTROLE DO TOMBAMENTO

O controle do tombamento pode ocorrer em momentos distintos: *a priori*, no caso de omissão do Poder Público em instituí-lo, quando ganham vulto o controle político mediante a participação do Legislativo, a mobilização de grupos da coletividade e a sensibilização pela Imprensa, e, também, o controle jurisdicional; em seguida, a partir do instante em que se desencadeia a ação estatal no sentido de instituir regime especial de proteção sobre determinado bem.

O controle político do tombamento pode ser exercido no âmbito do Poder Legislativo: a) pelas comissões parlamentares de inquérito, cujo papel consiste na averiguação e na apuração de irregularidades e na remessa de relatórios às autoridades interessadas e que, embora não incriminem nem promovam anulação de atos, podem adotar soluções, via legislação, quando essa for a alternativa; b) pelas comissões técnicas, que podem valer-se de audiências extraparlamentares, convocar autoridades, especialistas, seja com o objetivo de interferir nos planos de governo, discutir o orçamento estatal, seja para reunir subsídios para pareceres técnicos sobre matérias a elas submetidas.

Ainda no plano político, existem mecanismos diversos de arregimentação de forças e de pressão, entre os quais se incluem as campanhas para sensibilização das autoridades no sentido da consecução de determinado objetivo, devendo-se registrar que os grupos da coletividade, em especial os partidos políticos, são canais adequados a esse tipo de mobilização, não obstante, no Brasil, eles se ressintam da ausência de identidade e de uma definição filosófica e programática. Papel importante pode ser desempenhado pelos grupos intermediários constituídos por sindicatos, associações e centros de estudos e outras organizações não governamentais.

Finalmente, é de se lembrar o virtual papel da imprensa como veículo responsável pela conscientização do povo, uma vez que o nível de informação por ela repassada pode alterar as posturas das autoridades e da coletividade, com vistas ao aperfeiçoamento do processo de proteção.

Da dinâmica Administração-administrado, relativamente ao objeto, em um plano, e Administração-coletividade, noutro, interferindo nas situações jurídicas, nasce todo o substrato da incidência do controle. Sobre tal dinâmica tem-se a aplicação dos princípios da teoria geral do controle dos atos administrativos no que tange aos controles interno e externo, sendo que o interno significa o autocontrole exclusivo do Executivo ou de quem lhe faça as vezes, cujas variantes encobrem a revisão dos atos sob o prisma do mérito e sob o ângulo da legalidade.

Com base no controle de mérito, de caráter interno, tem-se a homologação, a revogação ou o cancelamento. Sob o ângulo da legalidade, o poder de revisão manifesta-se por meio da anulação.

A decisão administrativa, no que se refere ao tombamento, uma vez configurada a preclusão no âmbito interno, não inviabiliza a discussão do procedimento, no seu aspecto de legalidade e legitimidade, perante o Poder Judiciário.

O Poder Judiciário poderá analisar o ato de tombamento quanto à legalidade, questionando a competência, a forma, o objeto, o motivo e a finalidade do ato, relativamente aos aspectos formal e material. No tocante ao mérito, que implica a margem de opção quanto à oportunidade e à conveniência, a sindicância judicial observará os limites oponíveis ao controle, para que o magistrado não acabe por incorrer em substituição do juízo da autoridade.

Tudo que signifique desvio ou exorbitância do campo de atuação da atividade discricionária, ainda que de forma oblíqua, de que é exemplo o desvio de finalidade – enseja o controle jurisdicional.

O controle jurisdicional, que, em relação ao ato vinculado, é abrangente e ilimitado, deve ter contornos diferentes no que toca à discricionariedade, a qual, relativamente à categorização ou caracterização dos bens, deve ter cunho técnico; sendo mais ampliada no tocante à escolha do momento da prática do ato e no tocante à escolha entre referentes igualmente caracterizados.

Poderá ainda o Judiciário sindicar o tombamento em função de situação jurídica decorrente de ato administrativo anterior, alcançada por seus efeitos ou com eles incompatível; poderá, outrossim, analisá-lo em face do direito de propriedade, quando prejudicado este em seu conteúdo econômico, com vistas à composição de possível dano.

Legalidade – A ausência de preceito de lei que, *a priori*, autorize o ato, ou o excesso no seu cometimento, com extrapolação do âmbito permitido pela lei, acarretará sua injuridicidade.

A particularização da finalidade pública, entretanto, é tarefa dinâmica da Administração Pública: uma vez estabelecida ampla e abstratamente a finalidade pública pela lei, a atualização desta pressupõe a seleção de uma finalidade específica e concreta compatível com aquela, vinculante para a Administração. Reserva-se, pois, ao administrador uma esfera de discricionariedade para qualificação do fim público, o que não exclui a ideia de legalidade. Essa margem de liberdade não autoriza o raciocínio de que a atividade do Poder Público com base no "poder discricionário" possa ocorrer divorciada da ordem jurídica, nem legitima o desvio ou a exorbitância do poder. Toda mobilidade – poder de criação e flexibilidade – outorgada ao Administrador há de interpretar-se e conduzir-se com fidelidade à intenção da lei e aos motivos em que se assenta a ação pública.

Direitos Públicos Subjetivos e Direitos Coletivos

Identificam-se, relativamente ao tombamento, níveis diferentes de interesses: numa esfera mais restrita, o decorrente de direito individual do administrado em relação ao bem, oponível à Administração, como direito subjetivo público, isto é, faculdade de agir conferida pelo ordenamento jurídico (direito objetivo) à pessoa, para fazer valer seus direitos, sendo oponível ao Estado; num plano intermediário, o interesse coletivo de preservação representado por grupos definidos, isto é, titularizado por pessoas integrantes de um grupo determinado ligadas por vínculo jurídico; e, num campo mais abrangente, o interesse difuso de grupos teoricamente indetermináveis, ligadas por circunstâncias de fato.

O espectro dos direitos coletivos em sentido amplo abrange: direitos difusos, caracterizados sobretudo pela ampla transindividualidade; direitos coletivos em sentido estrito, informados por uma transindividualidade restrita; e direitos individuais homogêneos, estes, acidentalmente coletivos, já que decorrem de uma origem comum e se reúnem por interesse instrumental. Outras características se associam às indicadas, para identificação das categorias de direitos coletivos, como divisibilidade ou não do objeto, disponibilidade ou não do bem tutelado, ou, ainda, vínculo a ensejar a demanda.

Registrando-se níveis diferentes de interesse e consagrando-se os correspondentes direitos oponíveis à Administração, a eles devem corresponder sujeitos ativos legitimados para postular, se for o caso, a proteção estatal via instrumentos processuais adequados.

A defesa desses interesses, por via jurisdicional, assenta-se, basicamente, nos pressupostos e instrumentos de controle do ato administrativo, da atuação do mecanismo estatal, da ação ou inação do proprietário e da conduta lesiva de terceiros.

Instrumentos Processuais

Para salvaguarda dos interesses e direitos individuais relacionados com o bem tombado, os interessados podem valer-se de ações civis comuns, entre as quais se enquadram a ordinária de indenização, a cominatória e as possessórias, e uma ação civil especial – o mandado de segurança.

Para proteção de interesse público, interesse coletivo e interesse difuso, podem ter aplicação na seara da preservação o mandado de Segurança Coletivo, a Ação Popular e a Ação Civil Pública, observadas as peculiaridades de cada qual.

Deve-se destacar, entretanto, que, para a defesa de "interesse difuso", o direito positivo brasileiro contempla, de modo especial, a Ação Civil Pública, incorporada ao sistema pátrio na década de 80. Esta configura-se como o mais efetivo instrumento de proteção e controle dos interesses nos chamados conflitos metaindividuais.

Destacam-se, como remédios preventivos, as ações cautelares e, também, o interdito proibitório, que, conquanto dificilmente concebível em matéria de interesse coletivo, pode indiretamente ser aplicado para fins de tutela de tal interesse.

Não obstante a escolha de determinado instrumento processual seja ditada pela situação concreta, pode-se considerar como via mais adequada para a efetivação da proteção estatal ao patrimônio cultural a Ação Civil Pública, pelo maior número de pessoas contra quem pode ser proposta, pela gama de titulares legitimados para sua propositura e pela extensão de seu objeto, não só ligado à expressão econômica da indenização, mas também à condenação à obrigação de fazer e de não-fazer. Outrossim, a referida ação desestimula a lide temerária, dada a rígida disciplina em que se acha inserida.

Não só os bens tombados podem ensejar a tutela jurisdicional, a própria Ação Civil Pública pode viabilizar a proteção de bem cultural não reconhecido pela via do tombamento. Existem, ainda, mecanismos legais diversos que podem justificar a proteção jurisdicional.

Do Atentado Contra o Patrimônio Cultural

Das infrações e sanções

O objeto jurídico da proteção que se pretende efetivar mediante a aplicação das diversas sanções previstas na legislação é a inviolabilidade do patrimônio em seu aspecto mais amplo, abrangendo, além do caráter material, o ideológico ou o subjetivo das coisas públicas, privadas ou eclesiásticas que interessem a todos pela sua raridade, antiguidade, perfeição, ou seja, pelo valor de referência identitária da coletividade.

O atentado contra o patrimônio cultural acarreta sanções administrativas e penais. Os tipos penais e respectivas penas, antes disciplinados pela Lei do Tombamento, pelo Código Penal e por outra leis esparsas, hoje recebem tratamento mais rigoroso no bojo da Lei de Crimes Ambientas, sem prejuízo de outras previsões que remanescem em vigor. É de se assinalar que a disciplina pertinente ao sistema de sanções por lesão ou ameaça a bens tombados – máxime com relação ao patrimônio cultural – carece de estudos mais aprofundados em linha de sistematização.

12.O DIREITO DE PROPRIEDADE E SUA EVOLUÇÃO CONSTITUCIONAL

O direito de propriedade consagrado no Constitucionalismo brasileiro desde a Const. 1824, recebeu tratamento avançado na Constituição de 1934, sendo esta o marco formal da instituição da propriedade de função social, embora a referida Carta tenha sido logo substituída, sem desdobramentos práticos mais significativos de tal proclamação.

A função social foi reiterada nas constituições posteriores, mas só na Constituição de 1988 recebeu solução mais coerente e arrojada. É que a noção atual do direito de (à) propriedade, abandonando a ótica puramente privatística, revela, além do âmbito interno do domínio, relativamente reservado ao proprietário, um externo, sobre o qual convergem outros direitos, notadamente de caráter social.

A noção fica evidente com a chamada funcionalização da propriedade urbana, que se extrai do arranjo normativo constitucional, o qual remeteu a densificação do direito ao plano da legislação infraconstitucional, notadamente a de caráter urbanístico – referenciada pelo Plano Diretor.

No âmbito da política de preservação, grande desafio é o de proceder à ressemantização do conceito de função social sob a égide da Constituição de 1988, em dimensão teórica e pragmática mais ampliada. É que a ênfase na função social em relação à propriedade no campo da preservação dava-se, até a Constituição de 1988, em uma visão estrita, que apenas levava em conta o ônus imposto ao bem como suporte físico dos valores simbólicos do patrimônio.

Nesse sentido, reafirma-se o desafio de reconceitualização da função social no âmbito da política de patrimonialização:

> "Contemporaneamente, há de se avançar na dimensão social do patrimônio cultural, para além dos vínculos proprietários e dominiais. Há de se discutir a função social da formação do próprio patrimônio, na perspectiva plural e democrática; há de se enfatizar os usos inclusivos dos bens do patrimônio; há de se considerar a função social do patrimônio na relação de sustentabilidade dos bens; há de se tratar a preservação do patrimônio compreendida na lata função social da cidade e, ainda, tendo em vista a função social da ambiência, ideia que, por si, marca a renovação da relação público-privado.
>
> Daí por que se apresenta como desafio a própria reconceitualização da função social no âmbito da política de patrimonialização".[6]

Na prática, remanescem muitas polêmicas, sendo certo que ainda há pressões por manter a propriedade presa aos domínios do direito privado, com impactos em vários institutos que tangenciam o campo da proteção.

O direito público da propriedade considera o bem dentro desse contexto maior, em função do qual reduz o teor do *jus utendi e* do *jus fruendi*, tendo em vista a necessidade pública, o interesse social, a função social da

---

6 PIRES, Maria Coeli Simões. Proteção do Patrimônio Cultura: da monumentalidade aos bens imateriais. In: FERNANDES, Edésio; ALFONSIN, Betânia (coord.). *Revisitando o instituto do tombamento*. Belo Horizonte: Fórum, 2010: (75-88), pp.85-87. ISBN: 978-85-7700-152-1.

propriedade. Daí as restrições e limitações que se impõem ao direito de (à) propriedade. A regra é que, compondo a função social a internalidade da estrutura do direito à propriedade, as limitações e restrições parciais que não acarretem ponderável prejuízo ou sacrifício do direito sejam compatíveis; quando implicarem a neutralização dos atributos do domínio, as intervenções devem ser resolvidas por meio do instituto da desapropriação.

São três as hipóteses de desapropriação para preservação do patrimônio cultural.

A primeira é de caráter obrigatório para o Poder Público, sob pena de cancelamento do tombamento, e se dá pela aplicação do art. 19, parágrafo 1°, do Decreto-Lei n. 25/37, c/c o Decreto-Lei n. 3.365/41, art. 5°, k. Esta desapropriação reserva-se para as situações em que se apura a insuficiência de condições do proprietário para a preservação do bem, apresentando-se como obrigação alternativa do Poder Público, para garantia da permanência do regime de proteção.

A segunda, de caráter facultativo e inspirada por interesse de preservação, dá-se por razão de conveniência do Poder Público, com base na lei geral, e equivale a tombamento indireto.

A terceira, de caráter obrigatório e por aplicação da lei geral, deve ocorrer como preliminar do tombamento ou após sua efetivação, se o ato significar o aniquilamento do direito de propriedade. Tem-se, na última hipótese, a chamada desapropriação indireta.

Se o tombamento se efetiva sem prejuízo dos atributos da propriedade, dele não decorrendo sacrifício total ou parcial ponderável para o proprietário, não se há de falar em desapropriação.

Tombamento e indenização

Não se pode estabelecer paralelismo entre o tombamento e a indenização, porquanto aquele é a medida de intervenção e esta constitui obrigação estatal em face de sacrifício excepcional imposto ao proprietário em virtude da intervenção, avaliado em cada caso.

Se o tombamento significar o esvaziamento do direito de propriedade, o instituto deve subsumir-se na figura da desapropriação, com a correspondente indenização. Se acarretar apenas um ônus sobre o bem, não se pode afirmar, *a priori*, se a servidão instituída via tombamento deve ou não gerar, como consequência necessária, a indenização. Esta só pode ser deduzida como forma de compensação de prejuízo que atinja de maneira significativa o titular; daí por que é importante ter em conta as situações jurídicas especificamente consideradas e os reflexos da intervenção sobre o conteúdo de utilidade fruível pelo proprietário, e não, da mera potencialidade do domínio, o que há de ser entendido em lógica de razoabilidade, analisadas as variáveis de cada caso.

A instituição do regime especial pode dar ensanchas à indenização, como também poderá ser gratuita, se não houver diminuição de qualquer dos componentes do direito de propriedade, sem que essa não-incidência de indenização sirva de pretexto para situar o instituto na vertente das limitações administrativas. (Não se pode olvidar que até limitações administrativas, excepcionalmente, podem ser indenizáveis).

Assim, não usando o Poder Público da alternativa da desapropriação para tombar, nos casos de restrição sensível ao domínio privado – a qual possa ser avaliada em termos econômicos ou pecuniários –, fica ressalvado ao proprietário o direito de pedir, judicialmente, indenização equivalente ao prejuízo.

É de se observar que a indenização não é a única forma compatível de compensação: o proprietário de bem tombado poderá receber, em contrapartida, entre outros benefícios, incentivos fiscais, isenções de taxas e impostos, bônus, ou recursos subsidiados a juros baixos para manutenção, restauro e limpeza. Pode ser compensado com a Transferência do Direito de Construir, enter outras alternativas.

13. O TOMBAMENTO E OS INSTITUTOS DO DIREITO URBANÍSTICO

O tombamento, considerado instrumento urbanístico primário mais usual, desempenha papel fundamental na área de preservação, conquanto não possa alcançar de forma exclusiva todos os objetivos desta.

Observa-se a necessidade de reformas na legislação brasileira sobre preservação, com vistas à assimilação dos avanços do direito urbanístico, mediante adoção de institutos novos e adequados; à criação de incentivos ao proprietário do bem protegido, por meio da parafiscalidade e de outras iniciativas; e, finalmente, à modernização do instituto do tombamento com vistas à sustentabilidade e ao incremento da desapropriação como instituto urbanístico primário adequado à preservação em situações excepcionais.

O zoneamento, instrumento urbanístico primário, entendido como outra forma de reconhecimento do valor cultural dos bens que apresentem interesse histórico, artístico e paisagístico, deve ser incrementado na prática brasileira.

O instituto do solo criado, que se caracteriza juridicamente como a possibilidade de construir acima do coeficiente único, pode ser utilizado, com êxito, como alternativa para a preservação do patrimônio cultural imobiliário, possibilitando tratamento equânime a proprietários de bens que o integrem ou que se localizem nas áreas vizinhas, mediante compensações equivalentes às restrições que lhes são impostas, as quais, geralmente, os obrigam a poupar o imóvel de nova construção – ainda que contra seu interesse – ou a construir em gabarito inferior ao coeficiente único.

Devem adotar-se as zonas de proteção, ainda não suficientemente aculturados no direito brasileiro, mas intensamente prestigiadas no direito estrangeiro, com a finalidade de garantir a visibilidade do bem sob regime especial de proteção e evitar que este sofra possíveis danos, e, também, como mecanismos de integração de políticas públicas e de valorização do entorno de bens tombados.

É conveniente se conjuguem o sistema de zoneamento, o instituto do solo criado, o das zonas de proteção, o de transferência do direito de construir, o próprio tombamento e a desapropriação.

Por fim, recomenda-se a associação dos meios de tutela no campo da atuação urbanística, compreendidos não só os instrumentos primários e secundários, mas, também, os cautelares e os repressivos, dando-se ênfase ao planejamento integrado das funções dos espaços urbanos.

14. CONTRIBUIÇÃO PARA A POLÍTICA DE PROTEÇÃO PATRIMONIAL – UMA PERSPECTIVA FENOMENOLÓGICA

Uma adequada e inovadora política pública na seara da proteção deve ser estruturada com observância dos pressupostos técnicos, socioculturais e jurídicos para sua concepção, implementação e controle, tomando em conta, sobretudo, o paradigma democrático, que deve informar a processualidade do tombamento, as práticas de gestão patrimonial e o acesso dos cidadãos aos bens da cultura, para resgate, identificação e fruição do patrimônio, com âncora nos direitos culturais.

Vislumbrando-se, pois, a indissociabilidade entre a participação social e a defesa do patrimônio cultural e enfatizando-se o papel da participação do cidadão, da sociedade e dos atores institucionais em todos os processos decisórios da política patrimonial, no plano material e no plano imaterial, tem-se que o poder púbico deve, em caráter instrumental da própria política, tomar em conta a necessidade de construção e disponibilização de canais de discussão e de mecanismos para acolhimento da discursividade plural, tendo na variação dessas práticas discursivas os insumos que devem alimentar a cultura como processo.

No campo da proteção ao patrimônio material, poderá investir no aprimoramento do tombamento, como instituto especial, que, por isso mesmo, não deve ser vulgarizado e generalizado. A política de proteção, embora com fulcro no tombamento, deve fomentar o uso de outros mecanismos complementares disponíveis na própria seara, como inventários, registros, ao lado das formas convencionais de proteção voltadas para o patrimônio material, de modo a permitir a consolidação das diferentes formas de lembrança, a reconstituição da diversidade cultural a partir do cotidiano de suas expressões, o arranjo multirreferenciado de identidade.

No mesmo patamar de importância, deve ser posta a necessidade de integração dessa política com as de meio ambiente, turismo, planejamento urbano, desenvolvimento econômico, entre outras, sendo certo que a política urbana e a política ambiental oferecem mecanismos de grande valia para os objetivos de proteção patrimonial na perspectiva de sustentabilidade das cidades.

Por fim, reiteram-se algumas advertências feitas em relação ao processo de financiamento da proteção patrimonial a partir de reflexões sobre sustentabilidade.

Em cenário de escassez de recursos públicos para financiamento da política de preservação, uma tensão que deve ser enfrentada é a que se estabelece entre preservação e sustentabilidade, restando ao poder público fazer uso de instrumentos urbanísticos aptos a proporcionar recursos para a preservação de bens culturais, como operações urbanas consorciadas, transferência do direito de construir, entre outros.

O intento de autofinanciamento do patrimônio não pode colocá-lo em risco; antes de mais nada, deve ser tratado como expressão de cultura. Nesse sentido, recomenda-se adotar usos que, ao mesmo tempo, recuperem os significados atribuídos aos bens pela sociedade, e possam garantir a sua sustentabilidade, principalmente sob a ótica de benefícios para a comunidade envolvida.[7]

> "Por fim, apresenta-se o desafio do controle da proteção do patrimônio cultural, na perspectiva dos interesses difusos de memória, de fruição coletiva e da própria integridade ou permanência de seus referentes, materiais e intangíveis, o que deve envolver a dimensão jurisdicional, política e social".[8]

---

7 PIRES, Maria Coeli Simões. Proteção do Patrimônio Cultura: da monumentalidade aos bens imateriais. In: FERNANDES, Edésio; ALFONSIN, Betânia (coord.). *Revisitando o instituto do tombamento*. Belo Horizonte: Fórum, 2010: (75-88), pp.85-87. ISBN: 978-85-7700-152-1.

8 PIRES, Maria Coeli Simões. Proteção do Patrimônio Cultura: da monumentalidade aos bens imateriais. In: FERNANDES, Edésio; ALFONSIN, Betânia (coord.). *Revisitando o instituto do tombamento*. Belo Horizonte: Fórum, 2010. p. 75-88 e 85-87. ISBN: 978-85-7700-152-1.

REFERÊNCIAS

LIVROS

AGUIAR, Joaquim Castro. *Direito da Cidade*. Rio de Janeiro: Renovar, 1994.

ALVAREZ, Gabino & Gendin Y Blanco. *Tratado general de derecho administrativo*. Barcelona: Bosch, 1963. v. 2.

ALVAREZ, José Luiz Alvarez. *Estudios sobre el Patrimonio Historico Español y la ley de 25 de junio de 1985*. Madrid: Editorial Civitas S.A., 1989.

ALVES, Ana Cláudia Lima e outros. *Patrimônio imaterial*: disposições constitucionais, normas correlatas, bens imateriais registrados. Brasília: Senado Federal, Subsecretaria de Edições Técnicas, 2012.

ALVES, Rafael de Oliveira. Obrigação de realizar obras de conservação patrimonial, de acordo com o Decreto-Lei n. 25/1937. In: FERNANDES, Edésio; ALFONSIN, Betânia (coord.). *Revisitando o Instituto do Tombamento*. Belo Horizonte: Fórum, 2010: (175-182). ISBN: 978-85-7700-388-4.

AMARAL, Antônio Carlos Cintra. *Extinção do ato administrativo*. São Paulo: Revista dos Tribunais, 1978.

ANSCHÜTZ, Gerard. *Die Verfassung des Udeutschen reichs*. Berlin: Bad Hamburg V.D.H., 1919: (393-400), v. 2.

ARAÚJO, Florivaldo Dutra. *Motivação e Controle do Ato Administrativo*. 2. ed. Belo Horizonte: Editora Del Rey, 2005.

ARAÚJO, Marinella Machado. Tombamento de Uso na Jurisprudência do Supremo Tribunal Federal. In: FERNANDES, Edésio; ALFONSIN, Betânia. *Revisitando o instituto do tombamento*. Belo Horizonte: Fórum, 2000: (183-195). ISBN: 978-85-7700-388-4.

ÁVILA, Juan Manuel Alegre. *Evolución y régime jurídico del Patrimonio Historico*. Madrid: Ministerio de Cultura, 1994. t. 1, n. 5.

ÁVILA, Juan Manuel Alegre. *Evolución y régimen Jurídico del Patrimonio Histo-rico*. Madrid: Ministério de Cultura, 1994. t. II, n. 5 (Coleccion Analisis y Documentos).

BARACHO, José Alfredo de Oliveira. *Teoria geral da Constituição*. São Paulo: Resenha Universitária, 1979.

BARBOSA, Waldemar de Almeida. *Dicionário histórico-geográfico de Minas Gerais*. Belo Horizonte: Promoção de Família, 1971.

BASAVILBASO, Benjamin Villegas. *Derecho administrativo*. Buenos Aires: El Ateneo, 1956.

BATISTA, Stephânia Coeli Simões. Ativismo Judicial: o crescente protagonismo do Poder Judiciário no Brasil. In: VIANA, Aline Nunes; KAITEL, Cristiane Silva; OMMATI, José Emílio Medauar (coord.). *Pensando o direito*: trabalhos de pesquisa e extensão do curso de Direito PUC Minas – Serro. Belo Horizonte: Conhecimento Livraria e Distribuidora, 2018: (249, 268), vol. 1. ISBN: 978-85-93869-20-4.

BAUDRILLARD, Jean. *O sistema dos objetos*. Tradução de: Zulmira Ribeiro Tavares. São Paulo: Editora Perspectiva, 1973.

BERMAN, Marshall. *Tudo o que é sólido se desmancha no ar*: a aventura da modernidade. Tradução de: Carlos Felipe Moisés e Ana Maria L. Zoriatte. Consultor desta Edição: Francisco Foot Hardman. São Paulo: Companhia das Letras, 1987.

BEVILÁQUA, Clóvis. *Theoria Geral do Direito Civil*. 3. ed. Rio de Janeiro: Francisco Alves, 1946.

BIELSA, Rafael. *Derecho administrativo*. 6. ed. Buenos Aires: El Ateneo, 1965.

BIELSA, Rafael. *El estado de necesidad in el derecho constitucional y administrativo*. Buenos Aires: Depalma, 1957.

BITENCOURT NETO, Eurico. *Concertação administrativa interorgânica*: direito administrativo e organização no Século XXI. São Paulo: Almedina, 2017.

BOBBIO, Norberto. *Teoria della norma giuridica*. Turim: G. Ciappichelli, s.d.

BONNARD, Roger. *Précis de Droit Adm*. Paris: Librarie du Recueil Sirey, 1953.

BRASIL. *Constituição do Brasil e Constituições estrangeiras*. Brasília: Senado Federal, Subsecretaria de Edições Técnicas, 1987.

BRASIL: Instituto do Patrimônio Histórico e Artístico Nacional. Cartas Patrimoniais. Rio de Janeiro: IPHAN, 2000.

BRASIL. MEC, Conselho Federal de Cultura e Fundação Nacional de Material Escolar. *Introdução ao Atlas Cultural do Brasil*. MEC, Conselho Federal de Cultura e Fundação Nacional de Material Escolar. Rio de Janeiro: Editora Mec, 1972.

BRASIL. Ministério da Cultura. *Estruturação, Institucionalização e Implementação do Sistema Nacional de Cultura*. Brasília: Ministério da Cultura, 2011.

BRICHET, Robert. *Le regime des monuments historiques en France*. Paris: Librarie de le cour de cassation, 1952.

BUCCI, Maria Paula Dallari (org.). *Políticas Públicas*: Reflexões sobre o conceito Jurídico. São Paulo: Saraiva, 2006.

CAETANO, Marcello. *Manual de direito administrativo*. 4. ed. Lisboa: Coimbra Editora Ltda., 1957.

CAETANO, Marcelo. *Princípios fundamentais do direito administrativo*. Rio de Janeiro: Forense, 1977.

CANOTILHO, José Joaquim Gomes. *Constituição dirigente e vinculação do legislador*. Coimbra: Coimbra Editora, 1982.

CANOTILHO, José Joaquim Gomes. *Direito Constitucional e Teoria da Constituição*. 7. ed. Coimbra: Editora Almedina, 2003.

CARNELUTTI, Francesco. *Sistema de derecho procesal civil*. Buenos Aires: Unión Tipografica Editorial Hispano Americana, 1944. v. 3.

CARNELUTTI, Francesco. *Teoria geral do direito*. Tradução de: A. Rodrigues Queiró e Artur Anselmo de Castro. São Paulo: Livraria Acadêmica: Saraiva, 1942.

CARRAZZONI, Maria Elisa (coord.). *Guia dos bens tombados*. Rio de Janeiro: Expressão e Cultura, 1980.

CARSALADE, Flávio de Lemos. *A pedra e o tempo*: arquitetura como patrimônio cultural. Belo Horizonte: Editora UFMG, 2014.

CARTELLS, Alícia Norma Gonçalez de; NARDI, Letícia (org.). *Patrimônio Cultural e Cidade Contemporânea*. Florianópolis: Editora UFSC, 2012.

CARULLO, Vicenzo. Art. 9. Principi fondamentali. In: *La Costituzione della Repubblica Italiana*. Bologna: Dott. Cesare Zuffi Editore, 1950.

CARVALHO NETTO, Menelick de. *A sanção no procedimento legislativo*. Belo Horizonte: Del Rey, 1992.

CARVALHO, Paulo Neves de. *Da revogação no direito administrativo.* Belo Horizonte: UFMG, 1951.

CASTRIOTA, Leonardo Barci. Conservação Urbana: Tombamento e Áreas de Conservação. In: FERNANDES, Edésio; ALFONSIN, Betânia (coord.). *Revisitando o Instituto do Tombamento.* Belo Horizonte: Fórum, 2010: (51-71). ISBN: 978-85-7700-388-4.

CASTRO, Maria Ângela Reis de (org.). *Guia de Bens Tombados de Belo Horizonte.* Belo Horizonte, 2006.

CAVALCANTI, Maria Laura Viveiros de Castro; FONSECA, Cecília Londres. *Patrimônio Imaterial no Brasil*: Legislação e Políticas Estaduais. Brasília: UNESCO, 2008.

CAVALCANTI, Themístocles Brandão. *Curso de direito administrativo.* 7. ed. Rio de Janeiro: Freitas Bastos, 1964.

CHEVALLIER, Jacques. *O Estado Pós-Moderno.* Tradução de: Marçal Justen Filho. Belo Horizonte: Editora Fórum, 2009.

CHUVA, Márcia. Preservação do Patrimônio Cultural no Brasil: uma perspectiva histórica, ética e política. In: CHUVA, Márcia; NOGUEIRA, Antônio Gilberto Ramos (org.). *Patrimônio Cultural*: políticas públicas e perspectivas de preservação no Brasil. Rio de Janeiro: Mauad X: Faperj, 2012.

CHUVA, Márcia; NOGUEIRA, Antônio Gilberto Ramos (org.). *Patrimônio Cultural*: políticas públicas e perspectivas de preservação no Brasil. Rio de Janeiro: Mauad X: Faperj, 2012.

COSTA, Mila Batista Leite Corrêa da. *A Atuação do Poder Legislativo no Desenho Institucional da Política de Preservação do Patrimônio Cultural no Brasil.* Tese de (Doutorado) – Faculdade de Direito – Programa de Pós-Graduação, Universidade Federal de Minas Gerais, Belo Horizonte, 2018.

COSTA, Mila Batista Leite Corrêa da. *A Preservação da herança Cultural Intangível*: A Contribuição das Nações Unidas. Guia de Estudos. Belo Horizonte, setembro de 2004: (198-211).

COSTA, Mila Batista Leite Corrêa da. *Cultura, Patrimônio e Memória*: Narrativas e dimensões do cotidiano, do tempo e do direito. Projeto de pesquisa para elaboração de tese, apresentado ao Programa de Pós– graduação em Direito da Faculdade de Direito da Universidade Federal de Minas Gerais, como requisito para o processo de seleção para o Doutorado. Belo Horizonte: edição impressa da autora, 2013.

COSTA, Mila Batista Leite Corrêa da. Patrimônio Cultural e Identidade Pós-colonial: Memória, Hibridismo, Violência e Representação. In: LOPES, Mônica Sette; MATOS, Andityas Soares de M. C.; SANTANA, Eder Fernandes (org.). *Representação da violência*: direito, literatura, cinema e outras artes. Belo Horizonte: D' Plácido, 2017: (69-96), v. 1.

COSTA, Mila Batista Leite Corrêa da; PIRES, Charles Alexandre Simões. Memória e Patrimônio Cultural no Mosaico da Urbe: Dimensões do Direito, do Esquerdo e Narrativas do Estado Pós-Moderno. In: DIAS, Maria Tereza Fonseca; BARBOSA Maria Elisa Braz; COSTA, Mila Batista Leite Corrêa da; CORDEIRO, Caio Barros (org.). *Estado e Propriedade.* Estudos em Homenagem à Professora Maria Coeli Simões Pires. Belo Horizonte: Fórum, 2015: (129-148).

COSTA, Rodrigo Vieira. *A Dimensão Constitucional do Patrimônio Cultural*: o tombamento e o registro sob a ótica dos direitos culturais. Rio de Janeiro: Lumen Juris, 2011.

COURTIS, Christian. Prefácio – Direitos culturais como direitos humanos: Conceitos. In: SOARES, Inês Virgínia Prado; CUREAU, Sandra (org.). *Bens Culturais e Direitos Humanos.* São Paulo: Sesc São Paulo, 2015.

CRETELLA JÚNIOR, José. *Curso de direito administrativo.* 7. ed. rev. e atual. Rio de Janeiro: Forense, 1983.

CRETELLA JÚNIOR, José. Tombamento I. In: *Enciclopédia saraiva do direito.* São Paulo, 1977: (1-30), v. 74.

CUNHA FILHO, Francisco Humberto. Direitos culturais no Brasil: dimensionamento e conceituação. In: SOARES, Inês Virgínia Prado; CUREAU, Sandra. (org.). *Bens culturais e direitos humanos.* São Paulo: Edições Sesc São Paulo, 2005: (27-35). ISBN: 978-85-69296-58-8.

CUREAU, Sandra. Dimensões das práticas culturais e direitos humanos. In: SOARES, Inês Virgínia Prado; CUREAU, Sandra (org.). *Bens culturais e direitos humanos.* São Paulo: Edições Sesc São Paulo, 2015: (105– 125). ISBN: 978-85-69296-58-8.

DI PIETRO, Maria Sylvia Zanella. *Direito Administrativo.* 29. ed. Rio de Janeiro: Forense, 2016.

DI PIETRO, Maria Sylvia Zanella. *Servidão administrativa.* São Paulo: Revista dos Tribunais, 1978.

DIAS, Maria Tereza Fonseca; MENDONÇA, Luíza Teodoro de. *O Controle judicial do "relevante valor cultural" de bens tombados na jurisprudência mineira*: a discricionariedade administrativa e a proteção do patrimônio cultural. Belo Horizonte: Meritum, jan./jun. 2015: (239-274), v. 10, n. 1.

DIAS, Maria Tereza Fonseca; PAIVA, Carlos Magno de Souza (coord.). *Direito e Proteção do Patrimônio Cultural Imóvel*. Belo Horizonte: Fórum, 2010.

DINAMARCO, Cândido R. *A instrumentalidade do processo*. São Paulo: Revista dos Tribunais, 1987: (176-93).

DOTTI, René Ariel. A tutela penal dos interesses coletivos. In: GRINOVER, Ada Pellegrini et al. *A tutela dos interesses difusos*. São Paulo: Max Limonad, 1984.

DUEZ, Paul; GUY Debeyre. *Traité de droit administratif*. Paris: Raib Dalloz, 1952.

ESTEBAN, Jorge de; VARELA, Santiago. *La constitución soviética*. Madrid: Universidade Complutense, Facultad de Derecho – Sección de Publicaciones, 1978.

FAGUNDES, Miguel Seabra. *O controle dos atos administrativos pelo Poder Judiciário*. 4. ed. atual. Rio de Janeiro: Forense, 1967.

FALLA, Fernando Garrido. *Comentários a la constitución*. Madrid: Civitas, 1980.

FARIA, Edimur Ferreira de. *Do tombamento no direito brasileiro*. Dissertação de Mestrado. Belo Horizonte: Universidade Federal de Minas Gerais, 1986.

FERNANDES, Edésio (org.). *Direito Urbanístico*. Belo Horizonte: Del Rey, 1998.

FERNANDES, Edésio. Do tombamento ao planejamento territorial e à gestão urbana. In: FERNANDES, Edésio; ALFONSIN, Betânia (coord.). *Revisitando o instituto do tombamento*. Belo Horizonte: Fórum, 2010: (23-35). ISBN: 978-85-7700-388-4.

FERNANDES, Edésio; ALFONSIN, Betânia (coord.). *Revisitando o Instituto do Tombamento*. Belo Horizonte: Fórum, 2010. ISBN: 978-85-7700-388-4.

FERRAZ, Thalyta Gomes. O Papel da Cooperação Sul-Sul na Rearticulação da Autoridade do Patrimônio Cultural no Brasil: um estudo sobre ações internacionais do IPHAN. Pontifícia Universidade Católica do Rio de Janeiro, Instituto de Relações Internacionais RJ, 2015.

FERREIRA, Sérgio Andrea. *Direito administrativo didático*. Rio de Janeiro: Editora Própria, 1979.

FIGUEIREDO, Lúcia Valle. *Disciplina urbanística da propriedade*. São Paulo: Revista dos Tribunais, 1980.

FIGUEIREDO, Lúcia Valle. Preservação do patrimônio histórico, artístico, cultural e estético. In: *Disciplina urbanística da propriedade*. São Paulo: Revista dos Tribunais, 1980: (17-20).

FIORINI, Bartolone. *Derecho administrativo*. Buenos Aires: Abeledo-Perrot, 1975.

FONSECA, Maria Cecília Londres. *O Patrimônio em Processo*: uma trajetória da política federal de preservação no Brasil. 2. ed. Rio de Janeiro: Editora UFRJ: MinC – Iphan, 2005.

FONSECA, Maria Cecília Londres. Referências Culturais: Base para Novas Políticas de Patrimônio. In: CORSINO, Célia e outros. *Inventário Nacional de Referências Culturais*: Manual de Aplicação. Brasília: Instituto do Patrimônio Histórico e Artístico Nacional, 2000.

FRAGA, Gabino. *Derecho administrativo*. México: Porrúa, S. A., 1977.

FRAGOSO, Heleno Cláudio. *Lições de direito penal*: parte especial. São Paulo: Editora José Bushatky, 1977. v. 2.

FRANÇA. *Le Régime des monuments historiques en France*. Paris: 1951.

FRANÇA. RECUEIL DE TEXTES. *Protection du patrimoine historique et esthétique de la France* (Recueil de textes). 5. ed. Paris: Journal Official de la Republique Française, 1988. t. 1.

FRANCO SOBRINHO, Manoel. *Curso de direito administrativo*. São Paulo: Saraiva, 1979.

GALEOTTI, Serio. *Contributo alla teoria del procedimento legislativo*. Milano: A. Giuffre, 1985.

GASPARINI, Diógenes. *Direito Administrativo*. 10. ed. São Paulo: Saraiva, 2005.

GASPARINI, Diógenes. Tombamento II. In: *Enciclopédia Saraiva do Direito*. São Paulo: Saraiva, 1982. v. 74.

GRINOVER, Ada Pellegrini et al. *A tutela dos interesses difusos*. São Paulo: Max Limonad, 1984.

GRISOLIA, Mário. *La tutela delle cose d'arte*. Roma: Soc. Ed. Del "Foro Italiano", 1952.

GUEDES, Maria Tarcila Ferreira. Conferências Pan-Americanas. In: REZENDE, Maria Beatriz; GRIECO, Bettina; TEIXEIRA, Luciano; THOMPSON, Analucia (org.). *Dicionário IPHAN de Patrimônio Cultural*. 1. ed. Rio de Janeiro, Brasília: Iphan: DAF: Copedoc, 2015. Disponível em: http://portal.iphan.gov.br/dicionarioPatrimonioCultural/detalhes/24/conferencias-pan-americanas. Acesso em: 14 jan. 2019.

GUIMARÃES, Nathália Arruda. O tombamento de bem imóveis – Apontamentos sobre o sentido e os valores do tombamento de bens imóveis na atualidade e a proteção do entorno via legislação especial e urbanística: uma abordagem comparada da legislação brasileira e da portuguesa. In: FERNANDES, Edésio; ALFONSIN, Betânia (coord.). *Revisitando o instituto do tombamento*. Belo Horizonte: Fórum, 2010: (195-220). ISBN: 978-85-7700-388-4.

GUTIERREZ, Ramón. Direito ao Patrimônio Construído. In: Secretaria Municipal de Cultura de São Paulo. *O Direito à Memória*: Patrimônio histórico e cidadania. São Paulo: Secretaria Municipal de Cultura, DPH, 1992.

HALL, Stuart. *A identidade Cultural na Pós-modernidade*. Rio de Janeiro: DP&A, 2000.

HAURIOU, Maurice. *Précis de droit administratif e de droit public*. Paris: Sirey, 1914.

HEGEL, Georg Wilhelm Friedrich. *Lecciones sobre la história de la filosofia*. México, D. F.: Fondo de Cultura Económica, 1955. t. 1.

HELLINGER, Bert. *Ordem do Amor*: um guia para o trabalho com constelações familiares. Tradução de: Newton Araújo Queiroz. São Paulo: Cultrix, 2007.

HORTA, Paula. *Política de Preservação do Patrimônio Cultural no Brasil*: diretrizes, linhas de ação e resultados – 2000/2010. Brasília: Iphan: Monumenta, 2012.

HUNGRIA, Nélson. *Comentários ao Código Penal*. 2. ed. rev. Rio de Janeiro: Forense, 1958. v. 7.

IBAÑEZ, Mª Del Rosário Alonso. *El Patrimonio Historico*: Destino Publico y Valor Cultural. Madrid: Editorial Civitas S.A., 1992.

IPHAN. *Coletânea de Leis sobre preservação do Patrimônio*. Rio de Janeiro: Iphan, 2006.

IPHAN. Programa de Especialização em Patrimônio do IPHAN. *Entorno dos bens tombados/Programa de Especialização em Patrimônio do IPHAN*. Pesquisa e texto: Analucia Thompson e Lia Mota. Rio de Janeiro: Iphan, 2007.

IPHAN; UNESCO (ori.). *Patrimônio da Humanidade no Brasil*. Pesquisa e texto: Pecival Tirapeli. Editora: Metalivro. São Paulo: Donnelley Cochrane Gráfica Editora, 2000. Título original: *World Heritage Sites in Brazil*. Versão inglesa: Kevin Mundy.

JAQUES, Paulino. *Da norma jurídica*: forma e matéria. 2. ed. Rio de Janeiro: Forense, 1965.

JESUS, Damásio de. *Direito penal*: parte especial. 4. ed. São Paulo: Saraiva, 1979. v. 2.

JESUS, Damásio de. *Direito penal*: parte geral. 10. ed. São Paulo: Saraiva, 1985. v. 1.

JÈZE, Gaston. *Los principios generales del derecho administrativo*. Tradução. para o espanhol. 2. ed. Madri: Rens, 1929.

KELSEN, Hans. *Teoria pura do direito*. Tradução de: João Baptista Machado. 4. ed. Coimbra: Armênio Amado, 1976.

LAUBADÉRE, André de. *Traité de droit administratif*. 10. ed. Paris: Lib. General de Droit e de Jurisprudence, 1973.

LAUBADÉRE, André de. *Traité élémentaire de droit administratif*. 5. ed. Paris: Lib. General de Droit e Jurisprudence, 1970. t. 2.

LE CORBUSIER. A Carta de Atenas/Versão de Le Corbusier. Tradução de Rebeca Scherer. São Paulo: Hucitec. EDUSP.

LEITE, Luciano Pereira. *Discricionariedade administrativa e controle judicial*. São Paulo: Revista dos Tribunais, 1981.

LIMA, Ruy Cirne. *Princípios de Direito Administrativo Brasileiro*. São Paulo: Revista dos Tribunais, 1987.

LIMA, Ruy Cirne. *Princípios de direito administrativo*. 5. ed. São Paulo: Revista dos Tribunais, 1982.

LINARES, Juan Francisco. *Poder Discrecional Administrativo* (Arbítrio Administrativo). Buenos Aires: Abeledo-Perrot, 1978.

MACHADO, Edgar de Godoi da Mata. *Elementos de teoria geral do direito*. Belo Horizonte: Vega S.A., 1972.

MACHADO, Jurema. Cidade baixa de Salvador: o tombamento a serviço de um projeto de futuro. In: FERNANDES, Edésio; ALFONSIN, Betânia (coord.). *Revisitando o instituto do tombamento*. Belo Horizonte: Fórum, 2010: (285-394). ISBN: 978-85-7700-388-4.

MAGALHÃES, Aloísio. *E Triunfo?* – A questão dos bens culturais no Brasil. Rio de Janeiro: Nova Fronteira: Fundação Roberto Marinho, 1997.

MARCHESAN, Ana Maria Moreira. A preservação do futuro através do passado: o entorno dos bens tombados na legislação brasileira. In: FERNANDES, Edésio; ALFONSIN, Betânia (coord.). *Revisitando o instituto do tombamento.* Belo Horizonte: Fórum, 2010: (99-127). ISBN: 978-85-7700-388-4.

MARCHESAN, Ana Maria Moreira. *A tutela do patrimônio cultural sob enfoque do direito ambiental.* Porto Alegre: Livraria do Advogado, 2007.

MARIENHOFF, Miguel L. *Tratado de derecho administrativo.* Buenos Aires: Abeledo-Perrot, 1970. v. 4.

MARQUES NETO, Floriano de Azevedo. *Bens Públicos* – Função social e exploração econômica: o regime jurídico das utilidades públicas. Belo Horizonte: Fórum, 2009.

MATTOS, Liana Portilho. *A Coisa Literária como Fonte da Norma Jurídica*: O Movimento Modernista e o Patrimônio Cultural. Tese (Doutorado) – Programa de Pós-Graduação em Direito, Universidade Federal de Minas Gerais, 2018.

MATTOS, Liana Portilho. *Bens da cultura*: entre autoridade, alteridade e autoria. Projeto de pesquisa apresentado ao Programa de Pós-Graduação em Direito da Faculdade de Direito da Universidade Federal de Minas Gerais – Doutorado. Belo Horizonte: edição impressa da autora, 2015.

MEIRELLES, Hely Lopes. *Direito administrativo brasileiro.* 4. ed. São Paulo: Revista dos Tribunais, 1976.

MEIRELLES, Hely Lopes. *Direito administrativo brasileiro.* 9. ed. São Paulo: Revista dos Tribunais, 1982.

MEIRELLES, Hely Lopes. *O direito de construir.* São Paulo: Revista dos Tribunais, 1965.

MEIRELLES, Hely Lopes. *Direito de construir.* 3. ed. São Paulo: Revista dos Tribunais, 1981.

MEIRELLES, Hely Lopes; BURLE FILHO, José Emmanuel. *Direito administrativo brasileiro.* 43. ed. São Paulo: Malheiros, 2018. p. 659.

MELÉ, Patriee. *Patrimoine et action Publique au centre des Villes Mexicaines.* Paris: Editions de l'IHEAL, 1998. ISBN. 0993.5878.

MELLO, Celso Antônio Bandeira de. *Elementos de direito administrativo.* São Paulo: Revista dos Tribunais, 1981.

MELLO, Celso Antônio Bandeira de. *Elementos de direito administrativo*. São Paulo: Revista dos Tribunais, 1983.

MELLO, Celso Antônio Bandeira de. *Elementos de direito administrativo*. São Paulo: Revista dos Tribunais, 1988.

MELLO, Celso Antônio Bandeira. *Curso de Direito Administrativo*. 33. ed. São Paulo: Malheiros, 2016.

MENDES, Vicente de Paula. *A indenização na desapropriação*: legislação, doutrina e jurisprudência. Belo Horizonte: Del Rey, 1992.

MERUSI, Fábio. Artigo 9. In: MORTATI, Constantino et al. *Principi fondamentali: commentario della costituzione*. Bologna: Nicola Zanichelli; Roma: Soc. Ed. Del Foro Italiano, 1975: (434-60).

MILET, Vera. *A teimosia das pedras*: um estudo sobre a preservação do patrimônio ambiental no Brasil. Olinda: Prefeitura de Olinda, 1988.

MINAS GERAIS (Estado). IEPHA – Instituto Estadual do Patrimônio Histórico e Artístico de Minas Gerais. *Guia de bens Tombados*. IEPHA/MG/Instituto Estadual do Patrimônio Histórico e Artístico de Minas Gerais. 2. ed. Belo Horizonte: IEPHA – MG, 2011. v. 2. ISBN: 85-66502-02-7.

MIRANDA, Francisco Cavalcanti Pontes de. *Comentários à Constituição Federal de 10 de novembro de 1937*. Rio de Janeiro: Irmãos Rongetti, 1938. arts. 90 a 123, t. 2.

MIRANDA, Francisco Cavalcanti Pontes de. Bens de valor histórico, ou artístico, ou de valor natural. In: MIRANDA, Francisco Cavalcanti Pontes de. *Comentários à Constituição de 1967 com a emenda n. 1 de 1969*. 2. ed. rev. São Paulo: Revista dos Tribunais, s.d: (367-76).

MIRANDA, Francisco Cavalcanti Pontes de. *Comentários à Constituição de 1967 com a emenda n. 1 de 1969*. Rio de Janeiro: Forense, 1972.

MIRANDA, Francisco Cavalcanti Pontes de. *Comentários à Constituição de 1967 com a emenda n. 1 de 1969*. 2. ed. rev. São Paulo: Revista dos Tribunais, 1973. t. 1.

MIRANDA, Marcos Paulo de Souza. *Tutela do patrimônio cultural brasileiro*: doutrina, jurisprudência e legislação. Belo Horizonte: Del Rey, 2006.

MIRANDA. Danilo Santos de. Apresentação. In: SOARES, Inês Virgínia Prado; CUREAU, Sandra (org.). *Bens culturais e direitos humanos*. São Paulo: Edições Sesc São Paulo, 2015. ISBN: 978-85-69298-58-8.

MONASTA, Attilio. *"Antonio Gramsci"*. Tradução de: Paolo Nosella. Recife: Fundação Joaquim Nabuco, Editora Massangana, 2010.

MONTICELLI, Gislene. *Deixe estar*: patrimônio, arqueologia e licenciamentos ambientais. Porto Alegre: EDIPUCRS, 2010.

MORAIS, Isaltino et al. *Constituição República Portuguesa anotada e comentada*. Lisboa: Rei dos Livros, 1983.

MOREIRA NETO, Diogo de Figueiredo. *Curso de direito administrativo*. 3. ed. Rio de Janeiro: Forense, 1976.

MOREIRA, José Carlos Barbosa. A proteção jurisdicional dos interesses coletivos ou difusos. In: GRINOVER, Ada Pellegrini et alii. *A tutela dos interesses difusos*. São Paulo: Max Limonad, 1984.

MORI, Victor Hugo; SOUZA, Marise Campos de; BASTOS, Rossano Lopes; GALLO, Haroldo (org.). *Patrimônio*: Atualizando o Debate. São Paulo: 9ª SR/Iphan, 2006.

MOURA, Ângela Acosta Giovanni de. A Proteção Internacional do Patrimônio Cultural. Cadernos de Direito. Piracicaba, v. 12(23):91-110, jul.- dez. 2002. ISSN: 1676-529-X.

MOTTA, Carlos Pinto Coelho. *Práticas de direito administrativo*: legislação, doutrina e jurisprudência. Belo Horizonte: Del Rey, 1986.

MUÑOZ, Luiz. *Comentarios a las constituciones políticas de Iberoamérica*. México, DF: Ediciones Jurídicas Herrero, 1964.

MURTA, Stela Maris; ALBANO, Celina (org.). *Interpretar o Patrimônio*: Um Exercício do Olhar. Belo Horizonte: Editora UFMG, 2005.

NOHARA, Irene Patrícia. *Direito administrativo*. 6. ed. São Paulo: Atlas, 2016.

NORONHA, E. Magalhães de. *Código penal brasileiro comentado*. 2 ed. São Paulo: Saraiva, 1958. v. 5.

NORONHA, E. Magalhães de. *Direito penal*. 23. ed. São Paulo: Saraiva, 1988. v. 2.

NUNES, Pedro. *Dicionário de Tecnologia Jurídica*. 13. ed. Rio de Janeiro: Renovar, 1999.

OLIVEIRA JÚNIOR, Waldemar Mariz de. Tutela jurisdicional dos interesses coletivos. In: GRINOVER, Ada Pellegrini et al. *A tutela dos interesses difusos*. São Paulo: Max Limonad, 1984.

OLIVEIRA JÚNIOR, Waldemar Mariz. In: GRINOVER, Ada Pellegrini (coord.). *A tutela dos interesses difusos*. São Paulo: Max Limonad, 1984: (13-4).

OLIVEIRA, Cléo Alves Pinto de. *Educação Patrimonial no IPHAN*. Brasília: Enap, 2011: (84-85).

OLIVEIRI, Antônio Carlos. *Comunismo*: Do socialismo romântico à extinta União Soviética. Publicado em: 13 de julho de 2005. Disponível em: https://educacao.uol.com.br/disciplinas/historia/comunismo-do-socialismo-romantico-a-extinta-uniao-sovietica.htm. Acesso em: 27 jun. 2017.

ÖST, François. *O Tempo do Direito*. Tradução de: Élcio Fernandes. Bauru: Edusc, 2005.

PAIVA, Carlos Magno de Souza. *O Regime Jurídico do Bem Cultural Edificado no Brasil*. Minas Gerais: Editora UFOP, 2010.

PAIVA, Carlos Magno de Souza. *Por um Direito do Patrimônio Cultural autônomo*. Tese de Doutorado em Direito. Belo Horizonte: Pontifícia Universidade Católica de Minas Gerais (impressão do autor), 2014.

PAIVA, Carlos Magno de Souza. *Direito do Patrimônio Cultural*: autonomia e efetividade. Curitiba: Juruá, 2015.

PELEGRINI, Sandra C. A. *Patrimônio Cultural*: consciência e preservação. São Paulo: Brasilense, 2009.

PEREIRA, Caio Mário da Silva. *Instituições de direito civil*. Rio de Janeiro: Forense, 1978.

PEREIRA, Caio Mário da Silva. *Instituições de Direito Civil*. 19. ed. Rio de Janeiro: Forense, 2002. v. 1.

PEREIRA, Flávio Henrique Unes; DIAS, Maria Tereza Fonseca. *Cidadania e Inclusão Social*: Estudos em Homenagem à Professora Miracy Barbosa de Sousa Gustin. Belo Horizonte: Editora Fórum, 2008. ISBN: 978-85-7700-152-1.

PEREIRA, Lafayette R. *Direito das coisas*. Rio de Janeiro: Freitas Bastos, 1956.

PINA, Rolando E. *Cláusulas constitucionais operativas y programáticas*. Buenos Ayres: Astrea, 1973.

PIRES, Maria Coeli Simões. "A função social no direito urbanístico e na política urbana: uma nova ordem de sustentabilidade das cidades". In: PEREIRA, Flávio Henrique Unes; DIAS, Maria Tereza Fonseca. *Cidadania e Inclusão Social*: Estudos em Homenagem à Professora Miracy Barbosa de Sousa Gustin. Belo Horizonte: Editora Fórum, 2008: (377-406). ISBN: 978-85-7700-152-1.

PIRES, Maria Coeli Simões. Proteção do Patrimônio Cultural: da monumentalidade aos bens imateriais. In: FERNANDES, Edésio; ALFONSIN, Betânia (coord.). *Revisitando o instituto do tombamento*. Belo Horizonte: Fórum, 2010: (75-88). ISBN: ISBN: 978-85-7700-152-1.

PIRES, Maria Coeli Simões. A Proteção do patrimônio cultural como contraponto à desterritorialização. In: SOARES, Inês Virgínia Prado; CUREAU, Sandra (org.). *Bens Culturais e Direitos Humanos*. São Paulo: Sesc São Paulo, 2015: (59-72). ISBN: 978-85-69298-58-8.

PIZZORUSSO, Alessandro. *Lecciones de derecho constitucional*. Madrid: Centro de Estudios Constitucionales, 1984. v. 2.

PRESUTTI, Enrico. *Istituzioni di diritto amministrativo italiano*. 3. ed. Messina: Casa Editrice Giuseppe Principato, 1934. v. 1.

PRESUTTI, Enrico. Limiti negativi della libertà e della proprietà indiv. ecc. In: *Istituzioni di diritto amministrativo italiano*. Messina: Casa Editrice Giuseppe Principato.1934: (261-70). v. 1.

QUEIROZ, Heráclito de. *Parecer público*. Revista de Direito Público, 39-40/83.

QUEIROZ, Hermano Fabrício Oliveira Guaianais e. *O Registro de bens culturais imateriais como instrumento constitucional garantidor de direitos culturais*. Dissertação (Mestrado Profissional) – Instituto do Patrimônio Histórico e Artístico Nacional. Rio de Janeiro, 2014.

RABELLO, Sônia. Tombamento e Proteção aos Bens Culturais. In: PESSOA, Álvaro (org.). *Direito Urbanístico*: uma visão sócio jurídica. Rio de Janeiro: Livros Técnicos e IBAM, 1981.

RABELLO, Sônia. *O Estado na Preservação de Bens Culturais*: O tombamento. Rio de Janeiro: Renovar, 1991.

RABELLO, Sônia. *O Estado na Preservação de Bens Culturais*: O tombamento. Rio de Janeiro: Reedições Iphan, 2009.

RABELLO, Sônia. Tombamento e Legislação urbanística: Competência e gestão. In: FERNANDES, Edésio; ALFONSIN, Betânia. (coord.). *Revisitando o Instituto do Tombamento*. Belo Horizonte: Editora Fórum, 2010: (37-49). ISBN 978-85– 7700-388-4.

RABELLO, Sônia. O tombamento. In: REZENDE, Maria Beatriz; GRIECO, Bettina; TEIXEIRA, Luciano; THOMPSON, Analucia (org.). *Dicionário IPHAN de Patrimônio Cultural*. 1. ed. Rio de Janeiro, Brasília: Iphan: DAF: Copedoc, 2015 (Termo chave Tombamento). ISBN: 978-85-7334-279-6.

RANELLETTI, Oreste. *Le Guarentigie della Giustizia nella Pubblica Amministrazione*. Milano: A. Giuffre, 1934. n. 107.

REALE, Miguel. *O direito como experiência*. São Paulo: Saraiva, 1968.

REALE, Miguel. *O direito como experiência*: introdução à epistemologia jurídica. São Paulo: Saraiva, 1968.

REALE, Miguel. *Lições preliminares de direito*. 2. ed. São Paulo: Bushatsky, 1974.

REISEWITZ, Lúcia. *Direito ambiental e Patrimônio Cultural*: Direito à Preservação da Memória, ação e identidade do Povo Brasileiro. São Paulo: Editora Juarez de Oliveira, 2004.

RENNO, Caroline. *Cartas Patrimoniais*. Disponível em: https://carolinerenno.com/2015/04/17/cartas-patrimoniais. Acesso em: 12 out. 2017.

RIVERO, Jean. *Direito administrativo*. Tradução de: Dr. Rogério Ehrhardt Soares. Coimbra: Almedina, 1981.

RODRIGUES, José Eduardo Ramos; MIRANDA, Marcos Paulo de Souza. *Estudos de Direito do Patrimônio Cultural*. Belo Horizonte: Fórum, 2012.

RODRIGUES, Sílvio. *Direito Civil*: Parte geral. 34. ed. São Paulo: Saraiva, 2006. v. 1.

RODRIGUEZ, Concepcion Barrero. *La Ordenacion Juridica del Patrimonio Historico*. Madrid: Editoria Civitas S.A., 1990.

ROMANO, Santi. *Princípios de direito constitucional geral*. São Paulo: Revista dos Tribunais, 1977.

RUSSOMANO, Rosah. *Curso de direito constitucional*. 3. ed. Rio de Janeiro: Livraria Freitas Bastos S.A., 1978.

SAMPAIO, José Adércio Leite. O Constitucionalismo Democrático e Cultural. In: SOARES, Inês Virgínia Prado; CUREAU, Sandra. (org.). *Bens Culturais e Direitos Humanos*. São Paulo: Edições Sesc São Paulo, 2015: (37-57). ISBN: 978-85-59298-58-8.

SEABRA, José Augusto. Os direitos e os deveres culturais. In: *Estudos sobre a Constituição*. Lisboa, 1979.

SILVA, José Afonso da. *Aplicabilidade das normas constitucionais*. São Paulo: Revista dos Tribunais, 1968.

SILVA, José Afonso da. *O direito urbanístico brasileiro*. São Paulo: Revista dos Tribunais, 1981.

SILVA, José Afonso da. *Curso de direito constitucional positivo*. São Paulo: Revista dos Tribunais, 1989.

SILVA, José Afonso da. *Ordenação constitucional da cultura*. São Paulo: Malheiros, 2001.

SILVA, Júlia Alexim Nunes da. Tombamento e Classificação de Bens Culturais: Estudo Comparado entre Brasil e Portugal. Revista da Facul-dade de Direito Brasileiro – RIDB. Faculdade de Direito de Lisboa. Ano2 (2013) n.65733-5839- ISSN: 2182-7567.

SILVA, Patrícia Reis da. Os significados do tombamento em Ouro Preto e seu papel como elo entre política de preservação e a gestão urbana. In: FERNANDES, Edésio; ALFONSIN, Betânia (coord.). *Revisitando o instituto do tombamento.* Belo Horizonte: Fórum, 2010: (397-415). ISBN: 978-85-7700-388-4.

SOARES, Inês Virgínia Prado. *Direito ao (do) Patrimônio Cultural Brasileiro.* Belo Horizonte: Fórum, 2009. ISBN 978-85-7700-242-9.

SOARES, Inês Virgínia Prado; CUREAU, Sandra (org.). *Bens Culturais e direitos humanos.* São Paulo: Edições Sesc São Paulo, 2015.

SOUZA FILHO, Carlos Federico Marés. Tombamento e Registro: Dois Instrumentos de Proteção. In: FERNANDES FILHO, Edésio; ALFONSIN, Betânia (coord.). *Revistando o Instituto do Tombamento.* Belo Horizonte: Fórum, 2010: (163-173). ISBN: 978-85-7700-388-4.

SOUZA, Wladimir Alves. *Guia dos bens tombados*: Minas Gerais. Rio de Janeiro: Expressão e Cultura, 1984.

SPHAN. *Proteção e revitalização do patrimônio cultural no Brasil*: Uma trajetória. Brasília: Mec, 1980.

TEPEDINO, Gustavo. *Temas de direito civil.* 2. ed. Rio de Janeiro, São Paulo: Renovar, 2001.

TOMBAMENTO I. In: *Enciclopédia Saraiva do Direito.* São Paulo, 1977: (1-14), v. 74.

TOMBAMENTO II. In: *Enciclopédia Saraiva do Direito.* São Paulo, 1977: (14-30), v. 74.

TOMBAMENTO. In: *Grande Enciclopédia Portuguesa Brasileira.* Lisboa: Editorial Enciclopédia Limitada, s.d. v. 32.

UNESCO. *Os direitos culturais, como direitos do homem.* Porto: Livraria Telos Editora, 1970.

URSS. *A Constituição da URSS.* Moscou: Edições Progresso, 1984.

VALLES, Arnaldo de. *Elementi di diritto amministrativo.* 3. ed. Padova: Cedam, 1965.

VEDEL, Georges; DEVOLVÉ, Pierre. *Droit administratif.* 9. ed. Paris: Presses Universitaires de France, 1984: (374 – 429).

VIEIRA, Maria Alice Medina. Aplicabilidade da Mediação de Conflitos na Conformação da Tutela do Patrimônio Cultural: Democracia e Diálogos. Belo Horizonte: UFMG/Direito-TCC- 2019, sob orientação da Professora Maria Coeli Simões Pires.

VON MANGOLDT, Hermann; KLEIN, Friedrich. *Das bonner grundgesetz*. 2. ed. Berlin: Verlaz Franz Vahlen G.M.B.H., 1966. p. 1.555-6 e 1.702-7, v. 2.

WALINE, M. *Droit administratif.* Paris: Sirey, 1963.

ZANOBINI, Guido. *Corso de diritto amministrativo*. 5. ed. Milano: Dott. A. Guiffrè, 1958: (210-4) v. 4.

ANAIS DE CONGRESSOS

ALBANO, Celina. Gestão Pública do Patrimônio. Uma Forma de Interpretar as Cidades. In: *Seminário Inventário de Bens Culturais: Uma Interpretação das Cidades*. Belo Horizonte, 2004: (09-11). Anais.

ALVES, Ana Cláudia Lima e. Conhecer para Preservar. In: *Seminário Inventário de Bens Culturais: Uma Interpretação das Cidades*. Belo Horizonte, 2004: (12-19). Anais.

BRASIL. ENCONTRO DE GOVERNADORES, 2. Salvador, 25-29 de outubro de 1971. Anais.

CONGRESSO DE MONTEVIDÉU. *Congresso Extraordinário da Organização Interamericana de Cooperação Municipal*, 1. Montevidéu, 25 de novembro de 1976.

DULCI, Tereza Maria Spyer. *Conferências Pan-Americanas (1889-1928): a questão das identidades*. Anais Eletrônicos do VIII Encontro Internacional da ANPHLAC. Vitória, 2008. ISBN: 978-85-61621-01-8.

FERNANDES, José Ricardo Oriá. O Parlamento Brasileiro e a Constru-ção da Memória Nacional: os Movimentos Históricos em Praça Publica (1891-1986) XXVIII Simpósio Nacional de História. Florianópolis:2015.

SOARES, Inês Virgínia Prado. Direito à Diversidade Linguística no Brasil e sua Proteção Jurídica. In: Seminário Ibero-Americano de Diversidade Linguística, 2014, Foz do Iguaçu Paraná, p.71.

SUTTI, Weber. *I Fórum Nacional do Patrimônio Cultural – Sistema Nacional de Patrimônio Cultural: desafios, estratégias e experiências para uma nova gestão*, Ouro Preto/MG, 2009/Instituto do Patrimônio Histórico e Artístico Nacional. Brasília, DF: Iphan, 2012.

PERIÓDICOS

ASSEMBLEIA LEGISLATIVA DO ESTADO DE MINAS GERAIS. *Programa de viagens culturais: Mariana e Ouro Preto (junho de 1979).* Belo Horizonte: ALMG – Departamento Cultural da ASLEMG, s.d. Apostila.

ÁVILA, Afonso Celso et alii. *Campo das vertentes*: formação e potencial. Análise e Conjuntura. Belo Horizonte: Fundação João Pinheiro, v. 7(12):9-29, dezembro de 1977.

BATISSE, Michel. Uma nova aliança, natureza e cultura, patrimônios da humanidade. *O Correio da UNESCO.* Rio de Janeiro, 8(10):5, outubro de 1980.

BOAVENTURA, Edivaldo M. *Parque histórico Castro Alves.* Cultura, Salvador, 11(40):46-9, abr./jun. 1983.

BOLLA, Gérard; BATISSE, Michel. Natureza e cultura: patrimônios da humanidade. *O Correio da UNESCO.* Rio de Janeiro, 8(19):4-34, outubro de 1980.

BRASIL. Ministério do Interior. *Casa dos Contos:* a lenda dá cor e forma ao passado. Interior. Edição Especial. Brasília: Ministério do Interior, 6(34: 16-8), set./out. 1980.

BUENO, Vera Americano. Patrimônio Cultural Brasileiro e Legislação: Um Panorama. Senatus: *Cadernos da Secretaria de Informação e Documentação.* Brasília: Senado Federal, novembro de 2005: (18-25), v. 4, n. 1.

CARAÇA. *Um patrimônio da educação.* Educação, Ministério da Educação e Cultura, Brasília, 6(22):74-80, out./dez. 1976.

CARVALHO, Ivan Lira de. *Estética Urbana e Patrimônio Cultural:* Preocupações do Direito Ambiental. Lex: Jurisprudência do Supremo Tribunal Federal. Brasília, dezembro de 2003: (5-21), v. 25, 300.

CASTRO, Almir. Desapropriação, tombamento. *Revista de Direito Administrativo, Fundação Getúlio Vargas.* Rio de Janeiro, Fundação Getúlio Vargas, jan./mar. 1973. v. 111.

COSTA, Adroaldo Mesquita da. Patrimônio histórico artístico nacional – Tombamento – Vizinhança – Visibilidade. *Revista de Direito Administrativo.* Rio de Janeiro, 93:379, outubro de 1968.

CRETELLA JÚNIOR, José. Do tombamento no direito brasileiro. *Revista da Faculdade de Direito da USP.* São Paulo, (70):79-106, 1975.

CRETELLA JÚNIOR, José. Regime jurídico do tombamento. *Revista de Direito Administrativo.* Rio de Janeiro, (112):50-68, abr./jun. 1975.

DALLARI, Adilson Abreu. "Tombamento". Instituto Jurídico, *Revista de Direito Público.* São Paulo: Revista dos Tribunais, 1987. v. 86.

DANTAS, Fabiana Santos. *Guerra e Paz:* Uma Análise da Evolução das Normas Internacionais de Proteção ao Patrimônio Cultural. *Revista de Direito Constitucional e Internacional.* São Paulo, abr./jun. 2010: (85-102), v. 18, n. 71.

DIAMANTINA. *Patrimônio cultural:* Análise e Conjuntura. Edição Especial. Belo Horizonte: Fundação João Pinheiro, 9(7), julho de 1979.

ESTEFAM, Aline Faiwichow. A Preservação do Patrimônio Cultural e o Tombamento. *Revista Brasileira de Estudos da Função Pública.* Belo Horizonte, mai./ago. 2016. v. 5, n. 14.

FAGUNDES, Miguel Seabra. Revogação e anulação do ato administrativo. *Revista de Direito Administrativo, Fundação Getúlio Vargas.* Rio de Janeiro: Fundação Getúlio Vargas, 3:3, 1946.

FALCÃO, Joaquim A. A favor de nova legislação de proteção ao bem cultural. *Ciência e Trópico.* Recife, 9:(1):21-34, jan./jun. 1981.

FERNANDES, Edésio. Um novo olhar sobre as cidades. *Revista do Legislativo.* Belo Horizonte, set./dez. 2001. n. 32.

FIGUEIREDO JUNIOR, Hélio Rodrigues. Bens culturais: Função Social da Propriedade e Instrumentos Jurídicos para a sua Preservação. *Revista de Direito da Cidade.* Rio de Janeiro, 2013. v. 5, n. 2.

FONSECA, Maria Cecília Londres. A Salvaguarda do patrimônio cultural imaterial no IPHAN: antecedentes, realizações e desafios (IPHAN 1937-2017). *Revista do Patrimônio Histórico e Artístico Nacional.* Brasília, 2017: (157-170), n. 35.

FONSECA, Wellington José Monteiro. *A memória de Brasília.* Cultura, Brasília, 11(40):211-3, abr./jun. 1983.

FRADIER, Georges. As mil e uma maravilhas do mundo. *O Correio da UNESCO.* Rio de Janeiro, 8(10), outubro de 1980.

GALLO, García. El por quê del estúdio de la historia del Derecho y utilidade. *Revista Jurídica General del Colegio de Abogados de Madrid,* 1988. p. 26, n. 21.

HAURIOU, André. O poder discricionário e sua justificação. *Revista de Direito Administrativo.* Rio de Janeiro, 19: (27-32), 1950.

HORTA, Raul Machado. Os limites e a esfera de atuação do poder constituinte estadual. Conferência proferida em 24 de outubro de 1988, no Simpósio "A Nova Constituição Federal e o Processo Constitucional Mineiro". *Cadernos do Simpósio.* v. 1. Belo Horizonte: Assembleia Legislativa, 1989.

KUBITSCHECK, Juscelino. Discurso de Posse como Membro de Instituto IHGMG. *Revista do Instituto Histórico e Geográfico de Minas Gerais*. Belo Horizonte, 1 (1943-1944), 1945.

LACERDA, Belizário Antônio de. O direito de preferência como protetor do município na preservação do patrimônio histórico e artístico nacional. *Revista Forense*. Rio de Janeiro, 284(79):47-55, out./dez. 1983.

LAMONICA, Marcus de. *Missões, proteção às ruínas de São Miguel*. Cultura, Brasília: Ministério da Educação e Cultura, 10(36), abr./jun. 1981: (14-7).

LANA, Ricardo Samuel de. Memória e Patrimônio Cultural. *LPH: Revista de História*. Porto Alegre, 1991. p. 91, v. 2, n. 1.

LEAL, Victor Nunes. Ato Administrativo. *Revista de Direito Administrativo*. Rio de Janeiro: Imprensa Nacional 1, 2(1), julho de 1945: (124-43).

LIMA, Alceu Amoroso. *Revista do Brasil*. São Paulo, set./dez. 1916.

LINS, Jair. Proteção do patrimônio artístico estadual e federal. *Revista Forense*. Rio de Janeiro, 51:(5-15), jul./dez. 1928.

MACHADO FILHO, Ayres da Mata. *Preservação do patrimônio nacional*. Cultura Social, Ministério da Educação e Cultura, Brasília: 10(36):52-8, abr./jun. 1981.

MACHADO, Paulo Affonso Leme. Tombamento: instrumento jurídico de proteção do patrimônio natural e cultural. *Revista dos Tribunais*, 563(71):15-40. São Paulo, setembro de 1982.

MAGALHÃES, Aloísio. *A memória nacional no cotidiano brasileiro*. Interior. Brasília: Ministério do Interior: 6(34):51-8, set./out. 1980. Edição especial.

MARCHESAN, Ana Maria Moreira. O Entorno dos Bens Culturais e a Identidade das Cidades: Da Proteção aos Aspectos Materiais e Imateriais do Patrimônio Cultural Urbano. *Revista de Direito ambiental*. São Paulo: Instituto Direito por um Planeta Verde: Revista dos Tribunais: (395-420), v. 16, n. 63, jul./set. 2011.

MARCHESAN, Ana Maria Moreira. O Estatuto da Cidade (Lei 10.257/2001) e a Proteção do Patrimônio Cultural Urbano. *Revista de Direito Ambiental*. v. 12, n. 48, São Paulo: Instituto Direito por um Planeta Verde: Revista dos Tribunais: (46-65), out./dez. 2007.

MEIRA, Sílvio. Os templos sagrados em face da lei e do direito. *Revista de Ciência Política*. Rio de Janeiro, jan./abr. 1980. 23(1):4-41.

MEIRELLES, Hely Lopes. Tombamento e indenização. *Revista de Direito Administrativo*. Rio de Janeiro, 161:1, jul./set. 1985.

MELLO, Celso Antônio Bandeira de. Tombamento e dever de indenizar. *Revista de Direito Público*. São Paulo: Revista dos Tribunais, 81:(65-73), 1987.

MELLO, Daniela Almeida de; SAAD, Denise de Souza. O Estatuto da Cidade e os Dez Anos de Criação dos Instrumentos Jurídicos Inovadorres: Estudo de Impacto de Vizinhança e a Preservação do Patrimônio Cultural. *Revista Brasileira de Direito Municipal*. Belo Horizonte, jan./mar., 2013. v. 14, n. 47.

MENDONÇA, Guilherme Cruz. Das sanções administrativas em matéria de patrimônio histórico e artístico nacional. In: *Patrimônio*: práticas e reflexões. Rio de Janeiro: Iphan: Copedoc, 2007 (233-268).

MEYER, Regina Maria Prosperi. A ação do patrimônio no município de São Paulo. *Revista de Administração Municipal*. Rio de Janeiro, 31(172):48-55, jul./set. 1984.

MIRANDA, Marcos Paulo de Souza. Áreas de Proteção Especial: valiosos e pouco conhecidos instrumentos de defesa do meio ambiente, do ordenamento urbano e do patrimônio cultural. *MPMG Jurídico*. Belo Horizonte, abr./jun. 2006, v. 1, n. 5.

MUKAI, Toshio. Limitações urbanísticas e patrimônio cultural. *Revista de Administração Municipal*. Rio de Janeiro, 27(154):53-62, jan./mar. 1980.

OLINDA. Cultura, Brasília: Ministério de Educação e Cultura, 11(40):6-12, abr./jun. 1983.

PALACKY, Ana Cristina. O tombamento e a cultura urbana. *Revista de Administração Municipal*. Rio de Janeiro: 25(146):20-33, jan./mar. 1978.

PELLEGRINI, Luiz Fernando Gama. A proteção de que gozam os monumentos e obras de valores artístico ou histórico. *Revista de Direito Civil*. São Paulo: Revista dos Tribunais, 7(23):86-90, jan./mar. 1983.

PIRES, Maria Coeli Simões. Cidade e Cultura: recíprocas Interferências e suas representações. *Revista da Faculdade de Direito da Universidade Federal de Minas Gerais*. Belo Horizonte, 2001: (189-217), n. 40.

PIRES, Maria Coeli Simões. Direito Urbanístico, meio ambiente e patrimônio cultural. *Revista de Informação Legislativa*. Brasília: Senado, 2001. v. 38, n. 151.

PIRES, Maria Coeli Simões. O papel do Estatuto na conformação da propriedade urbana. *Revista Fórum de Direito Urbano e Ambiental*. ano 1, n. 1: (3-15). Belo Horizonte: Fórum, jan./fev. 2002.

PIRES, Maria Coeli Simões; COSTA, Mila Batista Leite Corrêa da; CARDOSO,

José Luiz F. O Princípio Constitucional do Devido Processo e a Proteção do Patrimônio Cultural: Ressignificando o Instituto do Tombamento. *Revista de Direitos e Garantias Fundamentais – Faculdade de Direito de Vitória*. Vitória, 2013.

PIRES, Maria Coeli Simões Pires; COSTA, Mila Batista Leite Corrêa da; MATTOS, Liana Portilho. Gestão do Patrimônio Cultural. In: CASTRO, Carmem Lúcia Freitas de; GONTIJO, Cynthia Rúbia Braga; PINTO, Luciana Moraes Raso Sardinha (org.). *Dicionário de políticas públicas*: vol. 2. Barbacena: Editora UEMG, 2015: (490). ISBN: 978-85-62578-55-7.

PIRES, Maria Coeli Simões Pires; COSTA, Mila Batista Leite Corrêa da; MATTOS, Liana Portilho. Gestão Urbana. In: CASTRO, Carmem Lúcia Freitas de; GONTIJO, Cynthia Rúbia Braga; PINTO, Luciana Moraes Raso Sardinha (org.). *Dicionário de políticas públicas*: vol. 2. Barbacena: Editora UEMG, 2015: (490). ISBN: 978-85-62578-55-7.

PIRES, Maria Coeli Simões; COSTA, Mila Batista Leite Corrêa da; MATTOS, Liana Portilho. Patrimônio Cultural. In: CASTRO, Carmem Lúcia Freitas de; GONTIJO, Cynthia Rúbia Braga; PINTO, Luciana Moraes Raso Sardinha (org.). *Dicionário de políticas públicas*: vol. 2. Barbacena: Editora UEMG, 2015: (490). ISBN: 978-85-62578-55-7.

PITOMBO, Sérgio Marcos de Moraes. O tombamento de edifícios públicos, que abriguem estabelecimentos prisionais. *Revista do Conselho Penitenciário do Distrito Federal*. Brasília, 18(43):63-9, jul./dez. 1981.

PONTES, Marco Antônio. *Um ideal maior que o grito do Ipiranga?*. Interior: Ministério do Interior, Brasília, 6(34):6-11, set./out. 1980. Edição especial.

PONTES, Mariza. *Natureza e cultura nas mãos da comunidade*. Cultura, Brasília: Ministério da Educação e Cultura. 10(37):46-9, jul./set. 1981.

PROTT, Lyndel V; O'KEEFE, Patrick J. O direito e o patrimônio subaquático. *O Correio da UNESCO*. Rio de Janeiro, 24 jan. 1988.

RABELLO, Sonia. O tombamento. In: REZENDE, Maria Beatriz; GRIECO, Bettina; TEIXEIRA, Luciano; THOMPSON, Analucia (org.). *Dicionário IPHAN de Patrimônio Cultural*. 1. ed. Rio de Janeiro, Brasília: Iphan: DAF: Copedoc, 2015 (Termo chave Tombamento). ISBN 978-85-7334– 279-6.

REVISTA DE DIREITO ADMINISTRATIVO. Rio de Janeiro: Imprensa Nacional. 2(1):102 e seguintes, julho de 1945.

RIBEIRO, C. J. de Assis. *Proteção dos documentos de valor histórico*. Brasília, Arquivos, Ministério da Justiça, 115: (41-81), setembro de 1970.

ROMA FILHO, Elias. *Em Recife, a memória histórica das ideias*. Educação, Brasília: Ministério da Educação e Cultura, 10(36):24-9, out./dez. 1981.

RUSSOMANO, Nailê. Do tombamento: Uma sugestão à Assembleia Nacional Constituinte. *Revista de Informação Legislativa*. Brasília, 24(95):273-80, jul./set. 1987.

SANT'ANNA, Márcia. Desafios e perspectivas da política federal de salvaguarda do patrimônio cultural. *Revista do Patrimônio Histórico e Artístico Nacional*. Brasília: n. 36:(95-106), 2017.

SENA, Caio Nélson de. Saudação. *Revista do Instituto Histórico e Geográfico de Minas Gerais*. Belo Horizonte, 1(1943-1944), 1945.

SPHAN. *Proteção e revitalização do patrimônio cultural no Brasil: uma trajetória – MEC/SPHAN Pró-Memória*. Brasília: Secretaria do Patrimônio Histórico e Artístico Nacional, (31):11-196, 1980.

TÁCITO, Caio. Do direito individual ao direito difuso. In: *Revista de Direito Administrativo*. Rio de Janeiro, 157: (1-15), jul./set. 1984.

TAMASO, Izabela. Dossiê Patrimônio Cultural – Apresentação. *Revista de Ciências Sociais – Sociedade e Cultura:* vol. 8, n. 2: (7-12) Goiânia: Universidade Federal de Goiás, jul.-dez. 2005.

TOLEDO, Carlos José Teixeira de. A Proteção do Patrimônio Cultural e suas Representações Patrimoniais. *Boletim de Direito administrativo*. São Paulo, v. 21, n. 4: (420-427), abril de 2005.

UNESCO. Estudo internacional do patrimônio subaquático. *O Correio da UNESCO*. Rio de Janeiro, 7 jan. 1988.

UNESCO. Natureza e cultura patrimônio da humanidade. *O Correio da UNESCO*, 8(10):4. Rio de Janeiro: Fundação Getúlio Vargas, outubro de 1980.

ARTIGOS DE JORNAIS

ANDRADE, Carlos Drummond de. *Estado de Minas*. Belo Horizonte: 29 jun. 1967.

DIÁRIO DE MINAS. "Arquivo Público Mineiro faz 93 anos de fundação". *Diário de Minas*. Belo Horizonte: 10 jul. 1988. p. 17.

ESTADO DE MINAS GERAIS. Belo Horizonte, 13 mar. 1983. p. 12.

MINAS GERAIS. *"É necessário que o povo tenha acesso à cultura"*. Órgão oficial do Estado de Minas Gerais. Belo Horizonte, 17 jul. 1985. p. 4.

PIMENTA, Aluísio (Ministro da Cultura), na SBPC, Minas Gerais. Órgão Oficial do Estado de Minas Gerais. Belo Horizonte, 17 jul. 1985.

ARTIGOS DE FONTES VIRTUAIS

AGÊNCIA BRASIL. *UNESCO reconhece a Pampulha como Patrimônio Mundial da Humanidade*. Disponível em: http://agenciabrasil.ebc.com.br/cultura/noticia/2016-07/pampula-e-reconhecido-como-patrimonio-mundial-da-humanidade. Acesso em: 17 jul. 2016.

ALEMANHA. *Informações*. Disponível em: https://www.tatsachen-ueber-deutschland.de/pt-br/system/files/download/tatsachen_2015_por.pdf. Acesso em: 22 jun. 2017.

ALGO SOBRE. *O turismo como atividade econômica e suas diversas formas*. Disponível em: https://www.algosobre.com.br/geografia/ o-turismo-como-atividade-economica-e-suas-diversas-formas.html. Acesso em: outubro de 2019.

ALMEIDA, Luiz Fernando de. *Patrimônio mundial:* fundamentos para seu reconhecimento – A Convenção sobre Proteção do Patrimônio Mundial, Cultural e Natural de 1972: para saber o essencial. Brasília, DF: Iphan, 2008. Disponível em: http://portal.iphan.gov.br/uploads/ckfinder/arquivos/Cartilha_do_patrimonio_mundial.pdf. Acesso em: 22 ago. 2017.

BARCELOS, Artur H. F. *Arqueologia e Patrimônio no Brasil:* um dilema inacabado. Disponível em: http://periodicos.unesc.net/historia/article/viewFile/1107/1064. Acesso em: 15 set. 2017.

BBC. *Humanidade perdeu mais com incêndio do Museu Nacional do que na Notre-Dame, diz diretor da instituição brasileira*. Disponível em: https://www.bbc.com/portuguese/geral-48550660. Acesso em: outubro de 2019.

BEZERRA, Juliana. *Fim da URSS*. Disponível em: https://www.todamateria.com.br/fim-da-urss. Acesso em: 27 de jun. 2017.

BIONDINI, Isabella Virgínia Freire, et al. *A política do ICMS* – Patrimônio Cultural em Minas Gerais como instrumento de indução à descentralização de ações de política pública no campo do patrimônio: potencialidades e limites. p. 3. Disponível em: http://diamantina.cedeplar.ufmg.br/2014/site/arquivos/a-politica-do-icms-patrimonio-cultural-em-minas-gerais.pdf. Acesso em: 14 fev. 2019.

BO, João Batista Lanari. *Proteção do Patrimônio na UNESCO:* ações e significados. Brasília: UNESCO, 2003. p. 35. Disponível em: http://www4.unirio.br/museologia/textos/protecao_patrimonio_na_unesco.pdf. Acesso em: 14 jan. 2019.

BOMFIM, Natanael Reis. *Uma perspectiva educacional da relação entre cultura e ambiente*. Maio de 2017. Disponível em: http://www.cult.ufba.br/enecult2007/NatanaelReisBomfim.pdf. Acesso em: 15 set. 2017.

BRASIL. *Lei complementar 140*. 8 de dezembro de 2011. Disponível em: http://www.planalto.gov.br/ccivil_03/leis/LCP/Lcp140.htm. Acesso em: 28 set. 2017.

CASTRIOTA, Leonardo Barci. et al. *PAC Cidades Históricas*: oportunidade para a conservação integrada. Disponível em: https://saojoaodelreitransparente.com.br/files/docs/PAC_SABARA1.pdf. Acesso em: 12 out. 2017.

CASTRO, Demian Garcia. *Significados do conceito de Paisagem:* Um debate através da epistemologia da geografia. Disponível em: http://www.pucsp.br/~diamantino/PAISAGEM.htm. Acesso em: 14 fev. 2019.

DAROLT, Ana Paula. *Carta de referência:* Carta de Veneza – Monumentos e Sítios. Maio de 1964. Disponível em://arquiteturahistoriaepatrimonio.wordpress.com/2016/03/06/carta-de-referencia-carta-de-veneza-monumentos-e-sitios-maio-de-1964. Acesso em: 06 mar. 2016.

EL PAÍS. *América Latina foca no turismo para fortalecer sua economia*. Disponível em: https://brasil.elpais.com/brasil/2018/06/22/economia/1529683118_375185.html. Aceso em: outubro de 2019.

EL PAÍS. *Veneza*: uma cidade que naufraga com seus turistas. Disponível em: https://brasil.elpais.com/brasil/2017/11/20/internacional/1511176425_437516.html. Acesso em: outubro de 2019.

FEBBRO, Eduardo. O Socialismo francês entrou em fase terminal. 2.02.2018. Disponível em: <htpp://wwwlhu.unisinos.br> Acesso em: 20 de jul. 2019.

GONÇALVES, Rainer. *A Reunificação da Alemanha*. Disponível em: <http://historiadomundo.uol.com.br/idade-contemporanea/reunicacao-alemanha.htm>. Acesso em: 14 fev. de 2019.

GRIECO, Bettina; TEIXEIRA, Luciano; THOMPSON, Analucia (org.). *Dicionário IPHAN de Patrimônio Cultural*. 1. ed. Rio de Janeiro, Brasília: Iphan: DAF: Copedoc, 2015. Disponível em: http://portal.iphan.gov.br/dicionarioPatrimonioCultural/detalhes/24/conferencias-pan-americanas. Acesso em: 14 fev. 2019.

IPHAN. *Instituto do Patrimônio Histórico e Artístico Nacional*. Disponível em: http://portal.iphan.gov.br/pagina/detalhes/1211. Acesso em: 21 set. 2017.

KÜHL, Beatriz Mugayar. *Notas sobre a Carta de Veneza*. Scielo, 2010. Disponível em: http://www.scielo.br/scielo.php?script=sci_arttext&pid=S0101-47142010000200008. Acesso em: 14 fev. 2019.

Lei Delegada 180 de 20/01/2011 Dispõe sobre a estrutura orgânica da Administração Pública do Poder Executivo do Estado de Minas Gerais e dá outras providências. Disponível em: https://www.almg.gov.br/consulte/legislacao/completa/completa-nova-min.html?tipo=LDL&num=180&ano=2011. Acesso em: 21 mar. 2019.

Lei n. 11.448 de 15 de janeiro de 2007 Altera o art. 5o da Lei n. 7.347, de 24 de julho de 1985, que disciplina a ação civil pública, legitimando para sua propositura a Defensoria Pública. Disponível em: http://www.planalto.gov.br/ccivil_03/_ato2007-2010/2007/lei/l11448.htm.

MAGALHÃES, Aloiso. *Proposta de inscrição na lista do Patrimônio Mundial apresentada pelo Brasil:* centro histórico da cidade de Olinda. Recife: Secretaria de Cultura, 1981. Disponível em: http//portal.iphan.gov.br. Acesso em: 10 mar. 2019.

NOVO, Benigno Nunes. A história das Constituições Paraguaias. Disponível em: <meuartigo.brasilescola.uol.com.br> Postado em: 20 de jul. 2009. >. Acesso em: 13 jun. 2017.

OLIVEIRA, Bruno. Sewell – A cidade fantasma dos Andes. Dis-ponível em: <semprenaviagem.com.br > Acesso em: 20 de abril de 2019.

PERETTO, Flávia T. *A transferência do direito de construir na conservação dos imóveis tombados no Município de São Paulo* – 1º Simpósio Científico ICOMOS Brasil, Belo Horizonte, de 10 a 13 de maio de 2017. Disponível em: https://even3storage.blob.core.windows.net/anais/59722.pdf. Acesso em: 14 dez. 2018.

PERU. *Patrimônio cultural imaterial reconhecido.* Disponível em: http://www.crespial.org/pt/Content2/index/0012/NF/3/peru-pci-reconocido. Acesso em: 07 mar. 2019.

PERU. *Patrimônio da Humanidade.* Disponível em: http://www.peru.travel/pt-br/sobre-o-peru/patrimonio-da-humanidade.aspx. Acesso em: 07 mar. 2019.

RANGEL, Tauã Lima Verdan. *A Proeminência da Convenção de Paris de 1970*: Medidas a serem adotadas para proibir e impedir a importação, exportação e transferência de propriedade ilícita dos bens culturais. 2015. Disponível em: http://www.conteudojuridico.com.br/artigo,a-proeminencia-da-convencao-de-paris-de-1970-medidas-a-serem-adotadas-para-proibir-e-impedir-a-importacao-expo,53482.html. Acesso em: agosto de 2017.

REZENDE, Maria Beatriz, et al. *Secretaria e Subsecretaria do Patrimônio Histórico e Artístico Nacional 1979-1990.* Disponível em: http://portal.iphan.gov.br/dicionarioPatrimonioCultural/detalhes/60/secretaria-e-subsecretaria-do-patrimonio-historico-e-artistico-nacional-1979-1990. Acesso em: 14 jan. 2019.

RIBEIRO JUNIOR, Eurípedes Clementino. A preservação do patrimônio cultural e suas particularidades. In: *Âmbito Jurídico,* Rio Grande, XII, n. 70. Novembro de 2009. Disponível em: http://www.ambitojuridico.com.br/site/index.php?n_link=revista_artigos_leitura&artigo_id=6918. Acesso em: junho de 2017.

RIBEIRO, Milton. *A extinta União Soviética completa 90* anos. Tal país, qual arte?. Publicado em 30 de dezembro de 2012. Disponível em: http://www.sul21.com.br/jornal/a-extinta-uniao-sovietica-completa-90-anos-tal-pais-qual-arte. Acesso em: 27 jun. 2017.

SALADINO, Alejandra. *Prospecções na arqueologia brasileira:* processos de ressignificação e práticas de preservação do patrimônio arqueológico. Junho de 2008. Disponível em: http://www.abant.org.br/conteudo/ANAIS/CD_Virtual_26_RBA/grupos_de_trabalho/trabalhos/GT%2037/alejandra%20saladino.pdf. Acesso em: 15 set. 2017.

SILVA, Daisy Rafaela da. Convenção para a salvaguarda do patrimônio cultural imaterial: A tutela do meio ambiente cultural. In: *Âmbito Jurídico*, Rio Grande, XIII, n. 75. Abril de 2010. Disponível em: http://www.ambito-juridico.com.br/site/index.php?n_link=revista_artigos_leitura&artigo_id=7361. Acesso em: agosto de 2017.

SOARES, Marilda Aparecida. *O conceito de Cultura:* um produto social e historicamente construído. p. 01-06, vol. jul., ano 2, série 13/07, 2011. ISSN: 2179-4111. Disponível em: http://fabiopestanaramos.blogspot.com.br/2011/07/o-conceito-de-cultura-um-produto-social.html Acesso em: 14 jan. 2019.

The Economist Intelligence Unit's Index of democracy 2010. Disponível em: http://escoladeredes.net/profiles/blogs/the-economist-intelligence. Acesso em: 02 abr. 2019.

UFVJM. *Usinas de salitre de Humberstone e Santa Laura: Chile*. Disponível em: http://www.ufvjm.edu.br/rotasdopatrimonio/rotas/chile/37-usinas-de-salitre-de-humberstone-e-santa-laura-2005. Acesso em: 14 fev. 2019.

UNESCO (ed.). *Historic Quarter of the City of Colonia del Sacramento*. Disponível em: https://whc.unesco.org/en/list/747. Acesso em: 07 mar. 2019.

UNESCO. *La UNESCO presenta mapa del patrimonio chileno*. Disponível em: http://www.unesco.org/new/es/media_services/single_view/news/la_unesco_presenta_mapa_del_patrimonio_chileno. Acesso em: 14 fev. 2019.

UNESCO. *Lista do Patrimônio da Humanidade:* Palácios Imperiais das Dinastias Ming e Qing em Pequim e Shenyang. UNESCO. Disponível em: https://pt.wikipedia.org/wiki/Pal%C3%A1cios_Imperiais_das_Dinastias_Ming_e_Qing_em_Pequim_e_Shenyang. Acesso em: 4 mai. 2007.

UNESCO. *Sobre a Convenção para a Proteção do Patrimônio Cultural Subaquático – UNESCO*. Disponível em: http://www.unesco.org/new/pt/culture/themes/underwater-cultural-heritage/2001-convention. Acesso em: 14 jan. 2019.

VENEZA. *População de Veneza tenta se proteger da invasão de turistas*. Disponível em: http://br.rfi.fr/europa/20170623-linha-direta-como-populacao-de--veneza-se-protege-da-invasao-de-turistas. Acesso em: outubro de 2019.

WIKIPEDIA. *Aldeia Mineira de Sewell: Chile*. Disponível em: https://pt.wikipedia.org/wiki/Aldeia_Mineira_de_Sewell. Acesso em: 14 fev. 2019.

WIKIPÉDIA. *Constituição do Paraguai*. Disponível em: https://pt.wikipedia.org/wiki/Constitui%C3%A7%C3%A3o_do_Paraguai. Acesso em: 13 jun. 2017.

CONVENÇÕES

CONVENÇÃO UNESCO, 1962. *Recomendação Paris Paisagens e Sítios*. Disponível em: http://portal.iphan.gov.br/uploads/ckfinder/arquivos/Recomendacao%20de%20Paris%201962.pdf. Acesso em: 19 mar. 2019.

CONVENÇÃO UNESCO, 1970. Convenção sobre as medidas a serem adotadas para proibir e impedir a importação, exportação e transferência de propriedade ilícitas dos bens culturais – UNESCO, Paris, 1970. *Textos e Documentos*, 1(12):13-9, dezembro de 1979.

CONVENÇÃO UNESCO, 1972. A convenção internacional sobre a proteção do patrimônio mundial, cultural e natural de 1972. *O Correio da UNESCO*. Rio de Janeiro, 8(10):5, outubro de 1980.

CONVENÇÃO UNESCO, 1972. *Convenção sobre a proteção do patrimônio mundial, cultural e natural de 1972 – UNESCO*. Nova Cultural, São Paulo.

CONVENÇÃO UNESCO, 2001. *Convenção Sobre A Proteção Do Património Cultural Subaquático*. Disponível em: http://www.unesco.org/new/pt/culture/themes/underwater-cultural-heritage/2001-convention. Acesso em: 19 mar. 2019.

CONVENÇÃO UNESCO, 2001. *Convenção Sobre A Proteção Do Património Cultural Subaquático*. Texto adotado pela 31ª Conferência Geral da Organização das Nações Unidas para a Educação, a Ciência e a Cultura (UNESCO) em Paris, 2001. Disponível em: http://www.patrimoniocultural.gov.pt/media/uploads/cc/ConvProtPatCultSub_PT.pdf. Acesso em: 14 fev. 2019.

CONVENÇÃO UNESCO, 2003. *Convenção para a Salvaguarda do Patrimônio Cultural Imaterial. – UNESCO*, 2003. Tradução feita pelo Ministério de Relações Exteriores, Brasília, 2006. Disponível em: http://portal.iphan.gov.br/uploads/ckfinder/arquivos/ConvencaoSalvaguarda.pdf. Acesso em: 14 fev. 2019.

CONVENÇÃO UNESCO, 2005. *A Convenção sobre a Proteção e Promoção da Diversidade das Expressões Culturais*, 2005. Disponível em: https://unesdoc.unesco.org/ark:/48223/pf0000150224. Acesso em: 26 fev. 2019.

CONVENÇÃO UNESCO, 2005. *A Convenção sobre a Proteção e Promoção da Diversidade das Expressões Culturais*. Comentários de DUPIN, Giselle. Disponível em: http://observatoriodadiversidade.org.br/site/convencao-da-unesco-na-atualidade. Acesso em: 14 fev. 2019.

CONVENÇÃO UNESCO, 2005. *Convenção sobre a Proteção e Promoção da Diversidade das Expressões Culturais: texto oficial ratificado pelo Brasil por meio do Decreto Legislativo 485/2006*. Disponível em: http://unesdoc.unesco.org/images/0015/001502/150224por.pdf. Acesso em: agosto de 2017.

Resolução da Assembleia da República n. 34/2000 – Convenção do Unidroit sobre Bens Culturais Roubados ou Ilicitamente Exportados, assinada em Roma em 24 de junho de 1995. Disponível em: http://www.patrimoniocultural.gov.pt/static/data/recursos/formularios/deolinda4.11.2017/diplomaresolucaodaassembleiadarepublican342000.pdf. Acesso em: março de 2019.

CARTAS PATRIMONIAIS

Carta de Amsterdã – IPHAN. Disponível em: http://portal.iphan.gov.br/uploads/ckfinder/arquivos/Declaracao%20de%20Amsterda%CC%83%20 1975.pdf. Acesso em: 12 out. 2017.

Carta de Amsterdã – Carta Europeia do Património Arquitetônico (Amsterdã/Holanda). Disponível em: http://www.patrimoniocultural.gov.pt/media/uploads/cc/CARTAEUROPEIADOPATRIMONIOARQUITECTONICO.pdf. Acesso em: 12 out. 2017.

Carta de Atenas (Grécia/Atenas). In: Congresso Internacional de Arquitetura Moderna. Belo Horizonte: Diretório Acadêmico da Escola de Arquitetura, 1964.

Carta de Brasília (Brasil) – IPHAN. Disponível em: http://portal.iphan.gov.br/uploads/ckfinder/arquivos/Carta%20Brasilia%201995.pdf. Acesso em: 12 out. 2017.

Carta de Bruges – Carta di Bruges (Bruges/Bélgica). Dichiarazione di principio sui problemi dell'ambiente. Disponível em http://www.regione.molise.it/korai/documentazioneinternazionale/1974dichiarazionedibruges.pdf. Acesso em: 12 out. 2017.

Carta de Burra (Austrália/Burra) – IPHAN. Disponível em: http://portal.iphan.gov.br/uploads/ckfinder/arquivos/Carta%20de%20Burra%201980.pdf. Acesso em: 12 out. 2017.

Carta de Florença (Florença/Itália) – IPHAN. Disponível em: http://portal.iphan.gov.br/uploads/ckfinder/arquivos/Carta%20de%20Florenc%CC%A7a%201981.pdf. Acesso em: 12 out. 2017.

Carta de Gubbio – La Carta di Gubbio del 1960. Disponível em: http://www.italianostra.org/?p=32687. Acesso em: 12 out. 2017.

Carta de Gubbio. 10 de novembro de 2009. Disponível em: https://urbanisticaitalia.wordpress.com/2009/11/10/carta-di-gubbio. Acesso em: julho de 2017.

Carta de Jardins Históricos Brasileiros (Brasil). Carta de Juiz de Fora – IPHAN. Disponível em: http://portal.iphan.gov.br/uploads/ckfinder/arquivos/Carta%20dos%20Jardins%20Historicos.pdf. Acesso em: 12 out. 2017.

Carta de Lausanne (Lausanne/Suíça) – IPHAN. Disponível em: http://portal.iphan.gov.br/uploads/ckfinder/arquivos/Carta%20de%20Lausanne%20 1990.pdf:. Acesso em: 12 out. 2017.

Carta de Petrópolis (Brasil). IPHAN – Disponível em: http://portal.iphan.gov.br/uploads/ckfinder/arquivos/Carta%20de%20Petropolis%201987.pdf. Acesso em: 12 out. 2017.

Carta de Restauro (Itália). Disponível em: http://portal.iphan.gov.br/uploads/ckfinder/arquivos/Carta%20do%20Restauro%201972.pdf. Acesso em: 17 out. 2017.

Carta de Turismo Cultural, 1976 (Brasil) – IPHAN. Disponível em: http://portal.iphan.gov.br/uploads/ckfinder/arquivos/Carta%20de%20Turismo%20Cultural%201976.pdf. Acesso em: 12 out. 2017.

Carta de Veneza. II congresso Internacional de Arquitetos e Técnicos dos Monumentos Históricos ICOMOS – Conselho Internacional de Monumentos e Sítios Escritório. Maio de 1964. Disponível em http://portal.iphan.gov.br/uploads/ckfinder/arquivos/Carta%20de%20Veneza%201964.pdf. Acesso em: 26 fev. 2019.

Carta de Veneza. Revista C. J. Arquitetura. Rio de Janeiro: Editora Fernando Chinaglia, (17):128, 1977.

Carta de Washington (Washington/EUA) – IPHAN. Disponível em: http://portal.iphan.gov.br/uploads/ckfinder/arquivos/Carta%20de%20Washington%201986.pdf. Acesso em: 12 out. 2017.

Carta Europeia. Recomendação Europa – IPHAN. Disponível em: http://portal.iphan.gov.br/uploads/ckfinder/arquivos/Recomendacao%20Europa%201995.pdf. Acesso em: 17 out. 2017.

JURISPRUDÊNCIAS

BRASIL. Superior Tribunal de Justiça. *Processo n. 1997/0003421-6*. 03 de agosto de 1998. Relator José Dantas. Disponível em: https://stj.jusbrasil.com.br/jurisprudencia/498766/conflito-de-competencia-cc-19157-mg-1997-0003421-6. Acesso em: 25 mai. 2017.

BRASIL. Superior Tribunal de Justiça. *Processo n. AgRg no AREsp 179340 SP 2012/0096046-8*. 26 de novembro de 2012. Relator Mauro Campbel Marques. Disponível em: https://stj.jusbrasil.com.br/jurisprudencia/22852844/agravo-regimental-no-agravo-em-recurso-especial-agrg-no-aresp-179340-sp-2012-0096046-8-stj. Acesso em: 25 mai. 2017.

BRASIL. Superior Tribunal de Justiça. *Processo n. REsp 435128 SP 2002/0061587-6*. 11 de fevereiro de 2003. Relator Luiz Fux. Disponível em: https://stj.jusbrasil.com.br/jurisprudencia/247726/recurso-especial-resp-435128-sp-2002-0061587-6. Acesso em: 23 mai. 2017.

BRASIL. Tribunal Regional Federal. *Processo n. AC 200851010053873*. 7 de agosto de 2014. Relator Flávio de Oliveira Lucas. Disponível em: https://trf2.jusbrasil.com.br/jurisprudencia/25253278/ac-apelacao-civel-ac-200851010053873-trf2?ref=juris-tabs. Acesso em: 23 mai. 2017.

BRASIL. Supremo Tribunal Federal. *Recurso Especial n. 219.292 – 1/MG – Tombamento do Cine Brasil.*

MINAS GERAIS. Tribunal de Justiça de Minas Gerais. *Ação Direta Inconst 10000121307052000*. 01 de novembro de 2013. Relator Antônio Sérvulo. Disponível em: https://tj-mg.jusbrasil.com.br/jurisprudencia/117640897/acao-direta-inconst-10000121307052000-mg/inteiro-teor-117640924. Acesso em: 30 mai. 2017.

MINAS GERAIS. Tribunal de Justiça de Minas Gerais. *Apelação Cível n. 10024113177562003*. 26 de fevereiro de 2013. Relator Versiani Penna. Disponível em: https://tj-mg.jusbrasil.com.br/jurisprudencia/114663421/apelacao-civel-ac-10024113177562003-mg. Acesso em: 25 mai. 2017.

MINAS GERAIS. Tribunal de Justiça de Minas Gerais. *Apelação Cível n. 10145110015677001*. 8 de fevereiro de 2013. Relator Elias Camilo Sobrinho. Disponível em: https://tj-mg.jusbrasil.com.br/jurisprudencia/114669379/apelacao-civel-ac-10145110015677001-mg/inteiro-teor-114669428. Acesso em: 25 mai. 2017.

MINAS GERAIS. Tribunal de Justiça de Minas Gerais. *EI 10024062680129002 MG*. 09 de maio de 2013. Relator Vanessa Verdolim Hudson Andrade. Disponível em: https://tj-mg.jusbrasil.com.br/jurisprudencia/115516049/embargos-infringentes-ei-10024062680129002-mg. Acesso em: 25 mai. 2017.

MINAS GERAIS. Tribunal de Justiça de Minas Gerais. *Processo n. 1.0220.11.000290-8/007*. 11 de outubro de 2016. Relator Moacyr Lobato. Disponível em: file:///C:/

Users/User/Downloads/DECIS_O%20-%20TJMG%20-%20MATRIZ%20 DE%20DIVINO%20(2).pdf. Acesso em: 25 mai. 2017.

MINAS GERAIS. Tribunal de Justiça de Minas Gerais. *Processo n. 10024990953861001 1MG*. 25 de junho de 2004. Relator Vanessa Verdolim Hudson Andrade. Disponível em: https://tj-mg.jusbrasil.com.br/jurisprudencia/ 5817534/100249909538610011-mg-1002499095386-1-001-1. Acesso em: 25 mai. 2017.

MINAS GERAIS. Tribunal de Justiça de Minas Gerais. *Processo n. AI 10000160162533001 MG*. 12 de agosto de 2016. Relator Peixoto Henriques. Disponível em: https://tj-mg.jusbrasil.com.br/jurisprudencia/373080368/agravo-de-instrumento-cv-ai-10000160162533001-mg. Acesso em: 30 mai. 2017.

NUNES, Castro. Supremo Tribunal Federal. *Apelação Cível 7377*. Pleno. Maioria. Rel. Ministro Castro Nunes. Julgado em 17 de junho de 1942. Revista dos Tribunais, São Paulo 147:792, 796, 1944.

RIO DE JANEIRO. Tribunal de Justiça do Rio de Janeiro. *Representação de inconstitucionalidade n. 1/87*. Rel. J. C. Barbosa Moreira. Revista Forense, Rio de Janeiro, 303:(168), 1988.

RIO GRANDE DO SUL. Tribunal da Justiça. *Apelação Cível n. 29.531*. Município de Porto Alegre, apelante, versus João Ottoni Silveira e outros, apelados. Relator: Dr. João Ricardo Vinhas. *Acórdão de 22 de junho de 1978*. Revista de Jurisprudência do Tribunal de Justiça do Rio Grande do Sul, Porto Alegre, 72(11), 445-51, 1979.

RIO GRANDE DO SUL. Tribunal de Justiça do Rio Grande do Sul. *Processo n. AC 70054564273 RS*. 12 de setembro de 2013. Relator Marilene Bonzanini Bernardi. Disponível em: https://tj-rs.jusbrasil.com.br/jurisprudencia/113232241/apelacao-civel-ac-70054564273-rs. Acesso em: 23 mai. 2017.

RIO GRANDE DO SUL. Tribunal de Justiça do Rio Grande do Sul. *Processo n. AC 70064529647*. 30 de junho de 2015. Relator Maria Isabel de Azevedo Souza. Disponível em: https://tj-rs.jusbrasil.com.br/jurisprudencia/205223344/apelacao-civel-ac-70064529647-rs/inteiro-teor-205223345. Acesso em: 25 mai. 2017.

RIO GRANDE DO SUL. Tribunal de Justiça do Rio Grande do Sul. *Processo n. EI 70023476856 RS*. 27 de julho de 2008. Relator Paulo de Tarso Vieira Sanseverino. Disponível em: https://tj-rs.jusbrasil.com.br/jurisprudencia/8074691/embargos-infringentes-ei-70023476856-rs. Acesso em: 23 mai. 2017.

RIO GRANDE DO SUL. Tribunal de Justiça do Rio Grande do Sul. *Processo n. EI 70054347232 RS*. 07 de outubro de 2013. Relator Marco Aurélio Heinz.

Disponível em: https://tj-rs.jusbrasil.com.br/jurisprudencia/113371814/embargos-infringentes-ei-70054347232-rs. Acesso em: 25 mai. 2017.

SANTA CATARINA. Tribunal de Justiça de Santa Catarina. *Processo n. MS 382318 SC 2009.038231-8*. 05 de fevereiro 2010. Relator Wilson Augusto do Nascimento. Disponível em: https://tj-sc.jusbrasil.com.br/jurisprudencia/8376500/reexame-necessario-em-mandado-de-seguranca-ms-382318-sc-2009038231-8?ref=topic_feed. Acesso em: 25 mai. 2017.

SANTA CATARINA. Tribunal de Justiça de Santa Catarina. *Processo n. MS 760361SC 200.076036-1*. 09 de novembro de 2010. Relator Cid Goulart. Disponível em: https://tj-sc.jusbrasil.com.br/jurisprudencia/18858703/apelacao-civel-em-mandado-de-seguranca-ms-760361-sc-2009076036-1. Acesso em: 23 mai. 2017.

PARECERES

BRASIL. Consultor Geral da República. LEAL, Victor Nunes. *Pareceres do Consultor-Geral da República*. Mar./out. de 1960. Brasília: Departamento de Imprensa Nacional, 1966. v. único.

BRASIL. Ministério da Fazenda. *Patrimônio histórico e artístico – Tombamento – Vizinhança*. A construção de prédio na vizinhança de prédio tombado infringe o disposto no art. 18 do Decreto-Lei n. 25, de 1937. Processo n. 0168-07.472/77. Interessado: Jardim Botânico do Rio de Janeiro. Procurador-Geral: Cid Heráclito de Queiroz. Revista de Direito Administrativo. Rio de Janeiro, 131:(251-9), jan./mar. 1978.

BRASIL. PRESIDÊNCIA DA REPÚBLICA. COSTA, Adroaldo Mesquita da. Consultoria Geral da República. *Parecer processo P.R. n. 22.473/64 – Patrimônio Histórico e Artístico Nacional. Tombamento e Desapropriação*. In: Revista de Direito Administrativo. Rio de Janeiro: Fundação Getúlio Vargas: (82:345), 1965.

BRASIL. Presidência da República. *Patrimônio histórico e artístico – Tombamento – Vizinhança – Registro*. O tombamento de bem privado deve ser precedido de notificação ao proprietário. Processo P.R. n. 7.593/73. Consultor-Geral: Luiz Rafael Mayer. Revista de Direito Administrativo. Rio de Janeiro, 120: (403-12), abr./jun. 1975.

BRASIL. Presidência da República. *Patrimônio histórico e artístico nacional – Tombamento – Vizinhança – Visibilidade*. Não basta que a construção esteja na vizinhança da coisa tombada, é necessário que a mesma impeça ou reduza sua visibilidade. Interpretação do art. 18, do Decreto-Lei n. 25, de 30 de novembro de 1937. Processo P.R. n. 1.946/68. Consultor-Geral: Adroaldo Mesquita da Costa. Revista de Direito Administrativo. Rio de Janeiro, 93:379-81, outubro de 1968.

CARVALHO, Paulo Neves de. *Parecer – Projeto de Lei Estadual n. 1.695/89*. Inconstitucionalidade da lei em que se transforme o projeto, como proposto. Belo Horizonte, Assembleia Legislativa do Estado de Minas Gerais, agosto de 1989.

CAVALCANTI, Themístocles Brandão. *Parecer*. Revista de Direito Administrativo. Rio de Janeiro: Fundação Getúlio Vargas, v.119: (428-34), 1975.

CAVALCANTI, Themístocles Brandão. *Patrimônio histórico – Tombamento – Notificação – Registro*. Revista de Direito Administrativo. Rio de Janeiro: (428-34), v. 119, 1975.

NUNES, Reginaldo. *Patrimônio artístico e histórico nacional – Tombamento – Desapropriação – Concessão de lavra*. Interpretação do art. 141, parágrafos 4º e 16, e art. 175 da Constituição. Revista de Direito Administrativo. Rio de Janeiro: 16: (444-50), abr./jun. 1964.

PEREIRA, Caio Mário da Silva. *Parecer da Consultoria-Geral da República: Patrimônio histórico – tombamento*. Revista de Direito Administrativo, Fundação Getúlio Vargas, 65, jul./set. 1961.

RIBEIRO, Antônio de Pádua. *Parecer Procuradoria Geral da República*. Revista de Direito Administrativo. Rio de Janeiro: Fundação Getúlio Vargas, 123: (275), jan./mar. 1976.

SILVA, Carlos Medeiros. *Patrimônio Histórico e Artístico Nacional – Tombamento – Notificação do Proprietário – Registro – Nulidade*. Revista de Direito Administrativo. Rio de Janeiro, 120: (459-69), abr./jun. 1975.

SILVA, Carlos Medeiros. *Patrimônio Histórico e Artístico Nacional – Tombamento – Vizinhança – Desapropriação*. Revista de Direito Administrativo. Rio de Janeiro, 108: (429-64), abr./jun. 1972.

SILVA, Carlos Medeiros. *Patrimônio artístico e histórico nacional – Tombamento – Desapropriação – Concessão de Lavra – Ato Administrativo – Revogação*. Interpretação do art. 175 da Constituição; idem, do art. 17 do Decreto-Lei n. 25, de 1937. Revista de Direito Administrativo. Rio de Janeiro, 67:248-58, jan./mar. 1962.

ANEXO 1

PRINCIPAIS BENS TOMBADOS PELO INSTITUTO DO PATRIMÔNIO HISTÓRICO E ARTÍSITICO NACIONAL – IPHAN – EM MINAS GERAIS[1]

ABRE CAMPO

– Bem tombado: Imagem de São Francisco de Paula, de autoria de Antônio Francisco Lisboa, o Aleijadinho, da igreja local

(Processo n. 845-T, Inscrição n. 499, Livro das Belas-Artes, f. 91. Data: 6/10/1971)

Finalidade atual: bem móvel ou integrado

ALVORADA DE MINAS

– Bem tombado: Igreja Matriz de São José, em Itapanhoacanga

(Processo n. 839-T, Inscrição n. 498, Livro das Belas-Artes, f. 91. Data: 28/9/1971)

Finalidade atual: Edificação e Acervo

BARÃO DE COCAIS

– Bem tombado: – Igreja Matriz de São João Batista

(Processo n. 75, Inscrição n. 270, Livro das Belas-Artes, f. 46. Data: 8/9/1939)

Finalidade atual: Edificação e Acervo

– Bem tombado: Igreja de Nossa Senhora de Sant'Ana, em Cocais

(Processo n. 75-T, Inscrição n. 268, Livro das Belas-Artes, f. 46. Data: 8/9/1939)

Finalidade atual: Edificação e Acervo

– Bem tombado: Igreja de Nossa Senhora do Rosário, em Cocais

---

1 Relação parcial fornecida pelo Instituto Estadual do Patrimônio Histórico e Artístico/Minas Gerais, em 1990, com alterações a partir de dados disponíveis nos sítios oficiais do IPHAN (http://portal.iphan. gov.br/) e do IEPHA (http://www.iepha.mg.gov.br/). Há tombamentos de diversos bens isolados, e, também, de conjuntos arquitetônicos e paisagísticos, abrangendo, assim, os exemplares que os compõem. Outros bens tombados, seja pelo IPHAN, seja pelo IEPHA, constam de guia elaborado sob a coordenação e a pesquisa do Prof. Wladimir Alves de Souza, intitulado "Guia dos bens tombados de Minas Gerais", publicado no Rio de Janeiro, pela Editora Expressão e Cultura, em 1984, contendo o levantamento histórico dos monumentos, suas características e ilustrações.

(Processo n. 75-T, Inscrição n. 269, Livro das Belas-Artes, f. 46. Data: 8/9/1939)

Finalidade atual: Edificação e Acervo

BELO HORIZONTE

– Bem tombado: Capela de São Francisco de Assis e suas obras de arte, na Pampulha

(Processo n. 373-T, Inscrição n. 312, Livro das Belas-Artes, f. 65. Data: 1/12/1947)

Finalidade atual: Edificação e Acervo

– Bem tombado: Casa da antiga Fazenda do Leitão, atual sede do Museu Histórico de Belo Horizonte (Museu Abílio Barreto)

(Processo n. 429-T, Inscrição n. 282, Livro Histórico, f. 48. Data: 29/3/1951)

Finalidade atual: Edificação

– Bem tombado: Lavatório da antiga Igreja Matriz de Nossa Senhora da Boa Viagem

(Processo n. 610-T, Inscrição n. 456, Livro das Belas-Artes, f. 84. Data: 1/7/1960)

Finalidade atual: Bem móvel ou integrado

– Bem tombado: Arredores, Conjunto paisagístico do pico e da parte mais alcantilada da serra do Curral (Demarcado no Processo n. 591-T-60, INDEFERIDO)

Finalidade atual: Patrimônio Natural

– Bem tombado: Pampulha: conjunto arquitetônico e paisagístico

(Processo n. 1341-T (1994), Inscrição n., Data:??/12/1997)

Finalidade atual: Conjunto Arquitetônico

– Bem tombado: Presépio do Pipiripau

(Processo n. 1115-T (1984), Livro Arqueológico, Etnográfico e Paisagístico

Finalidade atual: Bem móvel ou integrado

– Bem tombado: Acervo do Museu de Artes e Ofícios[2]

(Processo n. 1566-T (2008), Inscrição n., Data:??/07/2015)

Finalidade atual: Coleção ou acervo

– Bem tombado: Conjunto Urbanístico e Arquitetônico da Orla da Pampulha

Listagem dos bens integrantes do conjunto:

° Prédio do Museu de Arte de Belo Horizonte, à Avenida Otacílio Negrão de Lima, n. 16.585, arquiteto Oscar Niemeyer, paisagismo Burle Marx; Obras de Arte, tudo de propriedade do Município de Belo Horizonte

---

2 Tombamento de ofício do Acervo do Museu de Artes e Ofícios, originário da coleção Flávio Gutierrez/Ângela Gutierrez, doado ao IPHAN.

º Prédio do Iate Tênis Clube, à Avenida Otacílio Negrão de Lima, n. 1.350, arquiteto Oscar Niemeyer; Pintura de Cândido Portinari; Mobiliário Original (antiga Boate), tudo de propriedade de Jaime Nascimento

º Prédio da Casa do Baile, à Avenida Otacílio Negrão de Lima, n. 751, arquiteto Oscar Niemeyer; Mobiliário Original, tudo de propriedade do Município de Belo Horizonte

º Prédio Casa de JK, à Avenida Otacílio Negrão de Lima, 4.188, arquiteto Oscar Niemeyer, paisagismo Burle Marx

º Painel de Volpi (varanda frontal); Painel Paulo Werneck (pátio interno)

º Prédio da Sede da Fundação Zoobotânica (antigo Golf Clube), à Avenida Otacílio Negrão de Lima, arquiteto Oscar Niemeyer, de propriedade do Município de Belo Horizonte

º Monumento a Yemanjá, à Avenida Otacílio Negrão de Lima, de propriedade do Município de Belo Horizonte

º Estádio Magalhães Pinto – Mineirão

Perímetro de tombamento: Avenida dos Esportes no sentido norte, retomando a Avenida Otacílio Negrão de Lima, até a Rua Gandu, em todo o seu percurso, prosseguindo a oeste, pela Rua Ilha Grande até a Rua Garoupas, abraçando o PIC/Pampulha Iate Clube – arquitetura Oscar Niemeyer – e retornando por ela até a Avenida Otacílio Negrão de Lima. Daí prosseguindo em toda a Orla da Lagoa até a Avenida das Braúnas, por onde continua até a confluência com a Rua "J". Segue pela Rua "J" até encontrar o Córrego d'Água Funda. A partir daí, o perímetro é coincidente com o Jardim Zoológico de Belo Horizonte – Avenida Governador Juscelino Kubitscheck, Rua da Solidão, Rua Maria Bittencourt e Rua Pio XII, número 4.188, continuando até a confluência desta com a Avenida Coronel Oscar Pascoal, que coincide com o ponto de partida (os imóveis limítrofes cujas testadas estejam voltadas para os eixos de ruas e avenidas deverão ser considerados partes integrantes deste perímetro)".

BELO VALE

– Bem tombado: Casa da Fazenda Boa Esperança

(Processo n. 569-T, Inscrição n. 450, Livro das Belas-Artes, f. 84. Data: 27/8/1959)

Finalidade atual: Edificação

BERILO

– Bem tombado: Igreja Matriz de Nossa Senhora da Conceição

(Processo n. 720-T, Inscrição n. 511, Livro das Belas-Artes, f. 93. Data: 14/3/1974)

Finalidade atual: Edificação e Acervo

- Bem tombado: – Igreja de Nossa Senhora do Rosário

(Processo n. 720-T, Inscrição n. 512, Livro das Belas-Artes, f. 93. Data: 14/3/1974)

Finalidade atual: Edificação e Acervo

BOM JESUS DO AMPARO

- Bem tombado: Fazenda Rio de São João

(Processo n. 846-T, Inscrição n. 507, Livro das Belas-Artes, f. 92. Data: 18/9/1973)

Finalidade atual: Edificação

CAETÉ

- Bem tombado: Casa na Rua Israel Pinheiro, 32, ou Casa à Rua Comendador Viana, 6, ou Casa Setecentista – Museu Regional

(Processo n. 429-T, Inscrição n. 383, Livro das Belas-Artes, f. 75. Data: 28/6/1950)

Finalidade atual: Edificação-Museu

- Bem tombado: Igreja Matriz de Nossa Senhora do Bom Sucesso

(Processo n. 67-T, Inscrição n. 115, Livro das Belas-Artes, f. 21. Data: 13/6/1938)

Finalidade atual: Edificação e Acervo

- Bem tombado: Igreja Matriz de Nossa Senhora de Nazaré, em Morro Vermelho

(Processo n. 397-T, Inscrição n. 362, Livro das Belas-Artes, f. 73. Data: 9/5/1950)

Finalidade atual: Edificação e Acervo

- Bem tombado: Igreja de Nossa Senhora do Rosário

(Processo n. 408-T (1949), Inscrição n. 363, Livro das Belas-Artes, f. 73. Data: 9/5/1950)

Finalidade atual: Edificação e Acervo

- Bem tombado: Conjunto paisagístico e arquitetônico da serra e santuário de Nossa Senhora da Piedade, em Penédia

(Processo n. 526-T (1955), Inscrição n. 16, Livro Arqueológico, Etnográfico e Paisagístico, f. 4, e Livro Histórico, Inscrição n. 316, f. 54. Data: 26/9/1956)

Finalidade atual: Conjunto Arquitetônico

CATAGUASES

- Bem tombado: Cataguases, MG: conjunto histórico, paisagístico e urbanístico

(Processo n. 1342-T (1994). Data:??/02/2003)

Finalidade atual: Conjunto Urbano

CONCEIÇÃO DO MATO DENTRO

- Bem tombado: Casa com teto pintado, onde funciona a Escola Normal, na Praça Dom Joaquim

(Processo n. 379-T, Inscrição n. 320, Livro das Belas-Artes, f. 67. Data: 19/11/1948)

Finalidade atual: Edificação

- Bem tombado: Chafariz da Praça Dom Joaquim

(Processo n. 379-T, Inscrição n. 454, Livro das Belas-Artes, f. 84. Data: 9/3/1960)

Finalidade atual: Infraestrutura ou equipamento urbano

- Bem tombado: Igreja de Nossa Senhora do Rosário

(Processo n. 379-T, Inscrição n. 253, Livro Histórico, f. 43, e Inscrição n. 319, Livro das Belas-Artes, f. 67. Data: 19/11/1948)

Finalidade atual: Edificação e Acervo

- Bem tombado: Igreja Matriz de Nossa Senhora da Conceição

(Processos n. 374-T e 379-T, Inscrição n. 252, Livro Histórico, f. 43, e Inscrição n. 318, Livro das Belas-Artes, f. 67. Data: 19/11/1948)

Finalidade atual: Edificação e Acervo

- Bem tombado: Obras de talha do santuário do Bom Jesus de Matozinhos – três retábulos, duas credências e imagem do Senhor Crucificado do Santuário do Bom Jesus de Matozinhos

(Processo n. 379-T, Inscrição n. 469, Livro das Belas-Artes, f. 86. Data: 3/10/1962)

Finalidade atual: Bem móvel ou integrado

CONGONHAS

- Bem tombado: Acervo arquitetônico, paisagístico e escultórico do santuário do Bom Jesus de Matozinhos

(Processo n. 75-T, Inscrição n. 239, Livro das Belas-Artes, f. 41. Data: 8/9/1939)

Finalidade atual: Conjunto Arquitetônico

- Bem tombado: Coleção composta de 89 (oitenta e nove) ex-votos pintados, pertencente ao santuário do Bom Jesus de Matozinhos

(Processo n. 1.039-T-80, Inscrição n. 486, Livro Histórico, f. 84, e Inscrição n. 548, Livro das Belas-Artes, V. 2, f. 4. Data: 29/1/1981)

Finalidade atual: Coleção ou Acervo

- Bem tombado: Conjunto arquitetônico e urbanístico da cidade

(Processo n. 238-T-41, Inscrição n. 12, Livro Arqueológico, Etnográfico e Paisagístico, f. 3. Data: 17/3/1941)

Finalidade atual: Conjunto Urbano

– Bem tombado: Igreja Matriz de Nossa Senhora da Conceição

(Processo n. 395-T, Inscrição n. 386, Livro das Belas-Artes, f. 76. Data: 21/7/1950)

Finalidade atual: Edificação e Acervo

DIAMANTINA

– Bem tombado: Acervo arquitetônico e paisagístico da cidade, demarcado no Processo n. 64-T-38

(Inscrição n. 66, Livro das Belas-Artes, f. 12. Data: 16/5/1938)

Finalidade atual: Conjunto Urbano

– Bem tombado: Casa com forro pintado, na Rua Tiradentes, 36

(Processo n. 429-T, Inscrição n. 451, Livro das Belas-Artes, f. 84. Data: 2/9/1959)

Finalidade atual: Edificação

– Bem tombado: Casa da Chica da Silva, na Praça Lobo de Mesquita, 266 – Rua Lalau Pires, 266

(Processo n. 412-T, Inscrição n. 355, Livro das Belas-Artes, f. 72. Data: 4/4/1950)

Finalidade atual: Edificação

– Bem tombado: Casa do Inconfidente Padre Rolim, na Rua Tiradentes, atual Museu do Diamante

(Processo n. 429-T, Inscrição n. 278, Livro Histórico, f. 47. Data: 28/6/1950)

Finalidade atual: Edificação

– Bem tombado: Casa da Praça Juscelino Kubitschek, atual Edifício do Fórum

(Processo n. 413-T, Inscrição n. 349, Livro das Belas-Artes, f. 71. Data: 9/1/1950)

Finalidade atual: Edificação

– Bem tombado: Casa na Rua Francisco Sá, 50, atual Biblioteca Antônio Torres

(Processo n. 429-T, Inscrição n. 382, Livro das Belas-Artes, f. 75. Data: 28/6/1950)

Finalidade atual: Edificação

– Bem tombado: Edifício do Mercado, na Praça Barão de Guaicuí

(Processo n. 429-T, Inscrição n. 387, Livro das Belas-Artes, f. 76. Data: 31/7/1950)

Finalidade atual: Edificação

– Bem tombado: – Igreja de Nossa Senhora das Mercês

(Processo n. 409-T, Inscrição n. 333, Livro das Belas-Artes, f. 70. Data: 6/12/1949)

Finalidade atual: Edificação e Acervo

– Bem tombado: Igreja de Nossa Senhora do Amparo

(Processo n. 409-T, Inscrição n. 331, Livro das Belas-Artes, f. 69. Data: 6/12/1949)

Finalidade atual: Edificação e Acervo

– Bem tombado: – Igreja de Nossa Senhora do Carmo – Igreja da Ordem Terceira de Nossa Senhora do Monte do Carmo

(Processo n. 220-T, Inscrição n. 283, Livro das Belas-Artes, f. 49. Data: 19/4/1940)

Finalidade atual: Edificação e Acervo

– Bem tombado: Igreja de Nossa Senhora do Rosário

(Processo n. 409-T, Inscrição n. 334, Livro das Belas-Artes, f. 70. Data: 6/12/1949)

Finalidade atual: Edificação e Acervo

– Bem tombado: Igreja de São Francisco de Assis

(Processo n. 409-T, Inscrição n. 335, Livro das Belas-Artes, f. 70. Data: 6/12/1949)

Finalidade atual: Edificação e Acervo

– Bem tombado: Igreja do Senhor do Bonfim

(Processo n. 409-T, Inscrição n. 332, Livro das Belas-Artes, f. 70. Data: 6/12/1949)

Finalidade atual: Edificação e Acervo

– Bem tombado: Igreja de Sant'Ana, em Inhaí

(Processo n. 468-T, Inscrição n. 298, Livro Histórico, f. 50, e Inscrição n. 408, Livro das Belas-Artes, f. 78. Data: 16/11/1952)

Finalidade atual: Edificação e Acervo

IBIÁ

– Bem tombado: Quilombo Ambrósio: remanescentes

(Processo n. 1428-T (1998). Data:??/07/2002)

Finalidade atual: Quilombo

ITABIRA

– Bem tombado: Ermida de Nossa Senhora do Rosário

(Processo n. 338-T, Inscrição n. 347, Livro das Belas-Artes, f. 71. Data: 23/12/1949)

Finalidade atual: Edificação

ITABIRITO

– Bem tombado: Igreja de Nossa Senhora do Rosário

(Processo n. 516-T, Inscrição n. 428, Livro das Belas-Artes, f. 81. Data: 11/3/1955)

Finalidade atual: Edificação e Acervo

– Bem tombado: Igreja de São Vicente, em Acuruí

(Processo n. 469-T, Inscrição n. 409, Livro das Belas-Artes, f. 78. Data: 16/1/1953)

Finalidade atual: Edificação e Acervo

ITAVERAVA

- Bem tombado: Igreja Matriz de Santo Antônio

(Processo n. 1087-T (1983). Data:??/07/1984)

Finalidade atual: Edificação e Acervo

- Bem tombado: Sobrado do Padre Taborda e casario

(Processo n. 1088-T (1983). Data:??/03/1993)

Finalidade atual: Conjunto Arquitetônico

JUIZ DE FORA

- Bem tombado: Coleções do Museu Mariano Procópio

(Processo n. 190-T, Inscrição n. 118, Livro Histórico, f. 21, e Inscrição n. 236, Livro das Belas-Artes, f. 41. Data: 16/2/1939)

Finalidade atual: Coleção ou Acervo

- Bem tombado: Marco Comemorativo do Centenário de Juiz de Fora

(Processo n. 1391-T (1997). Data:??/11/2001)

Finalidade atual: Bem móvel ou integrado

- Bem tombado: Conjunto Arquitetônico e Paisagístico do Museu Mariano Procópio

(Processo n. 1691-T (2014).

Finalidade atual: Conjunto Arquitetônico

LASSANCE

- Bem tombado: Casa de Saúde Carlos Chagas

(Processo n. 1142-T (1985). Data:??/09/1985)

Finalidade atual: Edificação

- Bem tombado: Estação Ferroviária

(Processo n. 1143-T (1985). Data:??/09/1985)

Finalidade atual: Edificação

LAGOA SANTA

- Bem tombado: Túmulos do Dr. Pedro Guilherme Lund e de seus colaboradores (o pequeno cemitério em que se acham situados)

(Processo n. 603-T, Inscrição n. 331, Livro Histórico, f. 55. Data: 9/5/1960)

Finalidade atual: Edificação

LAVRAS

– Bem tombado: – Igreja Matriz de Nossa Senhora do Rosário

(Processo n. 368-T, Inscrição n. 316, Livro das Belas-Artes, f. 67. Data: 2/9/1948)

Finalidade Atual: Edificação e Acervo

MARIANA

– Bem tombado: Acervo arquitetônico e paisagístico da cidade, erigida em Monumento Nacional pelo Decreto-Lei n. 7.713, de 6/7/1945

(Processo n. 69-T, Inscrição n. 62, Livro das Belas-Artes, f. 12. Data: 14/5/1938)

Finalidade atual: Conjunto/urbano

– Bem tombado: Capela de Nossa Senhora dos Anjos, da Arquiconfraria de São Francisco

(Processo n. 75-T, Inscrição n. 264, Livro das Belas-Artes, f. 45. Data: 8/9/1939)

Finalidade atual: Edificação e Acervo

– Bem tombado: Capela de Sant'Ana

(Processo n. 75-T, Inscrição n. 262, Livro das Belas-Artes, f. 45. Data: 8/9/39)

Finalidade atual: Edificação e Acervo

– Bem tombado: Casa Capitular, atual Museu Arquidiocesano, e a escultura da Fonte da Samaritana

(Processo n. 410-T, Inscrição n. 336, Livro das Belas-Artes, f. 70. Data: 6/12/1949)

Finalidade atual: Edificação e Acervo

– Bem tombado: – Casa da Rua Direita, conhecida como Casa do Barão de Pontal

(Processo n. 500-T, Inscrição n. 344, Livro Histórico, f. 56. Data: 6/7/1962)

Finalidade atual: Edificação

– Bem tombado: Casa de Câmara e Cadeia, na Praça João Pinheiro

(Processo n. 414-T, Inscrição n. 345, Livro das Belas-Artes, f. 71. Data: 19/12/1949)

Finalidade atual: Edificação

– Bem tombado: Casa do Seminário Menor e Capela de Nossa Senhora da Boa Morte

(Processo n. 410-T, Inscrição n. 337, Livro das Belas-Artes, f. 70. Data: 6/12/1949)

Finalidade atual: Edificação e Acervo

– Bem tombado: Igreja Catedral de Nossa Senhora de Assunção

(Processo n. 75-T, Inscrição n. 263, Livro das Belas-Artes, f. 45. Data: 8/9/1939)

– Bem tombado: Igreja de Nossa Senhora das Mercês

(Processo n. 71-T, Inscrição n. 201, Livro das Belas-Artes, f. 35. Data: 5/8/1938)

Finalidade atual: Edificação e Acervo

– Bem tombado: Igreja de Nossa Senhora do Carmo

(Processo n. 75-T, Inscrição n. 266, Livro das Belas-Artes, f. 46. Data: 8/9/1939)

Finalidade atual: Edificação e Acervo

– Bem tombado: Igreja de Nossa Senhora do Rosário dos Pretos

(Processo n. 75, Inscrição n. 265, Livro das Belas-Artes, f. 46. Data: 8/11/1939)

Finalidade atual: Edificação e Acervo

– Bem tombado: Igreja de São Francisco de Assis

(Processo n. 72-T, Inscrição n. 163, Livro das Belas-Artes, f. 29. Data: 8/7/1938)

Finalidade atual: Edificação e Acervo

– Bem tombado: Passo da Ladeira do Rosário

(Processo n. 410-T, Inscrição n. 339, Livro das Belas-Artes, f. 70. Data: 6/12/1949)

Finalidade atual: Edificação e Acervo

– Bem tombado: Passo da Ponte da Areia

(Processo n. 410-T, Inscrição n. 338, Livro das Belas-Artes, f. 70. Data: 6/12/1949)

Finalidade atual: Edificação e Acervo

– Bem tombado: Casa com rótulas, na Rua do Rosário, em Santa Rita Durão

(Processo n. 438-T, Inscrição n. 389, Livro das Belas-Artes, f. 76. Data: 2/12/1950)

Finalidade atual: Edificação

– Bem tombado: Igreja de Nossa Senhora da Glória, em Passagem

(Processo n. 502-T, Inscrição n. 415, Livro das Belas-Artes, f. 79. Data: 21/5/1954)

Finalidade atual: Edificação e Acervo

– Bem tombado: Igreja de Nossa Senhora do Rosário, em Santa Rita Durão

(Processo n. 357-T, Inscrição n. 241, Livro Histórico, f. 40, e Inscrição n. 307, Livro das Belas-Artes, f. 64. Data: 5/11/1945)

Finalidade atual: Edificação e Acervo

– Bem tombado: Igreja Matriz de Nossa Senhora da Conceição, em Camargos

(Processo n. 410-T, Inscrição n. 341, Livro das Belas-Artes, f. 70. Data: 6/12/1949)

Finalidade atual: Edificação e Acervo

– Bem tombado: Igreja Matriz de Nossa Senhora de Nazaré, em Santa Rita Durão

(Processo n. 356-T, Inscrição n. 240, Livro Histórico, f. 40, e Inscrição n. 306, Livro das Belas-Artes, f. 64. Data: 5/11/1945)

Finalidade atual: Edificação e Acervo

– Bem tombado: Igreja Matriz de São Caetano, em Monsenhor Horta

(Processo n. 340-T, Inscrição n. 411, Livro das Belas-Artes, f. 79. Data: 25/6/1953)

Finalidade atual: Edificação e Acervo

- Bem tombado: Igreja Matriz do Bom Jesus do Monte, em Furquim

(Processo n. 410-T, Inscrição n. 340, Livro das Belas-Artes, f. 70. Data: 6/12/1949)

Finalidade atual: Edificação e Acervo

MATIAS BARBOSA

- Bem tombado: Igreja Matriz de Nossa Senhora da Conceição, em Matias Cardoso

(Processo n. 493-T, Inscrição n. 300, Livro Histórico, f. 50. Data: 19/2/1954)

Finalidade atual: Edificação e Acervo

- Bem tombado: Capela de Nossa Senhora da Conceição do Registro do Caminho Novo

(Processo n. 815-T, Inscrição n. 418, Livro Histórico, f. 68. Data: 20/11/1969)

Finalidade atual: Edificação e Acervo

MATOZINHOS

- Bem tombado: Lapa da Cerca Grande, em Mocambeiro

(Processo n. 491-T, Inscrição n. 30, Livro Arqueológico, Etnográfico e Paisagístico, f. 8. Data: 27/6/1962)

Finalidade atual: Sítio arqueológico

MINAS NOVAS

- Bem tombado – Casa na Avenida Getúlio Vargas, conhecida como Sobradão

(Processo n. 597-T, Inscrição n. 28, Livro Arqueológico, Etnográfico e Paisagístico, f. 7. Data: 25/9/1959)

- Bem tombado: Igreja de São José

(Processo n. 720-T, Inscrição n. 396, Livro Histórico, f. 64. Data: 27/6/1967)

Finalidade atual: Edificação e Acervo

NOVA ERA

- Bem tombado: Conjunto arquitetônico e paisagístico da Praça da Matriz e o prédio do Museu Municipal de Arte e História

(Processo n. 880-T, Inscrição n. 59, Livro Arqueológico, Etnográfico e Paisagístico, f. 14, e Inscrição n. 508, Livro das Belas-Artes, f. 92. Data: 17/12/1973)

Finalidade atual: Conjunto Arquitetônico

– Bem tombado: Igreja Matriz de São José

(Processo n. 475-T, Inscrição n. 410, Livro das Belas-Artes, f. 78. Data: 17/3/1953)

Finalidade atual: Edificação e Acervo

NOVA LIMA

– Bem tombado: Retábulos e púlpitos da Capela da Fazenda da Jaguara, incorporados à Igreja Matriz de Nossa Senhora do Pilar

(Processo n. 429-T, Inscrição n. 277, Livro Histórico, f. 47, e Inscrição n. 370, Livro das Belas-Artes, f. 74. Data: 19/6/1950)

Finalidade atual: Bem móvel ou integrado

OURO BRANCO

– Bem tombado: Igreja Matriz de Santo Antônio

(Processo n. 402-T, Inscrição n. 326, Livro das Belas-Artes, f. 69. Data: 29/11/1949)

Finalidade atual: Edificação ou Acervo

– Bem tombado: Igreja Santo Antônio no Distrito de Itatiaia

(Processo n. 1033-T (1980). Data:??/10/1983)

Finalidade atual: Edificação ou Acervo

OURO PRETO

– Bem tombado: Acervo arquitetônico e paisagístico da cidade, erigida em Monumento Nacional pelo Decreto n. 22.928, de 12/7/1933

(Processo n. 70-T, Inscrição n. 39, Livro das Belas-Artes, f. 8. Data: 20/4/1938)

Finalidade atual: Conjunto Urbano

– Bem tombado: – Antiga Casa de Câmara e Cadeia, na Praça Tiradentes, atual Museu da Inconfidência

(Processo n. 512-T, Inscrição n. 305, Livro Histórico, f. 51, e Inscrição n. 418, Livro das Belas-Artes, f. 79. Data: 29/11/1954)

Finalidade atual: Edificação

– Bem tombado: Antigo Palácio dos Governadores, na Praça Tiradentes, atual Escola de Minas e Metalurgia

(Processo n. 415-T, Inscrição n. 266, Livro Histórico, f. 46. Data: 13/3/1950)

Finalidade atual: Edificação

– Bem tombado: Capela de Nossa Senhora da Piedade

(Processo n. 75-T, Inscrição n. 251, Livro das Belas-Artes, f. 42. Data: 8/9/1939)

Finalidade atual: Edificação e Acervo

– Bem tombado: Capela de Nossa Senhora das Dores

(Processo n. 75-T, Inscrição n. 254, Livro das Belas-Artes, f. 44. Data: 8/9/1939)

Finalidade atual: Edificação e Acervo

– Bem tombado: Capela de Nossa Senhora do Rosário do Padre Faria

(Processo n. 75-T, Inscrição n. 249, Livro das Belas-Artes, f. 43. Data: 8/9/1939)

Finalidade atual: Edificação e Acervo

– Bem tombado: Capela de Sant'Ana

(Processo n. 410-T, Inscrição n. 342, Livro das Belas-Artes, f. 71. Data: 6/12/1949)

Finalidade atual: Edificação e Acervo

– Bem tombado: Capela de São João

(Processo n. 75-T, Inscrição n. 250, Livro das Belas-Artes, f. 43. Data: 8/9/1939)

Finalidade atual: Edificação e Acervo

– Bem tombado: Capela de São Sebastião

(Processo n. 75-T, Inscrição n. 252, Livro das Belas-Artes, f. 43. Data: 8/9/1939)

Finalidade atual: Edificação e Acervo

– Bem tombado: Capela do Senhor do Bonfim

(Processo n. 75-T, Inscrição n. 255, Livro das Belas-Artes, f. 44. Data: 8/9/1939)

Finalidade atual: Edificação e Acervo

– Bem tombado: Casa dos Contos, na Rua São José

(Processo n. 415-T, Inscrição n. 263, Livro Histórico, f. 45, e Inscrição n. 348, Livro das Belas-Artes, f. 71. Data: 9/1/1950)

Finalidade atual: Edificação

– Bem tombado: Chafariz da Glória, na Rua Antônio de Albuquerque

(Processo n. 430-T, Inscrição n. 374, Livro das Belas-Artes, f. 74. Data: 19/6/1950)

Finalidade atual: Infraestrutura ou equipamento urbano

– Bem tombado: Chafariz da Praça de Marília

(Processo n. 430-T, Inscrição n. 379, Livro das Belas-Artes, f. 74. Data: 19/6/1950)

Finalidade atual: Infraestrutura ou equipamento urbano

– Bem tombado: – Chafariz de São José, ou dos Contos

(Processo n. 430-T, Inscrição n. 371, Livro das Belas-Artes, f. 74. Data: 19/6/1950)

Finalidade atual: Infraestrutura ou equipamento urbano

– Bem tombado: Chafariz do Alto das Cabeças

(Processo n. 430-T, Inscrição n. 375, Livro das Belas-Artes, f. 74. Data: 19/6/1950)

Finalidade atual: Infraestrutura ou equipamento urbano

- Bem tombado: Chafariz do Alto da Cruz

(Processo n. 430-T, Inscrição n. 372-A, Livro das Belas-Artes, f. 74. Data: 19/6/1950)

Finalidade atual: Infraestrutura ou equipamento urbano

- Bem tombado: Chafariz do Passo de Antônio Dias

(Processo n. 430-T, Inscrição n. 372, Livro das Belas-Artes, f. 74. Data: 19/6/1950)

Finalidade atual: Infraestrutura ou equipamento urbano

- Bem tombado: Igreja de Nossa Senhora das Mercês e Misericórdia

(Processo n. 75-T, Inscrição n. 243, Livro das Belas-Artes, f. 42. Data: 8/9/1939)

Finalidade atual: Edificação e Acervo

- Bem tombado: Igreja de Nossa Senhora das Mercês e Perdões

(Processo n. 75-T, Inscrição n. 242, Livro das Belas-Artes, f. 42. Data: 9/9/1939)

Finalidade atual: Edificação e Acervo

- Bem tombado: Igreja de Nossa Senhora do Carmo e cemitério anexo

(Processo n. 110-T, Inscrição n. 33, Livro das Belas-Artes, f. 7. Data: 20/4/1938)

Finalidade atual: Edificação e Acervo

- Bem tomado: Igreja de Nossa Senhora do Rosário

(Processo n. 75-T, Inscrição n. 248, Livro das Belas-Artes, f. 43. Data: 8/9/1939)

Finalidade atual: Edificação e Acervo

- Bem tombado: Igreja de Santa Efigênia, ou de Nossa Senhora do Rosário, do Alto da Cruz do Padre Faria

(Processo n. 75-T, Inscrição n. 241, Livro das Belas-Artes, f. 42. Data: 8/9/1939)

Finalidade atual: Edificação e Acervo

- Bem tombado: Igreja de São Francisco de Assis com o cemitério anexo

(Processo n. 111-T, Inscrição n. 106, Livro das Belas-Artes, f. 19. Data: 4/6/1938)

Finalidade atual: Edificação e Acervo

- Bem tombado: Igreja São Francisco de Paula

(Processo n. 75-T, Inscrição n. 240, Livro das Belas-Artes, f. 41. Data: 8/9/1939)

Finalidade atual: Edificação e Acervo

- Bem tombado: Igreja de São José

(Processo n. 75-T, Inscrição n. 244, Livro das Belas-Artes, f. 42. Data: 8/9/1939)

Finalidade atual: Edificação e Acervo

- Bem tombado: Igreja do Bom Jesus de Matozinhos, ou de São Miguel e Almas

(Processo n. 75-T, Inscrição n. 245, Livro das Belas-Artes, f. 42. Data: 8/9/1939)

Finalidade atual: Edificação e Acervo

– Bem tombado: Igreja Matriz de Nossa Senhora da Conceição, de Antônio Dias

(Processo n. 75-T, Inscrição n. 247, Livro das Belas-Artes, f. 43. Data: 8/9/1939)

Finalidade atual: Edificação e Acervo

– Bem tombado; Igreja Matriz de Nossa Senhora do Pilar, de Ouro Preto

(Processo n. 75-T, Inscrição n. 246, Livro das Belas-Artes, f. 42. Data: 8/9/1939)

Finalidade e Acervo: Edificação e Acervo

– Bem tombado: Oratório da Rua Barão de Ouro Branco

(Processo n. 75-T, Inscrição n. 261, Livro das Belas-Artes, f. 45. Data: 8/9/1939)

Finalidade atual: Bem móvel ou integrado

– Bem tombado: Passo da Ponte Seca, na Rua Antônio de Albuquerque

(Processo n. 75-T, Inscrição n. 260, Livro das Belas-Artes, f. 45. Data: 8/9/1939)

Finalidade atual: Edificação e Acervo

– Bem tombado: Passo da Praça Tiradentes

(Processo n. 75-T, Inscrição n. 259, Livro das Belas-Artes, f. 45. Data: 8/9/1939)

Finalidade atual: Edificação e Acervo

– Bem tombado: Passo da Rua Antônio Dias

(Processo n. 75-T, Inscrição n. 256, Livro das Belas-Artes, f. 44. Data: 8/9/1939)

Finalidade atual: Edificação e Acervo

– Bem tombado: Passo da Rua do Rosário

(Processo n. 75, Inscrição n. 258, Livro das Belas-Artes, f. 44. Data: 8/9/1939)

Finalidade atual: Edificação e Acervo

– Bem tombado: Passo da Rua São José

(Processo n. 75-T, Inscrição n. 257, Livro das Belas-Artes, f. 44. Data: 8/9/1939)

Finalidade atual: Edificação e Acervo

– Bem tombado: Ponte da Barra

(Processo n. 430-T, Inscrição n. 378, Livro Histórico, f. 75. Data: 19/6/1950)

Finalidade atual: Infraestrutura ou equipamento urbano

– Bem tombado: Ponte de Antônio Dias

(Processo n. 430-T, Inscrição n. 377, Livro Histórico, f. 75. Data: 19/6/1950)

Finalidade atual: Infraestrutura ou equipamento urbano

– Bem tombado: Ponte de São José ou Ponte Grande de São José

(Processo n. 430-T, Inscrição n. 376, Livro Histórico, f. 75. Data: 19/6/1950)

Finalidade atual: Infraestrutura ou equipamento urbano

- Bem tombado: Ponte do Pilar

(Processo n. 430-T, Inscrição n. 379, Livro Histórico, f. 75. Data: 19/6/1950)

Finalidade atual: Infraestrutura ou equipamento urbano

- Bem tombado: Ponte do Rosário

(Processo n. 430-T, Inscrição n. 380, Livro Histórico, f. 75. Data: 19/6/1950)

Finalidade atual: Infraestrutura ou equipamento urbano

- Bem tombado: Ponte Seca

(Processo n. 430-T, Inscrição n. 381, Livro Histórico, f. 75. Data: 19/6/1950)

Finalidade atual: Infraestrutura ou equipamento urbano

- Bem tombado: Capela do Bom Jesus das Flores, em Taquaral

(Processo n. 75, Inscrição n. 253, Livro das Belas-Artes, f. 44. Data: 8/9/1939)

Finalidade atual: Edificação e Acervo

- Bem tombado: Casa Setecentista, com o terreno murado, na Rua Padre Pedrosa, em Amarantina)

(Processo n. 472-T, Inscrição n. 362, Livro Histórico, f. 59. Data: 10/7/1963)

Finalidade atual: Edificação

- Bem tombado: Igreja Matriz de Nossa Senhora de Nazaré, em Cachoeira do Campo

(Processo n. 403-T, Inscrição n. 327, Livro das Belas-Artes, f. 69. Data: 29/11/1949)

Finalidade atual: Edificação e Acervo

- Bem tombado: Igreja Matriz de Santo Antônio, em Glaura

(Processo n. 465-T, Inscrição n. 470, Livro das Belas-Artes, f. 86. Data: 24/10/1962)

–Finalidade atual: Edificação e Acervo

- Bem tombado: Igreja Matriz de São Bartolomeu, em São Bartolomeu

(Processo n. 604-T, Inscrição n. 453, Livro das Belas-Artes, f. 84. Data: 4/3/1960)

Finalidade atual: Edificação e Acervo

- Bem tombado: Remanescentes da Fábrica de Ferro Patriótica, em São Julião

(Processo n. 31-T, Inscrição n. 72, Livro Histórico, f. 14. Data: 30/6/1938)

Finalidade atual: Ruína

- Bem tombado: Imagem de Santana/Aleijadinho, do Povoado da Chapada

(Processo n. 1162-T (1985). Data:??/10/1987)

Finalidade atual: Bem móvel ou integrado

PARACATU

- Bem tombado: Igreja Matriz de Santo Antônio

(Processo n. 636-T, Inscrição n. 465, Livro das Belas-Artes, f. 85. Data: 13/2/1962)

Finalidade atual: Edificação e Acervo

– Bem tombado: Igreja de Nossa Senhora do Rosário

(Processo n. 636-T, Inscrição n. 466, Livro das Belas-Artes, f. 86. Data: 13/2/1962)

Finalidade atual: Edificação e Acervo

– Bem tombado: Conjunto Urbano: Centro Histórico de Paracatu

(Processo n. 1592-T (2010). Data:??/07/2015/??/10/2012)

Finalidade atual: Conjunto Urbano

PIRANGA

– Bem tombado: Conjunto arquitetônico e paisagístico do Santuário do Senhor Bom Jesus de Matozinhos, assim como o acervo móvel e integrado do templo religioso que o compõe, cujo perímetro está assim descrito: Inicia-se na Rua do Rosário, afetando os lotes dos dois lados.

(Processo n. 1223-T (1987). Data:??/10/1996)

Finalidade atual: Conjunto Arquitetônico

PITANGUI

– Bem tombado: Casa da Câmara, na Rua José Gonçalves, 29

(Processo n. 596-T, Inscrição n. 449, Livro das Belas-Artes, f. 84. Data: 4/7/1959)

Finalidade atual: Edificação

– Bem tombado: Casa do Padre Belchior, na Rua Padre Belchior, 85

(Processo n. 937-T-75, Inscrição n. 472, Livro Histórico, f. 81. Data: 18/4/1980)

Finalidade atual: Edificação

PRADOS

– Bem tombado: Igreja de Nossa Senhora da Penha, em Vitoriano Veloso

(Processo n. 383-T, Inscrição n. 323, Livro das Belas-Artes, f. 68. Data: 27/7/1949)

Finalidade atual: Edificação e Acervo

– Bem tombado: Igreja Matriz de Nossa Senhora da Conceição

(Processo n. 870-T (1973). Data:??/12/1996)

Finalidade atual: Edificação e Acervo

RAPOSOS

– Bem tombado: Igreja de Nossa Senhora da Conceição

(Processo n. 67-T, Inscrição n. 117, Livro das Belas-Artes, f. 21. Data: 13/6/1938)

Finalidade atual: Edificação e Acervo

REZENDE COSTA

- Bem tombado: Casa do Inconfidente Rezende Costa, na Praça Cônego Cardoso, n. 84 a 90

(Processo n. 417-T, Inscrição n. 275, Livro Histórico, f. 47. Data: 23/5/1950)

Finalidade atual: Edificação

RITÁPOLIS

- Bem tombado: Remanescentes da Fazenda do Pombal, onde nasceu Joaquim José da Silva Xavier, o Tiradentes

(Processo n. 832-T, Inscrição n. 433, Livro Histórico, f. 71. Data: 21/9/1971)

Finalidade atual: Ruína

SABARÁ

- Bem tombado: Acervo arquitetônico e urbanístico da Rua Dom Pedro II, antiga Rua Direita

(Processo n. 485-T, Inscrição n. 379, Livro Histórico, f. 61, e Inscrição n. 36, Livro Arqueológico, Etnográfico e Paisagístico, f. 9. Data: 27/1/1965)

Finalidade atual: Conjunto Arquitetônico

- Bem tombado: Casa da Intendência, atual Museu do Ouro, na Rua da Intendência

(Processo n. 429-T, Inscrição n. 279, Livro Histórico, f. 47, e Inscrição n. 384, Livro das Belas-Artes, f. 75. Data: 28/6/1950)

Finalidade atual: Edificação

- Bem tombado: Casa na Rua Borba Gato, 7

(Processo n. 167-T, Inscrição n. 123, Livro das Belas-Artes, f. 22. Data: 17/6/1938)

Finalidade atual: Edificação

- Bem tombado: Casa na Rua Dom Pedro II, atual sede da Prefeitura Municipal

(Processo n. 418-T, Inscrição n. 349, Livro das Belas-Artes, f. 71. Data: 7/2/1950)

Finalidade atual: Edificação

- Bem tombado: Casa na Rua Dom Pedro II, denominada Casa Azul

(Processo n. 726-T, Inscrição n. 380, Livro Histórico, f. 62. Data: 10/3/1965)

Finalidade atual: Edificação

- Bem tombado: – Chafariz do Caquende

(Processo n. 418-T, Inscrição n. 350, Livro das Belas-Artes, f. 71. Data: 7/2/1950)

Finalidade atual: Infraestrutura ou equipamento urbano

- Bem tombado: Chafariz do Rosário

(Processo n. 418-T, Inscrição n. 351, Livro das Belas-Artes, f. 71. Data: 7/2/1950)

Finalidade atual: Infraestrutura ou equipamento urbano

- Bem tombado: – Igreja de Nossa Senhora das Mercês

(Processo n. 67-T, Inscrição n. 114, Livro das Belas-Artes, f. 20. Data: 13/6/1938)

Finalidade atual: Edificação e Acervo

- Bem tombado: – Igreja de Nossa Senhora do Carmo e cemitério fronteiro

(Processo n. 67-T, Inscrição n. 116, Livro das Belas-Artes, f. 21. Data: 13/6/1938)

Finalidade atual: Edificação e Acervo

- Bem tombado: Igreja de Nossa Senhora do Ó

(Processo n. 67-T, Inscrição n. 110, Livro das Belas-Artes, f. 20. Data: 13/6/1938)

Finalidade atual: Edificação e Acervo

- Bem tombado: Igreja de Nossa Senhora do Pilar e Hospício da Terra Santa

(Processo n. 408-T, Inscrição n. 364, Livro das Belas-Artes, f. 73. Data: 9/5/1950)

Finalidade atual: Conjunto Arquitetônico

- Bem tombado: Igreja de Nossa Senhora do Rosário

(Processo n. 67-T, Inscrição n. 112, Livro das Belas-Artes, f. 20. Data: 13/6/1938)

Finalidade atual: Edificação e Acervo

- Bem tombado: Igreja de São Francisco de Assis

(Processo n. 67-T, Inscrição n. 113, Livro das Belas-Artes, f. 20. Data: 13/6/1938)

Finalidade atual: Edificação e Acervo

- Bem tombado: Igreja Matriz de Nossa Senhora da Conceição

(Processo n. 67-T, Inscrição n. 111, Livro das Belas-Artes, f. 20. Data: 13/6/1938)

Finalidade atual: Edificação e Acervo

- Bem tombado: Passo da Rua Marquês de Sapucaí

(Processo n. 408-T, Inscrição n. 366, Livro das Belas-Artes, f. 73. Data: 9/5/1950)

Finalidade atual: Edificação e Acervo

- Bem tombado: Passo do Carmo

(Processo n. 408-T, Inscrição n. 367, Livro das Belas-Artes, f. 74. Data: 9/5/1950)

Finalidade atual: Edificação e Acervo

- Bem tombado: Teatro na Rua Dom Pedro II – Teatro Municipal, antiga rua Direita

(Processo n. 437-T, Inscrição n. 356, Livro Histórico, f. 58. Data: 2/1/1963)

Finalidade atual: Edificação

– Bem tombado: Capela de Santo Antônio, em Pompeu

(Processo n. 547-T, Inscrição n. 445, Livro das Belas-Artes, f. 83. Data: 8/9/1958)

Finalidade atual: Edificação e Acervo

– Bem tombado: Igreja de Sant'Ana, no Arraial Velho

(Processo n. 408-T, Inscrição n. 365, Livro das Belas-Artes, f. 73. Data: 9/5/1950)

Finalidade atual: Edificação e Acervo

SANTA BÁRBARA

– Bem tombado: Casa no Largo do Rosário, atual agência dos Correios e Telégrafos

(Processo n. 513-T, Inscrição n. 419, Livro das Belas-Artes, f. 80. Data: 29/11/1954)

Finalidade atual: Edificação

– Bem tombado: Igreja Matriz de Santo Antônio

(Processo n. 168-T, Inscrição n. 109, Livro das Belas-Artes, f. 20. Data: 13/6/1938)

Finalidade atual: Edificação e Acervo

– Bem tombado: Acervo arquitetônico e paisagístico do santuário e do Colégio do Caraça, na serra do Caraça

(Processo n. 407-T (1949), Inscrição n. 309, Livro Histórico, f. 52, e Inscrição n. 15-A, Livro Arqueológico, Etnográfico e Paisagístico, f. 4. Data: 27/1/1955)

Finalidade atual: Conjunto Arquitetônico

– Bem tombado: Igreja de Santo Amaro, em Brumal

(Processo n. 242-T, Inscrição n. 248-A, Livro das Belas-Artes, f. 54. Data: 30/8/1941)

Finalidade atual: Edificação e Acervo

– Bem tombado: Igreja Matriz de Nossa Senhora da Conceição, em Catas Altas

(Processo n. 75-T, Inscrição 267, Livro das Belas-Artes, f. 46. Data: 8/9/1939)

Finalidade atual: Edificação e Acervo

SANTA LUZIA

– Bem tombado: Casa na Praça da Matriz, Quartel General dos Revolucionários de 1842

(Processo n. 419-T, Inscrição n. 272, Livro Histórico, f. 46. Data: 8/5/1950)

Finalidade atual: Edificação

– Bem tombado: Recolhimento de Macaúbas; prédio

(Processo n. 420-T, Inscrição n. 471, Livro das Belas-Artes, f. 86. Data: 8/2/1963)

Finalidade atual: Edificação

SANTOS DUMONT

– Bem tombado: Casa natal de Santos Dumont e sítio Cabangu

(Processo n. 421-T, Inscrição n. 271, Livro Histórico, f. 46. Data: 2/5/1950)

Finalidade atual: Edificação

SÃO JOÃO DEL REI

– Bem tombado: Acervo arquitetônico e paisagístico de trechos da cidade, demarcado no Processo n. 68-T-38

(Inscrição n. 1, Livro das Belas-Artes, f. 2. Data: 4/3/1938)

Finalidade atual: Conjunto Urbano

– Bem tombado: Casa na Rua Marechal Deodoro, 12, atual Museu Regional

(Processo n. 361-T, Inscrição n. 244, Livro Histórico, f. 41, e Inscrição n. 310, Livro das Belas-Artes, f. 65. Data: 1/8/1946)

Finalidade atual: Edificação

– Bem tombado: Igreja Catedral de Nossa Senhora do Pilar

(Processo n. 404-T, Inscrição n. 328, Livro das Belas-Artes, f. 69. Data: 29/11/1949)

Finalidade atual: Edificação e Acervo

– Bem tombado: Igreja de Nossa Senhora do Carmo e cemitério fronteiro

(Processo n. 172-T, Inscrição n. 90, Livro Histórico, f. 16, e Inscrição n. 193, Livro das Belas-Artes, f. 34. Data: 26/7/1938)

Finalidade atual: Edificação e Acervo

– Bem tombado: Igreja de São Francisco de Assis

(Processo n. 171-T, Inscrição n. 78. Livro Histórico, f. 14, e Inscrição n. 164, Livro das Belas-Artes, f. 29. Data: 15/7/1938)

Finalidade atual: Edificação e Acervo

– Bem tombado: Passos das Ruas Duque de Caxias e Getúlio Vargas

(Processo n. 410-T, Inscrição n. 343, Livro das Belas-Artes, f. 71. Data: 6/12/1949)

Finalidade atual: Edificação e Acervo/Edificação e Acervo

– Bem tombado: Conjunto Arquitetônico: Complexo ferroviário de São João del Rei a Tiradentes.

(Processo n. 1185-T (1985). Data:??/08/1989)

Finalidade atual: Conjunto Arquitetônico

SERRO

– Bem tombado: Acervo arquitetônico e paisagístico da cidade

(Processo n. 65-T, Inscrição n. 25, Livro das Belas-Artes, f. 6. Data: 8/4/1938)

Finalidade atual: Conjunto Urbano

– Bem tombado: Casa dos Ottoni, na Rua General Pedra

(Processo n. 425-T, Inscrição n. 270, Livro Histórico, f. 46. Data: 28/4/1950)

Finalidade atual: Edificação

– Bem tombado: Igreja de Nossa Senhora do Carmo

(Processo n. 318-T, Inscrição n. 262, Livro Histórico, f. 45. Data: 24/11/1949)

Finalidade atual: Edificação e Acervo

– Bem tombado: Igreja do Bom Jesus de Matozinhos

(Processo n. 319-T, Inscrição n. 229, Livro Histórico, f. 38, e Inscrição n. 296, Livro das Belas-Artes, f. 62. Data: 14/1/1944)

Finalidade atual: Edificação e Acervo

– Bem tombado: Igreja Matriz de Nossa Senhora da Conceição

(Processo n. 263-T, Inscrição n. 233, Livro das Belas-Artes, f. 52. Data: 22/7/1941)

Finalidade atual: Edificação e Acervo

SETE LAGOAS

– Bem tombado: – Casa da Fazenda Sete Lagoas, na Praça Santo Antônio, 94

(Processo n. 588-T, Inscrição n. 415, Livro Histórico, f. 67. Data: 13/7/1968)

Finalidade atual: Edificação

TIRADENTES

– Bem tombado: Acervo arquitetônico e paisagístico da cidade

(Processo n. 66-T, Inscrição n. 36, Livro das Belas-Artes, f. 7. Data: 20/4/1938)

Finalidade atual: Conjunto Urbano

– Bem tombado: Capela da Santíssima Trindade

(Processo n. 66-T, Inscrição n. 476, Livro das Belas-Artes, f. 87. Data: 27/1/1964)

Finalidade atual: Edificação e Acervo

– Bem tombado: Capela de Nossa Senhora das Mercês

(Processo n. 66-T, Inscrição n. 475, Livro das Belas-Artes, f. 87. Data: 27/1/1964)

Finalidade atual: Edificação e Acervo

– Bem tombado: Capela de São Francisco de Paula

(Processo n. 66-T, Inscrição n. 477, Livro das Belas-Artes, f. 87. Data: 27/1/1964)

Finalidade atual: Edificação e Acervo

– Bem tombado: Capela de São João Evangelista

(Processo n. 66-T, Inscrição n. 478, Livro das Belas-Artes, f. 87. Data: 27/1/1964)

Finalidade atual: Edificação e Acervo

– Bem tombado: Capela do Bom Jesus

(Processo n. 66-T, Inscrição n. 474, Livro das Belas-Artes, f. 87. Data: 27/1/1964)

Finalidade atual: Edificação e Acervo

– Bem tombado: Casa com forro pintado, na Rua Padre Toledo, 8

(Processo n. 431-T, Inscrição n. 482, Livro das Belas-Artes, f. 88. Data: 25/4/1954)

Finalidade atual: Edificação

– Bem tombado: Casa do Inconfidente Padre Toledo, na Rua Padre Toledo, atual Museu da Fundação Rodrigo M. F. de Andrade

(Processo n. 431-T, Inscrição n. 295, Livro Histórico, f. 50, e Inscrição n. 405, Livro das Belas-Artes, f. 78. Data: 4/8/1952)

Finalidade atual: Edificação

– Bem tombado: Chafariz de São José

(Processo n. 406-T, Inscrição n. 330, Livro das Belas-Artes, f. 69. Data: 3/12/1949)

Finalidade atual: Infraestrutura ou equipamento urbano

– Bem tombado: Igreja de Nossa Senhora do Rosário

(Processo n. 410-T, Inscrição n. 344, Livro das Belas-Artes, f. 71. Data: 6/12/1949)

Finalidade atual: Edificação e Acervo

– Bem tombado: Igreja Matriz de Santo Antônio

(Processo n. 405-T, Inscrição n. 329, Livro das Belas-Artes, f. 69. Data: 29/11/1949)

Finalidade atual: Edificação e Acervo

UBERABA

– Bem tombado: Igreja de Santa Rita

(Processo n. 187-T, Inscrição n. 275, Livro das Belas-Artes, f. 47. Data: 22/12/1939)

Finalidade atual: Edificação e Acervo

ANEXO 2

BENS TOMBADOS PELO INSTITUTO ESTADUAL DO PATRIMÔNIO HISTÓRICO E ARTÍSTICO DE MINAS GERAIS – IEPHA/MG[1]

ÁGUA COMPRIDA

– Bem tombado: Fazenda das Melancias

(Processo n. 1188-T, Instrução, Inscrição no Livro de Tombo n. II, do tombo de Belas-Artes e no Livro de Tombo n. III, do tombo Histórico, das obras de Arte Históricas e dos Documentos Paleográficos ou Bibliográficos. Data: 1986)

(Decreto n. 29.399, de 21 de abril de 1989)

Finalidade atual: Conjunto Rural

ARAXÁ

– Bem tombado: Capela de São Sebastião

(Inscrição no Livro de Tombo n. II – de Belas-Artes – e no Livro de Tombo n. III – Histórico, das Obras de Arte Históricas e dos Documentos Paleográficos ou Bibliográficos)

Data da construção: primeiro quartel do século XIX

Construção atribuída a José Pereira Bonjardim e esculturas de Bento Antônio da Boa Morte

Localização: Avenida Vereador João Sena, 358

(Decreto n. 19.908, de 22 de maio de 1979)

Finalidade atual: Edificação e imagens nela existentes

– Bem tombado: Complexo Hidrotermal e Hoteleiro do Barreiro

(Processo n. 1275-T, Instrução. Data: 1988)

Data da construção: fins do século XIX

---

1 Relação parcial – Catálogo da Superintendência de Pesquisa, Tombamento e Documentação do IEPHA. Belo Horizonte, 1989, com alterações a partir das seguintes fontes: Guia de bens tombados pelo IEPHA/MG. 2ª ed. Belo Horizonte: Instituto Estadual do Patrimônio Histórico e Artístico de Minas Gerais.2014.1v; Guia de bens tombados pelo IEPHA/MG..2ª ed. Belo Horizonte: Instituto Estadual do Patrimônio Histórico e Artístico de Minas Gerais.2014.2v

Localização: no entorno do centro da grande cratera que constitui a bacia do Barreiro

(Constituição do Estado e Minas Gerais de 1989, segundo o parágrafo 2º do artigo 84 do seu Ato das Disposições Constitucionais Transitórias)

Finalidade atual: Conjunto Arquitetônico

BELO HORIZONTE

– Bem tombado: Palácio da Liberdade

(Inscrição no Livro de Tombo n. I – Arqueológico, Etnográfico e Paisagístico –, no Livro de Tombo n. II – de Belas-Artes – e no Livro de Tombo n. III – Histórico, das Obras de Arte Históricas e dos Documentos Paleográficos ou Bibliográficos)

Autor do projeto: arquiteto José de Magalhães

(Decreto n. 16.956, de 27 de janeiro de 1975)

Localização: Praça da Liberdade – Belo Horizonte – Minas Gerais

– Bem tombado: Arquivo Público Mineiro

(Decreto n. 16.983, de 7 de fevereiro de 1975)

(Inscrição no Livro de Tombo n. II – de Belas-Artes – e no Livro de Tombo n. III – Histórico, das Obras de Arte Históricas e dos Documentos Paleográficos ou Bibliográficos.)

Data da construção: 1897

Localização: Avenida João Pinheiro, 372, Funcionários – Belo Horizonte – Minas Gerais

– Bem tombado: Fazenda da Boa Esperança

(Decreto n. 17.009, de 27 de fevereiro de 1975)

– Bem tombado: Fazenda da Posse

(Decreto n. 16.965, de 30 de janeiro de 1975)

(Inscrição no Livro de Tombo n. II – de Belas-Artes)

Data da construção: por volta de 1790

Localização: Santana dos Montes – Minas Gerais

– Bem tombado: Parque Municipal de Belo Horizonte

(Decreto n. 17.086, de 13 de março de 1975)

(Inscrição no Livro de Tombo n. I – Arqueológico, Etnográfico e Paisagístico).

Data da construção: obras iniciadas em 1895 e concluídas em 26 de setembro de 1897.

Localização: Avenida Afonso Pena, 1377, Centro – Belo Horizonte – Minas Gerais

– Bem tombado: Antigo Conselho Deliberativo

(Decreto n. 17.087, de 13 de março de 1975)

(Inscrição no Livro de Tombo n. II – de Belas-Artes – e no Livro de Tombo n. III – Histórico, das Obras de Arte Históricas e dos Documentos Paleográficos ou Bibliográficos)

Data da construção: entre 1911 e 1916, para abrigar o Conselho Deliberativo municipal e a Biblioteca Pública Municipal, aos quais se incorporou a primeira rádio da capital, a Rádio Mineira.

Autor do Projeto: arquiteto Francisco Izidoro Monteiro

Localização: Rua da Bahia, 1149, Centro – Belo Horizonte – Minas Gerais

– Bem tombado: Cine – Teatro Brasil

(Aprovado pelo Conselho Curador do IEPHA/MG em 07 de dezembro de 1999)

(Inscrição no Livro de Tombo n. II – de Belas-Artes – e no Livro de Tombo n. III – Histórico, das obras de Arte Históricas e dos Documentos Paleográficos ou Bibliográficos)

Autor do projeto: o arquiteto Ângelo

Localização: Rua dos Carijós, 258, Centro – Belo Horizonte – Minas Gerais

– Bem tombado: Acervo do Centro de Referência do Professor

(Homologado pelo Conselho Curador do Instituto Estadual do Patrimônio Histórico e Artístico de Minas Gerais em 26 de setembro de 2005)

Localização: Av. Amazonas, 5855, Bloco B, Gameleira – Belo Horizonte – Minas Gerais

– Bem tombado: Casa Juscelino Kubitschek

(em reunião extraordinária do Conselho Estadual do Patrimônio Cultural (CONEP), foi aprovado o tombamento da Casa JK, em 30 de junho de 2009.

(Inscrição no Livro do Tombo n. II – de Belas-Artes -, no Livro do Tombo n. III – Histórico, das obras de Artes Históricas e dos Documentos Paleográficos ou Bibliográficos – e no Livro do Tombo n. IV – das Artes Aplicadas)

Data da conclusão: 1943, no mesmo ano da inauguração do Conjunto Arquitetônico e Paisagístico da Pampulha

Localização: Avenida Otacílio Negrão de Lima, 4188 – Belo Horizonte – Minas Gerais

– Bem tombado: Catedral de Nossa Senhora da Boa Viagem e entorno paisagístico

(Decreto n. 18.531, de 2 de junho de 1977)

(Inscrição no Livro de Tombo n. I – Arqueológico, Etnográfico e Paisagístico –; a Imagem de Nossa Senhora da Boa Viagem, o lavatório da sacristia, a pia batismal, a custódia do Congresso Eucarístico Nacional e os três retábulos da antiga matriz, dois dos quais se encontram no Museu da Inconfidência, em Ouro Preto e na Igreja de Ibirité, inscritos no Livro de Tombo n. II – de Belas-Artes –; dois sinos da catedral, remanescentes da antiga Matriz da Boa Viagem, foram inscritos no Livro de Tombo n. III – Histórico, das Obras de Arte Históricas e dos Documentos Paleográficos ou Bibliográficos)

Localização: Rua Sergipe, 175, Funcionários – Belo Horizonte – Minas Gerais

– Bem tombado: Conselho Deliberativo e Câmara Municipal

(Decreto n. 17.087, de 13 de março de 1975)

(Inscrição no Livro de Tombo n. II – de Belas-Artes – e no Livro de Tombo n. III – Histórico, das Obras de Arte Históricas e dos Documentos Paleográficos ou Bibliográficos)

Data da construção: entre 1911 e 1916, para abrigar o Conselho Deliberativo municipal e a Biblioteca Pública Municipal, aos quais se incorporou a primeira rádio da capital, a Rádio Mineira

Autor do projeto: arquiteto Francisco Izidoro Monteiro

Localização: Rua da Bahia, 1149, Centro – Belo Horizonte – Minas Gerais

Bem tombado: Edifício do Necrotério do Cemitério do Bonfim

(Decreto n. 18.531, de 2 de junho de 1977)

(Inscrição no Livro de Tombo n. II – de Belas-Artes –, número de inscrição XII, página 02v, sob a seguinte designação: VII – edifício do Necrotério do Cemitério do Bonfim, com partes de cantaria, cobertura metálica e decorações, inclusive quatro piras externas e passeios de pedra adjacentes)

Localização: Rua Bonfim, 1120, Bonfim – Belo Horizonte – Minas Gerais

– Bem tombado: Monumento Comemorativo do Centenário da Independência Nacional – Obelisco – Pirulito

(Decreto n. 18.531, de 2 de junho de 1977)

(Inscrição no Livro de Tombo n. III – Histórico, das Obras de Arte Históricas e dos Documentos Paleográficos ou Bibliográficos)

Data da inauguração: 7 de setembro de 1924

Localização: Praça Sete de Setembro – Belo Horizonte – Minas Gerais

– Bem tombado: Conjunto Arquitetônico e Paisagístico da Praça da Liberdade

(Decreto n. 18.531, de 2 de junho de 1977)

(Inscrição no Livro de Tombo n. I – Arqueológico, Etnográfico e Paisagístico –, no Livro de Tombo n. II – de Belas-Artes – e no Livro de Tombo n. III – Histórico, das Obras de Arte Históricas e dos Documentos Paleográficos ou Bibliográficos)

Localização: Praça da Liberdade – Belo Horizonte – Minas Gerais

– Bem tombado: Edifício Palácio da Justiça Rodrigues Campos

(Decreto n. 18.641, de 10 de agosto de 1977)

(Inscrição no Livro de Tombo n. II – de Belas-Artes – e no Livro de Tombo n. III – Histórico, das Obras de Arte Históricas e dos Documentos Paleográficos ou Bibliográficos)

Data da construção: em 1909, deu-se o início das obras de construção do edifício, que foram administradas pelo coronel Júlio César Pinto Coelho

Localização: Avenida Afonso Pena, 1420, Centro – Belo Horizonte – Minas Gerais

– Bem tombado: Igreja do Sagrado Coração

(Decreto n. 19.953, de 6 de julho de 1979)

(Inscrição no Livro de Tombo n. I – Arqueológico, Etnográfico e Paisagístico – e no Livro de Tombo n. III – Histórico, das Obras de Arte Históricas e dos Documentos Paleográficos ou Bibliográficos)

Data e autoria do projeto: O projeto e o desenho da igreja, datados de 1901, são de autoria de Edgar Nascentes Coelho. Aarão Reis foi o engenheiro-chefe da Comissão Construtora da Nova Capital.

Localização: Avenida Carandaí, 1010 – Belo Horizonte – Minas Gerais

– Bem tombado: Instituto de Educação de Minas Gerais

(Decreto n. 21.969, de 15 de fevereiro de 1982)

(Inscrição no Livro de Tombo n. II – de Belas-Artes – e no Livro de Tombo n. III – Histórico, das Obras de Arte Históricas e dos Documentos Paleográficos ou Bibliográficos)

Data da construção: 1897, quando foi destinado a abrigar o Ginásio Mineiro que se transferia de Ouro Preto para a Nova Capital.

Autor do projeto: arquiteto Edgar Nascentes Coelho

Localização: Rua Pernambuco, 47, Funcionários – Belo Horizonte – Minas Gerais

– Bem tombado: Escola Estadual Pedro II

(Decreto n. 21.970, de 15 de fevereiro de 1982)

(Inscrição no Livro de Tombo n. II – de Belas-Artes – e no Livro de Tombo n. III – Histórico, das Obras de Arte Históricas e dos Documentos Paleográficos ou Bibliográficos)

Autor do projeto: arquiteto Carlos Santos

Data da inauguração: dois de setembro de 1926

Localização: Avenida Professor Alfredo Balena, 523, Santa Efigênia – Belo Horizonte – Minas Gerais

– Bem tombado: Conjunto de Edificações da Av. João Pinheiro e Área Adjacente:

Escola Normal Ordem e Progresso, Casa de Afonso Pena Júnior, Escola Estadual Afonso Pena.

(Decreto n. 23.260, de 1º de dezembro de 1983)

- Bem tombado: Conjunto Arquitetônico e Paisagístico da Pampulha: Igreja de São Francisco de Assis, Cassino (atual Museu de Arte), Casa do Baile e prédio inicial do Iate Tênis Clube, Lagoa e margens delimitadas pela Av. Otacílio Negrão de Lima

(Decreto n. 23.646, de 26 de junho de 1984)

(Inscrição no Livro de Tombo n. I – Arqueológico, Etnográfico e Paisagístico –, no Livro de Tombo n. II – de Belas-Artes –, no Livro de Tombo n. III – Histórico, das Obras de Arte Históricas e dos Documentos Paleográficos ou Bibliográficos – e no Livro de Tombo n. IV, do tombo das Artes Aplicadas)

Data da construção: nos primeiros anos da década de 40 e inaugurado em maio de 1943, com a presença do Presidente Getúlio Vargas

Autor do projeto: arquiteto Oscar Niemeyer, a convite de Juscelino Kubitschek

Localização: Belo Horizonte – Minas Gerais

- Bem tombado: Museu Mineiro – Antigo Senado Mineiro

(Decreto n. 16.595, de 5 de dezembro de 1978)

(Inscrição no Livro de Tombo n. III – Histórico, das Obras de Arte Históricas e dos Documentos Paleográficos ou Bibliográficos)

Data da construção: em fins do século XIX

Localização: Avenida João Pinheiro, 342, Funcionários – Belo Horizonte – Minas Gerais

- Bem tombado: Conjunto formado pela Praça Floriano Peixoto e pelo prédio do Quartel do 1º Batalhão da Polícia Militar do Estado de Minas Gerais

(Decreto n. 23.808, de 14 de agosto de 1984)

(Inscrição no Livro de Tombo n. I – Arqueológico, Etnográfico e Paisagístico –, no Livro de Tombo n. II – de Belas-Artes – e no Livro de Tombo n. III – Histórico, das Obras de Arte Históricas e dos Documentos Paleográficos ou Bibliográficos)

Data da construção: em 1897, sob a responsabilidade do Conde de Santa Marinha

Autor do projeto: arquiteto Edgar Nascentes Coelho

Localização: Praça Floriano Peixoto, Santa Efigênia – Belo Horizonte – Minas Gerais

- Bem tombado: Praça Hugo Werneck, com seus jardins e monumentos; prédio da Maternidade Hilda Brandão, com seus pertences ornamentais e de valor histórico-médico; prédio do Hospital Borges da Costa com seus jardins, elementos ornamentais e pertences histórico – médicos, bem como seu entorno.

(Decreto n. 23.809, de 14 de agosto de 1984)

(Inscrição no Livro de Tombo n. I – Arqueológico, Etnográfico e Paisagístico –, no Livro de Tombo n. II – de Belas-Artes – e no Livro de Tombo n. III – Histórico, das Obras de Arte Históricas e dos Documentos Paleográficos ou Bibliográficos)

Data da construção: entre 1919 a 1922

Localização: Praça Hugo Werneck, Santa Efigênia – Belo Horizonte – Minas Gerais

– Bem tombado: Prédio do Automóvel Clube

(Decreto n. 27.927, de 15 de março de 1988)

(Inscrição no Livro de Tombo n. II – de Belas-Artes – e no Livro de Tombo n. III – Histórico, das Obras de Arte Históricas e dos Documentos Paleográficos ou Bibliográficos)

Autor do projeto: Luis Signorelli

Data da construção: iniciada em 1927, sendo o prédio inaugurado em 17 de dezembro de 1929.

Localização: Avenida Afonso Pena, 1394, Centro – Belo Horizonte – Minas Gerais

– Bem tombado: Prédio do Conservatório Mineiro de Música

(Decreto n. 27.927, de 15 de março de 1988)

(Inscrição no Livro de Tombo n. II – de Belas-Artes – e no Livro de Tombo n. III – Histórico, das Obras de Arte Históricas e dos Documentos Paleográficos ou Bibliográficos).

Data da inauguração: 5 de setembro de 1926

Localização: Avenida Afonso Pena, 1534, Centro – Belo Horizonte – Minas Gerais

– Bem tombado: Prédio da ex-residência da família Borges da Costa, atual Academia Mineira de Letras

(Decreto n. 27.927, de 15 de março de 1988)

Data da construção: entre os anos 1923/1924 para ser o consultório e residência do médico carioca, Eduardo Borges da Costa

Localização: Rua da Bahia, 1466, Lourdes – Belo Horizonte – Minas Gerais

– Bem tombado: Escola Estadual Olegário Maciel

(Decreto n. 27.927, de 15 de março de 1988)

(Inscrição no Livro de Tombo n. II – de Belas-Artes – e no Livro de Tombo n. III – Histórico, das Obras de Arte Históricas e dos Documentos Paleográficos ou Bibliográficos)

Data da inauguração: 15 de maio de 1925

Localização: Avenida Olegário Maciel, 422, Centro – Belo Horizonte – Minas Gerais

– Bem tombado: Escola Estadual Barão de Macaúbas

(Decreto n. 27.927, de 15 de março de 1988)

(Inscrição no Livro de Tombo n. I – Arqueológico, Etnográfico e Paisagístico –, no Livro de Tombo n. II – de Belas-Artes – e no Livro de Tombo n. III – Histórico, das Obras de Arte Históricas e dos Documentos Paleográficos ou Bibliográficos)

Data da construção: início em 1921

Data da inauguração: 1924

Localização: Rua David Campista, 42, Floresta – Belo Horizonte – Minas Gerais

- Bem tombado: Escola Estadual Barão do Rio Branco

(Decreto n. 27.927, de 15 de março de 1988)

(Inscrição no Livro de Tombo n. II – de Belas-Artes – e no Livro de Tombo n. III – Histórico, das Obras de Arte Históricas e dos Documentos Paleográficos ou Bibliográficos)

Executores do projeto: Jayme Sales e o engenheiro fiscal Mario Alves Ferreira.

Data da construção: início em 1911

Data da conclusão das obras: 1913.

Localização: Avenida Getúlio Vargas, 1059, Funcionários – Belo Horizonte – Minas Gerais

- Bem tombado: Prédio da Secretaria de Agricultura

(Decreto n. 27.927, de 15 de março de 1988)

(Inscrição no Livro de Tombo n. II – de Belas-Artes – e no Livro de Tombo n. III – Histórico, das Obras de Arte Históricas e dos Documentos Paleográficos ou Bibliográficos)

Autor do projeto original: arquiteto Luiz Signorelli

Localização: Avenida Paraná, 56, Centro – Belo Horizonte – Minas Gerais

- Bem tombado: Conjunto arquitetônico e paisagístico da Praça Rui Barbosa (Praça da Estação)

(Decreto n. 27.927, de 15 de março de 1988)

(Inscrição no Livro de Tombo n. I – Arqueológico, Etnográfico e Paisagístico – e no Livro de Tombo n. II – de Belas-Artes)

Localização: Praça Rui Barbosa, Centro – – Belo Horizonte – Minas Gerais

- Bem tombado: Prédio Sede do Banco do Estado de Minas Gerais, na Praça Sete de Setembro

(Decreto n. 27.927, de 15 de março de 1988)

(Inscrição no Livro de Tombo n. III – Histórico, das Obras de Arte Históricas e dos Documentos Paleográficos ou Bibliográficos)

Autor do Projeto: arquiteto italiano Luigi Olivieri

Data da inauguração: 1922

Localização: Rua Rio de Janeiro, 471, Centro – Belo Horizonte – Minas Gerais

– Bem tombado: Praça Raul Soares

(Decreto n. 27.927, de 15 de março de 1988)

(Inscrição no Livro de Tombo n. I – Arqueológico, Etnográfico e Paisagístico)

Autor do Projeto: arquiteto Érico de Paula

Data do início da construção: 1929

Data da inauguração: 1936

Localização: Praça Raul Soares – na intersecção de quatro avenidas no centro da capital – Amazonas, Olegário Maciel, Bias Fortes e Augusto de Lima, – Belo Horizonte – Minas Gerais

BARBACENA

– Bem tombado: Prédio da antiga Cadeia Pública de Barbacena

(Decreto n. 22.867, de 1º de julho de 1983)

BELO VALE

– Bem tombado: Fazenda da Boa Esperança

(Decreto n. 17.086, de 13 de março de 1975)

(Inscrição no Livro de Tombo n. I – Arqueológico, Etnográfico e Paisagístico – e no Livro de Tombo n. II – de Belas-Artes)

Data da construção: no final do século XVIII

Localização: Belo Vale – Minas Gerais

BRUMADINHO

– Bem tombado: Sede da Fazenda dos Martins

(Decreto n. 18.521, de 2 de junho de 1977)

(Inscrição no Livro de Tombo n. II – de Belas-Artes)

Localização: Brumadinho – Minas Gerais

– Bem tombado: Conjunto Histórico e Paisagístico da Serra da Calçada

(Reunião do Conselho Curador do dia 30 de julho de 2008 – Deliberação CONEP n. 04/2008)

Localização: Brumadinho e Nova Lima – Minas Gerais

CAETÉ

– Bem tombado: Casa de João Pinheiro

(Decreto n. 20.582, de 26 de maio de 1980)

(Inscrição no Livro de Tombo n. I – Arqueológico, Etnográfico e Paisagístico – e no Livro de Tombo n. III – Histórico, das Obras de Arte Históricas e dos Documentos Paleográficos ou Bibliográficos)

Data da construção: século XVIII

Localização: Praça Paulo Pinheiro da Silva, 01 – Caeté – Minas Gerais

– Bem tombado: Conjunto Paisagístico da Serra da Piedade

(Ato de Disposições Constitucionais Transitórias da CEMG de 1989, artigo 84. Homologado pelo IEPHA/MG em 19 de maio de 2006)

(Inscrição no Livro de Tombo n. I – Arqueológico, Etnográfico e Paisagístico –, Livro de Tombo n. II – de Belas-Artes –, Livro de Tombo n. III – Histórico, das obras de Arte Históricas e dos Documentos Paleográficos ou Bibliográficos)

Localização: Caeté e Sabará – Minas Gerais

CAXAMBU

– Bem tombado: Igreja de Santa Isabel de Hungria

(Decreto n. 19.513, de 26 de outubro de 1978)

(Inscrição no Livro de Tombo n. III – Histórico, das Obras de Arte Históricas e dos Documentos Paleográficos ou Bibliográficos)

Data de lançamento da pedra fundamental: 19 de novembro de 1868

Localização: Caxambu – Minas Gerais

– Bem tombado: Parque das Águas

(Decreto n. 40.288, de 01 de março de 1999)

(Inscrição no Livro de Tombo n. I – Arqueológico, Etnográfico e Paisagístico –, no Livro de Tombo de n. II – de Belas-Artes –, no Livro de Tombo n. III – Histórico, das obras de Arte Históricas e dos Documentos Paleográficos ou Bibliográficos – e no Livro de Tombo n. IV – das Artes Aplicadas)

Localização: Av. João Carlos, 100, Centro – Caxambu – Minas Gerais

CHAPADA DO NORTE

– Bem tombado: Igreja Matriz de Santa Cruz

(Decreto n. 20.689, de 23 de julho de 1980)

(Inscrita conjuntamente com todos os elementos da talha, pinturas e alfaias, no Livro de Tombo n. II – de Belas-Artes)

Localização: Praça José Maria do Sacramento – Chapada do Norte – Minas Gerais

– Bem tombado: Capela de Nossa Senhora do Rosário e todos os elementos relacionados como talha, pintura e alfaias

(Decreto n. 20.689, de 23 de julho de 1980)

(Inscrição no Livro de Tombo n. II – de Belas-Artes)

Data da construção: meados do século XVIII

Localização: Chapada do Norte – Minas Gerais

– Bem tombado: Capela do Senhor Bom Jesus da Lapa

(Decreto n. 21.217, de 20 de fevereiro de 1981)

(Inscrição no Livro de Tombo n. II – de Belas-Artes)

Data da construção: aproximadamente 1874

Localização: Chapada do Norte – Minas Gerais

– Bem tombado: Bacia Hidrográfica do rio Jequitinhonha

(Ato de Disposições Constitucionais Transitórias da Constituição do Estado de Minas Gerais de 1989, artigo 84)

– Bem tombado: Capela de Nossa Senhora da Saúde

(Conselho Curador do IEPHA/MG, em 12 de dezembro de 2000)

Data da construção: final do século XVIII

Localização: Chapada do Norte – Minas Gerais

CONCEIÇÃO DO MATO DENTRO

– Bem tombado: Igreja Matriz de Nossa Senhora Aparecida, Distrito de Córregos

(Decreto n. 24.323, de 22 de março de 1985)

(Inscrição Livro de Tombo n. III – Histórico, das Obras de Arte Históricas e dos Documentos Paleográficos ou Bibliográficos)

Localização: Rua Cônego Antônio Madureira, 61 – Conceição do Mato Dentro, distrito de Córregos – Minas Gerais

– Bem tombado: Igreja Matriz de São Francisco de Assis, Distrito de Costa Sena

(Decreto n. 24.326, de 22 de março de 1985)

– Bem tombado: Capela do Senhor dos Passos, Distrito de Córregos

(Decreto n. 24.329, de 22 de março de 1985)

(Inscrição no Livro de Tombo n. III – Histórico, das Obras de Arte Históricas e dos Documentos Paleográficos ou Bibliográficos)

Localização: saída para Salomão – Conceição do Mato Dentro, distrito de Córregos – Minas Gerais

– Bem tombado: Igreja de Santo Antônio, Distrito de Santo Antônio do Norte

(Decreto n. 24.330, de 22 de março de 1985)

– Bem tombado: Núcleo Histórico de Córregos

(6 de novembro de 2001, com inscrição de Tombo n. III – Histórico, das obras de Arte Históricas e dos Documentos Paleográficos ou Bibliográficos)

Localização: Conceição do Mato Dentro, Distrito de Córregos – Minas Gerais

CONGONHAS

– Bem tombado: Capela de Nossa Senhora da Soledade, Distrito de Lobo Leite

(Decreto n. 19.113, de 28 de março de 1978)

(Inscrição no Livro de Tombo n. II – de Belas-Artes)

Data da construção: na primeira metade do século XVIII, não havendo registros de identificação da autoria do projeto.

Localização: Rua dos Ferroviários – Congonhas, distrito de Lobo Leite – Minas Gerais

– Bem tombado: Capela de Nossa Senhora da Ajuda, Distrito de Alto Maranhão

(Decreto n. 19.114, de 28 de março de 1978)

– Bem tombado: Local denominado "Romarias"

(Decreto n. 21.178, de 8 de janeiro de 1981)

(Inscrição no Livro de Tombo n. I – Arqueológico, Etnográfico e Paisagístico)

Localização: Alameda Cidade Matozinhos de Portugal, 154 – Congonhas – Minas Gerais

CONGONHAS DO NORTE

– Bem tombado: Igreja Matriz de Sant'Ana

(Decreto n. 24.325, de 22 de março de 1985)

(Inscrição no Livro de Tombo n. II – de Belas-Artes – e no Livro de Tombo n. III – Histórico, das Obras de Arte Históricas e dos Documentos Paleográficos ou Bibliográficos)

Data da construção: início do século XVIII

Localização: Rua Dr. Jorge Safe, 219 – Congonhas do Norte – Minas Gerais

CONSELHEIRO LAFAIETE

– Bem tombado: Sítio da Varginha do Lourenço

(Decreto n. 29.399, de 21 de abril de 1989)

(Inscrição no Livro de Tombo n. I – Arqueológico, Etnográfico e Paisagístico – e no Livro de Tombo n. III – Histórico, das obras de Arte Históricas e dos Documentos Paleográficos ou Bibliográficos)

Localização: Conselheiro Lafaiete – Minas Gerais

– Bem tombado: Fazenda dos Macacos

(Decreto n. 18.531, de 2 de junho de 1977)

(Inscrição no Livro de Tombo n. III – Histórico, das Obras de Arte Históricas e dos Documentos Paleográficos ou Bibliográficos)

Data da construção: por volta de 1748, por José da Costa Oliveira, avô do Barão de Pouso Alegre.

Localização: Conselheiro Lafaiete – Minas Gerais

COUTO DE MAGALHÃES

– Bem tombado: Igreja Matriz de Nossa Senhora da Conceição

(Decreto n. 18.531, de 2 de junho de 1977)

(Inscrição no Livro de Tombo n. II – de Belas-Artes)

Data da construção: Não há datação precisa da sua construção; acredita-se que seja anterior a 1779.

Localização: Couto de Magalhães de Minas – Minas Gerais

– Bem tombado: Capela do Senhor Bom Jesus de Matozinhos

(Decreto n. 18.531, de 2 de junho de 1977)

(Inscrição no Livro de Tombo n. II – de Belas-Artes)

Data da construção: última década do século XVIII ou primeira do século XIX

Localização: Couto de Magalhães de Minas – Minas Gerais

– Bem tombado: Bacia hidrográfica do Rio Jequitinhonha

(Ato das Disposições Constitucionais Transitórias da Constituição do Estado de Minas Gerais de 1989)

CRISTIANO OTONI

– Bem tombado: Sede e dependência da Fazenda dos Macacos

(Decreto n. 18.531, de 2 de junho de 1977)

JANUÁRIA

– Bem tombado: Capela de Nossa Senhora do Rosário, Distrito de Brejo do Amparo

(Decreto n. 29.399, de 21 de abril de 1989)

(Inscrição no Livro de Tombo n. I – Arqueológico, Etnográfico e Paisagístico –, no Livro de Tombo n. II – de Belas-Artes –, no Livro de Tombo n. III – Histórico, das obras de Arte Históricas e dos Documentos Paleográficos ou Bibliográficos – e no Livro de Tombo n. IV – das Artes Aplicadas)

Localização: Januária, Distrito de Brejo do Amparo – Minas Gerais

JEQUITIBÁ

– Bem tombado: Igreja do Santíssimo Sacramento

(Decreto n. 19.872, de 20 de março de 1979)

(Inscrita no Livro de Tombo n. II – de Belas-Artes – e no Livro de Tombo n. III – Histórico, das Obras de Arte Históricas e dos Documentos Paleográficos ou Bibliográficos)

Data da construção: século XIX, com provisão datada de 8 de junho de 1818.

Localização: Praça JK, 91, Centro – Jequitibá – Minas Gerais

MARIANA

– Bem tombado: Centro Histórico, Distrito de Santa Rita Durão

(Decreto n. 27.927, de 16 de janeiro de 1996)

(Inscrição no Livro de Tombo n. II – de Belas-Artes – e no Livro de Tombo n. III – Histórico, das obras de Arte Históricas e dos Documentos Paleográficos ou Bibliográficos)

Localização: Mariana, Distrito de Santa Rita Durão – Minas Gerais

MATEUS LEME

– Bem tombado: Igreja Matriz de Santo Antônio

(Decreto n. 18.531, de 2 de junho de 1977)

(Inscrição no Livro de Tombo n. I – Arqueológico, Etnográfico e Paisagístico – e de Tombo n. II – de Belas-Artes)

Data da construção: segunda metade do século XVIII (finalizada em 1790)

Localização: Mateus Leme – Minas Gerais

MINAS NOVAS

– Bem tombado: Igreja Matriz de São Francisco de Assis com seus pertences (imagens, alfaias, elementos de pintura e talha)

(Decreto n. 21.557, de 13 de maio de 1980)

(Inscrição no Livro de Tombo n. II – de Belas-Artes – e no Livro de Tombo n. III – Histórico, das Obras de Arte Históricas e dos Documentos Paleográficos ou Bibliográficos)

Data da construção: presumivelmente, na segunda metade do século XVIII

Localização: Rua São Vicente, 8 – Minas Novas – Minas Gerais

– Bem tombado: Capela de São Gonçalo

(Decreto n. 20.557, de 13 de maio de 1980)

(Inscrição no Livro de Tombo n. II – de Belas-Artes – e no Livro de Tombo n. III – Histórico, das Obras de Arte Históricas e dos Documentos Paleográficos ou Bibliográficos)

Localização: Minas Novas – Minas Gerais

– Bem tombado: Bacia Hidrográfica do Rio Jequitinhonha

(Ato das Disposições Constitucionais Transitórias da Constituição do Estado de Minas Gerais de 1989).

OLIVEIRA

– Bem tombado: Prédio do Fórum

(Decreto n. 19.112, de 28 de março de 1978)

(Inscrição no Livro de Tombo n. III – Histórico, das Obras de Arte Históricas e dos Documentos Paleográficos ou Bibliográficos)

Data da construção: concluído nos anos finais do século XIX

Localização: Praça XV de Novembro, 103 – Oliveira – Minas Gerais

– Bem tombado: Centro Histórico

(Conselho Estadual do Patrimônio Cultural, em 31 de outubro de 2013)

(Inscrição no Livro de Tombo n. I – Arqueológico, Etnográfico e Paisagístico –, no Livro n. II – de Belas-Artes – e no Livro n. III – Histórico, das obras de Arte Históricas e dos Documentos Paleográficos ou Bibliográficos).

Localização: Oliveira – Minas Gerais

– Bem tombado: Igreja Matriz de Nossa Senhora de Oliveira

(Conselho Curador, do dia 14 de agosto de 2002).

(Inscrição no Livro de Tombo n. II – de Belas-Artes –, no Livro de Tombo n. III Histórico, das obras de Arte Históricas e dos Documentos Paleográficos ou Bibliográficos – e no Livro de Tombo n. IV – das Artes Aplicadas)

Data da construção: entre os anos 1780 a 1790, em substituição à primitiva capela que se encontrava em degradação.

Localização: Praça Dr. José Ribeiro da Silva, 60, Centro – Oliveira – Minas Gerais

– Bem tombado: Ruínas do Casarão do Capitão Henrique

(Deliberação do CONEP n. 003/2010, de 23 de março de 2010)

(Inscrição no Livro de Tombo n. I – Arqueológico, Etnográfico e Paisagístico – e no Livro de Tombo n. III – Histórico, das obras de Arte Históricas e dos Documentos Paleográficos ou Bibliográficos)

Data da construção: final século XIX e início do século XX pela família Ribeiro de Castro

Localização: Praça Domingos Ribeiro de Oliveira, 222 – Oliveira – Minas Gerais

OURO BRANCO

– Bem tombado: Serra do Ouro Branco

(Decreto n. 19.530, de 7 de novembro de 1978)

(Inscrição no Livro de Tombo n. I – Arqueológico, Etnográfico e Paisagístico)

Localização: Ouro Branco – Minas Gerais

– Bem tombado: Fazenda Carreiras

(Conselho Curador do Instituto Estadual do Patrimônio Histórico e Artístico de Minas Gerais, em 7 de setembro de 1999)

(Inscrição no Livro de Tombo n. II – de Belas-Artes – e no Livro de Tombo n. III – Histórico, das obras de Arte Históricas e dos Documentos Paleográficos ou Bibliográficos)

Data da construção: século XVIII

Localização: MG 129, Km 174, Estrada Real – Ouro Branco – Minas Gerais

– Bens tombados: Fazenda Pé-do Morro e Capela de Santana

(CONEP n. 005/2009)

(Inscrição no Livro de Tombo n. I – Arqueológico, Etnográfico e Paisagístico –, no Livro de Tombo n. II – de Belas-Artes – e no Livro de Tombo n. III – Histórico, das obras de Arte Históricas e dos Documentos Paleográficos ou Bibliográficos)

Data da construção: o conjunto de edificações da Fazenda começou a ser construído em meados do século XVIII.

Localização: Ouro Branco – Minas Gerais

PEDRO LEOPOLDO

– Bem tombado: Conjunto histórico constituído da Capela de Nossa Senhora do Rosário, Casa e Sítio da Quinta do Sumidouro, Distrito de Fidalgo.

(Decreto n. 17.729, de 27 de janeiro de 1976)

(Inscrição no Livro de Tombo n. II – de Belas-Artes – e do conjunto inclusive a casa e o terreno da Quinta do Sumidouro no Livro de Tombo n. III – Histórico, das Obras de Arte Históricas e dos Documentos Paleográficos ou Bibliográficos).

Localização: Praça Fernão Dias, 10 – Pedro Leopoldo, distrito de Fidalgo – Minas Gerais

– Bem tombado: Capela de Nossa Senhora do Rosário, Quinta do Sumidouro, Distrito de Fidalgo

(Decreto n. 17.729, de 27 de janeiro de 1976).

– Bens tombados: Lagoa e Lapa do Sumidouro

(Decreto n. 18.531, de 02 de junho de 1977)

(Inscrição no Livro de Tombo n. I – Arqueológico, Etnográfico e Paisagístico – Proteção complementar: Área de Proteção Ambiental – APA Carste de Lagoa Santa – ICM Bio e Parque Estadual do Sumidouro – IEF)

Localização: Praça Fernão Dias, 10, Quinta do Sumidouro – Pedro Leopoldo – Minas Gerais

PIRANGA

– Bem tombado: Capela Nossa Senhora do Rosário, Distrito-Sede

(Decreto n. 29.399, de 21 de abril de 1989)

(Inscrição no Livro de Tombo n. II – de Belas-Artes – e no Livro de Tombo n. III – Histórico, das obras de Arte Históricas e dos Documentos Paleográficos ou Bibliográficos)

Localização: Piranga – Minas Gerais

– Bem tombado: Capela de Santo Antônio e Capela do Rosário, Distrito de Santo Antônio do Pirapetinga – antigo Bacalhau

(Decreto n. 29.399, de 21 de abril de 1989)

(Inscrição no Livro de Tombo n. I – Arqueológico, Etnográfico e Paisagístico –, no Livro de Tombo n. II – de Belas-Artes –, no Livro de Tombo n. III – Histórico, das obras de Arte Históricas e dos Documentos Paleográficos ou Bibliográficos – e no Livro de Tombo n. IV – das Artes Aplicadas)

Localização: Piranga, Distrito de Santo Antônio do Pirapetinga (Bacalhau) – Minas Gerais

PIRAPORA

– Bem tombado: Ponte Marechal Hermes, que interliga os Municípios de Pirapora e Buritizeiro

(Decreto n. 24.327, de 22 de março de 1985)

(Inscrição no Livro de Tombo n. III – Histórico, das Obras de Arte Históricas e dos Documentos Paleográficos ou Bibliográficos)

Data da inauguração: 10 de novembro de 1922

Localização: Pirapora e Buritizeiro – Minas Gerais

- Bem tombado: Vapor Benjamim Guimarães, da Cia. de Navegação do São Francisco

(Decreto n. 24.840, de 1º de agosto de 1985)

(Inscrição no Livro de Tombo n. I – Arqueológico, Etnográfico e Paisagístico)

Data da construção: em 1913, pelo estaleiro norte-americano James Rees & Sons

Localização: Pirapora – Minas Gerais

SABARÁ

- Bem tombado: Conjunto Arquitetônico e Paisagístico da Igreja de Nossa Senhora da Lapa, Distrito de Ravena

(Decreto n. 18.531, de 2 de junho de 1977)

(Inscrição no Livro de Tombo n. I – Arqueológico, Etnográfico e Paisagístico – e no Livro de Tombo n. II – de Belas-Artes)

Data da construção: meados do século XVIII

Localização: Sabará, distrito de Ravena – Minas Gerais

- Bem tombado: Capela de Nossa Senhora do Rosário e Capela de Santa Efigênia, Distrito de Mestre Caetano

(Decreto n. 19.463, de 16 de outubro de 1978)

(Inscrição no Livro de Tombo n. II – de Belas-Artes)

Data da edificação: por volta de 1720-1730

Localização: Sabará, distrito de Mestre Caetano – Minas Gerais

- Bem tombado: Conjunto Arquitetônico e Paisagístico da Vila Elisa, Vila Operária e Antiga Fábrica de Tecidos de Marzagão

(Conselho Curador do IEPHA/MG, em 26 de outubro de 2004)

Localização: Rua Carvalho de Brito – Sabará, Distrito de Carvalho de Brito – Minas Gerais

- Bem tombado: Conjunto Paisagístico da Serra da Piedade

(Ato das Disposições Constitucionais Transitórias da Constituição do Estado de Minas Gerais de 1989)

(Inscrição no Livro de Tombo n. I – Arqueológico, Etnográfico e Paisagístico –, no Livro de Tombo n. II – de Belas-Artes – e no Livro de Tombo n. III – Histórico, das obras de Arte Históricas e dos Documentos Paleográficos ou Bibliográficos)

Localização: Caeté e Sabará – Minas Gerais

SACRAMENTO

– Bens tombados: Igreja de Nossa Senhora do Rosário e Matriz de Nossa Senhora do Desterro, Distrito de Desemboque

(Decreto n. 23.810, de 14 de agosto de 1984)

º Igreja Nossa Senhora do Rosário

(Inscrição no Livro de Tombo n. III – Histórico, das Obras de Arte Históricas e dos Documentos Paleográficos ou Bibliográficos)

Data da construção: aproximadamente de 1854

Localização: Sacramento, distrito de Desemboque – Minas Gerais

º Matriz nossa Senhora do Desterro

(Inscrição no Livro de Tombo n. III – Histórico, das Obras de Arte Históricas e dos Documentos Paleográficos ou Bibliográficos).

Data da construção: entre os anos de 1743 e 1754

Localização: Avenida Benedito Valadares, 43 – Sacramento, distrito de Desemboque – Minas Gerais

SANTA BÁRBARA

– Bem tombado: Centro Histórico do Distrito-Sede

(Decreto n. 29.399, de 21 de abril de 1989)

(Inscrição no Livro de Tombo n. I – Arqueológico, Etnográfico e Paisagístico –, no Livro de Tombo n. II – de Belas-Artes –, no Livro de Tombo n. III – Histórico, das obras de Arte Históricas e dos Documentos Paleográficos ou Bibliográficos – e no Livro de Tombo n. IV – das Artes Aplicadas)

Localização: Santa Bárbara – Minas Gerais

– Bem tombado: Igreja do Rosário, Distrito-Sede

(Decreto n. 29.399, de 21 de abril de 1989)

– Bem tombado: Igreja das Mercês, Distrito-Sede

– Bem tombado: Capela da Arquiconfraria do Cordão de São Francisco, Distrito-Sede

(Decreto n. 29.399, de 21 de abril de 1989)

– Bem tombado: Capela Senhor do Bonfim, Distrito-Sede

(Decreto n. 29.399, de 21 de abril de 1989)

– Bem tombado: Ruínas do "Hospital Velho", Distrito-Sede

– Bem tombado: Centro Histórico do Distrito de Catas Altas do Mato Dentro

(Decreto n. 29.399, de 21 de abril de 1989)

– Bem tombado: Centro Histórico do Distrito de Brumal

(Decreto n. 29.399, de 21 de abril de 1989)

(Inscrição no Livro de Tombo n. II – de Belas-Artes – e no Livro de Tombo n. III – Histórico, das obras de Arte Históricas e dos Documentos Paleográficos ou Bibliográficos)

Localização: Santa Bárbara, Distrito de Brumal – Minas Gerais

– Bem tombado: Serra do Caraça

(Ato das Disposições Constitucionais Transitórias da Constituição do Estado de Minas Gerais de 1989).

Localização: Catas Altas e Santa Bárbara – Minas Gerais

SANTA LUZIA

– Bem tombado: Igreja Matriz de Santa Luzia do Rio das Velhas

(Decreto n. 17.779, de 9 de março de 1976)

(Inscrição no Livro de Tombo n. II – de Belas-Artes)

Data da construção: entre 1721 e 1729, sendo ampliada para as dimensões atuais entre 1744 e 1778.

Localização: Rua do Serro, 352 – Santa Luzia – Minas Gerais

– Bem tombado: Casa à Rua Direita, 101

(Decreto n. 18.531, de 2 de junho de 1977)

(Inscrição no Livro de Tombo n. III – Histórico, das Obras de Arte Históricas e dos Documentos Paleográficos ou Bibliográficos)

Data da construção: século XIX – a edificação foi de propriedade da família do tenente-coronel José de Oliveira Campos

Localização: Rua Direita, 101 – Santa Luzia – Minas Gerais

– Bem tombado: Mosteiro de Macaúbas

(Decreto n. 19.347, de 22 de agosto de 1978)

(Inscrição no Livro de Tombo n. II – de Belas-Artes – e no Livro de Tombo n. III – Histórico, das Obras de Arte Históricas e dos Documentos Paleográficos ou Bibliográficos)

Data da construção: iniciada em 1714

Localização: MG 020, Km 37,5, Estrada para Jaboticatubas -Santa Luzia – Minas Gerais

– Bem tombado: Centro Histórico de Santa Luzia

(Secretaria de Estado de Cultura – SEC, em 28 de dezembro de 1998)

(Inscrição no Livro de Tombo n. I – Arqueológico, Etnográfico e Paisagístico –, Livro de Tombo n. II – de Belas-Artes – e no Livro de Tombo n. III – Histórico, das obras de Arte Históricas e dos Documentos Paleográficos ou Bibliográficos)
Localização: Santa Luzia – Minas Gerais

SANTANA DOS MONTES

– Bem tombado: Fazenda da Posse

(Decreto n. 16.965, de 30 de janeiro de 1975)

(Inscrição no Livro de Tombo n. II – de Belas-Artes)

Localização: Santana dos Montes – Minas Gerais

– Bem tombado: Fazenda Fonte Limpa

(Publicada no Diário Oficial do Estado de Minas Gerais, em 17 de julho de 1998, homologado pelo senhor Secretário de Estado da Cultura em 30 de julho de 1998).

(Inscrição no Livro de Tombo n. I – Arqueológico, Etnográfico e Paisagístico –, no Livro de Tombo n. II – de Belas-Artes – e no Livro de Tombo n. III – Histórico, das obras de Arte Históricas e dos Documentos Paleográficos ou Bibliográficos)

Data da construção: final do século XVIII
Localização: Santana dos Montes – Minas Gerais

SANTOS DUMONT

– Bens tombados: Parque Cabangu e seu acervo

(Decreto n. 19.482, de 24 de outubro de 1978)

(Inscrição no Livro de Tombo n. I – Arqueológico, Etnográfico e Paisagístico – e no Livro de Tombo n. III – Histórico, das Obras de Arte Históricas e dos Documentos Paleográficos ou Bibliográficos)

Data da construção: no século XIX

Localização: Santos Dumont – Minas Gerais

SÃO TOMÉ DAS LETRAS

– Bem tombado: Conjunto Arquitetônico e Urbanístico da Capela de Nossa Senhora do Rosário

(Decreto n. 24.328, de 22 de março de 1985)

SERRO

– Bem tombado: Igreja Matriz de Nossa Senhora dos Prazeres, Distrito de Milho Verde

(Decreto n. 20.581, de 26 de maio de 1980)

(Inscrição no Livro de Tombo n. II – de Belas-Artes)

Data da construção: Não há registro de data da construção da Matriz de Nossa Senhora dos Prazeres. Sabe-se que Chica da Silva, nascida no local, foi batizada na Capela por volta de 1734

Localização: Serro, distrito de Milho Verde – Minas Gerais

- Bem tombado: Igreja Matriz de São Gonçalo, Distrito de São Gonçalo do Rio das Pedras

(Decreto n. 20.581, de 26 de maio de 1980)

(Inscrição no Livro de Tombo n. I – Arqueológico, Etnográfico e Paisagístico – e no Livro de Tombo n. II – de Belas-Artes)

Data da construção: em 1787, ampliada em 1864 e reconstruída em 1934, segundo placa informativa da capela.

Localização: Rua Diamantina, 148 – Serro, distrito de São Gonçalo do Rio das Pedras – Minas Gerais

- Bem tombado: Bacia Hidrográfica do Rio Jequitinhonha

(Ato das Disposições Constitucionais Transitórias da Constituição do Estado de Minas Gerais de 1989)

- Bem tombado: Pico do Itambé

(Ato das Disposições Constitucionais Transitórias da Constituição do Estado de Minas Gerais de 1989)

Localização: Santo Antônio do Itambé, Serra Azul de Minas e Serro – Minas Gerais

SIMÃO PEREIRA

- Bem tombado: Fazenda Mundo Novo, Distrito-Sede

(Decreto n. 29.399, de 21 de abril de 1989)

(Inscrição Livro de Tombo n. I – Arqueológico, Etnográfico e Paisagístico – e no Livro de Tombo n. III – Histórico, das obras de Arte Históricas e dos Documentos Paleográficos ou Bibliográficos)

Data da edificação: em 1865, inserindo-se no contexto da segunda fase da construção rural mineira.

Localização: Simão Pereira – Minas Gerais

- Bem tombado: Casarão do Registro do Paraibuna

(Deliberação n. 01/2012, em reunião ordinária do Conselho Estadual do Patrimônio Cultural (CONEP), de 12 de março de 2012)

(Inscrição no Livro de Tombo n. I – Arqueológico, Etnográfico e Paisagístico –, no Livro de Tombo n. II – de Belas-Artes – e no Livro de Tombo n. III – Histórico, das obras de Artes Históricas e dos Documentos Paleográficos ou Bibliográficos)

Localização: Simão Pereira – Minas Gerais

VÁRZEA DA PALMA

– Bem tombado: Ruínas da Igreja Bom Jesus de Matozinhos, Distrito de Guaicuí

(Decreto n. 24.324, de 22 de março de 1985)

Localização: Várzea da Palma – Minas Gerais

– Bem tombado: Serra do Cabral

(Ato das Disposições Constitucionais Transitórias da Constituição do Estado de Minas Gerais de 1989).

Localização: Augusto de Lima, Buenópolis, Francisco Dumont, Joaquim Felício, Lassance e Várzea da Palma – Minas Gerais

VIÇOSA

– Bem tombado: Casa de Arthur Bernardes

(Decreto n. 29.399, de 21 de abril de 1989)

(Inscrição no Livro de Tombo n. II – de Belas-Artes – e no Livro de Tombo n. III – Histórico, das obras de Arte Históricas e dos Documentos Paleográficos ou Bibliográficos)

Data da construção: iniciou-se em 1922 e foi concluída em 1926

Responsável pela obra: engenheiro João Carlos Bello Lisboa

Localização: Praça Silviano Brandão, 69 – Viçosa – Minas Gerais

ANEXO 3

BENS TOMBADOS PELO MUNICÍPIO DE BELO HORIZONTE

TOMBAMENTOS NA LEI ORGÂNICA DO MUNICÍPIO DE BELO HORIZONTE, 1990.[1]

Art. 224[2] – Ficam tombados para o fim de preservação e declarados monumentos naturais, paisagísticos, artísticos ou históricos, sem prejuízo de outros que venham a ser tombados pelo Município:

I – o alinhamento montanhoso da Serra do Curral, compreendendo as áreas do Taquaril ao Jatobá;

II – as áreas de proteção dos mananciais;

III – os parques urbanos;

IV – o Jardim Zoológico;

V – a área do Aeroporto Carlos Prates;

VI – o conjunto arquitetônico e paisagístico da Igreja São José;

VII – o conjunto arquitetônico e paisagístico do Mosteiro Nossa Senhora das Graças, na Cidade Jardim;

VIII – o conjunto paisagístico e as fachadas do prédio do Hospital Raul Soares;

IX – a mata da Baleia e as fachadas do prédio do Hospital Maria Ambrosina;

X – a mata e o conjunto arquitetônico do antigo seminário do campus da Pontifícia Universidade Católica de Minas Gerais;

XI – a mata do campus da Universidade Federal de Minas Gerais;

XII – o viaduto Floresta;

XIII – o edifício original do Colégio Arnaldo e seu terreno com testadas para as ruas Ceará e Timbiras;

XIV – o conjunto arquitetônico original da Escola Estadual Governador Milton Campos – Colégio Estadual Central;

---

1 Lei Orgânica do município de Belo Horizonte, de 21 de março de 1990.

2 Art. 224 declarado inconstitucional pelo Tribunal de Justiça (ADIN 859, "Minas Gerais" de 31/3/96).

XV – o Parque de Exposição da Gameleira;

XVI – o prédio e a área adjacente da Faculdade de Medicina da Universidade Federal de Minas Gerais;

XVII – as quatro fachadas do prédio do Hospital Militar;

XVIII – as fachadas do conjunto de edificações da Indústria de Bebidas Antárctica Minas Gerais S/A, situada na Av. Oiapoque n. 78;

XIX – o edifício do Cine México, situado na Av. Oiapoque n. 194;

XX – o conjunto arquitetônico original do Centro Mineiro de Promoções Israel Pinheiro – Minascentro –, situado na Av. Augusto de Lima n. 758;

XXI – o conjunto arquitetônico e paisagístico do reservatório d'água do Cruzeiro;

XXII – o Parque Florestal do Jatobá;

XXIII – o Jardim Botânico e o Museu de História Natural da Universidade Federal de Minas Gerais;

XXIV – o conjunto arquitetônico da Faculdade de Filosofia e Ciências Humanas da Universidade Federal de Minas Gerais e o quarteirão onde está localizado, nas interseções das ruas Carangola, Primavera, Professor Magalhães Drumond e Desembargador Alfredo de Albuquerque;

XXV – o prédio da Escola de Arquitetura da Universidade Federal de Minas Gerais, localizado no quarteirão compreendido pelas interseções das ruas Gonçalves Dias, Paraíba, Cláudio Manoel e Rio Grande do Norte;

XXVI – o conjunto arquitetônico do Minas Tênis Clube I e o quarteirão onde está localizado, compreendido pelas interseções das ruas da Bahia, Antônio Albuquerque, Espírito Santo e Antônio Aleixo;

XXVII – o edifício sede da Prefeitura Municipal, situado na Av. Afonso Pena n. 1.212;

XXVIII – a estátua do Cristo Redentor, situada no Bairro Milionários;

XXIX – as edificações, com suas fachadas, do Conjunto Residencial São Cristóvão (IAPI), situado entre as Avenidas Presidente Antônio Carlos, José Bonifácio e a Rua Araribá.[3]

---

3 Inciso XXIX do art. 224 acrescentado por determinação da Emenda à Lei Orgânica n. 12, de 12/3/96.

TOMBAMENTOS REALIZADOS PELO CONSELHO DELIBERATIVO DO PATRIMÔNIO CULTURAL DO MUNICÍPIO DE BELO HORIZONTE[4]:

Conjuntos Arquitetônicos e Conjuntos Urbanos

- Conjunto Arquitetônico de tipologia de influência da Comissão Construtora da Nova Capital.
- Conjunto Urbano Praça Rui Barbosa ou Praça da Estação e Adjacências;[5]
- Conjunto Urbano Rua dos Caetés e Adjacências;
- Conjunto Urbano Praça da Liberdade-, Avenida João Pinheiro e Adjacências;
- Conjunto Urbano Rua da Bahia e Adjacências;
- Conjunto Urbano Praça da Boa Viagem e Adjacências;
- Conjunto Urbano Avenida Afonso Pena e Adjacências;[6,7]
- Conjunto Urbano Avenidas Carandaí – Alfredo Balena e Adjacências;

---

4 Relação Bens Protegidos pelo Município de Belo Horizonte publicada no sítio oficial da Prefeitura Municipal de Belo Horizonte(https://prefeitura.pbh.gov.br/fundacao-municipal-de-cultura/patrimonio#) com pequenas adaptações. Cf. também, o Guia de Bens Tombados de Belo Horizonte. Coordenação: CASTRO, Maria Ângela Reis de. Belo Horizonte: 2006, que contém levantamento circunstanciado dos bens protegidos pelo instituto do tombamento, sistematizado por conjuntos urbanos, ou isolados, não apenas no nível municipal, mas também nos níveis estadual e federal. O Guia apresenta uma análise técnica acerca da localização, da delimitação e da caracterização dons bens, com indicação de seu uso original e atual, da abrangência e da data do tombamento, bem como referência ao arquiteto responsável pelo projeto e ao construtor, à data da construção e ao estilo em que se enquadra cada bem, oferecendo mapas relacionados com as tipologias dos bens, quando é o caso.

5 Deliberação n. 18/98 do Conselho Deliberativo do Patrimônio Cultural do Município de Belo Horizonte/CDPCM – BH.

6 Deliberação 03/94, de 10/11/1994, com publicação no Diário Oficial de Minas Gerais em 18/11/1994 – processo 01.059218.95.78, apenso ao processo 01.059220.9510.

7 Certidão de Registro de Tombamento – Conjunto Urbano Avenida Afonso Pena/ Rua da Bahia:
"Eu, na condição de Presidente do Conselho Deliberativo do Patrimônio Cultural do Município de Belo Horizonte e Presidente da Fundação Municipal de Cultura, CERTIFICO que, revendo o Livro do Tombo Histórico, instituído pela Lei Municipal número três mil oitocentos e dois, de seis de julho de mil novecentos e oitenta e quatro, nele se encontra registrado, às folhas trinta e dois, trinta e dois verso, trinta e três e trinta e três verso; Número de inscrição em romano: quarenta e quatro; Número de processo: 01.059220.95.10; Bem cultural: Conjunto Urbano Avenida Afonso Pena – Rua da Bahia e Adjacências; Natureza do bem cultural: Arquitetura civil e religiosa; Localização: Centro; Propriedade: Particular; Caráter do tombamento: Anuência e compulsório; Deliberação: 10 de novembro de 1994; Publicação: 18 de novembro de 1994 "Minas Gerais".

- Conjunto Urbano Avenida Álvares Cabral e Adjacências;
- Conjunto Urbano Praça Floriano Peixoto;
- Conjunto Urbano Praça Hugo Werneck;
- Conjunto Urbano Bairro Floresta;
- Conjunto Urbano Lagoa da Pampulha – Edificações de Uso Coletivo e seus bens integrados;
- Conjunto Urbano Praça Raul Soares-Avenida Olegário Maciel;
- Conjunto Urbano Avenida Barbacena-Grandes Equipamentos;
- Conjunto Urbano Bairros Prado e Calafate;
- Conjunto Urbano Bairro Santo Antônio;
- Conjunto Urbano Bairro Cidade Jardim;
- Conjunto Urbano Bairro Santa Tereza;
- Conjunto arquitetônico e paisagístico do Mosteiro Nossa Senhora das Graças, Vila Paris, e sua área de entorno;
- Conjunto Paisagístico da Serra do Curral e sua área de entorno;
- Conjunto Arquitetônico de Tipologia de Influência da Comissão Construtora da Nova Capital;
- Conjunto Arquitetônico Sylvio de Vasconcellos.
- **Edificações situadas fora dos perímetros dos conjuntos, protegidas por tombamentos específicos:**
    - Abrigo de bondes Santa Tereza
    - Alameda do Ipê Amarelo, 0935
    - Alameda do Ipê Branco, 1015
    - Alameda Ezequiel Dias, 0389 – Hospital Semper
    - Avenida Afonso Pena, 0385-0387-0395 – S. Paulo, 0366-0372-0380 (Antiga Camisaria Cadilac); 0505/0525; 0526 (Ed. Mariana); 0541/0549; 0551/565; 0737; 0749; 0771; 0774; 0867 (Ed. Acaiaca); 0952 (Ed. Guimarães); 1124 (Pizzaria Dom Giovani); 1156 (Copiadora Brasileira); 1180 (Museu do Telefone); 1270 (Agência Central dos Correios); 1394 (Automóvel Clube); 1420 (Tribunal Justiça Rodrigues Alves); 1534 (Conservatório Mineiro de Música); 1537 (Palácio das Artes); 1626 (Edifício Pilar e Rua Alagoas, 0016); 2093; 2158; 2161; 2185; 2484; 2552; 2564; 2600 (esquina R. Cláudio Manoel, 460 – Bonomi); 2709, 2729 e 2755 (Edifício Panorama); 2839; 2925; 2935; 2951; 2961; 2981; s/n (Igreja São José).
    - Avenida Álvares Cabral (calçamento e traçado) e números 0414; 0510; 0534; 0560; 0580; 1134.

- Avenida Amazonas, 0050/54/60/60a/68 (esq.Caetés, 195/203/207/211/215 – Hotel Sulamericano Palace); 0120/126 (Hotel Amazonas); 0287 (HSBC); 0315/333 (Cine Teatro Brasil); 0478 (PSIU); 1803 (Complexo Arquitetônico Colégio Santo Agostinho).
- Avenida Antônio Abrahão Caram, 1000 (Est. Jorn. Felipe Drumond – Mineirinho); 1001 (Estádio Magalhães Pinto – Mineirão).
- Avenida Arthur Bernardes, 3120 – Barragem Santa Lúcia
- Avenida Assis Chateaubriand, 0015 (esq. Av. do Contorno 1864-1874); 0167; 0194; 0215; 0218; 0273; 0288; 0291; 0312; 0322; 0457; 0524; 0534; 0548; 0554/0556; 0713/0729 (COMIG); 0809 (Serraria Souza Pinto).
- Avenida Augusto de Lima, 0104 (Colégio Minas Gerais); 0233/lj.18 e 19 (Cantina do Lucas); 0270 (Imprensa Oficial).
- Avenida Barbacena, 0783, 0797 (esquina com Rua dos Aimorés, 2945, 2955); 0867; 0877; 0897.
- Avenida Bernardo Monteiro, 0746-0756-0750; 0948; 1404 (Escola Brasas).
- Avenida Bias Fortes, 0021 (Biblioteca Estadual Luís de Bessa); 0161; 0197 (Palacete Falci); 0247; 0309; 0368; 1097/1101 (n. atualizado); 1146 a 1150 (e Rua Santa Catarina, 0330 a 0344 – Edifício Indaiá).
- Avenida Brasil s/n (Palácio dos Despachos -Tomb. Painel de Cândido Portinari); 0830 (Clínica de Raios-X); 0850; 1081; 1087; 1103; 1115; 1123; 1297; 1305; Av. Brasil, 1433 (Palacete Jeha); 1582 (esq. R. Pernambuco, 380)
- Avenida Carandaí, 0421; 0726; 0740; 0897; 1010 (Igreja Sagrado Coração de Jesus).
- Avenida Cristóvão Colombo, 0268; 0282 (La Traviatta); 0290 (edifício Narbona); 0315; 0317 (Palacete Dantas); 0336; 0615; 0617; 0625; 0627; 0629; 0631; 0639; 0641; 0683 (SERVAS)
- Avenida do Contorno, 0842 (R. Espírito Santo, 0096 – Escola de Engenharia da UFMG); 1165; 1285; 1297; 1328; 1569/1573; 1662; 1665; 1771/1775; 1890/1904; 1912/1906; 2787 (Hospital Militar); 3277; 329; 3301; 3319; 3379; 3389-3393; 3415; 3479/3489; 4317; 4383 (Vila Rizza); 8476 (Colégio Municipal Marconi); 8902 (Colégio Pio XII); s/n. (Instituto Raul Soares).
- Avenida dos Andradas, 0555; 0737; 0767; 0841 (esq. R. Aquiles Lobo, 707); 0873/875; 0877; 0917/1005; 1145.

- Avenida Francisco Sales, 0077/85 (Colégio Nossa Senhora das Dores); 0199; 0421; 1186 (Hospital São Lucas); 1363 (Hospital Santa Casa de Misericórdia); 1793.
- Avenida Getúlio Vargas, 0167; 0851; 1238.
- Avenida João Pinheiro, 0164-174; 0261; 0277; 0287; 0297; 0313; 0341; 0342 (Museu Mineiro); 0353; 0363; 0372; 0375; 0450 (Escola Estadual Afonso Pena); 0417/0461 (Detran); 0602.
- Avenida Oiapoque, 0078/0156 (Shopping Oiapoque); 0184/0194 (Cine México); 0242, 0246, 0248, 0250 e 0256.
- Avenida Olegário Maciel, 0038/50; 0321 (Igreja Ortodoxa São Jorge); 0422 (Escola Estadual Olegário Maciel); 1377; 1412; 1422; 1423; 1846.
- Avenida Otacílio Negrão de Lima, 0751 (Casa do Baile); 1080; 1350 (Iate Tênis Clube); 16585 (antigo Cassino); 4188 (casa de JK); 8000 (sede da Fundação Zoobotânica); sem n. (igreja São Francisco de Assis).
- Avenida Pasteur, 0004; 0116.
- Avenida Presidente Antônio Carlos, 6627 (Reitoria UFMG).
- Avenida Professor Alfredo Balena, 0117/121/127; 0523(Grupo Escolar Pedro II); 0586 (Teatro Marília).
- Avenida Raja Gabáglia, 0285.
- Avenida Santos Dumont, 0174 (Centro Cultural UFMG); 0234/0240 (Hotel Londres); 0639/0649/0653/0659 (Hotel Vênus); 0655/0667 (Hotel Forever)
- Conjunto de Murais da artista Yara Tupynambá – Murais: Minas do Século XVII ao Século XX, Ciclo do Diamante, O Trabalho Humano, Pelos Caminhos de Minas, A Incofidência Mineira, Desbravamento do Rio São Francisco e Entradas e Bandeiras.
- Conjunto Habitacional São Cristóvão – IAPI.
- Beco São Geraldo. Galpão n. 02; 03; 04.
- Praça Carlos Chagas e números 0033 (Igreja Nossa Senhora de Fátima); 0035 (Escola Estadual Pandiá Calógeras).
- Praça Comendador Negrão de Lima e números 0105 (R. Dona Lydia Couto,105); 0244.
- Praça da Liberdade, 0153 (Ed. Niemeyer); 0263 (Palácio Arquiepiscopal Cristo-Rei – Cristóvão Colombo, 263); Conjunto Arquitetônico e jardins do Palácio da Liberdade; Edifício da Sec. Estado da Fazenda; Edifício Sec. Estado da Segurança Pública; Edifício Sec. Estado de Transportes e Obras Públicas; Edifício Sec. Estado da Educação.

- Praça Floriano Peixoto.
- Praça Hugo Werneck e números 0187; 0227; 0238; 0248/0253; 0487; 0497; 0509.
- Praça João Pessoa, 0200 (Colégio Arnaldo).
- Praça Raul Soares e números 0203 (Primeira Igreja Batista de Belo Horizonte); 0315 (Cine Candelária).
- Praça Rio Branco e números 0056 (antiga Secretaria de Estado da Agricultura); 0100 (Rodoviária).
- Praça Rui Barbosa (Prédio da Rede Ferroviária Federal); 0010 (escritórios da RFFSA); 0020 (casa da RFFSA); 0104; 0187 (Edifício Itatiaia) e B286.
- R. 21 de Abril, 0202/0230 (Hotel Vitória).
- R. Aarão Reis, 0423.
- R. Acre, 0107 (Ed. Mauro Queiróz – Centro dos Chauffeurs de BH).
- R. Adamina, 0284/Praça Duque de Caxias, 0288.
- R. Alagoas (Matriz da Nossa Senhora da Boa Viagem); 0125; 0295; 0721.
- R. Além Paraíba, 0700.
- R. Alumínio, 0129; 0179; 0193.
- R. Alvarenga Peixoto, 0425; 0991; 1037.
- R. Álvares Maciel, 0058 (Quartel da Polícia Militar); 0145 com Manaus, 300; 0223 (Igreja de Santa Efigênia); 0312; 0665 (Banco Bandeirantes); Maternidade Hilda Brandão.
- R. Alvinópolis, 0460.
- R. Antônio Torres, 0089.
- R. Aquiles Lobo, 0154; 0411/427; 0564/0576/0586.
- R. Benedito Xavier, 2030 (Terreiro de Candomblé Ilê Wopo Olojukan).
- R. Bernardo Guimarães, 0874 (Touring Clube do Brasil); 1200; 1322; 1478/1500 (esq. R. da Bahia, 1633 – Ordem e Progresso); 2190; 2272; 2286; 2700 (Igreja de Nossa Senhora da Consolação e Correia).
- R. Bernardo Guimarães, 2751(Casa Niemeyer); 2971.
- R. Biotita, 0011.
- R. Boa Vista, 0011.
- R. Bom Despacho, 0391.
- R. Bonfim, 0118; 0128.
- R. Brazópolis, 0036; 0104; 0238; 0244.

- R. Bueno Brandão, 0084; 0108; 0130.
- R. Buenos Aires, 0363.
- R. Caldas, 0047.
- R. Capitão Procópio, 0018.
- R. Carangola, 0358.
- R. Carvalho de Almeida, 0038 – 0048 – 0064 e R. Bernardo Mascarenhas, 0357 – 0375 – 0393 (Conjunto Instituto de Previdência e Aposentadoria dos Bancários – IAPB).
- R. Ceará, 0975; 0992; 0999; 1205; 1323; 1434 (esquina com Avenida Afonso Pena – Primeira Igreja Presbiteriana de BH); 1568 (Pç. Benjamin Guimarães, 0155, Getúlio Vargas, 0613-0613ª); 1851.
- R. Célio de Castro, 0295; 0638-0640; 0648-0654; 0670.
- R. Cláudio Manoel, 0583; 0723.
- R. Congonhas, 0487; 0495; 0503; 0511; 0519; 0527; 0539; 0547; 0553; 0563; 0571; 0579.
- R. Cura D'Ars, 0089.
- R. Curitiba, 0743/0745 e 0753/0757/0761; 0758/0760; 1264 (Minas-Centro); 1686.
- R. Curvelo, 0026/28; 0075; 0087; 0090; 0091 e 0095; 0100 e 0102.
- R. da Bahia, 0052 (Inst. de Química UFMG); 0112 (Pavilhão Mário Werneck); 0902 (Park Royal); 1019/1023/1025 (e R. Goiás, 14/22/24/26); 1052 A (Ótica Metrópole); 1060 (Livraria Francisco Alves); 1066/1070 (Drogaria Araújo); 1149; 1155; 1201 (Clube Belo Horizonte); 1205; 1295-1291-1293 (ed. Teixeira da Rocha); 1363-1365 (esq. dos Timbiras, 1570); 1466; 1499; 1534; 1596 (Basílica de Lourdes); 1723 (ICBEU); 2020 (auditório); 2020 (capela); 2020 (ed. Sede Izabela Hendrix); 2100; 2114; 2126; 2140; 2152; 2164; 2186; 2244 (Conj. Arq. do Minas Tênis Clube); 2281; 2411; 2425; 2652; 2666; 2684; 2696.
- R. David Campista, 0042; 0166.
- R. Desembargador Barcelos, 102.
- R. do Mosteiro, 0138 – Mosteiro N. Senhora das Graças.
- R. Domingos Vieira, 0183; 0586 (Inst. A. Pena/Stª Casa de Misericórdia).
- R. Dona Leonídia Leite, 0067; 0068A.
- R. Dona Lídia Couto, 0009.
- R. dos Aimorés, 0500; 0628/638; 0647 (Klus); 0675; 0698 (Tribunal de Justiça Militar); 1029; 1123; 1155/1167; 1279; 1342; 1451; 1486; 1725; 1743; 2238, 2242, 2242, 2248 e 2254 (Bar do Primo); 2270; 2288; 2304; 2344; 2431.

- R. dos Caetés, 0200; 0220/0224/0228; 0223/0229/0237; 0234/0236/0240 (Hotel Coimbra); 0252/0258/0262; 0262/0268/0276 (esq. R. Espírito Santo, 0241/0243 – Casa das Nações); 0263/0245/0253/0259 (Hotel Solar); 0265/0267/0273 (esq. R. Espírito Santo, 0283/0289 – Lanchonete Janaína); 0295 a 0304 (Hotel Majestic BH Centro, esq. Rua Espírito Santo, 0284 a 0310); 0330/0330A/0338/0338A; 0360/0366; 0361/0365/0369; 0372/0374/0380;0375/0383/0387;0386/0396;0440/0448/0452/0460/0462; 0478/0466/0470/0484 (Ed. Ceci); 0488/0492; 0496/0500/0504 (O Paulistão das Cortinas); 0580/0588/0596/0604/0606 (esq. R. São Paulo, 0302); 0610/0612/0616; 0615/0619/0625; 0622/0628; 0630/0632/0640/0642/0646/0650.
- R. dos Carijós, 0454 (Estoril Hotel).
- R. dos Goitacazes, 076; 0090 (Edifício Flávio dos Santos); 1425.
- R. dos Guaicurus, 0187/203 (Fundação Christiano Otoni); 0471.
- R. dos Guajajaras, 0619, casas 01 a 12 (vila Werneck).
- R. dos Guaranis, 0012.
- R. dos Inconfidentes, 0068.
- R. dos Tamoios, 0048/0054/0058/0062/0068.
- R. dos Timbiras, 0423; 0637 (esq. com Av. Bernardo Monteiro,1280); 0834; 1387; 1399; 1409 (Bendita Gula); 1605 (esq. Bahia, 1420-1426 – NET); 1697; 2612 e 2620; 2627; 2635.
- R. dos Tupinambás, 0159; 0314/0316/0320 (A Toscana); 0324/0328/0330 (Banco Mercantil do Brasil); 0346/0352 (Banerj); 0360/0364 (Ed. Maranhão); 0512/0504/0498/0532/0526/0524/0522/0518 (Ed. Sarandy); 0597/0603/0605; 0643/0645/0647 (Ed. Santa Tereza/Hotel São Miguel); 0665/0659/0671 (Ed. Tupinambás).
- R. dos Tupis, 0051 (Igreja Metodista do Brasil).
- R. Espírito Santo, 0283 – 0285 – 0287 – 0291; 0341 (ljs: 317-323-329-335-347-361 – Avenida Amazonas ljs: 148-152-156-166 – Ed. Maia); 0527 (esquina com Rua dos Carijós, 0165); 0757 (Cond. Álvares José dos Santos – Castelinho); 1439; 1439; 1481; 1502; 1507; 1836; 1912-1920 (Centro Médico de Lourdes); 2055 (esquina com R. Tomaz Gonzaga, 150 – Dormitório Instituto Izabela Hendrix).
- R. Fernandes Tourinho, 0061; 1020 (Colégio Estadual Central – Auditório); 1020 (Conjunto Arquitetônico Estadual Central).
- R. Floresta, 0053 e arco da Vila Inhá – R. Floresta, 0061; 0082.
- R. Geraldo Teixeira da Costa, 0017; 0041; 0051.
- R. Goiás, 0060; 0229 (Sec. Tribunal de Justiça).
- R. Gonçalves Dias, 1218 (Salão Vivacqua); 1284; 1400/1434 (ed. IPSEMG); 1581 (Cine Belas-Artes Liberdade).

- R. Gustavo da Silveira, 1035 (Jardim Botânico).
- R. Hermilo Alves, 0385.
- R. Ilha Grande, 0555 (PIC).
- R. Ipiranga, 0010/R. Salinas, 0765; 0080 (esq. Rua Teixeira Soares).
- R. Itajubá, 0111 e 0115; 0608; 0121; 0151; 0423/427/429/431; 0632.
- R. Itambé, 0115; 0163.
- R. Itapecerica, 0251; 0373/0389/0389A.
- R. Jacuí, 0031; 0043; 0053; 0237; 0364; 0510; 0548; 0651; 0692/702; (Reservatório de água).
- R. Januária, 0034 a 68 (galpão n. 01); 0130 (Casa do Conde)
- R. José Pedro Drummond, 0124.
- R. Juiz de Fora, 1095.
- R. Lavras, 0653.
- R. Leopoldina, 0290; 0415.
- R. Manaus, 0040; 0348.
- R. Manoel Couto, 0420.
- R. Maranhão, 1007.
- R. Marechal Deodoro, 0315.
- R. Martito, 0171.
- R. Matias Cardoso, 0324.
- R. Mucuri, 0143; 0172; 0346; 0356.
- R. Niquelina, 0025; 0031; 0037; 0051; 0059; 0073; 0083.
- R. Nunes Vieira, 0099; 0114; 0115.
- R. Olímpio de Assis, 0055; 0077.
- R. Ouro Preto, 0896.
- R. Padre Rolim, 0435; 0691; 0703; 0715; 0945; 0959; 0971.
- R. Paracatu, 0855. 0982.
- R. Paraíba, 0596; 0697 (Escola de Arquitetura da UFMG); 0858; 0866.
- R. Paulínea, 0021 (Irmandade N. Sra do Rosário do Jatobá)
- R. Pernambuco, 0047 (Instituto de Educação); 0593; 0712 (esq. com R. Cláudio Manoel, 981); 0936 (esq. R. dos Inconfidentes, 978).
- R. Piauí, 0892; 1012; 1026; 1040-1034; 1046; 1052; 1815 (Corpo de Bombeiros UBPM).
- R. Pium-í. 0074; 0195.
- R. Plombagina, 0061; 0082.

- R. Ponte Nova, 0790/798/806
- R. Pouso Alegre, 0080; 0331; 0338; 0346; 0404; 0625 (esq. Januária, 376); 0656; 0659; 0833; 1090/1098; 1102/1106; 1222; 1354 (lj.02); 1356-1358-1362 (apto.101-102); 1382/1388/1390; 1456; 1737; 1092-1096; 1095/1099.
- R. Professor Arduino Bolivar, 0239; 0252; 0287; 0288.
- R. Professor Estevão Pinto, 0351; 0400; 060.
- R. Professor Morais, 0158 (Arroba Parrila Choperia); 0358; 0363 (edifício principal, capela e quarteirão).
- R. Rio de Janeiro, 0195 (esq. Avenida Santos Dumont, 0381-0387-0401-0415-0391 – Ed. Rio Branco); 0240/242; 0352/348 (Ed. Greco); 0354/358 (antiga Slopper – Ed. Bleriot); 0368/378/380 (Ed. Comercial Jonag); 0383; 1335; 1353/1347; 2076.
- R. Rio Grande do Norte, 0311; 0460 (esquina com Avenida Brasil, 1243 e 1249); 0464; 0587; Escola Estadual Cesário Alvim.
- R. Rio Grande do Sul, 0928; 0940; 1010; 1137.
- R. Rodrigues Caldas, 0030 – (Assembleia Legislativa -Palácio da Inconfidência – com seus bens móveis, integrados – Escultura do Amílcar de Castro e Pau Brasil); 0700; 0714.
- R. Salinas, 0037; 0070; 0219; 0642/0646; 0683.
- R. Santa Catarina, 0435; 0450; 0626; 0746; 0778; 0846.
- R. Santa Maria, 0088; 0120; 0130; 0204.
- R. Santa Rita Durão, 0384-378 (esq. Rua Ceará 1619-1619A); 0999/1033; 1263 (Polícia Militar de Minas Gerais); 1275 (anexo da Secretaria de Estado da Cultura).
- R. São Paulo, 0331/0325/0337/0343/0347/0347A (esq. R. Caetés, 0537/0541/0545/0551 – Casa Salles); 0332-0356-0360 (esq. R. Caetés, 0603 – Sesc); 0335/0337/0347/0343; 0387 (Ed. São Paulo); 0397-401-403 (Ed. Thibau); 0498 (Ed. Ibaté); 0566 (Hotel São Domingos); 0679 (Ed. Lutetia); 0759 (Capela Nª Senhora do Rosário).
- R. São Romão, 0475.
- R. Sapucaí (escritórios da RFFSA); 0039; 0127; 0383; 0571 – Av. Assis Chateaubriand, 0572 – Ed. Chagas Dória.
- R. Sergipe, 0084; 0146 (bar da esquina); 0175; 0186; 0200; 0238/0250; 0386.
- R. Serro, 0145.
- R. Silva Jardim, 0100; 0158; 0211; 0380/0386; 0385.
- R. Silva Ortiz, 0031/37.
- R. Sinval de Sá, 0422.

- R. Tenente Freitas, 261, esquina com Rua Kimberlita, 288.
- R. Tomás Gonzaga, 0388.
- R. Tomé de Souza, 0576; 0600 (Bar Afrodick); 1418-1420-1430-1432 (Aliança Francesa).
- R. Urucuia, 0092.
- R. Varginha, 0210; 0235.
- R. Veríssimo, Salgado Filho.
- Teatro Francisco Nunes.
- Viaduto da Floresta/Av. do Contorno.
- Viaduto Santa Tereza/Av. Assis Chateaubriand.

ÁREAS DE DIRETRIZES ESPECIAIS - ADES - SEGUNDO A LEGISLAÇÃO URBANÍSTICA:

- ADE (Área de Diretrizes Especiais) Pampulha
- ADE (Área de Diretrizes Especiais) Cidade Jardim
- ADE (Área de Diretrizes Especiais) Santa Tereza
- ADE (Área de Diretrizes Especiais) Venda Nova
- ADE (Área de Diretrizes Especiais) Lagoinha
- **Outros bens:**
    - **Bens Móveis Protegidos** (obras e objetos de arte, mobiliário, esculturas etc)
    - Acervo da Comissão Construtora da Nova Capital, entre outros.[8]
    - **Árvores Protegidas:**
        - Árvore – Jequitibá (Cariniana estrellensis Raddi – família Lecitidáceas), situada à Avenida. Guaicuí, no lado oposto ao n. 816 – Bairro Luxemburgo;
        - Árvore – Paineira (Chorisia crispiflora H.B.K. – família Bombáceas), situada à Rua Bernardo Guimarães, em frente ao n. 2669, esquina com Rua Mato Grosso – Bairro Santo Agostinho;
        - Árvore – Copaíba (Copaifera langsdorffii – família Leguminosas), situada no eixo da Rua Itaguaí, em frente ao n. 441 – Bairro Caiçara;
        - Árvore – Caminho das árvores e Largo de Sapucaias em frente ao Museu de História Natural da UFMG, situadas à Rua Gustavo

---

8 Disponível em: https://prefeitura.pbh.gov.br/?fundacao-municipal-de-cultura/patrimonio#. Acesso em: 11 de julho de 2020.

da Silveira – trecho de cerca de 500 metros a partir do n. 1074 até o n. 1580 – Bairro Santa Inês;

  - Árvore – Ipê Branco (Tabebuia Odontodiscus Bur Shum – família Bignoniáceas), situada à Av. Afonso Pena em frente ao n. 2777 – Centro;
  - Árvore – Pau-Brasil (Caesalpinia Echinata, Lam), localizada na rua Rodrigues Caldas, n. 30 – Palácio da Inconfidência: jardim situado no Largo da Bandeira;
  - Árvore – Jambo do Pará (Syzygium malaccensis – família Mirtáceas), situada à Rua Espírito Santo em frente ao n. 846 – Centro;
  - Árvores – arborização da Avenida Barbacena;
  - Árvores – arborização da Avenida Bernardo Monteiro.
- **Bens de Natureza Imaterial Registrados:**
  - Ofícios e Modos de Fazer: Ofício de fotógrafo lambe-lambe;
  - Formas de Expressão: o Teatro de Bonecos, de Palco e Rua;
  - Lugares: Comunidades quilombolas – Quilombo dos Luízes, Quilombo dos Mangueiras e Quilombo Manzo Ngunzo Kaiango.
  - Outros bens imateriais encontram-se abertos pelo Conselho Deliberativo do Patrimônio Cultural do Município de Belo Horizonte – CDPCMBH.[9]

Nota: A edição original desta obra apresentava, entre seus anexos, o de número 5, intitulado "Principais bens tombados no Brasil pelo Instituto do Patrimônio Histórico e Artístico Nacional - IPHAN ", com indicação, por Estado, dos elementos de caracterização disponíveis – município de localização, tipo de bem tombado, data da construção, proprietário, processo de tombamento e finalidade. Por necessidade de redimensionamento da publicação, o Anexo referido foi excluído, outros foram reformulados e renumerados. Registros de CARRAZZONI, Maria Ellisa, Coord. Guia dos Bens Tombados: Rio de Janeiro. Expressão e Cultura, 1980, que subsidiaram a catalogação, e as informações atualizadas dos sítios eletrônicos do IPHAN traçam um quadro mais completo do tombamento no Brasil, podendo ser consultados.

9 Disponível em: https://prefeitura.pbh.gov.br/fundacao-municipal-de-cultura/patrimonio#. Acesso em: 11 de julho de 2020